O NOVO PERFIL DO CONTROLE DIFUSO DE CONSTITUCIONALIDADE

Estudos em homenagem ao Professor Bruno Dantas nos 20 anos da Repercussão Geral

GILMAR FERREIRA MENDES
MARIA ISABEL DINIZ GALLOTTI RODRIGUES
TERESA ARRUDA ALVIM
Coordenadores

Prefácio
José Sarney

O NOVO PERFIL DO CONTROLE DIFUSO DE CONSTITUCIONALIDADE

Estudos em homenagem ao Professor Bruno Dantas nos 20 anos da Repercussão Geral

Belo Horizonte

FÓRUM
CONHECIMENTO JURÍDICO

2025

FÓRUM
CONHECIMENTO JURÍDICO

Luís Cláudio Rodrigues Ferreira
Presidente e Editor

Coordenação editorial: Leonardo Eustáquio Siqueira Araújo / Thaynara Faleiro Malta
Revisão: Nathalia Campos
Capa e projeto gráfico: Walter Santos
Diagramação: Formato Editoração

Rua Paulo Ribeiro Bastos, 211 – Jardim Atlântico – CEP 31710-430
Belo Horizonte – Minas Gerais – Tel.: (31) 99412.0131
www.editoraforum.com.br – editoraforum@editoraforum.com.br

Técnica. Empenho. Zelo. Esses foram alguns dos cuidados aplicados na edição desta obra. No entanto, podem ocorrer erros de impressão, digitação ou mesmo restar alguma dúvida conceitual. Caso se constate algo assim, solicitamos a gentileza de nos comunicar através do *e-mail* editorial@editoraforum.com.br para que possamos esclarecer, no que couber. A sua contribuição é muito importante para mantermos a excelência editorial. A Editora Fórum agradece a sua contribuição.

Dados Internacionais de Catalogação na Publicação (CIP) de acordo com ISBD

N945 O novo perfil do controle difuso de constitucionalidade: estudos em homenagem ao Professor Bruno Dantas nos 20 anos da Repercussão Geral / Gilmar Ferreira Mendes, Maria Isabel Diniz Gallotti Rodrigues, Teresa Arruda Alvim (coord.). Belo Horizonte: Fórum, 2025.
751p. 14,5x21,5cm

ISBN impresso 978-65-5518-898-1
ISBN digital 978-65-5518-901-8

1. Repercussão geral. 2. Controle de constitucionalidade. 3. Recurso extraordinário. I. Mendes, Gilmar Ferreira. II. Gallotti Rodrigues, Maria Isabel Diniz. III. Alvim, Teresa Arruda. IV. Título.

CDD: 342
CDU: 342

Ficha catalográfica elaborada por Lissandra Ruas Lima – CRB/6 – 2851

Informação bibliográfica deste livro, conforme a NBR 6023:2018 da Associação Brasileira de Normas Técnicas (ABNT):

MENDES, Gilmar Ferreira; GALLOTTI RODRIGUES, Maria Isabel Diniz; ALVIM, Teresa Arruda (coord.). *O novo perfil do controle difuso de constitucionalidade*: estudos em homenagem ao Professor Bruno Dantas nos 20 anos da Repercussão Geral. Belo Horizonte: Fórum, 2025. 751p. ISBN 978-65-5518-898-1.

SUMÁRIO

Bruno Dantas pode ser feliz por invocar a sua idade: ainda jovem alcançou reconhecimento como grande jurista, administrador público e inovador.

Este livro é a consagração e o reconhecimento de seu talento, sua inteligência e sua capacidade. Ele lapidou sua inteligência com o preparo que acumulou sendo doutor, mestre e professor de universidades brasileiras e internacionais, além de membro de Corte de grande prestígio internacional.

Homenagear o Ministro Bruno Dantas com um livro desta importância – de textos escolhidos por uma comissão na qual se destacam o Ministro Gilmar Ferreira Mendes, expressão maior das letras jurídicas nacionais, e as juristas Ministra Isabel Gallotti e a Professora Teresa Arruda Alvim, esta sua orientadora no curso de doutorado, no qual foi aprovado com louvor – mostra o alto grau do reconhecimento de sua formação e de sua bagagem intelectual.

Também devemos ressaltar o tema escolhido para homenageá-lo: *O novo perfil do controle difuso de constitucionalidade*, na comemoração dos 20 anos do instituto da Repercussão Geral, um dos temas mais atuais e objeto de muitas análises e meditações dos estudiosos do Processo Civil, da Jurisprudência e da Teoria de Precedentes no Brasil.

Fui um dos primeiros a ver que em Bruno Dantas surgia um novo e grande talento, que iria construir um nome de referência e ocupar lugar de destaque entre os estudiosos e pensadores do Direito em nosso País, pois desde logo me revelou seu brilho intelectual e sua sólida formação, que asseguravam grande precisão na análise das questões – como o domínio articulado das questões legislativas, que fazia dos seus pareceres verdadeiras teses.

Ele fora aprovado em concurso público para Consultor do Senado Federal, um dos mais difíceis e desejados do País, e logo se impôs, pelo seu preparo, para ocupar a função de Consultor-Geral dessa Casa, eleito por seus pares e nomeado pelo Presidente.

Em seguida, prosseguindo em sua formação, foi escolhido pelas suas qualidades – o Senado já baseando-se na sua grande inteligência – para o Conselho Nacional do Ministério Público (CNMP) (2009) e para o Conselho Nacional de Justiça (CNJ) (2011), reconhecendo-se seu notável saber jurídico e sua reputação ilibada.

Eu era Presidente do Senado Federal quando se resolveu o problema da Súmula Vinculante, tese de discussão e contrariedade de grande parte da Magistratura. Essa controvérsia, desde 1960, era objeto de várias iniciativas legislativas com forte oposição. Finalmente, em 2004, pela Emenda nº 45, a questão foi resolvida e denominada Reforma do Judiciário. Daí surgiu outro debate da Repercussão Geral, objeto deste livro de homenagem a Bruno Dantas.

Bruno Dantas tem também a característica de ser um pensador voltado para o futuro, daí seu espírito de inovação e renovação. Ele sabe que o mundo do futuro não será feito de países grandes ou pequenos, mas de países que dominem a ciência e a tecnologia e estejam aptos a lidar com a confrontação com o cérebro humano, que, como diz Yuval Harari, "tem a limitação que a bioquímica orgânica impõe a neurônios de carbono enfrentando os computadores com cérebros de chips de silício, sem limitações, que nos podem superar, como já superam, acumulando milhões de informações". Esse mundo fantástico nos atemoriza, e não sabemos o que vai ser essa nova sociedade.

O nosso homenageado não ficou brilhando somente no Brasil ao ganhar o reconhecimento do seu talento: foi eleito Presidente da International Organization of Supreme Audit Institutions (INTOSAI), uma entidade consultiva da Organização das Nações Unidas (ONU), onde foi responsável por muitas iniciativas inovadoras, como a Secretaria de Controle Externo e Prevenção de Conflitos (Secex Consenso), encarregada da efetividade das políticas e da segurança jurídica de soluções céleres, também auditora das finanças da ONU.

Sua formação de professor, escritor e ensaísta passa pela tradicional Universidade Paris 1 Panthéon-Sorbonne, na França; pelo Max Planck Institute for International, European and Regulatory Procedural Law, em Luxemburgo; sendo doutor pela Universidade Católica de São Paulo (PUC-SP) e tendo concluído o pós-doutoramento na Universidade do Estado do Rio de Janeiro (UERJ); lecionando nos cursos de mestrado e doutorado da Fundação Getulio Vargas (FGV) e em outros cursos de várias universidades brasileiras e internacionais. Como ensaísta e mestre de Direito Processual, publicou, entre outros, os livros *Teoria dos recursos repetitivos* e *Recurso extraordinário e a nova função dos tribunais superiores de Direito brasileiro*, além de sua permanente presença intelectual com vários artigos e ensaios. Integrou a Comissão de Juristas Notáveis encarregada da elaboração do anteprojeto do novo Código de Processo

Civil (CPC), na qual deu valiosa contribuição, dela participando como membro escolhido pelo Senado para esse importante trabalho.

Nomeado para o Tribunal de Contas da União (TCU), função de grande destaque, foi seu Presidente por duas vezes, com seu nome já inscrito entre os grandes pensadores e personalidades que passaram pelo órgão, que tem a chama eterna de seu idealizador e fundador, Rui Barbosa.

Esta obra, como escrevi, de tão alta importância, será de consulta obrigatória para todos os que estudarem o tema e tem como coroa de homenagem a figura do grande jurista, professor e pensador Bruno Dantas, que, tão moço, mas tão brilhante, já entrou na História do TCU e do pensamento jurídico do Brasil como inovador, mestre com personalidade de destaque no mundo universitário, como docente e professor visitante de várias universidades internacionais.

Tive grande honra em escrever este prefácio e louvar a figura do Ministro Bruno Dantas e a alta qualificação dos ensaios que formam este livro, com autores brilhantes.

José Sarney

Ex-Presidente da República e do Congresso Nacional.

A presente obra tem como escopo prestar uma homenagem ao professor e ministro Bruno Dantas, por ocasião dos 20 anos da introdução da Repercussão Geral no sistema jurídico brasileiro, implementada pela Emenda Constitucional nº 45 de 2004. Ao longo da obra, são explorados temas que destacam o novo perfil do controle difuso de constitucionalidade, com ênfase nas mudanças e desafios enfrentados pelo sistema jurídico brasileiro.

O tema não aparece ao acaso, e sua pertinência temática é evidente para todos aqueles sabedores da brilhante trajetória do professor Bruno Dantas. Com percurso costurado em diferentes órgãos no setor público, Bruno Dantas gravou sua impressão indelével em todos esses espaços que frequentou, de pessoa cordial, detentora de invulgar inteligência, e extremamente qualificada. Como sói de acontecer com esses frutos raríssimos, rapidamente alçou grandes cargos, ocupando, atualmente, a Presidência do Tribunal de Contas da União.

Colecionando vitórias importantes ainda em tenra idade, Bruno Dantas produziu trabalhos de fôlego sobre a temática tratada na presente obra – estudos seminais que marcaram de maneira profunda e sofisticada a Academia brasileira e a compreensão do controle difuso de constitucionalidade.

Intitulada "*O novo perfil do controle difuso de constitucionalidade: estudos em homenagem ao professor Bruno Dantas nos 20 anos da Repercussão Geral*", a obra prenuncia um esforço acadêmico de analisar criticamente os impactos da Repercussão Geral no controle de constitucionalidade, considerando tanto sua evolução quanto os desafios que surgiram no cenário jurídico.

Os autores, juristas renomados e especialistas em suas áreas, abordam temas de grande relevância, como precedentes judiciais, filtros recursais, eficácia e efeitos das decisões, interações institucionais, bem como os impactos da inteligência artificial e as novas tendências no Direito. Essa coletânea oferece uma visão ampla e crítica do sistema de precedentes no Brasil, enfatizando a importância da segurança jurídica e da previsibilidade no contexto processual e constitucional.

O livro é uma contribuição importante para o estudo do Direito Constitucional e Processual, promovendo o debate sobre o papel dos tribunais superiores e suas decisões vinculantes, além de propor reflexões sobre o futuro do controle de constitucionalidade no Brasil, especialmente diante das novas tecnologias e das transformações institucionais.

Não se cuida tão somente de uma homenagem, mas igualmente de uma celebração ao espírito crítico e inovador que o professor Bruno Dantas sempre defendeu em sua trajetória. Ao reunir estudos de juristas que compartilham desse mesmo compromisso com o avanço do Direito, a obra reflete essa busca constante por uma justiça mais eficiente, acessível e atenta às mudanças sociais. Cada capítulo é um tributo à capacidade de renovação do sistema jurídico brasileiro, ao qual o professor e ministro Bruno Dantas tanto tencionou aprimorar.

Esperamos que esta obra inspire futuras gerações de juristas a continuar desbravando novos caminhos, sempre com o olhar atento ao progresso, e sem perder de vista os valores fundamentais da justiça. Assim como Bruno Dantas deixou sua valiosa contribuição, que este livro também deixe a sua, enriquecendo o debate jurídico e perpetuando o legado de excelência e dedicação que ele representa.

Por fim, registramos um agradecimento especial a João Victor Prasser – assessor, ex-aluno e fiel escudeiro do homenageado – pelo valioso apoio operacional na coordenação desta obra, cujo auxílio se demonstrou primordial.

Brasília, outubro de 2024.

Gilmar Ferreira Mendes
Maria Isabel Gallotti
Teresa Arruda Alvim

REPERCUSSÃO GERAL DA QUESTÃO CONSTITUCIONAL, O INCIDENTE DE RESOLUÇÃO DE RECURSOS EXTRAORDINÁRIOS REPETITIVOS E AS AUDIÊNCIAS PÚBLICAS NO SUPREMO TRIBUNAL FEDERAL (STF)

ALEXANDRE FREIRE

1 Bruno Dantas, Estadista

Este artigo presta uma justa homenagem ao Ministro Bruno Dantas, cuja trajetória no direito constitucional brasileiro é marcada por contribuições de inestimável valor. Ao longo de sua carreira, Dantas destacou-se tanto pela profundidade de sua obra acadêmica quanto pela atuação decisiva no aprimoramento legislativo de importantes institutos, como a repercussão geral e os recursos extraordinários repetitivos. Sua contribuição foi fundamental para moldar esses instrumentos, que buscam racionalizar o sistema recursal e garantir a uniformidade das decisões judiciais no Supremo Tribunal Federal (STF). A obra de Dantas consolidou a base teórica para a aplicação desses institutos e introduziu inovações significativas que aperfeiçoaram sua operacionalização, contribuindo para uma maior eficiência na resolução de questões constitucionais e no tratamento de casos repetitivos, otimizando o tempo e os recursos do Judiciário.

Sua produção acadêmica, além de influenciar diretamente a prática judicial, foi um marco para uma compreensão mais clara e técnica da repercussão geral, conferindo a esse instituto maior precisão conceitual e melhor definição de critérios para sua aplicação. No que concerne aos recursos repetitivos, Dantas desempenhou um papel crucial ao promover um entendimento mais robusto e sistematizado de seu funcionamento, permitindo que os tribunais lidassem com um volume expressivo de litígios de maneira mais ágil e coerente, sem comprometer a qualidade das decisões.

Em reconhecimento a essas contribuições notáveis, a obra *Repercussão geral da questão constitucional*, coordenada pelos ilustres Ministro Gilmar Ferreira Mendes, Ministra Isabel Gallotti e Professora Teresa Arruda Alvim, foi organizada em sua homenagem. Ao atender ao gentil convite para colaborar com esta obra, o presente artigo explora a profundidade dos temas que Dantas tanto aperfeiçoou, reafirmando seu papel na modernização do direito processual brasileiro. Mais do que uma homenagem, este artigo busca reconhecer o impacto duradouro do Ministro Bruno Dantas na evolução da jurisprudência constitucional e na transformação do STF em um tribunal mais eficiente, transparente e comprometido com a uniformidade e a justiça.

O Ministro Bruno Dantas destaca-se como um verdadeiro estadista, com notável contribuição acadêmica e atuação decisiva no cenário jurídico. Sua dedicação em aprimorar institutos fundamentais, como a repercussão geral e os recursos extraordinários repetitivos, demonstra um compromisso inarredável com a eficiência e a racionalidade do sistema judicial. O legado de Dantas na área do direito processual reflete sua excelência técnica e dedicação em fortalecer o sistema de precedentes, garantindo celeridade e qualidade na resolução de litígios constitucionais.

A influência de Bruno Dantas transcende a academia e o sistema de Justiça, alcançando a esfera legislativa e contribuindo para uma maior eficiência na gestão do sistema judiciário brasileiro. Sua capacidade de análise crítica e de propor soluções inovadoras para desafios complexos reflete um verdadeiro espírito de estadista, empenhado em construir um ordenamento jurídico mais sólido e acessível a todos os cidadãos. A obra de Bruno Dantas é um testemunho vivo de seu comprometimento em promover mudanças significativas que impactam positivamente a sociedade brasileira como um todo.

Além de sua atuação institucional exemplar, o Ministro Bruno Dantas sobressai como um defensor incansável dos valores democráticos e da transparência na gestão pública. Sua postura ética e comprometida com o interesse coletivo faz dele um líder inspirador, capaz de influenciar positivamente a construção de um Estado mais justo e democrático. A sua contribuição para a modernização do direito processual e a defesa da integridade do direito e da igualdade perante a lei evidenciam seu compromisso com o bem-estar e a justiça para todos os cidadãos.

Em tempos de desafios e incertezas, a figura do Ministro Bruno Dantas emerge como um farol de sabedoria e integridade, indicando o caminho a seguir para a consolidação do Estado de Direito e o fortalecimento das instituições democráticas. Sua atuação exemplar, marcada pela competência, ética e comprometimento, deixará um legado duradouro como um referencial de excelência e compromisso com o bem comum, inspirando futuras gerações a seguirem seu exemplo de dedicação e serviço público em prol de uma sociedade mais justa e democrática para todos.

2 Considerações gerais

O STF instituído com o objetivo de definir e assegurar a unidade de sentido da norma constitucional, desde o início revelou que enfrentaria sérios problemas com o crescimento exponencial de processos, devido à intensa e crescente litigiosidade, frequentemente envolvendo teses idênticas, principalmente nos últimos 30 anos, em razão da previsão de direitos e garantias contidos na Lei Fundamental.

Essas controvérsias idênticas são levadas ao STF mediante recursos extraordinários e agravos, que se acumulam nos gabinetes dos ministros e consomem o tempo destinado à análise de questões de alta indagação que realmente interessam à sociedade.

Dados estatísticos relativos ao período de 2006-2009 revelam a quantidade expressiva de recursos extraordinários interpostos e distribuídos pelo STF, correspondendo à maioria dos feitos examinados pela Corte nesse período.[1] Esse fenômeno decorre do fato de que o Código

[1] Em 2006, foram distribuídos 116.216 mil processos, sendo 54.575 mil recursos extraordinários. Em 2007, foram distribuídos 112.938 processos, sendo 49.708 mil recursos extraordinários. Em 2008, foram distribuídos 66.873 mil processos, sendo 21.053 mil recursos extraordinários. Por fim, levando em consideração o quadriênio examinado, em 2009, foram distribuídos 42.729 mil processos, sendo 8.348 recursos extraordinários. Nota-se, neste quadro, considerável

de Processo Civil (CPC) de 1973 foi pensado a partir do paradigma liberal de litigiosidade, disciplinando técnicas formais voltadas apenas para a resolução de demandas individuais, sem, contudo, contemplar institutos adequados para as causas repetitivas, decorrentes de uma sociedade de massas.

Desde sua publicação, o CPC de 1973 passou por sucessivas alterações decorrentes de leis reformadoras que se ocuparam em atualizar a legislação codificada para atender aos anseios de uma sociedade complexa. Entre os principais diplomas reformadores, destacam-se: a Lei nº 8.952, de 13 de dezembro de 1994, que regulamentou a antecipação dos efeitos de tutela; a Lei nº 11.232, de 22 de dezembro de 2005, que tratou do cumprimento de sentença judicial; a Lei nº 11.418, de 19 de dezembro de 2006, que introduziu a repercussão geral; e a Lei nº 11.672, de 8 de maio de 2008, que estabeleceu o incidente de resolução dos recursos especiais repetitivos. Essa onda reformista culminou, após quarenta e dois anos de vigência, na revogação do CPC pela Lei nº 13.105, de 16 de março de 2016.

Essas, entre outras alterações, inclusive em âmbito constitucional, certamente tornaram o processo mais célere e efetivo. Porém, não foram suficientes para desafogar o Poder Judiciário dos litígios de massa, especialmente quando estas demandas se avolumaram no STF, comprometendo o exercício adequado de sua função constitucional de garantir a integridade, uniformização da interpretação e formação de precedentes constitucionais.

Preocupado com a crescente elevação do número de processos na Corte, em 2004, a Presidência do STF, o Palácio do Planalto e o Congresso Nacional somaram esforços para aperfeiçoar o sistema de Justiça, instituindo, entre outras medidas, a repercussão geral da questão constitucional como requisito especial de admissibilidade para o recurso extraordinário, com o claro intuito de tornar mais racional o exercício da jurisdição constitucional.

Em decorrência do contínuo aperfeiçoamento do sistema de Justiça, os esforços empreendidos pelos três Poderes resultaram em técnicas que imprimiram maior organicidade e agilidade à prestação jurisdicional. Em especial, a regulamentação da repercussão geral pela edição da Lei nº 11.418/2006 concretizou o princípio da razoável

---

decréscimo no numerário de recursos extraordinários distribuídos na Suprema Corte brasileira.

duração do processo, inserto na Constituição Federal, art. 5º, inc. LXXVIII (redação conferida pela Emenda Constitucional nº 45, de 30 de dezembro de 2004).

Percebe-se que esse dispositivo foi criado com o objetivo de alterar o sistema processual brasileiro, imprimindo maior racionalidade e efetividade ao serviço de prestação jurisdicional, sem afastar garantias constitucionais como a isonomia processual, o contraditório substancial, a ampla defesa, a segurança jurídica, o dever de boa-fé objetiva e o dever de motivação dos pronunciamentos judiciais. Dessa forma, consubstancia-se mais uma técnica do regime processual de causas repetitivas que está se formando para aperfeiçoar o sistema judicial brasileiro.

Após seguidas reuniões e ajustes, a então Presidente do STF, a Ministra Ellen Gracie, editou, em 30 de abril de 2007, a Emenda nº 21, aprovada em sessão administrativa ocorrida em 26 de março daquele ano, alterando a redação dos arts. 13, inciso V, alínea "c"; 21, parágrafo 1º; 322; 323; 324; 325; 326; 327; 328 e 329, e revogou o parágrafo 5º do art. 321, todos do Regimento Interno do STF (RISTF), regulamentando a repercussão geral no âmbito do tribunal.

O exame da repercussão geral não se restringiu aos recursos extraordinários individuais e agravos em recursos extraordinários, mas, igualmente, nas situações de recursos extraordinários repetitivos e agravos em recursos extraordinários seriais, que tratam da mesma controvérsia jurídica. Nessas situações, a Lei nº 11.418/2016, que acrescentou o art. 543-B ao CPC de 1973, previa que, quando houvesse multiplicidade de recursos com fundamento em idêntica controvérsia, a análise da repercussão geral seria processada nos termos do art. 328 do RISTF.

Tal procedimento diferenciado de exame da repercussão foi disciplinado no âmbito do STF, sucessivamente, mediante as Emendas nº 21, nº 22, nº 23, nº 24, nº 27, nº 31, nº 41 e nº 42, que alteraram o RISTF.

Essa técnica processual, no CPC revogado, estava relacionada à aferição da existência da repercussão geral e suas consequências para os recursos extraordinários múltiplos que tramitavam nos tribunais recorridos (aguardando juízo de admissibilidade) ou no STF, sem necessariamente resolver a questão objeto de recursos extraordinários seriais. Porém, a Suprema Corte passou a suscitar, mesmo sem previsão legislativa, o incidente de resolução de recursos extraordinários repetitivos (e seus respectivos agravos) para lidar com o número expressivo dessa classe processual que diariamente aporta no tribunal.[2]

A estratégia da Suprema Corte é perceptível no procedimento engendrado pela emenda regimental nº 21, de 30 de abril de 2007, que, entre outras providências, conferiu nova redação ao art. 328 do RISTF, estabelecendo que, protocolado ou distribuído recurso cuja questão for suscetível de reproduzir-se em múltiplos feitos, a Presidência do Tribunal ou o(a) relator(a), de ofício ou a requerimento da parte interessada, comunicará o fato aos tribunais ou turmas de juizado especial, a fim de que observem o disposto no art. 543-B do CPC, podendo pedir-lhes informações, que deverão ser prestadas em 5 dias, e sobrestar todas as demais causas com questão idêntica. Quando houver subida ou distribuição de múltiplos feitos, a Presidência do Tribunal ou o(a) relator(a) selecionará um ou mais representativos da questão e determinará a devolução dos demais aos tribunais ou turmas de juizado especial de origem, para aplicação dos parágrafos do art. 543-B do CPC.

Por fim, a Presidência do STF passou a promover ampla e específica divulgação do teor das decisões sobre repercussão geral, além de formar e atualizar o banco eletrônico de dados a respeito. Nota-se, incontestavelmente, que a técnica processual forjada no regimento interno não se limita às providências de exame da existência da questão constitucional qualificada, mas configura um incidente de resolução de recursos extraordinários repetitivos instaurado no âmbito do tribunal.

O CPC de 2015 consagra, de modo inequívoco, o instituto como um incidente de resolução de recursos extraordinários múltiplos, regulando-o conjuntamente com o incidente de resolução de recursos especiais repetitivos. Ao longo de seu minudente regramento, o Código incorpora tanto inovações positivas quanto orientações consagradas na jurisprudência do STF sobre a matéria.

Observa-se que o incidente de resolução de recursos extraordinários repetitivos é um dos institutos processuais concebidos para dimensionar a litigiosidade repetitiva, conter a dispersão jurisprudencial e, ao viabilizar a formação de precedentes, assegurar as garantias fundamentais de isonomia processual e segurança jurídica, sendo seu julgamento obrigatoriamente antecedido de audiência pública, conforme se justificará neste capítulo.

---

[2] Conferir, entre outros, WAMBIER, Luiz Rodrigues; TALAMINI, Eduardo. *Curso avançado de processo civil*. 15. ed. São Paulo: Revista dos Tribunais, 2015. p. 860.

3 Natureza jurídica e estrutura do incidente de resolução de resolução dos recursos extraordinários repetitivos

O vocábulo "incidente" é amplamente utilizado pela doutrina e jurisprudência, assim como em diversos dispositivos das legislações processuais. Seu emprego abrange a ideia de questão ou procedimento, e considerá-lo como um momento processual demonstra ser a escolha mais adequada para a análise de aspectos como conceito, características e outras categorias relacionadas.

No CPC de 2015 é perceptível a utilização constante do vocábulo "incidente", seja para designar uma questão específica que mereça atenção em sua resolução, seja para apontar uma situação particularizada no processo que implique a adoção de um procedimento diferenciado.

Importa ressaltar, ainda, que outras técnicas processuais, por mais que o legislador não utilize o vocábulo "incidente" ao disciplinálas, associam-se essencialmente com aspectos atinentes às questões incidentais, aos procedimentos incidentais e ao resultado decorrente de algo que foi julgado acidentalmente no processo.

A identificação desses aspectos no CPC de 2015 e a estruturação do processo presente na legislação levam à conclusão de que a simplificação[3] e o enxugamento do rito processual foram objetivos do legislador, com o propósito de simplificar a utilização de métodos de resolução de conflitos, permitindo que a atenção dos sujeitos do processo se concentrasse no direito objeto da tutela jurisdicional. Assim, o processo cumpriria seu papel fundamental de instrumento de concretização do direito material.

Nesse entendimento, ao observar a instauração, o desenvolvimento e a extinção do processo, tal como pensado no CPC de 2015, percebe-se que a nova lei processual, além de impor – indiscutivelmente – a sua finalidade como método de resolução de conflitos, disciplinou um tráfego processual sem paradas desnecessárias, acessos congestionadores ou caminhos que levassem a lugar diverso do resultado almejado: a concretização da tutela jurisdicional de direitos.

---

[3] Conferir a respeito das matrizes ideológicas do novo CPC, em especial as ideias de *simplicidade* e *máximo rendimento ao processo*: WAMBIER, Luiz Rodrigues. Diretrizes fundamentais do novo CPC. *In:* WAMBIER, Luiz Rodrigues; WAMBIER, Teresa Arruda Alvim. (coord.). *Temas essenciais do novo CPC*. São Paulo: Revista dos Tribunais, 2016. p. 41-46.

Tendo um fluxo principal, é necessário acessar o tráfego processual apenas para questões que não possam ser resolvidas por meio de um fluxo incidental.

Assim como em uma via expressa com diversas faixas para tráfego de veículos, é mais eficaz possibilitar que um veículo abasteça em um posto de combustível situado na margem da via – fluxo incidental – e posteriormente continue seu caminho – fluxo principal –, do que fazê-lo parar em uma das faixas da via e aguardar ajuda externa – o que congestionaria o fluxo com a parada do veículo e a inserção de outro veículo no tráfego já engarrafado. Afinal, o problema não é apenas um veículo parado, pois se estiver parado e abastecendo no posto de combustível na margem da via, depois de abastecido, poderá seguir o seu caminho. Contudo, se para solucionar o problema, outro veículo obtiver acesso ao tráfego, indubitavelmente será mais um, desnecessariamente, congestionando o fluxo de veículos.

Com o cuidado de utilizar comparativamente tal referência figurada com o que ocorre no processo, o "incidente processual" tem como objetivo apresentar uma resolução a uma questão incidental, adotando um procedimento incidental, sem ocasionar o congestionamento do fluxo principal, mas possibilitando um fluxo incidental paralelo e temporário. Ademais, se a solução adotada fosse outra que não considerasse tais aspectos, não apenas o fluxo de um processo seria atingido, mas consequentemente outros processos seriam implicados, o que acarretaria efeitos ao fluxo da atividade do Poder Judiciário.

Adotando uma identificação expressa ou não, o CPC de 2015 apresenta diversos incidentes processuais. Utilizando claramente essa expressão, arrolam-se o incidente de desconsideração da personalidade jurídica, o incidente de assunção de competência, o incidente de arguição de inconstitucionalidade e o incidente de resolução de demandas repetitivas. Entretanto, mesmo sem disposição expressa do legislador como incidente processual, destaca-se, entre essas espécies de instituto, o julgamento dos recursos extraordinários repetitivos.

3.1 Incidente processual: conceito, características e outras categorias relacionadas

O incidente processual se estrutura como um momento diferenciado que rompe o ritmo normal do processo, permitindo a resolução de uma determinada questão por meio de um procedimento específico.

Em razão disso, nas considerações iniciais deste capítulo, afirmou-se que o incidente pode ser analisado tanto sob a óptica de questão quanto sob a de procedimento.

Antonio Scarance Fernandes, examinando a aplicação do vocábulo incidente, afirma existirem três vertentes principais de utilização, a saber: "(...) o incidente é apreciado como questão, o incidente se manifesta como um momento processual e o incidente é encarado como procedimento colateral, destacado do procedimento principal".[4]

Independentemente da abordagem adotada, o incidente acarretará um momento diferenciado no processo, uma vez que existem etapas normais determinadas por um rito processual.

Logo, para os fins deste estudo, considera-se o incidente como um momento. No entanto, com o intuito de identificar outras categorias inerentes ao incidente processual, examinar-se-ão algumas conceituações e características relacionadas ao instituto em análise.

Afirma Pontes de Miranda que "os incidentes são questões que exsurgem durante o procedimento, entre o pedido e a sentença final, de tal jeito que tem o juiz de examiná-los e julgá-los antes e proferir a sentença final".[5]

Entende-se, assim, que a questão, ao se tornar um incidente durante o processo, exige seu exame e julgamento antes de se avançar para o julgamento final do objeto do processo.

Por imposição lógica, se uma questão surge incidentalmente no curso do processo, solucioná-la assegura a integridade da decisão final. Caso contrário, se algo que deveria ser resolvido não o foi durante o processo, a decisão final, além de não observar os princípios processuais inerentes ao adequado desenvolvimento formal e lógico do processo, torna-se alvo futuro de meios de impugnação.

Destarte, se algo surge incidentalmente no processo e detém relevância lógica, sua resolução possibilita o aperfeiçoamento da atividade jurisdicional e a integridade do ato decisório.

---

4 FERNANDES, Antonio Scarance. *Incidente processual*: questão incidental, procedimento incidental. São Paulo: Revista dos Tribunais, 1991. p. 27-28.

5 PONTES DE MIRANDA, Francisco Cavalcanti. *Comentários ao Código de Processo Civil*. Rios de Janeiro: Forense, 1996. t. 4, p. 213.

Considerando as diversas fases do processo, essas podem se desenvolver normalmente, ou em outros casos, ocorrerem incidentes ou acontecimentos anormais que acarretam a alteração do *modus operandi*.[6]

Nessa linha de raciocínio, José Frederico Marques leciona que os incidentes processuais alteram o ritmo normal do processo, definindo-os como "episódios que ou alteram o conteúdo e extensão da *res judicanda*, ou interrompem o curso da relação processual, ou extinguem a instância sem que tenha sido entregue a prestação jurisdicional".[7]

Enrico Tullio Liebman, analisando o desenvolvimento do processo, identifica as seguintes fases: interposição, instrução e decisão. No entanto, ao completar seu raciocínio, ressalta que "*essas três fases distintas não se seguem sempre rigorosamente em sua ordem lógica natural*".[8] Explica que isso decorre ou a partir da propositura de uma demanda pela primeira vez em um processo já em curso, ou pelo surgimento de questões que são decididas no curso do processo, sendo que, após essa interrupção, esse retoma seu curso normal de desenvolvimento[9].

Embora lidem com fenômenos semelhantes que alteram incidentalmente o fluxo normal do desenvolvimento do processo, essas são categorias distintas. Quando uma demanda é apresentada pela primeira vez durante o curso de um processo, geralmente trata-se de uma ação incidental. Em contrapartida, quando questões surgem incidentalmente ao longo do processo, mas são resolvidas dentro do mesmo processo, elas costumam ser solucionadas por meio de um incidente processual.

Francesco Carnelutti, ao enfrentar o assunto, afirma que as questões incidentais se ocupam de um problema que deve, desde logo, ser resolvido, viabilizando a resolução das questões relacionadas ao mérito do processo. Por isso é que não se deve confundir a resolução de questões relacionadas ao mérito do processo e a resolução da questão incidental, ou como alguns identificam, o mérito do incidente processual.[10]

Identificando essas três designações – questão, procedimento e momento – considera-se mais adequado enquadrar a expressão

---

6 MARQUES, José Frederico. *Instituições de Direito Processual*. 4. ed. Rio de Janeiro: Forense, 1972. v. 3, p. 31.

7 MARQUES. *Instituições de Direito Processual*, v. 3, p. 33.

8 LIEBMAN, Enrico Tullio. *Manual de Direito Processual Civil*. Palmas: Intelectos, 2003. v. 2, p. 19.

9 LIEBMAN. *Manual de Direito Processual Civil*, p. 19.

10 CARNELUTTI, Francesco. *Sistema del Diritto Processuale Civile*. Padova: Casa Editrice Dott. Antonio Milani, 1939. v. 3, p. 138.

"incidente processual" como um momento no processo. Isso porque, considerando que o processo é um método com uma finalidade determinada, existem fases e respectivos procedimentos a serem desenvolvidos para a obtenção do resultado.

Portanto, existem vários momentos no processo, alguns inerentes ao seu curso normal, outros que se relacionam com um episódio incidental que é relevante para o adequado desenvolvimento do método e que exige um momento diferenciado para a sua resolução.

Esse momento incidental deve possuir vinculatividade com o processo, pois existe apenas para auxiliar o método a obter, adequadamente, o seu objetivo. Por isso, reputa-se importante a análise da expressão "incidente processual" como um momento processual diferenciado em que se objetiva resolver determinada questão, auxiliando o método processual a obter o aprimoramento do seu resultado, por meio desse instrumento incidental, que ocorre seja no curso do mesmo procedimento em que incidiu, seja em outro procedimento paralelo.

Nesse raciocínio, as expressões "questão incidental" e "procedimento incidental" não devem ser adotadas como equivalentes à expressão "incidente processual", mas apenas como categorias relacionadas.

Tais considerações levam à conclusão sobre a importância dos incidentes processuais e sua aplicação em diversos momentos do processo, inclusive no âmbito das Cortes Supremas, desde que sua utilização seja relevante ao desenvolvimento da atividade jurisdicional e para a realização de princípios constitucionais do processo, como isonomia, segurança jurídica, economia processual e efetividade.

3.2 Questão incidental

3.2.1 Conceitos e características

Sustentou-se que a questão incidental é o ponto de projeção de determinado incidente, o que torna possível a existência de um momento, no processo, dedicado a resolver a questão, apresentando uma pauta de conduta.

Examinando-se algumas categorias fundamentais do processo, pode-se afirmar que o ponto é o fundamento de uma afirmação, e para que haja questão é necessária a incidência de uma dúvida sobre o fundamento dessa afirmação. Desse modo, "a questão é o ponto duvidoso", ou seja, para tornar-se questão basta que exista dúvida acerca daquele ponto, não sendo obrigatória a existência de dissenso ou controvérsia entre as partes.[11]

Com essas definições, considera-se que a questão incidental é o ponto (fundamento de uma afirmação) que projeta a possibilidade da existência de um incidente processual, capaz de "resolver" a dúvida surgida por meio de um momento processual diferenciado. Nas palavras de Antonio Scarance Fernandes:

> A questão incidental é aquela que surge no processo, cai sobre ele, ocasionando alterações no caminho procedimental. Assim, é acessória em relação ao processo principal e à questão principal. Constitui ela ademais um 'acidente' no percurso processual, produzindo mudanças no seu trajeto, exigindo que sejam realizados novos atos, além dos que eram previstos numa tramitação normal. (...) Portanto, para que uma questão seja incidental é preciso que ela ocasione uma alteração no desenvolvimento do processo, resulte esta no alongamento do procedimento principal ou na instauração de um procedimento colateral.[12]

Remetendo-se ao incidente de julgamento dos recursos extraordinários repetitivos, a questão incidental decorreria da identificação de uma multiplicidade de recursos veiculando a mesma questão de direito constitucionalmente qualificada, o que possibilitaria a incidência de um momento diferenciado.

Nesse momento, verificar-se-ia a identidade dos recursos, aplicando-se, se fosse o caso, o devido procedimento de resolução referente aos recursos repetitivos que veiculassem questão constitucionalmente qualificada.

Portanto, a resolução consistiria, nos casos em que é verificada a existência de idêntica controvérsia que fundamente aqueles recursos, na apresentação de uma pauta de conduta para o julgamento de recursos extraordinários repetitivos.

Analisando diversas noções e definições acerca da questão incidental, identificam-se dois elementos essenciais para a conceituação dessa figura jurídica, sendo esses acessoriedade e acidentalidade.[13]

---

11 Conferir sobre o tema: FERNANDES. *Incidente processual*: questão incidental, procedimento incidental, p. 44.

12 FERNANDES. *Incidente processual*: questão incidental, procedimento incidental, p. 51-52.

13 FERNANDES. *Incidente processual*: questão incidental, procedimento incidental, p. 45.

3.2.1.1 Acessoriedade

A acessoriedade da questão incidental consiste na dependência de um processo principal já existente. Por isso, a questão incidental "se encontra mais ou menos diretamente ligada à questão fundamental do processo já formado. Dela é dependente, pois só quando ela exista poderá também ter vida".[14] Portanto, para que a questão incidental ocorra é indispensável que exista a questão fundamental do processo, constituindo-se um vínculo de dependência.

O caráter acessório da questão incidental, contudo, deve ser interpretado com cautela. Não é possível sustentar que a acessoriedade da questão expanda seus efeitos irrestritamente a ponto de afetar diretamente o incidente processual. Isso levaria à conclusão de que, "extinto por qualquer motivo o processo, não tem sentido dar seguimento a um procedimento incidental".[15]

A questão incidental depende da questão fundamental presente no processo principal para que se delineie o incidente processual. Uma vez projetado, o incidente será processado e resultará em uma decisão específica, que será aplicável ao processo principal. A extinção do que deu origem a um acessório nem sempre acarretará o termo do acessório. Antonio Scarance Fernandes ressalta:

> Tudo depende da forma como for examinada e conceituada a questão incidental. Se apreciada em si mesma, sendo identificada unicamente por característica próprias, que independem dos efeitos ocasionados por sua existência no movimento processual, seria possível falar em questão incidental prévia, concomitante ou posterior ao processo; a questão a ser solucionada será a mesma em qualquer um dos momentos. (...) Mas, como para a caracterização da questão incidental é vital a sua vinculação com o processo, no qual produz alterações, ela só pode ocorrer nos casos em que exista feito já instaurado.[16]

Os argumentos apresentados coadunam com o que se sustentou nas linhas anteriores, que a questão incidental depende da existência de um feito principal para que possibilite a formação do incidente. Pode até se defender que, extinto o feito (ou o processo) que possibilitou o surgimento da questão incidental, a questão, igualmente, seja extinta.

---

[14] FERNANDES. *Incidente processual*: questão incidental, procedimento incidental, p. 45.

[15] FERNANDES. *Incidente processual*: questão incidental, procedimento incidental, p. 47.

[16] FERNANDES. *Incidente processual*: questão incidental, procedimento incidental, p. 47.

Mas é inadmissível a interpretação de que, sempre que ocorra a extinção do feito principal, isso acarretará a extinção do incidente processual.

A clareza dessa questão se evidencia quando se analisa o incidente de resolução de recursos extraordinários repetitivos. Nesse caso, a questão incidental surge exatamente quando se identifica uma multiplicidade de recursos fundamentados em idêntica controvérsia. A partir desse ponto, projeta-se o incidente processual, que tem por objetivo apresentar uma pauta de conduta para o julgamento desses recursos repetitivos, fixando-se uma tese a partir do julgamento da questão afetada nos recursos paradigmas.

Portanto, o incidente processual não se torna acessório do feito principal, como é o caso do recurso extraordinário, e a desistência em sede recursal não afeta o incidente processual. Os efeitos da acessoriedade da questão incidental não têm eficácia suficiente para extinguir o incidente processual referente aos recursos repetitivos. Note-se que o resultado desse incidente afeta tanto o recurso escolhido como paradigma quanto todos os demais recursos fundamentados em idêntica controvérsia que estão sobrestados aguardando a apresentação da pauta de conduta.

A acessoriedade da questão incidental pode, em alguns casos, ter efeitos absolutos sobre o incidente processual, mas isso só ocorreria se o resultado afetasse exclusivamente aquele processo específico. No contexto de múltiplos recursos que dependem do resultado do incidente, mesmo que alguns recursos, como os paradigmas, tenham maior relevância na aplicação da técnica, essa acessoriedade não possui amplo alcance. Como mencionado anteriormente, essa característica é própria da questão incidental, e não do incidente processual em si.

Cogita-se, ainda, se o termo acessoriedade é o mais adequado, dado que pode gerar dúvidas ao implicar que o acessório sempre segue o destino do principal, o qual deve servir. Portanto, outro termo pode ser utilizado, como "conexidade", para evitar entendimentos inadequados. Imaginando-se a conexão entre o feito principal e o incidente processual, nada impediria que esse vínculo fosse desfeito sem acarretar efeitos colaterais ao incidente. Esse continuaria existindo, pois os efeitos dele resultantes aprimorariam o julgamento de outros feitos, aperfeiçoando o sistema e sua estrutura interpretativa dos direitos.

Importa ressaltar que a finalidade da apresentação de uma pauta de conduta, decorrente do julgamento de recursos repetitivos, é possibilitar um tratamento isonômico aos jurisdicionados e assegurar maior segurança jurídica.

3.2.1.2 Acidentabilidade

A questão incidental possui como elemento essencial à acidentabilidade. Essa característica é a mais perceptível, pois a noção de incidente se fundamenta no fato de que algo que não pertence ao curso normal dos acontecimentos acomete o curso processual, ocasionando uma anormalidade ou alteração.

Considerando a acidentabilidade sob a óptica do incidente de julgamento dos recursos extraordinários repetitivos, pode-se perceber que a questão incidental surge quando se verifica a existência de múltiplos recursos que versam sobre idêntica questão de direito (questão constitucional qualificada). Percebida essa ocorrência, e projetando-se o incidente, o curso normal do seguimento recursal é alterado, ou seja, acometido por um incidente processual com procedimento separado. Veja-se:

> (...) há um caminho a ser percorrido até que o processo chegue a seu final. Estão previstos atos e fases necessários para que ele se desenvolva no itinerário já previsto e planejado. Há questões que devem ser resolvidas naturalmente através dos atos inseridos na cadeia procedimental. Podem, entretanto, surgir questões que exigirão a prática de outros atos processuais fora da sequência procedimental. São questões que se caracterizam justamente pelo fato de necessitarem desses novos atos processuais para serem resolvidas, ocasionando desvios no procedimento principal, ou levando a instauração de procedimentos laterais ou até mesmo a formação de novos processos paralelos. (...) Estas questões são as questões incidentais. Com elas há, portanto, algo de diferente, estranho, que foge do essencial do processo e produz alterações procedimentais.[17]

O curso normal de análise do recurso extraordinário compreende o juízo de admissibilidade (quantos forem previstos em lei, exercido por diversos órgãos jurisdicionais) e, superado esse, o juízo de mérito (com possível exame de questões prejudiciais).

Ocorrendo o incidente, o curso normal será alterado, pois identificam-se alguns recursos representativos da controvérsia que serão

---

[17] FERNANDES. *Incidente processual*: questão incidental, procedimento incidental, p. 51.

julgados pelo STF, enquanto os demais recursos seriais permanecerão sobrestados aguardando a pauta de conduta que será aplicada como precedente.

Apresentada a pauta de conduta, deverá se observar o entendimento estabelecido e aplicar aos demais recursos sobrestados, observando-se, necessariamente, as possíveis distinções.

Assim, afeta-se o curso normal do recurso extraordinário sobrestado, caracterizando a acidentabilidade da questão incidental. Além disso, não apenas os recursos extraordinários sobrestados serão afetados, como outros processos em diferentes fases processuais, como a aplicação da tutela de evidência, o julgamento liminar de improcedência, o julgamento parcial antecipado do mérito e os julgamentos unipessoais do relator, todos fundamentados no resultado do julgamento de incidentes de recursos extraordinários repetitivos.

3.3 Procedimento incidental

3.3.1 Conceito e características

Afirma-se que o procedimento é a forma adotada pelo método de resolução de conflitos, como destacam Teresa Arruda Alvim e José Miguel Garcia Medina, com o escopo de realizar atos que exteriorizem os efeitos do fenômeno processual.[18]

Na lição de Sérgio Shimura, Anselmo Prieto Alvarez e Nelson Finotti Silva, "o procedimento indica a forma física e estrutural lógica de concretização do ato ou providência pelo interveniente na relação jurídica processual",[19] ocorrendo, assim, o encadeamento de atos com o intuito de direcionar o processo ao seu fim.[20]

Sabe-se que o curso normal do processo é dividido por fases processuais, cada uma comportando determinados procedimentos. Concomitante a esses, podem surgir procedimentos incidentais devido

---

18 Destaca-se a diferença entre processo e procedimento, afirma-se que "enquanto para o *processo* importa a finalidade, bem como a relação existente entre os sujeitos do processo (partes e órgão jurisdicional), ao *procedimento* liga-se a ideia de realização sucessiva de atos, que manifestam como aspecto exterior ao fenômeno (MEDINA, José Miguel Garcia; WAMBIER, Teresa Arruda Alvim. *Parte geral do processo do conhecimento. processo civil moderno.* São Paulo: Editora Revista dos Tribunais, 2009. p. 52).

19 SHIMURA, Sérgio; ALVAREZ, Anselmo Prieto; SILVA, Nelson Finotti. *Curso de Direito Processual Civil*. 3. ed. Rio de Janeiro: Forense; São Paulo: Método, 2013. p. 93.

20 SHIMURA; ALVAREZ; SILVA. *Curso de Direito Processual Civil*, p. 94.

à existência de um incidente processual que exija uma via autônoma estruturalmente, mas com vinculação funcional.

Sobre o assunto, José Frederico Marques afirma que "se a questão *incidental* é simples e se resolve *de plano*, não chega a formar-se um verdadeiro procedimento dentro da relação processual", sendo que, noutra perspectiva, existem situações "em que vários são os atos para a solução do incidente, conjugando-se todos eles em razão dessa finalidade e dando origem, assim, a verdadeiro procedimento acessório",[21] denominado como procedimento incidental.

Se a questão incidental – como aquela relacionada à multiplicidade de recursos extraordinários que discutam idêntica questão de direito – fosse simples de resolver, ou mesmo resolúvel de plano, não seria necessário um momento diferenciado para isso.

Identificando esse complexo problema no âmbito do Poder Judiciário, que afeta especificamente os jurisdicionados e o STF, o legislador propõe uma disciplina diferenciada para a resolução dessa questão.

3.3.1.1 Autonomia estrutural

A autonomia estrutural é a razão de existir do procedimento incidental. Como anteriormente exposto, alguns incidentes processuais podem ser delineados dentro do mesmo procedimento em que se detectou a questão incidental. Outros, contudo, exigem um procedimento autônomo, com estrutura própria, seja por sua complexidade ou por mero interesse do legislador. É dessa forma que Antonio Scarance Fernandes compreende a exigibilidade dessa característica, considerando-a

> fundamental para a existência do procedimento incidental é que ele seja autônomo em relação ao procedimento principal, caracterizando-se também ele como uma *fattispecie* complexa, formada de uma série de atos, ligados em face do efeito a ser obtido com o último ato da sequência. (...) É o legislador que, em face do interesse na existência da decisão separada a respeito de determinadas questões, determinará ou possibilitará que haja instauração de procedimento separado.[22]

---

21 MARQUES. *Instituições de Direito Processual*, v. 3, p. 31.

22 FERNANDES. *Incidente processual*: questão incidental, procedimento incidental, p. 88.

Além desses aspectos, é nítida a diferença entre a fase processual e o incidente processual, assim como os respectivos procedimentos a serem adotados em cada um deles. O vocábulo "fase" refere-se a uma parte integrante de determinado procedimento, estando sempre relacionada ao todo e, portanto, existindo obrigatoriamente como um momento essencial para o desenvolvimento do processo. A fase processual é o momento obrigatório existente no método institucional de solução de conflitos, sempre compondo o desenvolvimento do processo até que se obtenha o resultado. O procedimento é o meio adotado pelo método para exteriorizar os efeitos decorrentes dos fenômenos processuais. Por isso, afirma-se que o procedimento incidental detém autonomia estrutural, pois a forma com que o incidente processual manifesta seus efeitos é diferente e separada daquela adotada pelo procedimento principal.

Para visualizar essa perspectiva, considera-se o incidente de resolução de recursos extraordinários repetitivos. Devido à sua complexidade, esse incidente envolve uma multiplicidade de recursos que, embora fundamentados em idêntica questão de direito, possuem peculiaridades, como diferentes órgãos jurisdicionais, distintos momentos processuais e variadas situações de fato delineadas no pronunciamento jurisdicional. Por isso, ele requer uma estrutura diferenciada e separada do procedimento principal. A escolha do legislador em instrumentalizar esse incidente com um procedimento autônomo foi acertada.

3.3.1.2 Vinculação funcional

A autonomia do procedimento incidental restringe-se à sua estrutura, pois sua funcionalidade (resultado obtido ao final) vincula-se ao efeito existente no processo principal. Como sugere Antonio Scarance Fernandes, "a vinculação funcional do procedimento incidental ao procedimento principal decorre da própria circunstância de ele surgir no desenvolvimento do processo e dele depender".[23] Resgatando a tentativa de alguns estudiosos em especificar como se apresenta essa vinculação, Antonio Scarance Fernandes expõe seus respectivos posicionamentos. Veja-se:

> Sabatini ressalta a ligação do procedimento incidental ao processo, especificando os seguintes itens que identificariam essa ligação: no seu

---

[23] FERNANDES. *Incidente processual*: questão incidental, procedimento incidental, p. 90.

> pressuposto, que é constituído por situação jurídica própria de uma relação processual em ato ou exaurida; b) na causa, enquanto o interesse que desenvolve é um interesses que dá relevo à atuação da relação processual; c) no seu escopo, porque o desenvolvimento autônomo de situações jurídicas próprias da relação processual principal concorre à consolidação dessa última; d) na destinação, porque exaurido no seu desenvolvimento, o procedimento incidental é absorvido no processo principal, como uma fase dele. (...) De forma mais sintética, Gianzi mostra que há uma dúplice ligação entre o procedimento incidental e o principal: a) a questão que é objeto do procedimento incidental nasce no âmbito do procedimento principal; b) o resultado final do procedimento incidental, podendo ter em si autônomo significado jurídico, se põe como momento do processo pois representa a consolidação de uma determinada situação que no processo estende seus efeitos.[24]

Constata-se que os itens que identificam a vinculação funcional, conforme apontado por Sabati e Gianzi, estão corretos, guardadas as peculiaridades de cada posicionamento. Em contrapartida, reputa-se equivocado o entendimento exposto por Antonio Scarance Fernandes sobre esse suposto vínculo funcional do procedimento incidental. O autor afirma que a ligação existente decorre tanto da circunstância de surgimento a partir do procedimento principal quanto da dependência deste. Entende-se, com o devido acatamento, que o autor supracitado se equivoca nesse aspecto, assim como ao sustentar que a dependência da questão incidental é uma forma de acessoriedade.

Existem procedimentos incidentais cuja dependência em relação ao procedimento principal resume-se à necessidade de um para o surgimento do outro, tornando-se, em seguida, absolutamente autônomos. O incidente de resolução de recursos extraordinários repetitivos retrata adequadamente essa circunstância, uma vez que seu objetivo final é estabelecer uma pauta de conduta para o julgamento dos demais recursos repetitivos. Sua função é, portanto, julgar a questão afetada nesses recursos. Se a compreensão fosse diversa, no sentido da indissolúvel vinculação funcional, sempre que o recorrente que teve seu recurso selecionado como paradigma desistisse do direito de recorrer, a técnica incidental estaria prejudicada. Ao contrário, sabe-se que havendo a desistência do recurso paradigma pelo recorrente, sobrevive a tese, que será examinada para a formulação da pauta de conduta a ser observada

---

[24] FERNANDES. *Incidente processual*: questão incidental, procedimento incidental, p. 90-91.

no julgamento dos demais recursos repetitivos sobrestados. Assim, a vinculação funcional, como compreende Antonio Scarance Fernandes, não pode ser adotada como característica do procedimento incidental.

Apresentadas essas considerações sobre "incidente processual", pode-se refletir sobre o incidente de resolução de recursos extraordinários repetitivos com uma abordagem técnica mais exata.

4 Julgamento de recursos extraordinários repetitivos: um incidente processual

O incidente de resolução de recursos extraordinários repetitivos confere tratamento adequado a uma multiplicidade de recursos que sejam fundamentados em idêntica questão de direito.

A via recursal normal exige o julgamento individualizado de cada um desses recursos, sendo que no incidente de resolução de recursos extraordinários repetitivos ocorrerá o julgamento de cada um dos recursos, mas a partir de uma mesma pauta de conduta apresentada como resultado.

Trata-se, de acordo com Bruno Dantas, de tutela pluri-individual, por apresentar-se "como a atividade estatal voltada à justa composição das lides concernentes a direitos individuais homogêneos", sendo que essas se multiplicam em diversos processos judiciais nos quais exista controvérsia sobre idênticas questões de direito, "de modo a, por um lado, racionalizar e atribuir eficiência ao funcionamento do Poder Judiciário e, por outro, assegurar a igualdade e a razoável duração do processo".[25]

O incidente de resolução de recursos extraordinários repetitivos permite a existência de outra via no âmbito recursal, sendo um momento processual em que a multiplicidade de recursos repetitivos se torna o objeto sobre o qual se almeja uma decisão de caráter paradigmático.

Portanto, o incidente de resolução de recursos extraordinários repetitivos tem como objetivo apresentar uma pauta de conduta para julgamento daqueles recursos seriais, pois esses são fundamentados em idêntica questão de direito.

Destaca-se que a aplicação da pauta de conduta estabelecida não se limita aos recursos sobrestados, uma vez que será utilizada para a

---

[25] DANTAS, Bruno. Jurisdição coletiva, ideologia coletivizante e direitos fundamentais. *Revista de Processo: RePro*, São Paulo, v. 251, p. 353, 2016.

solução de outros casos que, igualmente, se ocupem daquela questão de direito resolvida.

Assim, Bruno Dantas ressalta a existência de consequências práticas que potencializam o resultado dos julgamentos dos "casos repetitivos", destacando:

> A possibilidade de concessão da tutela da evidência quando a tese jurídica invocada pelo autor já tiver sido decidida em sede de casos repetitivos[26]
> a possibilidade de rejeição liminar do pedido quando este for contrário ao que já tiver sido decidido em sede de casos repetitivos;[27]
> o não cabimento da remessa *ex officio* quando a sentença estiver em consonância com o julgamento adotado em casos repetitivos;[28]
> a dispensa da caução na execução provisória quando a sentença exequenda estiver em consonância com tese jurídica fixada em sede de casos repetitivos;[29]
> a realização de audiências públicas, a possibilidade de modulação dos efeitos e necessidade de fundamentação adequada e específica, na hipótese de alteração de entendimento jurisprudencial fixado em casos repetitivos;[30]
> concessão de poderes ao Relator para negar monocraticamente seguimento a recursos fundados em tese jurídica contrária ao que foi

---

26 "Art. 311.A tutela da evidência será concedida, independentemente da demonstração de perigo de dano ou de risco ao resultado útil do processo, quando:
(...)
II - as alegações de fato puderem ser comprovadas apenas documentalmente e houver tese firmada em julgamento de casos repetitivos ou em súmula vinculante (...)."

27 "Art. 332.Nas causas que dispensem a fase instrutória, o juiz, independentemente da citação do réu, julgará liminarmente improcedente o pedido que contrariar:
II - acórdão proferido pelo Supremo Tribunal Federal ou pelo Superior Tribunal de Justiça em julgamento de recursos repetitivos;
III - entendimento firmado em incidente de resolução de demandas repetitivas ou de assunção de competência."

28 "Art. 496. Está sujeita ao duplo grau de jurisdição, não produzindo efeito senão depois de confirmada pelo tribunal, a sentença:
§4º Também não se aplica o disposto neste artigo quando a sentença estiver fundada em:
II - acórdão proferido pelo Supremo Tribunal Federal ou pelo Superior Tribunal de Justiça em julgamento de recursos repetitivos;
III - entendimento firmado em incidente de resolução de demandas repetitivas ou de assunção de competência."

29 "Art. 521. A caução prevista no inciso IV do art. 520 poderá ser dispensada nos casos em que:
(...)
IV - a sentença a ser provisoriamente cumprida estiver em consonância com súmula da jurisprudência do Supremo Tribunal Federal ou do Superior Tribunal de Justiça ou em conformidade com acórdão proferido no julgamento de casos repetitivos."

30 "Art. 927. Os juízes e os tribunais observarão:
(...)

decidido pelo STF ou STJ em sede de casos repetitivos[31] ou para dar monocraticamente provimento, na hipótese contrária.[32] [33]

Na análise do incidente de resolução de demandas repetitivas, Aluísio Gonçalves de Castro Mendes e Sofia Temer destacam aspectos relevantes que podem ser aplicados, por analogia, ao incidente de resolução de recursos extraordinários repetitivos. Isso se justifica porque o CPC de 2015 classifica ambos sob a categoria de "julgamento de casos repetitivos".

Inicialmente, conforme explicado, a ausência da adoção do vocábulo "incidente" não descaracteriza a natureza do que constitui um incidente.

A segmentação do procedimento normal dos recursos extraordinários tem como objetivo criar um ambiente diferenciado de discussão, afetação e resolução da questão jurídica, de natureza objetiva (ou mesmo abstrata). Isso permite que, em seguida, a orientação resultante do pronunciamento jurisdicional formalizado no incidente seja aplicada a outros recursos (ou processos) em que a mesma questão de direito seja levantada.

---

§2º A alteração de tese jurídica adotada em enunciado de súmula ou em julgamento de casos repetitivos poderá ser precedida de audiências públicas e da participação de pessoas, órgãos ou entidades que possam contribuir para a rediscussão da tese.
§3º Na hipótese de alteração de jurisprudência dominante do Supremo Tribunal Federal e dos tribunais superiores ou daquela oriunda de julgamento de casos repetitivos, pode haver modulação dos efeitos da alteração no interesse social e no da segurança jurídica.
§4º A modificação de enunciado de súmula, de jurisprudência pacificada ou de tese adotada em julgamento de casos repetitivos observará a necessidade de fundamentação adequada e específica, considerando os princípios da segurança jurídica, da proteção da confiança e da isonomia."

31 "Art. 932. Incumbe ao relator:
(...)
IV - negar provimento a recurso que for contrário a:
b) acórdão proferido pelo Supremo Tribunal Federal ou pelo Superior Tribunal de Justiça em julgamento de recursos repetitivos;
c) entendimento firmado em incidente de resolução de demandas repetitivas ou de assunção de competência."

32 "(...)
V - depois de facultada a apresentação de contrarrazões, dar provimento ao recurso se a decisão recorrida for contrária a:
(...)
b) acórdão proferido pelo Supremo Tribunal Federal ou pelo Superior Tribunal de Justiça em julgamento de recursos repetitivos;
c) entendimento firmado em incidente de resolução de demandas repetitivas ou de assunção de competência."

33 DANTAS. Jurisdição coletiva, ideologia coletivizante e direitos fundamentais, p. 356-357.

Esse momento processual é decorrente do surgimento de uma questão incidental, caracterizada por sua acidentabilidade e acessoriedade, pois a multiplicidade de recursos extraordinários fundamentados em idêntica questão de direito exige atenção e tratamento processual diferenciado.

Existe uma limitação das questões jurídicas controvertidas que serão objeto do incidente de resolução de recursos extraordinários repetitivos, o que confirma o caráter de objetivação do incidente processual e se potencializa a partir de uma relação direta com a objetivação inerente ao recurso extraordinário.

A vinculatividade e a autonomia estrutural do procedimento incidental são identificadas na diferenciação entre o julgamento dos recursos extraordinários e o julgamento do incidente, o que se evidencia pela disposição expressa sobre a desistência, afetação da questão a ser decidida ou o abandono do recurso paradigma.

Além disso, o ambiente de debate no âmbito do incidente de resolução de recursos extraordinários repetitivos diferencia ainda mais os aspectos procedimentais existentes entre o recurso extraordinário e o incidente processual em questão.

O aperfeiçoamento do resultado do processo ocorre com a apresentação de uma mesma pauta de conduta a recursos que discutam idêntica questão de direito. Isso é realizado em um contraditório substancial, mediante convocação de audiência pública, que conferirá à decisão formalizada um aprimoramento qualitativo, além de maior legitimidade e aceitabilidade social e institucional.

5 A audiência pública como espaço democrático de legitimidade das decisões formalizadas no incidente de recursos extraordinários repetitivos

A Constituição Federal de 1988 manteve o modelo misto de controle judicial de constitucionalidade, previsto desde a Constituição de 1934. Trata-se de um modelo mais complexo e sofisticado, no qual a fiscalização da constitucionalidade dos atos emanados dos poderes públicos pode ensejar efeitos de natureza individual ou contra todos.[34]

[34] Sobre o tema conferir, entre outros: ABBOUD, Georges. *Processo constitucional brasileiro*. São Paulo: Revista dos Tribunais, 2016; MENDES, Gilmar Ferreira. *Direitos fundamentais e*

Em consonância com a Constituição Federal de 1988, o controle judicial abstrato de normas incide sobre lei ou ato normativo federal, estadual ou municipal, a depender da ação utilizada – ação direta de inconstitucionalidade (ADI), ação declaratória de constitucionalidade (ADC), ação direta de inconstitucionalidade por omissão (ADO) ou arguição de descumprimento de preceito fundamental (ADPF). O processo de fiscalização abstrata de constitucionalidade é marcadamente objetivo, não comportando partes, litisconsórcio ou assistência, em atenção ao princípio da acessibilidade limitada, embora tal afirmação não seja isenta de críticas. Diferentemente do controle incidental, no qual a discussão sobre a inconstitucionalidade figura como questão prejudicial,[35] no controle por via de ação direta ou principal, o juízo de inconstitucionalidade é o próprio objeto da ação, portanto, a questão principal a ser enfrentada. Nesse caso, o tribunal deve manifestar-se diretamente sobre a (in)constitucionalidade da lei. Sua função, diz a doutrina majoritária, é atuar enquanto legislador negativo, retirando do ordenamento a norma que contraria a constituição. Com efeito, o controle abstrato e por via de ação direta não admite fase probatória, tendo em vista que a discussão envolve questões estritamente de direito.

Com as edições das Lei nº 9.868, de 10 de novembro de 1999,[36] e da Lei nº 9.882,de 3 de dezembro de 1999,[37] foram inseridos na jurisdição constitucional brasileira alguns institutos até então desconhecidos. Entre eles, destacam-se o *amicus curiae* e a audiência pública para a manifestação de *experts* sobre temas técnicos que envolvem distintas áreas do conhecimento. Ambos os institutos têm o objetivo de conferir maior legitimidade democrática e técnica às decisões proferidas pela Suprema Corte nos controles abstrato e concreto de constitucionalidade.

Extraído da experiência inglesa, o *amicus curie* permite que entidades representativas e pessoas naturais apresentem novos argumentos no debate a ser travado na Corte.[38] Embora sua participação não implique, a

---

controle de constitucionalidade. 4. ed. São Paulo, 2014; MENDES, Gilmar Ferreira. *Jurisdição constitucional*. 6. ed. São Paulo: Saraiva, 2014.

35 FERNANDES. *Prejudicialidade*.

36 Conferir: BARROSO. *O controle de constitucionalidade no Direito brasileiro*; MENDES, Gilmar Ferreira. *Controle abstrato de constitucionalidade*: ADI, ADC e ADO. São Paulo: Saraiva, 2014.

37 Conferir: MENDES, Gilmar Ferreira. *Arguição de descumprimento de preceito fundamental*. 2. ed. São Paulo: Saraiva, 2011.

38 Conferir, entre outros, a respeito da *performance* do *amicus curiae* no STF: MEDINA, Damares. *Amicus curiae*: amigo da Corte ou amigo da parte? São Paulo: Saraiva, 2010; Para um exame panorâmico da atuação do *amicus curie* no processo civil brasileiro, conferir: BUENO, Cassio

princípio, a assunção de uma posição a favor ou contra a tese levantada pelo legitimado que provoca a jurisdição constitucional (concreta ou abstrata), é inegável que o instituto pode exercer a importante função de auxiliar a corte, seja evitando uma decisão equivocada, seja aprimorando e qualificando substancialmente uma posição sustentada por ela.

Por sua vez, a audiência pública consiste na convocação de pessoas com experiência e notória autoridade na matéria levada a conhecimento da corte. O objetivo de sua utilização é esclarecer questões técnicas,[39] administrativas, políticas, econômicas e jurídicas, além de promover uma jurisdição constitucional mais democrática.[40]

A audiência pública busca, entre outros propósitos, ampliar a legitimidade democrática das decisões do STF, em ações, recursos e incidentes, bem como dirimir questões técnicas e colher colaborações de especialistas a respeito de temáticas multidisciplinares que estão fora do campo de compreensão dos ministros. A ausência de tais esclarecimentos por especialistas pode comprometer a qualidade das razões de decidir que constarão do precedente a ser formado pela Suprema Corte.

Dado o alcance das decisões formalizadas, sustenta-se que a audiência pública é um requisito indispensável e obrigatório no procedimento do incidente de resolução dos recursos extraordinários repetitivos. Isso se deve às capacidades institucionais do STF para lidar com questões multidisciplinares complexas, que costumam emergir em processo seriais que chegam à Suprema Corte. Além disso, a audiência pública é essencial para conferir maior legitimidade democrática aos pronunciamentos jurisdicionais lançados nessa espécie de incidente, considerando os impactos de seus efeitos sobre processos análogos e o caráter paradigmático que passam a representar para os demais tribunais e juízes.

Scarpinella. *Amicus curiae* e a evolução do Direito Processual Civil brasileiro. *In:* MENDES, Aluísio Gonçalves de Castro; WAMBIER, Teresa Arruda Alvim (org.). *O processo em perspectiva*. São Paulo: Revista dos Tribunais, 2013. p. 105-129; MOREIRA, Felipe Augusto de Toledo. *Amicus curiae*. *In:* WAMBIER, Luiz Rodrigues; WAMBIER, Teresa Arruda Alvim (coord.). *Temas essenciais do novo CPC*. São Paulo: Revista dos Tribunais, 2016. p. 135-138.

[39] Cassio Scarpinella Bueno afirma que as audiências públicas consistem em verdadeiros ambientes de produção e colheita de provas técnicas, testemunhais e depoimentos no controle de constitucionalidade. Conferir a respeito em: *Amicus curiae* e audiências públicas na jurisdição constitucional – reflexões de um processualista civil. *Revista Brasileira de Estudos Constitucionais – RBEC*, Belo Horizonte, ano 16, n. 24, out./dez. 2012.

[40] Consultar o conceito geral de audiência pública no Direito Administrativo, entre outros: BIM, Eduardo Fortunato. *Audiências públicas*. São Paulo: Revista dos Tribunais, 2014.

Dessa forma, o art. 1.038, inciso II, do novo CPC, observando a filosofia do modelo constitucional de processo democrático,[41] deverá ser interpretado como um dever-poder do relator,[42] nas hipóteses de julgamento do incidente de resolução do recurso extraordinário repetitivo, a propiciar o fomento de uma prática de construção da decisão judicial orientada pelo verdadeiro diálogo social. Essa dinâmica democrática do processo decisório do incidente de resolução dos recursos extraordinários repetitivos promoverá a participação de pessoas que possam contribuir com a Corte, aprimorando a tese a ser fixada para ulterior formação de precedente.[43]

Definitivamente, ao permitir que atores[44] além dos sujeitos processuais contribuam com informações e tendências ao processo, influenciando de forma comparticipativa[45] a interpretação constitucional

---

[41] Sobre a ideia de modelo constitucional de processo democrático, conferir: BUENO, Cassio Scarpinella. *Manual de Direito Processual Civil*. São Paulo: Saraiva, 2015. p. 37 e ss.; BUENO, Cassio Scarpinella. O modelo constitucional do Direito Processual Civil: um paradigma necessário de estudo do Direito Processual Civil e algumas de suas aplicações. *Revista de Processo: RePro*, São Paulo, v. 161, jul. 2008; MARINONI, Luiz Guilherme; ARENHART, Sérgio Cruz; MITIDIERO, Daniel. *O novo processo civil*. São Paulo: Revista dos Tribunais, 2015, p. 80 e ss.; WAMBIER, Luiz Rodrigues; TALAMINI, Eduardo. *Curso avançado de processo civil*. 15. ed. São Paulo: Revista dos Tribunais, 2015. p. 57 e ss.; THEODORO JÚNIOR, Humberto. O processo civil brasileiro contemporâneo iluminado pelos princípios constitucionais. *In:* MENDES, Aluísio Gonçalves de Castro; WAMBIER, Teresa Arruda Alvim (org.). *O processo em perspectiva*. São Paulo: Revista dos Tribunais, 2013. p. 173-200.

[42] Sobre o tema *dever-poder do relator*, sob a égide do CPC de 2015, conferir, entre outros: BUENO, Cassio Scarpinella. *Novo Código de Processo Civil*. 2. ed. São Paulo: Saraiva, 2016. p. 749-750; OLIANI, José Alexandre Manzano. Atribuições e poderes do relator no NCPC. *In:* WAMBIER, Luiz Rodrigues; WAMBIER, Teresa Arruda Alvim. (coord.). *Temas essenciais do novo CPC. Temas* São Paulo: Revista dos Tribunais, 2016. p. 579-585. Em relação ao tema, a partir de enfoque do CPC de 1973, examinar, com muito proveito, CARVALHO, Fabiano. *Poderes do relator*: art. 557 do CPC. São Paulo, Saraiva, 2008.

[43] Conferir, nesse sentido, FREIRE, Alexandre. Art. 1.038. *In:* CABRAL, Antonio do Passo; CRAMER, Ronaldo (org.) *Comentários ao novo Código de Processo Civil*. Rio de Janeiro: Forense, 2015. p. 1533; MARINONI, Luiz Guilherme; ARENHART, Sérgio Cruz; MITIDIERO, Daniel. *Novo Código de Processo Civil Comentado*. São Paulo: Revista dos Tribunais, 2015. p. 983; WAMBIER, Teresa Arruda Alvim. Recursos extraordinário e especial repetitivos. *In:* WAMBIER, Luiz Rodrigues; WAMBIER, Teresa Arruda Alvim (coord.). *Temas essenciais do novo CPC*. São Paulo: Revista dos Tribunais, 2016. p. 612.

[44] Para Nelson Nery Junior e Rosa Maria de Andrade Nery (*Comentários ao Código de Processo Civil*. São Paulo: Revista dos Tribunais, 2015. p. 2215), "(...) pessoas, órgãos e entidades que tenham alguma vinculação com a controvérsia podem se manifestar em circunstâncias envolvendo a questão discutida nos recursos. E, qual ocorre naquela situação, a participação de tais e órgãos não se confunde com a participação de *Amicus curiae*: neste caso, a pessoa, órgão ou entidade deve auxiliar o juízo no esclarecimento da matéria que é posta em discussão. (...)".

[45] Sobre o modelo de comparticipação ou cooperativo processual, com ampla e especializada referência, consultar: ARRUDA ALVIM. *Novo contencioso cível no CPC/2015*. São Paulo: Revista dos Tribunais, 2016. p. 61-64; MARINONI, Luiz Guilherme; ARENHART, Sérgio

sobre a questão afetada – ou prejudicial ao seu exame a – ser resolvida mediante o incidente de resolução de recursos extraordinários repetitivos, o STF ampliará o substrato de legitimação da decisão, implicando em maior aceitabilidade social dos argumentos que assentarão as razões de decidir e servirão de horizontes interpretativos para casos futuros. No mais, a audiência pública garante aos sujeitos do processo, *amicus curiae* e demais terceiros intervenientes, proteção contra pronunciamentos jurisdicionais desprovidos de qualidade informativa, colhidas de forma açodada ou examinadas sem o olhar de técnicos, que podem oferecer, por exemplo, uma *independent expert opinion*[46] sobre questões de alta complexidade técnica (sobre matéria de direito ou circunstâncias de fato). Por outro lado, é inegável o caráter informativo ambivalente, pois as audiências públicas exercem uma dupla função: possibilitam ampla divulgação de questão constitucional qualificada submetida à Suprema Corte e fornecem aos ministros novos argumentos e pareceres técnicos sobre o tema do objeto litigioso da ação, recurso ou incidente.[47]

5.1 Procedimento para realização de audiências públicas no STF

Embora a previsão da audiência pública tenha ocorrido em 1999 em razão das edições da Leis nº 9.868/1999 e 9.882/1999 e, mais recentemente, com o advento da Lei nº 12.562, de 21 de dezembro de 2011,

---

Cruz; MITIDIERO, Daniel. *O novo processo civil*. São Paulo: Revista dos Tribunais, 2015. p.174-177; THEODORO JÚNIOR, Humberto; NUNES, Dierle; BAHIA, Alexandre Melo Franco; PEDRON, Flávio Quinaud. *Novo CPC*: fundamentos e sistematização. 2. ed. Rio de Janeiro: Forense, 2015. p. 69-162; WAMBIER, Teresa Arruda Alvim; CONCEIÇÃO, Maria Lúcia Lins; RIBEIRO, Leonardo Ferres da Silva; MELLO, Rogério Licastro Torres de. *Primeiros comentários ao Novo Código de Processo Civil*. São Paulo: Revista dos Tribunais, 2015. p. 62.

[46] Sobre o tema, consultar, entre outros: DAHDAL, Andrew. The admissibility of expert opinion economic evidence in judicial review. *Macquarie Journal of Business Law*, [S. l.], v. 3, p. 63-78, 2006; DURNEY, Peter M.; FITZPATRIC, Julianne C. Retaining and disclosing expert witnesses: A global perspective. *Defense Counsel Journal*, [S. l.], v. 83, p. 17-31, 2016; KUMAR, Miiko. Admissibility of expert evidence: Proving the basis for an expert's opinion. *Sydney Law Review*, [S. l.], v. 33, p. 427-458, 2011; MAURER, Virginia G. Compelling the expert witness: fairness and utility under the Federal rules of civil procedural. *Georgia Law Review*, [S. l.], v. 19, p. 71-122, 1984; PHAN, Trang, CARUSO, David. The basisoftherule: the role os thebasisrule in theadmissibilityof expert opinion. *Federal Law Review*, [S. l.], v. 43, p. 313-337, 2015; PHILIPS, Edward. The admissibility of expert Forensic Evidence under English Law. *Studia Iuridica Auctoritate Universitatis Specs Publicata*, [S. l.], v. 148, p. 241-258, 2011.

[47] Sobre o tema, sob a óptica do processo administrativo, consultar: OLIVEIRA, Gustavo Henrique Justino de. As audiências públicas e o processo administrativo brasileiro. *Revista Trimestral de Direito Público*, São Paulo, n. 21, p. 168, 1998.

o STF designou a primeira audiência somente em 19 de dezembro de 2006. Diante da inexistência de regulamentação pormenorizada da audiência pública, utilizou-se, naquela ocasião, o Regimento Interno da Câmara dos Deputados (RICD) (arts. 255 a 258).[48] No entanto, o relator não aplicou o regramento da Câmara dos Deputados em sua completude, pois realizou ajustes para adequá-lo às especificidades de uma audiência de caráter jurisdicional.

O disciplinamento das audiências públicas no âmbito do STF ocorreu posteriormente. Em 20 fevereiro de 2009, publicou-se no Diário de Justiça Eletrônico do STF a Emenda Regimental (ER) nº 29, editada no dia 18 de fevereiro, em sessão administrativa, presidida pelo então Presidente da Corte, Ministro Gilmar Ferreira Mendes, que autoriza ao presidente da Suprema Corte convocar audiência pública com o objetivo de ouvir pessoas com notória experiência e conhecimentos específicos sobre determinada matéria submetida à apreciação do Supremo. De acordo com a referida emenda regimental, a audiência pública será realizada sempre que o presidente entender necessário o esclarecimento de questões ou circunstâncias de fato, com repercussão geral e de interesse público relevante, que sejam questionadas perante o Tribunal. Perceba-se que a designação não se dará apenas quando

---

[48] "Art. 255. Cada Comissão poderá realizar reunião de audiência pública com entidade da sociedade civil para instruir matéria legislativa em trâmite, bem como para tratar de assuntos de interesse público relevante, atinentes à sua área de atuação, mediante proposta de qualquer membro ou a pedido de entidade interessada.
Art. 256. Aprovada a reunião de audiência pública, a Comissão selecionará, para serem ouvidas, as autoridades, as pessoas interessadas e os especialistas ligados às entidades participantes, cabendo ao Presidente da Comissão expedir os convites.
§1º Na hipótese de haver defensores e opositores relativamente à matéria objeto de exame, a Comissão procederá de forma que possibilite a audiência das diversas correntes de opinião
§2º O convidado deverá limitar-se ao tema ou questão em debate e disporá, para tanto, de vinte minutos, prorrogáveis a juízo da Comissão, não podendo ser aparteado.
§3º Caso o expositor se desvie do assunto, ou perturbe a ordem dos trabalhos, o Presidente da Comissão poderá adverti-lo, cassar-lhe a palavra ou determinar a sua retirada do recinto.
§4º A parte convidada poderá valer-se de assessores credenciados, se para tal fim tiver obtido o consentimento do Presidente da Comissão.
§5º Os Deputados inscritos para interpelar o expositor poderão fazê-lo estritamente sobre o assunto da exposição, pelo prazo de três minutos, tendo o interpelado igual tempo para responder, facultadas a réplica e a tréplica, pelo mesmo prazo, vedado ao orador interpelar qualquer dos presentes.
Art. 257. Não poderão ser convidados a depor em reunião de audiência pública os membros de representação diplomática estrangeira.
Art. 258. Da reunião de audiência pública lavrar-se-á ata, arquivando-se, no âmbito da Comissão, os pronunciamentos escritos e documentos que os acompanharem.
Parágrafo único. Será admitido, a qualquer tempo, o traslado de peças ou fornecimento de cópias aos interessados."

questões de alta complexidade forem veiculadas em ações do controle abstrato de constitucionalidade, mas, igualmente, em ações civis originárias e incidentes surgidos no seguimento de recursal.

Examinando-se o RISTF, verifica-se que a emenda alterou o art. 13, que se refere às atribuições do presidente da Suprema Corte; art. 21, que disciplina as atribuições do relator; e o art. 363, que dispõe que a convocação de audiência pública se dará mediante despacho exarado pelo Presidente do Tribunal. No mais, o art. 154 passou a dispor de forma minudente a respeito da amplitude da divulgação: prazo para indicação das pessoas a serem ouvidas; assegura o equilíbrio de opiniões plurais; veiculação da audiência pública por meio da TV Justiça e pela Rádio Justiça; registro dos trabalhos e consequente juntada dos documentos no processo ou arquivamento do material coletado no âmbito da Presidência da Corte.

Nota-se que a emenda regimental não traz inovações significativas sobre o tema, pois limita-se a reproduzir, com algumas particularidades, categorias versadas nas Leis nº 9.868/1999 e 9.882/1999, ou regras contidas no RICD. Porém, um ponto merece destaque: de acordo com a emenda, o tempo de exposição de cada participante é fixado pelo ministro que presidir a audiência, cabendo-lhe administrar a sustentação do expositor de acordo com o número de inscritos, de modo a assegurar adequada dinâmica ao longo da audiência e não comprometer a simetria de informações entre os sujeitos do processo constitucional.

É importante ressaltar, ademais, que o regimento interno do STF não se limitou a atribuir o ato de designação ao relator de ação do controle abstrato de constitucionalidade. Passou a permitir que o ato de designação de audiência pudesse emanar do Presidente da Corte, independentemente de o tema objeto da audiência vincular-se a determinado processo que esteja sob sua relatoria. Por exemplo, o Ministro Gilmar Ferreira Mendes, então presidente do Tribunal, convocou, no dia 5 de março de 2009, audiência pública com o propósito de "esclarecer questões técnicas, científicas, administrativas, políticas, econômicas e jurídicas relativas às ações de prestação de saúde", em razão da existência de incidentes de suspensão de segurança, de suspensão de liminar e de suspensão de antecipação de tutela e agravos regimentais interpostos contra decisões unipessoais proferidas nesses incidentes da competência da Presidência do STF.

Depreende-se, portanto, ser perfeitamente possível aproveitar essas experiências na realização de audiências com o propósito de permitir que os sujeitos processuais envolvidos no incidente de resolução de recursos extraordinários repetitivos e outros atores sociais possam influenciar no processo de deliberação de tese veiculada em demanda serial, conferindo-se, assim, abertura democrática ao debate constitucional proporcionado pela afetação da questão a ser resolvida no incidente.

5.2 A audiência pública no STF: da legitimidade técnica à legitimidade democrática

Em 5 de março de 2005, foi sancionada a Lei nº 11.105, conhecida como a Lei Nacional de Biossegurança. Esse diploma normativo autorizou as pesquisas com células-tronco embrionárias, mas estabeleceu limites, tais como: permissão tão somente para o uso de células-tronco de embriões excedentes dos processos de fertilização *in vitro*, limitando-se, apenas, àqueles casos que se mostrem inviáveis para reprodução ou se estiverem congelados há pelo menos três anos. O texto legal impede, ainda, a clonagem de embriões que, na teoria, poderiam gerar células e tecidos personalizados para tratar um indivíduo.

Em maio de 2005, o então Procurador-Geral da República, Cláudio Lemos Fonteles, ajuizou uma Ação Direta de Inconstitucionalidade (ADI nº 3.510-0) questionando a constitucionalidade do art. 5º da Lei nº 11.105/2005, ao argumento de que o referido art. violaria a dignidade da pessoa humana e o direito fundamental à vida.

Em decisão proferida em 19 de dezembro de 2006, o Ministro Ayres Britto, Relator da ação, determinou, diante da complexidade da matéria, a convocação da primeira audiência pública na história do STF. Dela, participaram 22 cientistas, para debater, entre outros pontos polêmicos, a importante questão sobre quando se daria, de fato, o início da vida humana.[49]

De acordo como a decisão do ministro relator, a adequação da convocação amparou-se na possibilidade de maior participação da sociedade civil, assim como no fortalecimento da legitimidade da

---

[49] Para um exame minucioso a respeito da referida audiência pública conferir: LIMA, Rafael Bellem. Audiências públicas no controle de constitucionalidade. A representação técnica das partes no caso das pesquisas com células-tronco. *In:* VOJVODIC, Adriana; PINTO, Henrique Motta; GORZONI, Paula; SOUZA, Rodrigo Pagani de. *Jurisdição constitucional no Brasil*. São Paulo: Malheiros, 2012. p. 245-260; MEDEIROS, Fabrício Juliano Mendes de. O STF e a primeira audiência pública de sua história. *Revista Jurídica da Presidência da República*, Brasília, v. 9, n. 84, p. 41-48, abr./maio 2007.

decisão proferida pelo STF. O Ministro Ayres Britto fundamentou sua decisão no parágrafo 1º do art. 9º da Lei nº 9.868/1999, que possibilita ao relator, em casos de necessidade de esclarecimento de matéria ou circunstância de fato ou de notória insuficiência das informações existentes no processo, requisitar informações adicionais, designar perito ou comissão de peritos para que emita parecer sobre a questão, ou fixar data para, em audiência pública, ouvir depoimentos de pessoas com experiência e autoridade na matéria.

Depreende-se, a partir do teor da decisão do Ministro Relator Ayres Britto, que a audiência pública, concebida como instrumento técnico, nos termos do art. 9º, §1º, da Lei nº 9.868/1999, para esclarecimento de matéria controvertida que se encontre além dos conhecimentos jurídicos dos ministros, tornou-se um instrumento de ampliação da legitimidade popular das decisões proferidas pela Suprema Corte. Por ocasião da manifestação dos *experts*, o Ministro Relator, deixando transparecer essa conotação, enfatizou que a audiência pública deslocou "quem está na plateia, habitualmente, para o palco das decisões coletivas".

Percebe-se que as razões que embasaram a realização da audiência pública pelo STF são estranhas àquelas exigidas pelo arti. 9º, §1º, da Lei nº 9.868/1999. A análise dos votos disponibilizados no *site* do STF revela que nem todos os ministros consideraram as manifestações técnicas dos cientistas convocados. É bem verdade que a maioria dos julgadores embasou seus votos direta ou indiretamente nas discussões travadas durante a audiência pública. Porém, não se pode ignorar que muitos argumentos importantes foram desconsiderados. Quanto a isso, entende-se que a desatenção ou mesmo o intencional descarte possam ser as suas principais razões. No caso da desatenção, pode-se entender que a causa natural foi o fato de esta ter sido a primeira experiência do Tribunal com audiências públicas, o que é compreensível. No entanto, no caso do descarte intencional, a omissão nos votos dos argumentos apresentados durante a audiência pública sugere uma questão mais grave, pois tal escolha impõe a cada ministro um ônus argumentativo adicional.

Consideramos a decisão proferida na ADI nº 3.510-0 um excelente material de estudo, tanto pelo ineditismo da audiência quanto pelo seu desfecho. Nas palavras do ministro Celso de Mello, "esse julgamento foi o mais importante da história do Supremo Tribunal Federal", dada a relevância do tema e inovação da jurisdição constitucional.

Apesar da riqueza dos votos proferidos e da erudição dos argumentos levantados ao longo das sustentações orais dos *amicus curiae* e as manifestações dos peritos, o que se destaca aqui é a consideração por parte do Tribunal de que o expediente da audiência pública teria apenas o propósito de conferir uma legitimidade à sua decisão.

Algo semelhante ocorreu no pronunciamento proferido em 26 de março de 2013, no qual o Ministro Relator Luiz Fux convocou audiência pública a ser realizada na ADI nº 4.650, relativa ao financiamento de campanhas. Segundo afirmou o ministro relator Luiz Fux (cf. notícia veiculada no site do STF), a audiência pública confere "legitimidade democrática" à decisão a ser proferida pelo STF. Afirmou ainda o Ministro, segundo a mesma nota, que "para que o povo tenha confiança na decisão que vamos proferir é preciso que nós também ouçamos as vozes sociais, quando essas decisões não perpassam apenas por um critério meramente jurídico", e que é importante que o STF "preste contas à sociedade e que a decisão seja o quanto possível representativa da expectativa popular".

Observa-se que a prática iniciada por ocasião do julgamento da ADI nº 3.510 se sedimentou no STF. As audiências públicas, embora destinadas a esclarecer questões técnicas, administrativas, políticas, econômicas e jurídicas, tornaram-se, de acordo com orientação hoje preponderante no Tribunal, instrumento de legitimidade, menos por força dos argumentos colhidos em tais audiências (muitas vezes desprezados, quando do julgamento da ação pelo Tribunal), e mais por propiciar a participação de pessoas e entidades que, de algum modo, representariam a sociedade (ou os destinatários da decisão a ser proferida pelo STF) na criação da solução jurídica no processo de controle de constitucionalidade.

Considera-se, todavia, que as audiências públicas desempenham funções ainda mais importantes. Primeiramente, elas reduzem o isolamento do Tribunal, promovendo sua aproximação com a sociedade civil e com a comunidade científica. Segundo, considerando as inegáveis limitações institucionais[50] da Corte, as audiências reduzem a probabilidade de decisões equivocadas e mitigam o *déficit* de *expertise* dos ministros em questões de profundo conhecimento técnico. Isso ocorre

---

[50] Para uma compreensão adequada da categoria *capacidade institucional*, consultar, por todos: SUNSTEIN, Cass R.; VERMEULE, Adrian. Interpretation and institutions. *Michigan Law Review*, [S. l.], v. 101, p. 885-951, 2003.

porque, como agentes humanos, os ministros possuem limitações de conhecimento e de tempo, dadas as exigências de prazos e questões formais envolvidas em suas atividades.

O reconhecimento da importância dessas funções se torna ainda mais evidente quando as questões discutidas envolvem temas extremamente técnicos e moralmente complexos, cujas soluções exigem o emprego de conhecimentos específicos e estranhos ao direito.

O STF, no entanto, precisa ajustar as audiências públicas para que funcionem como canais institucionais na assimilação de contribuições de outros atores interpretativos, além da *expertise* notadamente jurídica. É essencial que tais canais sejam aprimorados para permitir um real incremento do debate institucional dentro da Corte.[51] Caso contrário, as audiências correm o risco de se tornarem apenas espaços para testes de argumentos que serão apresentados nas sustentações orais deduzidas durante o julgamento das ações, recursos e incidentes de resolução de recursos extraordinários repetitivos.

5.3 Lições decorrentes das audiências públicas realizadas no STF para sua devida convocação no julgamento dos incidentes de recursos extraordinários repetitivos

Depreende-se, a partir da análise das audiências públicas[52] realizadas até o momento, que o STF deve conferir-lhes as funções

---

[51] Consultar sobre o tema: FERRAZ, Anna Cândida da Cunha. A projeção da democracia participativa na jurisdição constitucional no Brasil: as audiências públicas e sua adoção no modelo concentrado de constitucionalidade. *In:* HORBACH, Carlos Bastide et al (coord.) *Direito Constitucional, Estado de Direito e democracia*: homenagem ao Prof. Manoel Gonçalves Ferreira Filho. São Paulo: Quartier Latin, 2011. p. 101.

[52] O STF realizou 17 audiências públicas, em sua maioria no exercício de jurisdição constitucional concentrada, situação que tende a se alterar em razão da crescente potencialização da objetivação do recurso extraordinário, notadamente, mediante a instauração ou suscitação do incidente de resolução de recursos extraordinários repetitivos. Em ordem, ocorreram as seguintes audiências públicas: uso de células-tronco, em 20 de abril de 2007 (ADI nº 3510); importação de pneus usados em 27 de junho de 2008 (ADPF nº 101); aborto de feto anencefálico em 26 e 28 de agosto de 2008 e 4 e 16 de setembro de 2008 (ADPF nº 54); direito à saúde em 27, 28, 29 de abril de 2009 e 4, 6 e 7 de maio de 2009 (Agravos Regimentais nas SL nº 47 e 64, nas STA nº 185, 211 e 278, e nas SS nº 2361, 2.944, 3.345, 3355); ações afirmativas para acesso ao ensino superior em 3, 4 e 5 de março de 2010 (ADPF nº 186 e RE nº 597.285/RS); Lei Seca, em 7 e 14 de maio de 2012 (ADI nº 4.103), lei estadual que impede o uso de amianto, em 24 e 31 de agosto de 2012 (ADI nº 39.370; nova regência da TV por assinatura em razão da Lei nº 12.485/2011 (ADI nº 4.679, 4.747 e 4.756), em 18 e 25 de fevereiro de 2013; sobre o campo eletromagnético de linhas de transmissão de energia (RE nº 627.189), em 6, 7 e 8 de março de 2013; sobre a queimada da palha da cana de açúcar (RE nº 586.224), em

de ambiente dialógico de legitimação democrática de suas decisões e espaço privilegiado de consulta e debate a respeito do material técnico-científico oferecido pelos *experts* convocados, diante de suas reduzidas capacidades institucionais e das limitações de tempo e conhecimento naturalmente impostas aos ministros, enquanto agentes humanos. É assim que se deve considerá-las. Portanto, é essencial que, na audiência pública que precede obrigatoriamente o julgamento do incidente de resolução dos recursos extraordinários repetitivos, todos os argumentos e opiniões técnicas apresentados durante as exposições e debates sejam devidamente considerados e enfrentados. Isso deve ser feito em conformidade com a norma fundamental do dever de motivação estrutural dos pronunciamentos judiciais. Caso contrário, corre-se o risco de esvaziar as funções essenciais das audiências públicas, que são conferir maior legitimidade democrática às pautas de conduta e qualificá-las tecnicamente.

6 Conclusão

A repercussão geral da questão constitucional se consolidou como um dos pilares centrais do sistema jurídico brasileiro, permitindo ao STF selecionar os casos que envolvem temas de interesse coletivo e relevância social. Esse instrumento desafoga o tribunal e assegura que suas decisões alcancem um impacto significativo na uniformização da jurisprudência nacional. Nessa perspectiva, o incidente de resolução de recursos extraordinários repetitivos atua em conjunto, como um dos principais recursos para gerir a quantidade avassaladora de litígios com questões semelhantes que chegam à Corte, consolidando-se como ferramenta essencial na promoção da isonomia e da segurança jurídica.

A importância do incidente de resolução de recursos extraordinários repetitivos transcende à mera redução do volume processual,

---

22 de abril de 2013; sobre a possibilidade de fixar a prisão domiciliar aos condenados em regime semiaberto quando não existir estabelecimento que atenda aos requisitos da Lei de Execução Penal (RE nº 641.320), em 27 e 28 de maio de 2013; sobre o arranjo normativo vigente para financiamento de campanhas eleitorais (ADI nº 4.650), em 17 e 24 de julho de 2013; sobre biografias não autorizadas (ADI nº 5.035 e 5.037), em 25 e 26 de novembro de 2013; sobre o marco regulatório da gestão coletiva de direitos autorais no Brasil (ADI nº 5.062 e 5.065), em 17 de março de 2014; diferenças de classes em internações do SU (RE nº 581.488), em 26 de maio de 2014; a respeito do ensino de confissão religiosa em escolas públicas (ADI nº 4.439), em 15 de junho de 2015; por fim, até o presente momento, sobre o uso de depósitos judiciais (ADI nº 5.072), em 21 de setembro de 2015.

posicionando-se como ferramenta capaz de garantir a previsibilidade e estabilidade das relações jurídicas. A uniformidade na aplicação da lei e a consolidação de precedentes que orientem decisões futuras em processos análogos são fundamentais para evitar a fragmentação jurisprudencial, que comprometeria a coerência do sistema jurídico. Nesse sentido, o incidente de resolução de recursos extraordinários repetitivos não é apenas um instrumento técnico, mas, igualmente, um meio de realização de justiça social, ao assegurar que cidadãos em situações semelhantes recebam tratamento jurídico idêntico, concretizando o princípio da igualdade perante a lei.

No entanto, a complexidade das questões analisadas pelo STF, especialmente em temas de alta indagação e de natureza multidisciplinar, exige a incorporação de elementos técnicos e científicos que vão além do conhecimento jurídico tradicional. Para enfrentar esses desafios, as audiências públicas tornam-se imprescindíveis. Elas representam um espaço de diálogo democrático, onde especialistas de diversas áreas podem contribuir com informações e conhecimentos que qualifiquem a decisão da Corte, prevenindo eventuais lacunas ou imprecisões nos fundamentos que irão compor o precedente.

A realização das audiências públicas, portanto, não deve ser vista apenas como uma formalidade processual, mas sim como um recurso capaz de aumentar a legitimidade democrática das decisões do STF. Ao permitir a participação de diferentes setores da sociedade e de especialistas no debate, o tribunal abre espaço para que decisões tecnicamente mais embasadas e socialmente mais representativas sejam proferidas. A legitimidade dessas decisões é ampliada na medida em que o tribunal se aproxima da sociedade, demonstrando sensibilidade e abertura para a complexidade das questões que afetam a coletividade.

Assim, a interpretação do art. 1.038, inciso II, do CPC de 2015, à luz da filosofia do processo democrático, reforça a ideia de que o relator, no julgamento de IRRs, deve priorizar a realização de audiências públicas como uma expressão do dever-poder. Isso fomenta a construção de decisões mais fundamentadas, embasadas em um verdadeiro diálogo social que abrange tanto o aspecto técnico quanto a legitimidade democrática.

Portanto, conclui-se que o incidente de resolução de recursos extraordinários repetitivos é parte de um microssistema processual voltado para a efetivação da segurança jurídica e da isonomia, ambos garantidos pela formação qualificada de precedentes. A obrigatoriedade de audiências públicas que precedam o julgamento desses incidentes se revela como um requisito imprescindível, pois assegura representatividade democrática e garante que as decisões do STF reflitam uma interpretação técnica e jurídica acurada, além de incluir perspectivas multidisciplinares que melhor orientem o desenvolvimento do direito brasileiro.

Ao integrar esses elementos, o STF fortalece seu papel de guardião da Constituição, promovendo uma jurisdição mais transparente, inclusiva e qualificada. A participação social, aliada ao saber técnico, contribui para a formação de um sistema de precedentes que, além de garantir a uniformidade da jurisprudência, reforça a legitimidade das decisões da Suprema Corte, mitigando os desafios do controle de constitucionalidade e promovendo uma Justiça mais acessível, equitativa e eficiente.

Referências

ABBOUD, Georges. *Processo constitucional brasileiro*. São Paulo: Revista dos Tribunais, 2016.

ARRUDA ALVIM. *Novo contencioso cível no CPC/2015*. Revisão: Thereza Alvim. São Paulo: Revista dos Tribunais, 2016.

BARROSO, Luís Roberto. *O controle de constitucionalidade no Direito brasileiro*. 7. ed. São Paulo: Saraiva, 2016.

BIM, Eduardo Fortunato. *Audiências públicas*. São Paulo: Revista dos Tribunais, 2014.

BUENO, Cassio Scarpinella. *Amicus curiae* e a evolução do Direito Processual Civil brasileiro. *In:* MENDES, Aluisio Gonçalves de Castro; WAMBIER, Teresa Arruda Alvim (org.). *O processo em perspectiva*. São Paulo: Revista dos Tribunais, 2013. p. 105-129.

BUENO, Cassio Scarpinella. *Manual de Direito Processual Civil*. São Paulo: Saraiva, 2015.

Amicus curiae e audiências públicas na jurisdição constitucional – reflexões de um processualista civil. *Revista Brasileira de Estudos Constitucionais – RBEC*, Belo Horizonte, ano 16, n. 24, out/dez. 2012.

BUENO, Cassio Scarpinella. *Novo Código de Processo Civil*. 2. ed. São Paulo: Saraiva, 2016.

BUENO, Cassio Scarpinella. O modelo constitucional do Direito Processual Civil: um paradigma necessário de estudo do Direito Processual Civil e algumas de suas aplicações. *Revista de Processo: RePro*, São Paulo, v. 161, jul. 2008.

CARNELUTTI, Francesco. *Sistema del Diritto Processuale Civile*. Padova: Casa Editrice Dott. Antonio Milani, 1939. v. 3.

CARVALHO, Fabiano. *Poderes do relator nos recursos*: art. 557 do CPC. São Paulo: Saraiva, 2008.

DAHDAL, Andrew. The admissibility of expert opinion economic evidence in judicial review. *Macquarie Journal of Business Law*, [*S. l.*],v. 3, p. 63-78, 2006.

DANTAS, Bruno. Jurisdição coletiva, ideologia coletivizante e direitos fundamentais. *Revista de Processo: RePro*, São Paulo, v. 251, 2016.

DURNEY, Peter M.; FITZPATRIC, Julianne C. Retaining and disclosing expert witnesses: A global perspective. *Defense Counsel Journal*, [*S. l.*], v. 83, p. 17-31, 2016.

FERNANDES, Antonio Scarance. *Incidente processual*: questão incidental, procedimento incidental. São Paulo: Revista dos Tribunais, 1991.

FERNANDES, Antonio Scarance. *Prejudicialidade*. São Paulo: Revista dos Tribunais, 1988.

FERRAZ, Anna Cândida da Cunha. A projeção da democracia participativa na jurisdição constitucional no Brasil: as audiências públicas e sua adoção no modelo concentrado de constitucionalidade. *In:* HORBACH, Carlos Bastide; AMARAL JÚNIOR, José Levi Mello; ALMEIDA, Fernando Dias Menezes de. (coord.). *Direito Constitucional, Estado de Direito e democracia*: homenagem ao Professor Manoel Gonçalves Ferreira Filho. São Paulo: Quartier Latin, 2011.

FREIRE, Alexandre. Art. 1.038. *In:* CABRAL, Antonio do Passo; CRAMER, Ronaldo. (org.) *Comentários ao novo Código de Processo Civil*. Rio de Janeiro: Forense, 2015.

KUMAR, Miiko. Admissibility of expert evidence: Proving the basis for an expert's opinion. *Sydney Law Review*, [*S. l.*], v. 33, p. 427-458, 2011.

LIEBMAN, Enrico Tullio. *Manual de Direito Processual Civil*. Palmas: Intelectos, 2003. v. 2.

LIMA, Rafael Bellem. Audiências públicas no controle de constitucionalidade. A representação técnica das partes no caso das pesquisas com células-tronco. *In:* VOJVODIC, Adriana; PINTO, Henrique Motta; GORZONI, Paula; SOUZA, Rodrigo Pagani de. *Jurisdição constitucional no Brasil*. São Paulo: Malheiros, 2012. p. 245-260.

MARINONI, Luiz Guilherme; ARENHART, Sérgio Cruz; MITIDIERO, Daniel. *Novo Código de Processo Civil comentado*. São Paulo: Revista dos Tribunais, 2015.

MARINONI, Luiz Guilherme; ARENHART, Sérgio Cruz; MITIDIERO, Daniel. *O novo processo civil*. São Paulo: Revista dos Tribunais, 2015.

MARQUES, José Frederico. *Instituições de Direito Processual*. 4. ed. Rio de Janeiro: Forense, 1972. v. 3.

MAURER, Virginia G. Compelling the expert witness: fairness and utility under the Federal rules of civil procedural. *Georgia Law Review*, [*S. l.*], v. 19, p. 71-122, 1984.

MEDEIROS, Fabrício Juliano Mendes de. O STF e a primeira audiência pública de sua história. *Revista Jurídica da Presidência da República*. Brasília, v. 9, n. 84, p. 41-48, abr./maio 2007.

MENDES, Aluisio Gonçalves de Castro; TEMER, Sofia. O incidente de resolução de demandas repetitivas do novo Código de Processo Civil. *In:* DIDIER JUNIOR, Fredie; MACÊDO, Lucas Buril de; PEIXOTO, Ravi; FREIRE, Alexandre (coord.). *Novo CPC doutrina selecionada*. Salvador: Juspodivm, 2015. v. 6.

MEDINA, Damares. *Amicus curiae*: amigo da Corte ou amigo da parte? São Paulo: Saraiva, 2010.

MEDINA, José Miguel Garcia; WAMBIER, Teresa Arruda Alvim. *Parte geral e processo de conhecimento*. São Paulo: Revista dos Tribunais, 2009.

MENDES, Gilmar Ferreira. *Arguição de descumprimento de preceito fundamental*. 2. ed. São Paulo: Saraiva, 2011.

MENDES, Gilmar Ferreira. *Controle abstrato de constitucionalidade*: ADI, ADC e ADO. São Paulo: Saraiva, 2014.

MENDES, Gilmar Ferreira. *Direitos fundamentais e controle de constitucionalidade*. 4. ed. São Paulo, 2014.

MENDES, Gilmar Ferreira. *Jurisdição constitucional*. 6. ed. São Paulo: Saraiva, 2014.

MOREIRA, Felipe Augusto de Toledo. *Amicus curiae*. *In:* WAMBIER, Luiz Rodrigues; WAMBIER, Teresa Arruda Alvim (coord.). *Temas essenciais do novo CPC*. São Paulo: Revista dos Tribunais, 2016. p. 135-138.

NERY JUNIOR, Nelson; NERY, Rosa Maria de Andrade. *Comentários ao Código de Processo Civil*. São Paulo: Revista dos Tribunais, 2015.

OLIANI, José Alexandre Manzano. Atribuições e poderes do relator no NCPC. *In:* WAMBIER, Luiz Rodrigues; WAMBIER, Teresa Arruda Alvim (coord.). *Temas essenciais do novo CPC*. São Paulo: Revista dos Tribunais, 2016. p. 579-585.

OLIVEIRA, Gustavo Henrique Justino de. As audiências públicas e o processo administrativo brasileiro. *Revista Trimestral de Direito Público*, São Paulo, n. 21, p. 161-172, 1998.

PHAN, Trang; CARUSO, David. The basis of the rule: the role of the basis rule in the admissibility of expert opinion. *Federal Law Review*, [*S. l.*], v. 43, p. 313-337, 2015.

PHILIPS, Edward. The admissibility of expert Forensic Evidence under English Law. *Studia Iuridica Auctoritate Universitatis Specs Publicata*, [*S. l.*], v. 148, p. 241-258, 2011.

PONTES DE MIRANDA, Francisco Cavalcanti. *Comentários ao Código de Processo Civil*. Rio de Janeiro: Forense, 1996. t. 4.

SHIMURA, Sérgio; ALVAREZ, Anselmo Prieto; SILVA, Nelson Finotti. *Curso de Direito Processual Civil*. 3. ed. Rio de Janeiro: Forense; São Paulo: Método, 2013.

SUNSTEIN, Cass R.; VERMEULE, Adrian. Interpretation and institutions. *Michigan Law Review*, [*S. l.*], v. 101, p. 885-951, 2003.

THEODORO JÚNIOR, Humberto; NUNES, Dierle; BAHIA, Alexandre Melo Franco; PEDRON, Flávio Quinaud. *Novo CPC*: fundamentos e sistematização. 2. ed. Rio de Janeiro: Forense, 2015.

THEODORO JÚNIOR, Humberto. O processo civil brasileiro contemporâneo iluminado pelos princípios constitucionais. *In:* MENDES, Aluisio Gonçalves de Castro; WAMBIER, Teresa Arruda Alvim. *O processo em perspectiva* (org.). São Paulo: Revista dos Tribunais, 2013.

WAMBIER, Luiz Rodrigues. Diretrizes fundamentais do novo CPC. *In:* WAMBIER, Luiz Rodrigues; WAMBIER, Teresa Arruda Alvim (coord.). *Temas essenciais do novo CPC*. São Paulo: Revista dos Tribunais, 2016. p. 41-46.

WAMBIER, Luiz Rodrigues; TALAMINI, Eduardo. *Curso avançado de processo civil*. 15. ed. São Paulo: Revista dos Tribunais, 2015.

WAMBIER, Teresa Arruda Alvim; CONCEIÇÃO, Maria Lúcia Lins; RIBEIRO, Leonardo Ferres da Silva; MELLO, Rogério Licastro Torres de. *Primeiros comentários ao Novo Código de Processo Civil*. São Paulo: Revista dos Tribunais, 2015.

WAMBIER, Teresa Arruda Alvim. Recursos extraordinário e especial repetitivos. *In:* ARRUDA ALVIM WAMBIER; WAMBIER, Luiz Rodrigues (coord.). *Temas essenciais do novo CPC*. São Paulo: Revista dos Tribunais, 2016.

WAMBIER, Teresa Arruda Alvim. Sentença. *In:* WAMBIER, Teresa Arruda Alvim; WAMBIER, Luiz Rodrigues (coord.). *Temas essenciais do novo CPC*. São Paulo: Revista dos Tribunais, 2016.

Informação bibliográfica deste texto, conforme a NBR 6023:2018 da Associação Brasileira de Normas Técnicas (ABNT):

FREIRE, Alexandre. Repercussão geral da questão constitucional, o incidente de resolução de recursos extraordinários repetitivos e as audiências públicas no Supremo Tribunal Federal (STF). *In*: MENDES, Gilmar Ferreira; GALLOTTI RODRIGUES, Maria Isabel Diniz; ALVIM, Teresa Arruda (coord.). *O novo perfil do controle difuso de constitucionalidade*: estudos em homenagem ao Professor Bruno Dantas nos 20 anos da Repercussão Geral. Belo Horizonte: Fórum, 2025. p. 23-61. ISBN 978-65-5518-898-1.

CENÁRIOS E DESAFIOS PARA UMA CULTURA DE PRECEDENTES NO DIREITO PROCESSUAL BRASILEIRO

ANDRÉ MACEDO DE OLIVEIRA

1 Introdução

Há muito vive o processo civil brasileiro uma crise estrutural. E pouco se fez e se faz para a sua racionalização. Há o esforço de muitos atores, mas, na essência, vivemos uma reprodução e repaginação de um sistema cuja mecânica não traz uma resposta rápida e efetiva aos jurisdicionados. A maior parte dos seminários de processo civil giram em torno dos mesmos temas. Copiamos modelos que não encaixam na moldura do nosso sistema brasileiro. A essência desses debates tem que ter como foco a crise do sistema. Muito se debateu para se chegar ao Código de 2015, sem que ele tivesse qualquer efeito de redução do volume de processos. Ao contrário, o que se vê é um aumento constante. A curva ascendente não tem perspectivas de qualquer queda ao longo dos anos.[1]

Nesse contexto, ainda é atual a provocação feita por Teori Zavascki em palestra por ele proferida no Superior Tribunal de Justiça (STJ), em 24 de setembro de 2010, quando afirmou que as mudanças urgentes e necessárias nos dias de hoje não são as mudanças de leis processuais,

---

[1] OLIVEIRA, André Macedo. *Cultura de precedentes e o papel do Superior Tribunal de Justiça*. São Paulo: Juspodivm, 2024.

mas sim de cultura jurídica e que "o sistema de respeito aos precedentes tem que partir daqueles que criam os precedentes".

Assim, considerando a chegada do Código de Processo Civil (CPC) de 2015, com um chamado sistema de precedentes, bem como o resgate da provocação de Teori Zavascki, é que se enfrenta o desafio de propositura de reflexões para uma cultura de precedentes no Direito Processual brasileiro.

Pretende-se destacar no texto o cenário atual e os desafios do sistema de precedentes no Direito Processual brasileiro, com uma análise do aprimoramento dessa cultura no âmbito do STJ, bem como o papel das escolas de Direito nessa tarefa, advertindo-se para um novo desenho do ensino do Direito Processual e o seu processo de desintoxicação, de modo a repensar a prática do Direito Processual na perspectiva dos precedentes judiciais. E, por fim, oferecer um olhar para o papel e os desafios do Conselho Nacional de Justiça (CNJ) na formação de uma cultura de precedentes.

2 Percepções sobre a teoria de precedentes no cenário brasileiro

Sobre o cenário atual do sistema de precedentes no Direito Processual brasileiro, o autor escreveu, juntamente com Rodrigo Nery e Luisa Rocha Corrêa,[2] sobre a complexidade do tema precedentes e de um conceito que em cada ordenamento adquire significações diversas. Questionou-se naquela oportunidade: existe uma teoria de precedentes no Brasil?

---

[2] Essa análise foi feita de forma mais detida em artigo sobre a teoria de precedentes no Brasil. Cf. OLIVEIRA, André Macedo; NERY, Rodrigo; CORRÊA, Luísa Rocha. Existe uma teoria de precedentes no Brasil? Reflexões sob o olhar de Michele Taruffo. *In:* BECKER, Rodrigo Frantz; BASTOS, Ana Carolina A. Caputo; MENDES, Paulo; NÓBREGA, Guilherme Pupe da (org.). *Processo constitucional brasileiro.* Desafios de consolidação, sistematização e harmonização das normas de regência. Londrina: Thoth, 2022. v. 1, p. 65-85. No texto, fazemos uma reflexão sobre a tendência doutrinária ao estudar precedentes no Brasil, observando a advertência feita por Michele Taruffo acerca dos problemas comuns aos estudos de Direito Comparado e os seus reflexos na doutrina brasileira. Fizemos também uma análise da compreensão de doutrinadores brasileiros a respeito do tema dos precedentes, seguidos de uma análise da teoria proposta por Taruffo relativa ao estudo dos precedentes em diversos ordenamentos jurídicos.

Para a provocação foi feita uma análise[3] com percepções dos entendimentos de doutrinadores brasileiros sobre o tema precedentes, cujas concepções são objeto de discussão na atualidade, levando-se em conta as modificações oriundas do CPC/2015 na sistemática processual brasileira. Entre outros, Gilberto Júnior e Cláudia Barbosa afirmam que "o sistema de precedentes é, na realidade, uma ficção".[4] Sem a pretensão de esgotar o debate, buscou-se, na ocasião, a reflexão sobre a importância de estudar um fenômeno com dimensões tão amplas quanto o dos "precedentes".

Também é perceptível a falta de preocupação com o que advertiu Taruffo, quanto ao fato de que há relevantes peculiaridades em cada ordenamento jurídico que fazem com que o fenômeno que se busque rotular como precedentes possua natureza peculiar, em temas que envolvem discussões sobre a própria compreensão do Direito em cada país.[5]

A peculiaridade de cada ordenamento é tão marcante que até mesmo a distinção entre *civil law* e *common law* acaba sendo mitigada. É possível observar um compartilhamento de peculiaridades das duas tradições no modelo jurídico do país, unidas a formar uma noção de precedentes única e até mesmo contraditória da que se pensaria para determinada nação baseada em sua tradição.

Até mesmo entre os modelos classicamente entendidos como de *common law*, estadunidense e inglês, há diferenças. É como menciona Taruffo ao afirmar que, por exemplo, o precedente do Direito inglês é mais rígido e vinculante do que o precedente oriundo do Direito norte-americano.[6] De fato, Taruffo chega a destacar que as Cortes americanas cultivam uma concepção elástica e persuasiva do precedente, a diferenciar-se da concepção inglesa sobre o tema.[7]

Essa constatação de Taruffo se torna bastante peculiar quando observamos obras de fôlego no Brasil afirmando o caráter vinculante do precedente, seja horizontal, seja vertical, apenas por ser o "precedente"

---

3 OLIVEIRA; NERY; CORRÊA. *Existe uma teoria de precedentes no Brasil?* Reflexões sob o olhar de Michele Taruffo, 2022. v. 1, p. 65-85.

4 ANDREASSA JUNIOR, Gilberto; BARBOSA, Cláudia Maria. Teoria dos precedentes e sua incompatibilidade com o sistema deliberativo dos tribunais superiores. *Revista Eletrônica do Curso de Direito da UFSM*, Santa Maria, v. 12, n. 3, p. 880, dez. 2017. Disponível em: https://periodicos.ufsm.br/revistadireito/article/view/26773. Acesso em: 4 dez. 2023.

5 TARUFFO, Michele. Dimensioni del precedente giudiziario. *Rivista Trimestrale di Diritto e Procedura Civile*, Milano, anno 48, n. 2, giu. 1994.

6 TARUFFO. Dimensioni del precedente giudiziario, p. 414.

7 TARUFFO. Dimensioni del precedente giudiziario, p. 414.

(fenômeno) um "precedente" (conceito), tendo como base estritamente esses dois ordenamentos, inglês e norte-americano, que em si já se distinguem, e pouco dessa distinção é informada nos trabalhos.

Não é demais relembrar que, nas palavras de Duxbury, *common law* e a doutrina de precedentes são assuntos diversos e de certa forma independentes. Ainda que atualmente entrelaçados em alguns países, "the common law does not need the doctrine of precedent in order to function".[8] [9]

Aliado a isso, Marinoni e Mitidiero são enfáticos ao afirmarem que somente os Tribunais de Cúpula poderiam produzir precedentes. A justificativa para tal posicionamento se baseia na função que eles compreendem que o ordenamento jurídico brasileiro teria outorgado a essas cortes (por ele chamadas de "Cortes Supremas"), que seria diversa da função que as Cortes de Justiça (tal como eles rotulam as cortes judiciárias que não são de cúpula) exerceriam.[10]

Abstraindo as razões fundamentadas dos citados autores, ainda assim resta uma pergunta: por que essa limitação quanto à ideia de precedentes apenas ao produto das cortes superiores? Seria com base no nosso ordenamento ou em uma concepção pautada no Direito estrangeiro (ou em doutrina estrangeira)? Por que seria equivocado chamar de precedente uma decisão de Corte regional (TJs ou TRFs, por exemplo)?[11]

---

8 TARUFFO. Dimensioni del precedente giudiziario, p. 34.

9 Na doutrina brasileira vemos essa afirmação ser feita por José Miguel Garcia Medina, (Integridade, estabilidade e coerência da jurisprudência no Estado Constitucional e Democrático de Direito: o papel do precedente, da jurisprudência e da Súmula, à luz do CPC/2015. *In*: ALVIM, Teresa Arruda; DIDIER JUNIOR, Fredie (org.). *Precedentes. Execução. Procedimentos especiais*. 2. ed. São Paulo: Thomson Reuters Brasil, 2018. (Coleção Doutrinas Essenciais: Novo Processo Civil, v. 6). parte I) dentre outros: "Como procuramos demonstrar em outro estudo, o *stare decisis* 'não se confunde com o *common law*. Este surgiu muito antes daquele. São, pois, independentes'".

10 MARINONI, Luiz Guilherme. *Julgamento nas cortes supremas*: precedentes e decisão do recurso diante do novo CPC. 2. ed. rev., atual. e ampl. São Paulo: Revista dos Tribunais, 2017. p. 22-23 e *passim*; MARINONI, Luiz Guilherme. *O STJ enquanto corte de precedentes*: recompreensão do sistema processual da Corte Suprema. 3. ed. São Paulo: Revista dos Tribunais, 2019. *passim*; MARINONI, Luiz Guilherme. *Precedentes obrigatórios*. 6. ed. rev., atual. e ampl. São Paulo: Thomson Reuters Brasil, 2019. p. 295 e ss.; 311 e ss.; MITIDIERO, Daniel. Cortes superiores e cortes supremas: do controle à interpretação, da jurisprudência ao precedente. 3. ed. ver., atual. e ampl. São Paulo: Revista dos Tribunais, 2017. p. 93; 153 e *passim*; MITIDIERO, Daniel. *Precedentes*: da persuasão à vinculação. 3. ed. rev. atual. e ampl. São Paulo: Thomson Reuters Brasil, 2018. p. 85-87 e *passim*.

11 Criticando às vertentes teóricas que defendem a limitação da noção de precedentes às cortes superiores, cf. STRECK, Lenio Luiz; RAATZ, Igor. A teoria dos precedentes à brasileira entre o solipsismo judicial e o positivismo jurisprudencialista ou "de como o mundo (não) é um

Parcela da doutrina nacional critica esse entendimento, tal como é o caso de Dierle Nunes, Flávio Quinaud Pedron e André Frederico Sena Horta, em obra conjunta,[12] e de Lenio Streck e Igor Raatz, também em obra conjunta,[13] e é possível perceber posicionamentos diversos quanto à possibilidade de Cortes de Justiça produzirem precedentes, conforme se observa de Fredie Didier Junior, Paula Sarno Braga, Rafael Oliveira, Leonardo Carneiro da Cunha, estes últimos em obras conjuntas com Didier Junior,[14] José Miguel Garcia Medina[15] e Humberto Theodoro Júnior,[16] por exemplo.

Mitidiero e Marioni também possuem relevante concepção quanto à justificativa para a aplicação de teoria de precedentes no Direito brasileiro, especialmente no que toca à vinculação. Para eles, a vinculação ao Direito é um problema que deveria ser central a ordenamentos jurídicos democráticos, a marcar também uma teoria de precedentes, e tal concepção possui caráter transnacional.[17]

Não há como questionar que precedentes são fonte de Direito, pois toda decisão interpreta e extrai significados do ordenamento jurídico.[18]

---

brechó". *In:* ALVIM, Teresa Arruda; DIDIER JUNIOR, Fredie (org.). *Precedentes. Execução. Procedimentos especiais*. Thomson Reuters Brasil, 2018. (Coleção Doutrinas Essenciais: Novo Processo Civil, v. 6). parte I, tópico 5.

12 NUNES, Dierle; PEDRON, Flávio Quinaud; HORTA, André Frederico de Sena. Os precedentes judiciais, o art. 926 do CPC e suas propostas de fundamentação: um diálogo com concepções contrastantes. *In:* ALVIM, Teresa Arruda; DIDIER JUNIOR, Fredie (org.). *Precedentes. Execução. Procedimentos especiais*. Thomson Reuters Brasil, 2018. (Coleção Doutrinas Essenciais: Novo Processo Civil, v. 6). parte I, tópicos 1, 3, 5 e 7.

13 STRECK; RAATZ. A teoria dos precedentes à brasileira entre o solipsismo judicial e o positivismo jurisprudencialista ou "de como o mundo (não) é um brechó". parte I, *passim*.

14 DIDIER JUNIOR, Fredie; BRAGA, Paula Sarno; OLIVEIRA, Rafael Alexandria de. *Curso de Direito Processual Civil*: teoria da prova, Direito Probatório, ações probatórias, decisão, precedente, coisa julgada e antecipação dos efeitos da tutela. 10. ed. Salvador: Juspodivm, 2015. p. 441-444; 467; DIDIER JUNIOR, Fredie; CUNHA, Leonardo Carneiro da. *Curso de Direito Processual Civil*: o processo civil nos tribunais, recursos, ações de competência originária de tribunal e *querela nullitatis*, incidente de competência originária de tribunal. 13. ed. Salvador: Juspodivm, 2016. p. 591.

15 MEDINA. Integridade, estabilidade e coerência da jurisprudência no Estado Constitucional e Democrático de Direito: o papel do precedente, da jurisprudência e da Súmula, à luz do CPC/2015. parte I, tópico 3.

16 THEODORO JÚNIOR, HUMBERTO. Jurisprudência e precedentes vinculantes no novo Código de Processo Civil – demandas repetitivas. *In:* ALVIM, Teresa Arruda; DIDIER JUNIOR, Fredie (org.). *Precedentes. Execução. Procedimentos especiais*. Thomson Reuters Brasil, 2018. (Coleção Doutrinas Essenciais: Novo Processo Civil, v. 6). parte I, tópico 2.

17 MITIDIERO. *Precedentes*: da persuasão à vinculação, p. 55.

18 MITIDIERO. *Precedentes*: da persuasão à vinculação, p. 55-68.

Até mesmo precedentes são interpretados[19] e servem como fonte para a norma, que é fruto da interpretação adstrita a determinadas limitações advindas do próprio material jurídico interpretado e de outros fatores.

Nessa esteira, em diversos estudos,[20] é possível observar que o entendimento do que se aplica atualmente como precedentes no Brasil não cumpre os requisitos principais para assim ser chamado, ao menos pela lógica inglesa ou norte-americana dos precedentes, ainda que com as variações aqui mencionadas. O que temos no Brasil, hoje e na maior parte dos países que se alinham à tradição da *civil law* ou até mista, é a chamada jurisprudência ou um conceito peculiar de precedente, diverso do que afirmam alguns autores. Gilberto Júnior e Cláudia Barbosa já assinalavam a importante diferenciação entre jurisprudência e precedentes em sua concepção oriunda da *common law*:

> O equívoco dos profissionais do direito no Brasil é confundir o termo jurisprudência com o termo precedente. Isso faz com que os próprios julgadores deixem de estudar o sistema do *common law* para se voltar única e exclusivamente para a aplicação de normas e ementas. Aliás, conforme exposto em momento anterior, a ideia de precedente é muito mais complexa do que afirmam grande parte das pessoas e de forma alguma se assemelha às súmulas vinculantes e aos recursos repetitivos.[21]

Com efeito, a ideia de precedentes, como apontado, concordando com Michelle Taruffo, transcende a delimitação de um único ordenamento.[22] Nesse sentido se alinha Neil MacCormick ao afirmar

---

19 "Ora, o problema da indeterminação do direito, que Hart apontou como 'textura aberta do direito' não deixa de ser um desdobramento do caráter indeterminado da linguagem, e que, portanto, também estará refletido na interpretação do mecanismo vinculante e do 'precedente', na medida em que estes também são textos" (STRECK; RAATZ. A teoria dos precedentes à brasileira entre o solipsismo judicial e o positivismo jurisprudencialista ou "de como o mundo (não) é um brechó". parte I, tópico 5).

20 Nesse sentido, ressaltamos os seguintes trabalhos: AL-ALAM, Caroline Ledesma. *A teoria de precedentes nos sistemas de* common law *e a sua inserção no Direito brasileiro*. Orientador: Daniel Mitidiero. 2015. Trabalho de Conclusão de Curso (Especialização em Processo Civil) – Faculdade de Direito, Universidade Federal do Rio Grande do Sul, Porto Alegre, 2015. Disponível em: https://www.lume.ufrgs.br/handle/10183/129925. Acesso em: 5 dez. 2023; LOPES, Jânia Maria Saldanha; HOFFMAM, Fernando; GARCIA, Thaís. Teoria dos precedentes à brasileira e a destemporalização da decisão jurídica. *Prisma Jurídico*, [*S. l.*], v. 12, n. 1, p. 319-346, jan./jun. 2013. Disponível em: https://www.redalyc.org/pdf/934/93428124011.pdf. Acesso em: 4 jan. 2024.

21 ANDREASSA JUNIOR; BARBOSA. Teoria dos precedentes e sua incompatibilidade com o sistema deliberativo dos tribunais superiores, p. 880.

22 Sobre o tema, cf. OLIVEIRA, André Macedo de. *Recursos especiais repetitivos*. Brasília: Gazeta Jurídica, 2015. p. 151.

que as doutrinas dos precedentes são variadas em diferentes sistemas jurídicos ou em diferentes épocas, bem como a doutrina do precedente "vinculante" pode indicar que "cada decisão de cada tribunal vincula estritamente qualquer outro tribunal de nível semelhante ou inferior na hierarquia dos tribunais".[23]

A doutrina brasileira, em geral, ainda não conseguiu encontrar um caminho para satisfatoriamente construir as bases para um sistema de precedentes isento de preconcepções incompatíveis e que consiga coexistir e funcionar de forma eficiente e atrelada à noção de Direito codificado herdada da tradição da *civil law*.[24]

Nessa toada dos cenários e dos desafios a serem enfrentados e construídos, vê-se as provocações de Taruffo da observância das peculiaridades de cada ordenamento, a concepção elástica e persuasiva de precedente das Cortes americanas e uma concepção mais rígida e vinculante das Cortes inglesas. No Brasil, como exposto, há quem diga do caráter vinculante do precedente, seja horizontal ou vertical, e, outros que apontam a produção dos precedentes apenas pelos Tribunais de Cúpula, conforme estampado na Constituição, e não nas Cortes Estaduais. Outros muitos autores, como destacado, criticam essa posição e afirmam que essas Cortes também podem produzir precedentes, aliado, também, às divergências de apontamento sobre o efeito vinculante ou persuasivo.

O cenário brasileiro caminha, ainda, na construção de uma teoria. Esta construção, o desafio.

3 Os precedentes no CPC de 2015

Considerando a existência ou não de uma teoria de precedentes no nosso sistema processual, fato é que o art. 926 do CPC/2015 estampou a preocupação maior de todo o sistema processual no tocante à uniformização da jurisprudência dos tribunais, mantendo-a estável, íntegra e coerente. Apontou ainda o referido art. que os tribunais editarão enunciados de súmula correspondente à sua jurisprudência

---

[23] MACCORMICK, Neil. *Retórica e Estado de Direito*. Tradução: Conrado Hübner Mendes. Rio de Janeiro: Elsevier, 2008. p. 193.

[24] FACHINI, Laura Stefenon. *Aplicação de precedentes no Brasil*: descompasso entre teoria e prática. Orientador: Eduardo Kochenborger Scarparo. 2017. Trabalho de Conclusão de Curso (Graduação em Direito) – Faculdade de Direito, Universidade Federal do Rio Grande do Sul, Porto Alegre, 2017. f. 69. Disponível em: https://lume.ufrgs.br/handle/10183/176890. 2017. Acesso em: 6 dez. 2023.

dominante, sem, contudo, trazer qualquer classificação ou conceito do que seja jurisprudência dominante.

Inicialmente, vale destacar a clássica distinção preconizada por Michele Taruffo quanto a precedente e jurisprudência. Precedente, para ele, do ponto de vista quantitativo, como abordado em seu texto "Precedente e jurisprudência", precedente refere-se a uma decisão de um caso particular, e jurisprudência, a uma pluralidade de julgados de variados casos concretos. Por outro lado, segundo Taruffo, "a decisão tomada no caso precedente pode explicar efeitos em qualquer modo prescritivos ou normativos sobre a decisão do caso sucessivo apenas sob a condição de que do precedente específico possa derivar-se uma regra aplicável também a outros casos", e, apoiando-se em MacCormick, o autor destaca a condição de que a decisão formulada no Direito sobre o caso precedente seja universalizável.[25]

Humberto Dalla Bernardina de Pinho e Roberto de Aragão Ribeiro Rodrigues acentuam que a distinção entre precedentes e jurisprudência está essencialmente no caráter quantitativo. Para os autores, a jurisprudência pressupõe uma "pluralidade de decisões proferidas em diversos casos concretos, nota que a distingue do precedente, que prescinde desse caráter quantitativo, já que pode surgir a partir de um único caso submetido ao poder judiciário, hipótese conhecida como *leading case*".[26]

Essa consolidação e uniformização se acentuam diante das chamadas demandas de massa. Em todas essas ações, identifica-se uma universalização, uma multiplicidade de questões de Direito que requerem uma uniformização. É a universalização, conforme MacCormick, de casos para certas classes, ou para aqueles que satisfazem "certos predicados".[27]

---

[25] TARUFFO, Michele. Precedente e jurisprudência. *Civilistica.com*, Rio de Janeiro, ano 3, n. 2, p. 3, jul./dez. 2014. Disponível em: https://civilistica.emnuvens.com.br/redc/article/view/189. Acesso em: 2 ago. 2024.

[26] PINHO, Humberto Dalla Bernardina de; RODRIGUES, Roberto de Aragão Ribeiro. O microssistema de formação de precedentes judiciais vinculantes previstos no novo CPC. *Revista de Processo: RePro*, São Paulo, v. 41, n. 259, p. 408, set. 2016. Para os autores, "diante da singeleza do conceito de jurisprudência, passa-se desde já à noção de precedentes judiciais, a qual merece análise mais detida, já que consiste em mecanismo estranho à nossa cultura jurídica tradicionalmente filiada à *civil law*. Demais disso, é da lógica de seu funcionamento que se inspira ainda que de forma inadequada, a maior parte dos mecanismos de julgamento por amostragem do sistema brasileiro".

[27] MACCORMICK. *Retórica e Estado de Direito*, p. 117.

Ponto é, para o Direito brasileiro, na conceituação de Taruffo sobre precedentes, que podemos ter um precedente do STJ – ou seja, um caso concreto – que será aplicado pelos juízes do Brasil em milhares de casos. É o que ocorre, por exemplo, numa decisão em recurso especial repetitivo. E essa decisão pode ser também a consolidação de vários julgados anteriores do próprio STJ, ou seja, na linha de Taruffo, da jurisprudência. Ou, como destaca o CPC/2015 e os Tribunais do país há tempos, jurisprudência dominante. Os termos, como se vê, comunicam-se, a depender da abordagem.[28]

Além do art. 926 do CPC/2015, merece destaque o art. 927. Luis Alberto Gurgel de Faria aponta que este deve ser interpretado

> de forma sistemática com o contido no art. 988, como também nos arts. 102, I, "l", e 105, I, "f", da CRFB/88. O respeito à autoridade das decisões do Pretório Excelso e do STJ tem arrimo na Lei Maior, que prevê o ajuizamento de reclamação para preservar tal autoridade, de modo que o efeito vinculante é indubitável quanto a tais situações.[29]

Ainda nessa toada, o STJ, após o CPC/2015, incluiu em seu Regimento Interno (RISTJ) a Emenda nº 24, de 28 de setembro de 2016, inserindo o art. 121-A que trata da "formação dos Precedentes Qualificados". Segundo o art. 121-A, os acórdãos proferidos em julgamento de incidente de assunção de competência (IAC) e de recursos especiais repetitivos (RR), bem como os enunciados de súmulas do STJ

---

[28] Taruffo (Precedente e jurisprudência, p. 6-7) pontua as incoerências que surgem nessa sistemática, dentre outros pontos: "Por outro lado, o número descontrolado de decisões promove uma ulterior degeneração, isto é, frequentemente, verificam-se incoerências, muitas vezes evidentes contradições e repentinas mudanças de direção, no âmbito da mesma jurisprudência da Cassação. Trata-se, infelizmente, de fenômenos conhecidos e frequentes, sobre os quais não podemos aprofundar a discussão. Para o que aqui nos interessa, eles levam a fazer com que o uso da jurisprudência seja, muitas vezes, uma tarefa complicada, difícil e arriscada. De um lado, de fato, não se sabe quase nunca se realmente se chegou a conhecer toda a jurisprudência (o que é muitas vezes impossível) ou, pelo menos, toda a jurisprudência relevante sobre um determinado assunto. Por outro lado, frequentemente, descobre-se que a jurisprudência é incoerente e contraditória: tratar-se-á então de estabelecer se há ou não jurisprudência conforme, se há uma jurisprudência prevalente, se a jurisprudência é incerta, ou mesmo se há uma situação de caos jurisprudencial".

[29] FARIA, Luiz Alberto Gurgel de. *In:* ALVIM, Angélica Arruda; ASSIS, Araken de; ALVIM, Eduardo Arruda; LEITE, George Salomão (coord.). *Comentários ao Código de Processo Civil.* São Paulo: Saraiva, 2016. p. 1062.

constituem, segundo o art. 927 do CPC/2015, precedentes qualificados de estrita observância pelos Juízes e Tribunais.[30]

As súmulas vêm a partir da consolidação da jurisprudência, bem como, em alguns casos, a partir dos julgados em IAC ou RR, em que pese o próprio julgamento seja do incidente ou de um recurso repetitivo fixam uma tese. A diferença basilar entre o IAC e o RR, no âmbito do STJ, é a repetição em múltiplos processos. O IAC tem a "relevante questão de direito", e o repetitivo, a "idêntica questão de direito" e a repetição de múltiplos casos.

Embora não seja expresso nos dispositivos do CPC e no RISTJ sobre a vinculação ou a obrigatoriedade do respeito às decisões em incidente de assunção de competência e em recursos especiais repetitivos, visto que o texto legal utiliza o termo "observarão" e "estrita observância pelos Juízes e Tribunais", o que se vê, no entanto, é a implícita vinculação para as decisões proferidas nesses procedimentos.[31]

Isso se dá pelo papel constitucional do STJ, na qualidade de uniformizador da legislação infraconstitucional e ainda nos propósitos estampados na Lei nº 11.678, de 19 de maio de 2008, que instituiu os recursos especiais repetitivos e pelos já referidos dispositivos do CPC/2015. Pela Constituição de 1988, no papel que ela deu ao STJ de uniformizar a legislação infraconstitucional, está o ponto fundante para se demonstrar a vinculação da interpretação por ele dada à lei infraconstitucional.

Os recursos especiais repetitivos têm um papel fundante na racionalização do sistema processual e na efetivação de uma cultura de precedentes. É, em essência, um instrumento para racionalizar o volume

---

[30] Cf. BRASIL. Superior Tribunal de Justiça. *Regimento interno do Superior Tribunal de Justiça* [atualizado até a Emenda Regimental n. 44, de 13 de setembro de 2023]. Brasília, DF: [2023]. Disponível em: https://www.stj.jus.br/publicacaoinstitucional/index.php/Regimento/article/view/500/3931. Acesso em 27 dez. 2023.

[31] O art. 927 do CPC é ilustrativo ao afirmar que:
"Os juízes e tribunais observarão:
(...
III - os acórdãos em incidente de assunção de competência ou de resolução de demandas repetitivas e em julgamento de recursos extraordinário e especial repetitivos" (BRASIL. Lei nº 13.105, de 16 de março de 2015. Código de Processo Civil. *Diário Oficial da União*: Brasília, DF, 2015. Disponível em: https://www.planalto.gov.br/ccivil_03/_ato2015-2018/2015/lei/l13105.htm. Acesso em: 27 dez. 2023). Cf.: MARINONI, Luiz Marinoni; ARENHART, Sérgio Cruz; MITIDIERO, Daniel. *Novo Código de Processo Civil comentado*. São Paulo: Revista dos Tribunais, 2015. p. 1062. Nos comentários do Ministro Luiz Alberto Gurgel de Faria ao art. 927 verifica-se, por todos, essa controvérsia: "Nas searas doutrinária e jurisprudencial há uma forte controvérsia acerca do poder vinculante (ou seja, que impõe a obrigação de observância) ou persuasivo (isto é, que induz, aconselha) de determinadas decisões".

de processos tanto no âmbito do próprio STJ, com a afetação e definição de teses, tanto para racionalizar o sistema a partir dos Tribunais de Justiça e dos Tribunais Regionais Federais, que seguirão as teses firmadas pelo STJ, no seu papel de uniformizador da lei infraconstitucional.

Para Calmon de Passos, a jurisprudência dos Tribunais Superiores sempre vinculou. Em se tratando de decisão de tribunal superior, "em sua plenitude e com vistas à fixação de um entendimento que balize seus próprios julgamentos", o Tribunal "impõe diretrizes para seus julgamentos e necessariamente as coloca, também, para os julgadores de instâncias inferiores". A força vinculante das decisões de Cortes Superiores é "essencial e indescartável", sob pena de retirar-se desses Tribunais justamente a função que os justifica.

Adverte Calmon de Passos pouco importar o nome dessas decisões, como "súmulas, súmulas vinculantes, jurisprudência predominante ou o que for". Elas obrigam. Obrigam a todos "em favor da segurança jurídica que o ordenamento deve e precisa proporcionar aos que convivem no grupo social, como o fazem as normas de caráter geral positivadas pela função legislativa".[32]

O termo destacado pelo poder constituinte, no seu papel de "fundar o Ordenamento Jurídico" e permanecer como referencial para as demais normas,[33] no art. 105, inciso III, da Constituição de 1988, é objetivo ao estabelecer a competência do STJ para rever as decisões que contrariarem "tratado ou lei federal, ou negar-lhes vigência; "julgarem válido ato de governo local contestado em face de lei federal" e derem "à lei federal interpretação divergente da que lhe haja atribuído outro tribunal". Ora, se cabe ao STJ uniformizar a interpretação da lei federal e, em determinados casos, cassar a interpretação destoante, as suas

---

32 Cf. PASSOS, José Joaquim Calmon de. Súmula Vinculante. *Revista do Tribunal Regional Federal da 1ª Região*, v. 9, n. 1, p. 176, jan./mar. 1997. A ponderação de Calmon de Passos também é oportuna: "E isso eu percebi muito cedo, quando, falando para juízes federais sobre a irrecusabilidade da força vinculante de algumas decisões de tribunais superiores, um deles, jovem, inteligente, vibrante, me interpelou: Professor Calmon, e onde fica a minha liberdade de consciência e o meu sentido de justiça? Respondi-lhe, na oportunidade, o que aqui consigno. Essa mesma pergunta não seria formulável, validamente, pelos que, vencidos, sofrem os efeitos da decisão que lhes repugna o senso moral e lhes mutila a liberdade? Por que os juízes poderiam nos torturar e estariam livres de ser torturados por um sistema jurídico capaz de oferecer alguma segurança aos jurisdicionados?"

33 Cf. BRITTO, Carlos Ayres. *Teoria da Constituição*. Rio de Janeiro: Forense, 2006. p. 123.

decisões devem, no mínimo, ser consideradas pelos Tribunais Regionais Federais e Tribunais de Justiça dos Estados.[34]

Marinoni pondera que é "tranquilamente possível" sustentar que as decisões do STJ "devem ter efeito vinculante sobre os juízes e tribunais inferiores". Segundo Marinoni, essa advertência não é viável em termos concretos e práticos, atualmente, "em razão de a importância das decisões não ser assimilada pela cultura jurídica brasileira". Se não há "cultura de respeito aos precedentes, ou melhor, se as próprias Turmas do Superior Tribunal de Justiça não se vinculam às suas decisões, elimina-se de forma natural, a autoridade ou a força obrigatória dos seus precedentes em relação aos tribunais inferiores".[35]

Michele Taruffo destaca que pesquisas desenvolvidas em vários sistemas jurídicos comprovam que a referência ao precedente não é, há tempos, uma característica peculiar do sistema *common law*. Essa referência está em quase todos os sistemas, incluindo-se os do *civil law*.[36]

Jorge Amaury Maia Nunes destaca do sistema do *common law* o *binding precedent* [precedente vinculante] e o *persuasive precedent* [precedente de natureza meramente persuasória]. O *binding precedent* é aquele proferido "por órgão da jurisdição hierarquicamente superior àquele que vai julgar o caso futuro e que dele não se poderá afastar", ressalvadas as hipóteses de inaplicação do precedente, como o *distinguishing* ou o *overrruling*.[37] Tem-se um precedente de natureza persuasiva quando

> (a) não se tratar de decisão de última instância a que esteja vinculada a corte que vai aplicá-lo; ou
> (b) quando se tratar de decisão de corte de outro sistema judiciário, tal como a corte de última instância estadual de Estado dos Estados

[34] Nesse sentido, Luiz Guilherme Marinoni (Aproximação crítica entre as jurisdições de *civil law* e de *common law* e a necessidade de respeito aos precedentes no Brasil. *Revista da Faculdade de Direito – UFPR*, Curitiba, n. 49, p. 53, 2009) é enfático ao afirmar que "a suposição de que os juízes e tribunais podem decidir sem considerar os precedentes do Superior Tribunal de Justiça não se coaduna com tal norma constitucional".

[35] Cf., do autor: Aproximação crítica entre as jurisdições de *civil law* e de *common law* e a necessidade de respeito aos precedentes no Brasil, p. 53.

[36] TARUFFO. *Precedente e jurisprudência*, p. 709-725.

[37] Segundo Jorge Amaury Maia Nunes (*Segurança jurídica e súmula vinculante*. São Paulo: Saraiva, 2010. (Série IDP). p. 126), "a corte de Justiça, tanto nos Estados Unidos quanto na Inglaterra, está autorizada a não aplicar o precedente, seja porque realmente não se ajusta ao caso concreto (*distinguishing*), seja porque o precedente não mais satisfaz aos ideais de justiça da época e merece ser revogado (*overruling*)".

Unidos diferente daquele em que tramita o processo no qual se quer utilizar o precedente.[38]

Apresentada a moldura dos precedentes, sejam eles vinculantes, sejam persuasivos, não há que se falar em ausência de disposição expressa específica sobre o efeito vinculante ou persuasivo das decisões proferidas pelo STJ. O papel constitucional do STJ, conforme a Carta de 1988,[39] de uniformizador da legislação infraconstitucional é, de fato, o comando para que os magistrados das Justiças Estadual, Federal e do Distrito Federal e Territórios sigam a interpretação infraconstitucional dada.

Calmon de Passos, como já destacado, também aponta a força vinculante das decisões das Cortes Superiores Ou, caso não tenham esse papel, perdem o caráter de Cortes uniformizadoras. Segundo ele, pouco importa o nome dessas decisões.[40] Marinoni advoga na mesma linha o efeito vinculante, mas aponta a ausência de uma cultura jurídica no Brasil. Sem cultura jurídica, sem respeito aos precedentes do STJ, elimina-se a força obrigatória dos precedentes em relação às Cortes Inferiores.[41]

Não obstante a volatilidade que o conceito de precedentes possui, independentemente do posicionamento adotado, para a análise da atuação do STJ, é necessário destacar a sua função institucional de tutelar, segundo a Constituição Federal, a legislação infraconstitucional. Vê-se a importância das decisões do STJ num contexto que, ao interpretar a norma federal, estabelece diretrizes hermenêuticas que serão aplicadas em relação a todo o ordenamento. Apenas por essa variável, percebe-se que não há como não classificar o STJ como Corte de Precedentes.

---

38 NUNES. *Segurança jurídica e súmula vinculante*, p. 125.

39 Registre-se o art. 105, inciso III, da Constituição de 1988, que estabelece a competência do STJ para rever as decisões que contrariarem "tratado ou lei federal, ou negarem-lhes vigência"; "julgarem válido ato de governo local contestado em face de lei federal" e derem "à lei federal interpretação divergente da que lhe haja atribuído outro tribunal".

40 PASSOS. Súmula vinculante.

41 MARINONI. Aproximação crítica entre as jurisdições de *civil law* e de *common law* e a necessidade de respeito aos precedentes no Brasil, p. 53.

4 O aprimoramento de uma cultura de precedentes no STJ

Falar em cultura é falar em tradição, em cuidado, em cultivo. É semear para que um dia essa cultura se consolide ou mesmo permaneça em constante aprimoramento. Não se pretende buscar um conceito do termo, mas se parte desse ponto. O cuidado. O cultivo. A difusão. E, como as teses, os provimentos, os precedentes, seja qual for o termo a ser empregado, visam à racionalização do sistema judicial nas Justiças Estadual e Federal no tocante à uniformização da legislação federal, bem como – e talvez o mais importante – à redução do volume de recursos no STJ.

Em pesquisa de campo realizada em 2013, quando se analisaram mais de 1.000 decisões de Turmas do STJ, especificamente em agravos regimentais (hoje, agravo interno pelo CPC/2015), dados revelaram características muito próprias e peculiares de cada Ministro, das quais se destacava o elevado número de reconsiderações, mostrando, em parte, na ocasião, a não observância das decisões paradigmas e dominantes no Tribunal.[42] Os dados revelaram elevado número de reconsideração de decisões monocráticas em agravos regimentais (Agrs) (CPC/1973), em razão da não aplicação dos precedentes do próprio STJ.

Os dados consolidados apresentados revelaram, em síntese, que a) não havia uniformidade na utilização da reconsideração em decisões monocráticas; b) não havia uniformidade na utilização da fundamentação por súmula ou jurisprudência pacífica; c) decisões monocráticas, em grande medida, para segundas decisões, evidenciando uma correção da decisão tomada em primeiro lugar; e, ainda, que d) a Segunda e Terceira Turmas – à época da coleta dos dados – utilizavam de forma diferenciada os recursos representativos da controvérsia.

Ou seja, pelos dados da pesquisa, os próprios precedentes do Tribunal, em grande parte, não eram atendidos; não atendiam ao "autoprecedente", que, segundo Michele Taruffo, ocorre quando uma Corte segue seus próprios precedentes.[43] Luis Felipe Salomão advertiu, em

---

[42] OLIVEIRA, André Macedo. *Recursos especiais repetitivos e efetividade jurisdicional*: a terceira margem do Superior Tribunal de Justiça. Tese (Doutorado em Direito) – Faculdade de Direito, Universidade de Brasília, Brasília, 2014. Disponível em: http://bdjur.stj.jus.br/dspace/handle/2011/75499; e em: https://repositorio.unb.br/handle/10482/16698. Acesso em: 10 dez. 2023.

[43] TARUFFO, Michele. *Cinco lecciones mexicanas*: memoria del taller de Derecho Procesal. Ciudad de México: Tribunal Electoral del Poder Judicial de la Federación, Escuela Judicial Electoral,

2012, que era comum, algumas vezes, em razão do elevado número de processos julgados por ano, "nos depararmos com divergências dentro do próprio gabinete".[44]

Hoje, após mais de 10 anos da pesquisa de campo,[45] pelos dados apresentados na estatística do STJ, os números de recursos continuam elevados na Corte. Embora inúmeros esforços do quadro administrativo do STJ, Presidentes que se sucederam e Ministros, muitos dos quais se dedicaram e se dedicam tanto na esfera administrativa e acadêmica nesse aprimoramento como em programas internos do Tribunal.

No tocante à mobilização interna, registre-se que, em 2012, o Ministro Ari Pargendler, quando no exercício da Presidência do STJ, convocou os Presidentes dos Tribunais de Justiça dos Estados e dos Tribunais Regionais Federais para um encontro, na sede do próprio STJ, objetivando iniciar o diálogo, estreitar relações e estabelecer diretrizes para garantir maior eficácia ao instituto dos recursos repetitivos.

O planejamento estratégico do STJ de 2010, dois anos após a edição da lei dos recursos especiais repetitivos, previu como objetivo a otimização da eficácia desses recursos, por meio de alterações quanto à normatização, uniformização de processos de trabalho, integração de dados, implementação de sistemas informatizados e divulgação de informações. Em novembro de 2010, o projeto foi apresentado ao Ministro Presidente do STJ e por ele aprovado. Em seguida, partiu-se

---

2003. p. 38: "En otro sentido, hay otros problemas que se ven de manera especialmente clara en el caso del autoprecedente, estos es, cuando una corte considera que tiene o no que seguir su propio precedente y también aquí dice, 'yo juez debería decidir esta cuestión de esta forma, porque yo mismo u otro juez de esta misma corte, decidió ese problema de esa forma hace diez años'. ¿Hay alguna justificación para este razonamiento? Probablemente no, pero si ustedes se fijan en cómo se emplean normalmente los precedentes y, sobre todo, los autoprecedentes de las cortes supremas, es precisamente así." Em outra passagem, Michele Taruffo aponta sobre o autoprecedente, apontando distinções entre o que chama de precedente horizontal e o vertical: "Por lo que toca al autoprecedente, tal vez diversos factores que confluyen deben de tenerse en consideración. Por un lado, exigencias básicas de coherencia y de universalidad de los criterios usados para decidir requerirían, que cada juez se sintiera vinculado a seguir los propios precedentes. A veces sucede, por cierto, que el vínculo al autoprecedente es configurado como garantía jurídica de igualdad en la aplicación de las leyes: es el caso del Tribunal Constitucional español, que controla bajo esta óptica, las decisiones de los jueces ordinarios" (TARUFFO. *Cinco lecciones mexicanas*: memoria del taller de Derecho Procesal, p. 197).

[44] Cf. SALOMÃO, Luis Felipe. "Judiciário precisa ser realmente o último recurso da cidadania". Entrevista [cedida a] Pedro Canário. *Conjur*, São Paulo, 21 jun. 2015. Disponível em: http://www.conjur.com.br/2012-mar-25/entrevista-luis-felipe-salomao-ministro-superior-tribunal-justica. Acesso em: 16 go. 2024.

[45] OLIVEIRA. *Recursos especiais repetitivos e efetividade jurisdicional*: a terceira margem do Superior Tribunal de Justiça.

para a definição de equipes de trabalho e as respectivas responsabilidades para mapeamento dos processos de trabalho pelas unidades envolvidas no STJ.

Ainda no encontro realizado pela Presidência do STJ, em junho de 2012, com os Presidentes dos Tribunais, foi lançada a proposta de se criar "sessões virtuais" para análise da admissibilidade dos recursos especiais repetitivos. Após identificar o recurso paradigma, o Relator do processo elaboraria um relatório minucioso da tese jurídica e já apresentaria o juízo de admissibilidade aos demais Ministros participantes da sessão virtual. Outra sugestão apresentada pelo então Presidente Pargendler nesse encontro com os Presidentes das Cortes Estaduais e Federais foi a concretização de um acordo de cooperação técnica para uniformizar as normatizações dos Tribunais Estaduais e Regionais Federais quanto aos recursos especiais repetitivos.

Navegando ainda na seara de cultura interna no âmbito do STJ, Fátima Nancy Andrighi, numa análise procedimental administrativa, revelou que era praxe no STJ que os Ministros não afetassem processos sobre temas já afetados por outros Ministros. As razões são relevantes. A desnecessária repetição de trabalho, como a oitiva dos *amicus curiae* e do Ministério Público (MP), bem como das expedições de ofícios e demais atos processuais usuais.

Contudo, revelou Nancy Andrighi que o próprio Tribunal deliberou em sentido contrário de modo a permitir que mais de um Relator trabalhasse sobre a mesma questão repetitiva em processos diversos ao mesmo tempo. A justificativa evidenciava a falta de procedimentos internos: o reconhecimento de que muitas questões importantes estavam paradas "porque os Relatores não têm conseguido incluir esses processos em pauta com a rapidez necessária".[46]

Um desafio também importante para somar a promoção da cultura interna é o estreitamento e aprimoramento do diálogo dos setores de autuação e de classificação do STJ com os Gabinetes dos Ministros. Isso vem reforçado por uma provocação do Ministro Luis Felipe Salomão de 2012, e que merece ser sempre reprisada e revista, quando ele apontou que a triagem era feita pelos próprios gabinetes dos Ministros e não por um setor de classificação e distribuição geral.

---

46 ANDRIGHI, Fátima Nancy. Recursos repetitivos. *Revista de Processo: RePro*, São Paulo, v. 35, n. 185, p. 276, jul. 2010.

Na ocasião, advertiu o Ministro, "(...) o processo de distribuição é anárquico. Infelizmente, não há um critério razoável de projeção de trabalho". Apontou que o problema era estrutural e que a triagem não era feita adequadamente. Apontou ainda a classificação como problema, pois era feita "por temas genéricos". Os temas eram amplos, como direito do consumidor ou responsabilidade civil. Não havia, segundo o Ministro Salomão, a tematização como "recurso sobre direito de família, que discute guarda compartilhada, cumulado com pedido de pensão", por exemplo. E, ainda, "responsabilidade civil, direito do consumidor, negativação indevida, recurso repetitivo número tal".[47]

Para Salomão, esse trabalho era feito por cada gabinete, cada qual com seus critérios. O trabalho de distribuição não era programado, tampouco havia "um critério de classificação adequado e de sintonia fina com os gabinetes". Em seu gabinete, afirmou o Ministro Salomão quando na 4ª Turma, existiam três fases de triagem. A primeira fase passava por uma

> equipe que analisava a admissibilidade e a tempestividade do recurso. Depois, outra equipe classificava mais adequadamente os processos vindos da distribuição. E havia uma terceira vertente, que ficava a cargo de assessores mais qualificados, que procuravam identificar quais os processos que estavam começando a chegar de maneira mais repetida na Seção de Direito Privado.

O Ministro ficou responsável, quando Presidente da 4ª Turma, de avaliar os processos que chegavam para julgamento com matéria repetida. Quando identificava esses casos, procurava elaborar imediatamente o voto e levar a julgamento pela Turma, "para fixar a tese e passar a decidir monocraticamente" os demais processos com a mesma matéria. Em síntese, o Ministro utilizava em seu gabinete o que chamava de "três vertentes: admissibilidade, classificação e identificação de macrolides, os processos em que a tese se repete".[48]

A preocupação do STJ com o volume precede, e muito, o CPC/2015, como demonstra o excesso de processos e de recursos no sistema processual brasileiro. Assusete Magalhães, em entrevista à revista *Conjur*,

---

[47] Cf. SALOMÃO. "Judiciário precisa ser realmente o último recurso da cidadania".

[48] SALOMÃO. "Judiciário precisa ser realmente o último recurso da cidadania".

destacou que, em setembro de 2014, o STJ iniciou um trabalho de inteligência voltado à gestão dos precedentes.[49]

Criou-se uma comissão especial de Ministros, a Comissão Gestora de Precedentes e de Ações Coletivas (COGEPAC), formada por três Ministros, um de cada Seção, ou seja, de Direito Público, de Direito Privado e de Direito Penal, um juiz supervisor e assessores do Núcleo de Gerenciamento de Precedentes (NUGEPNAC), um órgão de assessoramento à Presidência, que tem como finalidade a gestão da sistemática dos precedentes qualificados previstos no CPC de 2015. Dentre outras competências, é responsável por identificar, no tocante aos processos recebidos no STJ, matérias com potencial de repetitividade a fim de subsidiar o trabalho de afetação de processos ao rito dos repetitivos.

Essa comissão de Ministros (COGEPAC), segundo a Portaria STJ/GP nº 226, de 3 de maio de 2023,[50] tem como papel coordenar os procedimentos administrativos decorrentes do julgamento de casos repetitivos, de incidentes de assunção de competência (IAC), suspensão em incidente de resolução de demandas repetitivas (IRDR) e o monitoramento e sistematização das informações dos julgamentos das ações coletivas no âmbito do STJ.

Assusete Magalhães aponta que "essa comissão começou um trabalho de convencimento dos Tribunais e também dentro do próprio STJ". Segundo ela, nessa etapa se iniciaram as reuniões periódicas com todos os Ministros de cada Seção, e,

> antes da pandemia, visitamos os maiores tribunais do país exatamente para levar essa mensagem. Começamos a realizar muitos eventos e chamávamos a Brasília os desembargadores, os servidores que trabalhavam com admissibilidade de recursos especiais para esse treinamento. E passamos a fazer o Encontro Nacional de Precedentes.[51]

Essa construção do sistema de precedentes, contudo, traz ainda incongruências e desafios no âmbito dos Tribunais e do próprio STJ.

---

[49] MAGALHÃES, Assusete. 'Desrespeito aos precedentes cria vã ilusão e impede a pacificação social'. [Entrevista cedida] a Danilo Vital. *Conjur*, São Paulo, 7 jan. 2024. Desrespeito aos precedentes cria vã ilusão e impede a pacificação social. Disponível em: https://www.conjur.com.br/2024-jan-07/entrevista-assusete-magalhaes-ministra-do-stj/. Acesso em: 9 jan. 2024.

[50] BRASIL. Supremo Tribunal de Justiça. Portaria STJ/GP nº 226, de 3 de maio de 2023. *Dje-STJ*: Brasília, DF, 5 maio 2023. Disponível em: https://bdjur.stj.jus.br/jspui/bitstream/2011/174987/Prt_226_2023_GP.pdf. Acesso em: 9 fev. 2024.

[51] MAGALHÃES. 'Desrespeito aos precedentes cria vã ilusão e impede a pacificação social'.

Em casos específicos, trazidos para este artigo a título ilustrativo, vê-se que ainda há uma resistência por parte de algumas autoridades de observarem a sistemática de precedentes.

É o exemplo do tema que discute os direitos de imagem de ex-jogadores de futebol, utilizadas em jogos eletrônicos, como o "Football Manager".[52] Em razão da multiplicidade de casos ajuizados na Comarca de São Paulo, o Tribunal de Justiça do Estado de São Paulo (TJSP) determinou a instauração de IRDR, suspendendo todos os processos que tramitavam no Estado de São Paulo que discutissem a matéria,[53] em atenção ao art. 982, I, do CPC.

Após o julgamento no Tribunal paulista, o IRDR foi remetido ao STJ, para o julgamento de recurso especial interposto por diversos interessados. Na oportunidade, a então Ministra Presidente da Comissão Gestora de Precedentes do STJ, Assusete Magalhães, determinou a suspensão do recurso especial até que o TJSP indicasse dois ou mais recursos especiais para configurarem como representativos da controvérsia.

Em um dos casos que discutiam exatamente a questão debatida no âmbito do IRDR, a parte interessada suscitou a necessidade de suspensão do caso até que houvesse decisão definitiva proferida naqueles autos. No entanto, o juízo de origem deixou de determinar a suspensão do feito, em razão do julgamento de mérito no âmbito do Tribunal de Justiça.

Após interposta apelação por uma das partes, o Tribunal, em tempo, chamou a atenção para a aplicação do referido precedente, entendendo pela suspensão do recurso de apelação, até que houvesse solução do IRDR.[54]

Ao analisar pesquisa da Associação dos Magistrados Brasileiros (AMB) com os magistrados do nosso sistema judicial, Anderson de Paiva Gabriel observa que

> 51,8 dos juízes de 1º grau, 51,3% dos desembargadores, 66,6% dos inativos e 55,5 dos ministros de tribunais superiores defendem que deveriam poder decidir sem se pautar necessariamente pelo sistema de súmulas e

---

[52] Cf: https://www.footballmanager.com/games/football-manager-2024. Acesso em: 20 fev. 2024.

[53] TJSP, Turma Especial, Privado 1, Incidente de Resolução de Demandas Repetitivas nº 0011502-04.2021.8.26.0000, Rel.ª Des.ª Marcia Dalla Déa Barone, julgado em 26 maio 2023, Foro Central Cível, 32. Vara Cível.

[54] TJSP, Apelação Cível nº 1113968-50.2021.8.26.0100, 8. Câmara de Direito Privado, Rel. Des. Salles Rossi.

precedentes vinculantes, enquanto 51,5% dos juízes de 1º grau, 56,5% dos desembargadores, 63,9% dos inativos e 40% dos ministros de tribunais superiores alegam que o sistema afeta a independência do juiz em sua interpretação das leis e em sua aplicação.[55]

Essa pesquisa da AMB destaca que 86,7% dos juízes de 1º grau, 91,1% dos desembargadores, 77,9% dos inativos e 100% dos Ministros de Tribunais Superiores concordam que o sistema de súmulas e precedentes vinculantes garante maior velocidade e segurança jurídica à atividade jurisdicional e, consequentemente, maior racionalização do Judiciário.

Anderson de Paiva revela ainda o descompasso

> na fundamentação das sentenças, em que a doutrina, e não a jurisprudência (que ainda perde para menções à literatura acadêmica e referências filosóficas), ocupa a preferência absoluta dos magistrados (apontada com primazia por mais de 90% dos juízes de 1º grau, desembargadores e ministros de tribunais superiores).[56]

Como se vê, muitos os desafios nessa moldura da cultura de precedentes no sistema processual e para o STJ.

5 O papel das escolas de Direito no Brasil na cultura de precedentes: um redesenho do ensino do Direito Processual

O cenário da crise do Poder Judiciário perpassa, na opinião de juristas, a reforma da gestão e procedimentos, a formação de magistrados, o aumento do número de juízes, Ministros, a informatização, a reforma legislativa, entre outros. No entanto, a mais desafiadora das reformas é a mudança de mentalidade dos profissionais do Direito. Não há reforma de gestão, reforma legislativa, aumento de número de juízes, informatização, procedimento, prédio, se os profissionais

---

[55] GABRIEL, Anderson de Paiva. *O pragmatismo como paradigma do Direito Processual Penal contemporâneo*: tecnologia, consenso e *whistleblowing*. Londrina: Thoth, 2022. p. 129.

[56] GABRIEL. *O pragmatismo como paradigma do Direito Processual Penal contemporâneo*: tecnologia, consenso e *whistleblowing*, p. 129.

não se abrirem às mudanças. A formação dos bacharéis em Direito no Brasil deve estar alinhada a uma nova concepção de acesso à Justiça.[57]

Um outro desafio para a promoção da cultura de precedentes é um redesenho do ensino do Direito Processual Civil. O que se quer ensinar no Direito Processual? E para qual objetivo? Como membro do grupo de trabalho com a finalidade de realizar estudos e consolidar parâmetros já estabelecidos para a análise dos pedidos de autorização de novos cursos de Direito no Brasil, percebia-se, no final de 2004, o descompasso na formação e realidade dos Tribunais e do Poder Judiciário em sua integralidade. O chamamento para o debate partiu do Ministro da Educação e tinha como representantes o próprio Ministério da Educação (MEC), o Conselho Nacional de Educação (CNE), a Ordem dos Advogados do Brasil (OAB), as faculdades de Direito e, pela primeira vez, o Ministério da Justiça (MJ), com o propósito específico de levar os pressupostos da Reforma do Poder Judiciário, considerando a criação da Secretaria da Reforma do Judiciário (SRJ), no âmbito do Ministério da Justiça.[58]

O relatório final do Grupo de Trabalho incorporou "o diálogo com o Ministério da Justiça", como demonstração da importância das questões afetas à crise da democratização do acesso à justiça. Para o MJ, a má formação dos profissionais do Direito gera consequências nefastas ao sistema de Justiça.

Ressaltou-se, na ocasião, não só a formação de base dos bacharéis, mas ainda a formação continuada, destacando-se a importância das escolas da magistratura, fortalecidas pela Emenda Constitucional (EC) nº 45, de 30 de dezembro de 2004, bem como das escolas e centros de estudos das demais funções essenciais à Justiça, como da Advocacia e do Ministério Público, que "devem ser valorizadas e instadas a adaptar-se a uma nova realidade, complementando esse propósito de reforma do ensino superior jurídico e de reforma da cultura jurídica". Devem ser

---

57 Sobre a construção dos cursos jurídicos no Brasil, confira-se, de André Macedo Oliveira: *Ensino jurídico*: diálogo entre teoria e prática. Porto Alegre: Sergio Antonio Fabris Editor, 2004.

58 Portaria nº 3.381, de 20 de outubro de 2004, e nº 484, de 16 de fevereiro de 2005, do então Ministro de Estado da Educação Tarso Genro, que instituiu, com a finalidade de realizar estudos para consolidar os parâmetros já estabelecidos para a análise dos pedidos de autorização de novos cursos, o Grupo de Trabalho composto por representantes do Ministério da Educação (MEC), do Conselho Federal da Ordem dos Advogados do Brasil (CFOAB), do Ministério da Justiça (MJ) e do Conselho Nacional de Educação (CNE). Os trabalhos foram presididos por Mário Portugal Pederneiras, do Ministério da Educação e relatados por Roberto Fragale Filho, professor da Universidade Federal Fluminense (UFF).

fomentadas e implementadas todas as iniciativas que aproximem as instituições de ensino jurídico de sua função social em prol de um sistema de Justiça cada vez mais próximo do jurisdicionado.[59]

Soma-se a isso a quantidade de advogados hoje no Brasil. Segundo dados do CFOAB, cerca de 1,3 milhão de advogados exercem regularmente a profissão, entre 212,7 milhões de pessoas (IBGE). Proporcionalmente, tem-se um advogado para 164 brasileiros.[60] Pelos dados de 2022, temos hoje no Brasil aproximadamente 1.800 cursos de Direito em funcionamento e mais de 700 mil alunos matriculados. Em 2012, eram 1.000 cursos. De um total de 165 cursos de Direito, em 1991, chegou-se a pouco mais de 500, em 2001. Em 2003, um ano antes da criação do Grupo de Trabalho, havia 704 cursos jurídicos no país, segundo dados do Censo da Educação Superior de 2003.

O discurso da formação dos bacharéis é preocupação constante dos integrantes das altas Cortes do Poder Judiciário Nacional. Essa pauta da crise do acesso à Justiça e do ensino do Direito, aliás, contempla todos os seminários de processo civil, os específicos sobre o ensino do Direito e as conferências da OAB que trazem a pauta desde a sua primeira edição, em 1958.

---

[59] O autor do livro integrou o Grupo de Trabalho do Ministério da Educação e da OAB, por indicação do então Ministro da Justiça, Márcio Thomaz Bastos (BRASIL. Ministério da Educação. Secretaria de Educação Superior. Grupo de Trabalho MEC-OAB. *Relatório final*. Brasília, DF: Ministério da Educação; Secretaria de Educação Superior; Grupo de Trabalho MEC-OAB, item V, f. 14-17, mar. 2005. Disponível em: http://portal.mec.gov.br/sesu/arquivos/pdf/Relatorios/relatorio_gt_direito.pdf. Acesso em 27 ago. 2024).

[60] Segundo dados do sítio do Conselho Federal da OAB: "À frente do Brasil em números absolutos está a Índia, com pouco mais de 2 milhões de advogados. Entretanto, com uma população muito maior que a brasileira: 1,4 bilhão de indianos frente aos 212,7 milhões de brasileiros, o que resulta em aproximadamente 1 advogado para cada grupo de 700 habitantes. Os dados são da International Bar Association (IBA).
Nos Estados Unidos, os números mostram os mesmos 1,3 milhão de advogados, porém para uma população de 329,5 milhões de pessoas. As informações são respectivamente da American Bar Association (ABA) e da ONU e mostram uma proporção de 1 advogado para cada 253 habitantes.
Para ter uma ideia do alto número de advogados na população brasileira, basta comparar os dados com outras nações, a começar pela vizinha Argentina. Em uma população de 46,1 milhões de pessoas segundo estimativa da Organização das Nações Unidas (ONU), existem 126 mil advogados – número informado pela Federación Argentina de Colegios de Abogados (FACA). Logo, uma proporção bem menor que a brasileira: 1 advogado para 365 pessoas.
A Europa tem vários cenários. Entre os 10 milhões de portugueses, por exemplo, apenas 16 mil são profissionais da advocacia: 1 advogado para cada 625 habitantes. O Reino Unido, por sua vez, tem 146 mil advogados atuantes numa população de 68,8 milhões de pessoas – 1 advogado para 471 habitantes" (Cf: https://www.oab.org.br/noticia/59992/brasil-tem-1-advogado-a-cada-164-habitantes-cfoab-se-preocupa-com-qualidade-dos-cursos-juridicos. Acesso em: 27 ago. 2024).

Em palestra proferida na PUC Minas em 26 de maio de 2012, Cármen Lúcia Antunes Rocha afirmou que as faculdades de Direito tinham que passar por uma transformação, pois os alunos eram ensinados a litigar e não a pacificar e a conciliar. Para uma maior celeridade do sistema judicial, a Reforma do Judiciário deveria começar "não pelo telhado, mas pelas fundações". As faculdades de Direito, segundo Cármen Lúcia, "precisa[va]m passar por uma transformação. O futuro não comporta mais tanto litígio".

Destacou que, quando Gilmar Ferreira Mendes assumiu a Presidência do Supremo Tribunal Federal (STF) (2008-2010), havia registro de 45 milhões de processos em andamento no país. Dois anos depois, o seu sucessor, Cezar Peluso, registrou 75 milhões de processos, o que significa que mais de um terço do país estava ou está litigando. Cármen Lúcia destacou que, há 40 anos, quando estudava Direito, assistiu na própria PUC Minas a uma conferência do então Ministro Aliomar Baleeiro, do STF, na qual ele criticava a lentidão da Justiça. Qual a razão da morosidade da Justiça continuar? É preciso investigar, segundo destacou Cármen Lúcia, se o que se está ensinando nas faculdades de Direito é "a litigância pela litigância, mesmo quando ela é de má-fé". Precisamos saber qual Judiciário queremos. Não basta o acesso ao fórum. Precisamos ter respostas rápidas. Precisamos de bacharéis comprometidos com a causa da garantia da prestação jurisdicional mais eficaz, para uma sociedade mais justa.

Essa preocupação não é recente. Em 1955 San Tiago Dantas proferiu a aula inaugural dos cursos da então Faculdade Nacional de Direito, em que analisava a crise da sociedade brasileira e sua relação com a universidade:

> Se há problemas novos sem solução técnica adequada; se há problemas antigos, anteriormente resolvidos, cujas soluções se tornaram obsoletas sem serem oportunamente substituídas; se apareceram novas técnicas, que o nosso meio não aprendeu e assimilou, em grande parte isso se deve ao alheamento e à burocratização estéril das nossas escolas, que passaram a ser meros centros de transmissão de conhecimentos tradicionais, desertando o debate dos problemas vivos, o exame das questões permanentes ou momentâneas de que depende a expansão, e mesmo a existência da comunidade.[61]

---

[61] DANTAS, San Tiago. A educação jurídica e a crise brasileira. *In:* RAMOS, Guiomar Feitosa de Albuquerque Lima (org.). *Encontros da UnB*. Ensino jurídico. Brasília: Editora da UnB, 1978. p. 52-53.

San Tiago Dantas defendia a necessidade de uma revisão da universidade como instrumento de elaboração de cultura bem como no campo da educação jurídica.

Vários trabalhos atestam a má formação dos bacharéis em Direito. Inúmeros são os fatores da crise do ensino do Direito. Destaque-se, nessa abordagem, a falta de compreensão dos fenômenos coletivos e das demandas de massa, na formação. Muitas causas já foram apontadas para esses problemas: currículo, programa das disciplinas, estágio, extensão e formação dos professores.[62]

Contudo, mesmo sem resgatar toda essa literatura, pode-se afirmar que o profissional do Direito de hoje não é preparado para atender às necessidades da sociedade contemporânea, pois não possui, em sua grande maioria, uma formação voltada para a resolução de problemas. Há conflitos novos que transcendem a litigação entre duas partes claramente identificadas, seja por serem complexos, seja pelo fato de terem caráter intergrupal, seja por se darem em torno de objetos indefinidos.

A crise "do operar do jurista" é preocupante, como aponta Calmon de Passos, destacando dois *déficits* de gravidade acentuada. O primeiro, um *déficit* externo, é aquele "representado pela quase total ausência de saber interdisciplinar dos doutrinadores e operadores do direito". Isso afeta e empobrece a "compreensão dos pressupostos econômicos, políticos e culturais do jurídico". O outro é a "insatisfatória formação profissional, somada à inadequada institucionalização constitucional da função judicante".[63]

Na visão de Aurélio Wander Bastos,

> a reformulação do ensino jurídico implica a reformulação do Poder Judiciário e a reformulação do Poder Judiciário está vinculada à necessidade de se ampliarem os seus canais de absorção de demandas e de

[62] Cf., entre outros: FÉLIX, Loussia P. Musse. Da reinvenção do ensino jurídico: considerações sobre a primeira década. *In:* CFOAB. *OAB Recomenda*: um retrato dos cursos jurídicos. Brasília: CFOAB, 2001; o já citado OLIVEIRA. *Ensino jurídico*: diálogo entre teoria e prática; PORTO, Inês da Fonseca. *Ensino jurídico, diálogos com a imaginação*. Porto Alegre: Sergio Antonio Fabris Editor, 2000; SÁ E SILVA, Fábio Costa Morais de. *Ensino jurídico*. A descoberta de novos saberes para a democratização do Direito e da sociedade. Porto Alegre: Sergio Antonio Fabris Editor, 2007.

[63] PASSOS, José Joaquim Calmon. As razões da crise do nosso sistema recursal. *In:* FABRÍCIO, Adroaldo Furtado (coord.). *Meios de impugnação ao julgado civil*: estudos em homenagem a José Carlos Barbosa Moreira. Rio de Janeiro: Forense, 2007. p. 366.

> se acomodarem às suas estruturas aos novos e modernos agentes de desenvolvimento e mudança social.[64]

Nesse cenário, vê-se, como primeira medida paliativa, o pensar na Reforma por meio de resoluções do CNE e portarias do MEC. Como demonstrado, essas normas últimas são fruto de muita maturação e debate. Os textos dessas normas são atuais e sempre foram revisitados. A grande mudança tem que estar num redesenho do ensino do Direito Processual, no modo de ensinar dos docentes. Numa constante reinvenção. Não é preciso muito para se observar como o STJ muda o seu entendimento ou mesmo como interpreta e uniformiza determinada norma. Como tratar essas questões em sala de aula e na prática jurídica?

A norma regente que institui as diretrizes curriculares nacionais do curso de graduação em Direito, Resolução nº 5, de 17 de dezembro de 2018, é clara ao afirmar que o curso de Direito deverá assegurar no perfil do graduando, entre outros pontos, a capacidade de análise, o domínio de conceitos e da terminologia jurídica, a capacidade de argumentação, a interpretação e a valorização dos fenômenos jurídicos e sociais, além do domínio das formas consensuais de composição de conflitos.[65]

Além do perfil, a resolução determina uma formação profissional que revele competências cognitivas, instrumentais e interpessoais que capacitem o graduando, entre outras, interpretar e aplicar as normas (princípios e regras) do sistema jurídico nacional, observando a experiência estrangeira e comparada, quando couber, articulando o conhecimento teórico com a resolução de problemas. E mais: adquirir capacidade para desenvolver técnicas de raciocínio e de argumentação jurídicos, com objetivo de propor soluções e decidir questões no âmbito do Direito, e compreender a hermenêutica e os métodos interpretativos, com a necessária capacidade de pesquisa e de utilização da legislação, da jurisprudência, da doutrina e de outras fontes do Direito.[66]

Ovídio A. Baptista da Silva advertia já em 1998 do exagero na utilização dos recursos, destacando, entre outras razões, o interesse das

---

64 BASTOS, Aurélio Wander. *O ensino jurídico no Brasil.* Rio de Janeiro: Lumen Juris, 1998. p. 297.

65 BRASIL. Resolução nº 5, de 17 de dezembro de 2018. *Diário Oficial da União*: Brasília, DF, seção 1, p. 122, 18 dez. 2018 (republicada no *DOU*, seção 1, p. 47-48, 19 dez. 2018, e alterada pela CNE/CES nº 2, de 19 de abril de 2021, *DOU*, seção 1, p. 116, 23 abr. 2021).

66 BRASIL. Resolução nº 5, seção 1, p. 122.

elites dominantes em que a função judiciária não seja efetiva e, ainda, como causa principal,

> para a sedução que os recursos exercem sobre nós, decorre da circunstância de praticarmos a 'ética do perdedor', a lógica do litigante que – temendo perder, mesmo crendo ter razão – passa a confiar nos recursos como remédio milagroso que o salvará de um magistrado em que ele, por sua submissão ao paradigma, não pode confiar.[67]

Essa advertência de Ovídio A. Baptista da Silva aponta para que os profissionais do Direito passem por um processo de "desintoxicação". Ressalta que uma longa tradição alicerçada no CPC de 1973

> viciou-nos em recursos, sendo indispensável que passemos por um processo de 'desintoxicação', para afinal recuperar o autêntico sentido do remédio excepcional que o instituto deve preservar; abandonando o caminho, hoje amparado e estimulado pelo sistema, que o transformou em expediente natural, a ser livremente – sem qualquer ônus adicional – utilizado pelo sucumbente.[68]

Para o aprimoramento e a maturação de uma cultura de precedentes no sistema processual brasileiro, como um outro desafio, há que se pensar num redesenho do ensino do Direito Processual, seja nos programas das disciplinas, que muitas vezes são cópias da legislação e dos códigos e com base em manuais, seja no pensar do método de ensino, seja no fomento aos grupos de pesquisa de graduação e pós-graduação, seja nas pesquisas de campo tendo como objeto os Tribunais Estaduais, Federais e o próprio STJ, seja em projetos de extensão, seja também na formação permanente dos docentes.

Menos cultura de recorribilidade e mais cultura de precedentes. Por um redesenho do ensino do Direito Processual.

---

[67] SILVA, Ovídio Araújo Baptista da. A função dos tribunais superiores. *In:* BRASIL. Supremo Tribunal de Justiça. *Supremo Tribunal de Justiça 10 anos*: obra comemorativa 1989-1999. Brasília, DF: STJ, p. 156, 1999.

[68] SILVA. A função dos tribunais superiores, p. 156.

6 O papel e os desafios do CNJ na cultura de precedentes e racionalização do sistema processual brasileiro

O CNJ tem um papel fundante na concretização de uma cultura de precedentes e racionalização do sistema processual, na medida em que a ele compete o papel central de planejador estratégico do Poder Judiciário no Brasil. Criado em 31 de dezembro de 2004 e instalado em 14 de junho de 2005, é o órgão formulador das políticas e estratégias nacionais para tornar o sistema judiciário mais eficiente.

Ao CNJ, compete o controle da atuação administrativa e financeira do Poder Judiciário e do cumprimento dos deveres funcionais dos juízes (§4º, art. 103-B, da CF), bem como zelar pela observância do art. 37 da Constituição Federal e apreciar, de ofício ou mediante provocação, a legalidade dos atos administrativos praticados por membros ou órgãos do Poder Judiciário, podendo desconstituí-los, revê-los ou fixar prazo para que se adotem as providências necessárias ao exato cumprimento da lei, sem prejuízo da competência do Tribunal de Contas da União (TCU).[69]

Segundo Gilmar Ferreira Mendes, o CNJ se destaca como importante "órgão de coordenação, planejamento e supervisão administrativa do Poder Judiciário, com o objetivo precípuo de alcançar o grau máximo de eficiência, de modo a tornar verdadeiramente eficaz a prestação jurisdicional".[70]

Exerce o Conselho um papel basilar enquanto formulador de políticas públicas para o Poder Judiciário e real garantidor da efetiva prestação jurisdicional. Esse órgão nasceu com o intuito de promover a aberta comunicação da sociedade com o Poder Judiciário, responsabilizando-se pelo controle de sua atividade administrativa, bem como pelo cumprimento das atividades funcionais dos magistrados, sempre zelando pela autonomia do Poder.

Para ilustrar esse escopo, em seu nascedouro, já entre setembro e novembro de 2008, o CNJ promoveu encontros regionais do Poder Judiciário com o objetivo de dialogar com os Presidentes das Cortes

---

[69] Sobre a competência e o poder normativo do CNJ, conferir: ADI nº 3.367/DF, Rel. Min. Cezar Peluso, *Dje* 17 mar. 2006 e ADC nº 12/DF, Rel. Min. Carlos Britto, *Dje* 18 dez. 2009.

[70] Discurso de posse na Presidência do CNJ em de 26 março de 2008.

das Justiças Estadual, Federal, Eleitoral, Militar e do Trabalho, como também conhecer as realidades locais e peculiaridades regionais.

O objetivo, na ocasião, foi conhecer as boas práticas e revelar os desafios que devem ser enfrentados e superados para se alcançar uma Justiça mais efetiva, por meio de diagnósticos, com enfoque na

> gestão de recursos financeiros, humanos e de tecnologia da informação; níveis de qualificação dos profissionais da Justiça, o grau de otimização dos processos fundamentais de trabalho e o desenvolvimento e execução da gestão com eventual planejamento, bem como estimular a comunicação e a troca de experiências entre os tribunais.[71]

Embora destacado papel e propósito, desde a sua criação, concebida na Reforma do Poder Judiciário de 2004, esse esforço não foi suficiente para reduzir o volume, para racionalizar a aplicação de precedentes e teses pelos Tribunais, bem como na consolidação de um sistema eficiente. Os próprios números anuais revelados pelo CNJ dialogam com essa afirmação.

Fato é que o Conselho é ator importante e balizador de uma efetiva[72] prestação jurisdicional não só como gestor e idealizador do planejamento estratégico do Poder Judiciário, mas também como aquele que recebeu a missão de provocar o grau máximo de eficiência dos demais órgãos, de modo a tornar verdadeiramente eficaz essa prestação.

Um passo importante e basilar na cultura de precedentes e racionalização do sistema processual brasileiro foi a Resolução nº 160, de 19 de outubro de 2012. Essa norma, gestada na sessão plenária de 17 de outubro de 2012, determinou a criação do Núcleo de Repercussão Geral e Recursos Repetitivos (NURER)[73] no âmbito dos Tribunais

---

[71] Cf. CNJ. *Relatório anual do CNJ* – 2008. Brasília, DF: CNJ, 2008. Disponível em: www.cnj.jus.br. Acesso em: 20 nov. 2023.

[72] Uma prestação jurisdicional efetiva e eficaz não enseja volume e quantidade. Não se pretende esgotar essa problemática levantada no cenário jurídico a partir da Meta 2 do CNJ, em que se pretendeu estabelecer metas para os Juízes em todo o Brasil.

[73] Revogada pela Resolução nº 235, de 13 de julho de 2016, cuja ementa dispõe "(...) sobre a padronização de procedimentos administrativos decorrentes de julgamentos de repercussão geral, de casos repetitivos e de incidente de assunção de competência previstos na Lei 13.105, de 16 de março de 2015 (Código de Processo Civil), no Superior Tribunal de Justiça, no Tribunal Superior Eleitoral, no Tribunal Superior do Trabalho, no Superior Tribunal Militar, nos Tribunais Regionais Federais, nos Tribunais Regionais do Trabalho e nos Tribunais de Justiça dos Estados e do Distrito Federal, e dá outras providências".

Superiores, dos Tribunais de Justiça dos Estados e do Distrito Federal e dos Tribunais Regionais Federais.[74]

Outro destaque, nessa esteira, foi, no início de 2022, a instituição do Banco Nacional de Precedentes (BNP) para consulta e divulgação por órgãos e pelo público em geral de precedentes judiciais, com ênfase nos pronunciamentos judiciais listados no art. 927 do CPC em todas as suas fases processuais.[75]

Nessa resolução, consideraram-se como precedentes qualificados as decisões do STF em controle concentrado de constitucionalidade, as súmulas vinculantes, os acórdãos em incidente de assunção de competência (IAC) ou de incidente de resolução de demandas repetitivas (IRDR) e os em recursos repetitivos (RR), e as súmulas do STF e do STJ, bem como os "precedentes em sentido lato", como os pedidos de uniformização de interpretação de lei de competência do STJ, súmulas do STM, do TSE, do TST, dos Tribunais de Justiça, dos Tribunais Regionais Federais, dos Tribunais de Justiça Militares, dos TREs, dos TRTs e os pedidos representativos de controvérsia da Turma Nacional de Uniformização dos juizados especiais federais (TNU), bem como os precedentes normativos e as orientações jurisprudenciais do Tribunal Superior do Trabalho (TST).

A caminhada do CNJ pela racionalização dos precedentes não ficou apenas no aspecto normativo. Em 2020, sob a Presidência do Ministro Luiz Fux, foi instituído grupo de trabalho objetivando a promoção de estudos e propostas voltadas ao fortalecimento dos precedentes no sistema nacional.[76]

Esse grupo tinha como atribuições, dentre outras, a promoção de debates sobre o tema e elaboração de diagnósticos; a elaboração de estudos com a indicação de medidas voltadas à superação das dificuldades relativas à publicidade e à efetividade dos precedentes e a proposição de arranjos normativos, institucionais e organizacionais com o objetivo de aprimorar os mecanismos de fortalecimento dos precedentes e aumentar a adesão dos julgadores em todos os métodos de resolução de conflitos. Fizeram parte do grupo Conselheiros do CNJ, Ministros do STJ, Ministros do TCU, membros do Executivo, Desembargadores

---

[74] Cf. inteiro teor da resolução em: www.cnj.jus.br/atos-administrativos/atos-da-presidencia/resolucoespresidencia/21725-resolucao-n-160-de-19-de-outubro-de-2012. Acesso em: 15 nov. 2023.

[75] CNJ. *Resolução nº 444, de 25 de fevereiro de 2022*. Brasília, DF: CNJ, 25 fev. 2022.

[76] CNJ. *Portaria CNJ nº 240, de 4 de novembro de 2020*. Brasília, DF: CNJ, 4 nov. 2020.

Federais e Estaduais, Juízes, Defensores, Juízes Auxiliares, os Professores Humberto Dalla Bernardina de Pinho, Teresa Arruda Alvim, Humberto Theodoro Júnior, entre outros.

Contudo, o ponto nodal do Conselho na cultura de precedentes foi a Recomendação nº 134, no final de 2022, ainda na Presidência do Ministro Luiz Fux,[77] em que se definiu que o sistema de precedentes "se preocupa em fornecer, de modo mais estruturado e geral, respostas às controvérsias atuais, latentes e potenciais, de modo a propiciar a efetiva segurança jurídica", conforme preconiza o art. 1º da referida recomendação. Segundo o CNJ, "o sistema de precedentes representa uma nova concepção de jurisdição".

Nessa norma, o CNJ recomendou aos tribunais de todo o país, em seus diversos órgãos, bem como aos magistrados, que promovessem "um trabalho permanente de identificação das questões de Direito controversas, que sejam comuns, em uma quantidade razoável de processos, ou de repercussão geral, para que possam ser objeto de uniformização". Recomendou ainda aos juízes que contribuíssem

> com o bom funcionamento do sistema de precedentes legalmente estabelecido, zelando pela uniformização das soluções dadas às questões controversas e observando e fazendo observar as teses fixadas pelos tribunais superiores e, na falta de precedentes e jurisprudência por parte destes, pelos respectivos tribunais regionais ou estaduais.[78]

Prevê ainda a Recomendação nº 134/2022 que a uniformização da jurisprudência seja realizada, preferencialmente, mediante a formulação de precedentes vinculativos (qualificados), previstos no art. 927 do CPC/2015, bem como que os precedentes sejam respeitados, a fim de concretizar o princípio da isonomia e da segurança jurídica.

Por fim, recomenda o CNJ que os precedentes sejam aplicados por todos os Tribunais e Órgão Judiciais, independentemente do ramo e da matéria e, para tanto, define que a Comissão de Gestão Estratégica, Estatística e Orçamento terá papel fundante para o fortalecimento da cultura de precedentes no sistema jurídico, realizando monitoramento

---

[77] Deliberação do Plenário do CNJ no Ato Normativo nº 0005217-82.2022.2.00.0000, na 63ª Sessão Extraordinária, realizada em 6 de setembro de 2022. Recomendação nº 134, de 9 de setembro de 2022.

[78] Deliberação do Plenário do CNJ no Ato Normativo nº 0005217-82.2022.2.00.0000, na 63ª Sessão Extraordinária, realizada em 6 de setembro de 2022. Recomendação nº 134, de 9 de setembro de 2022

por meio de indicadores e estatísticas, bem como fomentando a troca de experiências entre os tribunais, além de, eventualmente, propor o aprimoramento da presente normativa.

O papel constitucional do CNJ de formulador de políticas públicas em prol da efetividade jurisdicional é claro. Como decidiu o STF no julgamento da medida cautelar na Ação Direta de Inconstitucionalidade (ADI) nº 3.823/DF, o CNJ, apesar de estar inserido no título que trata da organização dos Poderes, colocando-o como um dos órgãos do Poder Judiciário, tem natureza jurídica eminentemente administrativa e não legislativa ou judiciária.[79]

Os desafios para uma cultura de precedentes no STJ não se chocam com as diretrizes e os desafios do CNJ. Ao STJ, há o dever de dialogar com os Tribunais Regionais Federais e Tribunais de Justiça, para medirem as incongruências nas interpretações da legislação federal que colidem com a isonomia e a segurança jurídica. Para tanto, deve haver diálogo com essas Cortes Federais e Estaduais e a sua organicidade interna para estruturar e alinhar esses entendimentos destoantes.

Ao CNJ, por outro lado, a moldura é mais ampla. Além de abarcar e receber essas informações consolidadas do STJ, cabe ao Conselho estruturar em seus bancos de dados, em seu Departamento de Pesquisa, as incongruências com as interpretações da legislação trabalhista pelo TST e o STF. A ele cabe promover ao menos o debate institucional na seara administrativa, de modo a encerrar e racionalizar os conflitos que causam insegurança jurídica e falta de isonomia.

Da mesma forma, ao CNJ cabe esse papel para mediar as incongruências entre o STJ e o STF. O Conselho poderá provocar esse debate, que navega mais na seara administrativa, podendo ser alinhado e desenhado entre os secretários gerais ou entre os juízes auxiliares destacados pelos respectivos Presidentes. Ao Conselho, cabe promover esse debate institucional. O tempo excessivo de julgamento de questões amiúde no Plenário do CNJ podem ser substituídos por debates relativos ao enfrentamento da racionalização do sistema processual civil.

Só com um debate qualificado sobre o enfrentamento das razões do congestionamento é que chegaremos a resultados e desafios a serem enfrentados e superados. A crise é perene. Não é moderna. Não há novidade nesse debate que se arrasta desde antes da Constituição de

---

79 ADI-MC nº 3823/DF, Rel.ª Min.ª Cármen Lúcia, *DJe* 6 dez. 2006: (...) "o CNJ não pode inovar em matéria legislativa e nem tomar decisões de caráter judicial ou jurisdicional".

1988, que trouxe como um de seus propósitos a concretização da Justiça e da garantia dos direitos.

7 Conclusões

Buscou-se no texto apresentar uma moldura do cenário do sistema de precedentes no Direito Processual brasileiro. Fez-se uma análise da existência (ou não) de uma teoria de precedentes no Brasil, com suporte nos autores nacionais e em Michele Taruffo e em Neil MacCormick e uma abordagem sobre os precedentes no CPC/2015.

Em estudos diversos,[80] como destacado no artigo, verifica-se que o entendimento do que se aplica atualmente como precedentes no Brasil não cumpre os requisitos principais para assim ser chamado. O que temos, hoje, na maior parte dos países que se alinham à tradição da *civil law* ou até mista, é a chamada jurisprudência ou um conceito peculiar de precedente.[81] No Brasil, como exposto, há quem diga do caráter vinculante do precedente, seja horizontal, seja vertical, e outros que apontam a produção dos precedentes apenas pelos Tribunais de Cúpula, conforme estampado na Constituição, e não nas Cortes Estaduais. Outros muitos autores criticam essa posição e afirmam que essas Cortes também podem produzir precedentes. O cenário brasileiro caminha, ainda, na construção de uma teoria. E é essa construção o desafio.

E levando em conta a existência ou não de uma teoria de precedentes no nosso sistema processual, não há como desconsiderar que o art. 926 do CPC/2015 deixou clara a preocupação maior de todo o sistema processual no tocante à uniformização da jurisprudência dos tribunais, mantendo-a estável, íntegra e coerente. Apresentada essa moldura dos precedentes, sejam eles vinculantes, sejam persuasivos, não há, a nosso sentir, que se falar em ausência de disposição expressa específica sobre o efeito vinculante ou persuasivo das decisões proferidas pelo STJ. O papel constitucional do STJ, conforme a Carta de 1988,[82] de

---

[80] Nessa toada, ressalte-se o trabalho de LOPES; HOFFMAM; GARCIA, Thaís. Teoria dos precedentes à brasileira e a destemporalização da decisão jurídica e de AL-ALAM. *A teoria de precedentes nos sistemas de* common law *e a sua inserção no Direito brasileiro.*

[81] FACHINI. *Aplicação dos precedentes no Brasil*, p. 69.

[82] Registre-se o art. 105, inciso III, da Constituição de 1988, que estabelece a competência do STJ para rever as decisões que contrariarem tratado ou lei federal ou negarem-lhes vigência, julgarem válido ato de governo local contestado em face de lei federal e derem a lei federal interpretação divergente da que lhe haja atribuído outro tribunal.

uniformizador da legislação infraconstitucional é, de fato, o comando para que os magistrados das Justiças Estadual, Federal e do Distrito Federal e Territórios sigam a interpretação infraconstitucional dada.

Como analisado por Calmon de Passos, há que se observar a força vinculante das decisões das Cortes Superiores. Sem esse papel, esvazia-se o seu o caráter de Corte uniformizadora.[83] Marinoni advoga na mesma linha o efeito vinculante, mas aporta a ausência de uma cultura jurídica no Brasil. Sem cultura jurídica, sem respeito aos precedentes do STJ, elimina-se a força obrigatória dos precedentes em relação às Cortes Inferiores.[84]

O aprimoramento da cultura interna do STJ na valorização e estruturação dos precedentes é basilar. Desde a edição da lei dos recursos especiais repetitivos, em 2008, o Tribunal vem buscando essa racionalização e disseminação da cultura dos precedentes.

Na busca do aprimoramento e maturação de uma cultura de precedentes no sistema processual brasileiro, o que se propõe é um pensar no ensino do Direito Processual, seja nos programas das disciplinas, que muitas vezes são cópias da legislação e dos códigos e com base em manuais, seja no pensar do método de ensino, seja no fomento aos grupos de pesquisa de graduação e pós-graduação, seja nas pesquisas de campo cujo objeto são os Tribunais Estaduais, Federais e o próprio STJ, seja em projetos de extensão, seja também na formação permanente dos docentes. Menos cultura de recorribilidade e mais cultura de precedentes. É necessário um redesenho do ensino do Direito Processual.

Também nessa toada, o papel e os desafios do CNJ na cultura de precedentes e na racionalização do sistema processual brasileiro também são desafiadores. Registre-se que não há qualquer choque no seu papel e no papel do STJ.

Ao STJ, cabe o diálogo constante e o aceso com os Tribunais Regionais Federais e Tribunais de Justiça para medirem as incongruências nas interpretações da legislação federal que colidem com a isonomia e segurança jurídica. Para tanto, deve haver diálogo com essas Cortes Federais e Estaduais e a sua organicidade interna, para estruturar e alinhar esses entendimentos destoantes.

---

83 PASSOS. Súmula vinculante, p. 53.

84 MARINONI, Aproximação crítica entre as jurisdições de *civil law* e de *common law* e a necessidade de respeito aos precedentes no Brasil.

Para o CNJ, a moldura é mais ampla. Além de abarcar e receber essas informações consolidadas do STJ, cabe ao Conselho estruturar em seus bancos de dados, em seu Departamento de Pesquisa, as incongruências com as interpretações da legislação trabalhista pelo TST e o STF. Da mesma forma, ao CNJ cabe esse papel para mediar as incongruências entre o STJ e o STF.

Só com um debate qualificado sobre o enfrentamento das razões do congestionamento é que chegaremos a resultados e desafios a serem enfrentados e superados. A crise é perene. Não é moderna. Não há novidade nesse debate que se arrasta antes da Constituição de 1988, que trouxe como um de seus propósitos a concretização da Justiça e da garantia dos direitos.

As conclusões têm por escopo sintetizar, de forma prospectiva, alguns desafios a serem enfrentados pelo STJ e por outros atores na concretização de uma cultura de precedentes no sistema processual civil brasileiro, assim como na concretização do STJ como Corte de Precedentes e de seu fortalecimento institucional nessa empreitada.

> Conheço meu lugar e minha tarefa; muitos homens não conhecem, ou chegam a fazê-lo quando é demasiado tarde. Por isso, tudo é muito simples para mim, e só espero fazer justiça a esse lugar e a essa tarefa. Veja como o meu credo é simples.[85]

Referências

AL-ALAM, Caroline Ledesma. *A teoria de precedentes nos sistemas de* common law *e a sua inserção no Direito brasileiro*. Orientador: Daniel Mitidiero. 2015. Trabalho de Conclusão de Curso (Especialização em Processo Civil) – Faculdade de Direito, Universidade Federal do Rio Grande do Sul, Porto Alegre, 2015. Disponível em: https://www.lume.ufrgs.br/handle/10183/129925. Acesso em: 5 dez. 2023.

ANDREASSA JUNIOR, Gilberto; BARBOSA, Cláudia Maria. Teoria dos precedentes e sua incompatibilidade com o sistema deliberativo dos tribunais superiores. *Revista Eletrônica do Curso de Direito da UFSM*, Santa Maria, v. 12, n. 3, p. 861-888, dez. 2017. Disponível em: https://periodicos.ufsm.br/revistadireito/article/view/26773. Acesso em: 4 dez. 2023.

ANDRIGHI, Fátima Nancy. Recursos repetitivos. *Revista de Processo: RePro*, São Paulo, v. 35, n. 185, jul. 2010.

---

85 ROSA, Guimarães. Entrevista [cedida a] Günter Lorenz no Congresso de Escritores Latino-Americanos, em janeiro de 1965. *In:* LORENZ, Günter. *Diálogo com a América Latina*. Panorama de uma literatura do futuro. São Paulo: Editora Pedagógica e Universitária Ltda., 1973.

BASTOS, Aurélio Wander. *O ensino jurídico no Brasil*. Rio de Janeiro: Lumen Juris, 1998.

BRASIL. Ministério da Educação. Secretaria de Educação Superior. Grupo de Trabalho MEC-OAB. *Relatório final*. Brasília, DF: Ministério da Educação; Secretaria de Educação Superior; Grupo de Trabalho MEC-OAB, mar. 2005. Disponível em: http://portal.mec.gov.br/sesu/arquivos/pdf/Relatorios/relatorio_gt_direito.pdf. Acesso em 27 ago. 2024.

BRASIL. Resolução nº 5, de 17 de dezembro de 2018. *Diário Oficial da União*: Brasília, DF, 18 dez. 2018.

BRASIL. Supremo Tribunal de Justiça. Portaria STJ/GP nº 226, de 3 de maio de 2023. *Dje-STJ*: Brasília, DF, 5 maio 2023. https://bdjur.stj.jus.br/jspui/bitstream/2011/174987/Prt_226_2023_GP.pdf. Acesso em: 9 fev. 2024.

BRASIL. Superior Tribunal de Justiça. *Regimento interno do Superior Tribunal de Justiça [atualizado até a Emenda Regimental n. 44, de 13 de setembro de 2023]*. Brasília, DF: STF, [2023]. Disponível em: https://www.stj.jus.br/publicacaoinstitucional/index.php/Regimento/article/view/500/3931. Acesso em 27 dez. 2023.

BRITTO, Carlos Ayres. *Teoria da Constituição*. Rio de Janeiro: Forense, 2006.

CNJ. *Portaria CNJ nº 240, de 4 de novembro de 2020*. Brasília, DF: CNJ, 4 nov. 2020.

CNJ. *Relatório anual do CNJ* – 2008. Brasília, DF: CNJ, 2008. Disponível em: www.cnj.jus.br. Acesso em: 20 nov. 2023.

CNJ. *Resolução nº 444, de 25 de fevereiro de 2022*. Brasília, DF: CNJ, 25 fev. 2022.

DANTAS, San Tiago. A educação jurídica e a crise brasileira. *In:* RAMOS, Guiomar Feitosa de Albuquerque Lima (org.). *Encontros da UnB*. Ensino jurídico. Brasília: Editora da UnB, 1978. p. 52-53.

DIDIER JUNIOR, Fredie; BRAGA, Paula Sarno; OLIVEIRA, Rafael Alexandria de. *Curso de Direito Processual Civil*: teoria da prova, Direito Probatório, ações probatórias, decisão, precedente, coisa julgada e antecipação dos efeitos da tutela. 10. ed. Salvador: Juspodivm, 2015.

DIDIER JUNIOR, Fredie; CUNHA, Leonardo Carneiro da. *Curso de Direito Processual Civil*: o processo civil nos tribunais, recursos, ações de competência originária de tribunal e *querela nullitatis*, incidente de competência originária de tribunal. 13. ed. Salvador: Juspodivm, 2016.

DUXBURY, Neil. *The Nature and Authority of Precedent*. Cambridge: Cambridge University Press, 2008.

FACHINI, Laura Stefenon. *Aplicação de precedentes no Brasil*: descompasso entre teoria e prática. Orientador: Eduardo Kochenborger Scarparo. 2017. Trabalho de Conclusão de Curso (Graduação em Direito) – Faculdade de Direito, Universidade Federal do Rio Grande do Sul, Porto Alegre, 2017. Disponível em: https://lume.ufrgs.br/handle/10183/176890. 2017. Acesso em: 6 dez. 2023.

FARIA, Luiz Alberto Gurgel de. *In:* ALVIM, Angélica Arruda; ASSIS, Araken de; ALVIM, Eduardo Arruda; LEITE, George Salomão (coord.). *Comentários ao Código de Processo Civil*. São Paulo: Saraiva, 2016.

FÉLIX, Loussia P. Musse. Da reinvenção do ensino jurídico: considerações sobre a primeira década. *In:* CFOAB. *OAB recomenda*: um retrato dos cursos jurídicos. Brasília: CFOAB, 2001.

GABRIEL, Anderson de Paiva. *O pragmatismo como paradigma do Direito Processual Penal contemporâneo*: tecnologia, consenso e *whistleblowing*. Londrina: Thoth, 2022.

LOPES, Jânia Maria Saldanha; HOFFMAM, Fernando; GARCIA, Thaís. Teoria dos precedentes à brasileira e a destemporalização da decisão jurídica. *Prisma Jurídico*, [*S. l.*], v. 12, n. 1, p. 319-346, jan./jun. 2013. Disponível em: https://www.redalyc.org/pdf/934/93428124011.pdf. Acesso em: 4 jan. 2024.

MACCORMICK, Neil. *Retórica e Estado de Direito*. Tradução: Conrado Hübner Mendes. Rio de Janeiro: Elsevier, 2008.

MAGALHÃES, Assusete. 'Desrespeito aos precedentes cria vã ilusão e impede a pacificação social'. [Entrevista cedida] a Danilo Vital. *Conjur*, São Paulo, 7 jan. 2024. Desrespeito aos precedentes cria vã ilusão e impede a pacificação social. https://www.conjur.com.br/2024-jan-07/entrevista-assusete-magalhaes-ministra-do-stj/. Acesso em: 9 jan. 2024.

MARINONI, Luiz Guilherme. Aproximação crítica entre as jurisdições de *civil law* e de *common law* e a necessidade de respeito aos precedentes no Brasil. *Revista da Faculdade de Direito – UFPR*, Curitiba, n. 49, 2009.

MARINONI, Luiz Guilherme. *Julgamento nas cortes supremas*: precedentes e decisão do recurso diante do novo CPC. 2. ed. rev., atual. e ampl. São Paulo: Revista dos Tribunais, 2017.

MARINONI, Luiz Guilherme. *O STJ enquanto corte de precedentes*: recompreensão do sistema processual da Corte Suprema. 3. ed. São Paulo: Revista dos Tribunais, 2019.

MARINONI, Luiz Guilherme. *Precedentes obrigatórios*. 6. ed. rev., atual. e ampl. São Paulo: Thomson Reuters Brasil, 2019.

MARINONI, Luiz Marinoni; ARENHART, Sérgio Cruz; MITIDIERO, Daniel. *Novo Código de Processo Civil comentado*. São Paulo: Revista dos Tribunais, 2015.

MEDINA, José Miguel Garcia. Integridade, estabilidade e coerência da jurisprudência no Estado Constitucional e Democrático de Direito: o papel do precedente, da jurisprudência e da Súmula, à luz do CPC/2015. *In:* ALVIM, Teresa Arruda; DIDIER JUNIOR, Fredie (org.). *Precedentes. Execução. Procedimentos especiais*. 2. ed. São Paulo: Thomson Reuters Brasil, 2018. (Coleção Doutrinas Essenciais: Novo Processo Civil, v. 6).

MITIDIERO, Daniel. *Cortes superiores e cortes supremas*: do controle à interpretação, da jurisprudência ao precedente. 3. ed. rev., atual. e ampl. São Paulo: Revista dos Tribunais, 2017.

MITIDIERO, Daniel. *Precedentes*: da persuasão à vinculação. 3. ed. rev. atual. e ampl. São Paulo: Thomson Reuters Brasil, 2018.

NUNES, Dierle; PEDRON, Flávio Quinaud; HORTA, André Frederico de Sena. Os precedentes judiciais, o art. 926 do CPC e suas propostas de fundamentação: um diálogo com concepções contrastantes. *In:* ALVIM, Teresa Arruda; DIDIER JUNIOR, Fredie (org.). *Precedentes. Execução. Procedimentos especiais.* Thomson Reuters Brasil, 2018. (Coleção Doutrinas Essenciais: Novo Processo Civil, v. 6).

NUNES, Jorge Amaury Maia. *Segurança jurídica e súmula vinculante.* São Paulo: Saraiva, 2010. (Série IDP).

OLIVEIRA, André Macedo. *Cultura de precedentes e o papel do Superior Tribunal de Justiça.* São Paulo: Juspodivm, 2024.

OLIVEIRA, André Macedo. *Recursos especiais repetitivos.* Brasília: Gazeta Jurídica, 2015.

OLIVEIRA, André Macedo. *Recursos especiais repetitivos e efetividade jurisdicional*: a terceira margem do Superior Tribunal de Justiça. Tese (Doutorado em Direito) – Faculdade de Direito, Universidade de Brasília, Brasília, 2014. Disponível em: http://bdjur.stj.jus.br/dspace/handle/2011/75499; e em: https://repositorio.unb.br/handle/10482/16698. Acesso em: 10 dez. 2023.

OLIVEIRA, André Macedo. *Ensino jurídico*: diálogo entre teoria e prática. Porto Alegre: Sergio Antonio Fabris Editor, 2004.

OLIVEIRA, André Macedo; NERY, Rodrigo; CORRÊA, Luísa Rocha. Existe uma teoria de precedentes no Brasil? Reflexões sob o olhar de Michele Taruffo. *In:* BECKER, Rodrigo Frantz; BASTOS, Ana Carolina A. Caputo; MENDES, Paulo; NÓBREGA, Guilherme Pupe da (org.). *Processo constitucional brasileiro.* Desafios de consolidação, sistematização e harmonização das normas de regência. Londrina: Thoth, 2022. v. 1, p. 65-85.

PASSOS, José Joaquim Calmon. As razões da crise do nosso sistema recursal. *In:* FABRÍCIO, Adroaldo Furtado (coord.). *Meios de impugnação ao julgado civil*: estudos em homenagem a José Carlos Barbosa Moreira. Rio de Janeiro: Forense, 2007. p. 365-381.

PASSOS, José Joaquim Calmon de. Súmula Vinculante. *Revista do Tribunal Federal da 1ª Região*, Brasília, v. 9, n. 1, p. 163-176, jan./mar. 1997.

PINHO, Humberto Dalla Bernardina de. A dimensão da garantia do acesso à Justiça na jurisdição coletiva. *In: Temas contemporâneos de Direito Processual.* Rio de Janeiro: Lumen Juris, 2004.

PINHO, Humberto Dalla Bernardina de; RODRIGUES, Roberto de Aragão Ribeiro. O microssistema de formação de precedentes judiciais vinculantes previstos no novo CPC. *Revista de Processo: RePro*, São Paulo, v. 41, n. 259, p. 405-435, set. 2016.

ROSA, Guimarães. Entrevista [cedida a] Günter Lorenz no Congresso de Escritores Latino-Americanos, em janeiro de 1965. *In:* LORENZ, Günter. *Diálogo com a América Latina.* Panorama de uma literatura do futuro. São Paulo: Editora Pedagógica e Universitária Ltda., 1973.

SALOMÃO, Luis Felipe. "Judiciário precisa ser realmente o último recurso da cidadania". Entrevista [cedida a] Pedro Canário. *Conjur*, São Paulo, 21 jun. 2015. Disponível em: http://www.conjur.com.br/2012-mar-25/entrevista-luis-felipe-salomao-ministro-superior-tribunal-justica. Acesso em: 16 go. 2024.

SÁ E SILVA, Fábio Costa Morais de. *Ensino jurídico*. A descoberta de novos saberes para a democratização do Direito e da sociedade. Porto Alegre: Sergio Antonio Fabris Editor, 2007.

SILVA, Ovídio Araújo Baptista da. A função dos tribunais superiores. *In:* BRASIL. Supremo Tribunal de Justiça. *Supremo Tribunal de Justiça 10 anos*: obra comemorativa 1989-1999. Brasília, DF: STJ, 1999. p. 89-111.

STRECK, Lenio Luiz; RAATZ, Igor. A teoria dos precedentes à brasileira entre o solipsismo judicial e o positivismo jurisprudencialista ou "de como o mundo (não) é um brechó". *In:* ALVIM, Teresa Arruda; DIDIER JUNIOR, Fredie (org.). *Precedentes. Execução. Procedimentos especiais*. Thomson Reuters Brasil, 2018. (Coleção Doutrinas Essenciais: Novo Processo Civil, v. 6).

TARUFFO, Michele. *Cinco lecciones mexicanas*: memoria del taller de Derecho Procesal. Ciudad de México: Tribunal Electoral del Poder Judicial de la Federación; Escuela Judicial Electoral, 2003.

TARUFFO, Michele. Dimensioni del precedente giudiziario. *Rivista Trimestrale di Diritto e Procedura Civile*, Milano, anno 48, n. 2, giu. 1994.

TARUFFO, Michele. Precedente e jurisprudência. *Civilistica.com*, Rio de Janeiro, ano 3, n. 2, jul./dez. 2014. Disponível em: https://civilistica.emnuvens.com.br/redc/article/view/189. Acesso em: 2 ago. 2024.

THEODORO JÚNIOR, Humberto. Jurisprudência e precedentes vinculantes no novo Código de Processo Civil – demandas repetitivas. *In:* ALVIM, Teresa Arruda; DIDIER JUNIOR, Fredie (org.). *Precedentes. Execução. Procedimentos especiais*. São Paulo: Thomson Reuters Brasil, 2018. (Coleção Doutrinas Essenciais: Novo Processo Civil, v. 6).

Informação bibliográfica deste texto, conforme a NBR 6023:2018 da Associação Brasileira de Normas Técnicas (ABNT):

OLIVEIRA, André Macedo de. Cenários e desafios para uma cultura de precedentes no direito processual brasileiro. *In*: MENDES, Gilmar Ferreira; GALLOTTI RODRIGUES, Maria Isabel Diniz; ALVIM, Teresa Arruda (coord.). *O novo perfil do controle difuso de constitucionalidade*: estudos em homenagem ao Professor Bruno Dantas nos 20 anos da Repercussão Geral. Belo Horizonte: Fórum, 2025. p. 63-100. ISBN 978-65-5518-898-1.

PRECEDENTES VINCULANTES, ARBITRAGEM E A INDUÇÃO AO ACORDO ENTRE AS PARTES

ARNOLDO WALD

> "I consider negotiated agreement infinitely superior to arbitration. But where private parties cannot negotiate successfully, arbitration is infinitely superior to a shutdown over a period of a vital segment of the nation's economy." (John F. Kennedy, "Statement to railroad and operating rail union officials", The White House, 7 out. 1963)

A importância crescente da arbitragem no mundo e especialmente no Brasil, desde o fim do século passado, nos revela que esse método, outrora chamado de "alternativo", passou a exercer novas funções e a ser utilizado não somente para a solução dos litígios pelos árbitros, mas também como meio de induzir demandantes e demandados a fazerem acordos ou de criar melhores condições para que alcançassem um consenso.

Um ponto que pode contribuir em prol da celebração de acordos em disputas submetidas à arbitragem é a presente indefinição acerca da obrigatoriedade de observância dos precedentes vinculantes fixados pelo Supremo Tribunal Federal (STF) e pelo Superior Tribunal de Justiça (STJ) pelos árbitros.

A vinculação dos árbitros aos precedentes judiciais, destacadamente às decisões proferidas pelas Cortes Superiores na sistemática da repercussão geral, em recursos repetitivos ou à jurisprudência sumulada por tais Tribunais, ainda não foi sedimentada, seja na legislação, seja na jurisprudência.

O art. 927 do Código de Processo Civil (CPC) prevê que:

> (...). Os juízes e os tribunais" deverão observar:
> (...)
> III - os acórdãos em incidente de assunção de competência ou de resolução de demandas repetitivas e em julgamento de recursos extraordinário e especial repetitivos;
> IV - os enunciados das súmulas do Supremo Tribunal Federal em matéria constitucional e do Superior Tribunal de Justiça em matéria infraconstitucional;
> V - a orientação do plenário ou do órgão especial aos quais estiverem vinculados.

Os árbitros, como se verifica, não são destinatários diretos do comando normativo, e o CPC não se aplica automaticamente aos procedimentos arbitrais.[1]

Embora não se deva definir o conteúdo do direito (*o dever ser*) pelo remédio (ou ausência de remédio) para tutelá-lo, a ausência de previsão, na Lei de Arbitragem (Lei Federal nº 9.307, de 23 de setembro de 1996), de inobservância de precedentes como causa de nulidade da sentença arbitral no art. 32 reforçaria a visão de que o árbitro possui margem para deles se afastar.

Há quem sustente, distintamente, que os árbitros seriam obrigados a seguir os precedentes vinculantes exarados nas Cortes Superiores, sob a justificativa de que os precedentes compõem o ordenamento jurídico, e de que a não submissão dos árbitros a eles induziria grande insegurança jurídica.[2]

O mesmo art. 927 do CPC, já citado, também prevê que "os juízes e os tribunais observarão: (...) I - as decisões do Supremo Tribunal Federal em controle concentrado de constitucionalidade; II - os enunciados de

---

[1] Conforme tratamos em obra anterior: "Em relação à legislação vigente, estão surgindo algumas dúvidas na interpretação das normas do novo Código de Processo Civil, que trata pontualmente, mais de modo específico, da arbitragem, e as demais normas processuais, que poderiam incidir sobre a arbitragem mediante aplicação analógica. Parece-nos importante, inicialmente, confirmar que normalmente não se aplicam à arbitragem as regras do CPC que dela não tratam" (WALD, Arnoldo. Arbitragem: passado, presente e futuro. *Revista de Arbitragem e Mediação – RARB*, São Paulo, v. 50, p. 9, jul./set. 2016).

[2] SALOMÃO, Luis Felipe; FUX, Rodrigo. Arbitragem e precedentes: possível vinculação do árbitro e mecanismo de controle. *Revista CEJ*, Brasília, ano XXIV, n. 80, p. 7-20, jul./dez. 2020.

súmula vinculante". Apesar de a legislação processual civil ter tratado de todos esses tipos de precedentes no mesmo artigo, há uma diferença que não deve passar despercebida destes dois incisos em relação aos demais anteriormente mencionados: eles não são previstos apenas no CPC, mas também na Constituição. As súmulas vinculantes têm guarida no art. 103-A,[3] e os efeitos das ações constitucionais de controle concentrado de constitucionalidade estão disciplinados no art. 102, §2º.[4]

As decisões do STF em controle concentrado de constitucionalidade possuem eficácia *erga omnes*: ao declarar determinada regra legal incompatível com a Constituição em controle concentrado, o STF retira seu fundamento de validade.

Já o caso das súmulas vinculantes é peculiar, porque, embora previstas na Constituição, ela não lhes conferiu explicitamente efeitos *erga omnes*. Entre os destinatários dos efeitos vinculantes, não são mencionados os árbitros. Apesar disso, difunde-se em sede doutrinária o entendimento de que, dada a sua relevância e ampla vinculação (não apenas dos órgãos do Judiciário, mas também da Administração Pública), as súmulas vinculantes devem ser observadas pelos árbitros.[5]

Independentemente da vinculação – ou não – dos árbitros aos precedentes a que juízes de direito estariam jungidos, é inegável o seu efeito persuasivo, especialmente dos precedentes decorrentes do julgamento de recursos repetitivos dos Tribunais Superiores ou das súmulas não vinculantes do STF (das vinculantes trataremos a seguir), de forma que constitui um ônus do árbitro afastar entendimentos encampados pelo Judiciário tratados no art. 927 do CPC. Para evitar uma indesejada insegurança jurídica, o exercício do dever de fundamentação preenche, adequadamente, essa lacuna.

---

3 "Art. 103-A. O Supremo Tribunal Federal poderá, de ofício ou por provocação, mediante decisão de dois terços dos seus membros, após reiteradas decisões sobre matéria constitucional, aprovar súmula que, a partir de sua publicação na imprensa oficial, terá efeito vinculante em relação aos demais órgãos do Poder Judiciário e à administração pública direta e indireta, nas esferas federal, estadual e municipal, bem como proceder à sua revisão ou cancelamento, na forma estabelecida em lei."

4 "(...)
§2º As decisões definitivas de mérito, proferidas pelo Supremo Tribunal Federal, nas ações diretas de inconstitucionalidade e nas ações declaratórias de constitucionalidade produzirão eficácia contra todos e efeito vinculante, relativamente aos demais órgãos do Poder Judiciário e à administração pública direta e indireta, nas esferas federal, estadual e municipal."

5 Nesse sentido: DINAMARCO, Cândido Rangel *A arbitragem na teoria geral do processo*. São Paulo: Malheiros, 2013.

Ademais, é preciso olhar também para os contratantes, antes do surgimento do conflito. Para evitar ou mitigar o risco de que os árbitros deixem de adotar entendimentos jurisprudenciais reiterados ou vinculantes, as partes podem contemplar previsão a respeito na própria convenção de arbitragem a respeito. Assim, a necessidade do árbitro ou tribunal arbitral seguir precedentes estabelecidos em ações de controle concentrado, teses de repercussão geral, recursos repetitivos e súmulas vinculantes, ou, de forma mais ampla, outros tipos de precedentes jurisprudenciais – poderia ser previamente estipulada em cláusula compromissória ou compromisso arbitral, caso em que, na hipótese de inobservância de tal obrigação, poderia caber ação anulatória fundada no art. 32, inciso IV, da Lei de Arbitragem.[6]

Não se trata de recomendação inovadora, tampouco pouco usual. Afinal, é certo que a prática arbitral – brasileira e internacional – vem demonstrando uma crescente sofisticação e completude das convenções arbitrais, que passam a disciplinar temas e questões antigamente negligenciadas. Basta ver, por exemplo, a cada vez mais minudente previsão das cláusulas compromissórias inseridas nos editais de contratos de concessão de grandes obras de infraestrutura.

É inegável, todavia, que nem sempre as partes cuidarão de antever essa particularidade na convenção de arbitragem, de forma que a indefinição sobre a aplicação de determinados precedentes jurisprudenciais pode ampliar as chances e possibilidades para realização de acordos na seara arbitral, vocação a que o instituto da arbitragem tem se prestado.

Reconhece-se, hoje, que a arbitragem passou a constituir um verdadeiro mercado.[7] Na Inglaterra, mais de 4.000 processos arbitrais são julgados anualmente, abrangendo especialmente os campos do direito marítimo e dos seguros, com procedimentos especiais e alguns mais rápidos.[8] Na CCI as arbitragens triplicaram em 20 anos,[9] abrangendo atualmente litígios comerciais oriundos de 76 países e representando,

---

6 "Art. 32. É nula a sentença arbitral se:
(...)
IV - for proferida fora dos limites da convenção de arbitragem (...)."

7 CLAY, Thomas. El mercado del arbitraje. Revista de Arbitragem e Mediação – *RARB*, São Paulo, n. 41, p. 275-292, abr./jun. 2014; HAMIDA, Walid Ben; CLAY, Thomas. L'argent dans l'arbitrage. Paris: L'Extenso, 2013.

8 ENGLAND. Ministry of Justice. Dispute Resolution in London and the UK. *Court Statistics*, London, p. 1-2, Dec. 2012.

9 Foram 153 sentenças em 1990, e 49, em 2012.

somente em relação aos escritórios sediados em Paris, honorários advocatícios anuais de mais de um bilhão de reais.[10]

Por sua vez, as empresas brasileiras e seus acionistas se submetem a cerca de 400 arbitragens comerciais por ano, sendo cerca de 300 nas câmaras nacionais e aproximadamente 100 *ad hoc* ou em instituições sediadas no exterior, devendo representar um valor de questões em litígio, somando-se os pleitos de todas as partes, de cerca de R$10 bilhões, embora os valores iniciais dados às demandas sejam baseados em estimativas de menor valor, seguindo, aliás, a nossa praxe judiciária.

A maioria das questões debatidas nos processos arbitrais é constituída por litígios societários e decorrentes de contratos de construção ou de compra e venda, mas também de litígios entre entidades públicas e privadas. Nos negócios jurídicos de longa duração, como os acordos de acionistas, e mesmo naqueles que não se realizaram num único momento, como ocorre nas promessas de alienação futura, tempo é dinheiro (*time is money*) e, ao menos para uma das partes, não há como esperar uma solução por longo tempo.

Daí a preferência pelo acordo, pela mediação, pela conciliação e, na sua falta, pela arbitragem, que, em virtude de sua confidencialidade, reduz um pouco o antagonismo das partes e permite, algumas vezes, a continuação pacífica das suas relações comerciais, que geralmente não subsistem quando as partes estão num conflito judiciário.

Até 1995, poucos foram os conflitos envolvendo, de um lado, a União, ou pessoas de direito público e, de outro, entidades privadas que tiveram soluções extrajudiciais. Nos raros casos em que ocorreram, os processos foram longos, demorando até cerca de 30 anos, e não dando segurança às partes em virtude de ações rescisórias.

Somente nas últimas décadas do século passado, e já a partir de 2000, multiplicaram-se as arbitragens públicas e também as mediações com a participação da Advocacia-Geral da União (AGU), que criou um núcleo especial para atendê-las, funcionando a pessoa de direito público como demanda ou demandante. Verificou-se que a solução extrajudicial é mais rápida e menos onerosa para ambas as partes do que os litígios processados em juízo, justificando-se inclusive nos conflitos de grande vulto que dependem de decisões administrativas. Recentemente, o Tribunal de Contas da União (TCU) e especialmente o seu Presidente

---

10 HAMIDA; CLAY. L'argent dans l'arbitrage, p. 21.

tornaram-se os catalisadores dos acordos no interesse de ambas as partes, com soluções mais rápidas e menos onerosas.

Por outro lado, a arbitragem leva, em muitos casos, os litigantes a um acordo, no qual eles podem incluir cláusulas e prestações que não decorreriam da decisão judicial ou por estarem jungidos os árbitros aos pedidos feitos no processo e não disporem de certos ingredientes econômico-financeiros que só os interessados podem utilizar.

Assim, a arbitragem pode ter um aspecto estratégico, sendo usada pelos empresários para fins comerciais, a fim de melhorar as condições de um determinado negócio. Também pode servir de instrumento de proteção de executivos, que consideram um certo acordo de interesse da empresa, mas não querem ser responsabilizados por este vir a ser considerado prejudicial, pela diretoria ou pelos acionistas, que nem sempre conhecem o contexto exato do caso, especialmente em se tratando de multinacional que tem a sua sede em outro país.

Em tais situações, recorre-se à arbitragem, podendo até convencionar-se que os árbitros se limitarão a definir o valor de uma indenização, ou de uma diferença de preço, numa faixa prefixada no ato de missão. Já tivemos uma situação dessas, em que os técnicos de ambas as partes concordavam, na realidade, em relação à necessidade de substituir determinado material de construção, mas os executivos quiseram recorrer à arbitragem para fundamentar a sua decisão no laudo do árbitro escolhido pela Câmara.

Em outros casos, o processo arbitral funciona como uma espécie de tratamento psicanalítico, liberando as partes de uma forte emocionalidade, que impedia a solução comercial do litígio. Tivemos, assim, uma arbitragem na qual uma das partes pretendia discutir perseguições políticas e até os efeitos de uma guerra civil, que nada tinham a ver diretamente com o objeto do litígio. Chegamos a propor aos demais árbitros que essa parte de depoimentos e de juntada de documentos fosse excluída do processo, mas me ponderaram e convenceram de que, com as discussões e o decorrer do tempo, haveria uma espécie de catarse, podendo facilitar a realização do acordo, que, aliás, finalmente ocorreu, para a felicidade geral.

Considera-se até que uma das qualidades do árbitro consiste em levar as partes a uma composição amigável. Assim, o eminente e saudoso Professor Pierre Lalive foi elogiado, pois se chegou a dizer que as arbitragens por ele presididas não terminavam por julgamento, mas sim em acordo em virtude de esforço que fazia para conciliar as partes.[11]

Diversos regulamentos afirmam, com maior ou menor ênfase, que o árbitro não deve ser um mediador, e que o mediador que funcionou num caso não deve ser árbitro nele. Mas essas mesmas regras admitem que os árbitros possam, conforme o caso, aconselhar ou até induzir construtivamente as partes a realizar em um acordo razoável.[12] A dúvida sobre a vinculação de precedentes à arbitragem é elemento a ser ponderado nesse contexto.

Tanto nosso CPC e como a Lei de Arbitragem têm sido elogiados pela doutrina internacional por se referirem à oportunidade do juiz ou do árbitro procurarem a conciliação das partes.[13]

Klaus Sachs, após mencionar que disposição análoga existe no art. 278 do Código de Processo Civil alemão, se diz surpreendido pela ausência, nas leis europeias de arbitragem, de recomendação aos árbitros para que tentem a conciliação dos demandantes.[14]

O papel do árbitro passa, assim, a ser mais ativo. É, aliás, uma evolução que ocorreu no próprio Judiciário, deixando o juiz de ser um mero espectador do duelo, que se trava entre as partes, para passar a dirigir o processo. É o que acontece, com maior intensidade, na arbitragem, na qual o julgador tem mais ampla liberdade na sua busca da verdade, embora não a possa encontrar fora do processo. Mas deve providenciar tudo que for possível para que ela possa resultar dos debates e das provas apresentadas pelas partes ou pedidas pelo tribunal arbitral.

---

11 Um dos colaboradores do eminente jurista escreveu: "I was impressed when I was secretary at several panels, for several arbitration panels where Pierre Lalive was the chairman. He hardly ever decided a case. They would all be settled at some point. And that takes a lot of skill from the chairman" (DEZALAY, Yves; BRYANT, G. Garth. *Dealing in Virtue*: International Commercial Arbitration and the Construction of a Transnational Legal Order. Chicago: The University of Chicago Press, 1996. p. 40).

12 Assim a Exposição de Motivos das Diretrizes da International Bar Association (IBA Guidelines), no seu "Waiver by the Parties", 4(d), esclarece: "An arbitrator may assist the parties in reaching a settlement of the dispute at any stage of the proceedings. However, before doing so, the arbitrator should receive an express agreement by the parties that acting in such a manner shall not disqualify the arbitrator from continuing to serve as arbitrator" (SACHS, Klaus; SCHMIDT-AHRENDTS, Nils. Settlement efforts in arbitration. *Revista de Arbitragem e Mediação – RARB*, São Paulo, n. 25. p. 168, abr./jun. 2010).

13 O art. 21, § 4º, da Lei nº 9.307/1996, determina que:
"(...)
Competirá ao árbitro ou ao tribunal arbitral, no início do procedimento, tentar a conciliação das partes, aplicando-se, no que couber, o art. 28 desta Lei."

14 SACHS; SCHMIDT-AHRENDTS. Settlement efforts in arbitration, p. 164.

As razões pelas quais o acordo surge depois de iniciada a arbitragem, quando as partes não queriam, ou não conseguiam fazê-lo anteriormente, são as mais diversas. Além das emocionais, às quais já nos referimos, pode haver uma desinformação de uma ou de ambas as partes quanto à situação de fato e de direito existente. Nas grandes empresas e naquelas que têm atividades descentralizadas, as diretorias, muitas vezes, não sabem exatamente o que ocorreu no caso que ensejou o litígio ou até são desinformadas pelos gerentes, que atuaram na operação pelas causas as mais diversas. Justifica-se, assim, que o advogado faça uma *due diligence* antes de requerer a arbitragem ou apresentar a sua defesa no processo arbitral, não devendo considerar, sempre, como incontestáveis os fatos que lhe foram apresentados pelo cliente. No curso do processo, as provas e especialmente a perícia poderão evidenciar que a situação não é bem aquela que lhe foi exposta inicialmente, ensejando um certo mal-estar na relação entre o cliente e o seu patrono.

Algumas vezes, o advogado se convence da ausência de direito do cliente ou de sua pouca probabilidade de vitória, mas a empresa insiste em requerer a arbitragem por razões estratégicas. Nesses casos, no passado, fazíamos um esforço para convencer o cliente da inutilidade do procedimento. Mas chegamos à conclusão de que o nosso dever de advogado é de informação e de que não podíamos impedir o cliente de iniciar uma arbitragem, desde que houvesse alguma probabilidade, mesmo pequena, de vitória, e que ele saiba da sua situação real e, assim mesmo, queira arbitrar o litígio ou iniciar o procedimento por razões estratégicas, pois se trata de um instrumento de atuação empresarial.

Na realidade, a discussão no processo arbitral e as provas nele colhidas esclarecem melhor a situação das partes, ensejando condições para uma decisão objetiva de cada uma delas, ponderando mais adequadamente as suas chances de vitória. Algumas vezes são descobertos fatos que eram desconhecidos, pelas partes, no início do processo. Independentemente da *discovery*, que ainda não entrou nos nossos costumes, embora admissível em direito brasileiro, a situação de demandantes e demandados muda, frequentemente, no curso da arbitragem até a decisão dos árbitros, permitindo, e até justificando, uma evolução dos entendimentos das partes no decorrer do processo.

Por outro lado, os árbitros podem ser catalisadores ativos do acordo, utilizando certas técnicas ou procedimentos que são úteis, pois facultam a obtenção de soluções mais rápidas e eficientes dos litígios. Assim, à medida que a arbitragem se desenvolveu, surgiram, entre outras, duas ideias interessantes que merecem ser analisadas e que podemos denominar respectivamente como sendo "o método Sachs-Wälde-Reichert"[15] e "a transferência da definição do caso para o árbitro", que foi defendida por Michael Schneider, antigo Presidente da Associação Suíça de Arbitragem.[16]

De acordo com o método Sachs-Wälde-Reichert, os árbitros definem as questões que lhes parecem importantes e em torno das quais vão proceder ao julgamento do caso, após terem apresentado aos interessados um questionário básico sobre os fatos que julgam relevantes.[17]

---

15 BÉDARD, Julie. The Sachs-Wälde-Reichert Method. *Revista de Arbitragem e Mediação – RARB*, São Paulo, n. 19, p. 135-138, out./dez. 2005.

16 SCHNEIDER, Michael. President's Message, Transfer of ownership: From the parties' respective cases to the Case decided by the tribunal. *ASA Bulletin*, [*S. l.*], n. 4, p. 733-735, 2013.

17 Bédard (The Sachs-Wälde-Reichert Method, p. 136-137) esclarece sinteticamente o funcionamento do método, pelo tribunal arbitral, nos seguintes termos:
"The tribunal devised a middle-ground solution, which it submitted to the parties for approval. Based on its review of the parties' submissions up to that point – which included pleadings, witness statements and evidence at the hearing – the tribunal suggested narrowing down the issues to a targeted list of factual and legal questions, to be answered in writing within a specified period. The tribunal was aware that the parties had unsuccessfully devoted much time and energy to settling their disputes amicably before requesting arbitration.
The tribunal issued a procedural order with the following directions:
'The parties shall inform the tribunal whether their contemplated talks on an amicable settlement of the dispute have been successful by [a date about 11 days hereafter] If no settlement could be reached, the parties shall submit their responses to the questions in the enclosed list, produce the documents mentioned in said list and submit to the tribunal detailed accounts of their costs by [a date a further four days thereafter].'
(...)
The second set of questions – the salient feature of the method developed by the tribunal – was based upon a detailed factual scenario set forth by the tribunal on a particular view of the evidence. It is important to note that this scenario was not yet a finding of fact by the tribunal. The tribunal requested of the parties the following:
'In the scenario that follows please provide focused legal submissions on (referring to specific passages of the authorities already relied upon, or if other authorities are to be relied upon, then please provide copies and direct the tribunal's attention to the specific passage concerned.'
(...)
Although the list of questions and the factual scenario submitted to the parties were prepared as a compromise between the parties' positions and were meant to form an efficient post-hearing procedure, the tribunal's approach prompted the parties to settle. Settlement, of course, tends to be the most efficient way to resolve a dispute.
The most noteworthy feature of the approach of the Sachs-Wälde-Reichert tribunal is that it indirectly shared with the parties some of its views on the merits of the case, before the issuance of the award. Practitioners and arbitrators may wish to consider whether such an approach is fruitful in either reducing the cost of post-hearing submissions or prompting a settlement of the dispute, and whether the parties should consent to the procedure".

Klaus Sachs, um dos criadores do método, explica a vantagem de se encontrar um acordo entre as partes e as razões pelas quais os árbitros devem participar ativamente dos esforços para obter uma solução consensual. Esclarece o ilustre jurista e árbitro que:

> Various sets of international rules which are accepted as standards of best practice support that arbitrators may assume the role of settlement facilitators. Arbitrators should exercise such role in appropriate cases and in appropriate manner. They may assist the parties directly and indirectly. However, direct assistance requires the prior written consent of all parties. Indirect facilitation may include the early identification of issues, the bifurcation of proceedings and the development of a factual, legal and technical consensus. Direct facilitation may include the encouragement of the parties to seek a settlement agreement, the indication of preliminary views and the moderation of settlement negotiations. The express offer of settlement formulas is still viewed critically and should only occur after prudent reflection and upon the parties' express and mutual demand. In any case, arbitrators shall refrain from meeting with the parties separately. If applied with care and in appropriate circumstances, settlement efforts by arbitration panels are beneficial to the arbitral process and are one potential means to address the emerging criticisms of users uttered in recent years.[18]

Na realidade, costuma-se discutir no processo arbitral um certo número de questões e de teses jurídicas, que podem parecer principais ou acessórias ou até irrelevantes conforme o caso, considerando-se a perspectiva e o interesse dos clientes. E nem sempre são as mesmas questões que parecem ser as principais para demandantes e demandados, que podem ou não considerá-las relevantes. Cabe, pois, aos árbitros, num certo momento, definir quais são os argumentos que consideram válidos e relevantes e devem dar às partes o ensejo de se manifestarem a respeito dessa seleção ou definição de questões consideradas básicas para a arbitragem. Essas questões podem estar relacionadas a determinados precedentes jurisprudenciais, que poderão ou não ser aplicadas ao caso.

A possibilidade de manifestação das partes após a definição das questões pelos árbitros – a identificação de eventuais precedentes correlatos – também possibilita a modificação dessas premissas, diante

---

[18] SACHS; SCHMIDT-AHRENDTS. Settlement efforts in arbitration, p. 175-176.

de fatos ou argumentos que não teriam sido devidamente ponderados pelos julgadores.

Na mesma linha, mas com outra fórmula, Michael Schneider, no seu estudo sobre "a transferência da definição do caso das partes para o árbitro", reconhece que, no processo arbitral, cada uma das partes descreve o seu caso e que, assim sendo, o tribunal deveria, antes do julgamento, definir a sua visão, ou seja, o caso como ele o entende, sem prejuízo de admitir sugestões de modificações ou ajustes apresentados pelas partes, que passam a saber o que vai ser julgado quanto aos fatos e ao direito. Assim, como no método Sachs, as partes (a) não terão surpresas, pois tal ou qual aspecto foi abandonado ou julgado irrelevante e (b) terão a oportunidade de fazer um acordo já sabendo a grosso modo a orientação do tribunal.[19]

Situação idêntica surgiu num contrato de construção de grande obra pública concedida, na qual havia necessidade de novos recursos, implicando riscos que nenhuma das partes estava disposta a assumir. Na verdade, ao que se afirmou na época, teria havido previsões de custo excessivamente otimistas, que tiveram como consequência ensejar a divergência entre o construtor e o seu cliente. De acordo com as informações dadas pela imprensa, quando finalmente foram obtidos os recursos do verdadeiro beneficiário da obra, as partes puderam chegar a um acordo num litígio que dificilmente os árbitros poderiam resolver, pois a verdadeira causa era a falta de dinheiro destinado à obra, que estava sendo comprovada no processo arbitral.

Há, assim, novas funções importantes exercidas pela arbitragem que funcionam como verdadeiros catalisadores de acordos, com base

---

19 No seu artigo, Michael E. Schneider (President's Message, Transfer of ownership: From the parties' respective cases to the Case decided by the tribunal, p. 733-734) salienta que: "The tribunal receives the 'facts' from each party, the evidence on which they rely in support of the arguments by which the parties seek to justify the requested relief. The tribunal may simply choose one or the other of these cases and decide the dispute accordingly. But that would be most unsatisfactory. What should, and normally does, happen is that the tribunal analyses each of the cases and its components, deconstructs them and builds a new construction, resembling more or less closely that of the parties and places it in a new framework. The Case so constructed is not just an amalgamation of the parties' respective cases; it is a new creation: the tribunal may situate the 'facts' of the Case in a legal framework which differs from that of either party, as highlighted by the discussion about *jura novit curia*. It may also view the factual information in a manner that differs from the view which either of the parties had. Such transfer and appropriation can hardly be effective and satisfactory without verification and reassurance by the parties. In other words, the tribunal must ensure, through contact with the parties, that it has correctly understood their cases, the factual explanations, the arguments and what it is that they seek from the tribunal".

na eficiência do processo e num certo pragmatismo, que continua a ter que ser ético, mas que não pode esquecer as realidades econômicas, de forma a se conciliar o ideal de justiça com a redução de custos e de tempo na solução de litígios, com soluções que ainda são mais adequadas ao caso concreto quando decorrentes de acordo entre as partes.

Em resumo, a controvérsia existente a respeito da adstrição dos árbitros aos precedentes jurisprudenciais vinculantes previstos no art. 927 do CPC, aplicáveis às disputas arbitrais, soma-se aos elementos a serem ponderados pelas partes para a celebração de acordos.

Referências

BÉDARD, Julie. The Sachs-Wälde-Reichert Method. *Revista de Arbitragem e Mediação – RARB*, São Paulo, n. 19, p. 135-138, out./dez. 2005.

CLAY, Thomas. El mercado del arbitraje. *Revista de Arbitragem e Mediação – RARB*, São Paulo, n. 41, p. 275-292, abr./jun. 2014.

DEZALAY, Yves; BRYANT, G. Garth. *Dealing in Virtue*: International Commercial Arbitration and the Construction of a Transnational Legal Order. Chicago: The University of Chicago Press, 1996.

DINAMARCO, Cândido Rangel. *A arbitragem na teoria geral do processo*. São Paulo: Malheiros, 2013.

ENGLAND. Ministry of Justice. Dispute Resolution in London and the UK. *Court Statistics*, London, p. 1-2, Dec. 2012.

HAMIDA, Walid Ben; CLAY, Thomas. *L'argent dans l'arbitrage*. Paris: L'Extenso, 2013.

SACHS, Klaus; SCHMIDT-AHRENDTS, Nils. Settlement efforts in arbitration. *Revista de Arbitragem e Mediação – RARB*, São Paulo, n. 25. p. 168, abr./jun. 2010.

SALOMÃO, Luis Felipe; FUX, Rodrigo. Arbitragem e precedentes: possível vinculação do árbitro e mecanismo de controle. *Revista CEJ*, Brasília, ano XXIV, n. 80, p. 7-20, jul./dez. 2020.

SCHNEIDER, Michael. President's Message, Transfer of ownership: from the parties' respective cases to the Case decided by the tribunal. *ASA Bulletin*, [*S. l.*], v. 4, n. 2, p. 733-735, Jun. 2013.

WALD, Arnoldo. Arbitragem: passado, presente e futuro. *Revista de Arbitragem e Mediação – RARB*, [*S. l.*], v. 50, p. 59-78, jul./set. 2016.

Informação bibliográfica deste texto, conforme a NBR 6023:2018 da Associação Brasileira de Normas Técnicas (ABNT):

WALD, Arnoldo. Precedentes vinculantes, arbitragem e a indução ao acordo entre as partes. *In*: MENDES, Gilmar Ferreira; GALLOTTI RODRIGUES, Maria Isabel Diniz; ALVIM, Teresa Arruda (coord.). *O novo perfil do controle difuso de constitucionalidade*: estudos em homenagem ao Professor Bruno Dantas nos 20 anos da Repercussão Geral. Belo Horizonte: Fórum, 2025. p. 101-113. ISBN 978-65-5518-898-1.

O PANORAMA ATUAL DO CONTROLE DIFUSO DE CONSTITUCIONALIDADE NO ORDENAMENTO JURÍDICO BRASILEIRO

EDUARDO ARRUDA ALVIM
ÍGOR MARTINS DA CUNHA

1 Introdução[1]

Desde que passaram a coexistir no direito pátrio as espécies de controle de constitucionalidade difusa e concentrada, muito se discute sobre as semelhanças e diferenças ontológicas existentes entre elas quando o controle é realizado pelo Supremo Tribunal Federal (STF). Durante muito tempo, no que diz respeito aos efeitos, houve a compreensão de que não havia equiparação entre as duas, tendo em vista a exigência de expedição de resolução pelo Senado Federal para que a decisão do controle difuso tivesse efeitos que ultrapassassem as partes que integram a relação jurídica processual em que foi proferida.

---

1 É uma grande honra para os coautores homenagear o Ministro Bruno Dantas, jurista de escol que abrilhanta os quadros do Tribunal de Contas da União (TCU) e que exerce com grande habilidade, competência e responsabilidade a função de Presidente do órgão. É autor, coautor e organizador de mais de 23 obras de destaque nacional e que são referência em diversas áreas, bem como de mais de 60 artigos e capítulos de livros. Um dos autores do presente artigo teve a felicidade de conhecê-lo no curso de pós-graduação *stricto sensu*, no qual foi orientado pela Professora Teresa Arruda Alvim e defendeu, com brilhantismo, o mestrado e doutorado. Os dois trabalhos foram publicados pela Revista dos Tribunais e se tornaram obras clássicas. Parabenizamos os coordenadores pela merecida homenagem a essa grande referência do direito brasileiro.

Contudo, a tendência que originalmente era minoritária de equipará-las foi paulatinamente ganhando adesão no plano doutrinário, especialmente após a positivação e o regramento da exigência da repercussão geral e da implementação do sistema de precedentes pelo CPC/2015. No panorama atual legal e jurisprudencial, as duas espécies de controle, no que diz respeito aos efeitos da decisão, estão *praticamente* equiparadas. No presente trabalho tentaremos compreender como, atualmente, pode ser compreendido o controle difuso de constitucionalidade nesse novo panorama.

2 O controle constitucionalidade

A supremacia da Constituição Federal exige que todas as situações jurídicas se conformem com seus princípios e preceitos.[2] Sendo ela hierarquicamente superior às demais normas e atos,[3] essencial a previsão de instrumentos que viabilizem de forma efetiva a garantia da sua supremacia e a higidez nas hipóteses em que não há conformação jurídica, o que se dá, essencialmente, por meio do controle de eventuais inconstitucionalidades.[4] O controle de constitucionalidade tem por objeto a análise da presença ou não dessa espécie de vício sancionada pelo ordenamento jurídico. Afinal, como destaca Gilmar Ferreira Mendes, "a ausência de sanção retira o conteúdo obrigatório da Constituição, convertendo o conceito de inconstitucionalidade em simples manifestação de censura ou crítica".[5]

---

2 SILVA, José Afonso da. *Curso de Direito Constitucional Positivo*. 44. ed. São Paulo: Malheiros, 2022. p. 48.

3 Oswaldo Luiz Palu (*Controle de constitucionalidade*: conceitos, sistemas e efeitos. 2. ed. São Paulo: Revista dos Tribunais, 2001. p. 56) refere que: "A Constituição deve ter preservada sua força ordenadora e deve ser efetivamente obedecida, gerando efeitos na realidade social (constituição normativa)". Clèmerson Merlin Clève (*A fiscalização abstrata da constitucionalidade no Direito brasileiro*. 2. ed. São Paulo: Revista dos Tribunais, 2000. p. 33-34) refere que: "A supremacia constitucional deve vir acompanhada, também, de uma certa 'consciência constitucional' ou, como prefere Hesse, de uma 'vontade de constituição'. Ela reclama a defesa permanente da obra e dos valores adotados pelo Poder Constituinte. Afinal, sem 'consciência constitucional' ou sem 'vontade de constituição', nenhuma sociedade consegue realizar satisfatoriamente sua Constituição ou cumprir com seus valores". Ainda sobre essa supremacia, pode-se conferir: HESSE, Konrad. *A força normativa da Constituição*. Tradução: Gilmar Ferreira Mendes. Porto Alegre: Sergio Antonio Fabris, 1991. p. 19.

4 Sobre as variadas modalidades de inconstitucionalidade, torna-se importante conferir: CLÈVE. *A fiscalização abstrata da constitucionalidade no Direito brasileiro*, p. 35-56.

5 MENDES, Gilmar Ferreira. Constitucionalidade e inconstitucionalidade. *In:* BRANCO, Paulo Gustavo Gonet; MENDES, Gilmar Ferreira. *Curso de Direito Constitucional*. 19. ed. SaraivaJur, 2024. *E-book*. p. 1250.

O sistema brasileiro de controle jurisdicional[6] de constitucionalidade[7] possui contornos próprios e é fruto da combinação de elementos presentes em diversos sistemas jurídicos estrangeiros, bem como decorrente de contínuas evoluções legislativas e jurisprudenciais. Evidentemente que isso faz com que suas características sejam peculiares. Fala-se em um sistema misto, que abarca elementos do modelo austríaco ou europeu, em que o controle é realizado por um órgão jurisdicional superior ou uma corte constitucional, e elementos do modelo difuso, também chamado de americano, em que o controle pode ser realizado por qualquer órgão jurisdicional.[8] Apesar da origem distinta e diferenças procedimentais, tanto o controle concentrado quanto o controle difuso têm o mesmo objetivo comum: "proteger a Constituição Federal de leis e atos normativos (e no caso da ADPF, de *atos do Poder Público* de forma ampla) com ela incompatíveis".[9]

A primeira forma de controle estabelecida foi a difusa e concreta, que é realizada de forma incidental.[10] No Brasil, qualquer juiz ou tribunal pode declarar a (in)constitucionalidade de uma lei ou ato normativo em particular no caso concreto, pela via do controle difuso, afastando, por exemplo, no caso concreto, a aplicação de determinado dispositivo legal inconstitucional. Consiste em controle difuso, pois pode ser realizado por qualquer órgão do Poder Judiciário. Por sua vez,

---

6 Segundo Virgílio Afonso da Silva (*Direito Constitucional brasileiro*. São Paulo: Edusp, 2021. p. 565): "A ideia de que as leis devem ser compatíveis com a constituição decorre da aceitação de que esta é suprema e, portanto, hierarquicamente superior àquelas. Contudo, dessa ideia não decorre necessariamente a atribuição de uma tarefa de controle de constitucionalidade aos tribunais, tampouco a definição de que um tribunal de cúpula deverá ser incumbido da guarda da constituição. Em outras palavras, a preservação da supremacia constitucional requer *algum controle* de compatibilidade das leis com a constituição, mas a escolha de quem será o agente (ou os agentes) desse controle é uma decisão política".

7 Assim como Konrad Hesse, adota-se neste trabalho a noção de que o controle de constitucionalidade é uma questão de política judiciária a ser exercida pelas cortes, igualmente sustenta-se que o Supremo atua como tal. No sentido dessa ponderação, em relação ao sistema investigado para as cortes, importante conferir: HESSE, Konrad. *A força normativa da Constituição*, p. 28 e ss.

8 MENDES. Constitucionalidade e inconstitucionalidade, p. 1254.

9 ABBOUD, Georges. *Processo constitucional brasileiro*. 5. ed. São Paulo: Thomson Reuters Brasil, 2021. *E-book*. proview, p. RB-2.9.

10 Como veremos, os conceitos de controle concentrado ou difuso, abstrato ou concreto, principal ou incidental não se confundem. Contudo, usualmente, o controle concentrado é abstrato e principal, e o controle difuso é concreto e incidental. Essa correspondência, contudo, não é absoluta. Como veremos, exemplificativamente, é possível que no controle concentrado seja realizado o controle incidental de determinada disposição legal. Nesse sentido: BARROSO, Luís Roberto. *O controle de constitucionalidade no Direito brasileiro*. 9. ed. São Paulo: Saraiva, 2022. p. 72-74.

é concreto pois é realizado diante de uma situação concreta levada ao Poder Judiciário e, como regra, tem efeitos apenas para esse fato (*lato sensu*) concreto. É incidental, pois é enfrentado em um contexto de um processo ou ação judicial em que a questão da inconstitucionalidade configura um "incidente", isto é, integra uma questão que deve ser previamente decidida pelo Judiciário, como regra, como questão prejudicial ao pedido formulado.[11] Isto é, não é o pedido apresentado, mas pode ser um sustentáculo do pedido (integrar a causa de pedir), uma questão evocada pelo réu em defesa (fundamento de defesa), ou até mesmo uma matéria conhecida de ofício pelo Poder Judiciário.

O evento mais significativo para a introdução do controle de constitucionalidade difuso no Brasil foi a Proclamação da República, em 1889,[12] pois a subsequente Constituição de 1891, sob influência do constitucionalismo norte-americano,[13] acolheu o sistema do controle difuso (que no caso, também é concreto e incidental). O STF, tendo em vista a sua posição de órgão de Cúpula do Poder Judiciário, exercia (e ainda exerce) importante papel no controle de constitucionalidade difuso, pois a ele competia (e ainda compete) dizer a última palavra sobre a eventual inconstitucionalidade no caso concreto, especialmente por meio do julgamento do recurso extraordinário (RE). O recurso extraordinário, tal como atualmente previsto pela CF/1988, nada mais

---

[11] MENDES. Constitucionalidade e inconstitucionalidade, p. 1253. Como destaca Luís Roberto Barroso (*O controle de constitucionalidade no Direito brasileiro*, p. 72-73): "O controle incidental é por vezes referido, também, como controle por *via de exceção ou defesa*, porque normalmente a inconstitucionalidade era invocada pela parte demandada, para escusar-se do cumprimento da norma que reputava inválida. Todavia, a inconstitucionalidade pode ser suscitada não apenas como tese de defesa, mas também como fundamento da pretensão do autor, o que se tornou mais frequente com a ampliação das ações de natureza constitucional, inclusive e notadamente pelo emprego do mandado de segurança, tanto individual como coletivo".

[12] Segundo Gilmar Ferreira Mendes (*Jurisdição constitucional*: o controle abstrato de normas no Brasil e na Alemanha. São Paulo: Saraiva, 2007. p. 25), "a Proclamação da República em 1889 foi decisiva para a introdução do controle de constitucionalidade no Brasil. A chamada Constituição Provisória, de 22 de junho de 1890 (Dec. n. 510), estabeleceu que o Supremo Tribunal Federal deveria ser composto de quinze Ministros, escolhidos dentre os Juízes Federais mais antigos e cidadãos de notório conhecimento jurídico e reputação ilibada, que fossem elegíveis para o Senado (art. 55). Os Ministros do Supremo Tribunal Federal seriam nomeados pelo Presidente da República após a confirmação do Senado Federal (art. 47, §12). O Supremo Tribunal Federal da República somente foi instituído em 28 de fevereiro de 1891". Também pode ser conferida sobre o tema, por sua pontuada pesquisa histórica do Supremo: RODRIGUES, Leda Boechat. *História do Supremo Tribunal Federal*. Rio de Janeiro: Civilização Brasileira, 1965. v. 1, p. 7 e ss.

[13] SILVA. *Curso de Direito Constitucional Positivo*, p. 52-53.

é do que o resultado de uma evolução paulatina do recurso extraordinário criado em 1891.[14]

Por sua vez, o controle abstrato e concentrado foi introduzido pela Emenda Constitucional (EC) nº 16, de 26 de novembro de 1965, tendo em vista que esta criou uma nova modalidade de ação direta de inconstitucionalidade (ADIn), de caráter genérico, atribuindo ao STF a competência para processar e julgar originariamente a representação de inconstitucionalidade de lei ou ato normativo federal ou estadual, apresentada pelo Procurador-Geral da República.[15] A Constituição Federal de 1988, além de ter regrado o controle concentrado de forma mais abrangente do que aquele criado pela EC nº 16/1965, ampliou significativamente o rol de legitimados (art. 103, I a IX, da CF/1988). No controle concentrado, a questão constitucional é formulada de forma principal e autônoma de qualquer outro pedido.[16] Analisa-se, ademais, a inconstitucionalidade de forma objetiva, abstrata, isto é, desvinculada de qualquer caso concreto.

Desde que foram introduzidos em nosso sistema, as duas espécies de controle passaram por paulatinas modificações, até o panorama atual. Nesse sistema o STF ocupa posição peculiar, atua tanto como órgão "revisor" de última instância (ao julgar os recursos extraordinários que tenham repercussão geral) quanto como espécie de Tribunal Constitucional. Nos itens em sequência visaremos analisar cada uma das especificidades decorrentes dessa posição.

3 O controle concentrado de constitucionalidade

O *controle concentrado* de constitucionalidade é um importante mecanismo para a manutenção da higidez de todo sistema jurídico, sendo essencial para a estabilidade do ordenamento jurídico. Afinal, como aponta Hans Kelsen, a Constituição somente pode ser vista como uma garantia "quando a anulação dos atos inconstitucionais é

---

14 Analisando de forma detalhada toda a evolução do recurso extraordinário da CF/1891 até a CF/1988: ALVIM, Teresa Arruda; DANTAS, Bruno. *Precedentes, recurso especial e recurso extraordinário*. 5. ed. São Paulo: Thomson Reuters Brasil, 2023. *E-book*. p. 1349-1363.

15 SILVA. *Curso de Direito Constitucional Positivo*. p. 52-53. Como destaca o autor, a emenda também previu a competência originária dos Tribunais de Justiça, para declarar a inconstitucionalidade de lei ou ato municipal que estivesse em desconformidade com a Constituição Estadual.

16 MENDES. Constitucionalidade e inconstitucionalidade, p. 1253.

possível",[17] e o controle nada mais é do que um mecanismo desenvolvido precipuamente para esse fim. No âmbito brasileiro, optou-se por adotar, a partir de 1965 (EC nº 16), ao lado do controle difuso, um sistema de controle de constitucionalidade concentrado em certa medida semelhante (mas não idêntico) ao idealizado por Hans Kelsen (em que este é realizado por um órgão de cúpula, o Tribunal Constitucional, que atua como "legislador negativo").[18] A essência desse sistema foi mantida com a Constituição Federal de 1988, que realizou algumas alterações no intuito de aprimorar esse controle. A EC nº 3, de 17 de março de 1993, e EC nº 45, de 30 de dezembro de 2004, também visaram melhorar o sistema. Atualmente, no âmbito infraconstitucional, é regrado pela Lei nº 9.868, de 10 de novembro de 1999, e pela Lei nº 9.882, de 3 de dezembro de 1999.

Apesar de preencher algumas características, não é possível afirmar que o STF preenche todas aquelas previstas por Hans Kelsen para o tribunal constitucional. Dentre as diferenças, importa mencionar que, quando constrói sua tese, o jurista analisa a incompatibilidade da realização desse controle por qualquer órgão ligado aos Poderes Executivo,[19] Legislativo[20] e Judiciário. Assim, para o autor, além da separação dos Poderes, essencial para evitar o exercício de forma arbitrária do poder estatal, seria necessária a existência de um órgão independente, isolado dos demais.

Fato é que o constituinte pátrio optou por atribuir as funções, que para o autor seriam típicas de um tribunal constitucional, a órgão pertencente ao próprio Poder Judiciário, que, além de exercer suas funções específicas de controle de constitucionalidade concentrada (por meio do julgamento de ação direta de inconstitucionalidade, ação declaratória de constitucionalidade, ação direta de inconstitucionalidade por omissão e ação de descumprimento de preceito fundamental), possui diversas outras competências previstas constitucionalmente, como o controle difuso de constitucionalidade, especialmente em análise de *recursos*

---

17 KELSEN, Hans. *Jurisdição constitucional*. São Paulo: Martins Fontes, 2003. p. 149.

18 KELSEN. *Jurisdição constitucional*, p. 125 e ss.

19 A esse propósito, Hans Kelsen dedica um capítulo de sua obra *Jurisdição constitucional* (p. 241-298), apenas para afastar a proposta de Carl Schimitt de que o monarca, chefe do Reich alemão, fosse o guardião da Constituição.

20 Como aponta Hans Kelsen (*Jurisdição constitucional*, p. 153): "Sua independência diante do Parlamento como diante do governo é um postulado evidente, porque precisamente o Parlamento e o governo é quem devem ser, como órgãos participantes do processo legislativo, controlados pela jurisdição constitucional".

extraordinários; o julgamento de recursos ordinários e até demandas de competência originária, conforme rol constante do art. 102 da CF/1988. Trata-se de rol amplo de atribuições do STF.

Constata-se, portanto, que, embora seja possível afirmar que o STF realize de fato as funções que usualmente seriam aquelas inerentes a uma corte constitucional, este possui algumas características distintas do tribunal constitucional, ao menos tal qual idealizado por Kelsen.[21] Apesar dessa constatação, não se pode negar que o controle de constitucionalidade concentrado adotado no ordenamento pátrio é *altamente influenciado* pelo pensamento de Hans Kelsen,[22] sendo que "compete ao Supremo Tribunal Federal, precipuamente, a guarda da Constituição (...)" (*caput* do art. 102 da CF/1988).[23]

O controle realizado nesse âmbito é abstrato, pois se trata de processo objetivo, em que não há *propriamente* lide, não há situação fática *em concreto* que verse sobre a incidência da norma. De fato, a "demanda" tem como ponto crucial e essencial a análise objetiva (isto é, destoada de elementos fáticos concretos – causa) do dispositivo legal. Essa ação efetivamente inaugura processo objetivo que se presta a discutir, em tese, a inconstitucionalidade.[24] Isso não significa que os elementos fáticos não possam ser considerados pelo órgão ao realizar o controle. Muitas vezes o STF considera fatos concretos em ações de controle abstrato, contudo, não o faz tendo esses fatos como efetivo objeto da sua atuação jurisdicional. São analisados como elementos para constar eventual inconstitucionalidade, conforme constatam o Ministro Bruno Dantas e a Professora Teresa Arruda Alvim.[25]

Ademais, também não existem propriamente "partes", e sim legitimados ativos. Podem ser propostas por aqueles legitimados pelo art. 103, incisos I a IX, da Constituição Federal. Inexistem, ademais,

---

21 MANCUSO, Rodolfo de Camargo. *A resolução dos conflitos e a função judicial no contemporâneo Estado de Direito*. 2. ed. São Paulo: Revista dos Tribunais, 2014. p. 549.

22 ALVIM, Eduardo Arruda; THAMAY, Rennan Faria Krugüer; GRANADO, Daniel Willian. *Processo constitucional*. São Paulo: Revista dos Tribunais, 2014. p. 70.

23 Destaca Alexandre de Moraes (*Direito Constitucional*. 29. ed. São Paulo: Atlas, 2006. p. 498) que "a função precípua do Supremo Tribunal Federal é de Corte de Constitucionalidade, com a finalidade de realizar o controle concentrado de constitucionalidade no direito brasileiro".

24 ALVIM; THAMAY; GRANADO. *Processo constitucional*, p. 105.

25 Sobre o tema, Teresa Arruda Alvim e Bruno Dantas (Precedentes, recurso especial e recurso extraordinário, p. RB-4.20) apontam que são relevantes para as Cortes de Cúpula os chamados fatos do mundo, por vezes chamados de "fatos legislativos", "cuja cognição é imprescindível para a interpretação da lei".

legitimados passivos, nos termos do processo comum.[26] Ainda assim, os órgãos ou as autoridades das quais emanou a lei ou o ato normativo impugnado terão oportunidade de manifestação (art. 6º, da Lei nº 9.868/1999), bem como poderão ser ouvidos eventuais *amici curiae* (art. 7º, §2º, da Lei nº 9.868/1999).

De forma mais específica, é possível afirmar que o STF, ao analisar e julgar a "demanda" que tem por objeto eventual inconstitucionalidade de lei ou ato normativo, exerce cognição sobre plano da sua validade.[27] Embora não haja unanimidade na doutrina, visto que alguns ainda apontam que a lei inconstitucional é anulável ou inexistente,[28] compreendemos que o direito brasileiro adotou a fórmula da nulidade,[29] sendo essa invalidade reconhecida, como regra, com efeitos desde a existência do dispositivo legal, salvo quando realizada eventual modulação. Assim, a disposição legal existente que esteja em desconformidade com a Constituição Federal (seja no âmbito formal ou matéria) padece de *vício de validade*.

Considerando a consequência de retirada do âmbito jurídico da norma ou ato inconstitucional, é que se afirma usualmente que o STF, ao julgar em controle concentrado de constitucionalidade, acaba realizando a função próxima àquela do chamado "legislador negativo". Nesse sentido já se posicionou o STF, conforme é possível abstrair do seguinte trecho do julgado de relatoria do Ministro Celso de Mello, em que resta afirmado que a declaração de inconstitucionalidade "consiste em remover do ordenamento jurídico positivo a manifestação estatal inválida", sendo certo que "encerra um juízo de exclusão", sendo o STF "verdadeiro legislador negativo.[30]

Devemos considerar, no entanto, que a função exercida pelo STF, no controle de constitucionalidade, acaba por ser muito mais ampla do que a simplesmente desempenhada como se fosse "legislador

---

26 ABBOUD. *Processo constitucional brasileiro*, proview, p. RB-2.9.

27 BARROSO. *O controle de constitucionalidade no Direito brasileiro*, p. 36.

28 Vale destacar, por oportuno, que há os que sustentam que a lei inconstitucional inexiste juridicamente. Nesse sentido: ALVIM; DANTAS. *Precedentes, recurso especial e recurso extraordinário*, p. RB-6.7; CRAMER, Ronaldo. Impugnação da sentença transitada em julgado fundada em lei posteriormente declarada inconstitucional. *In:* DIDIER JUNIOR, Fredie; EHRHARDT JÚNIOR; Marcos (coord.). *Revisando a teoria do fato jurídico*: homenagem a Marcos Bernardes de Mello. São Paulo: Saraiva, 2010. p. 583.

29 BARROSO. *O controle de constitucionalidade no Direito brasileiro*, p. 38; MORAES. *Direito Constitucional*, p. 687-688.

30 STF, Pleno. QO na ADI nº 652/MA, Rel. Min. Celso de Mello, 2 abr. 1991, *Dje*, 2 abr. 1993.

negativo", razão pela qual a expressão é criticada pela doutrina.[31] O STF, ao exercer a jurisdição constitucional, pode proferir decisões com contornos diversos e mais complexos. Basta pensar nas decisões ditas manipulativas, em que o órgão jurisdicional exerce atividade muito mais complexa do que simplesmente extirpar ou não disposição legal do sistema jurídico.

Quando proferida decisão pelo STF, em sede de controle concentrado de constitucionalidade, esta tem, por disposição expressa, eficácia *erga omnes*, atingindo a todos, indistintamente, e efeito vinculante, conforme comando normativo do art. 102, §2º, da Constituição Federal.

Ademais, a Lei nº 9.868/1999, em seu art. 30, parágrafo único, expressa que a declaração de constitucionalidade ou de inconstitucionalidade, até mesmo na hipótese em que há interpretação conforme a Constituição, ou a declaração de parcial inconstitucionalidade sem redução de texto "têm eficácia contra todos e efeito vinculante em relação aos órgãos do Poder Judiciário e à Administração Pública federal, estadual e municipal". Por sua vez, a Lei nº 8.882, de 3 de dezembro de 1999, em seu art. 10, §3º, expressa que a decisão da arguição de descumprimento de preceito fundamental "terá eficácia contra todos e efeito vinculante relativamente aos demais órgãos do Poder Público". Mais recentemente o CPC/2015 reforçou, em seu art. 927, inciso I, que são de observância obrigatória "as decisões do STF em controle concentrado de constitucionalidade".

Restando evidenciadas as consequências jurídicas da decisão de inconstitucionalidade em controle abstrato, cabe-nos a análise dos efeitos do controle difuso de constitucionalidade.

4 O controle difuso de constitucionalidade realizado no julgamento do recurso extraordinário

Além das ações objetivas, há no direito brasileiro a possibilidade de qualquer juízo ou tribunal reconhecer, de forma incidental e no caso concreto, a inconstitucionalidade de determinada lei ou ato jurídico. Segundo conceitua José Joaquim Gomes Canotilho no controle difuso, a "competência para fiscalizar a constitucionalidade é reconhecida a

---

31 Criticando a ideia de legislador negativo: ABBOUD. *Processo constitucional brasileiro*, proview, p. RB-2.15.

qualquer juiz chamado a fazer a aplicação de uma determinada lei a um caso concreto submetido à apreciação judicial".[32]

Como adiantamos, o controle difuso foi o primeiro a ser introduzido em nosso sistema, a partir da Constituição de 1891. Especificamente no que diz respeito ao controle difuso exercido pelo STF, este era e ainda é realizado, majoritariamente, por meio de recurso extraordinário. Consiste em recurso criado pela Constituição de 1891 que muito se aproximou do *writ of error* dos Estados Unidos da América, instituído pelo Judiciary Act de 1789.[33] O constituinte, nesse último caso, se afastou do recurso então existente no ordenamento jurídico (recurso de revista) e buscou solução (textual) no direito comparado.[34]

A decisão do STF, proferida em controle difuso de constitucionalidade, tinha efeitos exclusivos às partes litigantes que provocaram a apreciação jurisdicional, ou, melhor dizendo, a eficácia seria, como regra, *inter* partes, sendo que a declaração obtida só abrangeria os litigantes do processo, sendo os resultados ou efeitos retroativos. Nesse ponto, importante referir, resta evidente uma das principais diferenças existentes entre o recurso extraordinário e o instituto que o inspirou, o *write of error* dos Estados Unidos da América. Isso porque o último estava inserido em sistema de *commom law*, em que algumas das bases essenciais são o *stare decis*[35] e a máxima do *treat like cases alike*, que têm como pressuposto a vinculação à *ratio decidendi*.[36] O *write of error*

---

32 CANOTILHO, José Joaquim Gomes. *Direito Constitucional e teoria da Constituição*. 7. ed. Coimbra: Almedina, 2007. p. 889.

33 MARINONI, Luiz Guilherme; MITIDIERO, Daniel. *Recurso extraordinário e recurso especial*: do *jus litigatoris* ao *jus consitutionis*. 2. ed. São Paulo: Thomson Reuters Brasil, 2020. p. 95-96; SILVA, José Afonso da Silva. *Do recurso extraordinário no Direito Processual brasileiro*. São Paulo: Revista dos Tribunais, 1963. p. 31; MANCUSO. *Recurso extraordinário e recurso especial*, p. 77. Referido recurso se distanciou do antigo recurso de revista, sendo certo, contudo, que parte da doutrina continuou a nominá-lo como tal, criticando a nomenclatura adotada no Regimento Interno do STF (RISTF): MONTEIRO, João. *Programa do curso de processo civil ou apontamentos para as lições da 3ª cadeira do 4º anno da Faculdade de Direito de São Paulo*. 3. ed. São Paulo: Duprat, 1912. v. 3. parte 2, p. 188-189, em especial nota de rodapé 1.

34 Diz-se "textual", pois é inegável que os contornos dados até então ao recurso de revista também influíram na compreensão do novo recurso "extraordinário".

35 Sobre a segurança jurídica no *common law* e no *civil law* ver: ALVIM; DANTAS. *Precedentes, recurso especial e recurso extraordinário*, p. RB-4.20.

36 Sobre a *ratio decidendi*, Daniel Mitidiero destaca: "Utilizo o termo *ratio decidendi* como sinônimo de precedente. Precedentes são razões necessárias e suficientes para a solução de uma questão devidamente particularizada do ponto de vista fático-jurídico obtidas por força de uma reconstrução logico-argumentativa empreendida a partir da decisão de casos pela unanimidade ou maioria de um colegiado" (MITIDIERO, Daniel. *Ratio decidendi*: quando uma questão é idêntica, semelhante ou distinta? São Paulo: Thomson Reuters Brasil, 2023. p. 22).

estava inserido em sistema em que não se poderia falar propriamente em decisão relevante apenas para o caso concreto, enquanto o recurso extraordinário foi criado em sistema em que a regra era exatamente essa.

Contudo, a CF/1934 veio a alterar parcialmente essa sistemática ao prever a possibilidade de o Senado suspender, por meio de resolução, a execução da lei considerada inconstitucional pelo Poder Judiciário (art. 91, IV). A resolução teria o condão de dar alcance normativo ao julgado do STF.[37] Contudo, não era vista como ato obrigatório, tendo o Senado Federal "seu próprio critério de conveniência e oportunidade para praticar o ato de suspensão".[38]

A previsão de que o Senado poderia suspender a eficácia de lei declarada inconstitucional foi repetida em todas as Constituições posteriores, salvo na de 1937. A CF/1988 prevê, em seu art. 52, X, que compete ao Senado Federal "suspender a execução, no todo ou em parte, de lei declarada inconstitucional por decisão definitiva do Supremo Tribunal Federal (...)". A partir dessa sistemática, poder-se-ia se concluir que, nos termos da CF/1988, a decisão do STF, em controle difuso de constitucionalidade, em tese, somente poderia ter relevância jurídica (e não meramente persuasiva) para casos de terceiros em caso de observância do art. 52, inciso X. Essa é a posição atual de parte da doutrina.[39]

Havendo resolução do Senado Federal, embora a norma permaneça "existente", esta teria a sua eficácia jurídica suspensa, sendo o fenômeno da incidência impedido pelas disposições do ordenamento jurídico.[40] Ao menos é isso que se pode observar a partir do texto literal do art 52, X, da CF/1988.

---

37 STF, Pleno, MS nº 16.512/DF. Rel, Min. Oswaldo Trigueiro, 25 de maio de 1966, *Dje* 31 ago. 1966. Segundo constou do voto do Ministro Oswaldo Trigueiro: "A partir dêsse expediente – originário da Constituição de 1934 – deu-se ao Senado, em nossa sistemática política, o encargo de tornar inoperantes, *erga omnes*, as leis ou normas que o Poder Judiciário deixa de aplicar, in casu, por via de inconstitucionalidade". Em sentido parcialmente diverso compreende Gilmar Ferreira Mendes, ao comentar o dispositivo no Julgamento da Reclamação nº 4.335: "(...) atribuía-se, pois, ao ato do Senado, *caráter ampliativo* e não apenas *paralisante* ou derrogatório do diploma viciado" (STF, Pleno, Pleno, Rcl. nº 4335/SC, Rel. Min. Gilmar Ferreira Mendes, 20 de março de 2014, *Dje*, 22 out. 2014)

38 STF, MS nº 16.512/DF, Pleno, julgado em 25 de maio de 1966, Rel. Min. Oswaldo Trigueiro, *Dje* 31 ago. 1966.

39 NERY JUNIOR, Nelson; NERY, Rosa Maria de Andrade. *Constituição Federal comentada*. 4. ed. São Paulo: Thomson Reuters Brasil, 2022. proview, p. RL-1.22.

40 SILVA. *Curso de Direito Constitucional Positivo*, p. 55-56. Segundo o autor: "A declaração de inconstitucionalidade, na via indireta, não anula a lei nem a revoga; teoricamente, a lei continua em vigor, eficaz e aplicável, até que o Senado Federal suspenda sua executoriedade nos termos do art. 52, X. (...) Essa manifestação do Senado, que não revoga nem anula a lei, mas simplesmente lhe retira a eficácia, só tem efeitos, daí por diante, *ex nunc*. Pois, até

Contudo, passaram a ganhar força vozes na doutrina se posicionando no sentido de que teria havido *mutação constitucional* e de que a resolução do Senado serviria apenas para dar publicidade à decisão do STF, sendo dispensável para fins de aplicabilidade desta para outros casos.

No julgamento da Reclamação nº 4.335/AC, iniciado em janeiro de 2007 e finalizado em 2014, o Ministro Gilmar Ferreira Mendes destacou o panorama da CF/1988, em que o STF pode, até mesmo liminarmente, suspender, com eficácia geral, a eficácia de leis ou de atos normativos, contribuiu com que se "quebrantasse a crença na própria justificativa deste instituto, que se inspirava diretamente numa concepção de separação de Poderes – hoje inevitavelmente ultrapassada".[41] Considerou, ademais, que o instituto seria inadequado para assegurar a eficácia geral ou efeito vinculante às decisões do STF que não declaram a inconstitucionalidade de uma lei, limitando-se a fixar a orientação constitucionalmente adequada ou correta, atribuem interpretação conforme à Constituição ou declaram a inconstitucionalidade parcial sem redução de texto. Também não teria utilidade nos casos em que *rejeitam* a constitucionalidade de determinado dispositivo legal.

Diante desses elementos, e de outros, defendeu que haveria "novo significado do instituto de suspensão de execução pelo Senado no contexto normativo da Constituição de 1988".[42] Destacou que "a eficácia ampliada da decisão está ligada ao papel especial da jurisdição constitucional" e que "não há como deixar de reconhecer uma necessidade de nova compreensão do tema".[43] Por isso reconheceu uma "autêntica mutação constitucional em razão da completa reformulação do sistema jurídico", havendo "uma autêntica *reforma da Constituição sem expressa modificação do texto*".[44] Sugeriu, portanto, compreender que a comunicação ao Senado Federal passaria a servir para que este publicasse a decisão no Diário do Congresso, não sendo "(mais) a decisão do Senado que confere eficácia geral ao julgamento do Supremo. A própria decisão da

---

então, a lei existiu. Se existiu, foi aplicada, revelou eficácia, produziu validamente seus efeitos".

41 STF, Pleno, Rcl. nº 4.335/AC, Rel. Min. Gilmar Ferreira Mendes, julgado em 20 de março de 2014, *Dje*, p. 17 do voto, 22 out. 2014.

42 STF, Pleno, Rcl. nº 4.335/AC, p. 19 do voto.

43 STF, Pleno, Rcl. nº 4.335/AC, p. 42 do voto.

44 STF, Pleno, Rcl. nº 4.335/AC, p. 43 do voto.

Corte contém essa força normativa".[45] De modo que a não publicação pelo Senado Federal da resolução "não terá o condão de impedir que a decisão do Supremo assuma sua real eficácia jurídica".[46]

Contudo, na Reclamação nº 4.335/AC, não houve efetiva adesão da maioria à tese de mutação constitucional, sendo certo que, no curso do processo, sobreveio a Súmula Vinculante nº 26, regulando a matéria objeto da reclamação, o que contribuiu para que a reclamação fosse julgada procedente apesar da ausência de adesão. Apesar disso, o julgado consiste em primeiro elemento que revela a existência de tendência, ao menos por parte dos Ministros, de aproximação entre os controles difusos e concentrado.

A implementação da sistemática da repercussão geral (criada pela EC nº 45/2004 e regrada pela Lei nº 11.418/2006, e com vigência a partir de fevereiro de 2007), bem como a evolução doutrinária jurisprudencial a respeito dos contornos do instituto consistem em relevantes elementos introduzidos no sistema brasileiro que dão subsídios para a atribuição de efeitos mais abrangentes à decisão proferida em controle difuso no julgamento dos recursos extraordinários com repercussão geral, independentemente de resolução do Senado. Como se sabe, a repercussão geral foi introduzida em nosso sistema a partir da EC nº 45/2004, que introduziu o §3º ao art. 102, da Constituição Federal de 1988, com a seguinte redação:

> (...)
> §3º No recurso extraordinário o recorrente deverá demonstrar a repercussão geral das questões constitucionais discutidas no caso, nos termos da lei, a fim de que o Tribunal examine a admissão do recurso, somente podendo recusá-lo pela manifestação de dois terços de seus membros.

A questão se coloca porque repercussão geral foi regrada legal e regimentalmente de forma a consistir em filtro recursal *próprio*,[47]

---

45 STF, Pleno, Rcl. nº 4.335/AC, p. 45 do voto.

46 STF, Pleno, Rcl. nº 4.335/AC, p. 46 do voto.

47 Segundo Leandro J. Giannini: "La manifestación más clara de la primera de las variantes aludidas (que denominaremos filtros o mecanismos de selección *proprios*), es la selección basada en nociones como la importancia pública general, repercusión general, transcendencia o categorías jurídicas similares. A través de este tipo de mecanismos, la corte tiene la aptitud de decidir qué casos decidir, según que los mismos porten cuestiones relevantes para el cumplimiento de sus funciones institucionales" (GIANNINI, Leandro J. *La Corte Suprema*: actualidad, funcionamiento, propuestas de reforma. Ciudad Autónoma de Buenos Aires: Editores del Sur, 2021. p. 179).

que também é instrumento de *racionalização* da atividade jurisdicional exercida pelo STF e *de formação de uma espécie dos chamados precedentes de observância obrigatória*.[48] O modo como o sistema jurídico regrou a repercussão geral evidencia que esta foi pensada como instrumento destinado especificamente para a esse fim. O CPC/2015 reforçou essa percepção, pois o tratamento dado à decisão proferida na sistemática da repercussão geral é de efetiva decisão de observância obrigatória, apesar de ela não constar no rol do art. 927.

Afinal, o reconhecimento da repercussão geral implica, como regra, a suspensão de todos os processos que versem sobre a questão (art. 1.035, §1º, do CPC/2015).[49] Uma vez julgada a repercussão geral, os recursos extraordinários que contrariem entendimento fixado terão seu seguimento negado na forma do art. 1.030, II, *b*, do CPC/2015. Cumpre salientar que a decisão que rejeita a repercussão geral também tem efeitos mais amplos. Isso porque, segundo o art. 1.035, §8º, uma vez negada a repercussão geral, "o presidente ou vice-presidente do tribunal de origem negará seguimento aos recursos extraordinários sobrestados na origem que versem sobre a mesma questão idêntica".

O art. 1.030, I, *a*, também prevê a negativa de seguimento caso o recurso verse questão à qual o STF não tenha reconhecido a existência de repercussão geral. Ademais, na situação em que o acórdão impugnado pelo recurso extraordinário contraria o entendimento fixado na sistemática da repercussão geral, o presidente do tribunal, ao receber o recurso, deverá devolver ao órgão julgador prolator da decisão para que exerça juízo de retratação para fins de adequação da decisão ao decidido pelo STF. Também importante referir que o art. 988, §5º, II, prevê o cabimento de reclamação para garantir a observância de acórdão extraordinário com repercussão geral reconhecida, uma vez esgotadas as instâncias ordinárias.[50]

---

[48] FERRAZ, Taís Schilling. *O precedente na jurisdição constitucional*: construção e eficácia do julgamento da questão com repercussão geral. São Paulo: Saraiva, 2017. p. 131.

[49] Foi o que restou decidido no Tema nº 885 de repercussão geral, para fins da coisa julgada tributária (STF, Pleno, RE nº 955.227. Rel. Min. Roberto Barroso, julgado em 8 de fevereiro de 2023, *Dje*, 2 maio 2023).

[50] Defendendo que as modificações implementadas pela Lei nº 13.256, de 16 de março de 2015, não suprimiram nenhuma hipótese de cabimento de reclamação e que o §5º, inciso II, prevê uma hipótese específica de cabimento de reclamação uma vez esgotadas as instâncias ordinárias: ALVIM; DANTAS, Bruno. *Precedentes, recurso especial e recurso extraordinário*, p. RB-3.19.

Cumpre referir que em 2015, na *vacatio legis* do CPC/2015, no julgamento da ADI nº 2.418, a questão da abrangência da decisão proferida em controle difuso foi novamente analisada pelo STF, embora não tenha sido *o objeto central da controvérsia da ação de controle concertado*. Foi analisada a constitucionalidade do art. 471, parágrafo único, e do art. 475-L, do CPC/1973 (objeto da ação), bem como dos arts. 525, §1º, III e §§12 e 14, e art. 535, III, §5º, do CPC/2015 (que teriam norma equivalente às do CPC/1973). Nesse julgado se consideraram constitucionais os dispositivos que consideram *inexigível a decisão* quando, antes do seu trânsito em julgado, já existe decisão do STF em controle de constitucionalidade em sentido diverso.[51] Nesse caso, em que pese não tenha sido exatamente objeto da controvérsia, o órgão acabou considerando a aplicabilidade do dispositivo independentemente da espécie de controle. Segundo destacou o Ministro Teori Zavascki, Relator, não haveria mais distinção entre as espécies de controle de constitucionalidade, sendo os efeitos, para os fins analisados, equivalentes.[52]

Também é pertinente referir que na ADIn nº 3.937 o STF reconheceu a possibilidade de declarar, incidentalmente, a inconstitucionalidade de outra norma que não a impugnada diretamente, restando expressamente indicado que esse reconhecimento incidental (ao controle concentrado), possui eficácia *erga omnes* e vinculante.[53]

---

51 "(...)
§12. Para efeito do disposto no inciso III do §1º deste artigo, considera-se também inexigível a obrigação reconhecida em título executivo judicial fundado em lei ou ato normativo considerado inconstitucional pelo Supremo Tribunal Federal, ou fundado em aplicação ou interpretação da lei ou do ato normativo tido pelo Supremo Tribunal Federal como incompatível com a Constituição Federal, em controle de constitucionalidade concentrado ou difuso."

52 Segundo destacou, "em qualquer dos casos, e independentemente da existência ou não de resolução do Senado suspendendo a execução da norma declarada inconstitucional, tem igual autoridade a manifestação do Supremo em seu juízo de constitucionalidade, sendo de anotar que, de qualquer sorte, não seria cabível resolução do Senado na declaração de inconstitucionalidade parcial sem redução de texto e na que decorre da interpretação conforme a Constituição. A distinção restritiva, entre precedentes em controle incidental e em controle concentrado, não é compatível com a evidente intenção do legislador, já referida, de valorizar a autoridade dos precedentes emanados do órgão judiciário guardião da Constituição, que não pode ser hierarquizada simplesmente em função do procedimento em que a decisão foi tomada. Sob este enfoque, há idêntica força de autoridade das decisões do STF tanto em ação direta quanto nas proferidas em via recursal, estas também com natural vocação expansiva (...)" (STF, Pleno, ADI nº 2.418/DF, Rel. Min, Teori Zavascki, julgado em 4 maio de 2015, *Dje*, p. 21-22 do voto, 17 nov. 2016).

53 STF, Pleno, ADI nº 3.937, Rel. Min. Marco Aurélio, julgado em 24 de agosto de 2017, Relator p/ acórdão Min. Dias Toffoli, *Dje*, 1 fev. 2019.

Por fim, devemos referir o que restou julgado no Tema nº 885 do STF. O tema foi afetado para decidir os "efeitos das decisões do STF em controle difuso de constitucionalidade sobre a coisa julgada formada nas relações tributárias de trato continuado". Nesse julgado, o Plenário do STF definiu, *por unanimidade*, as duas teses a seguir:

> 1. As decisões do STF em controle incidental de constitucionalidade, anteriores à instituição do regime de repercussão geral, não impactam automaticamente a coisa julgada que se tenha formado, mesmo nas relações jurídicas tributárias de trato sucessivo"
> 2. Já as decisões proferidas em ação direta ou em sede de repercussão geral interrompem automaticamente os efeitos temporais das decisões transitadas em julgado nas referidas relações, respeitadas a irretroatividade, a anterioridade anual e a noventena ou a anterioridade nonagesimal, conforme a natureza do tributo.[54]

Nesse julgado, o Pleno do Tribunal, na esteira do voto do Ministro Roberto Barroso, compreendeu que, apesar de o controle difuso não possuir dispositivo equivalente ao art. 102, §2º, da CF/1988, "com o art. 52, X, da CF/1988 e, após, com a sistemática da repercussão geral, é possível que sejam atribuídos efeitos vinculantes *erga omnes* às decisões incidentais".[55] Defendeu o Relator que fosse revisitado o tema da mutação constitucional do art. 52, X, da CF/1988.[56] Destacou, ademais, que seria inconteste que as decisões proferidas em recurso extraordinário com repercussão geral e as proferidas em controle concentrado "gradativamente têm adquirido os mesmos efeitos, seja pela atuação do próprio Poder Judiciário ou do Poder Legislativo".

Diante disso, concluiu que seria necessário que o STF reconhecesse "que a declaração de inconstitucionalidade, em sede de recurso extraordinário com repercussão geral, possui os mesmos efeitos vinculantes e *erga omnes* atribuídos às decisões de controle abstrato".[57] Destacou, ademais, que tratava-se de passo "rumo à consolidação do processo de abstratização do controle difuso" e que isso resultaria em "uma maior integridade à teoria dos precedentes, bem como no aprimoramento do controle de constitucionalidade brasileiro".[58]

---

[54] STF, Pleno, RE 955.227/BA.

[55] STF, Pleno, RE nº 955.227/BA, p. 7 do voto.

[56] STF, Pleno, RE nº 955.227/BA, p. 11 do voto.

[57] STF, Pleno, RE nº 955.227/BA, p. 11 do voto.

[58] STF, Pleno, RE nº 955.227/BA, p. 14 do voto.

A maioria do Plenário votou exatamente nesse sentido. O Ministro Alexandre de Moraes também reafirmou que, "de fato, houve a objetivação do controle difuso quando proferido em sede de repercussão geral".[59] O voto do Ministro Gilmar Ferreira Mendes foi no sentido de que as decisões proferidas no controle difuso, pelo STF, independentemente da sistemática da repercussão geral, teriam os mesmos efeitos do controle difuso. O Ministro Dias Toffoli caminhou no sentido parcialmente diverso, ao compreender que as decisões em controle difuso teriam efeitos equivalentes quando proferidas na sistemática da repercussão geral, mas não teria quando o controle difuso fosse realizado fora da sistemática da repercussão geral, de modo que restaria algum espaço para a aplicação do art. 52, X, da CF/1988.[60] Segundo o Ministro Luiz Fux, os julgamentos antes da implementação da repercussão geral consubstanciariam apenas "res inter alios", ante a ausência de normativo suficiente, mas teriam efeitos mais abrangentes as decisões proferidas em controle concentrado e em regime da repercussão geral.[61] A Ministra Rosa Weber, apesar de acompanhar o Relator no sentido dos efeitos da decisão do Supremo, entendeu por não analisar o tema da *abstrativização do controle difuso* em razão da *mutação do 52, X, CF/1988*, por entender desnecessário adentrar no tema para resolver o caso concreto.

O que é possível depreender a partir do julgado referido é que o Supremo Tribunal consolidou, por unanimidade, que o recurso extraordinário julgado na sistemática da repercussão geral não tem seus efeitos restritos às partes litigantes. Constitui efetivo precedente de observância obrigatória. O marco essencial para essa nova configuração constitui a implementação da repercussão geral que foi vislumbrada pelo Tribunal não apenas como mero filtro para obstar a subida de recursos, mas como efetivo mecanismo vocacionado à formação de precedentes de observância obrigatória. Reconheceu, portanto, substancial e profunda aproximação entre os controles concentrado e difuso de constitucionalidade.

Nesse sentido, o homenageado Ministro Bruno Dantas, em coautoria com Teresa Arruda Alvim, defendem que, nos anos anteriores ao CPC/2015, houve efetivo processo de mutação constitucional, "operado por meio de interpretação e independente de reforma da Constituição",

---

59 STF, Pleno, RE nº 955.227/BA, p. 35 do voto.

60 STF, Pleno, RE nº 955.227/BA, p. 20 do voto.

61 STF, Pleno, RE nº 955.227/BA, p. 26 do voto.

de modo que, com o tempo, "a decisão tomada pelo Supremo Tribunal Federal em controle incidental passou a ter eficácia *erga omnes* e força vinculante".[62]

Portanto, diante do panorama atual, em que a sistemática da repercussão geral está regrada como instrumento vocacionado à formação de precedentes de observância obrigatória, bem como em que o CPC/2015 privilegia essa característica em diversos dispositivos, não parece ser mais possível concluir que o julgamento de recurso extraordinário na sistemática da repercussão geral teria apenas efeitos para as partes que integraram o processo em que a decisão foi proferida. Consiste em efetivo *precedente* de observância obrigatória.

5 A posição do Ministro Bruno Dantas e da Professora Teresa Arruda Alvim a respeito dos efeitos vinculantes e eficácia *erga omnes* no controle difuso e controle concentrado

Pertinente referir no presente artigo em homenagem ao Ministro Bruno Dantas a posição sustentada, em coautoria com Professora Teresa Arruda Alvim, a respeito dos efeitos vinculantes e eficácia *erga omnes* das decisões proferidas em controle difuso e controle concentrado.[63] Os autores criticam o emprego indistinto das expressões eficácia *erga omnes* e efeito vinculante "muitas vezes associando-se a estas duas expressões ao instituto da coisa julgada, sem uma necessária e clara separação".[64]

Os autores se posicionam no sentido de que a "eficácia *erga omnes* está atrelada ao *dispositivo* das decisões em controle abstrato de constitucionalidade (art. 102, §2º, da CF e art. 28, parágrafo único, da Lei nº 9.868/1999)" enquanto o efeito vinculante "está relacionado à *ratio decidendi do julgado*".[65] Dessa forma, "o efeito vinculante de um precedente liga-se à *ratio decidendi* das decisões e o efeito *erga omnes* com a imperatividade de respeito ao *decisum*".[66]

---

62 ALVIM; DANTAS, Bruno. *Precedentes, recurso especial e recurso extraordinário*, p. RB-6.7.

63 ALVIM; DANTAS, Bruno. *Precedentes, recurso especial e recurso extraordinário*, p. RB-6.7.

64 ALVIM; DANTAS, Bruno. *Precedentes, recurso especial e recurso extraordinário*, p. RB-6-7.

65 ALVIM; DANTAS, Bruno. *Precedentes, recurso especial e recurso extraordinário*, p. RB-6-7.

66 ALVIM; DANTAS, Bruno. *Precedentes, recurso especial e recurso extraordinário*, p. RB-6-7.

Para os autores,[67] a eficácia *erga omnes*, no caso da declaração de inconstitucionalidade, tem o condão de fazer valer contra todos a declaração de que a lei jamais integrou o ordenamento jurídico, com efeitos, como regra, retroativos. A eficácia *omnes* seria inerente ao controle concentrado. Contudo, tendo em vista que as decisões de controle concentrado, apesar da tal eficácia *erga omnes*, não estavam sendo observadas em diversas ocasiões, o legislador constituinte derivado optou por expressar que as decisões, além de *eficácia erga omnes*, possuem "eficácia vinculante, relativamente aos demais Órgãos do Poder Judiciário e à administração pública direta e indireta, nas esferas federal, estadual e municipal" (art. 102, §2º, da CF). Com isso, defendem o que "acabou ocorrendo foi a dupla obrigatoriedade das decisões proferidas no controle concentrado: pela *ratio* e com eficácia *erga omnes*".

No que diz respeito à decisão do recurso extraordinário na sistemática da repercussão geral, compreendem que "precedente vinculante é a expressão máxima da carga normativa que caracteriza as decisões dos Tribunais Brasileiros, principalmente as do Superior Tribunal de Justiça e as do Supremo Tribunal Federal". Com base nessa premissa afirmam que "precedente vinculante é NORMA: NORMA tem eficácia erga *omnes*". Por essa razão, destacam que "não há como encontrar diferenças substanciais entre a 'obrigatoriedade' da decisão de uma ADIn e da decisão de um RE, julgado no regime da repercussão geral", pois "ambas as decisões vinculam pela *ratio* e se consubstanciam em NORMAS de observância obrigatória por toda sociedade".[68]

6 Conclusão

Concluímos que, diante do panorama atual, em que a sistemática da repercussão geral está regrada como instrumento vocacionado à formação de precedentes de observância obrigatória, bem como em que o regramento processual privilegia essa característica em diversos dispositivos, não parece ser mais possível afirmar que o julgamento de recurso extraordinário na sistemática da repercussão geral teria apenas efeitos para as partes que integraram o processo em que a decisão foi proferida e que a resolução nos termos do art. 52, X, da CF/1988, seria essencial. Consiste em efetivo precedente de observância obrigatória.

---

67 ALVIM; DANTAS, Bruno. *Precedentes, recurso especial e recurso extraordinário*, p. RB-6-7.

68 ALVIM; DANTAS, Bruno. *Precedentes, recurso especial e recurso extraordinário*, p. RB-6-7.

Referências

ABBOUD, Georges. *Processo constitucional brasileiro*. 5. ed. São Paulo: Thomson Reuters Brasil, 2021. *E-book*.

ALVIM, Teresa Arruda; DANTAS, Bruno. *Precedentes, recurso especial e recurso extraordinário*. 5. ed. São Paulo: Thomson Reuters Brasil, 2023. *E-book*.

BARROSO, Luís Roberto. *O controle de constitucionalidade no Direito brasileiro*. 9. ed. São Paulo: Saraiva, 2022.

CANOTILHO, José Joaquim Gomes. *Direito Constitucional e teoria da Constituição*. 7. ed. Coimbra: Almedina, 2007.

CLÈVE, Clèmerson Merlin. *A fiscalização abstrata da constitucionalidade no Direito brasileiro*. 2. ed. São Paulo: Revista dos Tribunais, 2000.

CRAMER, Ronaldo. Impugnação da sentença transitada em julgado fundada em lei posteriormente declarada inconstitucional. *In:* DIDIER JUNIOR, Fredie; EHRHARDT JÚNIOR; Marcos (coord.). *Revisando a teoria do fato jurídico*: homenagem a Marcos Bernardes de Mello. São Paulo: Saraiva, 2010.

FERRAZ, Taís Schilling. *O precedente na jurisdição constitucional*: construção e eficácia do julgamento da questão com repercussão geral. São Paulo: Saraiva, 2017.

GIANNINI, Leandro J. *La Corte Suprema*: actualidad, funcionamiento, propuestas de reforma. Ciudad Autónoma de Buenos Aires: Editores del Sur, 2021.

HESSE, Konrad. *A força normativa da Constituição*. Tradução: Gilmar Ferreira Mendes. Porto Alegre: Sergio Antonio Fabris, 1991.

KELSEN, Hans. *Jurisdição constitucional*. São Paulo: Martins Fontes, 2003.

MANCUSO, Rodolfo de Camargo. *A resolução dos conflitos e a função judicial no contemporâneo Estado de Direito*. 2. ed. São Paulo: Revista dos Tribunais, 2014.

MANCUSO, Rodolfo de Camargo. *Recurso extraordinário e recurso especial*. 14. ed. São Paulo: Thomson Reuters Brasil, 2018.

MARINONI, Luiz Guilherme; MITIDIERO, Daniel. *Recurso extraordinário e recurso especial*: do *jus litigatoris* ao *jus consitutionis*. 2. ed. São Paulo: Thomson Reuters Brasil, 2020.

MENDES, Gilmar Ferreira; BRANCO, Paulo Gustavo Gonet. *Curso de Direito Constitucional*. 19. ed. SaraivaJur, 2024. *E-book*.

MENDES, Gilmar Ferreira. *Jurisdição constitucional*: o controle abstrato de normas no Brasil e na Alemanha. São Paulo: Saraiva, 2007.

MITIDIERO, Daniel. *Ratio decidendi*: quando uma questão é idêntica, semelhante ou distinta? São Paulo: Thomson Reuters Brasil, 2023.

MONTEIRO, João. *Programa do curso de processo civil ou apontamentos para as lições da 3ª cadeira do 4º anno da Faculdade de Direito de São Paulo*. 3. ed. São Paulo: Duprat, 1912. v. 3.

MORAES, Alexandre de. *Direito Constitucional*. 19. ed. São Paulo: Atlas, 2006.

NERY JUNIOR, Nelson; NERY, Rosa Maria de Andrade. *Constituição Federal comentada*. 4. ed. São Paulo: Thomson Reuters Brasil, 2022.

PALU, Oswaldo Luiz. *Controle de constitucionalidade*: conceitos, sistemas e efeitos. 2. ed. São Paulo: Revista dos Tribunais, 2001.

RODRIGUES, Leda Boechat. *História do Supremo Tribunal Federal*. Rio de Janeiro: Civilização Brasileira, 1965. v. 1.

SILVA, José Afonso da. *Curso de Direito Constitucional Positivo*. 44. ed. São Paulo: Malheiros, 2022.

SILVA, José Afonso. *Do recurso extraordinário no Direito Processual brasileiro*. São Paulo: Revista dos Tribunais, 1963.

SILVA, Virgílio Afonso da. *Direito Constitucional brasileiro*. São Paulo: Edusp, 2021.

Informação bibliográfica deste texto, conforme a NBR 6023:2018 da Associação Brasileira de Normas Técnicas (ABNT):

ALVIM, Eduardo Arruda; CUNHA, Ígor Martins da. O panorama atual do controle difuso de constitucionalidade no ordenamento jurídico brasileiro. *In*: MENDES, Gilmar Ferreira; GALLOTTI RODRIGUES, Maria Isabel Diniz; ALVIM, Teresa Arruda (coord.). *O novo perfil do controle difuso de constitucionalidade*: estudos em homenagem ao Professor Bruno Dantas nos 20 anos da Repercussão Geral. Belo Horizonte: Fórum, 2025. p. 115-135. ISBN 978-65-5518-898-1.

RELEVÂNCIA DA QUESTÃO FEDERAL NO RECURSO ESPECIAL: AS HIPÓTESES DE PRESUNÇÃO PREVISTAS NA CONSTITUIÇÃO FEDERAL E OS SEUS PRISMAS INTERPRETATIVOS

FABIANO DA ROSA TESOLIN

1 Introdução

A Emenda Constitucional (EC) nº 125, de 14 de julho de 2022, alterou o art. 105 da Constituição Federal para instituir o requisito da relevância das questões de direito federal infraconstitucional nos recursos especiais dirigidos aos Superior Tribunal de Justiça (STJ).

O filtro da relevância da questão federal certamente representa um importante instrumento para a racionalização dos processos recebidos e julgados pelo STJ, os quais se aproximam no ano de 2024 de meio milhão, sendo potencialmente capaz de alterar o perfil institucional da Corte Suprema brasileira.

Entretanto, a eficiência e qualidade do filtro da relevância dependem diretamente da regulamentação da norma constitucional pelo Congresso Nacional, bem como do regramento que será estabelecido pelo STJ para regular o procedimento interno de julgamento.

Além disso, existem outros importantes aspectos do texto constitucional que permitem reflexões interpretativas e os seus possíveis desdobramentos práticos que serão verificados na implementação do filtro recursal, entre os quais destaco as hipóteses de presunção de relevância da questão federal contidas no art. 105, §3º, da Constituição Federal.

Analisar as referidas hipóteses de presunção de relevância da questão federal contidas no texto constitucional exige inicialmente a delimitação dos principais contornos do filtro recursal da relevância, ainda que do ponto de vista teórico em razão da inexistência de norma regulamentadora.

Na sequência, é necessário examinar as hipóteses propriamente ditas, que contemplam uma diversidade de critérios para o reconhecimento de relevância, entre os quais "ações" específicas, critérios econômicos e contrariedade ao conceito de jurisprudência dominante do STJ.

Em tal contexto, é possível traçar considerações sobre as interpretações possíveis a respeito da amplitude e aplicação da presunção de relevância prevista no texto constitucional, além das consequências práticas de cada opção interpretativa.

Por fim, é importante avaliar a importância dos critérios da relevância e da transcendência da questão federal no âmbito do recurso especial e a potencial influência no perfil institucional que o STJ irá traçar após a implementação do filtro recursal.

É o que se pretende expor em breves linhas.

2 A delimitação dos elementos estruturantes do filtro da relevância

Os efetivos contornos jurídicos da relevância da questão federal prevista pela EC nº 125/2022 somente serão definidos após a edição da norma regulamentadora, a qual irá estabelecer quais são os elementos essenciais do filtro recursal dirigido ao STJ.

Não obstante, é possível delimitar, ainda que no plano teórico, quais são os elementos estruturantes do filtro da relevância e os requisitos necessários para que o instituto seja compatível com os demais princípios e regramentos do sistema processual brasileiro.

Assim, como ponto de partida do presente raciocínio e em razão da necessidade de coerência[1] sistêmica no âmbito dos recursos excep-

---

[1] Teresa Arruda Alvim, Carolina Uzeda e Ernani Meyer (Mais um filtro, agora para o STJ. *Revista de Processo: RePro*, São Paulo, ano 47, v. 330, ago. 2022) apontam que, "por coerência sistêmica, carece de sentido que o ordenamento admita que se deva fazer uma triagem entre questões constitucionais que sejam relevantes ou não, mas, por outro lado, se considere que todas as questões ligadas à ofensa à lei federal seriam relevantes. De fato, a fortiori, se é

cionais dirigidos às Cortes Supremas brasileiras, bem como em razão das normas contidas na legislação processual e na própria Constituição Federal, os elementos da relevância devem ser analisados a partir das características[2] da repercussão geral,[3] previstos no §3º do art. 102 do texto constitucional, não obstante as importantes diferenças entre os institutos.

O primeiro ponto a ser desenvolvido para a delimitação do instituto da relevância da questão federal é justamente o conceito da definição de uma questão jurídica relevante. Inegavelmente, estamos diante de um conceito jurídico indeterminado,[4] pois a presença ou não

---

necessário um filtro capaz de selecionar as questões constitucionais que devem ser resolvidas pelo Supremo, porque geram um impacto para muito além do interesse das partes, nada mais natural que esse filtro também exista quando se trate de questões federais".

2 Eduardo Arruda Alvim e Ígor Martins da Cunha (Relevância da questão federal no recurso especial e o emprego de conceito indeterminado. *In:* TESOLIN, Fabiano da Rosa; MACHADO, André Azevedo. (coord.). *Direito Federal brasileiro*: 15 anos de jurisdição dos Ministros Og Fernandes, Luis Felipe Salomão e Mauro Campbell Marques. Londrina: Editora Thoth, 2023. v. 1, p. 132-133) asseveram que, por "uma lógica sistêmica, não poderá deixar de considerar, ao atribuir esta significação, os contornos dos filtros semelhantes, como a repercussão geral e a transcendência trabalhista (não estando, contudo, vinculado a estes contornos), bem como os elementos a serem positivados pelo legislador ordinário ao regrar a EC nº 125/2022. Em relação a este último, contudo, reiteramos nossa opinião no sentido de que referido regramento legal deve deixar substancial espaço para que o STJ possa exercer sua função e, à luz das suas funções constitucionais e das diversas circunstâncias concretas das questões legais federais versadas, possa compreender o que é, ou não, relevante, para fins do recurso especial. Não deverá, portanto, enrijecer ou engessar o conceito legal indeterminado – relevância das questões de direito federal infraconstitucional".

3 Cândido Rangel Dinamarco (*In:* MENDES, Gilmar; RIBEIRO, Paulo Dias de Moura; SARLET, Ingo Wolfgang; RODRIGUES JÚNIOR, Otávio Luiz; FERNANDES, Victor Oliveira; ALFF, Hannah Pereira. (coord.). *Ensaios sobre Direito Constitucional, Processo Civil e Direito Civil.* Uma homenagem a José Manoel de Arruda Alvim Netto. Curitiba: Direito Contemporâneo, 2023. p. 48) reconhece que a presença de questões relevantes de natureza econômica, política, social ou jurídica representam a "repercussão geral exigida pela Constituição Federal e, consequentemente, autoriza o recurso extraordinário. Não estando em liça qualquer questão dessa ordem não há a repercussão e por isso o recurso extraordinário não será admissível. Decisões envolvendo valores políticos, sociais, econômicos, jurídicos ou também humanos de elevado grau na escala axiológica da Nação brasileira dizem respeito à vida desta como um todo e à escala de valores ali vigente. É esse o substrato político e social da imposição da repercussão geral como pressuposto de admissibilidade do recurso extraordinário – e tudo conduz, na realidade atual do direito positivo brasileiro, a reconhecer que igual missão é confiada à relevância da questão federal como pressuposto do recurso especial".

4 Tércio Sampaio Ferraz Júnior (*Introdução ao estudo do Direito*: técnica, decisão, dominação. 10. ed. São Paulo: Atlas, 2018. *E-book*. p. 310) ensina que o "conceito indeterminado sempre admite uma determinação, isto é, conceitos indeterminados são, presumidamente, determináveis, o que acontece por um processo de refinamento progressivo de seu sentido. No campo jurídico, conceitos indeterminados admitem uma generalização pela constituição de *standards*. A indeterminação está na extensão imprecisa de seu campo de referência objetiva, ou seja, quais os objetos abarcados (denotados) pelo conceito. O conceito é indeterminado se não

da relevância da questão federal pode provocar múltiplas interpretações jurídicas.

O conceito vago não representa vício ou defeito na linguagem,[5] porque nem sempre é adequado ou possível que a lei estabeleça detalhadamente o campo de incidência da regra jurídica. No âmbito dos filtros recursais, a terminologia tem que permitir significativa margem interpretativa para abranger a imensidão de elementos fáticos e jurídicos, além de contemplar a própria evolução do direito.

A indicação de parâmetros exemplificativos, ainda que amplos, serve para permitir o desenvolvimento interpretativo no sentido da presença ou não da relevância da questão federal contida no processo.

Os requisitos de natureza econômica, política, social ou jurídica propositalmente são abertos e não cumulativos, em adoção de técnica similar[6] aos filtros da repercussão geral e da transcendência, e permitem selecionar múltiplas questões federais que possam representar relevância jurídica. Na verdade, é complexo encontrar alguma questão jurídica que não possa ser enquadrada entre os quatro vetores citados.

A presença dos referidos indicativos configura apenas um referencial, embora seja possível reconhecer alguns contornos que ajudam a orientar a interpretação dos referidos conceitos.

é possível, de antemão, precisar tais objetos. A determinação é o processo pelo qual esse campo é delimitado".

5 Teresa Arruda Alvim e Bruno Dantas (*Precedentes, recurso especial e recurso extraordinário*. 7. ed. rev., atual. e ampl. São Paulo: Thomson Reuters Brasil, 2023. p. 693) expõem que "a vaguidade ou a indeterminação de um conceito costuma, erradamente, ser apontada como uma imperfeição das línguas. Entretanto, às vezes, maior perfeição e requinte são atingidos justamente com a utilização dos conceitos vagos do que com a de conceitos precisos. Orman Quine faz expressiva analogia com o pintor que, diluindo suas cores, é mais preciso que o autor de mosaicos feitos de pedras preciosas. A indeterminação dos conceitos não é, pois, um defeito da linguagem, mas uma característica, que tem funções positivas".

6 José Miguel Garcia Medina (O novo recurso especial e a tipologia da relevância da questão federal infraconstitucional: possíveis impactos no modelo federativo brasileiro. *In:* TESOLIN, Fabiano da Rosa; MACHADO, André de Azevedo (coord.). *Direito Federal brasileiro*: 15 anos de jurisdição dos Ministros Og Fernandes, Luis Felipe Salomão e Mauro Campbell Marques. Londrina: Thoth, 2023. p. 264-265) acredita que, "ao dar cumprimento ao §2.º do art. 105 da Constituição, espera-se que o legislador se valha de técnica similar à utilizada no §1.º do art. 1.035 do CPC quanto à repercussão geral para o recurso extraordinário endereçado ao STF (que se refere, vagamente, a 'questões relevantes do ponto de vista econômico, político, social ou jurídico', ainda que, não necessariamente, 'ultrapassem os interesses subjetivos do processo', já que a questão relevante não precisa, necessariamente, ter repercussão geral, cf. observamos supra), ou, ainda, sendo um pouco mais minucioso ou exemplificativo, formule regra similar à empregada no §1º do art. 896-A da CLT em relação à transcendência para o recurso de revista dirigido ao TST (p. ex., afirma-se ser indicador de transcendência jurídica, dentre outros, 'a existência de questão nova em torno da interpretação da legislação trabalhista')".

Mas não é apenas a presença de uma questão jurídica federal relevante, na perspectiva econômica, política, social e jurídica, que permitiria transpor o filtro de seleção da relevância. A controvérsia jurídica debatida no processo, indiscutivelmente, também exige a transcendência aos limites subjetivos do processo, ou, de outra forma, extrapolar os meros interesses das partes na resolução do caso, sendo capaz de influenciar outros julgamentos importantes.[7]

A definição dos contornos do filtro da relevância da questão federal também exige a fixação de outras premissas, em especial o fato de que o STJ é responsável pela uniformização da interpretação da lei federal infraconstitucional em todo o país. A afirmação de tal competência significa dizer que o órgão é responsável por dezenas de milhares de normas federais, cada qual com dezenas, centenas ou milhares de dispositivos, todos submetidos à análise do STJ por meio do recurso especial, ao menos em tese.

Assim, não é factível admitir que o STJ irá julgar todo e qualquer processo que envolva interpretação da legislação federal brasileira. É necessário estabelecer algum critério de importância[8] para selecionar o que realmente precisa ser julgado pelo STJ, sob o risco de permanecermos definitivamente na atual realidade: o STJ como uma espécie de terceira instância recursal sem perspectivas de cumprir minimamente sua função constitucional.

Isso também implica dizer que, muitas vezes, o STJ também vai se deparar com uma imensidão de "questões federais relevantes", o que não significa que todas serão julgadas, ao menos não naquele mesmo momento, pois, muitas vezes, será necessária a gestão do próprio acervo,

---

7 Eduardo Arruda Alvim, Guilherme Pimenta da Veiga Neves e Rosane Pereira dos Santos (*In:* MARQUES, Maria Lúcia Cardoso; CAMPBELL MARQUES, Mauro; FUGA, Bruno Alexandre Santos; TESOLIN, Flávio B.; LEMOST, Vitor S. (coord.). *Relevância da questão federal no recurso especial*. Londrina: Thoth, 2023. p. 194) defendem que a "relevância, enquanto filtro de admissibilidade, amolda-se à ideia de proeminência jurídica, no sentido de que a matéria suscitada no recurso especial deva ter relevo para a função desempenhada pelo STJ, na solução de casos importantes, além dos limites subjetivos do caso concreto, que não possam, assim, ser reputados como triviais, de pouco impacto econômico, político, social ou jurídico, em precedente que não repercuta em outros processos".

8 Pedro Miranda de Oliveira (*Recurso extraordinário e o requisito da repercussão geral*. São Paulo: Revista dos Tribunais, 2013. p. 268), ao defender a implementação de filtro qualitativo para o recurso extraordinário, afirmou que "existem causas que são significativamente mais importantes para o conjunto da sociedade ou para o próprio ordenamento jurídico do que outras, em que a importância se restringiria às próprias partes", (...) "o reconhecimento dessa verdade é o primeiro passo para se aceitar a ideia da necessidade de existência de um filtro qualitativo para se restringir o acesso aos Tribunais Superiores".

ou melhor, o controle da própria agenda a fim de definir temas prioritários para o efetivo julgamento.

Em síntese, o filtro da relevância da questão federal, ao menos no plano teórico, considera para o seu reconhecimento a presença cumulativa de dois critérios amplos:[9] a relevância da questão federal sob aspectos jurídicos, políticos, sociais ou econômicos e a transcendência dos interesses meramente subjetivos das partes envolvidas no processo.[10]

3 As hipóteses de relevância da questão federal na Constituição Federal

O texto da Constituição Federal, alterado pela EC nº 125/2022, previu no art. 105, §3º, hipóteses em que "haverá" a relevância da questão federal prevista no §2º do mesmo art., nos seguintes casos:

> (...)
> I - ações penais;
> II - ações de improbidade administrativa;
> III - ações cujo valor da causa ultrapasse 500 (quinhentos) salários mínimos;
> IV - ações que possam gerar inelegibilidade;
> V - hipóteses em que o acórdão recorrido contrariar jurisprudência dominante do Superior Tribunal de Justiça;
> VI - outras hipóteses previstas em lei.

O constituinte reformador incluiu na EC nº 125/2022 hipóteses específicas em que considera presente a relevância da questão federal,

---

9 Esse é o entendimento de Daniel Mitidiero (*Relevância no recurso especial*. São Paulo: Thomson Reuters Brasil, 2022. *E-book*. item 1.2): "A relevância não se configura, portanto, com a simples indicação da natureza do pedido formulado. Tem o recorrente o ônus de alegar contrariedade ao direito federal, demonstrando a relevância da questão daí oriunda para acessar os corredores do STJ. Em terceiro, compõe-se do binômio relevância e transcendência. Seria um equívoco imaginar que bastaria – para repetirmos a fórmula legal da repercussão geral – a relevância econômica, social, política ou jurídica da questão para configuração da relevância. É indispensável que a questão também seja transcendente, isto é, tenha capacidade de ultrapassar o simples interesse das partes, servindo para dar unidade ao direito. Perceber essa dupla composição é indispensável para uma adequada interpretação do art. 105, §3º, CRFB".

10 Nesse sentido a proposta contida no anteprojeto de lei remetido pelo STJ ao Congresso Nacional, prevendo os referidos indicadores de relevância e de transcendência (Disponível em: https://www.stj.jus.br/sites/portalp/Paginas/Comunicacao/Noticias/2022/05122022-STJ-entrega-ao-Senado-proposta-para-regulamentar-filtro-de-relevancia-do-recurso-especial.aspx. Acesso em: 11 jan. 2024).

especificamente ações penais, ações de improbidade administrativa e ações que possam gerar inelegibilidade, respectivamente no art. 105, §3º, incisos I, II e IV, da CF, respectivamente, como espécie de reconhecimento constitucional de importância de determinados assuntos ou ações sob a ótica do filtro da relevância.

O filtro da relevância, em tal aspecto, pode ser caracterizado como filtro positivo, em razão da previsão de admissão de ações específicas com presunção de relevância da questão federal. Isso não significa dizer que a demonstração da presença da importância da questão de direito federal está dispensada em tais processos, a qual deverá ser exposta e delimitada na preliminar da relevância no recurso especial.

A opção reflete algo relacionado à prevalência do interesse individual no julgamento da causa, algo mais próximo do *jus litigatoris*, do que do *jus constitutionis*, ou seja, representam em regra preponderantemente interesses das partes do que propriamente o desenvolvimento do direito, o que tem proporcionado posições críticas[11] e favoráveis[12] ao texto constitucional no âmbito doutrinário.

A ideia do constituinte reformador demonstra uma dinâmica diversa entre a repercussão geral e a relevância da questão federal, ou, em outros termos, não há no filtro dirigido ao STF hipótese de presunção de "ações" que possam representar interesses individuais, mas apenas critérios voltados à seleção de processos que ultrapassem o interesse subjetivo das partes.

---

11 Renato Castro (Relevância da questão federal e causas relevantes: uma coisa é uma coisa. *In:* MARQUES, Maria Lúcia Cardoso; CAMPBELL MARQUES, Mauro; FUGA, Bruno Alexandre Santos; TESOLIN, Flávio B.; LEMOST, Vitor S. (coord.). *Relevância da questão federal no recurso especial*. Londrina: Thoth, 2023. p. 452) ressalta que esse "dispositivo vem sendo muito criticado, pois revela que o legislador aparentemente legislou em causa própria, à medida em que teria se preocupado em preservar o acesso ao Superior Tribunal de Justiça nas causas que poderiam lhe interessar diretamente, especialmente aquelas que tratam de improbidade administrativa e as que possam gerar inelegibilidade".

12 José Henrique Mouta Araújo e Rodrigo Nery (Emenda da relevância: um panorama das principais modificações e consequências. *In:* MARQUES, Maria Lúcia Cardoso; CAMPBELL MARQUES, Mauro; FUGA, Bruno Alexandre Santos; TESOLIN, Flávio B.; LEMOST, Vitor S. (coord.). *Relevância da questão federal no recurso especial*. Londrina: Thoth, 2023. p. 334) destacam que "nas primeiras três hipóteses, houve uma escolha objetiva de questões que são relevantes. Por óbvio que isso não exclui ou muito menos diminui a relevância de outras "questões" não abarcadas por esse rol. Essa escolha apenas aponta situações que o Legislador Constitucional já antecipou a relevância, o que deve ser visto, a nosso ver, como uma garantia do cidadão".

A simples leitura dos incisos do dispositivo constitucional permite identificar diferentes critérios utilizados na classificação[13] das hipóteses de presunção de relevância da questão federal. A primeira em razão da matéria[14] tratada no processo, especificamente as ações penais, as ações de improbidade administrativa e as ações que possam gerar inelegibilidade (incisos I, II e IV, respectivamente).

A segunda considera o valor da causa como critério de relevância, ao estabelecer relevância para as ações cujo valor da causa ultrapasse 500 salários mínimos (inciso III), e a terceira pressupõe relevância nos casos em que o acórdão recorrido proferido pelo Tribunal de origem contrarie jurisprudência dominante do STJ (inciso V).

Por último, o texto constitucional introduzido pela Emenda Constitucional (EC) nº 125/2022 prevê que a lei poderá estabelecer outras hipóteses de presunção de relevância (inciso VI), as quais poderão ser indicadas na norma regulamentadora ou em outras leis ordinárias.

A indicação expressa de hipóteses de relevância da questão federal, diretamente no texto constitucional, tem proporcionado significativo e importante debate[15] sobre a extensão da presunção dos incisos contidos no §3º do art. 105 da CF.

---

[13] José Miguel Garcia Medina (O novo recurso especial e a tipologia da relevância da questão federal infraconstitucional: possíveis impactos no modelo federativo brasileiro, p. 259-260) aponta que "as hipóteses constitucionais explícitas de relevância da questão federal podem ser assim classificadas: a) em razão da matéria, b) em razão do valor da causa, e c) por contrariedade à jurisprudência dominante do STJ. A essas, eventualmente, a lei referida no §3.º do art. 105 da CF poderá adicionar outras hipóteses explícitas de relevância da questão de direito federal infraconstitucional. Nesse caso, se poderá afirmar que há hipóteses legais explícitas de relevância. Mas, além dessas, parece-nos também que há hipóteses constitucionais implícitas de relevância, relacionadas ao exercício da função uniformizadora do Superior Tribunal de Justiça".

[14] José Henrique Mouta Araújo e Rodrigo Nery (Emenda da relevância: um panorama das principais modificações e consequências, p. 334). destacam que, "nas primeiras três hipóteses, houve uma escolha objetiva de questões que são relevantes. Por óbvio que isso não exclui ou muito menos diminui a relevância de outras 'questões' não abarcadas por esse rol. Essa escolha apenas aponta situações que o Legislador Constitucional já antecipou a relevância, o que deve ser visto, a nosso ver, como uma garantia do cidadão".

[15] José Miguel Garcia Medina (O novo recurso especial e a tipologia da relevância da questão federal infraconstitucional: possíveis impactos no modelo federativo brasileiro, p. 260) defende que não há que se falar em mera presunção, pois a norma é clara ao afirmar a existência de relevância nos incisos previstos no texto constitucional, os quais não poderiam ser limitados pela legislação infraconstitucional: "Nos casos referidos nos incisos I a V do §3º do art. 105 da CF, não se pode dizer que há mera presunção de relevância. A Constituição dispõe que 'haverá a relevância de que trata o §2º deste artigo', nos referidos casos, e não que 'presume-se que haverá' relevância. Assim, as disposições infraconstitucionais não podem dispor, por exemplo, que em determinadas ações penais não há relevância e, consequentemente, não cabe recurso especial. A lei referida no inc. VI do §3.º do art. 105 da CF poderá prever outras situações em que haverá relevância, mas não poderá limitar o

4 Os prismas interpretativos da presunção de relevância da questão federal

O entendimento majoritário da doutrina defende que a presunção de relevância contida nas hipóteses do art. 105, §3º, da CF é absoluta (*iuris et de iure*), podendo ser denominada como relevância automática[16] ou presunção por força de lei.[17]

Em tal perspectiva, interposto o recurso especial com base nas alíneas "a" e/ou "c" do art. 105, III, da Constituição Federal, em uma das hipóteses de relevância presumida previstas no texto constitucional, o filtro recursal estaria superado[18] e não incidiria no processo respectivo.

---

alcance de um dos demais incisos do mesmo parágrafo. Os incs. I, II e IV do §3.º do art. 105 da CF indicam ações em que, *ex vi* no texto normativo constitucional, haverá relevância da questão federal infraconstitucional nelas discutidas: ações penais, ações de improbidade administrativa (cf. Lei nº 8.4291/1992, com a reforma da Lei nº 14.230/2021), ações que possam gerar inelegibilidade (cf. Lei Complementar nº 64/1990, que disciplina o art. 14, §9.º da CF)".

16 André Vasconcelos Roque, Fernando Gajardoni, Luiz Dellore e Zulmar Duarte (Primeiras reflexões sobre a EC 125 e o requerimento das questões de Direito Federal Infraconstitucional (RESP com RQF). *In:* MARQUES, Maria Lúcia Cardoso; CAMPBELL MARQUES, Mauro; FUGA, Bruno Alexandre Santos; TESOLIN, Flávio B.; LEMOST, Vitor S. (coord.). *Relevância da questão federal no recurso especial*. Londrina: Thoth, 2023. p. 118-119), ao tratarem das previsões contidas no art. 105, §3º, da CF: "Isso pode ser denominado de 'relevância por força de lei', 'relevância automática', 'relevância presumida' ou mesmo alguma outra nomenclatura. De qualquer forma, caso se adote a nomenclatura 'relevância presumida', isso não pode dar margem ao debate se essa presunção é absoluta ou relativa (a qual, nesse caso, poderia ser afastada). Ou seja, nesses casos expressos previstos na EC (mais precisamente no novo §3º imposta pelo constituinte reformador – e, portanto, presunção absoluta (*iuris et de iure*)".

17 Darci Guimarães Ribeiro e Afonso Vinício Kirschner Fröhlich (A relevância da questão federal no recurso especial: algumas discussões à luz da eficiência processual e do dever de fundamentar. *In:* MARQUES, M. L. C.; CAMPBELL MARQUES, M.; FUGA, B. A. S.; TESOLIN, F. B.; LEMOST, V. S. (coord.). *Relevância da questão federal no recurso especial*. Londrina: Thoth, 2023. p. 104) entendem que "o legislador, no §3º do artigo 105 da Constituição Federal, elencou algumas hipóteses em que a relevância é, desde logo, presumida, também podendo ser chamada de relevância por força de lei. Em tais casos, a relevância não pode ser afastada pelo Superior Tribunal de Justiça, por expressa disposição constitucional que criou uma barreira legal para a Corte. Pode-se, por isso, inclusive falar em 'relevância automática' ou em 'presunção absoluta de relevância', *iuris et de iure*".

18 Eduardo Arruda Alvim, Guilherme Pimenta da Veiga Neves e Rosane Pereira dos Santos (Perspectivas e implicações do filtro da relevância na admissibilidade do recurso especial, p. 196) sustentam que a "relevância será presumida, não admitido seja rechaçada (presunção *iuris et de iure*), em relação às matérias jurídicas suscitadas em recurso especial nas hipóteses descritas nos incisos do §3º, artigo 105, da Constituição. Assim, quando houver alegação em recurso especial de infringência à lei federal infraconstitucional ou divergência jurisprudencial, restará superado o filtro da relevância sempre que o objeto da ação for de natureza penal, relativo a atos de improbidade administrativa, ou possa levar à declaração de inelegibilidade do réu, bem como quando o recurso especial tiver sido interposto em processo cujo valor atribuído à causa ultrapasse o equivalente a quinhentas vezes o salário-mínimo (vigente na data de publicação do acórdão recorrido) e quando demonstrada contrariedade à jurisprudência dominante do Superior Tribunal de Justiça".

Em outro prisma, por se tratar de relevância absoluta[19], as hipóteses indicadas no referido dispositivo constitucional dispensariam até mesmo a demonstração de transcendência subjetiva da causa.[20]

Em sentido diametralmente oposto, há corrente doutrinária que defende que as hipóteses previstas no art. 105, §3º, da Constituição Federal devem ser consideradas como presunções relativas,[21] ou seja, não deveriam ser interpretadas literalmente,[22] tampouco como casos de admissão automática do recurso especial por se tratar de rol meramente exemplificativo.[23]

---

[19] Teresa Arruda Alvim e Bruno Dantas (*Precedentes, recurso especial e recurso*, p. 703) entendem que "não há espaço para que, nas situações elencadas no §3º, possa o STJ deixar de reconhecer a relevância. Trata-se do que poderíamos chamar, numa linguagem pouco precisa, de presunção absoluta de relevância. É o legislador que escolhe os casos e ponto final".

[20] Murilo Teixeira Avelino (Relevância da questão infraconstitucional no recurso especial – primeiras reflexões. *In:* MARQUES, Maria Lúcia Cardoso; CAMPBELL MARQUES, Mauro; FUGA, Bruno Alexandre Santos; TESOLIN, Flávio B.; LEMOST, Vitor S. (coord.). *Relevância da questão federal no recurso especial*. Londrina: Thoth, 2023. p. 405) defende que existe "definição constitucional e absoluta de relevância da questão. Adequando-se a uma dessas situações, o Recurso Especial necessariamente será admitido. Note-se que estão previstas hipóteses de relevância desligadas de um critério de transcendência subjetiva da causa, apta a justificar a admissibilidade positiva do recurso".

[21] Daniel Mitidiero (*Relevância no recurso especial*, parte 2, item 1, 1.2) defende que o dispositivo constitucional "indicou como relevantes desde logo três grandes grupos de 'ações': o primeiro pode ser amalgamado em função da gravidade da sanção, o segundo, em razão do importe econômico, e o terceiro, em razão da dispersão das soluções jurisprudenciais. Ao fazê-lo, o legislador pretendeu chamar a atenção do Superior Tribunal de Justiça para essas causas, como quem acende a luz amarela do semáforo. Não definiu de forma absoluta, contudo, a relevância. Primeiro, porque a relevância é da questão federal – e não da "ação" como um todo. O STJ examina em recurso especial questões federais, não ações. De acordo com a Constituição, a parte tem o ônus de apontar uma violação ao direito federal, individualizando assim uma questão que será objeto do recurso".

[22] Renato Castro (Relevância da questão federal e causas relevantes: uma coisa é uma coisa, p. 494), ao criticar a ideia de presunção absoluta da previsão constitucional, assevera que "isso contraria a lógica do instituto da relevância e esvazia completamente a sua utilidade como filtro de acesso ao Superior Tribunal de Justiça. Tomemos como exemplo a presunção de relevância das causas cujos valores ultrapassem 500 (quinhentos) salários mínimos. Essas causas podem veicular infindáveis questões jurídicas diferentes, envolvendo direito civil, direito tributário, direito empresarial, direito previdenciário etc., de forma que o Superior Tribunal de Justiça poderia, em tese, ser chamado a resolvê-las milhares de vezes, pois, levando em conta a literalidade da norma, sempre estaria presente o requisito da relevância, independentemente de o Tribunal já ter decidido pela sua inexistência no julgamento de recursos interpostos em outros processos. Além disso, o STJ poderia decidir que não há relevância da questão federal infraconstitucional numa causa de valor correspondente a 100 (cem) salários mínimos e, na mesma sessão, julgar um recurso oriundo de outra causa de valor superior a 500 salários mínimos em que se discute exatamente a mesma questão federal".

[23] Ana Flávia Borges Paulino e César Augusto Cunha Campos (As presunções das hipóteses de relevância e a necessária regulamentação do filtro constitucional. *In:* MARQUES, Maria Lúcia Cardoso; CAMPBELL MARQUES, Mauro; FUGA, Bruno Alexandre Santos; TESOLIN, Flávio B.; LEMOST, Vitor S. (coord.). *Relevância da questão federal no recurso especial*.

Com efeito, ao menos em linha de princípio, é no sentido da presunção relativa das hipóteses de relevância da questão federal previstas no art. 105, §3º, da Constituição Federal que deve ser traçado o entendimento do STJ, pois existem vários fundamentos que justificam tal afirmação.

Obviamente, não está sendo desconsiderada a expressão "haverá" e a força da norma constitucional, mas é necessária uma interpretação sistêmica da razão de existir do filtro da relevância sob o risco de transformá-lo em algo de pouca racionalidade jurídica e com grande risco de ineficácia como instrumento de filtragem e seleção.

O constituinte reformador, ao reconhecer a necessidade e importância de um filtro recursal dirigido ao STJ, optou por destacar casos que a relevância deveria ser observada prioritariamente, mas não como um rol absoluto e impositivo de análise de todo e qualquer recurso especial que envolva tais hipóteses.

De fato, ainda que a questão federal tida por relevante esteja sendo debatida em uma ação penal, em uma ação de improbidade administrativa, em uma ação capaz de gerar inelegibilidade ou até mesmo em uma ação com valor da causa acima de 500 salários mínimos, não é possível excluir a possibilidade do STJ analisar o caso concreto e examinar a efetiva presença dos requisitos relacionados ao filtro recursal, em especial a presença da relevância e transcendência da questão federal debatida nos autos.

Com muito respeito ao entendimento contrário, parece ser contraditório admitir, sob a ótica que proporcionou a modificação de texto constitucional para criar um filtro recursal, que qualquer questão jurídica será necessariamente julgada pelo STJ apenas pelo fato de estar sendo veiculada em uma determinada ação ou pelo alto valor atribuído à causa.

Não faria qualquer sentido jurídico, principalmente diante da ideia de racionalizar o número de processos remetidos e julgados, permitir a coexistência de duas realidades distintas[24] no âmbito do STJ,

Londrina: Thoth, 2023. p. 42-43) visualizam que o "rol exemplificativo trazido pela Emenda Constitucional nº 125/2022, apresenta hipóteses de relevância que devem ser vistas como de presunção relativa, tendo em vista que a concepção de se utilizar apenas elementos objetivos para desenhar as fronteiras do que é relevante é quase que uma impossibilidade. (...) Ignorar que o rol exemplificativo é apenas um contorno, um objetivo inicial, um norte, uma presunção relativa da demonstração da relevância, demonstraria um erro crasso em dar uma solução simplória e efêmera para uma situação complexa".

[24] Em entendimento diverso, Ravi Peixoto (A relevância da questão de Direito Federal no recurso especial e o dia depois de amanhã (ou o que fazer na lei regulamentadora). *In:* MARQUES,

parte funcionando como Corte Superior como controle de legalidade de casos concretos e a outra com características de Corte Suprema a partir do filtro da relevância.

É verdade que não existe qualquer delimitação[25] no sentido de qual questão jurídica poderia ou não ser julgada sob a ótica do filtro da relevância, mas a interpretação literal do dispositivo permitiria que questões absolutamente irrelevantes sob o prisma jurídico fossem necessariamente julgadas pelo STJ em razão da presunção absoluta da relevância.

Em tal contexto, poderia ser citada, por exemplo, a aplicação de uma sanção processual em face da natureza protelatória em determinado caso concreto, que não ostenta hipótese de relevância da questão federal, mas se for imposta em uma ação capaz de gerar inelegibilidade, seria obrigatoriamente[26] analisada pelo STJ. Tal consideração afastaria, ao menos em linha de princípio, a compatibilidade do raciocínio da presunção absoluta com a proposta de filtro recursal da relevância da

---

Maria Lúcia Cardoso; CAMPBELL MARQUES, Mauro; FUGA, Bruno Alexandre Santos; TESOLIN, Flávio B.; LEMOST, Vitor S. (coord.). *Relevância da questão federal no recurso especial*. Londrina: Thoth, 2023. p. 439) aponta que "uma solução pode ser a de dividir, dentro da relevância, dois caminhos procedimentais distintos: o primeiro, com os casos de presunção de relevância, sem interesse na formação de precedentes e o segundo, em que há interesse na formação de precedentes obrigatórios. O primeiro seria tratado como mais um recurso especial, sem a formação de um tema e abertura do contraditório – tal como é atualmente. O segundo seria mais assemelhado aos repetitivos e à repercussão geral".

25 José Miguel Garcia Medina (O novo recurso especial e a tipologia da relevância da questão federal infraconstitucional: possíveis impactos no modelo federativo brasileiro, p. 260) entende que, à "luz do texto constitucional, é de se indagar se quaisquer questões oriundas de ações dessas naturezas ostentariam relevância. Ainda que se considere que uma questão lateral inserida em tais processos possa não ter, em si mesma, relevância (pense-se, p.ex., em controvérsia sobre se o valor da causa deve ser de R$10 mil ou R$20 mil reais em ação de improbidade administrativa), o texto constitucional não fez essa delimitação, referindo-se, genericamente, às referidas ações".

26 Araken de Assis (Relevância no recurso especial: primeiras impressões. *In:* MENDES, Gilmar; RIBEIRO, Paulo Dias de Moura; SARLET, Ingo Wolfgang; RODRIGUES JÚNIOR, Otávio Luiz; FERNANDES, Victor Oliveira; ALFF, Hannah Pereira. (coord.). *Ensaios sobre Direito Constitucional, processo civil e Direito Civil*. Uma homenagem a José Manoel de Arruda Alvim Netto. Curitiba: Direito Contemporâneo, 2023. p. 430) entende que "o art. 105, §3º, I a VI, da CF/1988 arrola, positivamente, casos em que há relevância. Nesses casos, por definição, ao STJ não se revelará admissível declarar irrelevantes as questões federais decididas e objeto de impugnação. Trata-se de presunção absoluta, em razão da natureza da causa (*v.g.*, ações fundadas em improbidade administrativa praticada pelo réu), técnica utilizada pelo legislador constitucional para combater a discricionariedade na seleção das causas relevantes. É que a identificação da relevância, não fora assim, tenderia ao casuísmo, presidido pela discrição do órgão judicial – e, no *writ of certiorari*, o acesso à Suprema Corte americana não representa matéria de direito, mas assunto confiado à discrição judicial –, poder dificilmente aceito no Estado Constitucional Democrático brasileiro".

questão federal, pois o grande objetivo é filtrar processos para racionalizar a dinâmica de julgamentos do STJ e, ao mesmo tempo, ajudar a selecionar questões de direito federal que auxiliem no aprimoramento da interpretação do direito federal brasileiro.

Além disso, tal raciocínio levado ao extremo, permitiria afirmar que, mesmo nos casos em que o STJ firmasse algum precedente vinculante em processos relacionados às hipóteses de presunção previstas na Constituição, referido elemento não seria suficiente para obstar a remessa e o julgamento do processo, o que não parece ser conciliável com o filtro da relevância e com os demais dispositivos processuais relacionados.

Outro desdobramento do problema está relacionado ao fato de que o julgamento de relevância da questão federal que fixe tese de mérito e, consequentemente, forme um precedente vinculante aos juízes e Tribunais brasileiros, é capaz de gerar um incompatível contrassenso[27] sistêmico no âmbito do STJ diante da ideia da presunção absoluta da relevância prevista no §3º do art. 105 da CF.

Com efeito, partindo da premissa anterior, a partir do momento que determinado tema em ação penal ou de improbidade administrativa, por exemplo, seja julgado em seu mérito pelo STJ sob a ótica da relevância da questão federal, processos que tratam de idêntica questão jurídica não mais serão examinados,[28] em razão da natureza vinculante

[27] Ravi Peixoto (A relevância da questão de Direito Federal no recurso especial e o dia depois de amanhã (ou o que fazer na lei regulamentadora), p. 438-439) alerta que seria "impossível pensar na criação de um procedimento único, sempre voltado à formação do precedente, com formação de tema, abertura para maior contraditório etc. Pela quantidade de temas com relevância presumida, esse caminho inviabilizaria o funcionamento do STJ, tendo em vista que, fazendo um paralelo com os repetitivos que demoram mais a serem julgados, a quantidade de temas seria muito maior. Como uma maior quantidade de temas, haveria dificuldade na gestão dos casos e na obtenção de uma maior unidade no Direito. Uma solução pode ser a de diferenciar, no procedimento do recurso especial, casos de simples presunção de relevância, em que os recursos devem ser admitidos e os casos em que há relevância e interesse na formação de precedente obrigatório. Do contrário, pode ocorrer a criação de um sistema que não tem condições de ser gerido".

[28] Murilo Teixeira Avelino (Relevância da questão infraconstitucional no recurso especial – primeiras reflexões, p. 415-416) indica que "há dois critérios para se considerar uma questão relevante: i) os interesses debatidos no caso concreto transcenderem o âmbito subjetivo dos litigantes, o que prestigia a atuação do STJ como Corte de precedentes; ii) a definição pela CR ou por lei, o que prestigia a função reformadora do STJ. Perceba-se, portanto, que se o legislador, ao regular os termos da EC nº 125/2022, tratar a relevância da questão infraconstitucional como técnica de formação de precedentes vinculantes, valorizará a atuação do STJ como Corte de precedentes. Sendo este o caso, pode-se desenhar uma prevalência desta função em face da função reformadora da Corte. Assim, pode-se sugerir – até mesmo como tema a ser tratado pela lei regulamentadora – o seguinte: em face de conflito entre

do julgamento e diante do modelo vigente no CPC brasileiro provavelmente será replicado na legislação regulamentadora.

O STJ somente examinaria novamente o tema em caso de revisão ou superação do entendimento, mas, em caso contrário, a tese jurídica vinculante firmada seria aplicada aos demais processos que tratarem da mesma questão jurídica nas instâncias ordinárias, assim como acontece no sistema da repercussão geral e dos recursos especiais repetitivos.

O raciocínio inverso, no sentido de que, por se tratar de ações com presunções absolutas, elas seriam "sempre" julgadas, criaria dois caminhos[29] distintos em sua eficácia no âmbito do STJ. De um lado, teses de uma determinada questão federal relevante relacionadas ao direito ambiental, por exemplo, seriam julgadas apenas uma vez em seu mérito e a decisão seria considerada um precedente vinculante, ao contrário de uma tese firmada em uma ação de improbidade administrativa, que seria julgada diversas e reiteradas vezes, inclusive pelo mesmo órgão julgador do STJ do exemplo anterior (em razão de ambos os temas estarem compreendidos no âmbito do direito público) em face da relevância presumida de natureza absoluta, mesmo que já existente algum precedente.

A coexistência de tais regimes não dialoga com a proposta do filtro recursal da relevância, sem contar o grande potencial de

---

tese fixada pela (ir)relevância de questão e casos de relevância previsto pela CR ou por lei, deve prevalecer o precedente vinculante, inadmitindo-se o recurso. Assim, mesmo que a demanda possa gerar inelegibilidade, caso o STJ já tenha se posicionado sobre o tema, seja para fixar tese ou definir sua irrelevância, o Recurso Especial não deve ser conhecido. Da mesma forma, mesmo que o valor econômico discutido supere os 500 salários mínimos, caso o STJ já tenha fixado tese a respeito ou definido a irrelevância da questão discutida, o Recurso Especial não deve ser conhecido".

[29] Vinícius Lemos (A relevância como um instrumento em construção: a necessidade da lei e a importância da futura lei regulamentadora. *In:* MARQUES, Maria Lúcia Cardoso; CAMPBELL MARQUES, Mauro; FUGA, Bruno Alexandre Santos; TESOLIN, Flávio B.; LEMOST, Vitor S. (coord.). *Relevância da questão federal no recurso especial*. Londrina: Thoth, 2023. p. 474) verifica que "há um problema se o caminho for este, a diferenciação dos recursos especiais em duas classes, os recursos especiais penais, os quais não seriam em formação de precedente vinculante, por todas as ações penais e seus recursos especiais terem relevância automática e, assim, teoricamente, não julgar teses e sim cada caso e, de outro lado, teriam os recursos especiais relevantes das demais matérias, mais próximos ao que o STF faz na repercussão geral, com formação de tema, julgamento em colegiado maior, contraditório ampliado e formação de um precedente vinculante. A mesma situação ocorreria nas hipóteses presumidas de relevância como ações de improbidade administrativa, ações cujo valor da causa ultrapasse 500 (quinhentos) salários-mínimos e ações que possam gerar inelegibilidade, uma vez que não há uma matéria determinada, sendo qualquer ação que se enquadre nestes pontos considerados presumidamente como relevante o seu recurso especial admitido também por outros requisitos".

crescimento da problemática a partir dos acréscimos de outros temas com relevância presumida na norma regulamentadora ou criados em outras leis ordinárias.

A possibilidade da introdução de "novas hipóteses" de presunção por meio de lei ordinária também é capaz de gerar consequências inadequadas para o STJ, o qual passa por verdadeira inviabilidade de funcionamento diante da quantidade de processos que recebe. Admitir que novas hipóteses de presunção de relevância sejam indistintamente incluídas por meio de lei ordinária remete ao fato de que o STJ continuaria a julgar casos específicos e não questões jurídicas relevantes, em manifesto contrassenso à proposta de filtro recursal e seletivo da relevância da questão federal.

Com efeito, seria evidente e natural o movimento legislativo de partes interessadas no sentido de estabelecer novas hipóteses de relevância presumida por meio de leis ordinárias, o que influenciaria diretamente o poder do STJ para selecionar temas prioritários e na formação da própria agenda, com significativos reflexos na implantação do filtro constitucional.

De outro lado, é verdade que a controvérsia também comporta interpretação intermediária, no sentido de que, após a fixação de tese de mérito de determinada questão de direito federal sob o enfoque da relevância, em ação de improbidade administrativa por exemplo, o tema não mais seria submetido ao STJ, em razão da natureza vinculante e do sistema vigente no CPC, que remeteria o processo para a fase do juízo de conformidade do art. 1.030, I, do CPC, após a necessária atualização do texto legal para adequar ao regime da relevância.

Portanto, é sensível a afirmação de que estamos diante de presunção absoluta de relevância nas hipóteses indicadas nos incisos do §3º do art. 105 da Constituição Federal, o que exige cuidado dos operadores do direito na interpretação da norma constitucional em consonância com a finalidade primordial do filtro da relevância, no sentido de que a presunção em tais hipóteses deve permitir a interpretação do STJ a fim de selecionar as questões relevantes.

5 A necessária presença dos critérios da relevância e a transcendência para as hipóteses de relevância previstas no texto constitucional

A adoção literal da presunção absoluta de relevância da questão federal, sem qualquer distinção na natureza da ação penal, das ações de improbidade administrativa e das ações que possam gerar inelegibilidade, bem como das ações com valor da causa ultrapasse 500 (quinhentos) salários mínimos, é capaz de gerar grande ineficácia do filtro da relevância dirigido ao STJ.

Realmente, não faz sentido, sob a ótica da função[30] constitucional do STJ, admitir que todo e qualquer[31] processo que envolva ação penal sempre terá relevância jurídica e transcendência e, consequentemente, terá o seu mérito julgado. Tal raciocínio equivale a dizer que o filtro recursal da relevância não será aplicado no âmbito das 5ª e 6ª Turmas e da 3ª Seção do STJ, que julgam exclusivamente matéria de natureza

30 Daniel Mitidiero (*Relevância no recurso especial*, parte II, item 1, 1.2) entende que "(...) imaginar que a Constituição resolveu assegurar o exame de casos pelo STJ sem se preocupar se a sua função institucional será ou não alcançada com a sua atuação constitui interpretação que refoge ao sistema. Nesse sentido, a indicação casuística de determinadas causas constitui apenas um *sinal amarelo* de que, em semelhantes casos, podem existir questões relevantes, sugerindo ao STJ maior atenção em relação aos temas ali versados. Não se trata de um *sinal verde*. Em outras palavras, a indicação constitucional não determina o automático preenchimento do requisito da relevância – e, portanto, não exime o recorrente de individualizar a questão que deve ser examinada e cuja decisão leva à promoção da unidade do direito. Dito claramente: a indicação casuística constante da Constituição não dispensa a parte de caracterizar a relevância e a transcendência da questão e não impõe ao STJ a automática admissão do recurso especial".

31 Ana Flávia Borges Paulino e César Augusto Cunha Campos (As presunções das hipóteses de relevância e a necessária regulamentação do filtro constitucional, p. 42) ressaltam que "é importante observar a menção das ações penais, tendo em vista que o legislador não especificou quais delas seriam consideradas passíveis de existência da relevância. (...) Com isso, se considerarmos que, no âmbito das ações penais, há presunção de relevância para todas as lides propostas diante da competência da matéria, não podendo haver limitações infraconstitucionais, o STJ seria um tribunal de acesso irrestrito e fadado a consolidar-se como verdadeira terceira instância recursal de temas afetos ao direito penal. De certo, não foi esta a visão do legislador, tendo em vista que considerar-se referida hipótese como existente, esvaziaria o instituto da relevância quanto à referida matéria, enfraquecendo o objetivo de uniformização de entendimentos em âmbito nacional. Os números então servem como mais um elemento a justificar a real intenção da norma, eis que adentrou no âmbito do STJ, no ano de 2021, em torno de 410.000 novos processos, diante dos quais, mais de 139.000 são de novas ações penais. Isso representa quase 10% das novas ações penais na fase de conhecimento de primeiro grau".

penal,[32] ao contrário dos demais órgãos que julgam matérias de direito público e privado.

No âmbito dos órgãos julgadores do STJ responsáveis pelo julgamento de recursos especiais de natureza penal, são frequentes as oportunidades em que não se verifica a presença de questões jurídicas relevantes que justifiquem o seu julgamento pelo STJ,[33] por debaterem teses de menor importância jurídica ou que não sejam dotadas de transcendência.

O STF tem manifestado entendimento, inclusive em questão de ordem,[34] de que, mesmo nas hipóteses de presunção de repercussão geral contidas na lei, incluindo questões criminais, é indispensável a demonstração da importância da questão jurídica debatida.[35]

Deveras, o filtro da relevância está sendo proposto como meio de seleção de temas que efetivamente exijam o julgamento e a formação

---

32 Ravi Peixoto (A relevância da questão de Direito Federal no recurso especial e o dia depois de amanhã (ou o que fazer na lei regulamentadora, p. 438), em visão crítica, ressalta que basta "ter como base as matérias penais: de acordo com relatório do STJ, entre 2017 e 2021, os principais assuntos recebidos pelo tribunal se concentraram principalmente no ramo de direito penal, sendo os três principais o tráfico de drogas e condutas afins (141.886), roubo majorado (55.149) e execução penal (46.092). Além disso, em termos gerais, a matéria penal é a que mais recebeu processos nesse período. Uma ressalva a ser feita é o fato de não se saber qual o percentual desses casos que vieram por meio de recurso especial, mas, de qualquer forma, é um número muito grande de processos Mais ainda, já fica claro que a inserção do novo requisito não fará milagres em diminuir a quantidade de processos que chegam à Corte".

33 Entre diversos exemplos, verificar os seguintes julgados do STJ: AgRg no REsp nº 2.136.074/RJ, Rel. Min. Ribeiro Dantas, 5. Turma, julgado em 1 jul. 2024, *Dje* 12 ago. 2024; AgRg no REsp nº 2.122.446/PR, Rel. Min. Rogerio Schietti Cruz, 6. Turma, julgado em 24 jun. 2024, *Dje* 28 jun. 2024; AgRg no REsp nº 2.043.869/RS, Rel. Min. Joel Ilan Paciornik, 5. Turma, julgado em 25 set. 2023, *Dje* 27 ago. 2023.

34 Questão de Ordem STF: "Resolução da questão de ordem: 1) é de exigir-se a demonstração da repercussão geral das questões constitucionais discutidas em qualquer recurso extraordinário, incluído o criminal; 2) a verificação da existência de demonstração formal e fundamentada da repercussão geral das questões discutidas no recurso extraordinário pode fazer-se tanto na origem quanto no Supremo Tribunal Federal, cabendo exclusivamente a este Tribunal, no entanto, a decisão sobre a efetiva existência da repercussão geral (...)" (Recurso AI nº 664.567 QO Suscitante Min. Sepúlveda Pertence, julgado em 18 de junho de 2007. Disponível em: https://portal.stf.jus.br/textos/verTexto.asp?servico=jurisprudenciaRepercussaoInformacaoGeral&pagina=questoesdeordem. Acesso em: 11 jan. 2024).

35 STF: "Nos termos do art. 102, §3º, da Constituição Federal e do art. 1.035, §2º, do Código de Processo Civil, o recorrente, na petição do recurso extraordinário, deverá demonstrar a existência de repercussão geral das questões constitucionais discutidas no caso, sob pena de inadmissão do RE. II – A orientação do Supremo Tribunal Federal é no sentido de que, mesmo estando em jogo a liberdade do cidadão, não há falar em repercussão geral presumida de todo recurso extraordinário em matéria criminal. Precedentes" (excerto da ementa do ARE nº 1.2268.81 AgR, Rel. Min. Ricardo Lewandowski, 2. Turma, julgado em 18 de outubro de 2019, *Dje* 29 out. 2019).

de precedente obrigatório pelo STJ, sendo inadequado admitir que se perpetue o julgamento de questões irrelevantes sob o ponto de vista jurídico.

Admitir raciocínio contrário equivale a dizer que o STJ cumpre a função de terceira instância no direito penal ao obrigatoriamente julgar todos os recursos especiais interpostos em ações penais, o que, salvo melhor juízo, é incompatível com a justificativa de implementação do filtro da relevância da questão federal.

Com efeito, não é razoável admitir que qualquer questão de direito federal, pelo simples fato de estar contida em ações penais, de improbidade administrativa e que geram inelegibilidade ou que ultrapassem quinhentos salários mínimos de valor da causa, principalmente as que não detenham qualquer relevância e transcendência, sejam julgadas pelo STJ em recurso especial, principalmente em precedentes de natureza vinculante.

Aliás, nos processos que envolvam valor da causa superior aos quinhentos salários mínimos é certo que não se trata de um critério absoluto, no sentido de que somente ações com esse valor de causa seriam julgadas pelo STJ, pois existem outros meios de acesso e reconhecimento de relevância da questão federal. Por óbvio, não há que se falar em "irrelevância" automática[36] nos processos com valor da causa abaixo de quinhentos salários mínimos, ou seja, não serão considerados sem relevância da questão federal apenas em razão do valor atribuído à causa.

Além disso, o valor atribuído à causa, por si só, não significa dizer que todas as questões contidas no processo serão julgadas em recurso especial sob a ótica da relevância. Da mesma forma, uma questão federal[37] de absoluta relevância e transcendência pode ser analisada em processo com irrisório valor da causa.

---

[36] Isabelle Almeida Vieira (Reflexões iniciais a respeito da presunção de relevância jurídica nas ações cujo valor da causa supera 500 salários-mínimos. *In:* MARQUES, Maria Lúcia Cardoso; CAMPBELL MARQUES, Mauro; FUGA, Bruno Alexandre Santos; TESOLIN, Flávio B.; LEMOST, Vitor S. (coord.). *Relevância da questão federal no recurso especial*. Londrina: Thoth, 2023. p. 320) faz importante alerta, ao afirmar que "é necessário deixar claro que as causas que possuam valor inferior a 500 salários-mínimos não serão consideradas automaticamente irrelevantes, apenas o ônus argumentativo do recorrente nesses casos será maior do que naqueles em que o valor da causa se situa acima de 500 salários-mínimos, em face da presunção legislativa".

[37] Thaís Amoroso Paschoal, Ana Carolina A. Caputo Bastos, Ana Karenina Silva Ramalho Andrade e Leticia Zuccolo Paschoal da Costa Daniel (A importância do valor da causa também para o acesso ao STJ: reflexões sobre a exigência da relevância da questão

Assim, é necessário que a parte recorrente individualize as questões e apresente fundamentação que justifique o julgamento pelo STJ, pois, certamente, será comum o debate em tais processos sobre questão jurídica irrelevante[38] sob a perspectiva do filtro da relevância, ainda que possa interessar diretamente às partes envolvidas.

O critério de presunção em razão do valor da causa é um indicativo de relevância da questão federal, mas que se submete à demonstração de outros requisitos do filtro recursal.

6 Conclusões

Apesar da inexistência da norma regulamentadora, é possível propor os contornos teóricos do filtro da relevância da questão federal, o qual deve exigir para o seu reconhecimento a presença cumulativa de dois critérios amplos: a relevância da questão federal sob aspectos jurídicos, políticos, sociais ou econômicos, de maneira não cumulativa, e a transcendência dos interesses meramente subjetivos das partes envolvidas no processo.

As hipóteses de presunção de relevância contidas no art. 105, §3º, da Constituição Federal, embora sejam indicativas da sua presença, não

infraconstitucional. *Jota*, São Paulo, 22 set. 2022. Disponível em: https://www.jota.info/opiniao-e-analise/colunas/elas-no-jota/a-importancia-do-valor-da-causa-tambem-para-o-acesso-ao-stj-22092022. Acesso em: 11 jan. 2024) corretamente ponderam que "a previsão não leva à conclusão de que recursos especiais oriundos de causas de valor inferior ao previsto constitucionalmente deixarão de ser conhecidos pelo STJ. Tal como previsto, o filtro do valor econômico não é excludente do reconhecimento da relevância por outras questões. Assim, ainda que o valor da causa seja de cem ou mil reais, se a matéria de fundo for considerada relevante pelo STJ, o recurso especial poderá ser processado. E nem poderia ser diferente. Afinal, não seria razoável criar um filtro que, simplesmente, transformasse o STJ num tribunal que só é acessado pela elite econômica do país. Qualquer indicação nesse sentido violaria inúmeras garantias constitucionais, a começar pelo acesso à justiça, que abrange, indubitavelmente, o acesso às Cortes Superiores".

38 Ana Flávia Borges Paulino e César Augusto Cunha Campos (As presunções das hipóteses de relevância e a necessária regulamentação do filtro constitucional, p. 420) afirmam que "não serão todas as ações de valores patrimoniais elevados que necessitarão de revisão pela Corte Superior, pois a lide calcada no mero interesse patrimonial das partes, a princípio, não guarda uma real relevância. A Relevância Constitucional deve demonstrar que a decisão urge em ultrapassar os contornos daquele processo, ofertando às lides futuras uma manifestação que objetive a pacificação interpretativa de norma federal, a qual deverá ser aplicada em outros casos compatíveis, pendentes de decisão e futuros, nos mais diversos tribunais do país. Ao mesmo passo, uma questão sem conteúdo patrimonial poderá trazer, em seu bojo, questões de maior relevância, mas que por não estar elencada em um rol, deixaria ao intérprete a ideia de que não possuirá a necessidade de se ter o tema discutido uniformemente no país".

podem ser interpretadas de maneira absoluta, pois nem toda questão jurídica debatida em ações penais, de improbidade e que gerem inelegibilidade, além daquelas cujo valor da causa ultrapasse os 500 salários mínimos, é dotada de relevância e transcendência que justifique o seu julgamento pelo STJ.

Portanto, mesmo nas hipóteses contidas no texto constitucional que remetem ao reconhecimento da relevância da questão federal, é indispensável atribuir ao STJ a possibilidade de analisar o caso concreto e avaliar a necessária presença dos critérios da relevância e da transcendência para o julgamento do mérito da relevância.

Referências

ALVIM, Eduardo Arruda; Ígor Martins da Cunha. Relevância da questão federal no recurso especial e o emprego de conceito indeterminado. *In:* TESOLIN, Fabiano da Rosa; MACHADO, André de Azevedo (coord.). *Direito Federal brasileiro*: 15 anos de jurisdição dos Ministros Og Fernandes, Luis Felipe Salomão e Mauro Campbell Marques. Londrina: Editora Thoth, 2023. v. 1, p. 20-35.

ALVIM, Eduardo Arruda; VEIGA NEVES, Guilherme Pimenta da; SANTOS, Rosane Pereira dos. Perspectivas e implicações do filtro da relevância na admissibilidade do recurso especial. *In:* MARQUES, Maria Lúcia Cardoso; CAMPBELL MARQUES, Mauro; FUGA, Bruno Alexandre Santos; TESOLIN, Flávio B.; LEMOST, Vitor S. (coord.). *Relevância da questão federal no recurso especial*. Londrina: Thoth, 2023. p. 185-201.

ALVIM, Teresa Arruda; DANTAS, Bruno. *Precedentes, recurso especial e recurso extraordinário*. 7. ed. rev., atual. e ampl. São Paulo: Thomson Reuters Brasil, 2023.

ALVIM, Teresa Arruda; UZEDA, Carolina; MEYER, Ernani. Mais um filtro, agora para o STJ. *Revista dos Tribunais: RePro*, São Paulo, ano 47, v. 330, ago. 2022.

ARAÚJO, José Henrique Mouta; NERY, Rodrigo. Emenda da relevância: um panorama das principais modificações e consequências. *In:* MARQUES, Maria Lúcia Cardoso; CAMPBELL MARQUES, Mauro; FUGA, Bruno Alexandre Santos; TESOLIN, Flávio B.; LEMOST, Vitor S. (coord.). *Relevância da questão federal no recurso especial*. Londrina: Thoth, 2023. p. 331-341.

ASSIS, Araken. Relevância no recurso especial: primeiras impressões. *In:* MENDES, Gilmar Feeeire; RIBEIRO, Paulo Dias de Moura; SARLET, Ingo Wolfgang; RODRIGUES JÚNIOR, Otávio Luiz; FERNANDES, Victor Oliveira; ALFF, Hannah Pereira (coord.). *Ensaios sobre Direito Constitucional, processo civil e Direito Civil*. Uma homenagem a José Manoel de Arruda Alvim Netto. Curitiba: Direito Contemporâneo, 2023. p. 425-432.

AVELINO, Murilo Teixeira. Relevância da questão infraconstitucional no recurso especial – primeiras reflexões. *In:* MARQUES, Maria Lúcia Cardoso; CAMPBELL MARQUES, Mauro; FUGA, Bruno Alexandre Santos; TESOLIN, Flávio B.; LEMOST, Vitor S. (coord.). *Relevância da questão federal no recurso especial*. Londrina: Thoth, 2023. p. 401-418.

CASTRO, Renato. Relevância da questão federal e causas relevantes: uma coisa é uma coisa. *In:* MARQUES, Maria Lúcia Cardoso; CAMPBELL MARQUES, Mauro; FUGA, Bruno Alexandre Santos; TESOLIN, Flávio B.; LEMOST, Vitor S. (coord.). *Relevância da questão federal no recurso especial*. Londrina: Thoth, 2023. p. 449-457.

DINAMARCO, Cândido Rangel. A relevância da questão federal e a obra do prof. Arruda Alvim. *In:* MENDES, Gilmar; RIBEIRO, Paulo Dias de Moura; SARLET, Ingo Wolfgang; RODRIGUES JÚNIOR, Otávio Luiz; FERNANDES, Victor Oliveira; ALFF, Hannah Pereira. (coord.). *Ensaios sobre Direito Constitucional, Processo Civil e Direito Civil*. Uma homenagem a José Manoel de Arruda Alvim Netto. Curitiba: Direito Contemporâneo, 2023. p. 46-56.

FERRAZ JÚNIOR, Tércio Sampaio. *Introdução ao estudo do Direito*: técnica, decisão, dominação. 10. ed. São Paulo: Atlas, 2018. *E-book*.

LEMOS, Vinícius Silva. A relevância como um instrumento em construção: a necessidade da lei e a importância da futura lei regulamentadora. *In:* MARQUES, Maria Lúcia Cardoso; CAMPBELL MARQUES, Mauro; FUGA, Bruno Alexandre Santos; TESOLIN, Flávio B.; LEMOST, Vitor S. (coord.). *Relevância da questão federal no recurso especial*. Londrina: Thoth, 2023. p. 467-476.

MARINONI, Luiz Guilherme. *O filtro da relevância: do precedente ingênuo ao precedente relevante*. São Paulo: Thomson Reuters Brasil, 2023.

MEDINA, José Miguel Garcia. O novo recurso especial e a tipologia da relevância da questão federal infraconstitucional: possíveis impactos no modelo federativo brasileiro. *In:* TESOLIN, Fabiano; MACHADO, André de Azevedo (coord.). *Direito Federal brasileiro*: 15 anos de jurisdição dos Ministros Og Fernandes, Luis Felipe Salomão e Mauro Campbell Marques. Londrina: Thoth, 2023. p. 264-265.

MITIDIERO, Daniel. *Relevância no recurso especial*. São Paulo: Thomson Reuters Brasil, 2022.

OLIVEIRA, Pedro Miranda. *Recurso extraordinário e o requisito da repercussão geral*. São Paulo: Revista dos Tribunais, 2013.

PASCHOAL, Thaís Amoroso; BASTOS, Ana Carolina A. Caputo; ANDRADE, Karenina Silva Ramalho; DANIEL, Leticia Zuccolo Paschoal da Costa. A importância do valor da causa também para o acesso ao STJ: reflexões sobre a exigência da relevância da questão infraconstitucional. *Jota*, São Paulo, 22 set. 2022. Disponível em: https://www.jota.info/opiniao-e-analise/colunas/elas-no-jota/a-importancia-do-valor-da-causa-tambem-para-o-acesso-ao-stj-22092022. Acesso em: 11 jan. 2024.

PAULINO, Ana Flávia Borges; CAMPOS, César Augusto Cunha. As presunções das hipóteses de relevância e a necessária regulamentação do filtro constitucional. *In:* MARQUES, Maria Lúcia Cardoso; CAMPBELL MARQUES, Mauro; FUGA, Bruno Alexandre Santos; TESOLIN, Flávio B.; LEMOST, Vitor S. (coord.). *Relevância da questão federal no recurso especial*. Londrina: Thoth, 2023. p. 37-47.

PEIXOTO, Ravi. A relevância da questão de Direito Federal no recurso especial e o dia depois de amanhã (ou o que fazer na lei regulamentadora). *In:* MARQUES, Maria Lúcia Cardoso; CAMPBELL MARQUES, Mauro; FUGA, Bruno Alexandre Santos; TESOLIN, Flávio B.; LEMOST, Vitor S. (coord.). *Relevância da questão federal no recurso especial.* Londrina: Thoth, 2023. p. 435-448.

RIBEIRO, Darci Guimarães; FRÖHLICH, Afonso Vinício Kirschner. A relevância da questão federal no recurso especial: algumas discussões à luz da eficiência processual e do dever de fundamentar. *In:* MARQUES, Maria Lúcia Cardoso; CAMPBELL MARQUES, Mauro; FUGA, Bruno Alexandre Santos; TESOLIN, Flávio B.; LEMOST, Vitor S. (coord.). *Relevância da questão federal no recurso especial.* Londrina: Thoth, 2023. p. 91-112.

ROQUE, André Vasconcelos; GAJARDONI, Fernando; DELLORE, Luiz; DUARTE, Zulmar. Primeiras reflexões sobre a EC 125 e o requerimento das questões de Direito Federal Infraconstitucional (RESP com RQF). *In:* MARQUES, Maria Lúcia Cardoso; CAMPBELL MARQUES, Mauro; FUGA, Bruno Alexandre Santos; TESOLIN, Flávio B.; LEMOST, Vitor S. (coord.). *Relevância da questão federal no recurso especial.* Londrina: Thoth, 2023. p. 113-126.

VIEIRA, Igor Almeida. Reflexões iniciais a respeito da presunção de relevância jurídica nas ações cujo valor da causa supera 500 salários-mínimos. *In:* MARQUES, Maria Lúcia Cardoso; CAMPBELL MARQUES, Mauro; FUGA, Bruno Alexandre Santos; TESOLIN, Flávio B.; LEMOST, Vitor S. (coord.). *Relevância da questão federal no recurso especial.* Londrina: Thoth, 2023.

Informação bibliográfica deste texto, conforme a NBR 6023:2018 da Associação Brasileira de Normas Técnicas (ABNT):

TESOLIN, Fabiano da Rosa. Relevância da questão federal no recurso especial: as hipóteses de presunção previstas na Constituição Federal e os seus prismas interpretativos. *In*: MENDES, Gilmar Ferreira; GALLOTTI RODRIGUES, Maria Isabel Diniz; ALVIM, Teresa Arruda (coord.). *O novo perfil do controle difuso de constitucionalidade*: estudos em homenagem ao Professor Bruno Dantas nos 20 anos da Repercussão Geral. Belo Horizonte: Fórum, 2025. p. 137-158. ISBN 978-65-5518-898-1.

A EFETIVIDADE DO INCIDENTE DE RESOLUÇÃO DE DEMANDAS REPETITIVAS (IRDR): UM ESTUDO EMPÍRICO À LUZ DOS PRINCÍPIOS DA ISONOMIA, DA CELERIDADE E DA SEGURANÇA JURÍDICA

FÁBIO LIMA QUINTAS
ALINE ARÊDES DE OLIVEIRA

1 Introdução

O incidente de resolução de demandas repetitivas (IRDR) foi instituído no direito brasileiro pelo Código de Processo Civil (CPC) de 2015 com objetivo de colaborar com a solução célere e uniforme de demandas judiciais repetitivas, principalmente, nas áreas do direito consumerista, trabalhista, previdenciário e tributário.[1]

Essa nova técnica processual busca resolver a litigiosidade de massa por meio da aplicação de teses jurídicas sobre questões do direito, fixadas pelos tribunais, consistindo em técnica de solução de conflito

[1] OLIVEIRA, André Macedo de. *Recursos especiais repetitivos e efetividade jurisdicional*: a terceira margem do Superior Tribunal de Justiça. 2014. 335 f. Tese (Doutorado em Direito, Estado e Constituição) – Universidade de Brasília, Brasília, 2014. f. 16. Disponível em: https://repositorio.unb.br/handle/10482/16698. Acesso em: 28 jun. 2021.

pela "objetivação" do processo,[2] propondo-se a superar a "dicotomia tutela individual x tutela coletiva".[3]

O presente estudo pretendeu fazer uma análise empírica, para verificar se os objetivos buscados pelo IRDR foram concretizados. O problema de pesquisa pode ser expresso por meio da seguinte indagação: o IRDR contribui para oferecer uma prestação jurisdicional dotada de celeridade e segurança jurídica? A questão, portanto, é examinar se essa técnica processual funcionou efetivamente como instrumento "acelerador da formação e aplicação de precedentes em casos de massa",[4] considerando a dinâmica própria desse incidente, que pode ser objeto de recurso para os tribunais superiores.

O problema posto passa por analisar, em outras palavras, se faz sentido instituir decisões vinculantes no nível dos tribunais de segunda instância.

Para esse fim, a pesquisa construiu indicadores para responder ao problema da efetividade jurisdicional provida pelo IRDR.

Para tratar da efetividade e da celeridade, buscou-se verificar se as teses jurídicas fixadas pelos tribunais de justiça e que são objetos de recurso especial (REsp), no Superior Tribunal de Justiça (STJ), e de recurso extraordinário (RE), no Supremo Tribunal Federal (STF) foram ou não reformadas. Isso porque a mudança de entendimento fixado pelos tribunais de justiça em grau recursal, pelo STJ ou pelo STF, sinaliza perda de efetividade do IRDR, ao menos em relação à celeridade e à segurança jurídica (essa última na perspectiva da estabilidade e da calculabilidade do direito).

A pesquisa considerou as decisões proferidas pelo TJDFT e pelo TJSP no período de 2016 a 2020.[5]

---

2 CÔRTES, Osmar Mendes Paixão. O processo estrutural enquanto forma de objetivação e o ativismo judicial. *Revista de Processo: RePro*, São Paulo, v. 297, p. 271-290, nov. 2019.

3 ALVIM, Teresa Arruda; DANTAS, Bruno. *Recurso especial, recurso extraordinário e nova função dos tribunais superiores precedentes no Direito brasileiro*. 6. ed. rev., atual. e ampl. São Paulo: Thomson Reuters Brasil. 2020. *E-book*.

4 PRITSCH, Cesar Zucatti. IRDR, IAC e *stare decisis* horizontal: teoria geral e aspectos controvertidos. *In:* PRITSCH, Cesar Zucatti; JUNQUEIRA, Fernanda Antunes Marques; HIGA, Flávio da Costa; MARANHÃO, Ney (coord.). *Precedentes no processo do trabalho*. São Paulo: Thomson Reuters Brasil, 2020. Proview, cap. 3.5, p. RB-21.2.

5 Para a pesquisa empírica foram analisadas as decisões do TJSP e TJDFT proferidas em sede dos processos de IRDRs instaurados por esses tribunais de justiça a partir da vigência do CPC, em 2016, tendo como data de corte a data de 31 de julho de 2020, para possibilitar a mensuração da efetividade e da celeridade processual segundo o indicador temporal de um ano da decisão de instauração dos processos de IRDRs nesses tribunais.

No próximo tópico serão descritas as premissas doutrinárias e teóricas que compuseram os parâmetros e indicadores para o desenvolvimento da metodologia e da pesquisa empírica para a aferição da efetividade do IRDR.

2 O rito processual do IRDR

O IRDR foi concebido pelo CPC de 2015 para dirimir problemas decorrentes do acúmulo das demandas judiciais sobre questões de direito idênticas, com o propósito final de conferir isonomia aos jurisdicionados e segurança jurídica ao sistema judiciário brasileiro pela enunciação de decisões uniformes vinculantes a partir das decisões dos tribunais de justiça. O "fortalecimento do precedente" e a valorização das decisões do sistema judiciário de primeiro e segundo grau foram as motivações para o novo instituto, criado a partir da inspiração no instituto do *Musterverfahren* (procedimento-modelo, do direito alemão) e do reforço dos mecanismos de julgamento dos litígios de massa já aplicados pelo direito brasileiro, como os recursos extraordinários e especiais repetitivos.[6]

Para o cabimento da instauração do IRDR deverão ser atendidos os pressupostos processuais da efetiva repetição de processos sobre a mesma questão de direito e do risco de ofensa à isonomia e à segurança jurídica (art. 976, incisos I e II, do CPC), sendo legitimados para o pedido de instauração do incidente o juiz ou relator, as partes, o Ministério Público e a Defensoria Pública (art. 977, incisos I, II e III, do CPC). O julgamento do mérito do incidente com a fixação da tese jurídica sobre a questão controvertida cabe ao órgão colegiado uniformizador do tribunal e deverá ser concluído no prazo de 1 ano (art. 978, p. único, e art. 980 do CPC).

A admissibilidade do IRDR acarreta a suspensão dos processos individuais ou coletivos em tramitação no tribunal de justiça (art. 982, inciso I, do CPC), sendo cabível a suspensão dos processos judiciais também em todo o território nacional sobre questão controvertida constitucional ou infraconstitucional discutida em recurso extraordinário

6 MENDES, Aluísio Gonçalves de Castro. O IRDR e o requisito da efetiva repetição dos processos (ou causas pendentes) que dependam da solução da questão comum de Direito a ser uniformizada. *Revista Eletrônica de Direito Processual – REDP*, Rio de Janeiro, ano 15, v. 22, n. 2, p. 3-5, maio/ago. 2021.

ou especial (art. 982, §3º, e art. 1.029, §4º, do CPC), justificada pela segurança jurídica da decisão com abrangência nacional.

O procedimento da uniformização dos entendimentos controvertidos do direito pelo IRDR opera em duas fases: a primeira fase, pela formação da tese jurídica para a solução da questão de direito em abstrato, e a segunda fase, pelo julgamento da causa pendente, com a aplicação da tese jurídica ao caso concreto, momento em que são apreciadas as circunstâncias de cada caso individual ou coletivo.[7] Esse procedimento bifásico da solução da lide, em conjunto com as adaptações dos mecanismos já existentes no direito brasileiro mesclado com *Musterverfahren*,[8] define o IRDR como um mecanismo genuinamente brasileiro.[9]

Do julgamento do mérito do IRDR poderá ser interposto recurso extraordinário ou especial. No caso de recurso extraordinário, presume-se a repercussão geral da questão constitucional discutida (art. 987, §1º, CPC).[10] No caso de recurso especial, o art. 256-H do Regimento Interno do STJ determina que os "recursos especiais interpostos em julgamento de mérito do incidente de resolução de demandas repetitivas serão processados como recursos especiais repetitivos".[11]

Como a decisão de recebimento dos recursos especial ou extraordinário possui efeito suspensivo (art. 987, §1º, do CPC), impedindo o

---

[7] O julgamento do IRDR, ao se desenvolver em duas fases, difere do julgamento pelo procedimento da causa-piloto, pelo qual a lide é resolvida em única fase e o caso julgado servirá de paradigma para os casos similares. Ver: CAVALCANTI, Marcos Araújo. *Incidente de demandas repetitivas (IRDR)*. São Paulo: Revista dos Tribunais, 2016. p. 227-228.

[8] BRASIL. Senado Federal. *Projeto de Lei do Senado nº 166, de 2010*. Autoria: Senador José Sarney (MDB/AP). Brasília, DF: Senado Federal, p. 244, nota de rodapé 19, 2010. Disponível em: https://www25.senado.leg.br/web/atividade/materias/-/materia/97249. Acesso em: 10 maio 2021. Disponível em: https://www25.senado.leg.br/web/atividade/materias/-/materia/97249. Acesso em: 10 maio 2021.

[9] MENDES, Aluisio Gonçalves de Castro. *Incidente de resolução de demandas repetitivas*: sistematização, análise e interpretação do novo instituto processual. Rio de Janeiro: Forense, 2017. *E-book*. p. 28; 62-63.

[10] No julgamento do REsp nº 1.798.374/DF, a Corte Especial do STJ fixou o entendimento de que não cabe recurso especial contra acórdão proferido pelo Tribunal de origem que fixa tese jurídica em abstrato em julgamento do IRDR, por ausência do requisito constitucional de cabimento de "causa decidida", mas apenas naquele que aplique a tese fixada, que resolve a lide, desde que observados os demais requisitos constitucionais do art. 105, III, da Constituição Federal e dos dispositivos do Código de Processo Civil que regem o tema (BRASIL. Supremo Tribunal de Justiça (Corte Especial). REsp 1.798.374/DF. Relator: Min. Mauro Campbell Marques, 18 de maio de 2022. *Dje*: Brasília, DF, 21 jun. 2022).

[11] Enunciado nº 660 do Fórum de Permanente de Processualistas Civis (FPPC): "O recurso especial ou extraordinário interposto contra o julgamento do mérito do incidente de resolução de demandas repetitivas, ainda que único, submete-se ao regime dos recursos repetitivos."

julgamento dos casos concretos antes da definição da tese do tema dos recursos excepcionais repetitivos, parte da doutrina considera haver possibilidade de prejuízo quanto à celeridade processual se houver a extensão do prazo legal de um ano previsto para a aplicação da tese do IRDR (art. 980 do CPC). Nessa linha de entendimento, considera-se que "(...) é muito provável – para não dizer quase certo – que a aplicação da tese jurídica aos casos concretos somente ocorra muito tempo depois do prazo estabelecido pelo art. 980 para julgamento do IRDR".[12]

Na decisão de afetação pelo STJ e STF, será identificada a questão controvertida a ser julgada pela Corte e poderá ser determinada a suspensão dos processos pendentes sobre a questão controvertida que tramita no território nacional (art. 1.037, incisos I e II, do CPC), devendo os recursos extraordinário e especial afetados serem julgados no prazo de um ano (art. 1.037, §4º).

Assim, a questão controvertida objeto do IRDR poderá também ser decidida como tema de repercussão geral em sede de recursos extraordinário ou especial pela afetação ao rito dos recursos repetitivos, com suspensão dos processos individuais ou coletivos (art. 982, §3º; art. 1.029, §4º; art. 1.037, II, do CPC), para aplicação da tese jurídica aos casos com idêntica questão repetitiva (art. 987, §2º, do CPC).[13]

Por outro lado, o §2º do art. 987 dispõe que apreciado o "mérito do recurso, a tese jurídica adotada pelo Supremo Tribunal Federal ou pelo Superior Tribunal de Justiça será aplicada no território nacional a todos os processos individuais ou coletivos que versem sobre idêntica questão de direito". Deverá ser aguardado o trânsito em julgado de recurso especial ou recurso extraordinário da decisão que fixou a tese jurídica para a aplicação do entendimento do STJ ou do STF aos casos concretos em trâmite nos tribunais de justiça.[14]

A decisão de mérito do IRDR tem efeito vinculante perante o tribunal em que tramitou (art. 985, inciso I, do CPC), sendo que decisão do mérito do IRDR definida pelo STF ou pelo STJ tem força vinculante sobre todos os tribunais brasileiros (art. 987, *caput* e §2º, do CPC).[15]

---

[12] CAVALCANTI. *Incidente de demandas repetitivas (IRDR)*, p. 306.

[13] No entanto, a afetação dos recursos excepcionais para a definição da questão de direito repetitiva impede o cabimento do próprio incidente (art. 976, §4º, do CPC).

[14] CAVALCANTI. *Incidente de demandas repetitivas (IRDR)*, p. 228-229.

[15] CAVALCANTI. *Incidente de demandas repetitivas (IRDR)*, p. 303.

3 Metodologia e indicadores para a pesquisa empírica da efetividade do IRDR: a isonomia, a celeridade processual e a segurança jurídica como parâmetros para a efetividade processual

A pesquisa empírica da efetividade do IRDR teve como universo de investigação os processos de IRDR do Tribunal de Justiça do Estado de São Paulo (TJSP) e do Tribunal de Justiça do Distrito Federal e Territórios (TJDFT) e as decisões em processos afetados ao rito dos recursos excepcionais repetitivos, com ênfase na pesquisa qualitativa dos processos e das decisões em que houve reforma ou revisão das teses jurídicas fixadas em IRDR em sede recursal no STJ ou no STF.[16]

A verificação da efetividade do IRDR desenvolveu-se pela aplicação de indicadores de celeridade (fator tempo) e de segurança

---

16 A análise dos processos e das decisões em IRDR da Justiça Estadual, em detrimento da Justiça Federal e da Justiça do Trabalho, justifica-se pela maior incidência das demandas repetitivas nesse ramo da Justiça brasileira, como demonstrado pelos dados do Conselho Nacional de Justiça (CNJ). Corrobora essas premissas o achado empírico que informa ser a Justiça Estadual a Jurisdição que mais instaurou processo de IRDR, com 414 processos. Na sequência, encontra-se a Justiça do Trabalho e a Justiça Federal, com a instauração de 119 e 42 processos de IRDR.
O TJSP e o TJDFT foram selecionados para a pesquisa empírica pela disponibilidade de dados na rede mundial de computadores, nos endereços eletrônicos desses tribunais, e pela incidência dos dados necessários para a composição dos indicadores de celeridade e de segurança jurídica; em especial, pela incidência de processos de IRDR afetados ao rito dos recursos repetitivos, em recursos extraordinários ou especiais, e pela ocorrência de processo de IRDR com reforma de tese jurídica por tribunal superior e pela incidência de processo de IRDR revisor no TJSP.
A seleção dos tribunais também considerou o número de processos de IRDR instaurados, bem como pelo número de processos suspensos e de demandas julgadas a partir da fixação da tese jurídica em IRDR desses tribunais, pois esses números informaram a produtividade do TJSP e do TJDFT pela aplicação do IRDR como técnica processual associada à dinâmica de decisões no STJ e no STF.
O TJSP foi o segundo tribunal de justiça com maior número de processos de IRDR instaurados, com 46 processos; e o TJDFT atingiu a oitava posição como tribunal de justiça com maior número de processos de IRDR instaurados, com 20 processos.
Ao analisar o número de processos julgados pelos tribunais de justiça, o TJDFT alcançou a primeira posição, com a cifra de 12.176 processos julgados pelo IRDR nº 1 do TJDFT, enquanto o TJSP ocupou a segunda posição, com 11.342 processos julgados a partir da tese fixada pelo IRDR nº 9. No entanto, se o volume de processos de IRDR for analisado pelo número de processos sobrestados, o TJSP foi o tribunal que se desponta pelo maior número de processos, com 68.613 processos suspensos pelo IRDR nº 9 Ver: CNJ. Painel de Consulta ao Banco Nacional de Demandas Repetitivas e Precedentes Obrigatórios. *Portal CNJ*, Brasília, DF, [2021]. Disponível em: https://paineis.cnj.jus.br/QvAJAXZfc/opendoc.htm?document=qvw_l%2FPainelCNJ.qvw&host=QVS%40neodimio03&anonymous=true&sheet=shDRGraficos. Acesso em: 10 out. 2021).

jurídica (estabilidade e calculabilidade), tomados como parâmetros da efetividade da jurisdição.[17]

O "prazo razoável" do processo judicial é um dos parâmetros da efetividade da jurisdição. De fato, trata-se de uma reconhecida dimensão do direito fundamental ao acesso à Justiça, previsto no art. 6º, parágrafo 1º da Convenção Europeia para Proteção dos Direitos Humanos e Liberdades Fundamentais.[18] O direito ao prazo razoável do processo também está previsto na Convenção Americana sobre Direitos Humanos, no art. 8º, §1º, e no ordenamento jurídico brasileiro, como o direito à "duração razoável" do processo, no art. 5º, inciso LXXVIII, da Constituição Federal de 1988, e positivado na lei processual, no art. 139, inciso II, do CPC, como garantia processual.[19]

A efetividade da jurisdição também se afere pela observância da segurança jurídica,[20] que é uma dimensão do "devido processo constitucional".[21] Em vista da segurança jurídica, pretende-se que haja previsibilidade nas decisões judiciais, tanto sob o ponto de vista estático do direito como também da "perspectiva dinâmica e intertemporal", para a proteção das relações sociais ao longo da linha do tempo, pelo Poder Judiciário.[22] [23]

Para o estudo da verificação da estabilidade e da celeridade das decisões proferidas no microssistema de precedentes vinculantes, foram analisados os processos e as decisões em IRDR nos tribunais de justiça e as decisões em recursos dos tribunais superiores – STJ e STF.

Dessa forma, o objetivo central do presente trabalho se concentrou na identificação e na proposição de indicadores de efetividade do

---

17 O desenvolvimento dos indicadores e das variáveis para a análise dos resultados pelo cruzamento de dados seguiu a metodologia descrita por Gustin e Dias em: *(Re)pensando a pesquisa científica*: teoria e prática. 3. ed., rev. e atual Belo Horizonte: Del Rey, 2010. p. 71.

18 CAPPELLETTI, Mauro; GARTH, Bryant. *Acesso à Justiça*. Tradução: Ellen Gracie Northfleet. Porto Alegre: Sergio Antônio Fabris, 1988 p. 20-21.

19 BEDAQUE, José Roberto dos Santos. *Tutela cautelar e tutela antecipada*: tutelas sumárias e de urgência (tentativa de sistematização). 5. ed., rev. e ampl. São Paulo: Malheiros, 2009. p. 21.

20 BEDAQUE, José Roberto dos Santos. Instrumentalismo e garantismo: visões opostas do fenômeno processual? *In*: BEDAQUE, José Roberto dos Santos (coord.). *Garantismo processual*: garantias constitucionais aplicadas ao processo. Brasília, DF: Gazeta Jurídica, 2016. p. 3.

21 BEDAQUE. Instrumentalismo e garantismo: visões opostas do fenômeno processual?, p. 30.

22 PEIXOTO, Ravi. *Superação do precedente e segurança jurídica*. 4. ed. rev., ampl. e atual. Salvador: Juspodivm, 2019. p. 55.

23 ÁVILA, Humberto. *Teoria da segurança jurídica*. 4. ed. rev., atual. e ampl. São Paulo: Malheiros, 2016. p. 142-143.

direito processual que se aplicam ao estudo do IRDR, sob os parâmetros da celeridade e da segurança jurídica (estabilidade e da calculabilidade), e no desenvolvimento de indicadores, para a mensuração da efetividade do IRDR.

A metodologia consistiu na aplicação de "métodos mistos",[24] pela associação do método de levantamento de dados para a composição dos indicadores matemáticos, na primeira fase da pesquisa, e o método de análise das decisões, a partir dos indicadores argumentativos coletados nos processos e nas decisões judiciais (casos), na segunda fase da pesquisa empírica, e posterior cruzamento dos indicadores matemáticos e argumentativos obtidos na primeira e na segunda fase da pesquisa, respectivamente.

Para a análise do IRDR sob os indicadores de celeridade, foram considerados como efetivos os processos de IRDR que tiveram julgamento com decisões de mérito no tribunal de justiça até um ano da admissão do processo, avaliando-se esse tempo como o "prazo razoável" por ser esse prazo o previsto pelo legislador do CPC de 2015 (art. 980) e já aplicado como parâmetro temporal por outra pesquisadora[25] do tema.

A efetividade do IRDR a partir da recorribilidade para as cortes superiores foi mensurada pelo volume de processos com recursos excepcionais e pelo tempo de tramitação no STF e no STJ, sendo incluídos os processos afetados ao rito dos recursos repetitivos, objetos de recurso extraordinário ou de recurso especial. Nessa análise, foi considerado que houve o julgamento célere quando observado o prazo de um ano para julgamento dos recursos pelo STJ ou pelo STF, a contar da decisão de mérito no tribunal de justiça, pela observância da previsão legal do art. 1.037, §4º, do CPC.

A pesquisa pelo método de análise das decisões, na segunda fase da pesquisa, consistiu na coleta dos dados para o estudo da efetividade do IRDR sob o aspecto da segurança jurídica (estabilidade e a calculabilidade) das decisões judiciais. Como indicadores para a avaliação da segurança jurídica foram considerados o sobrestamento do processo de IRDR e o número de processos judiciais sobrestados, pelo

---

24 Foi aplicada a metodologia de Robert K. Yin para a interpretação dos dados e análise pelo cruzamento de dados. Ver: YIN, Robert K. *Estudo de caso*: planejamento e métodos. Tradução: Ana Thorell. Porto Alegre: Bookman, 2010. 4. ed. Porto Alegre: Bookman, 2010. p. 55; 87-88; 184.

25 NEVES, Aline Regina das. *Incidente de resolução de demandas repetitivas*: compreensão crítica. Belo Horizonte: D'Plácido, 2021.

impacto sobre determinado grupo de jurisdicionados; e a reforma da decisão fixada no tribunal de justiça pelo STJ ou pelo STF. A premissa é que a efetividade depende da segurança jurídica, e esta depende das variáveis número de jurisdicionados atingidos pela decisão de sobrestamento e mudança de entendimento do direito por decisão do tribunal superior – STJ ou STF.

A pesquisa pelo método da análise das decisões judiciais sob o parâmetro da segurança jurídica buscou identificar mudança de entendimento da decisão judicial fixada pelo tribunal de justiça nos tribunais superiores.

Para a avaliação das decisões judiciais, foi considerado como indicador de "mudança jurisprudencial"[26] exclusivamente a decisão judicial fixada em processo de IRDR revisor, a partir de decisão dos tribunais superiores.

3.1 A seleção dos processos e das decisões em IRDR

Foram analisados os processos de IRDR admitidos no período compreendido entre o ano de 2016, ano do início da vigência do CPC de 2015, até 31 de julho de 2020 – data de corte para a pesquisa. As decisões de admissibilidade e de mérito em processos de IRDR e as decisões monocráticas e colegiadas em recurso extraordinário ou recurso especial, bem como as decisões de admissibilidade, de inadmissibilidade, ou em agravos e acórdãos do STJ e do STF foram incluídas no universo da pesquisa.

O recorte temporal em 31 de julho de 2020 foi fixado para a análise da efetividade do IRDR a partir da premissa de que os processos efetivos fossem aqueles com prazo razoável até 12 meses de admissão dos incidentes. Sob esse recorte, os processos de IRDR nº 1 a 35 do TJSP e os processos de IRDR nº 1 a 15 do TJDFT compuseram o universo da pesquisa empírica.

As decisões dos processos de IRDR do TJSP e do TJDFT que resultaram em REsp ou RE admitidos como representativos ou em repercussão geral ou em ação direta de inconstitucionalidade (ADI), ou em revisão de tese, foram objeto da análise dos indicadores de segurança jurídica, na segunda fase da pesquisa. Além dos processos objetos de recursos excepcionais, representativos de controvérsia, repetitivos

---

[26] ÁVILA. *Teoria da segurança jurídica*, p. 482-493.

ou com repercussão geral, também foram incluídos, no estudo da efetividade do IRDR, os processos de IRDR cancelados ou suspensos, pela afetação superveniente do tema à interposição ou à admissão do IRDR, pois esses processos também colaboram com a uniformização do direito local ou federal.

3.2 Os indicadores de celeridade (fator tempo)

Consideraram-se os seguintes elementos para o indicador celeridade, considerando a variável "tempo":[27]

a) *O tempo médio de julgamento do mérito do IRDR no tribunal de justiça*: o indicador consistiu na média de tempo, em número de meses, de tramitação processual até o julgamento das decisões de mérito dos processos de IRDR no tribunal de justiça, mensurados pelo intervalo de tempo entre a decisão de admissão e a decisão de julgamento de mérito. O IRDR foi considerado efetivo se o tempo de julgamento do mérito fosse inferior a 12 meses, conforme o parâmetro do legislador e aplicado por outra pesquisa[28] sobre o tema. Esse indicador foi instituído pelo Conselho Nacional de Justiça (CNJ) como o "tempo médio entre afetação/admissão e a publicação do acórdão de mérito nos Incidentes de Resolução de Demandas Repetitivas (IRDR)",[29] para mensuração de desempenho do IRDR na "consolidação do sistema de precedentes obrigatórios", pela Resolução nº 325, de 29 de junho de 2020, e monitoramento e avaliação institucional do Poder Judiciário nos anos de 2021 a 2026.

b) *A porcentagem dos processos de IRDR com decisão de mérito transitada em julgado no tribunal de justiça*. Foi considerado como indicador de efetividade do IRDR a porcentagem dos processos de IRDR julgados pelo tribunal de justiça, com definição de tese jurídica, mas que não foram objeto de recurso extraordinário ou de recurso especial. Por esse

---

[27] Seguindo a metodologia de Gustin e Dias (*(Re)pensando a pesquisa científica: teoria e prática*. 3. ed., rev. e atual. Belo Horizonte: Del Rey, 2010. p. 71), partiu-se da premissa de que a celeridade (fator tempo) é variável "independente", pois determina o valor da "variável dependente" efetividade, numa relação de quanto menor o valor tempo, maior ou melhor é o resultado para a efetividade.

[28] NEVES. Incidente de resolução de demandas repetitivas: compreensão crítica, p. 201-202.

[29] CNJ. *Resolução nº 325, de 29 de junho de 2020*. Dispõe sobre a estratégia nacional do Poder Judiciário 2021-2026 e dá outras providências. Brasília, DF: CNJ, 29 jun. 2020. Disponível em: https://www.cnj.jus.br/gestao-estrategica-e-planejamento/atos-normativos-da-gestao-estrategica/. Acesso em: 20 jun. 2021.

indicador também pôde ser verificada a medida da segurança jurídica (estabilidade e calculabilidade) das decisões em IRDR.[30]

c) *A porcentagem de recorribilidade ao STF e ao STJ e a porcentagem de processos de IRDR afetados ao rito dos recursos excepcionais repetitivos*. Para a valoração dos resultados, foi considerado quanto menor o indicador, melhor a efetividade do IRDR.

d) *O tempo médio de tramitação do IRDR desde sua admissão pelo TJ até a decisão final nos tribunais superiores (STJ/STF) (tempo até o trânsito em julgado)*. Foi considerado o IRDR como instituto processual eficiente, se o indicador fosse igual ou menor que 24, de acordo com a premissa de que o prazo razoável para o julgamento dos recursos repetitivos é de 12 meses, pelo parâmetro do art. 1.037, §4º, do CPC.

3.3 Os indicadores de segurança jurídica (estabilidade e calculabilidade)

Para a aferição da efetividade do IRDR a partir dos indicadores de segurança jurídica (estabilidade e calculabilidade), os resultados foram avaliados no sentido de quanto maior o número de indicadores de segurança, melhor o resultado de efetividade do IRDR.

Para a avaliação da segurança jurídica nos processos de IRDR, esse trabalho avaliou indicadores matemáticos e argumentativos. Um dos indicadores matemáticos foi a porcentagem de processos de IRDR objetos de recursos excepcionais afetados ao rito dos recursos repetitivos cujas decisões foram reformadas pelo STJ ou pelo STF, com mudança de entendimento das decisões judiciais pelas cortes superiores, na fase recursal.

A mudança de entendimento do direito pelos tribunais superiores, ao reformar a decisão fixada em IRDR, indica, para fins da pesquisa, que a decisão do IRDR não promoveu segurança jurídica, assumindo-se como premissa que, do ponto de vista institucional, que é correta a decisão dos tribunais superiores.

Outro indicador matemático de segurança jurídica foi o número de processos sobrestados por processo de IRDR, assumindo que quanto mais processos sobrestados, maior possibilidade de o IRDR oferecer tratamento isonômico entre os jurisdicionados.

---

30 Os processos de IRDR que não foram objeto de RE ou REsp receberam pontuação um para fins de formação do indicador matemático. Para a interpretação dos resultados, partiu-se da premissa de que a maior porcentagem ou pontuação indica maior efetividade do IRDR.

Os indicadores argumentativos para a avaliação da segurança jurídica foram obtidos pelo método de análise das decisões dos processos selecionados para a discussão, procurando-se responder às seguintes questões: houve interposição de REsp ou de RE? A decisão foi admitida como representativa da controvérsia ou afetada ao rito dos repetitivos ou reconhecida a repercussão geral? A decisão admitida no STJ ou STF foi reformada ou confirmada? A decisão do tribunal de justiça – do TJSP ou do TJDFT – foi fundamentada exclusivamente no direito legislado ou seguiu padrão decisório anterior (do tribunal, STJ ou STF)? As decisões de mérito em IRDR observaram o entendimento jurisprudencial do tribunal de justiça ou do tribunal superior? A reforma ou a revisão de tese foi resultado de novo entendimento, diverso do entendimento do tribunal de justiça? Houve "mudança jurisprudencial"[31] no julgamento do IRDR?

4 Resultados dos indicadores de celeridade (fator tempo)

Os dados obtidos pela pesquisa empírica dos processos de IRDR no TJSP e do TJDFT produziram os resultados na forma de indicadores para a análise da celeridade e da segurança jurídica descritos nos tópicos seguintes.

No TJSP, o indicador tempo médio de julgamento do mérito dos processos de IRDR foi calculado em 10,4 meses, e no TJDFT, esse indicador foi mensurado em 14,92 meses, como ilustra o Gráfico 1:

[31] ÁVILA. *Teoria da segurança jurídica*, p. 482-493.

Gráfico 1 - Tempo de julgamento para o mérito do IRDR no TJSP e no TJDFT, no período de 2016 a 2020

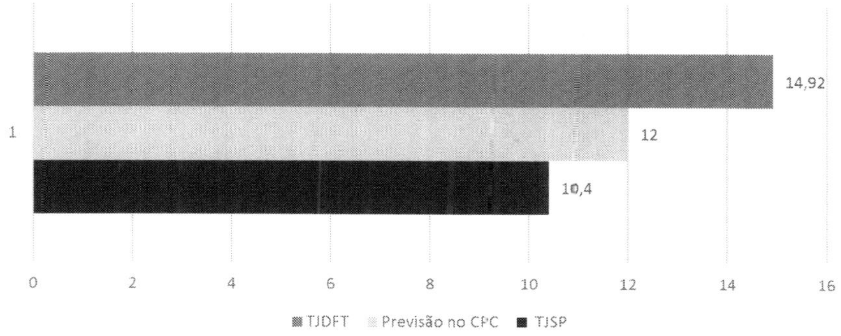

Fonte: Dados da pesquisa (2021).

A pesquisa indicou que 20% dos processos de IRDR do TJSP tiveram decisão de mérito transitada em julgado no TJSP. Esse resultado de 20% foi obtido pelo cálculo percentual referente aos 7 processos de IRDR (nº 2, 3, 5, 6, 7, 22 e 35) que obtiveram julgamento de mérito no TJSP, sem interposição de recursos para os tribunais superiores, do total de 35 IRDR admitidos pelo TJSP, no período entre 2016 e 2020. Os demais 28 processos de IRDR, equivalente a 80% dos processos, foram objetos de recurso excepcional ou foram cancelados ou suspensos, ou, ainda, encontravam-se em tramitação no TJSP, no STJ ou no STF, ultrapassando os 12 meses da data de admissão do IRDR, até a data de corte da pesquisa, em 25 de junho de 2021. Os dados estão indicados no Gráfico 2:

Gráfico 2 - Porcentagem de IRDRs com decisão de mérito transitada em julgado no TJSP, no período de 2016 a 2020 (data de corte 25 de junho de 2021)

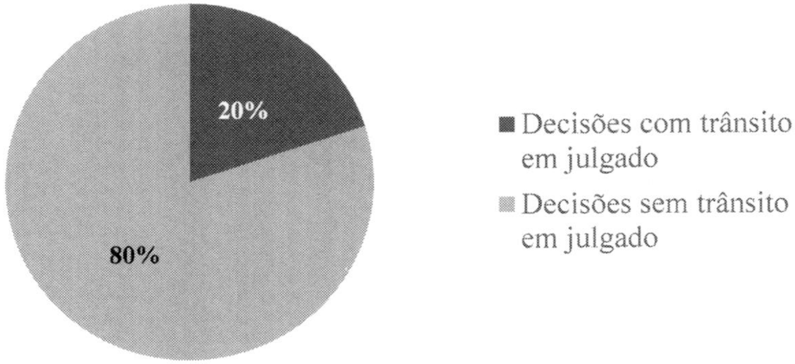

Fonte: Dados da pesquisa (2021).

No TJDFT, 33% dos processos de IRDR tiveram decisão de mérito com trânsito em julgado no próprio tribunal. De outro lado, 67% dos processos de IRDR desse tribunal não produziram decisão transitada em julgado no tribunal de justiça, ou no STF, ou no STJ. O indicador referente ao valor de 33% (resultou da proporção dos 5 processos de IRDR do TJDFT que produziram decisões de mérito transitadas em julgado no tribunal de justiça (IRDR nº 5, 12, 13, 14 e 15), sem interposição de recursos para os tribunais superiores. A proporção de 67% correspondente aos outros 10 processos de IRDR (nº 1, 2, 3, 6, 7, 8, 9, 10 e 11) que aguardavam decisão do STJ ou do STF, em RE ou REsp, e o processo de IRDR nº 4, suspenso, até a decisão de ADI no TJDFT, em 25 de junho de 2021, até a data de corte da pesquisa. Os dados estão demonstrados no Gráfico 3:

Gráfico 3 - Porcentagem de IRDRs com decisão de mérito transitada em julgado no TJDFT, no período de 2016 a 2020 (data de corte 25 de junho de 2021)

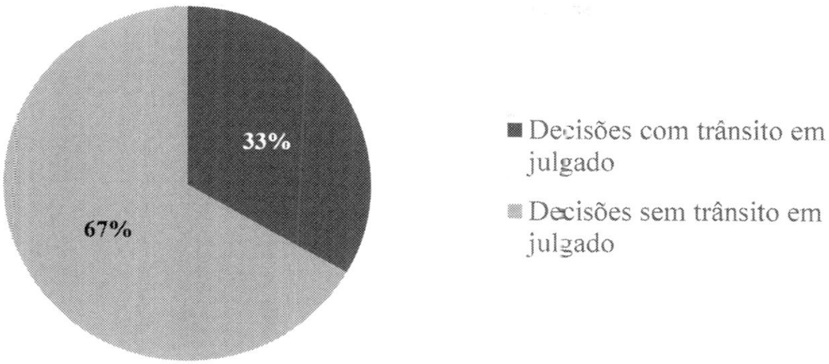

Fonte: Dados da pesquisa (2021).

A maior parte dos processos de IRDR julgados pelo TJSP e pelo TJDFT formaram tese jurídica para a definição da questão de direito, na proporção de 83% e de 87%, respectivamente, dos IRDR. Em relação à interposição de recurso de natureza extraordinária e à afetação ao rito dos recursos repetitivos, observam-se os seguintes resultados: 34% e 23% dos processos de IRDR do TJSP, e 53% e 13% dos processos de IRDR do TJDFT, conforme demonstrado pelos dados do Quadro 1.

Quadro 1 - Porcentagem de recorribilidade ao STF e ao STJ e de afetação ao rito dos recursos repetitivos dos processos de IRDR do TJSP e do TJDFT

Números de processos de IRDR	**TJSP**		**TJDFT**	
	Quantidade	**Porcentagem**	**Quantidade**	**Porcentagem**
Admitidos pelo tribunal de origem	35	100%	15	100%
Julgados pelo tribunal de origem	29	83%	13	87%
Objetos de recursos excepcionais ao STF/STJ	12	34%	8	53%
Afetados ao rito dos recursos repetitivos	8	23%	2	13%

Fonte: Dados da pesquisa (2021).

Esses indicadores da porcentagem de recorribilidade ao STF e ao STJ e a porcentagem de processos de IRDR afetados ao rito dos recursos excepcionais repetitivos ou em repercussão geral foram considerados para avaliar a segurança jurídica proporcionada pelo IRDR, pois representam a menor ou maior probabilidade de mudança, pelos tribunais superiores, do entendimento sobre o direito fixado pelos tribunais de justiça, em decisões anteriores.

Os resultados da pesquisa indicaram o tempo médio de tramitação entre a decisão de admissão do IRDR e a decisão transitada em julgado no TJ, no STJ ou no STF. Observou-se que o tempo de tramitação foi em média de 28 meses, para os processos de IRDR do TJSP, e de 31 meses, para os processos de IRDR do TJDFT, como demonstrado no Gráfico 4:

Gráfico 4 - Tempo médio de tramitação do IRDR no TJ, no STJ e no STF, no período de 2016 a 2024 (tempo para o trânsito em julgado – atualizado até 16 de setembro de 2024)

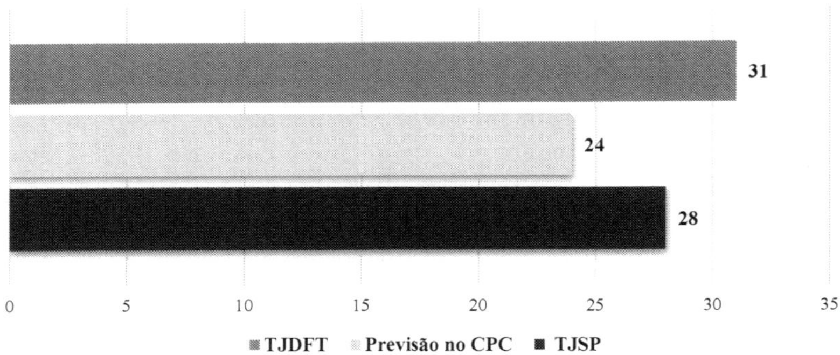

Fonte: Dados da pesquisa (2021).

5 Síntese dos resultados dos indicadores de segurança jurídica (estabilidade e calculabilidade)

Nesse tópico são descritos de forma sintética os resultados referentes aos indicadores argumentativos da segurança jurídica obtidos pela pesquisa empírica por meio do método da análise dos processos e das decisões de IRDR e dos RE e Resp.[32] Esses indicadores argumenta-

[32] Para esta pesquisa, foi adotado o "método de comentário de jurisprudência" desenvolvido por Nitish Monebhurrun. Ver: *Manual de metodologia jurídica*: técnica para argumentar em textos jurídicos. São Paulo: Saraiva, 2015. *E-book*.

tivos foram analisados pelo cruzamento dos indicadores matemáticos apontados no item 4.3.

No julgamento do recurso especial (REsp nº 1.729.593/SP) ao IRDR nº 4 do TJSP,[33] [34] o STJ ratificou as teses jurídicas do TJSP. No entanto, o STJ julgou ressaltando a diferença quanto à aplicação das teses para as relações jurídicas envolvendo o Programa "Minha Casa, Minha Vida", excluindo-se a aplicação da tese aos contratos de promessa de compra e venda entre os consumidores e incorporadoras. De acordo com a pesquisa, o TJSP acompanhou a jurisprudência preponderante do próprio tribunal de justiça, embora houvesse decisões divergentes no tribunal. A pesquisa identificou que a decisão do STJ funcionou como promotora de estabilidade (confiabilidade) da decisão de uniformização do direito pelo tribunal de justiça.

Já o IRDR nº 11 do TJSP[35] foi admitido em 20 de outubro de 2017, com a suspensão de 324 processos. O IRDR foi julgado em 8 de novembro de 2018, com a definição da Tese nº 1 no sentido da validade do reajuste nos contratos coletivos de plano de saúde aos cinquenta e nove anos de idade, desde que respeitadas as condicionantes para o reajuste. No entanto, a Tese nº 1 do IRDR nº 11 foi objeto do REsp nº 1.873.377/SP, sendo afetado ao rito dos recursos repetitivos em 4 de julho de 2019 ao Tema Repetitivo nº 1.016 do STJ. Em 23 de março de 2022, o REsp nº 1.873.377/SP foi julgado para a desafetação ao rito dos

---

33 O IRDR nº 4 do TJSP, sob os Autos nº 0023203-35.2016.8.26.0000, foi instaurado para definir entendimento sobre a promessa de compra e venda no Programa "Minha Casa, Minha Vida" (PMCMV), admitido em 18 de agosto de 2016, com julgamento do mérito em 31/08/2017, tendo sido afetado ao rito dos recursos repetitivos em 18 de setembro de 2018, pelo Tema 996 do STJ, no REsp nº 1.729.593/SP, com trânsito em julgado em 27 de novembro de 2019. No processo de IRDR nº 4 do TJSP, foram definidas teses jurídicas sobre questões referentes à multa decorrente do contrato de compra e venda de imóvel. Das nove teses, quatro foram afetadas pelo Tema nº 996 do STJ: as teses nº 2, 5, 6 e 8. Ver: SÃO PAULO. Tribunal de Justiça do Estado. IRDR 0023203-35.2016.8.26.000. Acórdão de mérito. Relator: Des. Francisco Loureiro, 31 de agosto de 2017. DJSP: Poder Judiciário, 15 set. 2017. Disponível em: https://www.tjsp.jus.br/NugepNac/Irdr/DetalheTema?codigoNoticia=51082&pagina=1. Acesso em: 15 maio 2021.

34 BRASIL. Superior Tribunal de Justiça. REsp 1.729.593/SP.

35 IRDR nº 11 do TJSP, sob os Autos nº 0043940-25-2017.8.26.0000, em que se decidiu sobre o reajuste dos contratos de plano de saúde coletivo, foi admitido em 20/10/2017, cuja questão controvertida foi o reajuste dos contratos de planos de saúde coletivo, empresarial ou por adesão, em decorrência da mudança de faixa etária aos 59 anos. Foram fixadas duas teses jurídicas no IRDR nº 11, no julgamento do TJSP em 8 de novembro de 2018. Ver: SÃO PAULO. Tribunal de Justiça do Estado. IRDR 0043940-25-2017.8.26.0000. Acórdão de mérito. Relator: Des. Grava Brazil, 8 de novembro de 2018. *DJSP*: Poder Judiciário, 8 nov. 2018. Disponível em: https://www.tjsp.jus.br/NugepNac/Irdr/DetalheTema?codigoNoticia=51233&pagina=1. Acesso em: 15 maio 2021.

recursos repetitivos para o julgamento dos casos concretos. O entendimento do STJ foi pela aplicabilidade das teses fixadas no Tema nº 952 do STJ aos planos de saúde coletivos, no sentido da validade do reajuste da mensalidade do plano de saúde baseado na faixa etária, se houver "previsão contratual", "normas expedidas pelos órgãos governamentais reguladores" e que os percentuais não sejam desarrazoados ou aleatórios, "sem base atuarial idônea" e não onerem excessivamente o consumidor ou não discriminem o idoso.[36] Assim, entende-se que não houve a mudança de sentido sobre a tese fixada pelo IRDR nº 11.

O processo de IRDR nº 14 do TJSP[37] visava solucionar a questão do direito do ex-empregado e seus dependentes ao plano de saúde coletivo subvencionado pelo antigo empregador, após a rescisão do contrato empregatício. Ocorre que, antes de julgado o mérito do IRDR, a questão foi afetada no STJ para julgamento no regime dos recursos repetitivos no REsp nº 1.680.318/SP e no REsp nº 1.708.104/SP. O STJ, em 22 de agosto de 2018, no julgamento dos recursos repetitivos, definiu a tese no Tema nº 989, no sentido de que não há o direito ao benefício ao plano de saúde coletivo custeado para o ex-empregado demitido ou aposentado sem justa causa.[38] Esse julgamento do STJ resultou na rejeição do incidente pelo TJSP (por prejudicado).[39]

---

[36] BRASIL. Superior Tribunal de Justiça. Resp 1.873.377/SP (2020/0107738-9). Relator: Min. Paulo de Tarso Sanseverino, 13 de agosto de 2020. *Dje*: Brasília, DF, 8 abr. 2022. Disponível em: https://processo.stj.jus.br/processo/pesquisa/?src=1.1.3&aplicacao=processos.ea&tipoPesquisa=tipoPesquisaGenerica&num_registro=202001077389. Acesso em: 25 mar. 2023.

[37] O IRDR nº 14 do TJSP, sob os Autos nº 0054174-66.2017.8.26.0000, sobre tese com relação ao direito fundamental à saúde, foi admitido em 7 de dezembro de 2017 pelo TJSP. No entanto, o processo de IRDR nº 14 foi afetado ao Tema nº 989 do STJ, no REsp nº 1.680.318/SP, com trânsito em julgado em 6 de junho de 2019. Antes mesmo do julgamento pelo TJSP, o IRDR foi afetado a tema controvertido em trâmite no STJ, não tendo sido produzida decisão no âmbito do tribunal de justiça para fixar tese jurídica. Ver: SÃO PAULO. Tribunal de Justiça do Estado. IRDR 0054174-66.2017.8.26.0000. Relator: Des. Grava Brazil, 7 de dezembro de 2017. *DJSP*: Poder Judiciário, 14 dez. 2017. Disponível em: https://esaj.tjsp.jus.br/cjsg/getArquivo.do?cdAcordao=11055095&cdForo=0. Acesso em: 22 maio 2021. Ver: BRASIL. Superior Tribunal de Justiça. REsp 1.680.318/SP. Relator: Min. Ricardo Villas Bôas Cueva, 27 de fevereiro de 2018. *Dje*: Brasília, DF, 2 mar. 2018. Disponível em: https://processo.stj.jus.br/repetitivos/temas_repetitivos/pesquisa.jsp?novaConsulta=true&tipo_pesquisa=T&cod_tema_inicial=989&cod_tema_final=989. Acesso em: 22 maio 2021.

[38] BRASIL. Superior Tribunal de Justiça. Resp 1.680.318/SP (2017/014677-1). Relator: Min. Ricardo Villas Bôas Cueva, 22 de agosto de 2018. *Dje*: Brasília, DF, 24 ago. 2018. Disponível em: https://processo.stj.jus.br/repetitivos/temas_repetitivos/pesquisa.jsp?novaConsulta=true&tipo_pesquisa=T&cod_tema_inicial=989&cod_tema_final=989. Acesso em: 22 maio 2021.

[39] SÃO PAULO. Tribunal de Justiça do Estado. IRDR 0054174-66.2017.8.26.0000. Relator: Des. Grava Brazil, 3 de maio de 2019. *DJSP*: Poder Judiciário, 15 maio 2019. Disponível em:

No processo do IRDR nº 2 (Processo nº 0038758-92.2016.8.26.0000), o TJSP firmou tese, em 30 de junho de 2017, no sentido de que "aos Soldados PM Temporários (...) são devidos (...) o décimo terceiro salário e as férias (...) e, para fins previdenciários, admite-se a averbação do tempo de serviço prestado, no regime geral de previdência social (...)".[40] [41] Sobreveio decisão do STF na Ação ADI nº 4.173/DF, julgada em 19 de dezembro de 2018, e no RE nº 1.231.242 RG/SP (Tema nº 1.114 RG), em 13 de novembro de 2020, reconhecendo que "o sistema de prestação voluntária de serviço auxiliar de Polícia Militar (...) não gera vínculo empregatício nem obrigação de natureza trabalhista, previdenciária ou afim",[42] vedando o pagamento de indenização referente ao 13º salário e às férias e os direitos previdenciários. Em função disso, o TJSP procedeu à revogação da tese, por meio do IRDR nº 0036604-96.2019.8.26.0000 (Tema nº 35).[43] [44]

O processo do IRDR nº 4 do TJDFT (Autos nº 0023697-25.2016.807.0000), admitido em 14 de novembro de 2016, tem como questão de direito a definição sobre o direito dos professores de turmas

---

https://tjsp.jus.br/NugepNac/Irdr/DetalheTema?codigoNoticia=51236&pagina=1. Acesso em: 22 maio 2021.

40 O IRDR nº 2 do TJSP, tramitou sob o nº 0038758-92.2016.8.26.0000, foi admitido em 26 de agosto de 2016, pelo TJSP, julgado em 30 de junho de 2017 e transitado em julgado em 21 de fevereiro de 2018. Ver: SÃO PAULO. Tribunal de Justiça do Estado. IRDR 0038758-92.2016.8.26.0000. Relator: Des. Coimbra Schmidt, 26 de agosto de 2016. *DJSP*: Poder Judiciário, 1 set. 2016. Disponível em: https://www.tjsp.jus.br/NugepNac/Irdr/DetalheTema?codigoNoticia=50880&pagina=1. Acesso em: 22 maio 2021.

41 SÃO PAULO. Tribunal de Justiça do Estado. IRDR 0038758-92.2016.8.26.0000. Relator: Des. Vicente de Abreu Amadei, 30 de junho de 2017. *DJSP*: Poder Judiciário, 21 out. 2017. Disponível em: https://esaj.tjsp.jus.br/cjsg/getArquivo.do?cdAcordao=10751280&cdForo=0. Acesso em: 22 maio 2021.

42 BRASIL. Supremo Tribunal Federal. Tema 1.114: Tese. *Portal STF*, Brasília, DF, [2021]. Disponível em: https://portal.stf.jus.br/jurisprudenciaRepercussao/verAndamentoProcesso.asp?incidente=6083656&numeroProcesso=1306505&classeProcesso=ARE&numeroTema=1114. Acesso em: 22 maio 2021. Ver: BRASIL. Supremo Tribunal Federal. Repercussão Geral no Recurso Extraordinário 1.231.242/SP. Relator: Min. Luiz Fux, 13 nov. 2020. *Dje*: Brasília, DF, 19 nov. 2020. Disponível em: https://portal.stf.jus.br/jurisprudenciaRepercussao/verAndamentoProcesso.asp?incidente=6083656&numeroProcesso=1306505&classeProcesso=ARE&numeroTema=1114. Acesso em: 22 maio 2021.

43 O IRDR nº 35 foi admitido em 31 de julho de 2020 e julgado em 4 de dezembro de 2020. Ver: SÃO PAULO. Tribunal de Justiça do Estado. IRDR 0036604-96.2019.8.26.0000. Relator: Des. Paulo Barcellos Gatti, 31 de julho de 2020. *DJSP*: Poder Judiciário, 18 ago. 2021. Disponível em: https://esaj.tjsp.jus.br/cjsg/getArquivo.do?cdAcordao=13855670&cdForo=0. Acesso em: 21 maio 2021.

44 SÃO PAULO. Tribunal de Justiça do Estado (Turma Especial). IRDR 0036604-96.2019.8.26.0000. Relator: Des. Paulo Barcellos Gatti, 4 de dezembro de 2020. *DJSP*: Poder Judiciário, 14 jan. 2021. Disponível em: https://esaj.tjsp.jus.br/cjsg/getArquivo.do?cdAcordao=14277786&cdForo=. Acesso em: 21 maio 2021.

mistas com alunos com necessidades especiais à gratificação de ensino especial (GATE).[45] Foi determinada a suspensão dos processos individuais e coletivos. A pesquisa identificou o sobrestamento de 10.008 processos. Esse IRDR foi objeto de ADI perante o Conselho Especial do TJDFT (ADI nº 2017002021004-9), com a suspensão do processo de IRDR e sem o julgamento da questão de mérito que iria definir tese jurídica no IRDR. Em 13 de agosto de 2018, o TJDFT decidiu pela prorrogação da suspensão dos processos individuais até o julgamento definitivo da tese do IRDR que, por sua vez, depende da decisão da ADI pelo TJDFT.[46] Em 20 de agosto de 2019, o Conselho Especial do TJDFT julgou pela improcedência da ADI e pela constitucionalidade do art. 20, inciso I, da Lei Distrital nº 5.105/2013, que define o direito à gratificação para professores de turmas exclusivas de alunos com necessidades especiais. Até o presente momento não houve decisão definitiva de mérito no IRDR nº 4 (aguardando-se o desfecho da ADI). Nos autos da ADI, foi interposto recurso extraordinário (RE nº 1.287.126), que não foi conhecido pelo STF (1ª Turma, *Dje* 17 abr. 2023), mantendo-se incólume a decisão do TJDFT. Até 5 de junho de 2023, havia 4.598 processos sobre a questão repetitiva sobrestados no TJDFT.[47]

O IRDR nº 7 do TJDFT (Processo nº 0051570-97.2016.8.07.0000), que tratava do termo inicial dos juros de mora no contrato de compra e venda, foi admitido em 13 de fevereiro de 2017,[48] resultando na suspensão de 23 processos no TJDFT.[49] Esse tribunal de justiça decidiu pela

---

[45] DISTRITO FEDERAL E TERRITÓRIOS. Tribunal de Justiça. Acórdão 985.993, 20160020219678IDR (0023697-25.2016.8.07.0000). Relator: Des. Mario-Zam Belmiro, 14 de novembro de 2016. *Dje-TJDFT*: Brasília, DF, 2016. Disponível em: https://www.tjdft.jus.br/consultas/gerenciamento-de-precedentes/irdr/985993-1.pdf. Acesso em: 15 maio 2021.

[46] DISTRITO FEDERAL E TERRITÓRIOS. Tribunal de Justiça. Acórdão 985.993, 20160020219678IDR (0023697-25.2016.8.07.0000). Relator: Des. Mario-Zam Belmiro, 13 de agosto de 2018. *Dje-TJDFT*: Brasília, DF, 2018. Disponível em: https://www.tjdft.jus.br/consultas/gerenciamento-de-precedentes/irdr/irdr-s-admitidos. Acesso em 16 maio 2021.

[47] DISTRITO FEDERAL E TERRITÓRIOS. Tribunal de Justiça. IRDRs admitidos. IRDR 4 – Admitido (Suspenso). Quantidade de sobrestados. *Portal TJDFT*: Brasília, DF, [2021]. Disponível em: https://www.tjdft.jus.br/consultas/gerenciamento-de-precedentes/irdr/irdr-s-admitidos. Acesso em: 5 jul. 2023.

[48] DISTRITO FEDERAL E TERRITÓRIOS. Tribunal de Justiça. Autos 20160020487484IDR (0051570-97.2016.8.07.0000). Acórdão de admissão (Documento nº 998.254). Relatora: Des. Carmelita Brasil, 13 de fevereiro de 2017. Câmara de Uniformização. *Dje-TJDFT*: Brasília, DF, 15 fev. 2017. Disponível em: https://www.tjdft.jus.br/consultas/gerenciamento-de-precedentes/irdr/998254.pdf. Acesso em: 23 maio 2021.

[49] Até 3 de junho de 2023, o número de processos sobrestados é 23. Ver: DISTRITO FEDERAL E TERRITÓRIOS. Tribunal de Justiça. IRDRs admitidos. Quantidade de sobrestados. IRDRs admitidos. IRDR 7 – Trânsito em julgado. Quantidade de sobrestados. *Portal TJDFT*: Brasília,

incidência dos juros de mora a partir da data da citação, afastando decisões do STJ no sentido do cabimento dos juros a partir da data do trânsito em julgado (entendeu-se que as decisões do STJ não consistiam precedentes vinculantes, por não terem sido resultados de questões objetos de temas em recursos repetitivos, súmula vinculante ou incidente de assunção de competência).[50] Houve reforma da tese fixada no IRDR nº 7 pelo STJ, no recurso repetitivo REsp nº 1.740.911/DF (Tema nº 1.002RR, julgado em 14 de agosto de 2019).[51] Partindo da interpretação dos arts. 394 e 396 do Código Civil, a tese fixada pelo STJ foi no sentido de definir a data do trânsito em julgado da sentença condenatória como o termo inicial dos juros de mora, para os casos de compromissos de compra e venda de unidades imobiliárias anteriores à Lei nº 13.786/2018, afastando a tese fixada no IRDR nº 7 que havia definido o marco temporal a data da citação. Não houve sobrestamento nacional dos processos.[52]

No Quadro 2, foram compilados os resultados da pesquisa sobre as teses fixadas nos processos de IRDR do TJSP e do TJDFT e julgadas pelo STF e pelo STJ em temas de repercussão geral ou de recurso repetitivo, com a indicação da mudança de entendimento do direito proferido pelos tribunais de justiça.

DF, [2021]. Disponível em: https://www.tjdft.jus.br/consultas/gerenciamento-de-precedentes/irdr/irdr-s-admitidos. Acesso em: 5 jul. 2023.

[50] DISTRITO FEDERAL E TERRITÓRIOS. Tribunal de Justiça. Autos 20160020487484IDR (0051570-97.2016.8.07.0000). Acórdão de mérito (Documento nº 1031564). Relatora: Des. Carmelita Brasil, 13 de junho de 2017. Câmara de Uniformização. *Dje-TJDFT*: Brasília, DF: 18 jul. 2017. Disponível em: https://www.tjdft.jus.br/consultas/gerenciamento-de-precedentes/irdr/irdr-7-merito.pdf. Acesso em: 23 maio 2021.

[51] Eis os termos da tese fixada pela Segunda Seção do STJ: "Nos compromissos de compra e venda de unidades imobiliárias anteriores à Lei nº 13.786/2018, em que é pleiteada a resolução do contrato por iniciativa do promitente comprador de forma diversa da cláusula penal convencionada, os juros de mora incidem a partir do trânsito em julgado da decisão". Ver: BRASIL. Superior Tribunal de Justiça. Resp 1.740.911/DF (2018/0109250-6). Relator: Min. Moura Ribeiro, 14 de agosto de 2019. 2. Seção. *Dje*: Brasília, DF, 22 ago. 2019. Disponível em: https://processo.stj.jus.br/repetitivos/temas_repetitivos/pesquisa.jsp?novaConsulta=true&tipo_pesquisa=T&sg_classe=REsp&num_processo_classe=1740911. Acesso: 24 maio 2021; BRASIL. Superior Tribunal de Justiça. Precedentes qualificados: Tema Repetitivo 1.002. *Portal STF*, Brasília, DF, [2021]. Disponível: https://processo.stj.jus.br/repetitivos/temas_repetitivos/pesquisa.jsp?novaConsulta=true&tipo_pesquisa=T&sg_classe=REsp&num_processo_classe=1740911. Acesso: 24 maio 2021.

[52] Não havia processos sobrestados em razão do IRDR nº 7. Ver: DISTRITO FEDERAL E TERRITÓRIOS. Tribunal de Justiça. IRDRs admitidos. IRDR 7 – Trânsito em julgado. Quantidade de sobrestados.

Quadro 2 - Recorribilidade dos processos de IRDR do TJSP e do TJDFT ao STF e ao STJ e a afetação ao rito dos recursos repetitivos

IRDR do TJSP ou do TJDFT	Tema de repercussão geral ou repetitivo	Houve mudança de entendimento da tese do IRDR, no julgamento do STF ou do STJ?
TJSP IRDR nº 4	nº 996/STJ	Não
TJSP IRDR nº 11	nº 1.016 e 952/STJ	Não
TJSP IRDR nº 14	nº 989/STJ	A afetação e o julgamento do tema no regime de recursos repetitivos pelo STJ prejudicaram o julgamento de mérito do IRDR.
TJSP IRDR nº 2 e 35	nº 1.114/ STF	Sim[53]
TJDFT IRDR nº 4	RE nº 1.287.126/DF	Não
TJDFT IRDR nº 7	nº 1.002/STF	Sim

Fonte: Dados da pesquisa (2021).

6 Discussão dos resultados e conclusões

Como se viu, a média de tempo para julgamento do mérito de IRDR no TJSP e no TJDFT (de 10,4 meses e de 14,92 meses, respectivamente) indica prazo próximo ao estipulado no CPC (12 meses).

A porcentagem dos processos de IRDR com decisões transitadas em julgado nos tribunais de justiça foi de 20% no TJSP e de 33% no TJDFT. Esses dados informam que a maioria dos processos de IRDR instaurados nesses tribunais ainda não produziu decisões uniformizadoras, pois 80% dos processos de IRDR admitidos no TJSP e 67% dos processos admitidos pelo TJDFT ainda se encontravam em trâmite nos tribunais, sem a produção de decisão vinculante, após um ano da admissão dos IRDR.

Já os indicadores de porcentagem de recorribilidade aos tribunais superiores – STF e STJ – atingiram as cifras de 34% dos processos de IRDR do TJSP e de 53% dos processos do TJDFT, e os indicadores da taxa de afetação ao rito dos recursos repetitivos alcançaram as porcentagens de 23% dos processos de IRDR admitidos pelo TJSP e de 13% dos processos admitidos pelo TJDFT, respectivamente.

---

[53] O IRDR nº 35 foi o processo revisor da tese fixada pelo IRDR nº 2 do TJSP, com mudança de entendimento, após o julgamento do tema pelo STF.

Sobre o indicador tempo médio de tramitação entre a decisão de admissão do IRDR, no tribunal de justiça, e a decisão transitada em julgado no tribunal de justiça, ou no STF ou no STJ (tempo médio de trânsito em julgado), a pesquisa constatou que os valores médios foram de 22,54 meses, nos processos de IRDR no TJSP, e de 27 meses, no TJDFT. A análise das decisões dos processos de IRDR afetados ao rito dos recursos repetitivos, incluindo decisões com repercussão geral e decisão de revisão de tese jurídica em IRDR revisor, demonstrou estabilidade da decisão dos tribunais de justiça, porque não revertidos pelas instâncias superiores.

A pesquisa sugere que o julgamento do IRDR tem aptidão para promover segurança jurídica e isonomia também sob o prisma qualitativo.

Por exemplo, o processo de IRDR nº 4 do TJSP, em que se discutiu tema do direito aos juros pelo descumprimento de contrato de compra e venda de imóvel por rescisão do promitente comprador. No caso, a tese jurídica fixada pelo TJSP foi mantida pelo STJ, com a ratificação da decisão no sentido da possibilidade dos juros na incidência do descumprimento do contrato de compra e venda de imóvel na planta. Além disso, o exemplo ilustra o papel que IRDR pode assumir, de "acelerador" de julgamentos nas instâncias superiores. No IRDR nº 4 do TJSP, o STJ decidiu que a tese uniformizadora deve ser restrita aos casos de descumprimento dos contratos de compra e venda do Programa "Minha Casa, Minha Vida", não sendo o precedente vinculante aplicado aos demais casos de contrato de compra e venda de imóvel na planta. Apesar do indeferimento do pedido de suspensão nacional dos processos individuais ou coletivos pelo STJ, a uniformização do direito federal foi garantida pela decisão do Tema nº 996. Esse caso, portanto, reflete o papel institucional do IRDR para contribuir com a homogeneidade do direito de abrangência nacional pelo STJ.

A análise das decisões do processo do IRDR nº 11 do TJSP, cuja questão controvertida tratou do reajuste dos contratos de planos de saúde coletivo, com tese jurídica fixada pelo TJSP, e que foi objeto de recurso especial e afetação ao Tema nº 1.016 do STJ, também com afetação do recurso especial do Tribunal de Justiça do Rio Grande do Sul (TJRS), e, posteriormente, afetado ao Tema nº 952 do STJ, evidencia igualmente a uniformização do direito nacional pelo STJ, pela abrangência nacional da decisão sobre a questão de direito controvertida e que fora também catalisada por IRDR admitido por tribunal de justiça.

A análise do processo de IRDR nº 2 do TJSP que foi objeto de revisão pelo processo de IRDR nº 35, sobre o tema do direito à remuneração e à previdência de servidor do Estado de São Paulo, pode ser considerado caso de revisão de tese por consistir em mudança do entendimento do direito a partir de decisão da Corte Superior que determinou a revisão do precedente vinculante do IRDR nº 2, pelo tribunal de justiça. A questão controvertida foi definida em sede de ADI pelo STF, posteriormente à decisão uniformizadora em IRDR do TJSP. Esse caso evidencia a possibilidade da fixação de tese jurídica por IRDR trazer insegurança jurídica.

Há um certo paradoxo, o IRDR pode funcionar tanto como acelerador da uniformização do direito nacional, promovendo segurança jurídica, quanto como fator de instabilidade para o ordenamento jurídico, se considerada que a tese firmada pelo tribunal de justiça é suscetível de revisão pelas instâncias extraordinárias.

O estudo do processo do IRDR nº 4 do TJDFT coloca em evidência o impacto da suspensão dos processos individuais e coletivos que contêm a mesma questão de direito incidental controvertida. A suspensão dos processos foi proferida para a garantia da isonomia entre os jurisdicionados, a despeito de possível prejuízo para a celeridade processual.

Já a análise do processo do IRDR nº 7 do TJDFT, cuja questão de direito foi o termo inicial dos juros de mora em ação de resolução imotivada de contrato de compra e venda de imóvel, afetado ao rito dos recursos repetitivos, o STJ reformou o entendimento do TJDFT, em julgamento ocorrido em agosto de 2019, mais de 2 anos do julgamento do IRDR pelo TJDFT (ocorrido em junho de 2017), revelando-se, no caso, um cenário de insegurança jurídica no período, especialmente porque não houve determinação de suspensão nacional de todos os processos (conforme decisão do STJ publicada no *Dje* 10 dez. 2018).

7 Conclusão

Os resultados de indicadores quantitativos e qualitativos sugerem que o IRDR tem potencial para promover a uniformização do direito, no contexto da interação entre as decisões dos tribunais de justiça e as decisões das cortes superiores em recursos repetitivos e em repercussão geral.

Pôde-se identificar a tendência à manutenção da tese fixada pelo tribunal de justiça no IRDR, funcionando a recorribilidade às cortes superiores e a afetação ao rito dos recursos repetitivos como fase de ratificação do entendimento do direito ou de modulação da decisão do tribunal de justiça.

A afetação de processos de IRDRs instaurados por esses tribunais permitiu verificar a contribuição do IRDR como "acelerador" da uniformização e da objetivação do direito federal pela resolução das questões repetitivas na dinâmica dos recursos excepcionais repetitivos.

Por fim, a pesquisa concluiu que o IRDR pode contribuir como instrumento processual efetivo para a uniformização do direito local e federal, pela promoção da segurança jurídica e da isonomia entre os jurisdicionados, encontrando-se esses dois princípios em ponderação com a celeridade processual na argumentação das decisões sobre a suspensão nacional de processos individuais e coletivos concretos.

Referências

ALVIM, Teresa Arruda; DANTAS, Bruno. *Recurso especial, recurso extraordinário e nova função dos tribunais superiores precedentes no Direito brasileiro*. 6. ed. rev., atual. e ampl. São Paulo: Thomson Reuters Brasil. 2020. *E-book*.

ÁVILA, Humberto. *Teoria da segurança jurídica*. 4. ed. rev., atual. e ampl. São Paulo: Malheiros, 2016.

BEDAQUE, José Roberto dos Santos. Instrumentalismo e garantismo: visões opostas do fenômeno processual?. *In*: BEDAQUE, José Roberto dos Santos (coord.). *Garantismo processual*: garantias constitucionais aplicadas ao processo. Brasília, DF: Gazeta Jurídica, 2016.

BEDAQUE, José Roberto dos Santos. *Tutela cautelar e tutela antecipada*: tutelas sumárias e de urgência (tentativa de sistematização). 5. ed., rev. e ampl. São Paulo: Malheiros, 2009.

BRASIL. Senado Federal. Projeto de Lei do Senado nº 166, de 2010. Autoria: Senador José Sarney (MDB/AP). Brasília, DF: Senado Federal, 2010. Disponível em: https://www25.senado.leg.br/web/atividade/materias/-/materia/97249. Acesso em: 10 maio 2021.

BRASIL. Superior Tribunal de Justiça. REsp 1.680.318/SP. Relator: Min. Ricardo Villas Bôas Cueva, 27 de fevereiro de 2018. *Dje*: Brasília, DF, 2 mar. 2018. Disponível em: https://processo.stj.jus.br/repetitivos/temas_repetitivos/pesquisa.jsp?novaConsulta=true&tipo_pesquisa=T&cod_tema_inicial=989&cod_tema_final=989. Acesso em: 22 maio 2021.

BRASIL. Superior Tribunal de Justiça. Resp 1.680.318/SP (2017/014677-1). Relator: Min. Ricardo Villas Bôas Cueva, 22 de agosto de 2018. *Dje*: Brasília, DF, 24 ago. 2018. Disponível em: https://processo.stj.jus.br/repetitivos/temas_repetitivos/pesquisa.jsp?novaConsulta=true&tipo_pesquisa=T&cod_tema_inicial=989&cod_tema_final=989. Acesso em: 22 maio 2021.

BRASIL. Superior Tribunal de Justiça. Resp 1.740.911/DF (2018/0109250-6). Relator: Min. Moura Ribeiro, 14 de agosto de 2019. 2. Seção. *Dje*: Brasília, DF, 22 ago. 2019. Disponível em: https://processo.stj.jus.br/repetitivos/temas_repetitivos/pesquisa.jsp?novaConsulta=true&tipo_pesquisa=T&sg_classe=REsp&num_processo_classe=1740911. Acesso: 24 maio 2021.

BRASIL. Superior Tribunal de Justiça. REsp 1.729.593/SP (2018/0057203-9). Relator: Min. Marco Aurélio Bellizze, 25 de setembro de 2019. *Dje*: Brasília, DF, 27 set. 2019. Disponível em: https://processo.stj.jus.br/repetitivos/temas_repetitivos/pesquisa.jsp?novaConsulta=true&tipo_pesquisa=T&cod_tema_inicial=996&cod_tema_final=996. Acesso em: 15 maio 2021.

BRASIL. Superior Tribunal de Justiça (Corte Especial). REsp 1.798.374/DF. Relator: Min. Mauro Campbell Marques, 18 de maio de 2022. *Dje*: Brasília, DF, 21 jun. 2022.

BRASIL. Superior Tribunal de Justiça. Resp 1.873.377/SP (2020/0107738-9). Relator: Min. Paulo de Tarso Sanseverino, 13 de agosto de 2020. *Dje*: Brasília, DF, 8 abr. 2022. Disponível em: https://processo.stj.jus.br/processo/pesquisa/?src=1.1.3&aplicacao=processos.ea&tipoPesquisa=tipoPesquisaGenerica&num_registro=202001077389. Acesso em: 25 mar. 2023.

BRASIL. Superior Tribunal de Justiça. Precedentes qualificados: Tema Repetitivo 1.002. *Portal STF*, Brasília, DF, [2021]. Disponível: https://processo.stj.jus.br/repetitivos/temas_repetitivos/pesquisa.jsp?novaConsulta=true&tipo_pesquisa=T&sg_classe=REsp&num_processo_classe=1740911. Acesso: 24 maio 2021.

BRASIL. Supremo Tribunal Federal. Repercussão Geral no Recurso Extraordinário 1.231.242/SP. Relator: Min. Luiz Fux, 13 nov. 2020. *Dje*: Brasília, DF, 19 nov. 2020. Disponível em: https://portal.stf.jus.br/jurisprudenciaRepercussao/verAndamentoProcesso.asp?incidente=6083656&numeroProcesso=1306505&classeProcesso=ARE&numeroTema=1114. Acesso em: 22 maio 2021.

BRASIL. Supremo Tribunal Federal. Tema 1.114: Tese. *Portal STF*, Brasília, DF, [2021]. Disponível em: https://portal.stf.jus.br/jurisprudenciaRepercussao/verAndamentoProcesso.asp?incidente=6083656&numeroProcesso=1306505&classeProcesso=ARE&numeroTema=1114. Acesso em: 22 maio 2021.

CAPPELLETTI, Mauro; GARTH, Bryant. *Acesso à Justiça.* Tradução: Ellen Gracie Northfleet. Porto Alegre: Sergio Antônio Fabris, 1988.

CAVALCANTI, Marcos Araújo. *Incidente de demandas repetitivas (IRDR).* São Paulo: Revista dos Tribunais, 2016.

CÔRTES, Osmar Mendes Paixão. O processo estrutural enquanto forma de objetivação e o ativismo judicial. *Revista de Processo: RePro*, São Paulo, v. 297, p. 271-290, p. 271-290, nov. 2019.

CNJ. Painel de Consulta ao Banco Nacional de Demandas Repetitivas e Precedentes Obrigatórios. *Portal CNJ*, Brasília, DF, [2021]. Disponível em: https://paineis.cnj.jus.br/QvAJAXZfc/opendoc.htm?document=qvw_l%2FPainelCNJ.qvw&host=QVS%40neodimio03&anonymous=true&sheet=shDRGraficos. Acesso em: 10 out. 2021.

CNJ. *Resolução nº 325, de 29 de junho de 2020*. Dispõe sobre a estratégia nacional do Poder Judiciário 2021-2026 e dá outras providências. Brasília, DF: CNJ, 29 jun. 2020. Disponível em: https://www.cnj.jus.br/gestao-estrategica-e-planejamento/atos-normativos-da-gestao-estrategica/. Acesso em: 20 jun. 2021.

DISTRITO FEDERAL E TERRITÓRIOS. Tribunal de Justiça. Acórdão 985.993, 20160020219678IDR (0023697-25.2016.8.07.0000). Relator: Des. Mario-Zam Belmiro, 14 de novembro de 2016. *Dje-TJDFT*: Brasília, DF, 2016. Disponível em: https://www.tjdft.jus.br/consultas/gerenciamento-de-precedentes/irdr/985993-1.pdf. Acesso em: 15 maio 2021.

DISTRITO FEDERAL E TERRITÓRIOS. Tribunal de Justiça. Acórdão 985.993, 20160020219678IDR (0023697-25.2016.8.07.0000). Relator: Des. Mario-Zam Belmiro, 13 de agosto de 2018. *Dje-TJDFT*: Brasília, DF, 2018. Disponível em: https://www.tjdft.jus.br/consultas/gerenciamento-de-precedentes/irdr/irdr-s-admitidos. Acesso em 16 maio 2021.

DISTRITO FEDERAL E TERRITÓRIOS. Tribunal de Justiça. Autos 20160020487484IDR (0051570-97.2016.8.07.0000). Acórdão de admissão (Documento nº 998.254). Relatora: Des. Carmelita Brasil, 13 de fevereiro de 2017. Câmara de Uniformização. *Dje-TJDFT*: Brasília, DF, 15 fev. 2017. Disponível em: https://www.tjdft.jus.br/consultas/gerenciamento-de-precedentes/irdr/998254.pdf. Acesso em: 23 maio 2021.

DISTRITO FEDERAL E TERRITÓRIOS. Tribunal de Justiça. Autos 20160020487484IDR (0051570-97.2016.8.07.0000). Acórdão de mérito (Documento nº 1031564). Relatora: Des. Carmelita Brasil, 13 de junho de 2017. Câmara de Uniformização. *Dje-TJDFT*: Brasília, DF: 18 jul. 2017. Disponível em: https://www.tjdft.jus.br/consultas/gerenciamento-de-precedentes/irdr/irdr-7-merito.pdf. Acesso em: 23 maio 2021.

DISTRITO FEDERAL E TERRITÓRIOS. Tribunal de Justiça. Autos 20160020487484IDR (0051570-97.2016.8.07.0000). Relatora: Des. Carmelita Brasil, 26 de junho de 2017. Câmara de Uniformização. *Dje-TJDFT*: Brasília, DF, 18 jul. 2017. Disponível em: https://www.tjdft.jus.br/consultas/gerenciamento-de-precedentes/irdr/irdr-7-merito.pdf. Acesso em: 23 maio 2021.

DISTRITO FEDERAL E TERRITÓRIOS. Tribunal de Justiça. IRDRs admitidos. Quantidade de sobrestados. IRDR 4 – Admitido (Suspenso). *Portal TJDFT*: Brasília, DF, [2021]. Disponível em: https://www.tjdft.jus.br/consultas/gerenciamento-de-precedentes/irdr/irdr-s-admitidos. Acesso em: 5 jul. 2023.

DISTRITO FEDERAL E TERRITÓRIOS. Tribunal de Justiça. IRDRs admitidos. Quantidade de sobrestados. IRDRs admitidos. IRDR 7 – Trânsito em julgado. Quantidade de sobrestados. *Portal TJDFT*: Brasília, DF, [2021]. Disponível em: https://www.tjdft.jus.br/consultas/gerenciamento-de-precedentes/irdr/irdr-s-admitidos. Acesso em: 5 jul. 2023.

GUSTIN, Miracy Barbosa de Sousa; DIAS, Maria Tereza Fonseca. *(Re)pensando a pesquisa científica*: teoria e prática. 3. ed., rev. e atual. Belo Horizonte: Del Rey, 2010.

MENDES, Aluisio Gonçalves de Castro. *Incidente de resolução de demandas repetitivas*: sistematização, análise e interpretação do novo instituto processual. Rio de Janeiro: Forense, 2017. *E-book*.

MENDES, Aluísio Gonçalves de Castro. O IRDR e o requisito da efetiva repetição dos processos (ou causas pendentes) que dependam da solução da questão comum de Direito a ser uniformizada. *Revista Eletrônica de Direito Processual – REDP*, Rio de Janeiro, ano 15,v. 22, n. 2, p. 1-21, maio/ago. 2021.

MONEBHURRUN, Nitish. *Manual de metodologia jurídica*: técnica para argumentar em textos jurídicos. São Paulo: Saraiva, 2015. *E-book*.

NEVES, Aline Regina das. *Incidente de resolução de demandas repetitivas*: compreensão crítica. Belo Horizonte: D´Plácido, 2021.

OLIVEIRA, André Macedo de. *Recursos especiais repetitivos e efetividade jurisdicional*: a terceira margem do Superior Tribunal de Justiça. 2014. 335 f. Tese (Doutorado em Direito, Estado e Constituição) – Universidade de Brasília, Brasília, 2014. Disponível em: https://repositorio.unb.br/handle/10482/16698. Acesso em: 28 jun. 2021.

PEIXOTO, Ravi. *Superação do precedente e segurança jurídica.* 4. ed., rev., ampl. e atual. Salvador: Juspodivm, 2019.

PRITSCH, Cesar Zucatti. IRDR, IAC e *stare decisis* horizontal: teoria geral e aspectos controvertidos. *In:* PRISTCH, Cesar Zucatti; JUNQUEIRA, Fernanda Antunes Marques; HIGA, Flávio da Costa; MARANHÃO, Ney (coord.). *Precedentes no processo do trabalho.* São Paulo: Thomson Reuters Brasil, 2020.

SÃO PAULO. Tribunal de Justiça do Estado. IRDR 0023203-35.2016.8.26.000. Acórdão de mérito. Relator: Des. Francisco Loureiro, 31 de agosto de 2017. *DJSP*: Poder Judiciário, 15 set. 2017. Disponível em: https://www.tjsp.jus.br/NugepNac/Irdr/DetalheTema?codigoNoticia=51082&pagina=1. Acesso em: 15 maio 2021.

SÃO PAULO. Tribunal de Justiça do Estado. IRDR 0043940-25-2017.8.26.0000. Acórdão de mérito. Relator: Des. Grava Brazil, 8 de novembro de 2018. *DJSP*: Poder Judiciário, 8 nov. 2018. Disponível em: https://www.tjsp.jus.br/NugepNac/Irdr/DetalheTema?codigoNoticia=51233&pagina=1. Acesso em: 15 maio 2021.

SÃO PAULO. Tribunal de Justiça do Estado. IRDR 0054174-66.2017.8.26.0000. Relator: Des. Grava Brazil, 7 de dezembro de 2017. *DJSP*: Poder Judiciário, 14 dez. 2017. Disponível em: https://esaj.tjsp.jus.br/cjsg/getArquivo.do?cdAcordao=11055095&cdForo=0. Acesso em: 22 maio 2021.

SÃO PAULO. Tribunal de Justiça do Estado. IRDR 0054174-66.2017.8.26.0000. Relator: Des. Grava Brazil, 3 de maio de 2019. *DJSP*: Poder Judiciário, 15 maio 2019. Disponível em: https://tjsp.jus.br/NugepNac/Irdr/DetalheTema?codigoNoticia=51236&pagina=1. Acesso em: 22 maio 2021.

SÃO PAULO. Tribunal de Justiça do Estado. IRDR 0038758-92.2016.8.26.0000. Relator: Des. Coimbra Schmidt, 26 de agosto de 2016. *DJSP*: Poder Judiciário, 1 set. 2016. Disponível em: https://www.tjsp.jus.br/NugepNac/Irdr/DetalheTema?codigoNoticia=50880&pagina=1. Acesso em: 22 maio 2021.

SÃO PAULO. Tribunal de Justiça do Estado. IRDR 0038758-92.2016.8.26.0000. Relator: Des. Vicente de Abreu Amadei, 30 de junho de 2017. *DJSP*: Poder Judiciário, 21 out. 2017. Disponível em: https://esaj.tjsp.jus.br/cjsg/getArquivo.do?cdAcordao=10751280&cdForo=0. Acesso em: 22 maio 2021.

SÃO PAULO. Tribunal de Justiça do Estado. IRDR 0036604-96.2019.8.26.0000. Relator: Des. Paulo Barcellos Gatti, 31 de julho de 2020. *DJSP*: Poder Judiciário, 18 ago. 2021. Disponível em: https://esaj.tjsp.jus.br/cjsg/getArquivo.do?cdAcordao=13855670&cdForo=0. Acesso em: 21 maio 2021.

SÃO PAULO. Tribunal de Justiça do Estado (Turma Especial). IRDR 0036604-96.2019.8.26.0000. Relator: Des. Paulo Barcellos Gatti, 4 de dezembro de 2020. *DJSP*: Poder Judiciário, 14 jan. 2021. Disponível em: https://esaj.tjsp.jus.br/cjsg/getArquivo.do?cdAcordao=14277786&cdForo=. Acesso em: 21 maio 2021.

YIN, Robert K. *Estudo de caso*: planejamento e métodos. Tradução: Ana Thorell. 4. ed. Porto Alegre: Bookman, 2010.

Apêndice I – Lista dos IRDRs analisados

(continua)

Nº IRDR	Nº autos	TJ	REsp		RE		Situação em 15/09/2024
			Interposto?	Nº	Interposto?	Número	
1	2059683-75.2016.8.26.0000	TJSP	Sim	REsp nº 1.797.489/SP (2019/0049685-4)	Não	-	Suspensão cessada – trânsito em julgado em 5/04/2024
2	0038758-92.2016.8.26.0000	TJSP	Não	-	Não	-	Trânsito em julgado em 21/02/2018
3	2121567-08.2016.8.26.0000	TJSP	Não	-	Não	-	Suspensão cessada - trânsito em julgado em 27/06/2017
4	0023203-35.2016.8.26.0000	TJSP	Sim.	REsp nº 1.729.593/SP – afetado em 18/09/2018	Não	-	Trânsito em julgado em 27/11/2019
5	2151535-83.2016.8.26.0000	TJSP	Não	-	Não	-	Trânsito em julgado em 1/09/2017
6	0055880-21.2016.8.26.0000	TJSP	Não	-	Não		Suspensão cessada – trânsito em julgado em 21/08/2018
7	0056229-24.2016.8.26.0000	TJSP	Não	-	Não	-	Suspensão cessada – trânsito em julgado em 28/06/2018
8	2210494-47.2016.8.26.0000	TJSP	Sim	REsp nº 1.615.474/SP (2019/0334281-8)	Não	-	Suspensão cessada – trânsito em julgado em 12/05/2021

(continua)

Nº IRDR	Nº autos	TJ	REsp		RE		Situação em 15/09/2024
			Interposto?	Nº	Interposto?	Número	
9	2246948-26.2016.8.26.0000	TJSP	Sim	REsp nº 1.163.020/RS (2009/0205525-4	Não	-	Suspensão cessada – acórdão de mérito publicado n Tema nº 986 do STJ. Acórdão de extinção publicado em 29/08/2024.
10	0034345-02.2017.8.26.0000	TJSP	Não	-	Sim	RE nº 1.224.320/SP	Suspensão cessada – trânsito em julgado em 12/05/2020
11	0043940-25-2017.8.26.0000	TJSP	Sim	REsp nº 1.873.377/SP (2020/0107738-9). Afetação em 04/07/2019	Não	-	Agravo em Recurso Extraordinário encaminhado ao STF em 04/09/2023 (ARE nº 1.456.101)
12	0025690-41.2017.8.26.0000	TJSP	Sim	REsp nº 1.585.962/SP (2019/0278818-2).	Sim	RE nº 1.251.509.	Suspensão cessada – trânsito em julgado em 07/11/2020 (ARE nº 1.251.509)
13	2187472-23.2017.8.26.0000	TJSP	Sim	REsp. nº 1.925.456/SP (2020/0027331-0	Não	-	Suspensão: acórdão publicado no REsp nº 1.9254.56, no *Dje* de 08/06/2021. Interposto o ARE nº 1.467.384, no STF

(continua)

Nº IRDR	Nº autos	TJ	REsp		RE		Situação em 15/09/2024
			Interposto?	Nº	Interposto?	Número	
14	0054174-66.2017.8.26.0000	TJSP	Sim	REsp nº 1.680.318/SP	Não	-	Suspensão cessada – trânsito em julgado do Tema nº 989 do STJ, em 14/03/2019
15	0026150-28.2017.8.26.0000	TJSP	Sim	REsp não disponível pelo TJ	Não	-	Suspensão cessada – trânsito em julgado em 20/12/2019
16	0036675-69.2017.8.26.0000	TJSP	Sim	REsp nº 1.655.541/SP (2020/0020652-8).	Não	-	Suspensão cessada – trânsito em julgado em 27/01/2023
17	0037860-45.2017.8.26.0000	TJSP	Sim	REsp nº 1.913.830/SP (2020/0344107-0)	Sim	RE nº 0037860-45.2017.8.26.0000/50001	Recursos especial e extraordinário inadmitidos (publicação, em 2/02/2021)
18	2052404-67.2018.8.26.0000	TJSP	Sim	REsp nº 1.836.423/SP (2019/0265391-8)	Não	-	Suspensão cessada – trânsito em julgado em 2/09/2024
19	2243516-62.2017.8.26.0000	TJSP	Sim	REsp nº 1.648.499/SP (2020/0012079-1)	Não	-	Suspensão ativa: STJ: há RE pendente. Tema nº 1.113 – REsp nº 1.9378.21 – Recurso Extraordinário admitido (RE nº 1412419)

(continua)

Nº IRDR	Nº autos	TJ	REsp		RE		Situação em 15/09/2024
			Interposto?	Nº	Interposto?	Número	
20	0043917-79.2017.8.26.0000	TJSP	Sim	REsp nº 1.840.264 - SP (2019/0288350-7).	Sim	RE não disponível pelo TJ	Suspensão cessada – trânsito em julgado em 18/04/2024
21	0007951-21.2018.8.26.0000	TJSP	Não	-	Sim. Sobresta-mento em 15/01/2021.	RE nº 1.334.877/SP, sobrestado pelo Tema nº 1.019 do STF	Tema repercussão geral: nº 1.019 (transitado em julgado em 20/02/2024)
22	2117375-61.2018.8.26.0000	TJSP	Não	-	Não	-	Suspensão cessada – trânsito em julgado em 6/12/2019
23	0030554-88.2018.8.26.0000	TJSP	Não	-	Sim	-	Suspensão cessada – trânsito em julgado em 30/07/2020
24	0057572-21.2017.8.26.0000	TJSP	Não	-	Não	-	Acórdão de inadmissibilidade em 20/02/2020. Tema cancelado. trânsito em julgado: 4/05/2020.
25	2178554-93.2018.8.26.0000	TJSP	Não	-	Não	-	Suspensão ativa, há AREsp pendente. Recursos especial e extraordinário interpostos em 12/04/2022.

(continua)

Nº IRDR	Nº autos	TJ	REsp		RE		Situação em 15/09/2024
			Interposto?	Nº	Interposto?	Número	
26	2166423-86.2018.8.26.0000	TJSP	Sim	REsp nº 1.942.898/SP	Não	-	Suspensão ativa, há REsp pendente. Processo no STJ: Resp nº 1.9428.98 (Controvérsia nº 339).
27	2236320-07.2018.8.26.0000	TJSP	Não	-	Não	-	Suspensão cessada – trânsito em julgado em 30/11/2022
28	2103746-20.2018.8.26.0000	TJSP	Não	-	Não	-	Trânsito em julgado em 30/11/2022. Tema repetitivo no STJ: nº 1.165
29	0013572-62.2019.8.26.0000	TJSP	Não	-	Não	-	Suspensão ativa, há ARE pendente. Recurso extraordinário interposto: 28/09/2020. Repercussão geral reconhecida em 3/09/2021 –Tema nº 1.167 do STF.
30	2020356-21.2019.8.26.0000	TJSP	Não	-	Sim	-	Trânsito em julgado em 19/06/2021
31	0032441-73.2019.8.26.0000	TJSP	Não	-	Não	-	Suspensão cessada – trânsito em julgado em 20/07/2021

(continua)

Nº IRDR	Nº autos	TJ	REsp		RE		Situação em 15/09/2024
			Interposto?	Nº	Interposto?	Número	
32	2059206-47.2019.8.26.0000	TJSP	Sim	-	Sim	-	Suspensão cessada – trânsito em julgado em 4/10/2022
33	2239790-12.2019.8.26.0000	TJSP	Não	-	Não	-	Suspensão ativa, há REsp pendente. Recursos especial e extraordinário admitidos: 31/03/2022. Tema repetitivo no STJ: nº 1.183.
34	0044617-84.2019.8.26.0000	TJSP	Não	-	Não	-	Suspensão cessada – trânsito em julgado em 05/10/2022. Tema Correlato: nº 1.037 do STF.
35	0036604-96.2019.8.26.0000	TJSP	Não	-	Não	ADI nº 4.173/DF; RE nº 1.231.242/SP (Tema nº 1.114 RG); RE nº 1.287.126.	Suspensão cessada – trânsito em julgado em 20/07/2021
1	0014857-26.2016.807.0000	TJDFT	Sim	REsp nº 1.710.938/DF	Não houve	-	Trânsito em julgado em 07/02/2020
2	0022013-65.2016.8.07.0000	TJDFT	Sim	-	Não houve	-	Trânsito em julgado em 25/09/2019

(continua)

Nº IRDR	Nº autos	TJ	REsp		RE		Situação em 15/09/2024
			Interposto?	Nº	Interposto?	Número	
3	0026387-27.2016.807.0000	TJDFT	Sim	-	Não houve	-	Trânsito em julgado em 20/08/2018
4	0023697-25.2016.807.0000	TJDFT	Não houve	-	Não houve RE. Há ADI nº 2017002021004-9	Houve ADI perante o Conselho Especial do TJDFT (ADI nº 2017002021004-9). Nos autos da ADI, foi interposto recurso extraordinário (RE nº 1.287.126).	Suspenso, até o julgamento da ADPF nº 615. (Data da Decisão: 16/10/2023)
5	0043918-29.2016.807.0000	TJDFT	Não houve	-	Não houve	-	Trânsito em julgado em 20/09/2019
6	0037189-84.2016.8.07.0000	TJDFT	Sim	REsp nº 1.761.278/ DF (2018/0213476-3). -	Não houve	-	Recurso especial pendente
7	0051570-97.2016.8.07.0000	TJDFT	Sim	REsp nº 1.740.911/ DF(2018/0109250-6, admitido no STJ como Tema nº 1.002	Não houve	-	Trânsito em julgado em 13/09/2019
8	0051558-83.2016.807.0000	TJDFT	Sim	REsp nº 1.818.564/ DF (2019/0163526-7).	Não houve	-	Trânsito em julgado em 29/09/2021

(conclusão)

Nº IRDR	Nº autos	TJ	REsp		RE		Situação em 15/09/2024
			Interposto?	Nº	Interposto?	Número	
9	0012825-14.2017.8.07.0000	TJDFT	Sim	AREsp nº 1.292.857/DF (2018/010771).	Sim	ARE nº 1.233.479/DF	Recursos especial e extraordinários pendentes
10	0022666-33.2017.8.07.0000	TJDFT	Sim	REsp nº 1.860.778/DF (2020/0028257-2). Controvérsia nº 147 STJ cancelada	Não	-	Trânsito em julgado em 10/08/2023
11	0004323-52.2018.8.07.0000	TJDFT	Sim	-	Sim	-	Recursos especial e extraordinário pendentes, admitidos em 1/10/2020
12	0007393-77.2018.8.07.0000	TJDFT	Não há	-	Não há	-	Trânsito em julgado em 15/12/2020
13	0005057-03.2018.8.07.0000	TJDFT	Não há	-	Não há	-	Recursos especial e extraordinário pendentes, admitidos em 26/06/2022
14	0715584-36.2019.8.07.0000	TJDFT	Não há	-	Não há	-	Trânsito em julgado em 30/04/2021
15	0717865-62.2019.8.07.0000	TJDFT	Não há	-	Não há	-	Trânsito em julgado em 10/06/2021

Informação bibliográfica deste texto, conforme a NBR 6023:2018 da Associação Brasileira de Normas Técnicas (ABNT):

QUINTAS, Fábio Lima; OLIVEIRA, Aline Arêdes de. A efetividade do incidente de resolução de demandas repetitivas (IRDR): um estudo empírico à luz dos princípios da isonomia, da celeridade e da segurança jurídica. *In*: MENDES, Gilmar Ferreira; GALLOTTI RODRIGUES, Maria Isabel Diniz; ALVIM, Teresa Arruda (coord.). *O novo perfil do controle difuso de constitucionalidade*: estudos em homenagem ao Professor Bruno Dantas nos 20 anos da Repercussão Geral. Belo Horizonte: Fórum, 2025. p. 159-196. ISBN 978-65-5518-898-1.

ACORDOS EM JURISDIÇÃO CONSTITUCIONAL E AS NOVAS FUNÇÕES DA RECLAMAÇÃO NA JURISPRUDÊNCIA DO SUPREMO TRIBUNAL FEDERAL (STF)

GEORGES ABBOUD

1 Introdução

O presente artigo integra uma coletânea produzida em justa homenagem ao Professor e Ministro Bruno Dantas, exemplo de jurista e a quem devemos em larga medida o (re)descobrimento das potencialidades do Tribunal de Contas da União (TCU) em uma democracia. Sem nenhum exagero, é possível afirmar que a atuação do Ministro Bruno Dantas impactou profundamente o direito público brasileiro, em especial no TCU, criando novos mecanismos de autocomposição de modo a aperfeiçoar o Administrative State brasileiro.

Neste texto, temos como objetivo discutir a posição do Supremo Tribunal Federal (STF) em relação à possibilidade de celebração de acordos no âmbito da jurisdição constitucional e ao redimensionamento da ação de reclamação constitucional, que de há alguns anos consideramos um dos mais importantes instrumentos jurídicos à disposição de nossa Corte Suprema.

Esses dois pontos são centrais na contemporaneidade, marcada pela complexificação das relações sociais e pela necessidade de adoção de uma racionalidade jurídica distinta, que seja capaz de absorver múltiplos aportes cognitivos e de assimilar adequadamente as expectativas normativas e cognitivas de diversos segmentos sociais.

Nesse contexto, em que muitos dos conflitos submetidos à jurisdição constitucional apresentam uma complexidade sem precedentes, cabe ao STF adotar práticas decisórias epistemologicamente mais densas, ou seja, baseadas em um amplo acervo cognitivo fornecido por todas as partes envolvidas no processo.

De um lado, esse cenário favorece a celebração de acordos em ações objetivas, possibilitando soluções socialmente menos traumáticas, mais plurais e detalhadas, que podem, posteriormente, ser revisadas pelo STF.

Por outro lado, a necessidade de abertura cognitiva do STF demanda uma reflexão sobre a função que a reclamação constitucional pode desempenhar nesse contexto, com o objetivo de permitir a calibragem dos posicionamentos vinculantes estabelecidos em ações de controle abstrato, seja revisando-os, seja fornecendo aportes que permitam a fixação de teses mais consequentes em processos cujo julgamento ainda não tenha sido finalizado.

Pretendemos, assim, contribuir para o aprofundamento desses dois eixos de discussão, à luz da própria atividade jurisdicional recente do STF.

2 O STF e os acordos em jurisdição constitucional

Dentro de um quadro social complexo, o STF, com vistas a produzir decisões menos irruptivas e mais legítimas, tem adotado paradigmas decisórios novos. Insere-se, nesse contexto, a abertura dos flancos para a possibilidade de celebração de acordos em sede de jurisdição constitucional, uma das práticas que se destaca não apenas pela relevância prática e teórica, mas, também, pelos ataques que tem sofrido e pelas simplificações grosseiras que buscam reduzi-la a um "balcão de negócios".

Os ataques à possibilidade de entabulamento de acordos em sede de ações objetivas se inserem em um contexto mais amplo de ataques direcionados ao próprio STF, os quais, por sua vez, constituem uma forma autoritária de diminuir a violência recíproca nutrida por membros da comunidade a partir da caracterização da Corte enquanto *inimigo ficcional*.[1]

Para o historiador francês René Girard, toda vez que uma sociedade atinge um determinado nível de violência interna, oriunda de desejos miméticos recíprocos, impõe-se uma substituição do objeto da raiva. Assim, a violência antes direcionada reciprocamente aos membros de uma comunidade que rivalizavam por um objeto comum de desejo, é agora homogeneamente direcionada a uma figura a princípio inócua, que serve, exclusivamente, para descomprimir a tensão que antes recaia sobre o corpo social.[2]

Na teoria mimética de Girard, essa figura inócua que canaliza toda a fúria social recebe o nome de *bode expiatório*, isto é, um inimigo público comum a todos os membros da sociedade, alçado a essa condição para proteger a sociedade da violência que ela própria criou.[3]

Para refrear a violência e o autoritarismo que marcam a sociedade brasileira,[4] segmentos sociais especialmente radicalizados e setores mediáticos específicos alçaram à condição de bode expiatório o STF, menos pelas decisões que eles efetivamente prolatam e mais por uma caricatura delas, amplamente pulverizadas pelas mídias sociais e até mesmo em editoriais e artigos de opinião lançados em jornais tradicionais.

No limite, trata-se de uma estratégia reacionária, predecessora de regimes autoritários. Exemplo cabal disso é a obra de Wojciech Sadurski, que demonstra como o Tribunal Constitucional polonês foi "capturado" em um ato que se desenrolou em duas fases: em um primeiro momento, a Corte foi paralisada e tornada incapaz de conter exercícios arbitrários de poder para, na sequência, tornar-se um "assistente ativo

---

1 Cf. ABBOUD, Georges. *Ativismo judicial*: os perigos de se transformar o STF em inimigo ficcional. São Paulo: Revista dos Tribunais, 2022.

2 GIRARD, René. *A violência e o sagrado*. Tradução: Martha Conceição Gambini. 3. ed. São Paulo: Paz e Terra, 1990. p. 183.

3 "O sacrifício tem aqui uma função real, e o problema da substituição coloca-se no nível de toda a comunidade. A vítima não substitui tal ou tal indivíduo particularmente ameaçado e não é oferecida a tal ou tal indivíduo particularmente sanguinário. *Ela simultaneamente substitui e é oferecida a todos os membros da sociedade, por todos os membros da sociedade. E a comunidade inteira que o sacrifício protege de sua própria violência, é a comunidade inteira que se encontra assim direcionada para vítimas exteriores*. O sacrifício polariza sobre a vítima os germens de desavença espalhados por toda parte, dissipando-os ao propor-lhes uma saciação parcial" (GIRARD. *A violência e o sagrado*, p. 19, grifos nossos).

4 SCHWARCZ, Lilia Moritz. *Sobre o autoritarismo brasileiro*. São Paulo: Companhia das Letras, 2019. *passim*.

da maioria parlamentar",[5] função simetricamente oposta àquela que deve desempenhar uma Corte Constitucional.

Em sua obra, Sadurski lista uma série de "frases de efeito" típicas de regimes populistas bem-sucedidos, dentre as quais destacamos: (i) "ressentimento cultural e religioso, expresso na desconfiança do 'politicamente correto' e na tolerância multicultural" e (ii) "desencanto com a atual elite política e com o 'establishment', combinado com a percepção de que o *establishment* é arrogante, remoto e insensível às necessidades das 'pessoas reais'".[6] Não é difícil, no Brasil atual, encontrar ambas as características diuturnamente atribuídas à atuação do STF,[7] inclusive por integrantes do mundo acadêmico.

É precisamente nesse contexto que se inserem os ataques direcionados à possibilidade de acordos em jurisdição constitucional enquanto prática refletida, permitida pelo STF como forma de ampliação cognitiva das decisões emanadas da Corte.

Não se busca, decisivamente, silenciar as críticas feitas ao STF ou torná-las ilegítimas. Nada há de errado em criticar determinadas decisões do STF, desde que se o faça de forma fundamentada e institucional, como faço, aliás, de há muito. Todavia, as críticas formuladas recentemente, alarmistas em geral, têm servido mais para minar a legitimidade da Corte do que para aprimorá-la, servindo, por consequência inevitável, de linha auxiliar dos setores extremados e golpistas da sociedade e da política.

Os críticos do STF têm visto com desconfiança a possibilidade de a Corte abrir espaços de conciliação, e um assunto em específico fez com que essa descrença novamente povoasse os jornais: as questões fundiárias relativas à demarcação de terras indígenas após o advento da Lei nº 14.701, de 20 de outubro de 2023, que se encontra em discussão em diversas ações constitucionais (ADC nº 87, ADIn nº 7.582, ADIn nº 7.583, ADIn nº 7586 e ADO nº 86).

Além de pueril, as críticas formuladas em relação ao assunto têm nítido viés maniqueísta, porque vilanizam, previamente, todos os entes

---

[5] SADURSKI, Wojciech. *Poland's Constitutional Breakdown*. New York: Oxford University Press, 2019. p. 61.

[6] SADURSKI. *Poland's Constitutional Breakdown*, p. 168, tradução nossa.

[7] MENDES, Gilmar Ferreira; ABBOUD, Georges. O dia da infâmia: os ataques golpistas de 8/1 e as *fake news* contra o Supremo. *Conjur*, São Paulo, 22 jan. 2023. Disponível em: https://www.conjur.com.br/2023-jan-22/gilmar-mendes-georges-abboud-81-dia-infamia/. Acesso: 23 ago. 2024.

justapostos aos indígenas no conflito. Assim, trata-se menos de debater um caso específico do que se indignar de forma ampla e abrangente com relação à própria prática conciliatória, que transformaria, segundo os seus críticos, o STF numa espécie de "mercador de direitos" em vez de uma Corte protetora de direitos fundamentais.[8]

A tese da conciliação em sede de jurisdição constitucional, por mim defendida, pioneiramente, desde 2018, foi recebida com muitas críticas e alarmismos, muito semelhantes ao que ainda hoje circulam pelos jornais. Contudo, ela se justifica haja vista a complexidade crescente dos conflitos que chegam ao STF, isto é, conflitos *paradoxais*, que não permitem uma solução binária (procedente/improcedente) para sua total resolução.

Por conseguinte, conflitos cada vez mais acirrados do ponto de vista social, juntamente com a crescente judicialização de temas tecnológicos, impõem ao STF a criação de soluções dialogadas e conciliatórias com a sociedade civil e os demais Poderes da República.

Ainda que os conflitos paradoxais não sejam numericamente predominantes, é cada vez mais evidente que eles veiculam algumas das questões sociais mais sensíveis e potencialmente violadoras de direitos fundamentais. Por isso, cabe à dogmática elaborar critérios e oferecer aportes[9] para que o STF, por sua vez, esteja preparado para lidar com essa espécie de conflito. Nesse contexto, a resistência aos acordos em jurisdição constitucional soa como uma tendência reacionária que impede o Supremo de aprimorar sua atividade jurisdicional, e se distancia muito de uma preocupação legítima com a tutela de direitos.

Sob essa perspectiva, o equívoco essencial dos comentadores da Corte está em considerar como *causa* (de vulnerabilização futura de direitos) aquilo que é mero *efeito* de novas circunstâncias sociais, políticas e tecnológicas. Dito de outro modo, o STF não se tornou um conciliador da noite para o dia. Na realidade, a pressão dos eventos e da complexidade dos litígios que são submetidos ao Tribunal fez

---

8 ABBOUD, Georges. O STF é mesmo um bazar de direitos? *Folha de S.Paulo*, São Paulo, 18 jul. 2024. Disponível em: https://www1.folha.uol.com.br/opiniao/2024/07/o-stf-e-mesmo-um-bazar-de-direitos.shtml. Acesso: 23 ago. 2024.

9 "Se o Direito é uma generalização congruente desses mecanismos, a Dogmática em sociedades de alta complexidade é o seu veículo. Neste sentido, os conceitos dogmáticos e as doutrinas não constituem o sistema do Direito, mas dirigem-no. Sua função não é constitutiva, mas regulativa. Se nos é permitido falar por metáforas, o sistema jurídico se assemelha a um automóvel no qual a Dogmática é o volante e o câmbio" (FERRAZ JÚNIOR, Tércio Sampaio. *Função social da dogmática jurídica*. São Paulo: Max Limonad, 1998. p. 125).

com que fosse necessário ampliar a legitimidade democrática de suas decisões mediante garantia de acesso de setores da sociedade civil ou da política institucional à jurisdição constitucional como legitimados ativos ou *amici curiae*.

Essa ampliação cognitiva nos parece inescapável, seja porque tais litígios tratam de questões técnicas complexas, seja porque tratam de questões políticas para as quais a Constituição não deu solução, ou, ainda, para os casos em que a simples decisão do Poder Judiciário é insuficiente para aplacar os conflitos subjacentes e proteger os direitos fundamentais em questão. Resistir a essas circunstâncias é uma tentativa de reviver o já batido brocardo latino *in claris cessat interpretatio*, declarado morto há muito tempo pela hermenêutica.[10]

Para melhor enquadrar o debate, importa-nos destacar que os paradigmas liberal e material do direito se mostraram insuficientes para regular situações sociais francamente complexas e dependentes de conhecimentos produzidos de forma descentralizada na sociedade e de forma concorrente por diversos atores públicos e privados.[11]

A complexidade dos conflitos contemporâneos demanda um novo modelo de produção jurídica, o qual deve ser epistemologicamente aberto para sofrer constantes influxos de segmentos sociais e grupos plurais da sociedade civil, particularmente vocacionados para obter dados e oferecer à burocracia estatal juízos técnicos inalcançáveis aos tradicionais Poderes da República.

Esse novo modelo de produção jurídica aproxima-se do paradigma do direito procedural, resultado das elaborações teóricas de Rudolf Wiethölter, Gunther Teubner e Karl-Heinz Ladeur. Busca-se, com este modelo, alcançar uma forma de (re)produção jurídica que ultrapasse as racionalidades formal e material em busca de uma racionalidade que garanta a determinados espaços privados uma autonomia autorregulatória obviamente orientada à tutela dos direitos fundamentais.

Em sua conformação pós-regulatória, o direito deve operar como um "mecanismo indireto e abstrato de controle social".[12] Conforme

---

[10] Sobre o assunto, cf., por todos, STRECK, Lenio Luiz. *Verdade e consenso*: Constituição, hermenêutica e teorias discursivas 6. ed. São Paulo: Saraiva, 2017. *passim*.

[11] ABBOUD, Georges. *Direito Constitucional pós-moderno*. 2. ed. São Paulo: Thomson Reuters, 2024. p. 631 e ss.

[12] KROSCHINSKY, Matthäus. *Unidade e fragmentação*: em torno da sociologia jurídica de Gunther Teubner. 2023. 216 f. Dissertação (Mestrado em Direito) – Faculdade de Direito, Pontifícia Universidade Católica de São Paulo, São Paulo, 2023. f. 106.

anotou Matthäus Kroschinsky em estudo dedicado à obra de Gunther Teubner, nas condições presentes as crises sociais que haviam anteriormente migrado dos *mercados* para os *mecanismos* do Estado Social – tendência identificada por Jürgen Habermas nos idos dos anos de 1970[13] – retornam, agora, "às instituições de mercado e reaparecem sob novas formas que já não podem mais ser gerenciadas através de cálculos econômicos e, desse modo, passam a conflitar com as racionalidades internas de cada subsistema social e devem ser solucionados pela via de regimes jurídicos privados gestados pelos próprios sistemas em conflito".[14]

Não se trata, na atualidade, de simplesmente garantir espaços individuais de liberdade ou de tentar corrigir os déficits da modernidade por intermédio do direito material. O STF de hoje se depara com questões como *fake news* (Inq. nº 4.871), controle de dados de usuários por provedores de internet no exterior (ADC nº 51), proibição do uso de substâncias como o amianto (ADIn nº 3.937), constitucionalidade das pesquisas com células-tronco embrionárias (ADIn nº 3.510) e análise das consequências para a saúde pública e fornecimento de energia envolvidas na redução do campo eletromagnético em linhas de transmissão de energia elétrica (RE nº 627.189).[15]

São questões que muitas vezes o direito não consegue sequer tangenciar, mas precisa ser capaz de resolver, o que faz, em certas ocasiões, de forma indireta, criando *condições* de produção do conhecimento adequado e emitindo decisões sujeitas à revisão.

Obviamente, não se trata de transformar a conciliação em regra no STF. O seu uso deve se dar em temas complexos, tal como descrito, perante os quais o acordo apresenta ao menos quatro grandes vantagens, em relação às decisões tradicionais: a) definição de questões complexas em tempo mais razoável do que costumeiramente ocorre até prolação de decisão pelo STF; b) o acordo admite solução mais plural e detalhada, permitindo estabelecimento de cronograma e de regras para implementação e cumprimento da decisão; c) o acordo, diferentemente da decisão judicial, é mais maleável e possibilita a revisão de seus termos de forma menos traumática; d) por fim, e o mais importante, o acordo

---

13 HABERMAS, Jürgen. *Legitimation Crisis*. Tradução: Thomas McCarthy. Cambridge: Polity Press, 1988. p. 68 e ss.

14 KROSCHINSKY. *Unidade e fragmentação*: em torno da sociologia jurídica de Gunther Teubner, f. 52-53.

15 Cf. ABBOUD. *Direito Constitucional pós-moderno*, p. 695 e ss.

é ontologicamente consensual; diferentemente de uma decisão, ele não estabelece vencedores e vencidos. A sua instituição é menos traumática do ponto de vista social.

Diferentemente do tom apocalíptico adotado por diversos textos que tratam do assunto,[16] os acordos em sede de jurisdição constitucional já são uma realidade e existem diversos exemplos de sucesso, sem que seu uso nunca tenha transformado o Supremo em um mercador de direitos ou nos autorizado a afirmar que a Corte tenha interesse em mediar conflitos entre estupradores e estuprados, senhores e escravos, casa-grande e senzala. É sim possível vislumbrar, contudo, que os acordos reduzem tensões e evitam prolongamento de conflitos institucionais entre Poderes e entre entes federativos, pacificando de forma mais suave o conflito havido entre eles.

Sem ter havido qualquer apocalipse constitucional, dentre os casos em que já houve acordos bem sucedidos no STF, podemos citar alguns que são particularmente elucidativos:

(i) ADPF/PR nº 568

Trata-se de arguição de descumprimento fundamental ajuizada pela Procuradoria-Geral da República (PGR) para impugnar decisão judicial, proferida pela 13ª Vara Federal de Curitiba, que homologou Acordo de Assunção de Compromissos firmado entre o Ministério Público Federal e a Petrobras, com a finalidade de cumprir obrigações assumidas pela empresa perante autoridades públicas norte-americanas, destacando a destinação de US$682.560.000,00 para autoridades brasileiras, cuja administração caberia ao Ministério Público Federal (MPF).

Argumentou a Procuradoria-Geral da União (PGU) que a decisão judicial do juízo de Curitiba violava uma série de preceitos fundamentais, dentre os quais a separação de poderes, uma vez que não compete ao MPF a administração do dinheiro oriundo de negócio jurídico celebrado com autoridade norte-americanas e, tampouco, a execução desse orçamento bilionário.

O Ministro Alexandre de Moraes, a quem coube a relatoria da ação, optou por uma *solução dialógica*. Assim, em decisão de 22 de março de 2020, homologou o "Acordo sobre a Destinação dos Valores", firmado em 5 de setembro de 2019 pela Procuradoria-Geral da República

[16] Cf. VIEIRA, Oscar Vilhena. O grande bazar de direitos. *Folha de S.Paulo*, São Paulo, 12 jul. 2024. Disponível em: https://www1.folha.uol.com.br/colunas/oscarvilhenavieira/2024/07/o-grande-bazar-de-direitos.shtml. Acesso: 23 ago. 2024.

(PGR) e pela Presidência da Câmara dos Deputados, juntamente com a Advocacia-Geral da União (AGU) e com a interveniência da Presidência do Senado Federal e do Procurador-Geral da Fazenda Nacional. Nos termos do acordo, o valor total de R$2,6 bilhões seria alocado em duas frentes principais: (a) educação, que receberia um aporte de R$1,6 bilhão, e (b) proteção ao meio ambiente, que receberia um aporte de R$1 bilhão.

Com a superveniência da pandemia de coronavírus, houve a repactuação do referido acordo. Com efeito, em decisões de 22 de março de 2020 e 7 de abril de 2020, respectivamente, o Relator Ministro Alexandre de Moraes homologou a repactuação do Acordo sobre a Destinação dos Valores, com a qual anuíram todas as autoridades intervenientes na pactuação original, para permitir a destinação do expressivo valor de R$1.601.941.554,97 ao Ministério da Saúde para custeio de medidas de combate, mitigação e prevenção à crise gerada pelo coronavírus e da quantia de R$32.731.487,36 para ações de combate à pandemia de coronavírus no Estado do Acre.

(ii) ACO/PE nº 3.568

Com o advento da Constituição Federal de 1988, Fernando de Noronha deixou de ser um território federal e teve sua área reincorporada ao Estado de Pernambuco (art. 15, ADCT) na forma de autarquia territorial. Nada obstante, nos termos do art. 20, IV, CF:

> (...)
> São bens da União:
> (...) IV - as ilhas fluviais e lacustres nas zonas limítrofes com outros países; as praias marítimas; as ilhas oceânicas e as costeiras, excluídas, destas, as que contenham a sede de Municípios, exceto aquelas áreas afetadas ao serviço público e a unidade ambiental federal, e as referidas no art. 26, II.

À luz desse comando normativo e firme no fundamento de que o Estado de Pernambuco descumpria solenemente o Contrato de Cessão de Uso em Condições Especiais da Ilha de Fernando de Noronha, celebrado em 2002 pelo então Governador do Estado e pelo Procurador-Chefe da Fazenda Nacional naquela unidade, a União Federal ajuizou uma ação cível originária requerendo a declaração de sua titularidade dominial sobre o Arquipélago de Fernando de Noronha.

Muito embora o aludido contrato tenha sido declarado nulo, em decisão referendada pelo Pleno do STF aos 17 de março de 2023, fato é que o Relator Ministro Ricardo Lewandowski, em 16 de maio de 2022, designara juízes instrutores para conduzir sessões de mediação entre os entes federativos, que, em 10 de março de 2023, apresentaram "Acordo de Gestão Integrada do Arquipélago de Fernando de Noronha", homologado em 22 de março de 2023.

Além de delimitar as atribuições da União Federal e do Estado de Pernambuco, por intermédio de órgãos específicos, o acordo previu, também, a criação de um "Comitê de Acompanhamento e Gestão do Acordo", que deve monitorar e avaliar o cumprimento dos termos do avençado, em louvável espírito de *accountability*.

O acordo é inovador e demonstra as potencialidades da consensualidade no âmbito da jurisdição constitucional também naquilo que diz respeito aos litígios entre entes federativos, cuja complexidade demanda soluções menos irruptivas e traumáticas em relação às partes envolvidas. Assim, escapando da lógica binária ("perdedor/vencedor"; "constitucional/inconstitucional"), o STF foi capaz de neutralizar um conflito federativo por meio de uma decisão dialógica, em que a participação dos entes foi efetivamente relevante para construção de uma solução consensual.

(iii) ADIn/DF nº 7.191 e ADPF/DF nº 984

Em junho de 2022, diversos estados brasileiros, em litisconsórcio, ajuizaram uma ADIn em face de uma plêiade de dispositivos legais da Lei Complementar nº 192, de 11 de março de 2022 (arts. 3º, V, *a*, *b* e *c*, 6º, §4º e §5º, 7º e 8º), a qual, além de definir os combustíveis sobre os quais incidirá uma única vez o ICMS, estabeleceu a incidência monofásica deste imposto sobre combustíveis e determinou que sua aplicação seria uniforme em todo o território nacional, baseada em alíquotas *ad rem*, isto é, fixada por unidade de medida adotada.

Os estados alegaram que os dispositivos impugnados encerram grave violação ao pacto federativo e à autonomia dos estados, produzindo consequências inestimáveis do ponto de vista fiscal.

Concomitantemente à tramitação da ADIn nº 7.191, a União Federal ajuizou ADPF com vistas a limitar a alíquota do ICMS incidente sobre combustíveis, firme no fundamento de que havia uma prática inconstitucional, reiteradamente adotada pelos Estados, de fixar a alíquota do ICMS sobre combustíveis em patamar superior à fixada sobre o ICMS incidente sobre as operações em geral.

Nos autos da ADPF nº 984, o Ministro Gilmar Ferreira Mendes, a requerimento dos estados federais e com a anuência de autoridades do Poder Executivo da União Federal, designou uma primeira audiência de conciliação, com vistas a que o conflito federativo pudesse ser resolvido de forma menos impositiva, ou seja, à luz de um quadro heterogêneo das posições manifestadas pelas partes envolvidas.

Em 14 de dezembro de 2022, o STF homologou o acordo produzido a partir da primeira audiência de conciliação designada pelo Ministro Gilmar Ferreira Mendes. Nos termos desse acordo, houve a manutenção da essencialidade do Diesel, GLP e gás natural (Cláusula Segunda), assim como a manutenção da incidência monofásica e uniforme do ICMS sobre combustíveis, à exceção da gasolina (Cláusula Primeira, parágrafo segundo). Além disso, restou consignado que caberá aos estados federais a escolha pela adoção da alíquota *ad rem* ou *ad valorem* (valor do item), a partir do Conselho Nacional de Política Fazendária (CONFAZ) (Cláusula Primeira).

(iv) ADO/DF nº 25

Ainda em 2013, a União Federal propôs a ação direta de inconstitucionalidade por omissão em epígrafe, requerendo que o STF declarasse a mora do Congresso Federal em editar a lei complementar referida no art. 91, *caput*, do ADCT (incluído pela EC nº 45, de 30 de dezembro de 2004), que replicava um sistema de compensação financeira já previsto na Lei Complementar nº 87, de 13 de setembro de 1996 (Lei Kandir), e instituído em benefício dos Estados exportadores, com o objetivo de atenuar os prejuízos decorrentes da desoneração do ICMS sobre as operações de exportação de produtos primários e semielaborados.

O Pleno do STF, em 30 de novembro de 2016, julgou procedente o pedido formulado inicialmente e fixou o prazo de 12 meses para que a omissão fosse sanada, isto é, para que o Congresso Nacional editasse lei complementar para fixar critérios, prazos e condições em que deveria ocorrer a compensação do ICMS.

Todavia, após sucessivas prorrogações do prazo saneador, o Relator, Ministro Gilmar Ferreira Mendes, instituiu uma comissão especial para mediar o impasse entre os Estados e a União Federal, no âmbito da qual firmou-se um acordo, homologado pelo STF em 20 de maio de 2020. No acordo firmado, além de a União Federal se comprometer a envidar esforços para a promulgação da PEC nº 188, de 2019 (Cláusula Quarta, 4.1), comprometeu-se a encaminhar ao Congresso

Nacional, em até 60 dias contados da homologação do acordo, projeto de lei que instituísse regra da transferência temporária das compensações até 2037 (Cláusula Quarta, 4.3).

Consequência positiva do acordo celebrado em sede de jurisdição constitucional foi a promulgação do Projeto de Lei nº 41 (Lei nº 14.114, de 29 de dezembro de 2020), que materializa o objeto do negócio jurídico celebrado entre a União e os estados e, de acordo com o Ministro Gilmar Ferreira Mendes, "põe fim a uma 'celeuma histórica' surgida há mais de 20 anos, com a edição da chamada Lei Kandir, e consagra a efetivação do controle de constitucionalidade por omissão".[17]

(v) ADPF/DF nº 1.051

Recentemente, o STF adotou, mais uma vez, a solução procedural do acordo em sede de controle abstrato de normas. Nos autos da ADPF nº 1.051/DF, agremiações políticas requereram a revisão dos acordos de leniência entabulados entre o Estado brasileiro e diversas empresas nacionais antes da homologação do Acordo de Cooperação Técnica em 2020, em um contexto de anomia institucional construído a partir de práticas jurídicas pouco ortodoxas levadas a efeito pela Operação Lava Jato.[18] Ciente da complexidade da demanda e dos múltiplos aspectos envolvidos, que, por vezes, superam o domínio jurídico, o min. André Mendonça, a quem coube a relatoria do caso, invocando expressamente as lições construídas em nosso *Processo constitucional brasileiro*, designou audiência de conciliação para conclusão das discussões sobre o cronograma de pagamento da dívida remanescente e para alinhamento dos instrumentos jurídicos de renegociações. Em despacho publicado em 11 de julho d e2024, o Ministro André Mendonça prorrogou por mais 30 dias o prazo para conclusão das negociações, registrando que apenas questões relativas ao cronograma de pagamento restam pendentes e que as partes já alcançaram uma solução negociada quanto aos principais pontos que envolvem os acordos de leniência.

Nesse contexto, a designação de audiência de conciliação para promoção do acordo cumpre, ao mesmo tempo, duas funções: de um

---

[17] BRASIL. Supremo Tribunal Federal. Ministro destaca papel do STF na solução de controvérsia tributária decorrente da Lei Kandir. *Portal STF*, Brasília, DF, 31 dez. 2020. Disponível em: https://portal.stf.jus.br/noticias/verNoticiaDetalhe.asp?idConteudo=457983&ori=1. Acesso: 23 ago. 2024.

[18] KROSCHINSKY, Matthäus. ADPF dos acordos de leniências como questão constitucional. *Conjur*, São Paulo, 12 jun. 2023. Disponível em: https://www.conjur.com.br/2023-jul-12/matthaus-kroschinsky-adpf-leniencias-questao-constitucional/. Acesso: 23 ago. 2024.

lado, evita fricções desnecessárias entre o Poder Judiciário e membros do Poder Legislativo que defendem os expedientes levados a cabo pela Operação Lava Jato; por outro lado, a via do acordo permite que as empresas investigadas dialoguem diretamente com a Controladoria-Geral da União (CGU) e com a Advocacia-Geral da União (AGU) em busca de uma solução que não seja imposta de forma unilateral, mas que, ao invés disso, simbolize a composição dos múltiplos interesses que permeiam a demanda.

Em conjunto, esses casos denotam a adoção, pelo Supremo, de um paradigma decisório que confere maior legitimidade às decisões, porque construídas a partir de um "dissenso organizado", nos termos propostos por Gunther Teubner. Nesse sentido, o produto decisório do Tribunal reflete menos uma solução imposta unilateralmente e, portanto, epistemologicamente menos densa, e mais um quadro composto por diversas perspectivas organizadas de forma democrática pelas partes.[19]

É exatamente nesse contexto que se insere a conciliação acerca do "marco temporal das terras indígenas". Um acordo não servirá para que o STF reverta a inconstitucionalidade do marco temporal. Ocorre, contudo, que há uma nova legislação com diversos pontos que precisam ser analisados e adequados para resolução da disputa das terras. Apenas para exemplificarmos alguns pontos: o acordo pode estabelecer como se faz a prova para demonstração do que são as terras tradicionalmente ocupadas pelos indígenas brasileiros, bem como a regulação de atividades econômicas em terras indígenas em proveito dos próprios povos originários.

Outrossim, não se deve esquecer que o Supremo tem sido a instituição mais relevantes para a proteção dos direitos indígenas. Nesse cenário, o STF, ao referendar a medida liminar emitida pelo Ministro

---

19 "This concept of organized dissent is not far away from epistemic and deliberative theories of democracy. They concentrate on the problem-solving capacity of democratic institutions. But there is a difference: while they strive for rightness of political decisions, a theory of organized dissent is skeptical on such claims to normative truth and concentrates instead on a "right to contingency", which opens alternative world constructions. *Not the naïve hope for the one best solution, but the confrontation with alternative world views is at the center of democratic communication. Considerable institutional imagination is required if one then searches for a new and different relation of mutual reinforcement: organized dissent needs to be supported by a high learning capacity in collective decisions and vice versa.* Transnational regime democracy requires that well-working decision procedures create the space for the "possibility of dissent as a precondition of an independent selectivity distributed within society". Vice versa, organized dissent needs to be accompanied by a high potential for collective decisions" (TEUBNER, Gunther. *Quod omnes tangit*: Transnational constitutions without democracy? *Journal of Law and Society*, [*S. l.*] v. 45, p. 7, 2018, grifos nossos).

Luís Roberto Barroso nas ADIns nº 6.062, nº 6.172, nº 6.173 e nº 6.174, assegurou a suspensão do art. 1º da Medida Provisória nº 886/2019 – que alterava o art. 21, XIV e §2º e art. 37, XXI, ambos da Lei nº 13.844/2019 – para manter com a Funai a competência para demarcação de terras indígenas. À época, referida competência foi deslocada para o Ministério da Agricultura. Assim, o Supremo contribuiu de forma decisiva para evitar um grave e evidente conflito de interesses que seria instalado na pasta e, por conseguinte, resguardar os direitos fundamentais dos povos indígenas.

É quase ingênuo imaginar que a situação estaria plenamente pacificada e regulamentada se o STF apenas declarasse inconstitucional a nova lei do Congresso. Justamente por compreender a complexidade do conflito é que o Supremo está buscando a via conciliatória. Desde a promulgação da Constituição, infelizmente, Executivo e Legislativo foram omissos em diversas ocasiões no cuidado com os povos originários. Diante dessa falha, sempre coube ao STF tal proteção, seja assegurando a demarcação de terras no caso "Raposa Serra do Sol", seja durante a pandemia de Covid-19.

Tratar como bazar o que o STF tem feito na proteção das minorias corresponde a negligenciar a complexidade do que o Supremo precisa lidar e a se transformar em simples linha auxiliar do extremismo que busca a todo custo e a todo momento atingir a Suprema Corte.

É evidente que algumas questões, integral ou parcialmente complexas, judicializadas perante o STF são atravessadas pela política, o que não invalida a possibilidade de acordos serem entabulados lá também. Em uma de suas obras mais recentes, Habermas observou que

> os discursos têm uma dimensão epistêmica porque dão espaço à *força transformadora de preferências exercida pelos argumentos,* ao passo que os compromissos, que são negociados entre os parceiros poderosos, são pagos na moeda de concessões mútuas ou de benefícios comuns e deixam intocadas as preferências existentes.[20]

Ora, se ambos os procedimentos, discurso e negociação, são, conforme Habermas, "formas legítimas de acordo político", não há razão para que não possam ser aplicados também às controvérsias travadas na arena da jurisdição constitucional.

---

20 HABERMAS, Jürgen Habermas. *Uma nova mudança estrutural da esfera pública e a política deliberativa*. Tradução: Denilson Luís Werle. São Paulo: Edusp, 2023. p. 87.

Aliás, seria até mesmo inocência ignorar que a jurisdição constitucional é por vezes a única "válvula de escape" de temas políticos controversos que ou não são discutidos, ou se transformam em leis incompletas, dúbias e perigosas do ponto de vista da tutela dos direitos fundamentais. Quando a possibilidade de que uma tal legislação seja declarada inconstitucional se torna real, os atores políticos tendem a se tornar mais receptivos à ideia de construções dialogadas.

Em livro dedicado à história da Corte Constitucional alemã, o Professor Justin Collings anotou que uma das críticas mais recentes à Corte diz respeito ao uso reiterado de princípios e dogmas para revisar legislações "incongruentes". Contudo, como bem observou o referido autor, legislações são frequentemente incongruentes por uma boa razão, afinal, são frutos de compromissos políticos. Collings é enfático: "(...) proibir a incoerência legislativa pode tornar impossível o compromisso parlamentar".[21] Devemos, portanto, nos indagar até que ponto a abertura de espaços de negociação no STF não é uma *condição de possibilidade da própria manutenção da vitalidade da democracia liberal*.

Afinal, de nada adiantaria substituir a *flexibilidade* parlamentar pela *rigidez* judicial ao custo da própria possibilidade de acomodação de dissensos. As posições simplistas e populistas que insistem em servir de linha auxiliar do autoritarismo são até mesmo ingênuas porque dissimulam a função política do STF, como se a Corte fosse alheia a ela, imersa num ambiente de assepsia, o que apenas facilita sua colonização pela má política.

Por tudo, evidencia-se que a realização de conciliação no STF não enfraquece direitos fundamentais nem sua proteção. Tal como afirmou Collings a respeito da Corte Constitucional alemã, cremos que o STF cumpre melhor suas funções contemporâneas ao "orientar a política cotidiana por princípios duradouros",[22] fazendo, assim, com que políticos consigam ver para além das próximas eleições.

O STF não é um mercador de direitos. Antes, é a *política* o grande mercado dos compromissos, discussões, consensos e dissensos, dentro do qual a nossa Corte Constitucional desempenha a função de Banco Central, impedindo que a moeda dos direitos fundamentais perca seu valor. O Tribunal, contudo, nada pode fazer em relação ao comércio

21 COLLINGS, Justin. *Democracy's Guardians*: A History of the German Federal Constitutional Court (1951-2001). New York: Oxford University Press, 2015. p. 302-304.

22 COLLINGS. *Democracy's Guardians*: A History of the German Federal Constitutional Court (1951-2001), p. 303.

das opiniões que, mesmo animadas pelas melhores intenções, deslegitimam o STF e seus Ministros.

Chamei as decisões de paradoxais não à toa. Na retórica, o paradoxo é uma figura que cria, na leitura superficial, uma imagem impossível. Seu sentido subjacente, porém, é sempre complexo e desafia expectativas comuns, convidando o leitor à interpretação e a uma compreensão mais sofisticada possibilitada pelo fato de que o paradoxo, se não pode ser resolvido, mas tão somente explicitado, contribui para a produção de "novos mundos de sentido"[23] acerca dos temas em discussão. É pena que no Brasil tantos recusem o convite.

3 Novas funções da reclamação e o STF

Além do papel do STF no entabulamento de acordo com jurisdição constitucional, convém destacar a posição da Corte frente a nova feição da reclamação constitucional enquanto ação apta para realização de abertura e fechamento cognitivo da jurisdição constitucional.

No contexto da existência de *vinculação aos produtos decisórios do STF*, seja nas súmulas vinculantes, nas decisões oriundas de controle concentrado e nos recursos extraordinários com repercussão geral, tornou-se excessivamente difícil exercer um novo juízo normativo sobre temas já antes analisados em sede desses procedimentos, o que, por vezes, prejudica o aprimoramento da jurisprudência da Corte.

A reclamação constitucional é, em grande medida, o resultado da importação da chamada doutrina dos "poderes implícitos" (*implied powers*), com importante antecedente no célebre caso McCulloch *vs.* Maryland (17 U.S. 316), julgado em 1819 pela Suprema Corte dos Estados Unidos, que pode ser suficientemente sintetizada na ideia de que a Constituição dá poderes *implícitos* ao exercício de competências *explícitas*.

Nesse sentido, se o Supremo é o guardião da Constituição Federal (art. 102, CF) e instância judicial responsável pela interpretação constitucional, impõe-se que exista um instrumento processual orientado à garantia dessa autoridade institucional, pois, do contrário, estar-se-ia diante de uma competência pouco ou nada efetiva. Com efeito, como

---

[23] TEUBNER, Gunther. Dealing With Paradoxes of Law: Derrida, Luhmann, Wiethölter. *In:* PEREZ, Oren; TEUBNER, Gunther (ed.). *Paradoxes and Inconsistencies in the Law*. Salem: Hart Publishing, 2006. p. 47.

pondera Lenio Streck, a reclamação é um instrumento que permite um "controle-do-controle" ou, ainda, um "controle-sobre-o-resultado-do-controle".[24]

Paradigmático é o julgamento da Reclamação nº 141, de 1952, o mais importante antecedente jurisprudencial da reclamação, legitimando-a até a sua inclusão, em 1957, no Capítulo V-A do Título III no RISTF de 1940, autorizada pelo permissivo constitucional do art. 97, inciso II, da Constituição de 1946. Sua "justificação", lançada no Diário da Justiça, informava que a reclamação "visa manter sua inteireza e plenitude o prestígio da autoridade, a supremacia da lei, a ordem processual e a força da coisa julgada".[25]

Portanto, o que se nota é que, desde a origem, a reclamação foi pensada para proteger a força da jurisdição do STF, com vistas a bem tutelar a força normativa da Constituição, em uma perspectiva que torna indissociável as dimensões objetiva e subjetiva da ação.

Na dimensão *objetiva*, a reclamação constitucional cumpre o importante papel democrático de possibilitar que o Supremo revisite, reinterprete, esclareça ou modifique o sentido e o alcance dos seus próprios julgados acobertados pelo manto da vinculação. Ela serve, assim, como indutora de aportes cognitivos a julgamentos já finalizados pelo STF.

Precisamente nos processos objetivos, em que a natureza abstrata da controvérsia se impõe, falta ao STF a concretude de um caso concreto que lhe permita precisar os desdobramentos em relação aos fatos jurídicos posteriores. É possível, nesse cenário, mobilizar a reclamação constitucional para confrontar o que foi decidido em tese com as eventuais repercussões dessas decisões em um caso concreto.

Assim, a reclamação constitucional permite-nos vislumbrar, hoje, um uso coordenado com as ações de controle abstrato de constitucionalidade para que o Supremo tenha a oportunidade de se defrontar com um caso real a ser resolvido pela tese fixada simultaneamente às

---

24 STRECK, Lenio Luiz. Se não é possível desistir de ADI, por que seria em Reclamação? *Conjur*, São Paulo, 4 jul. 2024. Disponível: https://www.conjur.com.br/2024-jul-04/se-nao-e-possivel-desistir-de-adi-por-que-seria-em-reclamacao/. Acesso: 23 ago. 2024.

25 BRASIL. Supremo Tribunal Federal (Pleno). Ata da trigésima sessão, em 2 de outubro de 1957. *Diário de Justiça*: Brasília, DF, 3 out. 1957. Disponível em: ttp://www.stf.jus.br/arquivo/cms/bibliotecaConsultaProdutoBibliotecaRI/anexo/1940/1957_outubro_3.pdf. Acesso: 23 ago. 2024.

discussões acerca de sua fixação. Cuida-se, no limite, da concretização do abstrato pela via reclamatória.

Visto o cenário de intensa vinculação dos provimentos judiciais emitidos pelo STF, parece-nos evidente que a reclamação é o meio mais apropriado e adaptado a permitir a reanálise de posições da Corte que eventualmente mereçam revisão, bem como servir de veículo de aportes cognitivos que viabilizem ao tribunal analisar, em atenção ao art. 20 da LINDB, a real extensão das consequências de uma tese a ser fixada em controle de constitucionalidade.

Esses aportes permitem refletir acerca da aplicação à reclamação constitucional de um instituto caro ao processo civil: a *desistência*. Assim, se no procedimento comum a desistência é um ato privativo do autor, que pode ou não exercê-lo, na reclamação constitucional, qual nas ações objetivas, a situação é diversa, sobretudo porque o interesse de agir, nesses casos, é eminentemente público.

Assim, se o julgamento da reclamação constitucional na contemporaneidade transcende a mera proteção da decisão emanada pelo STF para possibilitar a modulação, *in concreto*, de decisões anteriormente proferidas em sede de controle abstrato de normas, é imperativo que ela não esteja à disposição das partes, pois que, no limite, o seu julgamento tangencia questões de ordem pública.

Vistas as coisas desse modo, a *desistência* deixa de ser uma mera *prerrogativa*, ou até mesmo pura potestatividade da parte que ajuizou a reclamação constitucional, tampouco questão de discricionariedade judicial. Ou seja, da mesma forma que a desistência em ações objetivas não pode ser realizada apenas em função de "escolhas" do proponente, com maior razão, a reclamação, correlacionada a essas ações, não pode ser puramente desistida se se tratar de caso relevante para a jurisdição constitucional.

Por relevância, consideramos a dimensão objetivamente considerada. Consequentemente, a desistência deixa de estar à disposição do jurisdicionado e passa a ser objeto de escrutínio do tribunal, que deve fundamentar sua concessão ou não concessão, ainda que isso implique a sucumbência da parte autora.

Qual leciona Lenio Streck, cuida-se de averiguar a existência de *transcendência*. Assim, "se nas ações e recursos envolvendo controle de constitucionalidade não se admite a desistência, então o que dizer da reclamação destinada a verificar a eficácia – leia-se, observância e cumprimento – do controle de constitucionalidade?".[26]

E, no ponto, a jurisprudência do STF foi perspicaz. Assentou o Ministro Menezes Direito, no julgamento da Reclamação nº 1.503 QO, que, "pela nossa jurisprudência do STF, havendo um voto do Plenário sobre o mérito, não caberia mais a desistência, senão, no curso da votação, a parte pode identificar a existência de uma tendência, e, se isso ocorrer, ele pede a desistência". Essa posição se refletiu em uma miríade de decisões monocráticas que impediram, recentemente, a desistência da reclamação cujo mérito já tinha sido decidido pelo STF.[27]

Portanto, parece-nos inegável que, atento à crescente complexidade social e ao novo papel desempenhado pela reclamação constitucional, o STF deu-lhe contornos apropriados e mais democráticos.

4 Conclusão

Diante da crescente complexidade social, o STF tem realizado diversos esforços para cumprir adequadamente seu papel como guardião da Constituição Federal de 1988, inclusive como "mediador" dos conflitos entre os demais Poderes ou entre entes federativos, duas formas de "divisão de poderes" que marcam a tradição federalista. Para isso, enfrentou conflitos federativos complexos e tensões entre os Poderes da República, bem como tem absorvido, de forma inteligente, as novas funções desempenhadas pela reclamação constitucional, com vistas a calibrar seu acervo jurisprudencial vinculante às complexidades engendradas nos casos concretos que são submetidos à Corte.

Essas atuações demandaram padrões decisórios menos tradicionais, mas nem por isso menos legítimos. Na realidade, os acordos em sede de ações de controle abstrato de normas e a objetivação da reclamação constitucional atuam, no limite, como elementos que buscam conferir maior legitimidade às decisões do STF à luz da crescente necessidade de abertura cognitiva da jurisdição constitucional.

Por um lado, a possibilidade da celebração de acordos em ações objetivas, além de ser mais célere do que a adoção do procedimento

---

[26] STRECK. Se não é possível desistir de ADI, por que seria em Reclamação?

[27] Rcl. nº 66.885, Rel. Min. Cristiano Zanin, julgada em 3 de maio de 2024, *Dje* 6 de maio de 2024; Rcl. nº 66.866, Rel.ª Min.ª Cármen Lúcia, julgada em 6 de junho de 2024, *Dje* 10 jun. 2024; Rcl. nº 60.811, Rel. Min. André Mendonça, julgada em 3 de dezembro de 2023, *Dje* 4 dez. 2023.

tradicional, permite que o produto decisório do STF reflita um quadro composto por diversas perspectivas organizadas de forma democrática pelas partes e, por isso, mais legítimo.

Por outro lado, a absorção das novas funções da reclamação constitucional pelo STF permite que os casos já decididos e cujas decisões sejam vinculantes (súmulas vinculantes, ações objetivas e recursos extraordinários com repercussão geral) sofram novos influxos oriundos de processos subjetivos. Assim, renova-se, modifica-se ou se reinterpreta uma dada situação à luz de novos parâmetros.

Referências

ABBOUD, Georges. *Ativismo judicial*: os perigos de se transformar o STF em inimigo ficcional. São Paulo: Revista dos Tribunais, 2022.

ABBOUD, Georges. *Direito Constitucional pós-moderno*. 2. ed. São Paulo: Thomson Reuters, 2024.

ABBOUD, Georges. O STF é mesmo um bazar de direitos? *Folha de S.Paulo*, São Paulo, 18 jul. 2024. Disponível em: https://www1.folha.uol.com.br/opiniao/2024/07/o-stf-e-mesmo-um-bazar-de-direitos.shtml. Acesso: 23 ago. 2024.

BRASIL. Supremo Tribunal Federal (Pleno). Ata da trigésima sessão, em 2 de outubro de 1957. *Diário de Justiça*: Brasília, DF, 3 out. 1957. Disponível em: ttp://www.stf.jus.br/arquivo/cms/bibliotecaConsultaProdutoBibliotecaRI/anexo/1940/1957_outubro_3.pdf. Acesso: 23 ago. 2024.

BRASIL. Supremo Tribunal Federal. Ministro destaca papel do STF na solução de controvérsia tributária decorrente da Lei Kandir. *Portal STF*, Brasília, DF, 31 dez. 2020. Disponível em: https://portal.stf.jus.br/noticias/verNoticiaDetalhe.asp?idConteudo=457983&ori=1. Acesso: 23 ago. 2024.

COLLINGS, Justin. *Democracy's Guardians*: A History of the German Federal Constitutional Court (1951-2001). New York: Oxford University Press, 2015.

FERRAZ JÚNIOR, Tércio Sampaio. *Função social da dogmática jurídica*. São Paulo: Max Limonad, 1998.

GIRARD, René. *A violência e o sagrado*. Tradução: Martha Conceição Gambini. 3. ed. São Paulo: Paz e Terra, 1990.

HABERMAS, Jürgen Habermas. *Uma nova mudança estrutural da esfera pública e a política deliberativa*. Tradução: Denilson Luís Werle. São Paulo: Edusp, 2023.

HABERMAS, Jürgen. *Legitimation Crisis*. Tradução: Thomas McCarthy. Cambridge: Polity Press, 1988.

KROSCHINSKY, Matthäus. ADPF dos acordos de leniências como questão constitucional. *Conjur*, São Paulo, 12 jun. 2023. Disponível em: https://www.conjur.com.br/2023-jul-12/matthaus-kroschinsky-adpf-leniencias-questao-constitucional/. Acesso: 23 ago. 2024.

KROSCHINSKY, Matthäus. *Unidade e fragmentação*: em torno da sociologia jurídica de Gunther Teubner. 2023. 216 f. Dissertação (Mestrado em Direito) – Faculdade de Direito, Pontifícia Universidade Católica de São Paulo, São Paulo, 2023.

MENDES, Gilmar Ferreira; ABBOUD, Georges. O dia da infâmia: os ataques golpistas de 8/1 e as *fake news* contra o Supremo. *Conjur*, São Paulo, 22 jan. 2023. Disponível em: https://www.conjur.com.br/2023-jan-22/gilmar-mendes-georges-abboud-81-dia-infamia/. Acesso: 23 ago. 2024.

SADURSKI, Wojciech. *Poland's Constitutional Breakdown*. New York: Oxford University Press, 2019.

SCHWARCZ, Lilia Moritz. *Sobre o autoritarismo brasileiro*. São Paulo: Companhia das Letras, 2019.

STRECK, Lenio Luiz. Se não é possível desistir de ADI, por que seria em Reclamação? *Conjur*, São Paulo, 4 jul. 2024. Disponível: https://www.conjur.com.br/2024-jul-04/se-nao-e-possivel-desistir-de-adi-por-que-seria-em-reclamacao/. Acesso: 23 ago. 2024.

STRECK, Lenio Luiz. *Verdade e consenso*: Constituição, hermenêutica e teorias discursivas. 6. ed. São Paulo: Saraiva, 2017.

TEUBNER, Gunther. Dealing With Paradoxes of Law: Derrida, Luhmann, Wiethölter. *In:* PEREZ, Oren; TEUBNER, Gunther (ed.). *Paradoxes and Inconsistencies in the Law*. Salem: Hart Publishing, 2006.

TEUBNER, Gunther. *Quod omnes tangit*: Transnational constitutions without democracy? *Journal of Law and Society*, [S. l.], v. 45, 2018.

VIEIRA, Oscar Vilhena. O grande bazar de direitos. *Folha de S.Paulo*, São Paulo, 12 jul. 2024. Disponível em: https://www1.folha.uol.com.br/colunas/oscarvilhenavieira/2024/07/o--grande-bazar-de-direitos.shtml. Acesso: 23 ago. 2024.

Informação bibliográfica deste texto, conforme a NBR 6023:2018 da Associação Brasileira de Normas Técnicas (ABNT):

ABBOUD, Georges. Acordos em jurisdição constitucional e as novas funções da reclamação na jurisprudência do Supremo Tribunal Federal (STF). *In*: MENDES, Gilmar Ferreira; GALLOTTI RODRIGUES, Maria Isabel Diniz; ALVIM, Teresa Arruda (coord.). *O novo perfil do controle difuso de constitucionalidade*: estudos em homenagem ao Professor Bruno Dantas nos 20 anos da Repercussão Geral. Belo Horizonte: Fórum, 2025. p. 197-217. ISBN 978-65-5518-898-1.

SISTEMA DE PRECEDENTES: PREVISIBILIDADE – SEGURANÇA JURÍDICA E A TEORIA DA INTEGRIDADE DE DWORKIN NO BRASIL

GISELE SANTOS FERNANDES GÓES
ARTHUR LAÉRCIO HOMCI

1 Introdução

Este texto, em homenagem ao Ministro Bruno Dantas, parte das seguintes reflexões: Assim como se espera que as leis garantam o mínimo de segurança para as relações jurídicas, é possível esperar que juízes, ao interpretarem as leis para solucionar os problemas advindos dessas relações, tomem decisões que gerem segurança para situações jurídicas futuras? As decisões tomadas pelos juízes podem ser parâmetros confiáveis para que aqueles sujeitos ou outros que conexão alguma tiveram com o caso inicial firmem novas relações? Por que é importante que, assim como as leis tornam as relações jurídicas mais previsíveis, as decisões judiciais o façam?

O objetivo do presente artigo é formular uma justificação teórica – a partir da teoria do direito como integridade de Ronald Dworkin – para o valor que se atribui à previsibilidade nas relações jurídicas e explicar a importância que a formação de um sistema de precedentes vinculantes pode ter para isso no Brasil.

O Código de Processo Civil (CPC) inseriu princípios e regras que visam instituir, formalmente, um sistema de precedentes vinculantes no Brasil, sendo necessário apresentar fundamentos teóricos que melhor sedimentem essa escolha político-legislativa que tantos questionamentos têm levantado na doutrina brasileira, especialmente dentre os processualistas, inclusive o homenageado, a partir da teoria do direito.

A revisão literária da obra de Ronald Dworkin pretende explicar o papel do sistema de precedentes, sem descuidar da necessidade de resolver problemas do Brasil. Sabe-se que o contexto político, histórico e social de Dworkin é diverso do pátrio, contudo, vale a pena investir algum esforço para tentar construir uma justificação teórica ao sistema precedentalista brasileiro com as suas ideias.

Em suma, o artigo está dividido em quatro partes. A primeira reforça que a previsibilidade de um sistema jurídico deve gerar na sociedade. A segunda expõe o valor da previsibilidade em países de tradição romano-germânica, de *civil law*, como o Brasil. A terceira expõe, em linhas gerais, a teoria do direito como integridade de Ronald Dworkin e destaca a metáfora do romance em cadeia desenvolvida na obra *Law's Empire*.[1] Por fim, a quarta parte justifica a contribuição que a formação de um sistema de precedentes pode dar ao binômio previsibilidade – segurança das relações jurídicas.

2 Por que é importante que um sistema jurídico seja previsível?

Dentre outras funções, um sistema jurídico existe para garantir às pessoas que suas decisões sejam tomadas dentro de um campo razoável de segurança.[2] Leis, costumes, regimentos, decisões judiciais e as normas que delas se extraem são parâmetros de conduta, gerais ou específicos,

---

1 DWORKIN, Ronald. *O império do Direito*. São Paulo: Martins Fontes, 1999.

2 Os termos previsibilidade e segurança se identificam, assim como compreendem Teresa Arruda Alvim e Bruno Dantas (*Precedentes, recurso especial e recurso extraordinário*. São Paulo: Thomson Reuters, 2023. *E-book*). Vale registrar que o homenageado, antes mesmo do CPC/2015, já escrevia em prol da previsibilidade e segurança jurídica (DANTAS, Bruno. Direito fundamental à previsibilidade das decisões judiciais. *Revista Justiça e Cidadania*, Rio de Janeiro, v. 149, 2013). E já elaborava reflexões sobre precedentes, em prol da estabilidade (DANTAS, Bruno. A jurisprudência dos tribunais e o dever de velar por sua uniformização e estabilidade. *Revista de Informação Legislativa*, Brasília, DF, v. 190, abr./jun. 2011). E, após o CPC/2015: DANTAS, Bruno. (In)consistência jurisprudencial e segurança jurídica: o novo dever dos tribunais no Código de Processo Civil brasileiro. *Revista de Processo: RePro*, São Paulo, v. 262, 2016.

definindo, em determinado espaço, as práticas dos cidadãos. Em uma sociedade encarada como civilizada, é razoável esperar que as pessoas ajam de acordo com esses parâmetros em grau mínimo, embora com frequência eles deixem de ser observados.

A análise do sistema jurídico de um país é uma tarefa complexa. Há vários indicadores que podem determinar se o sistema é forte (*strong system*), a ponto de ser respeitado com rigor pelas pessoas que são submetidas a ele, ou fraco (*weak system*), a ponto de ser sistematicamente desrespeitado. É possível também avaliar se esse respeito acontece através da aceitação voluntária dos parâmetros estabelecidos, ou por meio da força.[3]

De outro lado, pode-se pesquisar o grau de percepção da sociedade acerca desses parâmetros, para se saber se o seu cumprimento incide por atos conscientes ou por hábitos inconscientes. Todas essas variantes possíveis possuem uma premissa comum a ser apontada: caso os parâmetros sejam estabelecidos de forma democrática, justa e em busca de uma vida mais digna às pessoas, promovem um agir seguro, com certo grau de confiança.

Como na atualidade as relações jurídicas são amplas e multifacetadas, no contexto de fluidez da pós-modernidade,[4] ou modernidade líquida,[5] muitas vezes não é possível a um contratante, por exemplo, saber o histórico de práticas de seu contratado, seus hábitos e suas formas de tomar decisões, antes de consolidar a relação jurídica, para que atue em um cenário de plena confiabilidade. Ainda assim, contratos são firmados, pois se espera que os sujeitos desses negócios realizem práticas previsíveis, com parâmetros reconhecidos naquela sociedade.

A história do nosso país demonstra que a opção política para a formação do que se pode chamar de sistema jurídico brasileiro reconhece, na lei, sua fonte mais relevante, não obstante três constatações sejam necessárias: a lei é desrespeitada com certa frequência; há outras fontes normativas tão ou mais importantes que a lei, reconhecidas socialmente, embora às vezes até proibidas pelo Estado;[6] mesmo com sobrecarga legislativa, não é possível se assentar, exclusivamente com elas, critérios seguros para toda e qualquer relação jurídica.

---

3 HART, Herbert Lionel Adolphus. *O conceito de Direito*. Tradução: Antônio de Oliveira Sette-Câmara. São Paulo: Martins Fontes, 2009.

4 LIPOVETSKY, Gilles; SERROY, Jean. *A estetização do mundo*: viver na era do capitalismo artista. São Paulo: Companhia das Letras, 2015.

5 BAUMAN, Zygmunt. *Modernidade líquida*. Rio de Janeiro: Zahar, 2001.

6 SANTOS, Boaventura de Souza. *A gramática do tempo*. Para uma nova cultura política. São Paulo: Cortez, 2006.

Esta terceira constatação não deve ser lida apenas em tom crítico. O fato é que as relações sociais são definidas, todavia se redimensionam em ritmo totalmente diferente de sua regulamentação *a priori*. O Poder Legislativo jamais consegue acompanhar *pari passu* o ritmo social. Some-se a isso outro ponto de destaque: a lei deve gozar de características de abstração e generalidade, sendo aberta, e conseguindo abranger a maior quantidade possível de relações jurídicas sob seu manto.[7]

Sob essa moldura, a aplicação de toda e qualquer lei que sirva de baliza às relações jurídicas travadas no contexto social é um ato interpretativo.

Ao se demandar a questão à solução jurisdicional, emergem os riscos, pois há especulação de possíveis resultados, sob a influência de uma série de fatores, tais como elementos probatórios das alegações construídas na argumentação fática das partes; conhecimento tecnoprocessual do advogado responsável pela postulação; elementos extrajurídicos, como a capacidade financeira das partes; grau de acesso dos advogados perante juízes e assessores.

Como decorrência lógica, em uma perspectiva ideal, quanto menores forem esses riscos, potencializam-se as condições para uma solução justa do problema. Em tese, quão mais previsíveis forem as respostas dadas pelo Judiciário, encaminha-se o sistema para uma rota de segurança.

Não se desconhece que a liquidez das relações jurídicas também pode beneficiar certos atores econômicos, os quais podem usar a incerteza do sistema jurídico a seu favor para obter vantagens, mas essa intempérie se apresenta como situação que deve ser combatida, por meio da formação de um sistema de precedentes que pode, dentro de suas limitações, contribuir nessa conjuntura, mesmo em um país onde não exista tradição de observância estrita de decisões judiciais do passado.

3 O valor da previsibilidade nos sistemas jurídicos de *civil law*

A doutrina identifica o Brasil como país de tradição jurídica romano-germânica, inserido na família de *civil law*,[8] sendo que a lei

---

7 LARENZ, Karl. *Metodologia da ciência do Direito*. 3. ed. Lisboa: Fundação Calouste Gulbekian, 1997.

8 LOSANO, Mário G. *Os grandes sistemas jurídicos*: introdução aos sistemas jurídicos europeus e extra-europeus. São Paulo: Martins Fontes, 2007.

impera como fonte central do direito. Ao revés, a tradição de *common law* foi construída na ideia de que o ordenamento jurídico deve ser pautado na observância dos precedentes judiciais,[9] em obediência aos valores da previsibilidade e racionalidade da função jurisdicional, em que a aplicação das teses fixadas em decisões passadas mantém a coerência do próprio sistema,[10] núcleo de *stare decisis*.

A preocupação com a previsibilidade do sistema jurídico e, em participar das decisões judiciais, é algo mais recente. No campo doutrinário, por exemplo, é possível observar, de alguns anos para cá, o crescente interesse pelo estudo do que se designa direito Jurisprudencial,[11] tanto em livros básicos – designados manuais – como em estudos avançados a título de pós-graduação *stricto sensu*.[12] Entretanto, a consolidação das ideias estruturadas na academia perante os tribunais ainda está longe de acontecer.

A questão central que se apresenta é: um país que formou seu sistema jurídico com base na tradição de *civil law* pode constituir um sistema precedentalista em busca do binômio previsibilidade – segurança para suas relações jurídicas?

O que se pode logo extrair como resposta é que a simples previsão legal, no CPC, da força normativa dos precedentes não garante a formação de um sistema precedentalista, e menos ainda a previsibilidade que dele se espera. Mas nem por isso é possível asseverar que a ausência de tradição no direito brasileiro quanto à adoção da técnica de precedentes como norma seja barreira intransponível para a formação desse sistema.

A dicotomia entre *civil law* e *common law* não pode conduzir a um estado de pureza que é ilusório, gera uma falsa percepção, pois hodiernamente é comum a integração intersistêmica, a pluralidade de elementos.[13]

---

9 MARINONI, Luiz Guilherme. *A ética dos precedentes*: justificativa do novo CPC. São Paulo: Revista dos Tribunais, 2014.

10 DUXBURY, Neil. *The Nature and Authority of Precedent*. Cambridge: Harvard University Press, 2008.

11 ALVIM, Teresa Arruda (coord.). *Direito Jurisprudencial*. São Paulo: Revista dos Tribunais, 2012.

12 Nas referências deste artigo consta vasta lista de autores brasileiros, com publicações recentes, que se dedicam a estudar a temática dos precedentes. Muitas dessas obras são frutos de dissertações de mestrado e teses de doutorado apresentadas em programas de pós-graduação *stricto sensu* no Brasil.

13 "Mesmos nos sistemas de Common Law, uma das questões mais inquietantes da contemporaneidade diz respeito a uma crescente produção legislativa, que denota também a

Constata-se um caminho de aproximação entre os sistemas jurídicos. É verdade que, no Brasil, a aplicação da força normativa dos precedentes não decorrerá de um amadurecimento natural do sistema jurídico, mas sim de imposição legislativa. Parcela da doutrina chega a dizer que o direito brasileiro está passando por um processo de *commonlização*,[14] sofrendo forte influência do direito anglo-saxão, deixando de estar sob o império da lei, e passando ao dos precedentes.

A globalização, evolução social e cultural, ascensão jurídica dos direitos fundamentais e superação da premissa liberal de que o juiz tinha função exclusiva de aplicador da lei fizeram surgir um paradigma hermenêutico, embasado na ideia de que é impossível aplicar a lei – ou qualquer outra fonte do direito – para a solução de um caso concreto sem realizar ato interpretativo.[15] Não em virtude da pobreza da lei, mas pela necessidade de atribuir ao Judiciário um papel edificante[16] na concretização dos direitos fundamentais, as decisões judiciais passaram a servir de importante elemento integrativo dos sistemas jurídicos da família romano-germânica, inclusive no Brasil.

Por isso, em virtude da opção político-legislativa de atribuir força normativa aos precedentes, ratifica-se que o binômio previsibilidade – segurança é relevante e a formação de um sistema precedentalista pode contribuir em prol desse desiderato.

---

influência dos clássicos processos de codificação dos sistemas romano-germânicos na tradição jurídica anglo-saxã. Não há dúvida que o papel do atual juiz do Civil Law e, principalmente, o do juiz brasileiro, a quem é deferido o dever-poder de controlar a constitucionalidade da lei no caso concreto, muito se aproxima da função exercida pelo juiz do Common Law, especialmente a da realizada pelo juiz americano. Acontece que, apesar da aproximação dos papéis dos magistrados de ambos os sistemas, apenas o common law devota[va] respeito aos precedentes – o que se afigura altamente noviço aos sistemas de distribuição de justiça, à afirmação do Poder e à estabilidade do Direito no Brasil" (MARINONI, Luiz Guilherme. *Precedentes obrigatórios*. 2. ed. São Paulo: Revista dos Tribunais, 2011. p. 19).

14 STRECK, Lenio Luiz; ABBOUD, Georges. *O que é isto*: o precedente judicial e as súmulas vinculantes. Porto Alegre: Livraria do Advogado, 2013.

15 "A forma de interpretação que estamos estudando – a interpretação de uma prática social – é semelhante à interpretação artística no seguinte sentido: ambas pretendem interpretar algo criado pelas pessoas como uma entidade distinta delas, e não o que as pessoas dizem, como na interpretação da conversação, ou fatos não criados pelas pessoas, como no caso da interpretação científica. (...) A interpretação das obras de arte e das práticas sociais, como demonstrarei, na verdade, se preocupa essencialmente com o propósito, não com a causa. Mas os propósitos que estão em jogo não são (fundamentalmente) os de algum autor, mas os do intérprete. Em linhas gerais, a interpretação construtiva é uma questão de impor um propósito a um objeto ou prática a fim de torná-lo o melhor exemplo possível da forma ou do gênero aos quais se imagina que pertençam" (DWORKIN, Ronald. *Levando os direitos a sério*. São Paulo: Martins Fontes, 2003. p. 63-64).

16 ZANETI JÚNIOR, Hermes. *O valor vinculante dos precedentes*. Salvador: Juspodivm, 2015.

4 O direito como integridade e a metáfora do romance em cadeia[17]

Deve-se justificar, teoricamente, o porquê de um sistema de vinculação de precedentes para a valoração da previsibilidade – segurança em nosso sistema jurídico. Entre os vários aportes teóricos, talvez uma das mais populares no Brasil seja a teoria do direito como integridade, de Ronald Dworkin, particularmente a partir da metáfora do romance em cadeia, imaginada por ele na obra *O império do Direito*.[18]

Para analisar com mais detalhes a teoria de Ronald Dworkin, importante situá-la em sua crítica ao positivismo jurídico, paradigma que sustentou os sistemas jurídicos modernos. Sob esse viés, merece ser mencionado que a guinada linguística, concebida como construção intersubjetiva do mundo por meio da linguagem e horizonte histórico-dialético, desestabilizou o positivismo jurídico clássico, que ora tratava a norma como um *a priori*, ao prescindir de interpretação à compreensão de seu sentido epistemológico, ora como um absoluto *a posteriori*, ao estabelecer um sentido criacionista.

Em sua teoria descritivo-justificadora, Dworkin tenta conciliar postulados que, historicamente, foram considerados como inconciliáveis: trata-se da existência de juízos interpretativos que acenam à dimensão moral do direito e da possibilidade de que eles possam ter um caráter objetivo, o que conduz à ideia de segurança e previsibilidade, outrora incompatíveis com dimensões de moralidade, justiça e equidade. Para tanto, parte da ideia de que as perguntas sobre o que é o direito (perspectiva descritiva) e o que deve ser o direito (justificação moral e crítica) estão entrelaçadas tanto na prática, como na teoria do direito.

Segundo sua teoria, a interpretação ocorre dentro de uma comunidade e se move no sentido de afirmar a coerência global de um sistema normativo e sua consistência narrativa, o que acena, inexoravelmente, a uma inclinação para a ética. A teoria de Dworkin destina-se a erguer um modelo de interpretação judicial que ofereça uma moralidade de inspiração, uma nova objetividade para o discurso jurídico e um sentido

---

17 Este tópico condensa as ideias expostas de forma mais aprofundada no artigo: HOMCI, Arthur Laércio; VERBICARO, Loiane Prado. O sistema precedentalista brasileiro à luz do Direito como integridade de Ronald Dworkin. *Revista de Processo, Jurisdição e Efetividade da Justiça*, Brasília, v. 3, n. 1, p. 53-74, jan./jun. 2017.

18 DWORKIN. *O império do Direito*.

diferenciado para a prática jurídica, que se afasta da rigidez objetiva do juspositivismo e da subjetividade intrínseca ao jusnaturalismo.

Dworkin, ao rejeitar o positivismo jurídico e jusnaturalismo, delineia seu próprio aparato analítico: o modelo da reconstrução racional aplicado ao conhecimento do direito. Vale destacar que a teoria de Dworkin aspira à superação da herança maniqueísta e obsoleta entre o mundo da natureza retratado pelo direito natural e o mundo da cultura expresso pelo direito positivo. Segundo Dworkin, o intérprete deveria ter condições de escapar ao dilema entre o contexto da descoberta do direito, como valor objetivo-natural, e o contexto da criação. A atividade interpretativa não deveria se mostrar nem como invenção do direito, nem como simples reprodução dos limites postos pelas normas.

À luz de sua teoria, são três as virtudes da moral política, é dizer, valores que o direito visa materializar: a) equidade, compreendida como a dimensão procedimental das decisões políticas. Trata-se da virtude que demanda uma distribuição correta ou equitativa do poder político e se realiza em procedimentos que estabelecem a todos os cidadãos uma influência semelhante no processo de tomada de decisão; b) devido processo legal, princípio relativo à prática de aplicação do direito e que reclama retidão e trato igual na aplicação da norma jurídica; c) justiça, que é a dimensão substantiva das decisões políticas. Acena à solução adequada dos problemas morais e políticos em torno do seu conteúdo.

Os dois primeiros valores são procedimentais e conformam a ideia de igualdade formal com independência do sentido material de suas proposições. Em razão disso, Dworkin une as duas perspectivas formais na virtude da equidade e preceitua as exigências de integridade do direito como a persecução de um esquema coerente de justiça e equidade na relação devida. A coerência do sistema, no entanto, não se resume àquela entre equidade em sentido amplo e justiça. A integridade remete à ideia de coerência global da totalidade dos princípios fundamentais da ordem jurídica.

Assim, em algumas ocasiões, é possível que, em nome da coerência global, as duas virtudes da moral política não caminhem juntas. Ressalte-se que não há um padrão que disponha a prevalência da justiça sobre a equidade, nem da equidade sobre a justiça. Para resolver eventuais contraposições entre justiça e equidade, é que o direito como integridade, baseado na ideia de coerência como virtude jurídica, surge para dirimir esse conflito. Haverá momentos em que a justiça prevalecerá em face da equidade; em outros, equidade em detrimento da justiça.

Trata-se da ideia de que a integridade é uma virtude independente da justiça e equidade e, ao mesmo tempo, a virtude que as ordena e serve de princípio fundamental do sistema jurídico.

Eis o ideal de integridade: preponderância da decisão mais coerente com o ordenamento jurídico, a partir do cotejamento com as decisões passadas e o respeito aos ideais de equidade e justiça de uma comunidade. Quanto às decisões do passado, se as mesmas não mais se justificam, devem ser alteradas em nome da própria integridade e coerência. Falar com uma só voz, comprometendo-se a conceber uma única solução jurídica que seja o reflexo da prática jurídica como um todo.

O par integridade – interpretação propositiva é abordado com a metáfora de Dworkin do direito interligado à literatura, no sentido do juiz com o crítico literário, que é, ao mesmo tempo, autor de um romance. "Cada romancista da cadeia interpreta os capítulos que recebeu para escrever um novo capítulo, que é então acrescentado ao que recebe o romancista seguinte, e assim por diante".[19]

A doutrina de um precedente é semelhante a edificar um romance em cadeia, situação segundo a qual um grupo de romancistas escreve um livro que nunca é concluído. Cada autor seria, ao mesmo tempo, intérprete e criador. Como autor do romance, ele vai continuar a escrever uma história já iniciada por outro, mas, ao mesmo tempo, fazendo uma crítica, na medida em que interpreta o que já fora escrito, continuando adiante a história. A exigência de integridade com os capítulos anteriores não exclui a possibilidade de afastar-se de alguns de seus elementos, desde que tais elementos possam ser identificados como erros na direção da melhor obra possível.[20]

Nessa perspectiva, a arte consiste no sutil equilíbrio entre acrescentar algo novo e propiciar a continuidade. Da mesma forma, deverá o juiz olhar o passado, interpretando a história jurídica anterior, porque tem a responsabilidade de levar adiante a incumbência que tem em mãos e não inventar alguma nova direção, ao mesmo tempo em que se projeta para o futuro para chegar à melhor justificação possível da prática jurídica como um todo, tal como a melhor interpretação de uma obra de arte que a apresente como a melhor e mais valiosa obra de arte possível.

---

19 DWORKIN. *O império do Direito*, p. 726.

20 DWORKIN. *Uma questão de princípio.*

Nota-se uma estreita conexão entre a interpretação de uma obra e as convicções sobre como deve ser uma boa obra de arte; entre a interpretação de uma norma e as convicções acerca de como deve ser a política, levando em conta que o direito, ao contrário da literatura, não é um empreendimento artístico, mas político, cuja finalidade precípua é coordenar o esforço social e individual, ou resolver disputas sociais e individuais, ou assegurar a justiça entre os cidadãos e eles e seu governo, ou alguma combinação dessas alternativas. E como prática político-interpretativa, deve demonstrar o seu valor em termos políticos, demonstrando o melhor princípio ou política a que serve.

A integridade, para Dworkin, forja o direito como um modo de aperfeiçoamento da comunidade política, como atividade positiva, no direcionamento de fornecer sentido retrospectivo e prospectivo, a partir de uma reinterpretação e revitalização das práticas jurídicas, mediante o aprofundamento de seu fundamento moral e de sua tradição jurídica. Nas palavras de Dworkin, "o direito como integridade começa no presente e só se volta para o passado na medida em que seu enfoque contemporâneo assim determine".[21]

O autor citado segue defendendo que é crucial o modo como os juízes decidem os casos, pois a adoção de um argumento em desfavor de outro pode fazer significativa diferença na vida da comunidade. A decisão de um juiz encarna não apenas a disposição de quem tem direito a algo, mas inclui um valor moral, que determina quem agiu de modo correto em determinada circunstância. Por essa razão, é preciso saber o que os juízes pensam do direito, e no que o modo de pensar deles é divergente. O argumento central apresentado por Dworkin para definir essa divergência é o seguinte: o direito possui uma peculiaridade em relação aos demais fenômenos sociais, é argumentativo.[22]

O fluxo de movimentação do direito na atualidade imprime aos juristas a inevitável crença nas decisões judiciais, dados os debates contínuos sobre determinados assuntos. A antiga imagem do direito como simples matéria de fato dizia para não interpretarmos literalmente

---

[21] DWORKIN. *O Império do Direito*, p. 271.

[22] "Daí Dworkin sustentar, com razão, que não há linha precisa que divida a teoria do Direito (*jusrisprudence*) e a aplicação judicial do Direito (*adjudication*). (...) A razão dessa conexão intrínseca entre filosofia jurídica e prática jurídica está em uma particularidade específica do Direito, que o singulariza entre as práticas sociais: a prática jurídica, diferentemente de outros fenômenos sociais, é argumentativa" (BUSTAMANTE, Thomas da Rosa de. *Teoria do precedente judicial*: a justificação e a aplicação de regras jurisprudenciais. São Paulo: Noeses, 2012. p. 134-135).

os votos proferidos pelos juízes nos casos difíceis; essa nova imagem tem o mérito notável de nos permitir, mais uma vez, acreditar no que dizem nossos juízes.

Para que as práticas sociais possam ser reconhecidas, no entanto, é imprescindível a confluência de saberes, mínima o suficiente para que qualquer divergência seja legítima, mas não para que não haja divergência alguma. Só é possível realizar uma interpretação da prática social em si, desvinculada das intenções dos seus partícipes um a um, se o intérprete aderir à prática que se propõe compreender. Em outras palavras: a prática a ser interpretada determina as condições da interpretação.

O direito como integridade, portanto, exige que os magistrados admitam, na medida do possível, que o direito é estruturado por um conjunto coerente de princípios sobre a justiça, a equidade e o devido processo legal.

5 A inserção do sistema de vinculação de precedentes no direito brasileiro

A escolha político-legislativa, no Brasil, foi assumir posição de um sistema precedentalista. Com efeito, a inclusão no texto do CPC de um conjunto de normas com o objetivo de formação de precedentes vinculantes mostra uma série de desafios aos juristas brasileiros. No entanto, partindo-se da premissa de que esse pretenso sistema trará resultados saudáveis à jurisdição brasileira, visita-se a teoria do direito como integridade de Ronald Dworkin, com o intuito de fundamentar esse paradigma abraçado. Sem olvidar outras teorias jusfilosóficas relevantes,[23] o modelo intentado pelo autor americano é o que melhor se adequa às pretensões de estabilidade, coerência e integridade dispostas na codificação processual.

A interpretação define não apenas porque as regras existem (valor), mas também o que, devidamente compreendida, elas agora requerem (conteúdo). Valor e conteúdo, no processo interpretativo, confundem-se. A interpretação realizada em relação a algum ato ou norma irá influenciar necessariamente nas práticas a ele(a) ligadas. A

23 MACCORMICK, Neil. *Legal Reasoning and Legal Theory*. Oxford: Clarendon Press, 1978; SCHAUER, Frederick. *Thinking Like a Lawyer*. Cambridge: Harvard University Press, 2009.

forma como cada sociedade interpreta as suas normas depende, inclusive, do conceito abonado.[24]

Esse propósito é o de sempre tornar o nosso objeto de interpretação em escala máxima, contudo deve-se registrar que o intérprete não é completamente livre ao compreender, pois está vinculado à tradição que cerca o objeto ou prática de interpretação. Os precedentes, portanto, seriam elementos da tradição jurídica, devendo ser aplicados a casos futuros não apenas por sua força tradicional, mas acima de tudo por formarem vínculos de estabilidade e coerência[25] do próprio direito, visto como ato de constante (re)interpretação.

Nesse panorama, a ideia de que o direito também é formado a partir da prática judicial, pode servir de justificação adequada ao sistema precedentalista pátrio.

Com efeito, o diploma processual prevê uma série de regras e princípios que determinam que atos judiciais possuem força vinculante, e devem ser obrigatoriamente observados no julgamento de casos futuros. A existência de precedentes judiciais é decorrência natural do exercício da atividade jurisdicional.[26]

O que se depreende como traço atípico no ordenamento processual brasileiro contemporâneo é a sistematização de normas que deliberam

---

24 DWORKIN. *O império do Direito*, p. 61.

25 No original: "This account of judicial decision-making implies the existence of a body of law shaped and defined by internal coherence. By identifying principles that connect and explain prior decisions and extending those principles to new disputes, courts form past and present cases into a consistent whole. Moreover, once a foundational mass of decisions is in place, the obligation to seek coherence provides a solution (although not, perhaps, a unique solution) to every case that may arise. Courts can determine answers to every new dispute by reference to the principles immanent in prior decisions ["Essa explicação da tomada de decisão judicial implica a existência de um corpo de leis moldado e definido pela coerência interna. Ao identificar princípios que conectam e explicam decisões anteriores e estendendo aplicando esses princípios a novas disputas, os tribunais formam um todo consistente em casos passados e presentes. Além disso, uma vez estabelecida uma massa fundamental de decisões, a obrigação de procurar coerência fornece uma solução (embora talvez não seja uma solução única) para todos os casos que possam surgir. Os tribunais podem determinar respostas a cada nova disputa por referência aos princípios imanentes em decisões anteriores"] (ALEXANDER, Larry A.; SHERWIN, Emily. Judges as Rulemakers. *University of San Diego Public Law and Legal Theory Research Paper Series*, San Diego, v. 15, 2004, tradução nossa. Disponível em: https://digital.sandiego.edu/lwps_public/art15. Acesso em: 8 jun. 2010).

26 Passagem de Teresa Arruda Alvim e Bruno Dantas (*Precedentes, recurso especial e recurso extraordinário*. São Paulo: Thomson Reuters, 2023. *E-book*. item 2.6) que sedimenta esse fenômeno: "Hoje, entende-se que o Direito vincula o juiz, mas não a letra da lei, exclusivamente. É a lei interpretada, à luz de princípios jurídicos; é a jurisprudência, a doutrina: estes são os elementos do sistema ou do ordenamento jurídico. Deles, desse conjunto, emergem as *regras* que o jurisdicionado tem que seguir".

a eficácia vinculante aos precedentes judiciais. É essencial esclarecer que a previsão legal de eficácia vinculante para atos judiciais não é o traço inovador do CPC.[27]

A simples previsão legal de que precedentes judiciais devem ser obrigatoriamente observados por juízes e tribunais em casos semelhantes futuros[28] não basta para firmar um sistema precedentalista. Ainda que a legislação atual tente conjugar vários dispositivos acerca da eficácia normativa dos precedentes, impondo que os tribunais devam manter o seu conjunto de decisões judiciais de forma a ser estável, íntegro e coerente (926, CPC), impondo que as decisões judiciais devam ser adequadamente fundamentadas com rigor técnico na aplicação dos

---

27 O CPC de 1973, revogado pelo atual, sofreu, a partir de 1994, uma série de alterações com o objetivo de instituir eficácia vinculante, persuasiva, obstativa e até autorizante para atos judiciais, especialmente para as súmulas (SOUZA, Marcelo Alves Dias de. *Do precedente judicial à súmula vinculante*. Curitiba: Juruá, 2007) editadas pelo STF e pelo STJ. São bons exemplos dessas alterações: a) o art. 546, com redação dada pela Lei 8.950/1994, que previa o recurso de embargos de divergência, com a finalidade de uniformizar a jurisprudência dos tribunais superiores, a fim de servir de parâmetro interpretativo para o próprio tribunal e para tribunais inferiores nos casos similares futuros; b) o art. 481, p. único, acrescido pela Lei nº 9.756/1998, que dispensava os órgãos fracionários dos tribunais de submeter a análise da declaração da inconstitucionalidade incidental aos seus órgãos plenos, se já houvesse pronunciamento desses órgãos plenos em casos anteriores ou do plenário do STF, relativizando a regra prevista no art. 97 da Constituição Federal; c) O *caput* do art. 557, com redação dada pela Lei nº 9.756/1998, que dispunha sobre a possibilidade de o Relator negar monocraticamente o recebimento de recurso manifestamente contrário a enunciado de súmula ou jurisprudência do respectivo tribunal, do STF ou de qualquer Tribunal Superior, bem como o §1º-A do respectivo dispositivo, que permitia ao Relator julgar monocraticamente o recurso na hipótese da decisão atacada estar em manifesto confronto com enunciado de súmula ou jurisprudência dominante do STF ou de qualquer Tribunal Superior. Tal situação também se verificava nos recursos aos tribunais superiores, por disposição prevista no art. 544, §4º, inciso I, alíneas "b" e "c", do CPC, de acordo com a redação dada pela Lei nº 12.322/2010; d) O art. 475, §3, com redação dada pela Lei nº 10.352/2001, que inviabilizava o reexame necessário "quando a sentença estiver fundada em jurisprudência do plenário do STF ou em súmula deste Tribunal ou do Tribunal Superior competente". A partir da Emenda Constitucional nº 45/2004, tal movimento se intensificou, tendo como principal exemplo a criação das súmulas vinculantes, de acordo com o art. 103-A da Constituição Federal, abrindo espaço para diversas outras alterações: e) o art. 518, §1º, com redação dada pela Lei nº 11.276/2006, que dispunha literalmente: "(...) o juiz não receberá o recurso de apelação quando a sentença estiver em conformidade com súmula do Superior Tribunal de Justiça ou do Supremo Tribunal Federal"; f) o art. 285-A, acrescido pela Lei nº 11.277/2006, que instituiu o julgamento *prima facie* do mérito "quando a matéria controvertida for unicamente de direito e no juízo já houver sido proferida sentença de total improcedência em outros casos idênticos", possibilitando que o juiz julgasse a causa sem citar o réu, reproduzindo a sentença dos precedentes usados como base para o julgamento do caso; g) os arts. 543-B e 543-C, acrescidos pela Lei nº 11.418/2006, que estabeleceram as técnicas para o julgamento de recursos repetitivos por amostragem perante o STF e o STJ.

28 BUSTAMANTE. *Teoria do precedente judicial*: a justificação e a aplicação de regras jurisprudenciais.

precedentes e súmulas (489, §1º, V e VI, CPC), isso é insuficiente para a estruturação dessa técnica processual de precedentes.

O pilar central desse sistema exige dois esforços elementares, quais sejam: a) a compreensão e definição de uma teoria dos precedentes judiciais e b) a formação de juristas aptos a aplicarem adequadamente os precedentes judiciais.

6 Conclusão

A projeção de prováveis resultados para conflitos submetidos à apreciação judicial ocasiona segurança jurídica aos cidadãos. Sob essa premissa, deve existir o aprimoramento do sistema de precedentes vinculantes no Brasil que, certamente, contribuirá para a previsibilidade e estabilidade de relações jurídicas em nosso ordenamento jurídico.

A teoria do direito como integridade de Ronald Dworkin, embora formulada para a contexto específico do direito norte americano, pode servir de embasamento teórico para justificar – a partir da ênfase ao valor coerência – a exigência de que juízes decidam as questões a eles apresentadas, observando as soluções encontradas no passado, em fluxo constante de aprimoramento do conteúdo do direito produzido judicialmente.[29]

Previsibilidade não pode ser considerada como sinônimo de imutabilidade, engessamento. As decisões judiciais devem ser previsíveis na medida em que tenham fundamentos substanciais, erigidos como decorrência lógica dos atos interpretativos realizados nos tribunais para a solução dos casos.

Dworkin advoga exatamente isso: que o caráter interpretativo do direito enriquece constantemente o conteúdo do próprio direito produzido.

A simples instituição de um sistema de precedentes vinculantes é suficiente para isso? Parece evidente que não, na medida em que assim como as leis deixam constantemente de serem observadas – até por juízes e tribunais – os precedentes também poderão ser constantemente olvidados. Ainda mais quando a proposta de atribuição de

---

[29] Até para os denominados *hard cases* em que não há o precedente imediatamente formado, o juiz deve atuar com consistência (*consistency*), considerando o que já há no sistema em termos de regras, princípios, costumes, precedentes. Nesse sentido: ALVIM; DANTAS. *Precedentes, recurso especial e recurso extraordinário*, item 2.6.

força vinculante aos precedentes advém diretamente da lei, sem que isso tenha sido fruto de uma elaboração ritual dentro dos tribunais.

Entretanto, a ausência de tradição ou costume na observância de precedentes vinculantes não pode ser tido como empecilho à formação desse sistema, tendo em vista os possíveis ganhos que podem ser advindos dele. Neste artigo, um binômio valorativo foi evidenciado, o da previsibilidade – segurança jurídica, que tem na força vinculante dos precedentes uma forte aliada para sua consolidação e, em Dworkin, uma base segura para sua fundamentação.

Referências

ALEXANDER, Larry A.; SHERWIN, Emily. Judges as Rulemakers. *University of San Diego Public Law and Legal Theory Research Paper Series*, San Diego, v. 15, 2004. Disponível em: https://digital.sandiego.edu/lwps_public/art15. Acesso em: 8 jun. 2010.

ALVIM, Teresa Arruda; DANTAS, Bruno. *Precedentes, recurso especial e recurso extraordinário*. São Paulo: Thomson Reuters, 2023. *E-book*.

ALVIM, Teresa Arruda (coord.). *Direito Jurisprudencial*. São Paulo: Revista dos Tribunais, 2012.

ATAÍDE JÚNIOR, Jaldemiro Rodrigues de. *Precedentes vinculantes e irretroatividade do Direito no sistema processual brasileiro*: os precedentes dos tribunais superiores e sua eficácia temporal. Curitiba: Juruá, 2012.

BASTOS, Antônio Adonias. A estabilidade das decisões judiciais como elemento contributivo para o acesso à Justiça e para o desenvolvimento econômico. *Revista de Processo: RePro*, São Paulo, n. 227. p. 295-316, 2014.

BAUMAN, Zygmunt. *Modernidade líquida*. Rio de Janeiro: Zahar, 2001.

BURLEY, Justine (ed.). *Dworkin*: His Critics with Replies by Dworkin. Malden: Blackwell Publishing, 2004.

BUSTAMANTE, Thomas da Rosa de. *Teoria do precedente judicial*: a justificação e a aplicação de regras jurisprudenciais. São Paulo: Noeses, 2012.

CRUZ E TUCCI, José Rogério. *Precedente judicial como fonte do Direito*. São Paulo: Revista dos Tribunais, 2004.

DANTAS, Bruno. A jurisprudência dos tribunais e o dever de velar por sua uniformização e estabilidade. *Revista de Informação Legislativa*, Brasília, DF, v. 190, abr./jun. 2011.

DANTAS, Bruno. Direito fundamental à previsibilidade das decisões judiciais. *Revista Justiça e Cidadania*, Rio de Janeiro, v. 149, 2013.

DANTAS, Bruno. (In)consistência jurisprudencial e segurança jurídica: o novo dever dos tribunais no Código de Processo Civil brasileiro. *Revista de Processo: RePro*, São Paulo, v. 262, 2016.

DAVID, René. *Os grandes sistemas de Direito contemporâneo*. São Paulo: Martins Fontes, 2002.

DUXBURY, Neil. *The Nature and Authority of Precedent*. Cambridge: Harvard University Press, 2008.

DWORKIN, Ronald. *A Justiça de toga*. São Paulo: Martins Fontes, 2010.

DWORKIN, Ronald. *A virtude soberana*. a teoria e a prática da igualdade. São Paulo: Martins Fontes, 2005.

DWORKIN, Ronald. *Justiça para ouriços*. Coimbra: Almedina, 2011.

DWORKIN, Ronald. *Levando os direitos a sério*. São Paulo: Martins Fontes, 2002.

DWORKIN, Ronald. *O império do Direito*. São Paulo: Martins Fontes, 1999.

DWORKIN, Ronald. *Uma questão de princípio*. São Paulo: Martins Fontes, 2001.

DWORKIN, Ronald. What is Equality? Parts 1-4. *In:* DWORKIN, Ronald. *Philosophy and Public Affairs*. 1981-1988, [*S. l.*], v. 10, n. 3, 1981. Disponível em: http://links.jstor.org. Acesso em: 8 jun. 2010.

HART, Herbert Lionel Adolphus. *O conceito de Direito*. Tradução: Antônio de Oliveira Sette-Câmara. São Paulo: Martins Fontes, 2009.

HOMCI, Arthur Laércio; DIB TAXI, Ricardo Araujo. O Direito como integridade na prática interpretativa dos direitos humanos. *Revista Saber Jurídico (CESUPA)*, [*S. l.*], v. 3, p. 1-19, 2012.

HOMCI, Arthur Laércio; VERBICARO, Loiane Prado. O sistema precedentalista brasileiro à luz do Direito como integridade de Ronald Dworkin. *Revista de Processo, Jurisdição e Efetividade da Justiça*, Brasília, v. 3, n. 1, p. 53-74, jan./jun. 2017.

LARENZ, Karl. *Metodologia da ciência do Direito*. 3 ed. Lisboa: Fundação Calouste Gulbekian, 1997.

LIMA FILHO, Eduardo Neves. *O uso dos precedentes judiciais no Brasil*. Rio de Janeiro: Lumen Juris, 2016.

LIPOVETSKY, Gilles; SERROY, Jean. *A estetização do mundo*: viver na era do capitalismo artista. São Paulo: Companhia das Letras, 2015.

LOSANO, Mário G. *Os grandes sistemas jurídicos*: introdução aos sistemas jurídicos europeus e extra-europeus. São Paulo: Martins Fontes, 2007.

MACÊDO, Lucas Buril de. *Precedentes judiciais e o Direito Processual Civil*. Salvador: Juspodivm, 2015.

MACCORMICK, Neil. *Legal Reasoning and Legal Theory*. Oxford: Clarendon Press, 1978.

MARCONDES, Danilo; STRUCHINER, Noel. *Textos básicos de filosofia do Direito*: de Platão a Frederick Schauer. Rio de Janeiro: Zahar, 2015.

MARINONI, Luiz Guilherme. *A ética dos precedentes*: justificativa do novo CPC. São Paulo: Revista dos Tribunais: 2014.

MARINONI, Luiz Guilherme. *Precedentes obrigatórios*. 2. ed. São Paulo: Revista dos Tribunais, 2011.

MITIDIERO, Daniel. *Cortes superiores e cortes supremas*. São Paulo: Revista dos Tribunais, 2013.

MORRISON, Wayne. *Filosofia do Direito*: dos gregos ao pos-modernismo. São Paulo: Martins Fontes, 2006.

NOGUEIRA, Gustavo Santana. *Precedentes vinculantes no Direito Comparado e brasileiro*, 2. ed. Salvador: Juspodivm, 2014.

PEREIRA, Bernardo Augusto da Costa. *Os precedentes judiciais e a razoável duração do processo*. Rio de Janeiro: Lumen Juris, 2017.

SCHAUER, Frederick. *Playing by the Rules*. Oxford: Clarendon Press, 1991.

SCHAUER, Frederick. *Thinking Like a Lawyer*. Cambridge: Harvard University Press, 2009.

SOUZA, Marcelo Alves Dias de. *Do precedente judicial à súmula vinculante*. Curitiba: Juruá, 2007.

SANTOS, Boaventura de Souza. *A gramática do tempo*. Para uma nova cultura política. São Paulo: Cortez, 2006.

STRECK, Lenio Luiz; ABBOUD, Georges. *O que é isto*: o precedente judicial e as súmulas vinculantes. Porto Alegre: Livraria do Advogado, 2013.

VILLEY, Michel. *A formação do pensamento jurídico moderno*. São Paulo: Martins Fontes: 2005.

WOLKART, Erik Navarro. *Precedente judicial no processo civil brasileiro*: mecanismos de objetivação do processo. Salvador: Juspodivm, 2013.

ZANETI JÚNIOR, Hermes. *O valor vinculante dos precedentes*. Salvador: Juspodivm, 2015.

Informação bibliográfica deste texto, conforme a NBR 6023:2018 da Associação Brasileira de Normas Técnicas (ABNT):

GÓES, Gisele Santos Ferrandes; HOMCI, Arthur Laércio. Sistema de precedentes: previsibilidade – segurança jurídica e a teoria da integridade de Dworkin no Brasil. *In*: MENDES, Gilmar Ferreira; GALLOTTI RODRIGUES, Maria Isabel Diniz; ALVIM, Teresa Arruda (coord.). *O novo perfil do controle difuso de constitucionalidade*: estudos em homenagem ao Professor Bruno Dantas nos 20 anos da Repercussão Geral. Belo Horizonte: Fórum, 2025. p. 219-235. ISBN 978-65-5518-898-1.

OS 20 ANOS DA REPERCUSSÃO GERAL E OS 15 ANOS DA "QUESTION PRIORITAIRE DE CONSTITUTIONNALITÉ" (QPC): EFEMÉRIDES EM PERSPECTIVA COMPARADA DO SUPREMO TRIBUNAL FEDERAL (STF) E DO CONSEIL CONSTITUTIONNEL

GUILHERME PUPE
GUILHERME MAZARELLO

1 Introdução

Os filtros de transcendência – ou relevância – são respostas ao sintomático incremento do protagonismo das Cortes Constitucionais ao redor mundo desde pelo menos a Segunda Guerra Mundial.[1] Por um lado, a introdução de mecanismos qualitativos de seleção de casos revela uma opção por um resgate do controle sobre a agenda decisória. A preponderância conjuntural-temática há de prevalecer sobre um banalizado papel de meros tribunais recursais de casos concretos.

São vários os exemplos, e comumente se mencionam o *writ of certiorari* do direito estadunidense, a carência de transcendência ao recurso extraordinário no direito argentino[2] e, para a pertinência do

---

[1] Sobre o tema: DANTAS, Bruno. *Repercussão geral*. 3. ed. São Paulo: Revista dos Tribunais, 2012. p. 96-139.

[2] Ver: art. 280 do Código Procesal Civil y Comercial de la Nación Argentina.

presente trabalho, a Repercussão Geral no Supremo Tribunal Federal (STF) e o caráter sério da "Question Prioritaire de Constituionnalité" (QPC), no direito francês. Em outros modelos, a inadmissibilidade recursal por vezes prescinde de fundamentação específica, estando submetida ao alvedrio da Corte Constitucional, como ocorre na inadmissão do *Verfassungbeschwerde*, pelo Tribunal Constitucional alemão, sem motivação (BVerfGG, §93d, (1)).

É verdade que o filtro recursal e a ação incidental de controle de constitucionalidade não são institutos jurídicos equivalentes, o que faz emergir questionamento acerca dos objetos de comparação do presente trabalho. Primeiro, deve-se ponderar que a Repercussão Geral, mais do que filtro de admissibilidade recursal, operou verdadeira mutação no controle difuso de constitucionalidade, desnaturando-o substancialmente de sua fórmula constitucional original.

Atualmente, debater a Repercussão Geral prenuncia análise de um novo perfil de controle de constitucionalidade, que celebra, no ano de publicação deste artigo, 20 anos de fundação constitucional. Segundo, é de se salientar que a QPC cuida precisamente da, discutivelmente, maior revolução paradigmática do direito constitucional francês sob a égide da Constituição de 1958, em um sistema jurídico não habituado ao controle repressivo de constitucionalidade e tradicionalmente averso à ideia de jurisdição constitucional.

Pois bem. À guisa de introdução, é na encruzilhada dos dois institutos que se insere este trabalho, em celebração aos 20 anos da introdução do instituto da Repercussão Geral no ordenamento jurídico brasileiro e aos 15 anos da QPC no direito francês. Um breve texto por meio do qual se convida o leitor a uma análise comparativa entre Cortes que, submetidas a alterações profundas nos últimos anos, desenvolveram perfis de atuação sensivelmente distintos; um exame em que se explorem as semelhanças e diferenças entre os dois sistemas, os impactos na proteção dos direitos fundamentais e o papel dessas Cortes Constitucionais na harmonização do equilíbrio entre os Poderes estatais e a proteção dos direitos fundamentais.

2 Breve histórico da Repercussão Geral

Positivada originalmente com a Emenda Constitucional (EC) nº 45, de 30 de dezembro de 2004, a Repercussão Geral representou o desiderato de uma vontade que precedeu a reforma constitucional:[3] estabelecer um filtro capaz de controlar a quantidade de recursos alçados à Corte Constitucional, ao tempo que lhe acorda poderes de selecionar casos. O §3º do art. 102 da Constituição Federal previu que, no recurso extraordinário, o recorrente deverá demonstrar a "Repercussão Geral das questões constitucionais discutidas no caso, nos termos da lei, a fim de que o Tribunal examine a admissão do recurso, somente podendo recusá-lo pela manifestação de dois terços de seus membros".

Objeto de regulamentação pela Lei nº 11.418, de 19 de dezembro de 2006, atualmente vige, para além das disposições regimentais do STF, a norma insculpida no art. 1.035 do CPC, no sentido de que, "para efeito de Repercussão Geral, será considerada a existência ou não de questões relevantes do ponto de vista econômico, político, social ou jurídico que ultrapassem os interesses subjetivos do processo".

A despeito da razoável indeterminação conceitual que carregava o conceito à época de sua consagração, pouco se duvida de que, pelo menos em seu núcleo essencial, Repercussão Geral densificou a ideia segundo a qual "não bastará que as questões constitucionais discutidas na lide sejam do interesse exclusivo das partes processuais".[4]

À época, a problemática quantitativa sobressaía e a Repercussão Geral estava inserida em um contexto maior de políticas voltadas à contenção do acervo do STF, que remonta ao início do século passado. Sobre esse tema, muito já se escreveu, mas impende ressaltar medidas como o aumento do número de ministros, a criação de obstáculos regimentais (embriões da "jurisprudência defensiva") e a criação de uma jurisprudência vinculante.[5] Prova maior dessa preocupação, a própria criação do Superior Tribunal de Justiça (STJ) carregou o intento, quase secular, de reduzir o contingente processual no STF – qual hidra, o resultado auferido foi a duplicação da agrura, e agora o STJ caminha em sentido de aproximação com o STF com aprovação do requisito de relevância da questão federal.

---

3 Antes da Repercussão Geral, o STF havia inserido, por emenda regimental, a "arguição de relevância", em 1975. Tal alteração posteriormente foi incorporada à Constituição de 1967, e extirpada com a Constituição de 1988, talvez por fé depositada no êxito da criação do STJ.

4 DANTAS, Bruno. Repercussão geral. Algumas lições da Corte Suprema argentina ao Supremo Tribunal Federal brasileiro. *Revista de Informação Legislativa*, Brasília, DF, p. 36, 2010.

5 A esse respeito, confira-se: MANCUSO, Rodolfo de Camargo. *Recurso extraordinário e recurso especial*. 13. ed. São Paulo: Revista dos Tribunais, 2015.

Por óbvio que igualmente se ansiava que, como consequência da diminuição do acervo, a Corte seria "reconduzida à sua verdadeira função, que é a de zelar pelo direito objetivo – sua eficácia, sua inteireza e a uniformidade de sua interpretação".[6]

Como consequência, nota-se verdadeira aproximação entre os sistemas de controle abstrato e concreto no direito brasileiro, em principal pela dotação de efeitos *erga omnes* a julgamentos de recursos extraordinários submetidos ao circuito de formação de precedente.

O controle difuso de constitucionalidade surge no Brasil com inequívoca inspiração no *writ of appeal* do direito norte-americano, instituído pelo Judiciary Act de 1789 e antecessor do atual *writ of certiorari*.[7]

A origem remota se encontra em nossa Constituição Provisória de 1890 (art. 58, §1º, "a" e "b") e no Decreto nº 848, de 11 de outubro de 1890, que trazia, em seu art. 3º, que, na guarda da Constituição, os magistrados atuariam por provocação da parte. A questão relativa à constitucionalidade, pois era matéria de exceção, isto é, não representava o objeto próprio da ação, mas questão incidental apta a repercutir no exame do direito posto a exame.[8] [9]

Posteriormente, a Constituição Federal de 1891, da lavra de Rui Barbosa, incorporou aqueles dispositivos e previu o modelo difuso em seu art. 59, §1º, "a" e "b",[10] atribuindo ao STF a proteção, em sede de recurso extraordinário, da legislação federal e da Constituição.

---

6 MEDINA, José Miguel Garcia; WAMBIER, Luiz Rodrigues; ARRUDA ALVIM, Teresa Wambier. Repercussão geral e súmula vinculante. *In:* ARRUDA ALVIM, Teresa; CAMBI, Accácio; WAMBIER, Luiz Rodrigues; GOMES JÚNIOR, Luiz Manoel; FISCHER, Octavio Campos; FERREIRA, William Santos (coord.). *Reforma do Judiciário*: primeiras reflexões sobre a EC nº 45/2004. São Paulo: Revista dos Tribunais, 2005. p. 374.

7 ASSIS, Araken de. *Manual dos recursos*. 6. ed. São Paulo: Revista dos Tribunais, 2014. p. 727-728.

8 "Art. 3º Na guarda e applicação da Constituição e das leis nacionaes a magistratura federal só intervirá em especie e por provocação de parte" (BRASIL. *Decreto nº 848, de 11 de outubro de 1890*. Organiza a Justiça Federal. Rio de Janeiro: Governo Provisório da República dos Estados Unidos do Brazil, 1890. Disponível em: http://www.planalto.gov.br/ccivil_03/decreto/1851-1899/d848.htm. Acesso em: 9 set. 2019).

9 MENDES, Gilmar Ferreira; BRANCO, Paulo Gustavo Bonet. *Curso de Direito Constitucional*. São Paulo: Saraiva, 2007. p. 982-1011.

10 "Art 59 - Ao Supremo Tribunal Federal compete:
(...)
§1º - Das sentenças das Justiças dos Estados, em última instância, haverá recurso para o Supremo Tribunal Federal:
a) quando se questionar sobre a validade, ou a aplicação de tratados e leis federais, e a decisão do Tribunal do Estado for contra ela;
b) quando se contestar a validade de leis ou de atos dos Governos dos Estados em face da Constituição, ou das leis federais, e a decisão do Tribunal do Estado considerar válidos esses

Em seguida, a Lei nº 221, de 20 de novembro de 1894, dispôs em seu art. 13, §10, a previsão de que os juízes e tribunais "deixarão de aplicar aos casos concretos as leis manifestamente inconstitucionais",[11] passando a admitir a declaração incidental de inconstitucionalidade mesmo de ofício.

A Constituição de 1934, de sua vez, manteve em seu art. 76, III, "b" e "c",[12] o controle difuso, embora passasse a exigir, por questões de segurança jurídica, que a declaração de inconstitucionalidade se desse pela maioria dos membros dos tribunais (art. 179) – exigência que culminaria na cláusula de reserva de Plenário a que alude o art. 97 da Constituição Federal de 1988,[13] interpretada pela Súmula Vinculante nº 10 do STF.[14] Também na Carta de 1934 surge a possibilidade de se atribuir eficácia *erga omnes* às decisões declaratórias de

---

atos, ou essas leis impugnadas" (BRASIL. [Constituição (1891)]. *Constituição da República dos Estados Unidos do Brasil, de 24 de fevereiro de 1891*. Rio de Janeiro: Assembleia Constituinte, 1891. Disponível em: http://www.planalto.gov.br/ccivil_03/Constituicao/Constituicao91.htm. Acesso em: 9 set. 2019).

11 "Art. 13. Os juizes e tribunaes federaes processarão e julgarão as causas que se fundarem na lesão de direitos individuaes por actos ou decisão das autoridades administrativas da União.
(...)
§10. Os juizes e tribunaes apreciarão a validade das leis e regulamentos e deixarão de applicar aos casos occurrentes as leis manifestamente inconstitucionaes e os regulamentos manifestamente incompativeis com as leis ou com a Constituição" (BRASIL. *Lei nº 221, de 20 de novembro de 1894*. Completa a organisação da Justiça Federal da Republica. Rio de Janeiro: Assembleia Constituinte, 1894. Disponível em: http://www.planalto.gov.br/ccivil_03/leis/1851-1900/l0221.htm. Acesso em: 9 set. 2019).

12 "Art 76 - À Corte Suprema compete:
(...)
III - em recurso extraordinário, as causas decididas pelas Justiças locais em única ou última instância:
(...)
b) quando se questionar sobre a vigência ou validade de lei federal em face da Constituição, e a decisão do Tribunal local negar aplicação à lei impugnada;
c) quando se contestar a validade de lei ou ato dos Governos locais em face da Constituição, ou de lei federal, e a decisão do Tribunal local julgar válido o ato ou a lei impugnada (...)"
(...)
(BRASIL. [Constituição (1934)]. *Constituição da República dos Estados Unidos do Brasil, de 16 de julho de 1934*. Rio de Janeiro: Assembleia Constituinte, 1934. Disponível em: http://www.planalto.gov.br/ccivil_03/Constituicao/Constituicao34.htm. Acesso em: 9 set. 2019).

13 "Art. 97. Somente pelo voto da maioria absoluta de seus membros ou dos membros do respectivo órgão especial poderão os tribunais declarar a inconstitucionalidade de lei ou ato normativo do Poder Público" (BRASIL. *Constituição da República Federativa do Brasil de 1988*).

14 "Viola a cláusula de reserva de plenário a decisão de órgão fracionário de tribunal que, embora não declare expressamente a inconstitucionalidade de lei ou ato normativo do Poder Público, afasta sua incidência, no todo ou em parte" (BRASIL. *Constituição da República Federativa do Brasil de 1988*, art. 97).

inconstitucionalidade proferidas em controle difuso por meio da suspensão, pelo Senado Federal, da execução da norma impugnada (art. 91, IV).

A Constituição Federal de 1937 igualmente manteve o controle difuso em seu art. 101, III, "a" a "d",[15] conjugando com esse a defesa do direito objetivo federal. Essa mesma linha foi seguida pela Constituição Federal de 1946 (101, III, "a" a "d").[16]

A propósito, sob a égide da Constituição Federal de 1946, o STF passou a ser assoberbado por um grande número de recursos extraordinários interpostos tanto com fulcro em violação à Constituição como para tutela do direito objetivo federal. Começa a surgir na doutrina um debate sobre os mecanismos para resolver a crise por que passava aquele Tribunal.

José Afonso da Silva, em trabalho publicado em 1963, defendeu a criação de um "Tribunal Superior de Justiça" a que seria atribuída a competência para conhecer, em grau recursal, causas decididas em única ou última instância em violação à legislação infraconstitucional,

---

15 "Art 101 - Ao Supremo Tribunal Federal compete:
(...)
III - julgar, em recurso extraordinário, as causas decididas pelas Justiças locais em única ou última instâncias:
a) quando a decisão for contra a letra de tratado ou lei federal, sobre cuja aplicação se haja questionado;
b) quando se questionar sobre a vigência ou validade da lei federal em face da Constituição, e a decisão do Tribunal local negar aplicação à lei impugnada;
c) quando se contestar a validade de lei ou ato dos Governos locais em face da Constituição, ou de lei federal, e a decisão do Tribunal local julgar válida a lei ou o ato impugnado;
d) quando decisões definitivas dos Tribunais de Apelação de Estados diferentes, inclusive do Distrito Federal ou dos Territórios, ou decisões definitivas de um destes Tribunais e do Supremo Tribunal Federal derem à mesma lei federal inteligência diversa" (BRASIL. [Constituição (1937)]. *Constituição dos Estados Unidos do Brasil, de 10 de Novembro de 1937.* Rio de Janeiro: Assembleia Constituinte, 1937. Disponível em: http://www.planalto.gov.br/ccivil_03/Constituicao/Constituicao37.htm Acesso em: 9 set. 2019).

16 "Art 101 - Ao Supremo Tribunal Federal compete:
(...) III - julgar em recurso extraordinário as causas decididas em única ou última instância por outros Tribunais ou Juízes:
a) quando a decisão for contrária a dispositivo desta Constituição ou à letra de tratado ou lei federal;
b) quando se questionar sobre a validade de lei federal em face desta Constituição, e a decisão recorrida negar aplicação à lei impugnada;
c) quando se contestar a validade de lei ou ato de governo local em face desta Constituição ou de lei federal, e a decisão recorrida julgar válida a lei ou o ato; d) quando na decisão recorrida a interpretação da lei federal invocada for diversa da que lhe haja dado qualquer dos outros Tribunais ou o próprio Supremo Tribunal Federal" (BRASIL. [Constituição (1946)]. *Constituição dos Estados Unidos do Brasil, de 18 de setembro de 1946*). Rio de Janeiro: Assembleia Constituinte, 1946. Disponível em: http://www.planalto.gov.br/ccivil_03/Constituicao/Constituicao46.htm Acesso em: 9 set. 2019).

esvaziando, no particular, o recurso extraordinário. Ao remédio para tutela do direito objetivo federal o autor deu o nome de recurso especial.[17]

Sob a influência daquele trabalho, é realizada em 1965, na Fundação Getulio Vargas (FGV), mesa redonda de que participou notável comissão de juristas.[18] Os resultados do encontro nos são relatados por Carlos Mário da Silva Velloso:

> Preconizaram esses eminentes juristas, então, um tribunal que fizesse as vezes do Supremo Tribunal Federal, vale dizer, de um tribunal para julgamento de recursos extraordinários relativos ao direito federal comum (...): "9 - Decidiu-se, sem maior dificuldade, pela criação de um novo tribunal. As divergências sobre a sua natureza e o número de tribunais que a princípio suscitaram debates, pouco a pouco se encaminharam por uma solução que mereceu afinal o assentimento de todos. Seria criado um único tribunal que teria uma função eminente como instância federal sobre matéria que não tivesse, com especificidade, natureza constitucional, ao mesmo tempo que teria a tarefa de apreciar os mandados de segurança e habeas-corpus originários, os contra atos dos Ministros de Estado e os recursos ordinários das decisões denegatórias em última instância federal ou dos Estados. 10 - Assim, também, os recursos extraordinários fundados exclusivamente na lei federal seriam encaminhados a esse novo Tribunal, aliviando o Supremo Tribunal de uma sobrecarga" (...).[19]

A despeito do debate doutrinário, a Constituição de 1967/1969 foi infensa à proposta e manteve, em seu art. 114, III, "a" a "d",[20] como

---

17 SILVA, José Afonso da. *Do recurso extraordinário no Direito Processual brasileiro*. São Paulo: Revista dos Tribunais, 1963. p. 455-456.

18 A comissão era presidida pelo Ministro Themístocles Brandão Cavalcanti e integrada por Caio Tácito, Lamy Filho, Flávio Bauer Novelli, Miguel Seabra Fagundes, Alcino de Paula Salazar, Caio Mário da Silva Pereira, José Frederico Marques, Gilberto de Ulhôa Canto, Levy Fernandes Carneiro, Mário Pessoa e Miguel Reale.

19 VELLOSO, Carlos Mário da Silva. O Superior Tribunal de Justiça na Constituição. *Informativo Jurídico da Biblioteca Ministro Oscar Saraiva*, Brasília, p. 95-96, jul./dez. 1989.

20 "Art 114 - Compete ao Supremo Tribunal Federal:
(...) III - julgar mediante recurso extraordinário as causas decididas em única ou última instância por outros Tribunais ou Juízes, quando a decisão recorrida:
a) contrariar dispositivo desta Constituição ou negar vigência de tratado ou lei federal;
b) declarar a inconstitucionalidade de tratado ou lei federal;
c) julgar válida lei ou ato de Governo local contestado em face da Constituição ou de lei federal;
d) der à lei interpretação divergente da que lhe haja dado outro Tribunal ou o próprio Supremo Tribunal Federal" (BRASIL. [Constituição (1967)]. *Constituição da República Federativa do Brasil de 1967*. Brasília, DF: Presidência da República, 1967. Disponível em: http://www.planalto.gov.br/ccivil_03/Constituicao/Constituicao67EMC69.htm. Acesso em: 14 out. 2014).

hipótese de cabimento do recurso extraordinário endereçado ao STF, a violação à legislação infraconstitucional.

Em 1985, já no período de redemocratização do País, fez-se necessária a edição de uma nova Constituição. A Comissão Provisória de Estudos Constitucionais, instituída pelo Decreto nº 91.450, de 18 de julho de 1985, acolheu a proposta feita inicialmente por José Afonso da Silva, ratificada em debate levado a cabo em 1965, fazendo constar, da Constituição Federal de 1988, a criação do STJ, com competência recursal ordinária e extraordinária, esta voltada para a tutela do direito federal infraconstitucional, pela via do recurso especial, cuja história, até a atual Constituição, como seu viu, se confundia com a do recurso extraordinário.[21]

Em outras palavras, a partir de 1988, a Constituição Federal passou para o STJ a competência para "recursos que resguardem legislação infraconstitucional" e concentrou no STF a proteção à Constituição, muito embora tenha preservado o modelo difuso de controle de constitucionalidade.[22]

3 Histórico do controle jurisdicional de constitucionalidade no direito francês: uma cultura jurídica de desconfiança em relação aos juízes

Na França, a tradição legicentrista culminou na fórmula clássica "a lei é a expressão da vontade geral". Originalmente uma afirmação de Jean-Jacques Rousseau, refletida no art. 6º da Declaração dos Direitos do Homem e do Cidadão de 1789, a expressão é frequentemente utilizada para defender a soberania do Parlamento e está particularmente enraizada na cultura jurídica francesa.

Na sua obra *Du contrat social*, Jean-Jacques Rousseau desenvolve a definição da vontade geral como interesse comum e como expressão de um sentimento de coesão social. A ideia não deve ser confundida com a ideia de vontade de todos. Como explica Rousseau, a vontade geral corresponde ao interesse comum, enquanto a vontade de todos se restringe à vontade particular, soma das vontades dos indivíduos.[23]

---

21 ASSIS, Araken de. *Manual dos recursos*. 6. ed. São Paulo: Revista dos Tribunais, 2014. p. 819.

22 MENDES; BRANCO. *Curso de Direito Constitucional*, p. 982-1002.

23 ROUSSEAU, Jean-Jacques. Du contrat social ou principes du droit politique. *In:* ROUSSEAU, Jean-Jacques. *Collection complète des œuvres*. A Genève: [1780]-1782 & 1789. Paris: Librairie

A lei é o veículo de expressão dessa vontade – "(...) trata-se agora de lhe dar [ao corpo social] movimento e vontade através da legislação" –,[24] o que é sempre bom.[25]

A conceção de Rousseau não se limita à importância da lei. Ela é igualmente centrada na instituição responsável pela sua produção, ou seja, a voz da vontade geral: o legislador.[26] O legicentrismo francês, no entanto, não se restringe a Rousseau. Carré de Malberg, proeminente pensador, teve impacto estrutural no desenvolvimento do direito constitucional francês. Temporalmente localizado no paradigma de Estado legal, à sua época vigia a noção de soberania da lei, baseada no voto, como ato que exprime a vontade do soberano. Debruçando-se sobre a Constituição francesa de 1875, o professor da Alsácia apontou os seguintes princípios como regentes do direito constitucional francês: (i) a lei é a expressão da vontade geral; (ii) a lei é obra do povo, estando todos os cidadãos representados na sua elaboração; (iii) o legislador é o único representante da nação e (iv) a representação é o poder da vontade pela nação. Resultado natural desse concerto é o primado da lei.[27]

Associada à doutrina da "lei como expressão da vontade geral", a tradição do pensamento jurídico francês é sensivelmente influenciada pela ideia de "governo de juízes". Esse dado é pedra de toque para compreensão da razão pela qual, pelo menos desde o período revolucionário, existe parcial rejeição à figura de juízes, em principal a respeito da possibilidade de que esses viessem a exercer poderes políticos.

Nessa tradição jurídica francesa, a noção de "governo dos juízes" é uma pedra de toque para compreender a desconfiança em relação

---

Univers, 2012. *E-book*. v. 1, in-4, p. 19. Disponível em www.rousseauonline.ch. Acesso em: 7 set. 2024.

24 No original: "(...) il s'agit maintenant de lui [le Corps social] donner le mouvement et la volonté par la législation" (ROUSSEAU, Jean-Jacques Du contrat social ou principes du droit politique. p. 24, tradução nossa).

25 No original: "Si, quand le peuple suffisamment informé délibère, les citoyens n'avoient aucune communication entr'eux, du grand nombre de petites différences résulteroit toujours la volonté générale, & la délibération seroit toujours bonne" (ROUSSEAU, Jean-Jacques. Du contrat social ou principes du droit politique, p. 24).

26 No original: "Tous ont également besoin de guides. Il faut obliger les uns à conformer leurs volontés à leur raison; il faut apprendre à l'autre à connoître ce qu'il veut. Alors des lumières publiques résulte l'union de l'entendement & de la volonté dans le Corps social, de-là l'exact concours des parties, & enfin la plus grande force du tout. Voilà d'où naît la nécessité d'un Législateur" (ROUSSEAU, Jean-Jacques. Du contrat social ou principes du droit politique, p. 25).

27 MALBERG, Raymond Carré. La loi, expression de la volonté générale: étude sur le concept de la loi dans la Constitution de 1875. *Librairie du Recueil Sirey*, [*S. l.*], *passim*, 1931.

aos juízes e a rejeição histórica do controlo jurisdicional, uma tradição que merece ser descrita com mais pormenor.

A conceção de Montesquieu dos juízes como "boca da lei" reside na afirmação de que são seres inanimados, sem vontade própria e "que não podem moderar nem a sua força nem o seu rigor".[28] A afirmação – com ares de proposta – está ideologicamente encarregada de limitar o poder dos juízes, restringir a discricionariedade da interpretação e promover o Parlamento, para ele o "tribunal necessário".[29]

Desse ponto de vista, a noção de governo dos juízes é apresentada como uma vontade dos juízes de recuperar o lugar que "pertencia aos Parlamentos do Antigo Regime" – lamento dos juízes em relação à "dignidade perdida".[30] Cumpre mencionar que a instituição do Parlamento Antigo, isto é, à época do Antigo Regime e, portanto, antes do período revolucionário, era, a despeito do nome, uma instituição da magistratura francesa, como sintetiza do aforisma de Jacques Krynen, segundo o qual a "Monarquia francesa era um Estado da Justiça".[31]

É verdade que a história dos juízes em França é bastante complexa e sofre de uma variação de poderes consoante a época e a ideologia dos magistrados. No Antigo Regime, o rei monopolizava a interpretação última do direito, mas, com o aumento do arsenal legislativo e a pluralidade dos casos concretos, tornou-se necessário que os juízes interpretassem o direito. As questões inerentes à equidade, que constituíram um dos principais temas da literatura jurídica francesa, demonstram uma preocupação com a ascensão dos juízes à interpretação.

Por exemplo, as Leis de 16 e 24 de agosto de 1790, surgidas durante o período revolucionário, estabeleceram a regra de que "os

---

28 No original em francês: "(...) qui n'en peuvent modérer ni la force ni la rigueur" (MONTESQUIEU, Charles de Secondat. *L'esprit des lois*. Paris: Éditions Gallimard, 1995, passim, tradução nossa).

29 "É possível afirmar que tal conceção da função de juiz será fundamental para o desenvolvimento da Escola de exegese em França, e o predomínio da lei, sob iniciativa de Demolombe, Duranton, Rau e Aubry, por exemplo". Tradução do original em francês: "Il est possible d'affirmer que telle conception de la fonction de juge sera fondamentale pour le développement de l'École de l'exégèse en France, et la prédominance de la loi, àl'initiativede Demolombe, Duranton, Rau et Aubry, par exemple" (DAUCHY, Serge. Le juge, bouche de la loi. À propos de la célèbre métaphore de Montesquieu. *Nagoya University Journal of Law and Politics*, [*S. l.*], v. 256, p. 325-343, 2014. Disponível em: ffhal-02959170f. Acesso em: 7 set. 2024).

30 MATHIEU, Bertrand. *Justice et politique*: la déchirure? Paris: Forum, 2015. p. 9, tradução nossa.

31 La monarchie (*française*) était un État de Justice" (KRYNEN, J. *L'idéologie de la magistrature ancienne*. Paris: Gallimard, 2009. p. 11, tradução nossa).

tribunais não podem, direta ou indiretamente, tomar parte no exercício do Poder Legislativo, nem impedir ou suspender a execução dos decretos da legislatura, sob pena de sanção".[32] Uma das últimas consequências dessa desconfiança é o dualismo da ordem jurisdicional, também previsto na referida lei, e uma opção francesa de impedir o juiz de imiscuir-se em matéria administrativa.

Trata-se da recusa "manifestada pelos poderes públicos, desde o início da Revolução, de ver o juiz ordinário ocupar-se de questões administrativas",[33] consequência das práticas dos parlamentos provinciais, que tinham frequentemente obstruído as reformas administrativas introduzidas pelo poder real durante o Antigo Regime.[34] Já no século XX, o acórdão Arrighi, proferido em 1936 pelo Conseil d'État, ratificou a recusa de apreciação da constitucionalidade de uma disposição com base no "estado atual do direito público francês".[35]

Intimamente ligada à conceção da lei como expressão da vontade geral, a tradição legicentrista francesa depreende-se da rejeição do poder de controle jurisdicional da lei. A legislação aprovada "é apresentada como uma regra de direito incontrolável".[36] Utilizada pela primeira vez, em 1921, na obra de Édouard Lambert, a expressão "gouvernement de juge" carrega muitos significados e uma variedade de utilizações, sendo frequentemente sacada para designar a interferência judicial na arena política e, por vezes, para afirmar que essa interferência é inadequada e deve ser rejeitada.

Aquele paradigma conduziu à ideia da supremacia da lei e à sua imunização parcial. Além disso, corroborou o desenvolvimento tardio do controle *a posteriori* da constitucionalidade em França, em comparação com outros países europeus. Historicamente, as Cortes Supremas francesas foram provocadas a se manifestar sobre a fiscalização constitucional das normas sujeitas às suas respectivas jurisdições.

É o caso, por exemplo, do precedente clássico da Cour de Cassation, em 1833, segundo o qual "a lei de 8 de outubro, deliberada e votada sob

---

32 Ver: Lei de 16-24 de agosto de 1790, sobre a organização judiciária.

33 AUTIN, Jean-Louis, Réflexions sur le système français de dualité juridictionnelle. *Les Cahiers de Droit*, [S. l.], v. 42, n. 3, p. 766, set. 2001, tradução nossa.

34 AUTIN. Réflexions sur le système français de dualité juridictionnelle.

35 Conseil d'État, seção, 6 de novembro de 1936, Arrighi, Leb. p. 966, tradução nossa.

36 BLACHÈR, Philippe. *Contrôle de constitutionnalité et volonté générale*: "la loi votée...n'exprime la volonté générale que dans le respect de la Constitution". Paris: Presses Universitaires de France, 2001. p. 59, tradução nossa.

as formas prescritas pela Carta, é a regra dos tribunais e não pode ser contestada perante eles".[37] Apenas 150 anos mais tarde é que o Conseil Constitutionnel aventou a possibilidade de uma conceção da vontade geral que permitisse o exercício do controle jurisdicional repressivo, no *obiter dictum* da decisão de 23 de agosto de 1985:[38] "(...) a lei aprovada (...) só exprime a vontade geral no respeito da Constituição",[39] e, após isso, mais 35 anos para ser verdadeiramente introduzido no sistema jurídico francês, com a QPC.[40]

Nada obstante, a desconfiança em relação aos juízes persiste enraizada na cultura jurídica francesa. Como já foi dito, a lei não era originalmente um veículo da vontade geral, mas a expressão da própria vontade. Conceder uma função criadora aos juízes seria uma ferida deletéria para essa noção, por vezes dogmática, do primado da lei.[41] Prova maior disso, a Constituição francesa de 1958 não menciona um "Poder" judicial, ao lado dos demais Poderes constituídos, mas uma "autoridade", garantida pelo Presidente da República, o que revela que "a desconfiança em relação aos Parlamentos do Antigo Regime atravessa os séculos".[42]

---

37 No original: "(...) la loi du 8 octobre délibérée et votée dans les formes prescrites par la charte fait la règle des tribunaux et ne peut être attaquée devant eux" (Cour de Cassation. Seção Criminal. Processo Adolphe Crémieux, 11 de maio de 1833, tradução nossa).

38 Conseil Constitutionnel. Decisão nº 85-197 DC, de 23 de agosto de 1985.

39 Os frutos dessa afirmação foram explorados por Philippe Blachèr na sua tese de doutoramento, cuja versão comercial pode ser citada: BLACHÈR. *Contrôle de constitutionnalité et volonté générale*: "la loi votée...n'exprime la volonté générale que dans le respect de la Constitution", tradução nossa.

40 Revisão constitucional de 23 de julho de 2008. Ato Constitucional nº 2008-724, de 23 de julho de 2008.

41 O discurso de Jacques Guillaume Thouret sobre a lei de organização judiciária de 1790 é emblemático: "Le second abus qui a dénaturé le pouvoir judiciaire en France était la confusion, établie dans les mains de ses dépositaires, des fonctions qui lui sont propres, avec les fonctions incompatibles et incommunicables des autres pouvoirs publics. Émule de la puissance législative, il révisait, modifiait ou rejetait les lois: rival du pouvoir administratif, il en troublait les opérations, en arrêtait le mouvement, et en inquiétait les agents" ["O segundo abuso que desvirtuou o poder judicial em França foi a confusão, estabelecida nas mãos dos seus representantes, das funções que lhe são específicas, com as funções incompatíveis e incomunicáveis dos outros poderes públicos. Como imitação do Poder Legislativo, revia, modificava ou rejeitava as leis: como rival do poder administrativo, perturbava as suas operações, detinha o seu movimento e preocupava os seus agentes"] (THOURET, Jacques Guillaume. Groupe de la Coopération Internationale. Ministère de la Justice du Canada. *Discours sur la réorganisation du pouvoir judiciaire*. 24 mars. 1790. Paris: Société d'imprimerie et librairie administratives et des chemins de fer Paul Dupont, 1881. p. 344-348, tradução nossa. Disponível em: https://www.justice.gc.ca/fra/pr-rp/sjc-csj/pji-ilp/rev4/index.html. Acesso em: 7 set. 2024).

42 JUPPÉ, Alain. L'héritage de Montesquieu: la séparation des pouvoirs sous l'angle de la Justice Constitutionnelle. *Revue Française de Droit Constitutionnel*, [S. l.], v. 129, n. 1, p. 5, 2022, tradução nossa.

A introdução do procedimento da QPC é verdadeiro ponto de inflexão no sistema constitucional francês. Ainda no período constituinte, em 1958, debatia-se a cumulação de funções no Conseil Constituionnel, equiparando-o às demais Cortes europeias, especialmente a alemã, no controle do respeito à Constituição.[43] Em 1989, François Miterrand intentou a primeira revisão constitucional para criação de um controle de constitucionalidade pela via de exceção no Conseil Constitutionnel – proposta que encontrou desacordo nas duas casas legislativas e terminou fracassada. Em 1993, o Comitê Consultivo pela Revisão da Constituição, presidido pelo eminente constitucionalista Georges Vedel, para fins de proposição de um novo texto. A ocasião aconteceu apenas anos depois, com a Revisão Constitucional de 2008.

O mecanismo foi inserido no ordenamento francês em 23 de julho de 2008, mas entrou em vigência apenas em 1º de março de 2010. O procedimento da QPC está previsto na Constituição Francesa de 1958[44] e no Decreto nº 58-1067, que contém a Lei Orgânica do Conselho Constitucional, e confere ao Conseil Constitutionnel o poder de anular, *erga omnes*, uma disposição legislativa que viole a Constituição.

A QPC permite contestar a conformidade de uma disposição legislativa com "os direitos e liberdades que a Constituição garante", não apenas os direitos que resultam da Constituição, mas do bloco de constitucionalidade em geral, incluindo a Declaração dos Direitos do Homem e do Cidadão de 1789, o Preâmbulo da Constituição de 1946, os direitos económicos e sociais enumerados no Preâmbulo, os "princípios fundamentais reconhecidos pelas leis da República" e a Carta do Meio-Ambiente de 2004.

A questão constitucional é suscitada de maneira incidental perante os tribunais administrativos e judiciais, com exceção dos tribunais de primeira instância, por meio de uma petição escrita avulsa, e é considerada admissível na tripla condição de (i) ser aplicável ao litígio; (ii) não ter sido a norma hostilizada anteriormente declarada compatível

---

43 A esse título, cumpre registrar célebre discurso de Michel Debré, perante o Conseil d'État, em 27 de agosto de 1958: "La création d'un Conseil Constitutionnel manifeste la volonté de subordonner la loi, à la règle supérieure édictée par la Constitution. La Constitution crée ainsi une arme contre les déviations du régime parlementaire".

44 Art. 61-1 da Constituição Francesa de 1958: "Quando, num processo pendente num tribunal, se alegar que uma disposição legislativa viola os direitos e liberdades garantidos pela Constituição, a questão pode ser submetida ao Conseil Constitutionnel, pelo Conseil d'État ou pela Cour de Cassation, que se pronunciará num prazo determinado" (tradução nossa).

com a Constituição[45] e (iii) ser séria. Uma vez enviado ao Conseil, este decide se é ou não conforme à Constituição, por decisão insuscetível de recurso.

Um tribunal só pode remeter uma QPC ao Conseil se a disposição contestada "não tiver sido já declarada conforme à Constituição na fundamentação e na parte dispositiva de uma decisão do Conseil Constitutionnel, salvo presente alteração das circunstâncias".[46] Além disso, as decisões do Conseil não são passíveis de recurso. São vinculativas para os Poderes públicos e para todas as autoridades administrativas e jurisdicionais, em conformidade com a regra constitucional estabelecida no art. 62.

Quanto ao caráter sério, sempre que existir dúvida, o Conseil d'État e a Cour de Cassation decidem pela remissão da questão ao Conseil. As decisões que constatam o caráter sério de uma questão "são geralmente pouco fundamentadas: isso se deve à vontade do juiz de remessa de não interferir na competência atribuída, nessa matéria, ao juiz constitucional".[47]

Nesse afã, o Conseil d'État e a Cour de Cassation tencionam não invadir a competência do Conseil Constitutionnel sobre a questão constitucional, remetendo as QPCs mesmo que subjacentes dúvidas quanto ao seu caráter sério

A Constituição francesa não prevê um prazo para que o Conseil se pronuncie sobre uma questão constitucional após a recepção da QPC. O art. 23-10 do Decreto nº 58-1067, Lei Orgânica do Conseil Constitutionnel, estipula que a Corte deve pronunciar-se no prazo de 3 meses a contar da data em que a questão lhe é submetida. O Conseil é tipicamente adimplente com esse prazo – em média, pronuncia-se no prazo de 76 dias.[48]

---

45 Essa disposição se aplica, até mesmo e principalmente, nos casos em que a norma foi submetida à apreciação do Conseil em controle *a priori* – função típica do Conseil Constitutionnel.

46 Ver art. 23-2 da Portaria nº 58-1067, de 7 de novembro de 1958, relativa ao Conseil Constitutionnel.

47 "Dès lors qu'un doute existe, le Conseil d'État renvoie la question. Les décisions constatant le caractère sérieux d'une question sont généralement peu motivées : il faut y voir la volonté du juge de renvoi de ne pas empiéter sur la compétence dévolue en cette matière au juge constitutionnel" (SAUVÉ, Jean-Marc; STIRN, Bernard. Relatório da question prioritaire de constitutionnalité. *In:* MAUGÜE, J.-H. Stahl (éd.). *La* Question Prioritaire de Constitutionnalité. Paris: Dalloz, 2011. (Connaissance du Droit). p. 67).

48 Essa informação consta de *site* específico do Conseil Constitutionnel, o qual reúne pesquisas de jurimetria e temáticas a respeito do instituto (Disponível em: https://qpc360.conseil-constitutionnel.fr/. Acesso em: 2 set. 2024).

A ordem de trabalhos é regida pelo art. 5º, nº 1, do Regulamento Interno relativo ao processo seguido perante o Conseil. Referido diploma prevê a competência do Presidente para inscrever o processo na ordem de trabalhos do Conseil e fixar a data da audiência. Esse poder é, portanto, muito limitado. Apesar da publicidade da audiência, a fase deliberativa, à semelhança da Corte Constitucional alemã, ocorre de maneira secreta.

Conforme será analisado mais à frente, a QPC alterou sensivelmente o perfil do Conseil Constitutionnel e sua interação com as demais instituições francesas. Ao longo desses anos, a Corte desenvolveu técnicas de decisão e julgou casos emblemáticos para o direito francês.

4 A Repercussão Geral: de filtro recursal ao sistema de precedentes brasileiro

A espontaneidade da aplicação normativa, conjugada com a vivacidade com a qual a Constituição se transmuta, conduziram a Repercussão Geral a estrato diverso de mero filtro de admissibilidade recursal.

Vinte anos após sua concepção, a Repercussão Geral atualmente consagra filtro inerente à apreciação de todo recurso extraordinário, bem como técnica de formação de precedentes vinculantes, com evidente aproximação dos efeitos do controle abstrato de constitucionalidade. No caso brasileiro, a criação dessa zona de seletividade da Corte é consequência lógica da concepção do STF como Corte de Precedentes, bastante defendida por Daniel Mitidiero.[49] Nesse sentido, o exercício da função nomofilácica das cortes, de garantia da integridade do direito por meio da interpretação, impõe à Corte a adoção de critérios de admissibilidade que a permitam selecionar casos "apenas nas hipóteses em que a pronúncia dessas cortes seja capaz de promover a unidade do direito".[50]

---

49 "É imprescindível que o STF e o STJ sejam entendidos como cortes que apresentam como ponto de chegada a adequada interpretação da legislação, viabilizando a partir daí a unidade do Direito brasileiro e a orientação futura dos demais tribunais e da sociedade civil" (MITIDIERO, Daniel. *Cortes superiores e cortes supremas*: do controle à interpretação, da jurisprudência ao precedente. 3. ed. São Paulo: Thomson Reuters Brasil, 2022. *E-book*. p. RB-4.4).

50 MITIDIERO. *Cortes superiores e cortes supremas*: do controle à interpretação, da jurisprudência ao precedente, p. RB-4.4. O autor defende a adoção de um critério teleológico, o qual, segundo pensa, "permite ao STF selecionar os casos que deve intervir".

Esse poder de seleção dos casos submetidos ao seu crivo é pedra de toque para compreensão do papel institucional desempenhado pelas Cortes Supremas.[51] Luiz Guilherme Marinoni e Daniel Mitidiero alertam que o emprego de conceitos jurídicos indeterminados não pode servir de chancela para a absoluta discricionariedade das Cortes. Muito ao revés, o STF deve empreender esforços na captura de significados objetivos quando da avaliação da existência de Repercussão Geral,[52] aquilatando os conceitos empregados.

Não por outra razão, a despeito do que se possa encontrar no direito comparado, há exigência de fundamentação da decisão que nega Repercussão Geral.[53]

Portanto, não é de causar perplexidade que as Cortes, ao se valerem do espectro de indeterminação dos conceitos jurídicos delineados nos requisitos processuais de admissibilidade, exerçam função de criação de precedentes. Ao assim proceder, a Corte elege quais questões constitucionais são passíveis de análise, afunilando sua função de Corte Suprema.

O que se questiona, no caso brasileiro, é (i) se a Repercussão Geral tornou o STF apenas ou eminentemente uma Corte Suprema e, (ii) se a partir da resposta à pergunta anterior, todo precedente passa a ser dotado de efeito vinculante, independentemente de previsão normativa.

A experiência parece demonstrar que o STF, mesmo após a Repercussão Geral, não é uma Corte com funções exclusivamente típicas de Corte Suprema, tendo um poder limitado de seleção de casos (discricionariedade reduzida); tampouco seus precedentes são embrionariamente dotados de força vinculante.

A uma, porque o legislador constitucional estabeleceu que o quórum qualificado de dois terços deve ser preenchido para fins de recusa da Repercussão Geral. A técnica tem razão de ser: o legislador constituinte não concebeu uma Corte com atuação subsidiária e com amplo grau de seletividade dos recursos. Muito ao revés, definiu uma presunção relativa (*iuris tantum*) de Repercussão Geral aos recursos extraordinários, somente dirimido a partir de manifestação de uma

---

51 MARINONI, Luiz Guilherme; MITIDIERO, Daniel. *Repercussão geral no recurso extraordinário*. São Paulo: Revista dos Tribunais. 2013. *E-book*.

52 MARINONI; MITIDIERO. *Repercussão geral no recurso extraordinário*, p. 6.

53 Nesse sentido, e calçado nas lições de Barbosa Moreira: CRUZ E TUCCI, José Rogério. A "Repercussão Geral" como pressuposto de admissibilidade do recurso extraordinário. *Revista de Processo: RePro*, São Paulo, v. 37, p. 473-493, nov. 2014.

maioria qualificada da Corte. Prova maior disso é que, ausente a manifestação acerca da Repercussão Geral, entende-se tacitamente pela sua existência, com consequência da admissão do recurso.

A duas, porque o legislador constituinte explicitamente atribuiu competências recursais ao STF incompatíveis com a natureza das Cortes puramente Supremas, cuja competência é limitada à função nomofilática. Não apenas o legislador concebeu essa competência, como não criou óbices grandiosos para a admissão recursal. Não por outra razão, José Carlos Barbosa Moreira defendeu ser bastante, para fins de admissibilidade recursal, a mera alegação de que a decisão recorrida violou a Constituição.[54]

Em verdade, a dificuldade para acesso às Cortes Superiores, no Brasil, traduziu-se mais na postura jurisprudencial das Cortes, insculpida em enunciados de súmulas com aplicação em série, do que verdadeiramente como decorrência lógica do perfil de Corte concebido na Constituição. Sem embargo disso, fato é que à Corte foi facultada a seleção de casos, mas a própria Corte mal utiliza a técnica que lhe foi conferida.

Quanto à força normativa do precedente, a singularidade do sistema brasileiro deve ser considerada. Trata-se de um híbrido abrasileirado entre o *civil law* e o *common law*. Os precedentes obrigatórios são estabelecidos pelo texto da lei, com base em uma qualidade intrínseca à decisão:

> Entretanto, não se pode olvidar as hipóteses em que o precedente é indubitavelmente concebido com essa qualidade desde a sua origem. Ou seja, casos em que o pronunciamento judicial é qualificado como precedente em virtude de uma qualidade inerente à circunstância de sua edição. É o que ocorre, por exemplo, no caso das súmulas constitucionais extraídas de um processo de fiscalização abstrata de constitucionalidade no âmbito do STF, o chamado "processo objetivo". Nesse caso, não é uma cadeia posterior de aplicação do precedente que o define como tal, mas uma qualidade inerente ao enunciado – uma qualidade extraída da lei ou do sistema.

Essa solução é contrária à lógica dos precedentes no *common law*, em que o que define a natureza vinculante ou não vinculante de

---

54 MOREIRA, José Carlos Barbosa. Que significa "não conhecer" de um recurso. *Revista da AJURIS*, Porto Alegre, n. 66, 1996.

um precedente é o comando normativo de sua aplicação posterior, e "não uma qualidade intrínseca à decisão judicial – fato que denuncia a desnaturação do sistema brasileiro de precedentes, em que se verifica uma capacidade embrionária de se tornar um precedente, em razão do órgão judicial prolator da decisão".[55]

À semelhança do que ocorre nos julgamentos das ações de controle abstrato, também a decisão em sede de Repercussão Geral com tema reconhecido, a força do precedente constitucional impõe efeitos multiplicadores de vinculação em cadeia – o que impõe legítima dificuldade em se diferenciar os efeitos da decisão em controle incidental e concentrado nessas hipóteses. É verdade, contudo, que o STF, discricionariamente, manipula os efeitos do controle difuso de constitucionalidade, por vezes conferindo ares de abstrativização – com a deflagração do denominado circuito de julgamento da Repercussão Geral –, por vezes, com a restrição dos efeitos entre as partes do processo.

As Cortes Supremas produzem precedente, mas nem todo precedente detém eficácia vinculante, como dão pistas as previsões normativas que buscam conferir eficácia vinculante a pronunciamentos que, não obstante constituírem precedente, não possuem *per se* essa aptidão eficacial. É o que se verifica, por exemplo, na norma insculpida no inciso X do art. 52 da Constituição Federal, em que se encontra prevista a possibilidade de suspensão da lei declarada inconstitucional em controle incidental de constitucionalidade, por juízo de conveniência do Senado Federal.[56]

Corolário lógico dessa disposição é compreender que nem todo precedente oriundo dessa modalidade de julgamento é dotado de eficácia vinculante. Essa evidência é confirmada quando verificado que, no circuito de processamento do recurso extraordinário, no STF,

---

[55] SANTANA, Guilherme M. N.; CEREZZO, Benedito; NERY, Rodrigo; ROCHA, Luísa; SANTANA, Guilherme Mazarello Nóbrega de. De polissemia a metonímia: a incerteza sobre o que é um precedente no Direito brasileiro. *Revista Direito da UnB*, Brasília, v. 7, n. 1, p. 201-227, 2023.

[56] Discorda-se, portanto, de Luiz Guilherme Marinoni (*Processo constitucional e democracia*. São Paulo: Thomson Reuters. 2021. p. 962), para quem a existência dessa regra em nada altera a força obrigatória de todos os precedentes judiciais, ao fundamento de que se presta a oportunizar ao Senado que, "mesmo que consciente da impossibilidade de os juízes aplicarem a lei, suspenda a sua execução para evitar que ela possa ser reeficacizada ou reavivada pela própria Corte". Não se concorda com essa percepção, não apenas pelas motivações já expostas, mas também pela evidente, e indevida, importação de umas das razões de existir do *stares decisis*, do direito estadunidense, para o modelo brasileiro – o que o torna, em certa medida, bastante inverossímil.

a Repercussão Geral serve de filtro para seleção de todos os recursos. Todavia, em alguns casos específicos, o recurso é julgado em uma sistemática diversa, e mais rara, em que se tem a delimitação de Tema, com consequente formação de precedente com eficácia vinculante.[57]

Há especial confusão em relação a essa polêmica acerca da força normativa dos precedentes e a dicotomia "vinculante ou não vinculante", "obrigatório ou persuasivo", que se verifica em parcela da doutrina. De mesmo modo, não raramente esse debate é circunscrito à dicotomia *common law* e *civil law*, atribuindo-se, ao primeiro, a índole de serem todos os precedentes obrigatórios. Michele Taruffo alerta para a impropriedade desse argumento, não apenas em função da evidente aproximação dos dois sistemas, na atualidade, como também em razão da existência de precedentes não vinculantes no sistema de *common law*.[58]

Conforme antecipado, o perfil jurisprudencial do STF tem íntima ligação com o perfil decisório da Corte. Há um gargalo importante identificado é o fato de STF priorizar a inadmissão dos recursos extraordinários com base em outros óbices processuais, de há tempos presente no rosário de inadmissões da Corte – ausência de questão jurídica, mas fática; ausência de prequestionamento; controvérsia de estrato infraconstitucional, por exemplo –,[59] no lugar de aplicar a sistemática de julgamento da Repercussão Geral.[60]

Rigorosamente, a Corte instituiu, contraintuitivamente, um sistema paralelo, que representa quase a totalidade dos julgamentos que faz de recursos extraordinários. Isso sem mencionar as negativas de Repercussão Geral com efeitos restritos ao caso concreto (art. 326 do Regimento Interno do STF), em que a Corte renuncia aos efeitos sistêmicos da negativa de Repercussão Geral, os quais provocariam

---

[57] O tema é bem explorado por Paulo Mendes de Oliveira: Recurso extraordinário e seus circuitos processuais: O adequado entendimento do trâmite do recurso extraordinário auxiliará bastante na regulamentação do requisito da relevância do recurso especial. *Jota*, São Paulo, 15 out. 2022. Disponível em : https://www.jota.info/opiniao-e-analise/colunas/coluna-cpc-nos-tribunais/recurso-extraordinario-e-seus-circuitos-processuais-15102022. Acesso em: 7 set. 2024.

[58] TARUFFO, Michele. Dimensioni del precedente giudiziario. *Rivista Trimestrale di Diritto e Procedura Civile*, [*S. l.*], v. 48, n. 2, 1994.

[59] Ver: Enunciados de Súmulas nº 279, 280, 282, 356 e 636 do STF.

[60] O problema é bem depurado no artigo "Como salvar o sistema de Repercussão Geral: transparência, eficiência e realismo na escolha do que o Supremo Tribunal Federal vai julgar", escrito por Luis Roberto Barroso e Frederico Montedonio Rego (*Revista Brasileira de Políticas Públicas*, [*S. l.*], v. 7, n. 3, p. 695-713, 2017).

correspondente negativa de seguimento nos tribunais de origem (§8º do art. 1.035 do CPC).

5 A alteração do perfil do Conseil Constitutionnel: a França, enfim, possui uma Corte Constitucional?

A QPC operou um impacto na jurisdição francesa que pode ser organizado da seguinte maneira: (i) recrudescimento da proteção dos direitos fundamentais por meio da jurisdição constitucional e (ii) impacto institucional de fortalecimento da proeminência do Conseil Constitutionnel perante as outras instituições.

Ao longo dos anos, o Conseil colecionou decisões emblemáticas de proteção de direitos fundamentais no âmbito de QPCs. Pode-se destacar a QPC nº 2020-841, em que a Corte julgou inconstitucional o acesso a dados de usuários pela Haute Autorité pour la diffusion des œuvres et la protection des droits sur Internet (Hadopi) [Alta Autoridade para a Difusão de Obras e a Proteção dos Direitos na Internet], bem como limitou a possibilidade de retirada de conteúdos, sem prévia autorização judicial, sob fundamento de violação da liberdade de expressão.[61]

Com recorrência, menciona-se o caso QPC nº 2018-745, no qual o Conseil considerou que a acumulação de sanções administrativas e penais por fraude fiscal era inconstitucional, invocando o princípio do *ne bis in idem*.[62] Igualmente alcançou repercussão nacional o caso "Mariage pour tous", em que o Conseil julgou conforme à Constituição a lei que permitia casamento entre pessoas do mesmo sexo, inclusive para fins de vedação das coletividades territoriais (entidades subnacionais) de vedarem a celebração perante as prefeituras.[63]

Há um rosário de casos que poderiam ser citados, como a proteção de dados de pessoas particulares, o regime de custódia e garantia de acesso a advogado,[64] a proteção de pessoas internadas compulsoriamente em instituições psiquiátricas,[65] que denunciam uma atuação proativa do Conseil por intermédio da QPC.

---

61 Conseil Constitutionnel, Decisão nº 2020-841/QPC, 20 de maio de 2020.

62 Conseil Constitutionnel, Decisão nº nº 2018-745/QPC, 23 de novembro de 2018.

63 Conseil Constitutionnel, Decisão nº 2013-353, QPC, 18 de outubro de 2013.

64 Conseil Constitutionnel, Decisão nº 2010-14/22/QPC, 30 de julho de 2010.

65 Conseil Constitutionnel, Decisão nº 2020-844/QPC, 19 de junho de 2020.

É de ressaltar que o controle *a priori* de constitucionalidade exercido pelo Conseil demanda deflagração pelas entidades descritas taxativamente na Constituição, quais sejam: o Presidente da República, o Primeiro-Ministro, o Presidente da Assembleia Nacional ou do Senado, e, desde 1974, 60 deputados ou senadores. Com a introdução da QPC, qualquer indivíduo pode, no seio de um caso particular, depositar uma questão constitucional, amplificando a jurisdição constitucional do Conseil.

Evidentemente que essa atuação não atravessa indene de críticas. Danièle Lochak ressalta a deficiência de alçada de questões relativas a direitos e garantias de estrangeiros no âmbito da QPC. Em estudo empírico sobre a matéria, o professor identificou que quase a totalidade das QPCs remetidas sobre a matéria são rejeitadas por serem consideradas matérias decididas em controle *a priori* – não bastante o lapso temporal por vezes sensível entre essa decisão e a remessa da QPC.[66]

Institucionalmente, a QPC representou um espaço de otimização do diálogo institucional entre o Conseil e outras instituições, especialmente o Parlamento. Uma análise mais aprofundada revela que o Conseil utiliza técnicas de decisão para se comunicar com o Parlamento.

Isso pode acontecer expressamente dentro da decisão do Conseil, em que o Parlamento é destinatário da decisão, ou até mesmo fora dela. É o que acontece, por exemplo, na prática do Parlamento de suprimir as inconstitucionalidades apontadas pelo Conseil durante o período de efeitos diferidos, ou quando acata a reserva de interpretação da decisão. Além disso, o Conseil desenvolveu uma jurisprudência de intervenção cautelosa de natureza minimalista, não intervindo diretamente nas escolhas do legislador para além da hipótese de uma violação desproporcional dos direitos fundamentais. Quanto a estes mecanismos, merecem uma análise aprofundada: a modulação dos efeitos temporais (efeito diferido); o envio de comentários e a reserva de interpretação.

A modulação dos efeitos temporais da decisão desempenha um papel claramente dialógico na jurisprudência do Conseil. Agnès Roblot-Troizier menciona a utilização desse mecanismo para conferir ao Legislador o tempo necessário para adotar uma nova lei conforme

[66] Ressalta-se a jurisprudência restritiva da Corte em relação à identificação de alterações de circunstâncias fáticas ou jurídicas aptas a renovar a jurisdição do Conseil em relação a causas já decididas (LOCHAK, Danièle. La QPC, une protection efficace des droits et libertés? Un impact limité pour protéger les droits des étrangers. *La Semaine Juridique*, [S. l.], n. 29-34, 2013).

à Constituição.[67] É de recordar a jurisprudência reverencial do Conseil perante o Parlamento, sintetizada no axioma de que "o Conseil não dispõe de um poder geral de apreciação da mesma natureza que do Parlamento".[68] Esse mesmo fundamento foi invocado em múltiplas ocasiões e vem sendo associado à deferência ao Parlamento.

A título de exemplo, no artigo supracitado, Agnès Roblot-Troizier refere a Decisão do CC nº 2010-14/22/QPC, de 30 de julho de 2010, Daniel W. sobre vários artigos do Código de Processo Penal relativos ao regime de "garde-à-vue" – regime de custódia policial.[69] Na sua decisão, o Conseil considerou adequado "adiar a data desta revogação para 1º de julho de 2011, a fim de permitir que o legislador corrija esta inconstitucionalidade", sem, entretanto, especificar que medidas poderiam ser adoptadas. A mesma abordagem foi adotada na Decisão nº 2010-45/QPC, de 6 de outubro de 2010, na qual o Conseil declarou a inconstitucionalidade de determinados arts. do Código dos Correios e Comunicações francês, com efeitos diferidos. Nesse interregno, o Parlamento adotou medidas para sanar a inconstitucionalidade verificada, através do art. 19º da Lei nº 2011-302, de 22 de março de 2011.[70]

Damien Chamussy menciona também os efeitos diferidos como forma de comunicação com o Parlamento, na medida em que "permite

---

67 "De forma diferente, as decisões em que o Conselho Constitucional decide modular no tempo os efeitos das suas decisões sobre o QPC podem também ser associadas a esta ideia. Constatando a inconstitucionalidade de uma disposição legislativa no âmbito de uma fiscalização a posteriori, o Conselho opta, por vezes, pela produção de efeitos diferidos, de modo a dar ao legislador o tempo necessário para adotar uma nova lei mais conforme à Constituição. Este adiamento da data de revogação justifica-se pelo facto de não caber aos Sábios "indicar as alterações às normas (...) que devem ser escolhidas para sanar a inconstitucionalidade verificada". Na qualidade de juiz de direito, mas não de legislador, o Conselho Constitucional afirma que pretende abster-se de interferir demasiado no exercício da função legislativa" (ROBLOT-TROIZIER, Agnès. Un concept moderne : séparation des pouvoirs et contrôle de la loi. *Pouvoirs*, [*S. l.*], v. 143, n. 4, p. 96, 2012).

68 ROBLOT-TROIZIER. Un concept moderne : séparation des pouvoirs et contrôle de la loi, p. 96, tradução nossa.

69 Conseil Constitutionnel, nº 2010-14/22/QPC, 30 de julho de 2010, Daniel W. [Garde-à-vue].

70 É verdade que as intervenções do Conselho são por vezes criticadas, como salientou Georges Bergougnous: "Estes aditamentos à lei são por vezes criticados com o argumento de que o Conselho se substitui ao legislador, mas esta crítica é irrelevante, uma vez que resultam frequentemente dos trabalhos parlamentares e são, portanto, o resultado do diálogo entre o Conselho e o legislador". Tradução livre do original: "ces ajouts à la loi font parfois l'objet de critiques, au motif que le Conseil se substituerait au législateur, mais celles-ci manquent de pertinence dès lors qu'ils sont bien souvent issus des travaux parlementaires et procèdent donc du dialogue entre le Conseil et ce dernier" (BERGOUGNOUS, Georges. Le Conseil Constitutionnel et le législateur. *Nouveaux Cahiers du Conseil Constitutionnel*, [*S. l.*], n. 38, jan. 2013).

ao Parlamento dispor de tempo para refletir e responder adequadamente à decisão proferida".[71]

Outro caso bastante representativo da utilização de efeitos diferidos como mecanismo de diálogo constitucional pode ser encontrado na Decisão nº 2012-235/QPC, de 20 de abril de 2012,[72] na qual o Conseil decidiu que várias disposições do Código de Saúde Pública relativas a doentes e à hospitalização sem consentimento de pessoas criminalmente inimputáveis eram contrárias à Constituição. No intervalo do efeito diferido concedido pelo Conseil, o Parlamento deu passos enérgicos no sentido da decisão, que culminaram na adoção da Lei nº 2013-367 869, de 27 de setembro de 2013.[73]

A interação entre o Conseil e os outros Poderes está prevista na Portaria nº 58-1067, de 7 de novembro de 1958, que prevê a notificação imediata do Presidente da República, do Primeiro-Ministro e dos Presidentes da Assembleia Nacional e do Senado pelo Conseil, quando lhe seja submetida uma QPC, para fins de envio de comentários. Nesse caso, essas instituições podem enviar à Corte as suas observações sobre a questão prioritária de constitucionalidade que lhe é submetida.[74] Damien Chamussy menciona a decisão da QPC relativa ao art. 8º da Ordem nº 58-1100, de 17 de novembro de 1958, sobre o funcionamento das assembleias parlamentares,[75] em que o parecer do Senado

---

71 CHAMUSSY, Damien. Le Parlement et la QPC. *Nouveaux Cahiers du Conseil Constitutionnel*, [*S. l.*], n. 47, p. 45-64, avr. 2015, tradução nossa.

72 Conseil Constitutionnel. Decisão nº 2012-235 QPC de 20 de abril de 2012.

73 Damien Chamussy sublinha a importância desse atraso para o trabalho do Parlamento: "Neste caso, o Parlamento desempenhou um papel decisivo. Desde 7 de novembro de 2012, a Comissão dos Assuntos Sociais da Assembleia Nacional criou um grupo de trabalho para analisar a saúde mental e o futuro da psiquiatria. Citando a decisão de 20 de abril de 2012 acima referida, o grupo de trabalho fez dos cuidados não consentidos uma das suas prioridades. Realizou cerca de trinta horas de audiências sobre o assunto. Enquanto prosseguia o seu trabalho sobre outras questões psiquiátricas, algumas das suas 17 recomendações foram incluídas num projeto de lei apresentado em 3 de julho de 2013 por Denys Robillard, deputado do Loir-et-Cher, que elevou ao nível legislativo a garantia dos direitos das pessoas iniputáveis criminalmente, clarificou o regime aplicável introduzindo distinções com base na gravidade dos atos cometidos e melhorou o regime jurídico dos cuidados sem consentimento. A lei foi finalmente adotada em 19 de setembro de 2013" (CHAMUSSY. Le Parlement et la QPC, *passim*, tradução nossa).

74 Damien Chamussy (Le Parlement et la QPC, tradução nossa) explica a controvérsia em torno dessa disposição durante a elaboração da portaria: "Esta possibilidade de intervir no processo foi objeto de um debate aceso, ao ponto de ser suprimida pela Assembleia Nacional em primeira leitura, antes de ser reintroduzida pelo Senado. O relator da Assembleia, Jean-Luc Warsmann, que é também presidente da Comissão de Direito, considerou que ela oferecia '*pouco interesse*' e poderia mesmo '*gerar confusão*'".

75 Conseil Constitutionnel. Decisão nº 2011-129/QPC, de 13 de maio de 2011.

foi referido na decisão do Conseil – algo atípico nas decisões da Corte, ordinariamente mais singelas e pouco referenciadas.[76]

No que diz respeito à interação existente entre o Conseil e o Parlamento, as reservas de interpretação desempenham um papel fundamental na perspectiva do diálogo constitucional entre as instituições. O Conseil já utilizou a reserva de interpretação para alertar o Legislador para lacunas que devem ser colmatadas com base na inconstitucionalidade.

Foi o que ocorreu, por exemplo, na Decisão nº 2010-8/QPC, em que o Conseil considerou constitucionais as disposições contestadas, sob reserva da interpretação de que, na presença de culpa inescusável por parte do empregador, as disposições normativas não obstariam o pedido deduzido em face de empregador para indenização por todos os danos não cobertos, taxativamente, pelo Livro IV do Código da Segurança Social.[77] Chamussy observou que essa reserva não só tinha provocado o Legislador, como também tinha sido explicitamente mencionada no Projeto de Lei nº 2.886, apresentado em 19 de outubro de 2010 por Pierre Morel-A-L'Huissier, destinado a assegurar a plena indenização das vítimas relacionadas com o trabalho em caso de culpa inescusável do empregador. Nesse projeto, o conteúdo do controle judicial é expressamente mencionado: "(...) o Parlamento tem o dever de transpor para a lei as disposições formuladas pelo Conseil Constitutionnel" e de suprimir o que foi descrito como uma "lacuna legislativa".

O Conseil parece ter adotado formas de preservar a autonomia parlamentar, atenuando o poder de ingerência que lhe é conferido, pelo menos pelo texto constitucional. Prova disso é a jurisprudência desenvolvida no sentido de que "uma reclamação baseada na inobservância do processo de adoção de uma lei pode ser suscitada em apoio de uma questão prioritária de constitucionalidade",[78] apesar de tal reclamação só ser aceita "nos casos em que seja afetado um direito ou uma liberdade garantidos pela Constituição".[79]

Desse modo, o Conseil evita interferir nos assuntos internos (*interna corporis*) do Parlamento, o que só faz em caso de violação dos direitos fundamentais.

---

[76] O autor menciona ainda casos específicos em que o QPC foi diretamente suscitado por deputados no âmbito de um processo individual.

[77] Conseil Constitutionnel. Decisão nº 2010-8/QPC, de 18 de junho de 2010.

[78] Conseil Constitutionnel. Decisão nº 2010-4/17/QPC, de 22 de julho de 2010, tradução nossa.

[79] Conseil Constitutionnel. Decisão nº 2010-5/QPC, de 18 de junho de 2010, tradução nossa.

Em sua Decisão nº 74-54 DC, de 15 de janeiro de 1975,[80] sobre a interrupção voluntária da gravidez, o Conseil afirmou "que o artigo 61.º da Constituição não confere ao Conseil Constitutionnel um poder geral de apreciação e de decisão idêntico ao do Parlamento". Essa afirmativa aparece em múltiplas decisões do Conseil, sempre em preservação da autonomia parlamentar.

É por essa razão que Georges Bergougnous considera que o Conseil "respeita as escolhas do legislador". O autor refere ainda a jurisprudência desenvolvida em torno dos "objetivos de valor constitucional' (OVC), segundo a qual uma eventual violação de direitos fundamentais na lei é relativizada por razões de interesse geral, na medida em que "ao identificar os objetivos de interesse geral perseguidos pelo legislador, o Conseil autoriza violações de direitos constitucionalmente garantidos, que concilia com esses objetivos e eventualmente com outros objetivos de interesse geral".[81]

Nesse sentido, o Conseil desenvolveu uma tendência, ainda que talvez inconsciente, para o minimalismo. Essa forma cautelosa de controle da constitucionalidade das leis alivia as tensões institucionais, especialmente em um contexto culturalmente inclinado a rejeitar a jurisdição constitucional. A adesão do Parlamento às decisões do Conseil, sobretudo quando estas têm efeitos diferidos e reservam um direito de interpretação, é prova disso, razão pela qual Damien Chamussy afirma que "de um modo geral, o Parlamento demonstrou, em várias ocasiões, que segue de perto as condições da sua intervenção no domínio jurisdicional", o que indica uma postura de abertura.[82]

Atualmente, a QPC reforça inevitavelmente o aspecto jurisdicional do Conseil Constitutionnel na medida em que representa cerca de 80% da atividade da Corte,[83] apesar da persistente recalcitrância em se considerá-lo como um Tribunal Constitucional. Após a introdução da

---

80 Conseil Constitutionnel. Decisão nº 74-54/DC, de 15 de janeiro de 1975.

81 "Melhor ainda, para ajudar o legislador, o Conselho identificou a categoria dos objectivos de valor constitucional (OVC) que, se permitem garantir a efetividade dos direitos e liberdades constitucionais, permitiram, desde o início, violá-los, limitando-os por razões de interesse geral, aparecendo mesmo os OVC como "o interesse geral em situação". É o caso, por exemplo, da salvaguarda da ordem pública, da luta contra a fraude fiscal ou da perseguição de delinquentes" (BERGOUGNOUS. Le Conseil Constitutionnel et le législateur. tradução nossa).

82 CHAMUSSY. Le Parlement et la QPC.

83 MAGAL, M. Laurent Fabius: La QPC représente 80 % du travail du Conseil Constitutionnel, Public. *Cahiers du Sénat*, [S. l.], 2020.

QPC, o Conseil Constitutionnel "não substitui uma instituição comparável existente previamente no sistema jurídico francês".[84]

6 Conclusão

Com a singela missão de comparar dois sistemas jurídicos a partir de dois institutos, buscou-se analisar de que maneira as ordens jurídicas francesa e brasileira operaram uma verdadeira revolução paradigmática nos últimos anos. A análise comparada entre a "Repercussão Geral", no Brasil, e a "Question Prioritaire de Constitutionnalité" (QPC), na França, revelam um movimento convergente entre dois sistemas jurídicos sensivelmente diversos.

Ambos os mecanismos têm buscado reforçar o controle de constitucionalidade e a proteção dos direitos fundamentais, cada qual a seu modo e consideradas as respectivas idiossincrasias. No Brasil, a Repercussão Geral transformou-se em um filtro recursal essencial que redefine a função do STF, aproximando-o de uma corte de precedentes, enquanto, na França, a introdução da QPC alterou significativamente o perfil do Conseil Constitutionnel, concedendo-lhe uma nova relevância institucional e um releve até então inabitual à jurisdição constitucional.

Embora a Repercussão Geral e a QPC partilhem objetivos comuns de racionalização do fluxo processual e fortalecimento do controle de constitucionalidade, cada um opera dentro de um contexto jurídico e cultural específico, refletindo as particularidades de suas tradições legais. O caso brasileiro ilustra uma tentativa de balancear a quantidade de recursos extraordinários ao STF com a manutenção de sua função de garantir a integridade e uniformidade da interpretação constitucional. Já na França, a QPC representou um ponto de inflexão importante ao ampliar o controle de constitucionalidade, anteriormente restrito, promovendo um diálogo mais robusto entre o Conseil Constitutionnel e outras instituições do Estado.

Dessa forma, ao refletir sobre os 20 anos da Repercussão Geral e os 15 anos da QPC, tencionou-se, por intermédio do presente trabalho,

---

[84] No original: "(...) ne remplace pas une institution comparable existant préalablement dans l'ordre juridique français" (HALPÉRIN, Jean-Louis. La question prioritaire de constitutionnalité: une révolution dans l'histoire du Droit français? *Cahiers du Conseil Constitutionnel*, [*S. l.*], n. 28, jul. 2010, tradução nossa).

uma apreciação crítica de como ambos os sistemas têm evoluído para enfrentar os desafios modernos do direito constitucional.

Referências

ASSIS, Araken de. *Manual dos recursos*. 6. ed. São Paulo: Revista dos Tribunais, 2014.

AUTIN, Jean-Louis, Réflexions sur le système français de dualité juridictionnelle. *Les Cahiers de Droit*, [*S. l.*], v. 42, n. 3, p. 765-782, set. 2001.

BARROSO, Luís Roberto; REGO, Frederico Montedonio Como salvar o sistema de Repercussão Geral: transparência, eficiência e realismo na escolha do que o Supremo Tribunal Federal vai julgar. *Revista Brasileira de Políticas Públicas*, [*S. l.*], v. 7, n. 3, p. 695-713, 2017.

BRASIL. [Constituição (1891)]. *Constituição da República dos Estados Unidos do Brasil, de 24 de fevereiro de 1891*. Rio de Janeiro: Assembleia Constituinte, 1891. Disponível em: http://www.planalto.gov.br/ccivil_03/Constituicao/Constituicao91.htm. Acesso em: 9 set. 2019.

BRASIL. [Constituição (1934)]. *Constituição da República dos Estados Unidos do Brasil, de 16 de julho de 1934*. Rio de Janeiro: Assembleia Constituinte, 1934. Disponível em: http://www.planalto.gov.br/ccivil_03/Constituicao/Constituicao34.htm. Acesso em: 9 set. 2019.

BRASIL. [Constituição (1937)]. *Constituição dos Estados Unidos do Brasil, de 10 de Novembro de 1937*. Rio de Janeiro: Assembleia Constituinte, 1937. Disponível em: http://www.planalto.gov.br/ccivil_03/Constituicao/Constituicao37.htm Acesso em: 9 set. 2019.

BRASIL. [Constituição (1946)]. *Constituição dos Estados Unidos do Brasil, de 18 de setembro de 1946*. Rio de Janeiro: Assembleia Constituinte, 1946. Disponível em: http://www.planalto.gov.br/ccivil_03/Constituicao/Constituicao46.htm Acesso em: 9 set. 2019.

BRASIL. [Constituição (1967)]. *Constituição da República Federativa do Brasil de 1967*. Brasília, DF: Presidência da República, 1967. Disponível em: http://www.planalto.gov.br/ccivil_03/Constituicao/Constituicao67EMC69.htm. Acesso em: 14 out. 2014.

BRASIL. [Constituição (1988)]. *Constituição da República Federativa do Brasil de 1988*. Brasília, DF: Presidência da República, 1988. Disponível em: http://www.planalto.gov.br/ccivil_03/constituicao/constituicaocompilado.htm. Acesso em: 9 set. 2019.

BRASIL. *Decreto nº 848, de 11 de outubro de 1890*. Organiza a Justiça Federal. Rio de Janeiro: Governo Provisório da Repúlica dos Estados Unidos do Brazil, 1890. Disponível em: http://www.planalto.gov.br/ccivil_03/decreto/1851-1899/d848.htm. Acesso em: 9 set. 2019.

BRASIL. *Lei nº 221, de 20 de novembro de 1894*. Completa a organisação da Justiça Federal da Republica. Rio de Janeiro: Governo Provisório da República dos Estados Unidos do Brazil, 1894. Disponível em: http://www.planalto.gov.br/ccivil_03/leis/1851-1900/l0221.htm. Acesso em: 9 set. 2019.

BERGOUGNOUS, Georges. Le Conseil Constitutionnel et le législateur. *Nouveaux Cahiers du Conseil Constitutionnel*, [*S. l.*], n. 38, jan. 2013.

BLACHÈR, Philippe. *Contrôle de constitutionnalité et volonté générale*: "la loi votée...n'exprime la volonté générale que dans le respect de la Constitution". Paris: Presses Universitaires de France. 2001.

CHAMUSSY, Damien. Le Parlement et la QPC. *Nouveaux Cahiers du Conseil Constitutionnel*, [*S. l.*], n. 47, p. 45-64, avr. 2015.

CRUZ E TUCCI, José Rogério. A "Repercussão Geral" como pressuposto de admissibilidade do recurso extraordinário. *Revista de Processo: RePro*, São Paulo, v. 37, p. 473-493, nov. 2014.

DANTAS, Bruno. Repercussão geral. Algumas lições da Corte Suprema argentina ao Supremo Tribunal Federal brasileiro. *Revista de Informação Legislativa*, Brasília, DF, 2010.

DANTAS, Bruno. *Repercussão geral*. 3. ed. São Paulo: Revista dos Tribunais, 2012.

DAUCHY, Serge. Le juge, bouche de la loi. À propos de la célèbre métaphore de Montesquieu. *Nagoya University Journal of Law and Politics*, [*S. l.*], v. 256, p. 325-343, 2014. Disponível em: ffhal-02959170f. Acesso em: 7 set. 2024.

HALPÉRIN, Jean-Louis. La question prioritaire de constitutionnalité: une révolution dans l'histoire du Droit français? *Cahiers du Conseil Constitutionnel*, [*S. l.*], n. 28, jul. 2010.

JUPPÉ, Alain. L'héritage de Montesquieu : la séparation des pouvoirs sous l'angle de la justice constitutionnelle. *Revue Française de Droit Constitutionnel*, [*S. l.*], v. 129, n. 1, 2022.

KRYNEN, Jacques. *L'idéologie de la magistrature ancienne*. Paris: Gallimard, 2009.

LOCHAK, Danièle. La QPC, une protection efficace des droits et libertés? Un impact limité pour protéger les droits des étrangers. *La Semaine Juridique*, [*S. l.*], n. 29-34, 2013.

MAGAL, M. Laurent Fabius: La QPC représente 80 % du travail du Conseil Constitutionnel, Public. *Cahiers du Sénat*, [*S. l.*], 2020.

MALBERG, Raymond Carré. La loi, expression de la volonté générale: étude sur le concept de la loi dans la Constitution de 1875. *Librairie du Recueil Sirey*, [*S. l.*], 1931.

MANCUSO, Rodolfo de Camargo. *Recurso extraordinário e recurso especial*. 13. ed. São Paulo: Revista dos Tribunais, 2015.

MARINONI, Luiz Guilherme; MITIDIERO, Daniel. *Repercussão geral no recurso extraordinário*. São Paulo: Revista dos Tribunais. 2013. *E-book*.

MARINONI, Luiz Guilherme. *Processo constitucional e democracia*. São Paulo: Thomson Reuters. 2021.

MATHIEU, Bertrand. *Justice et* politique: la déchirure? Paris: Fórum, 2015.

MEDINA, José Miguel Garcia; WAMBIER, Luiz Rodrigues; ARRUDA ALVIM, Teresa Wambier. Repercussão geral e súmula vinculante. *In:* ARRUDA ALVIM, Teresa; CAMBI, Accácio; WAMBIER, Luiz Rodrigues; GOMES JÚNIOR, Luiz Manoel; FISCHER, Octavio Campos; FERREIRA, William Santos (coord.). *Reforma do Judiciário*: primeiras reflexões sobre a EC nº 45/2004. São Paulo: Revista dos Tribunais, 2005.

MENDES, Gilmar Ferreira; BRANCO, Paulo Gustavo Gonet. *Curso de Direito Constitucional*. São Paulo: Saraiva, 2007.

MITIDIERO, Daniel. *Cortes superiores e cortes supremas*: do controle à interpretação, da jurisprudência ao precedente. 3. ed. São Paulo: Thomson Reuters Brasil, 2022. *E-book*.

MONTESQUIEU, Charles de Secondat. *L'esprit des lois*. Paris: Gallimard, 1995.

MOREIRA, José Carlos Barbosa. Que significa "não conhecer" de um recurso. *Revista da AJURIS*, Porto Alegre, n. 66, 1996.

OLIVEIRA, Paulo Mendes de. Recurso extraordinário e seus circuitos processuais: O adequado entendimento do trâmite do recurso extraordinário auxiliará bastante na regulamentação do requisito da relevância do recurso especial. *Jota*, São Paulo, 15 out. 2022. Disponível em : https://www.jota.info/opiniao-e-analise/colunas/coluna-cpc-nos-tribunais/recurso-extraordinario-e-seus-circuitos-processuais-15102022. Acesso em: 7 set. 2024.

ROBLOT-TROIZIER, Agnès. Un concept moderne : séparation des pouvoirs et contrôle de la loi. *Pouvoirs*, [*S. l.*], v. 143, n. 4, 2012.

ROUSSEAU, Jean-Jacques. Du contrat social ou principes du droit politique. *In:* ROUSSEAU, Jean-Jacques. *Collection complète des œuvres*. A Genève: [1780]-1782 & 1789. Paris: Librairie Univers, 2012. *E-book*. v. 1, in-4. Disponível em: www.rousseauonline.ch. Acesso em: 7 set. 2024.

SANTANA, Guilherme M. N.; CEREZZO, Benedito; NERY, Rodrigo; ROCHA, Luísa; SANTANA, Guilherme Mazarello Nóbrega de. De polissemia a metonímia: a incerteza sobre o que é um precedente no Direito brasileiro. *Revista Direito da UnB*, Brasília, v. 7, n. 1, p. 201-227, 2023.

SAUVÉ, Jean-Marc; STIRN, Bernard. Relatório da question prioritaire de constitutionnalité. *In:* MAUGÜE, J.-H. Stahl (éd.). *La question prioritaire de constitutionnalite*. Paris: Dalloz, 2011. (Connaissance du Droit).

SILVA, José Afonso da. *Do recurso extraordinário no Direito Processual brasileiro*. São Paulo: Revista dos Tribunais, 1963.

TARUFFO, Michele. Dimensioni del precedente giudiziario. *Rivista trimestrale di Diritto e Procedura Civile*, [*S. l.*], v. 48, n. 2, 1994.

THOURET, Jacques Guillaume. Groupe de la Coopération Internationale. Ministère de la Justice du Canada. *Discours sur la réorganisation du pouvoir judiciaire*. 24 mars. 1790. Paris: Société d'imprimerie et librairie administratives et des chemins de fer Paul Dupont, 1881. p. 344-348. Disponível em: https://www.justice.gc.ca/fra/pr-rp/sjc-csj/pji-ilp/rev4/index.html. Acesso em: 7 set. 2024.

VELLOSO, Carlos Mário da Silva. O Superior Tribunal de Justiça na Constituição. *Informativo Jurídico da Biblioteca Ministro Oscar Saraiva*, Brasília, p. 95-96, jul./dez. 1989.

Informação bibliográfica deste texto, conforme a NBR 6023:2018 da Associação Brasileira de Normas Técnicas (ABNT):

PUPE, Guilherme; MAZARELLO, Guilherme. Os 20 anos da Repercussão Geral e os 15 anos "Question Prioritaire de Constitutionnalité" (QPC): efemérides em perspectiva comparada do Supremo Tribunal Federal (STF) e do Conseil Constitutionnel. *In*: MENDES, Gilmar Ferreira; GALLOTTI RODRIGUES, Maria Isabel Diniz; ALVIM, Teresa Arruda (coord.). *O novo perfil do controle difuso de constitucionalidade*: estudos em homenagem ao Professor Bruno Dantas nos 20 anos da Repercussão Geral. Belo Horizonte: Fórum, 2025. p. 237-266. ISBN 978-65-5518-898-1.

FILTROS RECURSAIS: DA ARGUIÇÃO DE RELEVÂNCIA À REPERCUSSÃO GERAL E À RELEVÂNCIA DA QUESTÃO FEDERAL. NOTAS HISTÓRICAS E COMPARATIVAS

HUMBERTO DALLA BERNARDINA DE PINHO
DANIANE FARIA DE SOUZA RHODES

1 Considerações iniciais

Nas últimas décadas o sistema processual brasileiro vem passando por diversas modificações a fim de atender à crescente demanda direcionada às Cortes Superiores de Justiça. Nessa toada, foram promulgadas emendas constitucionais e efetuadas alterações legais visando delinear o real escopo dos referidos Tribunais, incrementando o fortalecimento dos precedentes e implementando filtros recursais.

Dentre as competências recursais atribuídas ao Supremo Tribunal Federal (STF) e ao Superior Tribunal de Justiça (STJ), julgar o volume de recursos extraordinários e especiais, respectivamente, se revela uma tarefa verdadeiramente hercúlea. Mas, para além do grande acervo processual e da limitação na composição das referidas Cortes, faz-se necessária a análise da função de cada uma delas no ordenamento pátrio.

Nesse passo, mostram-se importantes a abordagem dos filtros recursais, em especial a da relevância da questão de direito federal infraconstitucional, introduzida pela Emenda Constitucional (EC) nº 125, de 14 de julho de 2022, e a análise comparativa com institutos semelhantes hoje existentes: a repercussão geral do recurso extraordinário perante o STF e a transcendência na esfera trabalhista.

Pretende-se delinear considerações acerca dos filtros recursais e das perspectivas para o uso mais equilibrado dos recursos no âmbito das Cortes Superiores, sem descurar das garantias processuais constitucionais, haja vista a necessidade de se conferir maior efetividade à tutela jurisdicional mediante a observância da razoável duração do processo.

2 Função dos tribunais na contemporaneidade

Antes de tratar dos filtros, objeto principal desse texto em homenagem ao notável e querido jurista Bruno Dantas, é preciso pontuar o papel dos tribunais na jurisdição contemporânea.[1]

Nesse sentido, é fundamental consolidar a ideia segundo a qual os tribunais locais, em menor grau, e os Tribunais Superiores, com mais ênfase, passam a ter como principais funções a uniformização[2] da interpretação normativa[3] e a busca da unidade e estabilidade do sistema de precedentes.[4]

Na verdade, como afirma o Ministro Luís Roberto Barroso,[5] o desafio imposto às Cortes Constitucionais na contemporaneidade é ainda maior e demanda uma busca constante pelo equilíbrio.

---

1 Fizemos uma primeira incursão ao tema em: PINHO, Humberto Dalla Bernardina de. *Jurisdição e pacificação*. Curitiba: CRV, 2017. p. 248.

2 "È facile vedere che queste giustificazioni non sono in contrasto tra loro, ed anzi convergono verso la necessità che l'interpretazione e l'applicazione del diritto siano il più possibile uniformi ecostanti. Alla base di esse, e malgrado le rispettive differenze di formulazione, si intravede una immagine ideale dell'ordinamento giuridico secondo la quale esso dovrebbe essere completo e sincronicamente coerente, statico ed uniforme, e dovrebbe anche assicurare che tutte le controversie che sorgono al suo interno trovino una soluzione stabile ed unitaria" (TARUFFO, Michele. Le funzioni delle corti supreme tra uniformità e giustizia. *Revista Eletrônica de Direito Processual*, [S. l.], ano 8, v. XIV, p. 438, jul./dez. 2014).

3 NEVES, Antônio Castanheira. *O instituto dos "assentos" e a função jurídica dos supremos tribunais*. Coimbra: Coimbra Editora, 1983. p. 657.

4 MITIDIERO, Daniel. *Cortes superiores e cortes supremas*: do controle à interpretação, da jurisprudência ao precedente. 2. ed. São Paulo: Revista dos Tribunais, 2015. p. 81.

5 "A vida é feita de prudências e ousadias e nem sempre é fácil encontrar a mediania, o caminho do meio. Mas é por ele que se deve caminhar. Cortes constitucionais não devem ser nem excessivamente tímidas nem tampouco arrogantes. Devem ser capazes de captar o sentimento social, mas não podem ser populistas" (BARROSO, Luís Roberto. Luís Roberto Barroso: Cortes constitucionais devem captar sentimento social sem ser populistas. *Migalhas*, São Paulo, 19 set. 2016. Disponível em: http://www.migalhas.com.br/Quentes/17,MI245819,21048-Luis+Roberto+Barroso+Cortes+constitucionais+devem+captar+sentimento. Acesso em: 25 set. 2016).

Nesse passo, surge a noção contemporânea da nomofilaquia,[6] ou seja, a função de assegurar a exata observância e a uniformidade na interpretação da lei.[7] Nesse sentido, Marinoni[8] chega a afirmar que um tribunal supremo de precedentes é imprescindível no Estado contemporâneo.

Essa atividade de uniformização tem um caráter retrospectivo e prospectivo. Assim sendo, os Tribunais Superiores devem fornecer a interpretação adequada das normas jurídicas, bem como ver seus precedentes respeitados, horizontal e verticalmente.

Com isso, os recursos que chegam a esses tribunais deixam de ter apenas carga subjetiva e individual e passam a ter também indisfarçável interesse público e coletivo.

Ainda, é possível afirmar que há uma tendência de objetivação nos julgamentos dos Tribunais Superiores, que têm focado sua atuação na definição de teses jurídicas que afetarão inúmeros outros processos, em diversas instâncias.

Desse modo, decisões proferidas pelos tribunais, cada vez mais produzem efeitos para além do caso concreto,[9] gerando a ampliação dos limites da coisa julgada.[10]

---

6 CHIARLONI, Sergio. Funzione nomofilattica e valore del precedente. *In:* ARRUDA ALVIM WAMBIER, Teresa (coord.). *Direito Jurisprudencial*. São Paulo: Revista dos Tribunais, 2012. p. 227.

7 "Nesse contexto, surge a ideia doutrinária da nomofilaquia, entendida como a função de assegurar a exata observância e a uniformidade na interpretação da lei, o que, por toda a estrutura proposta pela *Stare Decisis*, o modelo de precedentes tende a consolidar. Sendo a tarefa dos Tribunais Superiores, pois, a uniformização da interpretação judicial, é por demais compatível a adoção do sistema de precedentes para se atingir o seu escopo" (BERTÃO, Rafael Calheiros. Os precedentes no Novo Código de Processo Civil: a valorização da stare decisis e o modelo de Corte Suprema brasileiro. *Revista de Processo: RePro*, São Paulo, v. 253, p. 371, mar. 2016).

8 "Todo ello significa que, si el Estado constitucional tiene el deber normativo y fáctico de tutelar los derechos fundamentales, no puede convivir con un tribunal supremo incapaz – por la falta de normas o de eficiencia fáctico-administrativa – de garantizar la coherencia del derecho, la seguridad jurídica y la igualdad" (MARINONI, Luiz Guilherme. El precedente interpretativo como respuesta a la transformación del civil law: la contribución de Taruffo. *In:* BELTRÁN, Jordi Ferrer; Carmen Vázquez (org.). *Debatiendo con Taruffo*. Madrid: Marcial Pons, 2016. v. 1, p. 133-156).

9 CÔRTES, Osmar Mendes Paixão. A objetivação do processo e o ativismo judicial no contexto do pós-positivismo. *Revista de Processo: RePro*, São Paulo, v. 251, p. 327, jan. 2016.

10 "Hoje, o princípio da utilidade do processo autoriza, sempre que possível, que a coisa julgada possa atingir um número maior de pessoas do que aquele tradicionalmente alcança e, ainda, com um maior limite objetivo prático possível. (...) Essa tendência de estender o resultado de decisões a outras pessoas que não participaram do processo e que estejam em situação idêntica parece ser uma tendência que se desenrola, inclusive, com roupagens diversas. A propósito, estão na ordem do dia as chamadas súmulas vinculantes, que têm

O Código de Processo Civil (CPC) de 2015 deu prosseguimento à escalada legislativa brasileira de tendência uniformizadora e estabilizadora da jurisprudência.[11]

Nessa esteira, a Comissão de Juristas designada para elaborar o novo CPC abordou a tormentosa questão do choque entre os princípios do livre convencimento motivado e da independência funcional garantida aos magistrados, de um lado, e da isonomia e da segurança jurídica, em polo oposto.[12]

Extrai-se, portanto, de forma nítida, a preocupação em criar alguns limites ao princípio do livre convencimento motivado garantido constitucionalmente aos juízes,[13] com o objetivo de, com tal providência,

---

como consequência, ao final do processo, a vinculação do julgado-paradigma a todas aquelas hipóteses que estejam compreendidas na mesma situação da já julgada e que foi objeto da súmula. Sem entrar no mérito de ser adequada ou não a adoção desse instrumento, o fato concreto é que, no futuro, nada impedirá que, do ponto de vista prático, os limites objetivos de uma decisão da qual resulte uma súmula vinculante possam permitir, desde logo, a quem esteja na mesma situação, proceder à instauração do processo de execução, após a competente liquidação para demonstrar a relação de causalidade" (CARNEIRO, Paulo Cezar Pinheiro. *Acesso à Justiça*: juizados especiais cíveis e ação civil pública: uma nova sistematização da teoria geral do processo. Rio de Janeiro: Forense, 2007. p. 100-101).

11 "O novo Código prestigia o princípio da segurança jurídica, obviamente de índole constitucional, pois que se hospeda nas dobras do Estado Democrático de Direito e visa a proteger e a preservar as justas expectativas das pessoas. Todas as normas jurídicas devem tender a dar efetividade às garantias constitucionais, tornando "segura" a vida dos jurisdicionados, de modo a que estes sejam poupados de "surpresas", podendo sempre prever, em alto grau, as consequências jurídicas de sua conduta" (BRASIL. Câmara dos Deputados. *Exposição de motivos do novo Código de Processo Civil*. Comissão de elaboração do Projeto de novo Código de Processo Civil (PL nº 8.046/10). Brasília, DF: Câmara dos Deputados, p. 19, 2010. Disponível em: www.câmara.gov.br. Acesso em: 14 fev. 2010).

12 "A dispersão excessiva da jurisprudência produz intranquilidade social e descrédito do Poder Judiciário. Se todos têm que agir em conformidade com a lei, ter-se-ia, ipso facto, respeitada a isonomia. Essa relação de causalidade, todavia, fica comprometida como decorrência da liberdade que tem o juiz de decidir com base em seu entendimento sobre o sentido real da norma" (BRASIL. *Exposição de motivos do novo Código de Processo Civil*. p. 20).

13 "Na livre convicção do magistrado que é essencial à própria sobrevivência do sistema e só por isto existe como princípio, não está contida a liberdade arbitrária do magistrado, ou seja, a ele não é dado o expediente de discordar dos posicionamentos já amplamente fixados sobre o Direito posto, já que isto conduziria à derrocada do próprio sistema jurídico. Só uma confusão entre os referidos conceitos poderia conduzir ao posicionamento radical de oposição plena a qualquer modelo de precedente jurisdicional vinculante" (MADEIRA, Daniela Pereira. A força da jurisprudência. *In:* FUX, Luiz (coord.). *O novo processo civil brasileiro (Direito em expectativa)*: reflexões acerca do projeto do novo Código de Processo. Rio de Janeiro: Forense, 2011. p. 551).

evitar uma dispersão excessiva da jurisprudência,[14] bem como o reexame frequente de questões que já deveriam estar pacificadas.[15]

Nesse sentido, Fábio Victor da Fonte Monnerat propõe que a diretriz valorizadora da jurisprudência é um dos grandes pilares do novel CPC.[16]

Dentro desse escopo, o novo Código dedica um capítulo inteiro do Título I do Livro III, composto pelos arts. 926 a 928, com regras destinadas aos tribunais e juízes.

Com efeito, o *caput* do art. 926 do CPC traz a determinação de uniformização, estabilidade e coerência da jurisprudência, que, quando dominante, deverá ser consubstanciada em enunciados de súmula, nos termos do parágrafo primeiro.

Seu parágrafo segundo estabelece que os enunciados de súmula não podem se dissociar das circunstâncias fáticas inerentes às causas que lhes serviram de base.

---

14 "Não há dúvida de que o juiz está subordinado (e portanto limitado) pela lei. Também não há dúvida de que seu raciocínio (que identifico com sua "consciência") é pleno de subjetividades no processo de tomada da decisão. A questão é saber se em toda e qualquer circunstância o juiz, em nome dessa liberdade de consciência, poderia dar ao texto da lei o sentido que quisesse, por mais esdrúxulo que fosse e contrário ao entendimento consolidado pelo sistema jurídico. Parece-me que não. Ao afirmar isso, de maneira alguma sustento que o juiz não tenha liberdade (amplíssima) para interpretar como quiser o texto da norma. Por mais esdrúxula ou extravagante que possa se revelar essa sua leitura, essa independência de raciocínio precisa ser respeitada, mas até certo ponto. O limite que vejo a essa liberdade é a formação do precedente judicial. Vale dizer, a consolidação, ainda que em âmbito regional, do posicionamento majoritário no Judiciário, pelo próprio Judiciário, a respeito daquele determinado tema" (SANTOS, Evaristo Aragão. Em torno do conceito e da formação do precedente judicial. *In:* ALVIM, Teresa Arruda (coord.). *Direito Jurisprudencial*. São Paulo: Revista dos Tribunais, 2012. p. 190).

15 Acerca do tema do livre convencimento irrestrito dos juízes em contraposição à uniformização de jurisprudência, confiram-se as lições de Teresa Arruda Alvim: "Interessante (...) haver juízes no Brasil que se sentem diminuídos, pelo fato de terem de curvar-se a jurisprudência dominante de um tribunal superior ou a uma súmula vinculante. Há quem reconheça, felizmente, que a dispersão da jurisprudência e a falta de estabilidade comprometem fundamentalmente a credibilidade do Poder Judiciário como um todo. A uniformização da jurisprudência é muito provavelmente uma prática que aumenta o poder da instituição cuja função é decidir (...) harmonia ou coerência interna reforça a credibilidade externa. Penso que isso ocorre no Brasil: excesso de dispersão jurisprudencial desacredita o Judiciário e decepciona o jurisdicionado. É um mal para a sociedade" (ALVIM, Teresa Arruda. Precedentes e evolução do Direito. *In:* ALVIM, Teresa Arruda (coord.). *Direito Jurisprudencial*. São Paulo: Revista dos Tribunais, 2012. p. 40).

16 MONNERAT, Fábio Victor da Fonte. O papel da jurisprudência e os incidentes de uniformização no Projeto do Novo Código de Processo Civil. *In:* ROSSI, Fernando *et al.* (coord.). *O futuro do processo civil no Brasil:* uma análise crítica ao Projeto do Novo CPC. Belo Horizonte: Fórum, 2011. p. 188.

O art. 927 do CPC inova ao ampliar[17] o rol de decisões dotadas de eficácia vinculante já previsto na Constituição, uma vez que, além de reproduzir as previsões de decisões do STF em sede de controle concentrado de constitucionalidade e os enunciados de súmula vinculante (incisos I e II), estabelece que produzirão efeitos vinculantes: os acórdãos proferidos em incidente de assunção de competência ou de resolução de demandas repetitivas e em julgamento de recursos extraordinário e especial repetitivos (inciso III); os enunciados das súmulas do STF, em matéria constitucional, e do STJ, estes em matéria infraconstitucional (inciso IV); a orientação do Plenário ou do órgão especial aos quais estiverem vinculados os juízes ou tribunais (inciso V).

Todos os magistrados do país devem observar[18] tais súmulas, decisões e orientações descritas nos incisos mencionados. Sem embargo, devem manter estrita observância ao princípio do contraditório (arts. 9º e 10 CPC) e ao dever de fundamentação de todas as suas decisões (arts. 11 e 489, §1º CPC).

Tal é a regra constante do §1º do art. 927 do CPC, que segue a matriz, desenhada pelo processo civil constitucional, de concretização de disposições constitucionais. Como exemplos, o contraditório e a fundamentação, ambos princípios previstos na Carta Magna, encontram, ao longo de todo o CPC, respaldo e proteção, por meio de um sem-número de institutos e nos mais variados contextos processuais.

Em outro viés, o parágrafo seguinte se preocupa com a legitimação no processo de alteração de tese jurídica esposada em enunciado de súmula ou julgamento de casos repetitivos. Para tanto, prevê a possibilidade de prévia realização de audiências públicas, contando com

---

17 RODRIGUES, Roberto de Aragão Ribeiro. A tendência uniformizadora da jurisprudência no Projeto de Novo Código de Processo Civil. *In:* ROQUE, André Vasconcelos; PINHO, Humberto Dalla Bernardina de (org.). *O projeto de Novo Código de Processo Civil*: uma análise crítica. Brasília, DF: Gazeta Jurídica, 2013. p. 187.

18 "É imprescindível, em um Estado Constitucional, zelar pela igualdade de tratamento em face das decisões judiciais. Nada nega tanto a igualdade quanto dar, a quem já teve o seu direito violado ou sofre iminente ameaça de tê-lo, uma decisão desconforme com o padrão de racionalidade já definido pelo Judiciário em casos iguais ou similares. Após a edição da decisão dotada de "razões apropriadas" pela Corte Suprema, não há como admitir, por parte de qualquer juiz ou tribunal, uma decisão que apresente razões divergentes. É inconcebível não perceber que uma decisão desse porte faz pouco caso não só do Estado de Direito e do Poder Judiciário, mas também da igualdade, representando lamentável arbitrariedade ou ingenuidade inescusável" (MARINONI, Luiz Guilherme. Da corte que declara o "sentido exato da lei" para a corte que institui precedentes. *Revista dos Tribunais*, São Paulo, v. 950, p. 12, dez. 2014).

a participação de pessoas, órgãos ou entes aptos a contribuir para a rediscussão da matéria.

Nota-se, com essa disposição, um prestígio aos mecanismos que tragam à atividade jurisdicional, através de *amici curiae*, a voz daqueles que, em última análise, sofrerão os efeitos da mudança de entendimento. Trata-se de um meio, adotado pelo legislador de 2015, de combate à crise de legitimidade, sempre debatida, a respeito do único dos três Poderes do Estado cujos membros não são eleitos pela população.

Sendo a alteração relativa à jurisprudência dominante do STF, de Tribunais Superiores ou oriunda de julgamento de casos repetitivos, surge uma peculiaridade, trazida pelo §3º do art. 927: a possibilidade de modulação dos efeitos da alteração, com base no interesse social e no princípio da segurança jurídica das relações afetadas, o que será analisado com mais detalhes a seguir.

Também com vistas à preservação desse princípio, bem como dos princípios da confiança e da isonomia, o parágrafo seguinte exige maior fundamentação. Os fundamentos de decidir devem ser adequados e específicos ao caso, para que se alterem enunciado de súmula, jurisprudência pacificada ou tese adotada em julgamento de casos repetitivos. A matéria merece relevo, em particular, pela sua abrangência e sua capacidade de afetação de um número considerável de relações jurídicas.

Por fim, o §5º do art. 927 do CPC elenca mais um dos princípios constitucionais a serem valorizados no processo: o da publicidade (art. 93, IX, da Constituição da República e 11 do CPC/2015).

3 Histórico dos filtros recursais: a arguição de relevância

É impossível compreender a sistemática dos filtros recursais sem examinar o passado e o histórico do ordenamento brasileiro.[19] [20]

---

[19] Uma versão ampliada e aprofundada dessa pesquisa pode ser encontrada no relatório intitulado "Relevância da Questão de Direito Federal", apresentado em novembro de 2022 pelo Centro de Inovação, Administração e Pesquisa do Poder Judiciário da FGV. À época, participamos em conjunto com outros pesquisadores cada qual focando em sua área de *expertise*. A íntegra do relatório pode ser obtida em: https://ciapj.fgv.br/sites/ciapj.fgv.br. Neste momento, estamos atualizando o material para a segunda edição, que será lançada em breve.

[20] Posteriormente, retornamos ao exame do tema da relevância, contextualizando a questão sob o prisma constitucional e legal (PINHO, Humberto Dalla Bernardina de; SALOMÃO,

Para tanto, temos que retornar aos anos sessenta, do século passado, antes mesmo da Carta de 1967 e do CPC de 1973.

À época, a doutrina[21] já se preocupava com o aumento exponencial no número de recursos extraordinários que chegavam à Suprema Corte e a necessidade de se definir o real papel de um tribunal constitucional.

Em 1965, Victor Nunes Leal[22] cogitava, por exemplo, do requisito da arguição de relevância,[23] da edição de súmulas[24] pelo STF e ainda da criação do STJ.[25] No mesmo ano, foi realizada mesa redonda na Fundação Getulio Vargas (FGV) da qual participaram importantes juristas da época e que concluíram no mesmo sentido.[26]

Na Carta de 1967, em sua concepção original, a alínea "c" do parágrafo único do art. 115[27] delegava ao STF o poder de estabelecer, em seu Regimento Interno, "o processo e o julgamento dos feitos de sua competência originária ou de recurso".

Rodrigo. A arguição de relevância das questões de Direito Federal Infraconstitucional: passado, presente e futuro. *Revista de Processo: RePro*, São Paulo, v. 346, p. 141-113, 2023).

21 NAVES, Nilson. Superior Tribunal de Justiça: antecedentes, criação e vocação. *In:* BRASIL. Supremo Tribunal de Justiça. *Doutrina*: edição comemorativa dos 30 anos do STJ. Brasília, DF: STJ, 2019. p. 89-111.

22 NUNES, Victor. Aspectos da Reforma Judiciária. *Revista de Informação Legislativa*, Brasília, DF, p. 19-33, 7 set. 1965.

23 LEAL, Victor Nunes. O requisito da "relevância" para redução dos encargos do Supremo Tribunal. *Revista dos Tribunais*, São Paulo, v. 360, p. 7-19, 1965.

24 Foi quando Victor defendeu a adoção da jurisdição discricionária, semelhantemente ao *writ of certiorari*, e falou sobre a Súmula do Supremo (NAVES. Superior Tribunal de Justiça: antecedentes, criação e vocação).

25 DANTAS, Bruno; GALLOTTI, Isabel. Crise do recurso especial e a função constitucional do STJ: uma proposta de reforma. *Revista dos Tribunais*, São Paulo, v. 998, p. 129-158, dez. 2018.

26 VELLOSO, Carlos Mário da Silva. O Superior Tribunal de Justiça na Constituição. Palestra proferida no Ciclo de Palestras sobre o Poder Judiciário e a Nova Constituição. Realizado pela Associação dos Advogados de São Paulo, no dia 26-9-1988. *Informativo Jurídico Biblioteca Ministro Oscar Saraiva*, Brasília, DF, v. 1, n. 2, p. 91-117, jul./dez. 1989.

27 "Art. 115 - O Supremo Tribunal Federal funcionará em Plenário ou dividido em Turmas.
Parágrafo único - O Regimento Interno estabelecerá:
a) a competência do plenário além dos casos previstos no art. 114, nº I, letras *a, b, e, d, i, j* e *l*, que lhe são privativos;
b) a composição e a competência das Turma;
c) o processo e o julgamento dos feitos de sua competência originária ou de recurso; d) a competência de seu Presidente para conceder *exequatur* a cartas rogatórias de Tribunais estrangeiros."

Com a EC nº 1, de 17 de outubro de 1969,[28] o STF passou a impor a limitação da abrangência dos recursos extraordinários.[29] Isso porque o parágrafo único do art. 119 estabelecia que, nas hipóteses de recurso extraordinário fundado nas alíneas "a" e "d", caberia ao STF, em seu Regimento Interno, indicar as causas que atendessem à "natureza, espécie ou valor pecuniário".

Em 1970 foi editado o novo[30] Regimento Interno do STF (RISTF).[31] No ano de 1975, foi editada a Emenda Regimental (ER) nº 3, pela qual foi introduzida a figura da arguição de relevância, alterando-se o art. 308 do RISTF.[32]

O dispositivo contemplava 8 incisos nos quais, salvo nos casos de ofensa à Constituição ou relevância da questão federal, não seria cabível a interposição de recurso extraordinário, na forma do art. 119, com redação dada pela EC nº 1/1969.

---

28 "Art. 119. Compete ao Supremo Tribunal Federal:
(...) III - julgar, mediante recurso extraordinário, as causas decididas em única ou última instância por outros tribunais, quando a decisão recorrida:
a) contrariar dispositivo desta Constituição ou negar vigência de tratado ou lei federal;
b) declarar a inconstitucionalidade de tratado ou lei federal;
c) julgar válida lei ou ato do govêrno local contestado em face da Constituição ou de lei federal; ou
d) der à lei federal interpretação divergente da que lhe tenha dado outro Tribunal ou o próprio Supremo Tribunal Federal.
Parágrafo único. As causas a que se refere o item III, alíneas a e d, dêste artigo, serão indicadas pelo Supremo Tribunal Federal no regimento interno, que atenderá à sua natureza, espécie ou valor pecuniário."

29 A última e mais importante iniciativa, entretanto, veio com a EC nº 1/1969, que deferiu ao STF o poder de indicar, em seu regimento, as causas que, por sua natureza, espécie ou valor, comportassem recurso extraordinário, com apoio nas letras "a" e "d", justamente os dispositivos responsáveis pela maioria dos apelos extremos (GALVÃO, Ilmar. Poder Judiciário. Reforma de 1988. O recurso especial no Superior Tribunal de Justiça. *Informativo Jurídico Biblioteca Ministro Oscar Saraiva*, Brasília, DF, v. 2. n. 2, p. 73-167, jul./dez. 1990).

30 O STF editou, ao longo de sua história, cinco regimentos internos. O primeiro foi em 1891. Em seguida tivemos novos atos, em 1909, 1940, 1970 e 1980. O último está atualmente em vigor, mas já conta com 57 emendas. Para maiores informações, remetemos o leitor a: NASCIMENTO, Cristiano de Jesus Pereira. *Distorções no processo decisório do Supremo Tribunal Federal*. Orientador: Pedro Estevam Alves Pinto Serrano. 2017. Dissertação. Mestrado em Filosofia do Direito – Faculdade de Direito, Pontifícia Universidade Católica de São Paulo, São Paulo, 2017. Disponível em: https: //tede.pucsp.br/bitstream/handle/19911/2/Cristiano%20de%20Jesus%20Pereira%20Nascimento.pdf Acesso em: 1 out. 2022.

31 Texto original disponível em: https://www.stf.jus.br/arquivo/cms/bibliotecaConsultaProdutoBibliotecaRI/anexo/RegimentoInterno1970ConsolidadoAtualizado.pdf. Acesso em: 30 set. 2022.

32 "Art. 308. Salvo nos casos de ofensa à Constituição ou relevância da questão federal, não caberá recurso extraordinário, a que alude o seu artigo 119, parágrafo único, das decisões proferidas (...)."

No ano de 1977, a EC nº 7, de 13 de abril, passou a exigir a "relevância da questão federal" no plano constitucional. Com isso, a redação do art. 119 da Carta passou novamente por ajustes.[33] O parágrafo único se torna §1º, e o novo §3º menciona expressamente a figura da arguição de relevância da questão federal.

Em 27 de outubro de 1980, é editado o novo Regimento Interno[34] do STF. Cinco anos mais tarde vem a lume a ER nº 2, de 4 dezembro de 1985,[35] alterando a redação do art. 325 do RISTF.[36]

Com isso, a relevância, agora contemplada no inciso XI, deixou de ser tratada como ressalva ou exceção ao não cabimento do recurso[37] para ser tida como fundamento autônomo e suficiente para o apelo extremo, ganhando, assim, importância e identidade.[38]

Na Carta de 1988, o requisito é eliminado[39] sob o argumento de se tratar de instrumento incompatível com a nova ordem instituída.[40]

---

33 Art. 119. (...)
Compete ao Supremo Tribunal Federal: (...)
III - julgar, mediante recurso extraordinário, as causas decididas em única ou última instância por outros tribunais, quando a decisão recorrida:
a) contrariar dispositivo desta Constituição ou negar vigência de tratado ou lei federal;
b) declarar a inconstitucionalidade de tratado ou lei federal;
c) julgar válida lei ou ato do governo local contestado em face da Constituição ou de lei federal; ou
d) der à lei federal interpretação divergente da que lhe tenha dado outro Tribunal ou o próprio Supremo Tribunal Federal.
(...)
§3º O regimento interno estabelecerá: (...)
c) o processo e o julgamento dos feitos de sua competência originária ou recursal e da arguição de relevância da questão federal (...)."

34 Disponível em: https://www.stf.jus.br/arquivo/norma/regimentointerno1980.pdf. Acesso em: 2 out. 2022.

35 BRITO, Washington Bolívar de. A Magistratura e a Constituinte. *Informativo Jurídico Biblioteca Ministro Oscar Saraiva*, Brasília, DF, v. 1. n. 1, p. 1-87, jan./jul. 1989.

36 "Art. 325. Nas hipóteses das alíneas *a* e *d* do inciso III do art. 119 da Constituição Federal, cabe recurso extraordinário:
(...)
XI - nos demais feitos, quando reconhecida relevância da questão federal."

37 LEITE, Evandro Gueiros. A Emenda 2/85 (RISTF) e a boa razão. *Revista dos Tribunais*, São Paulo, v. 76, n. 615, p. 10, jan. 1987.

38 VELLOSO. O Superior Tribunal de Justiça na Constituição.

39 TEIXEIRA, Sálvio de Figueiredo. O recurso especial e o Superior Tribunal de Justiça. *Informativo Jurídico Biblioteca Ministro Oscar Saraiva*, Brasília, DF, v. 2. n. 2, p. 73-167, jul./dez. 1990.

40 DANTAS, Bruno. Repercussão geral: perspectivas histórica, dogmática e de Direito Comparado. *Revista dos Tribunais*, São Paulo, v. 18, 2008.

Contudo, Arruda Alvim,[41] no mesmo ano em que foi promulgada a Carta, ressaltava sua importância para a compreensão da função precípua da Corte Constitucional. Posteriormente, quando da edição da EC nº 45, de 30 de dezembro de 2004, que será comentada adiante, critica a ausência de requisito análogo à repercussão geral no âmbito do STJ.[42]

4 O contexto atual da repercussão geral e o exame comparado com a relevância da questão federal e a transcendência trabalhista

No ano de 2004, sob clara inspiração do direito estadunidense, e na esteira do que já vinha sendo realizado em outros países,[43] a EC nº 45/2004 introduziu o instituto da repercussão geral da questão constitucional no art. 102, §3º, da Carta de 1988. A ferramenta foi regulamentada, inicialmente, pela Lei nº 11.418, de 19 de dezembro de 2006, que inseriu o art. 543-A no texto do CPC de 1973.

Com a vigência do CPC/2015, a matéria foi contemplada no art. 1.035 e regulamentada no art. 321 e seguintes do RISTF.

No entanto, é importante frisar que a repercussão geral não foi um sucedâneo da arguição de relevância.[44]

---

41 ALVIM, José Manoel de Arruda. *A arguição de relevância no recurso extraordinário*. São Paulo: Revista dos Tribunais, 1988. p. 165.

42 ALVIM, José Manoel de Arruda. A EC 45 e o instituto da repercussão geral. *In:* ALVIM, Teresa Arruda; CAMBI, Accácio; WAMBIER, Luiz Rodrigues; GOMES JÚNIOR, Luiz Manoel; FISCHER, Octavio Campos; FERREIRA, William Santos (coord.). *Reforma do Judiciário*: primeiras reflexões sobre a EC nº 45/2004. São Paulo: Revista dos Tribunais, 2005. p. 68.

43 Sobre a influência do direito estrangeiro, tema que não será tratado nos estreitos limites deste ensaio, remetemos o leitor às seguintes obras: DANTAS, Bruno. Repercussão geral: algumas lições da Corte Suprema Argentina ao Supremo Tribunal Federal Brasileiro. *Revista de Informação Legislativa*, Brasília, DF, ano 47 n. 187, p. 35-43, jul./set. 2010; DANTAS. Repercussão geral: perspectivas histórica, dogmática e de Direito Comparado, p. 107-131; PEREIRA, Carlos Frederico Bastos. O Superior Tribunal de Justiça e a repercussão geral no recurso especial. *Revista Eletrônica de Direito Processual – REDP*, Rio de Janeiro, ano 13. v. 20, n. 2, p. 20-46, maio/ ago. 2019; PEPE, Rafael Gaia Edais. *Writ of certiorari* e recurso extraordinário: encontros e desencontros. *Revista de Processo: RePro*, São Paulo, v. 280, p. 275-299, jun. 2018; PINHO, Humberto Dalla Bernardina de; SANTANNA, Ana Carolina Squadri. O *writ of certiorari* e sua influência sobre o instituto da repercussão geral do recurso extraordinário; RODRIGUES, Marco Antonio; REGO, Frederico Montedonio. Filtros de relevância no Direito Comparado: como as cortes supremas evitam a banalização dos precedentes. *Revista da EMERJ*, Rio de Janeiro, v. 21, n. 3, p. 205-235, set./dez. 2019.

44 PINHO, Humberto Dalla Bernardina de; SANTANNA, Ana Carolina Squadri. O *writ of certiorari* e sua influência sobre o instituto da repercussão geral do recurso extraordinário. *Revista de Processo: RePro*, São Paulo, v. 235, p. 381-405, set. 2014.

Como bem salientado por Bruno Dantas, é necessário consignar que a semelhança entre os institutos se deve muito mais às linhas gerais do que a aspectos propriamente dogmáticos. Isso porque, sob a égide da relevância, as questões constitucionais eram necessariamente admitidas no embasamento do recurso extraordinário, de modo que a restrição se aplicava única e exclusivamente no plano do direito federal infraconstitucional.[45]

Dessa forma, para que a semelhança vislumbrada ultrapassasse o plano metodológico, atingindo a barreira dogmática, a repercussão geral deveria se referir ao recurso especial e não propriamente ao recurso extraordinário, pois no regime revogado as questões constitucionais eram presumidamente dotadas de relevância. Portanto, a extinta arguição de relevância do recurso extraordinário muito mais se parece com o novo filtro trazido pela EC nº 125/2022.

Além disso, embora ambos os institutos tenham semelhança pela filtragem dos recursos, diferem-se, notadamente, no que diz respeito ao fato de a arguição de relevância ter sido estabelecida em período ideológico completamente diverso, com influência sob os aspectos morais e políticos. A repercussão geral, a seu turno, foi concebida após a Constituição de 1988 e estabeleceu explicitamente um novo paradigma democrático.[46]

No mesmo sentido, Bruno Dantas ressalta que boa parte da doutrina entendia a decisão proferida na arguição de relevância como eminentemente política, e não jurisdicional, o que repercutia diretamente no cabimento do recurso de embargos declaratórios e da ação rescisória. Dessa forma, acentuavam-se as distinções relativas à própria ideia de Estado Democrático de Direito que se vive hoje no Brasil: a fundamentação da decisão e a publicidade da sessão de julgamento.[47]

Outra relevante distinção assegura que os institutos desempenham papéis distintos e que não podem ser confundidos.

A arguição de relevância associou-se a mecanismos de atribuição de admissibilidade apenas dos recursos que não estavam expressamente

---

45 DANTAS. *Repercussão geral*: perspectivas histórica, dogmática e de Direito Comparado: questões processuais São Paulo: Revista dos Tribunais, 2008. p. 249.

46 STRECK, Lenio Luiz. A "repercussão geral das questões constitucionais" e a admissibilidade do recurso extraordinário: a preocupação do constituinte com as "causas irrelevantes". *In:* AGRA, Walter de Moura (coord.). *Comentário à Reforma do Poder Judiciário*. Rio de Janeiro: Forense, 2005. p. 132-142.

47 DANTAS. *Repercussão geral*: perspectivas histórica, dogmática e de Direito Comparado: questões processuais. p. 250.

previstos na enumeração regimental, ao passo que a repercussão geral abarca qualquer apelo extraordinário, por interpretação literal do dispositivo constitucional.[48]

Para a repercussão geral, é conceituada a matéria que contenha discussão que justifique a relevância do ponto de vista econômico, político, social ou jurídico, desde que ultrapassados os interesses subjetivos da causa.

Repercussão geral, portanto, deve ser composta pelo somatório dos elementos relevância e transcendência. A relevância está relacionada aos contextos político, econômico, social e jurídico. A transcendência, por sua vez, se refere ao poder de ultrapassar os interesses subjetivos das partes na causa.[49]

E por falar em transcendência, não podemos deixar de mencionar tal figura na seara laboral, prevista no art 896-A da Consolidação das Lei do Trabalho (CLT), incluído pela Medida Provisória (MP) nº 2.226, de 4 de setembro de 2001, e, posteriormente regulamentado pela Lei nº 13.467, de 13 de julho de 2017 e pelo art. 247, §1º, do Regimento Interno do Tribunal Superior do Trabalho (RITST).

A transcendência é considerada um filtro individual, devendo ser analisada caso a caso, uma vez que não há autorização legal para que o precedente seja aplicado por outros órgãos – seja pelo próprio Tribunal ou pelo tribunal inferior ao exercer o juízo de admissibilidade.[50]

Recentemente, a EC nº 125/2022, fruto da Proposta de Emenda à Constituição (PEC) nº 209, de 2012,[51] alterou o art. 105 da Carta de 1988 para inserir os §§2º e 3º, introduzindo, no âmbito do STJ o requisito

---

[48] FÉRES, Marcelo Andrade. Impactos da Emenda Constitucional nº 45/2004 sobre o recurso extraordinário: a repercussão geral (ou transcendência) e a nova alínea d do inciso III do art. 102 da Constituição. *Revista Dialética de Direito Processual*, São Paulo, n. 39, jun. 2006.

[49] MARINONI, Luiz Guilherme; MITIDIERO, Daniel. *Repercussão geral no recurso extraordinário*. São Paulo: Revista dos Tribunais, 2007. p. 33.

[50] SALOMÃO, Luis Felipe (coord.). *Relevância da questão de Direito Federal*: histórico, Direito Comparado, instrumentos semelhantes, impacto legislativo. Rio de Janeiro: FGV Editora, nov. 2022. p. 26. Disponível em: https://ciapj.fgv br/sites/ciapj.fgv.br/files/relatorio_relevancia_da_questao_do_direito_federal.pdf. Acesso em: 20 mar. 2023.

[51] Em 2012, os Deputados Federais Rose de Freitas e Luiz Pitiman propuseram à Câmara dos Deputados a criação do requisito da relevância das questões de direito federal infraconstitucional, por meio da PEC nº 209/2012. No Senado Federal, a PEC nº 17, de 2013, de autoria do Senador Ricardo Ferraço, tinha teor similar ao da PEC nº 209/2012, diferindo unicamente com relação à previsão do órgão competente para a apreciação da relevância da questão federal de direito infraconstitucional, como será analisado mais adiante. A PEC nº 17/2013 não teve seguimento, tendo sido arquivada desde 2018, enquanto a PEC nº 209/2012 teve melhor sorte, sendo promulgada como Emenda Constitucional nº 125/2022, vigente a partir de 15 de julho de 2022 (KOEHLER, Frederico Augusto Leopoldino; BONIZZI, Marcelo

da relevância das questões de direito federal e infraconstitucional, consolidando, assim, a natureza nomofilática da referida Corte,[52] muito embora, até o presente momento, não tenha sido edita a lei federal regulamentadora, o que impede o instituto de produzir seus efeitos práticos.

De toda sorte, duas questões merecem destaque aqui.

A primeira diz respeito à terminologia.

Consideramos que deve ser utilizada a expressão "filtros recursais" e não "requisitos de admissibilidade".

Em dissertação apresentada ao Programa de Pós-Graduação em Direito da Universidade do Estado do Rio de Janeiro (UERJ), no ano de 2019, Rodrigo Cunha Mello Salomão[53] escreveu trabalho pioneiro sobre o tema intitulado "A relevância da questão de direito como filtro de seleção do recurso especial", no qual apresentou visão precisa sobre o instituto que então se desenhava e pontuou não se tratar de mero requisito específico de admissibilidade,[54] mas sim de critério de seleção para julgamento (filtro).

A distinção é relevante na medida em que o filtro traduz um necessário exame discricionário, ínsito ao tribunal, ao passo que o requisito se refere a uma circunstância objetivamente aferível no caso concreto.

A segunda diz respeito à extensão.

José Magalhães. *A relevância da questão de Direito Federal Infraconstitucional no recurso especial.* [*S. l.*]: [*s. n.*], 2022).

52 O próprio CPC/2015 reagiu favoravelmente à concepção do STF e do STJ como cortes supremas, voltadas à interpretação e unidade do Direito Constitucional e infraconstitucional, respectivamente. Essa mudança pode ser percebida em três passagens do Código: (i) o art. 1.029, §3º, do CPC/2015 autoriza que essas cortes desconsiderem vício formal de recurso tempestivo ou determinem sua correção, desde que não o reputem grave; (ii) de acordo com o art. 1.025 do CPC/2015, estarão incluídos no acórdão as questões suscitadas em embargos de declaração opostos para fins de pré-questionamento, mesmo quando inadmitidos ou rejeitados; (iii) os arts. 1.032 e 1.033 do CPC/2015 estabelecem um livre trânsito entre essas cortes no tocante à admissibilidade dos recursos extraordinário e especial. Assim, quando o relator do recurso especial entender que a questão debatida é de natureza constitucional, deverá conceder prazo para que a parte recorrente demonstre a existência de repercussão geral e se manifeste sobre a questão constitucional, remetendo-o ao STF. Igualmente, se o relator do recurso extraordinário no STF entender que a ofensa à Constituição é reflexa, também deverá remetê-lo ao STJ (PEREIRA. O Superior Tribunal de Justiça e a repercussão geral no recurso especial).

53 SALOMÃO, Rodrigo Cunha Mello. *A relevância da questão de Direito como filtro de seleção do recurso especial*. Orientador: Humberto Dalla. 2019. Dissertação (Mestrado em Direito – Faculdade de Direito, Universidade Estadual do Rio de Janeiro, 2019. f. 141.

54 Contudo, a doutrina majoritária ainda sustenta tratar-se de requisito de admissibilidade. Veja-se, por todos: DINAMARCO, Cândido Rangel. *A relevância da questão federal e a obra do Prof. Arruda Alvim*. [*S. l.*]: [*s. n.*], 2022.

E aqui é preciso reconhecer que sempre houve grande dificuldade na doutrina em precisar os contornos e limites dos filtros.

Tratando, à época, do instituto da arguição de relevância, muitas vezes se recorria a conceitos genéricos, como observa José Carlos Barbosa Moreira.[55]

Evandro Lins e Silva[56] sustentava que, num "contexto genérico, a causa é relevante quando traz, em si mesma, um interesse público ou encerra uma garantia fundamental do cidadão".

Por outro lado, Luiz Manoel Gomes Junior[57] ponderava que o interesse público, por si só, não seria suficiente para configurar a relevância.

---

55 Barbosa Moreira (*Comentários ao Código de Processo Civil*. Forense, Rio de Janeiro, 1998. p. 547) indica algumas situações nas quais a relevância estaria caracterizada, a saber: "a) questão capaz de influir concretamente, de maneira generalizada, numa grande quantidade de casos. b) decisão capaz de servir à unidade e aperfeiçoamento do Direito ou particularmente significativa para seu desenvolvimento. c) decisão que tenha imediata importância jurídica ou econômica para círculo mais amplo de pessoas ou para mais extenso território da vida pública. d) decisão que possa ter como consequência a intervenção do legislador no sentido de corrigir o ordenamento jurídico positivo ou de lhe suprir lacunas. e) decisão que seja capaz de exercer influência capital sobre as relações com Estados estrangeiros ou com outros sujeitos do Direito Internacional Público". A última matéria, na verdade, se insere na competência do STJ para exame do recurso ordinario constitucional.

56 LINS E SILVA, Evandro. O recurso extraordinário e a relevância da questão federal. *Revista Forense*, Rio de Janeiro, n. 485, p. 11, 1976. Mais à frente, no mesmo texto, o autor afirma que: "(...) os magistrados empregarão seu notável saber nas opções em que definirão o que é relevante, verdadeiro e justo para a preservação do interesse público e para a salvaguarda das liberdades e das garantias dos cidadãos" (LINS E SILVA. O recurso extraordinário e a relevância da questão federal. p. 14).

57 "Possível afirmar que não se pode dizer ser, ou não, relevante determinada questão apenas tendo em mira um suposto interesse público, isto por três motivos: a um: porque seria admitida a utilização de um conceito tão amplo que tudo ou nada poderia encaixar-se. A dois: porque nem sempre por ser o direito reclamado de natureza privada que não estaria presente um legítimo 'interesse público', em sentido amplo, a autorizar a análise do recurso especial. A três: se o Superior Tribunal de Justiça tem como função precípua a guarda da legislação infraconstitucional, a afirmativa de que a mesma foi violada já consistiria, por si só, em algo relevante a ser objeto de verificação". (...) Viável afirmar que o termo 'interesse público' deva receber uma exegese ampla (GOMES JÚNIOR, Luiz Manoel. *A argüição de relevância*: a repercussão geral das questões constitucional e federal. Rio de Janeiro: Forense, 2001. p. 47).

De fato, essa tem sido a opção do legislador[58] quando tratou dos institutos da repercussão geral e da transcendência, bem como na nova arguição de relevância da questão federal.[59]

A propósito, José Henrique Mouta leciona que o novo instituto está inserido nos contextos dos filtros recursais e da observância dos precedentes,[60] ponderando que a própria lei incumbida de regulamentá-lo, conforme disposto no art. 105, §2º, da CF, deverá aproximá-lo do instituto da repercussão geral, com reflexos nos futuros casos concretos com idêntica questão, além da diminuição do número de agravos em recurso especial (art. 1.042, do CPC).

Tal consideração está alinhada com os princípios do processo civil transnacional, como bem observa Flávia Pereira Hill.[61]

Cumpre ressaltar, todavia, que a referida orientação não se revela uníssona e inquestionável, havendo manifestações desfavoráveis à vinculação das decisões tomadas na sistemática da relevância da questão

---

[58] ARRUDA ALVIM, Teresa; UZEDA, Carolina; MEYER, Ernani. A relevância no recurso especial em meio a seus "parentes": a repercussão geral e a antiga arguição de relevância da questão federal. *In:* SALOMÃO, Luis Felipe (coord.). *Relevância da questão de Direito Federal*. Histórico, Direito Comparado, instrumentos semelhantes, impacto legislativo. Rio de Janeiro: FGV Editora, nov. 2022.

[59] DINAMARCO. *A relevância da questão federal e a obra do Prof. Arruda Alvim.*

[60] MOUTA, José Henrique. Relevância da questão federal no recurso especial: observações acerca da EC 125. *Migalhas*, São Paulo, 20 jul. 2022. Disponível em: https://www.migalhas.com.br/depeso/370139/relevancia-da-questao-federal-no-recurso-especial. Acesso em: 2 ago. 2022.

[61] "Dentre os Princípios de Direito Processual Civil Transnacional do American Law Institute e do Unidroit, o artigo 27 prevê, como 'estado da arte' da ciência processual, o cabimento de apenas um recurso para instância superior à prolatora da sentença, que permita tanto a análise de questões de direito quanto o reexame de provas.
De modo semelhante, as European Rules of Civil Procedure dispõem, no artigo 157, a necessidade de haver um 'first appeal', com ampla devolutividade e que propicie a revisão de questões de fato e de direito por instância superior. No artigo 158, prevê-se como meramente eventual um 'second appeal', recurso com cabimento mais restrito do que o 'first appeal' ('the scope of second appeal proceedings is narrower than that of a first appeal') e voltado apenas a rever questões de direito (material e processual).
Traçadas tais balizas, entendemos que a exigência, no ordenamento jurídico brasileiro, da relevância com vistas a permitir o julgamento do recurso especial pelo Superior Tribunal de Justiça não nos parece violar a noção de acesso à justiça na contemporaneidade, considerando-se a previsão contida no artigo 1.012 do CPC/2015, que dispõe sobre o cabimento do recurso de apelação, inclusive ostentando efeito suspensivo ope legis como regra" (HILL, Fávia Pereira. A relevância da questão federal no recurso especial: Quando menos é mais. *Migalhas*, São Paulo, 13 jan. 2023. Disponível em: https://www.migalhas.com.br/coluna/elas-no-processo/379936/a-relevancia-da-questao-federal-no-recurso-especial. Acesso em: 20 jan. 2023).

de direito federal infraconstitucional ao argumento de que esta difere da repercussão geral do recurso extraordinário.[62]

Nesse contexto, a justificativa do anteprojeto de lei regulamentadora apresentado pelo Conselho Federal da Ordem dos Advogados do Brasil (CFOAB) alerta para o que denomina "um possível engessamento do modelo federativo e disfuncionalidade do sistema de controle da legislação federal infraconstitucional" atribuído pela Constituição Federal ao STJ.[63]

Por outro lado, o primeiro anteprojeto apresentado logo após a edição da EC nº 125/2022 previa, expressamente, a inserção do inciso III-A no art. 927 do CPC, de forma a considerar precedente vinculante o "acórdão proferido em julgamento de recurso especial submetido ao regime da relevância da questão de direito federal infraconstitucional".[64]

Já o terceiro anteprojeto apresentado optou por não ingressar nessa seara controversa, limitando-se a acrescer o art. 1.035-A no CPC e regulamentar o instituto.[65]

Diante da questão citada, reconhece-se uma inclinação da doutrina especializada no sentido da integração do instituto ao denominado microssistema de precedentes,[66] não se identificando qualquer elemento concreto que sugira o referido engessamento.[67] Tal concepção, se adotada fosse, deixaria de levar em consideração o atual estágio de amadurecimento do processo civil brasileiro, e desprezaria o potencial das técnicas de gestão do precedente, tais como a modulação, a distinção e a superação.

---

62 O tema será oportunamente abordado pela coautora, conforme projeto de pesquisa apresentado ao Programa de Pós-Graduação Stricto Sensu da Universidade Estácio de Sá.

63 VITAL, Danilo. Em anteprojeto de lei, OAB rejeita função vinculante do filtro da relevância no STJ. *Conjur*, São Paulo, 11 abr. 2024. Disponível em: https://www.conjur.com.br/2024-abr-11/em-anteprojeto-de-lei-oab-rejeita-funcao-vinculante-do-filtro-da-relevancia/. Acesso em: 2 set. 2024.

64 SALOMÃO; PINHO. A arguição de relevância das questões de Direito Federal Infraconstitucional: passado, presente e futuro.

65 Atualmente cadastrado como Projeto de Lei nº 3.804/2023. Disponível em: https://www25.senado.leg.br/web/atividade/materias/-/materia/159018l. Acesso em: 20 ago. 2024.

66 PINHO, Humberto Dalla Bernardina de; RODRIGUES, Roberto de Aragão Ribeiro. O microssistema de formação de precedentes judiciais vinculantes previstos no novo CPC. *Revista de Processo: RePro*, São Paulo, v. 41, n. 259, p. 405-435, set. 2016.

67 O tema será oportunamente aprofundado pela coautora, conforme projeto de pesquisa apresentado ao Programa de Pós-Graduação Stricto Sensu da Universidade Estácio de Sá intitulado "A relevância da questão federal no recurso especial: efetividade da prestação jurisdicional e o acesso à Justiça no âmbito do STJ".

Com efeito, não obstante haja um claro liame[68] entre os três institutos, a doutrina não é pacífica acerca dos contornos de cada um deles.

Há autores que, no plano teórico, identificam semelhanças,[69] ao passo que outros pontuam diferenças.[70]

De toda sorte, os parâmetros que embasam a aplicação de cada instituto acabam por ter forte carga subjetiva ao mesmo tempo que dependem de abordagens quantitativa e qualitativa, no contexto presente e futuro.[71]

Somente com a utilização, em larga escala, da nova relevância da questão federal é que poderemos ter um padrão mais seguro de comparação com seus dois institutos similares.

---

68 O art. 1035, §1º, do CPC emprega uma fórmula vaga para exprimir o que seria uma matéria com repercussão geral, isto é, aquela revestida de relevância "do ponto de vista econômico, político, social ou jurídico que ultrapassem os interesses subjetivos do processo". Fatalmente a (necessária) regulamentação da EC nº 125/2022 trará fórmula similar (SICA, Heitor Vitor Mendonça. Breves notas sobre o filtro de relevância do recurso especial. *Conjur*, São Paulo, 18 jul. 2021. Disponível na internet https://www.conjur.com.br/2022-jul-18/heitor-sica-filtro-relevancia-recurso-especial. Acesso em: 20 ago. 2022).

69 José Miguel Garcia Medina (Pr*equestionamento, repercussão geral da questão constitucional, relevância da questão federal*. 7. ed. São Paulo: Revista dos Tribunais, 2017.p. 128) afirma que, "embora as palavras sejam distintas, o propósito da relevância da questão federal é, substancialmente, o mesmo da repercussão geral da questão constitucional".

70 "O conceito de arguição de relevância fixa-se *única e exclusivamente* na ideia de relevância, enquanto a repercussão geral conjuga dois elementos: relevância e transcendência. Muito longe de constituir um mero jogo de palavras, relevância e transcendência são conceitos jurídicos indeterminados distintos entre si. Enquanto a relevância denota um *aspecto qualitativo*, referente à importância da questão debatida para o desenvolvimento do Direito, a transcendência possui um *aspecto quantitativo*, de modo que a questão debatida não fica circunscrita ao interesse subjetivo das partes, mas alcance também terceiros" (PEREIRA. O Superior Tribunal de Justiça e a repercussão geral no recurso especial).

71 "Devemos também adotar para a relevância da questão federal fórmula parecida com a hoje esculpida no artigo 1.035, parágrafo 1º, do Código de Processo Civil de 2015. E, então, poderemos entender como relevantes os temas que interessem à sociedade como um todo (relevância social); que sejam concernentes à organização do Estado e sua relação com os particulares, bem como às demandas envolvendo a distribuição e o exercício do poder estatal (relevância política); e que possam repercutir substancial e decisivamente no orçamento público ou de famílias e empresas privadas (relevância econômica). (...) Qualitativamente, a matéria posta no recurso especial deve repercutir para além dos estreitos limites definidos pelo conflito intersubjetivo de interesses que afasta o recorrente do recorrido. É transcendente a questão cuja solução venha a repercutir no patrimônio jurídico nacional, por estabelecer aquela que, das várias possibilidades interpretativas possíveis, dali por diante, servirá de paradigma a ser obrigatoriamente adotado na solução das contendas análogas. Quantitativamente, a transcendência se caracteriza pela multiplicidade de processos no momento (transcendência presente) ou, dada a probabilidade de multiplicação, no futuro (transcendência potencial)" (LEAL, Fabio Resende. Reconfiguração do recurso especial: uma mudança imprescindível e inadiável. *Revista Eletrônica de Direito Processual – REDP*, Rio de Janeiro, ano 15, v. 22, n. 3, p. 303-304, set./dez. 2021).

5 Considerações finais

Em síntese, podemos dizer que a introdução da repercussão geral representa um avanço na ideia do acesso à Justiça e uma retomada do conceito pensado na década de 1960, agora devidamente aperfeiçoado e adaptado à contemporaneidade e ao Estado Democrático de Direito.

Busca-se racionalizar a prestação jurisdicional, equilibrar o acesso às Cortes Superiores, prestigiando sua natureza nomofilática, e privilegiar as garantias fundamentais processuais, em especial, segurança jurídica, razoável duração do processo, isonomia e eficiência.

Se, originalmente, acreditava-se num acesso ilimitado ao Poder Judiciário como forma de fortalecimento do regime democrático, com o tempo, a experiência demonstrou de forma inequívoca que era necessário criar filtros para que o próprio direito fundamental não acabasse fulminado pelo volume excessivo de demandas distribuídas às Cortes Superiores, muitas vezes com propósito meramente protelatório.

Ademais, a potencialização do instituto pelo seu uso conjugado com a técnica de edição de precedentes vinculantes permitiu desobstruir as artérias da Corte, reduzindo o número de demandas e assegurando uma tramitação mais célere dos processos nos quais são veiculadas questões que necessitam, de fato, ser submetidas à apreciação do Tribunal.

Essa nova concepção, que sofreu grande resistência por parte de setores mais conservadores da doutrina pátria, encontra hoje larga acolhida no meio acadêmico, tendo comprovado sua eficácia de forma inquestionável.

Espera-se que, com a edição da lei regulamentadora da relevância da questão federal, o sistema nacional finalmente seja consolidado, levando ao uso mais equilibrado dos instrumentos recursais.

Ademais, a desobstrução das vias de acesso às Cortes Superiores abre espaço para a consolidação de mecanismos fundamentais para a democratização da prestação jurisdicional, tais como a realização de audiências públicas, sessões de conciliação, participação dos amigos da Corte e o trato de questões sensíveis e relevantes, envolvendo a definição e o alcance de políticas públicas e a limitação de eventuais excessos ou omissões do Estado-administrador e do Estado-legislador, em especial os processos estruturantes.

Referências

ALVIM, José Manoel de Arruda. A alta função jurisdicional do Superior Tribunal de Justiça no âmbito do recurso especial e a relevância das questões. *In:* BRASIL. Supremo Tribunal de Justiça. *STJ 10 anos*: obra comemorativa 1989-1999. Brasília, DF: STJ, 1999.

ALVIM. José Manoel de Arruda. *A arguição de relevância no recurso extraordinário*. São Paulo: Revista dos Tribunais, 1988.

ALVIM, José Manoel de Arruda. A EC 45 e o instituto da repercussão geral. *In:* ALVIM, Teresa Arruda; CAMBI, Accácio; WAMBIER, Luiz Rodrigues; GOMES JÚNIOR, Luiz Manoel; FISCHER, Octavio Campos; FERREIRA, William Santos (coord.). *Reforma do Judiciário*: primeiras reflexões sobre a EC nº 45/2004. São Paulo: Revista dos Tribunais, 2005.

ALVIM, Teresa Arruda. O funil mais estreito para o recurso especial. *Migalhas,* São Paulo, 19 jul. 2022. Disponível em: https://www.migalhas.com.br/depeso/369999/o-funil-mais-estreito-para-o-recurso-especial. Acesso em: 19 jul. 2022.

ALVIM, Teresa Arruda. Precedentes e evolução do Direito. *In:* ALVIM, Teresa Arruda (coord.). *Direito Jurisprudencial*. São Paulo: Revista dos Tribunais, 2012.

ALVIM, Teresa Arruda; UZEDA, Carolina; MEYER, Ernani. A relevância no recurso especial em meio a seus "parentes": a repercussão geral e a antiga arguição de relevância da questão federal. *In:* SALOMÃO, Luis Felipe (coord.). *Relevância da questão de Direito Federal*. Histórico, Direito Comparado, instrumentos semelhantes, impacto legislativo. Rio de Janeiro: FGV Editora, nov. 2022.

BARBOSA MOREIRA, José Carlos. *Comentários ao Código de Processo Civil*. Rio de Janeiro: Forense, 1998.

BARROSO, Luís Roberto. Luís Roberto Barroso: cortes constitucionais devem captar sentimento social sem ser populistas. *Migalhas,* São Paulo, 19 set. 2016. Disponível em: http://www.migalhas.com.br/Quentes/17,MI245819,21048-Luis+Roberto+Barroso+Cortes+constitucionais+devem+captar+sentimento. Acesso em: 25 set. 2016.

BERTÃO, Rafael Calheiros. Os precedentes no Novo Código de Processo Civil: a valorização da *stare decisis* e o modelo de Corte Suprema brasileiro. *Revista de Processo: RePro,* São Paulo, v. 253, mar. 2016.

BRASIL. Câmara dos Deputados. *Exposição de motivos do novo Código de Processo Civil*. Comissão de elaboração do Projeto de novo Código de Processo Civil (PL nº 8.046/2010). Brasília, DF: Câmara dos Deputados, 2010. Disponível em: https://www.camara.leg.br/proposicoesWeb/fichadetramitacao?idProposicao=490267. Acesso em: 14 fev. 2010.

BRITO, Washington Bolívar de. A Magistratura e a Constituinte. *Informativo Jurídico Biblioteca Ministro Oscar Saraiva,* Brasília, DF, v. 1. n. 1, p. 1-87, jan./jul. 1989.

CARNEIRO, Paulo Cezar Pinheiro. *Acesso à Justiça*: juizados especiais cíveis e ação civil pública: uma nova sistematização da teoria geral do processo. Rio de Janeiro: Forense, 2007.

CHIARLONI, Sergio. Funzione nomofilattica e valore del precedente. *In:* WAMBIER, Teresa Arruda Alvim (coord.). *Direito Jurisprudencial*. São Paulo: Revista dos Tribunais, 2012.

CÔRTES, Osmar Mendes Paixão. A objetivação do processo e o ativismo judicial no contexto do pós-positivismo. *Revista de Processo: RePro,* São Paulo, v. 251, jan. 2016.

CÔRTES, Osmar Mendes Paixão. A relevância da questão de Direito Federal no recurso especial será um filtro individual? *Migalhas,* São Paulo, 19 jul. 2022. Disponível em: https://www.migalhas.com.br/depeso/369961/a-relevancia-da-questao-de-direito-federal-no-recurso-especial. Acesso em: 17 jul. 2022.

CRUZ E TUCCI, José Rogério. Relevância da questão federal como requisito de admissibilidade do Resp. *Conjur,* São Paulo, 9 jul. 2022. Disponível em: https://www.conjur.com.br/2022-jul-19/questao-federal-admissibilidade-recurso-especial-stj. Acesso em: 20 jul. 2022.

DANTAS, Bruno; GALLOTTI, Isabel. Crise do recurso especial e a função constitucional do STJ: uma proposta de reforma. *Revista dos Tribunais,* São Paulo, v. 998, p. 129-158, dez. 2018.

DANTAS, Bruno. Repercussão geral: algumas lições da Corte Suprema Argentina ao Supremo Tribunal Federal Brasileiro. *Revista de Informação Legislativa,* Brasília, DF, ano 47, n. 187, p. 35-43, jul./set. 2010.

DANTAS, Bruno. Repercussão geral: perspectivas histórica, dogmática e de Direito Comparado. *Revista dos Tribunais,* São Paulo, v. 18, 2008.

DANTAS, Bruno. *Repercussão geral*: perspectivas histórica, dogmática e de Direito Comparado: questões processuais. São Paulo: Revista dos Tribunais, 2008.

DINAMARCO, Cândido Rangel. *A relevância da questão federal e a obra do Prof. Arruda Alvim.* [*S. l.*]: [*s. n.*], 2022.

FÉRES, Marcelo Andrade. Impactos da Emenda Constitucional nº 45/2004 sobre o recurso extraordinário: a repercussão geral (ou transcendência) e a nova alínea d do inciso III do art. 102 da Constituição. *Revista Dialética de Direito Processual,* São Paulo, n. 39, jun. 2006.

GALVÃO, Ilmar. Poder Judiciário. Reforma de 1988. O recurso especial no Superior Tribunal de Justiça. *Informativo Jurídico Biblioteca Ministro Oscar Saraiva,* Brasília, DF, v. 2. n. 2, p. 73-167, jul./dez. 1990.

GOMES JÚNIOR, Luiz Manoel. *A argüição de relevância*: a repercussão geral das questões constitucional e federal. Rio de Janeiro: Forense, 2001.

HILL, Flávia Pereira. A relevância da questão federal no recurso especial: Quando menos é mais. *Migalhas,* São Paulo, 13 jan. 2023. Disponível em: https://www.migalhas.com.br/coluna/elas-no-processo/379936/a-relevancia-da-questao-federal-no-recurso-especial. Acesso em: 20 jan. 2023.

KOEHLER, Frederico Augusto Leopoldino; BONIZZI, Marcelo José Magalhães. *A relevância da questão de Direito Federal Infraconstitucional no recurso especial.* [*S. l.*]: [*s. n.*], 2022.

LEAL, Fabio Resende. Reconfiguração do recurso especial: uma mudança imprescindível e inadiável. *Revista Eletrônica de Direito Processual – REDP,* Rio de Janeiro, ano 15, v. 22, n. 3, set./dez. 2021.

LEAL, Victor Nunes. O requisito da "relevância" para redução dos encargos do Supremo Tribunal. *Revista dos Tribunais*, São Paulo, v. 360, p. 7-19, 1965.

LEITE, Evandro Gueiros. A Emenda 2/85 (RISTF) e a boa razão. *Revista dos Tribunais*, São Paulo, v. 76, n. 615, p. 7-31, jan. 1987.

LINS E SILVA, Evandro. O recurso extraordinário e a relevância da questão federal. *Revista Forense*, Rio de Janeiro, n. 485, 1976.

MADEIRA, Daniela Pereira. A força da jurisprudência. *In:* FUX, Luiz (coord.). *O novo processo civil brasileiro (Direito em expectativa)*: reflexões acerca do projeto do novo Código de Processo. Rio de Janeiro: Forense, 2011.

MARINONI, Luiz Guilherme. Da corte que declara o "sentido exato da lei" para a corte que institui precedentes. *Revista dos Tribunais*, São Paulo, v. 950, dez. 2014.

MARINONI, Luiz Guilherme. *El precedente interpretativo como respuesta a la transformación del* civil law: la contribución de Taruffo. *In:* BELTRÁN, Jordi Ferrer; Carmen Vázquez (org.). *Debatiendo con Taruffo*. Madrid: Marcial Pons, 2016, v. 1. p. 133-156.

MARINONI, Luiz Guilherme; MITIDIERO, Daniel. *Repercussão geral no recurso extraordinário*. São Paulo: Revista dos Tribunais, 2007.

MEDINA, José Miguel Garcia. *Prequestionamento, repercussão geral da questão constitucional, relevância da questão federal*. 7. ed. São Paulo: Revista dos Tribunais, 2017.

MITIDIERO, Daniel. *Cortes superiores e cortes supremas*: do controle à interpretação, da jurisprudência ao precedente. 2. ed. São Paulo: Revista dos Tribunais, 2015.

MONNERAT, Fábio Victor da Fonte. O papel da jurisprudência e os incidentes de uniformização no Projeto do Novo Código de Processo Civil. *In:* ROSSI, Fernando *et al.* (coord.). *O futuro do processo civil no Brasil*: uma análise crítica ao Projeto do Novo CPC. Belo Horizonte: Fórum, 2011.

MOUTA, José Henrique. Relevância da questão federal no recurso especial: observações acerca da EC 125. *Migalhas*, São Paulo, 20 jul. 2022. Disponível em: https://www.migalhas.com.br/depeso/370139/relevancia-da-questao-federal-no-recurso-especial. Acesso em: 2 ago. 2022.

NASCIMENTO, Cristiano de Jesus Pereira. *Distorções no processo decisório do Supremo Tribunal Federal*. Orientador: Pedro Estevam Alves Pinto Serrano. 2017. Dissertação. Mestrado em Filosofia do Direito – Faculdade de Direito, Pontifícia Universidade Católica de São Paulo, São Paulo, 2017. Disponível em: https: //tede.pucsp.br/bitstream/handle/19911/2/Cristiano%20de%20Jesus%20Pereira%20Nascimento.pdf. Acesso em: 1 out. 2022.

NAVES, Nilson. Superior Tribunal de Justiça: antecedentes, criação e vocação. *In:* BRASIL. Supremo Tribunal de Justiça. *Doutrina*: edição comemorativa dos 30 anos do STJ. Brasília, DF: STJ, 2019.

NEVES, Antônio Castanheira. *O instituto dos "assentos" e a função jurídica dos supremos tribunais*. Coimbra: Coimbra Editora, 1983.

NUNES, Victor. Aspectos da Reforma Judiciária. *Revista de Informação Legislativa*, Brasília, DF, p. 19-33, 7 set. 1965.

PEREIRA, Carlos Frederico Bastos. O Superior Tribunal de Justiça e a repercussão geral no recurso especial. *Revista Eletrônica de Direito Processual – REDP*, Rio de Janeiro, ano 13. v. 20, n. 2, p. 20-46, maio; ago. 2019.

PINHO, Humberto Dalla Bernardina de. *Jurisdição e pacificação*. Curitiba: CRV, 2017.

PINHO, Humberto Dalla Bernardina de. *Manual de Direito Processual Civil contemporâneo*. 6. ed. São Paulo: Saraiva Jur, 2024.

PINHO, Humberto Dalla Bernardina de; RODRIGUES, Roberto de Aragão Ribeiro. O microssistema de formação de precedentes judiciais vinculantes previstos no novo CPC. *Revista de Processo: RePro*, São Paulo, v. 41, n. 259, p. 405-435, set. 2016

PINHO, Humberto Dalla Bernardina de; SANTANNA, Ana Carolina Squadri. O *writ of certiorari* e sua influência sobre o instituto da repercussão geral do recurso extraordinário. *Revista de Processo: RePro*, São Paulo, v. 235, p. 381-405, set. 2014.

PINHO, Humberto Dalla Bernardina de; SALOMÃO, Rodrigo. A arguição de relevância das questões de Direito Federal Infraconstitucional: passado, presente e futuro. *Revista de Processo: RePro*, São Paulo, v. 346, p. 141-113, 2023.

REGO, Frederico Montedonio. Filtros de relevância no Direito Comparado: como as cortes supremas evitam a banalização dos precedentes *Revista da EMERJ*, Rio de Janeiro, v. 21, n. 3, p. 205-235, set./dez. 2019

REGO, Frederico Montedonio. *Repercussão geral*: uma releitura do Direito vigente. Belo Horizonte: Fórum, 2019.

RODRIGUES, Marco Antonio; PEPE, Rafael Gaia Edais. *Writ of certiorari* e recurso extraordinário: encontros e desencontros. *Revista de Processo: RePro*, São Paulo, v. 280, p. 275-299, jun. 2018.

RODRIGUES, Roberto de Aragão Ribeiro. A tendência uniformizadora da jurisprudência no Projeto de Novo Código de Processo Civil. *In:* ROQUE, André Vasconcelos; PINHO, Humberto Dalla Bernardina de (org.). *O projeto de Novo Código de Processo Civil*: uma análise crítica. Brasília, DF: Gazeta Jurídica, 2013.

SALOMÃO, Rodrigo Cunha Mello. *A relevância da questão de Direito como filtro de seleção do recurso especial*. Orientador: Humberto Dalla. 2019. Dissertação (Mestrado em Direito – Faculdade de Direito, Universidade Estadual do Rio de Janeiro, 2019.

SALOMÃO, Luis Felipe (coord.). *Relevância da questão de Direito Federal*: histórico, Direito Comparado, instrumentos semelhantes, impacto legislativo. Rio de Janeiro: FGV Editora, nov. 2022.p. 26. Disponível em: https://ciapj.fgv.br/sites/ciapj.fgv.br/files/relatorio_relevancia_da_questao_do_direito_federal.pdf. Acesso em: 20 mar. 2023.

SANTOS, Evaristo Aragão. Em torno do conceito e da formação do precedente judicial. *In:* ALVIM, Teresa Arruda Arruda (coord.). *Direito Jurisprudencial*. São Paulo: Revista dos Tribunais, 2012.

SICA, Heitor Vitor Mendonça. Breves notas sobre o filtro de relevância do recurso especial. *Conjur*, São Paulo, 18 jul. 2021. Disponível na internet https://www.conjur.com.br/2022-jul-18/heitor-sica-filtro-relevancia-recurso-especial. Acesso em: 20 ago. 2022.

STRECK, Lenio Luiz. A "repercussão geral das questões constitucionais" e a admissibilidade do recurso extraordinário: a preocupação do constituinte com as "causas irrelevantes". *In:* AGRA, Walter de Moura (coord.). *Comentário à Reforma do Poder Judiciário*. Rio de Janeiro: Forense, 2005. p. 132-142.

TARUFFO, Michele. Le funzioni delle corti supreme tra uniformità e giustizia. *Revista Eletrônica de Direito Processual*, [*S. l.*], ano 8, v. XIV, jul./dez. 2014.

TEIXEIRA, Sálvio de Figueiredo. O Recurso Especial e o Superior Tribunal de Justiça. *Informativo Jurídico Biblioteca Ministro Oscar Saraiva*, Brasília, DF, v. 2. n. 2, p. 73-167, jul./dez. 1990.

VELLOSO, Carlos Mário da Silva. O Superior Tribunal de Justiça na Constituição. Palestra proferida no Ciclo de Palestras sobre o Poder Judiciário e a Nova Constituição. Realizado pela Associação dos Advogados de São Paulo, no dia 26-9-1988. *Informativo Jurídico Biblioteca Ministro Oscar Saraiva*, Brasília, DF, v. 1, n. 2, p. 91-117, jul./dez. 1989.

VITAL, Danilo. Em anteprojeto de lei, OAB rejeita função vinculante do filtro da relevância no STJ. *Conjur*, São Paulo, 11 abr. 2024. Disponível em: https://www.conjur.com.br/2024-abr-11/em-anteprojeto-de-lei-oab-rejeita-funcao-vinculante-do-filtro-da-relevancia/. Acesso em: 2 set. 2024.

Informação bibliográfica deste texto, conforme a NBR 6023:2018 da Associação Brasileira de Normas Técnicas (ABNT):

PINHO, Humberto Dalla Bernardina de; RHODES, Daniane Faria de Souza. Filtros recursais: da arguição de relevância à repercussão geral e à relevância da questão federal. Notas históricas e comparativas. *In*: MENDES, Gilmar Ferreira; GALLOTTI RODRIGUES, Maria Isabel Diniz; ALVIM, Teresa Arruda (coord.). *O novo perfil do controle difuso de constitucionalidade*: estudos em homenagem ao Professor Bruno Dantas nos 20 anos da Repercussão Geral. Belo Horizonte: Fórum, 2025. p. 267-290. ISBN 978-65-5518-898-1.

A RELEVÂNCIA DA QUESTÃO JURÍDICA COMO REQUISITO DE ADMISSIBILIDADE DO RECURSO ESPECIAL (CF, ART. 105, NOVO §2º, ACRESCIDO PELA EC Nº 125/2022). REFLEXOS NO PLANO DA JURISPRUDÊNCIA VINCULANTE. INCERTEZA

HUMBERTO THEODORO JÚNIOR

1 Introdução

A Emenda Constitucional (EC) nº 125, de 14 de julho de 2022, alterou significativamente o regime de acesso ao Superior Tribunal de Justiça (STJ) por meio do *recurso especial* disciplinado pelo art. 105 da Constituição Federal (CF). Consoante o novo §2º acrescido ao referido art. 105 – cuja vigência, entretanto, ainda depende de lei regulamentadora, ora objeto de projeto em tramitação no Senado Federal (Projeto de Lei nº 3.804, de 2023) –, a parte que pretender utilizar o recurso especial para ter acesso ao STJ deverá, em preliminar, demonstrar a "*relevância* das questões de direito federal infraconstitucional discutidas no caso, nos termos da lei, a fim de que a admissão do recurso seja examinada pelo tribunal", isto é, pelo STJ.

Explica Cruz e Tucci que a nova regra constitucional impõe ao recorrente mais um ônus a ser cumprido no âmbito dos requisitos do recurso especial, consistente no encargo de "demonstrar a relevância da questão ou questões federais infraconstitucionais deduzidas como fundamento do recurso". Desse modo:

> O conhecimento desse meio de impugnação fica agora condicionado, além do preenchimento dos outros requisitos de admissibilidade, a tal demonstração, que, na prática, deve ser deduzida num capítulo preambular das razões recursais, no qual o recorrente apontará a transcendência da matéria.[1]

O regime de recurso especial, dessa forma, aproximou-se do regime do recurso extraordinário, para cuja admissão a Constituição já reclamava a demonstração de "*repercussão geral* das questões constitucionais discutidas no caso" (CF, art. 102, §3º, acrescido pela EC nº 45, de 30 de dezembro de 2004). Em ambos os casos, cabe ao Tribunal Superior destinatário do recurso examinar a satisfação do requisito de admissibilidade, exigindo-se quórum especial para que a relevância seja recusada: (i) dois terços dos membros do STF, no caso do recurso extraordinário (CF, art. 102, §3º); e (ii) dois terços dos membros do órgão competente para julgamento do recurso, no STJ, no caso do recurso especial (CF, art. 105, §2º).

É bom notar que tanto no recurso extraordinário (CPC, art. 1.035, §3º) como no recurso especial (CF, art. 105, §3º, acrescentado pela EC nº 125/2022) existe previsão de hipóteses de relevância ou repercussão geral presumidas ex lege. Em tais casos, o recorrente estará, é claro, dispensado do ônus de demonstrar explicitamente a relevância, bastando apenas consignar o dispositivo legal que a presume.

A atual implantação, efetuada pela EC nº 125/2022, de um filtro para controlar e, sobretudo, reduzir o volume exagerado de recursos especiais que sobem ao STJ, é o prosseguimento natural e necessário da política legislativa constitucional iniciada pela EC nº 45/2004, no terreno do recurso extraordinário, por meio da *repercussão geral*. Tal como se passava, em relação ao STF ao tempo da EC 45, proclama-se agora a existência de grave "crise judiciária" também no seio do STJ,[2]

---

1 CRUZ E TUCCI, José Rogério. Relevância da questão federal como requisito de admissibilidade do REsp. *Conjur*, São Paulo, 9 jul. 2022. Disponível em: https://www.conjur.com.br/2022-jul-19/questao-federal-admissibilidade-recurso-especial-stj/. Acesso em: 15 jan. 2024.

2 A crise numérica que motivou a instituição do filtro da relevância do recurso especial foi bem identificada por Antônio Pereira Gaio Júnior: "Lado outro, ao se debruçar pelos números recursais que assolam a Corte da Cidadania, observa-se que o STJ julgou 3.711 processos em 1989, primeiro ano de seu funcionamento. Dez anos depois, em 1999, essa cifra anual

a dificultar o cumprimento, com efetividade e qualidade, das funções que lhe foram confiadas pela Constituição.[3] E é para debelar essa crise que se concebeu o filtro ora inserido no regime constitucional do recurso especial.

A medida adotada no plano constitucional tem sido aplaudida no meio jurídico em geral:

> Atendeu-se, assim, ao reclamo de setores da doutrina, que censuravam a ausência de uniformidade dos critérios de acesso àqueles dois tribunais [o STF e o STJ]. Como há muito se notou, '[a] qualidade das decisões é incompatível com uma *massa de serviço*'; daí a necessidade de criteriosa *seleção* dos casos que devam ascender aos órgãos de cúpula do Poder Judiciário, cujas decisões hão de 'servir como autênticos paradigmas e exemplos.[4]

Segundo a visão de certa corrente doutrinária, a EC nº 125/2022 teria levado em conta, basicamente, "a ideia de que o Superior Tribunal de Justiça merece ser preponderantemente estruturado como verdadeiro

---

já chegava a 182.042, até atingir 552.174 processos apenas no ano de 2021, aqui incluída a apreciação de agravos regimentais, agravos internos e embargos de declaração. Em 1989 foram 856 recursos especiais, chegando a 100.665 em 2018. No ano de 2021, foram 72.311 recursos especiais julgados pelo Superior Tribunal de Justiça" (GAIO JÚNIOR, Antônio Pereira. EC nº 125 no contexto do processo e do desenvolvimento. *Conjur*, São Paulo, 9 ago. 2022. Disponível em: https://www.conjur.com.br/2022-ago-09/gaio-junior-ec-125-contexto-processo/. Acesso em: 8 jul. 2024).

[3] Arruda Alvim, entre outros, muitos anos antes da EC nº 45/2004, já defendia, com sérios argumentos, a necessidade de restabelecer um filtro, como outrora existiu no regime do recurso extraordinário, a fim de que as Cortes Superiores pudessem cumprir efetivamente a sua função, lembrando que tal solução já era adotada no direito comparado (ALVIM NETTO, José Manoel Arruda. A alta função jurisdicional do Superior Tribunal de Justiça no âmbito do recurso especial e a relevância das questões. *Revista de Processo: RePro*, São Paulo, v. 96, p. 37-44, out./dez.1999; ALVIM NETTO, José Manoel Arruda. O recurso especial na Constituição Federal de 1988 e suas origens. *In:* WAMBIER, Teresa Arruda Alvim (coord.). *Aspectos polêmicos e atuais do recurso especial e do recurso extraordinário*. São Paulo: Revista dos Tribunais, 1997. p. 13-47). E mais recentemente: ALVIM NETTO, José Manoel Arruda. *Manual de Direito Processual Civil*: teoria geral do processo, processo de conhecimento, recurso e precedentes. São Paulo: Revista dos Tribunais, 2021. p. 1600-1605.

[4] MOREIRA, Carlos Roberto Barbosa. A Emenda Constitucional nº 125/2022 e a "relevância" baseada no valor da causa: uma dúvida sincera e uma possível resposta. *In:* MENDES, Gilmar Ferreira; RIBEIRO, Paulo Dias de Moura; SARLET, Ingo Wolfgang; RODRIGUES JÚNIOR, Otavio Luiz (coord.). *Ensaios sobre Direito Constitucional, processo civil e Direito Civil*. Uma homenagem ao Professor José Manoel de Arruda Alvim. Curitiba: Direito Contemporâneo, 2023. p. 433-434.

Tribunal de Vértice; ser visto como uma corte suprema; uma *corte de precedentes* e não apenas uma corte de mera cassação".[5]

Portanto, o recurso especial, qualificado como portador de questão federal relevante, teria sido guindado automaticamente à qualidade de fonte de precedente vinculante. Mas o estranho é que a EC nº 125/2022 não tem uma palavra sequer a respeito dessa força que se pretendeu imanente à inovação constitucional. Além disso, o projeto de lei destinado a regulamentar a relevância do recurso especial desacolheu a sugestão do STJ de que fosse alterado o CPC, para que no texto do art. 927 fosse inserido expressamente, no rol dos precedentes vinculantes, o novo recurso modelado pela EC nº 125/2022.[6]

2 Natureza jurídica na relevância

A EC nº 125/2022 concebeu a relevância das questões de direito infraconstitucional como um *requisito (novo) de admissibilidade* do recurso especial,[7] ou, se se preferir, como um novo *pressuposto de admissibilidade* do referido recurso.[8]

Na verdade, o que a EC nº 125/2022 produziu, na ordem constitucional, ao instituir o filtro em questão, não foi nada além de uma

---

[5] LAMY, Eduardo de Avelar; VARGAS, Henrique da Silva Telles; STEFFLER, Luan Eduardo; PASCOALI, Marco Antônio Ferreira. A manutenção da ambiguidade das cortes de vértice em face da EC 125. *Revista de Processo: RePro*, São Paulo, v. 336, p. 184, fev. 2023.

[6] De tal sorte, pelo menos por iniciativa do legislador, por enquanto nada se fez no sentido de explicitar a relevância como fonte de precedente, por si só. Como está no texto constitucional e no Projeto de sua regulamentação ora em trâmite perante o Senado, a nosso ver, a relevância não se compromete obrigatoriamente com a técnica de formação de precedente disciplinada pelo art. 927 do CPC. A área, de tal sorte, permanece livre para a eventual normatização legislativa e, na omissão do legislador ordinário, a possibilidade até mesmo de ser objeto de construção jurisprudencial integrativa, pelo próprio STJ.

[7] CUNHA, Leonardo Carneiro da. Reflexões sobre a relevância das questões de Direito Federal em recurso especial. *In:* MENDES, Gilmar Ferreira; RIBEIRO, Paulo Dias de Moura; SARLET, Ingo Wolfgang; RODRIGUES JÚNIOR, Otavio Luiz (coord.). En*saios sobre Direito Constitucional, processo civil e Direito Civil*. Uma homenagem ao Professor José Manoel de Arruda Alvim. Curitiba: Direito Contemporâneo, 2023. p. 439; LAMY; VARGAS; STEFFLER; PASCOALI. A manutenção da ambiguidade das cortes de vértice em face da EC 125, p. 183-184.

[8] REICHELT, Luís Alberto. O direito fundamental de acesso à Justiça, a relevância da questão federal infraconstitucional. Objeto do recurso especial e os desafios dos tribunais locais. *In:* MENDES, Gilmar Ferreira; RIBEIRO, Paulo Dias de Moura; SARLET, Ingo Wolfgang; RODRIGUES JÚNIOR, Otavio Luiz (coord.). *Ensaios sobre Direito Constitucional, processo civil e Direito Civil*. Uma homenagem ao Professor José Manoel de Arruda Alvim. Curitiba: Direito Contemporâneo, 2023. p. 452.

"nova delimitação do âmbito de competência do Superior Tribunal de Justiça".[9]

Surgiram poucas censuras extremistas que viram na instituição do filtro da EC nº 125/2022 uma inconstitucionalidade, por reduzir a ampla garantia de acesso à tutela jurisdicional (CF, art. 5º, XXXV). A objeção, todavia, não procede. A competência das Cortes Superiores é matéria de regulamentação pela própria Constituição. No tocante ao recurso extraordinário e ao recurso especial, não corresponde a uma garantia individual, pois, não se trata de uma terceira instância assegurada aos litigantes, mas de uma função institucional (de política pública) em que predomina o objetivo de interpretar e defender a ordem jurídica, e não de tutelar imediatamente o direito subjetivo dos litigantes. Por isso mesmo, nunca se questionou a constitucionalidade do filtro da repercussão geral aplicado ao recurso extraordinário (EC nº 45/2004), e nem se poderia fazê-lo, em face da relevância ora adotada para dimensionar a competência do STJ em matéria de recurso especial (EC nº 125/2022), exatamente como antes se procedera com a competência do STF.

3 Seriam a mesma coisa a "repercussão geral" do recurso extraordinário e a "relevância" do recurso especial?

Ao se analisarem as circunstâncias em que a inovação da EC nº 125/2022 ocorreu, verifica-se que as origens e a justificação do novo requisito de admissibilidade do recurso especial são iguais àquelas que inspiraram a instituição da "repercussão geral" no terreno do recurso extraordinário, ou seja:

- a crise judicial que levou a instituição da repercussão geral, tal como se deu em relação ao recurso extraordinário, localizou-se no volume excessivo e sempre crescente dos recursos a cargo do STJ;
- o efeito que esse mesmo volume acarretava sobre a tempestiva e adequada resposta jurisdicional, comprometendo até mesmo a qualidade da função constitucional atribuída ao STJ.

---

[9] REICHELT. O direito fundamental de acesso à Justiça, a relevância da questão federal infraconstitucional. Objeto do recurso especial e os desafios dos tribunais locais, p. 452.

De fato, é convincente o argumento de que para males iguais, os remédios também devem ser iguais. Todavia, a EC nº 125/2022 não deu ao requisito da relevância um conteúdo que pudesse ser identificado exatamente como aquele da repercussão geral antes adotado para o recurso extraordinário, como demonstraremos mais adiante.

Justifica-se, como tem sido reconhecido pela doutrina, a criação de filtros para selecionar os recursos excepcionais endereçados tanto ao STF como ao STJ, pela necessidade de limitar o acesso a essas Cortes Supremas (Cortes de Vértice) às questões mais significativas, em consideração à função preponderante que a Constituição lhes reserva, situada mais na defesa dos interesses públicos do que propriamente dos interesses particulares dos litigantes.[10] Assim, não é justo que as portas desses tribunais estejam abertas para um avolumar enorme e sempre crescente de recursos que, por seu gigantismo, inviabilizam o funcionamento normal e tempestivo da prestação jurisdicional qualificada, a seu cargo, em notório desprestígio da sua adequada e específica missão constitucional.

Sendo incontestes a natureza e a finalidade do recurso especial, enquanto espécie do gênero dos recursos excepcionais, voltado objetivamente à defesa e interpretação uniformizadora do direito infraconstitucional, e não à direta tutela dos direitos subjetivos, a primeira justificativa do filtro de seleção dos recursos pela relevância, é a necessidade de reduzi-los ao rol daqueles que realmente envolvem questões em torno de interesse transindividual.[11]

Outra razão para reduzir os recursos endereçados às Cortes de Vértice é a função de *Cortes de Precedentes* que o Direito atual lhes atribui, tornando fonte de direito a sua jurisprudência. É intuitivo que esse papel institucional dos Tribunais Superiores é prejudicado quando o volume

---

[10] "Assim como ocorre com o recurso extraordinário, no qual a parte interessada deve apontar a "repercussão geral" do objeto da impugnação, o precípuo objetivo da reforma agora aprovada é o de estabelecer mais um "filtro" visando à diminuição de recursos endereçados ao Superior Tribunal de Justiça" (CRUZ E TUCCI. Relevância da questão federal como requisito de admissibilidade do REsp).

[11] "(...) o Recurso Especial via de regra não analisa o processo em si (questões de fato), mas a adequação da decisão judicial à norma jurídica, para apontar se está em conformidade com o ordenamento pátrio, sendo *sua principal finalidade uniformizar o entendimento dos tribunais e demais órgãos judiciais a respeito das normas jurídicas federais*, que regram as normativas dentro do território nacional" (ROSA, Ana Carolina Vieira; GOMES, Gustavo Gonçalves. Emenda Constitucional nº 125/22 e a relevância no REsp ao STJ: o que muda? *Conjur*, São Paulo, 25 ago. 2022. Disponível em: https://www.conjur.com.br/2022-ago-25/rosa-gomes-ec-12522-muda/. Acesso em: 9 jul. 2024).

intolerável de processos não permite o exame detido e aprofundado das questões cuja solução deve gerar normas vinculantes.

O excesso de processos, indo além da capacidade de vazão tempestiva e qualificada do Tribunal de Vértice, desvirtua completamente a competência outorgada ao STJ pela CF/88, pois "não é possível que uma Corte Superior, que exerce preponderantemente uma função pública de intérprete final da legislação federal do país, conviva com esse número irreal de processos e tenha de apreciar questões absolutamente insignificantes para a unidade do ordenamento jurídico e para a sociedade de modo geral".[12]

Nada obstante a diferença que começa pela nomenclatura – *repercussão geral* no recurso extraordinário, e *relevância* no recurso especial –, atinge afinal a própria extensão conceitual dos dois requisitos de admissibilidade recursal. Enquanto *(i)* o §3º acrescentado pela EC nº 45/2004 ao art. 102 da CF, e seu regulamento pela Lei nº 11.418, de 19 de dezembro de 2006, só falam em repercussão geral das questões constitucionais, quando estas ultrapassarem "os interesses subjetivos da causa" (art. 543-A, do CPC/1973 [art. 1.035, §1º, do CPC/2015], acrescido pela referida regulamentação), *(ii)* o texto da inovação produzida nos requisitos de admissibilidade, no próprio dispositivo constitucional, além de não se referir à ultrapassagem dos interesses subjetivos da causa, arrola, contrariamente, hipóteses que à evidência se limitam ao campo restrito dos interesses individuais discutidos no recurso especial, como, por exemplo, o das ações de valor superior a 500 salários mínimos (art. 102, §3º, da CF). Aqui, se se pode reconhecer relevância, esta não repercute fora do litígio individual, o que demonstra não ter o legislador igualado por inteiro o conceito de repercussão geral com o de relevância.

4 Caracterização da relevância da questão federal, para admissibilidade do recurso especial

A diferença legal entre os requisitos em análise, como se vê, não pode ser confinada ao terreno textual. Reitere-se: a *repercussão geral* do

---

[12] SALOMÃO, Rodrigo Cunha Mello. A EC 125 e a relevância da questão de direito no recurso especial. *Migalhas*, São Paulo, 26 jul. 2022. Disponível em: https://www.migalhas.com.br/depeso/370477/a-ec-125-e-a-relevancia-da-questao-de-direito-no-recurso-especial. Acesso em: 9 ago. 2022.

recurso extraordinário deve ser avaliada em função do ponto de vista econômico, político, social ou jurídico, exigindo sempre que se ultrapassem os interesses subjetivos do processo. Já a *relevância* requisito do recurso especial, nem sempre se liga ao interesse transindividual, uma vez que pode ser configurada até com base exclusivamente no *valor da causa* (CF, art. 105, §3º, III).[13]

É evidente, pois, que o legislador ordinário, ao regulamentar a relevância em matéria de recurso especial, não estará limitado a identificá-la a partir apenas do pressuposto da ultrapassagem dos interesses subjetivos em jogo no processo. Com efeito, o valor da causa, sabidamente, não é parâmetro adequado à configuração de interesse público, e sim de puro dimensionamento do interesse singular em disputa.

Com isso, a regulamentação do inovador regime da EC nº 125/2022, terá liberdade para incluir no rol das questões federais relevantes as que bem aprouverem ao legislador infraconstitucional, dentro do credenciamento outorgado pelo §3º, inc. VI, da CF (acrescido pela EC nº 125/2022).

5 Relevância e valor da causa

É lícito, pois, concluir que, ao considerar relevante a questão apenas em função do valor da causa, a EC nº 125/2022 afasta-se da exigência do sistema da *repercussão geral*, fundada, não só na relevância econômica, política, social ou jurídica, mas necessariamente na repercussão da questão disputada para além dos interesses subjetivos da causa. Enquanto a repercussão geral sempre reclama a ultrapassagem dos "interesses subjetivos do processo" (CPC, art. 1.035, §1º), o novo §3º (inserido no art. 105 da CF pela EC nº 125/2022), ao cogitar do recurso

---

[13] Outra hipótese de relevância presumida é a das ações penais (§3º, I, do art. 105 da CF, acrescido pela EC nº 125/2022), cuja tentativa de justificação se apega à circunstância de versarem tais ações sempre sobre o direito à liberdade dos acusados em geral (CALIMAN, Ana Paula. A Emenda Constitucional 125/22 e a modificação da sistemática do recurso especial em matéria criminal. *JusBrasil*, [*S. l.*], [2024]. Disponível em: https://www.jusbrasil.com.br/artigos/a-emenda-constitucional-125-22-e-a-modificacao-da-sistematica-do-recurso-especial-em-materia-criminal/2039206915. Acesso em: 9 jul. 2024). Embora a liberdade e as demais garantias fundamentais sejam objeto de especial tutela da Constituição, os processos a seu respeito nem sempre ultrapassam os interesses pessoais do acusado. É bom lembrar que a própria Constituição, ao cuidar da repercussão geral no caso do recurso extraordinário, reconhece a possibilidade de a matéria constitucional concretamente discutida no processo ultrapassar, ou não, os interesses subjetivos da causa (CF, art. 102, §3º, regulado pelo CPC/1973, art. 543-A, §1º [art. 1.035, §1º, do CPC/2015]).

especial, presume *relevante*, como já visto, a questão discutida em ação cujo valor da causa ultrapasse 500 salários mínimos (CF, art. 105, §3º, III). Aqui a questão enfocada na perspectiva da sociedade é pouco relevante, porque o maior ou menor valor da causa só se revela relevante para as próprias partes. Portanto, "neste ponto em especial, o perfil da relevância parece ganhar contornos um pouco diversos da repercussão geral".[14]

Pondera-se, a propósito: "é mais do que evidente que uma questão pode ter um valor até irrisório e, mesmo assim, o conteúdo decisório ter relevância para o cenário jurídico nacional. Igualmente, uma causa de valor altíssimo, pode e, frequentemente acontece, *não demandar relevância para os demais jurisdicionados*".[15]

O perigo dessa elasticidade dada à relevância pela EC nº 125/2022 reside no risco que a instituição constitucional corre de, na regulamentação legal, sofrer influências políticas contrárias aos desígnios restritivos da norma que a criou, prodigalizando, excessivamente e sem critério respeitável, as "presunções de relevância". Esse critério discricionário, se adotado, frustrará completamente a inovação constitucional, no plano da contenção da avalanche recursal que assola o STJ na atualidade. Nunca é pouco lembrar que a Emenda Constitucional não esgotou as situações de presunção de relevância, permitindo-se no inciso VI, do §3º, do art. 105, da CF, o estabelecimento de novas hipóteses pelo legislador ordinário, o que levou Cruz e Tucci assinalar que "o texto também deixa aberto o rol, no inciso VI, para 'outras hipóteses previstas em lei'".[16]

---

[14] ALVIM, Eduardo Arruda; CUNHA, Igor Martins da. A relevância da questão federal no recurso especial. *Migalhas*, São Paulo, 21 jul. 2022. Disponível em: https://www.migalhas.com.br/depeso/370187/a-relevancia-da-questao-federal-no-recurso-especial. Acesso em: 9 ago. 2022.

[15] PEREIRA FILHO, Benedito Cerezzo; NERY, Rodrigo. *Fato e direito no recurso especial*: o mito da distinção. São Paulo: Revista dos Tribunais, 2022. p. 145. No mesmo sentido: "A expressão econômica do feito pode ser astronômica sem que, no entanto, seu mérito 'diga respeito a um grande espectro de pessoas ou a um largo segmento social' – em outras palavras, sem a presença de questões que 'transcendem o ambiente das partes'. É perfeitamente possível cogitar de disputas milionárias que, todavia, não se revistam de qualquer especial relevância econômica, social, política ou jurídica – além daquela que compreensivelmente lhes atribuam os próprios litigantes" (MOREIRA. A Emenda Constitucional nº 125/2022 e a "relevância" baseada no valor da causa: uma dúvida sincera e uma possível resposta, p. 436).

[16] CRUZ E TUCCI. Relevância da questão federal como requisito de admissibilidade do REsp.

6 Vigência da sistemática da "relevância" implantada pela EC nº 125/2022

Sem embargo de a EC nº 125/2022 prever sua imediata entrada em vigor, o novo §2º do art. 105 da CF remete à legislação ordinária a regulamentação do requisito de admissibilidade do recurso especial acrescentado pela própria emenda.

Portanto, "não é possível exigir o novo requisito de admissibilidade antes de sua regulamentação. No particular, cumpre relembrar a mudança constitucional operada pela EC nº 45/2004, que introduziu o requisito da repercussão geral no recurso extraordinário. O §3º do art. 102 da Constituição prevê a repercussão geral no recurso extraordinário 'nos termos da lei'. A repercussão geral no recurso extraordinário dependeu de regulamentação legal. De igual modo, a relevância da questão federal depende de regulamentação legal". Exatamente como a Lei nº 11.418/2006 fez em relação à repercussão geral no caso do recurso extraordinário.[17]

Logo, a entrada em vigor do novo §2º do art. 105 da Constituição ocorrerá quando publicada a necessária regulamentação legal, tal como previsto no referido dispositivo constitucional, e como já anteriormente demonstrado. E uma vez em vigor, será aplicada a exigência de demonstração de relevância apenas aos recursos interpostos após o momento de início da obrigatoriedade da inovação constitucional.

7 A relevância e a formação de precedentes vinculantes

Seria a relevância, nos novos termos do art. 105 §2º, da CF, com a alteração operada pela EC nº 125/2022, apenas uma nova condição de admissibilidade do recurso especial, concebida com o objetivo único de reduzir o exagerado volume de acesso ao STJ? Ou seria também um instrumento destinado a ampliar a função vinculante da jurisprudência do STJ, atualmente desempenhada pelo recurso especial repetitivo e pelos incidentes de resolução de demandas repetitivas (IRDR) e de assunção de competência (IAC).

Não é do texto constitucional que se extrairá a resposta para essa indagação, mas da estrutura funcional que a lei processual reguladora

---

[17] CUNHA. Reflexões sobre a relevância das questões de Direito Federal em recurso especial, p. 445-446.

vier a dar ao novo recurso especial fundado no filtro da relevância da questão federal.

É que a razão largamente invocada para a justificação da EC nº 125/2022 se centrou, de fato, na necessidade premente de diminuir o volume sempre crescente de recursos especiais que estaria retardando a solução dos processos judiciais e prejudicando a necessária qualidade dos julgados do STJ, quando encarados em face do pesadíssimo encargo constitucional que lhe cabe de zelar pela autoridade da lei federal e, de maneira especial, de uniformizar a sua interpretação.

Ao que se evidencia, não entrou nas cogitações do legislador maior, pelo menos diretamente, o problema do papel da jurisprudência vinculante, quando visou instituir um filtro redutor do atual número elevadíssimo de recursos especiais que sobrecarrega o STJ.

8 O papel das Cortes de Vértice no direito contemporâneo

Definir o papel essencial das Cortes de Vértice, como a Corte de Cassação de alguns países europeus e o STJ brasileiro, tem sido um pesado e complexo intento da ciência do Direito, principalmente quando, no direito comparado, não se encontra um tratamento uniforme na atribuição de encargos institucionais aos órgãos supremos do aparelhamento judiciário. Diante desse quadro cambiante e impreciso em que se colocam os Tribunais Superiores, ou os Tribunais de Vértice, Taruffo, em magnífico ensaio sobre o tema, se deparou com uma ambiguidade constante na qualificação da função complicada e múltipla dessas Cortes, que as legislações dos diversos países lhes conferem. Para Taruffo, não há como teórica e cientificamente definir qual seria o melhor modelo de administração da Justiça por esses tribunais entre os três possíveis, quais sejam:

- atribuir à Corte de Vértice a função de uma terceira instância jurisdicional, ensejando a última oportunidade de impugnação da decisão do mérito da causa; ou
- convocar a Corte de Vértice a interpretar genericamente a lei, sem julgar os casos concretos; ou
- institucionalizar a Corte de Vértice como intérprete do ordenamento jurídico, e criador de precedentes, tornando secundária a função de julgar o caso concreto.

O enquadramento do STJ em uma dessas três categorias de Corte de Vértice é o primeiro passo a ser dado no equacionamento dos efeitos da instituição pela EC nº 125/2022 do requisito da relevância da questão federal entre as condições de admissibilidade do recurso especial.

Teria o novo texto do art. 105, §2º da CF, advindo da EC nº 125/2022, instituído um *filtro de admissibilidade* do recurso especial, ou, mais que isso, teria criado também um novo veículo de formação de *precedente vinculante,* como atualmente ocorre com a *repercussão geral* no *recurso extraordinário* perante o STF?[18]

De início, deve ser ponderado que o STJ, na previsão constitucional, embora encarregado de solucionar, pelas vias do recurso especial, as controvérsias de interpretação judicial das normas de direito federal, não recebe da Lei Suprema a automática função nomofilática de editar precedentes vinculantes.

Decorre do CPC a previsão de que "admitido o recurso extraordinário ou o recurso especial, o STF ou o STJ *julgará o processo,* aplicando o direito" (art. 1.034, *caput*). É ainda o CPC que disciplina os recursos especial e extraordinário, com a função de formar teses vinculantes quando repetitivos (arts. 1.036-1.041).

Disso conclui-se que: (i) o STJ não é uma Corte de Vértice encarregada tão somente da interpretação da lei federal, pois ao fazê-lo tem de julgar também o mérito do processo em que o recurso especial for interposto; e (ii) que a função eventual do STJ de formar precedentes através do julgamento de recurso especial advém da lei comum reguladora do recurso constitucional (CPC, art. 927, III: "(...) os juízes e tribunais observarão: (...) III - os acórdãos em julgamento de recursos extraordinário e *especial* repetitivos").

Logo, a resposta à indagação noticiada dependerá, não da interpretação da nova regra constitucional acerca do requisito da relevância da questão debatida através do recurso especial, mas do caminho que vier a ser adotado pela futura lei regulamentadora anunciada pelo §2º do art. 105 da CF, na redação dada pelo EC nº 125/2022.[19] O tamanho e

---

18 É bom lembrar que a função de estabelecer precedente reconhecida ao recurso extraordinário com fundamento de repercussão geral, mais do que a preceito legal, se impôs por iniciativa do próprio STF, que passou a processar tal recurso segundo o padrão próprio dos recursos repetitivos, estes sim destinados especificamente a estabelecer paradigmas jurisprudenciais para casos futuros similares.

19 "A relevância da questão federal do recurso especial é um requisito de admissibilidade, como dito, mas será somente isso? Esse é um ponto de crucial construção na futura lei regulamentadora. O processo legislativo futuro definirá, diante de diversas hipóteses, os

o impacto da relevância a serem produzidos sobre o campo de atuação do STJ serão definidos e complementados pelo regulamento, dentro dos parâmetros já conhecidos no Direito brasileiro, no plano dos recursos para os Tribunais Superiores: *(i) como filtro de admissibilidade recursal*; ou *(ii) meio de formação de precedentes vinculantes*;[20] ou ainda, *(iii) meio de atingir*, conjugadamente, esses *dois objetivos*.

9 O projeto de lei regulamentador do §2º do art. 105 da CF (Projeto de Lei nº 3.804/2023)

A atividade regulamentadora do Legislativo, que complementará a disciplina processual do novo requisito de admissibilidade do recurso especial, já se acha em movimento, através do Projeto de Lei nº 3.804/2023, em tramitação no Senado Federal.

Lamentavelmente, não há nele qualquer dispositivo que inclua a relevância, expressamente, entre os casos de recurso especial apto, por si só, a formar precedente vinculante.

Ao contrário, o que nele se prevê é que haverá presunção de relevância quando o novo recurso especial versar sobre matéria já resolvida em *recursos repetitivos*. As duas figuras recursais – os repetitivos e os relevantes – coexistirão, ensejando, porém, a presunção de que a formação de precedente continuará, como consta atualmente do art. 927, III, do CPC, a cargo do recurso especial repetitivo.

A sugestão de anteprojeto de lei apresentado pela Presidente do STJ ao Presidente do Senado Federal, incluía alteração de diversos arts. do CPC, inclusive o art. 927, cujo texto proposto previa a inclusão no rol dos precedentes vinculantes do "acórdão proferido em julgamento de mérito de recurso especial submetido à sistemática da relevância da questão federal".

Entretanto, o Projeto de Lei nº 3.804/2023, que afinal está em debate, excluiu todas as inovações do CPC sugeridas pelo STJ que submetiam, de forma expressa, o recurso especial veiculador de questão relevante ao regime dos precedentes. Tratou apenas e tão somente

limites conceituais da relevância, concedendo-lhe um tamanho ainda não visível para o seu impacto no processo civil e na própria atuação do STJ a partir de sua aplicabilidade" (LEMOS, Vinícius Silva. Relevância como instituto em construção. *Conjur*, São Paulo, 29 jul. 2022. Disponível em: https://www.conjur.com.br/2022-jul-29/vinicius-lemos-relevancia-instituto-construcao/. Acesso em: 29 jul. 2022).

[20] LEMOS. Relevância como instituto em construção.

desse tema no campo das condições de admissibilidade do recurso, ou seja, a abordagem regulamentadora projetada cuidou de disciplinar a implantação de um novo filtro no juízo de admissibilidade do recurso especial. Nada mais do que isso se divisa nas inovações projetadas sobre o atual art. 1.030 do CPC e o acrescido art. 1.035-A.

Desse mínimo espaço inovativo, o que se divisa é que a força de precedente vinculante não está, por enquanto, sendo atribuída ao acórdão de recurso especial veiculador de questão federal relevante. Portanto, a prevalecer o texto atual do projeto legislativo, o recurso especial, mesmo versando sobre a questão federal relevante, somente quando enquadrado no procedimento dos recursos repetitivos, ou quando submetido ao incidente de assunção de competência, é que terá força geradora de precedente vinculante.

O procedimento legislativo, entretanto, está apenas no estágio inicial, e dado o empenho demonstrado pelo STJ em que fosse o recurso especial fundado em questão relevante inserido entre os figurantes no rol do art. 927, III, do CPC, é bem provável que alguma emenda ao Projeto de Lei nº 3.804/2023, venha a ser apresentada em alinhamento à sugestão do STJ. Não se descarta, outrossim, a possibilidade de que a força de precedente vinculante seja construída jurisprudencialmente pelo próprio STJ, a exemplo do que ocorreu com a repercussão geral na jurisprudência do STF.

De tal sorte, o rumo definitivo que a regulamentação dessa matéria tomará ainda não se definiu.

10 Conclusão: uma advertência importante

O STF tem adotado, em regra, processar o recurso extraordinário relacionado com a *repercussão geral* segundo o rito de julgamento dos recursos repetitivos, o que conduz à formação de teses vinculantes, sempre que tal for julgado conveniente ou necessário. Mesmo assim, convém ressaltar que não se reconhece repercussão geral sem que se ultrapasse a esfera dos interesses subjetivos disputados no processo (CPC/2015, art. 1.035, §1º).

Mas, diante da própria disciplina constitucional traçada pela EC nº 125/2022, a *relevância* prevista para o recurso especial (CF, art. 105, §§1º e 2º) não tem a mesma dimensão atribuída à *repercussão geral* exigida para o recurso extraordinário. Em quase todas as hipóteses de relevância presumida pelo §2º, do art. 105 da CF, o caso concreto tanto pode, como não, ultrapassar os interesses subjetivos do processo. Já com relação ao recurso extraordinário, essa ultrapassagem constitui elemento essencial à configuração da *repercussão geral* (CPC, art. 1.035, §1º),[21] o que, portanto, importa reconhecer que também as questões sobre direitos constitucionais podem ter, ou não, repercussão além dos interesses subjetivos demandados no processo. Assim, a relevância aplicável ao recurso especial, segundo a EC nº 125/2022, tem dimensões mais flexíveis que a repercussão geral instituída pela EC nº 45/2004 para o recurso extraordinário.[22] Razão pela qual não é fácil atribuir à relevância da EC nº 125/2022 uma força intrínseca de gerar precedente, quando nem mesmo ao recurso extraordinário, admitido pela repercussão geral, se confere tal força sem que haja ultrapassagem dos interesses subjetivos da causa (CPC/2015, art. 1.035, §1º).

Talvez seja essa a razão pela qual o Projeto de Lei nº 3.804/2023 não tenha adotado a sugestão do STJ de inserir todo o recurso especial relevante no rol dos formadores de precedentes vinculantes, deixando a critério do Tribunal definir, caso a caso, quando será a relevância adequada à formação de tese de observância geral obrigatória. Para

---

[21] "A repercussão geral, que também existe como filtro recursal dos recursos extraordinários, fez com que o STF percebesse que a sua aplicação na prática, decorrente do próprio interesse público na definição da questão trazida no recurso, funcionasse como verdadeiro propulsor de precedentes vinculantes. Tanto é que o Supremo vem dispensando (de forma técnica ou não) a aplicação do procedimento de recursos repetitivos para julgamento de recursos extraordinários, pois sendo a repercussão geral requisito de todo e qualquer recurso extraordinário e configurado o interesse público decorrente de tal repercussão geral, tudo que é decidido em recurso extraordinário acaba, por consequência, configurando um precedente vinculante, de observância obrigatória perante os demais tribunais nos limites daquilo que foi objeto de discussão" (FAVER, Scilio. A relevância e a repercussão geral não são institutos com os mesmos efeitos. *Migalhas*, São Paulo, 20 out. 2022. Disponível em: https://www.migalhas.com.br/depeso/375584/a-relevancia-e-a-repercussao-geral-nao-possuem-os-mesmos-efeitos. Acesso em: 6 set. 2023).

[22] No sistema constitucional brasileiro, embora o STF seja a Suprema Corte (Corte de Vértice), o recurso extraordinário a ele endereçado, mesmo versando sobre questão constitucional, nem sempre tem repercussão geral, e por isso, não escapa do juízo de admissibilidade imposto pelo art. 102, §3º, da CF. Não há como, pois, inferir do caráter de Corte de Vértice atribuído ao STJ, sem que a lei o declare, uma força de precedente vinculante a todo julgamento de recurso especial pela simples circunstância de ter passado pelo filtro de admissibilidade instituído pela EC nº 125/2022. Não merece, *data venia*, acolhida a tese de que, em nosso sistema processual, a atuação das Cortes de Vértice (STF e STJ) transcenda sempre "o mero interesse das partes envolvidas nas ações submetidas ao seu julgamento" (GALUCCI, Fernando. Pontos básicos da Emenda Constitucional nº 125/2022, que estabeleceu a exigência constitucional da demonstração da relevância para apreciação de recursos especiais. *Nasser Advogados*, São Paulo, 1 set. 2022. Disponível em: https://nasser.adv.br/publicacoes/pontos-basicos-da-emenda-constitucional-no-125-2022-que-estabeleceu-a-exigencia-constitucional-da-demonstracao-da-relev-ncia-para-apreciacao-de-recursos-especiais/. Acesso em: 9 jul. 2024).

tanto, é verdade, não haverá necessidade de alterar o rol de precedentes previstos no art. 927 do CPC. O STJ, caso a caso, recorreria à sistemática de julgamento de recursos repetitivos ou do incidente de assunção de competência, sempre que julgasse conveniente produzir tese vinculante.

Uma coisa, porém, é certa: reconhecida a força de precedente ao julgado de recurso especial enquadrado na nova categoria de decisão do STJ sobre "questão relevante", sua eficácia normativa geral não poderá, de forma alguma, operar retroativamente, se prejudicar ato jurídico ou situação de direito aperfeiçoados na conformidade com a jurisprudência judicial ou administrativa vigente ao tempo da respectiva prática. Incidirá, sem dúvida, a regra do art. 24 acrescido pela Lei nº 13.665, de 15 de maio de 2018, à Lei de Introdução às Normas do Direito Brasileiro (LINDB) (Decreto-Lei nº 4.657, de 4 de setembro de 1942).[23]

É que, diante da proteção constitucional ao ato jurídico perfeito e ao direito adquirido (CF, art. 5º, XXXVI), o regime intertemporal da norma gerada pelo precedente vinculante não pode ser diferente daquele traçado pela Lei Maior na vedação da retroatividade das leis oriundas do Poder Legislativo.[24]

Referências

ALVIM, Eduardo Arruda; CUNHA, Igor Martins da. A relevância da questão federal no recurso especial. *Migalhas*, São Paulo, 21 jul. 2022. Disponível em: https://www.migalhas.com.br/depeso/370187/a-relevancia-da-questao-federal-no-recurso-especial. Acesso em: 9 ago. 2022.

ALVIM NETTO, José Manoel Arruda. A alta função jurisdicional do Superior Tribunal de Justiça no âmbito do recurso especial e a relevância das questões. *Revista de Processo: RePro*, São Paulo, v. 96, p. 37-44, out./dez.1999.

---

23 "Art. 24. A revisão, nas esferas administrativa, controladora ou judicial, quanto à validade de ato, contrato, ajuste, processo ou norma administrativa cuja produção já se houver completado levará em conta as orientações gerais da época, sendo vedado que, com base em mudança posterior de orientação geral, se declarem inválidas situações plenamente constituídas.
Parágrafo único. Consideram-se orientações gerais as interpretações e especificações contidas em atos públicos de caráter geral ou em jurisprudência judicial ou administrativa majoritária, e ainda as adotadas por prática administrativa reiterada e de amplo conhecimento público" (Decreto-Lei nº 4.657/1942).

24 Entre os direitos e garantias fundamentais, figura a declaração categórica de que "a lei não prejudicará o direito adquirido, o ato jurídico perfeito e a coisa julgada" (CF, art. 5º, XXXVI).

ALVIM NETTO, José Manoel Arruda. *Manual de Direito Processual Civil*: teoria geral do processo, processo de conhecimento, recurso e precedentes. São Paulo: Revista dos Tribunais, 2021.

ALVIM NETTO, José Manoel Arruda. O recurso especial na Constituição Federal de 1988 e suas origens. *In:* WAMBIER, Teresa Arruda Alvim (coord.). *Aspectos polêmicos e atuais do recurso especial e do recurso extraordinário*. São Paulo: Revista dos Tribunais, 1997. p. 13-47.

CALIMAN, Ana Paula. A Emenda Constitucional 125/22 e a modificação da sistemática do recurso especial em matéria criminal. *JusBrasil*, [*S. l.*], [2024]. Disponível em: https://www.jusbrasil.com.br/artigos/a-emenda-constitucional-125-22-e-a-modificacao-da-sistematica-do-recurso-especial-em-materia-criminal/2039206915. Acesso em: 9 jul. 2024.

CRUZ E TUCCI, José Rogério. Relevância da questão federal como requisito de admissibilidade do REsp. *Conjur*, São Paulo, 19 jul. 2022. Disponível em: https://www.conjur.com.br/2022-jul-19/questao-federal-admissibilidade-recurso-especial-stj/. Acesso em: 15 jan. 2024.

CUNHA, Leonardo Carneiro da. Reflexões sobre a relevância das questões de Direito Federal em recurso especial. *In:* MENDES, Gilmar Ferreira; RIBEIRO, Paulo Dias de Moura; SARLET, Ingo Wolfgang; RODRIGUES JÚNIOR, Otavio Luiz (coord.). *Ensaios sobre Direito Constitucional, processo civil e Direito Civil*. Uma homenagem ao Professor José Manoel de Arruda Alvim. Curitiba: Direito Contemporâneo, 2023. p. 439-449.

FAVER, Scilio. A relevância e a repercussão geral não são institutos com os mesmos efeitos. *Migalhas*, São Paulo, 20 out. 2022. Disponível em: https://www.migalhas.com.br/depeso/375584/a-relevancia-e-a-repercussao-geral-nao-possuem-os-mesmos-efeitos. Acesso em: 6 set. 2023.

GAIO JÚNIOR, Antônio Pereira. EC nº 125 no contexto do processo e do desenvolvimento. *Conjur*, São Paulo, 9 ago. 2022. Disponível em: https://www.conjur.com.br/2022-ago-09/gaio-junior-ec-125-contexto-processo/. Acesso em: 8 jul. 2024.

GALUCCI, Fernando. Pontos básicos da Emenda Constitucional nº 125/2022, que estabeleceu a exigência constitucional da demonstração da relevância para apreciação de recursos especiais. *Nasser Advogados*, São Paulo, 1 set 2022. Disponível em: https://nasser.adv.br/publicacoes/pontos-basicos-da-emenda-constitucional-no-125-2022-que-estabeleceu-a-exigencia-constitucional-da-demonstracao-da-relev-ncia-para-apreciacao-de-recursos-especiais/. Acesso em: 9 jul. 2024.

LAMY, Eduardo de Avelar; VARGAS, Henrique da Silva Telles; STEFFLER, Luan Eduardo; PASCOALI, Marco Antônio Ferreira. A manutenção da ambiguidade das cortes de vértice em face da EC 125. *Revista de Processo: RePro*, São Paulo, v. 336, fev. 2023.

LEMOS, Vinícius Silva. Relevância como instituto em construção. *Conjur*, São Paulo, 29 jul. 2022. Disponível em: https://www.conjur.com.br/2022-jul-29/vinicius-lemos-relevancia-instituto-construcao/. Acesso em: 29 jul. 2022.

MOREIRA, Carlos Roberto Barbosa. A Emenda Constitucional nº 125/2022 e a "relevância" baseada no valor da causa: uma dúvida sincera e uma possível resposta. *In:* MENDES, Gilmar Ferreira; RIBEIRO, Paulo Dias de Moura; SARLET, Ingo Wolfgang; RODRIGUES

JÚNIOR, Otavio Luiz (coord.). *Ensaios sobre Direito Constitucional, processo civil e Direito Civil*. Uma homenagem ao Professor José Manoel de Arruda Alvim. Curitiba: Direito Contemporâneo, 2023. p. 433-438.

PEREIRA FILHO, Benedito Cerezzo; NERY, Rodrigo. *Fato e direito no recurso especial*: o mito da distinção. São Paulo: Revista dos Tribunais, 2022.

REICHELT, Luís Alberto. O direito fundamental de acesso à Justiça, a relevância da questão federal infraconstitucional. Objeto do recurso especial e os desafios dos tribunais locais. *In:* MENDES, Gilmar Ferreira; RIBEIRO, Paulo Dias de Moura; SARLET, Ingo Wolfgang; RODRIGUES JÚNIOR, Otavio Luiz (coord.). *Ensaios sobre Direito Constitucional, processo civil e Direito Civil*. Uma homenagem ao Professor José Manoel de Arruda Alvim. Curitiba: Direito Contemporâneo, 2023. p. 450-455.

ROSA, Ana Carolina Vieira; GOMES, Gustavo Gonçalves. Emenda Constitucional nº 125/22 e a relevância no REsp ao STJ: o que muda? *Conjur*, São Paulo, 25 ago. 2022. Disponível em: https://www.conjur.com.br/2022-ago-25/rosa-gomes-ec-12522-muda/. Acesso em: 9 jul. 2024.

SALOMÃO, Rodrigo Cunha Mello. A EC 125 e a relevância da questão de direito no recurso especial. *Migalhas*, São Paulo, 26 jul. 2022. Disponível em: https://www.migalhas.com.br/depeso/370477/a-ec-125-e-a-relevancia-da-questao-de-direito-no-recurso-especial. Acesso em: 9 ago. 2022.

Informação bibliográfica deste texto, conforme a NBR 6023:2018 da Associação Brasileira de Normas Técnicas (ABNT):

THEODORO JÚNIOR, Humberto. A relevância da questão jurídica como requisito de admissibilidade do recurso especial (CF, art. 105, novo §2º, acrescido pela EC nº 125/2022). Reflexos no plano da jurisprudência vinculante. Incerteza. *In*: MENDES, Gilmar Ferreira; GALLOTTI RODRIGUES, Maria Isabel Diniz; ALVIM, Teresa Arruda (coord.). *O novo perfil do controle difuso de constitucionalidade*: estudos em homenagem ao Professor Bruno Dantas nos 20 anos da Repercussão Geral. Belo Horizonte: Fórum, 2025. p. 291-308. ISBN 978-65-5518-898-1.

DO CONCRETO AO ABSTRATO: A EXPANSÃO DA ABSTRATIVIZAÇÃO DA REPERCUSSÃO GERAL DO STF A PARTIR DOS TEMAS Nº 881 E 885

JORGE OCTÁVIO LAVOCAT GALVÃO
MARIA FERNANDA FERREIRA TEIXEIRA

1 Introdução

Em 2024, duas décadas após a implementação da repercussão geral no controle de constitucionalidade difuso do Supremo Tribunal Federal (STF), foi publicado o acórdão dos Temas nº 881 e 885, trazendo à tona a discussão sobre aproximação dos controles concentrado e difuso. O presente artigo se propõe a analisar o processo de abstrativização do controle difuso desde antes da implementação da repercussão geral até o julgamento de tais Temas.

Partindo da instituição do controle difuso no país pela Constituição de 1891, o artigo estuda o sistema misto de controle de constitucionalidade brasileiro antes da Emenda Constitucional (EC) nº 45, de 30 de dezembro de 2004. Em seguida, analisa a implementação da repercussão geral e o seu progressivo processo de aproximação do controle concentrado, por meio de decisões do STF que tornaram os efeitos da repercussão geral mais abstratos. Por fim, o estudo adentra nos Temas nº 881 e 885, examinando o contexto da controvérsia, o acórdão de julgamento e o impacto da tese fixada pela Suprema Corte para a abstração da repercussão geral e para o futuro do controle difuso.

O objetivo é averiguar de que forma se deu a expansão dos efeitos abstratos no controle (que, originalmente, era) concreto, bem como compreender de que forma a tese dos Temas nº 881 e 885 coopera para a expansão do processo de abstrativização da repercussão geral no STF.

2 O sistema misto de controle de constitucionalidade no Brasil: a distinção entre os controles concentrado e difuso antes da implementação da repercussão geral

No Brasil, o controle jurisdicional de constitucionalidade teve início após a Proclamação da República, com a edição do Decreto nº 848/1890 e da Constituição de 1891. Nessa época, adotou-se o modelo norte-americano, caracterizado por ser (i) *difuso*, no qual todo juiz tem o poder-dever de declarar a inconstitucionalidade de leis; (ii) *concreto*, em que é necessário que a lei seja questionada a partir de um caso concreto; e (iii) *de via incidental*, em que a inconstitucionalidade da lei é prejudicial ao mérito da causa, não sendo o pedido principal.[1] Com essas características, nasceu o sistema de controle difuso no país.

Apesar de ter-se importado tal modelo, não se importou da experiência estadunidense o chamado *stare decisis*, mecanismo por meio do qual as decisões das Cortes superiores vinculam, obrigatoriamente, as decisões dos tribunais inferiores. O Brasil, sendo país de tradição jurídica romano-germânica – também chamada de *civil law* –, manteve o entendimento tradicional dessa corrente de que as decisões proferidas no bojo de um determinado processo vinculam apenas as partes nele envolvidas.[2] Ou seja, foi adotada a eficácia *inter partes* para o controle difuso brasileiro. Assim, quando uma lei era declarada inconstitucional, ela não era aplicada às partes do caso concreto julgado, mas continuava sendo aplicável a todas as demais pessoas. Como consequência, vários tribunais começaram a adotar decisões contraditórias sobre a constitucionalidade das leis, e, até mesmo no âmbito do próprio STF, não tardou surgirem decisões conflitantes para casos idênticos.

1 SILVA, Virgílio Afonso da. *Direito Constitucional brasileiro*. São Paulo: Edusp, 2021. p. 573.

2 Cf. BONAVIDES, Paulo; ANDRADE, Paes de. *História constitucional do Brasil*. 8. ed. Florianópolis: OAB Editora, 2006; CASTANHATO, Camila. *O processo histórico do controle de constitucionalidade e as Constituições do Brasil*. 2006. Dissertação (Mestrado Direito) – Faculdade de Direito, Pontifícia Universidade Católica de São Paulo, São Paulo, 2006.

Para tentar remediar essa situação, a Constituição de 1934 inovou com dois institutos. Primeiro, criou a chamada cláusula de reserva de plenário (ou *full bench*), passando a exigir o voto da maioria absoluta dos membros do tribunal, ou de seu órgão especial, para declarar a inconstitucionalidade de lei ou ato normativo. O objetivo dessa medida era dar unidade de entendimento dentro dos próprios tribunais, exigindo que a decisão sobre a inconstitucionalidade de uma lei fosse tomada apenas por seu órgão máximo. Segundo, criou-se a figura da suspensão, pelo Senado Federal, da lei declarada inconstitucional pelo STF. Esse mecanismo tinha o escopo de conferir eficácia geral às decisões proferidas em controle difuso, uma vez suspensa pelo Senado a lei declarada inconstitucional em um caso concreto individual deixaria de ser aplicada para todos. Esses dois institutos foram recepcionados pela Constituição de 1988, nos arts. 97 e 52, X, respectivamente.

O controle difuso, portanto, foi o primeiro a ser desenvolvido no país e o recurso extraordinário tornou-se a principal fonte de atuação do STF. Consoante leciona Gilmar Ferreira Mendes:

> Até a entrada em vigor da Constituição de 1988, era o recurso extraordinário – também quanto ao critério de quantidade – o mais importante processo da competência do Supremo Tribunal Federal. Sob a Constituição anterior, o recurso extraordinário destinava-se não só a proteger a ordem constitucional, mas a ordem do direito federal, de modo que a impugnação poderia alegar afronta direta tanto à Constituição como ao direito federal.[3]

Não obstante, ao longo da história constitucional brasileira, foi sendo desenvolvida outra forma de controle jurisdicional de constitucionalidade: o controle concentrado, no qual a questão sobre a constitucionalidade de determinada lei é levada ao STF por meio de ação direta. Esse modelo, introduzido no Brasil pela Constituição de 1934, é caracterizado por ser um controle (i) *concentrado*, que é realizado diretamente pelo órgão de cúpula; (ii) *abstrato*, no qual não se decide um caso concreto, mas se uma lei em abstrato viola a Carta Magna; e (iii)

---

[3] MENDES, Gilmar Ferreira. Controle de constitucionalidade e processo de deliberação: legitimidade, transparência e segurança jurídica nas decisões das cortes supremas. *Observatório da Jurisdição Constitucional*, [S. l.], v. 1, n. 1, p. 2, 2010. Disponível em: https://www.portaldeperiodicos.idp.edu.br/observatorio/article/view/551. Acesso em: 22 jul. 2024.

de via principal, em que o pedido final da ação é própria declaração de inconstitucionalidade da lei.

Nessa forma de controle, não há partes juridicamente interessadas – motivo pelo qual também é denominado de controle objetivo –, de modo que a decisão do Pretório Excelso produz eficácia *erga omnes* e efeito vinculante, conforme dispõe expressamente o §2º do art. 102 da Constituição Federal de 1988.[4] Assim, uma vez declarada a inconstitucionalidade de uma lei em uma das ações de controle concentrado, a norma é automaticamente retirada do ordenamento jurídico, independentemente de qualquer manifestação do Congresso Nacional.

O Brasil passou a aplicar concomitantemente os controles difuso e concentrado, adotando um *sistema misto de controle de constitucionalidade*, no qual ambas as sistemáticas funcionam de maneira paralela. Apesar de terem o mesmo objetivo – qual seja, declarar a inconstitucionalidade de atos normativos incompatíveis com a ordem constitucional –, esses dois sistemas possuem (ou, ao menos originalmente, possuíam) agentes, objetos e efeitos distintos.

Enquanto o controle difuso permite que qualquer juiz ou tribunal declare a inconstitucionalidade de qualquer lei em determinado caso concreto com efeito *inter partes*; o controle concentrado limita aos órgãos de cúpula dos Tribunais de Justiça (TJs) ou ao STF a declaração de inconstitucionalidade de determinadas leis – leis municipais e estaduais para os TJs e leis municipais, estaduais e federais para o STF –, retirando-as completamente do ordenamento jurídico por meio do efeito *erga omnes* e *ex tunc* da decisão, bem como de sua eficácia vinculante às instâncias inferiores.[5]

Entretanto, como é possível de se imaginar, a convivência desses dois modelos de controle de constitucionalidade – difuso e concentrado – terminou por expor inúmeras contradições do sistema misto ao longo

---

4 "Art. 102. Compete ao Supremo Tribunal Federal, precipuamente, a guarda da Constituição, cabendo-lhe:
(...)
§2º As decisões definitivas de mérito, proferidas pelo Supremo Tribunal Federal, nas ações diretas de inconstitucionalidade e nas ações declaratórias de constitucionalidade produzirão *eficácia contra todos* e *efeito vinculante*, relativamente aos demais órgãos do Poder Judiciário e à administração pública direta e indireta, nas esferas federal, estadual e municipal" (BRASIL. [Constituição (1988)]. *Constituição da República Federativa do Brasil de 1988*. Brasília, DF: Presidência da República, 1988. Disponível em: http://www.planalto.gov.br/ccivil_03/constituicao/constituicaocompilado.htm. Acesso em: 8 ago. 2024).

5 MENDES, Gilmar Ferreira; BRANCO, Paulo Gustavo Gonet. *Curso de Direito Constitucional*. 12. ed. rev. e atual. São Paulo: Saraiva, 2017. p. 879-882.

do tempo. A declaração da inconstitucionalidade de uma mesma lei poderia ter efeitos distintos a depender do processo julgado pelo STF: se julgado em sede de controle incidental, a eficácia da decisão se limitaria às partes; por outro lado, se decidido em ação direta, a eficácia seria geral e vinculante. Apesar das contradições inerentes ao sistema misto, antes da implementação da repercussão geral pela EC nº 45/2004, o controle difuso e o concentrado se distinguiam principalmente por seus efeitos completamente distintos: um restrito às partes (difuso) e outro de observância geral e obrigatória (concentrado).

Ocorre que o controle difuso, justamente por permitir que qualquer juiz declare a inconstitucionalidade de um ato normativo, acarretou – antes mesmo da Constituição de 1988 – um relevante problema quantitativo ao STF, que se agravou com o novo regime constitucional:[6] os recursos extraordinários chegavam aos milhares no acervo da Suprema Corte. Para compreender o contexto, apenas "em 2003, foram interpostos 106.997 recursos extraordinários ou recursos conexos" que "representavam 97,3% de todas as ações e recursos que entraram no tribunal [STF]".[7]

Além disso, a eficácia *inter partes*, característica desse modelo de controle de constitucionalidade, exigia que cada um dos inúmeros recursos fosse julgado individualmente, levando o Tribunal a uma crise numérica e de produtividade:

> Em termos numéricos, a distribuição anual de processos saltou de 16.226, em 1990, para 90.839, em 2000. Em 2006, último ano antes da implementação da sistemática da repercussão geral, a qual foi promovida pela Emenda nº 21 ao Regimento Interno do Supremo Tribunal Federal, de maio de 2007, a distribuição atingiu o número de 116.216 processos. Do total de processos, a soma dos recursos extraordinários com agravos de instrumento com escopo de destrancar recursos extraordinários inadmitidos na origem sempre foi altíssima: 81,6% em 1990, 97,4% em 2000, e 95,3% em 2006.

---

6 Gilmar Ferreira Mendes (Controle de constitucionalidade e processo de deliberação: legitimidade, transparência e segurança jurídica nas decisões das cortes supremas, p. 3) destaca: "sob a Constituição de 1988, agravou-se a crise numérica que, já sob o modelo anterior, incidia sobre o recurso extraordinário. Embora se afigure correta a tese segundo a qual o sistema direto de controle de constitucionalidade passa a ter precedência ou primazia após a Constituição de 1988, é verdade também que é exatamente após 1988 que se acentua o problema quantitativo do Supremo Tribunal Federal. Essa crise manifesta-se de forma radical no sistema difuso, com o aumento vertiginoso de recursos extraordinários".

7 SILVA. *Direito Constitucional brasileiro*, p. 575.

Esses números empacavam o funcionamento da Corte e comprometiam a adequabilidade das decisões.[8]

Por essa razão, antes mesmo da criação da repercussão geral, o STF já buscava formas de enfrentar a crise numérica dos recursos extraordinários. Não por outro motivo, ao longo do tempo, a Corte adotou o uso de súmulas e passou a exigir que as decisões as quais admitissem ou negassem a subida de recurso extraordinário fossem fundamentadas.[9] Igualmente, as Leis nº 8.038, de 28 de maio de 1990, e 9.756, de 17 de dezembro de 1998, conferiram maior poder de decisão ao Relator sobre tais recursos,[10] com o objetivo de aumentar a produtividade e desafogar o acervo.

Apesar disso, a "crise do recurso extraordinário"[11] permaneceu como um problema relevante na Suprema Corte. A denominada Reforma do Judiciário, implementada pela EC nº 45/2004, buscou solucionar essa questão, estabelecendo, dentre outras medidas, a sistemática da repercussão geral.

3 A repercussão geral e sua progressiva abstrativização pelo STF

A EC nº 45/2004 acrescentou o §3º ao art. 102 da Constituição Federal, determinando que

> (...) no recurso extraordinário o recorrente deverá demonstrar a *repercussão geral das questões constitucionais* discutidas no caso, nos termos da lei, *a fim de que o Tribunal examine a admissão do recurso,* somente podendo recusá-lo pela manifestação de dois terços de seus membros.

---

8 CARVALHO FILHO, José dos Santos. Os impactos da repercussão geral do recurso extraordinário na jurisdição constitucional brasileira. *Direito Público,* [S. l.], v. 6, p. 219, n. 30, 2011. Disponível em: https://www.portaldeperiodicos.idp.edu.br/direitopublico/article/view/1664. Acesso em: 29 jul. 2024.

9 ALVES, José Carlos Moreira. Poder Judiciário. *Cadernos de Direito Constitucional e Ciência Política,* [S. l.], v. 5, n. 18, p. 269-282, jan./mar. 1997; MENDES; BRANCO. *Curso de Direito Constitucional,* p. 880.

10 Enquanto a Lei nº 8.038/1990 permitiu ao Relator inadmitir recursos cuja matéria já estivesse pacificada pelo Tribunal, a Lei nº 9.756/1998 conferiu ao Relator o poder de prover ou desprover recursos extraordinários por meio de decisão monocrática, também em caso de matéria pacificada.

11 ALVES. Poder Judiciário.

Assim, a repercussão geral foi implementada, em primeiro lugar, como um requisito processual de admissibilidade para filtrar os recursos extraordinários que chegassem à Suprema Corte.[12] Apesar de a emenda constitucional ter estabelecido esse instituto em 2004, a repercussão geral passou a ser exigida apenas a partir de 2007, após ter sido regulamentada no Código de Processo Civil (CPC) e no Regimento Interno do STF (RISTF). Desde então, considera-se que existe repercussão geral no recurso extraordinário quando há no caso "questões relevantes do ponto de vista econômico, político, social ou jurídico que ultrapassem os interesses subjetivos do processo".[13]

Contudo, se por um lado o novo dispositivo da Constituição Federal de 1988 implementou essa barreira processual, por outro, também exigiu um quórum elevado para que a repercussão geral fosse negada pelo Tribunal – dois terços dos membros. A repercussão geral como requisito processual de admissibilidade, apesar de estabelecer um filtro relevante, não foi, por si só, suficiente para solucionar a quantidade exponencial de recursos extraordinários no STF.[14] A solução para isso estava, em realidade, no *efeito* produzido pela decisão de repercussão geral nos demais processos semelhantes.

A Lei nº 11.418, de 19 de dezembro de 2006, que primeiro regulamentou a repercussão geral, incluiu no CPC de 1973 uma sistemática processual inovadora para o controle difuso brasileiro: em caso de multiplicidade de recursos extraordinários com idêntica questão de direito, são escolhidos dois ou mais recursos representativos da controvérsia e todos os demais processos similares terão o seu trâmite suspenso até que a Suprema Corte decida sobre a questão.[15] Esse mecanismo processual de sobrestamento de processos assemelhados foi mantido pelo

---

[12] MARINONI, Luiz Guilherme; MITIDIERO, Daniel. *A repercussão geral no recurso extraordinário*. 3. ed. rev. e atual. São Paulo: Revista dos Tribunais, 2013.

[13] Ver: Art. 1.035, §1º, do CPC e art. 322, p. único, do RISTF.

[14] Nesse sentido, vale destacar que, "de 2007 a 2017, meros 42 recursos extraordinários foram recusados porque o STF, embora tenha identificado uma questão constitucional envolvida, não reconheceu a repercussão geral" (SILVA. *Direito Constitucional brasileiro*, p. 576).

[15] BARROSO, Luís Roberto; REGO, Frederico Montedonio. Como salvar o sistema de repercussão geral: transparência, eficiência e realismo na escolha do que o Supremo Tribunal Federal vai julgar. *Revista Brasileira de Políticas Públicas*, Brasília, DF, v. 7, n. 3, p. 695-713, 2017. Disponível em: https://www.uhumanas.uniceub.br/RBPP/article/view/4824/3615. Acesso em 31 ago. 2024.

CPC atual[16] e tornou-se essencial para mitigar o crescimento vertiginoso dos recursos extraordinários no Pretório Excelso.

Por meio dessa nova sistemática processual estabelecida com a repercussão geral, compete ao STF julgar apenas os casos representativos – os denominados casos paradigmas ou *leading cases* –, cabendo às instâncias inferiores aplicar o entendimento da Suprema Corte nos processos semelhantes sustados. Segundo aponta Virgílio da Silva:

> É esse detalhe procedimental, não um suposto efeito da exigência de demonstração de repercussão geral, o responsável pela drástica redução do número de recursos extraordinários que chegam ao STF. (...) Antes da introdução da exigência de repercussão geral, o tribunal costumava reproduzir a decisão de um recurso extraordinário em todos os outros recursos idênticos. Desde a introdução da exigência de repercussão geral, o STF decide alguns recursos representativos e os tribunais inferiores replicam a decisão nos processos que ficaram retidos.[17]

É evidente que o instituto da repercussão geral foi implementado como uma tentativa de tornar o controle difuso mais *objetivo* e *geral*. Veja-se que, primeiro, o próprio conceito de repercussão geral exige que a discussão do caso concreto transcenda o interesse das partes envolvidas e seja, de alguma forma, relevante para toda a sociedade, mitigando o caráter subjetivo típico do controle difuso. Segundo, ao sobrestar todos os processos semelhantes e fazer com que a decisão do caso paradigma seja replicada, o sistema de repercussão geral torna amplo e geral os efeitos do recurso extraordinário paradigma, ultrapassando o efeito *inter partes* antes característico do controle difuso.

Todavia, a despeito de a EC nº 45/2004 e a Lei nº 11.418/2006 já terem tornado o controle difuso mais objetivo, nos anos seguintes a jurisprudência do STF continuou a evoluir no sentido de conferir ainda mais abstração à sistemática da repercussão geral. Nesse cenário, duas

---

16 "Art. 1.036. Sempre que houver multiplicidade de recursos extraordinários ou especiais com fundamento em idêntica questão de direito, haverá afetação para julgamento de acordo com as disposições desta Subseção, observado o disposto no Regimento Interno do Supremo Tribunal Federal e no do Superior Tribunal de Justiça. §1º O presidente ou o vice-presidente de tribunal de justiça ou de tribunal regional federal selecionará 2 (dois) ou mais recursos representativos da controvérsia, que serão encaminhados ao Supremo Tribunal Federal ou ao Superior Tribunal de Justiça para fins de afetação, determinando a suspensão do trâmite de todos os processos pendentes, individuais ou coletivos, que tramitem no Estado ou na região, conforme o caso."

17 SILVA. *Direito Constitucional brasileiro*, p. 576.

decisões foram essenciais: a Reclamação nº 4.335[18] e o julgamento conjunto das ADIs nº 3.470[19] e nº 3.406.[20]

A Reclamação nº 4.335 teve seu julgamento iniciado em 2006 e finalizado em 2014. No caso, alegava-se que a decisão de um juiz do Acre, ao não permitir a progressão de regime de condenado por crime hediondo, teria descumprido a decisão do STF no julgamento do Habeas Corpus (HC) nº 82.959,[21] em que foi declarada a inconstitucionalidade do §1º do art. 2º da Lei nº 8.072, de 25 de julho de 1990. Por outro lado, defendia o juiz que tal declaração de inconstitucionalidade possuía eficácia *inter partes* por ter ocorrido no controle difuso.

O Ministro Gilmar Ferreira Mendes, Relator do caso, sustentou naquela oportunidade (1 de fevereiro de 2007) que, em razão da aproximação entre os sistemas de controle difuso e concentrado que vinha ocorrendo desde a implementação da repercussão geral, não havia mais como sustentar a distinção de efeitos das decisões prolatadas num ou noutro tipo de controle. O Ministro concluiu afirmando que, por conta desse fato, teria havido uma mutação constitucional do art. 52, X, da Constituição Federal, de maneira que o Senado Federal não teria mais a função de decidir sobre a suspensão, ou não, de lei declarada inconstitucional em sede de controle incidental, mas apenas de tornar pública a decisão do Pretório Excelso.

Entretanto, após mais de sete anos de tramitação do processo em razão de inúmeros pedidos de vista, a tese do Ministro Gilmar Ferreira Mendes restou vencida, fazendo com que o controle incidental de constitucionalidade permanecesse submisso ao Senado Federal.

Importa destacar que, anteriormente, em 2004, o Ministro Gilmar Ferreira Mendes já havia defendido esse mesmo entendimento na academia:

> (...) parece legítimo entender que, hodiernamente, a fórmula relativa à suspensão de execução da lei pelo Senado Federal há de ter simples efeito de publicidade. Desta forma, se o Supremo Tribunal Federal, em

---

18 BRASIL. Supremo Tribunal Federal (Pleno). Rcl. 4.335 Relator: Min. Gilmar Ferreira Mendes, 20 de março de 2014. *Dje*: Brasília, DF, 22 out. 2014.

19 BRASIL. Supremo Tribunal Federal (Pleno). ADI 3.470. Relatora: Min.ª Rosa Weber, 29 de novembro de 2017. *Dje*: Brasília, DF, 1 fev. 2019.

20 BRASIL. Supremo Tribunal Federal (Pleno). ADI 3.406. Relatora: Min.ª Rosa Weber, 29 de novembro de 2017. *Dje*: Brasília, DF, 1 fev. 2019.

21 BRASIL. Supremo Tribunal Federal (Pleno). HC 82.959. Relator: Min. Marco Aurélio, 23 de fevereiro de 2006. *Dje*: Brasília, DF, 1 set. 2006.

> sede de controle incidental, chegar à conclusão, de modo definitivo, de que a lei é inconstitucional, essa decisão terá efeitos gerais, fazendo-se a comunicação ao Senado Federal para que este publique a decisão no Diário do Congresso. Tal como assente, não é (mais) a decisão do Senado que confere eficácia geral ao julgamento do Supremo. A própria decisão da Corte contém essa força normativa. Parece evidente ser essa a orientação implícita nas diversas decisões judiciais e legislativas acima referidas. Assim, o Senado não terá a faculdade de publicar ou não a decisão, uma vez que se não cuida de uma decisão substantiva, mas de simples dever de publicação, tal como reconhecido a outros órgãos políticos em alguns sistemas constitucionais (Constituição austríaca, art. 140, 5 – publicação a cargo do Chanceler Federal – e Lei Orgânica da Corte Constitucional alemã, art. 31 (2), publicação a cargo do Ministro da Justiça). A não-publicação não terá o condão de impedir que a decisão do Supremo assuma a sua real eficácia.[22]

Não há dúvida de que, na época do julgamento da Reclamação nº 4.335 (2014), o instituto previsto no inciso X do art. 52 da Carta Magna já se mostrava anacrônico em razão dos desenvolvimentos verificados no controle difuso. Não obstante, o STF chancelou o entendimento de que somente a suspensão da lei pelo Senado Federal concederia eficácia *erga omnes* às decisões do controle difuso.

Posteriormente, com o advento do CPC de 2015, os efeitos da repercussão geral ganharam contornos mais próximos do controle concentrado: a declaração de inconstitucionalidade em controle difuso tornou-se hipótese de cabimento de rescisória de processos que aplicaram aquela lei (art. 535, §5º). Ademais, pela redação original do CPC de 2015, o descumprimento de acórdão em repercussão geral passaria a dar ensejo à reclamação (art. 988, §5º, II), contudo, esse dispositivo foi revogado pela Lei nº 13.256, de 4 de fevereiro de 2016, antes mesmo da entrada em vigor do novo código processual.

Anos depois, em 2017, a questão dos efeitos do controle difuso retornou ao Plenário com as ADIs nº 3.470 e nº 3.406. Ambas as ações diretas tratavam da constitucionalidade de lei fluminense que proibia a comercialização de amianto e estabelecia a substituição progressiva desse material. A norma estadual foi declarada constitucional pelo Pretório

---

[22] MENDES, Gilmar Ferreira. O papel do Senado Federal no controle de constitucionalidade: um caso clássico de mutação constitucional. *Direito Público*, [*S. l.*], n. 4, p. 31, abr./maio/jun. 2004. Disponível em: http://52.186.153.119/bitstream/123456789/379/1/Direito%20P%C3%BAblico_v1n4abrjun2004.pdf. Acesso em: 25 ago. 2024.

Excelso, todavia, durante o julgamento a Corte teve que se pronunciar incidentalmente sobre a validade da Lei Federal nº 9.055, de 1º de junho de 1995 que, em sentido exatamente oposto, autorizava o comércio de amianto. Isso porque existiam inúmeras antinomias semelhantes entre essa norma federal e outras normas locais que também proibiam o comércio do amianto. A lei federal foi considerada incompatível com convenções internacionais ratificadas pelo Brasil (que possuem caráter supralegal) e também com os princípios constitucionais do direito fundamental à saúde e ao meio ambiente equilibrado (arts. 6º, 7º, XXII, 196, e 225 da Constituição). Por esse motivo, a Corte decidiu dar eficácia *erga omnes* e efeito vinculante à declaração incidental de inconstitucionalidade do art. 2º da Lei Federal nº 9.055/1995.

Curiosamente, adotou-se nessas ADIs a tese do Ministro Gilmar Ferreira Mendes que havia sido rejeitada na Reclamação nº 4.335: a de que houve mutação constitucional do art. 52, X, da Constituição Federal. Para a surpresa de todos, tal tese foi explicitamente endossada pelos Ministros Edson Fachin, Rosa Weber, Luiz Fux, Dias Toffoli, Celso de Mello e Cármen Lúcia, vencidos apenas os Ministros Alexandre de Moraes e Marco Aurélio. Restou fixado, portanto, que a declaração incidental de inconstitucionalidade pelo STF possui eficácia *erga omnes*, independentemente de manifestação do Senado Federal. Por meio dessa decisão, os Ministros explicitamente equipararam os efeitos das decisões proferidas nos controles difuso e concentrado.

No RE nº 949.297, caso paradigma do Tema nº 881, julgado em 2023, o Ministro Luís Roberto Barroso reforçou essa mesma tese de mutação constitucional do art. 52, X, da Constituição:

> Aponto ainda que a superação da necessidade de resolução do Senado para a atribuição de efeitos vinculantes e eficácia *erga omnes* às decisões em controle de constitucionalidade não é novidade no âmbito desta Corte. Sob a égide da Constituição de 1967 alterada pela EC nº 1/1969, vigia o art. 42, VII, cuja redação era idêntica à do atual art. 52, X, da Constituição de 1988. No entanto, no Processo Administrativo nº 4.477/1972, em deliberação chancelada pelo despacho de 18.04.1977, esta Corte definiu que as decisões, em sede de controle abstrato de constitucionalidade, não seriam mais encaminhadas ao Senado Federal, mas apenas às autoridades prolatoras da legislação, para fins de comunicação. Esta Corte atribuiu, portanto, efeitos vinculantes *erga omnes* às suas próprias decisões em controle abstrato, o que foi positivado com a introdução do art. 175 no Regimento Interno, em 1980, e, posteriormente, com o art. 102, § 2º, na Constituição de 1988.

> Desse modo, entendo ser imprescindível que se reconheça a mutação do art. 52, X, da CF/1988, para as decisões proferidas em recurso extraordinário com repercussão geral.[23]

Importa destacar que, em 2018, quando o Pretório Excelso julgou o HC nº 152.752 –[24] o famoso *habeas corpus* que buscava impedir a execução provisória da pena do então ex-presidente Lula –, muito se discutiu se o STF deveria ter julgado antes as ADCs nº 43 e 44 (que teriam efeitos gerais) ou se seria uma opção estratégica dos Ministros julgar tal processo em controle difuso. Acontece que não era esse o caso, uma vez que, a partir da tese da mutação constitucional do art. 52, X, da Constituição, ambos os processos teriam efeitos semelhantes.[25] É dizer, pela atual jurisprudência da Corte – estabelecida desde as ADIs nº 3.470 e 3.406 –, não faz diferença se o processo é julgado em controle difuso ou concentrado no STF, em ambos os casos a decisão produzirá efeitos *erga omnes* e vinculante.

4 A possível expansão máxima dos efeitos abstratos da repercussão geral a partir dos Temas nº 881 e 885

Em 2024, o STF deu um novo passo no sentido de expandir os efeitos abstratos do controle difuso com o julgamento dos Temas nº 881 e 885 da repercussão geral. Esses Temas, apesar de tratarem diretamente de matéria tributária, adentraram também na questão dos efeitos emanados pelas decisões da Corte nos controles difuso e concentrado de constitucionalidade.

Para contexto, os Temas nº 881 e 885 estão relacionados com a Contribuição Social sobre o Lucro Líquido (CSLL), instituída em 1988 pela Lei nº 7.689. Ocorre que, entre o final da década de 1980 e o início da década de 1990, diversos contribuintes conseguiram decisões favoráveis que afastavam a referida contribuição por considerá-la inconstitucional. Contudo, o STF decidiu pela constitucionalidade da contribuição em

---

23 BRASIL. Supremo Tribunal Federal (Pleno). RE 949.297. Relator: Min. Edson Fachin, 8 de fevereiro de 2023. *Dje*: Brasília, DF, p. 204-206 do acórdão, 28 abr. 2023.

24 BRASIL. Supremo Tribunal Federal (Pleno). HC 152.752. Relator: Min. Edson Fachin, 4 de abril de 2018. *Dje*: Brasília, DF, 27 jun. 2018.

25 GALVÃO, Jorge Octávio Lavocat. Por que a decisão no HC de Lula tem efeito vinculante? *Jota*, São Paulo, 2 abr. 2018. Disponível em: https://www.jota.info/artigos/lula-hc-repercussao-122339-02042018. Acesso em 20 jul. 2024.

controle difuso no ano de 1992 (nos REs nº 146.733[26] e nº 150.764)[27] e em controle concentrado no ano 2007 (com o julgamento da ADI nº 15).[28] Várias das decisões favoráveis aos contribuintes, porém, já haviam sido qualificadas como coisa julgada.[29]

Dessa forma, foi interposto o RE nº 949.297,[30] que se tornou o caso paradigma do Tema 881, com o objetivo de discutir a situação do contribuinte que, num primeiro momento, tinha em seu favor decisão transitada em julgado que declarava a inexistência da relação jurídico-tributária pela inconstitucionalidade incidental de tributo, mas que foi, posteriormente, relação declarada constitucional na via do controle *concentrado* pelo STF. Em sentido semelhante, também foi interposto o RE nº 955.227,[31] caso paradigma do Tema nº 885, cujo fito era analisar se (e como) as decisões do STF em controle *difuso* eram capazes de fazer cessar os efeitos futuros da coisa julgada em matéria tributária, quando a sentença fosse baseada na constitucionalidade ou inconstitucionalidade do tributo.

Ambos os Temas nº 881 e 885 foram julgados conjuntamente pelo STF em 2023. Na decisão, os Ministros fixaram, por unanimidade, a seguinte tese:

> 1. As decisões do STF em controle incidental de constitucionalidade, anteriores à instituição do regime de repercussão geral, não impactam automaticamente a coisa julgada que se tenha formado, mesmo nas relações jurídicas tributárias de trato sucessivo. 2. Já *as decisões proferidas em ação direta ou em sede de repercussão geral interrompem automaticamente os efeitos temporais das decisões transitadas em julgado* nas referidas relações,

---

[26] BRASIL. Supremo Tribunal Federal (Pleno). RE 146.733. Relator: Min. Moreira Alves, 29 de junho de 1992. *Dje*: Brasília, DF, 6 nov. 1992.

[27] BRASIL. Supremo Tribunal Federal (Pleno). RE 150.764, Relator: Min. Sepúlveda Pertence, 16 de dezembro de 1992. *Dje*: Brasília, DF, 2 abr. 1993

[28] BRASIL. Supremo Tribunal Federal (Pleno). ADI 15. Relator: Min. Sepúlveda Pertence, 14 de junho de 2007. *Dje*: Brasília, DF, 31 ago. 2007.

[29] DELIGNE, Maysa de Sá Pittondo; ROCHA, Diego Pabulo Pinto Pereira da. Coisa julgada em matéria tributária: as relações jurídicas de trato continuado e os Temas de Repercussão Geral nº 881 e 885. *Revista Direito Tributário Atual*, [*S. l.*], n. 55, p. 269-304, 2023. Disponível em: https://revista.ibdt.org.br/index.php/RDTA/article/view/2428/2207. Acesso em: 31 ago. 2024.

[30] BRASIL. RE 949.297.

[31] BRASIL. Supremo Tribunal Federal (Pleno). RE 955.227. Relator: Min. Roberto Barroso, 8 de fevereiro de 2023. *Dje*: Brasília, DF, 2 maio 2023.

respeitadas a irretroatividade, a anterioridade anual e a noventena ou a anterioridade nonagesimal, conforme a natureza do tributo.[32]

Nos termos do voto do Ministro Luís Roberto Barroso, Redator para o acórdão, ficou decidido que, a partir do momento em que a Suprema Corte declara a constitucionalidade (ou inconstitucionalidade) de lei sobre determinado tributo de relação jurídica de trato continuado *seja em sede de controle concentrado, seja em sede de repercussão geral*, os efeitos da coisa julgada material formada em sentido oposto cessam imediatamente, independentemente de ação revisional ou inibitória.[33] [34]

Para além da relevante questão sobre o instituto da coisa julgada e a segurança jurídica,[35] a tese fixada nos Temas nº 881 e 885 simboliza mais um passo do STF na direção da abstrativização da repercussão geral. Isso porque a tese busca estabelecer o entendimento de que as decisões de controle difuso proferidas em sede de repercussão geral têm o mesmo efeito temporal das ações diretas do controle concentrado, ao menos no que se refere à coisa julgada em matéria tributária.

Em outras palavras, nessa tese, os Ministros consideraram a repercussão geral tão abstrata quanto o próprio controle concentrado, não havendo mais o que se falar em distinção de efeitos entre os dois controles, mas apenas em uma distinção de efeitos dentro do próprio controle difuso: os processos difusos julgados fora do regime de repercussão geral são concretos e *inter partes*, enquanto a repercussão geral adquiriu verdadeiro efeito abstrato, vinculante e *erga omnes*.

É isso o que se depreende do voto do Ministro Luís Roberto Barroso, Redator para o acórdão. Além de ressaltar o processo de

---

32 BRASIL. RE 949.297, grifos nossos.

33 DELIGNE; ROCHA. Coisa julgada em matéria tributária: as relações jurídicas de trato continuado e os Temas de Repercussão Geral nº 881 e 885.

34 Importa destacar que, em 2015, a Suprema Corte julgou o Tema nº 733 de repercussão geral, no qual fixou o entendimento de que "a decisão do Supremo Tribunal Federal declarando a constitucionalidade ou a inconstitucionalidade de preceito normativo não produz a automática reforma ou rescisão das decisões anteriores que tenham adotado entendimento diferente". Dessa forma, os Temas 881 e 885 significaram a superação desse entendimento para as relações tributárias de trato sucessivo, uma vez que, para estas, as decisões de controle concentrado e repercussão geral passaram a interromper automaticamente os efeitos da coisa julgada.

35 Na academia, houve diversos debates sobre tal decisão, que foi criticada por alguns autores por ir de encontro aos princípios da coisa julgada e da segurança jurídica. Cf. STRECK, Lenio Luiz. Uma (nova) reflexão sobre a coisa julgada no Supremo Tribunal Federal. *Conjur*, São Paulo, 30 mar. 2023. Disponível em: https://www.conjur.com.br/2023-mar-30/senso-incomum-reflexao-coisa-julgada-recente-julgado-stf/. Acesso em: 31 ago. 2024.

objetivação do controle difuso, o Ministro afirmou expressamente que a aproximação de efeitos dos controles difuso e concentrado avançou de tal maneira que ambos se tornaram iguais:

> Como ressaltei, com a sistemática da repercussão geral, instituída pela EC nº 45/2004, e a sucessiva adoção de teses de julgamento, *o processo de objetivação do controle difuso se tornou ainda mais claro.*
> (...)
> Lembro que *a aproximação de ambos os controles de constitucionalidade é natural e inevitável,* ao ponto de ser por meio de uma repercussão geral que esta Corte definirá, no presente julgamento, os efeitos da decisão proferida em controle de constitucionalidade abstrato em sentido oposto ao declarado em decisões transitadas em julgado referentes a relações jurídicas de trato sucessivo.
> Nesse contexto, é inconteste que as decisões proferidas em recursos extraordinários com repercussão geral e as proferidas em controle concentrado gradativamente têm adquirido os mesmos efeitos, seja pela atuação do próprio Poder Judiciário ou do Poder Legislativo.
> (...)
> Assim, aproveito para afirmar ser necessário que esta Corte reconheça que *a declaração de inconstitucionalidade, em sede de recurso extraordinário com repercussão geral, possui os mesmos efeitos vinculantes e eficácia erga omnes atribuídos às ações de controle abstrato.* Nesses casos, a resolução do Senado, a que faz menção o art. 52, X, da CF/1988, possuirá a finalidade de publicizar as decisões de inconstitucionalidade, não configurando requisito para a atribuição de efeitos vinculantes *erga omnes.*
> (...)
> Trata-se, portanto, *de passo rumo à consolidação do processo de abstratização do controle difuso,* resultando em uma maior integridade à teoria de precedentes, bem como no aprimoramento do controle de constitucionalidade brasileiro.[36]

No mesmo sentido é o voto do Ministro Alexandre de Moraes, consoante qual "a decisão desta CORTE que declara inconstitucionalidade de norma, em sede de recurso extraordinário com repercussão geral, possui *os mesmos efeitos vinculantes e eficácia erga omnes atribuídos às ações de controle abstrato*".

[36] BRASIL. RE 949.297, grifos nossos.

Também merece destaque excerto do voto do Ministro André Mendonça:[37]

> Além desse aporte doutrinário, convém registrar que toda a jurisprudência do Pretório Excelso caminhou no exato sentido de dotar de efeitos vinculantes e eficácia *erga omnes* os pronunciamentos levados a cabo sob o rito da repercussão geral.
> (...)
> Feito esse retrospecto, *mostra-se indene de qualquer dúvida que a partir da instituição da repercussão geral*, na qualidade de novo pressuposto recursal e de mecanismo de filtragem, *ocorreu uma relevante modificação da ordem processual quanto aos efeitos do juízo de constitucionalidade proferido em sede de controle concreto*. Disso concluo que *uma decisão de mérito tomada pelo plenário do Supremo Tribunal Federal é suficiente para alterar o estado de direito*.[38]

De fato, não era necessário à discussão dos autos adentrar na questão de equiparação de efeitos dos controles concentrado e difuso. Apesar disso, essa foi uma questão relevante no julgamento, como se depreende dos votos citados.

Ainda que não tenha sido expresso na redação da tese dos Temas nº 881 e 885, houve uma busca direta por igualar os efeitos, inclusive temporais, da repercussão geral aos do controle concentrado pelos Ministros. Isso simboliza uma caminhada (progressiva) da Suprema Corte para levar os efeitos abstratos da repercussão geral à expansão máxima.

Importa destacar que expandir os efeitos da repercussão geral significa, para o STF, uma tentativa de reforçar a sua autoridade como órgão máximo do Poder Judiciário, fazendo ampliar os efeitos de suas decisões e vinculando diretamente as instâncias inferiores em qualquer julgamento de constitucionalidade –[39] seja difuso ou concentrado, já que

---

[37] Importa ressaltar que, a despeito de ter levantado esses argumentos em seu voto, o Ministro afirmou não querer adentrar no tema da mutação constitucional do art. 52, X, da Constituição e da equiparação de efeitos entre os controles de constitucionalidade no referido julgamento. *In verbis*: "reitero não sufragar neste voto fundamentos pertinentes à eventual mutação constitucional do art. 52, X, da Constituição, ou à equiparação do alcance e dos efeitos das decisões plenárias em sede de controle difuso àquelas derivadas do controle abstrato, por serem em meu entendimento desnecessários ao deslinde da controvérsia" (BRASIL. RE 949.297, p. 373 do acórdão).

[38] BRASIL. RE 949.297, p. 370-372 do acórdão.

[39] TAVARES, Luca Barbosa; FERNANDES E PEIXOTO, Maurício Muriack de. Analisando o julgamento dos Temas 881 e 885 pelo Supremo Tribunal Federal: novas perspectivas

ambos possuem os mesmos efeitos *erga omnes* e vinculantes. Conforme defende Marinoni:

> Ao se admitir que um filtro recursal, como a repercussão geral, objetiva permitir à Corte exercer a sua função de atribuir sentido à Constituição, admite-se implicitamente que os precedentes constitucionais são imprescindíveis a tanto. Isso porque de nada adiantaria à Corte afirmar o sentido da Constituição, mediante recurso extraordinário – ou seja, num sistema em que o controle de constitucionalidade é difuso –, caso a sua decisão não tivesse autoridade capaz de obstar os Juízes e Tribunais a decidirem de modo contrário.
> Se os Tribunais pudessem negar o sentido que a Corte atribui à Constituição, muito pouco lhe adiantaria decidir. Na verdade, a sua função estaria cumprida pela metade, pois lhe é necessário, também, tornar as suas decisões observadas pelos Juízes e Tribunais. Não é por outra razão que os precedentes – obrigatórios ou vinculantes – nada mais são do que uma consequência da função atribuída à Corte.[40]

Se a sistemática da repercussão geral foi a solução para resolver a crise numérica dos recursos extraordinários, é possível afirmar que a progressiva expansão da abstração do controle difuso – também por meio da repercussão geral – é a solução atual do STF para garantir a autoridade de suas decisões sobre a ordem constitucional.

Os Temas nº 881 e 885 inauguraram um novo capítulo da repercussão geral na Suprema Corte: os Ministros não falam mais de aproximar os controles difuso e concentrado, mas em tornar os efeitos da repercussão geral idênticos aos das ações de controle concentrado. É um passo além que faz com que os controles concentrado e difuso deixem de se diferenciar por seus efeitos e passem a se diferenciar somente por sua sistemática processual.

5 Conclusão

Dentro do sistema misto de controle de constitucionalidade brasileiro, os controles concentrado e difuso originalmente se distinguiam por terem efeitos distintos: o concentrado possuía efeitos *erga omnes* e

---

acerca da insegurança jurídica no uso da modulação de efeitos na seara tributária. *Revista da Advocacia Pública Federal*, [*S. l.*], v. 7, n. 1, p. 287, 2023.

[40] MARINONI, Luiz Guilherme. A repercussão geral diante das novidades do RISTF: elementos para uma reconstrução. *Res Severa Verum Gaudium*, [*S. l.*], v. 6, n. 1, p. 20, jun. 2021.

vinculantes, enquanto o difuso tinha efeitos *inter partes*. Contudo, após a implementação da repercussão geral pela EC nº 45/2004, o controle difuso adquiriu contornos mais objetivos e gerais, numa tentativa de solucionar a crise numérica dos recursos extraordinários que o STF então vivia.

Não há dúvidas de que a instituição da repercussão geral foi o início do processo de aproximação dos dois controles de constitucionalidade. Durante as duas décadas de vigência da EC nº 45/2004, houve um progressivo processo de abstrativização da repercussão geral por meio de decisões da própria Suprema Corte. As ADIs nº 3.470 e nº 3.406, em particular, foram essenciais para aproximar os efeitos dos controles difuso e concentrado, estabelecendo a tese de mutação constitucional do art. 52, X, da Constituição Federal e conferindo efeitos *erga omnes* e vinculante às decisões de repercussão geral, independente de manifestação do Senado Federal.

O julgamento dos Temas nº 881 e 885 trouxe novamente à tona a discussão sobre a abstrativização do controle difuso. A tese nele fixada, ao estabelecer que os recursos extraordinários julgados em sede de repercussão geral possuem os mesmos efeitos temporais que as ações diretas em controle concentrado nas relações de trato sucessivo, ultrapassou a âmbito tributário e inaugurou um novo capítulo na progressiva expansão da repercussão geral: para além da aproximação, existe agora uma completa equiparação dos controles de constitucionalidade.

Mais do que um mero passo no sentido da abstrativização, a tese dos Temas nº 881 e 885 abriu caminho para que a Corte possa expandir, ao máximo, os efeitos da repercussão geral, tornando-os não assemelhados ao controle concentrado, mas *idênticos*. Ainda que no meio acadêmico existam controvérsias sobre a mutação constitucional do art. 52, X, da Constituição, o fato é que, com os Temas nº 881 e 885, o STF deixa evidente o seu desejo de expandir, ainda mais, a abstrativização da repercussão geral para transformá-la num controle de constitucionalidade que, apesar de ser incidental, difuso e subjetivo, é efetivamente abstrato em todos os seus efeitos.

Referências

ALVES, José Carlos Moreira. Poder Judiciário. *Cadernos de Direito Constitucional e Ciência Política*, [*S. l.*], v. 5, n. 18, p. 269-282, jan./mar. 1997.

BARROSO, Luís Roberto; REGO, Frederico Montedonio. Como salvar o sistema de repercussão geral: transparência, eficiência e realismo na escolha do que o Supremo Tribunal Federal vai julgar. *Revista Brasileira de Políticas Públicas*, Brasília, DF, v. 7, n. 3, p. 695-713, 2017. Disponível em: https://www.uhumanas.uniceub.br/RBPP/article/view/4824/3615. Acesso em 31 ago. 2024.

BRASIL. [Constituição (1988)]. *Constituição da República Federativa do Brasil de 1988*. Brasília, DF: Presidência da República, 1988. Disponível em: http://www.planalto.gov.br/ccivil_03/constituicao/constituicaocompilado.htm. Acesso em: 8 ago. 2024.

BRASIL. Emenda Constitucional nº 45, de 30 de dezembro de 2004. Altera dispositivos dos arts. 5º, 36, 52, 92, 93, 95, 98, 99, 102, 103, 104, 105, 107, 109, 111, 112, 114, 115, 125, 126, 127, 128, 129, 134 e 168 da Constituição Federal, e acrescenta os arts. 103-A, 103B, 111-A e 130-A, e dá outras providências. *Diário Oficial da União*: Brasília, DF, 2004. Disponível em: https://www.planalto.gov.br/ccivil_03/Constituicao/Emendas/Emc/emc45.htm. Acesso em: 16 ago. 2024.

BRASIL. Lei nº 2.437, de 7 de março de 1955. *Dá nova redação a dispositivos do Código Civil. Diário Oficial da União*: Brasília, DF, 1995. Disponível em: https://www.planalto.gov.br/ccivil_03/Leis/1950-1969/L2437.htm#art3. Acesso em: 16 ago. 2024.

BRASIL. Lei nº 13.105, de 16 de março de 2015. Código de Processo Civil. *Diário Oficial da União*: Brasília, DF, 2015. Disponível em: https://www.planalto.gov.br/ccivil_03/_ato2015-2018/2015/lei/l13105.htm. Acesso em: 16 ago. 2024.

BRASIL. Supremo Tribunal Federal (Pleno). ADI 15. Relator: Min. Sepúlveda Pertence, 14 de junho de 2007. *Dje*: Brasília, DF, 31 ago. 2007.

BRASIL. Supremo Tribunal Federal (Pleno). ADI 3.406. Relatora: Min.ª Rosa Weber, 29 de novembro de 2017. *Dje*: Brasília, DF, 1 fev. 2019.

BRASIL. Supremo Tribunal Federal (Pleno). ADI 3.470. Relatora: Min.ª Rosa Weber, 29 de novembro de 2017. *Dje*: Brasília, DF, 1 fev. 2019.

BRASIL. Supremo Tribunal Federal (Pleno). HC 82.959. Relator: Min. Marco Aurélio, 23 de fevereiro de 2006. *Dje*: Brasília, DF, 1 set. 2006.

BRASIL. Supremo Tribunal Federal (Pleno). HC 152.752. Relator: Min. Edson Fachin, 4 de abril de 2018. *Dje*: Brasília, DF, 27 jun. 2018.

BRASIL. Supremo Tribunal Federal (Pleno). Rcl 4.335. Relator: Min. Gilmar Ferreira Mendes, 20 de março de 2014. *Dje*: Brasília, DF, 22 out. 2014.

BRASIL. Supremo Tribunal Federal (Pleno). RE 146.733. Relator: Min. Moreira Alves, 29 de junho de 1992. *Dje*: Brasília, DF, 6 nov. 1992.

BRASIL. Supremo Tribunal Federal (Pleno). RE 150.764, Relator: Min. Sepúlveda Pertence, 16 de dezembro de 1992. *Dje*: Brasília, DF, 2 abr. 1993.

BRASIL. Supremo Tribunal Federal (Pleno). RE 949.297. Relator: Min. Edson Fachin, 8 de fevereiro de 2023. *Dje*: Brasília, DF, 28 abr. 2023.

BRASIL. Supremo Tribunal Federal (Pleno). RE 955.227. Relator: Min. Roberto Barroso, 8 de fevereiro de 2023. *Dje*: Brasília, DF, 2 maio 2023.

BONAVIDES, Paulo; ANDRADE, Paes de. *História constitucional do Brasil*. 8. ed. Florianópolis: OAB Editora, 2006.

CARVALHO FILHO, José dos Santos. Os impactos da repercussão geral do recurso extraordinário na jurisdição constitucional brasileira. *Direito Público*, [*S. l.*], v. 6, n. 30, 2011. Disponível em: https://www.portaldeperiodicos.idp.edu.br/direitopublico/article/view/1664. Acesso em: 29 jul. 2024.

CASTANHATO, Camila. *O processo histórico do controle de constitucionalidade e as Constituições do Brasil*. 2006. Dissertação (Mestrado Direito) – Faculdade de Direito, Pontifícia Universidade Católica de São Paulo, São Paulo, 2006.

DELIGNE, Maysa de Sá Pittondo; ROCHA, Diego Pabulo Pinto Pereira da. Coisa julgada em matéria tributária: as relações jurídicas de trato continuado e os Temas de Repercussão Geral nº 881 e 885. *Revista Direito Tributário Atual*, [*S. l.*], n. 55, p. 269-304, 2023. Disponível em: https://revista.ibdt.org.br/index.php/RDTA/article/view/2428/2207. Acesso em: 31 ago. 2024.

GALVÃO, Jorge Octávio Lavocat. Por que a decisão no HC de Lula tem efeito vinculante? *Jota*, São Paulo, 2 abr. 2018. Disponível em: https://www.jota.info/artigos/lula-hc-repercussao-122339-02042018. Acesso em 20 jul. 2024.

MARINONI, Luiz Guilherme. A repercussão geral diante das novidades do RISTF: elementos para uma reconstrução. *Res Severa Verum Gaudium*, [*S. l.*], v. 6, n. 1, p. 5-38, jun. 2021.

MARINONI, Luiz Guilherme; MITIDIERO, Daniel. *A repercussão geral no recurso extraordinário*. 3. ed. rev. e atual. São Paulo: Revista dos Tribunais, 2013.

MENDES, Gilmar Ferreira; BRANCO, Paulo Gustavo Gonet. *Curso de Direito Constitucional*. 12. ed. rev. e atual. São Paulo: Saraiva, 2017.

MENDES, Gilmar Ferreira. Controle de constitucionalidade e processo de deliberação: legitimidade, transparência e segurança jurídica nas decisões das cortes supremas. *Observatório da Jurisdição Constitucional*, [*S. l.*], v. 1, n. 1, p. 1-15, 2010. Disponível em: https://www.portaldeperiodicos.idp.edu.br/observatorio/article/view/551. Acesso em: 22 jul. 2024.

MENDES, Gilmar Ferreira. O papel do Senado Federal no controle de constitucionalidade: um caso clássico de mutação constitucional. *Direito Público*, [*S. l.*], n. 4, abr./maio/jun. 2004. Disponível em: http://52.186.153.119/bitstream/123456789/379/1/Direito%20P%C3%BAblico_v1n4abrjun2004.pdf. Acesso em: 25 ago. 2024.

SILVA, Virgílio Afonso da. *Direito Constitucional brasileiro*. São Paulo: Edusp, 2021.

STRECK, Lenio Luiz. Uma (nova) reflexão sobre a coisa julgada no Supremo Tribunal Federal. *Conjur*, São Paulo, 30 mar. 2023. Disponível em: https://www.conjur.com.br/2023-mar-30/senso-incomum-reflexao-coisa-julgada-recente-julgado-stf/. Acesso em: 31 ago. 2024.

TAVARES, Luca Barbosa; FERNANDES E PEIXOTO, Maurício Muriack de. Analisando o julgamento dos Temas 881 e 885 pelo Supremo Tribunal Federal: novas perspectivas acerca da insegurança jurídica no uso da modulação de efeitos na seara tributária. *Revista da Advocacia Pública Federal*, [*S. l.*], v. 7, n. 1, p. 269-293, 2023.

Informação bibliográfica deste texto, conforme a NBR 6023:2018 da Associação Brasileira de Normas Técnicas (ABNT):

GALVÃO, Jorge Octávio Lavocat; TEIXEIRA, Maria Fernanda Ferreira. Do concreto ao abstrato: a expansão da abstrativização da repercussão geral do STF a partir dos Temas nº 881 e 885. *In*: MENDES, Gilmar Ferreira; GALLOTTI RODRIGUES, Maria Isabel Diniz; ALVIM, Teresa Arruda (coord.). *O novo perfil do controle difuso de constitucionalidade*: estudos em homenagem ao Professor Bruno Dantas nos 20 anos da Repercussão Geral. Belo Horizonte: Fórum, 2025. p. 309-329. ISBN 978-65-5518-898-1.

CONTROLE DE CONSTITUCIONALIDADE NO BRASIL: ANTECEDENTES HISTÓRICOS E EVOLUÇÃO

JOSÉ ANTONIO DIAS TOFFOLI
ROBERTA MARIA RANGEL

1 A trajetória do Ministro Bruno Dantas

Com grande satisfação contribuímos para obra em homenagem ao Ministro Bruno Dantas, que, nascido na Bahia de Todos os Santos, hoje abrilhanta a Presidência do Tribunal de Contas da União (TCU), Corte na qual foi empossado em 2014, por indicação e escolha do Senado Federal.

O Ministro Bruno Dantas iniciou sua carreira como Consultor Legislativo do Senado Federal, ocupando a Consultoria-Geral de 2007 a 2011, e, em parte desse tempo, acumulou essa função com o mandato de Conselheiro do Conselho Nacional do Ministério Público, de 2009 a 2011, para o qual também foi indicado e escolhido pelo Senado Federal. O gesto repetiu-se, com sua indicação e escolha para o mandato de Conselheiro do Conselho Nacional de Justiça (CNJ), de 2011 a 2013.

Também integrou a comissão de juristas que escreveu o Anteprojeto de Reforma do Código de Processo Civil (CPC), que resultou no Novo CPC,[1] incorporando alterações constitucionais já consagradas, como o

[1] Lei nº 13.105, de 16 de março de 2015.

instituto da repercussão geral, mas trazendo outras, como o julgamento de demandas repetitivas, para tornar o processo judicial mais célere e efetivo, condensar a litigiosidade, conter a dispersão jurisprudencial e, sobretudo, para viabilizar a formação de precedentes, assegurando as garantias fundamentais da isonomia processual e da segurança jurídica.[2]

O Ministro Bruno Dantas é autor de importantes obras voltadas ao direito processual civil e tem contribuído permanentemente com o aperfeiçoamento desse importante ramo do direito.

O destaque ora feito da trajetória do Ministro Bruno Dantas, sem pretensão de ser exauriente, tem o propósito de realçar que se trata de um homem de espírito público, forjado no âmago do Estado brasileiro, o que facilmente se percebe analisando suas ações junto ao TCU, sempre voltadas para fortalecer, modernizar, dar mais transparência e efetividade às decisões da Corte, melhor direcionando-a para o cumprimento de sua importante missão constitucional.

O presente artigo em homenagem ao Ministro Bruno Dantas, ao tratar dos antecedentes históricos e da evolução do controle de constitucionalidade no Brasil, simboliza o reconhecimento público por sua importante contribuição ao estabelecimento de uma cultura de precedentes na jurisdição constitucional, inaugurada pela Reforma do Judiciário de 2004 e consolidada no CPC de 2015.

2 Breves considerações introdutórias

O direito brasileiro, em razão da sua colonização essencialmente portuguesa, tem raiz no direito continental europeu, fundado na tradição do *civil law*. Nosso sistema jurídico privilegia, em detrimento dos precedentes jurisprudenciais e dos costumes, as leis escritas editadas pelo Poder Legislativo, fontes primevas do direito.

Essa diferença não impediu a influência do modelo de controle de constitucionalidade norte-americano, especialmente com o advento do regime republicano no Brasil. Contudo, diferentemente do *judicial review* norte-americano, a jurisdição constitucional brasileira não foi

---

[2] TOFFOLI, José Antonio; FREIRE, Alexandre. O incidente de resolução de recursos extraordinários repetitivos e o *amicus curiae* no Supremo Tribunal Federal. *In:* MUNHOZ, José Lúcio (org.). *Cinco anos do CPC*: questões polêmicas: em homenagem a José Roberto Neves Amorim. Barueri: Manole, 2021. p. 1-29.

fruto de construção jurisprudencial, mas sim de previsão expressa na Constituição de 1891.

A origem da jurisdição constitucional e a criação do Supremo Tribunal Federal (STF), tanto nos Estados Unidos como no Brasil, passaram pela necessidade de se atribuir à Suprema Corte a função de instância moderadora dos conflitos democráticos e federativos, assumindo os papéis de guardiã da Constituição e de Tribunal da Federação.

Com a República, era necessário definir a última instância para a resolução de conflitos públicos e privados. O STF foi, então, pensado e estruturado sob inspiração norte-americana, com o intuito, entre outros, de substituir o imperador no exercício do Poder Moderador.

Embora tenhamos instituído, no início da República, um sistema de controle difuso de constitucionalidade, a jurisdição constitucional brasileira evoluiu gradativamente para o modelo de controle concentrado austríaco.

Veremos, rapidamente, a seguir os antecedentes dos dois modelos clássicos de jurisdição constitucional para, na sequência, adentrarmos na evolução histórica do controle de constitucionalidade no Brasil, que resultou na particularidade de o país ter um dos mais abrangentes sistemas de controle de constitucionalidade do mundo, combinando características tanto do sistema norte-americano como do sistema austríaco.[3]

3 Antecedentes históricos da jurisdição constitucional: os modelos norte-americano e austríaco

O processo de independência das 13 colônias britânicas, que se uniram para formar os Estados Unidos da América, também envolveu, em seu seio, uma célebre disputa entre federalistas e jeffersonianos sobre os modelos de Estado, de Constituição e de seu controle. Thomas

---

[3] Este capítulo foi desenvolvido a partir de estudos publicados nos seguintes artigos: TOFFOLI, José Antonio Dias. Poder Moderador no Brasil: os militares e o Supremo Tribunal Federal. *In:* COELHO, Marcus Vinícius Furtado (coord.). *A Constituição entre o Direito e a política*: o futuro das instituições: estudos em homenagem a José Afonso da Silva. Rio de Janeiro: LMJ Mundo Jurídico, 2018. p. 113-150; TOFFOLI, José Antonio Dias. O Poder Judiciário através da história: antes e depois da Constituição Federal de 1988. *In:* TOFFOLI, José Antonio Dias. *30 anos da Constituição brasileira*: democracia, direitos fundamentais e instituições. Rio de Janeiro: Forense, 2018. p. 209-253; TOFFOLI, José Antonio Dias; LIRA, Daiane Nogueira de. A jurisdição constitucional e o processo de convergência entre os sistemas do *common law* e do *civil law* no Brasil. *In:* CUNHA, J. S. Fagundes (coord.). *O Direito nos tribunais superiores*: com ênfase no novo Direito Processual Civil. São Paulo: Bonijuris, 2015. p. 207-227.

Jefferson defendia a soberania do povo como predecessora da sociedade e da formalização das instituições, pregando uma participação direta de seus integrantes.

Alexander Hamilton, nos artigos federalistas, defendia a importância dos tribunais na declaração de nulidade de atos legislativos contrários à Constituição, pois "quando a vontade do legislativo expressa em suas leis, entra em oposição com a do povo, expressa na Constituição, os juízes devem ser governados por esta última e não pelas primeiras".[4] Como conclui:

> Não [se] supõe de modo algum uma superioridade do poder judiciário sobre o legislativo. Supõe apenas que o poder do povo é superior a ambos, e que, quando a vontade do legislativo, expressa em suas leis, entra em oposição com a do povo, expressa na Constituição, os juízes devem ser governados por esta última e não pelas primeiras. Devem regular suas decisões pelas leis fundamentais, não pelas que não são fundamentais.

Após ser derrotado por Jefferson (democrata-republicano) na corrida presidencial de 1800, John Adams (federalista), antes de deixar o posto no início de 1801, indicou seu Secretário de Estado para a Suprema Corte, John Marshall, que viria a desenvolver a teoria da supremacia da Constituição e a introduzir o sistema do *judicial review*, no célebre caso Marbury *vs*. Madison, de 1803. O objetivo, indubitavelmente, era tentar controlar as possíveis reformas do governo Jefferson. Não por acaso, as eleições de 1800 ficaram conhecidas como a "Revolução de 1800". Anota Érico de Araújo Bastos:[5]

> Em meio a este sofisticado mecanismo de controle do poder constituinte, a Suprema Corte será apresentada como a instância moderadora dos arroubos democráticos, a conferir estabilidade ao modelo burguês. Esta condição aparece com clareza ao longo dos artigos federalistas referentes ao Poder Judiciário. Hamilton aproxima-se do ideal moderador de Montesquieu ao definir a necessidade de um corpo intermediário que limite o despotismo legislativo.

---

4 MADISON, James; HAMILTON, Alexander; JAY, John. *Os artigos federalistas*. Tradução: Maria Luiza X. de A. Borges. Rio de Janeiro: Nova Fronteira, 1993. p. 480-481.

5 BASTOS, Erico Araújo. *O oráculo do poder constituinte*: reminiscências do poder moderador na atuação do STF. 2010. Dissertação (Mestrado em Direito) – Faculdade de Direito, Pontifícia Universidade Católica do Rio de Janeiro, Rio de Janeiro, 2010. f. 103.

Ainda segundo o autor:

> A nobreza que aparece em Montesquieu como corpo intermediário, necessário a moderar o pendor despótico do monarca e da câmara de representantes, é aqui substituída pelos tribunais de justiça que, agora, passam a cumprir o papel de moderar os demais poderes: o poder moderador transfere-se da Câmara Alta à Corte Suprema. (...) Os tribunais devem proteger o povo contra si mesmo, contra violações perpetradas pela maioria via legislativo.

Esse mesmo raciocínio foi defendido por John Marshall no caso Marbury *vs.* Madison, ocasião em que se declarou a inconstitucionalidade de um ato normativo que atribuía competência à Suprema Corte para julgar caso concreto não previsto na Constituição. Essa decisão entrou para a história como o marco inicial da jurisdição constitucional e do controle difuso de constitucionalidade, posteriormente difundidos para outras partes do mundo.

O modelo norte-americano do *judicial review* nasce de uma construção jurisprudencial da Suprema Corte, fundada na noção de que todos os magistrados (controle difuso) têm competência para, ao julgar casos concretos, afastar a aplicação de lei conflitante com a Constituição. Desempenha a Suprema Corte papel fundamental, pois, como órgão de cúpula do Poder Judiciário, detém a última palavra nas questões constitucionais, em razão do princípio do *stare decisis* – instituto típico dos países de tradição *common law*, que atribui eficácia vinculante às decisões da Suprema Corte.

Em contraposição ao modelo difuso norte-americano de constitucionalidade, Hans Kelsen formulou o modelo que deu origem ao controle concentrado, em que a fiscalização da constitucionalidade das leis é atribuída, com exclusividade, a um único tribunal – o Tribunal Constitucional –, designado especialmente para a guarda da Lei Fundamental. Além disso, a atuação desse tribunal se dá pela via direta, por meio de uma ação específica ajuizada diretamente perante ele, na qual será analisada a constitucionalidade da norma legal de forma abstrata, sem vinculação a um caso concreto.

O modelo austríaco não surgiu da prática constitucional, como ocorreu nos Estados Unidos, mas sim de um projeto de Kelsen, em sua passagem pela Assembleia Constituinte da Áustria, quando, em 1919, foi convidado pelo Dr. Karl Renner, Chanceler de Estado do Governo Provisório da Áustria germânica, para colaborar na redação da Constituição definitiva daquele país. Como detalha Kelsen, em sua autobiografia:[6]

> A Corte Imperial foi transformada em uma verdadeira corte constitucional – a primeira desse tipo na história do direito constitucional. Até então, nenhuma corte havia recebido competência para revogar leis por motivos de inconstitucionalidade com efeito geral e não restrito ao caso particular.
> Elaborei diversos projetos para levar em conta diferentes possibilidades políticas (...). Um dos projetos elaborados por mim foi efetivamente adotado pela assembleia nacional constituinte com relativamente poucas alterações. A seção que me era mais cara e que eu considerava minha obra mais pessoal, a jurisdição constitucional, não sofreu alteração alguma nos debates parlamentares.

O modelo de jurisdição constitucional de Kelsen foi então colocado em prática pela primeira vez na Constituição austríaca de 1920 e, posteriormente, difundido na maior parte dos países da Europa continental. Conforme ressalta Cezar Saldanha Souza Júnior, os europeus sabiam que o modelo da Suprema Corte americana "era uma singularidade que somente podia operar na realidade sócio-histórica das instituições (a começar pelas judiciais) próprias de *common law*".[7]

4 A evolução do controle de constitucionalidade no Brasil: da Proclamação da República à Constituição de 1988

No período colonial, com forte inspiração no direito canônico, vigeu no Brasil as Ordenações Filipinas segundo as quais, em relação à estrutura judiciária, os conflitos eram resolvidos no âmbito municipal.

Em 1609 e 1752 foram criados, respectivamente, o primeiro e o segundo Tribunal de Relação – o primeiro, na Bahia, e o segundo, no Rio de Janeiro. Em 1804, instituiu-se, no Rio de Janeiro, o Tribunal da "Mesa do Desembargo do Paço e da Consciência e das Ordens".[8] Como

---

[6] KELSEN, Hans. *Autobiografia de Hans Kelsen*. Tradução: Gabriel Nogueira Dias e José Ignácio Coelho Mendes Neto. 3. ed. Rio de Janeiro: Forense Universitária, 2012. p. 80-81.

[7] SOUZA JÚNIOR, Cezar Saldanha. *O tribunal constitucional como poder*. São Paulo: Memória Jurídica, 2002. p. 113.

[8] Esses Tribunais, posteriormente, passaram a ser chamados de Tribunais de Apelação, os embriões dos atuais Tribunais de Justiça.

órgão de última instância, a Casa de Suplicação, em Lisboa, julgava os recursos contra decisões desses tribunais.

A transferência da Corte portuguesa para o Brasil em 1808 exigiu a criação, na colônia, de uma estrutura judiciária independente da de Lisboa. D. João VI elevou, em 10 de maio de 1808, o Tribunal de Relação do Rio de Janeiro ao *status* de Casa de Suplicação do Brasil, dissociando nosso sistema judicial da Casa de Suplicação de Lisboa, que lá permaneceu.

Com a Proclamação da Independência, a Constituição de 1824 estabeleceu um Estado unitário e um governo monárquico prevendo, então, quatro poderes: Legislativo, Moderador, Executivo e Judicial. Instituiu-se em nosso país não um modelo como o norte-americano, com sua Suprema Corte, mas sim um modelo como o francês: de um lado, uma monarquia central e um Conselho de Estado. De outro, a Assembleia Geral, composta da Câmara Alta, o Senado (escolhido pelo Imperador em listas tríplices), e da Câmara dos Deputados, que representaria o "povo" (na verdade, os proprietários, pois o voto era censitário).

Sob a égide da Carta de 1824, o Poder Moderador era "a chave de toda a organização política" (art. 98) e era exercido pelo Imperador, cabendo-lhe velar incessantemente pela manutenção da independência, equilíbrio e harmonia dos demais poderes políticos. O Poder Legislativo tinha a atribuição de fazer as leis, interpretá-las, suspendê-las e revogá-las, zelando ainda pela guarda da Constituição (art. 15). Sob forte influência do ideário político francês, em nome da separação dos Poderes e da supremacia do Parlamento, não havia espaço para um sistema de controle judicial de constitucionalidade das leis. A Casa de Suplicação passou a chamar-se Supremo Tribunal de Justiça, com competências bastante restritas.[9]

O fim da Monarquia e a Proclamação da República por meio do golpe realizado pelo Exército, em aliança com setores da burguesia e da classe média nacional, resultaram em uma nova modelagem constitucional para o Brasil. Segundo Emília Viotti da Costa:

---

[9] Constituição de 1824:
"Art. 164. A este Tribunal Compete:
I. Conceder, ou denegar Revistas nas Causas, e pela maneira, que a Lei determinar.
II. Conhecer dos delictos, e erros do Officio, que commetterem os seus Ministros, os das Relações, os Empregados no Corpo Diplomatico, e os Presidentes das Provincias.
III. Conhecer, e decidir sobre os conflictos de jurisdição, e competencia das Relações Provinciaes".

> Passada a convulsão política que derrubou a Monarquia e instalou o regime republicano no Brasil, o Governo Provisório tratou de criar instituições mais condizentes com a nova conjuntura. Na ausência da figura do imperador, era necessário definir a última instância para resolução de conflitos públicos e privados, uma vez que desaparecera com ele aquela função. O imperador, na verdade, já havia pensado em introduzir no Brasil uma instituição similar à Suprema Corte dos Estados Unidos da América, que assumisse muitas das responsabilidades até então atribuídas a ele (Poder Moderador) e ao Conselho de Estado. Esta idéia só vingaria após a queda da Monarquia.[10]

Já proclamada a República, o Governo Provisório, por meio do Decreto nº 510, de 22 de junho de 1890, criou o STF. Na sequência, o Decreto nº 848, de 11 de novembro do mesmo ano, repetiu a previsão do STF e organizou a Justiça Federal em cada Estado e no Distrito Federal.

A Constituição de 1891, concebida pelo grande jurista Ruy Barbosa, estudioso do sistema jurídico norte-americano, adotou no Brasil, com nítida inspiração na Constituição dos Estados Unidos da América, o modelo difuso de controle de constitucionalidade das leis. Dava-se, a partir de então, início à jurisdição constitucional brasileira.

Além disso, a Carta de 1891 conferiu novos contornos à Justiça, com a adoção de prerrogativas próprias da harmonia e da independência entre os Poderes, como a vitaliciedade (art. 57) e a irredutibilidade salarial (art. 57, §1º) dos juízes, ficando abolido o poder de suspensão dos magistrados antes atribuído ao Poder Moderador. O Poder Judiciário, antes submisso ao Poder Executivo adquiriu, com a Constituição de 1891, competência de julgar, nos crimes comuns, o Presidente da República.

Assim, o STF e o controle judicial de constitucionalidade no Brasil foram concebidos sob influência da Suprema Corte americana, instituídos para garantirem a Constituição, a República e a Federação, sendo os instrumentos que evitariam os arroubos antirrepublicanos e antifederalistas. Como salienta Álvaro Ricardo de Sousa Cruz:

> No Brasil, tanto o Supremo como o controle de constitucionalidade nascem muito mais como uma instituição e um instrumento de salvaguarda da República, sendo impostos por via da Assembleia Constituinte. Nesse sentido, o Supremo Tribunal Federal expôs, desde logo, seu viés antomonarquista. A denegação dos *habeas corpus* propostos por João

---

[10] COSTA, Emília Viotti da. *O Supremo Tribunal Federal e a construção da cidadania*. São Paulo: Edusp, 2006. p. 24.

> Mendes de Almeida em 1897 em favor do Centro Monarquista, bem como em favor dos deputados Barbosa Lima e Alcindo Guanabara e do Senador João Cordeiro, por ocasião do atentado de 5 de novembro contra o Presidente Prudente de Morais, sustenta o raciocínio de que o Supremo nascera como bidê a um contragolpe monárquico.[11]

De fato, além do caso mencionado, as questões monarquistas chegaram ao STF em processos de *habeas corpus*, durante as várias crises ocorridas no início da República e em suas convulsões federativas, políticas, militares e sociais, de que são exemplos: a Revolta da Armada (1893), a Revolução Federalista (1892-1895), a expulsão da família real do Brasil (1903), a Revolta da Vacina (1905) e a Guerra do Contestado (ocorrida entre os anos de 1910 e 1916, tendo por tema a disputa dos limites entre o Paraná e Santa Catarina). A primeira República foi marcada por inúmeros casos de decretação de Estado de Sítio: de 13 presidentes, 5 decretaram Estado de Sítio.

É bem verdade que, em várias ocasiões, o STF não deu concretude ao desiderato para o qual fora criado pelos fundadores da República, com decisões muitas vezes ambíguas ou tímidas, ou não cumpridas. Castro Nunes também destaca essa dificuldade:[12]

> Nos primeiros tempos da República o Tribunal não tinha a consciência do seu papel no regime. Este representava para muitos dos juízes que o compunham e que traziam do Império uma bagagem intelectual copiosa e até brilhante, mas inadequada à compreensão das novas instituições, um sistema pouco conhecido e que teria de receber na órbita jurídica uma aplicação perturbada pelos preconceitos da educação jurídica haurida nas fontes romanas, reinícolas, nas tradições do antigo regime e nos expositores do Direito Público francês.

Por outro lado, os militares – executores do golpe republicano – desdenhavam do STF, como no episódio em que Floriano Peixoto nomeou um médico (Barata Ribeiro) e dois generais para a Corte. Com a não homologação desses nomes, o STF ficou por longo tempo sem quórum para suas deliberações.

---

11 CRUZ, Álvaro Ricardo de Sousa. *Jurisdição constitucional democrática*: atualizada pela Emenda Constitucional nº 45/2010 e pelas leis nº 11.417/2006 e 12.063/2009. 2. ed. Belo Horizonte: Arraes Editores, 2014. p. 287.

12 NUNES, Castro. *Teoria e prática do Poder Judiciário*. Rio de Janeiro: Forense, 1943. p. 168-169.

Vitoriosos na Revolução de 1930, que marcou um novo período de centralização política da União, pondo fim à República Velha, os Tenentes – que haviam sido condenados pelas revoltas de 1922 e 1924 a 1927 e tiveram seus *habeas corpus* sistematicamente denegados pelo STF – puderam destilar seu "humaníssimo sentimento de vingança", como declarara o Ministro Pires e Albuquerque, Procurador-Geral da República, que os havia acusado.[13]

De fato, em 1931, o Governo Provisório comandado por Getúlio Vargas reduziu os salários dos Ministros do STF e seis deles foram aposentados compulsoriamente – inclusive o presidente da Corte, Ministro Godofredo Cunha –, passando o Tribunal a ser composto por 11 Ministros.

Diante de episódios como esse e de outros, que ainda estavam por vir, Raymundo Faoro discorreu sobre o fracasso do STF como Poder Moderador em seu clássico *Os donos do poder*:[14]

> Para controlar o militar e evitar o estadualismo, Rui Barbosa supôs que a lei poria cobro às correntes desencontradas. A lei, não como entidade abstrata, no papel, mas garantida pelo judiciário, sob a égide do Supremo Tribunal Federal. O "governo dos juízes", ainda em elaboração jurisprudencial e doutrinária nos Estados Unidos, seria o árbitro dos outros poderes, dos dissídios entre a União e os Estados, bem como o guarda das liberdades públicas. (...) Não foi o Supremo Tribunal o órgão que falhou à República, mas a República que falhou ao Supremo Tribunal. A missão política que ele deveria representar estava destinada a outras mãos, alimentadas de forças reais e não de papel.

Muitas dessas dificuldades advinham dos efeitos da importação de um modelo constitucional para uma cultura jurídica fincada no direito europeu. Quanto ao controle de constitucionalidade das leis, a despeito de inspirado no modelo norte-americano, sem o mecanismo do *stare decisis*, acabou-se por gerar instabilidade e insegurança jurídica, pois, ainda que o STF declarasse determinada lei inconstitucional, os efeitos dessa decisão restringiam-se ao caso concreto, em virtude da ausência de um mecanismo que dotasse essa decisão de efeitos gerais. Segundo ressalta José Levi Mello do Amaral Júnior:

---

13 RODRIGUES, Lêda Boechat. *História do Supremo Tribunal Federal*. Rio de Janeiro: Civilização Brasileira, 2002. t. 4, p. 31-32.

14 FAORO, Raymundo. *Os donos do poder*: formação do patronato político brasileiro. 3. ed. São Paulo: Globo, 2001. p. 748-749.

> (...) relativamente ao controle de constitucionalidade, o drama do modelo é a ausência do *stare decisis*. Elemento da prática do *common law*, gestado ao longo de séculos, o *stare decisis* não permite cópia. Portanto, faltou ao direito brasileiro o elemento que confere – ao modelo americano – funcionalidade e coerência decisórias. Julgado um recurso extraordinário pelo STF, nada vinculava os demais juízos brasileiros ao entendimento firmado pelo Tribunal de cúpula. Então, buscou-se suprir a falta do *stare decisis* pela via normativa. Adotaram-se, sucessivamente, sucedâneos normativos ao *stare decisis*.[15]

É exatamente isso que Mauro Cappelletti aponta como motivo para a Constituição austríaca de 1920 ter adotado o sistema de controle concentrado elaborado por Hans Kelsen, e não o modelo já desenvolvido e posto em prática nos Estados Unidos. O que também justifica a adoção desse sistema pelas Constituições de vários países de tradição *civil law*.

Mas, ainda na década de 30, podemos citar uma influência direta de Hans Kelsen no sistema constitucional brasileiro. Getúlio Vargas assumiu, provisoriamente, a Presidência da República e, por meio do Decreto nº 22.621, de 5 de abril de 1933, convocou nova Assembleia Nacional Constituinte e aprovou seu regimento interno. Em 1934, Hans Kelsen, então árbitro em Genebra,[16] foi chamado para emitir parecer a respeito da competência dessa constituinte. Kelsen respondeu que o governo provisório, fruto de revolução popular, era legítimo e estava apto, por isso, a convocar uma nova constituinte, podendo estabelecer, em regimento interno, as regras, os direitos e os limites de funcionamento da Constituinte.[17]

Na sequência, a Constituição de 1934 deu os primeiros passos – ainda que tímidos – na direção de um controle direto de constitucionalidade. Paulo Bonavides cita quatro inovações da segunda Constituição da República que muito contribuíram para o aperfeiçoamento do modelo brasileiro de controle de constitucionalidade:

---

15 AMARAL JÚNIOR, José Levi Mello do. Controle de constitucionalidade: evolução brasileira determinada pela falta do *stare decisis*. *Revista dos Tribunais*, São Paulo, v. 920, p. 4, jun. 2012.

16 Sobre a atuação de Hans Kelsen em Genebra como árbitro internacional, ver: KELSEN. *Autobiografia de Hans Kelsen*, p. 96-100.

17 O parecer escrito por Hans Kelsen foi publicado no Brasil na revista *Política: Revista de Direito Público, Legislação Social e Economia*, publicada no Rio de Janeiro em janeiro de 1934. A íntegra do parecer foi reproduzida em: A competência da Assembleia Nacional Constituinte de 1933/34 (um texto de Kelsen sobre o Brasil). *Revista Trimestral de Direito Público*, São Paulo, n. 9, p. 6-8, 1995.

> A primeira novidade foi o instituto da *maioria absoluta* de votos da totalidade dos juízes, como requisito indispensável à declaração, pelos tribunais, da inconstitucionalidade de lei ou ato do poder público.
> A segunda, a competência deferida ao Senado Federal para suspender a execução total ou parcial de qualquer lei ou ato, deliberação ou regulamento, cuja inconstitucionalidade haja sido declarada pelo Poder Judiciário.
> A terceira, a provocação do Procurador-Geral da República para que a Corte Suprema tomasse conhecimento da lei federal que houvesse decretado a intervenção da União no Estado-membro em caso de inobservância de certos princípios constitucionais, e lhe declarasse a constitucionalidade.
> A quarta, finalmente, a instituição do mandado de segurança "para defesa de direito certo e incontestável, ameaçado ou violado por ato manifestamente inconstitucional ou ilegal de qualquer autoridade.[18]

A Carta de 1934, na tentativa de mitigar os impactos da ausência do mecanismo do *stare decisis*, atribuiu ao Senado Federal a competência para suspender, no todo ou em parte, a execução do ato normativo declarado inconstitucional pelo STF, o que daria efeito geral às declarações de inconstitucionalidade. Conquanto essa competência do Senado Federal perdure até hoje no nosso ordenamento, nunca foi instrumento jurídico muito utilizado, não tendo gerado os efeitos desejados.

Com o Estado Novo de Vargas, a outorgada Constituição de 1937 deixou de fazer referência à independência dos Poderes Legislativo e Judiciário. A Carta de 1937 conferiu ao Parlamento a prerrogativa de tornar sem efeito decisão judicial de declaração de inconstitucionalidade das leis:

> Art. 96 - Só por maioria absoluta de votos da totalidade dos seus Juízes poderão os Tribunais declarar a inconstitucionalidade de lei ou de ato do Presidente da República.
> Parágrafo único - No caso de ser declarada a inconstitucionalidade de uma lei que, a juízo do Presidente da República, seja necessária ao bem-estar do povo, à promoção ou defesa de interesse nacional de alta monta, poderá o Presidente da República submetê-la novamente ao exame do Parlamento: se este a confirmar por dois terços de votos em cada uma das Câmaras, ficará sem efeito a decisão do Tribunal.

---

18 BONAVIDES, Paulo. *Curso de Direito Constitucional*. 31. ed. São Paulo: Malheiros, 2016. p. 336.

Essa disposição chegou a ser analisada pelo STF o qual, apesar das críticas ao dispositivo, confirmou sua validade no julgamento da Apelação Cível nº 8.606/DF, em 1º de agosto de 1945:[19]

> De fato, os dois pólos são diversos, os objetivos diferentes. Os tribunais cumprem seu dever declarando a lei inconstitucional incompatível com o texto básico, porque impossível aplicar os dois textos, o constitucional e o legal. Todavia, se o Governo e, com ele, o Parlamento, na teoria da Constituição, entenderem que essa lei, apesar de inconstitucional, é necessária ao bem público poderão, um provocando, outro deliberando, entender que a lei é válida e deve prevalecer.

Tal poder se enfeixou por completo nas mãos de Getúlio Vargas, considerando que o Congresso Nacional foi dissolvido durante o Estado Novo, arrogando-se o Poder Executivo da prerrogativa de editar decretos-leis.

Diante da renúncia de Getúlio Vargas, no final de outubro de 1945, coube ao Ministro José Linhares – Presidente do STF e do Tribunal Superior Eleitoral (TSE) – dirigir o país rumo à democratização, permanecendo no cargo de Presidente da República até 31 de janeiro do ano seguinte. Em 12 de novembro de 1945, para afastar de vez as dúvidas sobre os poderes do Congresso Constituinte, José Linhares editou a Lei Constitucional nº 13 – estabelecendo que os representantes eleitos para a Câmara dos Deputados e para o Senado Federal teriam poderes ilimitados para elaborar, votar e promulgar a Constituição do Brasil – e a Lei Constitucional nº 15, de 26 de novembro de 1945.

A Constituição de 1946 retomou a harmonia e a independência entre os Poderes da República e reinstituiu, de forma plena, o controle difuso de constitucionalidade das leis, atribuindo ao Procurador-Geral da República a titularidade da representação interventiva para observância dos chamados princípios sensíveis,[20] submetendo o ato arguido de inconstitucional ao STF – ação que é considerada o embrião do controle concentrado de constitucionalidade das leis no Brasil.

---

[19] MEYER-PFLUG, Samantha Ribeiro. *Memória jurisprudencial*: ministro Castro Nunes. Brasília, DF: STF, 2007. p. 64.

[20] Forma republicana representativa; independência e harmonia dos Poderes; temporariedade das funções eletivas, limitada a duração destas à das funções federais correspondentes; proibição da reeleição de Governadores e Prefeitos, para o período imediato; autonomia municipal; prestação de contas da Administração; garantias do Poder Judiciário.

Conforme salienta Alfredo Buzaid, o sistema previsto na Constituição de 1946, "se afastou substancialmente da tradição americana e brasileira, atribuindo ao Supremo Tribunal Federal (STF) a competência para decidir um litígio jurídico, do qual pode resultar uma intervenção que é um juízo político do Congresso Nacional".[21] Em verdade, nas palavras de Clèmerson Merlin Clève, "cuida-se de procedimento fincado a meio caminho entre a fiscalização da lei *in thesi* e aquela realizada *in casu*. Trata-se, pois, de uma variante da fiscalização concreta realizada por meio de ação direta".[22]

O controle de constitucionalidade foi mantido nesses termos, sem grandes alterações, até o advento da Emenda Constitucional (EC) nº 16, de 26 de novembro de 1965, quando se instituiu, no direito brasileiro, a representação de inconstitucionalidade contra lei ou ato de natureza normativa, federal ou estadual, mediante a qual o STF passava a ter a competência para analisar a constitucionalidade das normas legais de forma abstrata, sem vinculação a um caso concreto e com efeitos gerais, por meio dessa ação específica ajuizada diretamente perante o Tribunal.

Como bem observado por Oscar Vilhena Vieira, é curioso "que a implementação da via de ação direta no Brasil, que é algo positivo para a garantia dos direitos dos indivíduos, tenha surgido exatamente no início do regime militar".[23] Por outro lado, se pensarmos que o regime militar realizou forte centralização do poder, o controle concentrado "representava um meio para manter o controle do sistema jurídico-judiciário, uma vez que, como se viu logo em seguida, o próprio Supremo Tribunal Federal sofreu pesadas baixas".[24]

Note-se que se concentrou no Procurador-Geral da República a legitimidade para instaurar a representação de inconstitucionalidade, o qual dispunha de uma ampla margem de discricionariedade. De acordo com a Constituição de 1946, o Procurador-Geral da República era nomeado e exonerado *ad nutum* pelo Presidente da República e a Procuradoria-Geral da República acumulava as funções de Ministério Público Federal e de representação judicial da União, o que explicaria,

---

21 BUZAID, Alfredo. *Da ação direta de inconstitucionalidade no Direito brasileiro*. São Paulo: Saraiva, 1958. p. 100.

22 CLÈVE, Clèmerson Merlin. *A fiscalização abstrata da constitucionalidade no Direito brasileiro*. 2. ed. São Paulo: Revista dos Tribunais, 2000. p. 125.

23 VIEIRA, Oscar Vilhena. *Supremo Tribunal Federal*: jurisprudência política. 2. ed. São Paulo: Malheiros, 2002. p. 122-123.

24 STRECK, Lenio Luiz. *Jurisdição constitucional e hermenêutica*: uma nova crítica do Direito. Porto Alegre: Livraria do Advogado, 2002. p. 354-355.

de certo modo, "a timidez e parcimônia com que a representação por inconstitucionalidade foi utilizada até 1988".[25]

Introduziu-se, assim, no Brasil, o modelo de controle concentrado de constitucionalidade, inspirado no modelo austríaco, formulado por Hans Kelsen. O novo modelo passou a coexistir com o sistema difuso de controle e até mesmo com a suspensão da execução das leis pelo Senado Federal, o que foi mantido pela Carta de 1967 e pela EC nº 1, de 17 de outubro de 1969, gerando, nas palavras do Ministro Sepúlveda Pertence, uma "permanente tensão dialética" entre os dois sistemas.[26]

Em 1977, a EC nº 7 promoveu a Reforma do Judiciário, instituindo-se, no STF a avocatória,[27] a representação interpretativa[28] e a arguição de relevância da questão federal.[29]

O modelo de jurisdição constitucional adotado pelo Brasil voltou à discussão com a redemocratização, a partir de 1984, e os debates da Assembleia Nacional Constituinte de 1987/1988. Uma das pautas era a criação de um Tribunal Constitucional fora da organização do Poder Judiciário, com competência exclusiva para o controle de constitucionalidade. A proposta, que contava com a simpatia de juristas de renome (Miguel Reale, Raymundo Faoro, Tércio Sampaio Ferraz, Calmon de Passos, Pinto Ferreira, José Afonso da Silva, dentre outros) teve forte oposição no Supremo e no Executivo, que defendiam a permanência do STF na organização do Poder Judiciário e o modelo de jurisdição constitucional mista.

---

[25] BINENBOJM, Gustavo. *A nova jurisdição constitucional brasileira*: legitimidade democrática e instrumentos de realização. 3. ed. Rio de Janeiro: Renovar, 2010. p. 128.

[26] BRASIL. Supremo Tribunal Federal. ADC 1/DF-QO. Relator: Min. Moreira Alves. *Dje*: Brasília, DF, 16 jun. 1995.

[27] "Art. 119. Compete ao Supremo Tribunal Federal:
(...)
o) as causas processadas perante quaisquer juízos ou Tribunais, cuja *avocação* deferir a pedido do Procurador-Geral da República, quando decorrer imediato perigo de grave lesão à ordem, à saúde, à segurança ou às finanças públicas, para que se suspendam os efeitos de decisão proferida e para que o conhecimento integral da lide lhe seja devolvido" (grifo nossos).

[28] "Art. 119. Compete ao Supremo Tribunal Federal:
(...) l) a representação do Procurador-Geral da República, por inconstitucionalidade ou *para interpretação de lei ou ato normativo federal ou estadual*" (grifos nossos).

[29] "Art. 119. (...)
§1º. As causas a que se refere o item III, alíneas *a* e *d*, deste artigo, serão indicadas pelo Supremo Tribunal Federal no regimento interno, que atenderá à sua natureza, espécie, valor pecuniário e *relevância da questão federal*.
(...)
§3º. O regimento interno estabelecerá: (...) c) o processo e o julgamento dos feitos de sua competência originária ou recursal e da *argüição de relevância da questão federal*" (grifos nossos).

Em 24 de junho de 1987, o Correio Braziliense noticiou que, após visita do Ministro Rafael Mayer, então Presidente do STF, Ulysses Guimarães tinha descartado a proposta de transformação do Supremo na nova Corte Constitucional, ficando consolidada, no entanto, a ampliação do número de legitimados para a ação direta de inconstitucionalidade que, desde 1965, era de atribuição exclusiva do Procurador-Geral da República.[30] Foi ainda extinta a avocatória, a representação interpretativa e a arguição de relevância da questão federal, antes previstas na EC nº 7/1977.

A Constituição de 1988 deu nova feição à jurisdição constitucional e conferiu expressamente ao STF a função precípua de "guarda da Constituição" (art. 102, *caput*, CF/88). De acordo com a Carta de 1988, o STF desempenha, conforme opinião dominante, dois papéis fundamentais: o de guardião da Constituição Federal, exercendo precipuamente a competência de garantir a superioridade da Lei Fundamental, e o de órgão máximo e de cúpula do Poder Judiciário brasileiro, sendo competente para processar e julgar questões em última instância recursal. Acrescentamos ainda que aqueles dois papéis não podem ser desempenhados com equidistância da função política que também é exercida pelo STF uma vez que é o órgão de cúpula do Poder Judiciário e compõe, juntamente com os órgãos máximos do Poder Legislativo e do Poder Executivo, a tríade harmônica e equilibrada do poder do Estado brasileiro.

A ampla proclamação de direitos pela Constituição foi acompanhada da criação de instrumentos que fizessem valer judicialmente essas intenções positivas, conferindo-se ao Judiciário e, especificamente, ao STF, papel fundamental na consolidação desse novel Estado Democrático e na salvaguarda dos direitos e garantias fundamentais dos indivíduos e da coletividade.

A Constituição, no entanto, não apostou apenas no Poder Judiciário. Sabiamente, foram fortalecidas as Funções Essenciais à Justiça, com a previsão de um Ministério Público com poderes extraordinários, como não há em lugar nenhum do mundo, a criação da Advocacia-Geral da União (AGU) e das Defensorias Públicas e a atribuição de dignidade constitucional à advocacia privada. Trata-se

---

[30] CARVALHO, Alexandre Douglas Zaidan de. Juscorporativismo: os juízes e o Judiciário na Assembleia Nacional Constituinte. *Revista Brasileira de Estudos Políticos*, Belo Horizonte, n. 114, p. 54, jan./jun. 2017.

de uma arquitetura complexa e com meios para assegurar tanto uma efetiva independência, incluída a autonomia administrativa e financeira, como amplas garantias funcionais.

Consagraram-se como direitos fundamentais: o livre acesso ao Judiciário, não podendo a lei excluir da apreciação judicial lesão ou ameaça a direito (art. 5º, XXXV); a garantia do juízo natural (art. 5º, XXXVII e LIII) e do devido processo legal (art 5º, LV) e a assistência jurídica integral e gratuita aos que comprovarem insuficiência de recursos (art. 5º, LXXIV). Previram-se ainda a criação e o funcionamento do juizado de pequenas causas (art. 24, X).

Houve, além disso, uma ampliação dos meios de acesso à Justiça. Temos um dos mais abrangentes sistemas de controle de constitucionalidade do mundo, combinando características dos dois modelos clássicos de controle de constitucionalidade – sistema norte-americano (controle difuso, exercido por todos os juízes e tribunais) e sistema austríaco (controle concentrado, exercido por meio de ações abstratas de competência exclusiva do STF). Contamos, assim, com uma variedade de instrumentos processuais por meio dos quais os cidadãos e os entes jurídicos, políticos e sociais podem exercer a fiscalização da constitucionalidade dos atos do poder público e garantir a supremacia da Constituição Federal, como o mandado de segurança, individual e coletivo, o *habeas data*, o mandado de injunção, a ação direta de inconstitucionalidade por omissão, a arguição de descumprimento de preceito fundamental, a ação popular, a ação civil pública, entre outros. Num cenário de reivindicações de uma sociedade de massas, as ações de natureza coletiva fazem do Judiciário um novo canal de mobilização, expressão e deliberação públicas.

A nova Carta ampliou, ainda, significativamente a legitimação ativa para as ações de controle concentrado de constitucionalidade. Se antes a legitimidade era exclusiva do Procurador-Geral da República, a partir de 1988, estende-se o rol para incluir: o Presidente da República, a Mesa do Senado Federal, a Mesa da Câmara dos Deputados, a Mesa da Assembleia Legislativa ou da Câmara Legislativa do Distrito Federal, o Governador do Estado ou do Distrito Federal, o Conselho Federal da Ordem dos Advogados do Brasil (CFOAB), os partidos políticos com representação no Congresso Nacional, as confederações sindicais ou entidades de classe de âmbito nacional.

O STF ficou responsável, ainda, por garantir efetividade às normas constitucionais no caso de inércia dos Poderes Executivo e Legislativo na regulamentação de direitos previstos na Constituição, por meio do mandado de injunção (art. 5º, LXXI) e da ação direta de inconstitucionalidade por omissão.

Intensificou-se, cada vez mais, o processo de convergência entre os sistemas de *common law* e *civil law*. No contexto do controle de constitucionalidade, isso se evidenciou ainda mais, a partir de 2004, na emergência dos institutos da repercussão geral e da súmula vinculante. A EC nº 45, de 30 de dezembro de 2004, atribuiu à Corte novas prerrogativas e competências como, por exemplo, a repercussão geral nos recursos extraordinários – no qual o STF não só julga o caso concreto, mas também define a linha interpretativa para a questão constitucional controvertida, a qual deve ser aplicada pelos tribunais do país nos processos que versem sobre o mesmo tema – e a súmula vinculante, mediante as quais decisões reiteradas do Supremo Tribunal passam a ter efeito vinculante em relação aos demais órgãos do Poder Judiciário e à Administração Pública direta ou indireta, nas esferas federal, estadual, municipal e distrital. A partir do CPC de 2015, esse modelo foi expandido para os tribunais mediante a sistemática de precedentes repetitivos e vinculantes.

O resultado desse novo desenho constitucional foi o surgimento de uma Suprema Corte com um papel ativo na vida do país. No diagnóstico de Marcos Paulo Verissimo, a Constituição de 1988 "colocou o STF em uma posição de absoluto destaque na política nacional, transformando-o em um órgão que passou, pouco a pouco, a agir declaradamente como uma das mais importantes instâncias políticas da nação".[31]

5 O protagonismo do STF e da jurisdição constitucional pós-Constituição de 1988

O STF, instalado quatro dias depois da promulgação da primeira Constituição da República, em 1891, sob a influência da jurisprudência e da doutrina constitucional norte-americanas, fora concebido por Ruy Barbosa como órgão destinado a atuar como Poder Moderador e árbitro da Federação. Desde então, e até a promulgação da chamada "Constituição Cidadã", em 5 de outubro de 1988, fracassara nesses

[31] VERISSIMO, Marcos Paulo. A Constituição de 1988, vinte anos depois: Suprema Corte e ativismo judicial "à brasileira". *Revista Direito GV*, São Paulo, v. 4, n. 2, p. 407-440, 2008.

papéis, por falta de recursos concretos de poder para exercê-los, como assentou Raymundo Faoro.[32]

Após os 20 anos de regime de exceção, o Poder Judiciário encontrava-se na "estufa" daquele regime, para utilizar a expressão de Werneck Vianna.[33] Nessa condição, basicamente limitou-se, na prática, à função tradicional de resolução de conflitos individuais entre os particulares ou entre os cidadãos e o Estado, aplicando a lei aos casos concretos específicos.

O advento da Constituição de 1988 criou as condições para uma mudança de postura da Suprema Corte, em razão da redefinição, pelos constituintes, de sua posição e sua identidade na organização tripartite dos Poderes da República. Sua margem de atuação foi amplamente alargada com a extensa constitucionalização de direitos, garantias e liberdades individuais, sociais e coletivas.

Ao retomar a importância da participação da sociedade civil no processo de redemocratização, Werneck Vianna, em artigo no jornal *O Estado de S.Paulo* (2012),[34] destaca:

> A inédita mobilização social e política em favor das liberdades civis e políticas, em princípio, um momento propício a rupturas, longe de apartar a política do Direito, levou a resultado oposto: a opção do constituinte (a "aranha") foi a de aproximá-los, aprofundando, aperfeiçoando e democratizando as relações entre eles.
>
> Sobretudo, instalou a sociedade civil como novo e importante personagem na trama entre essas duas dimensões, tal como nas ações de controle da constitucionalidade das leis, nas ações civis públicas, nas ações populares, entre tantos outros instrumentos relevantes. Para reforçar essa nova presença, redefiniu o papel do Ministério Público, dotando-o da capacidade de representá-la.

Ao conferir, por exemplo, legitimidade aos partidos políticos com representação no Congresso Nacional, elevou-se sobremaneira a quantidade de questões de natureza política decididas no âmbito do STF, uma vez que os partidos são atores políticos por natureza. Como

---

32 FAORO. *Os donos do poder*, p. 748-749.

33 VIANNA, Luiz Werneck; CARVALHO, Maria Alice Rezende de; MELO, Manuel Palácios Cunha; BURGOS, Marcelo Baumann. *Corpo e alma da magistratura brasileira*. 3. ed. Rio de Janeiro: Revan, 1997. p. 15.

34 VIANNA, Luiz Werneck. A aranha, sua teia e a judicialização da política. *O Estado de S.Paulo*, São Paulo, 25 mar. 2012. Disponível em: https://opiniao.estadao.com.br/noticias/geral,a-aranha-sua-teia-e-a-judicializacao-da-politica-imp-,853029. Acesso em: 10 ago. 2024.

destaca Oscar Vilhena Vieira, "essa abertura do Supremo a outros atores políticos tem transformado o Tribunal, em muitas circunstâncias, em uma câmara de revisão de decisões majoritárias, a partir da reclamação daqueles que foram derrotados na arena representativa".[35]

A constitucionalização abrangente da Carta de 1988 trouxe para nossa Constituição inúmeras matérias que antes eram deixadas para o processo político majoritário e para a legislação ordinária.

O novo papel do STF no Brasil encontra-se em plena sintonia com as mudanças verificadas nas últimas décadas no mundo, que levaram ao contexto atual, no qual as cortes constitucionais passaram a ter, indiscutivelmente, maior protagonismo na ordem democrática.

Esse fenômeno não é exclusivo do Brasil. Cite-se, por exemplo, o caso da França, baluarte da supremacia do Parlamento e da separação dos Poderes – fruto da Revolução Francesa. Com a reforma constitucional de 2008, conferiu-se ao Conselho Constitucional da República Francesa poderes para realizar o controle de constitucionalidade das leis repressivamente (*a posteriori*). Até então, o controle de constitucionalidade estava limitado ao modelo preventivo.

No mesmo sentido caminhou a Inglaterra (berço da *common law*), onde, sobressaindo, mais uma vez, a supremacia do Parlamento, competia ao Comitê de Apelações da Câmara dos Lordes realizar o controle de constitucionalidade das leis. Em 2005, o Constitutional Reform Act conferiu à Corte Constitucional do Reino Unido essa prerrogativa, que, diante de forte resistência, somente foi efetivada em 2010.

Como salienta Luis Pietro Sanchís atualmente, mesmo nos países que adotam um dos modelos de controle de constitucionalidade, não há como negar uma aproximação cada vez maior entre os dois sistemas. Há, de fato, uma convergência entre os modelos, com o abandono da teoria da separação entre Poderes de tradição montesquiana/rousseauniana e a aproximação com o "modelo de *checks and balances* dos federalistas americanos, terreno onde se originaria a figura do juiz-herói – em oposição ao juiz-funcionário da *civil law* –, guardião dos direitos fundamentais, e não simples operador da doutrina da certeza jurídica".[36]

No Brasil, a Constituição de 1988, atribuiu ao Poder Judiciário – que historicamente combinou o sistema de *civil law* com elementos

[35] VIEIRA, Oscar Vilhena. *A Constituição e sua reserva de justiça*: um ensaio sobre os limites materiais ao poder de reforma. São Paulo: Malheiros, 1999. p. 448.

[36] VIANNA; CARVALHO; MELO. *Corpo e alma da magistratura brasileira*, p. 37.

de *common law* – a importante missão de ser o guardião dos direitos assegurados no texto constitucional e lhe conferiu mecanismos para limitar – por meio de sistemas de freios e contrapesos, sob influência do modelo de *checks and balances* norte-americano – os poderes atribuídos ao Executivo, ao Legislativo e ao próprio Poder Judiciário. Não por acaso, surgem, nos dias de hoje, reclamações contra um suposto ativismo e ingerência do Judiciário em outros poderes e em temas sobre os quais a sociedade deveria decidir por meio dos representantes eleitos pelo voto.

Todavia, nos países de tradição de *civil law*, o Poder Judiciário surge como um novo protagonista no sistema político do mundo moderno e, paradoxalmente, com uma tendência de maior ativismo e intervencionismo que nos países da *common law*, manifestando-se como um "poder difuso" e sem mecanismos institucionais que lhe sirvam de contrapeso.

Esse Judiciário não é aquele *poder nulo* de que falava Montesquieu. Muito pelo contrário: sua missão, na atualidade, não mais se resume ao papel clássico de "aplicar contenciosamente a lei aos casos particulares",[37] tão bem sintetizado por Pedro Lessa, em 1915, e que prevaleceu no Brasil até a Carta de 1988.

A realidade atual é a da percepção da Suprema Corte pelos cidadãos como um ente do Estado próximo a sua realidade e capaz de resolver todos os conflitos, o que, em si, já configura uma incompreensão sobre seu papel constitucional ou, na melhor das hipóteses, uma expectativa social exagerada a respeito da própria Corte, que se reflete em demandas crescentes. Muitas dessas demandas, inclusive, poderiam ser resolvidas por meio do diálogo político e de instrumentos como a mediação e a conciliação.

Não obstante, em face disso, o Tribunal foi chamado à seara da política de forma jamais vista. É sintomático que, nos grandes veículos de imprensa, as decisões do Supremo ocupem posição de destaque em meio às notícias sobre a política. E também nas rodas de conversa e nas redes sociais. Os tempos daquele "outro desconhecido" – como Aliomar Baleeiro definiu a Corte nos idos de 1967 – ficou no passado e nas páginas dos livros de história.

Em momentos delicados da vida política nacional, o STF passou a exercer influência mais acentuada nos destinos do país, demonstrando sua essencialidade para a estabilidade e o equilíbrio institucional. Em

---

[37] LESSA, Pedro. *Do Poder Judiciário*. Brasília, DF: Senado Federal, 2003. p. 1.

meio a uma arquitetura de jurisdição constitucional complexa e abrangente, que combina elementos dos dois modelos clássicos de controle de constitucionalidade, a Suprema Corte finalmente assumiu o papel político originário que inspirou a sua criação quando da Proclamação da República, exercendo o relevante papel de moderador dos conflitos federativos, sociais, econômicos e políticos, bem como na defesa dos direitos fundamentais, sociais e culturais e na proteção das minorias.

Referências

AMARAL JÚNIOR, José Levi Mello do. Controle de constitucionalidade: evolução brasileira determinada pela falta do *stare decisis*. *Revista dos Tribunais*, São Paulo, v. 920, jun. 2012.

BASTOS, Erico Araújo. *O oráculo do poder constituinte*: reminiscências do poder moderador na atuação do STF. 2010. Dissertação (Mestrado em Direito) – Faculdade de Direito, Pontifícia Universidade Católica do Rio de Janeiro, Rio de Janeiro, 2010.

BINENBOJM, Gustavo. *A nova jurisdição constitucional brasileira*: legitimidade democrática e instrumentos de realização. 3. ed. Rio de Janeiro: Renovar, 2010.

BONAVIDES, Paulo. *Curso de Direito Constitucional*. 31. ed. São Paulo: Malheiros, 2016.

BRASIL. Supremo Tribunal Federal. ADC 1/DF-QO. Relator: Min. Moreira Alves. *Dje*: Brasília, DF, 16 jun. 1995.

BUZAID, Alfredo. *Da ação direta de inconstitucionalidade no Direito brasileiro*. São Paulo: Saraiva, 1958.

CARVALHO, Alexandre Douglas Zaidan de. Juscorporativismo: os juízes e o Judiciário na Assembleia Nacional Constituinte. *Revista Brasileira de Estudos Políticos*, Belo Horizonte, n. 114, p. 31-77, jan./jun. 2017.

CLÈVE, Clèmerson Merlin. *A fiscalização abstrata da constitucionalidade no Direito brasileiro*. 2. ed. São Paulo: Revista dos Tribunais, 2000.

COSTA, Emília Viotti da. *O Supremo Tribunal Federal e a construção da cidadania*. São Paulo: Edusp, 2006.

CRUZ, Álvaro Ricardo de Sousa. *Jurisdição constitucional democrática*: atualizada pela Emenda Constitucional nº 45/2010 e pelas leis nº 11.417/2006 e 12.063/2009. 2. ed. Belo Horizonte: Arraes Editores, 2014.

FAORO, Raymundo. *Os donos do poder*: formação do patronato político brasileiro. 3. ed. São Paulo: Globo, 2001.

FLEISCHER, David. Um perfil sócio-econômico, político e ideológico da Assembleia Constituinte de 1987. *In:* ENCONTRO ANUAL DA ANPOCS, 11., 1987, Águas de São Pedro. *Anais* (...). Águas de São Pedro: ANPOCS, 1987.

KELSEN, Hans. A competência da Assembleia Nacional Constituinte de 1933/34 (um texto de Kelsen sobre o Brasil). *Revista Trimestral de Direito Público*, São Paulo, n. 9, 1995.

KELSEN, Hans. *Autobiografia de Hans Kelsen*. Tradução: Gabriel Nogueira Dias e José Ignácio Coelho Mendes Neto. 3. ed. Rio de Janeiro: Forense Universitária, 2012.

LESSA, Pedro. *Do Poder Judiciário*. Brasília, DF: Senado Federal, 2003.

MADISON, James; HAMILTON, Alexander; JAY, John. *Os artigos federalistas*. Tradução: Maria Luiza X. de A. Borges. Rio de Janeiro: Nova Fronteira, 1993.

MEYER-PFLUG, Samantha Ribeiro. *Memória jurisprudencial*: ministro Castro Nunes. Brasília, DF: STF, 2007.

NUNES, Castro. *Teoria e prática do Poder Judiciário*. Rio de Janeiro: Forense, 1943.

RODRIGUES, Lêda Boechat. *História do Supremo Tribunal Federal*. Rio de Janeiro: Civilização Brasileira, 2002. t. 4.

SOUZA JÚNIOR, Cezar Saldanha. *O tribunal constitucional como poder*. São Paulo: Memória Jurídica, 2002.

STRECK, Lenio Luiz. *Jurisdição constitucional e hermenêutica*: uma nova crítica do Direito. Porto Alegre: Livraria do Advogado, 2002.

TOFFOLI, José Antonio Dias. O Poder Judiciário através da história: antes e depois da Constituição Federal de 1988. *In:* TOFFOLI, José Antonio Dias. *30 anos da Constituição brasileira*: democracia, direitos fundamentais e instituições. Rio de Janeiro: Forense, 2018. p. 209-253.

TOFFOLI, José Antonio Dias. Poder Moderador no Brasil: os militares e o Supremo Tribunal Federal. *In:* COELHO, Marcus Vinícius Furtado (coord.). *A Constituição entre o Direito e a Política*: o futuro das instituições: estudos em homenagem a José Afonso da Silva. Rio de Janeiro: LMJ Mundo Jurídico, 2018. p. 115-150.

TOFFOLI, José Antonio; FREIRE, Alexandre. O incidente de resolução de recursos extraordinários repetitivos e o *amicus curiae* no Supremo Tribunal Federal. *In*: MUNHOZ, José Lúcio (org.). *Cinco anos do CPC*: questões polêmicas: em homenagem a José Roberto Neves Amorim. Barueri: Manole, 2021. p. 1-29.

TOFFOLI, José Antonio Dias; LIRA, Daiane Nogueira de. A jurisdição constitucional e o processo de convergência entre os sistemas do *common law* e do *civil law* no Brasil. *In:* CUNHA, J. S. Fagundes (coord.). *O Direito nos tribunais superiores*: com ênfase no novo Direito Processual Civil. São Paulo: Bonijuris, 2015. p. 207-227.

VERISSIMO, Marcos Paulo. A Constituição de 1988, vinte anos depois: Suprema Corte e ativismo judicial "à brasileira". *Revista Direito GV*, São Paulo, v. 4, n. 2, p. 407-440, 2008.

VIANNA, Luiz Werneck. A aranha, sua teia e a judicialização da política. *O Estado de S.Paulo*, São Paulo, 25 mar. 2012. Disponível em: https://opiniao.estadao.com.br/noticias/geral,a-aranha-sua-teia-e-a-judicializacao-da-politica-imp-,853029. Acesso em: 10 ago. 2024.

VIANNA, Luiz Werneck; CARVALHO, Maria Alice Rezende de; MELO, Manuel Palácios Cunha; BURGOS, Marcelo Baumann. *Corpo e alma da magistratura brasileira*. 3. ed. Rio de Janeiro: Revan, 1997.

VIEIRA, Oscar Vilhena. *A Constituição e sua reserva de justiça*: um ensaio sobre os limites materiais ao poder de reforma. São Paulo: Malheiros, 1999.

VIEIRA, Oscar Vilhena. *Supremo Tribunal Federal*: jurisprudência política. 2. ed. São Paulo: Malheiros, 2002.

Informação bibliográfica deste texto, conforme a NBR 6023:2018 da Associação Brasileira de Normas Técnicas (ABNT):

TOFFOLI, José Antonio Dias; RANGEL, Roberta Maria. Controle de constitucionalidade no Brasil: antecedentes históricos e evolução. *In*: MENDES, Gilmar Ferreira; GALLOTTI RODRIGUES, Maria Isabel Diniz; ALVIM, Teresa Arruda (coord.). *O novo perfil do controle difuso de constitucionalidade*: estudos em homenagem ao Professor Bruno Dantas nos 20 anos da Repercussão Geral. Belo Horizonte: Fórum, 2025. p. 331-354. ISBN 978-65-5518-898-1.

A EVOLUÇÃO PROMOVIDA NO PODER JUDICIÁRIO PELA EMENDA CONSTITUCIONAL (EC) Nº 45/2004: REVISITAR A HISTÓRIA PARA TRILHAR OS CAMINHOS DO FUTURO

JOSÉ JORGE DE VASCONCELOS LIMA

A aprovação da Emenda Constitucional (EC) nº 45, de 30 de dezembro de 2004, pelo Senado Federal se entrelaça com os primórdios da carreira pública do colega de Tribunal de Contas da União (TCU), e atual Presidente da Corte, Bruno Dantas, ora homenageado por esta obra acadêmica. Na qualidade de Relator da EC nº 45/2004, devo afirmar que são dignos de destaque o rigor técnico de Bruno e a sua dedicação ao trabalho, e as características primordiais para que pudéssemos encontrar os caminhos necessários à aprovação da intrincada emenda constitucional, que teve o condão de implementar elementos para a evolução expressiva do Poder Judiciário.

Fruto da experiência adquirida como Constituinte e Relator da EC nº 45/2004, pretendo rememorar os desafios da aprovação da Reforma do Judiciário, sobretudo ante a curiosa peculiaridade de não ter formação jurídica, mas de ter a oportunidade de contar com o apoio e a orientação de expoentes colegas, perpassando pelas nuances técnicas e políticas que precisaram ser superadas pelo Senado Federal, com o suporte da consultoria legislativa representada por Bruno Dantas, à época, recém-aprovado no concurso.

Minha vida parlamentar teve início na legislatura de 1982-1986, como deputado federal pelo Partido Democrático Social (PDS), época em que participei ativamente do movimento "Diretas Já". Na sequência, contribuí com a fundação do Partido da Frente Liberal (PFL) e fui reeleito para participar da Assembleia Nacional Constituinte de 1987-1988. Continuei na Câmara dos Deputados até 1998, quando fui eleito Senador da República, para representar o Estado de Pernambuco no mandato 1998-2006.

Durante as "Diretas Já" pudemos compreender os efeitos práticos do regime militar no Poder Judiciário, além das conhecidas anomalias sociais que somente foram vistas naquele período. A fase da Assembleia Constituinte também foi extremamente conturbada e marcada por constantes embates parlamentares a fim de se positivar a Constituição Cidadã de 1988, que buscava conciliar as demandas populares com a reorganização do Estado Democrático de Direito. Os calorosos debates naquele momento eram lastreados na vivência de 20 anos de um regime militar, período em que o poder estatal estava hipertrofiado, sem que cidadãos tivessem suas atuais garantias constitucionais.

Houve, portanto, grande preocupação do constituinte em garantir o bem-estar social dos cidadãos, os limites de atuação do Estado e o respeito às instituições, com a implantação do sistema de freios e contrapesos. O Poder Judiciário foi reincluído no cenário das fortes instituições brasileiras, após sua completa relativização nos tempos do governo militar.

Durante a Assembleia Constituinte, fui integrante da Comissão de Sistematização, da Comissão da Organização dos Poderes e Sistema de Governo e da Subcomissão do Poder Legislativo, funções extremamente delicadas, pois envolviam a organização e compilação das emendas de redação apresentadas pelos parlamentares, além da definição da melhor técnica para estruturação final do texto. Não obstante os preciosos avanços democráticos em prol da República tenham sido expressivos, naturalmente não foi possível arredondar todas as arestas políticas e sociais necessárias em 1988.

A aplicabilidade prática daquele texto constitucional analítico e detalhado revelou-se bastante complexa e onerosa, sobretudo ante a completa modificação das demandas sociais pós-redemocratização, ante a premente necessidade de se garantir aos cidadãos direitos sociais invioláveis. Além disso, os freios e contrapesos introduzidos pela Assembleia para o autocontrole estatal precisavam ser aprimorados e devidamente parametrizados a partir dos resultados práticos encontrados.

Sabiamente, a Assembleia introduziu no texto a possibilidade de posterior aprovação de emendas constitucionais, como importantes válvulas de atualização democrática daqueles dispositivos aprovados pela Constituinte. Tanto é que, até 2023, ao completar 35 de anos de vigência, a Constituição já contava com 131 emendas constitucionais, que alteraram 1.677 dispositivos constitucionais.

No que tange ao Poder Judiciário, objeto da EC nº 45/2004, oportuno lembrar que a Constituição de 1988 implementou medidas de valorização da Justiça que, como efeito colateral, sobrecarregaram o sistema judiciário. Em resposta ao período de transição do regime militar para a redemocratização, a Assembleia Constituinte ampliou o rol de direitos fundamentais, facilitou e ampliou as hipóteses de acesso à Justiça, além de conferir a independência necessária ao Poder Judiciário para desempenhar as novas responsabilidades outorgadas, como garantidor do Estado Democrático de Direito.

Não obstante a iniciativa meritória do Constituinte, inclusive em resposta à demanda popular por garantia de direitos sociais e instituições sólidas e respeitadas para garantir a ordem e o direito, o sistema judiciário não estava preparado para suportar toda aquela demanda processual que se instalara após a Constituição de 1988. A judicialização cresceu exponencialmente, empilhando processos nos tribunais que, naturalmente, não lhes conseguiam dar vazão, pois, de fato, não detinham mecanismos eficientes para a pacificação tempestiva de controvérsias.

O cenário encontrado pelos aplicadores do direito em meados dos anos 2000 não era nada simples, os advogados reclamavam da morosidade do Poder Judiciário, os magistrados se queixavam da multiplicidade de matérias que precisavam julgar, impossibilitando a especialização das áreas do direito, e a sociedade não encontrava segurança jurídica na Justiça. A Eminente Ministra Cármen Lúcia do Supremo Tribunal Federal (STF) apresenta as dificuldades enquanto advogada, em 1998:[1]

---

1 ROCHA, Cármen Lúcia Antunes. A reforma do Poder Judiciário. *Revista de Informação Legislativa*, Brasília, DF, ano 35, n. 137, p. 239-254, jan./mar. 1998.

> (...) Assim, além do acesso à justiça, há que se ter por certo que o direito à jurisdição compreende o direito a obter uma decisão judicial pronta, eficiente, a dizer, produzida tempestivamente, dotada da virtude de recompor a situação de segurança jurídica do interessado. Não há eficiência tardia. Não há justiça no atraso da prestação pleiteada. Vida não garantida é vida perdida, ao menos naquilo que a lesou. Liberdade ameaçada, lesada, amordaçada é pássaro ferido de morte. Há que se buscar, pois, a eficiência da prestação jurisdicional, a fim de que tenha assegurado o direito constitucionalmente estabelecido e havido como "inviolabilidade".

Naquele contexto, a demanda popular voltava a requerer a atuação do parlamento. Diversas proposições que tinham por objeto aprimorar o Poder Judiciário foram apresentadas no Congresso Nacional. Afinal, nas palavras do singular Rui Barbosa, que, além de jurista, foi atuante parlamentar, "(...) justiça atrasada não é justiça, senão injustiça qualificada e manifesta".[2]

Este é o ponto em que a história desse pragmático engenheiro, professor de estatística e economista, sem qualquer formação jurídica, se cruza com a reconhecida Reforma do Judiciário promovida pela EC nº 45/2004. Tais características pessoais e acadêmicas, posteriormente, descobri terem sido preponderantes não só para minha escolha como Relator, mas também para a aprovação do texto.

Enquanto ocupava a cadeira de representante de Pernambuco no Senado Federal, a atividade legislativa era intensa e os debates parlamentares tomavam rumos diversos, a depender da afinidade e do conhecimento do parlamentar acerca dos vários temas discutidos pelo Congresso Nacional.

Seguramente, acompanhei os embates iniciais acerca da Reforma do Judiciário, mas não com a mesma atenção que dedicava àqueles temas afetos à minha área de conhecimento. Importante, porém, destacar que reformas são sempre complexas, e nesse quesito a Reforma do Judiciário era singular, pois contava com grupos de interesse altamente articulados e influentes. Não suficiente, todos os atores envolvidos tinham receio de que uma reforma pudesse trazer retrocessos à autonomia do Poder Judiciário, levando-o à situação similar àquela em que se encontrava no regime militar.

---

2 BARBOSA, Ruy. *Oração aos moços*. São Paulo: Edipro, 2021.

Dos 12 anos de tramitação, 4 foram no Senado.[3] O texto aprovado pela Câmara chegou ao Senado em 30 de junho de 2000, autuado sob a Proposta de Emenda à Constituição (PEC) nº 29, de 2000, ainda sob a presidência do Senador Antônio Carlos Magalhães.[4]

Inicialmente, a PEC nº 29/2000 foi relatada pelo respeitado Senador Bernardo Cabral, advogado que presidiu a Ordem dos Advogados do Brasil (OAB) entre 1981 e 1983. Entretanto, a história aponta que os profundos conhecimentos jurídicos do Senador, atrelados ao interesse de estruturar o mais completo texto, abarcando as múltiplas situações que poderiam ser encontradas na sua aplicabilidade, impossibilitaram a tramitação da PEC. Naquele momento, era necessário distinguir o ideal do possível.

Apenas para ilustrar a complexidade da matéria, na primeira fase, a tramitação da PEC nº 29/2000 no Senado[5] aglutinou cerca de 15 outras PECs em tramitação na casa, bem como foram realizadas 5 audiências públicas e recebidas 247 emendas de redação. O primeiro parecer do Relator foi aprovado na Comissão de Constituição, Justiça e Cidadania (CCJ), em 28 de novembro de 2001, porém uma série de destaques permaneceram sendo apreciados até 6 de março de 2002.

Embora aprovado pela CCJ, o texto final para aprovação do Plenário ainda contava com algumas inconsistências intrínsecas, que demandaram o retorno àquela comissão, sendo o segundo parecer do Relator aprovado em 30 de outubro de 2002. Novamente, não obstante os ajustes realizados na nova versão aprovada pela CCJ, a matéria que seguiu para votação do Plenário ainda encontrava forte resistência do colegiado.

Raimundo Carreiro, eminente embaixador do Brasil em Portugal, meu colega enquanto Ministro do TCU, e naquela época Secretário-Geral da Mesa do Senado Federal (1995-2007), recorda que a eleição de 2002 trouxe renovação de dois terços dos senadores para a legislatura 2003-2006. Carreiro também lembra de importante detalhe técnico,

---

[3] BRASIL. Senado Federal. *Proposta de Emenda à Constituição nº 96, de 1992*. Brasília, DF: Senado Federal, 1992. Disponível em: https://www.congressonacional.leg.br/materias/materias-bicamerais/-/ver/pec-96-1992-cd. Acesso em: 5 set. 2024.

[4] BRASIL. Senado Federal. Nova República. Presidentes do Senado Federal durante a Nova República (a partir de 1985). *Portal do Senado Federal*, Brasília, DF, [2024]. Disponível em: https://www25.senado.leg.br/web/senadores/nova-republica. Acesso em: 5 set. 2024.

[5] BRASIL. Senado Federal. *Proposta de Emenda à Constituição nº 29, de 2000*. Brasília, DF: Senado Federal, 2000. Disponível em: https://www25.senado.leg.br/web/atividade/materias/-/materia/44577. Acesso em: 5 set. 2024.

pois a votação já tinha sido iniciada pelo Plenário, que não poderia mais deixar de votar – a PEC precisaria necessariamente ser aprovada ou rejeitada, mas a dificuldade de aprovação consistia, em especial, na complexidade do texto que estava proposto. Assim, Carreiro sugeriu ao recém-empossado Presidente, Senador Sarney, que devolvesse a PEC à CCJ no intuito de que um novo relator consolidasse toda a matéria, encontrando o ponto possível de aprovação, e devolvesse o texto ao Plenário como emenda de comissão.

Assim, no dia 18 de fevereiro de 2003, o Presidente Sarney exarou o seguinte despacho:

> A Presidência, após consulta das Lideranças Partidárias no Senado, decidiu adotar as seguintes providências no que concerne à matéria:
> 1) Retorno à CCJ para reexame, onde será designado relator;
> 2) Possibilidade de apresentação de sugestões pelos Srs. Senadores ao relator. Caso sejam aceitas pelo relator e pela Comissão, serão colhidas as assinaturas de um terço da composição do Senado, conforme preconiza a Constituição;
> 3) Possibilidade da Comissão concluir pela apresentação de substitutivo ou reunir a matéria das proposições e das emendas com parecer favorável num único texto.
> 4) Após o trabalho da Comissão, a matéria retornará ao Plenário para votação em primeiro turno, sendo aberta a oportunidade para apresentação de novos requerimentos, que deverão ser apresentados antes de iniciado o processo de votação;
> (Tramitando em conjunto com as PEC nºs 21/95, 5, 16, 21, 23, 33, 54, 62, 71, 74, 81, 92/99, 1, 5, 20/2000 e 15/2001).
> À Comissão de Constituição, Justiça e Cidadania.[6]

Devolvida a PEC nº 29/2000 à CCJ, o Ministro Nelson Jobim identificou a necessidade de encontrar um relator neutro, que pudesse encontrar o caminho possível de aprovação da Reforma, conforme lembra o Senador Sarney:

> A Emenda Constitucional nº 45 foi um passo importante na História do Judiciário Brasileiro – e o mais efetivo. Uma grande resistência construiu-se contra ela, e seus longos doze anos de tramitação testemunham essa luta, concentrada em dois pontos: a súmula vinculante e o controle externo. Contra a primeira insurgiram-se os juízes e advogados, juristas

---

[6] BRASIL. *Proposta de Emenda à Constituição nº 29, de 2000.*

de grande renome. Moveu-se o espírito corporativista e a magistratura contra o segundo. A reforma não avançava. Foi o Ministro Nelson Jobim, então Presidente do STF, quem enfrentou e aceitou a tarefa de levá-la à frente e vencer as resistências. Eu era o Presidente do Senado e ajudei-o nessa tarefa. Primeiro foi a matreira decisão do Ministro Jobim de não escolhermos um jurista como seu relator. Teríamos a resistência inicial de um ponto de vista pessoal. Daí a coisa estranha e inusitada de que uma Emenda desse alcance e dessa controvérsia tivesse como relator um engenheiro: o Senador José Jorge, de Pernambuco, depois Ministro do TCU.[7]

Embora a matéria fosse de reconhecida importância, inicialmente eu não estava confortável em relatá-la, afinal meus conhecimentos jurídicos eram limitados. Lembro-me de que, naquela ocasião, os principais nomes da cúpula do PFL, em especial os Senadores Jorge Bornhausen e Marco Maciel, me procuraram para que eu aceitasse relatar a PEC nº 29/2000 na CCJ, já que o Senado buscava, justamente, alguém neutro e sem vinculações com instituições jurídicas, para conciliar os múltiplos interesses em questão. Enfim, aceitei e fui designado Relator em 26 de junho de 2003.

Novamente, ao assumir a relatoria da PEC, Carreiro me visitou para alertar que o projeto necessitava de ajustes redacionais e jurídicos, pois contava com várias emendas conflitantes aprovadas no decorrer da tramitação, o que impossibilitou uma discussão efetiva no Plenário.

Então, reabri a fase de discussão na CCJ. Fizemos cerca de 10 audiências públicas, além de intensos debates sobre todos os pontos de convergência e divergência da matéria. A experiência que obtive com os vários temas que relatei me fizeram concluir que o Poder Legislativo funciona com uma lógica diferente dos demais Poderes e setores econômicos, porquanto o que se busca de forma primária numa casa legislativa não é necessariamente resolver determinado problema, mas debatê-lo, ouvindo todos os interessados que desejam expor suas opiniões, até o limite em que a resolução do problema se apresenta naturalmente. Foi essa a estratégia que utilizei.

Não obstante minha experiência acerca da metodologia a ser empreendida para estruturação de um texto passível de aprovação, a

---

[7] SARNEY, José. O Estado de Direito. *In:* DIAS TOFFOLI, José Antonio; SANTA CRUZ, Felipe; GODINHO, André (org.). *Emenda Constitucional nº 45/2004*: 15 anos do novo Poder Judiciário. Brasília, DF: CFOAB, 2019. p. 311-312.

necessidade de auxílio técnico-jurídico era premente e incontestável. Inicialmente, a CCJ me concedeu o importante apoio da advogada Dr.ª Dalide Corrêa, que, embora fosse da Caixa Econômica Federal, estava cedida ao Senado.

Algum tempo depois, requisitei à consultoria do Senado a indicação de algum dos seus excelentes juristas para me auxiliar com tão intrincada matéria, oportunidade em que fui agraciado com a designação de Bruno Dantas, jovem recém-aprovado no concurso, que eu acabara de conhecer, mas que agarrou aquela oportunidade e desenvolveu sua missão com maestria, dedicação e tecnicidade.

O auxílio técnico-jurídico também veio dos Ministros do STF, em especial dos amigos Nelson Jobim e Gilmar Ferreira Mendes, que fizeram contribuições valiosíssimas para que fosse possível filtrar as múltiplas e heterogêneas sugestões que recebíamos. Seus esclarecimentos jurídicos eram sempre cirúrgicos e decisivos.

Formada uma espécie de grupo de trabalho, após ouvidas as mais diferentes contribuições de todos os setores envolvidos, notadamente Tribunais Superiores, Tribunais Estaduais, OAB, Ministério Público, dentre outros, passamos a construir um texto que acalmasse os anseios das instituições, mas fosse firme na defesa da democracia, no atendimento das necessidades do cidadão com a maior eficiência e celeridade da justiça, sempre pautados pela valorização dos princípios constitucionais.

Durante a tramitação na CCJ, alguns temas foram substancialmente alterados, então identificamos que precisariam necessariamente retornar à Câmara dos Deputados. Desenhava-se, assim, um novo desafio a ser enfrentado, porquanto, se toda a PEC retornasse à Câmara, seria inviável sua aprovação. Por outro lado, as principais matérias estavam pacificadas e havia urgente clamor social pela aprovação do texto. Para ilustrar a importância da diligente aprovação da PEC nº 29/2000, confiram-se as palavras do Eminente Ministro Gilmar Ferreira Mendes:[8]

> A Emenda Constitucional n. 45 de 2004 foi um momento fundamental ao país, no qual foi possível realizar uma análise crítica do Poder Judiciário e realizar diversas mudanças no sentido de uma Justiça mais célere,

---

8 MENDES, Gilmar Ferreira. A criação do CNJ pela Emenda Constitucional nº 45 e a consolidação do Judiciário como poder nacional. *In:* DIAS TOFFOLI, José Antonio; SANTA CRUZ, Felipe; GODINHO, André (org.). *Emenda Constitucional nº 45/2004*: 15 anos do novo Poder Judiciário. Brasília, DF: CFOAB, 2019. p. 209.

eficiente e transparente. Muitas novidades por ela trazidas alteraram, de forma definitiva, o panorama dos tribunais brasileiros e contribuíram para a melhoria dos serviços prestados à população.

A solução encontrada, portanto, foi desmembrar a PEC nº 29/2000, criando a PEC nº 29-A/2000: o primeiro texto votado iria direto à promulgação, e o segundo texto retornaria à Câmara dos Deputados. Ambos os textos foram votados no mesmo dia e aprovados com 62 votos favoráveis. Enfim, em 7 de julho de 2004, foi aprovado o texto base da PEC nº 29/2000, que deu origem à EC nº 45/2004, e o texto base da PEC nº 29-A/2000, que passou a ser a PEC nº 358, de 2005, na Câmara dos Deputados.

Embora a PEC nº 29/2000, de fato, tenha tratado de vários temas importantes, como criação da Súmula Vinculante e da Repercussão Geral, positivação do princípio da garantia da razoável duração do processo, ampliação do rol de legitimados para propor Ação Declaratória de Constitucionalidade e definição de competências da Justiça do Trabalho, o tema que mais gerou debate e desgaste foi a criação dos Conselhos Nacionais, tanto da Justiça como do Ministério Público – Conselho Nacional de Justiça (CNJ) e Conselho Nacional do Ministério Público (CNMP).

No intuito de qualificar o caloroso debate acerca do CNJ, oportuno destacar inicialmente a comunicação recebida pelo Senado Federal, em 2 de março de 2004, oriunda do STJ:

> É lido nesta data o Ofício nº 210/GP, de 02-03-2004, do Presidente do Superior Tribunal de Justiça, Ministro Nilson Naves, comunicando ao Senado Federal que aquela Corte, em sessão plenária no dia 16/02/2003, decidiu, por maioria, manifestar-se contrário à criação do controle externo do Judiciário, sugestão que faz parte da Reforma do Judiciário, ratificando a proposta do próprio Tribunal já apresentada ao Congresso Nacional.
> Decidiu, ainda, por unanimidade, na mesma sessão, em relação à súmula vinculante, que o STJ poderá editá-la em matéria infraconstitucional, tendo efeito vinculante em relação a órgãos do Judiciário e à Administração pública direta e indireta.
> Referentemente ao precatório, também por unanimidade, decidiu que o instituto deve ser substituído por título sentencial, de acordo com a proposta enviada ao Congresso Nacional.
> Recomenda, ainda, clareza no texto legislativo em relação à súmula vinculante, para que o STF possa editá-la em matéria constitucional e o STJ em matéria infraconstitucional.

> Por último, reitera as sugestões encaminhadas à Câmara dos Deputados e ao Senado Federal como instrumentos valiosos de rapidez, objetividade e eficiência na aplicação da Justiça. (...).[9]

Não apenas o STJ, mas outras associações de magistrados e tribunais de justiça se manifestavam terminantemente contra a criação do CNJ, talvez por ser uma instituição nova e até então desconhecida, qualificada como de controle externo, que naturalmente causaria algum desconforto.

Por outro lado, alguns atores se manifestavam favoravelmente à criação do Conselho, em especial a OAB e o Ministério da Justiça, conforme registrou o então Ministro da Justiça, Márcio Thomaz Bastos:[10]

> A aparente superposição de competências não gera prejuízos, pelo contrário, permite uma atuação mais completa e mais próxima das atividades dos administradores do Poder Judiciário, zelando pela sua transparência e probidade. A implementação do Conselho Nacional de Justiça significa acrescentar um órgão fiscalizador específico, constitucionalmente previsto, que em nada afeta ou limita a atual atuação dos Tribunais de Contas ou das Corregedorias. (...) A criação do Conselho Nacional de Justiça não vem conflitar com os demais órgãos constitucionais de controle já existentes, vem, pelo contrário, somar esforços, se solidarizar e conferir agilidade a um setor específico de acompanhamento de atos administrativos.

Outra preocupação também manifestada com consistência, sobretudo pela Associação dos Magistrados Brasileiros (AMB), versava sobre a independência jurisdicional do Poder Judiciário, que não poderia ser fraturada com a criação do CNJ, conforme discutido em Ação Direta de Inconstitucionalidade que será aprofundada a seguir.

De toda forma, o parecer da CCJ, que propunha a nova versão da PEC nº 29/2000, realizou ajustes para mitigar tal preocupação. O texto anterior incluía, num mesmo parágrafo do art. 92 da Constituição, disposição acerca do local da sede e da jurisdição do CNJ, do STF e dos Tribunais Superiores. Então desmembramos o único parágrafo em dois, o primeiro tratou do local da sede e o segundo da jurisdição. Assim, o CNJ foi citado apenas no primeiro parágrafo.

---

9 BRASIL. *Proposta de Emenda à Constituição nº 29, de 2000.*

10 BASTOS, Márcio Thomaz. Conselho Nacional de Justiça e o controle do Poder Judiciário. *Revista do Tribunal de Contas da União*, Brasília, DF, n. 99, p. 7-10, jan./mar. 2004.

As associações de magistrados, entretanto, continuavam incomodadas com a possível ameaça à independência do Poder Judiciário, sobretudo considerando a composição proposta para o CNJ, pois incluiria a participação de advogados e membros da sociedade civil. As associações de magistrados alegavam que o Conselho poderia abrir caminho para ingerências políticas no Judiciário. O Parecer da CCJ até acatou alguns ajustes propostos na composição, mas prevaleceu a versão original da PEC 29/2000, notadamente a composição de 15 membros.

Enfim, a criação do CNJ foi um verdadeiro desafio, cercado de controvérsias jurídicas e obstáculos. A proposta de implementar um controle sobre a atuação administrativa e financeira do Poder Judiciário, além de garantir o cumprimento dos deveres funcionais dos juízes, enfrentou grande resistência. Mesmo após a aprovação da EC nº 45/2004, continuava-se a luta contra a criação do CNJ, como bem apontou o Eminente Ministro Barroso:

> Desde a primeira hora, a ideia da criação de um órgão de controle social do funcionamento da Justiça, integrado por pessoas externas à magistratura, enfrentou aguerrida resistência. No plano político, a matéria foi superada, pela deliberação majoritária qualificada do Congresso Nacional, atuando como poder constituinte derivado, que aprovou a EC nº 45/2004. No plano jurídico, trava-se a última batalha: a da determinação da constitucionalidade ou não do Conselho Nacional de Justiça em face dos princípios da separação de Poderes e da forma federativa de Estado (CF, art. 60, § 4º, I e III).[11]

Ainda irresignada com a EC nº 45/2004, em março de 2005, a AMB ajuizou Ação Direta de Inconstitucionalidade (ADI) nº 3.367 questionando os arts. 1º e 2º da emenda, que estabelecem normas relativas ao CNJ. A associação continuava a defender que o Conselho poderia se tornar um instrumento de interferência externa, contrariando os princípios constitucionais de autonomia dos tribunais. O STF, ao analisar a ADI nº 3.367, se viu diante de um dilema: como equilibrar a necessidade de controle e transparência com a preservação da independência judicial?

Em uma decisão histórica, por maioria, decidiu-se que a criação do CNJ era constitucional, além de terem sido esclarecidos importantes aspectos sobre o papel e a composição do CNJ, reforçando sua

[11] BARROSO, Luís Roberto. Constitucionalidade e legitimidade da criação do Conselho Nacional de Justiça. *Interesse Público*, Porto Alegre, v. 6, n. 30, p. 13-38, mar./abr. 2005.

legitimidade e compatibilidade com a independência do Judiciário. Foi ressaltado que o CNJ é um órgão próprio do Poder Judiciário, previsto no art. 92, I-A, da Constituição, composto, em sua maioria, por membros desse mesmo poder, conforme o art. 103-B, e que sua composição híbrida[12] não compromete a independência interna ou externa do Poder Judiciário. Isso ocorre porque o Conselho não exerce funções jurisdicionais e, portanto, não interfere no exercício da função típica do Judiciário. As atribuições conferidas ao CNJ, que envolvem o controle da atividade administrativa e financeira do Judiciário e o controle ético-disciplinar de seus membros, não afetam o autogoverno dos tribunais, uma vez que nenhuma das competências privativas dos tribunais foi usurpada. Outrossim, apontou-se que essa composição mista contribui também para a erradicação do corporativismo e estabelece uma conexão entre o Judiciário e a sociedade, permitindo que a estrutura burocrática do Poder seja "oxigenada" e que críticas severas possam ser respondidas de forma mais adequada.

Portanto, o STF entendeu que o CNJ não representava uma ameaça à independência do Judiciário, mas que se tratava de um órgão necessário para assegurar a transparência e a eficiência do sistema judicial, justamente o que se almejava no princípio das discussões acerca da Reforma do Judiciário, em atendimento ao clamor popular.

O Ministro Gilmar Ferreira Mendes, como importante e ativa personalidade durante as discussões acerca da criação do CNJ, assim sintetizou:

> Nesse sentido, o Ministro Cezar Peluso, quando da análise da ADI 3.367, destacou que *"mais que órgão de controle, o Conselho recebeu (...) uma função política de aprimoramento do autogoverno do Judiciário, cujas estruturas burocráticas dispersas inviabilizam o esboço de uma político-institucional de âmbito nacional"*. Segundo o Ministro, a sua criação decorreu da necessidade de um "órgão superior, capaz de formular diagnósticos, tecer críticas construtivas e elaborar programas de, nos limites de suas responsabilidades constitucionais, deem respostas dinâmicas e eficazes aos múltiplos problemas comuns em que se desdobra a crise do Poder.[13]

---

[12] Dentre os conselheiros, nove são magistrados de diferentes níveis de jurisdição, indicados por Tribunais, e seis são externos à magistratura: dois advogados, dois membros do Ministério Público e dois cidadãos de notável saber jurídico e reputação ilibada.

[13] MENDES. A criação do CNJ pela Emenda Constitucional nº 45 e a consolidação do Judiciário como poder nacional, p. 200.

Desde então, o CNJ consolidou-se como um órgão essencial para a modernização do Judiciário, desempenhando funções fundamentais de planejamento, fiscalização e correção. Sua atuação é voltada para duas frentes: de um lado, exerce uma função de controle, com poder para revisar a atuação dos tribunais, especialmente em questões disciplinares; de outro, estabelece diretrizes globais para a gestão da organização judiciária, da judicatura e da avaliação de desempenho dos magistrados.

Nessa dimensão de controle, podemos citar como exemplo simbólico a edição da Resolução nº 135,[14] de 13 de julho de 2011, que regulamentou o procedimento administrativo disciplinar relativo aos magistrados. Novas controvérsias foram geradas e, novamente, a AMB buscou impugná-la por meio da ADI nº 4.638. Não obstante o Ministro Marco Aurélio tenha concedido a liminar, em dezembro de 2011, que favorecia a inconstitucionalidade do regramento do CNJ, a decisão foi revogada em fevereiro de 2012 pelo plenário do STF, por uma estreita margem de 6 votos a 5.[15]

Assim, o CNJ se firmou como órgão de correição, que abrange uma série de atividades voltadas para garantir que magistrados, tribunais, serventias, cartórios extrajudiciais e serviços judiciais auxiliares cumpram rigorosamente suas responsabilidades. Em outras palavras, as medidas aprovadas pela EC nº 45/2004, mas, sobretudo, a criação do CNJ foi a efetiva resposta à demanda social por eficiência no Poder Judiciário, que após a Constituição de 1988 estava sobrecarregado.

Curiosamente, outra grande controvérsia surgiu no campo da fiscalização das despesas da União relacionadas ao Judiciário. De um lado, o CNJ, responsável por zelar pela correição dos magistrados e pela administração do Judiciário; e do outro, o TCU, responsável por cuidar das finanças públicas. Em um determinado momento, suas responsabilidades se cruzam de forma nebulosa: quem deveria ter a palavra final acerca das despesas com os magistrados?

Vale revisitar o emblemático caso julgado pelo MS nº 39.264/DF, de relatoria do Ministro Dias Toffoli, em que o TCU decidiu suspender o pagamento de determinado benefício aos juízes, mas o CNJ já havia autorizado o pagamento desses valores. O caso chegou ao Supremo,

---

14 CNJ. *Resolução nº 135, de 2011*. Brasília, DF: CNJ, 2011. Disponível em: https://atos.cnj.jus.br/atos/detalhar/95. Acesso em: 4. set. 2024.

15 FRAGALE FILHO, Roberto. Conselho Nacional de Justiça: desenho institucional, construção de agenda e processo decisório. *Dados – Revista de Ciências Sociais*, [*S. l.*], v. 56, n. 4, p. 988-990, 2013.

que pacificou a lide da seguinte forma: como o CNJ tem autoridade e competência em todo o sistema judiciário nacional, suas decisões não podem ser revistas pelo TCU, que atua mais restritamente nas finanças federais. A decisão gerou outro dilema: até onde o TCU pode fiscalizar as contas do Judiciário sem interferir na autonomia do CNJ? A dúvida persiste, como uma batalha pela definição dos limites desses dois importantes órgãos de controle.

Sem me alongar muito sobre o tema, é importante apenas destacar que tanto o TCU quanto o CNJ têm papéis fundamentais na construção de um Estado mais transparente e eficiente. Cada qual com sua esfera de atuação, ambos são essenciais para garantir a legitimidade e a confiança nas instituições públicas brasileiras.

Essa conexão entre o TCU e o CNJ, inclusive, é algo que Bruno Dantas conhece profundamente. Sua trajetória no CNJ o preparou para lidar com questões complexas e delicadas, sempre com foco na transparência e na eficiência das instituições. Quando ele foi nomeado para o CNJ, no biênio 2011-2013, já trazia consigo um sólido conhecimento jurídico e uma reputação ilibada, o que fez sua indicação pelo Senado Federal soar quase inevitável. Sua atuação foi marcada por uma busca constante por transparência e eficiência nas instituições, características que viriam a moldar seu trabalho em todas as esferas.

No CNJ, Bruno não só consolidou sua reputação como um profissional dedicado ao serviço público, como também deixou uma marca significativa com iniciativas inovadoras. Ao presidir a Comissão de Articulação Federativa e Parlamentar, ele desempenhou um papel essencial na construção de pontes entre o Judiciário e os outros poderes, promovendo diálogos estratégicos para a criação de políticas públicas. Sua visão se concretizou de forma expressiva na Resolução nº 156/2012, que instituiu a exigência de "ficha limpa" para cargos comissionados no Judiciário. Essa medida foi um divisor de águas, garantindo que cargos de confiança fossem ocupados apenas por pessoas com histórico moral inquestionável, reforçando os princípios de ética e transparência.

A atuação de Bruno no CNJ foi um prelúdio do impacto que ele teria no TCU. Quando ele foi indicado ao Tribunal, eu sabia que sua experiência e seu compromisso com o serviço público o posicionavam de maneira única para enfrentar os desafios da fiscalização dos recursos públicos. Sua chegada ao TCU trouxe uma nova dinâmica de rigor técnico, sem perder de vista a necessidade de respeitar a autonomia das demais instituições. No TCU, Bruno continua a transformar a maneira como o Brasil lida com a gestão e o controle de seus recursos.

Não se pode olvidar que outro importantíssimo papel assumido pelo CNJ – em dias atuais, talvez, o principal – foi o planejamento estratégico na modernização e padronização da gestão dos tribunais, consolidando a governança do Judiciário em um sistema unificado e coerente. Esse esforço de centralização permitiu não só maior eficiência administrativa, mas também uma melhor coordenação entre os diferentes ramos da Justiça, resultando em um Judiciário mais transparente e acessível.

Destaca-se, nesse ponto, o poder regulamentar do CNJ, já confirmado pelo Supremo, visando estabelecer políticas nacionais para a gestão judiciária, além de criar normas primárias que devem ser obrigatoriamente seguidas por todos os demais órgãos do Poder Judiciário:

> (...) o poder regulamentar do CNJ não se circunscreve à edição de atos normativos para explicitar preceitos previstos em lei, pois compreende a possibilidade da expedição de atos normativos autônomos. E mais. O relator do processo em foco (ADC 12/DF), o Min. Ayres Brito, em seu voto, sublinhou que nada obstantes a Constituição tenha definido a lei como fonte normativa primária, excepcionou essa regra nos arts. 52, VII, VIII e IX; 62; 73; 75; 84, VI; 96, I; e 155, § 2º, V, a e b, sendo o caso de enquadrar o Conselho Nacional de Justiça como mais uma hipótese de exceção, na medida em que a ele foi conferida autorização para editar atos normativos primários.[16]

É incontestável que o CNJ se tornou um órgão central na coordenação e harmonização do funcionamento de uma estrutura judicial mista, composta por segmentos distintos: estadual, eleitoral, trabalhista, federal e militar, cada qual com autonomia administrativa e financeira. Antes da existência do CNJ, esses segmentos funcionavam de maneira dispersa e descentralizada, sem diretrizes comuns que pudessem garantir uma gestão padronizada e eficiente.

Com o CNJ, foi possível estabelecer normas e procedimentos unificados para aspectos como estrutura, funcionamento, gestão de pessoas, informatização e gestão da informação, garantindo, assim, uma prestação jurisdicional mais eficiente. A centralização dessas diretrizes

---

16 SILVA JÚNIOR, Walter Nunes. A criação e o papel do Conselho Nacional de Justiça. *In:* STOCO, Rui; PENALVA, Janaína (org.). *Dez anos de reforma no Judiciário e o nascimento do Conselho Nacional de Justiça.* São Paulo: Revista dos Tribunais. 2015. p. 527.

se tornou essencial para assegurar que todos os tribunais brasileiros, independentemente de suas particularidades regionais, pudessem seguir padrões comuns de atuação.

Além disso, o Conselho tem a missão de monitorar continuamente os dados processuais, de recursos humanos e financeiros de todos os 90 tribunais do país. Esse monitoramento é fundamental para a avaliação e produção de diagnósticos, que são cada vez mais utilizados na gestão pública e privada. As decisões estratégicas tomadas pela alta administração do Judiciário são mais eficientes e eficazes quando fundamentadas em dados concretos e comprovações empíricas.

Em um país extenso e diverso como o Brasil, a tarefa de unificar e coordenar essas informações é desafiadora, mas fundamental para a melhoria da eficiência do sistema judiciário.

A criação do CNJ foi, sem dúvida, um marco para o Judiciário brasileiro. Hoje, é impossível imaginar a Justiça brasileira sem a presença desse órgão, que, ao longo dos anos, consolidou-se como um guardião da ética, da disciplina e da modernização do sistema judicial. Mesmo com as controvérsias iniciais, acredito que o CNJ tenha cumprido e seguirá cumprindo um papel essencial na construção de um Judiciário mais transparente, acessível e eficiente. Nas palavras do Eminente Ministro Dias Toffoli:

> Ninguém desconhece, porque é irrecusável, a importância do Conselho Nacional de Justiça. O CNJ consolidou-se como um órgão situado na estrutura central do Poder Judiciário nacional. Tem poderes de orientação, controle, fiscalização, sensórios e exerce competência disciplinar, apurando indícios de descumprimento dos deveres da magistratura, nos termos do art. 103-B, *caput* e incisos, da Constituição da República.[17]

Portanto, sua relevância atual é inegável, especialmente diante de demandas crescentes por transparência, *accountability* e eficiência no serviço público. Além disso, sua atuação no campo dos direitos humanos, da sustentabilidade e da inovação administrativa coloca o CNJ como um protagonista na busca por uma Justiça mais próxima das necessidades da sociedade. Em um contexto de transformação social

---

17 DIAS TOFFOLI, José Antonio. Decisões do Conselho Nacional de Justiça e a competência do Supremo Tribunal Federal nas demandas impugnativas. *In:* DIAS TOFFOLI, José Antonio; SANTA CRUZ, Felipe; GODINHO, André (org.). *Emenda Constitucional nº 45/2004*: 15 anos do novo Poder Judiciário. Brasília, DF: CFOAB, 2019. p. 83.

e digital, o CNJ se consolida como um agente vital para a construção de um Judiciário mais eficiente, equitativo e responsivo às demandas do século XXI.

Com a criação do Programa Justiça em Números, o CNJ estabeleceu um marco na coleta de dados e monitoramento da produtividade de cada tribunal. O programa permitiu que, pela primeira vez, o desempenho de juízes e tribunais fosse avaliado de maneira objetiva e comparativa. Essa iniciativa trouxe transparência e, ao longo dos anos, ajudou a melhorar a eficiência do Judiciário, revelando onde estavam os gargalos processuais e incentivando a implementação de boas práticas.

> Cronologicamente, o embrião dessa ideia de levantamento de dados do Poder Judiciário surgiu antes mesmo do CNJ. Já em 2004 – ano da primeira versão do Relatório – o Ministro Nelson Jobim, Presidente à época do STF, propôs e esteve à frente do desafio de realizar um primeiro levantamento estatístico do dos dados dos tribunais, com vistas a identificar os '*verdadeiros gargalos e necessidades do sistema de prestação da justiça", respondendo de forma efetiva "a questões discutidas na base do achismo'*.
> E desde o ano de sua instalação, em 2005, o CNJ institucionalizou esse instrumento estatístico anual como meio de prestação de contas à sociedade sobre o papel do Judiciário, fornecendo verdadeiro retrato da atividade jurisdicional. Além disso, para além de uma simples fotografia estanque, o relatório anual é essencial para o controle administrativo e financeiro dos órgãos integrantes do sistema de justiça e para formulação de políticas públicas a partir da compreensão dos problemas encontrados e adoção de medidas para seu adequado enfrentamento.[18]

Outro resultado expressivo foi a *Meta de Julgamento de Processos Mais Antigos*, uma medida que exigia a priorização de casos parados há mais tempo, buscando dar fim a processos que se arrastavam por anos. Essa estratégia conseguiu reduzir o acúmulo de processos em muitos tribunais, trazendo alívio tanto para o sistema quanto para os cidadãos que aguardavam por uma decisão.

A modernização tecnológica também foi uma bandeira erguida pelo CNJ. Com a criação do Processo Judicial Eletrônico (PJe), o órgão deu um passo decisivo rumo à digitalização do Judiciário. Em vez de

---

[18] GODINHO, André; PETER, Leonardo; ORMAN, Ribeiro. Conselho Nacional de Justiça: um novo modelo de gestão do Poder Judiciário. *In:* DIAS TOFFOLI, José Antonio; SANTA CRUZ, Felipe; GODINHO, André (org.). *Emenda Constitucional nº 45/2004*: 15 anos do novo Poder Judiciário. Brasília, DF: CFOAB, 2019. p. 17.

pastas e mais pastas de papel, os processos passaram a ser tramitados eletronicamente, reduzindo o tempo de tramitação e aumentando a segurança das informações.

A carreira de Bruno Dantas se cruza novamente com a EC nº 45/2004, ao relatar o Processo nº 0006028-91.2012.2.00.0000, no âmbito do CNJ, que teve o condão de aprovar a Resolução nº 160, de 19 de outubro de 2012. O ato normativo teve como escopo a instituição do Núcleo de Repercussão Geral e Recursos Repetitivos (NURER) nos Tribunais de Justiça Estaduais, Federais e Superiores.

A repercussão geral foi outra medida de singular importância introduzida na Constituição Federal por meio da EC nº 45/2004. Enquanto a criação do CNJ foi uma resposta ao clamor popular por padronização de procedimentos judiciários, produtividade dos magistrados e eficiência do sistema; a repercussão geral foi pensada com duplo objetivo: primeiro, filtrar o acesso à Corte Suprema, e, segundo, padronizar temas relevantes e de ampla repercussão nacional.

Nas palavras do Ministro Gilmar Ferreira Mendes:[19]

> No âmbito do Supremo Tribunal Federal, mudanças de grande importância também foram vistas, repercutindo de forma clara no âmbito de todos os tribunais. Objetivando resolver o problema gerado pelo elevado número de processos, a Emenda passou a exigir dos Recursos Extraordinários a repercussão geral do tema constitucional em discussão.

Conforme sucintamente discorrido, a Constituinte de 1988 ampliou sobremaneira o rol de direitos e garantias fundamentais e o acesso popular ao Poder Judiciário, assim como facilitou a apreciação de temas pelo STF, de forma que, para equilibrar a crescente judicialização, foi necessário criar ferramentas capazes de tornar o sistema judiciário mais eficiente.

Em perfeita sintonia com o tema atualmente enfrentado, e que se apresenta como importante desafio futuro, por meio da Portaria nº 119 de 2019, o CNJ criou o Laboratório de Inovação, Inteligência e Objetivos de Desenvolvimento Sustentável (LIODS), um "programa que une o conhecimento institucional, a inovação e a cooperação com o objetivo de se alcançar a paz, a justiça e a eficiência institucional".

---

[19] MENDES. A criação do CNJ pela Emenda Constitucional nº 45 e a consolidação do Judiciário como poder nacional, p. 197.

Após 20 anos de vigência da EC nº 45/2004, a padronização tecnológica com inteligência artificial, aliada ao desenvolvimento sustentável é, atualmente, a nova demanda social que precisará ser debatida e enfrentada pelo Brasil. Essa história, portanto, está longe de terminar.

Conclusão

A Reforma do Judiciário, realizada por meio da EC nº 45/2004, foi medida política e social necessária à acomodação do interesse público, sobretudo ante as consistentes demandas populares que chegavam ao Congresso Nacional.

O consenso entre as múltiplas instituições afetadas e/ou interessadas na matéria, embora de singular importância para a aprovação da PEC nº 29/2000 naquele cenário, era o principal desafio a ser superado pelo Senado. Atualmente, consigo perceber com clareza a importância da neutralidade e do pragmatismo na relatoria da matéria para que fosse possível sua aprovação. Ademais, outro fator mandatório à construção da confiança do colegiado foi a transparente e a competente elaboração técnico-jurídica do relatório, sob responsabilidade do dedicado homem público e então consultor legislativo, Bruno Dantas.

A aprovação da EC nº 45/2004, portanto, foi mais um passo no caminho da construção do Estado Democrático de Direito eficiente, naqueles termos desejados pela Assembleia Constituinte. Entretanto, decorridos 20 anos da Reforma, naturalmente, novas questões demandam a atenção do Poder Judiciário, que atualmente conta com o CNJ como importante instituição de aperfeiçoamento do sistema judiciário brasileiro.

Digo isso com base na experiência que adquiri durante minha atuação no TCU, instituição de controle que me proporcionou uma visão singular sobre o impacto dos órgãos de controle externo no fortalecimento das instituições e na proteção dos direitos dos cidadãos. O TCU é responsável por fiscalizar a execução orçamentária da União e suas entidades, avaliando a legalidade e a eficiência na aplicação dos recursos públicos. O CNJ, por sua vez, embora integre o Poder Judiciário, desempenha um papel administrativo crucial, monitorando a gestão financeira e disciplinar de tribunais e magistrados.

Noutro ponto, importantes instrumentos jurídicos foram implementados pela EC nº 45/2004, como é o caso da Repercussão Geral em sua dupla finalidade, conforme abordado. Pensar na criação de soluções inovadoras como aquelas idealizadas há 20 anos, é sempre necessário à manutenção da eficiência estatal, para que se consiga enfrentar novos desafios, buscando sempre adaptar-se às demandas da sociedade.

A Justiça moderna deve continuar a pavimentar o caminho para um Poder Judiciário sempre mais eficiente, justo e próximo de quem realmente importa e dele precisa: o povo brasileiro.

Referências

BARBOSA, Ruy. *Oração aos moços*. São Paulo: Edipro, 2021

BARROSO, Luís Roberto. Constitucionalidade e legitimidade da criação do Conselho Nacional de Justiça. *Interesse Público*, Porto Alegre, v. 6, n. 30, p. 13-38, mar./abr. 2005.

BASTOS, Márcio Thomaz. Conselho Nacional de Justiça e o controle do Poder Judiciário. *Revista do Tribunal de Contas da União*, Brasília, DF, n. 99, p. 7-10, jan./mar. 2004.

BRASIL. Senado Federal. Nova República. Presidentes do Senado Federal durante a Nova República (a partir de 1985). *Portal do Senado Federal*, Brasília, DF, [2024]. Disponível em: https://www25.senado.leg.br/web/senadores/nova-republica. Acesso em: 5 set. 2024.

BRASIL. Senado Federal. *Proposta de Emenda à Constituição nº 29, de 2000*. Brasília, DF: Senado Federal, 2000. Disponível em: https://www25.senado.leg.br/web/atividade/materias/-/materia/44577. Acesso em: 5 set. 2024.

BRASIL. Senado Federal. *Proposta de Emenda à Constituição nº 96, de 1992*. Brasília, DF: Senado Federal, 1992. Disponível em: https://www.congressonacional.leg.br/materias/materias-bicamerais/-/ver/pec-96-1992-cd. Acesso em: 5 set. 2024.

CNJ. *Resolução nº 135, de 2011*. Brasília, DF: CNJ, 2011. Disponível em: https://atos.cnj.jus.br/atos/detalhar/95. Acesso em: 4. set. 2024.

DIAS TOFFOLI, José Antonio. Decisões do Conselho Nacional de Justiça e a competência do Supremo Tribunal Federal nas demandas impugnativas. *In:* DIAS TOFFOLI, José Antonio; SANTA CRUZ, Felipe; GODINHO, André (org.). *Emenda Constitucional nº 45/2004*: 15 anos do novo Poder Judiciário. Brasília: CFOAB, 2019. p. 79-104.

FRAGALE FILHO, Roberto. Conselho Nacional de Justiça: desenho institucional, construção de agenda e processo decisório. *Dados – Revista de Ciências Sociais*, [*S. l.*], v. 56, n. 4, p. 988-990, 2013.

GODINHO, André; PETER, Leonardo; ORMAN, Ribeiro. Conselho Nacional de Justiça: um novo modelo de gestão do Poder Judiciário. *In:* DIAS TOFFOLI, José Antonio; SANTA CRUZ, Felipe; GODINHO, André (org.). *Emenda Constitucional nº 45/2004*: 15 anos do novo Poder Judiciário. Brasília: CFOAB, 2019. p. 1-26.

MENDES, Gilmar Ferreira. A criação do CNJ pela Emenda Constitucional nº 45 e a consolidação do Judiciário como poder nacional. *In:* DIAS TOFFOLI, José Antonio; SANTA CRUZ, Felipe; GODINHO, André (org.). *Emenda Constitucional nº 45/2004*: 15 anos do novo Poder Judiciário. Brasília: CFOAB, 2019. p. 197-210.

ROCHA, Cármen Lúcia Antunes. A reforma do Poder Judiciário. *Revista de Informação Legislativa*, Brasília, DF, ano 35, n. 137, p. 239-254, jan./mar. 1998.

SARNEY, José. O Estado de Direito. *In:* DIAS TOFFOLI, José Antonio; SANTA CRUZ, Felipe; GODINHO, André (org.). *Emenda Constitucional nº 45/2004*: 15 anos do novo Poder Judiciário. Brasília, DF: CFOAB, 2019. p. 301-320.

SILVA JÚNIOR, Walter Nunes. A criação e o papel do Conselho Nacional de Justiça. *In:* STOCO, Rui; PENALVA, Janaína (org.). *Dez anos de reforma no Judiciário e o nascimento do Conselho Nacional de Justiça*. São Paulo: Revista dos Tribunais, 2015.

Informação bibliográfica deste texto, conforme a NBR 6023:2018 da Associação Brasileira de Normas Técnicas (ABNT):

LIMA, José Jorge de Vasconcelos. A evolução promovida no Poder Judiciário pela Emenda Constitucional (EC) nº 45/2004: revisitar a história para trilhar os caminhos do futuro. *In*: MENDES, Gilmar Ferreira; GALLOTTI RODRIGUES, Maria Isabel Diniz; ALVIM, Teresa Arruda (coord.). *O novo perfil do controle difuso de constitucionalidade*: estudos em homenagem ao Professor Bruno Dantas nos 20 anos da Repercussão Geral. Belo Horizonte: Fórum, 2025. p. 355-375. ISBN 978-65-5518-898-1.

COMO SALVAR O SISTEMA DE REPERCUSSÃO GERAL: TRANSPARÊNCIA, EFICIÊNCIA E REALISMO NA ESCOLHA DO QUE O SUPREMO TRIBUNAL FEDERAL (STF) VAI JULGAR[1]

LUÍS ROBERTO BARROSO
FREDERICO MONTEDONIO REGO

Nota prévia: homenagem ao Ministro Bruno Dantas

Bruno Dantas Nascimento é um profissional de merecido reconhecimento. Foi consultor-geral do Senado Federal, membro do Conselho Nacional de Justiça (CNJ) e do Conselho Nacional do Ministério Público (CNMP). Nomeado Ministro do Tribunal de Contas da União (TCU) em 2014, foi eleito Presidente da Corte para o mandato de 2023 e reeleito para 2024. Mas é como acadêmico que lhe é feita esta justa homenagem. Pós-doutor em Direito pela UERJ, doutor e mestre pela PUC-SP, além de contar com experiências de pesquisa no exterior, Bruno Dantas se notabilizou, entre outros temas, pelo estudo da repercussão geral, cuja criação pela Emenda Constitucional (EC) nº 45, de 30 de dezembro de 2004, ora completa 20 anos. Nessa qualidade, Bruno Dantas produziu

---

1 O presente artigo corresponde a uma atualização da versão publicada, com o mesmo título, na *Revista Brasileira de Políticas Públicas*, Brasília, v. 7, n. 3, p. 695-713, dez. 2017. Disponível em: https://www.publicacoesacademicas.uniceub.br/RBPP/article/view/4824. Acesso em: 25 set. 2024.

um dos primeiros e melhores trabalhos do Brasil sobre o tema,[2] sua dissertação de mestrado, quando a bibliografia pertinente ainda era escassa. Além disso, juntamente com o Ministro Luiz Fux e o Professor Alexandre Freire, coordenou uma coletânea de artigos que é referência na área.[3]

Dotado de espírito público, Bruno tem colocado sua experiência e talento na busca de soluções criativas e inovadoras para o País. Jovem ainda, tem um futuro promissor pela frente e relevante contribuição a dar ao Brasil. Vem em boa hora a justa homenagem que aqui lhe é prestada.

1 Introdução

Supremas cortes têm como principal papel a prestação de jurisdição constitucional, cabendo a elas interpretar o sentido e o alcance da Constituição, bem como declarar a inconstitucionalidade das normas que sejam com ela incompatíveis. Supremas cortes devem julgar com visibilidade pública, fundamentação transparente e parcimônia, para que sua jurisprudência seja conhecida, compreendida e observada. Para tanto, não podem se perder no varejo das miudezas.

No Brasil, cabe ao Supremo Tribunal Federal (STF) a guarda da Constituição, competência que desempenha, principalmente, em dois cenários: a) no julgamento de recursos extraordinários e b) no julgamento de ações diretas. Há dificuldades estruturais em relação a ambos. As reflexões que se seguem se concentram no primeiro cenário, que envolve os recursos extraordinários, cuja admissibilidade e julgamento de mérito ficam condicionados, no modelo vigente, à existência de repercussão geral (CF, art. 102, §3º).

O artigo que se segue procura alinhar a atuação do STF às principais cortes constitucionais do mundo, superando o momento algo caótico e disfuncional que atravessa. Nele estão combinadas ideias defendidas de longa data pelo primeiro autor,[4] com ideias desen-

---

[2] DANTAS, Bruno. *Repercussão geral*: perspectivas histórica, dogmática e de direito comparado; questões processuais. 3. ed. São Paulo: Revista dos Tribunais, 2012.

[3] FUX, Luiz; FREIRE, Alexandre; DANTAS, Bruno (coord.). *Repercussão geral da questão constitucional*. Rio de Janeiro: Forense, 2014.

[4] Ver, *e.g.*, BARROSO, Luís Roberto. *O controle de constitucionalidade no Direito brasileiro*. 9. ed. São Paulo: Saraiva, 2022. Do mesmo autor: BARROSO, Luís Roberto. Reflexões sobre as competências e o funcionamento do Supremo Tribunal Federal. *Conjur*, São Paulo, 125 ago. 2014. Disponível em: http://s.conjur.com.br/dl/palestra-ivnl-reflexoes-stf-25ago2014.pdf. Acesso em: 25 set. 2017. E ainda: BARROSO, Luís Roberto. O Supremo Tribunal Federal

volvidas em trabalho acadêmico pelo segundo autor.[5] Em sua maior parte, as ideias foram acolhidas pelo STF em seu Regimento Interno, a partir da Emenda Regimental (ER) nº 54, de 1º de julho de 2020, que foi validada pelo Plenário da Corte em sede jurisdicional (ARE nº 1.273.640 AgR, Rel. Min. Alexandre de Moraes, julgado em 8 de setembro de 2020), embora ainda sejam pouco utilizadas na prática, como se verá.

2 O colapso do sistema de repercussão geral

2.1 A necessidade de um filtro de relevância

Desde o final da Segunda Guerra Mundial, deu-se uma expressiva ascensão institucional do Poder Judiciário na vida dos países, o que trouxe como consequência um aumento crescente da demanda por prestação jurisdicional. Diante desse fenômeno, tribunais superiores de todo o mundo viram-se confrontados por um volume de processos superior à sua capacidade de trabalho. Em razão disso, tem-se difundido o uso de "filtros de relevância" em tribunais de muitos países, como Alemanha, Argentina, Austrália, Canadá, Espanha, Estados Unidos, França, Japão e Reino Unido.[6] Filtros de relevância são aqui definidos como mecanismos qualitativos de seleção de causas a serem julgadas. A necessidade de um filtro de relevância também foi sentida no Brasil, devido ao assoberbamento do STF, especialmente quanto aos recursos extraordinários. Não se trata de um problema novo, tanto que é

em 2016: o ano que custou a acabar. *Migalhas*, São Paulo, 1 ago. 2017. Disponível em: http://www.migalhas.com.br/arquivos/2017/1/art20170109-01.pdf. Acesso em: 25 set. 2017.

5 REGO, Frederico Montedonio. *Repercussão geral*: uma releitura do Direito vigente. 2. ed. Belo Horizonte: Fórum, 2022. Trata-se da versão comercial da dissertação de mestrado intitulada *Os efeitos das decisões negativas de repercussão geral: uma releitura do Direito vigente*, defendida em 2017 no Centro Universitário de Brasília (CEUB). O trabalho defende ainda outras ideias, aqui não desenvolvidas em razão dos limites deste artigo.

6 Sobre filtros de relevância no mundo, cf., *v.g.*: ALLAM E GIACOMET, Daniela. *Filtros de acesso a cortes constitucionais*. Brasília: Gazeta Jurídica, 2017. p. 9-76; DANTAS. *Repercussão geral*. p. 96-139; GIANNINI, Leandro. *El certiorari*: la jurisdicción discrecional de las Cortes Supremas. La Plata: Librería Editora Platense, 2016. t. 1, p. 211-571; GIANNINI, Leandro. *El certiorari*: la jurisdicción discrecional de las Cortes Supremas. La Plata: Librería Editora Platense, 2016. t. 2.

discutido desde as primeiras décadas do século passado,[7] tendo sido enfrentado por mecanismos diversos.[8]

Daí o surgimento da *arguição de relevância*, prevista na ER nº 3, de 12 de junho de 1975 ao Regimento Interno do STF (RISTF), numa época em que o recurso extraordinário se destinava não apenas à guarda da Constituição, mas também de tratados e leis federais (CF/1969, art. 119, III). Segundo o desenho final do instituto, dado pela ER nº 2, de 4 de dezembro de 1985, a regra geral era a inadmissão do recurso, salvo em casos pontuais (*e.g.*, ações populares – art. 325, VII, do RISTF), se a matéria fosse constitucional, ou, ainda, se demonstrada a "relevância da questão federal", assim entendida a que, "pelos reflexos na ordem jurídica, e considerados os aspectos morais, econômicos, políticos ou sociais da causa, exigir a apreciação do recurso extraordinário pelo Tribunal" (RISTF, art. 327, §1º). O instituto terminou estigmatizado por ter sido implantado durante o regime militar,[9] muito embora tivesse entre seus principais idealizadores ministros que vieram a ser aposentados compulsoriamente pelo AI-5, como Victor Nunes Leal e Evandro Lins e Silva. Com a criação e instalação do Superior Tribunal de Justiça (STJ) e a redução do escopo do recurso extraordinário às questões constitucionais, a arguição de relevância foi considerada extinta.[10]

A criação do STJ, no entanto, não foi capaz de desafogar o STF, encontrando-se hoje ambas as Cortes notoriamente sobrecarregadas. Paralelamente, países filiados tanto ao *civil law* quanto ao *common*

---

[7] "Dados estatísticos que remontavam a 1926 já sugeriam uma reforma constitucional com vistas a superar a crise de nossa Corte Constitucional. Desde a Constituição de 1946, o STF passou a sentir, em maior escala, dificuldade para atender ao crescente número de recursos extraordinários vindos de todas as unidades da federação. Na década de 1960, o STF já registrava uma sobrecarga de 7.000 processos anuais, um acúmulo de processos e um afluxo insuportável de serviços a indicar um possível estrangulamento. ... Em 1990, foram protocolados 18.564 processos no STF e, em 2000, esse número tinha subido para 105.307, deixando mais do que evidente a necessidade e a urgência de mudanças, especialmente em vista da funcionarização do Poder Judiciário" (MEDINA, Damares. *A repercussão geral no Supremo Tribunal Federal*. São Paulo: Saraiva, 2016. *E-book*. p. 42-44).

[8] Para uma análise dessas medidas, como a criação de óbices regimentais, o aumento do número de ministros e a criação de jurisprudência vinculante, cf. MANCUSO, Rodolfo de Camargo. *Recurso extraordinário e recurso especial*. 13. ed. São Paulo: Revista dos Tribunais, 2015. p. 87-110.

[9] "A arguição de relevância veio a ser totalmente eliminada do sistema com a promulgação da Constituição de 1988. Diante da pecha de antidemocrático, o instituto sucumbiu à sede de mudança que guiava o constituinte de 1988. A ideia de que o produto dos vinte e um anos de ditadura militar deveria ser, tanto quanto possível, banido do cenário nacional foi determinante para o ocaso da argüição de relevância" (DANTAS. *Repercussão geral*, p. 269).

[10] STF, Pleno, ARv 14.159, Rel. Min. Néri da Silveira, julgado em 27 de abril de 1989.

law continuaram a ter experiências exitosas com os filtros de relevância. Nos EUA, segundo a Regra 10 das *Rules of the Supreme Court*, a Suprema Corte exerce uma jurisdição amplamente discricionária, podendo deixar de conhecer causas sem motivação, desde que o faça por ao menos dois terços dos seus juízes: tal *quorum* qualificado – regra consuetudinária – serve como contrapeso ao exercício da discricionariedade na concessão do *certiorari*.[11] De forma semelhante, o Tribunal Constitucional Federal alemão pode inadmitir uma reclamação constitucional (Verfassungbeschwerde) sem motivação (BVerfGG, §93d, (1)), desde que o faça por unanimidade, se o caso for julgado em uma das Câmaras, ou por três quartos dos juízes, se o caso for de competência de um dos Senados. Na França, onde as decisões sempre são unânimes,[12] a Corte de cassação pode inadmitir recursos por "decisões não especialmente motivadas" (CPC francês, art. 1.014), prática já validada pela Corte Europeia de Direitos Humanos, à luz do dever de motivação decorrente do art. 6º, 1, da Convenção Europeia de Direitos Humanos (caso Burg *et autres* c. France, julgado em 28 de janeiro de 2003, entre outros). Em suma: países de distintas tradições jurídicas, com elevado grau de respeito às garantias processuais das partes em geral e ao dever de motivação, em particular, deixam de motivar as decisões de inadmissão de recursos que não superam o teste da relevância. Por tal razão, tais decisões têm efeitos restritos ao caso concreto, não servindo como precedentes.

A ideia de um filtro de relevância no Brasil retornou a partir da "repercussão geral", incluída no art. 102, §3º, da Constituição pela EC nº 45/2004. Trata-se de instrumento pelo qual o STF pode "recusar" recursos extraordinários, desde que o faça pelo *quorum* qualificado de dois terços de seus membros (oito de onze ministros). Reconhecidamente inspirada em experiências internacionais, a repercussão geral foi celebrada como uma "novidade que servirá para restaurar o caráter paradigmático das decisões do STF, à medida que possibilitará que essa Corte examine apenas as grandes questões do país discutidas no Poder Judiciário".[13]

---

[11] REHNQUIST, William. *The Supreme Court*. New York: Vintage Books, 2007. *E-book*. p. 244-246.

[12] A explicação para essa prática é a de que os julgamentos devem expressar o entendimento unitário da Corte, cuja autoridade ficaria minada por votos individuais divergentes. Além disso, o anonimato protegeria os juízes de pressões, preservando sua independência.

[13] Trecho do relatório final da Comissão Mista Especial do Judiciário, criada pelo art. 7º da EC nº 45/2004, para elaborar os projetos de lei necessários à regulamentação da referida emenda (BRASIL, Congresso Nacional. Relatório nº 1 de 2006 – CN. *Diário do Senado*

O instituto foi regulamentado pela Lei nº 11.418, de 19 de dezembro de 2006, que introduziu os arts. 543-A e 543-B no Código de Processo Civil (CPC) de 1973. Tais dispositivos, hoje substituídos pelos arts. 1.035 a 1.041 do CPC/2015, não definiram "repercussão geral", mas apenas aludiram a conceitos vagos a serem "considerados" para tal fim, na seguinte fórmula: "para efeito da repercussão geral, será considerada a existência, ou não, de questões relevantes do ponto de vista econômico, político, social ou jurídico que ultrapassem os interesses subjetivos do processo" (CPC/2015, art. 1.035, §1º). Entre outros preceitos, estabeleceu-se o seguinte: (a) a repercussão geral é requisito de conhecimento do recurso – anterior, assim, ao juízo de mérito –, sendo irrecorrível a decisão de negativa de repercussão (art. 1.035, *caput*); (b) negada a existência da repercussão geral, a decisão valerá para todos os recursos sobre matéria idêntica (art. 1.035, §8º, e 1.039, parágrafo único); (c) a suspensão de todos os processos que versem sobre a matéria enquanto o STF não decidir o mérito do recurso pode ser determinada (arts. 1.035, §5º, e 1.036, §1º); (d) o julgamento deverá ocorrer no prazo de um ano, com preferência sobre os demais feitos, ressalvados os que envolvam réu preso e os pedidos de *habeas corpus* (art. 1.035, §9º).

O mecanismo entrou em efetivo funcionamento a partir da ER nº 21, de 30 de abril de 2007 ao RISTF, com a criação do chamado Plenário Virtual, meio eletrônico para manifestação dos ministros quanto à existência ou não de repercussão geral. Nos primeiros anos de funcionamento do sistema, quando o relator afetava um determinado caso, os demais ministros deveriam responder a uma única pergunta: "há (ou não) repercussão geral da questão constitucional?". A partir da ER nº 31, de 29 de maio de 2009, a votação virtual, também, passou a se referir, separadamente, à definição do caráter constitucional ou não da controvérsia. Assim, duas perguntas passaram a existir: "há questão constitucional?" e "há repercussão geral"? Embora elas devam ser respondidas simultaneamente, é possível votar "por eventualidade": assim, um ministro pode entender que não há questão constitucional, mas deixar registrado seu voto pela existência de repercussão geral, caso prevaleça o entendimento de que a questão é constitucional. Por fim, com a ER nº 42, de 2 de dezembro de 2010, que permitiu a realização de julgamentos virtuais de mérito em caso de reafirmação de

Federal, Brasília, DF, p. 1403, 21 jan. 2006. Disponível em: http://legis.senado.leg.br/diarios/BuscaDiario?datDiario=21/01/2006& tipDiario=1. Acesso em: 25 maio 2017).

jurisprudência (RISTF, art. 323-A), foi introduzida uma terceira pergunta, a ser respondida com um "sim" ou "não": "deve ser reafirmada a jurisprudência do Tribunal"? Os ministros deverão marcar suas respostas no sistema, podendo ainda oferecer manifestações por escrito, se assim desejarem. Eventual silêncio era computado como um voto pela existência de repercussão geral, salvo se o relator votasse pela ausência de questão constitucional (RISTF, art. 324, §§1º e 2º, na redação dada pela ER nº 31/2009). Com a ER nº 54/2020, eventual ausência de manifestação deixou de contar como voto (RISTF, art. 324, §3º). Os ministros podem ainda assinalar eventual impedimento ou suspeição no sistema.[14]

Feita esta descrição sumária da disciplina normativa da repercussão geral e das razões que inspiraram sua criação, passa-se a analisar os seus resultados práticos.

2.2 Repercussão geral: impacto inicial e descontrole superveniente

A partir da ER nº 21/2007, houve uma significativa redução do número de processos novos até 2011, especialmente os de competência recursal extraordinária, que respondem pela maior parte da movimentação da Corte. Porém, em 2012, os números voltaram a subir, o que se manteve até 2020, ano da pandemia, quando sofreram nova queda. Desde então, há uma relativa estabilidade, mas com tendência de alta, como revela a tabela a seguir:[15]

[14] No Processo Administrativo nº 350.575/2012, do STF, constam todos os detalhes sobre as regras de funcionamento do Plenário Virtual, inclusive com fotos das telas do sistema.

[15] Os dados foram extraídos das tabelas dinâmicas "Processos recebidos e baixados" e "Decisões" (Disponíveis em: https://transparencia.stf.jus.br/extensions/recebidos_baixados/recebidos_baixados.html e https://transparencia.stf.jus.br/extensions/decisoes/decisoes.html. Acesso em: 14 out. 2024). Observam-se algumas discrepâncias entre as referidas tabelas e os dados publicados na primeira versão deste artigo, o que pode se dever a uma mudança de metodologia na apuração dos dados pelo STF. De toda forma, as diferenças, no geral, não comprometem a ordem de grandeza dos números, nem o argumento ora defendido.

Tabela 1

Ano	Novos processos protocolados no STF	Número de julgamentos (monocráticos + colegiados)
2023	78.800	106.028
2022	70.501	89.981
2021	76.513	98.226
2020	73.188	99.605
2019	91.699	115.943
2018	98.247	126.766
2017	102,205	126.561
2016	89.989	117.491
2015	93.554	116.664
2014	80.014	114.457
2013	72.086	90.253
2012	73,478	90.082
2011	63.628	102.427
2010	74.816	109.703
2009	63.735	104.647
2008	73.185	132.590
2007	108.038	165.534
2006	129.054	122.844

É inegável que o STF tem melhorado algumas estatísticas internas nos últimos anos. Em 14 de outubro de 2024, a Corte tinha 21.556 processos em tramitação, o menor número em quase 30 anos.[16] No final de 2020, pela primeira vez na história da Corte, a quantidade de processos de competência originária – 13.197 (ou 50,2% do total) – foi superior

[16] A afirmação baseia-se na constatação de que o acervo ao final de 2022 – 22.257 processos – foi classificado como o menor dos 27 anos anteriores (BRASIL. Supremo Tribunal Federal. *Relatório de atividades 2022*. Brasília, DF: STF, 2022. p. 10. Disponível em: https://bibliotecadigital.stf.jus.br/xmlui/bitstream/handle/123456789/4806/2022%20-%20Relat%c3%b3rio%20completo.pdf?sequence=1&isAllowed=y. Acesso em: 15 out. 2024). Ver, ainda, tabela que apresenta dados a partir de 2006: BRASIL. Supremo Tribunal Federal. Evolução do acervo do STF (histórico). *Portal STF*, Brasília, DF, 2006. Disponível em: https://transparencia.stf.jus.br/single/?appid=e554950b-d244-487b-991d-abcc693bfa7c&sheet=ea8942c2-79fa-494f-bf18-ca6d5a3bfb43&theme=simplicity&opt=currsel&select=clearall. Acesso em: 15 out. 2024.

ao acervo de competência recursal (13.059, ou 49,8%).[17] Entretanto, levando-se em conta que a taxa média de provimento de recursos no STF entre 2010 e 2024 foi de apenas 3,5%,[18] tais dados sugerem um uso intenso de ferramentas defensivas.

Seja como for, a repercussão geral ainda não foi capaz de transformar o perfil do STF, que continua a ser uma Corte que recebe e decide dezenas – e frequentemente mais de uma centena – de milhares de processos por ano. A hipótese que mais provavelmente explica a queda acentuada de novos feitos no ano de 2020 não é o uso da repercussão geral, mas a pandemia do novo coronavírus (Sars-CoV-2), que freou a atividade econômica e implicou redução de casos novos em todo o Judiciário, com exceção da Justiça Eleitoral, por se tratar de ano de eleições.[19] Além disso, os resultados deveram-se menos à repercussão geral e mais a mecanismos virtuais de tomada de decisão, que já vinham sendo adotados ao menos desde a ER nº 51, de 22 de junho de 2016, e a Resolução STF nº 587, de 29 de julho de 2016, e foram intensificados com a pandemia do novo coronavírus, que generalizou as listas e os julgamentos virtuais (ERs nº 52, de 14 de junho de 2019, e 53, de 18 de março de 2020, e Resoluções STF nº 642, 14 de junho de 2019, e 672, de 26 de março de 2020),[20] *os quais já respondem por 99,2% do total de decisões da Corte*.[21] Não se pode ignorar, ainda, o impacto de medidas de gestão, como um filtro mais rigoroso exercido na Presidência e o diálogo constante com os tribunais de origem.

---

[17] BRASIL. Supremo Tribunal Federal. STF reduz acervo de recursos a número menor que o de ações originárias. *Portal STF*, Brasília, DF, 27 nov. 2020. Disponível em: http://portal.stf.jus.br/noticias/verNoticiaDetalhe.asp?idConteudo=455175. Acesso em: 8 fev. 2021.

[18] BRASIL, Supremo Tribunal Federal. Painel da taxa de provimento recursal. *Portal STF*, Brasília, DF, [2024]. Disponível em: https://transparencia.stf.jus.br/extensions/taxa_provimento/taxa_provimento.html. Acesso em: 15 out. 2024.

[19] CNJ. *Justiça em Números 2021*: ano-base 2020. Brasília, DF: CNJ, 2021. p. 53. Disponível em: https://www.cnj.jus.br/wp-content/uploads/2021/11/relatorio-justica-em-numeros2021-221121.pdf. Acesso em: 25 nov. 2021.

[20] MEDINA, Damares. Julgamento eletrônico no plenário virtual do STF: reflexos para a advocacia. *Jota*, São Paulo, 22 abr. 2020. Disponível em: https://www.jota.info/opiniao-e-analise/artigos/julgamento-eletronico-no-plenario-virtual-do-stf-reflexos-para-a-advocacia-22042020. Acesso em: 12 fev. 2021.

[21] BRASIL. Supremo Tribunal Federal. Relatório Plenário Virtual – PV. *Portal STF*, Brasília, DF, [2024]. Disponível em: https://transparencia.stf.jus.br/extensions/plenario_virtual/plenario_virtual.html. Acesso em: 15 out. 2024.

2.3 O estoque gerado e o congestionamento do sistema de Justiça

Até o dia 14 de outubro de 2024, isto é, cerca de 17 anos e meio depois da ER nº 21/2007, estes são os números:[22]

> (i) 1343 questões foram afetadas ao regime de repercussão geral;
> (ii) em 444 temas ela foi negada, significando que recursos versando aquelas matérias não subirão mais;
> (iii) 7 temas estavam em análise, enquanto 17 foram cancelados;
> (iv) das 875 questões remanescentes, 739 haviam sido julgadas;
> (v) 136 ainda estavam pendentes;
> (vi) a média de julgamento ao longo do período foi de 42,2 temas com repercussão geral por ano (739 em 17 anos e meio).

Mantida essa média, o Tribunal demoraria cerca de três anos e três meses para exaurir um estoque de 136 temas, e isso, apenas, se nenhum novo caso tiver repercussão geral reconhecida. De fato, *o tempo médio para julgamento de um tema com repercussão geral reconhecida é de 3 anos e 11 meses*.[23] Além disso, criou-se um novo problema: em 14 de outubro de 2024, havia no mínimo 1,1 milhão de processos sobrestados nas instâncias de origem aguardando as decisões a serem tomadas pelo STF nos feitos pendentes afetados ao regime da repercussão geral,[24] casos esses que, na sistemática anterior à criação do filtro, estariam tramitando. Esse número não inclui os processos sobrestados pelos tribunais de origem por iniciativa própria ao identificar controvérsia repetitiva (CPC/2015, art. 1.036, §1º).

Como se nota, a repercussão geral é um filtro de relevância que não tem impedido a chegada de 100 mil casos por ano ao STF, nem desobrigado a Corte de proferir, aproximadamente, o mesmo número de decisões no mesmo intervalo. O alívio de processos verificado até 2011

---

[22] BRASIL. Supremo Tribunal Federal. *Relatório de atividades 2023*. Brasília, DF: STF, 2023. p. 63. Disponível em: https://bibliotecadigital.stf.jus.br/xmlui/bitstream/handle/123456789/5941/2023%20-%20Relat%c3%b3rio%20completo.pdf?sequence=1&isAllowed=y. Acesso em: 14 out. 2024.

[23] Dados extraídos do painel de estatísticas do STF ("Corte Aberta"), ao selecionar as opções "Repercussão geral" e "Tempo para decisão". (Disponível em: https://transparencia.stf.jus.br/extensions/repercussao_geral/repercussao_geral.html. Acesso em: 15 out. 2024).

[24] BRASIL. Supremo Tribunal Federal. Processos sobrestados em razão da repercussão geral. *Portal STF*, Brasília, DF, [2024]. Disponível em: https://paineis.cnj.jus.br/QvAJAXZfc/opendoc.htm?document=qvw_l%2FPainelCNJ.qvw&host= QVS%40neodimio03&anonymous=true&sheet=STF. Acesso em: 14 out. 2024.

foi temporário e ilusório: a diminuição dos feitos remetidos ao STF não significa que eles tenham deixado de existir, mas apenas que continuam aguardando julgamento em algum escaninho, ainda que virtual, longe da Praça dos Três Poderes. É inegável, portanto, que a sistemática, tal como praticada até hoje, fracassou. A seguir, identificam-se algumas das causas desse fracasso.

3 Algumas causas da insuficiência do modelo atual de repercussão geral

3.1 A adoção da prática do "filtro oculto" pelo STF

Nas cortes que adotam filtros de relevância, os casos são submetidos ao filtro – que pode ser mais ou menos severo – logo na *chegada* ao tribunal. Somente os processos que superem essa etapa inicial terão o seu mérito apreciado, em quantidade compatível com a capacidade de o tribunal resolvê-los com qualidade e em prazo razoável. Assim, na Suprema Corte dos EUA[25] e no Tribunal Constitucional alemão,[26] cerca de 99% dos casos não superam o filtro.

Esse não é o procedimento-padrão adotado no STF em relação à repercussão geral. Tomando como base o período desde o início da efetiva prática do instituto (maio de 2007) até outubro de 2024, há um grande contraste entre o número de temas afetados ao regime de repercussão geral (que, como visto, foi de 1.343) e o de decisões proferidas (aproximadamente 1,9 milhão).[27] Ao arredondar os números, é possível constatar que, na média de um período de dezessete anos e meio, apenas 0,7 em cada mil decisões do Tribunal foi proferida em processo cujo tema fora afetado ao regime de repercussão geral, seja para reconhecê-la ou negá-la. Sob uma ótica meramente quantitativa, portanto,

---

[25] Ver relatórios anuais da Suprema Corte, de 2000 a 2023, disponíveis em: https://www.supremecourt.gov/publicinfo/year-end/year-endreports.aspx. Há também uma tabela com dados estatísticos de 2018 a 2022 da Corte disponível em: https://www.uscourts.gov/sites/default/files/data_tables/supcourt_a1_0930.2023.pdf. Ambos foram acessados em: 15 out. 2024.

[26] De 2014 a 2023, o Tribunal Constitucional Federal alemão julgou procedentes apenas 1,66% das reclamações constitucionais, classe que responde por 96,26% do seu volume processual (DEUTSCHLAND. Bundesverfassungsgericht. *2023 Annual Report*, [*S. l.*], p. 53; 67, 2023. Disponível em: https://www.bundesverfassungsgericht.de/SharedDocs/Downloads/EN/Jahresbericht/jahresbericht_2023.pdf?__blob=publicationFile&v=4. Acesso em: 15 out. 2024).

[27] Trata-se da ordem de grandeza da soma do número de decisões constantes da tabela anterior.

menos de um milésimo das decisões do STF se insere, diretamente, no mecanismo criado para concentrar a sua força de trabalho no que fosse verdadeiramente importante. Em outras palavras, o STF vive situação exatamente oposta à de outros tribunais congêneres: embora se trate de um número aproximado, é possível dizer que, no Brasil, 99,9% dos casos sequer passam pelo filtro.

Isso porque o art. 323 do RISTF prevê que, quando não for caso de inadmissibilidade do recurso por outra razão, o(a) relator(a) ou o presidente submeterá, por meio eletrônico, aos demais ministros, cópia de sua manifestação sobre a existência, ou não, de repercussão geral". São essas "outras razões" – e não a falta de repercussão geral – que normalmente se invocam para inadmitir recursos, razões essas identificadas com óbices já "tradicionais", de há muito erguidos pela jurisprudência da Corte ao acolhimento das pretensões dos recorrentes, como qualificar a matéria controvertida como infraconstitucional, e não constitucional (Súmulas nº 280 e 636), como fática, e não jurídica (Súmula nº 279), ou apontar a falta de pré-questionamento (Súmulas nº 282 e 356). Todas essas alternativas podem ser adotadas de forma monocrática pelo relator, cabendo agravo para a respectiva Turma, um colegiado de cinco ministros, e não para o Plenário. Como regra, esse agravo confirmará a decisão singular, por julgamento em lista: um mecanismo sumário em que não há debate, e no qual dezenas de casos podem ser julgados por vez.

Atualmente, portanto, a repercussão geral é um filtro de relevância só utilizado de forma expressa em última hipótese, "quando não for caso de inadmissibilidade do recurso por outra razão". O Tribunal não prioriza a análise da relevância das discussões que lhe chegam via recursos extraordinários, mas sim a aplicação de óbices formais que, nos termos do art. 323 do RISTF, são preferidos ao juízo sobre a relevância da matéria de fundo. Tal paradoxo, que confina o filtro de relevância a menos de um milésimo das decisões da Corte, explica-se, ao menos em parte, pelo elevado *quorum* de dois terços exigido para a prolação de decisões formais negativas de repercussão geral. Diante disso, os ministros não aproveitam as potencialidades do novo instituto e terminam mantendo o comportamento padrão anterior, que é o de se valerem das autorizações legais (CPC/2015, art. 932) e regimentais (RISTF, art. 21) para julgamento monocrático. Tal prática, no entanto, é mais trabalhosa e pouco lógica, além de gerar muitas perplexidades.

Como já identificado por alguns autores antes mesmo da EC nº 45/2004,[28] a chamada "jurisprudência defensiva" constitui um "*certiorari* à brasileira",[29] um "certiorari de facto"[30] ou um "mecanismo informal de seletividade recursal".[31] Utiliza-se, assim, um "filtro oculto",[32] pelo qual os ministros denegam recursos não considerados relevantes, em decisões com efeitos limitados ao caso concreto. Fazem-no sem dizê-lo expressamente e sem utilizar o mecanismo da repercussão geral, que exigiria *quorum* qualificado e poderia produzir efeitos abrangentes. Não é difícil demonstrar que se trata, em última análise, de um juízo de relevância, e não apenas uma questão técnica de cabimento. Há numerosos exemplos de controvérsias que passam anos sendo enquadradas pelo STF como meramente fáticas ou infraconstitucionais –[33] sobretudo por decisões monocráticas, que, entre 2007 e 2024, representaram cerca de 85% do total de julgados.[34] Os recursos contra essas decisões são julgados em lista e, como regra, elas são mantidas. No entanto, subitamente, quando a Corte passa a entender que o mesmo tema é de algum modo relevante, a matéria começa a ser reputada como constitucional, vindo o recurso a ser provido e a decisão recorrida revista.

Observe-se que apenas 5% dos recursos de natureza extraordinária decididos monocraticamente foram providos pelo STF entre

---

28 "A realidade chegou antes da norma EC nº 45/2004. Em termos práticos, mesmo à míngua de dados estatísticos que respaldem a assertiva, o aludido tribunal STF só julga – efetivamente por colegiado – as questões que tem como relevantes" (YARSHELL, Flávio Luiz. A Reforma do Judiciário e a promessa de duração razoável do processo. *Revista do Advogado*, São Paulo, ano 24, p. 28-33, abr. 2004).

29 VERISSIMO, Marcos Paulo. A Constituição de 1988, vinte anos depois: Suprema Corte e ativismo judicial "à brasileira". *Revista Direito GV*, São Paulo, v. 4, n. 2, p. 407-440, jul./dez. 2008.

30 WAMBIER, Teresa Arruda Alvim; WAMBIER, Luiz Rodrigues. Repercussão geral: como transformá-la num instituto adequado à magnitude da missão de uma Corte Superior? *In:* FUX, Luiz; FREIRE, Alexandre; DANTAS, Bruno (coord.). *Repercussão geral da questão constitucional*. Rio de Janeiro: Forense, 2014. p. 621.

31 MEDINA. *A repercussão geral no Supremo Tribunal Federal*, p. 83-85.

32 REGO, Frederico Montedonio. O filtro oculto de repercussão geral: como o obscurecimento dos juízos de relevância contribui para a crise do STF. *Revista de Direito Brasileira*, v. 18, n. 17, p. 6-29, set./dez 2017.

33 Para uma análise de vários desses exemplos (RE nº 611.406, Rel.ª Min.ª Ellen Gracie; RE nº 638.115, Rel. Min. Gilmar Mendes; ARE nº 909.437, Rel. Min. Luís Roberto Barroso; RE nº 590.415, Rel. Min. Menezes Direito), ver: REGO. *Repercussão geral*: uma releitura do Direito vigente, p. 100-119.

34 Dados extraídos do painel de estatísticas do STF ("Corte Aberta"), ao selecionar as opções "Decisões" e "Ambiente decisão", com filtragem pelos anos indicados no texto (Disponível em: https://transparencia.stf.jus.br/extensions/decisoes/decisoes.html. Acesso em: 15 out. 2024).

2007 e 2013, enquanto, nos temas com repercussão geral julgados no mesmo período, houve provimento em 38% dos casos.[35] Isso sugere que a Corte mantém monocraticamente 95% das decisões que lhe são submetidas não por considerá-las corretas, mas por não as reputar suficientemente relevantes para um reexame. Nas matérias relevantes, o índice de provimento é bastante superior.

Embora aparentemente mais econômico, esse modo de trabalho gera uma série de efeitos colaterais, a começar pela inflação desordenada de julgamentos, tornando evidente o risco de decisões contraditórias e virtualmente impossível o adequado conhecimento da jurisprudência da Corte. Além disso, a utilização de óbices formais de admissibilidade demanda um tempo de análise processual muito superior ao que exigiria um filtro inicial assumidamente baseado na relevância: do modo como é feito hoje, por menos relevantes que sejam as discussões, é preciso tempo para debruçar-se sobre elas e compreender os fundamentos do acórdão recorrido, as teses do recurso extraordinário, as contrarrazões e a decisão de admissibilidade, a fim de aferir se a controvérsia "pouco relevante" é fática, infraconstitucional, não está pré-questionada etc. Esse estudo do caso, embora seja "invisível"[36] para as partes e seus advogados, consome boa parte dos recursos humanos e materiais do tribunal.

Quanto maior a demora para tornar definitiva uma conclusão desfavorável, maior o incentivo para recorrer. Isso retroalimenta a litigiosidade, frustrando os esforços de produtividade do Tribunal. Mas esse não é o único problema decorrente da subutilização da repercussão geral.

3.2 A prática atual se utiliza apenas da recusa de teses, não de casos

Por força do art. 102, §3º, da Constituição, a repercussão geral é um requisito de admissibilidade aplicável a todos os recursos extraordinários, quer se refiram a controvérsias de natureza repetitiva ou não. Porém, a prática do instituto levou ao seu confinamento à primeira hipótese, vale dizer, afetou-o apenas à solução de casos repetitivos. Na prática, a transcendência – vale dizer, a qualidade da questão que "ultrapassa os interesses subjetivos do processo" (CPC/2015, art. 1.035,

---

[35] MEDINA. *A repercussão geral no Supremo Tribunal Federal*, p. 93-94.

[36] Ver: GIANNINI. *El certiorari*: la jurisdicción discrecional de las Cortes Supremas. t. 1, p. 202.

§1º) – foi associada ao caráter repetitivo da controvérsia. Assim, ao se deparar com um recurso extraordinário que discuta uma questão considerada pouco relevante, o STF não tem se limitado a "recusá-lo" por falta de repercussão geral: nos pouquíssimos casos em que o filtro foi expressamente aplicado, o *modus operandi* da Corte consistiu em extrair do caso concreto a questão em tese debatida, fazer um juízo sobre a sua relevância *in abstracto* e projetar os efeitos desse juízo a todos os processos no País que discutam tal questão.

Essa eficácia ampla faz todo o sentido para os casos em que há a afirmação da repercussão geral: de fato, ainda que não se trate de uma controvérsia repetitiva, cuida-se de uma hipótese em que o STF reconhece estar diante de um recurso cujo mérito terá de ser resolvido, por apresentar "questões relevantes do ponto de vista econômico, político, social ou jurídico que ultrapassem os interesses subjetivos do processo". Entretanto, no caso de negativa de repercussão geral, essa expansão de efeitos significa criar precedentes sobre questões de pouca relevância, ou melhor, sobre a pouca relevância de questões em tese, para fins de (des)cabimento de recurso extraordinário. Trata-se de uso um tanto anômalo do sistema de precedentes: como regra, precedentes são firmados em matérias de alta relevância, e não a partir de decisões que atestam a ausência de questões relevantes que transcendam os interesses das partes.

A existência de um mecanismo de filtragem de teses é uma boa ideia, com potencial para solucionar milhares de feitos com uma única decisão. Mas a restrição da prática atual do filtro a teses tem gerado mais problemas do que benefícios. Quando se nega repercussão geral a uma questão em tese, o STF abre mão de decidir sobre o assunto não apenas no caso concreto, mas em todos os casos semelhantes, e de forma, na prática, definitiva. Embora, teoricamente, haja a possibilidade de revisão da tese (CPC/2015, art. 927, §§2º a 4º, e RISTF, arts. 103 e 327), o juízo de ausência de repercussão geral impede que o STF volte a ser provocado em futuros recursos extraordinários sobre o tema, pois não cabe sequer agravo da decisão que inadmite recurso extraordinário por falta de repercussão geral. Essa já era a jurisprudência da Corte na vigência do CPC/1973,[37] confirmada nos arts. 1.030, I, e seu §2º, e 1.042

[37] STF, Pleno, Rcls. nº 7.547 e 7.569, Rel.ª Min.ª Ellen Gracie, julgadas em 19 de novembro de 2009; AI nº 760.358/QO, Rel. Min. Gilmar Mendes, julgada em 19 de novembro de 2009; MS nº 29.009 AgR, Rel.ª Min.ª Cármen Lúcia, julgado em 2 de março de 2011.

do CPC/2015. Assim, salvo se ocorrer uma remessa por engano, não há meios para fazer chegar ao STF um recurso extraordinário sobre questão cuja repercussão geral já tenha sido negada, de modo que a Corte fica privada de receber novos casos nos quais pudesse veicular a revisão.

Além disso, como resultado da projeção automática de efeitos da negativa formal de repercussão geral a todos os feitos que tratem da mesma questão, o filtro só tem incidido sobre "blocos" de processos, o que o torna incapaz de conter a demanda para o STF. Basta lembrar que o Judiciário terminou o ano de 2023 com *84 milhões de processos pendentes*.[38] Todos esses casos, ao menos teoricamente, podem chegar ao STF. Quantas teses são discutidas em 84 milhões de processos? Quantas teriam de ser classificadas e ter a repercussão geral negada para reduzir a demanda de processos sobre a Corte? Em outras palavras: quantos blocos temáticos seriam necessários para agrupar 84 milhões de processos? Em 17 anos e meio de efetivo funcionamento da repercussão geral, o STF não afetou nem 1.500 teses, das quais 136 ainda estavam pendentes em meados de outubro de 2024, gerando o sobrestamento *sine die* de mais de um milhão de processos. Atualmente, portanto, a repercussão geral é como um filtro com uma trama dilatada, capaz de conter somente pedras muito grandes ("blocos" de processos), enquanto a areia fina (processos não agrupados em "blocos") escoa incessantemente, deixando a Corte cada vez mais soterrada.

Esse descomunal número de processos torna insuficientes todos os esforços de contenção da demanda sobre o STF a partir de um filtro que opera, apenas, como instrumento de resolução de demandas repetitivas, ou de processos que possam ser agrupados em "blocos" em torno de uma tese. Filtra-se uma tese, surgem outras dez, cem, mil, todas potencialmente reconduzíveis à Constituição de 1988, devido ao seu caráter analítico. E, mesmo quanto à tese filtrada, sempre será possível alegar que os casos concretos têm especificidades que escapam ao que foi decidido, implicando a necessidade de um novo exame particular. Em síntese: não se conseguiu até hoje, nem se conseguirá, reduzir a demanda sobre o STF com um filtro de escopo limitado.

---

[38] O número é de 83,8 milhões de processos (BRASIL. Conselho Nacional de Justiça. *Justiça em Números 2024*: ano-base 2023. Brasília: Conselho Nacional de Justiça, 2024. p. 133. Disponível em: https://www.cnj.jus.br/wp-content/uploads/2024/05/justica-em-numeros-2024.pdf. Acesso em: 15 out. 2024).

3.3 *Quorum* e efeitos da não manifestação de algum ministro

Outra causa da insuficiência do modelo atual é a compreensão inadequada da razão de ser do *quorum* de dois terços para negar repercussão geral (CF, art. 102, §3º). Trata-se de um *quorum* extremamente qualificado, superior ao exigido para a declaração de inconstitucionalidade de leis ou atos normativos (maioria absoluta, conforme art. 97 da CF), e igual ao necessário para modular os efeitos de declaração de inconstitucionalidade "por razões de segurança jurídica ou de excepcional interesse social" (art. 27 da Lei nº 9.868/1999), bem como para editar, revisar ou cancelar súmulas vinculantes (CF, art. 103-A, também incluído pela EC nº 45/2004).

Afirmar que a finalidade do *quorum* é evitar a "acumulação de poderes na figura do relator"[39] não é justificativa suficiente, pois para isso bastaria exigir maioria simples de um órgão fracionário. Por outro lado, dizer que se trata de uma forma de compensar o caráter indeterminado da repercussão geral[40] é correto, mas incompleto. Isso porque faz parte da rotina judiciária – especialmente a de um tribunal constitucional – aplicar normas com alto grau de vagueza e indeterminação, como dignidade da pessoa humana (CF, art. 1º, III), intimidade (CF, art. 5º, X), moralidade (CF, art. 37, *caput*) etc. Estar diante de um conceito indeterminado não explica, por si só, a razão do *quorum* qualificado: ao contrário, haveria *quorums* reforçados em todos os outros casos que envolvessem conceitos indeterminados. Por outro lado, não é razoável concluir que uma deliberação com *quorum* tão qualificado seja igual a todas as outras, sujeita aos mesmos requisitos de quaisquer decisões que já podiam ser tomadas monocraticamente antes da EC nº 45/2004.

A explicação mais coerente com a natureza do instrumento – e apta a justificar a instituição de um requisito de admissibilidade mais dificultoso que o necessário para julgar o mérito – é a de que o *quorum* constitui um contrapeso destinado a compensar a impraticabilidade de uma motivação analítica das decisões negativas em larga escala. Em outras palavras: para dificultar que a inevitável discricionariedade[41] desse tipo de juízo se desnature em arbitrariedade. Se a repercussão geral

---

[39] TAVARES, André Ramos. A repercussão geral no recurso extraordinário. *In:* TAVARES, André Ramos; LENZA, Pedro; ALARCÓN, Pietro de Jesús. *Reforma do Judiciário*: analisada e comentada. São Paulo: Método, 2005. p. 218.

[40] DANTAS. *Repercussão geral*, p. 233.

[41] Para uma defesa da natureza inevitavelmente discricionária do filtro de repercussão geral, ver: REGO. *Repercussão geral*: uma releitura do Direito vigente, p. 201-238.

obrigasse a Corte a elaborar uma decisão analiticamente motivada com as razões pelas quais entende que determinada controvérsia é despida de "questões relevantes do ponto de vista econômico, político, social ou jurídico que ultrapassem os interesses subjetivos do processo", o instituto não justificaria sua existência, pois não permitiria ao STF se concentrar nas suas funções mais importantes. O tempo da Corte seria consumido por análises econômicas, políticas, sociais e jurídicas, quase todas para afirmar o pouco impacto das controvérsias que lhe são submetidas para além das partes do processo. Seria mais fácil resolver o mérito de todos os casos, em vez de empreender, na análise prévia de sua admissibilidade, um debate exaustivo sobre a sua relevância. Não é esse, evidentemente, o fim para o qual se concebeu o instituto.

A repercussão geral tem uma dimensão intrinsecamente comparativa,[42] já que, por definição, o direito em geral e o direito constitucional em particular não cuidam de assuntos irrelevantes, de modo que toda controvérsia tem *alguma* relevância. Nem por isso, entretanto, todas as questões devem ser tratadas com o mesmo grau de prioridade: "quando tudo é tratado como importante...nada é".[43] Se é assim, a repercussão geral pressupõe que a questão apresente um grau *diferenciado* de relevância, tanto que há uma *preferência* legal para julgamento dos casos com repercussão geral reconhecida (CPC/2015, art. 1.035, §9º), em detrimento da regra geral de ordem cronológica da conclusão (CPC/2015, art. 12).

Motivar, analiticamente, uma conclusão pela baixa relevância de uma controvérsia *constitucional* – algo argumentativamente trabalhoso por definição – é muitas vezes uma tarefa tão onerosa quanto a de decidir o mérito da mesma controvérsia, o que faria o filtro perder sua razão de ser. Nessa linha, há que se reconhecer uma discricionariedade da Corte sobre o que substancialmente motivar, a partir do filtro da repercussão geral. A visão segundo a qual o mecanismo não seria discricionário e poderia conduzir a uma única solução correta muitas vezes reflete menos a realidade e mais um desejo, particularmente o desejo de que a única resposta correta seja a de quem a enuncia. Assim, se a repercussão geral se mostra uma noção vaga, e se não é possível

[42] Nesse sentido: BARROSO, Luís Roberto. Prefácio: quando menos é mais: repensando a jurisdição constitucional brasileira. *In:* ALLAM E GIACOMET, Daniela. *Filtros de acesso a cortes constitucionais*. Brasília: Gazeta Jurídica, 2017. p. 9.

[43] GOMES JÚNIOR, Luiz Manoel; GAJARDONI, Fernando da Fonseca. Anotações sobre a repercussão geral nos recursos extraordinário e especial. *In:* FUX, Luiz; FREIRE, Alexandre; DANTAS, Bruno (coord.). *Repercussão geral da questão constitucional*. Rio de Janeiro: Forense, 2014. p. 443.

um debate exaustivo sobre o requisito em dezenas de milhares de decisões, o constituinte considerou seguro afirmar a pouca relevância de uma controvérsia se dois terços dos ministros concordassem a respeito. Trata-se de fórmula claramente inspirada nas experiências dos EUA e da Alemanha, onde o *quorum*, tão ou mais qualificado, compensa a indeterminação das fórmulas dos filtros de relevância e a falta de motivação das decisões negativas.

À luz dessa razão de ser, compreende-se que o *quorum* de dois terços não traduz uma presunção de repercussão geral: basta lembrar que, apesar de exigirem *quorums* semelhantes, a Suprema Corte dos EUA e o Tribunal Constitucional alemão rejeitam cerca de 99% dos casos que chegam a tais cortes. O *quorum* qualificado nada tem a ver com a excepcionalidade da inadmissão do recurso extraordinário, que, como o próprio nome indica, é de natureza excepcional. Sustentar o contrário significa esquecer que a repercussão geral surgiu para limitar e racionalizar o acesso ao STF, e não para ampliá-lo ainda mais. Levando isso em conta, é fácil ver os problemas da sistemática segundo a qual se considerava reconhecida a repercussão geral se não houvesse manifestações expressas para a recusa do recurso, salvo se o relator votasse no sentido de que a matéria é infraconstitucional (RISTF, art. 324, §§1º e 2º, na redação anterior à ER nº 54/2020). Não há aqui um problema decorrente da consideração do silêncio como manifestação de vontade, situação comum no direito em geral (*e.g.*, art. 111 do Código Civil), mas apenas sobre como o silêncio é contado.

Se o relator votasse no sentido de que a controvérsia é constitucional, mas *não tem* repercussão geral, o silêncio era contado no sentido de que a matéria *tem* repercussão geral. Ou seja: o silêncio significava divergência. Não deve ser assim, pois, como visto, o *quorum* qualificado não traduz uma presunção de repercussão geral. Essa forma de contar o silêncio levou à afetação de temas de relevância duvidosa: em sete anos, 25 temas foram afetados com a abstenção de cinco ministros,[44] aumentando o estoque de temas pendentes e de processos sobrestados.[45]

---

[44] MEDINA. *A repercussão geral no Supremo Tribunal Federal*, p. 71-73.

[45] Exemplo emblemático foi o do RE 584.247, em que o então Relator, Ministro Ricardo Lewandowski, votou, em 22/3/2012, pela ausência de repercussão geral da questão relativa à "competência para processar e julgar ação em que se discute pagamento de adicional de insalubridade a servidor público de ex-Território Federal ante a existência de convênio firmado entre a União e o Estado- membro para o qual foi cedido", o que definiria a competência para julgar cerca de cinquenta processos referentes a servidores do ex-Território Federal de Roraima. O entendimento do Relator quanto à ausência de repercussão geral foi acompanhado por outros seis votos expressos, mas, haja vista que os outros quatro

Mais grave era a regra do art. 324, §2º, do RISTF, que exigia *quorum* de dois terços para negar repercussão geral a matérias *infraconstitucionais*. Como se sabe, a distinção entre questões constitucionais e infraconstitucionais é problemática e utilizada para fins de jurisprudência defensiva. Mas, se a questão é infraconstitucional, a rigor, não se deveria deliberar sobre a repercussão geral, que só se refere a matérias constitucionais (CF, art. 102, §3º). No entanto, essa sistemática passou a ser adotada a partir do RE nº 584.608 (Relatora Ministra Ellen Gracie, julgado em 4 de dezembro de 2008), e apenas se explica como forma de atribuir ao tema os efeitos transcendentes da falta de repercussão geral, impedindo a subida de novos processos sobre o assunto. Trata-se, porém, de um procedimento que gerava perplexidades,[46] razão pela qual foi alterado pela ER nº 54/2020, como será detalhado mais adiante.

Identificados os problemas e suas respectivas causas, é hora de propor soluções.

4 Solucionando o problema: a forma e o momento do juízo de repercussão geral

4.1 A existência ou não de repercussão geral deve ser o primeiro exame a ser feito

O CPC/2015 ajuda a tornar a relevância o critério preferencial, tirando o suporte da jurisprudência defensiva ao dispor que o STF e o STJ poderão "desconsiderar vício formal de recurso tempestivo ou determinar sua correção, desde que não o repute grave" (art. 1.029, §3º).[47] Assim, *o filtro da repercussão geral deve ser o primeiro a ser aplicado,*

---

ministros permaneceram silentes no Plenário Virtual, a repercussão geral foi reconhecida em razão dessas omissões, sem um único voto expresso pela relevância da questão. Houve, por assim dizer, um reconhecimento de repercussão geral "por W.O.". O caso terminou por ser desafetado do regime da repercussão geral por nove votos (RE nº 584.247 QO, Rel. Min. Luís Roberto Barroso, julgado em 27 de outubro de 2016).

[46] Outro exemplo: no RE nº 946.648, Rel. Min. Marco Aurélio, julgado em 30 de junho de 2016, 6 ministros entenderam que a matéria era infraconstitucional e sem repercussão geral, enquanto outros cinco manifestaram-se no sentido de que se tratava de controvérsia constitucional e com repercussão geral. A proclamação eletrônica do resultado foi pelo reconhecimento do caráter constitucional e da repercussão geral do tema, embora a maioria absoluta dos ministros tenham entendido que o tema não era sequer constitucional.

[47] Mesmo antes do CPC/2015, o STF já relevou um problema com o preparo do recurso em razão da importância do tema, ao qual foi atribuída repercussão geral: "saber se o ensino domiciliar (*homeschooling*) pode ser proibido pelo Estado ou viabilizado como meio lícito de cumprimento, pela família, do dever de prover educação, tal como previsto no art. 205

não o último. Caso contrário, o Tribunal passará a maior parte do tempo consumido pela análise de casos que, provavelmente, não sobreviveriam a um juízo assumido e prioritário de relevância – casos que, por isso mesmo, não podem ser considerados relevantes.

O Tribunal deve, portanto, analisar a repercussão geral com precedência sobre os demais requisitos de admissibilidade, exceto nos casos de recursos intempestivos ou que contenham vícios formais graves, não alcançáveis pelo art. 1.029, §3º, do CPC/2015. Mais: deve abster-se de classificar previamente a controvérsia como constitucional ou infraconstitucional, assumindo, pela mera afirmação do recorrente (*in statu assertionis*), a existência de questão constitucional apenas para fins de debate sobre sua eventual repercussão geral. Isso porque, considerando o caráter obscuro da distinção entre questões constitucionais e infraconstitucionais, especialmente numa Constituição analítica como a brasileira, esse debate classificatório prévio conspiraria contra a agilidade propiciada pelo filtro de relevância. Além disso, trata-se de uma fonte quase inesgotável de inconsistências e que pode vir a resultar em sobrecarga para o STJ, já que agora os recursos extraordinários sobre matérias tidas como infraconstitucionais não devem mais ser simplesmente extintos, mas sim remetidos àquela Corte Superior (CPC/2015, art. 1.033).

No que diz respeito ao instituto congênere da transcendência, o art. 896-A da CLT prevê que "o Tribunal Superior do Trabalho, no recurso de revista, examinará *previamente* se a causa oferece transcendência com relação aos reflexos gerais de natureza econômica, política, social ou jurídica". A expressão "previamente" no dispositivo ora transcrito, que se repete no art. 247 do Regimento Interno do TST, só pode ser referir aos demais requisitos de admissibilidade do recurso,[48] o que confirma que o juízo de relevância deve ser prévio a qualquer outro.[49]

---

da CRFB/1988" (RE nº 888.815, Rel. Min. Luís Roberto Barroso, julgado em 4 de junho de 2015).

48 Nesse sentido: BELMONTE, Alexandre Agra. Breves apontamentos sobre o instituto da transcendência. 26.8.2019. *AASP*, [S. l.], 26 ago. 2019. Disponível em: https://www.aasp.org.br/em-pauta/breves-apontamentos-sobre-o-instituto-da-transcendencia/. Acesso em: 31 mar. 2021.

49 Há registro de que isso não vem sendo observado: na prática, os ministros do TST fariam uma análise global da admissibilidade e, ausente algum requisito formal, afirmariam a falta de transcendência ou julgariam prejudicado seu exame (SAMPAIO, Patrícia Maria Santana. *Transcendência como mecanismo de filtro recursal*. Dialetica, 2020. *E-book*. p. 75). Trata-se da mesma lógica de suposta economia processual que, ao final, apenas esvazia o filtro de relevância e consome a quase totalidade da força de trabalho do tribunal com a análise de óbices formais. A operação eficiente do filtro de relevância pressupõe justamente o caráter

Essa precedência da repercussão geral sobre os demais requisitos de admissibilidade foi assentada em recente julgamento pelo Plenário do STF, já sob a vigência da ER nº 54/2020, no qual se afirmou que a negativa de repercussão geral com efeitos limitados ao caso concreto (que será mais bem tratada a seguir) "precede a análise do extenso repertório de pressupostos recursais de admissibilidade, que, portanto, só será realizada caso o recurso ultrapasse o crivo de relevância definido nos novos parágrafos do art. 326 do RISTF" (ARE nº 1.273.640, Rel. Min. Alexandre de Moraes, julgado em 8 de setembro de 2020). Reforça o exposto a previsão do art. 326, §4º, do RISTF, segundo o qual, vencido o relator quanto à negativa de repercussão geral com efeitos limitados ao caso, o feito deve ser redistribuído e "o novo Relator sorteado *prosseguirá no exame de admissibilidade do recurso*", confirmando que os demais requisitos de admissibilidade devem ser analisados depois, e não antes da repercussão geral. Deve-se, porém, observar a prática da Corte daqui em diante para saber se esse modelo será consolidado.

4.2 É possível a negativa de repercussão geral com efeitos limitados ao caso concreto e motivação sumária

Como visto, a razão de ser do *quorum* qualificado é compensar a impraticabilidade de uma motivação analítica dos juízos de repercussão geral. Como consectário dessa motivação atenuada ou genérica, a decisão somente pode produzir efeitos para o caso concreto, não afetando outros casos versando a mesma controvérsia.[50] Nesse sentido, a Constituição não prevê uma expansão *automática* dos efeitos da decisão de ausência de repercussão geral para todos os processos que discutam uma mesma questão jurídica. Diversamente, o art. 102, §3º, preceitua que o requisito se refere à "admissão do recurso" (no singular), podendo a Corte "recusá-lo" (também no singular), por manifestação de dois terços dos seus membros. Vale dizer: a Constituição não prevê que a decisão negativa de repercussão geral se aplica *sempre* a *todos os recursos* (no plural) sobre uma mesma questão.

---

prévio de sua análise e a superação de questões formais em razão da importância do tema de fundo.

[50] Para uma defesa teórica da relação entre o alcance das decisões judiciais e sua motivação, com amparo em Frederick Schauer e Cass Sunstein, ver: REGO. Repercussão geral: uma releitura do Direito vigente, p. 135-156.

O CPC previu essa expansão de eficácia (CPC/1973, art. 543-A, §5º, e 543-B, §2º; CPC/2015, arts. 1.035, §8º, e 1.039, parágrafo único), como uma forma de resolver demandas repetitivas com uma única decisão, o que pode ser útil. No entanto, embora possa ocorrer, tal expansão de eficácia não é *automática* ou *obrigatória*. Em verdade, se a decisão de ausência de repercussão geral, por definição, refere-se a discussões que não "ultrapassam os interesses subjetivos do processo" (CPC/2015, art. 1.035, §1º), é de se esperar que normalmente a decisão negativa de repercussão geral tenha seus efeitos limitados ao caso dos autos em que proferida. Essa possibilidade de modulação ou limitação dos efeitos da decisão negativa de repercussão geral decorre até mesmo da lógica segundo a qual "quem pode o mais, pode o menos": se o STF pode, com uma única decisão tomada por dois terços dos seus membros, produzir o efeito de inadmitir todos os recursos extraordinários presentes e futuros que tramitem no território nacional sobre uma determinada questão jurídica, com maior razão o mesmo *quorum* pode inadmitir apenas um único recurso extraordinário – o do caso concreto.[51]

No instituto congênere da transcendência, aplicável no Tribunal Superior do Trabalho (TST), não há semelhante previsão de expansão de eficácia para todos os casos sobre o mesmo tema cuja transcendência em um caso concreto tenha sido negada pelo TST: a consequência é a inadmissão apenas do recurso de revista em questão (CLT, art. 896-A, §§2º e 4º). Nada mais natural, pois, como já exposto, as decisões negativas nos filtros de relevância operam em regra com efeitos limitados ao caso concreto.

Daí por que, à luz do direito brasileiro vigente, as decisões negativas de repercussão geral podem operar de duas formas: (a) como um instrumento de resolução de demandas repetitivas e (b) como um instrumento de seleção qualitativa de recursos extraordinários. A primeira corresponde à praxe atual: decisões que se expandem para todos os processos em que se discuta certa controvérsia, cuja eficácia consiste em autorizar a inadmissão de recursos extraordinários pendentes e futuros sobre a questão na origem. Isso, naturalmente, pressupõe uma

---

51 Aliás, de certa forma, o STF também profere decisões com efeitos limitados ao caso concreto quando presume a existência de repercussão geral e dá provimento ao recurso extraordinário, por exemplo, se a decisão recorrida viola súmula ou jurisprudência dominante do Tribunal (CPC, art. 1.035, §3º, I). Não se cogita, nessa hipótese, uma decisão de efeitos transcendentes ou o sobrestamento de todos os processos semelhantes. A observação é de Ciro Grynberg.

motivação analítica, até para que seja possível identificar a questão jurídica objeto da decisão.

A segunda forma, reconhecida no art. 326, §1º, do RISTF a partir da ER nº 54/2020, embora ainda pouco utilizada na atual prática brasileira, encontra-se autorizada pelo direito vigente e corresponde ao modelo típico de operação dos filtros de relevância no mundo: decisões negativas com efeitos restritos ao caso concreto, isto é, que inadmitem apenas o recurso extraordinário em questão (CF, art. 102, §3º), sem gerar precedentes. Esse tipo de decisão, por seus efeitos limitados, pelo elevado *quorum* exigido e por poder ser tomada exclusivamente pelos ministros do STF, não exige motivação analítica, sendo suficiente, *e.g.*, a referência à base normativa que a autoriza. Não utilizar essa segunda forma, mas apenas a primeira, é reduzir a repercussão geral a um instrumento de resolução de demandas repetitivas, de feição tímida e pouco eficaz, como tem sido até agora a prática do Tribunal. Nada mais distante dos fins para os quais foi concebido o instituto.

Demandar motivação analítica para *todas as decisões negativas* de repercussão geral é inviabilizar o uso do filtro para os fins a que se destina e, portanto, contrariar o art. 102, §3º, da Constituição. Em outras palavras: exigir que o STF, como requisito de conhecimento de dezenas de milhares de recursos extraordinários, faça um debate exaustivo sobre a (pouca) relevância – e nem sequer sobre o mérito – das questões jurídicas neles trazidas é inviabilizar o próprio funcionamento da Corte. Essa visão fundamentalista do dever de fundamentação[52] impede que o Tribunal cumpra efetivamente sua função de guardar (toda) a Constituição – e não apenas o art. 93, IX –, pois a profusão de decisões pretensamente motivadas gera pronunciamentos inevitavelmente contraditórios, dificulta a observância da jurisprudência e retarda os julgamentos, contrariando assim também, no mínimo, os arts. 5º, LXXVIII, e 102, *caput*, da CF. Considerações relativas à eficiência de regimes jurídicos não são indiferentes ao direito, mesmo porque o

---

52 Vale notar que até mesmo Michele Taruffo (Prólogo. *In*: GIANNINI, Leandro. *El certiorari*: la jurisdicción discrecional de las Cortes Supremas. La Plata: Librería Editora Platense, 2016. t. 1, p. 20) – autor da clássica obra *La motivazione della sentenza civile*, que analisou com profundidade todas as nuances do dever de motivação e defendeu a tese de que a sentença não motivada é juridicamente inexistente, e não "meramente" nula – afirma a compatibilidade dos filtros de relevância com as garantias fundamentais do processo. E, como visto anteriormente, também a Corte Europeia de Direitos Humanos validou o filtro de relevância exercido pela Corte de cassação francesa, à luz do dever de motivação protegido pela Convenção Europeia de Direitos Humanos.

princípio constitucional da *eficiência* está previsto no art. 37, *caput*, da Constituição como aplicável a toda a Administração Pública, inclusive ao Poder Judiciário.

Não há, por assim dizer, uma contraposição entre o que seria "justo" (um direito de amplo acesso ao STF, correspondente a um dever de motivação analítica em *todas* as suas decisões, inclusive aquelas pelas quais se assenta a pouca relevância de controvérsias concretas) e o que seria "prático" (a desnecessidade da motivação analítica das decisões negativas). Isso porque esse "justo" terminaria num resultado "injusto" para todos, pois ninguém poderá contar com uma suprema corte inviabilizada e incapaz de responder de forma tempestiva e eficaz – em outras palavras, "justa" – às demandas que lhe são submetidas.[53] Portanto, para que a repercussão geral possa cumprir a sua função, isto é, para permitir que o STF "examine apenas as grandes questões do país discutidas no Poder Judiciário" e deixe "de se pronunciar sobre questões sem qualquer relevância para a sociedade",[54] é preciso que a Corte, de um lado, decida o que é mais relevante, e, de outro, *não decida o que é menos relevante*. Ambos os aspectos estão relacionados: se o STF for obrigado a decidir todos os casos que se lhe apresentam, ainda que pouco relevantes, e mesmo que apenas para afirmar a sua pouca relevância, mas de forma analiticamente fundamentada, o Tribunal não será capaz de decidir de forma tempestiva e com qualidade as controvérsias mais relevantes. E essa é uma situação violadora dos arts. 5º, LXXVIII, 102, *caput* e §3º, da CF.[55]

Tampouco há ofensa à isonomia, como se poderia supor, à vista da possibilidade de uma determinada questão, veiculada em caso rejeitado no passado, vir a ter repercussão geral reconhecida tempos depois. Em primeiro lugar, porque o tratamento desequiparado ilegítimo é aquele que se dá sob as mesmas condições de fato e de direito. Se as circunstâncias mudaram, não há que se exigir igualdade. Em segundo

---

[53] Nesse sentido: GIANNINI. *El certiorari*: la jurisdicción discrecional de las cortes supremas. t. 1, p. 97.

[54] Trecho do relatório final da Comissão Mista Especial do Judiciário, criada pelo art. 7º da EC nº 45/2004, para elaborar os projetos de lei necessários à regulamentação da referida emenda (BRASIL. Congresso Nacional. Relatório nº 1, de 2006 – CN, p. 1403. Disponível em: http://legis.senado.leg.br/diarios/BuscaDiario?datDiario=21/01/2006& tipDiario=1. Acesso em: 25 maio 2017).

[55] Nesse sentido: "(...) o Supremo Tribunal Federal poderá escolher os casos sobre os quais irá se debruçar. Isso é legítimo, é a concretização do princípio da efetividade da prestação jurisdicional. Tornar a atividade do Tribunal viável é garantia de sua competência (...)" (ALLAM E GIACOMET. *Filtros de acesso a cortes constitucionais*, p. 6).

lugar porque, sob essa ótica, o problema já existiria hoje, nas situações em que o STF conhece e provê um recurso extraordinário, após anos deixando de admitir casos idênticos, sob o fundamento de ser a questão infraconstitucional.[56] No fundo, portanto, trata-se de admitir, porque inelutável, a dimensão discricionária do juízo de repercussão geral, sujeito à dinâmica da vida social e jurídica, e consequentes avaliações de conveniência e oportunidade.

O CPC reforçou aquilo que já decorre da Constituição: a repercussão geral é um requisito "para apreciação exclusiva pelo Supremo Tribunal Federal" (art. 1.035, §2º), ou seja, trata-se de um requisito que refoge à regra geral segundo a qual a admissibilidade do recurso deve ser analisada, primeiramente, pela própria instância recorrida (art. 1.030). Os ministros do STF são "nomeados pelo Presidente da República, depois de aprovada a escolha pela maioria absoluta do Senado Federal" (CF, art. 101, parágrafo único). Essas credenciais de natureza política legitimam tais juízes para decidir discricionariamente em hipóteses específicas e explicam porque os tribunais de origem não podem, ao analisar a admissibilidade de recursos extraordinários, negar-lhes processamento por entender ausente a repercussão geral, salvo se o próprio STF já tiver negado repercussão geral à questão em tese (art. 1.042 do CPC/2015).[57]

Reforça essa conclusão a *irrecorribilidade das decisões negativas de repercussão geral* (CPC/2015, art. 1.035, *caput*). Como se sabe, uma das funções do dever de motivação das decisões judiciais é permitir à parte prejudicada o exercício do direito de recorrer: assim, se não cabe recurso, o dever de motivação perde uma de suas funções. Embora, como regra geral, ele se estenda inclusive às decisões irrecorríveis, como parte de seu caráter não apenas endoprocessual (voltado às partes do processo), mas também extraprocessual (voltado à sociedade como um

---

56 Vale notar que o CPC instituiu mecanismos para minimizar o risco de violações à isonomia, como a inexigibilidade do título executivo judicial fundado em lei ou ato normativo que venha a ser declarado inconstitucional pelo STF, ou fundado em interpretação que venha a ser tida pelo STF como incompatível com a Constituição, seja em controle de constitucionalidade concentrado ou difuso, bem como o cabimento de ação rescisória na hipótese de trânsito em julgado (CPC, art. 525, §§12 e 15).

57 Como visto, tal dispositivo apenas consagrou a jurisprudência que o STF já havia construído antes da entrada em vigor do CPC/2015: Pleno, Rcls. nº 7.547 e 7.569, Rel.ª Min.ª Ellen Gracie, julgadas em 19 de novembro de 2009; AI nº 760.358/QO, Rel. Min. Gilmar Mendes, julgada em 19 de novembro de 2009; MS nº 29.009 AgR, Rel.ª Min.ª Cármen Lúcia, julgado em 2 de março de 2011.

todo),[58] a última função pode ser satisfeita por outros meios, como a ampla divulgação das decisões e a formação de bancos de dados sobre a repercussão geral (RISTF, art. 329). Uma exigência inatingível de motivação, longe de tornar o processo controlável, o empurrou para a informalidade e resultou num "filtro oculto" com sérios efeitos colaterais, como se procurou demonstrar ao longo do texto.

Ainda em reforço da tese, o art. 1.035, §11, do CPC/2015, assim como fazia o art. 543-A, §7º, do CPC/1973, prevê que "a súmula da decisão sobre a repercussão geral constará de ata, que será publicada no diário oficial e valerá como acórdão". Trata-se do único preceito em que o Código usa a expressão "súmula *da decisão*", e não "súmula *da jurisprudência*", "súmula *de tribunal*", "enunciado de súmula" ou simplesmente "súmula", isoladamente ou acompanhada do adjetivo "vinculante". Isso indica que o Código aqui usou a expressão "súmula" no sentido de "pequena suma; breve epítome ou resumo; sinopse, condensação".[59] Se, para essa decisão, fosse necessária uma fundamentação como a exigida para os acórdãos em geral, não haveria sentido na parte final do preceito, segundo o qual essa súmula "valerá *como acórdão*", isto é, como decisão colegiada (CPC/2015, art. 204), tomada por no mínimo oito ministros do STF. Por que se daria valor de acórdão à "súmula da decisão" se fosse necessário depois publicar "outro" acórdão? Tudo indica que a decisão negativa de repercussão geral possa consistir numa declaração sintética, com dispensa de motivação analítica.

Decisões genéricas, como regra, são proibidas pelo art. 489, §1º, III, do CPC/2015. Porém, as decisões negativas de repercussão geral são um caso especial, por todas as razões antes expostas: (a) *quorum* qualificadíssimo de dois terços; (b) exclusividade na apreciação pelo STF; (c) âmbito restrito à admissibilidade do recurso extraordinário; (d) alcance limitado ao caso concreto. Além disso, ao chegar ao STF, o processo já passou por, pelo menos, dois graus de jurisdição. A se entender que o art. 489, §1º, III, do CPC/2015 proíbe essa prática, o preceito impediria o filtro de funcionar eficazmente e, assim, teria uma incidência inconstitucional quanto às decisões negativas de repercussão geral, exigindo interpretação conforme a Constituição.

---

58 TARUFFO, Michele. *A motivação da sentença civil*. Tradução: Daniel Mitidiero; Rafael Abreu; Vitor de Paula Ramos. São Paulo: Marcial Pons Brasil, 2015. p. 317-347.

59 *In:* DICIONÁRIO Houaiss. Disponível em: https://houaiss.uol.com.br/pub/apps/www/v3-2/html/index.php#0. Acesso em: 21 jul. 2017.

De fato, em 1º.7.2020, a partir de proposta submetida pelo primeiro autor e elaborada com a colaboração do segundo, o STF emendou seu Regimento Interno para, entre outras providências, reconhecer a possibilidade de limitar ao caso concreto os efeitos da decisão de ausência de repercussão geral (art. 326 e §§, do RISTF, com redação determinada pela ER nº 54/2020). Com isso, a Suprema Corte acolheu o principal argumento defendido na primeira versão deste artigo e formalizou a possibilidade de empregar a repercussão geral não apenas como instrumento de resolução de demandas repetitivas, mas também de seleção qualitativa de recursos extraordinários. Isso já decorria do direito vigente e foi apenas explicitado pelo RISTF, tanto que o Plenário da Corte validou a aplicação imediata das normas previstas na ER nº 54/2020 a todos os processos pendentes. Confira-se, nesse sentido, a ementa do precedente (ARE nº 1.273.640 AgR, Rel. Min. Alexandre de Moraes, julgado em 8 de setembro de 2020):

> RECURSO EXTRAORDINÁRIO COM AGRAVO. REPERCUSSÃO GERAL. REJEIÇÃO PELO RELATOR, COM EFICÁCIA APENAS PARA O CASO CONCRETO. REGIMENTO INTERNO DO SUPREMO TRIBUNAL FEDERAL, ART. 326, §§1º A 4º, COM A REDAÇÃO DADA PELA EMENDA REGIMENTAL 54, DE 1º DE JULHO DE 2020.
> 1. O art. 326, §1º, do Regimento Interno do SUPREMO TRIBUNAL FEDERAL, com a redação dada pela Emenda Regimental 54, de 1º de julho de 2020, estabelece que, ao examinar o recurso extraordinário, "Poderá o Relator negar repercussão geral com eficácia apenas para o caso concreto."
> 2. Já o §2º do art. 326 assegura a possibilidade de recurso, para o Plenário, da decisão do Relator, cuja confirmação requer a adesão de 2/3 (dois terços) dos Ministros desta CORTE.
> 3. O insucesso em se atingir esta votação não produz o resultado inverso, qual seja, o automático reconhecimento da repercussão geral. Segundo os §§3º e 4º do art. 326, o processo será, então, redistribuído, e o novo Relator sorteado prosseguirá no exame de admissibilidade do recurso, na forma dos arts. 323 e 324 do Regimento.
> 4. Esta sistematização alinha-se ao §3º do art. 102 da Constituição e ao art. 1.035 do Código de Processo Civil de 2015. Fiel aos contornos e às exigências do instituto da repercussão geral, trata-se de mais um meio para que o SUPREMO TRIBUNAL FEDERAL examine a relevância das questões suscitadas no RE, ao lado do já consolidado Plenário Virtual.
> 5. Apesar de todos os notáveis avanços no sentido da redução da entrada de processos no SUPREMO, fruto de uma estratégia voltada precipuamente às questões repetitivas, a distribuição de recursos

persiste elevada (21.938, no ano de 2019). Alem disso, a observação atenta das controvérsias retratadas nos milhares de decisões proferidas pelo SUPREMO sinaliza a predominância de assuntos destituídos de repercussão geral.
6. Isso tudo evidencia a conveniência de um método expedito e eficaz para a negativa de seguimento de tais recursos – que, a despeito da inexpressividade dos temas suscitados, não são contidos pelo filtro hoje existente, pensado para macrolides.
7. Sem a pretensão de formar precedentes abrangentes e vinculantes – uma característica do Plenário Virtual –, a sistemática introduzida pela Emenda Regimental 54/2020 objetiva uma ágil rejeição dos recursos desprovidos de repercussão geral, por meio de uma fundamentação concisa do Relator.
8. Esta solução precede a análise do extenso repertório de pressupostos recursais de admissibilidade, que, portanto, só será realizada caso o recurso ultrapasse o crivo de relevância definido nos novos parágrafos do art. 326 do RISTF.
9. As recentes disposições regimentais aqui enfocadas, de cunho procedimental, aplicam-se imediatamente, inclusive aos recursos extraordinários pendentes de julgamento. Com efeito, tais regras apenas estabelecem uma técnica para a aferição de um requisito recursal preexistente. E garantem à parte a possibilidade de submeter seu RE ao Plenário, de modo que não há qualquer perda, ou redução, de direito ou prerrogativa processual.
10. No caso concreto, o Recurso Extraordinário foi interposto em ação ajuizada por pessoa participante de plano de previdência privada, objetivando a revisão do valor dos seus proventos. Nas razões do RE, a parte autora alega que o acórdão recorrido desrespeitou o princípio constitucional da isonomia, pois negou-lhe o cálculo de seu benefício na forma da Resolução 1969/2006, do Conselho Diretor da Caixa Econômica Federal, embora o referido ato normativo tenha sido aplicado a outros participantes, em situação idêntica.
11. A questão recursal não transpõe os limites da causa, nem o interesse subjetivo das partes envolvidas. Trata-se de tema específico, de efeito restrito e aplicação limitada.
12. Na parte do RE dedicada à demonstração da relevância da matéria, conforme exigem o §3º do art. 102 da Constituição e o §2º do art. 1.035 do Código de Processo Civil de 2015, a recorrente tampouco apresenta elementos concretos e objetivos, que revelem a transcendência do tema recursal, tais como: o impacto social do julgado; a multiplicidade de demandas com o mesmo objeto; os elevados valores financeiros envolvidos; os intensos debates sobre o assunto, no meio jurídico.
13. Esse cenário permite concluir que não se mostram presentes, no caso concreto, as questões relevantes de que trata o §1º do art. 1.035 do

Código de Processo Civil de 2015, o que induz ao reconhecimento da INEXISTÊNCIA DE REPERCUSSÃO GERAL DA MATÉRIA SUSCITADA NO RECURSO EXTRAORDINÁRIO. 14. Agravo interno a que se nega provimento (STF, Pleno, ARE 1273640 AgR, Rel. Min. Alexandre de Moraes, j. 8.9.2020).

Concordando com as ideias aqui defendidas, Fredie Didier e Leonardo Carneiro da Cunha afirmam que "tal limitação ao caso concreto é compatível com a Constituição e com o CPC e confirma que nem sempre há essa coincidência entre a repercussão geral e o julgamento de casos repetitivos".[60]

Por imposição constitucional (art. 102, §3º), o *quorum* de dois terços é exigido para ambas as formas de operar a repercussão geral: como instrumento de resolução de demandas repetitivas ou de seleção qualitativa de recursos extraordinários. Quanto a esta segunda hipótese, a partir da ER nº 54/2020, o art. 326, §1º, do RISTF passou a autorizar decisões *monocráticas* negativas de repercussão geral, ao prever que "poderá o Relator negar repercussão geral com eficácia apenas para o caso concreto".[61] A fórmula adotada é passível de críticas, seja porque o art. 102, §3º, da Constituição exige *quorum* de dois terços, seja porque se trata de uma hipótese de decisão negativa de repercussão geral sujeita a recursos – agravo interno e embargos de declaração –, nada obstante a irrecorribilidade prevista no art. 1.035, *caput*, do CPC/2015. Compreende-se, porém, a sistemática adotada como sintoma do *modus operandi* predominantemente monocrático da Corte, assim como uma aposta de que uma minoria recorrerá da decisão do relator, haja vista que a taxa de recorribilidade interna em 2023 foi de quase 19,34%.[62]

Seja como for, é possível ler o dispositivo como uma delegação de competência do Plenário ao relator para fazer uma primeira análise sobre a repercussão geral, salvaguardando-se o *quorum* qualificado na hipótese de recurso, nos termos do art. 326, §2º, do RISTF, *in verbis*: "(...) se houver recurso, a decisão do Relator de restringir a eficácia da ausência de repercussão geral ao caso concreto deverá ser confirmada

---

[60] DIDIER JUNIOR, Fredie; CUNHA, Leonardo Carneiro da. *Curso de Direito Processual Civil*. 14. ed. Salvador: Juspodivm, 2017. v. 3, p. 471.

[61] A versão original da proposta elaborada pelos autores deste trabalho previa fórmula diversa, segundo a qual o relator não proferiria propriamente uma decisão monocrática, mas sim faria uma proposta sob a forma de voto, que integraria uma decisão colegiada a qual deveria observar o *quorum* de dois terços.

[62] BRASIL. *Relatório de atividades 2023*, p. 45.

por dois terços dos ministros para prevalecer". Note-se que a ER nº 54/2020 foi aprovada, no ponto, por 10 dos 11 ministros do Tribunal,[63] a indicar que essa sistemática, instituída *in abstracto*, tem a concordância de mais do que dois terços dos membros daquela Corte, suprindo o *quorum* qualificado.

De resto, mecanismo semelhante é previsto para o instituto congênere da transcendência, no âmbito dos recursos de revista de competência do TST, como se lê do art. 896-A, §2º, da CLT, incluído pela Lei nº 13.467, de 13 de julho de 2017: "(...) poderá o Relator, *monocraticamente*, denegar seguimento ao recurso de revista que não demonstrar transcendência, cabendo agravo desta decisão para o colegiado". E, reforçando a dispensa de motivação analítica das decisões negativas de transcendência, dispõe o art. 896-A, §4º da CLT, também incluído pela Lei nº 13.467/2017, que "mantido o voto do Relator quanto à não transcendência do recurso, será lavrado acórdão com *fundamentação sucinta*, que constituirá decisão irrecorrível no âmbito do tribunal".[64]

É preciso registrar, porém, que o STF ainda continua trabalhando sob um paradigma tradicionalmente formalista e defensivo, e que a alteração regimental ainda não transformou a metodologia cotidiana de trabalho da Corte. Até meados de outubro de 2024, podiam ser identificados no sítio do STF apenas cerca de 60 decisões colegiadas sob a nova sistemática, a começar pelo ARE nº 1.273.640 AgR, Rel. Min. Alexandre de Moraes, julgado em 8 de setembro de 2020, bem como pouco mais de 400 decisões monocráticas. Este, portanto, é um possível momento de transição, em que uma nova prática formalizada no RISTF convive com o peso de anos de uma sistemática que ainda permeia a rotina da Corte. A confirmação ou não de uma mudança mais expressiva dependerá da observação dos próximos anos.

---

[63] Na ata da sessão de julgamento do processo administrativo 008509/2020, do qual resultou a ER nº 54/2020, consta que o Tribunal deliberou com o *quorum* completo e que apenas o Min. Marco Aurélio ficou vencido quanto à nova redação conferida ao art. 326 do RISTF (Disponível em: http://www.stf.jus.br/arquivo/cms/noticiaNoticiaStf/anexo/RIAtadeJulgamento.pdf. Acesso em: 11 mar. 2021). O placar de 10 x 1 se repetiu, agora em sede jurisdicional, no julgamento referido do ARE nº 1.273.640 AgR, Rel. Min. Alexandre de Moraes, julgado em 8 de setembro d e2020, que validou a nova sistemática regimental.

[64] Ressalte-se que o §5º do art. 896-A da CLT, que previa a irrecorribilidade da decisão do relator que negasse transcendência em agravo de instrumento em recurso de revista, foi declarado inconstitucional pelo TST (Pleno, AI nº 1000845-52.2016.5.02.0461, Rel. Min. Cláudio Brandão, julgada em 6 de novembro de 2020).

4.3 A omissão de algum ministro em se manifestar não configura voto

Na versão original deste artigo, defendeu-se que a omissão de algum ministro em se manifestar deveria importar adesão à posição do relator: o silêncio significaria uma anuência tácita, assim como ocorre numa sessão presencial. Entretanto, a ER nº 54/2020 adotou fórmula distinta ao alterar o art. 324, §3º, RISTF: "(...) o ministro que não se manifestar no prazo previsto no *caput* terá sua não participação registrada na ata do julgamento". Além disso, também foi alterada a regra do *quorum* para deliberação sobre o caráter constitucional ou infraconstitucional da matéria: em vez dos dois terços antes exigidos, passou-se a prever maioria absoluta (art. 324, §§1º e 2º, com a redação dada pela ER nº 54/2020). Com isso, o RISTF suprimiu previsões problemáticas e melhorou a sistemática da repercussão geral, favorecendo seu uso como filtro mais efetivo.

5 Considerações finais

É possível sumariar as ideias aqui apresentadas em quatro proposições objetivas bastante simples, a saber:

> (i) A existência ou não de repercussão geral deve ser o primeiro exame a ser feito na apreciação da admissibilidade de um recurso extraordinário, o que assegurará transparência e celeridade na verificação do seu cabimento. Com isso será possível superar a prática até aqui prevalecente de se fazer um "juízo oculto" de relevância, pelo qual, sob a roupagem de um juízo técnico, o Tribunal recorre a fórmulas defensivas de inadmissão, em que afirma que a matéria controvertida é infraconstitucional, fática ou não foi pré-questionada.
> (ii) É possível a negativa de repercussão geral com efeitos limitados ao caso concreto e motivação sumária. O juízo de repercussão geral tem uma dimensão comparativa e inelutavelmente discricionária. A fundamentação objetiva é expressamente admitida pelo CPC para esse caso e o risco de arbitrariedade é minimizado pela exigência do *quorum* de dois terços.
> (iii) A omissão de algum ministro em se manifestar não deverá ser computada como voto, sob pena de, como já aconteceu muitas vezes, se permitir o reconhecimento de repercussão geral pela ausência de manifestação de ministros.

(iv) As ideias aqui veiculadas são plenamente compatíveis com a Constituição e a legislação aplicável, podendo ser instituídas, quando muito, por mera alteração regimental, como de fato ocorreu a partir da ER nº 54/2020.

Algumas observações finais. É muito difícil fiscalizar, adequadamente, o que o Tribunal faz de relevante e os critérios que realmente adota quando recebe cerca de cem mil processos por ano e profere, no mesmo período, mais de cem mil decisões. As inconsistências são inevitáveis e prejudicam tanto os jurisdicionados quanto a Corte. Reconhecer a impraticabilidade de uma motivação analítica de *todas* as decisões negativas de repercussão geral é um passo necessário para obter o grau de controle político-social possível. E a experiência do STF com a repercussão geral pode aproveitar a regulamentação da relevância da questão federal para o STJ, conforme requisito instituído pelo art. 105, §§2º e 3º, da Constituição, na redação dada pela EC nº 125, de 14 de julho de 2022.

Mesmo que não se altere o número de recursos em curto prazo, essas mudanças libertariam, imediatamente, o Tribunal da necessidade de proferir uma enxurrada de decisões monocráticas e julgamentos em lista, que não são nada além de uma ficção de justiça, uma forma de obscurecer um juízo inevitavelmente discricionário, com um verniz pretensamente técnico que não se sustenta e apenas desgasta a Corte. Investe-se um esforço monumental, apenas para chegar ao mesmo resultado de forma pior e mais trabalhosa. E, na prática do Tribunal, não deverá ele reconhecer mais repercussões gerais do que possa julgar em um ano, sob pena de atravancar o funcionamento da Justiça, em razão do sobrestamento na origem.

Uma das principais causas de demora no aperfeiçoamento das instituições é a incapacidade de formular um bom diagnóstico dos seus problemas e, no passo seguinte, tomar as decisões necessárias para superá-los. É insustentável que o Tribunal permaneça na situação atual, decidindo casos demais com celeridade de menos, e, pior ainda, atravancando todas as demais instâncias com sobrestamentos excessivos. Não há razão para que esse quadro permaneça, pois o direito em vigor já oferece instrumentos adequados. Decidir menos casos com alto grau de importância, maior qualidade e mais rapidez é a principal contribuição que o STF pode dar ao País.

Cortes supremas, por sua própria natureza, têm o poder de definir sua agenda de julgamentos. Esse poder, como se procurou demonstrar, vem sendo exercido pelos ministros do STF de forma solitária, inconsistente e não transparente, por um juízo oculto de relevância veiculado predominantemente em decisões monocráticas. A repercussão geral é um instrumento pelo qual o tribunal pode recuperar sua saudável colegialidade e seu poder como instituição. Para a Corte assumir o controle da sua agenda, mais vale uma discricionariedade forte, transparente e exercida com desassombro do que uma tecnicalidade mal disfarçada.

Referências

ALLAM E GIACOMET, Daniela. *Filtros de acesso a cortes constitucionais*. Brasília: Gazeta Jurídica, 2017.

BARROSO, Luís Roberto. Prefácio: quando menos é mais: repensando a jurisdição constitucional brasileira. *In:* ALLAM E GIACOMET, Daniela. *Filtros de acesso a cortes constitucionais*. Brasília: Gazeta Jurídica, 2017.

BARROSO, Luís Roberto. *O controle de constitucionalidade no Direito brasileiro*. 7. ed. São Paulo: Saraiva, 2016.

BARROSO, Luís Roberto. Reflexões sobre as competências e o funcionamento do Supremo Tribunal Federal. *Conjur*, São Paulo, 125 ago. 2014. Disponível em: http://s.conjur.com.br/dl/palestra-ivnl-reflexoes-stf-25ago2014.pdf. Acesso em: 25 set. 2017.

BARROSO, Luís Roberto. O Supremo Tribunal Federal em 2016: o ano que custou a acabar. *Migalhas*, São Paulo, 1 ago. 2017. Disponível em:

http://www.migalhas.com.br/arquivos/2017/1/art20170109-01.pdf. Acesso em: 25 set. 2017.

BARROSO, Luís Roberto; REGO, Frederico Montedonio. Como salvar o sistema de repercussão geral: transparência, eficiência e realismo na escolha do que o Supremo Tribunal Federal vai julgar. *Revista Brasileira de Políticas Públicas*, Brasília, v. 7, n. 3, p. 695-713, dez. 2017. Disponível em: https://www.publicacoesacademicas.uniceub.br/RBPP/article/view/4824. Acesso em: 25 set. 2024.

BELMONTE, Alexandre Agra. Breves apontamentos sobre o instituto da transcendência. 26.8.2019. *AASP*, [*S. l.*], 26 ago. 2019. Disponível em: https://www.aasp.org.br/em-pauta/breves-apontamentos-sobre-o-instituto-da-transcendencia/. Acesso em: 31 mar. 2021.

BRASIL. Congresso Nacional. Relatório nº 1 de 2006 – CN. *Diário do Senado Federal*, Brasília, DF, 21 jan. 2006. Disponível em: http://legis.senado.leg.br/diarios/BuscaDiario?datDiario=21/01/2006& tipDiario=1. Acesso em: 25 maio 2017.

BRASIL. Supremo Tribunal Federal. Evolução do acervo do STF (histórico). *Portal STF*, Brasília, DF, 2006. Disponível em: https://transparencia.stf.jus.br/single/?appid=e554950b-d244-487b-991d-abcc693bfa7c&sheet=ea8942c2-79fa-494f-bf18-ca6d5a3bfb43&theme=simplicity&opt=currsel&select=clearall. Acesso em: 15 out. 2024.

BRASIL. Supremo Tribunal Federal. Painel da taxa de provimento recursal. *Portal STF*, Brasília, DF, [2024]. Disponível em: https://transparencia.stf.jus.br/extensions/taxa_provimento/taxa_provimento.html. Acesso em: 15 out. 2024.

BRASIL. Supremo Tribunal Federal. Processos sobrestados em razão da repercussão geral. *Portal STF*, Brasília, DF, [2024]. Disponível em: https://paineis.cnj.jus.br/QvAJAXZfc/opendoc.htm?document=qvw_l%2FPainelCNJ.qvw&host=QVS%40neodimio03&anonymous=true&sheet=STF. Acesso em: 14 out. 2024.

BRASIL. Supremo Tribunal Federal. *Relatório de atividades 2022*. Brasília, DF: STF, 2022. Disponível em: https://bibliotecadigital.stf.jus.br/xmlui/bitstream/handle/123456789/4806/2022%20-%20Relat%c3%b3rio%20completo.pdf?sequence=1&isAllowed=y. Acesso em: 15 out. 2024.

BRASIL. Supremo Tribunal Federal. *Relatório de atividades 2023*. Brasília, DF: STF, 2023. Disponível em: https://bibliotecadigital.stf.jus.br/xmlui/bitstream/handle/123456789/5941/2023%20-%20Relat%c3%b3rio%20completo.pdf?sequence=1&isAllowed=y. Acesso em: 14 out. 2024.

BRASIL. Supremo Tribunal Federal. Relatório Plenário Virtual – PV. *Portal STF*, Brasília, DF, [2024]. Disponível em: https://transparencia.stf.jus.br/extensions/plenario_virtual/plenario_virtual.html. Acesso em: 15 out. 2024.

BRASIL. Supremo Tribunal Federal. STF reduz acervo de recursos a número menor que o de ações originárias. *Portal STF*, Brasília, DF, 27 nov. 2020. Disponível em: http://portal.stf.jus.br/noticias/verNoticiaDetalhe.asp?idConteudo=456175. Acesso em: 8 fev. 2021.

CNJ. *Justiça em Números 2021*: ano-base 2020. Brasília, DF: CNJ, 2021. Disponível em: https://www.cnj.jus.br/wp-content/uploads/2021/11/relatorio-justica-em-numeros2021-221121.pdf. Acesso em: 25 nov. 2021.

CNJ. *Justiça em Números 2024*: ano-base 2023. Brasília, DF: CNJ, 2024. Disponível em: https://www.cnj.jus.br/wp-content/uploads/2024/05/justica-em-numeros-2024.pdf. Acesso em: 15 out. 2024.

CÔRTES, Osmar Mendes Paixão. Transcendência x repercussão geral. *Revista do TRT da 9ª Região*, Brasília, DF, ano 10, n. 92, set. 2020.

DANTAS, Bruno. *Repercussão geral*. 3. ed. São Paulo: Revista dos Tribunais, 2012.

DEUTSCHLAND. Bundesverfassungsgericht. *2023 Annual Report*, [*S. l.*], p. 53; 67, 2023. Disponível em: https://www.bundesverfassungsgericht.de/SharedDocs/Downloads/EN/Jahresbericht/jahresbericht_2023.pdf?__blob=publicationFile&v=4. Acesso em: 15 out. 2024.

DIDIER JUNIOR, Fredie; CUNHA, Leonardo Carneiro da. *Curso de Direito Processual Civil*. 14. ed. Salvador: Juspodivm, 2017. v. 3.

GOMES JÚNIOR, Luiz Manoel; GAJARDONI, Fernando da Fonseca. Anotações sobre a repercussão geral nos recursos extraordinário e especial. *In:* FUX, Luiz; FREIRE, Alexandre; DANTAS, Bruno (coord.). *Repercussão geral da questão constitucional.* Rio de Janeiro: Forense, 2014. p. 443-471.

GIANNINI, Leandro. *El certiorari*: la jurisdicción discrecional de las Cortes Supremas. La Plata: Librería Editora Platense, 2016. 2 t.

MANCUSO, Rodolfo de Camargo. *Recurso extraordinário e recurso especial.* 13. ed. São Paulo: Revista dos Tribunais, 2015.

MEDINA, Damares. *A repercussão geral no Supremo Tribunal Federal.* São Paulo: Saraiva, 2016. *E-book.*

MEDINA, Damares. Julgamento eletrônico no plenário virtual do STF: reflexos para a advocacia. *Jota,* São Paulo, 22 abr. 2020. Disponível em: https://www.jota.info/opiniao-e-analise/artigos/julgamento-eletronico-no-plenario-virtual-do-stf-reflexos-para-a-advocacia-22042020. Acesso em: 12 fev. 2021.

REGO, Frederico Montedonio. *Os efeitos das decisões negativas de repercussão geral*: uma releitura do Direito vigente. 2017. Dissertação (Mestrado em Direito) – Centro Universitário de Brasília, Brasília, 2017.

REGO, Frederico Montedonio. O filtro oculto de repercussão geral: como o obscurecimento dos juízos de relevância contribui para a crise do STF. *Revista de Direito Brasileira,* v. 18, n. 7, p. 6-29, 1 dez. 2017.

REHNQUIST, William. *The Supreme Court.* New York: Vintage Books, 2007. *E-book.*

TAVARES, André Ramos. A repercussão geral no recurso extraordinário. *In:* TAVARES, André Ramos; LENZA, Pedro; ALARCÓN, Pietro de Jesús (org.). *Reforma do Judiciário*: analisada e comentada. São Paulo: Método, 2005. p. 207-220.

TARUFFO, Michele. *A motivação da sentença civil.* Tradução: Daniel Mitidiero, Rafael Abreu e Vitor de Paula Ramos. São Paulo: Marcial Pons Brasil, 2015.

TARUFFO, Michele. Prólogo. *In:* GIANNINI, Leandro. *El certiorari*: la jurisdicción discrecional de las Cortes Supremas. La Plata: Librería Editora Platense, 2016. t. 1.

VERISSIMO, Marcos Paulo. A Constituição de 1988, vinte anos depois: Suprema Corte e ativismo judicial "à brasileira". *Revista Direito GV,* São Paulo, v. 4, n. 2, p. 407-440, jul./dez. 2008.

WAMBIER, Teresa Arruda Alvim; WAMBIER, Luiz Rodrigues. Repercussão geral: como transformá-la num instituto adequado à magnitude da missão de uma Corte Superior? *In:* FUX, Luiz; FREIRE, Alexandre; DANTAS, Bruno (coord.). *Repercussão geral da questão constitucional.* Rio de Janeiro: Forense, 2014. p. 615-631.

YARSHELL, Flávio Luiz. A Reforma do Judiciário e a promessa de duração razoável do processo. *Revista do Advogado,* São Paulo, ano 24, p. 28-33, abr. 2004.

Informação bibliográfica deste texto, conforme a NBR 6023:2018 da Associação Brasileira de Normas Técnicas (ABNT):

BARROSO, Luís Roberto; REGO, Frederico Montedonio. Como salvar o sistema de repercussão geral: transparência, eficiência e realismo na escolha do que o Supremo Tribunal Federal (STF) vai julgar. *In*: MENDES, Gilmar Ferreira; GALLOTTI RODRIGUES, Maria Isabel Diniz; ALVIM, Teresa Arruda (coord.). *O novo perfil do controle difuso de constitucionalidade*: estudos em homenagem ao Professor Bruno Dantas nos 20 anos da Repercussão Geral. Belo Horizonte: Fórum, 2025. p. 377-413. ISBN 978-65-5518-898-1.

ANÁLISE ECONÔMICA DO SISTEMA RECURSAL BRASILEIRO

LUIZ FUX
ANTONIO ALI BRITO

1 Introdução

O relatório *Justiça em Números 2023*, produzido pelo Conselho Nacional de Justiça (CNJ), ao discorrer sobre o índice de recorribilidade das decisões no Brasil, expôs o impressionante dado de que "chegam aos Tribunais de segundo grau 25% das sentenças de primeiro grau de conhecimento e 10% das sentenças de primeiro grau de execução"; e, de outra sorte, que "chegam aos tribunais superiores, 27% das decisões de segundo grau", variando os números "significativamente entre os segmentos de justiça".[1]

Considerando, de acordo com o relatório, o alarmante número de que existem mais de 81,4 milhões de processos atualmente em tramitação no país,[2] haveria de se indagar, pela relevância do diagnóstico realizado: como poderemos elaborar estratégias para desestimular os incentivos dos litigantes na irresignação de demandas frívolas,[3] tornando o sistema recursal brasileiro mais *eficiente*?

---

1 CNJ. *Justiça em Números 2023*. Brasília, DF: CNJ, 2023. p. 200.

2 CNJ. *Justiça em Números 2023*, p. 92.

3 "So long as there are no barriers to bringing suit, it will generally be the case that some proportion of suits are frivolous. The reason for this is that if there were no frivolous suits brought, defendants would find it in their interest to offer substantial amounts in settlement.

Trata-se de fenômeno cuja abordagem não pode ser dissociada do estudo da Análise Econômica do Direito (AED), que se utiliza de instrumental fornecido pela economia, notadamente o imperativo da *eficiência*, para moldar e incrementar as condições de operabilidade dos sistemas jurídicos ao redor do mundo.

A AED não é uma mera divagação acadêmica, na linha do que alerta o Professor Simeon Djankov, ao recordar que o *ranking* "Doing Business", realizado pelo Banco Mundial, avalia a confiabilidade do sistema judiciário de cada país a fim de mensurar sua aptidão para receber investimentos.[4]

A confiabilidade de um sistema judiciário reside, primordialmente, na sua capacidade de produzir resultados previsíveis e estáveis, prezando pela segurança jurídica, ao passo que infirma a ideia de uma jurisprudência lotérica. Nesse cenário, estima-se que as partes, sabendo desse grau de previsibilidade, seriam estimuladas a interpor recursos idôneos, porque convencidas das desvantagens resultantes da sua irresignação protelatória em demandas consideradas frívolas.

Com o intuito de desenvolver esta reflexão, através de revisão bibliográfica e análise documental, o argumento proposto será dividido em três partes: (i) uma exposição inicial do sistema recursal brasileiro, à luz de conceitos fundamentais fornecidos pela doutrina nacional e estrangeira, com base nas quais foi idealizado; (ii) uma abordagem de tal sistema sob o prisma da AED, examinando as experiências levadas a efeito nos Estados Unidos e, especialmente, no Brasil; (iii) conclusão, com a exposição das premissas e das sugestões extraídas do presente estudo.

Pretende-se, com isso, contribuir com o desenvolvimento de soluções para o aperfeiçoamento do sistema recursal brasileiro.

2 Sistema recursal brasileiro: conceitos fundamentais

A ideia de recurso remete-nos à existência de uma pluralidade de graus de jurisdição, porquanto "podem, em regra, conhecer da

---

Such high offers, however, encourage the bringing of strike suits. Moreover, the number of frivolous suits as a proportion of all suits is unaffected by the frequency of genuine claims in the population of potential plaintiffs" (KATZ, Avery. The effect of frivolous lawsuits on the settlement of litigation. *International Review of Law and Economics*, [S. l.], n. 10, p. 25, 1990).

4 DJANKOV, Simeon. The Doing Business project: How it started. *Journal of Economic Perspective*, [S. l.], v. 30, n. 1, p. 247-248, 2016.

mesma causa diversos juízes sucessivamente, isto é, em instâncias ou graus diversos".[5]

Chiovenda,[6] ao explicitar a *ratio* da sua lição citada acima, aponta que essa pluralidade representa a busca pela melhor decisão possível, máxime por permitir que seja esta revisada por instâncias posteriores. Visa impedir, assim, que eventuais vícios se mantenham pela resistência de juízes influenciados pelos próprios erros.

Para o ilustrado catedrático de Roma, são consideráveis as vantagens desse primado secular: a) a inspiração de maior confiança da opinião pública; b) o estímulo dos juízes de primeiro grau para melhor julgarem; c) a importância econômica e jurídica de discriminar as causas mais importantes para apreciação pelos órgãos superiores; d) a promoção do equilíbrio de poder no sistema judicial; e) maior probabilidade de julgamento imparcial e equitativo.[7]

De fato, como assenta Manoel Gonçalves Ferreira Filho,[8] o controle do poder é preocupação fulcral onde se faz opção pelo seu exercício não totalitário, daí por que necessária a sua adoção por intermédio da fixação de competências, capacidades e limitações. Afinal, consoante recorda José Levi Amaral Júnior, a recíproca limitação do poder é a finalidade última do dos Estados Constitucionais de Direito – através do constitucionalismo –, tendo como parâmetro mais evidente o art. 16 da Declaração Universal dos Direitos do Homem e do Cidadão de 1789.[9]

Consectariamente, no contexto processual, o exercício desse ideal de recíproca limitação dos poderes – ora exercidos pelos juízes – assume feição eminentemente *dialética*.

Assim o sustentou Calamandrei, na seminal obra *Proceso y democracia*, ao assinalar que "proceso no es un monólogo sino un diálogo, una conversación, un cambio de proposiciones, de respuestas y de réplicas, un cruzamiento de acciones y de reacciones, de estímulos y de contraestímulos, de ataques y de contraataques".[10]

---

5 CHIOVENDA, Giuseppe. *Instituições de Direito Processual Civil*. 4. ed. Tradução: Paolo Capitanio. Campinas: Bookseller, 2009. p. 617.

6 CHIOVENDA. *Instituições de Direito Processual Civil*, p. 618-620.

7 CHIOVENDA. *Instituições de Direito Processual Civil*, p. 618.

8 FERREIRA FILHO, Manoel Gonçalves. O poder e seu controle. *Revista de Informação Legislativa*, Brasília, DF, v. 21, n. 84, p. 91, out./dez. 1984.

9 AMARAL JÚNIOR, José Levi Mello do. Constitucionalismo e conceito de Constituição. *Revista Direito Público*, [S. l.], v. 18, n. 98, p. 716, 2021.

10 CALAMANDREI, Piero. *Proceso y democracia*. Traducción: Hector Fix Zamudio. Buenos Aires: Ediciones Jurídicas Europa-América, 1960. p. 150.

Conforme já anotamos alhures,[11] essa carga axiológica reflete fenômeno percebido, na primeira metade do século XX, por clássicos como Eduardo Juan Couture, no Uruguai; Leonardo Prieto Castro e Niceto Alcalá-Zamora y Castillo, na Espanha; e o já citado Piero Calamandrei, na Itália. Trata-se da releitura do Direito Processual à luz dos valores constitucionais, o que fora especialmente concebido depois de diversas tentativas de imposição de ideologias autoritárias nas legislações processuais ao redor do mundo, na quadra histórica de então.

Essa tendência foi captada, no Brasil, por José Frederico Marques, que, ainda em 1952, na tese de concurso para Professor Catedrático da Pontifícia Universidade Católica de São Paulo, com declarada inspiração nos autores aludidos, já vislumbrava as normas fundamentais do processo como consectários do Direito Constitucional.[12]

O mencionado autor, em obra diversa, ressalta que o conceito de recursos – de "atos processuais que têm por finalidade a obtenção de novo exame, total ou parcial, de um ato judiciário" – encontra atinência lógica com princípios constitucionais de longeva tradição pátria, como o duplo grau de jurisdição, ou seja, a possibilidade de fazer transitar uma causa pela apreciação de dois órgãos jurisdicionais sucessivos.[13] *Compreende-se, desse modo, que os recursos, no Brasil, são institutos com fundamento constitucional.*

Na linha do que propõe o Professor José Carlos Barbosa Moreira, líder da Escola Processual de Copacabana, da mesma forma que o exercício do direito constitucional de ação é *condicionado* pelas condições da ação,[14] o exercício do direito constitucional de recorrer é *conformado* pelo exame de "dois ângulos distintos: uma primeira operação destina-se a verificar se estão satisfeitas as condições impostas pela lei para que o órgão possa apreciar o conteúdo da postulação"; a outra, que é

---

11 FUX, Luiz. A constitucionalização do processo e seus reflexos na jurisprudência do Supremo Tribunal Federal. *In:* FACHIN, Luiz Edson, BARROSO, Luís Roberto; CRUZ, Álvaro Ricardo de Souza (coord.). *A Constituição da democracia em seus 35 anos*. Belo Horizonte: Fórum, 2023. p. 92 e ss.

12 MARQUES, José Frederico. *Ensaio sobre a jurisdição voluntária*. Edição revista, atualizada e ampliada por Ovídio Rocha Barros Sandoval. Campinas: Millennium, 2000.

13 MARQUES, José Frederico. *Instituições de Direito Processual Civil*. 3. ed. Rio de Janeiro: Forense, 1969. v. 4, p. 19.

14 Cf. FUX, Luiz. *Curso de Direito Processual Civil*. 6. ed. Rio de Janeiro: Forense, 2023. p. 189 e ss.

"subsequente, a perscrutar-lhe o fundamento, para acolhê-la, se fundada, ou rejeitá-la, no caso contrário".[15]

É a distinção clássica entre o juízo de admissibilidade, "àquele em que se declara a presença ou a ausência de semelhantes requisitos",[16] e o juízo de mérito, "àquele em que se apura a existência ou inexistência de fundamento para o que se postula, tirando-se daí as consequências cabíveis, isto é, acolhendo-se ou rejeitando-se a postulação".[17]

Deveras, os recursos representam, a um só tempo, um direito e um ônus. Um direito porque a sua condição de instrumento voluntário[18] outorga a prerrogativa àquele que sucumbiu em determinada lide de rediscutir o conteúdo da decisão recorrida na mesma relação processual;[19] um ônus porque as partes, para não conviverem com aquela decisão que lhe foi lesiva, têm de utilizar tal instrumento para afastar o prejuízo que lhes foi trazido.

Também possuem os recursos três finalidades precípuas, no impedimento da formação de coisa julgada (art. 502 CPC/2015): 1) a substituição da decisão recorrida, nos limites da impugnação,[20] em havendo erros de julgamento (*error in judicando*); 2) a possibilidade de cassação[21] da decisão recorrida, em havendo erros na adoção do

---

15 MOREIRA, José Carlos Barbosa. *Comentários ao Código de Processo Civil*. 17. ed. Rio de Janeiro: Forense, 2013. v. 5, p. 261.

16 São eles: a legitimidade do recorrente, o interesse em recorrer, o cabimento, a inexistência de fato impeditivo do direito de recorrer, a tempestividade, o preparo do recurso e a regularidade formal. Para exame aprofundado, cf. FUX. *Curso de Direito Processual Civil*, p. 926 e ss.

17 MOREIRA. *Comentários ao Código de Processo Civil*, v. 5, p. 261.

18 Como exceção à voluntariedade, recordemos dos casos de remessa necessária, disciplinados pelo art. 496 do Código de Processo Civil de 2015, que dispõe:
"(...)
Está sujeita ao duplo grau de jurisdição, não produzindo efeito senão depois de confirmada pelo tribunal, a sentença:
I - proferida contra a União, os Estados, o Distrito Federal, os Municípios e suas respectivas autarquias e fundações de direito público;
II - que julgar procedentes, no todo ou em parte, os embargos à execução fiscal."

19 Nisso se diferem das impugnações autônomas às decisões, que instauram nova relação processual, como a ação rescisória e o mandado de segurança.

20 Trata-se do efeito devolutivo, que poderá ser visto sobre dois diferentes prismas: 1) a extensão, pela qual se delimitam as questões controvertidas no pedido recursal, solucionadas, ou não, pela decisão recorrida; e a 2) profundidade, dizendo respeito à possibilidade de analisar todos os fundamentos jurídicos e fáticos concernentes às questões delineadas (DIDIER JUNIOR, Fredie; CUNHA, Leonardo Carneiro da. *Curso de Direito Processual Civil*. 18. ed. Salvador: Juspodvim, 2021. v. 3, p. 233).

21 Excepcionam-se os casos de aplicação do efeito suspensivo do recurso, quando, ao invés de cassada, a "a eficácia da sentença poderá ser suspensa pelo relator se o apelante demonstrar

adequado procedimento (*error in procedendo*); 3) a correção da decisão recorrida, permitindo que melhor se compreenda o *iter* do raciocínio lógico utilizado pelo magistrado, como se observa nos casos de embargos de declaração (art. 1022 e seguintes do CPC de 2015).

De outra sorte, a visão sistemática do quadro recursal brasileiro, ora proposta, reside na incontornável premissa de que, em regra, para *cada decisão recorrível há um recurso cabível*. Tal princípio, denominado de unicidade ou unirrecorribilidade dos recursos, denota certa ideia de tipicidade, que expressa o cabimento sucessivo, e não simultâneo, dos instrumentos de impugnação.[22]

Esse diálogo sistemático entre os diversos institutos atinentes à disciplina dos recursos permite inferir a existência de um *sistema* recursal no Brasil, observando os pressupostos conceituais explicados por Edvaldo Brito: sistema é "um conjunto de partes ou elementos integrados entre si. Por isso mesmo, é um conjunto ordenado, lógico e racional. E porque é assim, todo sistema traduz-se num conjunto de princípios os quais estabelecem um corpo de doutrina".[23] [24]

A funcionalidade de qualquer sistema – especialmente um sistema processual – dependerá, sobremaneira, da sua aptidão para ser operado com o atingimento dos *resultados* a que se propõe.[25]

Destarte, faz-se mister a leitura de propostas de abordagem das relações jurídicas processuais que, mercê de ultrapassarem a cultura

---

a probabilidade de provimento do recurso ou se, sendo relevante a fundamentação, houver risco de dano grave ou de difícil reparação" (art. 1.012, § 4º do CPC/2015).

[22] É necessário, entretanto, pontuar que, em "parte, o Direito brasileiro mitigou o princípio da unirrecorribilidade após a Carta de 1988, ao dicotomizar o recurso extremo em recurso extraordinário, para as hipóteses de violação da ordem constitucional, e recurso especial, para a infringência à ordem infraconstitucional. Considerando que uma decisão pode ser violadora de forma bifronte às duas ordens federais, admite-se a interposição simultânea de ambos os recursos, sendo certo que o extraordinário endereçado ao Supremo Tribunal Federal fica sustado até a decisão do recurso especial, pela objetiva razão da superposição da Corte Suprema aos demais tribunais do país, inclusive ao Superior Tribunal de Justiça, guardião da ordem infraconstitucional que, ao decidir, pode, eventualmente, ferir a Carta Maior" (FUX. *Curso de Direito Processual Civil*, p. 920).

[23] BRITO, Edvaldo. *Reflexos jurídicos da atuação do Estado no domínio econômico*. 3. ed. São Paulo: Saraiva, 2022. p. 73.

[24] Um exemplo concreto da praticidade desse sistema é o princípio da fungibilidade recursal, que consiste no aproveitamento de recurso incabível como se cabível fosse – superando o óbice da utilização de nomen juris inadequado – desde que constatada a ausência de erro grosseiro ou emprego de má-fé.

[25] PISANI, Proto. L'effettività dei mezzi di tutela giurisdizionale con particolare riferimento all'atuazione della sentenza di condanna. *Rivista di Diritto Processuale*, [*S. l.*], v. 30, 1975.

do formalismo, concebam instrumentos para conferir *eficiência* ao funcionamento do sistema processual brasileiro.

É o caso da AED, que se vale da *eficiência* para maximizar o alcance de resultados com proporcional diminuição de expedientes e artifícios dispendiosos.

Como já se disse alhures,[26] a AED, quando aplicada ao processo civil, permite enxergar novos paradigmas ao estudo do fenômeno processual, contribuindo para o seu desenho normativo e para o aprimoramento de seus institutos. Essa análise é conveniente em diversos momentos da relação jurídica processual: na decisão sobre a propositura ou não de uma ação; na definição das custas judiciais; na fixação dos honorários advocatícios e da sua majoração ao longo do processo; na fixação do montante da indenização; na imposição de multas processuais por condutas indignas ou recursos protelatórios; nos mecanismos de indução e na coerção indireta para o cumprimento de decisões judiciais etc.

Sob essa ótica complementar aos tradicionais e imprescindíveis estudos do processo civil, a formulação das políticas judiciárias e das normas processuais devem também ser consideradas como mecanismos de incentivos, desincentivos e reforços aos comportamentos dos sujeitos processuais. Dessa forma, permite-se o ajuste dessas normas e dos institutos processuais fundamentais, conforme o modelo de processo civil que se queira desenvolver. Será essa Escola de Pensamento Jurídico abordada no tópico seguinte.

---

26 "Por meio desse paradigma, é possível analisar diversas manifestações do processo, considerando os incentivos e desincentivos que o ordenamento jurídico e suas normas processuais oferecem aos atores do processo. Com efeito, tomando as partes, o processo e o procedimento como integrantes de um modelo básico de litigância civil, uma análise econômica de tais manifestações sugere a subdivisão do litígio em diversas fases principais, as quais podem ser estudadas também mediante um cotejo entre os institutos do CPC e o instrumental teórico da AED. Exemplificativamente, essas fases podem ser a decisão sobre a propositura da ação; a decisão sobre a conciliação do litígio; ou a ausência de solução consensual e o próprio julgamento da demanda. Em relação à primeira fase mencionada (a decisão sobre a propositura da demanda), importantes contribuições econômicas advêm do instrumental econômico, que ajudam a entender algumas das diretrizes no CPC. De início, a propositura de uma ação necessariamente envolve custos, de ordem material e imaterial (honorários advocatícios contratuais e sucumbenciais, custas, multas, tempo de duração etc.). Nesse ponto, a adoção do instrumental oferecido pela análise econômica do direito estabelece como premissa básica que o autor – considerado um agente racional, ainda que diante de informações limitadas – apenas proporá a demanda se os custos totais do processo forem inferiores aos benefícios dele decorrentes. Iniciar uma relação jurídica processual, sob esse prisma, deve revelar um resultado positivo na análise do custo e do benefício dessa investida" (FUX. *Curso de Direito Processual Civil*, p. 35-37).

3 Uma leitura à luz da Análise Econômica do Direito (AED)

3.1 A tradição norte-americana

Conceberam os norte-americanos a tradição cultural do *one day on court* para designar a ideia de que, aos jurisdicionados, bastaria um dia nos tribunais para exaurirem as suas demandas judiciais. Expressam, assim, o ideal de eficiência e prontidão na administração da Justiça, refletindo não apenas uma abordagem pragmática do processo, mas também uma visão pautada pela incessante busca da rápida resolução de litígios. É a sua forma de pensar a promoção de uma prestação jurisdicional acessível e equitativa.

Charles M. Cameron e Lewis A. Kornhauser, no estudo "Appeals mechanisms, litigant selection, and the structure of judicial hierarchies"[27] analisam as repercussões de tal ideal na seara recursal, porquanto transportam para essa esfera de discussão acadêmica a mencionada cultura da eficiência na prestação jurisdicional.

Deveras, construíram um modelo comportamental simples, sem maiores sofisticações, a partir de circunstâncias consideradas presumíveis, no contexto de um sistema judiciário cuja organização seja marcada pela pluralidade de instâncias de jurisdição, consoante já mencionado em tópico anterior. Em tal estrutura, apontaram que as motivações para possíveis interposições de recursos permitiriam extrair um conjunto impressionante de (des)incentivos às partes, de aproveitável estudo sob o prisma da AED.

Em primeiro lugar, estimam que, se uma parte sabe que perdeu indevidamente, terá ela um forte incentivo para interpor algum recurso, máxime se o tribunal de apelação, considerando as probabilidades atreladas ao seu histórico, estiver propenso a corrigir o erro do órgão anterior.

Consectariamente, o incentivo para recorrer de um julgamento errôneo é alto em qualquer nível hierárquico judicial abaixo do mais alto; o mesmo raciocínio se aplica para quem vence corretamente e

---

[27] CAMERON, Charles M.; KORNHAUSER, Lewis A. Appeals mechanisms, litigant selection, and the structure of judicial hierarchies. *In:* ROGERS, James; FLEMMING, Roy; BOND, Jon (ed.). *Institutional Games and the U.S. Supreme Court*. Charlottesville: University of Virginia Press, 2005.

tem um forte incentivo para contestar recursos ditos "impróprios" de quem perde corretamente.

Ao menos em termos triviais, reputam que a parte que perde corretamente tem poucos incentivos para recorrer, partindo da premissa de que o arcabouço anglo-americano de apelações posiciona implicitamente as partes em recíproca e constante oposição, quando as estimula a fiscalizar os recursos "impróprios" das respectivas adversárias. É defendido, por isso, que o mencionado aparato estadunidense disponha de técnicas para condicionar sistematicamente a conduta das partes na esteira da estrutura de incentivos que narramos acima.

À mesma conclusão chegaram Andrew Daughety e Jennifer Reinganum,[28] utilizando-se de métodos axiomáticos e bayesianos para condensar informações e revelar um protótipo de tomada de decisões, considerando o mesmo contexto de organizações judiciárias moldadas pela pluralidade de graus de jurisdição.

Ressaltam a importância da previsibilidade para construir um chamado "valor de corte", sinalizando caminhos recomendáveis a serem adotados pelos sucumbentes, no cenário em que, apenas para aqueles com sinais iguais ou abaixo do valor de corte, seria razoável recorrer. Um lastro probatório e jurídico a ensejar a melhoria da situação processual no julgamento do recurso aumentaria o valor de corte, enquanto maiores custos de transação e a menor probabilidade de provimento recursal diminuiriam tal valor.

A visão doutrinária desses mecanismos de aferição qualitativa dos recursos refletiu-se, igualmente, nos estudos seminais do Professor Steven Shavell,[29] catedrático de Law and Economics na Harvard Law School, que percebeu o sistema recursal norte-americano como um *instrumento de correção de erros*.

A correta utilização destes padrões de operabilidade resultaria, para o mencionado autor, nas seguintes vantagens: uniformização de entendimentos, prevenção de erros e legitimação do processo através da adequada aplicação da lei pelo Estado.

Desenvolvendo seu raciocínio, explica que o sistema recursal é socialmente útil quando há um nível de investimento provocando o

---

28 DAUGHETY, Andrew; REINGANUM, Jennifer. Appealing Judgments. *Rand Journal of Economics*, [S. l.], v. 31, p. 502-525, 2000.

29 SHAVELL, Steven. The Appeals Process and Adjudicator Incentives. *The Journal of Legal Studies*, [S. l.], v. 24, 2006; SHAVELL, Steven. The Appeals Process and Adjudicator Incentives. *The Journal of Legal Studies*, [S. l.], v. 35, 2006.

seguinte quadro: o custo de um recurso – somado ao dano esperado decorrente da falha em reverter um erro do órgão anterior – torna-se menor do que o dano certo decorrente do erro que seria sofrido na ausência da interposição desse recurso.

Assinala, também, que a fórmula ideal de recursos interpostos sob indicadores comportamentais satisfatórios residiria no seguinte silogismo: a) é interposto se os litigantes irresignados forem vítimas de *error in judicando* ou *in procedendo,* aferíveis com o menor custo possível; b) não é interposto, quando constatado o intuito de retardar resultado que se sabe desvantajoso para o recorrente. Trata-se, na linha do exposto pelo autor, do modelo de incentivos a que se devem induzir as partes por meio da utilização de ferramentas processuais.

Além disso, menciona que, mercê de ser reconhecida a qualificação técnica dos órgãos de instância inferiores, ainda seria desejável corrigir os erros que eventualmente possam ocorrer nos seus julgamentos. Destarte, é oferecido, nesses termos, um ambiente de previsibilidade para a sociedade ao estabelecer padrões de interpretação normativa, resultando na correção de decisões recorridas que sejam dissonantes desses padrões.

Richard Posner, explicitando a visão da Law and Economics, cultivada na University of Chicago Law School, sugere a existência de três custos de transação na sistemática recursal: 1) as custas judiciais; 2) o atraso na satisfação da demanda existente no recurso; 3) o limite do valor estabelecido pelo tribunal para apreciação da demanda. Entende serem estes os fatores necessários para consideração do Poder Judiciário, enquanto expedientes possivelmente utilizados para desestimular a interposição desenfreada de recursos.

Nesse cenário, para o autor, as Cortes ocupar-se-iam, majoritariamente, do julgamento de recursos em que as partes (i) poderiam pagar os custos judiciais caros; (ii) integrariam casos envolvendo grandes somas de dinheiro; (iii) e, no cerne de tais casos, estaria uma questão controvertida não impactada por possíveis atrasos.[30]

Diante de tais elementos, é de se refletir: como poderíamos analisar o caso brasileiro, *com todas as peculiaridades sociais e culturais que lhe são inerentes,* à luz desse aparato conceitual estrangeiro? É o que se verá a seguir.

---

30 POSNER, Richard. *The Federal Courts*: Crisis and Reform. Cambridge: Harvard University Press, 1985. p. 130 e ss.

3.2 O caso brasileiro

Ainda sob a égide do CPC de 1973, o Professor Barbosa Moreira, ao fazer uma análise sobre o quadro geral dos remédios contra decisões judiciais, dizia que, "conforme a diretriz de política legislativa predominante na época, tais remédios veem-se prodigalizados ou, ao contrário, comprimidos em doses parcimoniosas", anotando que a "oscilação entre uma e outra tendência marca a evolução histórica de todos os grandes sistemas jurídicos do chamado mundo ocidental".[31]

Deveras, defende-se, de há muito,[32] a busca pelo ideal da eficiência no sistema recursal brasileiro, com inspiração na lição de Mauro Cappelletti: *impor-se a uma parte que litigue uma vida inteira também é uma injustiça social.*[33]

Partia-se, naquelas circunstâncias, da asserção de que a existência em si dos recursos revelava um sistema inabolível, em confronto com a efetividade. O que se impunha, destarte, era uma regulação da própria atividade do tribunal, no sentido de tornar mais eficiente e mais justa a prestação jurisdicional, mercê da possibilidade de manifestação da irresignação pelas partes.

Nesse sentido, com a Emenda Constitucional (EC) nº 45, de 30 de dezembro de 2004, popularmente conhecida como "Reforma do Judiciário", foram alterados diversos dispositivos da Constituição de 1988, visando modernizar a administração da Justiça brasileira, para combater o diagnóstico de que esta seria "cara, morosa e eivada de senões que são obstáculos a que os jurisdicionados recebam a prestação que um Estado Democrático lhe deve".[34] Foi incluído, no rol do art. 5º do texto constitucional, o inciso LXXVIII, dispondo que "a todos, no âmbito judicial e administrativo, são assegurados a razoável duração do processo e os meios que garantam a celeridade de sua tramitação".

Diante das influências acima narradas, adotou-se, no Brasil, a ideia da razoável duração dos processos em sua feição moderna, adverte Arruda Alvim, "como uma necessária resposta ao imenso volume de

---

31 MOREIRA. *Comentários ao Código de Processo Civil*. v. 5, p. 229.

32 FUX FUX, Luiz. Recurso de apelação e a teoria da efetividade. *In:* CONGRESSO NACIONAL DE DIREITO PROCESSUAL CIVIL, 2., 1993, Porto Alegre. *Anais* (...). Porto Alegre: Instituto dos Advogados do Rio Grande do Sul, 1993. p. 63-67.

33 CAPPELLETTI, Mauro. El proceso como fenómeno social de masa. *In:* CAPPELLETTI, Mauro *Proceso, ideologías, sociedad*. Buenos Aires: EJEA, 1974. p. 133.

34 Cf. BRASIL. Câmara dos Deputados. Emenda Constitucional nº 45, de 2004. Diário do Congresso Nacional: Brasília, DF, seção 1, Exposição de motivos, p. 7849, 1 maio 1992.

trabalho dos tribunais, que resulta quase que inescapavelmente na tramitação lenta dos processos".[35]

Analisando o conteúdo desse direito fundamental, o autor lembra que "o processo não precisa correr, sob risco de serem esquecidas ou abandonadas as garantias do devido processo legal", já que o propósito de tal garantia é assegurar "que o procedimento dure apenas, e tão somente, o tempo necessário".[36]

José Carlos Barbosa Moreira, na mesma direção, ensina que a efetividade quantitativa na celeridade dos processos não se confunde com a efetividade qualitativa do seu julgamento:

> é mais do que hora de nos compenetrarmos da superlativa dificuldade, para não dizer da impossibilidade, de conciliar de modo perfeito o ideal da celeridade processual e a preservação de certas garantias básicas para as partes, que a consciência jurídica e a ética de nosso tempo não tem como relegar a plano secundário. (...)
> Se uma Justiça lenta demais é decerto uma Justiça má, daí não se segue que uma Justiça rápida seja necessariamente uma Justiça boa. O que todos devemos querer é que a prestação jurisdicional venha a ser melhor do que é. Se para torná-la melhor é preciso acelerá-la, muito bem. Mas não a qualquer preço.[37]

Destarte, como assentou o mencionado líder da Escola Processual de Copacabana, em estudo diverso, duas consequências primaciais do inciso ora em comento são, de logo, extraídas: 1) "será incompatível com a Carta da República, e portanto inválida, qualquer lei de cuja aplicação haja de decorrer claro detrimento à garantia instituída no texto"; 2) "a violação da norma, por parte do Poder Público, acarretará a responsabilidade deste pelos danos patrimoniais e morais ocorridos".[38]

Realça, também, que advento da EC nº 45/2004 trouxe outras duas disposições, na Constituição, com vistas ao asseguramento do "funcionamento ininterrupto, sem soluções de continuidade, da máquina judiciária": 1) o art. 93, XII, "que proíbe férias coletivas nos juízos e

---

35 ALVIM, Teresa Arruda. *Manual de Direito Processual Civil*. 20. ed. São Paulo: Revista dos Tribunais, 2021. p. 255.

36 ALVIM. *Manual de Direito Processual Civil*, p. 255.

37 MOREIRA, José Carlos Barbosa. O problema da duração dos processos: premissas para uma discussão séria. *In:* MOREIRA, José Carlos Barbosa. *Temas de Direito Processual*. São Paulo: Saraiva, 2007. v. 9, p. 380.

38 MOREIRA, José Carlos Barbosa. A Emenda Constitucional nº 45 e o processo. *Revista do Ministério Público do Rio de Janeiro*, Rio de Janeiro, v. 23, p. 168, 2006.

tribunais de segundo grau"; 2) o art. 93, XV, "que faz obrigatória a 'distribuição imediata de processos', em todos os graus de jurisdição".[39]

Em recente julgamento de 2023, o Supremo Tribunal Federal (STF) protagonizou uma afirmação histórica do direito à duração razoável dos processos, ao fixar o seu âmbito de incidência para *"qualquer procedimento estatal"*, além conferir-lhe três sentidos distintos: 1) "garantir à definição da situação jurídica de arguidos perante os procedimentos sancionatórios estatais, evitando a prorrogação do contexto de incerteza"; 2) "conferir estabilidade às relações jurídicas dos envolvidos, fundamento do próprio Estado"; 3) "proporcionar condições de apuração da verdade em lapso temporal que impeça a degradação da integridade probatória, nem dificulte excessivamente a atividade defensiva", já que "acusações remotas tendem a impedir ou prejudicar demasiadamente o exercício da ampla defesa".[40]

Igual espírito imbuiu a comissão de juristas responsável pela elaboração do anteprojeto que veio a se tornar o CPC de 2015, em cuja exposição de motivos já se encontra o propósito de resolver o problema da complexidade do sistema recursal então existente, máxime diante das sucessivas reformas do diploma de 1973.

Para tal finalidade, considerou-se fundamental levar a efeito a simplificação do mencionado sistema, sem infirmar o direito de defesa das partes, mas conferindo "maior rendimento a cada processo individualmente considerado".[41]

Deveras, no bojo do Código, já se prevê, em suas normas fundamentais, "o direito de obter em prazo razoável a solução integral do mérito, incluída a atividade satisfativa" (art. 4º).

Na disciplina do processo nos tribunais, máxime no julgamento de recursos, uma demonstração desse propósito de economicidade é a possibilidade de o relator, de acordo com a previsão do art. 932: a) "não conhecer de recurso inadmissível, prejudicado ou que não tenha impugnado especificamente os fundamentos da decisão recorrida" (inc. III); b) "negar provimento a recurso que for contrário" a "súmula do Supremo Tribunal Federal, do Superior Tribunal de Justiça ou do próprio tribunal", "acórdão proferido pelo Supremo Tribunal Federal ou pelo

---

[39] MOREIRA. A Emenda Constitucional nº 45 e o processo, p. 168.

[40] BRASIL. Rcl. 44.398 AgR. Relator: Min. Edson Fachin. Red. p/ acórdão: Min. Gilmar Ferreira Mendes, 5 de junho de 2023. *Dje*: Brasília, DF, 2023.

[41] BRASIL. Senado Federal. *Anteprojeto do Novo Código de Processo Civil*. Brasília: Edições do Senado, 2010. p. 32.

Superior Tribunal de Justiça em julgamento de recursos repetitivos" ou "entendimento firmado em incidente de resolução de demandas repetitivas ou de assunção de competência" (inc. IV); c) "depois de facultada a apresentação de contrarrazões, dar provimento ao recurso se a decisão recorrida for contrária" a "súmula do Supremo Tribunal Federal, do Superior Tribunal de Justiça ou do próprio tribunal", "acórdão proferido pelo Supremo Tribunal Federal ou pelo Superior Tribunal de Justiça em julgamento de recursos repetitivos" e "entendimento firmado em incidente de resolução de demandas repetitivas ou de assunção de competência" (inc. V).

Além de prezar pela harmonia, uniformização e estabilidade da jurisprudência (art. 926 do CPC/2015), criam-se importantes desestímulos às partes que tenham eventual intenção de interpor recursos meramente protelatórios, porquanto dissonantes do Direito pronunciado pelos tribunais. Criam-se, igualmente, legítima expectativa de *segurança jurídica* e *previsibilidade* na sociedade, partindo da premissa de que não se admitirá uma jurisprudência lotérica.

De todo modo, o Código garante a proteção dos direitos de defesa dos litigantes, nos casos de *error in judicando* ou *in procedendo* por parte do relator, quando oportuniza a interposição de agravo interno, justamente, contra suas decisões monocráticas (art. 1.021 do CPC/2015). Nada obstante, ainda se pode afirmar, com base na análise de estudos de caso, que o aumento na utilização das decisões monocráticas enseja uma drástica diminuição no tempo médio de julgamento das apelações e agravos de instrumento, porque também se afiguram diminutos os casos questionados pela parte sucumbente em agravo interno.[42]

Compartilhando de semelhante desiderato, Ivo Teixeira Gico Junior e Henrique Haruki Cavalcante Arake propugnam o emprego, pelos jurisdicionados, de: 1) *taxas de recorribilidade*, "a razão entre a quantidade de recursos interpostos contra decisões judiciais pelo total de decisões proferidas por uma determinada instância ou órgão julgadores", a fim de "descobrir a relação (proporção) entre as sentenças proferidas que são apeladas e as não apeladas"; 2) *taxas de reversibilidade*, "a razão entre a quantidade de decisões judiciais revertidas pelo total de decisões recorridas de uma determinada instância ou órgão julgador", com o fim de "descobrir a relação (proporção) entre as sentenças

---

42 FUX, Luiz; BODART, Bruno. *Processo civil e análise econômica*. 2. ed. Rio de Janeiro: Forense, 2020. p. 154-155.

apeladas que são reformadas e as que não são reformadas".[43] Trata-se de crucial aparato informativo, de relevante utilidade para as partes na elaboração de estratégias processuais que maximizem resultados com proporcional diminuição de custos.

O CPC/2015, nessa linha, também positiva outras ferramentas de desestímulo à interposição de recursos meramente protelatórios, tais como: 1) o art. 85, §11, estabelecendo que "o tribunal, ao julgar recurso, majorará os honorários fixados anteriormente levando em conta o trabalho adicional realizado em grau recursal"; 2) o art. 1.021, §4º, determinando aplicação de multa de 1% a 5% do valor atualizado da causa, "quando o agravo interno for declarado manifestamente inadmissível ou improcedente em votação unânime"; 3) o art. 1.026, §5º, dispondo que, nos casos de "reiteração de embargos de declaração manifestamente protelatórios, a multa será elevada a até dez por cento sobre o valor atualizado da causa, e a interposição de qualquer recurso ficará condicionada ao depósito prévio do valor da multa"; 4) o art. 1.015, que racionaliza as hipóteses de cabimento do agravo de instrumento, impedindo que seja este interposto com finalidade retardatária.[44]

São, enfim, sugestões de importantes instrumentais na mensuração dos incentivos de que dispõem as partes para recorrer – considerando dados, estatísticas e estudos comportamentais – como forma de contribuir para o desenvolvimento de métodos eficazes visando conter a prodigalidade recursal.

4 Síntese conclusiva

Ao longo do presente trabalho, buscou-se demonstrar a existência de uma interseção possível entre a Análise Econômica do Direito (AED) e o sistema recursal brasileiro.

O jurista da atualidade não pode desprezar os instrumentos fornecidos pela economia, valendo-se deles para tornar o Direito mais eficiente.

O mesmo se aplica aos recursos: em um sistema processual marcado pela prodigalidade recursal, faz-se mister a concepção de

---

[43] GICO JÚNIOR, Ivo Teixeira; ARAKE, Henrique Haruki Arake Cavalcante. Taxa de Recorribilidade, taxa de reversibilidade e eficiência judicial. *Revista Eletrônica do Curso de Direito da UFSM*, Santa Maria, v. 14, n. 1, p. 12-13, 2019.

[44] FUX; BODART. *Processo civil e análise econômica*, p. 155.

incentivos para garantir maior satisfação às partes na resolução de suas demandas – a partir da identificação de seus vieses cognitivos e padrões comportamentais – visando impedir o assoberbamento dos tribunais de apelação e dos tribunais superiores com o julgamento de recursos resultantes de irresignações imotivadas. Nesse cenário, viu-se que a AED tem se demonstrado uma importante aliada na mencionada tarefa, considerando todo o seu instrumental narrado ao longo deste trabalho.

Todo o raciocínio direcionado para tal propósito deve ser realizado de maneira muito cautelosa, porquanto a utilização temerária do primado da eficiência poderia ensejar a supressão de garantias processuais de que dispõem as partes.

Não é essa, evidentemente, a finalidade da abordagem aqui engendrada: os direitos fundamentais de inafastabilidade da jurisdição e do acesso à justiça só poderão ser plenamente efetivados quando concretizados em uma conjuntura de previsibilidade e estabilidade, máxime pela garantia de um prazo razoável. Afinal, como enunciava Rui, "justiça atrasada não é justiça, senão injustiça qualificada e manifesta. Porque a dilação ilegal nas mãos do julgador contraria o direito escrito das partes, e, assim, a lesa no patrimônio, honra e liberdade".[45]

Trata-se, em última análise, de um imperativo de *segurança jurídica*.

Referências

ALVIM, Teresa Arruda. *Manual de Direito Processual Civil*. 20. ed. São Paulo: Revista dos Tribunais, 2021.

AMARAL JÚNIOR, José Levi Mello do. Constitucionalismo e conceito de Constituição. *Revista Direito Público*, [S. l.], v. 18, n. 98, 2021.

BARBOSA, Rui. *Oração aos moços*. Brasília: Senado Federal, 2019.

BRASIL. Câmara dos Deputados. Emenda Constitucional nº 45, de 2004. *Diário do Congresso Nacional*: Brasília, DF, 1 maio 1992.

BRASIL. Senado Federal. *Anteprojeto do Novo Código de Processo Civil*. Brasília: Edições do Senado, 2010.

BRASIL. Supremo Tribunal Federal. Rcl. 44.398 AgR. Relator: Min. Edson Fachin. Red. p/ acórdão: Min. Gilmar Ferreira Mendes, 5 de junho de 2023. *Dje*: Brasília, DF, 2023.

BRITO, Edvaldo. *Reflexos jurídicos da atuação do Estado no domínio econômico*. 3. ed. São Paulo: Saraiva, 2022.

[45] BARBOSA, Rui. *Oração aos moços*. Brasília: Senado Federal, 2019. p. 58.

CALAMANDREI, Piero. Proceso y democracia. Traducción: Hector Fix Zamudio. Buenos Aires: Ediciones Jurídicas Europa-América, 1960.

CAMERON, Charles M.; KORNHAUSER, Lewis A. Appeals mechanisms, litigant selection, and the structure of judicial hierarchies. *In:* ROGERS, James; FLEMMING, Roy; BOND, Jon (ed.). *Institutional Games and the U.S. Supreme Court.* Charlottesville: University of Virginia Press, 2005.

CAPPELLETTI, Mauro. El proceso como fenómeno social de masa. *In:* CAPPELLETTI, Mauro *Proceso, ideologías, sociedad.* Buenos Aires: EJEA, 1974.

CHIOVENDA, Giuseppe. *Instituições de Direito Processual Civil.* 4. ed. Tradução: Paolo Capitanio. Campinas: Bookseller, 2009.

CNJ. *Justiça em Números 2023.* Brasília, DF: CNJ, 2023.

DAUGHETY, Andrew; REINGANUM, Jennifer. Appealing Judgments. *Rand Journal of Economics,* [S. l.], v. 31, p. 502-525, 2000.

DIDIER JUNIOR, Fredie; CUNHA, Leonardo Carneiro da. *Curso de Direito Processual Civil.* 18. ed. Salvador: Juspodvim, 2021. v. 3.

DJANKOV, Simeon. The Doing Business project: How it started. *Journal of Economic Perspective,* [S. l.], v. 30, n. 1, 2016.

FERREIRA FILHO, Manoel Gonçalves. O poder e seu controle. *Revista de Informação Legislativa,* Brasília, DF, v. 21, n. 84, out./dez. 1984.

FUX, Luiz. A constitucionalização do processo e seus reflexos na jurisprudência do Supremo Tribunal Federal. *In:* FACHIN, Luiz Edson, BARROSO, Luís Roberto; CRUZ, Álvaro Ricardo de Souza (coord.). *A Constituição da democracia em seus 35 anos.* Belo Horizonte: Fórum, 2023.

FUX, Luiz. *Curso de Direito Processual Civil.* 6. ed. Rio de Janeiro: Forense, 2023.

FUX, Luiz. Recurso de apelação e a teoria da efetividade. *In:* CONGRESSO NACIONAL DE DIREITO PROCESSUAL CIVIL, 2., 1993, Porto Alegre. *Anais* (...). Porto Alegre: Instituto dos Advogados do Rio Grande do Sul, 1993. p. 63-67.

FUX, Luiz; BODART, Bruno. *Processo civil e análise econômica.* 2. ed. Rio de Janeiro: Forense, 2020.

GICO JÚNIOR, Ivo Teixeira; ARAKE, Henrique Haruki Arake Cavalcante. Taxa de Recorribilidade, taxa de reversibilidade e eficiência judicial. *Revista Eletrônica do Curso de Direito da UFSM,* Santa Maria, v. 14, n. 1, 2019.

KATZ, Avery. The effect of frivolous lawsuits on the settlement of litigation. *International Review of Law and Economics,* [S. l.], n. 10, 1990.

MARQUES, José Frederico. *Ensaio sobre a jurisdição voluntária.* Edição revista, atualizada e ampliada por Ovídio Rocha Barros Sandoval. Campinas: Millennium, 2000.

MARQUES, José Frederico. *Instituições de Direito Processual Civil.* 3. ed. Rio de Janeiro: Forense, 1969. v. 4.

MOREIRA, José Carlos Barbosa. A Emenda Constitucional nº 45 e o processo. *Revista do Ministério Público do Rio de Janeiro*, Rio de Janeiro, v. 23, 2006.

MOREIRA, José Carlos Barbosa. *Comentários ao Código de Processo Civil*. 17. ed. Rio de Janeiro: Forense, 2013. v. 5.

MOREIRA, José Carlos Barbosa. O problema da duração dos processos: premissas para uma discussão séria. *In:* MOREIRA, José Carlos Barbosa. *Temas de Direito Processual*. São Paulo: Saraiva, 2007. v. 9.

PISANI, Proto. L'effettività dei mezzi di tutela giurisdizionale con particolare riferimento all'atuazione della sentenza di condanna. *Rivista di Diritto Processuale*, [*S. l.*], v. 30, 1975.

POSNER, Richard. *The Federal Courts*: Crisis and Reform. Cambridge: Harvard University Press, 1985.

SHAVELL, Steven. The Appeals Process and Adjudicator Incentives. *The Journal of Legal Studies*, [*S. l.*], v. 35, 2006.

SHAVELL, Steven. The Appeals Process as a Means of Error Correction. *The Journal of Legal Studies*, [*S. l.*],v. 24, 1995.

Informação bibliográfica deste texto, conforme a NBR 6023:2018 da Associação Brasileira de Normas Técnicas (ABNT):

FUX, Luiz; BRITO, Antonio Ali. Análise econômica do sistema recursal brasileiro. *In*: MENDES, Gilmar Ferreira; GALLOTTI RODRIGUES, Maria Isabel Diniz; ALVIM, Teresa Arruda (coord.). *O novo perfil do controle difuso de constitucionalidade*: estudos em homenagem ao Professor Bruno Dantas nos 20 anos da Repercussão Geral. Belo Horizonte: Fórum, 2025. p. 415-432. ISBN 978-65-5518-898-1.

DELIMITAÇÃO DA QUESTÃO CONSTITUCIONAL NO RECURSO EXTRAORDINÁRIO

LUIZ GUILHERME MARINONI

1 Introdução

Quando se discute sobre a repercussão geral e os precedentes constitucionais, surgem problemas teórico-processuais altamente relevantes. Entre eles, um dos mais importantes é o da vinculação do Supremo Tribunal Federal (STF) ao recurso extraordinário.

Esse tema exige distinção entre fundamento para decidir e questão a ser solucionada pela Corte. Diante desse contexto, importa saber quais são os limites para a instituição da questão a ser decidida. O presente texto objetiva demonstrar, entre outras coisas, a importância da distinção entre fundamento do recurso e questão constitucional, os limites para o delineamento da questão, bem como os motivos pelos quais a Corte não pode fugir da questão constitucional estruturada a partir do caso, ainda que a sua função não mais esteja presa à solução do conflito de interesses e à tutela das partes.

2 Questão constitucional e fundamento do recurso: distinção e consequências

Quando se pensa no reconhecimento da questão constitucional de repercussão geral, naturalmente surge o problema dos critérios para o seu delineamento em face dos fundamentos do recurso. Embora a Corte, diante da sua função contemporânea, tenha o recurso como um meio para poder decidir o que é relevante para a sociedade e para o desenvolvimento da Constituição, a sua função é dependente de uma questão constitucional a ela dirigida mediante o recurso. Portanto, o que interessa é compreender em que termos a Corte pode fixar as questões constitucionais a partir do recurso extraordinário.

Numa tentativa de sistematização, cabe dizer, em primeiro lugar, que podem existir tantas questões constitucionais quantas forem as leis impugnadas. Porém, de uma mesma lei ou dispositivo podem derivar mais de uma questão, como ocorre quando o fim de uma norma, assim como o procedimento instituído para alcançá-lo, são inconstitucionais. Ademais, nada impede que, diante de duas leis estaduais similares e, assim, de mais de um recurso, possa existir uma só questão constitucional.

Por conta de um costume presente especialmente – mas não só – nas Cortes de *civil law*, não se percebe a distinção substancial entre impugnar decisão com base na inconstitucionalidade de um ou mais de um dispositivo legal. As Cortes, quando analisam recurso que afirma a inconstitucionalidade de mais de um dispositivo, decidem somando os votos que afirmam a inconstitucionalidade de um ou outro dos dispositivos. O recurso é provido com base na soma dos votos que enxergam inconstitucionalidade, não importando em qual dispositivo. Desse modo, o recurso é provido sem que importe se a maioria efetivamente reconheceu um dos dispositivos como inconstitucional. Num recurso provido por seis votos, com base na inconstitucionalidade de dois dispositivos, os votos pela inconstitucionalidade podem se dividir entre as duas normas, além de ser certo que nunca haverá seis votos, ou maioria absoluta, em favor da inconstitucionalidade de nenhum dos dispositivos.

A verdade é que, quando existem dois dispositivos afirmados inconstitucionais, a única forma de se respeitar a lógica quando nem mesmo a maioria simples reconheceu a inconstitucionalidade de uma das normas, está na exigência de votação em separado sobre cada uma delas. Do contrário, o recurso pode ser provido e a decisão reformada, ainda que, por exemplo, entre os seis votos que sustentam o provimento, estejam presentes três afirmando a inconstitucionalidade de um dispositivo e três do outro, quando se teria sempre oito votos contrários ao reconhecimento da inconstitucionalidade de cada uma das normas ou favoráveis à manutenção da decisão.

Portanto, quando o recurso extraordinário deduz a inconstitucionalidade de dois dispositivos legais, há duas questões de constitucionalidade. Não há apenas dois fundamentos, que podem ser agregados a outros presentes na Constituição para a solução de uma única questão constitucional.

Sublinhe-se que, quando se alude a recurso que alega a inconstitucionalidade de mais de um dispositivo, quer-se demonstrar que um mesmo recurso pode conter mais de uma questão constitucional. Porém, um mesmo dispositivo também pode dar origem a mais de uma questão substancialmente diferente, o que significa que é possível ter, diante da impugnação de uma decisão baseada em um único dispositivo, duas questões constitucionais. Assim, uma norma pode ter fim inconstitucional e, ao lado disso, instituir procedimento inconstitucional para a sua obtenção. Num caso como esse, apesar de impugnada um só dispositivo legal, existem duas questões constitucionais.

Em Furman *v.* Georgia,[1] discutiu-se a constitucionalidade de lei que impunha a pena de morte mediante determinado procedimento. Indagou-se sobre a constitucionalidade da pena de morte em si, ou seja, sobre a pena de morte enquanto sanção estatal compatível com a Constituição, assim como a respeito da constitucionalidade do procedimento regulador da aplicação da pena de morte. As questões não foram resolvidas em separado e o recurso foi provido por cinco votos no sentido da inconstitucionalidade. Tendo o procedimento de aplicação da pena de morte sido corrigido pelo Parlamento do estado da Georgia, não demorou muito tempo para a Corte ser chamada a julgar Gregg *v.* Georgia,[2] em que Gregg alegou haver precedente no sentido da inconstitucionalidade da pena de morte. A Corte, então, foi obrigada a esclarecer que apenas dois Justices haviam declarado a inconstitucionalidade da pena de morte, tendo os outros três reconhecido apenas a inconstitucionalidade da forma que era utilizada para tanto. Na verdade, demonstrou-se que o precedente estava limitado à declaração da inconstitucionalidade do procedimento do estado da Geórgia, já que apenas isso teria sido compartilhado pelos cinco *Justices* que concorreram ao resultado majoritário.

---

1 408 U.S. 238 (1972).

2 Gregg *v.* Georgia, 428 U.S. 153 (1976).

Em outras palavras, decidiu-se que não foi formado precedente quanto à inconstitucionalidade da pena de morte. Quer dizer que a correta identificação da questão constitucional, uma vez relacionada à técnica decisória adequada, já teria obrigado a Corte a decidir sobre a constitucionalidade da pena de morte, atualmente utilizada em mais da metade dos estados dos Estados Unidos.

Em outro caso também relevante, a Suprema Corte dos Estados Unidos decidiu sobre a constitucionalidade das leis sancionadoras do suicídio assistido nos estados de Nova Iorque e Washington, impugnadas mediante dois recursos e dois fundamentos diversos, considerando apenas uma questão, a da constitucionalidade da eutanásia.

As Cortes do Segundo e do Nono Circuitos, de onde os recursos foram interpostos, declararam a inconstitucionalidade das leis estaduais com base nas cláusulas da *equal protection* e do *due process*, respectivamente. Dessa forma, a Suprema Corte, em Vacco *v.* Quill e Washington *v.* Glucksberg,[3] analisou dois recursos, dois fundamentos, mas apenas uma só questão.

Qual a importância desta elaboração? Em Furman *v.* Georgia, existindo duas questões, ambas deveriam ter sido decididas em separado, com o que não apenas se evitaria a grave dúvida em relação ao primeiro precedente, firmado em Furman *v.* Georgia, como também seria desnecessário o segundo julgamento da Suprema Corte, em Gregg *v.* Georgia. Na verdade, o que mais importa é que não teria sido proferida uma decisão paradoxal, em que, bem vistas as coisas, não se deliberou de forma adequada e plena a respeito de nenhuma das duas questões.

De outra parte, em Vacco *v.* Quill e Washington *v.* Glucksberg existia uma única questão e dois fundamentos constitucionais. Isso demonstra que a questão constitucional é delineada pelos fatos gerais que lhe dão conteúdo, e não apenas pela lei impugnada e pelas normas ou fundamentos constitucionais invocados. Aliás, ao se ter claro que a questão da eutanásia poderia ter sido decidida pela Suprema Corte tanto mediante a análise da *equal protection* quanto do *due process*, demonstra-se que uma mesma questão constitucional pode ser decidida com base em vários fundamentos constitucionais, não estando a Corte vinculada a nenhum deles.[4]

---

3 Vacco *v.* Quill, 521 U.S. 793 (1997); Washington *v.* Glucksberg, 521 U.S. 702 (1997).

4 Além disso, na falta de identificação da questão ou das questões constitucionais, o julgamento não poderá se desenvolver de modo racional. Quando há uma única questão, basta que os fundamentos sejam discutidos por todos os julgadores. Porém, duas questões não apenas

Caso a Suprema Corte não pudesse decidir a mesma questão (eutanásia) com base em qualquer fundamento (*equal protection* e *due process*), não lhe seria possível tomar decisão adequada em qualquer um dos casos, Vacco *v.* Quill ou Washington *v.* Glucksberg. Obviamente não seria possível reuni-los para julgamento simultâneo. Julgá-los em separado, no entanto, cada um a partir do fundamento utilizado para decidir pela Corte inferior, simplesmente impediria os julgadores de se valerem dos fundamentos que reputam constitucionalmente adequados para decidir.[5]

Como está claro, a Corte pode decidir a questão constitucional com base em fundamento constitucional não expressamente decidido ou veiculado mediante o recurso. Mas o fundamento não se confunde com a questão constitucional, na medida em que essa é a expressão de uma disputa concreta baseada na Constituição.

3 Por que a Corte não é vinculada ao fundamento constitucional analisado na decisão recorrida ou deduzido no recurso?

Tendo em vista que a repercussão geral é reconhecida para dar à Corte a possibilidade de bem decidir a questão constitucional, não há lógica em restringir a discussão aos fundamentos do recurso, nem mesmo àqueles que foram analisados pelo Tribunal de origem.[6] A função de decidir a questão constitucional para todos, estabelecendo precedente vinculante, é incompatível com a restrição do poder de debater todos os fundamentos constitucionais relevantes. Afinal, a solução do recurso extraordinário não mais importa unicamente às partes, mas,

---

devem ser discutidas por todos, mas têm que ser decididas em separado, evitando-se sérios problemas em relação ao resultado do recurso e, evidentemente, ao delineamento da *ratio decidendi*. Não é preciso dizer que a circunstância de uma questão ter que ser decidida em separado também tem repercussão sobre a *ratio decidendi*.

5 MARINONI, Luiz Guilherme. *Processo constitucional e democracia*. São Paulo: Revista dos Tribunais, 2021. p. 631 e ss.; 658 e ss.

6 Lembre-se, por exemplo, que o §557, 3, da Zivilprozessordnung diz que o próprio Bundesgerichtshof alemão está autorizado a fazer valer motivos de revisão não arguidos pelas partes no recurso ("das Revisionsgericht ist an die geltend gemachten Revisionsgründe nicht gebunden").

ao inverso, objetiva orientar toda a população, vinculando o Judiciário e a Administração Pública.[7]

Alguém poderia supor que a Corte, por ter a possibilidade de admitir ou não a repercussão geral, deveria aguardar o recurso que contém determinado fundamento constitucional. Caso fosse assim, a decisão da questão constitucional não só estaria vinculada ao fundamento deduzido no recurso, mas a deliberação estaria claramente prejudicada, pois todos os julgadores estariam limitados a discutir um único fundamento constitucional. A própria demonstração da dissidência, fundamental para o diálogo constitucional e para a determinação da força do precedente, estaria gravemente afetada. Ademais, considerando-se que um Ministro pode falecer ou se aposentar no curso do julgamento, o novo julgador estaria limitado a discutir um fundamento que não entende como próprio para decidir, ou, o que é o mesmo, a decidir uma questão constitucional a despeito do que acredita – *assim como os Ministros vencidos quando do reconhecimento da repercussão geral*.

É um equívoco tornar o poder de decidir com base em qualquer fundamento ou norma constitucional privilégio do controle abstrato. Os perigos e os benefícios de poder decidir com base em fundamento não invocado sempre estarão presentes no controle direto e no controle incidental. Se os riscos têm a ver com a oficiosidade da atuação do Judiciário, ou melhor, com a desvalorização da vontade daqueles que se socorrem da jurisdição constitucional, os benefícios decorrem da possibilidade de oportunizar-se a melhor decisão possível à ação direta ou à questão constitucional posta no recurso extraordinário.

Ora, se a "causa de pedir aberta" é conceito instituído na seara do controle abstrato para dar à Corte poder de decidir adequadamente a impugnação da constitucionalidade, o mesmo ocorre quando se outorga à Corte poder para discutir fundamento não presente no recurso. Note-se bem: poder decidir com base em fundamento não invocado não é ter poder para instituir questão constitucional que não deflui do recurso. É simplesmente ter poder para decidir corretamente a questão constitucional.

---

7 FACHIN, Luiz Edson; FORTES, Luiz Henrique Krassuski. Repercussão geral do recurso extraordinário: dever de demonstração da transcendência e relevância da questão constitucional. *Revista de Processo Comparado*, São Paulo, v. 7, n. 1, p. 228-252, jan./jun. 2018.

4 A necessidade de abrir oportunidade para as partes e os *amici curiae* discutirem o fundamento constitucional não expresso no recurso

Se a Corte pode decidir a questão constitucional a partir de fundamento não expresso no recurso, seria possível perguntar se é possível privar as partes de discuti-lo. O Código de Processo Civil (CPC) tem resposta pronta ao problema. Afirma o art. 10 do Código que "o juiz não pode decidir, em grau algum de jurisdição, com base em fundamento a respeito do qual não se tenha dado às partes oportunidade de se manifestar, ainda que se trate de matéria sobre a qual deva decidir de ofício".

É importante perceber as razões pelas quais o contraditório, inicialmente atrelado aos fatos e à prova, tornou-se imprescindível também diante dos fundamentos jurídicos. Quando se verifica que o Juiz, ao aplicar a lei, atribui-lhe sentido, dizendo algo mais do que o Legislador, a ideia de que o debate sobre os fatos seria suficiente para assegurar a legitimidade da decisão sofre um natural revés. Isso exatamente pelo motivo de que se torna claro que a interferência sobre os litigantes não deriva de um simples ato do legislador, já legitimado pelas eleições, mas de uma decisão interpretativa, produzida por alguém que, em princípio, não tem poder democrático para interferir na vida das pessoas. Ora, se a decisão judicial, qualquer que seja o seu fundamento, agride a esfera jurídica dos litigantes, a participação no procedimento se torna indispensável para legitimar a interferência judicial sobre as partes.

O contraditório, portanto, impõe-se de modo a evitar decisões que, aplicando a lei, se baseiem em fundamentos de direito não debatidos. A necessidade de participação, imprescindível para legitimar o poder, é que impede a decisão judicial baseada em fundamento de direito não discutido. Ou seja, a necessidade de legitimação impõe a observância do contraditório, evitando que o poder seja exercido sem a participação daqueles que podem sofrer as suas consequências. Dessa forma, elimina-se o chamado juízo de *terza via*,[8] negando-se as decisões-surpresa, cujo princípio, no direito alemão, é conhecido como *Verbot der Überraschungsentscheidungen* [proibição de decisão surpresa].[9]

---

8 COMOGLIO, Luigi Paolo. Le garanzie fondamentali del "giusto processo". *In:* COMOGLIO, Luigi Paolo. *Etica e tecnica del "giusto processo"*. Torino: Giappichelli, 2004. p. 71 e ss.

9 ROSENBERG, Leo; SCHWAB, Karl Heinz; GOTTWALD, Peter. *Zivilprozessrecht*. München: Beck, 2010. p. 432.

Porém, seria possível dizer que a invocação de fundamento constitucional não debatido está à salvo da necessidade do contraditório, na medida em que, se a lei pode ser declarada inconstitucional de ofício, nada poderia impedir o uso de fundamento de ofício para declará-la inconstitucional. Entretanto, além de o próprio art. 10 do CPC ter dito que o contraditório não pode ser negado mesmo no caso de matéria sobre a qual o Juiz deve decidir de ofício, é hoje indiscutível que o argumento de que o Juiz pode invocar fundamento *de ofício* não tem relevância para afastar a necessidade de contraditório. Na verdade, há muito tempo a doutrina deixou estabelecido que a possibilidade de uma questão prejudicial poder ser instituída e decidida de ofício não elimina o direito de as partes poderem discuti-la. Lembre-se que Vittorio Denti, em conhecido artigo publicado na *Rivista di Diritto Processuale* intitulado "Questioni rilevabili d'ufficio e contraddittorio", concluiu que as matérias suscitadas de ofício não podem ser decididas se o juiz não deu às partes oportunidade para o contraditório. De outra forma, existiria nulidade da sentença.[10]

Isso demonstra, com clareza, que nenhum Juiz pode invocar de ofício fundamento para decidir sem oportunizar o contraditório. E o STF, como é evidente, não tem qualquer motivo para se eximir dessa necessidade. Não apenas porque exerce poder e, assim, deve respeitar o direito ao contraditório, mas especialmente em razão de exercer um poder jurisdicional caracterizado pelo seu componente contramajoritário, acentuado pela eficácia vinculante.

Quando se tem em conta a natureza do poder exercido pelo STF, devedor incondicionável do diálogo constitucional, percebendo-se inclusive o motivo para o deferimento da participação de *amici curiae* para a sua legitimação, *torna-se evidente que o problema da decisão de ofício, na Corte, é ainda mais relevante e preocupante do que em outros casos.* É que, quando se tem em conta o poder de o STF decidir uma questão constitucional, a legitimação do poder obviamente não importa apenas para os litigantes. Nesse caso, *a preocupação está em legitimar uma decisão que afeta a todos, inclusive as demais instituições públicas, que, a partir da decisão, podem se ver na necessidade de dialogar com a Corte acerca da interpretação constitucional.*

---

10 DENTI, Vittorio. Questioni rilevabili d'ufficio e contraddittorio. *Rivista di Diritto Processuale*, [*S. l.*], p. 231, 1968.

Quer isso dizer que a decisão de ofício que desconsidera a argumentação dos *amici curiae* está além do plano do contraditório – ao menos na sua acepção tradicional –, *atingindo a própria pretensão de legitimação da Corte com suporte na participação da sociedade na deliberação acerca da Constituição.*

Sendo assim, sempre que se perceber, por ocasião do reconhecimento da repercussão geral, no relatório ou na sua discussão no início do julgamento, a necessidade de discutir fundamento não invocado no recurso, deve a Corte paralisar o normal andamento do processo, dando às partes, aos *amici curiae* e ao Ministério Público oportunidade de apresentarem seus argumentos e debaterem a questão constitucional à luz do específico fundamento. Decidir em desatenção aos argumentos das partes e dos *amici* seria produzir decisão que não só viola o contraditório, mas também nega a própria razão de ser da participação popular na Corte, transformando-a numa instituição indiferente não apenas aos litigantes, mas também ao pluralismo democrático.

5 A questão constitucional delimitada quando do reconhecimento da repercussão geral pode ser redimensionada

A revisão da decisão que reconheceu a repercussão geral é possível não apenas quando é necessário negá-la, mas também i) para se decidir de modo integral, explicitando-se hipóteses inseridas na questão constitucional, e ii) para não se decidir além do necessário.

Não há motivo para supor que o reconhecimento da repercussão geral impede a Corte de mais tarde negá-la. A repercussão geral é um requisito para o julgamento do recurso, e, como todo pressuposto para tanto, pode ser reanalisado antes da decisão sobre o mérito recursal. Portanto, a Corte sempre pode, antes da proclamação do julgamento do recurso extraordinário, perceber e declarar a ausência de repercussão geral. Impedir o STF de voltar a decidir sobre a repercussão geral seria um grande equívoco, na medida em que não se pode privá-lo de usar de modo adequado o seu poder decisório – que engloba o de decidir não decidir.

O fato de o art. 323-B do Regimento Interno do STF (RISTF) atribuir ao relator a possibilidade de propor, por meio eletrônico, a revisão do reconhecimento da repercussão, obviamente não quer dizer que a decisão de acolhimento da repercussão geral não possa ser revista ou a própria questão constitucional nela delimitada não possa ser reconfigurada antes do julgamento do recurso.[11]

Antes do início da deliberação sobre o objeto do julgamento, a questão constitucional, não obstante descrita no reconhecimento da repercussão geral, deve sempre ser reafirmada para que os Ministros tenham oportunidade de discutir e decidir a respeito dos seus limites. Nesse momento, mediante justificativa, será possível não só rejeitar a repercussão geral já reconhecida, mas também reelaborar a questão constitucional para o seu devido julgamento.

6 Os limites da Corte diante da questão constitucional estabelecida no recurso extraordinário

A possibilidade de decidir com base em fundamento constitucional não expressamente deduzido pelo recorrente não quer dizer que a Corte pode se afastar da questão constitucional fática e concretamente discutida no processo e, por consequência, no recurso extraordinário. A Corte está vinculada à questão constitucional estruturada durante a discussão que se desenvolveu em primeiro e segundo graus de jurisdição. Dela evidentemente não pode fugir, sob pena de decidir sem provocação, afastando-se da característica que a distingue do Legislativo.

A questão constitucional não pode ser reduzida a uma mera alegação de incompatibilidade entre uma lei e uma norma constitucional. É sempre o reflexo de uma impugnação de constitucionalidade que

---

11 O STF já declarou que pode não admitir o recurso por falta de repercussão geral depois de tê-la reconhecido no plenário virtual. No RE nº 584.247, o Ministro Roberto Barroso, depois de reconhecida a repercussão geral, submeteu questão de ordem ao plenário físico para que não fosse conhecido o recurso extraordinário por ausência de repercussão geral. Diante disso, a Corte decidiu, assentando em ementa a locução "revisão de repercussão geral", que, "embora reconhecida a repercussão geral da matéria em exame no plenário virtual, nada impede a rediscussão do assunto em deliberacão presencial". Nessa ocasião, o Ministro Teori Zavascki advertiu que, muito embora a repercussão geral possa ocasionar a suspensão de todas as causas no território nacional, não há qualquer "dificuldade processual" para a Corte "reconsiderar decisões sobre repercussão geral". Acrescentou que existem "vários precedentes no sentido de que o julgamento em plenário virtual não opera a preclusão do juízo de admissibilidade do recurso extraordinário, tanto que, algumas vezes, reconheceu-se a repercussão geral e, por outras razões, aqui, o recurso acabou não sendo conhecido. Isso demonstra que o julgamento do plenário virtual é apenas o início do julgamento do recurso. E, enquanto não houver a conclusão do julgamento, nada impede que qualquer juiz reconsidere o voto anteriormente dado, mesmo que em plenário virtual" (QO no RE nº 584.247, Rel. Min. Roberto Barroso, julgado em 27 de outubro de 2016).

só adquire significado à luz do contexto e das circunstâncias do caso concreto. No recurso, discute-se sobre a compatibilidade de determinada lei em face da Constituição, mas o conteúdo e os limites da questão apenas são compreendidos com base nos fatos que a configuram concretamente como algo relevante em face do direito constitucional.

Portanto, para delinear a questão constitucional obviamente não basta afirmar que a questão a ser discutida é a da constitucionalidade do dispositivo X. É necessário investigar e precisar a situação concreta que está por detrás do recurso para identificar e delinear a questão constitucional, ou melhor, a questão que é relevante e transcendente aos olhos da necessidade do estabelecimento do sentido da Constituição.

É curioso que, ainda que os fatos não sejam bem tratados no controle de constitucionalidade,[12] sejam eles os que podem dar sentido ao delineamento da questão constitucional dotada de repercussão geral. Realmente, sem atenção aos fatos não se pode ter uma questão constitucional instituída. O real problema da definição da questão constitucional está no que se pretende em termos de interpretação constitucional em face dos fatos do caso ou, simplesmente, do caso concreto.

Como a interpretação constitucional não precisa se ater a fatos secundários, ou não importantes, vale o mesmo raciocínio para o delineamento da questão constitucional. Assim, por exemplo, quando se está diante de fatos que permitem estabelecer questão a respeito da extensão da liberdade de imprensa, em regra, é irrelevante saber se se trata de rádio, televisão, jornal e revista impressos ou veículo de informação por meio da *internet*. Essas circunstâncias fáticas são acessórias, não importantes para a delimitação da questão constitucional.

Os fatos são importantes para permitir a configuração ou a instituição de uma questão que, também por exemplo, pergunta se é constitucional a veiculação de programa baseado em crime que, ocorrido há muitas décadas, não mais desperta o interesse público e, por conta disso, a necessidade de ser informado ou publicizado pela imprensa. Lembre-se que, no Recurso Extraordinário nº 1.010.606, familiares de vítima de crime ocorrido no Rio de Janeiro na década de 50 do século passado, pediram indenização em virtude da recordação do crime mediante programa televisivo, apresentado sem prévia autorização.

---

[12] FAIGMAN, David Laurence. *Constitutional Fictions*: A Unified Theory of Constitutional Facts. New York: Oxford, 2008; Sascha Kneip, KNEIP, Sascha. *Verfassungsgerichte als demokratische Akteure*. Der Beitrag des Bundesverfassungsgerichts zur Qualität der bundesdeutschen Demokratie. Baden-Baden: Nomos Verlagsgesellschaft, 2009.

Nesse caso, depois de tentativa de estupro, a vítima teria sido empurrada pela janela de um edifício.

Para a delimitação da questão constitucional, seria importante considerar a existência de crime, ocorrido há quase 70 anos, cuja divulgação sob a forma de programa de televisão – e não de reportagem informativa –, especialmente em virtude das suas particularidades, traz dor moral. Ou seja, tinham relevo os fatos que informam a *natureza do crime e as circunstâncias da sua prática*, assim como a existência de um programa de televisão, *realizado muitos anos depois, não preocupado em informar o público*. Com isso deveria ter sido configurada a questão de programa de entretenimento relativo a crime ocorrido há mais de seis décadas, cuja finalidade não é informar o público, pode ser transmitido sem qualquer autorização diante do direito ao esquecimento e do direito de liberdade de imprensa. Se esse programa vai ser transmitido pela televisão ou outro meio, pouco importaria. A decisão, caso constitua precedente, vinculará diante de qualquer forma de expressão da imprensa.

A alusão a esse exemplo importa para demonstrar que a delimitação da questão, *mais ou menos extensa*, é perfeitamente legítima quando se insere *dentro dos limites ou do espaço* deferido ao *distinguishing*. Não se trata obviamente do *distinguishing* que Joseph Raz[13] chama de "inocente", ou seja, aquele que perfaz mero juízo de incidência ou de não incidência; mas do *distinguishing* que, sem exigir que o Juiz vá além da *ratio decidendi*, permite o alcance de outros fatos.

Há situações em que basta analisar se a *ratio* se aplica a fatos enquadráveis na sua moldura fática. É assim quando se tem em conta o exercício da liberdade de expressão mediante o rádio, a televisão ou os veículos impressos. Um precedente que proíbe a veiculação de propaganda de determinada natureza pelo rádio, aplica-se sem qualquer dificuldade à televisão. Mediante esse tipo de raciocínio, não há alteração da *ratio* (ou do precedente), mas simples aplicação da *ratio* a hipótese que nela está contida. Porém, ainda assim há de se justificar a aplicação do precedente ao caso cujos fatos, embora diferentes, estão inseridos na moldura da *ratio*.

Quando é possível aplicar a *ratio decidendi* a situações fáticas distintas, essas estão implicitamente aceitas pela decisão que delineou

---

13 Joseph Raz distingue a *tame view* e a *strong view* do *distinguishing*, em *The Authority of Law*: Essays on Law and Morality (Oxford: Clarendon Press, 1991. p. 191).

a questão constitucional. Isso quer dizer que, *se a decisão delimitar a questão em face dos fatos que estão na categoria daqueles que estão presentes no caso trazido à Corte pelo recurso extraordinário, nada há de ilegítimo*. Ao contrário, a Corte está se antecipando a uma dúvida que, mais tarde, pode surgir. O que é necessário, nessas hipóteses, *é clara justificativa* de que a questão *está sendo ampliada para se decidir sobre fatos que não alteram a sua essência*.

Não é possível atribuir outro sentido à questão que deriva dos fundamentos do recurso. Ou melhor, *não há como considerar situações fáticas que alteram o significado da questão posta no recurso*. Considere-se o exemplo do recurso extraordinário em que se discute sobre a constitucionalidade do art. 28 da Lei de Drogas. No recurso extraordinário, afirmou-se a inconstitucionalidade dessa norma em face de pessoa flagrada com pequena quantidade de maconha. No entanto, ao se reconhecer a repercussão geral, declarou-se que "a controvérsia constitucional cinge-se a determinar se o preceito constitucional invocado autoriza o legislador infraconstitucional a tipificar penalmente *o uso de drogas para consumo pessoal*".[14]

Reconheceu-se a questão da constitucionalidade do uso de drogas, deixando-se de lado a questão posta no recurso, da constitucionalidade do uso de maconha.[15] É possível passar de uso de maconha para uso de drogas, como se a essência da questão continuasse a mesma? Poder usar toda e qualquer droga é o mesmo do que poder usar maconha? Parece óbvio que não. Os riscos à saúde e, por consequência lógica, à vida em sociedade, são muito mais altos quando se tem em conta drogas mais fortes, como a cocaína e a heroína. Se a discussão sobre a maconha pode ser dita insatisfatória, sobre as demais drogas certamente é necessária uma discussão popular e parlamentar muito mais aprofundada. Vale dizer que decidir sobre todas as drogas, *especialmente do ponto de vista da*

---

[14] Repercussão geral no RE nº 635.659, Rel. Min. Gilmar Mendes, *Dje* 8 mar. 2012.

[15] Na fase respeitante à análise da repercussão geral, manifestou-se, além do Relator, apenas o Ministro Marco Aurélio, tendo ambos, em suas justificativas, aludido à constitucionalidade do "uso pessoal de *drogas*", *não obstante o recurso extraordinário tenha impugnado condenação por porte de pequena quantidade de maconha*. No Plenário físico, não obstante a questão tivesse sido definida como a da constitucionalidade da criminalização do *uso de drogas*, os Ministros Fachin e Barroso *a limitaram ao uso de maconha*. Enquanto o primeiro observou que o recurso "desafia acórdão que trata de caso específico, *o de porte para uso pessoal de maconha*", *de modo que "propõe-se estrita observância às balizas fáticas e jurídicas do caso concreto para a atuação da Corte*", o segundo advertiu que o caso em discussão, "e que recebeu repercussão geral, envolve o consumo de três gramas de maconha. *A droga em questão, portanto, é a maconha*" (RE nº 635.659).

teoria democrática e do diálogo institucional, é algo completamente diferente do que decidir apenas sobre a maconha.

Como é fácil perceber, no último exemplo há duas situações fáticas paralelas – na medida em que se trata da categoria drogas –, embora a maconha não possa ser equiparada, para o efeito de delimitação da questão constitucional, com todas as drogas. A maconha é uma espécie de droga, de modo que se poderia imaginar que se está a negar o que se disse há pouco, ou seja, a importância da categoria para situar o que nela se enquadra. Porém, não importa saber que a maconha é uma droga quando o problema, no contexto, está exatamente em diferenciá-la das outras drogas.[16]

Deixando-se de lado o problema da aproximação equivocada entre fatos que não se equiparam, é preciso perceber que há situações em que um mesmo fato pode dar origem a diferentes questões constitucionais. Em determinadas situações, para se discutir uma questão constitucional é preciso considerar normas indeterminadas, indagando-se se delas é possível extrair efeitos jurídicos. Esses casos exigem um acordo teórico aprofundado, nos termos de Sunstein,[17] vendo-se a Corte com o poder de criar direitos a partir da zona de penumbra de normas constitucionais, o que não é adequado quando há *déficit* de deliberação popular e parlamentar e o recurso e o caso concreto permitem decidir de outro maneira.[18]

O recurso em que se afirma a inconstitucionalidade da criminalização do uso pessoal de maconha não exige, para ser decidido, que se teorize sobre o direito fundamental à privacidade para daí se extrair um direito de liberdade de usar drogas.[19] Note-se que invocar

---

16 Indagar se determinada situação de fato, não abordada especificamente no precedente, enquadra-se na categoria a que pertence o fato que por ele foi considerado, importa para analisar a extensão da aplicabilidade do precedente. Quanto mais larga for a categoria a que pertencem os fatos do precedente, mais ampla será a área de sua aplicação. Ocorre que o enquadramento de um fato em uma categoria depende da compreensão da linguagem, dos conceitos jurídicos, da cultura e dos valores que estão infiltrados no precedente, assim como da consideração do significado do fato no momento em que se cogita da aplicação do precedente. *Quer dizer que a assimilação e a dissociação de fatos não dependem da visualização de categorias de fato em abstrato, mas da compreensão do significado dos fatos em seus peculiares contextos.* Ver: SCHAUER, Frederick. Precedent. *Stanford Law Review*, Palo Alto, v. 39, p. 575 e ss., 1987.

17 SUNSTEIN, Cass. Incompletely Theorized Agreements in Constitutional Law. *John M. Olin Law & Economics*, Palo Alto, n. 322, p. 13 e ss., 2007.

18 CALABRESI, Guido. Foreword: Antidiscrimination and Constitutional Accountability (What the Bork-Brennan Debate Ignores). *Harvard Law Review*, Cambridge, v. 105, p. 80-151, 1991.

19 O direito à privacidade é um direito reconhecidamente nebuloso, ou melhor, é um direito que pode servir a quase tudo o que se pode desejar. Aliás, é oportuno recordar que os *Justices* Souter, O'Connor e Ginsburg, em suas *opinions* que concorreram para a constitucionalidade

o direito fundamental à privacidade para falar em direito de se autodeterminar, e, assim, de consumir o que é prejudicial à própria saúde, é, numa vez só, construir um discurso que vale para todas as drogas e que vai muito além da declaração de inconstitucionalidade da sanção penal. Para resolver a questão posta no recurso extraordinário a que se conferiu repercussão geral, bastaria demonstrar a desproporcionalidade da sanção penal em face do usuário flagrado na posse de pequena quantidade de maconha.

Quando um recurso pode ser resolvido mediante a aplicação da regra da proporcionalidade, esquecer disso para tentar criar um direito a partir de uma norma como a que expressa o direito à privacidade é não apenas transformar uma questão em outra, mas pretender discutir algo que não é necessário para a tutela da Constituição, violando-se os valores da teoria democrática.

Sabe-se que não decidir o que não é necessário é deixar em aberto o que ainda é carente de discussão e de consenso na sociedade. Não decidir, decidir uma questão por vez, estabelecer acordos incompletos ou decidir o necessário são versões de uma única preocupação: usar o silêncio para favorecer o diálogo, a adequada construção do direito constitucional e o desenvolvimento da vida em sociedade.[20]

Lembre-se que decidir um primeiro recurso não é o mesmo que decidir tempestivamente, mas é frequentemente decidir de modo precipitado.[21] Além disso, evitar decidir o que pode resultar falso ou

---

das leis estaduais que sancionam o suicídio assistido nos Estados Unidos, compreenderam que, naquele momento, não havia razão para tentar extrair da Constituição – ou seja, exatamente do direito à privacidade, ancorado na cláusula do *due process* – um direito de liberdade de encerrar a própria vida. Era importante, segundo os *Justices*, aprofundar a discussão popular e aguardar as decisões dos Parlamentos e das Cortes estaduais, aptas a evidenciar em que termos a questão constitucional necessitaria ser discutida e decidida (Vacco *v.* Quill, 521 U.S. 793, 1997; Washington *v.* Glucksberg, 521 U.S. 702, 1997). Não foi por outro motivo que os três *Justices* concorreram à decisão unânime da Corte, no sentido da constitucionalidade das leis.

20 SUNSTEIN, Cass. Beyond Judicial Minimalism. *Tulsa Law Review*, Tulsa, v. 43, 2008; SUNSTEIN, Cass. Foreword: Leaving Things Undecided. Harvard Law Review, Cambridge, v. 110, 1996; SUNSTEIN, Cass. Incompletely Theorized Agreements in Constitutional Law. *John M. Olin Law & Economics*, Palo Alto, n. 322, 2007; SUNSTEIN, Cass. *One Case at a Time*: Judicial Minimalism on the Supreme Court. Cambridge: Harvard University Press, 1999.

21 BICKEL, Alexander. Foreword: The passive virtues. Harvard Law Review, Cambridge, 1961; BICKEL, Alexander. *The Least Dangerous Branch*. 2nd. ed. New Haven: Yale University Press, 1986. p. 113 e ss.

excessivamente contencioso é ter consciência de que decidir é um erro quando se sabe que não é preciso decidir além do necessário.[22]

Decidir o necessário evita interferir sobre o que ainda deve ser discutido pelas pessoas e pelo Parlamento, bem como entrar em áreas em que o desacordo razoável é intenso. Além disso, não decidir o desnecessário impede o acirramento das disputas e polêmicas, favorecendo a convivência e o respeito mútuo. Se a reciprocidade é imprescindível, a Corte não deve desafiar, sem necessidade, as convicções (razoáveis) das pessoas,[23] nem muito menos decidir antes que a discussão popular e a deliberação parlamentar tenham frutificado de modo pleno.[24]

A decisão que vai além e, por exemplo, desnecessariamente investe sobre o espaço em que se discute sobre o direito de liberdade de usar droga é resultado de um discurso teórico que não presta atenção na importância da discussão popular e da deliberação parlamentar, na medida em que a questão das drogas ainda padece de discussão adequada. Trata-se, como poderia dizer Cass Sunstein, de um discurso que, por ser desnecessário, é altamente perigoso para a sociedade e para a democracia.

Para resumir, importa sublinhar que a Corte, ao considerar o recurso, pode ampliar a questão constitucional desde que não altere a sua essência. Em outros termos, ainda que a própria capacidade de autogoverno, reconhecida ao STF, permita-lhe tratar de fundamentos não invocados no recurso, isso apenas é possível quando estes pertencem ao mérito da causa, vale dizer, desde que estejam instituídos dentro da questão constitucional delineada concretamente no processo. De outro lado, a Corte pode limitar a questão constitucional quanto tem claro que não deve decidir o desnecessário.

Tudo isso obviamente não prejudica as partes nem muito menos a decisão da questão expressa no recurso extraordinário. Apenas constitui sinal de respeito à sociedade e aos valores da teoria democrática, além de evitar julgamentos precipitados e favorecer a discussão entre os Juízes, Tribunais e o Superior Tribunal de Justiça (STJ), num virtuoso processo de democratização da formação dos precedentes constitucionais.

---

[22] Como diz Sunstein (Foreword: Leaving Things Undecided, p. 7), os Juízes usam o silêncio por razões estratégicas ou pragmáticas *ou para promover os fins democráticos*.

[23] SUNSTEIN. Incompletely Theorized Agreements in Constitutional Law, p. 13.

[24] Sobre as virtudes passivas e o uso do minimalismo para favorecer o diálogo institucional, ver: MARINONI, Luiz Guilherme. *Processo constitucional e democracia*. São Paulo: Revista dos Tribunais, 2021. p. 216 e ss.; 238 e ss.

7 A separação de Poderes como fundamento da vinculação da Corte ao caso e à questão constitucional instituída pelo recurso

Mas é ainda necessário esclarecer a relação da definição da questão constitucional com a impossibilidade de a Corte decidir, em sede de repercussão geral, à distância de um caso concreto. Nos termos da Constituição, cabe ao STF "julgar, mediante recurso extraordinário, as causas decididas (...)" (art. 102, III, CRFB), o que significa dizer que a Corte, quando da análise da repercussão geral e do julgamento do recurso extraordinário, deve necessariamente considerar uma causa ou um caso. O que legitima a Corte a julgar o recurso extraordinário e, por consequência, a editar precedente constitucional, é um caso concreto que expressa questão de repercussão geral. Sem um caso, capaz de dar origem a recurso extraordinário, a Corte não pode exercer controle incidental de constitucionalidade.

Mas o que significa não poder decidir à distância de uma causa ou de um caso? Quer dizer, basicamente, proibição de atribuir sentido à Constituição, mediante precedente vinculante, sem um caso concreto instituído por qualquer um do povo. A vontade popular, instituindo o caso e oferecendo-o ao juízo da Corte mediante o recurso, é imprescindível à legitimidade do exercício da jurisdição constitucional na forma incidental.

É interessante que essa forma de pensar na legitimidade das decisões tomadas em recurso extraordinário tem nítido contato com uma relevante questão há pouco tempo levantada perante a Suprema Corte dos Estados Unidos pelo *Chief Justice* Roberts, mediante o primeiro solo dissent que proferiu em todo o seu período à frente da Corte. A decisão foi proferida em Uzuegbunam *v.* Preczewski,[25] em que se discutiu sobre liberdade de expressão. Nesse caso, a Corte enfrentou uma questão relacionada com a doutrina *mootness*, que, em poucas palavras, significa negar a possibilidade de alguém se socorrer do Judiciário sem ter real interesse concreto a ser satisfeito. O *Chief Justice* Roberts advertiu que, como os autores já tinham terminado seus estudos e a instituição de ensino voluntariamente alterado sua política quanto à liberdade de expressão dos alunos, a manutenção do processo, em virtude de

---

[25] Uzuegbunam *et al. v.* Preczewski et al., 592 U. S. (2021).

um pleito simbólico de indenização, transformaria a Corte em órgão consultivo e os Juízos em "advice columnists".[26]

Isso, conforme observou Roberts, não foi desejado pela Constituição, que, ao delinear a separação de Poderes, limitou a função das Cortes a decidir casos concretos. Ao enfatizar argumento de John Marshall, Roberts lembrou que a Constituição (art. III, Section 2, Clause 1),[27] ao estabelecer a separação do Judiciário dos demais Poderes, fez questão de sublinhar que as Cortes federais apenas podem decidir "cases and controversies", ou seja, "cases of a judiciary nature".[28]

Ao dizer que o Judiciário apenas pode decidir casos e controvérsias, Roberts pretendeu evidenciar a necessidade de o Judiciário não avançar sobre o espaço do Legislativo. Ao aludir à conhecida passagem de Hamilton no Federalista 78, de que o Judiciário sempre será o menos perigoso de todos os Poderes (*the least dangerous*), advertiu que isso depende de as Cortes não se deixarem investir da força e da autoridade do Executivo e do Legislativo.[29] No caso do *judicial review*, isso teria grande relevância, na medida em que o controle de constitucionalidade, realizado à distância de um caso instituído pelas pessoas e oferecido a solução à Corte, poderia gerar um precedente constitucional dotado de efeito sobre as instituições democráticas sem que ninguém do povo o tivesse solicitado.

Em outras palavras, a razão especial para exigir um caso concreto para a Corte poder decidir estaria na necessidade de manter o Judiciário à distância do Legislativo, impedindo-se que a Suprema Corte se porte

---

26 Uzuegbunam *et al. v.* Preczewski et al., 592 U. S. (2021); *dissenting opinion, Chief Justice* Roberts.

27 Art. III, Section 2, Clause 1:
"(...)
The Judicial Power shall extend to all Cases, in Law and Equity, arising under this Constitution, the Laws of the United States, and Treaties made, or which shall be made, under their Authority;
- to all Cases affecting Ambassadors, other public Ministers and Consuls;
- to all Cases of admiralty and maritime Jurisdiction; to Controversies to which the United States shall be a Party;
- to Controversies between two or more States; between a State and Citizens of another State; between Citizens of different States;
- between Citizens of the same State claiming Land under Grants of different States, and between a State, or the Citizens thereof, and foreign States, Citizens or Subjects".

28 Uzuegbunam *et al. v.* Preczewski et al., 592 U. S. (2021); *dissenting opinion, Chief Justice* Roberts.

29 Uzuegbunam *et al. v.* Preczewski et al., 592 U. S. (2021); *dissenting opinion, Chief Justice* Roberts.

como um órgão que pode afirmar o sentido da Constituição, com autoridade, *sem qualquer manifestação ou interesse popular*.

Roberts foi incisivo nesse sentido ao dizer que, se na tradição do *common law* a coroa podia solicitar consultas à Corte, isso acontecia porque o poder da Corte era derivado da coroa, princípio que, nos Estados Unidos, os *Framers* rejeitarem explicitamente mediante a separação entre o Executivo e o Judiciário. Segundo Roberts, é indispensável perceber que as lições aprendidas a partir do *common law* devem ser temperadas por diferenças de desenho constitucional, na medida em que a estrutura e a função das Cortes inglesas do século XVIII são, em vários aspectos, incompatíveis com o papel atribuído ao Judiciário num modelo tripartite de separação de Poderes. Ora, a diferença entre a organização constitucional é que permitiria que as Cortes inglesas exercessem uma tarefa meramente consultiva, *independentemente de conflitos concretos a serem resolvidos*.[30]

A partir das observações de Roberts, torna-se fácil compreender que dar à Corte poder para afirmar o sentido da Constituição com força vinculante, independentemente de um caso concreto, ou melhor, de provocação popular, é o mesmo do que equiparar o Judiciário com o Legislativo.

O caso concreto dá à Corte o poder de decidir sem se confundir com um órgão consultivo e, mais ainda, a possibilidade de se afastar do Legislativo. O STF apenas pode exercer o controle de constitucionalidade, decidindo com eficácia *erga omnes* e vinculante, quando provocado por ação direta ou instado a decidir em virtude de caso concreto que deu origem a questão constitucional dotada de repercussão geral.

De modo que o controle de constitucionalidade exercido via recurso extraordinário é, independentemente das técnicas processuais que permitem que a decisão alcance a todos, um controle que não apenas se dá a partir de um caso concreto, mas um controle que tem no caso concreto a base da sua legitimidade.

O fato de a Corte poder invocar fundamento constitucional não expresso no recurso extraordinário, por alguns já visto equivocadamente como indício de *abstrativização* do controle concreto, obviamente não tem poder para destituir o controle incidental de constitucionalidade do caso. Do mesmo modo, ter poder para definir a interpretação da

---

30 Uzuegbunam *et al. v.* Preczewski et al., 592 U. S. (2021); *dissenting opinion, Chief Justice* Roberts.

Constituição e, mesmo, desenvolvê-la, tornando-a rente aos fatos e valores sociais, não significa poder assim atuar sem um caso.

O caso é indispensável para ressalvar a separação dos Poderes, deixando claro que a Corte só atua quando provocada pelas pessoas. A solicitação de alguém, interessado na solução de um caso, é que distingue a atuação do Judiciário em face daquela exercida pelo Legislativo. Ainda que a Corte possa decidir sem um caso no controle abstrato, isso é assim porque a Constituição, ao conferir legitimidade a determinados entes para a propositura da ação direta, está conferindo ao povo o poder de instaurar a atuação judicial. A característica que sempre diferenciou o Judiciário diante do Legislativo, portanto, permite claramente ver que a Corte, ao decidir fora da questão constitucional, está a dizer a Constituição para todos de ofício.

Mesmo que a extensão da questão possa ser importante para a afirmação da Constituição, não cabe à Corte dela tratar na falta de provocação popular, ou seja, na ausência de recurso extraordinário que a ofereça para julgamento, a menos que deseje ocupar o local do Legislador. Na verdade, se nenhum Juiz pode decidir sem ser chamado, a Corte tem razão em dobro para não atuar sem ser convocada. O problema não está somente na violação do princípio da inércia, fundamento do sistema processual. Os precedentes constitucionais definem o sentido da Constituição para todos os Juízes e órgãos da Administração Pública, além de poderem inibir a discussão popular e a deliberação parlamentar. A atuação do STF não apenas tem a ver com os litigantes de um caso concreto, porém tem uma relação direta com os valores da democracia e com a separação de Poderes.[31]

Se a legitimidade da função da Corte depende da participação da sociedade, ela requer, mais ainda, provocação. Caso a Corte pudesse, a partir apenas do seu desejo e vontade e sem qualquer iniciativa vinda da população, falar algo que supõe ser relevante para o desenvolvimento da Constituição, estaria perdido o principal elemento que a preserva afastada dos Poderes eleitos pelo povo: a impossibilidade de interpretar a Constituição de ofício. Tornar isso viável seria entregar à Corte as rédeas do direito e da regulação da vida social em detrimento do povo, do Parlamento e do Executivo.

---

31 MORAIS, Carlos Blanco de. A Justiça Constitucional e as suas relações de tensão com os demais Poderes do Estado. *In:* MARINONI, Luiz Guilherme; SARLET, Ingo (coord.). *Processo constitucional.* 2. ed. São Paulo: Revista dos Tribunais, 2021. p. 161 e ss.

A Corte não pode criar a questão constitucional para decidir.[32] Essa deve estar no recurso. Como é evidente, tudo isso está muito longe da possibilidade que qualquer juiz tem de declarar, sem requerimento da parte, a inconstitucionalidade da lei. Ora, o juiz só pode assim proceder a partir de um caso que lhe foi apresentado. Por razões semelhantes, a Corte pode declarar a inconstitucionalidade de lei, com base em fundamento constitucional não invocado pelo recorrente, apenas quando está a considerar a questão constitucional posta mediante o recurso. É dessa forma que o recurso limita a atuação da Corte. A Corte está subordinada à questão constitucional, não podendo institui-la de ofício para decidir. Note-se que essa percepção facilita a compreensão dos termos em que a Corte está vinculada ao recurso: *ela pode decidir com base em fundamento não invocado apenas para resolver a questão constitucional derivada do recurso.*

Negar a possibilidade de a Corte atuar sem provocação obviamente não significa desprezar a importância da sua atuação para a interpretação da Constituição e, assim, para o estabelecimento de precedentes destinados a orientar a resolução dos casos e a vida das pessoas. Se isso é relevante, não há como esquecer que os próprios precedentes constitucionais não eliminam a possibilidade de diálogo constitucional, ressalvando-se, desse modo, especialmente a voz do Parlamento e da população. A Corte institui precedentes para contribuir com a sociedade e para favorecer a segurança jurídica, mas não para se investir no

---

32 Isso não impede que a Corte decida o caso que, trazido pelo recurso, reputa imprescindível para o estabelecimento de precedente, a despeito das partes terem perdido o interesse no julgamento do caso concreto. Embora a Corte possa decidir até mesmo quando as partes desistem do recurso, isso ocorre porque a questão está sob o seu controle após lhe ter sido apresentada pelos litigantes e expressamente reconhecida como relevante e transcendente. A consciência da importância da questão constitucional, presente na própria decisão que reconhece a repercussão geral, permite-lhe decidir em proveito da Constituição e da sociedade ainda que as partes percam o interesse na solução do recurso. O interesse privado dos litigantes não pode interferir sobre a oportunidade de a Corte decidir uma questão que já declarou relevante e transcendente. Nessa situação, a Corte está em condições de formar precedente com eficácia vinculante, mas sem eficácia para as partes. Trata-se de situação semelhante àquela em que a Suprema Corte dos Estados Unidos, em respeito ao passado e à confiança, mas certa da necessidade de desenvolver o direito, institui novo precedente sem aplicá-lo ao caso sob julgamento, quando se fala em *pure prospective overruling*. Em ambas as hipóteses a Corte tem legitimidade para decidir, *uma vez que obviamente não está atuando sem provocação e prévio reconhecimento da repercussão geral da questão constitucional*. Ver: STEINER, Eva. Judicial rulings with prospective effect: From comparison to systematization. *In:* STEINER, Eva (ed.). *Comparing the Prospective Effect of Judicial Rulings Across Jurisdictions*. London: Springer, 2015. p. 5 e ss.; VOORHIS, John. Cardozo and the Judicial Process Today. *The Yale Law Journal*, New Haven, v. 71, p. 202 e ss., 1961/1962.

lugar dos Poderes eleitos, à distância das necessidades e das discussões populares, e, portanto, das suas reclamações e provocações.

8 Conclusões

Não há razão para negar à Corte, quando diante da possibilidade de instituir precedente constitucional em recurso extraordinário, o poder de cogitar sobre todos os fundamentos que, presentes nas normas constitucionais, podem permitir-lhe decidir de modo correto. Assim, uma vez invocada a (in)constitucionalidade no recurso, a Corte pode decidir com base em qualquer fundamento constante da Constituição, desde que respeitada a questão constitucional tal como fática e concretamente delineada em primeiro e segundo graus de jurisdição e, assim, no próprio recurso.

A possibilidade de decidir com base em fundamento constitucional não expressamente deduzido pelo recorrente não dá à Corte permissão para se afastar da questão constitucional discutida no processo e, por consequência, no recurso extraordinário. Ter poder para decidir de modo adequado não é o mesmo do que ter poder para decidir sem provocação. Aliás, quando a Corte resolve decidir com base em fundamento não invocado no recurso, as partes e os eventuais *amici* devem ter oportunidade de se pronunciar.

De qualquer forma, a distinção entre fundamento e questão constitucional permite ter claro outro ponto relevante: a Corte pode decidir uma questão com base em vários fundamentos, mas não pode ignorar as várias questões que, presentes no recurso, devem ser decididas em separado.

A questão constitucional pode ser *estendida*, desde que observada a sua essência. Também pode ser *restringida* especialmente quando a Corte, diante de fundamento ancorado em norma constitucional indeterminada, percebe a necessidade de a população e o Parlamento melhor deliberarem sobre a questão.

Há algo extremamente importante, mas muitas vezes ignorado, em torno do delineamento da questão constitucional. O cuidado com a definição da questão constitucional tem relação com a necessidade de manter as fronteiras entre os Poderes, sendo indispensável para a salvaguarda dos próprios valores da democracia.

Permitir que a Corte estenda, indevidamente, os limites da questão constitucional, não é apenas dar-lhe poder capaz de surpreender as partes – surpresa que, na verdade, poderia ser facilmente corrigida ao se dar oportunidade para todos se pronunciarem –, mas supor que a Corte pode ter poder para declarar o que deseja com força vinculante, obrigando Juízes e autoridades administrativas. Isso representaria um superpoder que, além de ocupar um espaço que não é do Judiciário, constrangeria os demais Poderes e a população a respeitar decisões políticas jamais solicitadas por alguém do povo.

Referências

BICKEL, Alexander. Foreword: The passive virtues. *Harvard Law Review*, Cambridge, n. 75, p. 40-75, Nov. 1961.

BICKEL, Alexander. *The Least Dangerous Branch*. 2nd. ed. New Haven: Yale University Press, 1986.

CALABRESI, Guido. Foreword: Antidiscrimination and Constitutional Accountability (What the Bork-Brennan Debate Ignores). *Harvard Law Review*, Cambridge, v. 105, 1991.

COMOGLIO, Luigi Paolo. Le garanzie fondamentali del "giusto processo". *In:* COMOGLIO, Luigi Paolo. Etica e tecnica del "giusto processo". Torino: Giappichelli, 2004. p. 39-93.

DENTI, Vittorio. Questioni rilevabili d'ufficio e contradditorio. *Rivista di Diritto Processuale*, [*S. l.*], 1968.

FACHIN, Luiz Edson; FORTES, Luiz Henrique Krassuski. Repercussão geral do recurso extraordinário: dever de demonstração da transcendência e relevância da questão constitucional. *Revista de Processo Comparado*, São Paulo, v. 7, n. 1, jan./jun. 2018.

FAIGMAN, David Laurence. *Constitutional Fictions*: A Unified Theory of Constitutional Facts. New York: Oxford, 2008.

KNEIP, Sascha. *Verfassungsgerichte als demokratische Akteure*. Der Beitrag des Bundesverfassungsgerichts zur Qualität der bundesdeutschen Demokratie. Baden-Baden: Nomos Verlagsgesellschaft, 2009.

MARINONI, Luiz Guilherme. *Processo constitucional e democracia*. São Paulo: Revista dos Tribunais, 2021.

MORAIS, Carlos Blanco de. A Justiça Constitucional e as suas relações de tensão com os demais Poderes do Estado. *In*: MARINONI, Luiz Guilherme; SARLET, Ingo (coord.). *Processo constitucional*. 2. ed. São Paulo: Revista dos Tribunais, 2021. inserir intervalo de páginas referente ao texto citado. p. 163-186.

RAZ, Joseph. *The Authority of Law*: Essays on Law and Morality. Oxford: Clarendon Press, 1991.

ROSENBERG, Leo; SCHWAB, Karl Heinz; GOTTWALD, Peter. *Zivilprozessrecht*. München: Beck, 2010.

SCHAUER, Frederick. Precedent. *Stanford Law Review*, Palo Alto, v. 39, 1987.

STEINER, Eva. Judicial rulings with prospective effect: From comparison to systematization. *In:* STEINER, Eva (ed.). *Comparing the Prospective Effect of Judicial Rulings Across Jurisdictions*. London: Springer, 2015.

SUNSTEIN, Cass. Beyond Judicial Minimalism. *Tulsa Law Review*, Tulsa, v. 43, 2008.

SUNSTEIN, Cass. Foreword: Leaving Things Undecided. *Harvard Law Review*, Cambridge, v. 110, 1996.

SUNSTEIN, Cass. Incompletely Theorized Agreements in Constitutional Law. *John M. Olin Law & Economics*, Palo Alto, n. 322, 2007.

SUNSTEIN, Cass. *One Case at a Time*: Judicial Minimalism on the Supreme Court. Cambridge: Harvard University Press, 1999.

VOORHIS, John. Cardozo and the Judicial Process Today. *The Yale Law Journal*, New Haven, v. 71, 1961/1962.

Informação bibliográfica deste texto, conforme a NBR 6023:2018 da Associação Brasileira de Normas Técnicas (ABNT):

MARINONI, Luiz Guilherme. Delimitação da questão constitucional no recurso extraordinário. *In*: MENDES, Gilmar Ferreira; GALLOTTI RODRIGUES, Maria Isabel Diniz; ALVIM, Teresa Arruda (coord.). *O novo perfil do controle difuso de constitucionalidade*: estudos em homenagem ao Professor Bruno Dantas nos 20 anos da Repercussão Geral. Belo Horizonte: Fórum, 2025. p. 433-456. ISBN 978-65-5518-898-1.

RECLAMAÇÃO E PRECEDENTES[1]

MARCELO NAVARRO RIBEIRO DANTAS

Originalmente, a Constituição da República de 1988 restringia o cabimento da reclamação constitucional ao Supremo Tribunal Federal (STF) e ao Superior Tribunal de Justiça (STJ). A Emenda Constitucional (EC) nº 92, de 12 de julho de 2016, alterou a Carta para dar também ao Tribunal Superior do Trabalho (TST), a competência para julgar reclamações. Era possível dizer que, em decorrência de permissivos constitucionais e do que consta do Código Eleitoral e da Lei Orgânica da Justiça Militar, ela também cabia ao Tribunal Superior Eleitoral (TSE) e ao Superior Tribunal Militar (STM).

Contudo, foi apenas com o Código de Processo Civil (CPC) de 2015 que a reclamação passou a ser induvidosamente aplicável a todos os tribunais brasileiros, embora o próprio Supremo viesse admitindo tal possibilidade desde decisão famosa na Ação Direta de Inconstitucionalidade (ADIn) nº 2.212-1/CE, em 2003, que alterou sua posição anterior, validando com isso o que a maioria dos regimentos internos das cortes de apelação previam.

Desde sempre considerei – e ainda considero – que a reclamação é um instituto paradoxal no processo judicial brasileiro. De um lado, ela desempenha uma função sublime, servindo como um mecanismo essencial para garantir o correto funcionamento da jurisdição

1 Texto de palestra proferida nas XV Jornadas Brasileiras de Direito Processual (em homenagem aos Professores Teresa Arruda Alvim e Luiz Guilherme Marinoni), em Curitiba-PR, no dia 19 de setembro de 2024.

constitucional. Por outro, possui aspectos que poderiam ensejar resolução de outras maneiras.

Vou me explicar melhor. Visto que a reclamação possui duas faces: por uma, garante a competência do Tribunal reclamado; por outra, assegura o cumprimento de suas decisões, surgem de logo alguns questionamentos.

Primeiro: por que conceder a todos os Tribunais a competência para julgar reclamações com o objetivo de preservar sua competência se já existe um sistema para resolver conflitos de competência – exatamente o sistema de conflitos de competências? E, no que tange ao Supremo, ele não conflita com nenhuma outra Corte, simplesmente diz o que lhe cabe ou não.

Depois, quanto ao outro lado da moeda da reclamação: quando um Tribunal emite uma ordem que não é cumprida, o que garante que, ao julgar procedente uma reclamação, a reafirmação dessa ordem será obedecida? Na prática, o Tribunal apenas reitera a mesma ordem. E se a ordem não for novamente cumprida, o que acontece?

O STF enfrentou problemas semelhantes na década de 1960, quando declarou a inconstitucionalidade de um dispositivo legal, mas o Senado se recusou a retirar tal dispositivo. Esse receio também permeou o STJ, quando, em determinada época, ministros como José Delgado e Ari Pargendler se mostravam relutantes em conceder reclamações direcionadas a autoridades de outros Poderes, pois, se a ordem fosse dirigida a um ministro de Estado ou a um órgão legislativo, e essa autoridade se recusasse a obedecer, qual seria o desfecho?

Essas são questões que permanecem sem uma resolução definitiva. No entanto, por outro lado, sempre me pareceu que o grande destino da reclamação seria se consolidar como um instrumento de uniformização da jurisprudência e de imposição das decisões dos tribunais superiores, garantindo, assim, a realização da jurisdição constitucional.

Tanto assim que a jurisprudência do STF evoluiu para permitir reclamações também em ações objetivas, como as de controle concentrado. E depois passou a entender que a reclamação também seria cabível para assegurar o cumprimento de súmulas vinculantes, o que a EC nº 45, de 30 de dezembro de 2004 deixou explícito.

Em recentíssimo e magnífico texto ainda inédito a que tive acesso – *Transformações da reclamação no Supremo Tribunal Federal* –, Fredie Didier Júnior e Leandro Fernandez destacam que, no STF, ela é hoje utilizada, por exemplo, para: interpretação de precedentes; superação de precedentes; revisão de decisão sobre a existência de repercussão geral (RG); sinalização sobre tendências da Corte; garantia de futuros entendimentos; realização de *distinguishing*; controle incidental de inconstitucionalidade; recurso *per saltum*, entre outras coisas.

A dúvida principal que se coloca, então, é: se o STF usa a reclamação para impor o cumprimento de súmulas vinculantes, que nascem de recursos extraordinários com RG, por que não aplicar o mesmo raciocínio ao STJ nas hipóteses de recursos repetitivos?

Em fevereiro de 2020, a Corte Especial do STJ julgou a Reclamação nº 36.476 e entendeu que não. A razão apresentada foi de ordem legal, não aplicável às reclamações no STF. Argumentou-se que o inciso IV art. 988 do CPC, em sua redação original, previa o cabimento da reclamação para essa finalidade, mas esse inciso foi alterado pela Lei nº 13.256, de 16 de março de 2015.

A redação original do item em foco era:

> IV - garantir a observância de enunciado de súmula vinculante e de precedente proferido *em julgamento de casos repetitivos* ou em incidente de assunção de competência (...).

A nova passou a ser:

> IV - garantir a observância de acórdão proferido *em julgamento de incidente de resolução de demandas repetitivas* ou de incidente de assunção de competência (...).

Então, saíram os *casos repetitivos* (expressão que, obviamente, incluía os *recursos repetitivos*) e entraram especificamente os hoje chamados IRDRs.

Esse é um argumento sólido. No entanto, o §5º, II, do mesmo art. 988 do CPC ainda trata da questão, senão veja-se:

> §5º É inadmissível a reclamação:
> (...)
> II - proposta para garantir a observância de acórdão de recurso extraordinário com repercussão geral reconhecida ou de *acórdão proferido em julgamento de recursos* extraordinário ou *especial repetitivos*, quando não esgotadas as instâncias ordinárias.

Isso demonstra que – para usar de um adágio popular – "esconderam o gato mas deixaram o rabo de fora", pois a lei não contém palavras inúteis, e tampouco se pode interpretá-la para chegar a resultados que contrariem o sistema imaginado.

Entretanto, a postura da Corte Especial do Tribunal da Cidadania foi reforçada incontáveis vezes depois (como em julho de 2023, na Reclamação nº 43.627). O ponto principal da argumentação que a sustenta é: permitir que todos os interessados nos recursos sobrestados discutam a decisão em sede de reclamação, seria equivalente a admitir que, após um julgamento de recurso repetitivo, todas as partes de todos esses recursos pudessem interpor embargos de declaração, por exemplo.

Porém muitos – notadamente na doutrina – não se conformam com o fato de que um *tribunal de teses*, como pretende ser, e eu entendo que deva ser, o STJ, não use um instrumento como a reclamação, tão apropriado para melhor ainda consolidá-las.

Há, pois, argumentos a favor e contra. O fato é que estamos diante de um tema que ainda não foi totalmente resolvido e que demanda a construção de uma solução. Talvez algum tipo de reclamação *relevante*, reclamação com titularidade especial, sabe-se lá talvez até uma reclamação repetitiva...

O temor, no momento, é o de que, se usarmos a reclamação individual para discutir uma tese geral, podemos inviabilizar o sistema de precedentes, que ainda é incipiente, não consolidado e alvo de muitas críticas. O "complexo de vira-latas", que talvez tenha desaparecido no futebol após a Copa de 1958, ainda persiste em outras áreas. Tendemos a acreditar que o sistema dos outros países é superior ao nosso.

Podemos importar muitas coisas do *common law*, como da Inglaterra ou dos EUA, mas não podemos importar sua história. Somos filiados ao sistema romano-germânico (*civil law*), no qual o desenvolvimento do Judiciário seguiu outro caminho. Assim sendo, a construção de um sistema de precedentes, aqui, não pode pretender uma duplicação perfeita daquele da origem. Precisamos, então, construir, e não depreciar, o que já foi ou está sendo erguido. A criação de um sistema brasileiro de precedentes proporcionará mais estabilidade, previsibilidade e segurança jurídica – algo de que todos nós precisamos.

Vi um meme na *internet* que ilustra bem a situação: na primeira imagem, uma mulher diz que "tem uma queda por homens ingênuos"; na segunda, o homem responde citando o art. 926 do CPC, afirmando que "os tribunais devem uniformizar sua jurisprudência e mantê-la estável, íntegra e coerente"; e, na terceira, ela o beija.

Precisamos fazer com que esse dispositivo deixe de ser um meme. Precisamos avançar nesse processo de construção de precedentes, que é nossa única saída. Não adianta ficar dizendo que nossos precedentes não são como os dos países do *common law*, que estão equivocados por isso, por aquilo ou por aquilo outro. Isso não leva a nada, com todo o respeito e acatamento pelas críticas.

Insistir radicalmente nelas é, na verdade, ir contra o sistema que o CPC pretende que seja instalado. Podemos reclamar, de preferência com bom-humor, fazer até um ou outro meme. Mas não adianta se postar frontalmente contra tudo e sempre dizer que está tudo errado.

De outra parte, repete-se que, se a Reclamação serve para impor o cumprimento das teses fixadas pelo Supremo, teria de servir também para aquelas fixadas pelo STJ por uma questão de simetria, ainda mais que o recurso especial não passa de uma costela arrancada ao recurso extraordinário da ordem constitucional precedente a 1988, como o próprio STJ foi em relação ao antigo STF.

Mas não é tão simples assim. Voltemos ao tema dos recursos repetitivos, de que vínhamos falando. Ainda há incertezas sobre o que acontecerá com eles depois da efetivação do advento da lei da relevância da questão federal infraconstitucional. Esses recursos foram criados porque, quando se introduziu a RG no STF, ela não foi aprovada para o STJ (aliás, quase não ia sendo para o próprio Supremo).

O STF, por dispor da RG, embora a lei lhe permitisse fazê-lo, nunca utilizou a sistemática dos recursos repetitivos. Será que o STJ vai continuar com ela quando vier a relevância? É arriscado prever.

Mas – e digo isso como integrante da Seção Criminal do Tribunal da Cidadania – pelo menos no processo penal não se terá alternativa aos repetitivos, já que a Emenda Constitucional (EC) nº 125, de 14 de julho de 2022, que criou o requisito da relevância para a admissão dos recursos especiais, considerou que toda ação penal é relevante...

Isso é mais uma evidência de que, apesar de "gêmeos univitelinos", o recurso extraordinário e o especial têm muitas diferenças. Primeiro, as próprias hipóteses de cabimento: algumas correspondem, *mutatis mutandis,* outras não – por exemplo, não há recurso extraordinário por dissenso jurisprudencial. Mas há outras diferenças práticas, como a não utilização do sistema de julgamentos repetitivos numa espécie e não na outra e as acentuadas diferenças entre a RG e a relevância, já mencionadas.

Há ainda distinções que decorrem do papel constitucional do STF em relação ao do STJ. O primeiro é o guarda da Constituição, que tem algumas centenas de dispositivos. O segundo vela pela aplicação harmônica da legislação federal, formada por milhares de leis, compostas de dezenas, quiçá centenas de milhares de dispositivos. Não é pouca diferença, e isso se reflete na maneira como vão desenvolvendo, cada uma dessas Cortes, sua forma peculiar de apreciar os recursos a elas destinados.

Finalmente, o volume processual. Na época da EC nº 45/2004, o Supremo tinha cerca de 100 a 150 mil feitos, e o STJ, uns 350 mil. As realidades eram mais similares, se pensarmos que o segundo tem três vezes mais ministros que o primeiro. Mas hoje – graças à RG e também às vicissitudes da criação e ampliação dos plenários virtuais em cada um deles – o STF está com 20 mil processos, enquanto o STJ vai passando de 450 mil!

Não há como isso não repercutir no tema das reclamações. Então, façamos críticas, mas sejamos moderados, para não cairmos nas afirmações categóricas que tantas vezes se afastam da realidade ou obrigam a recuos constrangedores.

O STJ está procurando caminhos.

Informação bibliográfica deste texto, conforme a NBR 6023:2018 da Associação Brasileira de Normas Técnicas (ABNT):

DANTAS, Marcelo Navarro Ribeiro. Reclamação e precedentes. *In*: MENDES, Gilmar Ferreira; GALLOTTI RODRIGUES, Maria Isabel Diniz; ALVIM, Teresa Arruda (coord.). *O novo perfil do controle difuso de constitucionalidade*: estudos em homenagem ao Professor Bruno Dantas nos 20 anos da Repercussão Geral. Belo Horizonte: Fórum, 2025. p. 457-462. ISBN 978-65-5518-898-1.

A RELEVÂNCIA DA QUESTÃO FEDERAL PARA MELHOR EQUILÍBRIO ENTRE AS FUNÇÕES DO SUPERIOR TRIBUNAL DE JUSTIÇA (STJ): A REPERCUSSÃO GERAL COMO PARADIGMA

MARCELO ORNELLAS MARCHIORI

1 Introdução

O Ministro Bruno Dantas foi um dos primeiros estudiosos a escrever e a debater a prática da repercussão geral, tendo publicado, em 2008, obra de leitura obrigatória, à época e ainda na atualidade, para compreender os caminhos que poderiam ser trilhados pelo Supremo Tribunal Federal (STF) para a melhor procedimentalização da nova sistemática incluída na Constituição Federal por meio da Emenda Constitucional (EC) nº 45, de 30 de dezembro de 2004.[1]

De lá para cá, Bruno Dantas ampliou suas pesquisas sobre o tema, consolidando suas conclusões em obra fenomenal escrita em coautoria com a ilustre Professora Teresa Arruda Alvim. Na sua sétima edição, o livro agora intitulado *Precedentes, recurso especial e recurso extraordinário* apresenta informações detalhadas sobre a atuação do Poder Judiciário. De seus ensinamentos, pode-se concluir o conceito geral da busca pela

---

1 DANTAS, Bruno. *Repercussão geral*: perspectivas histórica, dogmática e de Direito Comparado – questões processuais. São Paulo: Revista dos Tribunais, 2008.

melhoria da prestação dos serviços pelos juízes e tribunais, com práticas que representem efetiva segurança jurídica para a sociedade.

Bruno Dantas segue no seu propósito profissional e acadêmico como um agente responsável por mudanças. Uma das principais preocupações que identificamos nas suas obras é a necessidade de transformação estrutural para o melhor funcionamento das instituições, contribuindo, dessa maneira, para o desenvolvimento nacional.

Assim, as informações apresentadas inicialmente neste texto estão consentâneas com o atual momento desafiador no qual se encontra o Superior Tribunal de Justiça (STJ): o de empenhar-se pela efetiva regulamentação da relevância da questão de direito federal infraconstitucional para o recurso especial que, a despeito de inserida no texto constitucional pela EC nº 125, de 14 de julho de 2022, não foi concretamente colocada em prática, em virtude da ausência de balizas legais exigidas pelo novo art. 105, §2º, da Constituição Federal.[2] Ou seja, estamos em momento muito semelhante àquele em que Bruno Dantas redigiu as primeiras linhas sobre a sistemática da repercussão geral. Importante, então, perceber que não podemos perder essa oportunidade de utilizar 17 anos de experiência da sistemática da repercussão geral para bem regulamentar a relevância da questão federal.

Nesse sentido, o presente texto dialogará com ideias defendidas pela prática judiciária e principalmente pela doutrina e, ao mesmo tempo, buscará atingir o mencionado ideal colaborativo de melhoria do desempenho processual.

Objetiva-se, assim, apresentar aspectos sobre a necessidade de se estabelecer, no STJ, uma metodologia baseada em filtros recursais e de que forma o instrumento pode ser operacionalizado na prática.

Parte-se, desse modo, da premissa de que o instituto[3] da relevância da questão de direito federal infraconstitucional está carregado

---

[2] O STJ editou o Enunciado nº 8 com o seguinte teor, a comprovar a necessidade de regulamentação da relevância da questão de direito federal infraconstitucional por meio de lei ordinária: "A indicação no recurso especial dos fundamentos de relevância da questão de direito federal infraconstitucional somente será exigida em recursos interpostos contra acórdãos publicados após a data de entrada em vigor da lei regulamentadora prevista no art. 105, §2º, da Constituição Federal" (BRASIL. Superior Tribunal de Justiça. Enunciados administrativos. *Portal STJ*, Brasília, DF, [2024]. Disponível em: https://www.stj.jus.br/sites/portalp/Leis-e-normas/Enunciados-administrativos. Acesso em: 4 ago. 2024).

[3] Bruno Dantas (*Repercussão geral*: perspectivas histórica, dogmática e de Direito Comparado – questões processuais) defende, na linha apresentada por Arruda Alvim, que a repercussão geral é um instituto jurídico. Dessa forma, depreende-se que os referidos autores inserem a relevância da questão federal no mesmo conceito – instituto.

de aspectos teóricos, mas será a sua condução prática que concretizará o ideal de racionalidade de julgamentos que se espera da Suprema Corte brasileira, responsável pela aplicação nacional e uniforme da interpretação da legislação infraconstitucional federal.

2 A divisão judiciária e a diversidade de cortes supremas brasileiras

O STJ foi criado pela Constituição Federal de 1988 com o objetivo de se dividir as competências até então exercidas pelo STF. Sob o aspecto prático, buscou-se a resolução da crise do recurso extraordinário, cujas estatísticas indicavam números totalmente incompatíveis com as funções de uma Suprema Corte. Falava-se, assim, da *crise do recurso extraordinário*.[4]

Nesse contexto, por conta da necessidade de solucionar a excessiva litigiosidade recursal para o STF, criou-se, na estrutura judiciária brasileira, outra Suprema Corte que, ao lado do Supremo Tribunal Federal (STF), do Tribunal Superior do Trabalho (TST) e do Tribunal Superior Eleitoral (TSE),[5] possuiria a precípua função de dar a última palavra sobre o direito objetivo em casos concretos subjetivos dirigidos às cortes em recursos excepcionais.

Desse modo, a divisão de competências após a Constituição Federal de 1988 ficou assim: a) em recurso extraordinário, compete ao STF dar a última interpretação sobre disposições constitucionais; b) em recurso especial, o STJ declara a interpretação da norma jurídica

---

4 Em artigo doutrinário de título "Recurso extraordinário: requisitos constitucionais de admissibilidade", Helcio Alves de Assumpção (Recurso extraordinário: requisitos constitucionais de admissibilidade. *Revista do Ministério Público do Estado do Rio de Janeiro*, Rio de Janeiro, n. 26, p. 127-162, jul./dez. 2007) sobre a crise do recurso extraordinário, em nota de rodapé, registra: "Carlos Eduardo Thompson Flores Lenz atribui o emprego inicial da locução a Philadelfo de Azevedo – 'A relevância da questão federal e a crise do STF', in Revista Forense, 295, pp. 165 e segs.; Alfredo Buzaid proferiu, em 1960, aula magna que tem como título 'A Crise do Supremo Tribunal Federal', inseria em Estudos de Direito, 1972, p. 121 e segs.; nela consignou 'o desequilíbrio entre o número de feitos protocolados e o de julgamento por ele proferidos; sendo a entrada daqueles consideravelmente superior à capacidade de sua decisão, vão se acumulando os processos não julgados, resultando daí o congestionamento, porque, de ano para ano, o remanescente aumenta a pirâmide de autos, chegando ao ponto de não mais poder ser removida' (...)".

5 Não se incluiu no presente rol o Superior Tribunal Militar (STM), pois cabe ao STJ a interpretação da lei penal e processual penal militar, exercendo, na prática, o STM as funções de corte de apelação em relação aos feitos julgados em primeira instância da Justiça Militar da União.

infraconstitucional federal, excluídas as leis trabalhistas e as eleitorais; c) em recurso de revista, compete ao TST interpretar, em última *ratio*, a legislação trabalhista; d) em recurso especial eleitoral, o TSE dá a última palavra sobre a interpretação da lei eleitoral.

Para a completude do sistema de separação de competências apresentado, é preciso também inserir os tribunais de justiça como cortes de uniformização do direito infraconstitucional estadual e municipal,[6] pois, a despeito de tradicionalmente se classificarem os tribunais de justiça somente como tribunais de apelação, é preciso reconhecer que, na prática, há diversas questões que envolvem estritamente a interpretação da lei estadual e da lei municipal, cujo reexame é vedado aos tribunais superiores, a teor do Enunciado nº 280 da Súmula do STF.[7]

A segmentação ora apresentada obedece aos ditames constitucionais e à forma federativa de Estado adotada pela Constituição brasileira, na qual há maior centralização de competências no âmbito da União, existindo a função legislativa residual dos demais entes federados.[8]

Com essa delimitação de funções dos tribunais brasileiros, em relação à interpretação do direito objetivo, pode-se afirmar que existem, no Brasil, 31 cortes supremas, cada qual com suas competências definidas nas Constituições Federal e Estaduais: um STF, 3 tribunais superiores e 27 tribunais de justiça.[9]

Assim, implementada a compartimentação de competências jurisdicionais brasileiras, especificamente no que se refere ao STJ, observa-se que, 35 anos após a promulgação da Constituição Federal, a *crise do recurso extraordinário* foi transferida para o STJ, podendo, na atualidade, ser renomeada como *a crise do recurso especial*, em números nunca alcançados pelo STF naquela *crise*.

Para ilustrarmos a questão, no quadro a seguir, apresenta-se destacado, na cor vermelha, o quantitativo de processos distribuídos aos

---

[6] Com a mesma justificativa apresentada na nota de número 4 para a não inclusão do STM entre o rol de cortes supremas federais, não se incluiu os tribunais estaduais militares, pois as suas competências de processar e de julgar pessoas por crimes militares pode ensejar a tutela maior da interpretação da norma jurídica infraconstitucional ao STJ.

[7] "Por ofensa a direito local não cabe recurso extraordinário" (BRASIL. Supremo Tribunal Federal. Súmula 280. *Portal STF*, Brasília, DF, [2024]. Disponível em: https://portal.stf.jus.br/jurisprudencia/sumariosumulas.asp?base=30&sumula=2173. Acesso em: 4 ago. 2024).

[8] Art. 22 – competências privativas da União; art. 23 – competências comuns entre os entes federados); art. 24 – competência concorrente entre os entes federados.

[9] MARCHIORI, Marcelo Ornellas. *A atuação do Poder Judiciário na formação de precedentes definitivos*: experiências e desafios. São Paulo: Juspodivm, 2022.

Ministros e registrados à Presidência, no ano de 2023, enquanto no quadro de cor azul está a quantidade de processos julgados no mesmo ano:

Figura 1 - Estatística processual

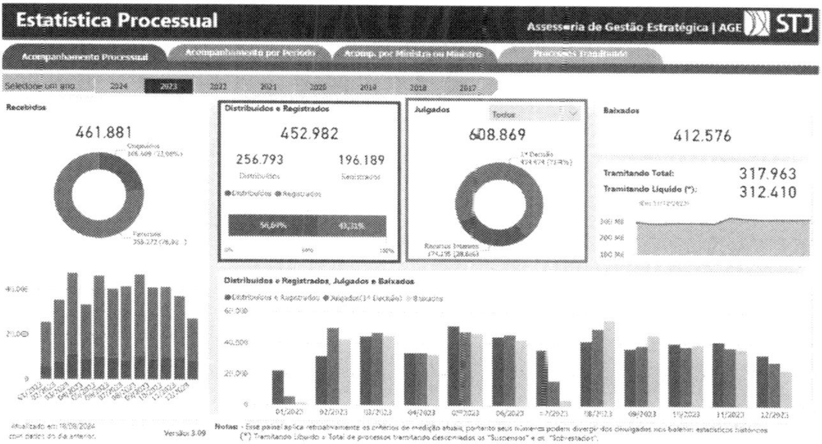

Fonte: BRASIL. Superior Tribunal de Justiça. Painel de Business Intelligence. *Portal STJ*, Brasília, DF, Disponível em: https://processo.stj.jus.br/processo/boletim. Acesso em: 19 ago. 2024.

3 A relação entre as funções atuais do STJ e a diferenciação prática entre precedentes e jurisprudência

O volume processual nos tribunais brasileiros dificulta a identificação precisa da atuação das cortes em suas funções de interpretação e de revisão.

Especificamente a respeito do STJ, discute-se, no campo doutrinário e na prática judiciária, acerca da real função do tribunal[10] e se a intenção do Constituinte originário, ao criar o STJ, foi efetivamente alcançada.

---

[10] Sobre a vinculação de precedentes e a sua obrigatoriedade de aplicação pelos juízos e tribunais, consultar: MARINONI, Luiz Guilherme *Precedentes obrigatórios*. São Paulo: Revista dos Tribunais, 2010. No mesmo sentido: MITIDIERO, Daniel. *Cortes superiores e cortes supremas*. Do controle à interpretação, da jurisprudência ao precedente. São Paulo: Revista dos Tribunais, 2014.

Interessante anotar que existe plena uniformidade de entendimento na doutrina de que o STJ não pode ser considerado uma terceira instância revisional das decisões dos tribunais de justiça e dos tribunais regionais federais,[11] principalmente com a assertiva de que tal desempenho seria reduzir a sua importância no cenário jurídico nacional.

A prática e os dados numéricos da Corte Superior, no entanto, indicam que esse entendimento ou não é compreendido corretamente pelos operadores do direito, ou que existem falhas no sistema processual brasileiro permitindo a ascensão de elevado volume de processos ao STJ. Afinal, hoje é impossível qualificar o STJ como uma corte exclusiva de precedentes.

Há na rotina do sistema judiciário a constatação prática de que o STJ se encontra "aberto" às súplicas individualizadas das partes processuais que almejam a correção do entendimento proferido pelo tribunal ordinário ao caso.

Segundo Daniel Mitidiero, tal conduta foi construída, na prática brasileira, muito por conta da influência das cortes europeias:[12]

> Como corte de vértice, o STJ pode ser remontado mediatamente à *Cour de Cassation* francesa, que exerceu influência na conformação da *Corte di Cassazione* italiana, do Supremo Tribunal de Justiça português e do Supremo Tribunal de Justiça brasileiro da Constituição de 1824. Imediatamente, ao Supremo Tribunal Federal.

A tradição histórica, então, teria contribuído para que compreendêssemos o STJ como *corte de revisão*, o qual se aproxima do modelo de corte de cassação adotado no pós-Revolução Francesa, cujo objetivo principal era o de servir de órgão de controle da atuação de juízes que, porventura, decidissem em desacordo com a literalidade da lei. Controle esse criado pelo novo regime, devido à desconfiança de que juízes continuassem a atuar a favor dos poderosos vencidos na revolução. Sobre o assunto e citando Giovanni Tarello, Daniel Mitidiero registra:[13]

---

11 A revista *Conjur* publicou artigo a respeito da crítica que existe a respeito da denominação do STJ como 3ª instância recursal com o título: "STJ quer deixar de atuar como terceira instância para gerar mais precedentes", de autoria de Danilo Vital e Thiago Crepaldi (STJ quer deixar de atuar como terceira instância para gerar mais precedentes. *Conjur*, São Paulo, 3 jul. 2022. Disponível em: https://www.conjur.com.br/2022-jul-03/stj-deixar-terceira-instancia-gerar-precedentes/. Acesso em: 27 jul. 2024).

12 MITIDIERO, Daniel. *Relevância no recurso especial*. São Paulo: Revista dos Tribunais, 2022.

13 TARELLO citado por MITIDIERO. *Relevância no recurso especial*. São Paulo: Revista dos Tribunais, 2022. p. 27.

> Se interpretar a lei é quase sempre corrompê-la, então é necessário evitar a todo custo que os juízes a interpretem. Por essa razão, na *Encyclopédie* – obra icônica do século das luzes – há uma absolutização do pensamento de Montesquieu os julgamentos devem ser sempre silogísticos e mecânicos, dando lugar a simples declarações fiéis dos textos precisos das leis que lhes servem de base.
> *À época, arquitetou-se (sic)* Cortes de cassação delegatárias do Poder Legislativo, com funções para anular decisões judiciais que "extrapolassem" a simples função de declarar um direito anterior posto de forma clara e unívoca na lei. Foi nesse momento, inclusive, que se nomeou o magistrado como "juiz boca da lei", simplesmente para demonstrar a sua total subordinação ao Poder Legislativo Ou seja, a interpretação da lei teria sempre como objetivo "declarar a única, exata, objetiva e correta interpretação da lei".

Identificou-se, num primeiro momento, a necessidade de controle da atuação do Poder Judiciário devido à desconfiança de que a lei editada, para regular determinada questão em sociedade, pudesse ser subvertida, pelo juiz, com a finalidade de favorecer pessoas ligadas ao Antigo Regime.[14]

Assim, parte dessas ideias acompanharam a criação dos tribunais superiores brasileiros, haja vista a clara atuação, tanto no STF, como no STJ, voltada a controlar e a rever as decisões das instâncias de origem, ao lado da função paradigmática da aplicação do direito objetivo.

Acerca da atuação de uma corte de controle, Daniel Mitidiero,[15] citando Michele Taruffo, explicita ser o tribunal que "desempenha um papel que pressupõe a existência de uma violação ao direito já ocorrida, sendo sua tarefa sancioná-la e, quando possível, neutralizar ou eliminar os seus efeitos mediante sua cassação ou reforma". Assim, a corte de controle é um órgão jurisdicional que se preocupa com o passado e não com a formulação de questões que possuam reflexos para o futuro, sendo esses apenas indiretos e desejáveis, mas não o objetivo principal da atuação do tribunal. Nas palavras de Daniel Mitidiero,[16] trata-se de uma "corte de tutela da legalidade diante das decisões judiciais. A sua função é voltada a consertar o passado, controlando a aplicação judicial

---

14 NASCIMENTO, Bruno Dantas. *Repercussão geral*: perspectivas histórica, dogmática e de Direito Comparado – questões processuais. São Paulo: Revista dos Tribunais, 2008.

15 MITIDIERO. *Relevância no recurso especial*. São Paulo. Revista dos Tribunais, 2022. p. 47.

16 MITIDIERO. *Relevância no recurso especial*, p. 47.

da legislação no caso concreto, sendo vocacionada para a aferição e controle dos *errores* judiciais".

Em complemento, Isabel Gallotti e Bruno Dantas apresentam as funções clássicas e contemporâneas dos tribunais de cúpula, sustentando que se identificam como funções contemporâneas a *dikelógica* e a paradigmática. Especificamente sobre a atuação do STJ como corte de revisão, pontua-se o seguinte trecho do referido artigo, com a explicação dos autores para a função *dikelógica*:

> A função *dikelógica*, cuja raiz terminológica, *dike*, em grego, significa "justiça", está associada à busca da justiça no caso concreto, isto é, à realização do *ius litigatoris*, que aparece, por excelência, nos recursos dirigidos aos tribunais de primeira e segunda instância.
> No que diz respeito aos recursos dirigidos aos tribunais de cúpula, a opinião clássica é a de que a função *dikelógica* assumiria um papel secundário, perdendo um pouco do espaço para a função nomofilática, tendo em vista que as partes apenas se beneficiariam de forma reflexa do acolhimento do recurso, pois a função principal seria a proteção do direito objetivo.[17]

Portanto, na linha apresentada por Gallotti e Dantas, é plenamente possível a atuação privada de uma corte, voltada para a tutela do direito da parte, mas essa seria a sua função secundária e nunca primária. Logo, o provimento ou o desprovimento do recurso especial, por exemplo, não pode ser o objetivo principal do STJ, mas sim a utilização do recurso como um pretexto para a sua função principal, que é a paradigmática, com a formação de precedentes.

Nesse sentido, os referidos autores salientam a intenção de se desenvolver, no Brasil, uma atuação que privilegie a função paradigmática dos tribunais superiores, uma vez que a alterações processuais dos últimos anos justificariam a mudança:

> No entanto, desde a reforma do Poder Judiciário de 2004, é possível notar o recrudescimento de um movimento por parte da academia no sentido de aumentar a força dos precedentes, prestigiando a função paradigmática das decisões, que atingiu seu ápice com o Código de Processo Civil de 2015, notadamente no art. 926, que estatui que "Os

[17] NASCIMENTO, Bruno Dantas; GALLOTTI, Isabel. Crise do recurso especial e a função constitucional do STJ: uma proposta de reforma. *Revista dos Tribunais*, São Paulo, n. 998, p. 7, dez. 2018.

tribunais devem uniformizar sua jurisprudência e mantê-la estável, íntegra e coerente", bem como no art. 927, que atribui força vinculante a hipóteses inexistentes sob a égide do CPC de 1973, conformando um regime de precedentes vinculantes inédito na ordem jurídica brasileira. Visando a obter esse respeito, que, no seio de uma ordem jurídica de raízes romano-germânicas, sabe-se ser de lenta e difícil obtenção, o legislador tem lançado mão de determinadas estratégias. Uma delas foi estabelecer, no art. 1.022, parágrafo único, inciso II, uma hipótese de cabimento de embargos de declaração contra qualquer decisão que incorra nas condutas do 489, §1º, entre as quais está a de o magistrado "deixar de seguir enunciado de súmula, jurisprudência ou precedente invocado pela parte, sem demonstrar a existência de distinção no caso em julgamento ou a superação do entendimento" (inciso VI).[18]

Outra estratégia foi ampliar consideravelmente as hipóteses de cabimento de reclamação. Com o §1º do art. 988, em que menciona que "a reclamação pode ser proposta perante qualquer tribunal", o legislador varreu toda a discussão doutrinária que perdurava até pouco tempo sobre se seria cabível ou não a propositura de reclamação nos tribunais de segundo grau. Ao fazê-lo, o legislador reforça a verticalização do regime de precedentes instituído.

No que diz respeito aos tribunais de cúpula, convém destacar a norma contida no art. 988, §5º, que admite a propositura de reclamação para garantir a observância de recurso extraordinário com repercussão geral reconhecida ou de acórdão proferido em julgamento de recurso extraordinário ou especial repetitivos, quando esgotadas as instâncias ordinárias. No mesmo sentido, porém de aplicação no âmbito dos tribunais de segunda instância, é a norma do art. 985, §1º, que permite o cabimento de reclamação contra as decisões que não observarem a tese adotada no julgamento do incidente de resolução de demandas repetitivas.

Em reforço a essa perspectiva doutrinária, de que as alterações processuais ocorridas nos últimos 20 anos, no Brasil, buscaram privilegiar a atuação paradigmática dos tribunais brasileiros, assim constou na exposição de motivos elaborada pela Comissão de Juristas do Senado:[19]

---

18 NASCIMENTO, Bruno Dantas; GALLOTTI, Isabel. Crise do recurso especial e a função constitucional do STJ: uma proposta de reforma. *Revista dos Tribunais*, São Paulo, n. 998, p. 7, dez. 2018.

19 BRASIL. Senado Federal. Exposição de motivos redigida pela Comissão de juristas responsável pela minuta inicial do anteprojeto de Código. *In:* BRASIL. Senado Federal. *Anteprojeto de Reforma do Código de Processo Civil.* Brasília, DF: Senado Federal; Subsecretaria de Edições

Essa é a função e a razão de ser dos tribunais superiores: proferir decisões que moldem o ordenamento jurídico, objetivamente considerado. A função paradigmática que devem desempenhar é inerente ao sistema.

Nesse aspecto, existe uma opção legislativa no Brasil, a qual se encontra em sintonia com a doutrina, de se ascender, no STJ, o papel de corte de precedentes, e não somente de corte de revisão. Essa compreensão é fundamental para que se consiga o melhor equilíbrio entre a atuação das cortes em suas funções de revisão e de interpretação.

Ainda sobre o tema, peguemos emprestado o conceito de outras duas funções dos tribunais apresentadas por Marinoni e Mitidiero:[20]

> Aos tribunais podem ser reconhecidas basicamente duas funções: (i) resolver controvérsias (*"resolution of disputes"*) e (ii) enriquecer o estoque de normas jurídicas (*"enrichment of the supply of legal rules"*). Em um sistema ideal de organização judiciária, pode-se dizer que os órgãos jurisdicionais ordinários devem cuidar da solução das controvérsias, sendo responsabilidade das Cortes Supremas o resguardo da uniformidade e a promoção do desenvolvimento do direito. Dentro dessa linha, é fácil perceber que o primeiro escopo responde à necessidade de aderência das soluções jurídicas à cultura social – interessando, portanto, mais à sociedade como um todo do que propriamente às partes do processo.

Ressalta-se que se menciona a *ascensão da função de corte de precedentes*, uma vez que o STJ já exerce essa função, principalmente em sua atuação com os precedentes qualificados. Porém, em volume ainda muito reduzido, quando comparado com o quantitativo de julgados proferidos pela Corte em sua atividade de revisão.[21]

Assim, sob uma análise estritamente teórica, é impossível concluir que o STJ atue apenas como corte de precedentes quando adota um dos ritos para formação de precedentes vinculantes. Por outro lado, a prática realmente comprova essa constatação, sendo, inclusive, reforçada pela doutrina de Marinoni e de Mitidiero quando os autores, em

Técnicas, 2010. p. 25. Disponível em: https://www2.senado.leg.br/bdsf/item/id/496296. Acesso em: 27 jul. 2024.

20 MARINONI, Luiz Guilherme; MITIDIERO, Daniel. *Repercussão geral no recurso extraordinário*. São Paulo: Revista dos Tribunais, 2012. p. 15-16.

21 Conforme informações disponibilizadas pelo STJ, a Corte julgou, respectivamente, nos anos de 2020, 2021 e 2023, 24, 42 e 37 recursos repetitivos, quantitativo muito inferior quando comparado com os dados de julgados do STJ, os quais ultrapassam todos os anos a casa das centenas de milhares (BRASIL. Painel de Business Intelligence).

relação às sistemáticas da repercussão geral e dos recursos repetitivos nos tribunais superiores, reconhecem:

> Esses mecanismos processuais visam a compatibilizar as decisões jurisprudenciais, uniformizando-as, concretizando, dessa ordem, o valor constitucional da igualdade no formalismo processual. Acabam por velar, nesse azo, pela unidade do direito no Estado Constitucional brasileiro, sobre racionalizar a atividade judiciária, importando em notável economia de atos processuais
> Além disso, têm por desiderato racionalizar a atividade judiciária, impedindo que recursos em confronto com a orientação dos Tribunais Superiores tenham seguimento, ocupando inutilmente a estrutura judiciária.[22]

Interessante perceber, contudo, que o reconhecimento na prática do STJ também foi identificado no STF após a regulamentação da repercussão geral, em maio de 2007. A partir dessa data, o STF passou a concentrar, no Plenário da Corte, a formação de precedentes vinculantes em recurso extraordinário sob o regime da repercussão geral, deixando para os órgãos fracionários das Turmas, em sua grande maioria, o julgamento de agravos internos contra decisões monocráticas do Presidente ou de Relator que não conheçam de recursos extraordinários ou de recursos extraordinários com agravo.

Essa diferenciação procedimental entre a atuação do Plenário do STF e de suas Turmas é esquematizada em fluxograma elaborado por Paulo Mendes, em que é possível visualizar os caminhos do recurso extraordinário na Corte.[23]

Ademais, no STJ, localizam-se decisões que deixam clara essa diferenciação, como, por exemplo, o entendimento firmado pela Primeira Seção no Pedido de Uniformização e Interpretação de Lei nº 825, cujo acórdão foi publicado no Diário de Justiça de 5 de junho de 2023, em que se definiu como *jurisprudência dominante*, para fins de cabimento do pedido de uniformização, apenas aqueles listados no art. 927, III, os julgamentos proferidos em embargos de divergência e os julgados em pedidos de uniformização. Da ementa, colhe-se o seguinte trecho sobre a conclusão do colegiado maior em direito público do STJ:

---

[22] MARINONI; MITIDIERO. Repercussão geral no recurso extraordinário, p. 24.

[23] OLIVEIRA, Paulo Mendes de. Recurso extraordinário e seus circuitos processuais. *Jota*, São Paulo, 15 out. 2022. Disponível em: https://www.jota.info/opiniao-e-analise/colunas/coluna-cpc-nos-tribunais/recurso-extraordinario-e-seus-circuitos-processuais. Acesso em: 8 dez. 2023.

> 4. À falta de baliza normativo-conceitual específica, tem-se que a locução "jurisprudência dominante", para fins do manejo de pedido de uniformização de interpretação de lei federal (PUIL), deve abranger não apenas as hipóteses previstas no art. 927, III, do CPC, mas também os acórdãos do STJ proferidos em embargos de divergência e nos próprios pedidos de uniformização de lei federal por ele decididos, como proposto no alentado voto-vista da Ministra Regina Helena Costa, unanimemente acatado por este Colegiado.

Um outro pronunciamento do STJ que se destacou nesse sentido foi o proferido no Recurso Especial nº 1.892.941/SP, publicado no *Dje* de 8 de junho de 2021, no qual a Relatora, Ministra Nancy Andrighi, apresentou a conclusão a seguir, acompanhada à unanimidade pelos demais Ministros da Terceira Turma:

> (...) A regra do art. 489, §1º, VI, do CPC/15, segundo a qual o juiz, para deixar de aplicar enunciado de súmula, jurisprudência ou precedente invocado pela parte, deve demonstrar a existência de distinção ou de superação, somente se aplica às súmulas ou precedentes vinculantes, mas não às súmulas e aos precedentes apenas persuasivos. Precedente.

Assim, é possível identificar que existe notória diferenciação entre a atuação do STJ, sob as sistemáticas dos precedentes qualificados, de quando o Tribunal está atuando no campo da jurisprudência, com julgamentos seriados e sem o requisito da definitividade[24] da questão jurídica, conforme nos ensina Marinoni.[25]

A distinção entre *jurisprudência dominante* e *precedente*, hoje, faz parte da bagagem do profissional ou estudioso que percebe a diferença entre a velha corte de correção – de revisão ou cassação – e a corte de precedentes. Só quem está diante da última tem condição de pensar em filtro destinado a selecionar questões para uma decisão em proveito da incrementação do direito e da segurança jurídica, ou seja, da formação de um precedente obrigatório ou vinculante.

Explicita-se, no entanto, que essa dúplice atuação não significa, necessariamente, um erro na prática do STJ, haja vista a necessidade de solucionar os milhares de casos submetidos à Corte todos os anos. É necessário, contudo, balancear melhor a atuação do STJ, por meio

---

24 MARCHIORI. *A atuação do Poder Judiciário na formação de precedentes definitivos*: experiências e desafios.

25 MITIDIERO. *Relevância no recurso especial.*

dos precedentes qualificados, e em julgados fora desses ritos. Ou seja, é preciso uma "mudança de peso" em relação ao STJ *corte de revisão* e o STJ *corte de precedentes*, com o gradual aumento, ano a ano, dessa última atuação.

Nesse aspecto, Marinoni entende como consequência lógica a necessidade de o STJ assumir efetivamente a sua função de corte de precedentes infraconstitucional federal no Brasil, basta ver ser "indiscutível a possibilidade de se extrair mais de uma norma jurídica de um dispositivo legal e o Juiz colabora para que a lei possa adequadamente atender aos vários casos concretos".[26] Dessa forma, é função essencial do STJ o exercício efetivo de Corte Suprema Infraconstitucional Federal, ao lado da atuação do Poder Legislativo, com o objetivo de se "atribuir sentido à lei e fazê-la frutificar".[27]

Assim, é preciso identificar de que forma os julgamentos proferidos pelo STJ possuem o efeito de "enriquecer o estoque de normas jurídicas", dado o volume enorme de julgamentos da Corte. É que as decisões das cortes supremas não devem impactar "apenas o trabalho judicial, mas, acima de tudo, a própria vida em sociedade, constituindo a base para as pessoas e as empresas se comportarem no Estado de Direito". Isso porque "os precedentes têm a função de propiciar o desenvolvimento do direito com segurança jurídica, e não o simples alcance dos objetivos de reduzir a carga de recursos e de acelerar a prestação jurisdicional".[28]

4 A relevância da questão de direito federal infraconstitucional analisada sob o seu principal paradigma: a repercussão geral para o recurso extraordinário

Na concorrência do exercício dúplice das funções no STJ apresentadas no tópico anterior, ora como corte de precedentes, ora como corte de revisão, um aspecto sobressai sob o rito procedimental, podendo indicar que o STJ *Corte de Precedentes* é aquele exercido, com maior predominância, pela Corte Especial e pelas Seções, em julgamentos

---

[26] MARINONI, Luiz Guilherme. *O filtro da relevância*: do precedente ingênuo ao precedente relevante. São Paulo: Thomson Reuters Brasil, 2023. *E-book*. p. 14.

[27] MARINONI. *O filtro da relevância*: do precedente ingênuo ao precedente relevante, p. 14.

[28] MARINONI. *O filtro da relevância*: do precedente ingênuo ao precedente relevante, p. 14.

sob a sistemática dos precedentes qualificados – recursos repetitivos e incidente de assunção de competência, enquanto o STJ *Corte de Revisão* está presente, em grande medida, nos demais julgamentos fora desses ritos, representando a maioria dos julgados do STJ.

A questão procedimental, portanto, mesmo que não determinante para identificação das funções do STJ, é um ponto de destaque em sua atuação como corte de precedentes, podendo ser identificada, na relevância da questão de direito federal infraconstitucional, a necessidade operacional de regulamentar a sua prática. Esse aspecto possui uma importância procedimental para a boa regulamentação do instituto, mas também contém o objetivo mediato de efetivação do STJ como tribunal formador de pautas de condutas em temas que envolvam o direito federal infraconstitucional.[29]

A respeito da importância de o Judiciário ser responsável pela formação de pautas de condutas, Evaristo Aragão[30] defende a necessidade de "mudança de foco em relação ao próprio papel do Judiciário dentro do ambiente social". Segundo o autor, "mais do que meramente decidir uma relação jurídica entre duas partes (percepção talvez reminiscente da visão privatista do direito e do processo), ao 'dizer o direito' o Judiciário, nesse momento, também está a fixar pautas de conduta para a sociedade". Conclui, assim, Evaristo Aragão: "ao registrar em uma decisão o que naquela específica relação jurídica ali analisada estaria ou não conforme o direito, o Judiciário, a um só tempo, entrega a prestação jurisdicional para as partes envolvidas, mas, em alguma medida, também concretiza para toda a sociedade uma regra de conduta".

Nesse aspecto, evidencia-se a premente necessidade de o STJ adotar formas de atuação mais voltadas à função de corte de precedentes e, na medida do possível e em menor volume, aos julgamentos que representem a *corte de revisão*.

Assim, na obra referência e protagonista sobre a relevância da questão federal, Daniel Mitidiero[31] apresenta o tema com uma pergunta e uma resposta sobre o assunto:

---

29 ALVIM, Teresa Arruda; DANTAS, Bruno. *Precedentes, recurso especial, recurso extraordinário*. 7. ed. São Paulo: Revista dos Tribunais, 2024.

30 SANTOS, Evaristo Aragão. Em torno do conceito e da formação do precedente judicial. *In:* WAMBIER, Teresa Arruda Alvim (coord.) *Direito Jurisprudencial*. 2. ed. São Paulo: Revista dos Tribunais, 2012.

31 MITIDIERO. *Relevância no recurso especial*.

> Por que deve o STJ fazer a sua própria agenda e conhecer apenas de casos relevantes? Porque vem, paulatinamente, deixando de lado uma feição de corte de controle e de jurisprudência para se firmar como uma corte de interpretação e de precedentes – em que o menos é mais.

Essa visão do autor, de que o STJ estaria, gradualmente, mudando o foco de sua atuação, infelizmente se justifica mais pelos pronunciamentos de seus membros do que pelos dados que são apresentados no próprio STJ, conforme demonstramos linhas atrás. O "menos é mais" apresentado na resposta da pergunta acima indica precisamente isso, pois, em junho de 2024, o Tribunal ultrapassou o seu recorde de recebimento de processos em um mês,[32] o que irá exigir, para esse mesmo ano, produtividade ainda maior do que nos anteriores, na tentativa de, ao menos, equiparar o volume de entrada de processos com o de saída.

A relevância da questão federal, então, está inserida como a principal forma de efetivar o discurso que defende a atuação do STJ como uma corte de precedentes e não somente como uma corte de revisão de decisões.

Não se sabe exatamente como será implementada a metodologia da relevância da questão de direito federal infraconstitucional no STJ, haja vista a necessidade de se aguardar a definição do Poder Legislativo a respeito da lei regulamentadora do novo §2º do art. 105 da Constituição Federal. Há, no entanto, algumas indicações apresentadas pelo STJ, a título de sugestão, na minuta de anteprojeto de lei de regulamentação da relevância da questão federal e na justificativa que acompanhou o texto entregue ao Presidente do Senado em dezembro de 2022.[33]

Nesses dois textos, há indicação de que o STJ pretende aproximar, no que for possível, o procedimento da relevância ao da repercussão

---

32 A informação sobre a quebra do recorde de número de recebimento de processos no STJ foi divulgada em notícia publicada no *site* do tribunal em 13 de junho de 2024: BRASIL. Supremo Tribunal de Justiça. Número de processos recebidos pelo STJ cresce 64% e bate recorde em abril. *Portal STJ*, Brasília, DF, 13 jun. 2024. Disponível em: https://www.stj.jus.br/sites/portalp/Paginas/Comunicacao/Noticias/2024/13062024-Numero-de-processos-recebidos-pelo-STJ-cresce-64--e-bate-recorde-em-abril.aspx. Acesso em: 27 jul. 2024.

33 Mesmo não sendo o detentor da iniciativa legislativa, o STJ elaborou minuta de anteprojeto de lei para regulamentar a relevância da questão de direito federal infraconstitucional e a entregou ao presidente do Senado no dia 5 de dezembro de 2022, conforme noticiado pelo tribunal em seu *site*: BRASIL. Supremo Tribunal de Justiça. STJ entrega ao Senado proposta para regulamentar filtro de relevância do recurso especial. *Portal STJ*, Brasília, DF, 5 dez. 2022. Disponível em: https://www.stj.jus.br/sites/portalp/Paginas/Comunicacao/Noticias/2022/05122022-STJ-entrega-ao-Senado-proposta-para-regulamentar-filtro-de-relevancia-do-recurso-especial.aspx. Acesso em: 27 jul. 2024.

geral, de acordo com o que se extrai da seguinte passagem da justificativa da minuta de anteprojeto:

> A legislação brasileira historicamente estabelece filtros ou requisitos recursais para acesso aos tribunais superiores, a exemplo do criado pela Emenda Constitucional n. 45, de 30 de dezembro de 2004, que introduziu a repercussão geral para o recurso extraordinário, instituto que inspirou a criação da relevância da questão federal para o recurso especial.
> Justamente por isso, esta proposta legislativa *vale-se da experiência de 15 anos do Supremo Tribunal Federal na formação de precedentes em repercussão geral* para regulamentar o art. 105, §2º, da Constituição Federal, que introduziu o filtro recursal denominado de "relevância da questão federal infraconstitucional", estando lastreada em disposições normativas consolidadas na prática processual, *a fim de permitir a atuação semelhante nos dois tribunais superiores sob a competência recursal extraordinária*. Espera-se que a opção facilite a compreensão dos institutos pelos profissionais do Direito.
> Assim, o anteprojeto de lei *contém inclusões e alterações no Código de Processo Civil em disposições que atualmente disciplinam os efeitos da sistemática da repercussão geral*.[34]

Portanto, tornam-se previsíveis algumas práxis que o STJ visa alcançar com a regulamentação da relevância da questão federal, em especial a metodologia adotada pelo STF de transferir as questões com repercussão geral para definição do Plenário da Corte, e não mais das Turmas, como ocorria até início de 2007, primeiro ano da prática do instituto no STF.

A opção do STJ de aproximar o procedimento da relevância da questão de direito federal infraconstitucional ao da repercussão geral vai exigir profundas mudanças na prática processual e procedimental da Corte. Como a minuta de anteprojeto, replica muito do que consta do Código de Processo Civil (CPC) para a repercussão geral e a indicação da justificativa da minuta de o STJ se valer da experiência de 15 anos do instituto previsto para o recurso extraordinário, há uma grande tendência de que o STJ regulamentará, internamente, rotinas e procedimentos semelhantes aos atualmente adotados no STF.

---

34 BRASIL. Senado Federal. Exposição de motivos redigida pela Comissão de juristas responsável pela minuta inicial do anteprojeto de Código. *In:* BRASIL. Senado Federal. *Anteprojeto de Reforma do Código de Processo Civil*. Brasília, DF: Senado Federal; Subsecretaria de Edições Técnicas, 2010. p. 25, grifos nossos. Disponível em: https://www2.senado.leg.br/bdsf/item/id/496296. Acesso em: 27 jul. 2024.

Importante observar, contudo, que essa prática da repercussão geral não trata somente de reduzir o trabalho do STJ, mas sim,de solucionar, de modo definitivo, as questões jurídicas apresentadas,[35] sem a necessidade de se proferirem dezenas, centenas e milhares de decisões para se chegar a um consenso ao final, após anos ou décadas de decisões seriadas e repetitivas.

Na prática do STF, é possível identificar que a forma escolhida para o procedimento da repercussão geral consiste na utilização de temas de repercussão geral, os quais nada mais são do que a divulgação organizada da questão jurídica submetida ao rito da repercussão geral e do processo paradigma escolhido.[36]

Desse modo, com a formação de temas, o STF declara a sua posição, com o objetivo de que o ideal do precedente se concretize: complementar o ordenamento jurídico e formar pauta de conduta.

Quanto à metodologia, alerte-se, existem críticas da doutrina sobre a transformação dos tribunais superiores em "cortes de teses", porque, ao reduzir as funções dos tribunais à formação de temas vinculantes, ocorrerá a assunção de uma atividade "normativa, burocrática e autoritária".[37]

A formação de temas em grandes quantidades, na percepção de Luiz Guilherme Marinoni, reduz de forma expressiva o "próprio significado de Corte Suprema, que, sem qualquer preocupação com o espaço de poder dos juízes e tribunais, impõe soluções puramente normativas para a solução dos casos". Conclui o autor que a *corte de teses*, "além de obviamente exercer uma função com pretensões burocráticas, adquire feição autoritária ao superar a abstração da lei e ao desconsiderar o

---

[35] Sobre o conceito de definitividade: MARCHIORI. *A atuação do Poder Judiciário na formação de precedentes definitivos*: experiências e desafios.

[36] Na prática da repercussão geral e dos recursos repetitivos, os enunciados de temas são utilizados para, em numeração sequencial, informar os operadores de direito e toda a sociedade quais são as questões jurídicas submetidas aos ritos qualificados. A figura de *tema repetitivo* está descrita no art. 121-A, §2º, do Regimento Interno do STJ como sendo a forma de organização e de divulgação dos incidentes de assunção de competência e dos processos afetados para julgamento sob o rito dos recursos especiais repetitivos. Nessa mesma disposição regimental, explicita-se que os temas conterão "numeração sequencial, contendo o registro da matéria a ser decidida e, após o julgamento, a tese firmada e seus fundamentos determinantes" (BRASIL. Superior Tribunal de Justiça. *Regimento Interno* [atual. em 10 abr. 2019]. Brasília, DF: STJ, 10 abr. 2019. Disponível em: https://www.stj.jus.br/sites/portalp/Leis-e-normas/Regimento-Interno. Acesso em: 24 out. 2024).

[37] MARINONI. *O filtro da relevância*: do precedente ingênuo ao precedente relevante, p. 13-14.

espaço de manifestação dos Juízes e Tribunais, transformando-os em braços para a aplicação das suas normas".[38]

Com o devido respeito ao posicionamento apresentado, a prática que se avizinha é a de que a forma metodológica da relevância da questão de direito federal infraconstitucional se espelhará na atuação do STF, gradualmente transformando e ampliando os temas em precedentes vinculantes, no STJ.

Pela indicação apresentada pelo STJ na justificativa da minuta de anteprojeto, ao lado do incremento de temas vinculantes de mérito, ocorrerá a formação de temas pela ausência de relevância, prática ocorrida no STF, por meio dos temas de ausência de repercussão geral.

Da mesma forma que o STF, em sua atuação extraordinária recursal, a definição do STJ em recursos especiais deve ser capaz de complementar o ordenamento jurídico, estabelecendo pautas de conduta para toda a sociedade, nas quais o precedente fixado deva ser capaz de prevenir demandas, com a absorção dos entendimentos pela sociedade, em especial nas hipóteses de massa, muito identificadas em processos da fazenda pública, dos institutos de previdências público e privado, dos bancos, das telefonias, dos planos de saúde etc.

Em outra vertente, o STF utiliza a repercussão geral com a prática do recurso extraordinário repetitivo, ainda que tal nomenclatura não seja utilizada no âmbito da Corte. Assim, a formação de temas pela presença e pela ausência de repercussão geral é importante também para o controle da litigiosidade recursal extraordinária, conferindo, aos demais tribunais, a atribuição de dar a última palavra[39] em questões já submetidas ao rito especial da repercussão geral.

É especificamente nesse ponto que reside o principal aspecto de eficiência do rito da repercussão geral no STF, a qual poderá ser transportada para o STJ, permitindo o melhor balanceamento entre as funções do STJ como corte de precedentes e como corte de revisão.

Observa-se que a sistemática da repercussão geral inverteu a curva de recebimento de processos no STF e modificou a dinâmica dos gabinetes, alcançando, agora, após anos de sua implementação, a números

---

[38] MARINONI. *O filtro da relevância*: do precedente ingênuo ao precedente relevante, p. 13-14.

[39] A conclusão apresentada de que é conferida aos tribunais de segunda instância a última palavra sobre a aplicação da questão jurídica fixada em tema de repercussão geral decorre do art. 1.030, I e III, e §1º, do CPC, quando estabelece a possibilidade de negativa seguimento e juízo de retratação, com recorribilidade apenas para o próprio tribunal de origem, sem a possibilidade de agravo contra essas decisões para o STF.

próximos de 5 mil recursos extraordinários e recursos extraordinários com agravo, no acervo de todos dos gabinetes dos 10 Ministros da Corte (uma média de 500 recursos para cada Ministro).[40]

É importante frisar que esse número é reduzido a cada ano e que, em relação ao recebimento, o STF refreou, ao percentual de 40%, o recebimento de recursos extraordinários e recursos extraordinários com agravo. Veja-se que, entre os anos de 2006 e 2023, com uma tendência de continuidade de alta no recebimento, o STF saiu de 122.995 recursos recebidos e começou a diminuir o quantitativo, tendo, em 2023, recebido pouco mais de 50 mil recursos.[41]

Com esse cenário apresentado no STF, não se busca justificar a atuação eficiente em números do tribunal; todavia, mostrar que a repercussão geral permitiu que o STF possuísse números mais próximos dos reais para a sua atuação como corte de precedentes. Mesmo sem contar, ainda, com números ideais, é fato a se comemorar que, nos dias atuais, o STF seja responsável por sua agenda em julgamentos de recursos extraordinários com repercussão geral.

Consequentemente, a utilização da experiência do STF na regulamentação da relevância da questão de direito federal infraconstitucional exigirá a maior formação de temas vinculantes no STJ, seja com o reconhecimento, seja com a recusa do requisito constitucional, propiciando o exercício, em última palavra, pelas instâncias de origem, e evitando a tramitação desnecessária de milhares de agravos em recursos especiais todos os anos.

No momento atual de deliberação sobre a regulamentação da relevância da questão federal, ainda não é possível quantificar o impacto do instituto na prática procedimental do STJ, contudo, sob uma análise por amostragem, pode-se projetar que a proporcionalidade de temas vinculantes entre o STF e o STJ exigirá a formação de temas na Corte Superior ao menos três vezes superiores ao montante produzido pela Suprema Corte.

Chega-se a essa conclusão pela comparação do quantitativo de recursos excepcionais recebidos por ambas as cortes e pela quantidade de órgãos julgadores competentes para dar a última palavra sobre a interpretação da norma. Enquanto no STF temos um único Plenário, no

---

40 BRASIL. Supremo Tribunal Federal. Painéis estatísticos [Programa Corte aberta]. *Portal STF*, Brasília, DF, [2024]. Disponível em: https://transparencia.stf.jus.br/extensions/corte_aberta/corte_aberta.html. Acesso em: 27 jul. 2024.

41 BRASIL. Painéis estatísticos [Programa Corte aberta].

STJ há três *Plenários* especializados: um em direito público (1ª Seção), outro em direito privado (2ª Seção) e o terceiro em direito criminal (3ª Seção). No STJ existe também a possibilidade de formação de temas vinculantes em matérias coincidentes entre duas Seções pela Corte Especial.

Nessa perspectiva e com base nos dados atuais, o STF possui 1.309 temas de repercussão geral, em julho de 2024, uma média de 77 temas por ano.[42] Em uma conta simples, chega-se ao resultado de que o STJ deverá produzir 231 temas de relevância por ano, a fim de conseguir a mesma eficiência que o STF alcançou com a sistemática da repercussão geral no período de 17 anos de sua regulamentação.

Essa é somente uma expectativa numérica projetada em dados que atualmente dispomos a respeito do filtro recursal no STF. Entretanto, mesmo que isso não se concretize, é importante perceber que a redução de recebimento de recursos especiais e (principalmente) de agravos em recursos especiais pelo STJ será proporcional ao quantitativo de temas vinculantes emitidos pela Corte Superior. Logo, é previsível que não ocorrerá significativa redução de processos recebidos no STJ nos primeiros anos de implementação da relevância da questão de direito federal infraconstitucional. É possível, inclusive, que aconteça inicialmente apenas a estabilização no número de recebimento, uma vez que primeiramente é preciso estruturar um quantitativo de temas para, em ato sequencial, a redução do recebimento de recursos se efetivar.

5 Conclusão

O STJ possui papel fundamental para a unidade do direito nacional. Em consequência, a compreensão acerca das suas funções, no campo teórico e prático, impõe adaptações estruturais na sua própria forma de atuação.

Em concordância com o apresentado, o requisito da relevância da questão de direito federal infraconstitucional para o recurso especial foi incluído na Constituição Federal como a grande esperança de o STJ ajustar os rumos da sua atividade jurisdicional.

Demonstrou-se, assim, ser impossível separar o aspecto prático e o procedimental da relevância da questão de direito federal infraconstitucional do seu ideal dogmático, que é o de ampliar a atuação do STJ

---

[42] BRASIL. Painéis estatísticos [Programa Corte aberta].

na função de corte de precedentes, sem a necessidade de acabar com a função de corte de revisão.

A declaração sobre o posicionamento do STJ em precedentes qualificados – como provavelmente serão designados os acórdãos proferidos sob o regime da relevância da questão de direito federal infraconstitucional,[43] representarão maior segurança jurídica ao sistema jurídico, pois, de forma metodológica e organizada em temas vinculantes, a Corte responsável pela uniformidade da interpretação da lei declarará o seu posicionamento em questões de relevância para a sociedade brasileira.

Esse aspecto se justifica, especialmente, porque ninguém

> pode ou precisa ser responsável num ambiente destituído de parâmetros ou critérios legais realmente observáveis. Se a previsibilidade e a confiança estimulam uma vida conforme o direito, ambas são certamente indispensáveis ao exercício da liberdade [e] ninguém é livre diante de um direito destituído de previsibilidade ou que não merece confiança.[44]

Portanto, é também impossível não se falar de números, de estratégias e de atuação coordenada. A relevância da questão de direito federal infraconstitucional possui um parâmetro comparativo normativo, que é a repercussão geral, e a sua implementação espelhada, nesse instituto, exigirá a conciliação da prática e da teoria.

O procedimento da relevância da questão de direito federal infraconstitucional no STJ deverá ser uma atividade constante e não estanque, a exigir da Corte, após a regulamentação por lei, a edição de normativos internos (resolução e/ou emenda regimental), valendo-se muito da experiência dos anos da prática da repercussão geral.

É importante destacar, contudo, que, mesmo havendo uma regulamentação aparentemente exauriente na lei e em atos internos, isso não dispensará que o STJ, cotidianamente, pense e implemente mecanismos a fim de tornar a relevância eficiente, em situação similar do que ocorreu no STF.

---

43 Conforme previsto na minuta de anteprojeto de lei de regulamentação da relevância da questão de direito federal infraconstitucional, propõe-se a alteração do art. 927 do CPC para a inclusão do inciso "III-A - acórdão proferido em julgamento de recurso especial submetido ao regime da relevância da questão de direito federal infraconstitucional", entre aqueles de observância obrigatória por juízes e tribunais.

44 MARINONI. *Arguição de relevância.*

Até o ano de 2024, o STF editou 14 emendas regimentais e deliberou em seu Plenário sobre diversas questões de ordem relativas ao procedimento da repercussão geral. Foram objeto de muitas deliberações e debates, entre outras, situações relacionadas à recorribilidade nas instâncias de origem, à exigência da preliminar de repercussão geral, ao procedimento de análise do recurso extraordinário, ao cabimento da reclamação, ao Plenário Virtual, ao quórum de votação, ao procedimento da reafirmação de jurisprudência, à categorização de tema de ausência de repercussão geral ante a natureza da matéria infraconstitucional da questão jurídica.

São temáticas que também deverão ser objeto de deliberação no STJ, e seus Ministros contarão com um repleto repositório de práticas testadas e comprovadas pelo STF.

Assim, espera-se que, com a plena regulamentação da relevância da questão de direito federal infraconstitucional, o STJ inicie uma gradual e constante mudança de rumos em sua atuação, com posicionamentos dotados de maior definitividade e de segurança jurídica.

Um dos principais desafios que se apresentam à Corte será o de ampliar a sua atuação como corte de precedentes em meio ao elevado número de processos submetidos todos os dias aos Ministros. Para isso, o STJ deverá investir em práticas que facilitem a formação de temas vinculantes, pela presença ou pela ausência de relevância da questão federal, alcançando, o quanto antes, proporcionalmente, os números apresentados atualmente pelo STF quanto à repercussão geral.

A conciliação formação de temas vinculantes e celeridade de julgamentos em processos que não contribuem para a função de corte de precedentes representará o diferencial da relevância da questão de direito federal infraconstitucional na prática do STJ, resultando na redução gradual, ano a ano, do número de recebimento de recursos especiais e de agravos em recursos especiais.

Dessa forma, espera-se que em poucos anos, o STJ, da mesma forma que atualmente ocorre no STF, possa assumir o controle da sua agenda de julgamentos, passando a proferir precedentes vinculantes que guiem toda a sociedade e formem pautas de condutas, observáveis por todos. Com isso, diversas questões jurídicas que atualmente ainda ensejam discussões nos tribunais brasileiros estarão definitivamente decididas, não havendo necessidade na continuidade da litigiosidade desses casos.

Assim, busca-se que a solução numérica do STJ seja a motivação de menor importância na regulamentação da relevância da questão de direito federal infraconstitucional para o recurso especial. O principal motivo será a ressignificação do STJ como corte de precedentes, com consequências diretas na forma atual de condução de questões relevantes ou irrelevantes (repetitivas ou não) no Poder Judiciário.

Há uma grande esperança na regulamentação do instituto e isso muito se justifica por uma conclusão que é compartilhada por todos os operadores do direito: a realidade atual do STJ não pode continuar, pois a elevada carga processual submetida à Corte todos os anos a impede de exercer a sua principal função, prevalecendo, e muito, apenas a função de corte de revisão.

É preciso, portanto, balancear a sua atuação para que a função de corte de precedentes seja mais bem identificada nos julgamentos e, com isso, ocorram todos os efeitos decorrentes da formação de precedentes, seja no próprio Poder Judiciário, seja além dele, chegando as diretrizes do STJ às pessoas em suas relações comerciais, de família, tributária, previdenciária, criminal e diversas outras.

Referências

ALVIM, Teresa Arruda; DANTAS, Bruno. *Precedentes, recurso especial, recurso extraordinário*. 7. ed. São Paulo: Revista dos Tribunais, 2024.

ASSUMPÇÃO, Helcio Alves de. Recurso extraordinário: requisitos constitucionais de admissibilidade. *Revista do Ministério Público do Estado do Rio de Janeiro*, Rio de Janeiro, n. 26, p. 127-162, jul./dez. 2007.

BRASIL. Senado Federal. Exposição de motivos redigida pela Comissão de juristas responsável pela minuta inicial do anteprojeto de Código. *In:* BRASIL. Senado Federal. *Anteprojeto de Reforma do Código de Processo Civil*. Brasília, DF: Senado Federal; Subsecretaria de Edições Técnicas, 2010. Disponível em: https://www2.senado.leg.br/bdsf/item/id/496296. Acesso em: 27 jul. 2024.

BRASIL. Superior Tribunal de Justiça. Enunciados administrativos. *Portal STJ*, Brasília, DF, [2024]. Disponível em: https://www.stj.jus.br/sites/portalp/Leis-e-normas/Enunciados-administrativos. Acesso em: 4 ago. 2024.

BRASIL. Superior Tribunal de Justiça. Painel de Business Intelligence. *Portal STJ*, Brasília, DF, Disponível em: https://processo.stj.jus.br/processo/boletim. Acesso em: 19 ago. 2024.

BRASIL. Superior Tribunal de Justiça. *Regimento Interno* [atual. em 10 abr. 2019]. Brasília, DF: STJ, 10 abr. 2019. Disponível em: https://www.stj.jus.br/sites/portalp/Leis-e-normas/Regimento-Interno. Acesso em: 24 out. 2024.

BRASIL. Supremo Tribunal de Justiça. Número de processos recebidos pelo STJ cresce 64% e bate recorde em abril. *Portal STJ*, 13 jun. 2024. Disponível em: https://www.stj.jus.br/sites/portalp/Paginas/Comunicacao/Noticias/2024/13062024-Numero-de-processos-recebidos-pelo-STJ-cresce-64--e-bate-recorde-em-abril.aspx. Acesso em: 27 jul. 2024.

BRASIL. Supremo Tribunal Federal. Painéis estatísticos [Programa Corte aberta]. *Portal STF*, Brasília, DF, [2024]. Disponível em: https://transparencia.stf.jus.br/extensions/corte_aberta/corte_aberta.html. Acesso em: 27 jul. 2024.

BRASIL. Supremo Tribunal de Justiça. STJ entrega ao Senado proposta para regulamentar filtro de relevância do recurso especial. *Portal STJ*, Brasília, DF, 5 dez. 2022. Disponível em: https://www.stj.jus.br/sites/portalp/Paginas/Comunicacao/Noticias/2022/05122022-STJ-entrega-ao-Senado-proposta-para-regulamentar-filtro-de-relevancia-do-recurso-especial.aspx. Acesso em: 27 jul. 2024.

BRASIL. Supremo Tribunal Federal. Súmula 280. *Portal STF*, Brasília, DF, [2024]. Disponível em: https://portal.stf.jus.br/jurisprudencia/sumariosumulas.asp?base=30&sumula=2173. Acesso em: 4 ago. 2024.

DANTAS, Bruno. *Repercussão geral*: perspectivas histórica, dogmática e de Direito Comparado – questões processuais. São Paulo: Revista dos Tribunais, 2008.

GUASTNI, Riccardo. *Interpretare e argomentare*. Milano: Giuffrè, 2011.

MARCHIORI, Marcelo Ornellas. *A atuação do Poder Judiciário na formação de precedentes definitivos*: experiências e desafios. São Paulo: Juspodivm, 2022.

MARINONI, Luiz Guilherme. *Arguição de relevância*. São Paulo: Revista dos Tribunais, 2023.

MARINONI, Luiz Guilherme. *Precedentes obrigatórios*. São Paulo: Revista dos Tribunais, 2010.

MARINONI, Luiz Guilherme; MITIDIERO, Daniel. *Repercussão geral no recurso extraordinário*. São Paulo: Revista dos Tribunais, 2012.

MITIDIERO, Daniel. *Cortes superiores e cortes supremas*. Do controle à interpretação, da jurisprudência ao precedente. São Paulo: Revista dos Tribunais, 2014.

MITIDIERO, Daniel. *Relevância no recurso especial*. São Paulo: Revista dos Tribunais, 2022.

NASCIMENTO, Bruno Dantas; GALLOTTI, Isabel. Crise do recurso especial e a função constitucional do STJ: uma proposta de reforma. *Revista dos Tribunais*, São Paulo, n. 998, dez. 2018.

NASCIMENTO, Bruno Dantas. *Repercussão geral*: perspectivas histórica, dogmática e de Direito Comparado – questões processuais. São Paulo: Revista dos Tribunais, 2008.

OLIVEIRA, Paulo Mendes de. Recurso extraordinário e seus circuitos processuais. *Jota*, São Paulo,15 out. 2022. Disponível em: https://www.jota.info/opiniao-e-analise/colunas/coluna-cpc-nos-tribunais/recurso-extraordinario-e-seus-circuitos-processuais. Acesso em: 8 dez. 2023.

SANTOS, Evaristo Aragão. Em torno do conceito e da formação do precedente judicial. *In:* WAMBIER, Teresa Arruda Alvim (coord.) *Direito Jurisprudencial*. 2. ed. São Paulo: Revista dos Tribunais, 2012.

TARUFFO, Michele. Un vertice giudiziario astratto. *Il Anuario de la Facultad de Derecho de la Universidad Autónoma de Madrid*, Madrid, n. 22, p. 87-102, 2018.

VITAL, Danilo; CREPALDI, Thiago. STJ quer deixar de atuar como terceira instância para gerar mais precedentes. *Conjur*, São Paulo, 3 jul. 2022. Disponível em: https://www.conjur.com.br/2022-jul-03/stj-deixar-terceira-instancia-gerar-precedentes/. Acesso em: 27 jul. 2024.

Informação bibliográfica deste texto, conforme a NBR 6023:2018 da Associação Brasileira de Normas Técnicas (ABNT):

MARCHIORI, Marcelo Ornellas. A relevância da questão federal para melhor equilíbrio entre as funções do Superior Tribunal de Justiça (STJ): a repercussão geral como paradigma. *In*: MENDES, Gilmar Ferreira; GALLOTTI RODRIGUES, Maria Isabel Diniz; ALVIM, Teresa Arruda (coord.). *O novo perfil do controle difuso de constitucionalidade*: estudos em homenagem ao Professor Bruno Dantas nos 20 anos da Repercussão Geral. Belo Horizonte: Fórum, 2025. p. 463-487. ISBN 978-65-5518-898-1.

O CONTROLE DE CONSTITUCIONALIDADE NO PROCEDIMENTO ARBITRAL

MÁRCIO BELLOCCHI

1 Introdução

Com alegria, vimos prestar nossa homenagem a Bruno Dantas. Integrante de uma nova geração que vem abrilhantando nosso país; no caso de Bruno com atuações perfeitas, por onde quer que passe, no que quer que faça!

Nossa contribuição traz por tema central o poder/dever do árbitro de declarar a inconstitucionalidade de norma, em sede de controle difuso de inconstitucionalidade, quando as partes tenham convencionado a aplicação do direito brasileiro no julgamento do mérito de arbitragem de direito.

2 *Un vol d'oiseau* sobre a arbitragem e sua interface com o Judiciário

Por diversas vezes, já nos manifestamos sobre ser, a arbitragem, uma forma privada de resolução de conflitos de direitos patrimoniais disponíveis, contratada entre partes capazes, cuja natureza jurídica é mista: consensual na sua gênese e jurisdicional no seu desenvolvimento.[1]

---

[1] BELLOCCHI, Márcio. *Jurisdição, juízes e árbitros*. São Paulo: Thomson Reuters Brasil, 2023; BELLOCCHI, Márcio. *Precedentes vinculantes e a aplicação do Direito brasileiro na convenção de*

Por força do consensualismo que permeia a arbitragem, as partes têm a oportunidade de escolher a lei de regência do mérito do procedimento arbitral.

De outra banda, por força de sua jurisdicionalidade, na arbitragem, assim como no litígio estatal, devem-se respeitar o devido processo legal e todos os demais princípios legais e constitucionais dele decorrentes, assegurando-se, assim, a higidez do instituto e propiciando-se um julgamento qualificado para o jurisdicionado.

Exatamente porque a arbitragem é jurisdição, a ela é aplicável o modelo de processo constitucional, cuja melhor terminologia, na lição de José Antonio Fichtner, Sergio Mannheimer e Nelson André Luís Monteiro,[2] seria a de um *modelo constitucional de processo arbitral*.

Apesar de jurisdição privada e autônoma, a arbitragem não pode ser tratada como uma *bolha*, como se de um elemento à parte do direito se tratasse. Afinal, não é pelo fato de ser jurisdição contratada entre as partes que não estará jungida aos princípios constitucionais aplicáveis ao processo.

Daí que o §2º do art. 21 da LArb estabelece a obrigatoriedade de respeito aos princípios do contraditório, da igualdade das partes, da imparcialidade do árbitro e de seu livre convencimento.

Portanto, deve haver um relacionamento de cooperação e não de sobreposição entre as jurisdições estatal e arbitral.[3] Elas devem interagir, naquilo que for necessário, a fim de se alcançar o objetivo maior pretendido: a prestação da atividade jurisdicional.

A necessidade de um relacionamento em que não haja hierarquia, mas cooperação entre as jurisdições, juntamente com a aplicação

---

arbitragem. São Paulo: Thomson Reuters Brasil, 2017. Ver, também: "A arbitragem possui base contratual que é o compromisso, de característica estritamente consensual e que estabelece as diretrizes do juízo arbitral que institui. Mas o laudo arbitral não é ato integrativo do compromisso, nele tem seu fundamento e seus limites, mas seus efeitos decorrem da lei e não da vontade das partes. Assim, as duas posições devem ser entendidas como radicais, pois se a arbitragem é contratual em seu fundamento inicial, é também jurisdicional, ante a natureza pública do laudo arbitral como forma privada de solução de litígios" (MAGALHÃES, José Carlos de. *Arbitragem internacional privada*. Rio de Janeiro: Forense, 1989. p. 100).

2 FICHTNER, José Antonio; MANNHEIMER, Sergio Nelson; MONTEIRO, André Luís. *Teoria geral da arbitragem*. Rio de Janeiro: Forense, 2018. p. 150.

3 "Como não há hierarquia entre Poder Judiciário e Tribunal Arbitral, a comunicação entre eles, enquanto a arbitragem estiver em curso, deverá ocorrer em espírito de cooperação. Assim, o CPC criou a figura da carta arbitral, que serve como veículo de comunicação entre juízo estatal e arbitral" (NERY, Maria Carolina. *Arbitragem e Poder Judiciário*. São Paulo: Revista dos Tribunais, 2020. p. 121).

do princípio da universalidade,[4] parece-nos ser uma boa base para o desenvolvimento de uma posição no sentido de que ao árbitro é possível ou, mesmo, imperativo, exercer o controle difuso da inconstitucionalidade das leis.

É disso que trataremos a seguir...

3 O poder/dever do árbitro de exercer – incidentalmente – o controle difuso de inconstitucionalidade

O fato de a arbitragem ter natureza jurisdicional e de conviverem ambas as jurisdições em regime de cooperação – e não de superposição – faz-nos adotar posição no sentido de que o árbitro, assim como o juiz togado, têm o dever de, uma vez diante de norma inconstitucional a embasar o pedido de parte, em procedimento arbitral, declarar, *incidenter tantum*, tal inconstitucionalidade, deixando de aplicá-la ao caso concreto.

Se "o princípio da supremacia requer que todas as situações jurídicas se conformem com os princípios e preceitos da Constituição",[5] não se há admitir que lei inconstitucional não o seja assim declarada, em processo arbitral.

Estando a norma em desconformidade com a Constituição, deve ter sua aplicação afastada, seja em sede de jurisdição estatal, seja arbitral. É o controle jurisdicional da (in)constitucionalidade que deve ser exercido,[6] sob pena de ruptura do sistema.

3.1 Sobre a declaração de inconstitucionalidade da norma no direito brasileiro

Todas as normas devem respeito à Constituição, uma vez que esta é a gênese e o fundamento de todo o sistema normatizado. É, nas palavras de Kelsen, "(...) o fundamento supremo de validade da ordem

---

4 Sobre esse princípio discorremos em nossa já citada obra: *Precedentes vinculantes e a aplicação do Direito brasileiro na convenção de arbitragem*.

5 SILVA, José Afonso da. *Curso de Direito Constitucional Positivo*. 40. ed. São Paulo: Malheiros, 2017. p. 48.

6 "Em suma, à vista da Constituição vigente, temos a inconstitucionalidade por ação ou por omissão, e o controle de constitucionalidade é o jurisdicional, combinando os critérios difuso e concentrado, este de competência do Supremo Tribunal Federal" (SILVA. *Curso de Direito Constitucional Positivo*, p. 54).

jurídica inteira".[7] Assim, qualquer norma que, porventura, esteja em desacordo com a Constituição deve ser afastada, em face da sua *inconstitucionalidade*.

As normas jurídicas têm comando, e a "maior parte dos comandos constitucionais se materializa em normas cogentes, que não podem ter sua incidência afastada pela vontade das partes, como ocorre, no âmbito privado, com as normas dispositivas".[8]

A violação da norma constitucional pode se dar por ação ou por omissão. Por ação, quando um ato de natureza legislativa, administrativa ou judicial contrariar norma expressa ou princípios constantes da Constituição.[9] Ocorre a inconstitucionalidade por omissão toda vez em que seja necessária a prática de qualquer ato legislativo, administrativo ou judicial – a fim de se dar consecução às normas, às garantias e/ou aos princípios constitucionais – e em que o respectivo agente não pratique tal ato.[10]

3.2 Formas de controle da inconstitucionalidade da norma.[11] O sistema adotado pelo Brasil

O controle da (in)constitucionalidade da norma pode se dar, via difusa ou concentrada.

---

7 KELSEN, Hans. *Teoria pura do Direito*. São Paulo: Martins Fontes, 1987.

8 BARROSO, Luís Roberto. *O controle de constitucionalidade no Direito brasileiro*. São Paulo: Saraiva, 2011. p. 53.

9 "As condutas passíveis de censura à luz da Constituição podem se originar de órgãos integrantes dos três Poderes do Estado (...) A referência a inconstitucionalidade por ação, portanto, abrange os atos legislativos incompatíveis com o texto constitucional" (BARROSO. *O controle de constitucionalidade no Direito brasileiro*, p. 53).

10 "Tal como no caso da inconstitucionalidade por ação, também a omissão violadora da Constituição pode ser imputável aos três Poderes (...) A inconstitucionalidade por omissão, como um fenômeno novo, que tem desafiado a criatividade da doutrina, da jurisprudência e dos legisladores, é a que se refere à inércia na elaboração de atos normativos necessários à realização dos comandos constitucionais" (BARROSO. *O controle de constitucionalidade no Direito brasileiro*, p. 54).

11 "O controle de constitucionalidade judicial desenvolveu-se a partir de diferentes concepções filosóficas e de experiências históricas diversas. Tal sistema continua dividido; porém, para fins didáticos, em modelo difuso ou americano e modelo concentrado ou europeu. O primeiro (difuso) confere, em princípio, a todo órgão judicial, a competência para, em caso concreto, examinar a compatibilidade entre a lei aplicável e a Constituição; o segundo outorga essa competência a um órgão especializado – a Corte Constitucional – seja para o controle concreto seja para o controle abstrato" (MARTINS, Ives Gandra da Silva; MENDES, Gilmar Ferreira. *Controle concentrado de constitucionalidade*. Comentários à Lei nº 9.868, de 10-11-1999. São Paulo: Saraiva, 2009. p. 1).

Diz-se que o controle é difuso ou concreto

> quando se permite a todo e qualquer juiz ou tribunal o reconhecimento da inconstitucionalidade de uma norma e, consequentemente, sua não aplicação ao caso concreto levado ao conhecimento da corte (...) Assim, na modalidade de controle difuso, também chamado sistema americano, todos os órgãos judiciários, inferiores ou superiores, estaduais ou federais, têm o poder e o dever de não aplicar as leis inconstitucionais nos casos levados a seu julgamento.[12]

Importante apontar que:

> Não se confundem, conceitualmente, o controle por via incidental – realizado na apreciação de um caso concreto – e o controle difuso – desempenhado por qualquer juiz ou tribunal no exercício regular da jurisdição. No Brasil, no entanto, como regra, eles se superpõem, sendo que desde o início da República, o controle incidental é exercido de modo difuso.[13]

É por isso que se costuma denominar de controle difuso ou incidental.

No que se refere ao método de controle concentrado, também denominado de controle abstrato de constitucionalidade, este é "exercido por um único órgão ou por um número limitado de órgãos criados especificamente para esse fim ou tendo nessa atividade sua função principal. É o modelo dos tribunais constitucionais europeus, também denominado sistema austríaco".[14]

No Direito brasileiro, a Constituição Federal outorga ao Poder Judiciário a competência para o controle da constitucionalidade da lei.

Nas palavras de Gilmar Ferreira Mendes:[15]

> Enquanto o modelo difuso é apresentado como aquele que contém um self-restraint implícito, porque autoriza a intervenção judicial apenas no exame do caso concreto, o modelo concentrado é tido como aquele que suscita maiores controvérsias e indagações de índole política, tendo em vista a possibilidade de exame da constitucionalidade não apenas

---

[12] BARROSO. *O controle de constitucionalidade no Direito brasileiro*, p. 68-69.

[13] BARROSO. *O controle de constitucionalidade no Direito brasileiro*, p. 72.

[14] BARROSO. *O controle de constitucionalidade no Direito brasileiro*, p. 69.

[15] MARTINS; MENDES. *Controle concentrado de constitucionalidade.* Comentários à Lei nº 9.868, de 10-11-1999, p. 1.

no caso concreto (incidente), mas também de forma abstrata. Essas concepções aparentemente apodíticas acabaram por ensejar o surgimento dos modelos mistos, com combinações de elementos dos dois sistemas básicos.

E, no Brasil, é exatamente o modelo híbrido (ou misto), apontado por Gilmar Ferreira Mendes, que é adotado.

Com base nesse modelo híbrido, o controle da (in)constitucionalidade da lei pode ocorrer, incidentalmente, feito por qualquer juízo, em processo em que tal matéria não componha o pedido (*controle difuso* ou *concreto*), assim como pela ação direta de inconstitucionalidade (ADIn), cujo objeto é, especificamente, a declaração da inconstitucionalidade da norma (*controle concentrado* ou *abstrato*),[16] e por meio de outras ações com o mesmo tipo de eficácia.

3.3 O árbitro como agente de controle (difuso) de inconstitucionalidade da lei

Considerando-se que o árbitro é juiz de fato e de direito (art. 18 da LArb), que exerce atividade jurisdicional, por que não teria o dever – assim como tem o juiz togado – de declarar a inconstitucionalidade de lei em procedimento arbitral sob seus cuidados?

O árbitro deve assegurar que suas decisões sejam efetivas e, portanto, tenham caráter de executoriedade, o que não acontecerá caso a decisão esteja fundada em lei inconstitucional.

A sentença arbitral deve estar em consonância com a Constituição Federal, já que esta é o estofo para o exercício da atividade jurisdicional – em qualquer de seus âmbitos (estatal ou arbitral). Consequência lógica: não há como se admitir ato arbitral com base em lei inconstitucional!

Já apontamos, antes, que a arbitragem deve respeito ao devido processo legal, com base no que a arbitragem deve seguir um procedimento concatenado, permeado de formalidades legais, com respeito aos princípios a ela inerentes e com o fim precípuo de solucionar a controvérsia entre as partes. A estas partes, deve-se assegurar que os atos procedimentais serão realizados no tempo e modo devidos.

---

16 "A Constituição de 1988 manteve o sistema eclético, híbrido ou misto, combinando o controle por via incidental e difuso (sistema americano), que vinha desde o início da República, com o controle por via principal e concentrado, implantado com a EC n. 16/65 (sistema continental europeu)" (BARROSO. *O controle de constitucionalidade no Direito brasileiro*, p. 86).

É por força do devido processo legal que está o árbitro obrigado a julgar o caso em sua integralidade, com o dever, inclusive, de fundamentar, adequadamente, sua decisão. O dever de fundamentar decorre de lei[17] e da Constituição.[18]

E, nesse aspecto,

> o pronunciamento acerca da constitucionalidade ou não de uma norma faz parte do itinerário lógico do raciocínio jurídico a ser desenvolvido. Tecnicamente, a questão constitucional figura como questão prejudicial, que precisa ser decidida como premissa necessária para a resolução do litígio.[19]

Não julgar uma questão prejudicial significa não julgar integralmente a lide, violando-se, com isso, o devido processo legal.

Se o exercício do controle difuso da inconstitucionalidade, via incidental, é tecnicamente questão prejudicial, que deve, portanto, ser objeto de apreciação, percebe-se que tal exercício, mais do que um poder, é um dever do árbitro. Por isso vimos, insistentemente neste despretensioso ensaio, falando em *dever* do árbitro de declarar a inconstitucionalidade de lei.

A declaração incidental de inconstitucionalidade da lei deverá compor o fundamento da decisão que julgue o pedido procedente ou improcedente. Se tal declaração deve integrar a fundamentação da sentença, sua ausência acarreta, consequentemente, vício na decisão.

Um ponto que poderia levar à conclusão contrária àquela aqui adotada é o teor do art. 1º da LArb, que estabelece serem arbitráveis, apenas, questões relacionadas a direitos patrimoniais disponíveis.

Poder-se-ia, até, sustentar que matéria atinente à inconstitucionalidade de lei consistiria em direito indisponível, não podendo, por isso, ser apreciada em procedimento arbitral.

No entanto, como já afirmamos, a inconstitucionalidade da lei é decidida, *incidenter tantum*, de forma que, já por esse motivo, entendemos não ser caso de se falar na sua inarbitrabilidade.

A vedação imposta pelo art. 1º da LArb limita-se ao direito "em si" discutido, *principaliter*, na arbitragem, i.e., ao objeto do litígio e não aos fundamentos das pretensões das partes. É por essa razão que, na

---

17 Art. 26, inciso II, da LArb.

18 Art. 93, inciso IX, da CF.

19 BARROSO. *O controle de constitucionalidade no Direito brasileiro*, p. 71.

arbitragem, não se discutem pedidos relacionados ao estado de pessoas, tais como pátrio poder ou direito de prestar alimentos entre parentes.

Para além disso, embora conflitos relacionados aos temas acima apontados não sejam arbitráveis, quando se tratar de direitos patrimoniais a eles relacionados, os respectivos pleitos são, sim, arbitráveis. Assim, embora a obrigação de prestar alimentos seja matéria inarbitrável, matéria relativa a seu *quantum* é arbitrável...[20]

Quando a LArb estabelece que só podem ser objeto da arbitragem direitos patrimoniais disponíveis, isso não significa que os árbitros não poderão se manifestar sobre questões relacionadas a direitos indisponíveis.

Em verdade, os árbitros devem julgar com base no direito escolhido pelas partes. Afirmar se uma lei foi declarada inconstitucional ou não, frise-se, faz parte do *iter* necessário para que o árbitro possa fundamentar a decisão (art. 26, II, LArb). Isso, no entanto, não significa decidir sobre direito indisponível!

Importante que se faça menção ao art. 25 da LArb, a bom tempo revogado pela Lei nº 13.129, de 26 de maio de 2015. Esse dispositivo estabelecia que, sobrevindo controvérsia relacionada a direitos indisponíveis, de cuja apreciação dependesse o julgamento do mérito da arbitragem, quer dizer, questão prejudicial que tivesse por objeto direito indisponível, a arbitragem deveria ser suspensa para análise da prejudicial pelo Judiciário.

O dispositivo foi revogado, já que não estava em conformidade com o sistema. Deve-se propiciar aos árbitros a possibilidade de apreciar qualquer questão *incidenter tantum*, independentemente da natureza do direito: disponível ou indisponível.

Ademais, dizer se determinada norma é ou não constitucional, realizando o controle que se convencionou chamar de difuso, é dever do árbitro, também, porque a ele (árbitro) cabe aplicar o direito brasileiro (quando assim eleito pelas partes). Dizer o que é o Direito brasileiro, por sua vez, significa, necessariamente, apontar quais normas são inconstitucionais e deixar de aplicá-las.

Não se pode perder de vista que o fato de a parte ter optado pela solução do conflito por meio da jurisdição estatal ou por meio da jurisdição privada não pode significar, por força do já apontado princípio

---

[20] CARMONA, Carlos Alberto. *Arbitragem e processo*. Um comentário à Lei nº 9.307/96. 4. ed. São Paulo: Atlas, 2023. p. 41.

da universalidade da jurisdição, a possibilidade de, em função dessa opção, obter um resultado diferente.

Estando a Constituição no topo do ordenamento jurídico, é natural que todas as soluções jurídicas dadas aos conflitos devam ser concebidas em conformidade "com os princípios e preceitos da Constituição".[21] Dessa forma, diante de lei inconstitucional, essa assim deve ser declarada, mesmo que se trate de processo arbitral.

Acrescente-se a tudo isso que o árbitro deve julgar com base na ordem pública interna (de primeiro grau),[22] conforme art. 2º, §1º, da LArb: "Poderão as partes escolher, livremente, as regras de direito que serão aplicadas na arbitragem, desde que não haja violação aos bons costumes e à ordem pública". Também por esse motivo, então, (respeito à ordem pública de primeiro grau) o árbitro *deve*, diante de hipótese de lei inconstitucional, afastar a sua aplicabilidade.

O árbitro deve julgar de acordo com a ordem pública. Comandos constitucionais, por sua vez, normalmente ostentam essa característica.

A sentença arbitral, portanto, não pode estar fundada em lei inconstitucional, pois isso levaria, inevitavelmente, à violação à ordem pública, acarretando vício insanável na decisão proferida.

Referências

BARROSO, Luís Roberto. *O controle de constitucionalidade no Direito brasileiro*. São Paulo: Saraiva, 2011.

BELLOCCHI, Márcio. *Jurisdição, juízes e árbitros*. São Paulo: Thomson Reuters Brasil, 2023.

BELLOCCHI, Márcio. *Precedentes vinculantes e a aplicação do Direito brasileiro na convenção de arbitragem*. São Paulo: Thomson Reuters Brasil, 2017.

CARMONA, Carlos Alberto. *Arbitragem e processo*. Um comentário à Lei nº 9.307/96. 4. ed. São Paulo: Atlas, 2023.

---

21 SILVA. *Curso de Direito Constitucional Positivo*, p. 48.

22 "(...) identificar-se-ia por primeiro grau de ordem pública aquele de âmbito interno, que estabelece, *v.g.*, a invalidade de cláusulas contratuais que firam princípios basilares do ordenamento jurídico; o segundo grau designaria a ordem pública de Direito Internacional Privado, que é aquela que impede a aceitação de leis, atos e decisões estrangeiros contrários à ordem pública interna e, consequentemente, produz efeitos no plano internacional. O terceiro grau de ordem pública é o que estabelece os princípios universais, nos vários setores do Direito Internacional, bem como nas relações internacionais, servindo aos mais altos interesses da comunidade mundial, às aspirações comuns da Humanidade" (DOLINGER, Jacob. Ordem pública mundial: ordem pública verdadeiramente internacional no Direito Internacional Privado. *Revista de Informação Legislativa*, Brasília, DF, v. 23, n. 90, p. 211, abr./jun. 1986).

DOLINGER, Jacob. Ordem pública mundial: ordem pública verdadeiramente internacional no Direito Internacional Privado. *Revista de Informação Legislativa*, Brasília, DF, v. 23, n. 90, abr./jun. 1986.

FICHTNER, José Antonio; MANNHEIMER, Sergio Nelson; MONTEIRO, André Luís. *Teoria geral da arbitragem*. Rio de Janeiro: Forense, 2018.

KELSEN, Hans. *Teoria pura do Direito*. São Paulo: Martins Fontes, 1987.

MAGALHÃES, José Carlos de. *Arbitragem internacional privada*. Rio de Janeiro: Forense, 1989.

MARTINS, Ives Gandra da Silva; MENDES, Gilmar Ferreira. *Controle concentrado de constitucionalidade*. Comentários à Lei nº 9.868, de 10-11-1999. São Paulo: Saraiva, 2009.

NERY, Maria Carolina. *Arbitragem e Poder Judiciário*. São Paulo: Revista dos Tribunais, 2020.

MARTINS, Ives Gandra da Silva; MENDES, Gilmar Ferreira. *Controle concentrado de constitucionalidade*. Comentários à Lei nº 9.868, de 10-11-1999. São Paulo: Saraiva, 2009.

NERY, Maria Carolina. *Arbitragem e Poder Judiciário*. São Paulo: Revista dos Tribunais, 2020.

RODOVALHO, Thiago. *Cláusula arbitral nos contratos de adesão*. São Paulo: Almeida Brasil, 2016.

SILVA, José Afonso da. *Curso de Direito Constitucional Positivo*. 40. ed. São Paulo: Malheiros, 2017.

Informação bibliográfica deste texto, conforme a NBR 6023:2018 da Associação Brasileira de Normas Técnicas (ABNT):

BELLOCCHI, Márcio. O controle de constitucionalidade no procedimento arbitral. *In*: MENDES, Gilmar Ferreira; GALLOTTI RODRIGUES, Maria Isabel Diniz; ALVIM, Teresa Arruda (coord.). *O novo perfil do controle difuso de constitucionalidade*: estudos em homenagem ao Professor Bruno Dantas nos 20 anos da Repercussão Geral. Belo Horizonte: Fórum, 2025. p. 489-498. ISBN 978-65-5518-898-1.

OS EMBARGOS DE DIVERGÊNCIA À LUZ DO SISTEMA DE PRECEDENTES

MARCUS VINICIUS DE ABREU SAMPAIO

Origem e natureza jurídica dos Embargos de Divergência

Expressão polissêmica, empregada com diversas significações, traduzindo quer uma acepção comum, quer institutos jurídicos diversos, embora haja sempre um traço comum, o de oposição de obstáculo, empecilho a alguma pretensão da parte adversária. É derivada de *imbarricare*, do baixo latim, e em sentido amplo quer significar todo e qualquer impedimento, obstáculo ou embaraço posto em prática por uma pessoa, a fim de que evite que outrem possa agir ou fazer alguma coisa que não é do seu interesse ou que lhe contraria o direito.[1]

Evidentemente, a nós interessa o conteúdo da expressão relacionado aos institutos jurídicos com os quais se relaciona. Nesse particular, a expressão Embargos serve a definir diversos institutos de direito processual a exemplo dos Embargos de Retenção por Benfeitoria; Embargos do Devedor; os extintos Embargos à Adjudicação e à Arrematação; os Embargos de Terceiro e os tipos recursais dos Embargos de Declaração, Embargos Infringentes e os Embargos de Divergência.

---

1 CARNEIRO, Athos Gusmão. Do recurso de Embargos de Divergência no Superior Tribunal de Justiça. *Ensaios jurídicos*, Brasília, DF, p. 133-149, 2003. Disponível em: https://www.stj.jus.br/publicacaoinstitucional/index.php/EJur/article/view/3736/3857. Acesso em: 16 maio 2022; PLÁCIDO E SILVA, Oscar Joseph de. *Vocabulário jurídico*. 14. ed. Rio de Janeiro: Forense, 2014. p. 297.

A origem da expressão, conforme trazido, remete à ideia de empecilho ou obstáculo que, nas hipóteses recursais, tem a ver com o impedimento de que o seu objeto, no caso as decisões judiciais por eles impugnadas, produza efeito em benefício do adversário do embargante.

No caso dos Embargos de Divergência, a expressão sugere tratar-se de mecanismo voltado à objeção de eficácia da decisão impugnada, sob o fundamento de que se deva atribuir um, e apenas um, entendimento ao caso cuja decisão foi objeto de impugnação, quando mais de um entendimento e orientação tiverem sido adotados pelo mesmo tribunal em casos cujas bases fática e jurídica sejam idênticas. No caso dos Embargos de Divergência atuais, somente as decisões do STJ e do STF estão a eles submetidas.

Historicamente, os Embargos de Divergência têm origem no Brasil no fracionamento do STF, o qual, diversamente do que possa parecer, não se identifica com a criação do STJ e a respectiva assunção da competência que lhe atribuiu a CF/1988, antes reservada ao então único tribunal superior, o STF.

Esse fracionamento é bastante mais antigo e ocorreu muito antes da CF/1988, conforme noticia Luiza Silva Rodrigues:

> (...) na realidade, a divisão do Supremo Tribunal Federal em órgãos fracionários foi questão bastante controversa à luz da ordem constitucional brasileira, até o advento da Constituição Federal de 1988. Em um contexto marcado por forte instabilidade, a possibilidade ou a impossibilidade de fracionar a corte superior nunca esteve fora de pauta, em verdadeiro movimento pendular – ora entendendo ser possível, ora se entendendo não sê-lo.[2]

Mas, evidentemente, quando o STF passou a ser composto por duas Turmas, e não mais por uma só, a dificuldade de cumprir uma das suas próprias funções – uniformizar sua jurisprudência – transformou-se num grande problema. Importante registrar que a forte resistência havida até a edição da CF/1988, no sentido de se aceitar a divisão do STF em mais de uma Turma, tem origem na própria função do STF.

Araken de Assis chama atenção exatamente para esse fato, considerado por aqueles que se opunham à ideia de divisão interna: "(...) a quebra da unidade comprometeria, irremediavelmente, a autoridade

---

2 RODRIGUES, Luiza Silva. *Embargos de divergência no CPC/2015*. Salvador: Juspodivm, 2018. p. 137.

da Corte então encarregada de uniformizar a aplicação do direito federal e, como atualmente, de velar pela supremacia da Constituição".[3]

Este foi um problema – o de se aceitar a divisão do STF em mais de uma Turma – que acompanhou boa parte do século XX, mais precisamente do final do século XIX até a CF/1988.

A Constituição de 1891 dispunha, em seu art. 55, que "o Poder Judiciário da União terá por órgãos um Supremo Tribunal Federal, com sede na Capital da República e tantos juízes e tribunais federais, distribuídos pelo País, quantos o Congresso criar".

Com interpretação bastante literal, ou decorrente de dirigida preconcepção, parte da comunidade jurídica atribuía ao termo "um" Supremo Tribunal Federal, constante do art. 55 então em vigor, a ideia de que a unidade do STF não deveria refletir apenas a sua existência relativamente aos demais órgãos do Poder Judiciário, mas também uma unidade interna, ou seja, a sua composição deveria obedecer a essa unidade. Portanto, sua composição deveria respeitar essa unidade, ou seja, apenas uma Turma, e não mais do que isso, conforme havia previsto a CF/1891.

Atualmente, essa ideia não tem a menor sustentação, ainda que existisse o STJ. Também não é menos certo que a coexistência de mais de uma Turma dentro de um mesmo tribunal gera, evidentemente, a possibilidade bastante maior de se formar entendimentos díspares, conforme sublinha José de Castro Nunes:

> (...) qualquer divisão do Supremo Tribunal só deve ser tratada como medida de emergência, a cessar logo que cessem os motivos que a determinaram, isto é, a necessidade de pôr em dia os trabalhos do Tribunal. Êste é, pela sua destinação, um órgão de coordenação que perde um pouco do seu relêvo e autoridade se lhe quebrarem a unidade com o fracionamento. Já então das câmaras ou turmas, como está acontecendo, serão os julgados em muitas questões, julgados que, pela natureza da instituição, são padrões que, no entendimento do direito federal, representam diretivas de observância obrigatória para as demais instâncias judiciárias, federais ou locais.[4]

[3] ASSIS, Araken de. *Manual dos recursos*. 9. ed. São Paulo: Revista dos Tribunais, 2016. p. 991.

[4] NUNES, José de Castro. Teoria e prática do Poder Judiciário. Rio de Janeiro: Forense, 1943. p. 187.

Apesar do movimento contrário ao fracionamento do STF, não se pode olvidar que essa realidade de posicionamentos díspares pode existir dentro de uma mesma Turma, apesar de inaceitável em qualquer organismo de segundo grau, em especial nos tribunais nos quais uma das funções principais é, exatamente, proteger e zelar pela aplicação isonômica do direito e do ordenamento jurídico no país – como é o caso do STJ e do STF.

Conforme lembra Luiza Silva Rodrigues, a Constituição Federal de 1891 não era expressa em limitar a composição do STF a apenas uma Turma, e, tendo em vista a continuação dessa controvérsia de se permitir a divisão interna do STF em mais Turmas,

> sobreveio o Decreto n. 19.656, de 3 de fevereiro de 1931, que reorganizou provisoriamente o Supremo Tribunal Federal e estabeleceu regras para "abreviar os seus julgamentos" – a exemplo da divisão do tribunal em turmas, como se infere dos seus arts. 2º e 3º.[5]

Na sequência, partindo da ideia de que o STF era composto por 11 Juízes, e que a competência para julgar determinadas causas envolvia 5 deles,[6] foram eles agrupados em mais de uma Turma. Essa divisão, em que pese a posição mantida em sentido contrário,[7] acabou se consolidando por intermédio do Decreto-Lei nº 6, de 6 de novembro de 1937, art. 5º.[8]

Ao estabelecimento expresso do fracionamento interno do STF em Turmas pelo Decreto-Lei nº 6/1937, seguiu-se a CF/1967, em seu art.

---

5 RODRIGUES. *Embargos de divergência no CPC/2015*, p. 138.

6 Ver: arts. 1º a 4º do Decreto nº 19.656/1931 (BRASIL. *Decreto nº 19.656, de 3 de fevereiro de 1931*. Rio de Janeiro: Governo Provisório da República, 1931. Disponível em: https://www2.camara.leg.br/legin/fed/decret/1930-1939/decreto-19656-3-fevereiro-1931-508520-publicacaooriginal-1-pe.html. Acesso em: 16 maio 2022).

7 A justificativa era de que a quebra da unidade comprometeria, irremediavelmente, a autoridade da Corte então encarregada de uniformizar a aplicação do direito federal e, como atualmente, de velar pela supremacia da Constituição.

8 "Art. 5º. Todos os feitos da competência do Supremo Tribunal Federal serão julgados por turmas de cinco juízes, revogado o artigo 3º do Decreto nº 19.656, de 3 de fevereiro de 1931.
(...)
§1º As turmas funcionarão separadamente, no mesmo dia ou em dias diferentes, na forma prescrita pelo regimento interno.
§2º. O Supremo Tribunal Federal determinará quais os ministros que deverão compor cada uma das turmas" (BRASIL. Decreto-Lei nº 6, de 16 de novembro de 1937. Dispõe sôbre a extinção da Justiça Federal e o andamento das causas em curso, e dá outras providências. *Diário Oficial da União*: Rio de Janeiro, 1937. Disponível em: https://www.planalto.gov.br/ccivil_03/decreto-lei/1937-1946/del0006.htm. Acesso em: 16 maio 2022).

115, e, depois dela, a CF/1988. A revogada CF/1967 manteve a expressa menção à divisão interna em Plenário ou Turmas.[9] A CF/1988 aborda o tema no seu art. 101: "(...) o Supremo Tribunal Federal compõe-se de onze Ministros, escolhidos dentre cidadãos com mais de trinta e cinco e menos de sessenta e cinco anos de idade, de notável saber jurídico e reputação ilibada", mas o seu Regimento Interno se encarrega de promover o expresso reconhecimento dessa divisão *interna corporis*.[10]

A descrição desse histórico legislativo e da opinião doutrinária acerca da composição do STF tem grande importância, no contexto da existência e do histórico dos Embargos de Divergência. Isso porque foi pelo temor do que pudesse ocorrer com o fracionamento da unidade existente no STF que se vislumbrou criar um mecanismo voltado a evitar a concretização do risco que se temia: da efetiva diversidade de entendimentos entre os integrantes dessa unidade quebrada. Em outras palavras, é exatamente em função da possibilidade real de que, à época o STF, e atualmente o STF e o STJ, convivessem com discrepâncias internas de entendimentos, que se pensou na criação de um mecanismo voltado a eliminar essas inaceitáveis divergências. E não se pode perder de vista: esses tribunais realizam uma das principais funções do direito, qual seja, promover a pacificação e a unidade de tratamento dos temas considerados idênticos, gerando previsibilidade, segurança, confiança e tratamento isonômico.

Mecanismos criados para evitar a ocorrência da dissonância interna

É bastante sintomático e quase uma obviedade que a comunidade jurídica buscasse no sistema ou promovesse a criação de algum tipo de veículo cuja função fosse evitar a ocorrência das decisões conflitantes geradas pela quebra da unidade da composição do STF, conforme sentimento dessa própria comunidade. Segundo a avaliação de Araken de Assis,

9 "Art. 115. O Supremo Tribunal Federal funcionará em Plenário ou dividido em Turmas" (BRASIL. [Constituição (1967)]. *Constituição da República Federativa do Brasil de 1967*. Brasília, DF: Presidência da República, 1988. Disponível em: http://www.planalto.gov.br/ccivil_03/constituicao/constituicaocompilado.htm. Acesso em 16 maio 2022).

10 BRASIL. Supremo Tribunal Federal. *Regimento Interno do Supremo Tribunal Federal (RISTF)*. Brasília, DF: STF, [2022]. Disponível em: https://www.stf.jus.br/arquivo/cms/legislacaoRegimentoInterno/anexo/RISTF.pdf. Acesso em: 16 maio 2022.

> a questão assume gravidade particular nos órgãos colegiados. Divididos os tribunais em corpos menores, sem embargo da competência concorrente, frequentemente os respectivos julgadores se desentendem, porque homens e mulheres de formação heterogênea e convicções individuais. Lavrando dissídio interno no tribunal, os resultados díspares dos processos similares, quiçá repetitivos, provocam desconforto, senão estarrecem os destinatários das resoluções judiciais, comprometendo a função precípua do direito e o prestígio do tribunal.[11]

Não se podia imaginar outra reação da comunidade jurídica, e até mesmo dos membros do Poder Judiciário, a não ser a preocupação extrema com a possível inviabilização das próprias funções constitucionais atribuídas ao STF à época.

Ou seja, quando se permite a divisão interna de um órgão colegiado, em mais de um órgão, fracionando-o em mais de uma unidade, evidentemente nascem os riscos de esses diversos órgãos – ainda que somente dois – manifestarem posições diferentes acerca de um mesmo tema. O raciocínio é simples. Não há dissenso quando o voto, o julgamento e a definição partem de uma só voz, ainda que colegiada. Sendo mais de uma, a possibilidade de discordância existe, e, com ela, o desequilíbrio, a falta de uniformidade, a insegurança começam a integrar a realidade daqueles que a promovem, e – e no caso do STF – da própria sociedade brasileira, a quem se destinam os serviços judiciários promovidos pelos tribunais.

Essa indiscutível realidade, ou seja, a possibilidade de coexistência de decisões colegiadas dentro do STF em sentidos diferentes, fez acender a luz amarela no tocante à dificuldade de a Corte Suprema exercer uma das principais funções que lhe eram reservadas à época: uniformizar a jurisprudência em âmbito nacional, o que, evidentemente, não pode deixar de abranger a uniformização de sua própria jurisprudência.

"Para combater a jurisprudência intestina verificada entre os órgãos fracionários de tribunais", como mais uma vez esclarece Araken de Assis, "primeiro as leis do antigo Distrito Federal e de São Paulo; depois, a Lei n. 319/1936, já unificada a competência legislativa quanto ao direito processual civil da União; e, depois, o CPC/1939 (art. 853) adotaram o venerando recurso de revista".[12]

---

11 ASSIS, Araken de. *Manual dos recursos*. 9. ed. São Paulo: Revista dos Tribunais, 2016. p. 989.

12 ASSIS. *Manual dos recursos*, p. 989-990. "De remota origem romana, e outrora previsto no Código Filipino (Livro 3, Título 95), o recurso não se confundia com a revista adotada no

Araken de Assis menciona ainda o trabalho de Oscar da Cunha, para quem surgiram várias vozes contrárias à adoção dessa sistemática voltada ao controle da dissonância jurisprudencial:

> (...) inútil, demorada, indigesta a revista, tal como a temos, é a mais ornamental homenagem que se pode tributar à chicana. Imprestável a mais não poder, atravancou o nosso mais alto tribunal local, roubando aos juízes e aos recorridos (vítimas desse absurdo a que se deu honras de remédio judiciário) tempo, paciência e dinheiro; multiplicou, sem proveito algum para a justiça, os trabalhos forenses, mantendo em situação instável e intranquila centenas de soluções definitivas com acerto pela justiça ordinária.[13]

O "recurso" de revista, na sua origem, foi previsto pela Lei Federal nº 319, de 25 de novembro de 1936, com o propósito de eliminar eventuais dissonâncias e divergências na interpretação do direito, mas tinha o seu âmbito de competência restrito aos tribunais de segundo grau. À semelhança do mais recente Incidente de Uniformização de Jurisprudência (IUJ), o "recurso" de revista não tinha natureza recursal, mas apenas de mero incidente.

Já sob a égide do CPC/1939, o próprio STF não admitia a "Revista" no âmbito de sua competência, conforme lembrado por Luiza Silva Rodrigues.[14] O seu cabimento restrito, aliás, não era uma decorrência automática da interpretação do art. 833 do CPC/1939, mas da limitação criada pelo próprio STF, que fazia a restrição, considerando que o artigo mencionava a divergência entre câmaras ou grupo de câmaras, e o STF era composto por Turmas.[15]

Império brasileiro. Na feição moderna, a revista objetivava uniformizar a jurisprudência interna do tribunal, relativamente às teses jurídicas, pouco importando a matéria (privada ou pública) objeto do dissídio" (ASSIS. *Manual dos recursos*, p. 989-990).

13 CUNHA, Oscar da. Breves considerações sobre o Código de Processo Civil brasileiro. *Jornal do Commercio*, Rio de Janeiro, p. 83-84, 1935 citado por ASSIS. *Manual dos recursos*. p. 990.

14 RODRIGUES. *Embargos de divergência no CPC/2015*, p. 145.

15 "O entendimento do STF, sempre restritivo no pertinente a cabimento de recursos, fixou-se no sentido de que não era possível aviar recurso de revista perante aquela corte, haja vista que, em sua divisão interna, não se cogitava de câmaras ou grupos de câmaras. Somente existiam turmas. Uma vez fixado esse raciocínio desfavorável ao cabimento do recurso de revista, era possível que cada turma do STF tivesse seu próprio entendimento sobre certo tema de Direito, sem que houvesse possibilidade de uniformização, por provocação dos jurisdicionados, no âmbito do Pleno daquela Corte" (NUNES, Amaury. Embargos de divergência: uma história de esperanças, equívocos e defensividades. *Amaury Nunes Advogados*, [*S. l.*], 9 set. 2019. Disponível em: http://amaurynunes.com.br/2019/09/09/

Nesse sentido é também o entendimento de Osmar Mendes Paixão Cortes:

> (...) deveria ser, à época, admitido o cabimento da revista para o Supremo Tribunal Federal (por divergência). Não obstante, o legislador preferiu, por meio da Lei nº 623, ajustar o Código de Processo Civil e falar em Embargos de Divergência: Prende-se a origem desses Embargos à relutância do Supremo Tribunal Federal em admitir, sob o Código de 1939, que as decisões de suas turmas comportassem impugnação mediante revista. Argumentava-se que o art. 833 daquele estatuto, referindo-se a "Câmaras Cíveis Reunidas", tinha âmbito de incidência restrito aos tribunais estaduais, os únicos onde existia tal órgão. A solução encontrada pelo legislador foi, ao nosso ver, das piores: em vez de editar norma (se necessária se entendia que fosse) consagradora, em termos expressos, da aplicabilidade da revista ao Supremo Tribunal Federal, optou a Lei nº 623, de 19.01.1949, por acrescentar ao art. 833 do estatuto processual então em vigor um parágrafo único.[16]

Com a perspectiva de suprir essa lacuna, ou a ineficiência de que alguns qualificaram o recurso de revista, surgem os Embargos de Divergência, pela primeira vez previstos em texto de um Código (CPC/1939).[17]

Mais de 10 anos após a edição do CPC/1939, em 19 de fevereiro de 1949, a Lei nº 623 é editada para suprir a deficiência do recurso de revista e refletir o não cabimento contra as decisões proferidas no âmbito do STF.

Aqui vale uma explicação: quando rotulamos de deficiente o recurso de revista, por conta de seu não cabimento contra as decisões proferidas no âmbito do STF, como era a sua realidade à época da vigência do CPC/1939, estamos dizendo que qualquer mecanismo voltado à uniformização de jurisprudência que não tenha seu âmbito de atuação

---

Embargos-de-divergencia-uma-historia-de-esperancas-equivocos-e-defensividades/. Acesso em: 16 maio 2022).

16 CÔRTES, Osmar Mendes Paixão. *Recursos para os tribunais superiores*. 4. ed. Brasília, DF: Gazeta Jurídica, 2017. p. 195.

17 "Art. 853. Conceder-se-á (*sic*) recursos de revista nos casos em que divergirem, em suas decisões finais, duas ou mais câmaras, turmas ou grupos de câmaras, entre si, quanto ao modo de interpretar o direito em tese. Nos mesmos casos, será o recurso extensivo à decisão final de qualquer das câmaras, turmas ou grupos de câmaras, que contrariar outro julgado, também final, das câmaras cíveis reunidas" (BRASIL. Decreto-Lei nº 1.608, de 18 de setembro de 1939. *Diário Oficial da União*: Rio de Janeiro, 1939. Disponível em: https://www2.camara.leg.br/legin/fed/declei/1930-1939/decreto-lei-1608-18-setembro-1939-411638-publicacaooriginal-1-pe.html. Acesso em: 16 maio 2022).

junto aos tribunais superiores – hoje o TST, o STJ e o STF, para não se dizer, também, o STM – não faz muito sentido ou, pelo menos, terá rendimento questionável já que não será apto a provocar o equilíbrio e a uniformização da jurisprudência, exatamente junto àqueles tribunais que têm essa função predominante e a de "dizer a última palavra" em termos de orientação e interpretação do direito.

Basicamente, a Lei nº 623/1949 estabelecia, em um único artigo:

> (...) – Ao art. 833 do Código de Processo Civil é acrescentado parágrafo único, com a seguinte redação: Além de outros casos admitidos em lei, serão embargáveis, no Supremo Tribunal Federal, as decisões das Turmas, quando divirjam entre si, ou de decisão tomada pelo Tribunal Pleno.

A partir dessa nova realidade firmada pela Lei nº 623/1949, surgem, definitivamente, os Embargos de Divergência em nosso sistema processual.

Parece ter saído "a fórceps" a previsão dos Embargos de Divergência, em substituição ao expediente do Recurso de Revista, que não foi bem recepcionado pelo STF.

Curiosamente, a previsão dos Embargos de Divergência não estabeleceu limitação alguma – como ocorre hoje. Sua oposição era admitida contra qualquer decisão, bastando que fosse ela divergente de decisão proferida por outra Turma ou pelo Pleno. Entretanto, parece-nos que a ideia do legislador não foi a de atribuir rendimento abrangente e enorme a essa nova modalidade de recurso. Fê-lo, certamente, sem saber das eventuais implicações dessa abrangência em termos de trabalho e de tempo para o STF. Isso porque dizer que os Embargos seriam cabíveis, bastando a demonstração de divergência entre Turmas e/ou Turma e Pleno, significa autorizar a sua oposição, por exemplo, contra decisões de inadmissão, mérito, interlocutórias, proferidas em qualquer recurso, ações de competência originária e incidentes processuais.

A configuração atribuída a esse mecanismo voltado a eliminar a dissonância entre os entendimentos manifestados pelos diversos órgãos do STF manteve-se inalterada até a edição do CPC/1973.

O Código revogado nasce, então, com o nítido propósito de remodelar todo o sistema recursal. A ideia de reduzir o número e as hipóteses recursais sobressaiu a qualquer tentativa de manutenção ou de simples aprimoramento do sistema anterior. Essa foi a tônica do CPC/1973, conforme noticiam diversos autores, dentre eles José

Carlos Barbosa Moreira e Egas Dirceu Moniz de Aragão, este último um ferrenho crítico das estruturas procedimentais arcaicas mantidas pelo processo civil.[18]

A realidade, portanto, quanto à previsão dos Embargos de Divergência no CPC/1973, foi a de que o legislador optou por desconsiderar completamente sua importância e necessidade, daí por que tê-lo ignorado no texto legislativo.

Essa postura e opção aparentemente decorreram do receio de incorrerem em *bis in idem*, já que o mecanismo de solução dos problemas relacionados à divergência jurisprudencial no contexto de um mesmo tribunal era contemplado pela existência do Incidente de Uniformização de Jurisprudência (IUJ).

Num primeiro momento, a opção do legislador do CPC/1973 fazia sentido, já que, realmente, o incidente de uniformização servia mesmo para essa finalidade. Entretanto, esses mecanismos, coexistindo ou não, têm o rendimento e a função exigidos pelo ambiente social, econômico e jurídico da época, ou seja, eles devem refletir a necessidade que se esperava deles naquele momento.

Não pretendemos ignorar que mesmo antes do CPC/1973, a sociedade já convivia – mal, diga-se de passagem – com a diversidade de problemas gerados pela jurisprudência contrastante ao sistema jurídico e à sociedade como um todo. Assim, muito antes do CPC/1973, já havia mecanismos voltados a solucioná-los, a exemplo do recurso de revista.

Não é menos verdadeiro que o problema relacionado à divergência jurisprudencial não atingia a sociedade tal como hoje o faz.[19] Por isso, não é de todo desarrazoado explicarmos e justificarmos a opção

---

[18] "Postas essas premissas, tem-se, de um lado, que há mais de um século, talvez desde sempre, o aumento progressivo da população universal e da complexidade das relações sociais agrava paulatinamente as dificuldades dos órgãos jurisdicionais para dar solução aos litígios que tanto os particulares quanto o próprio poder público insistem em submeter à sua apreciação, visto que estes não conseguem resolvê-los por si sós, nem costumam aceitar a conciliação ou o julgamento de entidades não estatais. De outro lado, tem-se que ao invés de atualizar-se para enfrentar a situação, os órgãos estatais conservam regras e procedimentos antiquados em que preponderam demoradas e complicadas formalidades" (ARAGÃO, Egas Dirceu Moniz de. Procedimento: formalismo e burocracia. *Revista do TST*, Brasília, DF, v. 67, n. 1, p. 119, jan./mar. 2001. Disponível em: https://juslaboris.tst.jus.br/. Acesso em: 3 fev. 2021).

[19] Questões relacionadas à constitucionalidade da Medida Provisória (MP) nº 168, de 15 de março de 1990, editada durante o governo de Fernando Collor de Melo, superlotaram o Poder Judiciário, ora decidindo-se pela sua constitucionalidade, ora pela sua inconstitucionalidade. O mesmo ocorreu com os temas relacionados à definição do que seja *leasing* para efeito de eventual tributação, ou mesmo à definição do que seja serviço, para efeito de se qualificarem as atividades exercidas pelo restaurante, e daí se poder tributar a respectiva atividade ao

do legislador de 1973 em não prever os Embargos de Divergência, na medida em que outro mecanismo de uniformização de entendimentos já existia, qual seja, o IUJ.

Não faremos nesta seção a distinção entre ambos os veículos de uniformização da jurisprudência – o incidente ao qual o legislador atribuiu esse mesmo nome e os Embargos de Divergência – e a dimensão de cada um deles a seu tempo. Mas é importante, ao menos, adiantarmos nosso posicionamento de que há uma distância significativa entre os dois institutos, principalmente quanto à função e à extensão dos efeitos deles decorrentes. Num caso, o do incidente de uniformização, as suas decisões não tinham, como de fato não poderiam e não deveriam ter, efeito vinculante, ainda que se considere a vinculação *interna corporis*, ou seja, dentro do mesmo tribunal do qual se originou; noutro caso, ao invés, os Embargos de Divergência devem gerar precedente com vinculação para o próprio tribunal[20] e para além dele, conforme veremos ao longo da tese.

Conforme lembra Teresa Arruda Alvim e Bruno Dantas, "também é típico do nosso sistema que precedentes dos tribunais superiores, mesmo que seja um só, tenham autoridade diferenciada. Por isso, é tão grave e indesejável que os tribunais superiores alterem frequentemente as suas próprias posições".[21]

Enfim, esses mecanismos devem constar do nosso sistema, em especial no contexto dos tribunais superiores, conforme vem ocorrendo ao longo dos últimos 100 anos, em razão das diversas alterações sofridas no sistema jurídico processual. A questão é saber se esses instrumentos de uniformização da jurisprudência colocados à disposição do jurisdicionado e dos organismos judiciais estão ou não desempenhando o seu papel ou aquele que lhe foi atribuído pela lei e pelo sistema, da forma como agora está organizado.

---

pagamento dos então cobrados Imposto sobre Circulação de Mercadorias (ICM) e Imposto sobre Serviços (ISS).

20 Nesse caso, o legislador estabelece a necessidade de respeito interno às decisões proferidas pelos tribunais – não somente no contexto do STJ e STF – firmando a regra que impõe a vinculação das decisões, em razão da competência hierárquica interna. O art. 927, V, do CPC estabelece:
"Os Juízes e Tribunais observarão (...)
(...)
V - a orientação do plenário ou do órgão especial aos quais estiverem vinculados".

21 ALVIM, Teresa Arruda; DANTAS, Bruno. *Recurso especial, recurso extraordinário e a nova função dos tribunais superiores no Direito brasileiro* 5. ed. São Paulo: Revista dos Tribunais, 2018. p. 541.

A importância de se atrelar o efeito vinculante ao sistema de precedentes e a previsão de sanção para a inobservância

A importância de se atrelar o efeito vinculante ao sistema de precedentes parece-nos evidente. Não estamos afirmando que qualquer tipo de precedente judicial deva ser vinculante. Mas a vinculação tende a derivar daqueles precedentes qualificados, na exata medida em que a qualificação na formação dos precedentes, em nosso sentir, legitima esse tipo especial de efeito atribuído a determinadas decisões. A inobservância do efeito vinculante a esse sistema levaria à sua própria negação, tanto quanto geraria insegurança jurídica a resistência ao que defendemos: a necessidade de se preservar nas decisões judiciais a sua coerência, isonomia, integridade e estabilidade, como pilares do Estado Democrático de Direito.

Não se trata de preocupação recente entre juristas e filósofos, a exemplo do que já trazido há tempos por Hans Kelsen:

> (...) a decisão judicial de um caso concreto é vinculante para a decisão de casos idênticos pelo fato de a norma individual que ela representa ser generalizada. Esta generalização, quer dizer, a formulação da norma geral, pode ser realizada pelo próprio tribunal que cria o precedente, mas também pode ser deixada aos outros tribunais que se encontram vinculados pelo dito precedente. Neste caso, não pode impedir-se que diferentes tribunais generalizem por forma diferente a decisão que constitui o precedente, o que não concorre para o fim da instituição: alcançar uma jurisprudência uniforme. Como a decisão que constitui o precedente apenas pode ser vinculante para a decisão de casos iguais, a questão de saber se um caso é igual ao precedente é de importância decisiva.[22]

Luiz Guilherme Marinoni, por sua vez, chama atenção para o fato de que "seria impossível pensar em coerência da ordem jurídica, em igualdade perante o Judiciário, em segurança jurídica e em previsibilidade caso os órgãos do STJ, por exemplo, pudessem negar, livremente, as suas próprias decisões".[23]

---

22 KELSEN, Hans. *Teoria pura do Direito*. Tradução: João Baptista Machado. 6. ed. São Paulo: Martins Fontes, 1998. p. 175.

23 MARINONI, Luiz Guilherme. *Precedentes obrigatórios*. 6. ed. São Paulo: Revista dos Tribunais, 2019. p. 118.

O STJ, a respeito dessa preocupação no tocante à inobservância dos precedentes e da própria jurisprudência dominante, já se pronunciou em diversas oportunidades, a exemplo do acórdão do Ministro Humberto Gomes de Barros, no julgamento do Agravo Regimental em Embargos de Divergência nº 228.432.[24] Conforme acentuado por Rafael Lippmann, depreendemos da própria ementa: "(...) as características de confiança, robustez e previsibilidade inerentes a um sistema no qual as orientações de uma Corte são respeitadas por – antes de mais ninguém – ela mesma".[25]

Precedentes judiciais e os Embargos de Divergência

A questão colocada em relação aos Embargos de Divergência, e ponto central deste texto, diz respeito aos efeitos vinculantes das decisões de mérito proferidas nos Embargos de Divergência.

A resposta imediata que pode ser dada por qualquer intérprete ou operador do direito é a de que, efetivamente, os Embargos de Divergência não são aptos a gerar esse tipo de efeito – vinculação – às suas decisões de mérito. Isso porque somente seriam vinculantes as decisões e as orientações que tenham sido consideradas pelo legislador, mais especificamente no art. 927 do CPC/2015, que trata exatamente das decisões que impõem ao julgador o dever de respeito e observância. Seriam vinculantes, portanto, as decisões do STF, proferidas em controle concentrado de constitucionalidade (art. 927, I, CPC/2015); os enunciados de Súmulas Vinculantes (art. 927, II, CPC/2015); os acórdãos

---

24 "PROCESSUAL – STJ – JURISPRUDÊNCIA – NECESSIDADE DE QUE SEJA OBSERVADA. O Superior Tribunal de Justiça foi concebido para um escopo especial: orientar a aplicação da lei federal e unificar-lhe a interpretação, em todo o Brasil. Se assim ocorre, é necessário que sua jurisprudência seja observada, para se manter firme e coerente. Assim sempre ocorreu em relação ao Supremo Tribunal Federal, de quem o STJ é sucessor, nesse mister. Em verdade, o Poder Judiciário mantém sagrado compromisso com a justiça e a segurança. Se deixarmos que nossa jurisprudência varie ao sabor das convicções pessoais, estaremos prestando um desserviço a nossas instituições. Se nós – os integrantes da Corte – não observarmos as decisões que ajudamos a formar, estaremos dando sinal, para que os demais órgãos judiciários façam o mesmo. Estou certo de que, em acontecendo isso, perde sentido a existência de nossa Corte. Melhor será extingui-la" (BRASIL. Superior Tribunal de Justiça (Corte Especial). AgRg no EREsp 228.432. Relator: Min. Humberto Gomes de Barros, 1 de fevereiro de 2002. *Dje*: Brasília, DF, 2002; LIPPMANN, Rafael Knorr. Precedente judicial. Enciclopédia jurídica da PUC-SP. *In:* CAMPILONGO, Celso Fernandes; GONZAGA, Alvaro de Azevedo; FREIRE, André Luiz (coord.). *Enciclopédia jurídica da PUC-SP*. 2. ed. São Paulo: Editora da PUC-SP, 2021. t. 3. Disponível em: https://enciclopediajuridica.pucsp.br/verbete/455/edicao-2/precedente-judicial. Acesso em: 16 maio 2022).

25 LIPPMANN. Precedente judicial.

proferidos em incidentes de assunção de competência, incidente de resolução de demandas repetitivas e em recursos repetitivos (art. 927, III, CPC/2015); enunciados de súmulas em matéria constitucional e infraconstitucional, editadas pelo STF e pelo STJ, respectivamente (art. 927, IV, CPC/2015); e orientações derivadas do Plenário ou do Órgão Especial aos quais estiverem vinculados (art. 927, V, CPC/2015).

Da mera leitura da lei processual, aparentemente decorre a conclusão de que somente nessas situações é que o julgador estaria vinculado a observar o sentido da orientação firmada pelo STJ ou pelo STF nas hipóteses dos incisos I a V, ou pelos tribunais estaduais, em se tratando do Incidente de Assunção de Competência e do Incidente de Resolução de Demandas Repetitivas.

Não olvidamos que o inciso V do art. 927 do CPC/2015 estaria a abarcar, também, os Embargos de Divergência, já que, no STF, qualquer divergência apontada entre julgamentos de suas duas Turmas – desde que preenchidos os pressupostos do art. 1.043 do CPC/2015 – inevitavelmente seria embargável e a competência para julgar esses Embargos é do Plenário. O mesmo ocorreria com os Embargos de competência do STJ, quando a divergência ocorresse entre Turmas de Seções diferentes, entre Seções e entre Seção e a Corte Especial. A hipótese do inciso V, certamente, não abrangeria a divergência havida entre Turmas da mesma Seção, já que a competência para o seu julgamento não é do Plenário, mas da Seção.

Entretanto, ainda que se considere o inciso V a abranger todas essas situações, menos aquela decorrente dos Embargos perante o STJ, contra acórdãos provenientes de Turmas diferentes integrantes de uma mesma Seção, surge um outro problema, qual seja, o de que essa competência deriva de regras que integram os regimentos internos do STF e do STJ.

Não há dúvida de que os regimentos internos dos tribunais são leis, em seu sentido material, mas não formal, conforme entendimento dominante da doutrina e da jurisprudência.[26]

Mas a regra de competência de que se trata é limitativa e indicativa de um efeito, vinculante, que, a nosso ver, melhor seria se derivada de processo legislativo regular e não decorrente da formulação de regras *interna corporis* dos respectivos tribunais.

---

[26] BRASIL. Supremo Tribunal Federal. ADI 1.105-7/DF. Relator: Min. Ricardo Lewandowski, julgado em 27 de abril de 2001. *Dje*: Brasília, DF, 2001.

Ou seja, não negamos valia às regras dos regimentos internos, para efeito de se atribuir vinculação às decisões dos Embargos de Divergência, quando a competência de seus julgamentos recaísse no Plenário ou Órgão Especial de seus respectivos tribunais. Apenas destacamos a sua fragilidade, inclusive para efeito de se permitir que eventual alteração dessas regras que levam à vinculação seja realizada sem processo legislativo formal válido.

Independentemente disso e retomando o tema da vinculação dos órgãos integrantes do Poder Judiciário a determinados tipos de decisões, entendemos que ela pode decorrer da própria lei, ou seja, de disposição inserida pelo legislador no contexto do direito positivo, mas pode também – daí o nosso posicionamento – decorrer de uma visão sistemática atribuída a determinados mecanismos e suas decisões.

Não há como negar que o legislador estabeleceu quais decisões e orientações devem produzir o efeito vinculativo, e quais não devem. E assim o fez, no art. 927, em seus cinco incisos, ao refletir a inclusão de cinco tipos de decisão e orientação e a exclusão de outras decisões que lá poderiam estar previstas.

Parece-nos ter havido, realmente, um descuido do legislador, conforme se verifica em outras situações, a exemplo da vinculação decorrente da decisão tratada pelo art. 1.030, I, "a", do CPC/2015, não prevista no art. 927, como deveria.

Saber se a omissão do legislador foi intencional ou acidental, a nosso ver, não importa muito, até mesmo porque a sua intenção (*mens legislatoris*) não vem ao caso no contexto de se estabelecer os efeitos produzidos pela norma jurídica aos seus destinatários e como o intérprete deve se portar na condução do processo interpretativo.

Também não é menos evidente que a interpretação da norma não deve ser feita apenas literalmente, mas de modo sistemático. Importante destacar que a jurisprudência dos tribunais superiores não faz qualquer menção à vinculação ou não dos Embargos de Divergência, ou seja, parece ignorar a mera possibilidade de que as decisões desse tipo recursal tenham caráter vinculante.

Omissão relativa aos Embargos de Divergência no rol dos mecanismos do art. 927 – omissão voluntária ou acidental? Oportunidade perdida pelo legislador

A regra do art. 927 do CPC/2015 é simples e indica quais decisões e orientações devem vincular os juízes e tribunais, ou seja, todas as hipóteses elencadas nos seus incisos I a V, o que não significa afirmar que a regra seja abrangente e clara.

Não há, por exemplo, qualquer disposição permitindo incluir nas hipóteses legais, outras hipóteses de vinculação. No entanto, seria extremamente importante que o legislador tivesse feito essa previsão, até para não incorrer no erro mencionado, qual seja, de ter se omitido em relação à hipótese do recurso extraordinário (art. 1.030, I, "a"), além de outras possíveis hipóteses que deveriam ter sido previstas, a exemplo das decisões derivadas dos julgamentos dos Embargos de Divergência, não contempladas pelo art. 927, V, do CPC/2015.

Outra falha cometida pelo legislador, segundo nosso entendimento, foi considerar as hipóteses legais do art. 927, I a V, do CPC/2015 como sendo idênticas, estabelecendo a vinculação em uma mesma regra, quando, na verdade, deveriam ser tratadas separadamente, na medida em que o grau de vinculação entre elas é diferente.

Teresa Arruda Alvim e Bruno Dantas destacam a necessidade de gradação dessa vinculatividade entre as hipóteses do art. 927, I a V:

> *Precedentes vinculantes* em sentido *forte* estão no art. 927, III. Fortes, *porque ensejam Reclamação.*
> Aqui, é oportuno que se faça uma observação: a Lei 13.256/2016 criou uma outra hipótese de vinculatividade, já por nós criticada. É a do recurso extraordinário individual, avulso, i.e., não repetitivo. Alguns dispositivos foram alterados, inclusive o art. 1.030, I, *a*, e 988, §5º, II, do CPC. Mas se esqueceu de incluir o recurso extraordinário no art. 927, III. Essa inclusão deve ser feita por interpretação sistemática.
> Nos ins. IV e V estão situações em que a obrigatoriedade é *média*. É normal e desejável que esses parâmetros sejam respeitados, e se houver afastamento deles, a decisão pode ser corrigida (ou não) pela via recursal. É que há súmulas antigas, contraditórias, superadas (...) Quanto às decisões do plenário e do órgão especial, de fato, desrespeitá-las é não entender o sentido da estrutura de um tribunal.[27]

São hipóteses de vinculação diferentes não só em sua formação, mas também na forma como podem ser objeto de superação. A diferenciação proposta por Teresa Arruda Alvim e Bruno Dantas faz todo sentido, já que o legislador fixou consequências distintas para a inobservância de um tipo de vinculação e de outro. Isso não significa

---

27 ALVIM; DANTAS. *Recurso especial, recurso extraordinário e a nova função dos tribunais superiores no Direito brasileiro*, p. 541-542.

que as vinculações devam receber tratamento diferente no que diz respeito à necessidade de observância. Apenas entendeu o legislador que um determinado tipo de vinculação tem força maior do que o outro.

Isso parece ter acontecido a partir do mecanismo que acabou gerando o precedente. Aqueles considerados pelos autores como de vinculação forte, assim o são, na medida em que as definições de suas teses derivaram de mecanismos processuais cuja função específica é estabelecer e firmar a tese, ou derivaram de razoável repetição acerca das decisões sobre o tema, a exemplo do Incidente de Resolução de Demandas Repetitivas, do Incidente de Assunção de Competência, do Recurso Especial e do Recurso Extraordinário, Recurso Repetitivo e Extraordinário Simples. Por isso, estabeleceu o legislador que a inobservância das decisões derivadas desses mecanismos enseja o ajuizamento de Reclamação (art. 988, III e IV, do CPC/2015). Diversamente, outros mecanismos podem gerar decisões vinculantes, mas sua função não é, necessária e especificamente, definir uma tese para unificar futuros entendimentos, como a hipótese do art. 927, V, do CPC/2015.[28]

Interessante classificação traz Teresa Arruda Alvim, ao argumentar que os precedentes podem ser classificados conforme a força de sua vinculação/obrigatoriedade. Há os precedentes ditos fortes, os de vinculação média e os de vinculação fraca. Segundo a autora, não são assim classificados porque exigem mais ou menos respeito dos juízes, tribunais e da própria sociedade, mas podem ser classificados dessa maneira na medida do que o legislador determinou como consequência para o seu descumprimento:

> A obrigatoriedade será tida como *forte* quando o respeito a um precedente é exigido, sob pena do manejo de medida ou ação *especialmente concebida para esse fim, a Reclamação.* São *precedentes obrigatórios,* no sentido *forte, à luz do* CPC/2015, por exemplo, as decisões proferidas em recursos repetitivos, no regime dos arts. 543-B e 543-C do CPC/1973 e do art. 1.036 e ss. do CPC/2015.
>
> *Média* é a obrigatoriedade de um precedente quando ocorre pelo menos uma das duas hipóteses: (i) o seu desrespeito pode gerar correção por meios não concebidos, necessariamente, para esse fim, como, por exemplo, recursos. Assim, se o juiz, ao decidir o caso entre A e B, o faz em desconformidade com o que o STJ tenha decidido em Embargos

---

28 As súmulas vinculantes, em que pese não ser correto, a nosso ver, incluí-las na categoria dos precedentes, são vinculantes no sentido forte da expressão, mas não são precedentes no seu sentido técnico, em que pese o seu descumprimento ensejar, também, Reclamação.

> de Divergência, julgados pela Corte Especial, interposto em processo que corre entre C e D, em caso idêntico, a via apropriada para a parte prejudicada corrigir a decisão do juiz, adequando-a àquilo que o STJ havia decidido antes, é a recursal; (ii) quando a lei utiliza a existência daquele precedente (ou daquele elemento oriundo do labor dos tribunais) para gerar abreviação do procedimento, permitindo à parte gozar de certos 'benefícios', como, por exemplo, a dispensa do duplo grau ou da prestação de caução na execução.[29]

Para além disso, acrescenta:

> Em terceiro e último lugar, há a obrigatoriedade que chamamos de *fraca*. A obrigatoriedade *fraca* é (apenas) cultural. É aquela que decorre do bom senso, da razão de ser das coisas, do que se deve ter o direito de razoavelmente esperar dos órgãos do Estado (= justa expectativa da sociedade, princípio da proteção da confiança). Da *lógica* ou da racionalidade exigível do direito. O juiz decide o conflito entre A e B do modo x. C e D lhe submetem conflito idêntico à apreciação, no dia seguinte, e o *mesmo juiz* decide de modo y. Expectativa legítima e razoável tinham C e D de que o conflito fosse decidido do modo x![30]

Mas, ainda no que diz respeito ao art. 927 do CPC/2015, referido dispositivo não foi escrito de forma taxativa, em *numerus clausus*, portanto. Pretendeu o legislador atribuir àquelas decisões e, também, orientações – nesse último caso, nos seus incisos II, IV e V – vinculação que obriga os juízes e os tribunais. Não estabeleceu regramento limitando outras hipóteses sobre as quais a própria lei pode dispor, ou mesmo decorrente do próprio sistema.

Normas taxativas, ou seja, estabelecendo regramentos limitados às hipóteses do próprio dispositivo, não são e não devem ser a regra. Evidentemente, há hipóteses nas quais isso é necessário, a fim de se preservar a própria estrutura e eficiência do sistema. Um exemplo é a regra do art. 994 do CPC/2015, segundo a qual são cabíveis apenas os recursos de que tratam os incisos I a IX. Aqui, também não há limitação expressa no sentido de que só cabem aqueles recursos. Mas, se assim não fosse, ou seja, se outros recursos além dos previstos pelo legislador

---

[29] ALVIM, Teresa Arruda. *Modulação*: na alteração da jurisprudência firme ou de precedentes vinculantes. São Paulo: Revista dos Tribunais, 2019. p. 97.

[30] ALVIM. *Modulação*: na alteração da jurisprudência firme ou de precedentes vinculantes, p. 99-100.

pudessem ser criados e manejados – a não ser decorrentes de criação legislativa de competência federal – o sistema recursal e a própria atividade jurisdicional estariam comprometidos. Essa postura legislativa, de criar regras fixando hipóteses taxativas, é extremamente arriscada.

A doutrina também vem manifestando certa preocupação com esse modo de criar as regras, propondo, inclusive, quando se mostrar necessário, corrigir eventuais distorções e prejuízos representados pela norma taxativa por meio de interpretação extensiva, conforme entendem Teresa Arruda Alvim, Maria Lúcia Lins Conceição, Leonardo Ferres da Silva Ribeiro e Rogério Licastro Torres de Mello.[31] No mesmo sentido, Fredie Didier Junior e Leonardo Carneiro da Cunha.[32] Concordamos com a flexibilização da interpretação das regras taxativas, não por meio da interpretação extensiva, mas pela analógica.

Enfim, é certo que ao firmar hipóteses legais em *numerus clausus*, como regra, não se deve ampliar. Isso não significa, entretanto, que não se permita a sua "ampliação", por meio da interpretação analógica, quando a sua não ampliação implicar na negação do próprio fundamento que determinou a sua edição, ou mesmo a afronta a princípios gerais, normas fundamentais de importância maior do que a razão de ser da norma taxativa.

---

31 "1.7. No entanto, apesar de se tratar de enumeração taxativa, nada impede que se dê interpretação extensiva aos incisos do 1.015. Por isso é que, muito provavelmente, as exigências do dia a dia farão com que surjam outras hipóteses de cabimento de agravo, que não estão previstas expressamente no art. 1.015, mas podem-se considerar abrangidas pela via da interpretação extensiva" (ALVIM, Teresa Arruda; CONCEIÇÃO, Maria Lúcia Lins; RIBEIRO, Leonardo Ferres da Silva; MELLO, Rogério Licastro Torres de. *Primeiros comentários ao Novo Código de Processo Civil, artigo por artigo.* 2. ed. São Paulo: Revista dos Tribunais, 2016. p. 1614).

32 "As hipóteses de agravo de instrumento estão previstas em rol taxativo. A taxatividade não é, porém, incompatível com a interpretação extensiva. Embora taxativas as hipóteses de decisões agraváveis, é possível interpretação extensiva de cada um de seus tipos. Tradicionalmente, a interpretação pode ser literal, mas há, de igual modo, as interpretações corretivas e outras formas de reinterpretação substitutiva. A interpretação literal consiste numa das fases (a primeira, cronologicamente) da interpretação sistemática. O enunciado normativo é, num primeiro momento, interpretado em seu sentido literal para, então, ser examinado crítica e sistematicamente, a fim de se averiguar se a interpretação literal está de acordo com o sistema em que inserido. Havendo divergência entre o sentido literal e o genético, teleológico ou sistemático, adota-se uma das interpretações corretivas, entre as quais se destaca a extensiva, que é um modo de interpretação que amplia o sentido da norma para além do contido em sua letra. Assim, se a mensagem normativa contém denotações e conotações limitadas, o trabalho do intérprete será o de torná-las vagas e ambíguas (ou mais vagas e ambíguas do que são em geral, em face da imprecisão da língua natural de que se vale o legislador)" (DIDIER JUNIOR, Fredie; CUNHA, Leonardo Carneiro da. *Curso de Direito Processual Civil.* Meios de impugnação às decisões judiciais e processos nos tribunais. 15. ed. Salvador: Juspodivm, 2018. p. 248).

A realidade, a nosso ver, é uma só. O legislador não inseriu a decisão dos Embargos de Divergência no rol do art. 927 por absoluta desatenção, principalmente relacionada à importância e à função desse tipo recursal. Tratou-se, por isso, de omissão acidental e não voluntária, que, para efeito da interpretação da norma, pouco ou nenhuma importância tem.

De qualquer modo, a decisão de mérito dos Embargos de Divergência não foi contemplada com as mesmas características de vinculação pelos demais órgãos do Poder Judiciário, daquelas inseridas no rol do art. 927, I a V, do CPC/2015.

O legislador deveria tê-lo feito, mas perdeu a oportunidade. As razões para tê-lo feito são muitas, mas acreditamos que o legislador não atentou para as motivações de importância muito maior, que justificam a sua inclusão. Não inserir a decisão dos Embargos no contexto do art. 927 é negar a importância e a própria razão de ser do sistema de precedentes que ele próprio, o legislador, previu.

Enfim, foi extremamente infeliz o legislador na redação da norma do art. 927 do CPC/2015. Deixou de prever hipóteses que deveriam constar dos seus incisos, a exemplo daquela do art. 1.030, I, "a", advinda após a edição do CPC/2015. Deixou também de tratar adequadamente o caso dos Embargos de Divergência, que deveriam constar expressamente das hipóteses geradoras de vinculação. Além disso, tratou equivocadamente o art. 988 do CPC/2015, quando estabeleceu a possibilidade de Reclamação para o caso de infração a alguns tipos de decisões vinculantes, deixando de fazê-lo em relação a outras. Enfim, perdeu o legislador grande oportunidade de criar normas importantes de regramento do sistema de precedentes e seus mecanismos de controle.

Necessidade de se atribuir maior rendimento sistêmico ao mecanismo dos Embargos de Divergência

Os Embargos de Divergência, ninguém há de negar, são um recurso que têm recebido pouca atenção da comunidade jurídica, mas também, e especialmente, do próprio legislador. Apenas dois artigos do CPC/2015 foram a eles reservados. Isso não é, necessariamente, um sinal de que não tenham eles recebido adequado tratamento, mas certamente é um indício. Todos os demais recursos foram contemplados com regras que ocupam, no mínimo seis artigos, cada qual com diversos incisos e parágrafos. A exceção é o recurso ordinário, com apenas dois artigos, e os Embargos de Divergência, também com dois.

Nossa indignação não está relacionada, apenas, com o número de artigos – até porque essa constatação, por si só, não explica a desatenção do legislador em relação aos Embargos de Divergência. Dir-se-á que, em se tratando de recurso de efeito devolutivo restrito e cuja função é realmente limitada, não se exigiria do legislador maior atenção, ao menos em termos de espaço ocupado no CPC/2015. Evidentemente, não é essa nossa crítica em relação à postura do legislador, mas a falta de preocupação em entender bem a função desse tipo recursal, menos ainda o contexto no qual ele se insere.

O sistema jurídico e jurisdicional brasileiro, como qualquer outro existente em países democráticos, não se sustenta, mas apenas se estiver escorado em diversos princípios – de ordem constitucional, a maioria deles – que lhes dão suporte e os mantêm. São vários esses princípios, mas alguns deles chamam mais atenção, quando pensamos em funcionalidade e operatividade. Qualquer sistema jurídico e jurisdicional deve ser funcional, operativo e eficaz. Deve servir à sociedade na qual se insere, pois, do contrário, deverá ser alterado ou, certamente, produzirá um ambiente de instabilidade e de caos.

Vige no Brasil o duplo grau de jurisdição, segundo o qual a atividade jurisdicional é exercida em um grau inferior da jurisdição, com controle e revisão posterior feito por outro órgão da jurisdição, de hierarquia superior. Além dessa formação, estão no segundo grau da jurisdição os tribunais superiores, aos quais se reservou a função de julgar as questões constitucionais e infraconstitucionais, que eventualmente tenham sido mal julgadas pelas instâncias ordinárias. Grosseiramente, é assim que se estrutura a organização judiciária brasileira.

Evidente, portanto, que essa formatação impõe a existência entre esses organismos de certa dose de obediência quanto ao entendimento manifestado por cada um deles ao exercer a sua atividade jurisdicional. Os órgãos inferiores, naturalmente, devem respeitar os superiores por diversos motivos, o principal deles em decorrência das regras de competência estabelecidas pela CF/1988 para esse conjunto de órgãos que compõem o Poder Judiciário.

Na realidade, exige-se para um sistema jurisdicional ser eficaz, "minimamente justo",[33] operativo e legítimo, a produção de decisões isonômicas, coerentes, equilibradas, estáveis, e, por conta disso, proporcionar ao jurisdicionado previsibilidade e a segurança necessária almejada da atividade jurisdicional pela sociedade.

Essa importância se insere no contexto da atividade jurisdicional como um todo, mas é de relevância capital, quando analisada sob a perspectiva daqueles mecanismos judiciais cuja função primeira – principal, na verdade – é exatamente produzir e manter os tão esperados equilíbrio, isonomia, segurança, estabilidade e previsibilidade. Ou seja, esses princípios importam para o sistema como um todo, mas sua importância e rendimento maiores aparecem quando verificados à luz dos mecanismos e dos meios de impugnação a decisões judiciais previstos pelo legislador, exatamente para gerar esse tipo de efeito.

Os Embargos de Divergência foram criados com essa finalidade. Isso ninguém há de negar. Servem para eliminar as dissonâncias internas eventualmente ocorridas dentro do STJ e do STF.

Já afirmamos que a manutenção da divergência, embora considerada "intramuros", ou seja, dentro do próprio tribunal que lhe deu origem (STJ ou STF), irradiará seus efeitos nefastos para além dos próprios tribunais. Isso porque, diversamente do que ocorreria se a divergência de entendimentos fosse mantida em outros órgãos jurisdicionais – junto aos tribunais estaduais, por exemplo – a divergência no STJ ou no STF legitimará todos os demais organismos do Poder Judiciário a seguirem orientações díspares, já que a esses tribunais superiores, dentre outras funções, cabe a de zelar pela uniformização da jurisprudência nacional. Assim, sendo essa uma de suas funções, a de alinhar entendimentos quanto a determinados temas em âmbito nacional, o posicionamento interno de qualquer desses dois tribunais superiores irradiará seus efeitos e orientação aos demais tribunais do país.

Quando se pensa, portanto, que a dissonância interna desses tribunais – o que é, evidentemente, possível, apesar de indesejado, já que os ministros são seres humanos e pensam diferentemente uns dos outros – deve ser erradicada e, para isso, o legislador dotou o sistema

---

[33] Inserimos aspas no termo "minimamente justo", na medida em que a definição do que seja justo decorre de diversos fatores, de ordem subjetiva e dependentes do contexto no qual é examinado. Mas existe, evidentemente, o que se pode considerar como o mínimo, e, a nosso ver, estará o conceito de justo atrelado àquelas condições esperadas pela sociedade do Poder Judiciário.

processual de mecanismo próprio, qual seja os Embargos de Divergência, entendemos que eles mereceriam tratamento mais adequado, especialmente para render mais do que, simplesmente, resolver a divergência interna, sem qualquer efeito além disso.

O legislador, efetivamente, deveria ter inserido as decisões de mérito dos Embargos de Divergência no rol das decisões referidas pelo art. 927 do CPC/2015, que geram o dever de respeito por parte dos juízes e tribunais. Nessa medida, o legislador perdeu uma excelente oportunidade, especialmente a de atribuir o rendimento esperado desse antigo mecanismo de eliminação de divergência de entendimentos, inserido no âmbito da competência do STJ e do STF.

Existem situações as quais o legislador realmente deixou a desejar em relação ao tratamento dispensado a determinados temas, caso evidente no que diz respeito aos Embargos de Divergência.

Não obstante, entendemos ser possível o preenchimento dessa falha legislativa, através de uma interpretação sistemática do ordenamento jurídico, de maneira a se permitir atribuir aos Embargos de Divergência o rendimento que deixou de aderir ao recurso.

Essa atribuição de rendimento que nos permitimos fazer, entretanto, deve ser submetida a uma análise prévia acerca de determinados requisitos e pressupostos exigidos da maioria desses mecanismos formadores de precedentes vinculantes, de maneira que não nos distanciaremos demais das exigências entendidas pelo legislador como necessárias para qualificar uma decisão ou orientação como vinculantes de todo o restante do Poder Judiciário.

Ambiente decisional propício para a formação de precedente vinculante

Por ambiente decisional propício queremos dizer a competência atribuída a determinado órgão da jurisdição, para o processamento, o julgamento e, principalmente, a definição qualificada acerca de certos temas.

Não se nega que os tribunais superiores (STJ e STF) são, efetivamente, as instâncias apropriadas para formar precedentes que devem ser respeitados pelas demais inferiores. São referidos tribunais as cortes superiores do sistema jurisdicional brasileiro e, como tal, a eles se atribuiu a competência de dizer a última palavra acerca da melhor ou única interpretação acerca da lei infraconstitucional e da Constituição

Federal. Apenas essa função, entretanto, não justifica ou explica a condição de se atribuir efeito vinculante às suas decisões.

A vinculação das decisões judiciais, como entendemos, não pode ser a regra. Até mesmo porque o legislador não pretendeu atribuir essa função normativa "concorrente" do Poder Judiciário, em face do Poder Legislativo. A função normativa dos tribunais é uma realidade desde antes do CPC/2015, mas que com ele se acentuou. Jamais se pretendeu promover a interferência de um poder no outro. Ao Poder Legislativo cabe a função de criar as normas por meio dos processos legislativos de sua competência, ao passo que ao Poder Judiciário cabe a função judicante, refletida em, dentre outras coisas, interpretar o sistema normativo nos casos concretos.

Entretanto, essa função judicante não gera efeitos única e exclusivamente no contexto dos processos nos quais surgem as decisões. Em função da estrutura organizacional e relação de hierarquia existente entre os órgãos que compõem o Poder Judiciário, não é errado dizer que dentro dessa estrutura, alguns órgãos devem respeitar outros, não em seu contexto administrativo, mas no que tange às decisões emanadas dos seus processos. Assim, é incontroverso que as decisões proferidas pelos órgãos superiores devem ser respeitadas pelos inferiores, quando estiverem eles vinculados ao mesmo processo, em razão das regras de competência. Decisões proferidas pelos tribunais devem ser respeitadas e cumpridas pelos juízos que, hierarquicamente, se colocarem em grau inferior. Lembremo-nos de que essa hierarquia deve ser analisada apenas no contexto da competência que os une, em relação ao mesmo processo no qual estiverem atuando.

Pois bem. Mas não é esse tipo de respeito que estamos nos propondo tratar. O respeito, como forma de vinculação, que pode ou deve acontecer entre os organismos jurisdicionais, não é decorrente dessas regras de competência, nas quais as decisões proferidas pelos juízos superiores hierarquicamente devem ser respeitadas pelos inferiores, quando atuarem no mesmo processo, pelo simples fato de que a última palavra deve sempre ser dita pelas instâncias revisoras, ou por aquelas cuja competência seja promover a interpretação última da legislação federal ou da Constituição. O respeito/vinculação a que nos referimos decorre aqui da função especial normativa atribuída pelo legislador a determinados organismos do Poder Judiciário, em determinadas e específicas situações e processos.

Há certos processos e recursos cujas decisões são tomadas exatamente para servirem como paradigma de outras, cujos elementos de identificação entre os processos foram reconhecidos. Decorre daí a função nomofilácica sobre a qual já tratamos em outro trabalho sobre o mesmo tema.

Mas, não é apenas nessas circunstâncias e situações previstas pela lei que deve acontecer a vinculação dessas decisões específicas.

Não é menos verdadeiro, que a opção feita pelo legislador pelas hipóteses – aparentemente taxativas – do art. 927 do CPC/2015 considerou a sistemática e o procedimento firmados para aqueles mecanismos. Assim, para os mecanismos inseridos nos incisos I a V, cujas decisões nascem, exatamente, para produzirem orientações vinculantes, o legislador fixou competência e pressupostos de cabimento, voltados a garantir a qualidade, a segurança e a função social que devem ser apresentadas pelos precedentes judiciais.

Entretanto, a adequação do procedimento a outros mecanismos especiais, como é o caso dos Embargos de Divergência, não é incompatível com a simplicidade pela qual esse recurso foi tratado pelo CPC/2015.

Assim, independentemente do disposto nos arts. 1.043 e 1.044 do CPC/2015, é perfeitamente possível – aliás, recomendável – que o STJ e o STF adotem procedimento específico e competência qualificada (isso já acontece) para processar e julgar os Embargos de Divergência, embora o legislador não tenha estabelecido a vinculação às decisões de mérito dos Embargos de Divergência, além da hipótese do art. 1.043, V, do CPC/2015.

Observância de contraditório pleno e competência qualificada

O contraditório estabelecido para os Embargos de Divergência não parece diferir daquele reservado aos demais recursos, cujas decisões não têm efeito vinculante. O legislador, conforme dissemos, tratou desse tipo recursal de maneira extremamente tímida e sem o cuidado devido com esse importante mecanismo, reservando-lhe tão somente dois artigos. Isso, por si, não diz tudo, mas diz muito sobre o que quis o legislador ao tratar do tema. Por evidente, quis atribuir rendimento mínimo a um recurso cuja importância é muito maior do que a vislumbrada pelo legislador.

Quanto ao procedimento legal dos Embargos, no que se refere ao contraditório, observará o disposto nos regimentos internos que, frisa-se, já existiam quando o CPC/2015 foi editado. O RISTJ aborda o tema nos arts. 266 a 267 do CPC/2015, enquanto o do STF o faz nos arts. 330 a 336. As regras, em ambos, tratam de maneira simplificada o contraditório, apenas dispondo que, opostos os Embargos de Divergência, abre-se vista ao embargado para, em quinze dias, oferecer sua resposta. E, se houver necessidade de manifestação do Ministério Público, a ele abrir-se-á prazo de 20 dias para manifestação (art. 266-D, do RISTJ).

Realizado o contraditório, os Embargos serão apreciados acerca de sua admissibilidade, pelo Relator sorteado (art. 266-C, do RISTJ), ou pelo Relator do acórdão embargado, no caso de Embargos de Divergência de competência do STF (art. 335, §1º, do RISTF).

Procedimento extremamente simplificado, portanto. Isso não significa, no entanto, que não possa ser amplificado e qualificado o contraditório, a fim de se permitir ao colegiado um pronunciamento também de qualidade melhor, caso o Relator sorteado ou qualquer integrante da Turma julgadora assim entenda necessário. Em outras palavras, é perfeitamente possível – até porque não há na lei qualquer regra impeditiva nesse sentido – ampliar o contraditório, com a participação de terceiros, *amicus curiae*, audiências públicas, dentre outros, visando a qualificar diferentemente a decisão, para se permitir a prolação de decisão em torno de uma tese *que deverá ser observada pelos demais juízes e tribunais*, como ocorre com os demais mecanismos previstos pelo art. 927 do CPC/2015.

Conforme inferimos das poucas regras fixadas para o recurso de Embargos de Divergência – tanto no CPC/2015 como nos regimentos internos do STJ e do STF – a simplicidade procedimental verificada, em especial aquela reservada ao contraditório, não impede a extensão do procedimento para se atingir o resultado mais qualificado acerca da definição da *tese* – ou, se se preferir, da *questão de direito* – que, afinal, é o objetivo dos Embargos de Divergência.

Conforme já abordamos, a competência para processar e julgar os Embargos de Divergência é qualificada, coerentemente com a necessidade de se atribuir caráter vinculante às suas decisões. Basta constatarmos que o mesmo órgão jurisdicional que julga os Embargos de Divergência (art. 11, XIII, do RISTJ), o faz em relação aos recursos repetitivos (art. 11, XVI) e os Incidentes de Assunção de Competência (art. 11, VI, do RISTJ).

Essa realidade relacionada à competência, por si só, já estaria a autorizar que se estendesse aos Embargos de Divergência o efeito vinculante às suas decisões.

Função específica de pacificação da jurisprudência interna e estabelecimento de padrão decisório

Neste ponto, importante considerarmos o seguinte: a atribuição de efeitos a qualquer recurso, ou mecanismos criados e disciplinados pelo legislador no âmbito do processo civil, não podem simplesmente decorrer da opção do legislador. Ou seja, não é porque o legislador optou por disciplinar um mecanismo inserido no contexto do processo, de uma certa e determinada maneira, que essa disciplina é capaz de desqualificar e desnaturar o que foi disciplinado. Assim, por exemplo, se um recurso existe e foi criado para atingir uma determinada finalidade, tal finalidade deve ser respeitada, não devendo, nem mesmo o legislador, dele retirar essa sua função e efeito. A ação rescisória, por exemplo, é ação de natureza constitucional, criada com o propósito de impugnar decisões de mérito nas hipóteses elencadas nos incisos I a VIII – e atualmente outros especificados pelo legislador no art. 966, §2º. Por isso, o legislador não deve limitar os seus efeitos, de modo que ela não sirva à anulação da decisão impugnada (juízo *rescindens*) e ao rejulgamento da causa (juízo *rescisorium*).

Em outras palavras, o legislador não pode, sob pena de desnaturar seu próprio objetivo, (i) criar um mecanismo voltado a uniformizar jurisprudência e eliminar divergência; (ii) fixar a sua competência exclusiva aos tribunais de cúpula; (iii) estabelecer que esses tribunais têm o dever de unificar entendimentos no contexto nacional; (iv) atribuir a competência interna para o seu julgamento aos órgãos que têm competência qualificada para fixar as teses vinculantes (pelo IAC e os repetitivos); e deixar de atribuir eficácia às decisões dos Embargos de Divergência, para além dos muros do próprio tribunal no qual se processaram e foram julgados os Embargos.

A nosso ver, não podemos nos prender à letra fria da lei, no sentido de definir quais são, realmente, os efeitos das decisões dos Embargos de Divergência, concluindo que não podem elas vincular os juízes e tribunais, simplesmente porque não foram incluídos no rol do art. 927.

Mais do que ficarmos adstritos à letra da lei, que nesse caso pouco ou quase nada diz em termos de limitação e de efeito das decisões dos

Embargos de Divergência, a não ser pela sua não inclusão – que não é o mesmo que sua exclusão – no rol das decisões aptas a gerar precedentes vinculantes, entendemos que sua real extensão deva derivar de uma interpretação sistemática e objetiva, com olhos voltados à operatividade e ao funcionamento do sistema judiciário. Em outras palavras, a análise dos efeitos da decisão dos Embargos não pode prescindir da análise da função atribuída aos tribunais aos quais compete processar e julgar esse tipo recursal.

Nunca é demais lembrar de que os tribunais superiores exercem função que extrapola o limite dos interesses dos jurisdicionados, função essa extremamente importante, de interesse público – e, talvez por isso, ousamos dizer tratar-se de sua principal função – a de promover a "pacificação da jurisprudência" em âmbito nacional, o que deve ser feito a partir de padrões decisórios que servirão de norte aos demais juízes e tribunais integrantes do Poder Judiciário.

O tratamento isonômico, a segurança jurídica, a coerência do sistema judiciário, a estabilidade e a previsibilidade esperadas da atividade jurisdicional, só podem ser alcançadas se essa atividade jurisdicional, de alguma forma, puder ser controlada por outro organismo situado no vértice da estrutura judiciária.

Esses organismos são o STJ e o STF, a quem se reservou exatamente essa função: pacificar a jurisprudência e estabelecer padrão decisório.

Ora, se assim o é, ou seja, se a esses tribunais se reservou tal função, os mecanismos internos de sua competência, em especial aqueles voltados a fixar padrão decisório e estabilização da jurisprudência, não podem ter os seus efeitos limitados a esses tribunais de cúpula. Entender-se diversamente, a nosso ver, significa atribuir uma função específica e das mais importantes a esses tribunais e, ao mesmo tempo, negar-lhes tal função quando se trata de definir a vinculatividade das decisões emanadas do recurso que se presta exatamente a essa finalidade.

Enfim, se estamos falando das principais funções do STJ e do STF, não é possível que o recurso de Embargos de Divergência, que tem essa mesma finalidade, não tenha as suas decisões equiparadas às decisões derivadas dos mecanismos tratados pelo art. 927 do CPC/2015, ainda que o legislador não tenha feito, expressamente, essa exclusão.

Respeito "obrigatório" pelos próprios tribunais dos quais se originaram as decisões dos Embargos

Outro problema surgido no contexto dos efeitos da decisão dos Embargos de Divergência é ainda mais grave em relação ao abordado até aqui. Não se trata de perquirir se as decisões dos Embargos vinculam os demais juízes e tribunais, mas, antes disso, de saber se essas decisões vinculam os próprios STJ e STF. Pode ser, como se vê, ainda mais grave a falta de cuidado do legislador, ao tratar dos Embargos de Divergência.

Dificilmente encontraremos quem negue a vinculatividade dessas decisões, quando analisada no contexto interno do próprio tribunal no qual a decisão se originou. Aliás, negar esse efeito quando considerado intramuros significa negar a própria existência do recurso.

De qualquer maneira, o legislador estabeleceu a vinculação interna dos tribunais às suas próprias decisões, quando tiverem elas sido proferidas pelo plenário ou órgão especial aos quais os juízes e tribunais estiverem vinculados (art. 927, V, do CPC/2015). A regra não foi criada para os Embargos de Divergência, mas lhes serve também, na medida em que determinadas divergências impugnadas pelos Embargos, hão de ser resolvidas pelo Órgão Especial ou pelo Plenário. Quando isso ocorrer, podemos afirmar que a decisão dos Embargos deve produzir efeito vinculante – *intramuros, apenas* – pela norma do art. 927, V, unicamente quando a competência para o seu processamento e julgamento recair em um desses dois órgãos. Não significa que o legislador tenha atribuído efeito vinculante aos Embargos, como o fez em relação aos demais mecanismos formadores de precedentes.

Se o legislador criou um mecanismo de unificação de entendimentos e estabeleceu competência qualificada para o seu processamento e julgamento, negar-lhe a condição de vinculação interna aos entendimentos firmados será dizer que esse recurso não serve realmente para nada; uniformiza, mas permite nova divergência. Realmente, será negar o óbvio, em que pese também não ter o legislador reservado uma linha sequer para estabelecer o dever de vinculação dos órgãos internos do STJ e STF às decisões que unificam entendimentos e eliminam as divergências.

Não nos olvidamos de que o art. 927, V, do CPC/2015 estabelece o dever de observância dos juízes e tribunais, quanto à orientação derivada do plenário ou do órgão especial a que eles estejam vinculados.

Essa regra, aparentemente, resolveria integralmente a questão da vinculatividade interna das decisões de mérito emanadas dos Embargos de Divergência, porque alguns deles deverão ser julgados pelo Plenário ou pela Corte Especial dos Tribunais, quando a divergência, no caso do STJ, "for entre Turmas de Seções diversas, entre seções, entre Turma e Seção que não integre ou entre Turma e Seção com a própria Corte Especial" (art. 11, XIII, do RISTJ). Dessa regra de competência estabelecida pelo RISTJ, combinada com a do art. 927, V, do CPC/2015, conclui-se existir o dever de respeito dos tribunais – e não somente eficácia persuasiva – às decisões dos Embargos de Divergência, pois estão vinculados à regra que deles exige respeito à orientação do Plenário ou Órgão Especial.

No entanto, nem todos os Embargos de Divergência são julgados pela Corte Especial ou pelo Plenário. Há casos – como o dos Embargos opostos em função da divergência manifestada por decisões entre Turmas da mesma Seção – que devem ser julgados pelas Seções, por isso essa hipótese não está inserida no inciso V. Percebemos, portanto, que ao estabelecer a regra do inciso V, o legislador não teve a menor intenção de envolver os Embargos de Divergência na sua ideia de vinculação. Isso acabou acontecendo – repita-se, apenas intramuros e não para além dos limites do próprio tribunal ("os juízes e os tribunais observarão" (...) "V - a orientação do plenário ou do órgão especial *aos quais estiverem vinculados*"), – ao acaso. O legislador parece ter mirado um alvo e acabou acertando outro; não obstante, não podemos nos esquecer de que a regra do inciso V não abrange todas as hipóteses de cabimento dos Embargos de Divergência. Quando a divergência se manifestar entre entendimentos de Turmas da mesma Seção no STJ, a competência dos Embargos será da Seção, portanto, hipótese não refletida na vinculação interna prevista no dispositivo legal.

Em relação aos Embargos de Divergência opostos no STF, parece não haver muita dificuldade em se concluir pela sua necessária vinculação, já que eles serão sempre julgados pelo Plenário (divergência entre Turmas, competência do Plenário; divergência entre Turma e Plenário, competência do Plenário).

Mas, a regra do art. 927, V, do CPC/2015, parece não ter sido criada para envolver também os Embargos de Divergência, mas, sim, hipóteses outras. Observemos: ao mesmo tempo que o legislador estabelece a necessária "obediência" dos juízes e tribunais às orientações emanadas do órgão especial e do plenário aos quais estejam vinculados, ao invés de, simplesmente, estabelecer o cabimento de Reclamação, pelo eventual descumprimento desse preceito, admite haver o desrespeito, quando dispõe que a divergência entre Turma e Plenário do STF desafia a oposição de Embargos de Divergência. Mas essa divergência entre Turma e Plenário no STF é possível? Se não é possível, a Reclamação seria o remédio adequado para corrigir o desvio e não o cabimento de outro recurso, com função uniformizadora.

De qualquer modo, verifica-se que o legislador não percebeu o real significado e a importância da regra do art. 927, V, ao mesmo tempo que não se atentou para a relevância de se atribuir maior rendimento aos Embargos de Divergência.

Enfim, segundo nosso entendimento – até por coerência com o defendido até o momento – a vinculação interna às decisões emanadas dos Embargos de Divergência é uma realidade não necessariamente ligada à regra do art. 927, V. Antes disso, essa vinculação encontra explicação na própria essência e na razão de ser desse mecanismo recursal, aliadas às peculiaridades procedimentais e de competência que permitem a formação e a propagação dos tais efeitos vinculantes, dentro e fora do STJ e do STF.

Vinculação pelos demais tribunais – característica que não depende, necessariamente, de lei escrita – vinculação decorrente da lógica do sistema

Já manifestamos nosso posicionamento a respeito da existência ou não de efeito vinculante às decisões dos Embargos de Divergência. Ademais, ainda que não tivéssemos, expressamente, considerado esse efeito como uma realidade presente, por razões de ordem lógica e decorrentes da própria operatividade do sistema, nosso entendimento não poderia ser outro, que não o de considerar uma realidade indisputável – respeitadas, evidentemente, opiniões contrárias – a de que os Embargos de Divergência, quando resultar de seu julgamento uma decisão de mérito, devem vincular os juízes e tribunais aos quais estejam vinculados aos respectivos Órgão Especial e Plenário (art. 927, V, do CPC/2015), mas também, e principalmente, quaisquer outros juízes e tribunais do país, ainda que entre eles não exista qualquer vinculação pelas regras de organização judiciária.

Não conseguimos conceber um sistema jurisdicional organizado no sentido de gerar segurança, estabilidade, isonomia, coerência e previsibilidade – que cria, a partir dessa organização, meios para atingir esses objetivos – e que acabe negando a própria estrutura na qual se baseia.

Em outras palavras, não há quem negue a importância reconhecida pelo CPC/2015, no sentido de buscar a maior eficiência e operatividade do sistema jurisdicional, a partir da instituição de certos mecanismos voltados a atingir objetivos que, ao final, acabem refletindo no respeito aos princípios da segurança jurídica, estabilidade, isonomia, coerência e previsibilidade.

Todos esses mecanismos, basicamente, valorizam sobremaneira o sistema dos precedentes judiciais. Isso, a partir de uma ótica de que deve servir de fonte do direito, não apenas como inspiração aos demais juízes e tribunais, mas como pauta efetiva de conduta deles, mediante a estrita observância de decisões qualificadas, na medida em que qualificados o contraditório e a competência dos processos/recursos que lhe deram origem. Ou seja, trata-se da instituição expressa – não que antes de 2015 já não houvesse um microssistema em nosso ordenamento – dos precedentes judiciais como fonte efetiva do direito, assumindo a sua verdadeira função, com eficácia vinculante, até porque sem ela as regras dos arts. 926 e 927 seriam verdadeira letra morta no CPC/2015.

Esse contexto, que representou uma mudança bastante significativa em nosso sistema, especialmente em termos culturais, evidentemente pressupõe funcionalidade. Ou seja, as mudanças foram concebidas para tornar o sistema jurisdicional o mais funcional e operativo possível. E isso só será possível a partir do absoluto respeito aos precedentes vinculantes – apesar de termos para nós que até os outros precedentes aos quais não se atribuiu essa qualidade, também para eles dever-se-ia observar coerência e previsibilidade, quando o julgador tivesse diante de casos símiles ou idênticos em seu núcleo. As decisões qualificadas, ou as súmulas, quaisquer que sejam elas, deveriam servir de parâmetro decisório às decisões futuras, especialmente quando se considera que o paradigma tem origem em tribunais superiores.

Verdadeiramente, criar um mecanismo de pacificação e de uniformização de entendimentos, de competência dos tribunais aos quais cabe dizer a última palavra acerca do direito, sem eficácia vinculante, é negar a lógica do sistema.

Não estamos aqui afirmando que o sistema deva ser sempre lógico. Mas certamente deve ser coerente e operativo.

Quando se pensa que o legislador criou um tipo recursal, cujo objeto é definir uma questão de direito para ser aplicada ao caso objeto de impugnação, e aos demais que lhe sobrevierem, *evidente* que a observância do sentido da tese aos casos futuros, semelhantes ou idênticos, é um dever do tribunal que deu origem à decisão dos Embargos de Divergência.

Dizer-se que essa decisão pode ser seguida pelo próprio tribunal é, para dizer o mínimo, equiparar os Embargos de Divergência aos Incidentes de Uniformização de Jurisprudência, cuja decisão sempre foi persuasiva e de observância apenas desejável.

Os Embargos de Divergência têm, conforme já dissemos, função uniformizadora e de pacificação. Pacificação relacionada à insegurança e à falta de previsibilidade decorrentes das constantes e frequentes oscilações de entendimentos dentro do tribunal, cuja função, das principais, é exatamente gerar essa previsibilidade, segurança e isonomia de tratamento.

Ora, o raciocínio é simples: O STJ e o STF devem promover a unidade do direito acerca das questões legais federais e constitucionais, respectivamente. Devem, também, promover a coerência, a estabilidade e a integridade de sua jurisprudência, assim como a sua uniformização. Essa é a principal função das cortes superiores. Diante disso, não podemos conceber que os mecanismos e os recursos de sua competência, em especial aqueles cuja função é exatamente essa, dotados de estrutura procedimental própria e de contraditório amplo, não tenham o efeito de gerar em suas decisões vinculação interna e externa a outros juízes e tribunais.

A nosso ver, essa negação é negar a existência ao próprio recurso de Embargos de Divergência. Se ele não serve aos fins propostos pela sua criação, então melhor será eliminá-lo do sistema positivo.

Referências

ALVIM, Teresa Arruda. *Modulação*: na alteração da jurisprudência firme ou de precedentes vinculantes. São Paulo: Revista dos Tribunais, 2019.

ALVIM, Teresa Arruda; CONCEIÇÃO, Maria Lúcia Lins; RIBEIRO, Leonardo Ferres da Silva; MELLO, Rogério Licastro Torres de. *Primeiros comentários ao Novo Código de Processo Civil, artigo por artigo*. 2. ed. São Paulo: Revista dos Tribunais, 2016.

ALVIM, Teresa Arruda; DANTAS, Bruno. *Recurso especial, recurso extraordinário e a nova função dos tribunais superiores no Direito brasileiro*. 5. ed. São Paulo: Revista dos Tribunais, 2018.

ARAGÃO, Egas Dirceu Moniz de. Procedimento: formalismo e burocracia. *Revista do TST*, Brasília, DF, v. 67, n. 1, jan./mar. 2001. Disponível em: https://juslaboris.tst.jus.br/. Acesso em: 3 fev. 2021.

ASSIS, Araken de. *Manual dos recursos*. 9. ed. São Paulo: Revista dos Tribunais, 2016.

BRASIL. [Constituição (1967)]. *Constituição da República Federativa do Brasil de 1967*. Brasília, DF: Presidência da República, 1988. Disponível em: http://www.planalto.gov.br/ccivil_03/constituicao/constituicaocompilado.htm. Acesso em: 16 maio 2022.

BRASIL. *Decreto nº 19.656, de 3 de fevereiro de 1931*. Rio de Janeiro: Governo Provisório da República, 1931. Disponível em: https://www2.camara.leg.br/legin/fed/decret/1930-1939/decreto-19656-3-fevereiro-1931-508520-publicacaooriginal-1-pe.html. Acesso em: 16 maio 2022.

BRASIL. Decreto-Lei nº 6, de 16 de novembro de 1937. Dispõe sôbre a extinção da Justiça Federal e o andamento das causas em curso, e dá outras providências. *Diário Oficial da União*: Rio de Janeiro, 1937. Disponível em: thttps://www.planalto.gov.br/ccivil_03/decreto-lei/1937-1946/del0006.htm. Acesso em: 16 maio 2022.

BRASIL. Decreto-Lei nº 1.608, de 18 de setembro de 1939. *Diário Oficial da União*: Rio de Janeiro, 1939. Disponível em: https://www2.camara.leg.br/legin/fed/declei/1930-1939/decreto-lei-1608-18-setembro-1939-411638-publicacaooriginal-1-pe.html. Acesso em: 16 maio 2022.

BRASIL. Superior Tribunal de Justiça (Corte Especial). AgRg no EREsp 228.432. Relator: Min. Humberto Gomes de Barros, 1 de fevereiro de 2002. *Dje*: Brasília, DF, 2002.

BRASIL. Supremo Tribunal Federal. ADI 1.105-7/DF. Relator: Min. Ricardo Lewandowski, 27 de abril de 2001. *Dje*: Brasília, DF, 2001.

BRASIL. Supremo Tribunal Federal. *Regimento Interno do Supremo Tribunal Federal* (RISTF). Brasília, DF: STF, [2022]. Disponível em: https://www.stf.jus.br/arquivo/cms/legislacaoRegimentoInterno/anexo/RISTF.pdf. Acesso em: 16 maio 2022.

CARNEIRO, Athos Gusmão. Do recurso de Embargos de Divergência no Superior Tribunal de Justiça. *Ensaios jurídicos*, Brasília, DF, p. 133-149, 2003. Disponível em: https://www.stj.jus.br/publicacaoinstitucional/index.php/EJur/article/view/3736/3857. Acesso em: 16 maio 2022.

CÔRTES, Osmar Mendes Paixão. *Recursos para os tribunais superiores*. 4. ed. Brasília, DF: Gazeta Jurídica, 2017.

DIDIER JUNIOR, Fredie; CUNHA, Leonardo Carneiro da. *Curso de Direito Processual Civil*. Meios de impugnação às decisões judiciais e processos nos tribunais. 15. ed. Salvador: Juspodivm, 2018.

KELSEN, Hans. *Teoria pura do Direito*. Tradução: João Baptista Machado. 6. ed. São Paulo: Martins Fontes, 1998.

LIPPMANN, Rafael Knorr. Precedente judicial. *In:* CAMPILONGO, Celso Fernandes; GONZAGA, Alvaro de Azevedo; FREIRE, André Luiz (coord.). *Enciclopédia jurídica da PUC-SP*. 2. ed. São Paulo: Editora da PUC-SP, 2021. t. 3. Disponível em: https://enciclopediajuridica.pucsp.br/verbete/455/edicao-2/precedente-judicial. Acesso em: 16 maio 2022.

MARINONI, Luiz Guilherme. *Precedentes obrigatórios*. 6. ed. São Paulo: Revista dos Tribunais, 2019.

PLÁCIDO E SILVA, Oscar Joseph de. *Vocabulário jurídico*. 14. ed. Rio de Janeiro: Forense, 2014.

NUNES, Amaury. Embargos de divergência: uma história de esperanças, equívocos e defensividades. *Amaury Nunes Advogados*, [*S. l.*], 9 set. 2019. Disponível em: http://amaurynunes.com.br/2019/09/09/Embargos-de-divergencia-uma-historia-de-esperancas-equivocos-e-defensividades/. Acesso em: 16 maio 2022.

NUNES, José de Castro. *Teoria e prática do Poder Judiciário*. Rio de Janeiro: Forense, 1943.

RODRIGUES, Luiza Silva. *Embargos de divergência no CPC/2015*. Salvador: Juspodivm, 2018.

Informação bibliográfica deste texto, conforme a NBR 6023:2018 da Associação Brasileira de Normas Técnicas (ABNT):

SAMPAIO, Marcus Vinicius de Abreu. Os Embargos de Divergência à luz do sistema de precedentes. *In*: MENDES, Gilmar Ferreira; GALLOTTI RODRIGUES, Maria Isabel Diniz; ALVIM, Teresa Arruda (coord.). *O novo perfil do controle difuso de constitucionalidade*: estudos em homenagem ao Professor Bruno Dantas nos 20 anos da Repercussão Geral. Belo Horizonte: Fórum, 2025. p. 499-533. ISBN 978-65-5518-898-1.

NOVOS HORIZONTES: A UTILIZAÇÃO DA INTELIGÊNCIA ARTIFICIAL (IA) NO SUPREMO TRIBUNAL FEDERAL (STF) APLICADA À REPERCUSSÃO GERAL

MARCUS VINICIUS FURTADO COÊLHO

1 Novos caminhos para o direito

O direito, como ciência em constante evolução, deve se adaptar aos atuais avanços tecnológicos, a fim de utilizá-los como mecanismo para o aperfeiçoamento da prestação jurisdicional. A modernização dos institutos jurídicos é imprescindível para a ampliação do acesso à Justiça e para a garantia da celeridade processual, com efetivo amparo da segurança jurídica.

Nota-se uma tendência mundial em torno do desenvolvimento de inovações tecnológicas que possuem por objetivo o aumento de produtividade e de qualidade na prestação jurisdicional. No Brasil, aponta-se como exemplo os robôs Victor e VictorIA no âmbito do Supremo Tribunal Federal (STF). Ambos possuem como função central a classificação e o agrupamento de processos, tendo por referência os critérios de admissibilidade da repercussão geral (RG). Há, portanto, o aperfeiçoamento do instituto de RG, visto o incentivo à agilidade na análise dos processos sem que se comprometa a qualidade.

Com o evidente objetivo de promover a estabilidade, integridade e coerência da jurisprudência do STF, as ferramentas tecnológicas indicadas apontam para o fortalecimento do sistema de precedentes e para a valorização do princípio da segurança jurídica, indispensável ao desenvolvimento social, político e econômico da sociedade.

2 Paradigmas das tecnologias e da IA no mundo

Há poucas décadas, muito do que se é experienciado e vivenciado hoje em termos de tecnologia seria considerado "ficção científica". Carros autônomos que evitam acidentes, geladeiras inteligentes, relógios que marcam o gasto calórico, os batimentos cardíacos, monitoram o sono e se comunicam por mensagem, casas com sistemas de iluminação, alarme, câmeras de segurança, climatização e tantos outros serviços totalmente automatizados, impressoras 3D, robôs etc.

Com a "modernidade líquida", termo criado pelo professor e filósofo Zygmunt Bauman,[1] os avanços tecnológicos do século XX trazem consigo inúmeros desafios e oportunidades.

Para Klaus Schwab, fundador do Fórum Econômico Mundial, já vivemos a Quarta Revolução Industrial. Segundo o economista alemão: "a Quarta Revolução Industrial gera um mundo no qual os sistemas de fabricação virtuais e físicos cooperam entre si de uma maneira flexível a nível global".[2] A nova era tecnológica não abrange somente sistemas inteligentes e conectados. Seu alcance é mais amplo e vai desde o sequenciamento genético até a nanotecnologia, e das energias renováveis à computação quântica. Assim, é a fusão dessas tecnologias e sua interação por meio dos domínios físicos, digitais e biológicos que fazem com que a Quarta Revolução Industrial seja diferente das anteriores. Trata-se de revolução tecnológica que já modifica a forma que a população mundial vive, trabalha e se relaciona, possuindo grande impacto e complexidade na sociedade.

Uma das tecnologias da Quarta Revolução Industrial é a IA, que consiste na combinação de algoritmos projetados para criar máquinas que tenham as mesmas capacidades que o ser humano.[3] Algoritmo

---

1 ZAHAR, Jorge. *Modernidade líquida*. Rio de Janeiro: Jorge Zahar, 2001.

2 QUARTA Revolução Industrial chegou, e o Brasil precisa inovar para não ficar de fora. *CNN Brasil*, Rio de Janeiro, 14 dez. 2021. Disponível em: https://www.cnnbrasil.com.br/branded-content/economia/macroeconomia/quarta-revolucao-industrial-chegou-e-o-brasil-precisa-inovar-para-nao-ficar-de-fora/. Acesso em: 4 set. 2024.

3 INDÚSTRIA 4.0: que tecnologias marcarão a Quarta Revolução Industrial? *Iberdrola*, [*S. l.*], [2024]. Disponível em: https://www.iberdrola.com/inovacao/quarta-revolucao-industrial#:~:text=A%20

é o conjunto de instruções em linguagem entendida pela ferramenta, que, seguindo esses comandos, produz resultados determinados. Por meio desse "manual de instruções" dado pelo algoritmo, a IA reconhece padrões em grandes conjuntos de dados.

Em face da evolução tecnológica, a inovação deverá estar voltada para as necessidades da sociedade, de maneira a buscar o aprimoramento da eficiência, da transparência e da acessibilidade na prestação de serviços públicos e privados.

3 A IA e o ordenamento jurídico

Embora seja uma ferramenta de grande potencial econômico e social, a IA não possui capacidade para substituir o ser humano, sendo imprescindível sua supervisão e o monitoramento constante de suas atividades.

No campo jurídico, a IA não possui o discernimento necessário para avaliar casos com base em princípios ou mesmo aplicar normas positivadas em casos concretos, tal qual um juiz. Quanto ao exercício da advocacia, "ainda que uma defesa preliminar dos clientes, com pesquisas de precedentes e legislações aplicáveis, possa ser realizada, a revisão humana permanece sendo indispensável para casos mais complexos".[4]

Na elaboração de uma argumentação jurídica, a tecnologia estará limitada à base de dados utilizada como referência no seu desenvolvimento. Não se pode afirmar que as máquinas são capazes de se adaptar às diferentes circunstâncias verificadas no decorrer de um processo judicial, ainda que tratem rigorosamente do mesmo assunto. Vê-se que "a IA ainda tem dificuldade em captar elementos intuitivos de raciocínio que podem fazer com que a decisão de determinado caso penda para um lado ou para outro, sobretudo quando se discute ponderação de princípios".[5]

---

tecnologia%20do%20Internet%20das,os%20objetos%20se%20tornem%20inteligentes. Acesso em: 4 set. 2024.

4 VALLE, Vivian Cristina Lima López; FUENTES I GASÓ, Josep Ramon; AJUS, Attílio Martins. Decisão judicial assistida por Inteligência Artificial e o Sistema Victor do Supremo Tribunal Federal. *Revista de Investigações Constitucionais*, [S. l.], v. 10, n. 2, p. 252, 2023.

5 VALLE; FUENTES I GASÓ; AJUS. Decisão judicial assistida por Inteligência Artificial e o Sistema Victor do Supremo Tribunal Federal, p. 252.

A revisão humana é indispensável ao uso adequado da IA, de forma a explorar suas potencialidades e corrigir eventuais erros em sua aplicação. Se utilizada adequadamente, a IA possui amplo benefício para a execução de atividades administrativas e procedimentais. São evidentes os possíveis ganhos de eficiência na esfera jurisdicional, pois – mesmo que não caiba à ferramenta ter a palavra final – pode auxiliar juízes, advogados e assessores na tomada de decisão.

Para além de sistemas de armazenamento de dados, a IA é capaz de classificar informações de interesse e elencar melhores soluções, que ficarão à critério de decisão do juiz. Em segundos, a IA reconhece padrões e seleciona centenas de documentos, exercendo assim o papel de "assistente jurídico" de alta confiabilidade. Caso empregada de maneira ética e segura, a inovação possui grande potencialidade para o aumento da eficiência da jurisdição brasileira.

4 Novas ferramentas de IA aplicadas pelo STF: os robôs Victor e VictorIA

Dados recentes do Relatório Justiça em Números de 2024,[6] editado pelo Conselho Nacional de Justiça (CNJ) revelam a alta taxa de congestionamento no Poder Judiciário, isto é, um expressivo percentual de processos represados sem solução ao final de cada ano. É urgente a formulação de alternativas à morosidade na prestação jurisdicional, de maneira a impedir a acumulação do volume de processos, especialmente na última instância do Judiciário, o STF.

Com a promulgação da Carta Constitucional de 1988, houve a positivação de uma ampla gama de matérias e o consequente aumento da judicialização, que tem intensificado a hipertrofia do Poder Judiciário a qual, em última análise, recai sobre o STF. Frente ao excesso de recursos no âmbito do Supremo e a "ordinarização" do Tribunal, vislumbrou-se a necessidade do estabelecimento de um requisito de admissibilidade do recurso extraordinário.

Nesse sentido, buscando prestigiar a celeridade processual, a Reforma do Judiciário – realizada pela Emenda Constitucional (EC) nº 45, de 30 de dezembro de 2004 – inaugurou o instituto da repercussão

---

[6] CNJ. *Relatório Justiça em Números 2024*: ano-base 2023. Brasília, DF: CNJ, 2024.

geral como um filtro quantitativo e qualitativo dos processos a serem apreciados pela Corte Constitucional.

O instituto foi inicialmente regulamentado pela Lei nº 11.418, de 19 de dezembro de 2006, que alterou o Código de Processo Civil (CPC) de 1973. Hoje a matéria encontra-se regulada pelo CPC de 2015 e pelo Regimento Interno do STF que estabelecem que, "para efeito de repercussão geral, será considerada a existência ou não de questões relevantes do ponto de vista econômico, político, social ou jurídico que ultrapassem os interesses subjetivos do processo".

De modo a aperfeiçoar o instituto da repercussão geral no STF, foi realizado o desenvolvimento do Projeto Victor. A IA jurídica, denominada em sua gênese de "Projeto de Pesquisa e Desenvolvimento de aprendizado de máquina sobre dados judiciais das repercussões gerais no Supremo Tribunal Federal", foi apelidada de "Victor", em homenagem ao ex-Ministro da Corte Victor Nunes Leal – haja vista a atuação pioneira do saudoso Ministro na ideia de sistematização de jurisprudência do STF em súmulas.[7] A IA, assim como seu célebre homônimo, está vinculada à sistematização e classificação de jurisprudência.

O robô Victor foi desenvolvido por meio de convênio com a Universidade de Brasília (UnB), a partir dos trabalhos de acadêmicos dos cursos de Direito, Engenharia de Software e Ciência da Computação. Coube à Secretaria de Tecnologia da Informação do Tribunal (STI/STF) supervisionar o projeto desenvolvido em parceria com a UnB.

A inovação envolve o que se chama de aprendizado de máquina (AM) e se utiliza, portanto, da aprendizagem computacional em IA. Dessa forma, o projeto visou à aplicação de métodos de aprendizado computacional de máquina com a finalidade de potencializar o reconhecimento de padrões nos processos jurídicos relativos a julgamentos de repercussão geral do STF.

Lançada em 2017, a ferramenta identifica e classifica processos de acordo com temas de repercussão geral. Desse modo, o robô Victor reconhece prontamente recursos idênticos a outros previamente julgados ou pendentes de julgamento, o que evita o recebimento de demandas repetitivas e traz celeridade à atividade jurisdicional.

---

[7] DIAS, Marcos Gil Barbosa. Controle de constitucionalidade e política judiciária: evolução histórica das súmulas no Supremo Tribunal Federal. *Revista de Informação Legislativa*, Brasília, DF, v. 44, p. 175-191, 2006.

O robô Victor tem por objetivo realizar o juízo acerca da repercussão geral no STF, avaliando a totalidade dos recursos extraordinários e agravos em recursos extraordinários que chegam à Corte. Como "assistente" jurídico, examina se o processo cumpre o requisito determinado pelo art. 102, §3º, da Constituição Federal, isto é, se está vinculado a temas de repercussão geral. Ao classificar os recursos extraordinários que sobem para o Supremo, a máquina contribui para a tomada de decisão informada.

Vê-se, portanto, que não é o robô Victor que toma decisões finais acerca da repercussão geral. Ao contrário, ele organiza e classifica os processos de acordo com as diretrizes repassadas pelos responsáveis pela supervisão de suas atividades – os quais podem, após essa classificação, identificar os temas de repercussão geral de forma mais clara e consistente. É ferramenta de apoio à gestão de processos, pois suas atividades são validadas por agente humano.

A inovação contribui para o aperfeiçoamento do filtro recursal, o que resulta em mais qualidade e em mais velocidade na prestação jurisdicional – sendo capaz de reunir causas semelhantes que são submetidas em grande volume ao STF – de maneira a combater o congestionamento de processos no Judiciário.

A automação de procedimentos técnicos favorece a redução no tempo de tramitação de processos e a agilidade na classificação de precedentes, o que está em consonância com o princípio da eficiência administrativa.

Há de se ressaltar como vantagem significativa na utilização de IA a possibilidade de um diagnóstico do atual procedimento de controle difuso realizado no STF. Tal análise permite o aperfeiçoamento dos mecanismos de atuação da Corte. Aponta-se a afirmação de Maia Filho e Junquilho:[8]

> A formação do banco de dados é passo importante que apresenta, por si só, elementos fundamentais para a administração do Judiciário brasileiro, os quais, analisados pelo STF e pelo CNJ, podem possibilitar a compreensão: a) dos litigantes mais frequentes que chegam ao STF; b) dos temas de repercussão geral que têm maior volume de processos

---

[8] MAIA FILHO, M. S.; JUNQUILHO, T. A. Projeto Victor: perspectivas de aplicação da inteligência artificial ao Direito. *Revista de Direitos e Garantias Fundamentais*, [S. l.], v. 19, n. 3, p. 228, 2018. DOI: 10.18759/rdgf.v19i3.1587. Disponível em: https://sisbib.emnuvens.com.br/direitosegarantias/article/view/1587. Acesso em: 4 set. 2024.

> vinculados e, consequentemente, dos temas recentes que cumprem com maior eficácia os objetivos da repercussão geral; c) de quais questões constitucionais estão sofrendo maior judicialização; d) de eventuais casos excepcionais que são reiterados e similares (podendo formar precedentes), mas ainda não se enquadram em algum tema atualmente existente. Possibilita-se, dessa forma, o diagnóstico atual da repercussão geral, o que potencializa a melhoria no manejo desse importante instrumento.

Com isso, a utilização do Projeto Victor contribui para uma observação reiterada dos padrões e dos procedimentos aplicados à repercussão geral, oferecendo dados que contribuem para a tomada de decisão das instâncias superiores e para a melhoria dos processos judiciários. Sob essa perspectiva, trata-se de ferramenta de IA que promove a acurácia no desenvolvimento do controle difuso pela Corte Suprema.

Com o sucesso do robô Victor, foi lançada em 2023 uma nova ferramenta de IA para qualificar os serviços jurisdicionais a partir do uso da tecnologia: a robô VictorIA. A ferramenta foi desenvolvida pela Assessoria de Inteligência Artificial (AIA), pela Secretaria de Tecnologia da Informação (STI) e pela Secretaria de Gestão de Precedentes (SPR).

A IA visa agrupar processos jurídicos de temas semelhantes na plataforma STF Digital, e possui capacidade para agregar automaticamente em torno de 5 mil processos em cerca de 2 minutos.[9] Assim, reúne os processos que chegam ao Supremo em blocos relacionados entre si, mapeando padrões textuais mesmo que não haja um vínculo expressamente indicado. Antes, esse agrupamento era realizado manualmente. A atividade realizada pela ferramenta no acervo do STF Digital contempla processos recursais recebidos a partir de janeiro de 2022.

Para realizar o agrupamento de processos por similaridade de temas e para identificação de controvérsias, a robô VictorIA utiliza uma técnica de processamento de linguagem natural, que permite transformar textos em matrizes e em números, que são mais facilmente comparados em termos de similaridade, agrupados e reconvertidos em texto. A partir dos dados coletados e dos grupos formados, espera-se identificar o perfil de demandas recebidas pelo STF.

Sua atividade permite a identificação e sugestão de novos temas de repercussão geral, fortalecendo o instituto. Evita-se, por conseguinte,

---

9 BRASIL. Supremo Tribunal Federal. STF amplia emprego de Inteligência Artificial. *Portal STF*, Brasília, DF, 9 jun. 2023. Disponível em: https://portal.stf.jus.br/noticias/verNoticiaDetalhe.asp?idConteudo=508710&ori=1. Acesso em: 4 set. 2024

que casos similares sejam julgados separadamente – o que representa um incremento de estabilidade nos precedentes e de segurança jurídica.

A robô VictorIA incentiva o gerenciamento ágil de demandas processuais e contribui para a pesquisa dos precedentes da Corte. Constitui-se, portanto, em inovação tecnológica que avança nas melhorias já apresentadas pelo robô Victor, além de possuir potencialidades que podem ser aperfeiçoadas posteriormente, como a ampliação do acervo de processos. Sem dúvida, o objetivo final é a entrega de uma prestação jurisdicional qualificada, célere e que de fato atenda a as demandas de uma sociedade tecnológica.

5 Sistema de precedentes e segurança jurídica

Conforme destacado, as iniciativas Victor e VictorIA estão orientadas no sentido da uniformização de jurisprudência na Corte Suprema e da consolidação de um sistema de precedentes no ordenamento jurídico brasileiro.

O uso das ferramentas se encontra em conformidade com a função nomofilácica da Corte, isto é, a atribuição de zelar pela previsibilidade e pela estabilidade da jurisprudência. Chama-se atenção para a previsão instituída pelo art. 926 do CPC.[10] O art. 926 estabelece que "os tribunais devem uniformizar sua jurisprudência e mantê-la estável, íntegra e coerente". O preceito também dispõe quanto à edição, pelos tribunais, de súmulas correspondentes a sua jurisprudência dominante.

O novo sistema de precedentes instituído pelo novo CPC está em consonância com a moderna tendência de aproximação dos modelos da *civil law* e da *common law*, bem como resguarda substancialmente os valores da isonomia, eficiência e, sobremaneira da segurança jurídica, visando ao cumprimento da função máxima do Judiciário de alcançar a pacificação social segundo os valores constitucionais vigentes.

A adoção, pelo novo CPC, de um sistema de precedentes mais robusto imprime reflexos de substancial importância no que tange

---

[10] "Art. 926 - Os tribunais devem uniformizar sua jurisprudência e mantê-la estável, íntegra e coerente.
§1º. Na forma estabelecida e segundo os pressupostos fixados no regimento interno, os tribunais editarão enunciados de súmula correspondentes a sua jurisprudência dominante.
§2º. Ao editar enunciados de súmula, os tribunais devem ater-se às circunstâncias fáticas dos precedentes que motivaram sua criação."

à garantia da segurança jurídica e da estabilidade e integridade das decisões judiciais.

A segurança jurídica é elemento essencial do Estado Democrático de Direito, já que, como leciona Canotilho, o princípio remete "à durabilidade e permanência da própria ordem jurídica, da paz jurídico-social e das situações jurídicas",[11] pelo que é indispensável ao cumprimento das finalidades do Estado, que deve não somente garantir direitos, mas garanti-los com estabilidade, durabilidade e segurança.

O aumento da tutela da segurança jurídica impacta positivamente não apenas sobre as expectativas do jurisdicionado, uma vez que este passa a possuir maior previsibilidade quanto às decisões a serem proferidas, mas também sobre a estrutura do Poder Judiciário e no cotidiano da jurisdição. A integridade, coerência e estabilidade das decisões judiciais possibilitam uma entrega mais célere da jurisdição, bem como maior probabilidade de tratamento igual a casos semelhantes, permitindo a uniformização do entendimento e ampliação do sentimento de justiça para julgados e julgadores.

Os princípios da isonomia e da eficiência são, da mesma forma, privilegiados com as inovações promovidas pelo diploma. Com o Código atual, consolida-se uma nova fase no direito brasileiro, até então construído sob a base da *civil law*. A força vertical atribuída aos precedentes judiciais imprime a decisões de Tribunais Superiores a feição de *stare decisis*.

Inserido no processo de "commonlawlização", a Lei nº 13.105, de 16 de março de 2015, realça a importância da jurisprudência no ordenamento jurídico, determinando diretamente o modo de atuação dos juristas, que deverá atentar-se mais do que nunca ao entendimento fixado por Tribunais Superiores e pelo STF em sede controle de constitucionalidade, súmula vinculante, incidente de resolução de demandas repetitivas e orientações predominantes.

Observa-se, portanto, que as inovações tecnológicas em torno da sistematização e agrupamento de jurisprudência estão em consonância com uma tendência do ordenamento jurídico brasileiro e mundial de valorização de um sistema de precedentes.

---

[11] CANOTILHO, José Gomes. *Direito Constitucional e teoria da Constituição*. 7. ed. Coimbra: Almedina, 2003.

6 Considerações finais: uma abordagem geral sobre o uso de IA pelo direito

A tecnologia, na era da modernidade líquida, avança em um curto espaço de tempo. A IA já é uma realidade, que não deve ser ignorada ou subestimada. Cumpre ao direito valer-se de suas potencialidades, uma vez que podem representar um instrumento de suporte às decisões judiciais. Permite-se, assim, maior produtividade, celeridade e eficácia na análise processual, tendo em vista os desafios recentes da morosidade no Poder Judiciário.[12]

A adoção de ferramentas como os robôs Victor e VictorIA representa inovações que permitem a aceleração de diversas fases do trâmite processual, contribuindo para superação de deficiências relacionadas à morosidade do Judiciário. A classificação e o agrupamento de processos contribuem sobremaneira para o aperfeiçoamento da repercussão geral no STF. Por isso, a ferramenta está inserida em um contexto de consolidação da função nomofilácica do STF como corte de precedentes.

Outras iniciativas têm sido postas em prática, como a formulação de um guia de boas práticas para a exploração ética e responsável da inteligência artificial generativa (IAG) no Tribunal de Contas da União (TCU).[13] A exemplo do robô Victor, o Superior Tribunal de Justiça (STJ) desenvolveu recentemente sua primeira ferramenta de IA: o sistema Athos –[14] que promove o monitoramento e agrupamento de processos com vistas à criação de temas repetitivos.

Tendo em vista o pouco tempo desde sua implementação, ainda se faz necessário a produção de maiores dados e pesquisas acerca da eficácia do uso de ferramentas de IA pelo STF. Há ainda de se avaliar os ganhos em termos de incremento da celeridade processual e de fortalecimento de um sistema de precedentes da Corte em médio e longo prazo. Há, contudo, perspectivas positivas e capazes de contribuir à maior efetivação da segurança jurídica e da estabilidade da jurisprudência no país.

---

[12] STUMPF, Juliano da Costa. *Poder Judiciário*: morosidade e inovação. Orientador: Eugênio Facchini Neto. 2008. Dissertação (Mestrado em Direito) – Escola de Direito, Fundação Getulio Vargas, 2008.

[13] BRASIL. Tribunal de Contas da União. *Guia de uso de inteligência artificial generativa no Tribunal de Contas da União (TCU) [Cartilha]*. Brasília, DF: TCU, 31 jul. 2024.

[14] PRESIDENTE do STJ exalta ganho de celeridade com uso de IA no tribunal. *Conjur*, São Paulo, 21 ago. 2023. Disponível em: https://www.conjur.com.br/2023-ago-21/presidente-stj-exalta-ganho-celeridade-uso-ia-corte/. Acesso em: 4 set. 2024.

Referências

BRASIL. Supremo Tribunal Federal. STF amplia emprego de Inteligência Artificial. *Portal STF*, Brasília, DF, 9 jun. 2023. Disponível em: https://portal.stf.jus.br/noticias/verNoticiaDetalhe.asp?idConteudo=508710&ori=1. Acesso em: 4 set. 2024.

BRASIL. Tribunal de Contas da União. *Guia de uso de inteligência artificial generativa no Tribunal de Contas da União (TCU)* [Cartilha]. Brasília, DF: TCU, 31 jul. 2024.

CANOTILHO, José Gomes. *Direito Constitucional e teoria da Constituição*. 7. ed. Coimbra: Almedina, 2003.

CNJ. *Relatório Justiça em Números 2024*: ano-base 2023. Brasília, DF: CNJ, 2024.

DIAS, Marcos Gil Barbosa. Controle de constitucionalidade e política judiciária: evolução histórica das súmulas no Supremo Tribunal Federal. *Revista de Informação Legislativa*, Brasília, DF, v. 44, p. 175-191, 2006.

INDÚSTRIA 4.0: que tecnologias marcarão a Quarta Revolução Industrial? *Iberdrola*, [*S. l.*], [2024]. Disponível em: https://www.iberdrola.com/inovacao/quarta-revolucao-industrial#:~:text=A%20tecnologia%20do%20Internet%20das.os%20objetos%20se%20tornem%20inteligentes. Acesso em: 4 set. 2024.

MAIA FILHO, M. S.; JUNQUILHO, T. A. Projeto Victor: perspectivas de aplicação da inteligência artificial ao Direito. *Revista de Direitos e Garantias Fundamentais*, [*S. l.*], v. 19, n. 3, p. 218-237, 2018. DOI: 10.18759/rdgf.v19i3.1587. Disponível em https://sisbib.emnuvens.com.br/direitosegarantias/article/view/1587. Acesso em: 4 set. 2024.

PRESIDENTE do STJ exalta ganho de celeridade com uso de IA no tribunal. *Conjur*, São Paulo, 21 ago. 2023. Disponível em: https://www.conjur.com.br/2023-ago-21/presidente-stj-exalta-ganho-celeridade-uso-ia-corte/. Acesso em: 4 set. 2024.

QUARTA Revolução Industrial chegou, e o Brasil precisa inovar para não ficar de fora. *CNN Brasil*, Rio de Janeiro, 14 dez. 2021. Disponível em: https://www.cnnbrasil.com.br/branded-content/economia/macroeconomia/quarta-revolucao-industrial-chegou-e-o-brasil-precisa-inovar-para-nao-ficar-de-fora/. Acesso em: 4 set. 2024.

STUMPF, Juliano da Costa. *Poder Judiciário*: morosidade e inovação. Orientador: Eugênio Facchini Neto. 2008. Dissertação (Mestrado em Direito) – Escola de Direito, Fundação Getulio Vargas, 2008.

VALLE, Vivian Cristina Lima López; FUENTES I GASÓ, Josep Ramon; AJUS, Attílio Martins. Decisão judicial assistida por Inteligência Artificial e o Sistema Victor do Supremo Tribunal Federal. *Revista de Investigações Constitucionais*, [*S. l.*], v. 10, n. 2, 2023.

ZAHAR, Jorge. *Modernidade líquida*. Rio de Janeiro: Jorge Zahar, 2001.

Informação bibliográfica deste texto, conforme a NBR 6023:2018 da Associação Brasileira de Normas Técnicas (ABNT):

COÊLHO, Marcus Vinicius Furtado. Novos horizontes: a utilização da inteligência artificial (IA) no Supremo Tribunal Federal (STF) aplicada à repercussão geral. *In*: MENDES, Gilmar Ferreira; GALLOTTI RODRIGUES, Maria Isabel Diniz; ALVIM, Teresa Arruda (coord.). *O novo perfil do controle difuso de constitucionalidade*: estudos em homenagem ao Professor Bruno Dantas nos 20 anos da Repercussão Geral. Belo Horizonte: Fórum, 2025. p. 535-546. ISBN 978-65-5518-898-1.

DA CRISE DO RECURSO EXTRAORDINÁRIO À CRISE DO RECURSO ESPECIAL: CONTRIBUIÇÕES PARA A REGULAMENTAÇÃO DA RELEVÂNCIA

MARIA ISABEL DINIZ GALLOTTI RODRIGUES
CAIO VICTOR RIBEIRO DOS SANTOS

1 Introdução

Ao longo dos últimos 30 anos, concomitantemente aos diversos mecanismos criados pelo legislador para fazer frente aos efeitos da cultura da litigiosidade, podem-se identificar investidas mais específicas no sentido de atenuar o fluxo de recursos que chegam aos tribunais superiores, buscando permitir que essas cortes desempenhem com maior efetividade a função que lhes foi atribuída pela Constituição Federal.

Em relação ao Supremo Tribunal Federal (STF), a Emenda Constitucional (EC) nº 45, de 30 de dezembro de 2004, inseriu a demonstração de repercussão geral da questão constitucional debatida no caso como requisito de admissibilidade do recurso extraordinário. Em relação ao Tribunal Superior do Trabalho (TST), a transcendência do recurso de revista, já prevista na CLT desde 2001, foi finalmente regulamentada em 2017. E agora, mais recentemente, o constituinte editou a EC nº 125, de 14 de julho de 2022, inserindo o requisito da relevância das questões de direito federal infraconstitucional para a admissibilidade do recurso especial.

A inserção dos §§2º e 3º ao art. 105 da CF pela EC nº 125/2022 encampou parte das preocupações que uma das signatárias deste texto e o jurista homenageado haviam externado em artigo publicado em 2018,[1] assim como alguns dos critérios indicados naquela ocasião que se reputava adequados para orientar uma filtragem dos recursos que deveriam ser analisados pelo Superior Tribunal de Justiça (STJ). O próprio projeto recentemente apresentado pelo STJ ao Senado Federal para a regulamentação do requisito faz referência explícita ao texto e adota parte das propostas, endossando a posição de que a regulamentação do requisito da relevância no recurso especial deveria aproveitar a experiência do STF com a sistemática da repercussão geral.

Neste artigo, renovamos aquelas mesmas preocupações externadas em 2018, que em nada se alteraram, senão recrudesceram, com a passagem do tempo. Reputamos oportuno revisitar o tema, rediscutindo-o e adicionando-lhe novas ponderações, sobretudo em vista das relevantes mudanças no sistema da repercussão geral nos últimos anos por alterações no Regimento Interno do STF e a recente apresentação de dois projetos de lei, com premissas e posições conflitantes em aspectos essenciais, visando à regulamentação da relevância do recurso especial.

2 A crise do recurso especial e o atual perfil do STJ

Em 2024, o STF registrou a maior baixa de seu acervo em três décadas (desde 1993), registrando, até junho, 22 mil processos em andamento. O STJ, no mesmo período, bateu o recorde oposto: registrou o maior acervo da sua história, projetando o recebimento de mais 500 mil processos para o ano de 2024. Essa marca é astronômica.

Nesse cenário, embora ainda seja alta a quantidade de processos recebidos pelo STF, se comparado a outras cortes constitucionais do mundo,[2] já não se fala mais tanto em uma crise do recurso extraordi-

1 DANTAS, Bruno; GALLOTTI, Isabel. Crise do recurso especial e a função constitucional do STJ: uma proposta de reforma. *Revista de Processo: RePro*, São Paulo, ano 107, v. 998, p. 129-158, dez. 2018.

2 A Suprema Corte dos Estados Unidos, por exemplo, recebeu 4.159 processos em 2022, dos quais apenas 68 foram admitidos para julgamento de mérito. A Suprema Corte Alemã, por sua vez, decide em média 5.000 casos por ano (Disponível: em https://www.supremecourt.gov/publicinfo/year-end/2023year-endreport.pdf e https://www.bundesverfassungsgericht.de/EN/Homepage/home_node.html. Acesso em: 12 set. 2024).

nário.[3] A crise que já atormentou o STF migrou para o STJ. Dadas as proporções do caso, pode-se falar hoje em uma *crise do recurso especial*.

Um dos efeitos mais negativos resultantes dessa crise é o que se convencionou chamar de *jurisprudência defensiva*, que consiste, basicamente, na criação e no apego a entraves excessivamente formais e burocráticos para impedir o conhecimento dos recursos especiais dirigidos ao STJ, obstando o julgamento do mérito.[4]

A crítica que se faz a essa medida, embora seja relevante, muitas vezes é injusta, pois deixa de oferecer soluções viáveis ao problema de fundo e desconsidera que o rigor na aplicação de óbices processuais decorre de uma reação ao volume teratológico de processos que o Tribunal recebe anualmente. Há relação direta entre a sobrecarga de processos e o recrudescimento da aplicação dos óbices processuais. Enquanto o acervo processual for astronômico a jurisprudência defensiva, infelizmente, subsistirá.

Além disso, outro problema tão grave quanto esse é a *proliferação de decisões individuais*, em detrimento da técnica de julgamento colegiado, o que vem se tornando cada vez mais frequente para fazer frente ao volume de processos.

Em entrevista concedida em 1931 ao periódico *O Jornal*, o Ministro Pires Albuquerque, ao tratar das alternativas de solução da crise do recurso extraordinário, rejeitava enfaticamente a ideia de se dividir o STF em turmas, pois a medida "enfraquece a autoridade, o prestígio moral das decisões, quebra a uniformidade dos julgados e não resolverá

---

3 O STJ nasceu do acolhimento da proposta feita por José Afonso da Silva para o combate da "crise do recurso extraordinário", nome que se deu à sobrecarga de processos que atormentava o STF ao longo do século XX (Cf. SILVA, José Afonso. *Do recurso extraordinário no direito processual brasileiro*. São Paulo: Revista dos Tribunais, 1963. p. 9). A ideia do jurista foi encampada pela Constituição Federal de 1988, dando origem ao STJ e ao recurso especial, que passou ser cabível para o STJ nas hipóteses de violação à legislação federal infraconstitucional que antes autorizavam o cabimento de recurso extraordinário. A criação do STJ, infelizmente, não resolveu a crise do recurso extraordinário. Na verdade, "em vez de resolver a crise, instalou-se um novo ponto de estrangulamento do sistema. As estatísticas revelam que, se antes tínhamos apenas um tribunal estorvado pelo volume de processos, agora temos dois sofrendo do mesmo mal!" (Cf. DANTAS; GALLOTTI. Crise do recurso especial e a função constitucional do STJ: uma proposta de reforma, p. 136). O STF, todavia, desde 2007, dispõe da ferramenta da repercussão geral, que deixou de ser um mero filtro de admissibilidade, como se verá mais adiante, para se unir ao sistema de precedentes, adquirindo uma eficácia expansiva que contribuiu de maneira para uma redução significativa do acervo da corte constitucional.

4 VAUGHN, Gustavo Favero. A jurisprudência defensiva no STJ à luz dos princípios do acesso à Justiça e da celeridade processual. *Revista de Processo: RePro*, São Paulo, v. 41, n. 254, p. 339-373, abr. 2016.

o problema".[5] Hoje, que o julgamento pelos órgãos de maior composição dentro dos tribunais já é uma exceção, sendo regra (exceções previstas no art. 932 do CPC) o julgamento colegiado por Turmas, não se pode ignorar que a "monocratização" das decisões, cada vez mais comum, eleva à última potência a crítica feita por Pires Albuquerque há quase um século.[6]

Somente de janeiro a agosto de 2024, o STJ proferiu 327.844 decisões monocráticas terminativas, contra 90.681 acórdãos.[7] Esse, certamente, não é o modelo de prestação jurisdicional idealizado pelo legislador. Mas é o que a prática tem imposto como imperativo de sobrevivência. Nem mesmo a quantidade de acórdãos proferidos, bastante diminuta em relação ao quantitativo de decisões singulares, expressa com absoluta segurança a posição dos colegiados, dado que o volume de casos inseridos em pauta torna ilusória a meta de que os membros dedicarão, em todos os casos, o tempo justo que eles merecem, seja em relação à admissibilidade, seja ao mérito.

Dentre os inconvenientes resultantes do acervo invencível de processos destacam-se a acentuação da subjetividade e rigor na aplicação de óbices processuais,[8] bem como a multiplicação de divergência

---

5 PIRES E ALBUQUERQUE, Antônio Joaquim. Entrevista. *In:* PIRES E ALBUQUERQUE, Antônio Joaquim. *Culpa e castigo de um magistrado.* 3. ed. Rio de Janeiro: Hunos Editorial, 1972. p. 1141-1147.

6 Também nesse sentido, o Ministro Sidnei Beneti: "A divisão dos tribunais, sobretudo superiores, em unidades jurisdicionais competentes para a mesma matéria fatalmente conduz à divergência de resultados de julgamentos, inevitável na interpretação dos textos legais. O efeito da divergência é catastrófico para todo o sistema jurisdicional, pois incentiva a prolação de decisões em sentidos diversos em toda a capilaridade dos juízos. E, pior, incentiva condutas diversas na sociedade, as quais, à vista da população, se apresentam, todas, como contrárias à lei. Se os tribunais, sobretudo os tribunais superiores, não definem clara e firmemente a interpretação da lei, como imaginar que juízes e tribunais e, ainda, o cidadão comum, entontecidos pelas orientações divergentes visíveis no dia a dia, respeitem a lei?" (Cf. BENETI, Sidnei Agostinho. A "fase aglutinatória" do processo civil brasileiro: ajustes necessários. *In:* BRASIL. Superior Tribunal de Justiça. *Doutrina*: edição comemorativa: 30 anos do STJ. Brasília: Superior Tribunal de Justiça, 2019. p. 405-434).

7 Dados extraídos do portal interno do STJ, disponibilizados em sua plataforma digital.

8 A frequente oposição de embargos de divergência contra acórdãos de Turmas distintas que deram soluções diversas a casos semelhantes no tocante à aplicação de óbices processuais constitui exemplo disso. Não é incomum que, em controvérsias semelhantes, uma Turma do STJ entenda pela incidência da Súmula nº 7/STJ e outra não. Essa subjetividade aumenta significativamente com a fragmentação da jurisdição superior em decisões individuais. O CPC 2015, na sua versão originária, permitia a oposição de embargos de divergência nos casos em que os acórdãos embargados e paradigma divergiam em relação ao juízo de admissibilidade (art. 1.043, II, do CPC). A Lei nº 13.256/2016, porém, revogou o dispositivo, e a jurisprudência do STJ assentou-se no sentido de que "são incabíveis embargos de divergência quando o acórdão embargado não ultrapassa a barreira de admissibilidade

interna entre os órgãos julgadores. Como destaca Edilson Vitorelli, "a necessidade de se avançar no compromisso com a celeridade fez com que os tribunais investissem cada vez mais em decisões singulares e também fez com que estas sejam produzidas pelas equipes de assessoria, com uma supervisão cada vez mais distante do julgador".[9]

Há outra questão, mais afeta ao próprio perfil que o STJ adquiriu desde sua criação, que constitui objeto central do debate atual e merece atenção.

Segundo Bruno Dantas, pela teoria clássica dos recursos dirigidos às cortes de vértice, a *função dikelógica*, que está associada à realização da justiça no caso concreto (*ias litigatoris*), "assumiria um papel secundário, de modo que as partes litigantes apenas eventualmente poderiam ser beneficiadas reflexamente pelo acolhimento de seu recurso, pois a função primordial seria a preservação do direito objetivo".[10]

Entendia o autor, na linha de Barbosa Moreira, que o STF, embora concebido para o desenvolvimento do direito objetivo, não deixava de atender à tutela dos direitos subjetivos das partes, reconhecendo que o recurso extraordinário exercia *função dikelógica*. Observava, contudo, que, com a implementação da repercussão geral, a Corte daria um passo determinante no sentido de prestigiar as funções nomofilática e uniformizadora, voltadas, essas sim, à tutela do direito objetivo constitucional.

Na ausência de um filtro para o recurso especial desde 1988, o STJ, embora tenha contribuído de maneira significativa para consolidação da cidadania no Brasil, resolvendo temas sensíveis em matéria de direitos econômicos, sociais e garantias constitucional, se converteu em uma Corte mais ligada ao controle da aplicação da lei no caso concreto do que ao desenvolvimento do direito objetivo federal infraconstitucional em si, tendo se tornado, na prática, como muitos aludem, uma espécie de "terceira instância" do Poder Judiciário, para a qual afluem as mais diversas questões controvertidas que não transcendem os interesses subjetivos das partes: brigas de vizinhos, inquilinos e locadores, ofensa

---

recursal, e o paradigma analisa o mérito" (BRASIL. Supremo Tribunal Federal (Corte Especial). AgInt nos EREsp 1.741.586/MG. Relator: Min. Humberto Martins, 13 de agosto de 2024. *Dje*: Brasília, DF, 16 ago. 2024).

9 VITORELLI, Edilson. A relevância no recurso especial: uma reflexão sobre as decisões judiciais erradas. *In:* MARQUES, Mauro Luiz Campbell; FUGA, Bruno Augusto Sampaio; TESOLIN, Fabiano da Rosa; LEMOS, Vinicius da Silva. *Relevância da questão federal no recurso especial*. Londrina: Thoth, 2023.

10 DANTAS, Bruno. *Repercussão geral*: perspectivas histórica, dogmática e de Direito Comparado: questões processuais. 3. ed. rev. atual. e ampl. São Paulo: Revista dos Tribunais, 2012. p. 71.

a artigo do CPC acerca da intimação de certa testemunha, nomeação de perito, acidentes de trânsito, quantificação de pensão alimentícia, partilha de bens, regulamentação de visitas etc. Isso tudo ao lado de outras causas cujo julgamento pode ter expressiva repercussão na organização do sistema jurídico, na realidade cultural, social, econômica e política do País.[11]

Dada a quantidade de recursos e a natureza das matérias que consomem a força de trabalho do STJ hoje, na prática, a *função dikelógica* deixou de assumir um papel meramente secundário no recurso especial, de tal modo que as funções paradigmática e uniformizadora, que deveriam ser as mais evidentes, estão cada vez mais pálidas diante daquela. Essa função, porém, é própria dos recursos dirigidos aos órgãos judicantes de primeira e segunda instância, não de uma corte de cúpula como o STJ.

É verdade que as hipóteses de negativa de seguimento de recursos previstas no art. 932, IV, do CPC, o rito dos recursos repetitivos (art. 1.036 e seguintes), assim como o instrumento reclamação, reforçaram a função paradigmática. O STJ, no entanto, enfrenta severas dificuldades em afetar e julgar repetitivos em número suficiente para fazer frente à crise, além de já não ser cabível reclamação para controle da aplicação de precedentes (Corte Especial, Rcl. nº 36.476/SP). É verdade que, ao controlar a aplicação do direito ao caso concreto, o STJ, em tese, uniformiza o direito federal infraconstitucional. Com o crescimento do acervo e, consequentemente, das decisões individuais, no entanto, multiplicam-se os subjetivismos e as divergências no âmbito interno Tribunal, o que fragiliza, por consequência, a função uniformizadora do recurso.

Esse modelo já deu sinais suficientes de esgotamento. Urge o esforço de repensar o papel do STJ no sistema judiciário brasileiro. A autoridade e a uniformidade do direito federal infraconstitucional dependem diretamente da qualidade, coesão sistemática e força das decisões do STJ. Esses pilares, todavia, têm sido comprometidos por julgamentos frequentemente individuais e pela escassez de tempo para uma reflexão mais profunda sobre temas relevantes, em razão do esforço hercúleo para analisar os pressupostos de admissibilidade de centenas de milhares de recursos.

---

[11] DANTAS; GALLOTTI. Crise do recurso especial e a função constitucional do STJ: uma proposta de reforma, p. 147.

Há que se inverter a equação, permitindo que o STJ possa, com os mecanismos atuais que reforçam a função paradigmática do recurso especial, exercer um papel de Corte de Precedentes, o que não significa a extinção da *função dikelógica* dos recursos, nem da atuação do STJ no controle da aplicação do direito.

3 Repercussão geral e o sistema conformado nos últimos anos

Até o momento, dois projetos foram apresentados ao Senado visando à regulamentação da relevância do recurso especial. Um foi apresentado pelo STJ, sugerindo que o legislador se inspire na atual sistemática da repercussão geral; o outro veio da OAB, sugerindo tomar a transcendência do recurso de revista como modelo.

Examinemos, primeiro, o caso da repercussão geral.

A repercussão foi concebida pela EC nº 45/2004 apenas como um requisito de admissibilidade,[12] que consiste na demonstração pelo recorrente de que a questão debatida no recurso extraordinário é relevante do ponto de vista econômico, político, social ou jurídico e que ultrapassa os interesses subjetivos das partes do processo (art. 543-A do CPC/73, com a alteração dada pela Lei nº 11.418, de 19 de dezembro de 2006).

Isso significa que, na ausência de demonstração de repercussão geral, o recurso extraordinário não seria admitido pelo STF. Mesmo que a parte tivesse razão e o recurso fosse cabível conforme as hipóteses previstas no art. 102, III, da Constituição Federal, sem a repercussão geral da questão debatida, o STF não avançaria para o julgamento de mérito. A decisão sobre o reconhecimento ou a negativa de repercussão geral, no entanto, teria eficácia apenas para o caso concreto, sem efeito vinculante expansivo.

Esse foi o formato inicialmente concebido para a repercussão geral.

Nos últimos quinze anos, porém, modificações[13] infraconstitucionais e no âmbito do regimento interno do STF deram à repercussão

---

[12] OLIVEIRA, Paulo Mendes de. Relevância no recurso especial: um requisito de admissibilidade ou uma técnica de julgamento? *In:* MARQUES, Mauro Luiz Campbell; FUGA, Bruno Augusto Sampaio; TESOLIN, Fabiano da Rosa; LEMOS, Vinicius da Silva. *Relevância da questão federal no recurso especial*. Londrina: Thoth, 2023. p. 428.

[13] As alterações mais significativas, que incorporaram a repercussão geral ao sistema de precedentes, foram introduzidas pela Lei nº 13.256/2016. Essa lei revogou o art. 1.030 original e estabeleceu novas regras para a remessa e processamento dos recursos especiais

geral um formato que não havia sido cogitado quando de sua concepção original: hoje, afetado um recurso extraordinário ao "regime da repercussão geral", a decisão que reconhece a *inexistência* do requisito constitui um *precedente obrigatório negativo,* deflagrando o efeito dos repetitivos previsto nos arts. 1.035, §8º e 1.030, I, parte inicial, do CPC (negativa de seguimento aos recursos sobrestados na presidência ou vice-presidência do Tribunal de origem que versem sobre a mesma questão). Por outro lado, sendo *reconhecida a repercussão geral* da questão constitucional, o processo é distribuído para julgamento de mérito e a decisão faz precedente vinculante, incidindo os efeitos dos repetitivos previstos no art. 1.030, I, parte final, do CPC, que barram a subida de recursos contrários à tese.

Em ambos os casos, seja em relação ao *precedente negativo* de inexistência de repercussão geral, seja em relação ao *precedente positivo* que examina a causa e fixa uma tese em relação ao mérito da questão jurídica debatida, serão constituídos temas de repercussão geral. A partir de então, recursos que tratem da mesma questão não subirão mais à Corte, pois estarão sujeitos aos efeitos do sistema que o legislador projetou para os repetitivos. Em outras palavras, fixada as teses, há delegação de sua aplicação aos demais órgãos do Poder Judiciário, devendo os tribunais inferiores, ao exercerem juízo de admissibilidade dos recursos extraordinários, negar seguimento àqueles que já tiverem a tese de repercussão geral negada pelo STF (art. 1.030, I, a, CPC).

Como assevera Paulo Mendes de Oliveira, hoje, o STF, em vez de apreciar caso a caso, nos milhares de recursos extraordinários que lhe são endereçados, a existência ou não de repercussão geral – o que dificilmente resolveria o problema do volume –, "associou a repercussão geral à formação de precedentes, de maneira que, por meio de um procedimento especial, ao negar ou reconhecer a repercussão geral de determinado tema, formará um precedente qualificado a ser aplicado aos demais casos".[14]

A repercussão geral não é mais apenas um requisito de admissibilidade do recurso extraordinário, mas uma técnica de formação de precedentes vinculantes.

---

e extraordinários ao STF e STJ. Além disso, outras modificações relevantes ocorreram por meio de diversas reformas regimentais no RISTF, entre 2007 e 2022, especificamente nos arts. 321 a 329.

[14] OLIVEIRA. Relevância no recurso especial: um requisito de admissibilidade ou uma técnica de julgamento?, p. 427-428.

Dois aspectos positivos desse modelo, essenciais para que o STF atingisse a marca histórica do menor acervo desde 1993, são: primeiro, a possibilidade de conferir eficácia vinculante a decisões que reconhecem a ausência de um requisito de admissibilidade, como a repercussão geral, o que não existe no regime dos repetitivos; segundo, o fato de que o regime de repercussão geral, para gerar uma tese vinculante, não exige considerações sobre a repetitividade dos processos, já que essa questão é irrelevante para a formação de precedente pelo sistema da repercussão geral.

Além disso, outra vantagem consiste em que não apenas os julgamentos pela inexistência de repercussão geral constituem precedentes vinculantes, mas também aqueles que reconhecem a *natureza infraconstitucional* da controvérsia (art. 324, §2º, RISTF), caso em que o recurso será remetido para o STJ (art. 1.033, CPC).

Deve-se ter em conta que o projeto apresentado pelo STJ ao Senado, quando refere-se ao "regime de relevância", o faz levando em consideração esse atual sistema da repercussão geral, que a concebe como um requisito de admissibilidade e uma técnica de julgamento para a formação de precedentes.

Quando entrou em vigor o CPC/2015, estendendo o rito dos repetitivos para o STF – que até então existia apenas para o STJ, desde 2008 –, o que a Corte fez foi integrar todo o capítulo que o código dispôs para o recurso extraordinário repetitivos ao método da repercussão geral que já estava em operação. O STF nunca pôs em prática propriamente os repetitivos idealizados pelo legislador. Foi necessário apenas integrar o conteúdo dos arts. 1.036 a 1.041 ao sistema da repercussão geral, de tal modo que, na prática, para o STF, onde se lê, no CPC, "recurso extraordinário repetitivo", deve-se entender "recurso extraordinário julgado no regime de repercussão geral".

Além da polissemia que a expressão "repercussão geral" hoje apresenta (requisito de admissibilidade e técnica de formação de precedente), há um outro aspecto da dinâmica do STF no julgamento dos recursos extraordinários que não pode se perder de vista, embora ainda tenha sido pouco elucidado doutrinariamente.

O fato de ter integrado o sistema de precedentes ao da repercussão geral não significa que o STF julgue recursos extraordinários apenas por meio dessa rota procedimental. A maior parte dos recursos extraordinários que hoje são processados e julgados pelo STF, na verdade, não passa por esse procedimento, que é uma espécie de rito especial. Eles se submetem ao crivo de admissibilidade da Presidência e, se admitidos, são distribuídos a um Relator para julgamento individual ou colegiado nas turmas, sem que as decisões proferidas nesses casos constituam precedente.

Atualmente, há dois principais circuitos a que se submetem os recursos extraordinários *admissíveis* pelo STF, os quais, segundo Bruno Dantas e Teresa Arruda Alvim, consistem em: "(1) julgamento de mérito monocrático ou pelo órgão fracionário, sem afetação ao regime de repercussão geral (e sem formação de precedente vinculante" e "(2) julgamento de mérito no Plenário pelo regime de repercussão geral, no qual será formado precedente vinculante, com redação de tese".[15]

Muitas publicações feitas entre a entrada em vigor do CPC e o momento atual repetiram o equívoco de ordem prática de supor que as alterações promovidas pela Lei nº 13.256, de 4 de fevereiro de 2016, teriam realmente equiparado o julgamento do recurso extraordinário avulso ao julgamento de um recurso extraordinário repetitivo, como se todo e qualquer recurso extraordinário que tivesse sua repercussão geral apreciada e reconhecida atualmente constituísse precedente vinculante.[16] Isso foi o que idealizou a doutrina, como insistem enfaticamente Bruno Dantas e Teresa Arruda Alvim,[17] que fizeram parte da comissão de juristas responsável por elaborar o CPC/2015.

Se isso correspondesse à realidade, porém, toda a atividade judicante do STF a partir de março de 2016, quando entrou em vigor a Lei nº 13.256/2016, teria se resumido à quantidade de temas de repercussão geral julgados até o momento atual, o que se sabe não ser verdadeiro,

---

15 ALVIM, Teresa Arruda; DANTAS, Bruno. *Precedentes, recurso especial e recurso extraordinário*. 7. ed. rev. atual e ampl. São Paulo: Thomson Reuters Brasil. p. 750.

16 Até a 6ª edição, o livro de Bruno Dantas e Teresa Arruda Alvim (*Precedentes, recurso especial e recurso extraordinário*), por exemplo, referenciado várias vezes neste artigo, trazia esta posição. A posição foi modificada na última edição da obra.

17 ALVIM; DANTAS. *Precedentes, recurso especial e recurso extraordinário*, p. 747. Cf.: "A criação de circuitos específicos, via interpretação da Corte e alterações regimentais, que destoam dessa regra geral, *fazendo com que hoje haja recursos extraordinários julgados no mérito que não produzem efeitos de precedente, é algo que não consta e não constava originariamente do CPC!* (...) Essa foi a novidade da reforma da Lei nº 13.256/2016, em relação ao recurso extraordinário. A alteração trazida por esta lei vinha imbuída da noção que se tem insistentemente tentado fazer prevalecer na prática brasileira de que o Supremo Tribunal Federal é uma corte de Cúpula, e como tal deve exercer uma função uniformizadora das interpretações possíveis do Direito Constitucional, contribuindo mesmo com a sua construção, nos casos cuja importância desborde o interesse das partes. Com a equiparação do regime do recurso extraordinário avulso e os recursos extraordinários repetitivos, esperava-se um êxito mais visível nesse aspecto, bem como expressiva diminuição do número de recursos que o Supremo Tribunal Federal julga por ano".

pois, somente no primeiro semestre de 2024, por exemplo, o STF já proferiu já 52.066 decisões, das quais 10.034 foram colegiadas.

Onde, afinal, e como, foram decididos todos esses processos?

Em sua maioria, tirando os processos originários, aqueles relativos ao controle concentrado de constitucionalidade e os recursos ordinários constitucionais, trata-se de recursos (extraordinários, com ou sem agravo) que "sobreviveram" ao crivo de admissibilidade da Presidência e foram distribuídos aos gabinetes para julgamento de mérito singular ou colegiado, sem afetação ao regime de repercussão geral.

Antes de serem distribuídos a um Relator, os recursos extraordinários e agravos em recursos extraordinários, no STF, como mencionado, passam por um exame de admissibilidade no âmbito da Presidência, que se desenvolve em três etapas:

> a) na primeira ("Q1") se verifica se o recurso é tempestivo; se a representação processual é regular; se foi recolhido o preparo; se incide a Súmula nº 281/STF;[18] se o recurso traz em suas razões preliminares de repercussão geral; e se, tratando-se de agravo em recurso extraordinário, teria sido o caso de se impugnar a decisão que não admitiu o RE por meio de agravo interno (art. 1.030, §2º, do CPC)
> b) na segunda ("Q2") se examina se o acórdão impugnado discute questão que já tenha sido submetida ao sistema da repercussão geral, determinando-se, se for o caso, a devolução do recurso à origem, para observância do tema.
> c) na terceira ("Q3") se analisam, por fim, a aplicabilidade ao caso de quaisquer outros óbices ao conhecimento do recurso, como a ausência de prequestionamento, a incidência de súmulas do STF, como os Enunciados nº 279,[19] 454[20] ou 735,[21] a natureza infraconstitucional da controvérsia, bem como se a fundamentação a respeito da existência de repercussão geral é genérica ou específica.

Ultrapassada essa análise inicial, o recurso, em *tese admissível*, poderá ser pautado pelo Presidente diretamente no plenário virtual, para reconhecimento ou negativa de repercussão geral – ocasião em que, sendo reconhecido o requisito, terá início o "regime da repercussão

---

18 "Súmula 281: É inadmissível o recurso extraordinário, quando couber na justiça de origem, recurso ordinário da decisão impugnada."

19 "Súmula nº 279: Para simples reexame de prova não cabe recurso extraordinário."

20 "Súmula nº 454: Simples interpretação de cláusulas contratuais não dá lugar a recurso extraordinário."

21 "Súmula nº 735: Não cabe recurso extraordinário contra acórdão que defere medida liminar."

geral", com distribuição do recurso a um Relator, para posterior julgamento do mérito,[22] com a formação de tema e tese vinculante; ou poderá o recurso ser distribuído a um Relator, para julgamento fora do regime de repercussão geral, circunstância que não levará à formação de tema e de precedente vinculante.

Se o recurso for distribuído a um Relator para julgamento fora do sistema da repercussão geral, aquele poderá, por sua vez, a) submetê-lo ao sistema de repercussão geral, caso considere conveniente a formação de precedente vinculante sobre a inexistência do requisito ou sobre o mérito da questão discutida; b) constatar que já existe tema de repercussão geral sobre a questão, devolvendo o recurso à origem, para a observância do respectivo tema; d) decidir monocraticamente, negando repercussão geral para o caso concreto (art. 326, §1º, RISTF); d) proferir decisão monocrática, tendo por objeto a admissibilidade ou do mérito do recurso, sem se pronunciar sobre a repercussão geral e sem formar precedente vinculante; ou e) pautá-lo para julgamento colegiado, tendo por objeto a admissibilidade ou o mérito do recurso, sem manifestação sobre a repercussão geral e sem a criação de precedente vinculante.[23]

---

22 Em uma única hipótese, nessa etapa, pode ocorrer o julgamento de mérito do recurso: quando, após o reconhecimento da repercussão geral pelo plenário virtual, o colegiado entender que é caso de reafirmação da jurisprudência. Nesse cenário, o reconhecimento da repercussão geral não resultará na distribuição do processo aos gabinetes para julgamento de mérito, pois este já terá sido julgado na mesma ocasião do reconhecimento da repercussão geral. É fundamental distinguir claramente que o sistema de repercussão geral possui duas etapas: uma inicial, que consiste na verificação da existência ou não do requisito, e uma final, destinada ao julgamento do mérito da questão, com a definição da tese vinculante. Excepcionalmente, na hipótese de reafirmação de jurisprudência, essa última etapa pode coincidir com a primeira.

23 Segundo Paulo Mendes de Oliveira (O recurso extraordinário e seus circuitos processuais. *Jota*, 15 out. 2022. São Paulo. Disponível em: https://www.jota.info/opiniao-e-analise/colunas/coluna-cpc-nos-tribunais/recurso-extraordinario-e-seus-circuitos-processuais-15102022. Acesso em: 4 set. 2024), "o procedimento comum é bastante flexível, sendo possível que o recurso extraordinário percorra rotas das mais diversas, a depender das peculiaridades do caso concreto". O autor elaborou um esquema que descreve todas as possíveis trajetórias do recurso no rito comum, que deixam mais claro o conteúdo que podem ter as decisões monocráticas ou colegiadas por nós indicadas nos itens "d" e "e". Ele detalha que, após a distribuição ao relator, o recurso pode seguir os seguintes caminhos: a) inadmissibilidade monocrática ou colegiada pela Turma, em virtude da natureza infraconstitucional da controvérsia; b) rejeição do entendimento do STJ de prejudicialidade do recurso extraordinário com relação ao recurso especial (art. 1.031, §2º, do CPC), ocasião em que o recurso será remetido ao STJ (art. 1.031, §3º); c) rejeição do entendimento do STJ de conversão do recurso extraordinário em recurso especial (art. 1.032, parágrafo único), ocasião em que o recurso será remetido ao STJ, com aplicação do art. 1.032, parágrafo único; d) inadmissibilidade monocrática ou colegiada Turma por quaisquer outras razões; e) negativa de repercussão geral para o caso concreto (art. 326, §1º, RISTF); f) julgamento de mérito monocrático ou colegiado pela Turma, sem tese vinculante; g) identificação de tema já submetido ao regime

Em outras palavras, uma vez distribuído o recurso, cabe ao Relator decidir a respeito do seu destino em relação aos circuitos de julgamento.

O rito comum e o rito especial, embora produzam resultados distintos, são comunicáveis. O fato de o recurso passar pelo crivo de admissibilidade da Presidência e ser distribuído a um Relator para julgamento singular ou na turma pelo rito comum não significa que ele não possa mais tarde ser submetido ao rito especial, a fim de fazer precedente vinculante. Uma vez distribuído o recurso ao seu gabinete, o Relator poderá tanto reconhecer a existência de algum óbice que não tenha sido verificado pela Presidência, deixando de conhecer do recurso, quanto entender que ele deve ser afetado ao rito especial, ocasião em que, sendo reconhecida a repercussão geral, o julgamento do mérito do recurso ficará a cargo do Plenário do STF.

Como destacam o Ministro Marco Aurélio Bellizze, Carl Olav Smith e Marcelo Ornellas Marchiori, a submissão do recurso extraordinário ao sistema da repercussão geral consiste em "procedimento facultativo, no qual, geralmente, o reconhecimento da repercussão geral deslocará o julgamento de mérito do recurso extraordinário para o Plenário da Corte",[24] retirando-lhe, portanto, do rito comum, que contempla apenas julgamento monocrático ou colegiado por órgão fracionário.

Os autores, com base em pesquisa empírica, demonstram que, entre 2007 e 2020, as turmas do STF proferiram inúmeros julgamentos de mérito fora do sistema da repercussão geral. Explicam que, em sua maioria, essas decisões "foram julgamentos nos quais as Turmas do STF conheciam dos recursos sem realizar a análise do requisito da repercussão geral, com a formação de jurisprudência em diversas questões jurídicas, sem a formação de teses vinculantes". Além disso, mostram que, em casos mais recentes, de 2021 a 2024, os órgãos fracionários continuam julgando fora do sistema da repercussão geral, mas agora fundamentam suas decisões frequentemente na jurisprudência da própria Corte ou em interpretações acerca dos precedentes vinculantes constituídos no sistema da repercussão geral, sugerindo que, gradativamente, a

---

de repercussão geral, sendo determinada a devolução ao Tribunal de origem para aplicação do precedente, via despacho sem conteúdo decisório.

[24] BELLIZZE, Marco Aurélio; SMITH, Carl Olav; MARCHIORI, Marcelo Ornellas. O que esperar da relevância da questão federal para o recurso especial?. No prelo.

resolução dos casos pelo rito comum esteja pacificando as questões jurídicas e tornando mais restrita a atuação das turmas.[25]

Esse esclarecimento é necessário, a fim de que as propostas concorrentes sejam avaliadas sob premissas transparentes e não provoquem conclusões equivocadas.

Vista a sistemática por essa perspectiva, deve-se reconhecer que a aproximação da repercussão geral ao sistema de precedentes, por um lado, tem viabilizado a redução da quantidade de processos recebidos pelo STF, permitindo que os ministros dediquem mais tempo de reflexão aos recursos extraordinários submetidos ao "regime da repercussão geral". Isso reforça as funções paradigmática e uniformizadora do recurso extraordinário, e a do STF como Corte de Precedentes.

Por outro lado, a persistência de uma via para a apreciação dos recursos extraordinários fora do regime da repercussão geral, que concentra a maioria dos casos julgados pelo Tribunal, demonstra que a função do STF como Corte revisora da correta aplicação do direito federal constitucional não foi extinta, ao contrário do que parte da doutrina supunha, assim como os juristas signatários da proposta da OAB.

O que a estratégia utilizada pelo STF fez, na verdade, foi inverter os polos predominantes, trazendo para a dianteira sua atuação como Corte de precedentes, sem abandonar completamente a abordagem revisional e de controle que historicamente a Corte teve. Essa guinada permitiu não somente "perceber significativa alteração procedimental, mas também uma maior conscientização dos operadores jurídicos quanto ao papel dos precedentes do STF",[26] demarcando uma fase em que, finalmente, depois de quase um século, a Corte começa a se consolidar efetivamente como uma Corte de Cúpula, e não mais uma instância, do Poder Judiciário brasileiro.

4 Transcendência e considerações sobre o projeto da OAB

O projeto apresentado pela OAB segue premissas significativamente distintas daquele proposto pelo STJ: em vez da repercussão geral,

---

[25] BELLIZZE; SMITH; MARCHIORI. *O que esperar da relevância da questão federal para o recurso especial?*

[26] OLIVEIRA. Relevância no recurso especial: um requisito de admissibilidade ou uma técnica de julgamento?, p. 430.

sugere-se que o requisito da transcendência, exigido para a admissibilidade do recurso de revista da Justiça do Trabalho, seja a inspiração para a regulamentação da relevância no recurso especial.[27]

A transcendência foi inserida na legislação trabalhista pela Medida Provisória (MP) nº 2.226, de 4 de setembro de 2001, que incluiu o art. 896-A à CLT, dispondo que: "O Tribunal Superior do Trabalho, no recurso de revista, examinará previamente se a causa oferece transcendência com relação aos reflexos gerais de natureza econômica, política, social ou jurídica".

Apesar de previsto pela CLT antes mesmo do surgimento da repercussão geral, o requisito foi apenas regulamentado em 2017, com a Reforma Trabalhista, disciplinando de forma detalhada os critérios indicadores da transcendência econômica, política, social e jurídica, assim como o procedimento de sua aplicação pelo TST.

Referida disciplina estabelece que, se as razões do recurso nada dizem a respeito da transcendência, o relator poderá, monocraticamente, não conhecer do recurso, cabendo agravo dessa decisão para o colegiado (art. 896-A, §2º, CLT). Se, porém, for arguida a transcendência, mas o relator entender pela sua não caracterização, a questão deverá ser submetida a julgamento colegiado, admitida sustentação oral. Mantida em colegiado a decisão pela ausência de transcendência, será ela irrecorrível.

Além disso, a competência para apreciar a relevância do recurso de revista é exclusiva do TST, não podendo os tribunais inferiores realizarem juízo de admissibilidade do recurso de revista com base nesse fundamento, limitada sua análise aos demais pressupostos intrínsecos e extrínsecos do recurso (art. 896-A, §6º, CLT).

Nota-se que a legislação atual confere à transcendência apenas os contornos de um *filtro individual de admissibilidade* do recurso de revista.

Embora mais bem detalhada que a disciplina da repercussão geral em alguns aspectos – como, por exemplo, quanto à definição

[27] Extrai-se das primeiras linhas do projeto a afirmação: "O anteprojeto de regulamentação do §2º do artigo 105 da Constituição Federal ora apresentado parte do pressuposto de que o instituto da repercussão geral no recurso extraordinário instituído pela Emenda Constitucional nº 45/2004 não é equiparável à arguição de relevância no recurso especial instituída pela Emenda Constitucional nº 125/2022. Na realidade, os institutos são diversos, buscam fins diferentes e se destinam a Tribunais com perfis, composições, competências e número de demandas completamente distintos. Sobremais, a repercussão geral da questão federal constitucional e a relevância da questão federal infraconstitucional têm objeto, conteúdo e forma diferentes".

dos critérios indicadores da transcendência política, social, jurídica e econômica –, de um ponto de vista mais amplo, a regulamentação da transcendência fica aquém à da repercussão geral no tocante à sua capacidade de promover a racionalização dos esforços no Tribunal na redução do volume de processos. Ela lembra, inclusive, a primeira fase da repercussão geral, ainda entre 2004 e 2007, quando a EC nº 45/2004 e a Lei nº 11.418/2006 a conceberam apenas como um requisito de admissibilidade, cuja análise ficava restrita a cada caso concreto.

Pela disciplina atual da CLT, não há autorização legal, após a apreciação da transcendência, para que os tribunais inferiores, e nem mesmo o próprio TST, barrem a subida de novos recursos que discutam aquelas mesmas questões. O Tribunal aprecia caso a caso a existência ou não de transcendência e, uma vez obtido o juízo positivo ou negativo de admissibilidade, seus esforços, embora possam constituir jurisprudência para otimizar futuras análises, não goza de eficácia expansiva, de modo barrar, na origem, a tramitação de recursos que versem a mesma controvérsia. Isso, ao lado da exigência de que a transcendência da questão apenas possa ser analisada em colegiado, diminui severamente a capacidade do filtro de racionalizar a atividade do Tribunal.

Em outras palavras, diferentemente da repercussão geral, que foi integrada ao sistema de repetitivos, a transcendência do recurso de revista, como destaca Osmar Mendes Paixão, "é um filtro individual para recursos (devendo ser utilizado no caso a caso e só podendo ser aplicada como óbice – a sua falta – após decisão colegiada".[28]

Os números do TST, no entanto, são tão alarmantes quanto os do STJ. Em 2023, o acervo total do TST chegou à marca de 547.191 processos, quantitativo superior ao atual do STJ, que, não obstante, atua com mais ministros do que aquela Corte. Além disso, de 494.721 processos julgados pelo TST naquele ano, 353.009 decisões foram monocráticas,[29] o que equivale a 71% da produtividade do Tribunal. Apesar da diferença das matérias analisadas, não é difícil conjecturar, com essas estatísticas, que os mesmos problemas já apontados em relação ao STJ quanto à ausência de tempo para se dedicar às questões mais relevantes para a construção do direito e àqueles que decorrem da "monocratização" dos julgamentos, também comprometam a atuação TST.

---

[28] CÔRTES. Transcendência x repercussão geral, p. 79.

[29] Informações extraídas da plataforma digital do TST.

O projeto apresentado pela OAB não desconhece essa realidade, tampouco as distinções entre a repercussão geral e a transcendência. Faz, todavia, expressa opção no sentido de que o STJ se aproxime mais do perfil do TST que do STF.

É dizer: deseja que o cenário mude, mas pouco; que o STJ disponha de mais facilidade na aplicação do óbice processual (a relevância como requisito de admissibilidade), se for caso de aplicá-lo, mas com a expectativa de que sejam mantidas abertas as portas do Tribunal para toda e qualquer lesão à legislação federal que possa ser suscitada em recurso especial. Alimenta-se, assim, a ilusão de cabimento desenfreado do recurso especial, sem apresentar solução ao problema de que "o descomunal volume de processos tem levado, gradativamente, a interpretações cada vez mais rigorosas dos obstáculos ao conhecimento dos recursos especiais, além de impor inevitável comprometimento da qualidade de trabalho".[30]

Na exposição de motivos, a pretexto de justificar a opção feita pela transcendência, o projeto comete uma série de equívocos.

Inicia, por exemplo, afirmando que "faz sentido atribuir à Suprema Corte, elevada pela Constituição Federal à categoria de sua guardiã e composta de apenas 11 (onze) Ministros, a função de interpretação direta e objetiva do texto constitucional, menos vinculada a conflitos subjetivos", dando a entender que, se o número de ministros do STF é menor, é justificável sua transformação em uma Corte de Precedentes, dada a dificuldade de dispor de quantitativo de magistrados suficiente para controlar a aplicação do direito. A afirmação, no entanto, desconsidera que o STJ, embora tenha mais ministros, recebe proporcionalmente mais processos.

Em 2006, por exemplo, antes da criação da repercussão geral, o STF recebeu 127.535 processos, uma média de 11.594 por ministro. Todos os anos seguintes o recebimento foi inferior a esse. O STJ, por sua vez, em 2024, até setembro, já recebeu 347.202 processos, o que equivale à média de 10.521 processos por ministros. Até o fim do ano, a média terá superado aquela que os ministros do STF recebiam antes da implementação da repercussão geral. Desse modo, em tese, a mesma circunstância que justificaria a Corte Constitucional devotar-se mais às

---

[30] DANTAS; GALLOTTI. Crise do recurso especial e a função constitucional do STJ: uma proposta de reforma, p. 147.

questões transcendentes, como alega a exposição de motivos, também existe hoje para o STJ.

Essa linha de argumentação, além de outras nesse sentido,[31] dá a entender que a solução para a crise do STJ – para o qual a Constituição Federal transferiu a competência de uniformizar o direito federal que antes cabia ao STF – passaria pela ampliação da composição do Tribunal, providência que, há quase um século, já era criticada por Pires Albuquerque, pois, além não de não resolver o problema, aprofundaria ainda mais as divergências internas no Tribunal.

Chama atenção, igualmente, a afirmação de que o STJ não poderia se transformar em um "tribunal de teses vinculantes" por falta de autorização constitucional, e que a "quase unanimidade da doutrina vem advertindo para a inconstitucionalidade do art. 927, incisos III, IV e V, do Código de Processo Civil".

A afirmação reaviva o debate praticamente já esquecido na doutrina nacional que teve lugar ainda durante as discussões sobre o Anteprojeto do CPC/2015, que trazia os "precedentes vinculantes" como uma novidade, e subsistiu durante algum tempo após a entrada em vigor do Código por uma minoria de doutrinadores. Nesse ponto, lança-se mão de argumento *ad terrorem*, sem sequer atribuir as referências atualizadas da alegação, certamente porque não se sustentam, dado que a doutrina processual majoritária – e a profusão de artigos, dissertações de mestrado e teses de doutorado nos últimos anos demonstram isso – defende a constitucionalidade do modelo,[32] que veio para ficar.

Outra afirmação que deixa entrever uma compreensão, a nosso sentir, inadequada da realidade é a de que a equiparação da relevância à repercussão geral "implicaria fazer de cada caso estimado e julgado relevante em recurso especial uma tese de efeito vinculante".

Nesse ponto, a exposição de motivos parece replicar o mesmo erro de premissa que parte expressiva da doutrina processual, até recentemente, manifestava em seus livros, a respeito da suposição de que todo recurso extraordinário apreciado pelo STF, a partir da entrada

---

31 "Acresça-se que, para ainda mais reduzir a sobrecarga de processos sob sua jurisdição, não se pode descartar a possibilidade de ampliar-se a composição do Superior Tribunal de Justiça, estabelecida pela Constituição Federal de 1988 em, no mínimo, 33 (trinta e três) Ministros, podendo a alteração nessa composição se operar por lei ordinária".

32 Por todos, ALVIM; DANTAS. Precedentes, recurso especial e recurso extraordinário, p. 325-332.

em vigor da Lei nº 13.256/2016, tivesse a repercussão geral reconhecida, levando à formação de uma tese de precedente vinculante.

Observe-se que o projeto parte de uma preocupação de que o STJ se converta, como teria ocorrido com o STF, em uma "Corte de teses", dando a entender que todo recurso extraordinário julgado pelo STF levaria à formação de teses vinculantes. Por isso, o temor de que o STJ siga o mesmo caminho, já que tal medida reduziria severamente, da noite para o dia, a quantidade de recursos apreciados pelo Tribunal.

Isso, contudo, como já demonstramos, não corresponde à realidade.

O fato de a repercussão geral ter sido integrada ao sistema de precedentes não significa que todo recurso extraordinário julgado pelo STF leve à formação de uma tese vinculante. Pelo contrário, a grande massa de recursos apreciados pelo STF não leva à formação de precedente. A preocupação externada pela exposição de motivos – que, no fundo, consiste em supor extinta a função do STF no controle e aplicação do direito – é ilusória, sustentando-se em uma compreensão desatualizada do procedimento.

Como já se demonstrou, a sistemática da repercussão geral envolve dois circuitos de julgamento dos recursos extraordinários admissíveis pelo STF: um comum, que concentra a maior parte dos recursos, distribuídos para julgamento individual ou colegiado nas Turmas; e outro especial, denominado pela lei como "regime de repercussão geral", no qual poderão ser formadas teses vinculantes pela inexistência de repercussão geral e, se for caso, teses que tratem do mérito da questão jurídica.

Se o STF é uma Corte de teses, como reconhece o projeto, o é em razão do segundo circuito, o do "regime da repercussão geral". Isso, todavia, não desnaturou sua função de Corte revisora, dado que a maior parte dos recursos julgados pela Corte ainda se dá no rito comum, que não leva à formação de precedentes.

Sendo acatada, pelo legislador, a proposta de regulamentação da relevância adotando como inspiração a sistemática da repercussão, espera-se que, no STJ, desenvolvam-se circuitos de julgamento semelhantes,[33] o que, por um lado, propiciará ao Tribunal exercer melhor sua função como Corte de Precedentes, mas não extinguirá por

---

33 ALVIM; DANTAS. Precedentes, recurso especial e recurso extraordinário, p. 788.
ALVIM; DANTAS. Precedentes, recurso especial e recurso extraordinário, p. 789.

completo – ao contrário do que faz supor o projeto – sua atuação no controle da aplicação do direito federal infraconstitucional na maioria dos casos apreciados.

5 Que modelo deve escolher o legislador?

Na segunda metade do século passado, quando se discutiam as propostas para a crise do recurso extraordinário, a ideia que se tinha era a de que, com a criação do STJ, absorvendo parte significativa das competências do STF, "o alívio seria tal que o mecanismo da arguição de relevância, vigente à época, se tornaria desnecessário".[34]

Criado o STJ, em pouco tempo se percebeu que o problema não foi resolvido e que o filtro para o recurso de natureza extraordinária ainda era necessário.

De modo semelhante, quando a Lei nº 11.672, de 8 de maio de 2008, instituiu o regime dos recursos repetitivos no âmbito dos recursos especiais, e posteriormente com seu aperfeiçoamento pelo CPC/2015, rondava nos bastidores a expectativa de que o alívio proporcionado ao STJ seria tamanho que tornaria desnecessária a criação de um requisito de admissibilidade para o recurso especial similar à repercussão geral. Sendo corretamente empregados os repetitivos, a litigiosidade como um todo reduziria e, por consequência, a qualidade da prestação jurisdicional de todo o Poder Judiciário.

Passados todos esses anos desde a Lei nº 11.672/2008, e já com alguns anos de experiência com os repetitivos desde a entrada em vigor do CPC/2015, pode-se afirmar que eles se tornaram indispensáveis para a otimização da prestação jurisdicional no âmbito do STJ. Apesar disso, como testemunha o acervo recorde em 2024, o mecanismo não foi capaz de prover a redução da sobrecarga de processos que o legislador idealizou.

O número de repetitivos julgados anualmente pelo STJ, em relação ao quantitativo anual de suas decisões, é diminuto: em 2023, enquanto foram proferidas 427.841 decisões, apenas 37 temas de repetitivos foram julgados.

Também em relação ao pequeno número de repetitivos do STJ, a raiz do problema é a mesma que justifica a introdução do filtro da

---

34 DANTAS; GALLOTTI. Crise do recurso especial e a função constitucional do STJ: uma proposta de reforma, p. 135.

relevância da questão federal infraconstitucional quase toda a capacidade de trabalho do Tribunal tem sido tragada para a resolução do fluxo inesgotável dos centenas de milhares de outros recursos – que, em sua maioria, embora importantes para as partes em litígio, não discutem questões relevantes para o País, resultando disso pouco tempo para se dedicar, com a profundidade necessária, aos repetitivos.

Entre a opção de afetar ao rito dos repetitivos um recurso que trate de tema extremamente sensível à coletividade, sem dispor de tempo suficiente para analisá-lo com a profundidade merecida, e a opção de julgá-lo por outras vias que não levem à formação de precedente vinculante, a prática, muitas vezes, aconselha a última opção. Com efeito, em determinadas circunstâncias, o julgamento fora do circuito da relevância pode ser mais apropriado para o amadurecimento, no seio social e jurídico, de questões inéditas, ainda pouco discutidas e, portanto, ser menos gravosa para a justa tutela do direito objetivo. Há poucos repetitivos no STJ não por ausência de oportunidade, mas por cautela, já que, em vez de promover a Justiça, é possível, com o uso desmedido deles, comprometê-la.

Se a relevância for regulamentada à luz da experiência do STF com a repercussão geral, há grandes chances de que a eficiência da prestação jurisdicional do STJ e o seu papel na garantia da integridade e uniformidade da interpretação da legislação federal infraconstitucional, finalmente, se consolidem em uma trajetória promissora.

Hoje, que a capacidade de trabalho do Tribunal é quase toda tragada pela análise caso e caso de recursos que culmina na aplicação de óbices processuais, a possibilidade de constituir *precedentes obrigatórios negativos* a respeito da inexistência de relevância da questão discutida no recurso, com a delegação aos tribunais inferiores da possibilidade de barrar a subida de recursos que versem questões às quais o STJ já tenha negado a existência de relevância, otimizará bastante o tempo do Tribunal – insumo básico e vital para a qualidade da prestação jurisdicional –, possibilitando que os ministros, gradativamente, possam se dedicar cada vez mais, com a profundidade necessária, aos temas de grande relevância para o direito nacional.

A rigor, essa é uma das principais vantagens do regime da relevância. Os repetitivos apenas autorizam a constituição de teses vinculantes em casos que apresentem *repetitividade* e, além disso, a tese deverá ter por objeto o *mérito* da questão repetitiva.

Se a relevância seguir o caminho da transcendência do recurso de revista, centenas de milhares de recursos continuarão subindo ao STJ para, ao final, em sua grande maioria, receberem um juízo negativo de admissibilidade – agora não mais pela aplicação de alguma súmula conhecida, como as Súmulas nº 7/STJ ou 182/STJ, mas pela ausência de relevância da questão discutida.

Se, no entanto, a relevância for regulamentada nos moldes do atual sistema da repercussão geral, e a questão for submetida ao "regime da relevância", será possível formar tese vinculante sobre a ausência de relevância da matéria, com base na análise de um único recurso. Dessa forma, o tempo que o STJ anteriormente dedicaria ao julgamento de milhares de casos semelhantes, que em sua maioria culminariam na aplicação de óbices processuais, poderá ser direcionado à apreciação de questões que realmente apresentem relevância para o País.

Entendemos que, diante das alternativas, esse é o modelo que melhor removerá os entraves que atualmente comprometem o exercício da função atribuída ao STJ pela Constituição Federal. Trata-se de caminho que, inclusive, a doutrina recomenda que seja adotado também pelo TST,[35] que enfrenta dilemas semelhantes.

Por fim, assinale-se que, assim como ocorreu com o STF, se regulamentada a relevância à luz da repercussão geral, a perspectiva mais provável é que se desenvolvam ao menos dois circuitos processuais para a análise e julgamento dos recursos especiais admissíveis pelo STJ:[36] uma rota comum, em que os recursos serão distribuídos aos relatores para julgamento individual ou nas Turmas, sem constituir precedente vinculante, e uma rota especial, que o projeto apresentado pelo STJ denomina de "regime de relevância", para a qual serão direcionados os recursos especiais que levarão à formação de *precedentes negativos*, isto é, pela inexistência de relevância, ou positivos, quando, reconhecida a relevância, for constituída tese de mérito vinculante.

---

[35] "(...) fica a possibilidade de o Tribunal Superior do Trabalho seguir a trilha do Supremo Tribunal Federal e eventualmente passar a aplicar a legislação processual civil em paralelo para atribuir um caráter mais objetivo e menos individualista ao novel instrumento processual trabalhista – a transcendência" (CÔRTES. Transcendência x repercussão geral, p. 81).

[36] "A nosso ver, ao que tudo indica, e isso será melhor explicado abaixo, há uma forte chance de o Superior Tribunal de Justiça criar dois ritos: um corriqueiro, para a apreciação de recursos especiais com uma espécie de relevância presumida, sem formação de tese vinculante, e um especial, para apreciação dos recursos especiais no regime de relevância, com formação de tese vinculante, o qual seria responsável, à semelhança do que vem ocorrendo com o recurso extraordinário, por deflagrar os efeitos do art. 1.030, I, do CPC" (ALVIM; DANTAS. Precedentes, recurso especial e recurso extraordinário, p. 788).

Afinal, como aponta a doutrina, e com razão, seria extremamente difícil, pela quantidade de temas com relevância presumida, criar e gerir um sistema em que todos os casos formassem precedente obrigatório,[37] como supõe a exposição de motivos apresentada pela OAB, o que depõe em favor de que o STJ trilhará um caminho semelhante ao do STF, se o legislador acolher sua proposta de regulamentação.

Reiteramos que é preferível permitir que o STJ filtre as questões em que realmente há necessidade de uniformização, em vez de alimentar a ilusão de que o Tribunal conseguirá cumprir sua missão constitucional abrindo as portas para toda e qualquer alegação de ofensa à legislação federal infraconstitucional, sobretudo em um País de dimensões continentais, como o Brasil, e de cultura altamente diversificada e litigiosa.

Entendemos, na mesma linha de Fernando Natal, que o "sucesso da relevância, a curto prazo, será a redução do acervo processual e, a longo prazo, o fortalecimento do papel institucional do STJ, reconfigurando-se definitivamente como uma Corte Suprema de Precedentes em nosso ordenamento judicial e jurídico".[38]

Referências

ALVIM, Teresa Arruda; DANTAS, Bruno. *Precedentes, recurso especial e recurso extraordinário*. 7. ed. rev. atual e ampl. São Paulo: Thomson Reuters Brasil.

BELLIZZE, Marco Aurélio; SMITH, Carl Olav; MARCHIORI, Marcelo Ornellas. O que esperar da relevância da questão federal para o recurso especial?. No prelo.

BENETI, Sidnei Agostinho. A "fase aglutinatória" do processo civil brasileiro: ajustes necessários. *In:* BRASIL. Superior Tribunal de Justiça. *Doutrina*: edição comemorativa: 30 anos do STJ. Brasília: Superior Tribunal de Justiça, 2019. p. 405-434.

BRASIL. Supremo Tribunal Federal (Corte Especial). AgInt nos EREsp 1.741.586/MG. Relator: Min. Humberto Martins, 13 de agosto de 2024. *Dje*: Brasília, DF, 16 ago. 2024.

CÔRTES, Osmar Mendes Paixão. Transcendência x repercussão geral. *Revista Eletrônica do Tribunal Regional do Trabalho da 9ª Região*, Curitiba, v. 10, n. 92, set. 2020.

DANTAS, Bruno; GALLOTTI, Isabel. Crise do recurso especial e a função constitucional do STJ: uma proposta de reforma. *Revista de Processo: RePro*, São Paulo, ano 107, v. 998, p. 129-158, dez. 2018.

[37] ALVIM; DANTAS. Precedentes, recurso especial e recurso extraordinário, p. 789.

[38] NATAL, Fernando Batista. *A relevância da questão federal e a reconfiguração do Superior Tribunal de Justiça como corte de precedentes*. Londrina: Thoth, 2024. p. 262.

DANTAS, Bruno. *Repercussão geral*: perspectivas histórica, dogmática e de Direito Comparado: questões processuais. 3. ed. rev. atual. e ampl. São Paulo: Revista dos Tribunais, 2012.

OLIVEIRA, Paulo Mendes de. O recurso extraordinário e seus circuitos processuais. *Jota*, 15 out. 2022. São Paulo. Disponível em: https://www.jota.info/opiniao-e-analise/colunas/coluna-cpc-nos-tribunais/recurso-extraordinario-e-seus-circuitos-processuais-15102022. Acesso em: 4 set. 2024.

OLIVEIRA, Paulo Mendes de. Relevância no recurso especial: um requisito de admissibilidade ou uma técnica de julgamento? *In:* MARQUES, Mauro Luiz Campbell; FUGA, Bruno Augusto Sampaio; TESOLIN, Fabiano da Rosa; LEMOS, Vinicius da Silva. *Relevância da questão federal no recurso especial*. Londrina: Thoth, 2023.

NATAL, Fernando Batista. *A relevância da questão federal e a reconfiguração do Superior Tribunal de Justiça como corte de precedentes*. Londrina: Thoth, 2024.

PIRES E ALBUQUERQUE, Antônio Joaquim. Entrevista. *In:* PIRES E ALBUQUERQUE, Antônio Joaquim. *Culpa e castigo de um magistrado*. 3. ed. Rio de Janeiro: Hunos Editorial, 1972. p. 1141-1147.

SILVA, José Afonso. *Do recurso extraordinário no Direito Processual brasileiro*. São Paulo: Revista dos Tribunais, 1963.

VAUGHN, Gustavo Favero. A jurisprudência defensiva no STJ à luz dos princípios do acesso à Justiça e da celeridade processual. *Revista de Processo: RePro*, São Paulo, v. 41, n. 254, p. 339-373, abr. 2016.

VITORELLI, Edilson. A relevância no recurso especial: uma reflexão sobre as decisões judiciais erradas. *In:* MARQUES, Mauro Luiz Campbell; FUGA, Bruno Augusto Sampaio; TESOLIN, Fabiano da Rosa; LEMOS, Vinicius da Silva. *Relevância da questão federal no recurso especial*. Londrina: Thoth, 2023.

Informação bibliográfica deste texto, conforme a NBR 6023:2018 da Associação Brasileira de Normas Técnicas (ABNT):

GALLOTTI RODRIGUES, Maria Isabel Diniz; SANTOS, Caio Victor Ribeiro dos. Da crise do recurso extraordinário à crise do recurso especial: contribuições para a regulamentação da relevância. *In*: MENDES, Gilmar Ferreira; GALLOTTI RODRIGUES, Maria Isabel Diniz; ALVIM, Teresa Arruda (coord.). *O novo perfil do controle difuso de constitucionalidade*: estudos em homenagem ao Professor Bruno Dantas nos 20 anos da Repercussão Geral. Belo Horizonte: Fórum, 2025. p. 547-570. ISBN 978-65-5518-898-1

O RECURSO EXTRAORDINÁRIO (RE) E SUA EFICÁCIA SUBJETIVA: CF, 102, III, E O DEVER DE O STF DECIDIR A CAUSA CONCRETA, RESOLVENDO A LIDE SUBJETIVA. SEPARAÇÃO DE PODERES, PODER LEGISLATIVO E INTERPRETAÇÃO DA CF, 52, X

NELSON NERY JUNIOR
ROSA MARIA DE ANDRADE NERY

1 Introdução e localização do tema

É uma grande honra poder prestar homenagem ao Ministro Bruno Dantas Nascimento, Presidente do Tribunal de Contas da União (TCU), Presidente (*Chair*) da International Organisation of Supreme Audit Institutions (INTOSAI), e um dos responsáveis pela criação, em 24 de junho de 2024, da International Organisation of Supreme Audit Institutions with Jurisdictional Functions (JuriSAI), jurista de escol que tem prestado relevantes serviços à cidadania brasileira e às Cortes de Contas do Brasil e do exterior. Foi membro do Conselho Nacional de Justiça (CNJ) e do Conselho Nacional do Ministério Público (CNMP).

Fez o mestrado[1] e o doutorado[2] na Pontifícia Universidade Católica de São Paulo (PUC-SP), havendo sido orientado, nos dois trabalhos acadêmicos, pela Professora Teresa Arruda Alvim. É pós-doutor pela Universidade do Estado do Rio de Janeiro (UERJ) e pelo Max-Planck Institut de Luxemburgo.

Tem numerosos trabalhos publicados na área jurídica, como livros individuais, capítulos de livros e artigos nos mais prestigiados meios de divulgação de trabalhos acadêmicos e profissionais do Brasil e do exterior.

A feliz iniciativa de homenageá-lo é mais do que bem-vinda e estamos contentes e honrados em poder participar da merecida homenagem.

O tema deste estudo tem como fundamento o texto e o espírito da Constituição Federal. Mais precisamente o disposto na CF, 102, III, e 52, X, dado que analisamos o perfil constitucional do recurso extraordinário (RE) e a *funcionalidade* e a eficácia de seu julgamento pelo Supremo Tribunal Federal (STF).

Recurso

> é o meio processual que a lei [Constituição] coloca à disposição das partes, do Ministério Público e de um terceiro, a viabilizar, dentro da mesma relação jurídica processual, a anulação, a reforma, a integração ou o aclaramento da decisão judicial impugnada.[3]

Em todo e qualquer recurso podem haver dois juízos: a) de admissibilidade e b) de mérito. Caso o juízo de admissibilidade do recurso seja positivo (conhece-se do recurso), o tribunal *ad quem* profere o segundo juízo: o de mérito do recurso.

No juízo de mérito, quando provido o recurso, o tribunal pode ou *anular* a decisão recorrida, quando ocorrer *error in procedendo*, ou *reformar* a decisão recorrida, quando eivada de *error in iudicando*.

---

1 Dissertação: DANTAS, Bruno. *Da repercussão geral*: investigação sobre os aspectos processuais civis do instituto e a mudança de perfil imposta por seu advento ao recurso extraordinário brasileiro. Orientadora: Teresa Arruda Alvim Wambier. 2007. 335 f. Dissertação (Mestrado em Direito) – Faculdade de Direito, Pontifícia Universidade Católica de São Paulo, São Paulo, 2007.

2 Tese: DANTAS, Bruno. *Tutela recursal pluri-individual no Brasil*: formulação, natureza, regime jurídico, efeitos. Orientadora: Teresa Arruda Alvim Wambier. 2013. 170 f. Faculdade de Direito – Pontifícia Universidade Católica de São Paulo, São Paulo, 2013.

3 NERY JUNIOR, Nelson. *Teoria geral dos recursos*. 8. ed. São Paulo: Thomson Reuters Brasil, 2024. n. 3.1, p. 259.

O RE é da competência do STF, como o determina a CF, 102, III, e tem como função primordial fazer com que a Corte Suprema garanta a autoridade e o respeito à Constituição Federal pelos órgãos do Poder Judiciário, cassando decisões que contrariem a Carta Política (*juízo de cassação*) e *rejulgando* a lide intersubjetiva que ensejou a interposição do RE (*juízo de revisão*).

Esses são os dois juízos – de *mérito* do recurso – pelos quais o STF terá de passar para julgar o RE. É o que resulta do comando constitucional: compete ao STF julgar mediante RE as causas decididas em única ou última instância, quando a decisão recorrida contrariar dispositivo constitucional, declarar a inconstitucionalidade de tratado ou lei federal ou, ainda, julgar válida lei ou ato de governo local contestado em face da Constituição Federal. *Rejulgar* é a palavra-chave de todo o recurso: a ação foi julgada e, agora, será rejulgada.

Julgar em grau de recurso significa, caso conhecido o RE, anular ou reformar a decisão recorrida. Mantém-se a decisão da instância local quando se nega provimento ao RE, ou, ao contrário, ao dar-se provimento ao RE, *anula-se* ou *reforma-se* a decisão recorrida. Isso é aplicar o direito à espécie (STF, 456); isso é julgar o processo aplicando o direito (CPC, 1.034, *caput*).

Um dos motivos de cassação da decisão recorrida pode ser o reconhecimento, pelo STF, da inconstitucionalidade de lei ou ato normativo federal ou estadual, contestado em face da Constituição Federal, dispositivo inconstitucional esse em que se tenha baseado a decisão recorrida.

Nesse caso específico – ao ensejo de julgar a constitucionalidade da lei no curso do RE – o STF exerce o *controle concreto*, o *controle difuso* da constitucionalidade de lei ou de ato normativo: sua decisão de inconstitucionalidade vale e tem eficácia *apenas e tão somente no caso concreto* decidido pelo STF, decisão que terá de ser respeitada pelas partes e pelos órgãos do Poder Judiciário envolvidos no caso.

Essa decisão – reconhecimento da inconstitucionalidade da lei – não faz coisa julgada nem para as partes do processo, dada a circunstância de que, em regra, os "motivos" da decisão não são abrangidos pela *auctoritas rei iudicatæ* (CPC, 504), que só atinge a parte dispositiva da sentença ou do acórdão. Julgado o RE e cassada a decisão recorrida pela pronúncia da inconstitucionalidade da lei ou ato normativo pelo STF, o que faz coisa julgada nesse acórdão é ou a anulação da decisão recorrida, ou sua reforma com a aplicação do direito à espécie. A matéria da inconstitucionalidade pronunciada pelo STF no RE, portanto, o foi *incidenter tantum*.

A decisão *principaliter* sobre a inconstitucionalidade da lei ou do ato normativo, isto é, decisão com força de coisa julgada, somente terá lugar se tiver sido dada em *controle abstrato*, isto é, em *controle concentrado* de constitucionalidade, vale dizer, por ação constitucional cujo *pedido* seja a declaração voltada para esse controle (*v.g.* ação direta de inconstitucionalidade [ADIn], ou declaratória de constitucionalidade [ADC], previstas na CF, 102, I, *a*).

Impõe-se também considerar que a pronúncia da inconstitucionalidade deve dar-se por decisão definitiva de mérito – não liminar – transitada em julgado. A decisão definitiva de mérito em ação direta, transitada em julgado, isto é, em *controle abstrato* definitivo vale e tem eficácia *erga omnes* e *vinculante* (CF, 102, §2º). Apenas pelo *controle abstrato* o STF pronuncia decisão com eficácia *erga omnes* e *vinculante*.

Em nenhuma oportunidade o texto constitucional autoriza o STF a formular "teses" por ocasião do julgamento subjetivo do RE. Muito menos "objetivar" o resultado do RE, dando ao reconhecimento de inconstitucionalidade pronunciado *incidenter tantum* o mesmo regime jurídico da pronunciada *principaliter* em, *e.g.*, ADIn, como se fossem a mesma realidade e, ainda assim, invadindo esfera de competência do Senado Federal.

A afirmação, hoje comum, de que o STF, STJ, TST seriam tribunais de teses deve ser recebida *cum grano salis* e, sempre, *de lege ferenda*, ou melhor, *de Constitutione ferenda*, pois somente a Constituição Federal pode atribuir, modificar ou extinguir competência de tribunais superiores. As atribuições que o CPC confere aos tribunais superiores que não estejam listadas *expressamente* na Carta Política (CF, 102 e 105) são inconstitucionais.

Os principais argumentos para os que defendem a "objetivação" do RE são: a) a "crise do STF" impõe a racionalização do reconhecimento da inconstitucionalidade quando do julgamento do RE, dado o volume de recursos que chegam diariamente à Corte Suprema; b) o STF já pronunciou a inconstitucionalidade da lei ou do ato normativo e, portanto, seria desperdício de tempo e de atividade jurisdicional ter de pronunciar-se novamente sobre o tema; c) a CF, 52, X, confere ao Senado Federal apenas atribuição de "publicar", de "dar conhecimento público" da decisão do STF de inconstitucionalidade proferida no bojo do julgamento do RE; d) teria havido "mutação constitucional" e, portanto, alterado o texto e o sentido do disposto na CF, 52, X.

Vale frisar, ainda, outro aspecto importante na consideração dessa pretensa "objetivação": a competência *interna* da Suprema Corte, porquanto as ações diretas que têm como objeto o *controle concentrado* da constitucionalidade das leis e atos normativos são da competência do STF em sua composição plena (RISTF, 5º, VII; 143 p. único; 173), ao passo que o RE é da competência de uma das turmas do Excelso Pretório (RISTF, 9º, III). *Quid iuris*, se o acórdão do julgamento do RE pela Turma, no qual se reconheça a inconstitucionalidade da lei, não for remetido ao Senado para os efeitos da CF, 52, X, teria esse acórdão eficácia *erga omnes*, no entendimento daqueles que defendem a "objetivação" do RE?

É disso que tratamos neste estudo: análise dos aspectos constitucionais do RE, sua *funcionalidade* e a atribuição cometida ao Senado Federal pela CF, 52, X.

1.1 Eficácia intersubjetiva do RE

Os textos da CF, 52, X, e 102, III, têm sido desafiados por parte da doutrina e da jurisprudência de nossos tribunais, notadamente do STF.

Primeiro pela afirmação de que os tribunais superiores são tribunais de "teses", o que não se conforma à letra e ao espírito da CF, 102, III, que prevê como competência do STF, processar e julgar o RE, o que significa competência para *re*julgar casos já decididos pelas instâncias ordinárias. Essa é a tarefa que a CF, 102, III, comete ao STF: rejulgar casos anteriormente decididos e aplicar o direito à espécie (CPC, 1.034, *caput*; STF, 456), isto é, dar às partes – recorrente e recorrido – a solução que a Suprema Corte entender cabível. Em outras palavras, *o RE é instrumento constitucional para a resolução de lides intersubjetivas*. Não há na CF tratamento constitucional do RE como meio para fixação de teses jurídicas gerais, abstratas e vinculantes. Não é ocioso dizer que dispositivos constitucionais interpretam-se *ad restringenda*, é dizer, *restritivamente*. E que somente os direitos e garantias fundamentais e sociais (CF 5º a 8º) comportam interpretação *ad ampliandа*. Os preceitos dispostos na CF, 102 e 105, não são direito fundamental nem social, e, pois, interpretam-se restritivamente. Como não está expresso na CF, 102 e 105, o *poder* de fixar teses e temas abstratos e gerais, como se fossem leis, nem *poderes* para STF e STJ pronunciarem *decisões vinculantes*, é *inconstitucional* tudo o que se encontra no *CPC* e em *regimentos internos* do STF e STJ que extrapole a autorização constitucional que confere competência a esses tribunais superiores.

Sobre regimentos internos, notadamente o do STF, uma palavra.[4]

Em certa quadra da história constitucional do Brasil, atribuiu-se *competência legislativa* ao STF, para dispor no regimento interno (RISTF) sobre processos e procedimentos de sua competência. Essa efêmera competência legislativa foi dada pela Emenda Constitucional nº 7, de 13 de abril de 1977, conhecida como "Pacote de Abril", dado que foi promulgada pelo Presidente da República Ernesto Geisel, que para tanto decretou, com fundamento no AI-5,[5] o recesso do Congresso Nacional,[6] baixou o pacote de abril e no dia seguinte, 14 de abril de 1977, reabriu o Congresso Nacional.[7] Foi nesse contexto que foi dada competência legislativa ao STF,[8] *déficit* máximo de legitimidade.[9]

---

4 Ver: NERY JUNIOR. *Teoria geral dos recursos*, n. 2.4.3.1, p. 92 e ss.; NERY JUNIOR, Nelson. Regimento interno do Supremo Tribunal Federal: natureza jurídica e limites. *In:* LOPES, João Batista; LOPES, Maria Elizabeth de Castro; CIANCI, Mirna; ALMEIDA, Gregório Assagra de (coord.). *Processo civil*: questões controversas: estudos em homenagem ao Professor Olavo de Oliveira Neto. Belo Horizonte: D'Plácido, 2023. p. 749-764.

5 "Art. 2º. O Presidente da República poderá decretar o recesso do Congresso Nacional, das Assembleias Legislativas e das Câmaras de Vereadores, por Ato Complementar, em Estado de Sítio ou fora dele, só voltando os mesmos a funcionar quando convocados pelo Presidente da República.
§1.º. Decretado o recesso parlamentar, o Poder Executivo correspondente fica autorizado a legislar em todas as matérias e exercer as atribuições previstas nas Constituições ou na Lei Orgânica dos Municípios.
§2.º. Durante o período de recesso, os Senadores, os Deputados federais, estaduais e os Vereadores só perceberão a parte fixa de seus subsídios.
§3.º. Em caso de recesso da Câmara Municipal, a fiscalização financeira e orçamentária dos Municípios que não possuam Tribunal de Contas, será exercida pelo do respectivo Estado, estendendo sua ação às funções de auditoria, julgamento das contas dos administradores e demais responsáveis por bens e valores públicos" (Ato Institucional nº 5, de 13 de dezembro de 1968, *DOU*, 13 dez. 1968).

6 Ato Complementar nº 102, de 1º.4.1977, que decreta "o recesso do Congresso Nacional, nos termos do art. 2º e seus parágrafos do Ato Institucional n. 5, de 13 de dezembro de 1968" (*DOU*, 13 abr. 1977).

7 Ato Complementar nº 103, de 14 de abril de 1977, que "suspende a partir de 15 de abril de 1977, o recesso do Congresso Nacional decretado pelo Ato Complementar n. 102, de 1º de abril de 1977" (*DOU*, 14 abr. 1977).

8 Autorizada doutrina refere-se a algumas iniciativas dos tribunais nos regimentos internos, de não submissão ao *due process of law*, como "pequeninos 'golpes de Estado'" (PONTES DE MIRANDA, Francisco Cavalcanti. *Comentários à Constituição de 1967, com a Emenda nº 1, de 1969*. 2. ed. São Paulo: Revista dos Tribunais, 1970. v. 3, p. 585).

9 O STF declarou incompatível e, portanto, *não recepcionada* pela ordem constitucional de 1988, a Lei nº 5.250, de 1967 (Lei de Imprensa), revogando-a por completo, porque referida lei *proveio do período da ditadura militar* (STF, Pleno, ADPF nº 130, Rel. Min. Ayres Britto, 30

A Constituição de 1988 não repetiu a autorização que havia para o STF legislar pelo Regimento Interno. Pôde fazê-lo, portanto, de 14 de abril de 1977 até 4 de outubro de 1988. Por isso dissemos anteriormente que se tratou de competência *efêmera*.

O STF tem afirmado e reafirmado que seu regimento interno tem natureza de lei material. Correto. Contudo, todas as emendas regimentais editadas a partir de 5 de outubro de 1988 contêm texto com natureza *administrativa* e não legal, pois uma lei (RISTF até 4 de outubro de 1988) somente se modifica por outra lei, e, desde 1988, legislar sobre processo não é mais da competência do STF, mas, sim, privativa do Poder Legislativo da União (CF, 22, I).

Para que as emendas regimentais editadas a partir de 5 de outubro de 1988 tivessem natureza de lei, seria necessário terem sido aprovadas pelo Congresso Nacional. Como isso não ocorreu, grande parte dos dispositivos constantes do RISTF, a partir da Emenda Regimental (ER) nº 3, de 18 de abril de 1989, tem natureza de *texto normativo administrativo*, mas não legal.

Consequentemente, nem se argumente que os temas, o RE repetitivo, as teses e as vinculações eventualmente previstas no RISTF justificariam a legalidade desses instrumentos, para a finalidade que se quer lhes dar, mas sem autorização constitucional. O RISTF é insuficiente e não pode dispor diferentemente e nem *præter legem*, indo além do que autorizado pela Constituição.

Tem-se dado ao julgamento do RE repetitivo eficácia geral, abstrata e vinculante, como se lei fosse, o que se aparta da autorização que a CF deu ao STF para *rejulgar* a causa *subjetiva* em grau de RE.

A propósito, examinando-se a jurisprudência do STF, verifica-se que praticamente não há, nesse Tribunal, RE que não seja repetitivo.

O RE repetitivo (CPC, 1.036 e ss.) é *mecanismo de uniformização da jurisprudência interna do STF*,[10] o que já é um grande avanço na dogmática do processo civil, em cumprimento ao que determina o CPC, 926, *caput*, quando diz competir aos tribunais uniformizar sua jurisprudência e mantê-la estável, íntegra e coerente.

O RE não é, e nem pode ser, mecanismo para fixação de tese jurídica, de natureza geral, abstrata e vinculante, semelhante à da lei, dada a falta de autorização da Constituição para tanto. Observe-se que

---

de abril de 2009, m.v. *Dje*: Brasília, DF, 8 nov. 2009). A competência legislativa efêmera do STF para legislar pelo regimento interno proveio do período da ditadura militar.

10 NERY JUNIOR, Nelson; ANDRADE NERY, Rosa Maria de. *Código de Processo Civil comentado*. 22. ed São Paulo: Thomson Reuters Brasil, 2024. coment. 3, CPC 926, p. 1616.

a competência originária e recursal do STF é dada exclusivamente pela CF, 102, e, para editar súmula vinculante, a previsão exclusiva é da CF, 103-A. As leis infraconstitucionais, como o CPC, não podem diminuir nem aumentar essa competência constitucional. Não é dado ao CPC criar novas atribuições para o STF, fora do que determina a CF.

Por isso é que se tem de dar *interpretação conforme* aos dispositivos do CPC que tratam de RE repetitivo, decisão vinculante do STF entre outras medidas. Aplicar esses dispositivos sem a observância dos ditames e limites constitucionais faz com que se os tenha por inconstitucionais. Essa interpretação conforme resulta no fato de que esses expedientes de teses, temas, vinculação etc. só podem ser meios de uniformização da jurisprudência do STF.

1.2 Reconhecimento da inconstitucionalidade no RE (controle difuso)

Tem havido movimentação em setores da doutrina e da jurisprudência do STF, no sentido de fazer com que se tenha como revogada a CF, 52, X, ou, de outra parte, que esse dispositivo constitucional conferiria ao Senado apenas a tarefa de "publicar" o acórdão do STF, quando este reconhece a inconstitucionalidade da lei no exercício do controle concreto da constitucionalidade das leis e atos normativos, federais e estaduais.

A consequência disso seria conferir ao julgamento do RE, *efeito objetivo*.

Esta tese, além de ser inconstitucional, é perigosa porque apequena a atividade Poder Legislativo aqui representado pelo Senado Federal como Câmara Alta, direcionando para notável hipertrofia do STF no processo de controle difuso da constitucionalidade das leis e de atos normativos.

É inconstitucional porque: a) ofende o Estado Democrático de Direito (CF, 1º, *caput*) e o *due process of law* (CF, 5º, *caput* e LIV); b) ofende a CF 2º, já que não respeita o princípio da separação dos Poderes; c) ofende a CF, 5º, XXXV, porque confere à causa de pedir em *processo judicial subjetivo* (que chegou ao STF por meio do RE), eficácia de coisa julgada material, que nem mesmo entre as partes desse processo existiria (CPC, 502 a 504),[11] transformando, na prática, o controle concreto

[11] Salvo exceções previstas expressamente na lei, os "motivos" da decisão não são atingidos pela autoridade da coisa julgada; só o dispositivo faz coisa julgada material. A inconstitucionalidade

em controle abstrato equiparável, pois, ao resultado da ação direta de inconstitucionalidade (ADIn); d) ofende e nega vigência à CF, 52, X, a pretexto de que estaria ocorrendo *mutação constitucional*.

É imperiosa a manutenção e o respeito à CF, 52, X, a que todos, indistintamente, estão vinculados.

É importante frisar o importante e insubstituível papel do Senado Federal no processo do controle concreto de constitucionalidade das leis e atos normativos federais e estaduais, contestados em face da Constituição Federal.

1.3 Reconhecimento da inconstitucionalidade pelo STF no controle concreto

O STF, quando declara inconstitucional, *incidenter tantum* (em ação originária ou em RE), lei ou ato normativo federal ou estadual contestado em face da CF, faz o denominado *controle concreto* ou *difuso* da constitucionalidade do texto normativo. Nesse caso, a decisão do STF sobre a inconstitucionalidade não faz coisa julgada material (CPC, 504). Por isso, o STF remete ao Senado o acórdão no qual foi proferido o reconhecimento incidental de inconstitucionalidade, para que seja feito, pela Câmara Alta, o *controle político* da decisão da Corte Suprema.

O Senado pode tomar uma de duas atitudes: a) concordar com a decisão do STF e, por consequência, emitir resolução suspendendo a execução, em todo o território nacional, da lei reconhecida como inconstitucional incidentemente pelo STF; b) não concordar com o STF e não emitir a resolução de que trata a CF, 52, X. Nesse último caso, a decisão do STF no controle concreto vale e tem eficácia apenas naquele processo de onde proveio o acórdão.

Ao emitir a resolução (hipótese *a*), a decisão do Senado tem efeito *erga omnes*. Caso não seja emitida a resolução (hipótese *b*), o acórdão do STF vale e produz efeitos somente entre as partes do processo do qual se originou o acórdão que, incidentemente, declarou a inconstitucionalidade de lei ou de ato normativo (CPC, 506). A declaração de

---

reconhecida pelo STF no julgamento do recurso extraordinário é *fundamento*, é *motivo* para prover ou improver o recurso. O provimento ou improvimento é que faz coisa julgada material. Por tratar-se de *motivo*, de *fundamento* para julgar o que é realmente importante – a *lide subjetiva* entre as partes – esse reconhecimento de inconstitucionalidade não é acobertado pela *auctoritas rei iudicatæ* nem para as partes entre as quais foi proferido o julgamento do RE. Sobre o tema ver: NERY JUNIOR; ANDRADE NERY. *Código de Processo Civil comentado*. coments. CPC 502 a 504, p. 1022-1067.

inconstitucionalidade proferida pelo STF em ADIn, na qual há o denominado *controle abstrato*, o acórdão do STF tem eficácia *erga omnes* (CF, 102, §2º), sendo desnecessária sua remessa ao Senado, não incidindo, no caso, a CF, 52, X.[12]

Feita esta introdução e colocados os pontos que analisamos neste estudo, passamos a pormenorizar os temas respectivos.

2 RE: juízo de cassação e juízo de revisão[13]

Como é curial, os recursos excepcionais – recurso extraordinário (RE), recurso especial (REsp), recurso de revista (RR) – comportam, como todo e qualquer recurso, dois juízos pelos quais o tribunal *ad quem* terá de passar: a) o *juízo de admissibilidade* e b) o *juízo de mérito*.

No *juízo de admissibilidade* – que, num primeiro momento, é proferido provisoriamente pelo tribunal *a quo* – o tribunal superior (STF, STJ, TST), em julgamento definitivo sobre admissibilidade, analisa a presença, ou não, dos requisitos de admissibilidade do recurso: cabimento (previsão e adequação), legitimidade para recorrer, interesse em recorrer (sucumbência) tempestividade, preparo, regularidade formal (requisitos formais exigidos pela CF e pela lei), inexistência de fato impeditivo (aquiescência, preclusão lógica) ou extintivo (renúncia ou desistência) do poder de recorrer.[14]

Presentes os requisitos de admissibilidade, o tribunal profere *juízo positivo de admissibilidade*: o recurso é *conhecido*. Ausente um requisito (ou mais de um) de admissibilidade, o tribunal profere *juízo negativo de admissibilidade*: o recurso *não é conhecido*.[15]

Caso o juízo de admissibilidade seja positivo, isto é, o recurso é *conhecido*, o segundo juízo que deve ser proferido pelo tribunal *ad quem* é o *juízo de mérito*. Caso o tribunal entenda que o recurso é fundado, que procede, *dá provimento* ao recurso; se reconhece ser infundado ou improcedente, *nega provimento ao recurso*.

---

12 Em sentido contrário, entendendo que a CF, 52, X, é letra morta, porque a remessa do acórdão proferido em controle concreto de constitucionalidade ao Senado constituiria "mera formalidade de publicidade" da decisão, os votos dos Ministros Gilmar Ferreira Mendes e Eros Grau na Rcl. nº 4335-AC (STF, Pleno, Rcl. 4335-AC, Rel. Min. Gilmar Ferreira Mendes, julgado em 20 de março de 2014, m.v., *Dje* 22 out. 2014).

13 Sobre juízo de cassação e juízo de revisão nos recursos excepcionais, ver: NERY JUNIOR; ANDRADE NERY. *Código de Processo Civil comentado*. coment. 7 e ss., CPC 1.029, p. 1953 e ss.

14 Ver: NERY JUNIOR. *Teoria geral dos recursos*. n. 4, p. 293 e ss.

15 CALAMANDREI, Piero. *La cassazione civile*. Milano: Fratelli Bocca, 1920. 2 v.

O pai do processo constitucional, vale dizer, do processo civil interpretado e praticado segundo a Constituição, é Piero Calamandrei. Primeiro, com a sua até hoje insuperável obra sobre o recurso de cassação (RC). Segundo, pela sua famosa intervenção no Congresso Internacional de Processo Civil que teve lugar em de Florença, em 30 de setembro de 1950,[16] onde reafirmou sua doutrina sobre o escopo do processo civil em resposta à comunicação de Satta no mesmo congresso,[17] e sedimentando o que hoje é lugar comum na teoria geral do direito e no direito processual civil que é o conceito e natureza da sentença como vontade concreta (*lex specialis*) do que se encontra abstratamente previsto na lei, lei essa que, por ser abstrata e geral, é uma espécie de *sentença hipotética*.[18]

O RC na França tem previsão no art. 411-2 do Código de Organização Judiciária, que expressamente proíbe esse tribunal de entrar no mérito da causa (juízo de revisão), estando afeito apenas e tão somente ao juízo de cassação, anulação da decisão recorrida:

> Art. 411-2. O Tribunal de Cassação decide sobre os recursos de cassação interpostos contra decisões e sentenças proferidas em última instância pelos tribunais inferiores do Poder Judiciário. O Tribunal de Cassação não aprecia o mérito dos casos, salvo disposição legal em contrário.[19] [20] [21]

---

16 CALAMANDREI, Piero. Intervento. *In:* ASSOCIAZIONE ITALIANA FRA GLI STUDIOSI DEL PROCESSO CIVILE. *Atti del Congresso Internazionale di Diritto Processuale Civile, 30 settembre-3 ottobre 1950*. Padova: Cedam, 1953. p. 121-123, reproduzido nas *Opere giuridiche*, de Piero Calamandrei (Napoli: Morano, 1985. v. 10, n. XLIII, p. 335-338); CALAMANDREI, Piero. Processo e giustizia: discorso preliminare nel congresso. *In:* ASSOCIAZIONE ITALIANA FRA GLI STUDIOSI DEL PROCESSO CIVILE. *Atti del Congresso Internazionale di Diritto Processuale Civile, 30 settembre-3 ottobre 1950*. Padova: Cedam, 1953. p. 9-23).

17 SATTA, Salvatore. La tutela del Diritto nel processo. *In:* ASSOCIAZIONE ITALIANA FRAGLI STUDIOSI DEL PROCESSO CIVILE. *Atti del Congresso Internazionale di Diritto Processuale Civile, 30 settembre-3 ottobre 1950*. Padova: Cedam, 1953. p. 79-89.

18 CALAMANDREI. *Processo e giustizia*: discorso preliminare nel congresso, p. 19.

19 No original:
"Art. 411-2: La Cour de cassation statue sur les pouvoirs en cassation formés contre les arrêts et jugements rendus en dernier ressort par les juridictions de l'ordre judiciaire. La Cour de cassation ne connaît pas du fond des affaires, sauf disposition legislative contraire" (Código de Organização Judiciária da França, tradução nossa).

20 A Constituição da Bélgica tem dispositivo expresso sobre o recurso de cassação belga, proibindo a Corte de ingressar no mérito da causa:
"Art. 147. Il y a pour toute la Belgique une Cour de cassation. Cette Cour ne connaît pas du fond des affaires ["Art. 147. Existe somente um Tribunal de Cassação para toda a Bélgica. Este Tribunal não pode conhecer o mérito dos casos"] (tradução nossa).

21 Atualidades e perspectivas de futuro do recurso de cassação francês, ver: FERRAND, Frédérique. Joining the past and the future: Some prospects from the French cassation. *In:* FENOLL, Jordi Nieva; ALVIM, Teresa Arruda; CAVANI, Renzo (coord.). *Revisiting*

O RC no direito italiano é dirigido à Corte de Cassação, tribunal máximo da jurisdição ordinária, equivalente ao STF/STJ/TST brasileiros.[22] O objeto desses recursos é assegurar a garantia à correta aplicação da Constituição, da lei federal e à uniformidade de interpretação do direito no país, objetos semelhantes ao RE, REsp e RR brasileiros: a) correta aplicação da Constituição Federal (RE: CF, 102, III, *a*; RR: CLT, 896, *c*); b) correta aplicação da lei federal (REsp: CF, 105, III, *a*; RR: CLT, 896, *c*) e c) uniformização da interpretação da lei federal no País: (REsp: CF, 105, III, *c*; RR: CLT, 896, *a*).

Assim, o RC italiano, quando provido, faz com que a Corte de Cassação anule a sentença impugnada, cassando-a por meio do *iudicium rescindens*. Na lição de autorizada doutrina, "na hipótese de a Corte acolher o recurso, ela cassa a sentença [o acórdão] impugnada".[23]

Nas origens do RC italiano, o tribunal de cassação não tem competência para resolver o mérito da lide. Provido o recurso, a corte de cassação cassa a sentença impugnada e determina o envio dos autos para que outro juízo, distinto daquele que cassou a sentença, possa rejulgar o mérito da causa:

> Quando isso ocorre, percebe-se claramente a divisão da sentença em duas fases distintas:[24] uma primeira fase de cassação da sentença (a chamada fase rescindente, ou seja, de eliminação [anulação] – total ou parcial – da sentença impugnada), e uma segunda de natureza reconstrutiva – (a chamada fase rescisória, caracterizada por sentença positiva) [de rejulgamento total da causa] confiada a outro juízo que não aquele que anulou a sentença, o chamado juízo de reenvio.[25]

Cassation and Supreme Courts: 100 Years after Calamandrei's Masterpiece. São Paulo: Direito Contemporâneo, 2024. p. 55 e ss.

22 Sobre análise do perfil atual do recurso de cassação, principalmente na Itália e na França, ver: NIEVA FENOLL, Jordi; ALVIM, Teresa Arruda; CAVANI, Renzo (coord.). *Revisiting Cassation and Supreme Courts*: 100 Years after Calamandrei's Masterpiece. São Paulo: Direito Contemporâneo, 2024. *passim*.

23 No original: "(...) nell'ipotesi che la Corte accolga il ricorso essa cassa la sentenza impugnata" (SASSANI, Bruno. *Lineamenti del processo civile italiano*. 7. ed. Milano: Giuffrè Francis Lefebvre, 2019. cap. 43, n. 6, p. 642, tradução nossa).

24 Mauro Bove prefere denominar de "momentos" e não de fases, pois as decisões ocorrem na mesma oportunidade do julgamento do recurso de cassação (BOVE, Mauro. Sul potere della Corte di Cassazione di decidere nel merito la causa. *Rivista di Diritto Processuale*, Padova, v. 49 (seconda serie), n. 4, p. 714, 1994).

25 No original: "Quando questo avviene, si vede chiaramente la scissione del giudizio in due fasi distinte: una prima fase di cassazione della sentenza (c.d. fase rescindente, cioè eliminatoria – in tutto o in parte – della sentenza impugnata), e una seconda a carattere ricostruttivo – (c.d. fase rescissoria, caratterizzata da una pronuncia in positivo) affidata

Identificados, pois, os juízos de *cassação* e de *revisão* do RC italiano, vê-se que à Corte de Cassação compete apenas um deles, ou seja, o juízo de cassação, pois o juízo de revisão é da competência de outro órgão jurisdicional, distinto do que cassou a sentença. Por isso *reenvio*, isto é, cassada a sentença írrita pela Corte di Cassazione (tribunal *ad quem*), devolve-se a lide para que outro juízo ou tribunal julgue o mérito da causa,[26] que em alguns casos é diverso do que proferiu a sentença cassada (juízo *a quo*), mas do mesmo grau,[27] e, em outros, o reenvio é para o mesmo juízo.

O juízo de revisão, ainda que limitado, dado à Corte de Cassação quando dá provimento ao RC, configura-se como *exceção* à regra geral de que cassada a decisão o tribunal deve *reenviar* o caso para que outro órgão jurisdicional proceda ao juízo de revisão, rejulgando o mérito.[28][29]

A Corte, nessa função excepcional de *revisão*, de interpretação restrita, pode ingressar no exame do mérito, "somente quando para aplicar o princípio de direito (...) não envolver novos e diversos pressupostos de fato dos já declarados e conhecidos pelo juízo de mérito".[30]

Com isso queremos demonstrar que há sensível distinção entre os escopos do Supremo Tribunal Federal (STF), do Superior Tribunal de Justiça (STJ) e do Tribunal Superior do Trabalho (TST) do Brasil e o das Cortes de Cassação europeias, notadamente as da Itália e da França, que têm reduzida competência para *rejulgar* as matérias que lhes são submetidas por meio do RC. Quando dão provimento ao recurso, cassam a

---

ad un giudice diverso da quello che ha annullato la sentenza, il c.d. giudice del rinvio" (SASSANI. *Lineamenti del processo civile italiano*, cap. 43, n. 6, p. 642).

26 "(...) la Suprema Corte ha cassato con rinvio la sentenza impugnata, la causa può essere riassunta davanti al giudice di rinvio, perché possa svolgersi la fase rescissoria del giudizio di cassazione" (PISANI, Andrea Proto. *Lezioni di Diritto Processuale Civile*. 6. ed. Napoli: Jovene, 2014. cap. 11, n. 3.7, p. 530).

27 Denominado de *princípio da alteridade do juízo de reenvio* (CONSOLO, Claudio (dir.). *Codice di Procedura Civile*. 6. ed. Milano: Wolters Kluwer, 2018. v. 2. coment. CPC ital. 383, n. II, 6, p. 1741).

28 FAZZALARI, Elio. Rinvio (giudizio di) nel Diritto Processuale Civile. *In:* SACCO, Rodolfo (pres.) *Digesto delle Discipline Privatistiche (Sezione civile)*. 4. ed. Torino: UTET, 1998. v. 17, n. 1, p. 670.

29 Mauro Bove entende dever-se "limitar a cassação somente à violação da lei ou à falsa aplicação das normas de direito", para que não se perca de vista o objeto do recurso de cassação. Mesmo assim, ainda que pela nova redação do CPC ital. 384, 2, o tribunal possa ingressar no mérito, deve-se evitar a correção de injustiça ao mesmo tempo em que, caso haja reenvio, que não seja "inútil" (BOVE. Sul potere della Corte di Cassazione di decidere nel merito la causa, p. 713-714).

30 FAZZALARI, Elio. Luci ed ombre della riforma del processo civile. *Rivista di Diritto Processuale*, Padova, anno 46 (seconda serie), v. 3, n. 8, 1991.

decisão incorreta e devolvem os autos à instância inferior para que essa possa rejulgar a lide, nos termos em que decidiu o Tribunal Superior.

Segundo o direito brasileiro, tanto o STF, quanto o STJ e o TST, relativamente aos REs, REsps e RRs, respectivamente, têm *amplos* e *totais* poderes para, depois de cassarem as decisões impugnadas, rejulgar toda a causa, todo o mérito da causa.

Para tanto – julgar o mérito da causa –, os recursos excepcionais (REs, REsps e RRs) têm de ser necessariamente conhecidos e providos quanto ao primeiro juízo, vale dizer, quanto ao juízo de cassação, isto é, quanto aos motivos autorizadores constantes da CF, 102, III, e 105, III, e da CLT, 896. A decisão impugnada, portanto, deve ser reconhecida como, por exemplo, ofensiva à CF (CF, 102, III *a*; CLT, 896, *c*) ou à lei federal (CF, 105, III, *a*; CLT, 896, *c*), ou, ainda, apenas quanto ao REsp e ao RR, divergente de outra que haja dado outro tribunal do País relativamente à interpretação do direito federal (CF, 105, III, *c*; CLT, 896, *a*).

Verificada essa circunstância, o RE, REsp e/ou RR deve ser conhecido e provido para cassar a decisão impugnada (juízo de cassação) e, na mesma ocasião, no mesmo momento processual, no mesmo acórdão, cabe ao tribunal *rejulgar* a matéria de mérito, "aplicando o direito à espécie", conforme dispõem o CPC, 1.034, *caput*, RISTJ, 255, §5º, e STF, 456.[31] [32] [33] Esse rejulgamento é o *juízo de revisão*, que os Tribunais europeus de cassação em regra não têm.

Para cassar a decisão impugnada (*juízo de cassação*), STF, STJ e TST somente podem reexaminar questões de direito e não questões de fato, como é curial. Daí serem pertinentes e oportunos os verbetes STF, 279, STJ, 5 e 7, e TST, 126,[34] [35] [36] [37] que vedam o mero reexame de provas

---

31 CPC: "Art. 1034. Admitido o recurso extraordinário ou o recurso especial, o Supremo Tribunal Federal ou o Superior Tribunal de Justiça julgará o processo, aplicando o direito".

32 RISTJ: "Art. 255.
(...)
§5. No julgamento do recurso especial, verificar-se-á, preliminarmente, se o recurso é cabível. Decidida a preliminar pela negativa, a Turma não conhecerá do recurso; se pela afirmativa, julgará a causa, aplicando o direito à espécie, com observância da regra prevista no art. 10 do Código de Processo Civil".

33 STF, 456: "O Supremo Tribunal Federal, conhecendo do recurso extraordinário, julgará a causa, aplicando o direito à espécie".

34 STF, 279: "Para simples reexame de prova não cabe recurso extraordinário".

35 STJ, 5: "A simples interpretação de cláusula contratual não enseja recurso especial".

36 STJ, 7: "A pretensão de simples reexame de prova não enseja recurso especial".

37 TST, 126: "Incabível o recurso de revista ou de embargos (arts. 896 e 894, b, da CLT) para reexame de fatos e provas".

ou de cláusulas contratuais para admitir o recurso excepcional.[38] Aqui, sim, é defeso o revolvimento de fatos e documentos do processo. Não se pode invocar, portanto, como *causa primeira* do RE e/ou do REsp, isto é, como causa de anulação, de cassação da decisão impugnada, motivo que dê ensejo à necessidade de simples reexame de provas e de cláusulas contratuais, bem como o revolvimento de fatos e provas do processo. O julgamento do RE/REsp/RR no juízo de cassação é *de iure* e não pode envolver *quæstiones de facto*.

Outro é o regime jurídico do *juízo de revisão* dos recursos excepcionais, no qual STF, STJ e TST funcionam como tribunais de revisão do julgado impugnado, vale dizer, atuam como verdadeiros *tribunais de apelação (ou de recurso ordinário)*.

O que significa "julgará a causa, aplicando o direito à espécie" (STF, 456, e RISTJ, 255, §5º) ou "julgar o processo, aplicando o direito" (CPC, 1.034, *caput*)?

RE, REsp e RR são recursos, é dizer, são mecanismos pelos quais o tribunal *ad quem* (STF, STJ e TST) *rejulga* a causa, e, quando dá provimento ao recurso excepcional, *anula* a decisão impugnada se houver *error in procedendo* e/ou proferindo nova decisão sobre o mérito, *substituindo* a decisão impugnada (CPC, 1.008), quando se tratar de corrigir *error in iudicando*. Em suma, recurso é isso: *rejulgamento* da causa (subjetiva) com anulação ou reforma da decisão impugnada quando for dado provimento ao recurso.

Dada a circunstância de que, pelos textos da CF, 102, III, e 105, III, e CLT, 896, STF, STJ e TST têm poderes para *rejulgar* a questão que lhes foi submetida por meio dos recursos excepcionais (RE, REsp e RR), seu juízo de revisão é amplíssimo. Nesse momento do julgamento dos recursos, *os tribunais podem tudo*: reexaminar provas, revolver fatos, analisar documentos, interpretar cláusulas contratuais e decidir *ex officio* matérias de ordem pública, nesse último caso obedecendo à CF, 5º, LV, ao CPC, 10, e à parte final do RISTJ, 255, §5º, no caso de REsp. A eles STF e STJ a CF confere poderes para reexaminar toda a causa. Aqui, no segundo juízo, no *juízo de revisão*, não incidem os óbices sumulares dos tribunais superiores, próprios e somente aplicáveis ao primeiro juízo: o *juízo de cassação* do RE, REsp e RR.

---

[38] Ver: ALVIM, Teresa Arruda. *Quæstio facti, quæstio iuris* in appeals to the Superior Courts. *In:* NIEVA FENOLL, Jordi; ALVIM, Teresa Arruda; CAVANI, Renzo (coord.). *Revisiting Cassation and Supreme Courts*: 100 years after Calamandrei's Masterpiece. São Paulo: Direito Contemporâneo, 2024. p. 143 ss.

A jurisprudência firme do STF, STJ e TST no sentido de ser vedado, no recurso excepcional, o revolvimento de fatos e documentos do processo, aplica-se integralmente ao momento, à fase, de *cassação* do recurso excepcional, como já dissemos.

Entretanto, uma vez provido o REsp ou RR porque se reconheceu, por exemplo, ter havido ofensa ao direito federal (CF, 105, III *a*; CLT, 896, *c*) ou, ainda, proferindo decisão nomofilática, interpretando o direito federal de modo a uniformizar a jurisprudência dos tribunais brasileiros então divergente sobre o mesmo tema (CF, 105, III, *c*; CLT, 896, *c*), é impróprio aplicar-se o raciocínio e a técnica válidos para a fase de cassação ("revolvimento de fatos e documentos"), técnica que não incide na fase do *juízo de revisão* do recurso excepcional.

Daí a necessidade de enfatizar-se a existência do *mito processual*, segundo o qual os tribunais superiores não podem simplesmente reexaminar provas (STF, 279, STJ, 7, TST, 126) nem interpretar cláusulas contratuais (STJ, 5), pois isso é meia verdade, dado que somente incidem os óbices sumulares respectivos, no primeiro dos juízos de mérito dos recursos excepcionais: no *juízo de cassação*. No segundo juízo de mérito do RE, REsp e RR (*juízo de revisão*), pode ser *necessário* o reexame de provas, a interpretação de cláusula contratual, o exame *ex officio* das questões de ordem pública ali alegadas pela primeira vez, a correção de injustiças etc., pois somente com essa *atividade judicante plena* o tribunal superior poderá "aplicar o direito à espécie" (STF, 456; RISTJ, 255, §5º), "julgar o processo aplicando o direito" (CPC, 1.034, *caput*).

Nem sempre é fácil discernir e separar o que é conhecimento e o que é provimento do RE/REsp/RR, porquanto muita vez o tribunal nega provimento, entra no mérito do recurso, mas conclui pelo seu não conhecimento. Caso haja ingresso no mérito da causa, ainda que seja para concluir que não se verificou a causa do recurso, descrita na CF, 102, III, e 105, III, o tribunal *conheceu*, sim, do recurso, mas lhe *negou provimento*, isto é, julgou o mérito do recurso.

O revolvimento do arcabouço fático-probatório não poder ser feito para a análise da admissibilidade dos recursos excepcionais (RE, REsp e RR), nem para seu provimento ou improvimento, para *cassar* o acórdão recorrido (*juízo de cassação*); mas, uma vez conhecido e provido o recurso, com a *cassação* da decisão impugnada, por óbvio que pode, sim, (*rectius:* deve) haver revaloração dos fatos descritos e das provas carreadas aos autos para o devido rejulgamento da *quæstio iuris* (*juízo de revisão*).

O óbice das Súmulas nº 279/STF, 7/STJ e 126/TST se aplica à análise do juízo de admissibilidade do recurso para proceder-se ao *juízo de cassação*, não à análise de seu mérito na fase do *juízo de revisão*. Uma vez declaradamente conhecido o RE/REsp/RR, imperioso que seja julgado o recurso em sua inteireza; inclusive com a ampla análise de tudo quanto foi objeto de discussão no processo.

3 Anotações sobre *mutação constitucional* (refutação da tese dos Ministros Gilmar Ferreira Mendes e Eros Grau na Rcl. nº 4.335/AC, utilizada como fundamento pelo STF para negar vigência à CF, 52, X)[39] [40]

Para discutir-se acerca da *mutação constitucional* (*Verfassungswandlung*), diferençando-a da *alteração formal da Constituição* feita por emenda ou lei constitucional (*Verfassungsänderung*), bem como da *ruptura constitucional* (*Verfassungsdurchbrechung*) ou da *fraude à Constituição*, feita por emenda constitucional inconstitucional, é necessário fazer-se digressão sobre os conceitos de Estado Constitucional e de Constituição nas várias acepções consideradas pelas mais importantes e significativas correntes que se formaram a respeito do tema.

O instituto da mutação constitucional não pode servir de pretexto para a *alteração deliberada da Constituição* ou de seu *sentido*, sem o processo legitimador natural das *alterações deliberadas* da Constituição, vale dizer, sem o *due process* legislativo (CF, 5º, LIV), que é realizado por intermédio das emendas constitucionais legítimas e válidas, promulgadas pelo Congresso Nacional.

A razão de ser deste estudo, elaborado em homenagem ao eminente Presidente do TCU, Bruno Dantas Nascimento, tem a ver com a oportunidade única por que passa a jurisdição constitucional no Brasil, que nos últimos anos se tem desenvolvido no sentido de dar maior

---

[39] As tratativas sobre mutação constitucional constantes deste estudo tiveram como base o artigo que escrevemos em homenagem ao Professor José Joaquim Gomes Canotilho (NERY JUNIOR, Nelson. Anotações sobre mutação constitucional: alteração da Constituição sem modificação do texto, decisionismo e '*Verfassungsstaat*'. *In:* SALOMÃO, George Leite; SARLET, Ingo Wolfgang (coord.). *Direitos fundamentais e Estado Constitucional*: estudos em homenagem a J. J. Gomes Canotilho. São Paulo: Revista dos Tribunais, 2009. p. 79-109).

[40] Sobre mutação constitucional, conceito, objeto e limites, ver: NERY JUNIOR, Nelson; ANDRADE NERY, Rosa Maria de. *Constituição Federal comentada*. 8. ed. São Paulo: Revista dos Tribunais, 2022. coments. 6 a 12 CF 60, p. 760-766.

efetividade aos preceitos constitucionais, às vezes chegando bem perto do *ativismo judicial* e do *decisionismo*, mecanismos não compatíveis com o *Verfassungsstaat*, que vigora entre nós como elemento constitutivo e fundamento da República (CF, 1º, *caput*). *Ativismo judicial é sempre inconstitucional*, pois a tarefa de criar textos normativos, leis, é privativa do Poder Legislativo da União Federal (CF, 22, I), pois o Poder Judiciário não possui autorização constitucional para criar textos normativos, exceto na única previsão constitucional dada ao STF, para criar súmulas de caráter vinculante, desde que observados os ditames da CF, 103-A. Somente pela súmula vinculante o STF pode "criar" texto abstrato e de caráter geral, isto é, assemelhado ao da lei *stricto sensu*. Não existe ativismo "bom" ou "mau": *ativismo judicial* é sempre inconstitucional.

Depois de explicar o contexto em que se deve examinar o fenômeno da mutação constitucional, conceituamos o instituto fixando-lhe o conteúdo e limites.

Por fim, examinamos a posição do STF do Brasil em face do tema da mutação constitucional.

3.1 Estado Constitucional (*Verfassungsstaat*)

O Estado Constitucional, para ter as qualidades que o caracterizam, deve primar por ser *Democrático de Direito*. É, portanto, identificado por duas qualidades: a) *Estado de Direito* e b) *Estado Democrático*. Nele o poder estatal deve organizar-se em termos democráticos e o poder político deriva do poder dos cidadãos.[41]

Caracteriza-se pela *dignidade humana* como premissa antropológico-cultural, pela *soberania popular e divisão de Poderes*, pelos *direitos fundamentais e tolerância*, pela *pluralidade de partidos* e a *independência dos tribunais*.[42]

O Estado Constitucional impõe o sentido da dimensão dos direitos fundamentais, juntamente com os direitos liberais clássicos. Nele, os *direitos sociais* passam, também, a ser considerados direitos fundamentais, que possibilitam a exigência de prestações positivas pelo Estado em favor dos cidadãos. Novos tipos de direitos também surgem, tais como os direitos das crianças e adolescentes, do idoso (CF,

---

41 BÖCKENFORDE, Ernst-Wolfgang. Demokratie als Verfassungsprinzip. *In:* ISENSEE, Josef; KIRCHHOF, Paul (Hg.). *Handbuch des Staatsrechts der Bundesrepublik Deutschland*. 2. ed. Heidelberg: C.F. Müller, 1995. v. 1, §22, p. 887 e ss.; CANOTILHO, José Joaquim Gomes. *Direito Constitucional e teoria da Constituição*. 7. ed. Coimbra: Almedina, 2004. parte I, cap. 3, p. 93; 98.

42 HÄBERLE, Peter. *El Estado Constitucional*. Buenos Aires: Astrea, 2007. §2º, p. 83.

226 a 230) e do meio ambiente (CF, 225). A separação de Poderes no Estado Constitucional é entendida como um processo de distribuição e integração racionalizada das diversas funções e órgãos do Estado, com o intuito de limitar as possibilidades de exercício arbitrário do poder e garantir condições para maior eficiência da atuação estatal na defesa e promoção dos direitos fundamentais.[43]

3.2 Alteração da Constituição

A Constituição é organismo vivo, sempre em movimento submetido à dinâmica da realidade, que não é captada através de fórmulas fixas. Altera-se para acompanhar a realidade. As alterações constitucionais podem operar-se pela a) *modificação constitucional (reforma)* ou pela b) *mutação constitucional.*[44]

A reforma constitucional divide-se em *formal* e *material*. A reforma de caráter *formal* é a técnica de modificar-se o *texto* da Constituição. A reforma constitucional em sentido material é o resultado do procedimento de emenda à Constituição.

Na *mutação constitucional*, por sua vez, se produz uma transformação na realidade da configuração do poder político, da estrutura social ou do equilíbrio de interesses, sem que essa transformação tenha sido operada no texto constitucional que permanece intacto.[45]

Em outras palavras, a reforma constitucional consiste na modificação dos textos constitucionais mediante ações voluntárias, intencionadas, ao passo que pela mutação constitucional o texto constitucional permanece incólume, sem que seja formalmente alterado. A mutação

---

[43] NOVAIS, Jorge Reis. *Os princípios constitucionais estruturantes da República Portuguesa.* Coimbra: Coimbra Editora, 2004. I, n. 1.4.1.1, p. 32-34; I, n. 1.4.1.2, p. 34-35.

[44] A expressão *mutação constitucional* (*Verfassungswandlung*) foi cunhada por Paul Laband, ao fazer a diferença entre alteração formal da Constituição, por emenda ou lei (*Verfassungsänderung*), e mutação constitucional (LABAND, Paul. Die Wandlungen der deutschen Reichsverfassung. *In: Jahrbuch der Gehe-Stiftung.* Dresden: Zahn & Jaensch, 1895. Band I. p. 149-150, reproduzido em LABAND, Paul. *Abhandlungen, Beiträge, Reden und Rezensionen.* Leipzig: Zentralantiquariat der DDR, 1980. v. 1, p. 574-575).

[45] HESSE, Konrad. *Grundzüge des Verfassungsrechts der Bundesrepublik Deutschland.* 20. ed. Heidelberg: Verlag C.F. Müller, 1999. §1º, p. 15-16; LABAND. Die Wandlungen der deutschen Reichsverfassung. p. 149-150; 574-575. No mesmo sentido: HESSE, Konrad. *Elementos de Direito Constitucional da República Federal da Alemanha.* Porto Alegre: SAFE, 1998. §1º, n. 39 e 40, p. 46-47; LOEWENSTEIN, Karl. *Über Wesen, Technik und Grenzen der Verfassungsänderung.* Berlin: Walter de Gruyter, 1961. p. 14.

constitucional se produz por fato não acompanhado pela intenção ou consciência dessa mesma mutação.[46]

3.3 Poder constituinte originário

É o poder outorgado para a criação ou a reforma da Constituição. Pode ser *originário* ou *derivado (reformador)*. O *poder constituinte originário* é outorgado pelo povo, detentor do real poder do Estado, à assembleia constituinte, para que essa possa criar a Constituição, anulando a ordem constitucional anterior.

Falamos em criação porque o poder constituinte originário elabora uma *nova Constituição* que substitui a anterior. Esse poder originário pode ocorrer em situação de revolução, de modificação ou evolução pacífica do pacto social, como ocorreu no Brasil em 1988.

O poder constituinte originário é *inicial*, independe de intervenção de qualquer dos poderes constituídos, porque decorre da soberania popular; é *ilimitado* do ponto de vista material, porque pode alterar a ordem jurídica estabelecida criando novos direitos e obrigações, sem subordinar-se a regra superior; é *incondicionado* do ponto de vista formal, "na medida em que não possui mecanismo prefixado de manifestação, embora seja evidente a definição de critérios racionais e operacionais visando o processamento da elaboração da Constituição (em formas de Regimento, por exemplo)".[47]

3.4 Poder constituinte derivado (reformador)

O *poder constituinte derivado*, ou *reformador*, é o conferido ao Poder Legislativo para modificar o texto da Constituição por intermédio de emenda constitucional. O constituinte originário pode impor certos limites ao constituinte derivado, que só pode emendar o texto constitucional em certas circunstâncias e não pode modificá-lo em situações determinadas (cláusulas pétreas). Por isso é que o poder constituinte

---

[46] JELLINEK, Georg. *Allgemeine Staatslehre*. 3. ed. Darmstadt: Wissenschaftliche Buchgesellschaft, 1960. p. 534-539; JELLINEK, Georg. *Reforma y mutación de la Constitución*. Traducción: Pablo Lucas Verdú e Christian Förster. Madrid: Centro de Estudios Constitucionales, 1991. p. 7; JELLINEK, Georg. *Verfassungsänderung und Verfassungswandlung*. Berlin: Verlag O. Häring, 1906. I, p. 3; LABAND. Die Wandlungen der deutschen Reichsverfassung. p. 150 e ss.; p. 575 e ss. No mesmo sentido: FERRAZ, Anna Cândida da Cunha. *Processos informais de mudança da Constituição*. São Paulo: Max Limonad, 1986. p. 9.

[47] FRANCISCO, José Carlos. *Emendas constitucionais e limites flexíveis*. Rio de Janeiro: Forense, 2003. n. 2.4.6.1, p. 69.

derivado não é inicial e não é autônomo materialmente, pois foi outorgado pelo poder constituinte originário, que pode lhe impor limites de atuação. A modificação das cláusulas pétreas constitucionais (*v.g.*, CF, 60, §4º) pode ser feita mediante consulta ao detentor real do poder – o *povo* –, por meio de plebiscito ou referendo.

3.5 Limites do poder constituinte derivado

Há três correntes principais sobre a natureza, objeto e limites do poder constituinte derivado: a) *limites materiais*; b) *inexistência de limites materiais*; c) *limites materiais relativos*.

Para a corrente dos *limites materiais*, o constituinte reformador não pode ir além da fronteira criada pelo poder constituinte originário a ponto de fazer uma nova Constituição, pois a legitimidade de atuação do reformador foi outorgada pelo constituinte originário.

Para a corrente que defende a *inexistência de limites materiais* para o poder constituinte derivado, ele decorreria, igualmente, da soberania popular, ainda que por intermédio de representação dos parlamentares, razão por que o poder reformador seria ilimitado.

Para a corrente que propugna pela existência de *limites materiais relativos* impostos pelo constituinte originário ao constituinte derivado, a Constituição tem o atributo da durabilidade, mas não o da eternidade, de modo que seria possível modificá-la mediante manifestações pontuais, por exemplo, por plebiscito ou referendo, além das emendas constitucionais ordinárias realizadas pelo Parlamento. Essa terceira corrente tem como consequência a adoção da divisão tricotômica do poder constituinte, que, além do *originário* e do *derivado*, poderia ser, ainda, *reformador*.[48]

3.6 Reforma constitucional tácita

A reforma constitucional tácita (*stillschweigende Verfassungsänderung*) pressupõe, sempre, emenda do *texto* constitucional.[49]

Isso pode ocorrer quando a reforma do texto da Constituição não indica com precisão ou clareza o que realmente foi alterado, ou, ainda, a

---

48 MENDES, Gilmar Ferreira. Limites da revisão: cláusulas pétreas ou garantias de eternidade. Possibilidade jurídica de sua superação. *Revista Ajuris*, Porto Alegre, v. 60, p. 250, 1994.

49 LOEWENSTEIN. Über Wesen, Technik und Grenzen der Verfassungsänderung. n. VI, p. 39.

reforma indica o texto alterado, que, todavia, pode estar em desacordo com outro texto normativo ou preceito constitucional.

Essa *quebra* da Constituição (*Verfassungsdurchbrechung*) não se confunde com a *fraude* à Constituição, que é a reforma constitucional inconstitucional, isto é, a violação frontal e manifesta da Constituição.[50]

A *mutação constitucional* implica sempre alteração do *conteúdo* do texto normativo constitucional sem modificação do texto em si mesmo, ao passo que a *quebra da Constituição* pressupõe alteração do texto, mediante emenda constitucional.[51]

A doutrina alemã discute a respeito das técnicas de modificação da Constituição, notadamente entre a mutação constitucional e a *Verfassungsdurchbrechung*, apontando mecanismos de superação da dificuldade de obter-se o *quorum* qualificado no parlamento para a emenda formal da Constituição, pela utilização da *Verfassungswandlung* em situações justificáveis. A distinção entre os dois institutos, portanto, é nítida e com regimes jurídicos diferentes.[52]

3.7 Mutação constitucional. Conceito

Mutação constitucional (*Verfassungswandlung*) é a modificação natural e não forçada que ocorre na Constituição, sem alteração de texto, em virtude de interpretação legislativa, administrativa e jurisdicional, bem como por práticas, usos e costumes e a evolução mesma da sociedade.[53]

A alteração da Constituição (*Verfassungsänderung*) é processo absolutamente *intencional* de modificação da Constituição, feito mediante

---

50 FERRAZ. *Processos informais*. p. 238. Ver: HEMKE, Horst. Verfassungsänderung und Verfassungsdurchbrechung. *In: Archiv des öffentlichen Rechts (AöR)*. Tübingen: J. C. B. Mohr (Paul Siebeck), n. 79 (1953-1954), p. 395 e ss.

51 HUFELD, Ulrich. Die *Verfassungsdurchbrechung*: Rechtsproblem der Deutschen Einheit und der europäischen Einigung. Ein Beitrag zur Dogmatik der Verfassungsänderung. Berlin: Duncker & Humblot, 1997. I, II, 3, p. 28-29.

52 Sobre a distinção entre *mutação* e *quebra* da Constituição e a utilização das duas figuras: HESSE, Konrad. Grenzen der Verfassungswandlung. *In:* EHMKE, Horst; KAISER, Joseph H.; KEWENIG, Wilhelm A.; MEESSEN, Karl Matthias; RÜFNER, Wolfgang (Hg.). *Festschrift für Ulrich Scheuner zum 70.* Geburtstag. Berlin: Duncker & Humblot, 1973. p. 123 e ss.; HUFELD. *Verfassungsdurchbrechung*. I, II, 3, p. 28-29; LERCHE, Peter. Stiller Verfassungswandel als aktuelles Politikum. *In:* SPANNER, Hans (Hg.). *Festgabe für Theodor Maunz zum 70.* Geburtstag am 1. September 1971. München: Beck, 1971. p. 292.

53 JELLINEK. *Verfassungsänderung und Verfassungswandlung*, p. 8-21.

manifestação da vontade do legislador constituinte reformador,[54] que, no Brasil, é o Congresso Nacional (CF, 60).

Ao contrário, a mutação é processo natural e não intencional de interpretação constitucional. A modificação forçada não se caracteriza como mutação constitucional, mas sim como ruptura do sistema.

Isso foi percebido por Jellinek, que apontou o caráter *intencional* como discriminador da diferença entre a alteração e a mutação constitucional. Desse modo, quando se anuncia ou prenuncia que determinada circunstância está sendo modificada pelo tribunal constitucional porque se trataria de mutação constitucional, na verdade, está ocorrendo ruptura do sistema, com ofensa flagrante ao texto e ao espírito da Constituição, porque o anunciador ou prenunciador está demonstrando à evidência sua *intenção* de modificar a Constituição sem o *due process* legislativo. É o que, *maxima venia concessa*, o STF vem fazendo com a negativa de vigência da CF, 52, X. *Mutação constitucional não ocorre por decisão do tribunal constitucional*!

Além dessas formas, indica-se a *necessidade política* (*necessitas*) como causa ensejadora de mutação constitucional, porque essa necessidade, segundo Modestino (*omne ius aut consensus fecit, aut necessitas constituit, aut firmativ consuetudo*), tem poder de criar o direito e atua tanto em tempo de momentos cruciais da história dos Estados (revoluções), como em tempo de paz.[55] A necessidade política, contudo, ocorre involuntariamente e sem modificação do texto da Constituição.

Deve-se ao chinês Hsü Dau-Lin a primazia de publicar o estudo mais elaborado da literatura jurídica alemã acerca da mutação constitucional, sistematizando o instituto.[56] Para esse autor, a mutação constitucional seria a contraposição produzida em diversas Constituições escritas com a situação jurídica real.

Quando existe congruência entre o texto normativo constitucional e a realidade, duas hipóteses se apresentam. A primeira consiste na circunstância de a realidade seguir a norma, configurando a validez normal do direito constitucional. A segunda consiste no fato de a norma seguir a realidade, configurando reforma da Constituição.

---

54 JELLINEK. *Verfassungsänderung und Verfassungswandlung*, I, p. 3.

55 JELLINEK. *Verfassungsänderung und Verfassungswandlung*. III, p. 8-21, opinião que recebeu crítica de Dau-Lin (*Die Verfassungswandlung*. Berlin: Walter de Gruyter, 1932. p. 55 e ss., 99; 113-114).

56 DAU-LIN. *Die Verfassungswandlung, passim*.

A mutação constitucional caracteriza uma incongruência entre as normas constitucionais, por um lado, e a realidade constitucional de outro. Trata-se, pois, de uma situação entre a Constituição escrita e a realidade constitucional.

A mutação constitucional, para Hsü Dau-Lin, ocorre onde há Constituição escrita. Assim, esse fenômeno não se produz na Inglaterra porque lá a vida estatal é a própria Constituição.[57]

A autorização para que se faça mutação constitucional por meio de nova interpretação jurisdicional do texto constitucional somente pode ocorrer se "no alcance da norma constitucional aparecerem fatos novos que não foram previstos anteriormente, ou se os antigos fatos já conhecidos se apresentarem no desenvolvimento de sua organização, em uma nova relação ou em um novo significado",[58] mas, repita-se ainda uma vez, essa autorização provém de processo natural, não intencional e imperceptível, pois é inadmissível mutação constitucional anunciada previamente!

3.8 Espécies de mutação constitucional

Existem quatro classes de mutação constitucional: a) mediante prática estatal que não viola formalmente a Constituição, caso de *realidade sem norma*; b) por meio da impossibilidade de exercer certos direitos estatuídos constitucionalmente, caso de *norma sem realidade*; c) mediante prática estatal contraditória com a Constituição, caso de *realidade contrária à norma*; d) mutação da Constituição através de sua *interpretação*, caso em que a *realidade distorce (tergiversa) a norma*, isto é, *a reinterpreta*.[59]

A mutação constitucional é necessária para a realidade estatal porque busca a congruência entre as normas constitucionais e a realidade constitucional. Desse modo, é permitida pela teleologia constitucional,

---

57 VERDÚ, Pablo Lucas. Prefacio. *In:* DAU-LIN, Hsü. *Mutación de la Constitución*. Traducción: Pablo Lucas Verdú e Christian Förster. Oñati: IVAP-Instituto Vasco de Administración Pública, 1998. p. 9.

58 *BVerfGE* 2, 380 [401]. No mesmo sentido, em estudo sobre os limites da mutação constitucional: HESSE. Grenzen der Verfassungswandllung. p. 123-124. *Transição constitucional* é sinônimo de mutação constitucional (CANOTILHO. *Direito Constitucional e teoria da Constituição*. p. 1228; MIRANDA, Jorge. *Manual de Direito Constitucional*. 3. ed. Coimbra: Coimbra Editora, 1996. v. 2, n. 36, p. 130 e ss.; n. 37, p. 139). Ver: BADURA, Peter. *In:* ISENSEE, Josef; KIRCHHOF, Paul (Hg.). *Handbuch des Staatsrechts der Bundesrepublik Deutschland*. 3. ed. Heidelberg: C.F. Müller Verlag, 1992. v. VII, §160, n. 13-15, p. 63-65.

59 DAU-LIN. *Die Verfassungswandlung*, p. 19-21.

razão pela qual a mutação constitucional não configura quebra da Constituição, nem simples regra convencional, senão direito. É direito ainda que não concorde com o texto da lei, é direito ainda que não possa compreender-se e entender-se mediante conceitos e construções jurídicas formais.

Seu funcionamento jurídico se encontra na singularidade valorativa do direito constitucional, na chamada necessidade política, nas exigências e expressões da vitalidade que se realizam ao desenvolver-se o Estado.[60]

A mutação constitucional é importante processo jurídico para a harmonização entre texto e realidade constitucional, mas que, dentro do Estado Constitucional (Democrático de Direito), comporta limites, independentemente do órgão que a realize. Não pode haver mutação constitucional tácita, mas apenas *reforma* constitucional tácita, que sempre ocorre pela meta-interpretação de emenda constitucional.[61]

3.9 Limites da mutação constitucional

Hodiernamente, a mutação constitucional deve ser entendida como adaptação interpretativa entre o texto constitucional e a realidade a ser operada principalmente pelos tribunais constitucionais. Contudo, a mutação possui limites, a fim de se evitarem decisionismos e arbitrariedades, e ultrapassar esses limites implica violação do poder constituinte e da soberania popular.[62]

O texto constitucional, ou seja, o teor literal da CF, demarca as fronteiras extremas das possíveis variantes de sentido, isto é, funcionalmente defensáveis e constitucionalmente admissíveis. Decisões que passam claramente por cima do teor literal da CF não são admissíveis.[63]

O programa da norma (*Normprogramm* – teor literal) é o limite para a mutação constitucional. A interpretação a ser produzida precisa ser comportada pelo programa normativo, pelo texto constitucional. Do

---

60 DAU-LIN. *Die Verfassungswandlung*, III, n. 3, p. 164. Para crítica à teoria de Dau Lin, ver: EHMKE, Horst. *Grenzen der Verfassungsänderung*, Berlin: Duncker & Humblot, 1953. I, A, n. 2, p. 62-65.

61 LOEWENSTEIN. Über Wesen, Technik und Grenzen der Verfassungsänderung. n. VI, p. 39.

62 BARROSO, Luís Roberto. *Curso de Direito Constitucional contemporâneo*: os conceitos fundamentais e a construção do novo modelo. São Paulo: Saraiva, 2009. p. 127.

63 MÜLLER, Friedrich. *Métodos de trabalho do Direito Constitucional*. 3. ed. Rio de Janeiro: Renovar, 2005. III 2a, p. 64.

contrário, a interpretação será arbitrária e decisionista, porque contrária a texto expresso da Constituição.

Essa hipótese teria respaldo na teoria de Carl Schmitt, que distingue leis constitucionais (*Konstitutionen*) de Constituição (*Verfassung*). Esta última, para Schmitt, seria produto da decisão política do titular do poder constituinte, assim para, supostamente, preservar-se a Constituição. Dessa forma, seriam toleráveis decisões contrárias ao texto constitucional (lei constitucional).[64]

Assim, é o *texto constitucional*, o seu *teor literal*, que institui o âmbito de alteração que pode sofrer a interpretação constitucional. Contudo, essa *mutação nunca pode contrariar o programa normativo*.

> Uma coisa é admitirem-se alterações do âmbito ou esfera da norma que ainda se podem considerar susceptíveis de serem abrangidas pelo programa normativo (*Normprogramm*), e outra coisa é se legitimarem alterações constitucionais que se traduzem na existência de uma *realidade constitucional inconstitucional*, ou seja, alterações manifestamente incomportáveis pelo programa da norma constitucional.[65]

Exemplo acadêmico e clássico de mutação constitucional é encontrado no direito constitucional americano, quanto à garantia da isonomia prevista no texto da Constituição da Filadélfia (1787).

A Suprema Corte daquele país vinha interpretando a isonomia, quanto ao tema da igualdade racial da seguinte forma: branco é igual a branco; preto é igual a preto e índio é igual a índio. Mas branco é diferente de preto, que é diferente de índio.

Com a evolução da sociedade, notadamente pelo movimento dos direitos civis, que atingiu seu ápice nos anos sessenta do século XX, houve radical modificação nos costumes e no direito, mesmo, dos Estados Unidos da América. Ocorreu mutação constitucional quanto à

---

[64] SCHMITT, Carl. *Verfassungslehre*. 9. ed. Berlin: Duncker & Humblot, 2003. §3º, p. 20-27. Explicando o conceito de Schmitt, ver: STERN, Klaus. *Derecho del Estado de la República Federal Alemana*. Madrid: Centro de Estúdios Constitucionales, 1987. sección II, n. 2, p. 204 e ss. Hsü Dau-Lin (*Die Verfassungswandlung*. p. 175 e ss.) também identifica de maneira vaga os limites à mutação constitucional. Sobre o tema ver: EHMKE. *Grenzen der Verfassungsänderung, passim*.

[65] CANOTILHO. *Direito constitucional e teoria da Constituição*, parte IV, cap. 4, G, I, 1, p. 1229. No mesmo sentido, também contrário à mutação constitucional *contra constitutionem*: HESSE. *Elementos de Direito Constitucional da República Federal da Alemanha*, §1º, n. 46-47, p. 50-52; HESSE. Grenzen der Verfassungswandllung, p. 123-141; HESSE. *Grundzüge des Verfassungsrechts der Bundesrepublik Deutschland*, §1º, p. 18-19.

garantia da isonomia. A Suprema Corte interpretou a isonomia racial como significando que todos são iguais: branco é igual a preto, que é igual a índio. *O texto da Constituição continuou o mesmo*; o que sofreu mutação foi o significado do texto da garantia da igualdade racial. Esse é o limite da mutação constitucional: o *texto é imodificável*!

3.10 Jurisdição constitucional e os limites da mutação constitucional

A limitação da mutação constitucional tem a ver com a atividade da jurisdição constitucional, razão pela qual cabe ao STF cumprir a *letra expressa* da Constituição na tarefa de interpretar, nos limites dos poderes e das funções da Constituição escrita:

> Com isso se traçam os limites da mutação constitucional por intermédio do programa da norma e [em caso de conflitos metodológicos, através dos textos da norma]. Esses limites da mutação constitucional servem para a estabilização, racionalização e delimitação dos poderes e das funções essenciais da Constituição escrita. Deve-se salientar que pode haver opiniões distintas a respeito deste postulado, principalmente no que respeita à análise da abrangência da norma, mas a discricionariedade da pretensão a uma mutação constitucional ficará essencialmente limitada. Isto porque o procedimento da teoria da norma e metódica estrutural requer mais argumentos jurídicos e científicos do que um recurso comum que reclama a força normativa dos fatos ou a essencialidade do Estado.[66] [67]

[66] No original: "Damit werden durch das Normprogramm (und im Fall methodologischer Konflikte durch die Normtexte) Grenzen des Verfassungswandels gezogen, die der Stabilisierung, Rationalisierung und Machtbegrenzung als wesentlichen Funktionen einer geschriebenen Verfassung dienen. Zu Recht wird hervorgehoben, daß dieser Ansatz im Detail Meinungsunterschiede, vor allem bei der Analyse des Normbereichs, nicht ausschließt; daß aber, 'die Beliebigkeit der Berufung auf einen Verfassungswandel zumindest wesentlich eingeschränkt wird', weil das Verfahren der strukturierenden Normtheorie und Methodik an rechtsstaatlich und wissenschaftlich zu belegenden Argumenten mehr voraussetzt, 'als einen allgemeinen Rekurs auf die, normative Kraft des Faktischen oder auf die Lebensnotwendigkeit des Staates'" (MÜLLER, Friedrich. *Strukturierende Rechtslehre*. 2. ed. Berlin: Duncker & Humblot, 1994. n. XV, 3, C, p. 364, tradução nossa).

[67] No sentido de que o STF, na aplicação da mutação constitucional, não pode substituir o *texto* da Constituição por *outro texto*: STRECK, Lenio Luiz; OLIVEIRA, Marcelo Andrade Cattoni de; LIMA, Martonio Mont'Alverne Barreto. A nova perspectiva do Supremo Tribunal Federal sobre o controle difuso: mutação constitucional e limites da legitimidade da jurisdição constitucional. *Conjur*, São Paulo, 3 ago. 2007. Disponível em: https://www.conjur.com.br/2007-ago-03/perspectiva_stf_controle_difuso/. Acesso em: 13 ago. 2024.

Por *texto expresso da Constituição* deve entender-se não apenas a letra da norma escrita, vale dizer, o "teor literal reconhecível e compreensível pelo destinatário",[68] mas também *o programa da norma integralmente elaborado*, porque a

> fundamentação da concretização ainda admissível no quadro de uma democracia ou de um Estado de Direito situa-se em todo o processo de trabalho apresentado na sua íntegra e com honestidade e denominado "concretização". Isso pôde ser mostrado também no exemplo supracitado de uma reeleição do presidente brasileiro para o mandato imediatamente subsequente ao seu mandato atual. Embora o art. 82 da Constituição brasileira esteja formulado de forma especialmente nítida como prescrição de organização e de forma e embora pudéssemos cair na tentação de satisfazer-nos aqui com o teor literal sem mediação, só o *conjunto dos elementos de concretização* – que além disso devem ser ponderados entre si no tocante ao seu estatuto metodológico –, quer dizer, só o *limite do programa da norma* pode dar suporta a um resultado convincente. Isso vale até para os textos de norma relativamente mais simples, para os textos de normas numericamente determinados.[69]

3.11 Direitos fundamentais, direito consuetudinário e mutação constitucional

Pode haver mutação constitucional em favor dos direitos fundamentais. Por contrariar o princípio constitucional da proibição de retrocesso, é inadmissível no sistema brasileiro mutação constitucional em detrimento de direitos fundamentais.

Não pode haver mutação constitucional em virtude e em decorrência do direito consuetudinário.[70] Essa afirmação foi feita por Dau-Lin, depois de discorrer sobre as quatro correntes existentes a respeito do

---

[68] *BVerfGE* 85, 69; *BVerfGE* 87, 209.

[69] MÜLLER, Friedrich. *O novo paradigma do Direito*: introdução à teoria e metódica estruturantes do Direito. São Paulo: Revista dos Tribunais, 2007. n. 7, p. 157-158. Sobre a *teoria estruturante* de Müller, ver: NERY JUNIOR; ANDRADE NERY. *Constituição Federal comentada*, coment. 8 CF 1º.

[70] No mesmo sentido: HAIN, Karl-Eberhard. Comentário ao art. 79 da Constituição Alemã. *In:* VON MANGOLDT, Hermann; KLEIN, Friedrich; STARCK, Christian (Hg.). *Das Bonner Grundgesetz*. 5. ed. München: Verlag Franz Vahlen, 2005. v. 2. coment. 14 GG 79, p. 2176; TOMUSCHAT, Christian. *Verfassungsgewohnheitsrecht?*: Eine Untersuchung zum Staatsrecht der Bundesrepublik Deutschland. Heidelberg: Universitätsverlag Winter, 1972. n. 13, p. 149 e ss.; HESSE. Grenzen der Verfassungswandllung. n. IV, p. 136, nota n. 58.

direito consuetudinário, considerando-o, igualmente, em relação ao direito constitucional.[71]

3.12 Mutação constitucional e o STF

A CF, 102, *caput*, atribui ao STF função de magna importância de *guardião da Constituição*. Isto quer significar, também, que, ao utilizar-se do instituto da mutação constitucional, o STF deverá observar os limites desse instituto, para submeter sua própria atividade ao que vem determinado de forma expressa pela *Lex Legum*. A mutação constitucional é procedimento natural, que se verifica em razão da evolução da sociedade, de modo a exigir nova *interpretação* do pacto constitucional, que não se altera com a mutação.

A modificação do *texto escrito* da CF deve ser empreendida por emenda formal, em processo legislativo perante o Congresso Nacional, que é maneira de renovação explícita do pacto constitucional, com legitimidade, no *Verfassungsstaat* [Estado Constitucional]. Isso significa a *impossibilidade de decidir-se contra texto expresso da Constituição*, utilizando-se do instituto da mutação.

Admitir a possibilidade de alteração do texto escrito e expresso da CF por mutação constitucional, seria conferir ao STF poder para emendar a CF, o que significaria ressuscitar a tese schmittiana de distinguir o a) texto constitucional da b) Constituição. Essa afirmação, de possibilidade de atuação *ilimitada* do STF na mutação constitucional, na prática, importaria em considerar que a Constituição seria aquilo que o STF diz que é, afrontando a divisão de Poderes, atitude marcadamente

71 Dau-Lin (*Die Verfassungswandlung*, p. 106-109). expõe e discorre sobre as quatro correntes: a) *teoria da autorização* (*Gestattungstheorie*), que parte da idéia de que a comunidade organizada (Estado) é a única fonte do direito, tanto escrito como não escrito; b) *teoria contrária à força derrogadora do direito consuetudinário* (*entgegengesetzte Theorie beansprucht die derogatorische Kraft des Gewohnheitsrechts*), aceita pelo direito civil e aplicada ao direito constitucional, com argumentações fundadas e desenvolvidas pela teoria da escola histórica (*Theorie der historischen Schule*), no exercício da *opinio necessitatis*, vale dizer, com discussão acerca da validade e eficácia do direito consuetudinário, porque as tentativas do legislador de proibi-lo sempre restaram ineficazes; c) *teoria contrária à força derrogadora do direito consuetudinário* (*entgegengesetzte Theorie beansprucht die derogatorische Kraft des Gewohnheitsrechts*), aplicada *limitadamente* ao direito constitucional (*auf dem Gebiet des Verfassungsrecht nur beschränkt an*), segundo a qual a Constituição pode ser completada ou modificada pelo direito consuetudinário, somente naquilo que não contrariar os princípios supremos (*höchsten Prinzipien*) a que está sujeita a formação jurídica do Estado; d) *teoria da impossibilidade de haver mutação constitucional em virtude do direito consuetudinário* (*eine Bildung Von Gewohnheitsrecht auf dem Gebiet des Verfassungsrecht überhaupt nicht möglich sei*).

contrária ao papel que deve ser desempenhado pela jurisdição constitucional no Estado Constitucional (Democrático de Direito).

Esse papel consiste na racionalização do controle estatal e social e na proteção da Constituição que, no Estado Constitucional, não é apenas a *Constituição do Estado*, uma vez que ela passa a estruturar juntamente com o espaço público o espaço privado, constituindo assim a *sociedade*. Da mesma forma que o Legislativo e o Executivo, o STF também possui limites em sua atuação e não lhe é legítimo assenhorear-se da CF, da qual deve ser súdito, proferindo decisões contrárias a seu texto expresso.

O STF encontra-se submetido à CF, de modo que necessita de parâmetros, os mais claros possíveis, para que possa responder se houve ou não mutação constitucional. Se faltam esses parâmetros, não se pode, em princípio, distinguir entre atos constitucionais e inconstitucionais, porque a afirmação, sempre possível, da existência de mutação constitucional, não pode provar-se nem refutar-se.[72]

3.13 O Senado e o caso da CF 52 X: mutação constitucional prenunciada pelo STF?

No estudo que escrevemos em homenagem aos 20 anos da Constituição Federal, organizado pelo Senado Federal, afirmamos:

> Tem havido movimentação em setores da doutrina e da jurisprudência do Supremo Tribunal Federal, no sentido de fazer com que se tenha como revogada a CF 52 X, a pretexto de que a tarefa dada pela Carta Política ao Senado Federal, no processo de controle concreto da constitucionalidade das leis e atos normativos, federais e estaduais, quando o STF declara a inconstitucionalidade, em concreto, pela via difusa, de exceção.
>
> Essa tese, além de ser inconstitucional, é perigosa porque apequena a atividade Poder Legislativo aqui representado pelo Senado Federal como Câmara Alta, direcionando para notável hipertrofia do Supremo Tribunal Federal no processo de controle difuso da constitucionalidade das leis e atos normativos.
>
> É inconstitucional porque: a) ofende o Estado Democrático de Direito (CF 1.º *caput*) e o *due process of law* (CF 5.º *caput* e LIV); b) ofende a CF 2.º, já que não respeita o princípio da separação dos Poderes; c) ofende a CF 5.º XXXV, porque confere à causa de pedir em *processo judicial*

---

[72] HESSE. Grenzen der Verfassungswandllung, n. I, p. 125-126. De outra opinião, Uadi Lammêgo Bulos (*Mutação constitucional*. São Paulo: Saraiva, 1997. p. 91), para quem o limite da mutação constitucional seria "a *consciência* do intérprete".

> *subjetivo*, eficácia de coisa julgada material, que nem mesmo entre as partes desse processo existiria (CPC 502 a 504), transformando, na prática, o controle concreto em controle abstrato equiparável, pois, à ação direta de inconstitucionalidade (ADIn); d) ofende e nega vigência ao texto expresso da CF 52 X, a pretexto de que teria ocorrido *mutação constitucional*.
> É imperiosa a manutenção e o respeito à CF 52 X, a que todos, indistintamente, estão vinculados.
> Neste estudo, escrito em comemoração aos vinte anos de vigência da Constituição Federal de 5.10.1988, procuramos demonstrar o importante e insubstituível papel do Senado Federal no processo do controle concreto de constitucionalidade das leis e atos normativos federais e estaduais, contestados em face da Constituição Federal.[73]

O Ministro Eros Grau defende a tese da mutação constitucional relativamente à CF, 52, X,[74] seguindo a linha de entendimento do Ministro Gilmar Ferreira Mendes.

A CF, 52, X, que estabelece essa competência para o Senado Federal, é dispositivo da tradição do direito constitucional brasileiro, instituído pela CF/1934, 91, IV,[75] no sentido de conferir-se à Câmara Alta o poder, legítimo, de suspender a execução da lei, mas não de revogá-la. Se o ato é *típico* do Poder Legislativo, para retirá-lo definitivamente do mundo jurídico o Poder Judiciário (STF) só pode sindicá-lo no mérito, vale dizer, examiná-lo e decidir sobre sua higidez constitucional ou não, em sede de controle abstrato, diante do devido processo legal.

---

[73] NERY JUNIOR, Nelson. O Senado Federal e o controle concreto de constitucionalidade de leis e de atos normativos: separação de Poderes, Poder Legislativo e interpretação da CF, 52, X. *In:* NASCIMENTO, Bruno Dantas; BARROS, Eliane Cruxên; SANTOS, Fernando Luis; LAGO, Gustavo Ponce de León (org.). *Constituição de 1988* o Brasil 20 anos depois. Brasília: Instituto Legislativo Brasileiro. Brasília, DF: Senado Federal, 2008. v. 3, n. 1, p. 356.

[74] STF, Pleno, Rcl. nº 4.335-AC, Rel. Min. Eros Grau, julgado em 19 abr. 2007, *Dje* 27 abr. 2007. Ver os votos dos Ministros Eros Grau (pela mutação constitucional), Sepúlveda Pertence (negando a mutação) e Joaquim Barbosa, que não conheceu da Rcl., asseverou que, porque o STF pode editar súmula vinculante, deve ser mantida a leitura tradicional da CF, 52, X, e, ainda que se aceitasse a tese da mutação, afirmou clara e expressamente a não ocorrência dessa mutação pela falta de dois fatores: o decurso de um espaço de tempo maior para verificação da mutação e o consequente e definitivo desuso do dispositivo. Depois desses três votos que, de concreto, apenas um deles decidiu pela superação da CF, 52, X, por mutação constitucional, pediu vista o Min. Ricardo Lewandowski. O julgamento se encerrou em 20 de março de 2014 (*Dje* 22 out. 2014).

[75] CF/1934:
"Art. 91. Compete ao Senado Federal:
(...) IV - suspender a execução, no todo ou em parte, de qualquer lei ou ato, deliberação ou regulamento, quando hajam sido declarados inconstitucionais pelo Poder Judiciário (...)".

A CF não deu poderes para o STF aniquilar a lei, em sede de controle concreto. Neste, o STF decide a *lide* existente entre as partes do processo. Trata-se de *processo subjetivo*, cujo *objeto litigioso* está limitado pela petição inicial do autor e não pode ser aumentado de ofício.

No controle concreto, cuja história nasceu com o *judicial review* do caso Marbury *vs.* Madison, julgado pela Suprema Corte dos Estados Unidos da América, onde restou assentado pelo voto do *Justice Marshall*, que o Poder Judiciário pode, sim, examinar a constitucionalidade da lei aprovada pelo Poder Legislativo. Mas esse poder se encontra limitado pela *lide*: pela pretensão do autor, que delimita a lide (*v.g.* CPC, 141 e 492).

Decidiu a Suprema Corte americana que esse *judicial review* não seria ofensivo à separação de Poderes, porque o Judiciário não estaria invadindo esfera da competência do Legislativo, na medida em que deixava intacta a lei questionada. O que a Suprema Corte estava autorizada a fazer era simplesmente *deixar de aplicar a lei que reconhecera como inconstitucional*. Apenas isso. Como ao Judiciário é dada a tarefa constitucional de solucionar lides, a Suprema Corte poderia decidir a lide, *desde que não aniquilasse a lei aprovada por outro poder de Estado*.

O direito norte-americano não conhece o sistema de controle abstrato, que é austríaco e foi introduzido na Europa pela doutrina de Hans Kelsen, que foi quem redigiu o anteprojeto que se converteu na Constituição austríaca.

O Brasil adota, desde a Emenda Constitucional n. 16 à Constituição Federal de 1946, o *sistema misto*: a) controle concreto (*v.g.*, por RE); e b) controle abstrato (*v.g.*, por ADIn). Mas ainda não temos o Estado brasileiro conformado completamente a essa realidade híbrida e muito rica, da simbiose dos dois controles.

Isso não nos autoriza, entretanto, a comparar coisas díspares e a dar o mesmo tratamento normativo a institutos tão diferentes como são os do controle concreto e do controle abstrato de constitucionalidade das leis e atos normativos.

A separação dos Poderes (CF, 2º), o direito fundamental do cidadão ao controle difuso da constitucionalidade (Canotilho), a *inexistência de coisa julgada sobre questão prejudicial ou fundamento da sentença*, por mais importante que seja para determinar-se o alcance da parte dispositiva do *decisum* (CPC, 504), entre outros, são fatores que não podem ser desconsiderados pelo STF na decisão do sentido e alcance da CF, 102, I, *a* e §2º (controle abstrato) e CF, 52, X, e 102, III, *a* (controle concreto).

Como seria possível que uma decisão que *não faz coisa julgada* nem para as partes do *processo subjetivo* (CPC, 504) tivesse eficácia *erga omnes*, independentemente da interveniência *política* do Senado Federal?

Há que se imporem limites ao ativismo judicial e ao decisionismo,[76] *maxima venia concessa.*

4 Inconstitucionalidade de lei reconhecida em RE: pela CF, 52, X, o Senado apenas "publica" a decisão do STF?

Outro argumento que tem sido frequentemente utilizado pelo STF para descumprir a CF, 52, X, é que esse dispositivo constitucional apenas conferiria poderes ao Senado Federal para "publicar", "dar a conhecer à sociedade" o reconhecimento de inconstitucionalidade que a Corte Suprema proclamou, no julgamento de RE, isto é, num caso concreto, de lide subjetiva.

Com o devido respeito, a publicação da decisão do STF no RE dá-se pela própria publicação do acórdão no órgão oficial da imprensa, levando ao conhecimento de toda a sociedade brasileira o que ficou decidido no respectivo recurso. Fosse para simplesmente "publicar" a decisão do STF, não haveria necessidade de a CF, 52, X, dar competência privativa ao Senado para tanto, tampouco o direito constitucional brasileiro teria ficado 90 anos, isto é, desde a CF/1934 (art. 91, n. IV) laborando em absoluto equívoco com texto inútil, como quer pensar o STF. Com o perdão da expressão, soa pueril esse argumento da atividade de mera "publicação", que nada tem de jurídico. A dizer que a função do Senado seria de apenas "publicar" o acórdão do STF, a Corte Suprema nega eficácia à CF, 52, X, e apequena as nobres e altas atribuições do Senado da República, reduzindo-o a mero arauto das ordens do Poder Judiciário.

O argumento de que o expediente de suspensão, pelo Senado, da execução da lei reconhecida como inconstitucional pelo STF em controle concreto (RE) tem sido pouco utilizado e teria caído em desuso não pode ser prestigiado. Não existe dispositivo constitucional inútil. A Carta Política estabelece contrato social realizado entre o Estado e o povo brasileiro, contrato social esse que tem de ser cumprido por

---

[76] Sobre *decisionismo*, instrumento de *arbitrariedade judicial* (*gerichtliche Willkür*), ver: SCHMITT. *Verfassungslehre*, p. 23 e ss.

todos. Somente por emenda constitucional é que se poderia estabelecer novo pacto social como, por exemplo, revogar o disposto na CF, 52, X.

De outra parte, é do Parlamento o *controle político* da sobrevivência das leis no País, mesmo as reconhecidas, *in concreto*, como inconstitucionais pela Suprema Corte: o STF deixou de aplicar a lei que entendeu inconstitucional e resolveu a lide subjetiva constante dos autos do processo em que houve a decisão do RE. Na resolução da lide a decisão do STF é soberana. Mas, por ela, não pode *anular*, *revogar*, nem *retirar do mundo jurídico* a lei, ato típico e soberano do Poder Legislativo. Por isso deve remeter o acórdão do RE ao Senado para que a Câmara Alta possa exercer o controle político do reconhecimento da inconstitucionalidade no controle difuso, suspendendo ou não a execução da lei em todo o território nacional.

Exercer ou não a competência que lhe foi dada pela CF, 52, X, é prerrogativa política do Senado Federal e mesmo a inércia é posição política que deve ser respeitada em cumprimento da separação e harmonia entre os Poderes do Estado.

O Regimento Interno do Senado Federal (RISF) estabelece o rito procedimental para apreciar o expediente que lhe é remetido pelo STF em atendimento ao disposto na CF, 52, X.

No Título X, denominado de "Atribuições Privativas", há previsão no Capítulo III, intitulado "Da suspensão da execução de lei inconstitucional (Const., Art. 52, X)", regulada a matéria nos seguintes termos:

> Art. 386. O Senado conhecerá da declaração, proferida em decisão definitiva pelo Supremo Tribunal Federal, de inconstitucionalidade total ou parcial de lei mediante:
> I - comunicação do Presidente do Tribunal;
> II - representação do Procurador-Geral da República;
> III - projeto de resolução de iniciativa da Comissão de Constituição, Justiça e Cidadania.
> Art. 387. A comunicação, a representação e o projeto a que se refere o art. 386 deverão ser instruídos com o texto da lei cuja execução se deva suspender, do acórdão do Supremo Tribunal Federal, do parecer do Procurador-Geral da República e da versão do registro taquigráfico do julgamento.
> Art. 388. Lida em plenário, a comunicação ou representação será encaminhada à Comissão de Constituição, Justiça e Cidadania, que formulará projeto de resolução suspendendo a execução da lei, no todo ou em parte.

Não se pode ignorar o conteúdo de mérito da competência *privativa* do Senado Federal conferida a ele pela CF, 52, X, tampouco sua regulamentação, constante dos arts. 386 a 388 do RISF.

O texto do dispositivo constitucional é claro e não necessita esforço nem malabarismo interpretativo: compete ao Senado Federal, privativamente, emitir resolução suspendendo, no todo ou em parte, lei reconhecida como inconstitucional pelo STF no controle concreto.

O texto da CF, 52, X, não diz "publicar o acórdão do STF", mas "emitir resolução suspendendo a execução da lei reconhecida como inconstitucional pelo STF no julgamento do RE". Não é possível interpretar-se esse dispositivo *contra Constitutionem*, vale dizer, ler-se "publicar acórdão do STF" onde está escrito "emitir Resolução", razão por que entendemos incorreto esse entendimento do STF e da doutrina que o acompanha, *venia concessa*.

A nosso juízo, a tese da "objetivação do RE" contraria expressamente o *texto* e o *espírito* da Constituição Federal. A pretexto de "economia" de atividade do STF, não se pode aniquilar o *due process of law*. O que se poderia admitir, *ad argumentandum*, é que essa tese da "objetivação" do RE deve ser compreendida como proposição *de constitutione ferenda*, mas não de *constitutione* ou *lege lata*. Remeta-se proposta de emenda constitucional ao Congresso Nacional para modificar-se a Constituição, mas não se venha impor à sociedade brasileira o que se gostaria que estivesse escrito na Constituição, mas não está!

Ao propósito, convém lembrar que a consequência que se tem pretendido dar ao julgamento do RE e do REsp repetitivos, de formulação de tese abstrata e geral que teria aplicação vinculante a casos assemelhados, não encontra respaldo na CF. Essa atribuição foi dada ao STF e STJ pelo Código de Processo Civil (CPC), lei ordinária que não pode conferir outras competências a esses tribunais superiores, além daquelas expressamente previstas, em *numerus clausus*, na CF, 102 e 105, respectivamente.

A utilidade dos RE e REsp repetitivos é de *uniformizar o entendimento interno dos tribunais que os julgaram*. Tão somente. Por isso é que o argumento de que o STF já teria decidido *in concreto* que determinada lei é inconstitucional e, portanto, seria perda de tempo ter de voltar a decidir a mesma coisa em outros feitos assemelhados não encontra suporte na Constituição.

Para isso – *eficácia erga omnes, vinculante* – existem as ações que versam sobre o *controle abstrato* da constitucionalidade das leis e atos normativos como, por exemplo, a ADIn e a ADC, ações essas em que o *pedido* é a declaração *in abstracto* da inconstitucionalidade da lei e por isso o STF deve decidir essa matéria *principaliter*, com força de coisa julgada material (CF, 102, §2º; CPC, 503). No RE o reconhecimento da inconstitucionalidade é mero *fundamento* da decisão e não o mérito da ação e, portanto, em regra não faz coisa julgada material (CPC, 504). Excepcionalmente, a resolução de questão prejudicial pode ser alcançada pelos limites objetivos da coisa julgada (CPC, 503, §1º).

A Constituição Federal deu dois regimes jurídicos distintos para o controle abstrato e o controle concreto da constitucionalidade das leis. O STF não pode modificar a Constituição a pretexto de interpretá-la. Fazer *tabula rasa* do disposto na CF, 52, X, seja a que título for, é escancaradamente negar vigência a texto expresso da Constituição da qual o STF "não é o *dono*, mas *servo*".[77]

5 Conclusão

Os recursos excepcionais (RE, REsp, RR) julgados pelos tribunais superiores (STF, STJ, TST) possuem a) *juízo de admissibilidade*, composto pelos pressupostos de admissibilidade dos recursos, cujo resultado é o *conhecimento* (juízo positivo) ou *não conhecimento* (juízo negativo) do recurso; b) *juízo de mérito*, cujo resultado é o *provimento* ou o *improvimento* do recurso.

O *juízo de mérito* do RE, REsp e RR se subdivide em a) *juízo de cassação* e b) *juízo de revisão*, pronunciados no mesmo acórdão que *conheceu* do recurso, pois somente se poderá ingressar no mérito do recurso, se este tiver sido conhecido, como é curial.

O *juízo de cassação* (*iudicium rescindens*) somente pode ser composto por *quæstiones iuris* e não por *quæstiones facti*, motivo pelo qual se encontram corretos os Enunciados Sumulares nº 279/STF, 7/STJ e 126/TST, que não admitem o RE, REsp e RR quando o recorrente pretende simples revisão das provas do processo. Verificada a *efetiva ofensa* à CF (CF, 102, III, *a*; CLT 896 *c*) ou à lei (CF, 105, III, *a*; CLT, 896, *c*), a decisão recorrida deve ser *cassada* pelo tribunal superior, resultado do *provimento do RE, REsp ou RR*.

---

77 MEDEIROS, Rui. *A decisão de inconstitucionalidade*: os autores, o conteúdo e os efeitos da decisão de inconstitucionalidade da lei. Lisboa: Universidade Católica Editora, 1999. p. 837.

O *juízo de revisão* (*iudicium rescissorium*) é o *rejulgamento* da causa. Para tanto, pressupõe-se que o RE tenha sido conhecido e provido no primeiro juízo (de cassação), porque somente depois de cassada a decisão recorrida porque, *exempli gratia*, ofendeu a Constituição (CF, 102, III, *a*; CLT, 896, *c*) é que o tribunal superior passa a proferir o segundo juízo de mérito do recurso excepcional (*juízo de revisão*). Cassada a decisão recorrida, a lide volta a tornar-se totalmente aberta e não decidida. Nesse juízo de revisão, a Corte Superior é tribunal de justiça, pois pode tudo: reanalisar prova, interpretar cláusula contratual, corrigir injustiça, conhecer de ofício questão que ainda não fora levantada nos autos – neste caso, dando vista prévia às partes em homenagem à garantia constitucional do contraditório (CF, 5º, LV, CPC, 10, RISTJ, 255, §5º, *in fine*). No juízo de revisão, por óbvio, não incidem os óbices sumulares, cabíveis apenas e tão somente para proferir-se o juízo de cassação, isto é, para a análise do primeiro dos dois juízos de mérito do recurso excepcional.

Os argumentos utilizados pelo STF e por parcela da doutrina, de que o RE já hoje proporcionaria a interpretação de que o reconhecimento da inconstitucionalidade de lei no controle concreto produziria eficácia *erga omnes*, sem que houvesse necessidade de o Senado emitir resolução suspendendo a execução da mesma lei no território nacional (CF, 52, X), são inconsistentes pois não se conformam – aliás, *contrariam* – com o texto e o espírito da Constituição. É entendimento, no máximo, *de lege (constitutione) ferenda*. A tese é, pois, *de iure condendo* e não *de iure condito*.

A CF, 52, X, está em pleno vigor e tem plena eficácia até que seja modificada por alteração formal da Constituição (emenda constitucional), observado o *due process* legislativo. Não houve *mutação constitucional* relativamente à CF, 52, X. Não se admite mutação constitucional *voluntária*, preconizada por decisão do Poder Judiciário.

Mutação constitucional é fenômeno que ocorre durante a vivência da sociedade, no exercício de determinada Constituição. Processo *imperceptível* e *não intencional*, que faz a realidade ser contemplada dentro do sistema constitucional.

Decorre desse processo não intencional a consequência natural de limitar-se a atuação do intérprete da Constituição, seja ele o juiz de primeiro grau, seja o legislador, o administrador público, o particular – na ideia de Häberle de *Constituição aberta*, em que cada um, a seu tempo e modo, é intérprete legítimo da Constituição –[78] e, principalmente, o tribunal constitucional (no Brasil, o STF), ao texto e ao espírito da Constituição.

Diante disso, é vedado ao intérprete extrapolar o processo hermenêutico e aplicar a Constituição fora do que determina o texto e o espírito da Carta Política, a pretexto de que teria havido, ou estaria ocorrendo mutação constitucional.

A mutação constitucional não pode ser prévia e intencionalmente anunciada, pois isso constitui *ruptura da Constituição*, circunstância que ocorre em Estados totalitários, não informados pelo princípio do Estado Democrático de Direito ou Estado Constitucional (*Verfassungsstaat*). No caso do Brasil, em que um dos fundamentos da república é o Estado Democrático de Direito (CF, 1º, *caput*), não se pode romper voluntariamente, intencionalmente, com a Constituição sem alteração formal do texto – por emenda constitucional –, sob pretexto de que teria havido mutação constitucional, pois isso caracteriza ofensa ao devido processo legislativo (CF, 5º, LIV).

A atuação do STF, na interpretação e na aplicação da Constituição, é limitada pelas fronteiras imanentes e inerentes da própria Constituição, da qual o STF é guardião, mas, sem embargo disso, a ela está subordinado.

Não houve mutação constitucional quanto à competência do Senado Federal para emitir resolução, nos termos da CF, 52, X, suspendendo a execução da lei ou o ato normativo reconhecido *incidenter tantum* inconstitucional pelo STF, no controle concreto de constitucionalidade, decisão judicial que não faz coisa julgada nem *inter partes* (CPC, 506) razão pela qual, *a fortiori*, não pode fazer coisa julgada *erga omnes*, como pretendem certos setores da doutrina e da jurisprudência.

A CF, 52, X, existe, é válida e eficaz e tem efetividade no importante papel de freios e contrapesos no exercício do poder do Estado, porquanto o Senado Federal, por ser a Câmara Alta, é o único órgão legislativo brasileiro legítimo e competente para suspender a execução, em todo o território nacional, de lei (*lato sensu*) municipal, estadual,

---

[78] HÄBERLE, Peter. Die offene Gesellschaft der Verfassungsinterpreten: ein Beitrag zur pluralistischen und "prozessualen" Verfassungsinterpretation. *In: HÄBERLE, Peter. Verfassung als öffentlicher Prozeß*: Materialien zu einer Verfassungstheorie der offenen Gesellschaft. Berlin: Duncker & Humblot, 1978. p. 155-181, principalmente n. IV (*Konsequenzen für die "juristische" Verfassungsinterpretation*) e nº V (*Neue Fragstellungen für die Verfassungstheorie*).

distrital e federal reconhecida como inconstitucional pelo STF no processo de controle concreto (difuso) de constitucionalidade.

A afirmação de que o STF, porque já reconheceu inconstitucional a norma contestada em face da Constituição Federal, teria exteriorizado decisão incontestável e que, por isso, o Senado Federal seria mero publicador da decisão do STF, não condiz nem com o texto, tampouco com o espírito da Constituição.

Há dois modelos de reconhecimento da inconstitucionalidade de lei ou de ato normativo no Brasil, reconhecidos e proclamados pela Constituição Federal: a) *abstrato* (*v.g.* CF, 102, I, *a*) e b) *concreto* (*v.g.* CF, 52, X, 97 e 102, III, *a*). Não se permite a alteração jurisprudencial desse *sistema fechado*, previsto expressamente na CF. "Objetivar-se o RE" seria desrespeitar e negar vigência à CF.

A decisão do STF no controle concreto se dá em *processo subjetivo*, cuja eficácia se opera apenas entre as partes desse mesmo processo, de sorte que o *Streitgegenstand* (objeto litigioso) nada tem a ver com a constitucionalidade da norma, examinada *incidenter tantum* e não *principaliter*, motivo pelo qual esse reconhecimento de inconstitucionalidade não faz coisa julgada. Nem para as partes do processo subjetivo (CPC, 502 e 504), tampouco pode ser eficaz para terceiros alheios àquela relação processual subjetiva.

De outra lado, a pretensão de fazer-se *tabula rasa* da CF, 52, X, aniquilando-se o texto vigente e eficaz da Constituição, transforma o regime jurídico do controle concreto de constitucionalidade, feito pelo STF por meio de RE (CF, 102, III, *a*), reduzindo-o à mesma realidade estipulada para o controle abstrato de constitucionalidade feito, no mais das vezes, por meio de ação direta de inconstitucionalidade (CF, 102, I, *a*), o que contraria o sistema constitucional brasileiro.

Com isso restaria violado o controle difuso de constitucionalidade, *direito fundamental do cidadão*,[79] sem dizer no maior risco de se atribuir efeitos *erga omnes* e vinculantes a decisões que reconheçam a inconstitucionalidade de determinado dispositivo legal pelo STF,

> cujas decisões não podem ser corrigidas por nenhum outro órgão do Estado – dando-se ao Pretório Excelso o poder incontrolável de decidir infalivelmente sobre a constitucionalidade da lei, tornando-o num

[79] CANOTILHO. *Direito constitucional e teoria da Constituição*, p. 507.

árbitro irresponsável da vida do Estado e em 'dono', em vez de 'servo' da Constituição.[80]

Os dois regimes jurídicos são absolutamente distintos e diametralmente opostos e, por isso, não comportam tratamento jurídico idêntico.

Seria conveniente que o STF, ao dar provimento a RE, reconhecendo a inconstitucionalidade de lei ou de ato normativo, federal ou estadual, contestado em face da Constituição Federal, remetesse cópia do acórdão ao Procurador-Geral da República ou outro colegitimado pela CF, 103, ao ajuizamento da ADIn, para que fosse promovida a ação direta, instrumento adequado para que se possa reconhecer, em *processo objetivo, com força de coisa julgada*, a inconstitucionalidade de lei ou o ato normativo.

Sem esse *devido processo legal* da jurisdição constitucional, afigura-se, a nosso juízo, inadmissível estender-se ao controle concreto a mesma sorte eficacial prevista pela CF para o controle abstrato. A infundada alegação de mutação constitucional é pretexto para o desrespeito à ordem constitucional, *data maxima venia*.

Nossa sugestão, para que se possa *constitucionalizar* o que STF e STJ na jurisprudência, e parte dos autores na doutrina vem defendendo (direito jurisprudencial, precedente, vinculação, objetivação do RE, temas STF e STJ etc. etc. etc.), é que esses pleitos sejam enviados aos representantes do povo e dos Estados federados a fim de que o Parlamento possa alterar a Constituição Federal, para contemplar o que se tem defendido *de iure condendo, de lege ferenda*.

Referências

ALVIM, Teresa Arruda. *Quæstio facti, quæstio iuris* in appeals to the Superior Courts. *In:* NIEVA FENOLL, Jordi; ALVIM, Teresa Arruda; CAVANI, Renzo (coord.). *Revisiting Cassation and Supreme Courts*: 100 years after Calamandrei's Masterpiece. São Paulo: Direito Contemporâneo, 2024. p. 143-198.

BADURA, Peter. Inserir título do texto citado. *In:* ISENSEE, Josef; KIRCHHOF, Paul (Hg.). *Handbuch des Staatsrechts der Bundesrepublik Deutschland*. 3. ed. Heidelberg: C.F. Müller Verlag, 1992. v. 7, p. 33-56.

80 MEDEIROS. *A decisão de inconstitucionalidade (os autores, o conteúdo e os efeitos da decisão de inconstitucionalidade da lei)*, p. 837.

BARROSO, Luís Roberto. *Curso de Direito Constitucional contemporâneo*: os conceitos fundamentais e a construção do novo modelo. São Paulo: Saraiva, 2009.

BÖCKENFORDE, Ernst-Wolfgang. Demokratie als Verfassungsprinzip. *In:* ISENSEE, Josef; KIRCHHOF, Paul (Hg.). *Handbuch des Staatsrechts der Bundesrepublik Deutschland*. 2. ed. Heidelberg: C.F. Müller, 1995. v. 1.

BOVE, Mauro. Sul potere della Corte di Cassazione di decidere nel merito la causa. *Rivista di Diritto Processuale*, Padova, v. 46 (seconda serie), 1994, n. 4.

BULOS, Uadi Lammêgo. *Mutação constitucional*. São Paulo: Saraiva, 1997.

CALAMANDREI, Piero. Intervento. *In:* ASSOCIAZIONE ITALIANA FRA GLI STUDIOSI DEL PROCESSO CIVILE. *Atti del Congresso Internazionale di Diritto Processuale Civile, 30 settembre-3 ottobre 1950*. Padova: Cedam, 1953.

CALAMANDREI, Piero. *La cassazione civile*. Milano: Fratelli Bocca, 1920. 2 v.

CALAMANDREI, Piero. *Opere giuridiche*. Napoli: Morano, 1985. v. 10.

CALAMANDREI, Piero. Processo e giustizia: discorso preliminare nel congresso. *In:* ASSOCIAZIONE ITALIANA FRA GLI STUDIOSI DEL PROCESSO CIVILE. *Atti del Congresso Internazionale di Diritto Processuale Civile, 30 settembre-3 ottobre 1950*. Padova: Cedam, 1953.

CANOTILHO, José Joaquim Gomes. *Direito Constitucional e teoria da Constituição*. 7. ed. Coimbra: Almedina, 2004.

CONSOLO, Claudio (dir.). *Codice di Procedura Civile*. 6. ed. Milano: Wolters Kluwer, 2018. v. 2.

FERRAZ, Anna Cândida da Cunha. *Processos informais de mudança da Constituição*. São Paulo: Max Limonad, 1986.

DAU-LIN, Hsü. *Die Verfassungswandlung*. Berlin: Walter de Gruyter, 1932.

DAU-LIN, Hsü. *Mutación de la Constitución*. Traducción: Pablo Lucas Verdú e Christian Förster. Oñati: IVAP-Instituto Vasco de Administración Pública 1998.

EHMKE, Horst. *Grenzen der Verfassungsänderung*. Berlin: Duncker & Humblot, 1953.

FAZZALARI, Elio. Luci ed ombre della riforma del processo civile. *Rivista di Diritto Processuale*, Padova, anno XLVI (seconda serie), v. 3, n. 3, 1991.

FAZZALARI, Elio. Rinvio (giudizio di) nel Diritto Processuale Civile. *In:* SACCO, Rodolfo (pres.) *Digesto delle Discipline Privatistiche (Sezione civile)*. 4. ed. Torino: UTET, 1998. v. 17.

FERRAND, Frédérique. Joining the past and the future: Some prospects from the French cassation. *In:* FENOLL, Jordi Nieva; ALVIM, Teresa Arruda; CAVANI, Renzo (coord.). *Revisiting Cassation and Supreme Courts*: 100 Years after Calamandrei's Masterpiece. São Paulo: Direito Contemporâneo, 2024. p. 55-98.

FRANCISCO, José Carlos. *Emendas constitucionais e limites flexíveis*. Rio de Janeiro: Forense, 2003.

FRIEDRICH, Carl J. *Teoría y realidad de la organización constitucional democrática en Europa e América*. Ciudad de México: Fondo de Cultura Económica, 1946.

FUX, Luiz; NERY JUNIOR, Nelson; ALVIM, Teresa Arruda (coord.). *Processo e Constituição*: estudos em homenagem ao Professor José Carlos Barbosa Moreira. São Paulo: Revista dos Tribunais, 2006.

GADAMER, Hans-Georg. *Verdade e método*. 3. ed. Rio de Janeiro: Vozes, 1997.

GARCÍA DE ENTERRÍA, Eduardo. *La Constitución como norma y el tribunal constitucional*. 4. ed. Navarra: Editorial Aranzadi, 2006.

GRAU, Eros Roberto. *Ensaio e discurso sobre a interpretação/aplicação do Direito*. 4. ed. São Paulo: Malheiros, 2006.

HÄBERLE, Peter. Die offene Gesellschaft der Verfassungsinterpreten: ein Beitrag zur pluralistischen und "prozessualen" Verfassungsinterpretation. *In:* HÄBERLE, Peter. *Verfassung als öffentlicher Prozeß*: Materialien zu einer Verfassungstheorie der offenen Gesellschaft. Berlin: Duncker & Humblot, 1978. p. 155-181.

HÄBERLE, Peter. *El Estado Constitucional*. Buenos Aires: Astrea, 2007.

HÄBERLE, Peter. *Verfassung als öffentlicher Prozeß*: Materialien zu einer Verfassungstheorie der offenen Gesellschaft. Berlin: Duncker & Humblot, 1978.

HAIN, Karl-Eberhard. Comentário ao art. 79 da Constituição Alemã. *In: VON* MANGOLDT, Hermann; KLEIN, Friedrich; STARCK, Christian (Hg.). *Das Bonner Grundgesetz*. 5. ed. München: Verlag Franz Vahlen, 2005. v. 2.

HEMKE, Horst. Verfassungsänderung und Verfassungsdurchbrechung. *In: Archiv des öffentlichen Rechts (AöR)*. Tübingen: J.C.B.Mohr (Paul Siebeck).

HESSE, Konrad. *Elementos de Direito Constitucional da República Federal da Alemanha*. Porto Alegre: SAFE, 1998.

HESSE, Konrad. Grenzen der Verfassungswandlung. *In:* EHMKE, Horst; KAISER, Joseph H.; KEWENIG, Wilhelm A.; MEESSEN, Karl Matthias; RÜFNER, Wolfgang (Hg.). *Festschrift für Ulrich Scheuner zum 70*. Geburtstag. Berlin: Duncker & Humblot, 1973.

HESSE, Konrad. *Grundzüge des Verfassungsrechts der Bundesrepublik Deutschland*. 20. ed. Heidelberg: Verlag C.F. Müller, 1999.

HUFELD, Ulrich. *Die Verfassungsdurchbrechung: Rechtsproblem der Deutschen Einheit und der europäischen Einigung*. Ein Beitrag zur Dogmatik der Verfassungsänderung. Berlin: Duncker & Humblot, 1997.

ISENSEE, Josef; KIRCHHOF, Paul (Hg.). *Handbuch des Staatsrechts der Bundesrepublik Deutschland*. 2. ed. Heidelberg: C.F. Müller, 1995. v. 1.

ISENSEE, Josef; KIRCHHOF, Paul (Hg.). *Handbuch des Staatsrechts der Bundesrepublik Deutschland*. 3. ed. Heidelberg: C.F. Müller Verlag, 1992. v. 7.

JELLINEK, Georg. *Allgemeine Staatslehre*. 3. ed. Darmstadt: Wissenschaftliche Buchgesellschaft, 1960.

JELLINEK, Georg. *Reforma y mutación de la Constitución*. Traducción: Pablo Lucas Verdú e Christian Förster. Madrid: Centro de Estudios Constitucionales, 1991.

JELLINEK, Georg. *Verfassungsänderung und Verfassungswandlung*. Berlin: Verlag O. Häring, 1906.

LABAND, Paul. *Abhandlungen, Beiträge, Reden und Rezensionen*. Leipzig: Zentralantiquariat der DDR, 1980. v. 1.

LABAND, Paul. Die Wandlungen der deutschen Reichsverfassung. *In*: *Jahrbuch der Gehe-Stiftung*. Dresden: Zahn & Jaensch, 1895. Band 1.

LERCHE, Peter. Stiller Verfassungswandel als aktuelles Politikum. *In:* SPANNER, Hans (Hg.). *Festgabe für Theodor Maunz zum 70*. Geburtstag am 1. September 1971. München: Beck, 1971. p. 285-300.

LOEWENSTEIN, Karl. *Über Wesen, Technik und Grenzen der Verfassungsänderung*. Berlin: Walter de Gruyter, 1961.

LUCAS VERDÚ, Pablo. El concepto de constitución en la Constitución: Reflexiones sobre la autoconciencia constitucional española. Función y fin de la Constitución. *Revista Estado & Direito*, Lisboa, n. 5/6, p. 7-55, 1990.

MEDEIROS, Rui. *A decisão de inconstitucionalidade*: os autores, o conteúdo e os efeitos da decisão de inconstitucionalidade da lei. Lisboa: Universidade Católica Editora, 1999.

MENDES, Gilmar Ferreira. Limites da revisão: cláusulas pétreas ou garantias de eternidade. Possibilidade jurídica de sua superação. *Revista Ajuris*, Porto Alegre, v. 60, p. 249-254, 1994.

MIRANDA, Jorge. *Manual de Direito Constitucional*. 3. ed. Coimbra: Coimbra Editora, 1996. v. 2.

MÜLLER, Friedrich; CHRISTENSEN, Ralph. *Juristische Methodik*. 9. ed. Berlin: Duncker & Humblot, 2004. v. 1.

MÜLLER, Friedrich. *Métodos de trabalho do Direito Constitucional*. 3. ed. Rio de Janeiro: Renovar, 2005.

MÜLLER, Friedrich. *O novo paradigma do Direito*: introdução à teoria e metódica estruturantes do Direito. São Paulo: Revista dos Tribunais, 2007.

MÜLLER, Friedrich. *Strukturierende Rechtslehre*. 2. ed. Berlin: Duncker & Humblot, 1994.

MÜLLER, Friedrich. *Teoria estruturante do Direito*. São Paulo: Revista dos Tribunais, 2008. v. 1.

NASCIMENTO, Bruno Dantas; BARROS, Eliane Cruxên; SANTOS, Fernando Luis; LAGO, Gustavo Ponce de León (org.). *Constituição de 1988*: o Brasil 20 anos depois. Brasília: Instituto Legislativo Brasileiro; Senado Federal, 2008. v. 3.

NERY JUNIOR, Nelson; ANDRADE NERY, Rosa Maria de. *Constituição Federal comentada*. 8. ed. São Paulo: Revista dos Tribunais, 2022.

NERY JUNIOR, Nelson; ANDRADE NERY, Rosa Maria de. *Código de Processo Civil comentado.* 22. ed. São Paulo: Thomson Reuters Brasil, 2024.

NERY JUNIOR, Nelson. Anotações sobre mutação constitucional: alteração da Constituição sem modificação do texto, decisionismo e 'Verfassungsstaat'. *In:* SALOMÃO, George Leite; SARLET, Ingo Wolfgang (coord.). *Direitos fundamentais e Estado Constitucional*: estudos em homenagem a J. J. Gomes Canotilho. São Paulo: Revista dos Tribunais, 2009. p. 79-109.

NERY JUNIOR, Nelson. O Senado Federal e o controle concreto de constitucionalidade de leis e de atos normativos: separação de Poderes, Poder Legislativo e interpretação da CF, 52, X. *In:* NASCIMENTO, Bruno Dantas; BARROS, Eliane Cruxên; SANTOS, Fernando Luis; LAGO, Gustavo Ponce de León (org.). *Constituição de 1988*: o Brasil 20 anos depois. Brasília, DF: Senado Federal, 2008. v. 3.

NERY JUNIOR, Nelson. Regimento interno do Supremo Tribunal Federal: natureza jurídica e limites. *In:* LOPES, João Batista; LOPES, Maria Elizabeth de Castro; CIANCI, Mirna; ALMEIDA, Gregório Assagra de (coord.). *Processo civil*: questões controversas: estudos em homenagem ao Professor Olavo de Oliveira Neto. Belo Horizonte: D'Plácido, 2023. p. 749-764.

NERY JUNIOR, Nelson. *Teoria geral dos recursos*. 8. ed. São Paulo: Thomson Reuters Brasil, 2024.

NIEVA FENOLL, Jordi; ALVIM, Teresa Arruda; CAVANI, Renzo (coord.). *Revisiting Cassation and Supreme Courts*: 100 Years after Calamandrei's Masterpiece. São Paulo: Direito Contemporâneo, 2024.

NOVAIS, Jorge Reis. *Os princípios constitucionais estruturantes da República Portuguesa.* Coimbra: Coimbra Editora, 2004.

PISANI, Andrea Proto. *Lezioni di Diritto Processuale Civile.* 6. ed. Napoli: Jovene, 2014.

PONTES DE MIRANDA, Francisco Cavalcanti. *Comentários à Constituição de 1967, com a Emenda nº 1, de 1969.* 2. ed. São Paulo: Revista dos Tribunais, 1970. v. 3.

SASSANI, Bruno. *Lineamenti del processo civile italiano.* 7. ed. Milano: Giuffrè Francis Lefebvre, 2019.

SATTA, Salvatore. La tutela del Diritto nel processo. *In:* ASSOCIAZIONE ITALIANA FRAGLI STUDIOSI DEL PROCESSO CIVILE. *Atti del Congresso Internazionale di Diritto Processuale Civile, 30 settembre-3 ottobre 1950.* Padova: Cedam, 1953.

SCHMITT, Carl. *Costituzione e Diritto Costituzionale.* Traduzione: F. Fiore e J. Luther, Milano: Giuffrè, 1988.

SCHMITT, Carl. *Teoría de la Constitución.* 3. ed. Madrid: Alianza, 1982.

SCHMITT, Carl. *Verfassungslehre.* 9. ed. Berlin: Duncker & Humblot, 2003.

STERN, Klaus. *Das Staatsrecht der Bundesrepublik Deutschland.* München: Beck, 1977. v. 1.

STERN, Klaus. *Derecho del Estado de la República Federal Alemana.* Madrid: Centro de Estúdios Constitucionales, 1987.

STRECK, Lenio Luiz. *Hermenêutica jurídica e(m) crise*: uma exploração hermenêutica da construção do Direito. 7. ed. Porto Alegre: Livraria do Advogado, 2007.

STRECK, Lenio Luiz; OLIVEIRA, Marcelo Andrade Cattoni de; LIMA, Martonio Mont'Alverne Barreto. A nova perspectiva do Supremo Tribunal Federal sobre o controle difuso: mutação constitucional e limites da legitimidade da jurisdição constitucional. *Conjur*, São Paulo, 3 ago. 2007. Disponível em: https://www.conjur.com.br/2007-ago-03/perspectiva_stf_controle_difuso/. Acesso em: 13 ago. 2024.

TOMUSCHAT, Christian. *Verfassungsgewohnheitsrecht?*: Eine Untersuchung zum Staatsrecht der Bundesrepublik Deutschland. Heidelberg: Universitätsverlag Winter, 1972.

VERDÚ, Pablo Lucas. Prefacio. *In:* DAU-LIN, Hsü. *Mutación de la Constitución*. Traducción: Pablo Lucas Verdú e Christian Förster. Oñati: IVAP-Instituto Vasco de Administración Pública, 1998.

VON MANGOLDT, Hermann; KLEIN, Friedrich; STARCK, Christian (Hg.). *Das Bonner Grundgesetz*. 5. ed. München: Verlag Franz Vahlen, 2005. v. 2.

Informação bibliográfica deste texto, conforme a NBR 6023:2018 da Associação Brasileira de Normas Técnicas (ABNT):

NERY JUNIOR, Nelson; NERY, Rosa Maria de Andrade. O recurso extraordinário (RE) e sua eficácia subjetiva: CF, 102, III, e o dever de o STF decidir a causa concreta, resolvendo a lide subjetiva. Separação de Poderes, Poder Legislativo e interpretação da CF, 52, X. *In*: MENDES, Gilmar Ferreira; GALLOTTI RODRIGUES, Maria Isabel Diniz; ALVIM, Teresa Arruda (coord.). *O novo perfil do controle difuso de constitucionalidade*: estudos em homenagem ao Professor Bruno Dantas nos 20 anos da Repercussão Geral. Belo Horizonte: Fórum, 2025. p. 571-615. ISBN 978-65-5518-898-1.

A REPERCUSSÃO GERAL HOJE: ESVAZIAMENTO DA FUNÇÃO DO RECURSO EXTRAORDINÁRIO?

OSMAR MENDES PAIXÃO CÔRTES

1 Considerações iniciais

A repercussão geral, instituída pela Emenda Constitucional (EC) nº 45, de 30 de dezembro de 2004, evoluiu de um filtro individual para instrumento pluri-individual, inserido no microssistema de demandas repetitivas.

Cabe analisar se essa evolução e o atual formato da repercussão impactam o exercício, pelo Supremo Tribunal Federal (STF), do seu papel constitucional por meio do recurso extraordinário.

Para responder à pergunta, analisam-se a função do recurso extraordinário a partir do seu cabimento e a evolução da repercussão geral.

2 A função do recurso extraordinário a partir do seu cabimento[1]

O recurso extraordinário está previsto na Constituição de 1988, no art. 102, III, segundo o qual compete ao STF julgar, mediante recurso

---

[1] Do assunto tratamos com maior profundidade no livro *Recursos para o STF e o STJ*: recurso extraordinário, recurso especial, embargos de divergência e agravos. 6. ed. São Paulo: Direito Contemporâneo, 2024.

extraordinário, as causas decididas em última ou única instância, quando a decisão recorrida contrariar dispositivo constitucional, declarar a inconstitucionalidade de tratado ou lei federal, julgar válida lei ou ato de governo local contestado em face da Constituição ou julgar válida lei de governo local contestada em face da legislação federal.

A Constituição regula o cabimento do recurso, que deve ser referido para a completa compreensão da sua função. De se lembrar que, antes, como é a regra nos recursos, existem os requisitos extrínsecos ou gerais – tempestividade, regularidade formal e pagamento de preparo. Junto com o cabimento (requisito intrínseco) e com os pressupostos, os requisitos extrínsecos também são objeto de exame no juízo de admissibilidade. Apenas em um segundo momento é que se chega ao mérito do recurso.

Do inciso III do art. 102, observa-se a expressão "em única ou última instância", das Constituições anteriores. Ou seja, o recurso extraordinário pressupõe o esgotamento das possibilidades de impugnação nas instâncias inferiores, ordinárias ou não (última instância), ou na instância única. Isso porque tem função específica, não servindo tão só à revisão das decisões com o intuito de satisfazer o interesse das partes envolvidas ou para corrigir injustiças alegadas no processo.

A expressão única instância significa que o recurso é cabível contra uma decisão primeira, processo de competência originária dos Tribunais, da qual não caiba outro recurso. Deve-se observar, ademais, se não há previsão de recurso interno, como agravo contra decisões monocráticas de relatores.

Essa limitação evidencia a preocupação do legislador com o cabimento estreito do recurso extraordinário, presente a sua finalidade de resguardar o ordenamento objetivo e a Constituição Federal. Pelo mesmo motivo, matérias fáticas e probatórias, restritas às instâncias ordinárias, não podem ser reexaminadas mediante recurso extraordinário; apenas questões de direito.

De se anotar, todavia, que a pretensão ao reexame de matéria fática, vedada, não se confunde com a pretensão ao reenquadramento jurídico de determinada questão fática colocada na decisão recorrida, autorizada.

Se o acórdão recorrido estampar a matéria fática, pode o Tribunal Superior dar novo enquadramento jurídico para a questão, até porque a função do recurso extraordinário é a de corrigir o erro cometido pelo

Tribunal *a quo*, reformando a decisão que aplicou mal a legislação constitucional principalmente.

A alínea "a" prevê o recurso para o STF se a decisão recorrida contrariar preceito constitucional. A Constituição de 1946 já continha dispositivo desse teor, mantido pelas Cartas posteriores.

A Constituição atual, na esteira da de 1946, e as posteriores, não referiu a contrariedade à letra de dispositivo, visto que a locução, quando empregada, provocou acirrada discussão, e nem utilizou as palavras aplicação, vigência e validade, que também suscitaram dúvidas nas Constituições anteriores.

Por outro lado, essa omissão dá amplitude à expressão contrariar dispositivo da Constituição, o que parece ter sido intenção do constituinte, pela relevância do recurso extraordinário.

Se a decisão recorrida for contrária à expressa norma constitucional, cabível o recurso extraordinário. Da mesma forma, se o Tribunal ou Juiz não aplicar determinada norma constitucional a hipótese que comportava sua aplicação.

Dúvidas podem surgir quando o Tribunal ou o Juiz interpretar determinado dispositivo constitucional, especialmente considerando que uma norma admite as mais diversas interpretações. Parece-nos, todavia, que, cabendo ao STF o papel de guardião da Carta Constitucional, não é possível aceitar que uma decisão que interpretou "mal" a norma constitucional mereça prosperar.

Isso porque a má interpretação de um texto constitucional equivale a desrespeito e afronta, pois os valores estampados na norma, que deveriam ser realizados, não o serão. Dá, assim, ensejo ao recurso extraordinário a interpretação equivocada de preceito constitucional, cabendo ao STF, que é o intérprete máximo da Carta, dar a última palavra sobre a exegese do texto interpretado.

Mas a afronta à norma constitucional, para ensejar o recurso extraordinário, deve ser frontal, direta, não incidental (Súmula nº 636/STF). Esse o entendimento do STF, justificado em que, com princípios abrangentes, como o da legalidade, insculpido no inc. II do art. 5º da Constituição da República, qualquer desrespeito ou má aplicação de dispositivo legal infraconstitucional daria ensejo ao recurso extraordinário. E para corrigir violação à norma legal federal, há o recurso especial.

A alínea "b" regula o cabimento do recurso extraordinário no caso de a decisão do Tribunal *a quo* declarar inconstitucional tratado ou lei federal. Trata-se de hipótese de controle difuso de constitucionalidade das leis, que pode ser exercido por todos os juízes do país.

O problema da inconstitucionalidade decorre naturalmente da supremacia da Constituição sobre as demais leis. E se o STF é o guardião e o intérprete maior da Carta Política, é função sua reformar decisões que repute inconstitucionais, decidindo definitivamente a controvérsia sobre a validade ou não da norma, *in concreto*.

Essa alínea é idêntica à da Constituição de 1967, mesmo após a EC nº 1, de 17 de outubro de 1969, excetuada a parte relacionada à lei federal, que foi transferida para o Superior Tribunal de Justiça (STJ), como será tratado a seguir. À época, a inovação já não foi tão grande quanto pareceu, visto que, já com a reforma de 1926, explicitou-se que era cabível o recurso para o STF quando a decisão recorrida, além de não aplicar a lei por inexistente (não vigente), reputasse-a inconstitucional (inválida).

Falava-se, portanto, ainda sob a égide da Constituição de 1891, interpretando o termo lei federal como abrangente da Lei Maior, em negar validade à lei (por inconstitucional), dando margem ao recurso extraordinário na mesma hipótese da atual alínea "a".

A hipótese da letra "c" já é prevista, com algumas alterações, desde o Decreto nº 848. Todas as Constituições, a partir da de 1891, contêm dispositivo nesse sentido. Apenas a de 1988 cingiu o questionamento frente ao direito federal, atribuindo competência ao STJ. O recurso extraordinário é cabível, por essa alínea, se, havendo conflito entre ato ou lei local e a Constituição, a decisão recorrida considera o ato ou a lei válidos.

Dúvidas surgiram quanto ao fato de a alínea "a" falar em aplicação e em validade, e a alínea "b", somente em validade. Resta claro que a hipótese da alínea "a" é mais ampla. José Carlos de Matos Peixoto ressalta que a necessidade de preservação da autoridade da lei federal justifica a necessidade de utilização das duas palavras, na primeira alínea.

Por outro lado, em se tratando de lei estadual ou ato de governo, a ofensa só é possível quando o Tribunal do Estado declarar válida essa lei ou ato impugnado em face da legislação federal ou da Constituição. A aplicação nessa hipótese é irrelevante, porque surgiria em momento posterior ao da validade.

Se uma lei estadual é proclamada inválida, não há cogitar da sua aplicação, mas se a lei estadual é válida, não importa que o Tribunal Estadual aplique-a ou não, até porque isso estaria na esfera da sua autonomia. Para que o poder da União reste ferido, é necessário que se conteste essa validade em face da Constituição ou da legislação federal, pouco importando se o Tribunal local aplicou ou não a norma. Essa a razão da distinção de tratamento nas duas alíneas.

A origem direta do dispositivo está no *writ of error* norte-americano, e o seu objetivo continua sendo o de assegurar o princípio da hierarquia das leis da República, porque, no que a União for competente, estará afastada a competência dos Estados e Municípios, não podendo nenhuma norma local contrariar as normas federais, *in casu*, a Constituição da República.

Havendo lei ou ato de governo local, promulgado ou editado dentro da esfera de competência do Estado ou do Município, ainda que surjam dúvidas acerca da observância da Constituição Estadual, não cabe ao STF interferir. Da mesma forma, se o ato ou lei local for considerado contrário à Constituição Federal e, por isso, não for aplicado, dando-se preferência à legislação constitucional.

Por outro lado, se o ato ou lei local estiver sendo questionado frente à Constituição Federal e a decisão recorrida entendê-lo válido, é de interesse, em nome do princípio federativo, que o STF examine o caso, dizendo se a norma ofende ou não a Lei Maior, porque, prevalecendo a interpretação dada pelo Tribunal local, pode a Constituição haver sido desprestigiada frente à legislação local.

A compreensão da expressão "ato" ou "lei" de governo local continua abrangendo tanto atos do Poder Legislativo como do Executivo e Judiciário locais, que devem obediência à Constituição da República. A autonomia e a competência dos Estados-membros são relativas, assim como a dos Municípios, e têm limites fixados pela Lei Fundamental.

A Carta de 1934 foi a primeira a substituir as expressões constantes da de 1891 – "governos dos Estados", por "governos locais" –, abrangendo, dessa forma, também as leis e atos municipais contestados e considerados válidos em face da Constituição, o que demonstrou preocupação em afirmar o respeito à Lei Maior.

Em suma, são pressupostos do cabimento com base nessa alínea (i) a necessidade de contestar a validade da lei ou do ato do governo local frente à Constituição e a (ii) necessidade de a decisão recorrida haver julgado válida a lei ou o ato.

Com a EC nº 45/2004, foi acrescida a alínea "d" que autoriza o recurso quando o acórdão recorrido julgar válida lei local em face de lei federal. Na verdade, o que é até curioso, trata-se de um resgate de hipótese de cabimento da Constituição de 1891. Ou melhor, o Decreto nº 848 já continha previsão semelhante. A intenção do legislador foi a de trazer o controle da legalidade de determinados atos locais para o STF.

O art. 105, III, "b", da Constituição, teve, nessa linha, a redação alterada pela emenda, tendo sido suprimida essa hipótese de cabimento do recurso especial.

Da mesma forma e pelos mesmos motivos da alínea "c", para ser cabível o recurso, interessa que a decisão recorrida tenha julgado válida a lei local. Isso porque, no caso de conclusão pela invalidade, já que a norma sequer vai ser aplicada, não há o risco de afronta à Federação.

Interessante observar, ainda, que o legislador constituinte, no que diz respeito ao cabimento do recurso extraordinário, utilizou técnica diferente na elaboração das alíneas do arts. 102 da Constituição Federal, a exemplo das Cartas anteriores.

Nas alíneas "b", "c" e "d" do art. 102, III, utilizou descrição axiologicamente neutra, sem levar em conta um juízo de valor, ao contrário da alínea "a", na qual, pela redação do dispositivo, não se está a tratar de conhecimento, mas de provimento (mérito) do recurso.

Uma decisão que julgue válida lei ou ato de governo local contestados em face da Constituição Federal (alínea "c"), ou que declare a inconstitucionalidade de tratado ou lei federal (alínea "b") pode estar "correta". Para o cabimento, e consequente exame pelo STF, basta que a decisão tenha sido prolatada. Posteriormente, ao examinar o mérito do recurso, pode ou não dar-lhe provimento.

No caso da alínea "a", em que há um juízo de valor, a decisão deve haver contrariado dispositivo constitucional. Parte-se, portanto, do pressuposto de que foi equivocada, merecendo, por consequência, correção por parte do STF.

A referência ao desenvolvimento das hipóteses do seu cabimento deixa clara a intenção, desde a origem, de se resguardar a unidade da Federação através do recurso extraordinário. Evitar a ofensa à Constituição, controlando a forma como os Tribunais Inferiores aplicam a legislação federal, possibilita o controle da integridade do modelo federativo, função principal do recurso excepcional.

Se cada Tribunal de segundo grau, notadamente os estaduais, aplicasse as normas constitucionais sem que houvesse um instrumento de controle, o modelo federativo poderia ser colocado em xeque.

3 A evolução da repercussão geral – de filtro individual a um instrumento pluri-individual

Em 2004, foi instituído pela EC nº 45/2004 o requisito da repercussão geral para o STF, regulamentado por leis posteriores e atualmente pelo CPC de 2015.

Ao longo dos anos (e a legislação acompanhou a tendência), a forma de utilização do requisito veio sendo alterada – de um filtro individual para um conteúdo da forma repetitiva, de utilização mais objetiva e geral. Vale a análise, inicialmente, da origem da repercussão e de eventual inspiração na antiga arguição de relevância.

Dispõe o §3º do art. 102 da Constituição Federal:

> (...)
> §3º No recurso extraordinário o recorrente deverá demonstrar a repercussão geral das questões constitucionais discutidas no caso, nos termos da lei, a fim de que o Tribunal examine a admissão do recurso, somente podendo recusá-lo pela manifestação de dois terços de seus membros.

Trata-se de um requisito prévio de admissibilidade, instituído a partir da EC nº 45/2004, que inseriu o referido parágrafo – a repercussão geral das questões constitucionais discutidas no caso.

Já tivemos instrumento semelhante na Constituição anterior.

A EC nº 1/1969 tratou do recurso extraordinário no art. 119, III:

> Compete ao Supremo Tribunal Federal:
> (...)
> III - julgar, mediante recurso extraordinário, as causas decididas em única ou última instância por outros tribunais, quando a decisão recorrida:
> a) contrariar dispositivos desta Constituição ou negar vigência de tratado ou lei federal;
> b) declarar a inconstitucionalidade de tratado ou lei federal;
> c) julgar válida lei ou ato do governo local contestado em face da Constituição ou de lei federal; ou
> d) der à lei federal interpretação divergente da que lhe tenha dado outro Tribunal ou o próprio Supremo Tribunal Federal.
> §1º. As causas a que se refere o item III, alíneas *a* e *d* deste artigo, serão indicadas pelo Supremo Tribunal Federal no Regimento Interno, que atenderá à sua natureza, espécie ou valor pecuniário.

A grande novidade da emenda com relação às Constituições anteriores foi a inclusão do §1º, que atribuiu competência ao STF para regular o cabimento do recurso extraordinário nas hipóteses de violação à Constituição, lei ou tratado, e de divergência jurisprudencial.

Era hipótese de exercício de função normativa pelo STF por delegação direta da Constituição Federal. Observa-se, da leitura do referido parágrafo, já uma preocupação em limitar o cabimento do recurso extraordinário,[2] dando ao intérprete máximo da Constituição, a quem incumbe o seu julgamento e que bem conhece o recurso, a possibilidade de "indicar" quais as causas seriam por ele apreciadas. Mas essa possibilidade de regulamentação estava restrita às alíneas "a" e "d".

Nas hipóteses de inconstitucionalidade de tratado ou lei federal (alínea "b") e discussão sobre a constitucionalidade de lei ou ato de governo local, em face da Constituição ou de lei federal (alínea "c"), o recurso extraordinário seria sempre cabível. A preocupação do legislador foi, também, a de não esvaziar a função do recurso em casos nos quais estivesse em jogo a compatibilidade de normas federais com a Constituição e de normas locais com a Constituição e com a legislação federal.

O art. 308 do Regimento Interno do STF, que entrou em vigor em 15 de outubro de 1970, elencou hipóteses em que era incabível recurso extraordinário:

> Salvo nos casos de ofensa à Constituição ou discrepância manifesta da jurisprudência predominante no Supremo Tribunal Federal, não caberá o recurso extraordinário, a que alude o seu art. 119, parágrafo único, das decisões proferidas:
> I - nos processos por crime ou contravenção a que sejam cominadas penas de multa, prisão simples ou detenção, isoladas, alternadas ou acumuladas, bem como as medidas de segurança com êles relacionadas;
> II - nos litígios decorrentes:
> de acidente do trabalho;
> das relações de trabalho mencionadas no art. 110 da Constituição.
> III - nos mandados de segurança, quando não julgarem o mérito;
> IV - nas causas cujo benefício patrimonial, determinado segundo a lei, estimado pelo autor no pedido, ou fixado pelo Juiz em caso de

[2] José Afonso da Silva (*Do recurso extraordinário no Direito Processual Brasileiro*. São Paulo: Revista dos Tribunais, 1963. p. 31 e ss.), já sob a égide da Constituição de 1946, falava em "crise" do recurso extraordinário, fruto do grande número de processos levados à apreciação do STF.

> impugnação, não exceda, em valor, de sessenta (60) vêzes o maior salário-mínimo vigente no País, na data do seu ajuizamento, quando uniformes os pronunciamentos das instâncias ordinárias; e de trinta (30), quando entre elas tenha havido divergência, ou se trate de ação sujeita a instância única.

O Regimento Interno, ao regulamentar o §1º do art. 119 da Constituição da República, resguardou e ressalvou das restrições as hipóteses de ofensa à Constituição ou discrepância da decisão recorrida com a jurisprudência predominante no STF. Isso demonstra clara preocupação em impor limites sem retirar finalidades primordiais do recurso extraordinário, além das consignadas nas alíneas "b" e "c", de guarda da Lei Maior, como a de uniformizar a interpretação das normas legais.

A Emenda Regimental (ER) nº 3, de 12 de junho de 1975, alterou a redação do art. 308:

> Art. 308. Salvo nos casos de ofensa à Constituição ou relevância da questão federal, não caberá o recurso extraordinário, a que alude o seu artigo 119, parágrafo único, das decisões proferidas:
> I - Nos processos por crime de contravenção a que sejam cominadas penas de multa, prisão simples ou detenção, isoladas, alternadas ou acumuladas, bem como as medidas de segurança com eles relacionadas;
> II - nos *habeas-corpus*, quando não trancarem a ação penal, não lhe impedirem a instauração ou a renovação, nem declararem a extinção da punibilidade;
> III - nos mandados de segurança, quando não julgarem o mérito;
> IV - nos litígios decorrentes:
> a) de acidente de trabalho;
> b) das relações de trabalho mencionadas no artigo 110 da Constituição;
> c) da previdência social;
> d) da relação estatutária de serviço público, quando não for discutido o direito à constituição ou subsistência da própria relação jurídica fundamental;
> V - nas ações possessórias, nas de consignação em pagamento, nas relativas à locação, nos procedimentos sumaríssimos e nos processos cautelares;
> VI - nas execuções por título judicial;
> VII - sobre extinção do processo, sem julgamento do mérito, quando não obstarem a que o autor intente de novo a ação;
> VIII - nas causas cujo valor, declarado na petição inicial, ainda que para efeitos fiscais, ou determinado pelo juiz, se aquele for inexato ou

> desobediente aos critérios legais, não exceda de 100 vezes o maior salário mínimo vigente no País, na data do seu ajuizamento, quando uniformes as decisões das instâncias ordinárias; e de 50, quando entre elas tenha havido divergência, ou se trate de ação sujeita a instância única.

O mesmo Regimento Interno, com a redação dada pela ER nº 2, de 4 de dezembro de 1985, passou a prever, no art. 325:

> (...). Nas hipóteses das alíneas 'a' e 'd' do inciso III do artigo 119 da Constituição Federal, cabe recurso extraordinário:
> I - nos casos de ofensa à Constituição;
> II - nos casos de divergência com a Súmula do Supremo Tribunal Federal;
> III - nos processos por crime a que seja cominada pena de reclusão;
> IV - nas revisões criminais dos processos de que trata o inciso anterior;
> V - nas ações relativas à nacionalidade e aos direitos políticos;
> VI - nos mandados de segurança julgados originalmente por Tribunal Federal ou Estado, em matéria de mérito;
> VII - nas ações populares;
> VIII - nas ações relativas ao exercício de mandato eletivo federal, estadual ou municipal, bem como às garantias da magistratura;
> IX - nas ações relativas ao estado das pessoas, em matéria de mérito;
> X - nas ações rescisórias, quando julgadas procedentes em questão de direito material;
> XI - em todos os demais feitos, quando reconhecida a relevância da questão federal.

Mais uma vez, restrições foram impostas ao cabimento do recurso extraordinário que, à primeira vista, esvaziariam o seu conteúdo, mas que, ao contrário e em tese, aumentaram a sua importância, de fiel fiscal da legislação federal e da Constituição da República.

A maior inovação, entretanto, foi trazida em 1977, com a alteração da redação do §1º do art. 119, pela EC nº 7, de 13 de abril de 1977: "(...) §1º. As causas a que se refere o item III, alíneas *a* e *d* deste artigo, serão indicadas pelo Supremo Tribunal Federal no Regimento Interno, que atenderá à sua natureza, espécie, valor pecuniário ou relevância da questão federal".

O recurso extraordinário, nesses casos, observaria mais restrições impostas pelo Regimento Interno do STF, tendo em vista a natureza, a espécie, o valor pecuniário e agora, também, a *relevância da questão federal*.

Para aferir se a questão era ou não relevante, à época, criou-se a chamada "arguição de relevância da questão federal", suprimida pela atual Constituição.

Essa arguição deveria ser feita em capítulo destacado da petição do recurso extraordinário e o seu exame era anterior ao do recurso. Funcionava como um pré-requisito de admissibilidade.

A questão federal era tida como relevante, nos termos do art. 327 do RISTF,[3] quando, pelos reflexos na ordem jurídica, e considerados os aspectos morais, econômicos, políticos ou sociais da causa, exigisse a apreciação do recurso extraordinário. Era examinada na sessão do Conselho, no STF, previamente ao recurso propriamente dito.[4]

Muitas críticas foram feitas à arguição de relevância, que poderia levar à discricionariedade do STF na apreciação do recurso extraordinário. E, de fato, dependendo da regulamentação dada pela Corte, havia risco de redução considerável das hipóteses de cabimento do recurso e esvaziamento da sua tradicional função relacionada à manutenção do federalismo. Mas um maior risco poderia advir do excesso de processos levados à apreciação da Suprema Corte.

Abolido pela Constituição de 1988, instrumento semelhante à arguição, com a EC nº 45/2004, reapareceu com o nome de "repercussão geral".

Na verdade, não se tratou da volta da "arguição", porque há diferenças entre os dois instrumentos, mas de uma provável solução ao grande número de processos em tramitação perante o STF, que partiu dos mesmos princípios da "arguição".

À luz da Constituição anterior, como anotado, considerando os reflexos na ordem jurídica, os aspectos morais, econômicos, políticos ou sociais da causa, o STF indicaria, em sessão do Conselho, e examinaria, previamente, se a causa deveria ou não ser apreciada no recurso extraordinário.

Isso porque a EC nº 1/1969 já autorizava que as causas que dessem ensejo ao recurso extraordinário por contrariedade à legislação e por divergência jurisprudencial fossem indicadas no Regimento Interno,

---

[3] Com a redação dada pela ER nº 2/1985.

[4] Interessante notar que a admissão da arguição de relevância não importava no necessário exame do recurso extraordinário. Tanto é assim que, se o recurso fosse denegado, mesmo se procedente a arguição de relevância, seria necessária a interposição de agravo de instrumento. Nesse sentido, STF, 2. Turma, Agrag nº 146.435, Rel. Min. Francisco Rezek, *Dje* 26 ago. 1997. E, no sentido de que a arguição de relevância não é um meio de impugnação das decisões judiciais, STF, 1. Turma, AgrRE nº 90155, Rel. Min. Xavier de Albuquerque, *Dje* 11 dez. 1978.

atendendo à natureza, espécie e valor pecuniário. Com a EC nº 7/1977, já referida, foi inserido o cabimento também quando houvesse relevância da questão federal.

Fica claro que o legislador constituinte da época, como o atual, que elaborou e aprovou a EC nº 45/2004, preocupou-se com o grande número de processos que chega ao STF, que pode inviabilizar o seu papel de guardião da Constituição Federal e de dar unidade à Federação, na medida em que impossível que a Corte Suprema fique à disposição para reexaminar todas as questões jurídicas do país.

É, portanto, a possibilidade de "filtragem" de processos sem maior relevância, que não põem em xeque o princípio federativo e a guarda da Constituição, a força motora que levou à criação dos dois instrumentos – a antiga "arguição de relevância" e a atual "repercussão geral".

Há, de fato, semelhanças técnicas, como a demonstração prévia ao preenchimento dos requisitos, da importância da questão que justificaria a apreciação pelo STF.

Mas há, todavia, diferenças. A "arguição" inseria-se num sistema onde a regra seria o não exame pelo STF (§1º do art. 119), nas hipóteses das alíneas "a" (violação) e "d" (divergência). Na atual "repercussão", criou-se apenas um pré-requisito (a demonstração da repercussão geral das questões constitucionais), sem nenhuma disposição no sentido de que o Tribunal indicará as causas excepcionais que serão apreciadas e sem referência a uma ou outra alínea específica.

Ademais, a norma do atual §3º tem eficácia limitada, dependendo da atuação do legislador ordinário, a quem incumbiu atribuir um conceito jurídico determinado ao que seria a "repercussão geral". Nesse sentido, inicialmente a Lei nº 11.418/2006 acrescentou os arts. 543-A e 543-B ao Código de Processo Civil (CPC) de 1973 regulando o assunto. Seria levado em consideração na repercussão geral (que deve ser exposta em preliminar às razões recursais) "a existência, ou não, de questões relevantes do ponto de vista econômico, político, social ou jurídico, que ultrapassem os interesses subjetivos da causa". Do atual CPC tratar-se-á a seguir.

O vigente CPC dedica o art. 1035 ao assunto. Segundo a atual regulamentação, "para efeito de repercussão geral, será considerada a existência ou não de questões relevantes do ponto de vista econômico, político, social ou jurídico que ultrapassem os interesses subjetivos do processo" (§1º, art. 1035). E, da mesma forma da previsão anterior, a repercussão geral deve ser demonstrada pela parte recorrente (ainda que hoje não exista mais a necessidade de demonstração em preliminar separada).

Por mais que tenha tentado, o legislador (e no mesmo sentido é o Regimento Interno do STF, arts. 322 e ss.), é difícil objetivamente se definir repercussão geral.

De objetiva há a necessidade de se ultrapassar os interesses subjetivos da causa e a possibilidade de se ver reconhecida a repercussão pelo fato de a decisão recorrida contrariar súmula ou jurisprudência dominante do STF, ou se a decisão tiver reconhecido a inconstitucionalidade de tratado ou de lei federal, nos termos do art. 97 da Constituição Federal (§3º do art. 1.035 do atual CPC).

A intenção do legislador foi a de limitar o exame do STF a causas cujas decisões tenham uma repercussão que extrapole o âmbito daquele processo específico, seja econômica, social, política ou jurídica.

O Tribunal examinará, antes das hipóteses de cabimento, se está ou não demonstrada (o que é um ônus da parte recorrente) a repercussão geral da questão constitucional. Se dois terços dos Ministros decidirem pela falta de repercussão geral, o Tribunal sequer apreciará o cabimento do recurso.

É possível, todavia, que a questão tenha repercussão geral, mas não preencha os requisitos constitucionais do cabimento. Nessa hipótese, o recurso continuará não devendo ser admitido ou conhecido.

Nos termos do *caput* do art. 1035 do CPC e do Regimento Interno do STF, a decisão sobre a repercussão geral é irrecorrível. Mas é importante esclarecer que irrecorrível é a decisão originária sobre a repercussão geral. A decisão que, eventualmente, aplicar mal um precedente sobre a repercussão geral, se monocrática, pode ser objeto de agravo, nos termos do próprio Regimento Interno.

Ou seja, colegiada será, necessariamente, e irrecorrível, a decisão originária sobre determinada matéria – se tem ou não repercussão geral. Por outro lado, a aplicação a casos futuros do precedente colegiado pode ocorrer monocraticamente.

Pelo atual CPC, uma vez reconhecida a repercussão geral, o relator no STF determinará a suspensão de todos os processos que versem sobre a questão em todo o território nacional. Note-se que a suspensão é geral, de todos os processos existentes em curso no país. Mas foi imposto limite de um ano para a paralisação. Não ocorrendo o julgamento nesse prazo, cessaria a suspensão e os processos voltariam a tramitar normalmente. A Lei nº 13256/16, todavia, revogou o §10 do art. 1035, que era nesse sentido, passando o prazo de um ano a ser impróprio e não trazendo maiores consequências o seu descumprimento.

Se, porventura, algum recurso for mal sobrestado, por não guardar relação com a tese a ser examinada no precedente afetado com a repercussão geral, não há previsão expressa no novo Código de um procedimento específico para que seja feita a distinção entre os casos (suspenso e paradigma). Parece-nos que deve ser adotado, até para evitar um aumento direto no número de reclamações para o STF, o mesmo rito previsto para os repetitivos em geral – deve-se peticionar ao magistrado competente informando da distinção, cabendo agravo interno contra a decisão que manda ou não sair do sobrestamento o processo.

Há, todavia, previsão expressa no atual CPC de que seja excluído do sobrestamento e indeferido desde logo recurso intempestivo (§6º do art. 1.035), cabendo agravo interno da decisão que decidir sobre o sobrestamento.

Após a definição acerca da repercussão geral, o STF fará publicar no Diário Oficial a decisão, devendo o precedente ser aplicado da seguinte forma – os Presidentes ou Vice-Presidentes dos Tribunais de origem negarão seguimento aos recursos extraordinários sobrestados que versem sobre matéria idêntica, se negada a repercussão geral.

Se, por outro lado, for reconhecida a repercussão geral, o STF apreciará o mérito da questão, seguindo o rito repetitivo, pela praxe.

O STF (Questão de Ordem no AI nº 760.358/SE, Tribunal Pleno, Rel. Min. Gilmar Ferreira Mendes), à luz da legislação anterior ao atual CPC, passou a autorizar que recursos fossem inadmitidos pelos Tribunais Inferiores pela falta de repercussão geral e que contra essas decisões de inadmissão não sejam mais cabíveis remédios (nem agravo de instrumento e nem reclamação) para a Corte Superior. No máximo seria cabível agravo para o próprio Tribunal *a quo* que indeferiu o processamento do recurso extraordinário.

De acordo com o Ministro Relator, Gilmar Ferreira Mendes, a admissão de recursos direcionados ao STF contra decisões denegatórias por falta de repercussão geral, "significa confrontar a lógica do sistema e restabelecer o modelo da análise casuística, quando toda a reforma processual foi concebida de forma a permitir que a Suprema Corte se debruce uma única vez sobre cada questão constitucional".

A única hipótese restante de recurso para o STF em caso de repercussão geral apreciada pelo Tribunal *a quo* seria a de não retratação por parte do Tribunal de origem quando o STF já tiver julgado o mérito do *leading case*, após o reconhecimento da existência de repercussão geral.

Algumas críticas foram feitas sobre essa atual sistemática de delegar para os Tribunais de origem a apreciação da repercussão geral, já que há a aplicação de precedentes sobre a falta de repercussão geral pelos presidentes/vice-presidentes dos Tribunais inferiores, ao exercerem o juízo de admissibilidade, dos recursos extraordinários. Isso porque a competência seria exclusiva do STF para dizer sobre a repercussão.

O atual CPC até alterava essa linha de entendimento. Com a Lei nº 13.256, de 4 de fevereiro de 2016, todavia, ela foi reforçada. Isso porque a atual redação do art. 1.030 autoriza o presidente ou o vice-presidente do Tribunal prolator da decisão recorrida a negar seguimento ao recurso extraordinário que tratar de controvérsia a que o STF tenha negado a repercussão geral e também a negar seguimento ao recurso interposto contra acórdão em conformidade com precedente de repercussão geral e de recurso repetitivo.

Ou seja, resta mantida a jurisprudência firmada à luz do CPC de 1973 com mais força, podendo o recurso extraordinário ser indeferido pelo Tribunal prolator da decisão recorrida por ausência de repercussão geral (afirmada em precedente do STF) ou se em conformidade com precedente repetitivo (já julgado pelo STF).

Hoje, a repercussão geral ocupa um papel central dentro do microssistema de demandas repetitivas consolidado pelo CPC vigente.

A análise do seu histórico e regulamentação mostra que inicialmente ela foi idealizada e prevista como um filtro recursal – um instrumento individual, para ser utilizado como eventual barreira prévia de um caso pelo STF. Houve, todavia, uma sensível evolução da repercussão, de filtro para um instrumento que integra o microssistema de demandas repetitivas, mais objetivo, que leva, de fato, a uma vinculação de entendimento em outros processos.

Tanto era um filtro individual que, pela Constituição Federal, deveria ocorrer a análise da repercussão geral do recurso extraordinário só podendo haver a recusa do recurso se dois terços dos membros do Tribunal decidissem pela sua ausência. Ou seja, a regra seria o exame dos recursos extraordinários. A não apreciação seria a exceção – maioria do colegiado deveria manifestar-se no sentido de não ultrapassar a preliminar.

Hoje, a aplicação da repercussão geral pelo STF, alinhada e aperfeiçoada pelo atual CPC, confirma que, uma vez firmada a tese, há a delegação para a sua aplicação pelas instâncias inferiores, devendo, inclusive, os Tribunais Inferiores, ao exercerem o juízo de admissibilidade dos recursos extraordinários, indeferir o processamento dos que já tiverem a tese da repercussão geral negada pela Suprema Corte (art. 1030, I, a, do CPC).

Ou seja, o STF firma a tese pela ocorrência (inocorrência) de repercussão geral e a aplicação dela passa a ser imposta aos demais órgãos do Poder Judiciário. A decisão originária sobre a repercussão é colegiada (ainda que virtual), mas a aplicação do "precedente" firmado em repercussão é delegada e pode ser objeto inclusive de decisões monocráticas.

O próprio cabimento da reclamação (art. 988, § 5º, II, do CPC) trata em conjunto da repercussão geral com a sistemática dos recursos repetitivos, mostrando que aquela é um conteúdo do rito destes.

Some-se que há toda uma previsão no CPC (§4º, do art. 1.035) sobre a participação de terceiros e até sobre a suspensão dos processos (§5º, do art. 1.035) quando o STF tiver afetado determinada questão para apreciação de ocorrência ou não de repercussão geral.

Em síntese, hoje, como um conteúdo do rito dos recursos repetitivos, uma vez afetado um recurso para o nível repetitivo, o STF aplica a técnica de suspensão de outros processos, comunicação de afetação etc., e, antes de definir o mérito, decide se a questão tem ou não repercussão geral.

Se não tem repercussão geral, todos os processos sobrestados são imediatamente indeferidos. Se tem, passa-se à análise do mérito (art. 1035, §§8º e 9º, do CPC).

E, após a definição do precedente sobre a repercussão geral, não só os Ministros do Tribunal podem aplicá-lo, mas os órgãos inferiores também.

Então, pode-se afirmar com toda a certeza – a repercussão geral mudou: de filtro individual para um instrumento importante no microssistema objetivo de demandas repetitivas.

4 Haveria um esvaziamento da função do recurso extraordinário?

Conforme demonstrado, o recurso extraordinário tem uma função específica e fundamental (manter a unidade da Federação, uniformizando a interpretação e dando a última palavra acerca da legislação constitucional).

O STF, conforme a previsão constitucional do cabimento do recurso, exerce o seu papel apreciando os casos que chegam à sua apreciação, reformando ou mantendo as decisões recorridas. Cada caso é importante. A ofensa, por exemplo, em um processo específico, por mais individual que seja, pode levar à quebra do modelo federativo.

A repercussão geral surgiu, como um filtro, para auxiliar a Corte a selecionar os processos que merecessem ser apreciados, dentro das hipóteses de cabimento do recurso extraordinário.

Com a evolução, a repercussão passou a ser mais um instrumento não puramente individual, mas pluri-individual, inserido no microssistema de demandas repetitivas, como um verdadeiro conteúdo do rito repetitivo. A decisão tomada sobre a sua existência ou não em determinada matéria produz efeitos para além de um processo, vinculando todas as decisões futuras e levando ao rejulgamento ou indeferimento de recursos acerca do tema.

Será que essa produção de efeitos leva ao esvaziamento da função do recurso? Definitivamente, não.

A concepção da repercussão como um instrumento mais objetivo não impede o STF de exercer o seu papel de guardião da Constituição e do modelo federativo.

Ao julgar teses que devem ser aplicadas obrigatoriamente em outros processos sobre os mesmos temas, o Tribunal continua a exercer a sua função constitucional, só que de uma forma mais racional – sem a necessidade de aplicar caso a caso o seu entendimento, mas delegando a outras Cortes e magistrados a aplicação.

A definição do sentido correto da interpretação da norma, a partir da decisão paradigma sobre a repercussão geral, será aplicada igualmente, só que sem os processos precisarem chegar ao STF.

E se houver, eventualmente, o descumprimento da tese firmada, há a reclamação para corrigir o erro na aplicação pelos órgãos jurisdicionais inferiores.

Ou seja, o STF não abre mão do seu papel ao julgar menos processos e mais teses, até por ter um instrumento que permite a verificação do correto cumprimento das suas decisões paradigmas, dos seus precedentes vinculantes.

Referências

CÔRTES, Osmar Mendes Paixão. A "objetivação" no processo civil: as características do processo objetivo no procedimento recursal. *Revista de Processo: RePro*, São Paulo, v. 34, n. 178, dez. 2009.

CÔRTES, Osmar Mendes Paixão. A objetivação do processo e o ativismo judicial no contexto do pós-positivismo. *Revista de Processo: RePro*, São Paulo, v. 41, n. 251, jan. 2016.

CÔRTES, Osmar Mendes Paixão. A reclamação no novo CPC: fim das limitações impostas pelos tribunais superiores ao cabimento? *Revista de Processo: RePro*, São Paulo, v. 40, n. 244, jun. 2015.

CÔRTES, Osmar Mendes Paixão. A reclamação para os tribunais superiores no Novo CPC, com as alterações da Lei 13.256/2016. *Revista de Processo: RePro*, São Paulo, v. 41, n. 257, jul. 2016.

CÔRTES, Osmar Mendes Paixão. Natureza e efeitos da decisão em recurso repetitivo: uma tentativa de sistematizar a observância à tese firmada na decisão paradigma. *Revista de Processo: RePro*, São Paulo, v. 42, n. 273, nov. 2017.

CÔRTES, Osmar Mendes Paixão. Reclamação: a ampliação do cabimento no contexto da "objetivação" do processo nos tribunais superiores. *Revista de Processo: RePro*, São Paulo, v. 36, n. 197, jul. 2011.

CÔRTES, Osmar Mendes Paixão. *Recursos para o STF e o STJ*: recurso extraordinário, recurso especial, embargos de divergência e agravos. 6. ed. São Paulo: Direito Contemporâneo, 2024.

CÔRTES, Osmar Mendes Paixão. *Recursos repetitivos, súmula vinculante e coisa julgada.* Brasília: Gazeta Jurídica, 2018.

DANTAS, Bruno. *Repercussão geral*: perspectivas histórica, dogmática e de Direito Comparado – questões processuais. 3 ed. São Paulo: Revista dos Tribunais, 2012.

DANTAS, Bruno. *Teoria dos recursos repetitivos*: tutela pluri-individual nos recursos dirigidos ao STF e ao STJ (arts. 543-B e 543-C do CPC). São Paulo: Revista dos Tribunais, 2015.

DANTAS, Marcelo Navarro Ribeiro. *Reclamação constitucional no Direito brasileiro.* Porto Alegre: Sergio Antonio Fabris Editor, 2000.

FUX, Luiz; MARTINS, Humberto; SHUENQUENER, Valter (coord.). *O Judiciário do futuro*: Justiça 4.0 e o processo contemporâneo. São Paulo: Thomson Reuters Brasil, 2022.

HOUAISS, Lívia Pitelli Zamarian. *A reclamação constitucional no Supremo Tribunal Federal*: um estudo empírico da recalcitrância judicial. Londrina: Thoth, 2021.

MANCUSO, Rodolfo de Camargo. *Sistema brasileiro de precedentes*: natureza: eficácia: operacionalidade. 2. ed. São Paulo: Revista dos Tribunais, 2016.

MARINONI, Luiz Guilherme. *Precedentes obrigatórios.* 4. ed. São Paulo: Revista dos Tribunais, 2016.

MITIDIERO, Daniel. *Reclamação nas cortes supremas*: entre a autoridade da decisão e a eficácia do precedente. São Paulo: Thomson Reuters Brasil, 2020.

PEIXOTO, José Carlos de Matos. *Recurso extraordinário*. Rio de Janeiro, Freitas Bastos, 1935.

SILVA, José Afonso da. *Do recurso extraordinário no Direito Processual brasileiro*. São Paulo: Revista dos Tribunais, 1963.

VALE, André Rufino do; QUINTAS, Fábio Lima; ABBOUD, Georges (coord.). *Reforma do processo constitucional brasileiro*. São Paulo: Almedina, 2022.

XAVIER, Carlos Eduardo Rangel. *Reclamação constitucional e precedentes judiciais*: contributo a um olhar crítico sobre o Novo Código de Processo Civil. São Paulo: Revista dos Tribunais, 2016.

Informação bibliográfica deste texto, conforme a NBR 6023:2018 da Associação Brasileira de Normas Técnicas (ABNT):

CÔRTES, Osmar Mendes Paixão. A repercussão geral hoje: esvaziamento da função do recurso extraordinário? *In*: MENDES, Gilmar Ferreira; GALLOTTI RODRIGUES, Maria Isabel Diniz; ALVIM, Teresa Arruda (coord.). *O novo perfil do controle difuso de constitucionalidade*: estudos em homenagem ao Professor Bruno Dantas nos 20 anos da Repercussão Geral. Belo Horizonte: Fórum, 2025. p. 617-635. ISBN 978-65-5518-898-1.

CONTROLE DE CONSTITUCIONALIDADE CONCENTRADO DE SÚMULAS DE JURISPRUDÊNCIA*

PAULO GUSTAVO GONET BRANCO
PEDRO HENRIQUE DE MOURA GONET BRANCO

A jurisprudência do Supremo Tribunal Federal (STF) consistentemente negava que verbete de Súmula pudesse figurar como objeto de ação concentrada de inconstitucionalidade. Indicava-se como razão bastante o significado elementar da Súmula no seu contexto processual. Com a ampliação do alcance dos precedentes judiciais a partir de 2015, a questão recebeu incremento no seu ângulo de controvérsia, na medida em que máximas de julgamento ganharam força vinculante em algumas hipóteses.

1 Algumas experiências de julgamentos vinculantes

A atribuição de efeito vinculante à deliberação do Judiciário não constitui solução sem par do Código de Processo Civil (CPC) no contexto da nossa história jurídica. As Ordenações Manoelinas e Filipinas previam o instrumento dos assentos, expedidos pela Casa de Suplicação, com força de lei. Não se tratava de julgamento de casos concretos, mas de determinações sobre a inteligência das ordenações e das leis. Em 1808, surgiu a Casa de Suplicação do Rio de Janeiro, somando-se à de

* O autor revê aqui algumas posições assumidas anteriormente.

Lisboa. Ambas dispunham da competência para elaborar os assentos, registrados no Livro da Relação, para que não mais se cogitasse de dúvida sobre o conteúdo da norma. Em 1875, o Decreto Legislativo nº 2.684 atribuiu força de lei aos assentos provenientes da Casa de Lisboa, mesmo depois de criada a Casa da Suplicação do Rio de Janeiro, proferidos até a Independência. Dispôs também que o Supremo Tribunal de Justiça (STJ) teria competência para elaborar esses assentos, a fim de estabelecer "a inteligência das leis civis, comerciais e criminais, quando na execução delas ocorrerem dúvidas manifestadas por julgamentos divergentes havidos no mesmo Tribunal, Relações e Juízos de primeira instância" (art. 2º). Os assentos dependiam do assentimento dos votos de 2/3 dos Ministros da Corte e eram insuscetíveis de serem "revogados por esse Tribunal" (art. 2º, §3º).

Essa competência do Supremo Tribunal desapareceu com a ordem republicana, tendo o STF declarado a sua perda de vigência, em novembro de 1903. A essa altura, o STF afirmou que "o Tribunal só decide *in specie*, no caso concreto a resolver entre as partes, e não tem a faculdade de tomar assentos ou lavrar decretos para casos gerais e futuros, a qual só compete ao Poder Legislativo".

De toda sorte, é interessante observar que o Supremo Tribunal nunca se lançou a compor assento algum no período de vigência do instituto.[1]

A experiência dos assentos foi buscada pelo Anteprojeto do Código de Processo Civil (CPC) de 1964, que, na sua Exposição de Motivos, assume que "restabelece a antiga figura do assento, consagrada no antigo direito português". Justifica a reinserção do instituto entre nós, por considerá-lo elemento eficaz para a uniformização da jurisprudência, que "não é tanto um direito da parte quanto um dever do tribunal, a quem toca a interpretação lógica, ordenada e coerente dos preceitos legais". Explica que: "(...) o Anteprojeto assegura a uniformidade da jurisprudência mediante assentos com força obrigatória, isto é, com o valor de lei". No Projeto do Código, entretanto, não se incluiu a figura preconizada no anteprojeto. Escapou, assim, da censura à petrificação do direito que se dizia poder ser propiciada por esse meio, bem como

---

1 Cf. OLIVEIRA FILHO, Candido de. *Direito prático e Direito teórico*. Rio de Janeiro: Livraria do Advogado, 1936. p. 217; SILVEIRA, José Néri. O STF e a interpretação jurídica com eficácia normativa. *Revista Arquivos*, Brasília, n. 159, jul./set. 1981.

da limitação à liberdade de julgar do juiz e da concorrência indevida com os afazeres típicos do legislador.

Na Justiça do Trabalho, durante o Estado Novo, também se concebeu, no art. 902, §1º, da CLT, a compulsoriedade do respeito pelas demais instâncias trabalhistas dos prejulgados do Tribunal Superior do Trabalho (TST). Em 1977, o STF declarou que o caráter vinculante desses instrumentos jurisprudenciais havia sido revogado quando da Constituição de 1946, à conta do sistema de separação de Poderes adotado, incompatível com a delegação ao Judiciário do poder de adotar posições normativas vinculantes (Rp nº 946, Rel. Min. Xavier da Silveira, *RTJ* 82/44).

2 A Súmula no STF

Antes mesmo do Anteprojeto Buzaid, de 1964, o Supremo Tribunal adotara no seu Regimento Interno, em 30 de agosto de 1963, a Súmula da sua jurisprudência, iniciativa que foi sendo acolhida por outros tribunais, recebendo, enfim, tratamento legislativo.

A Súmula, como atestou o seu criador, o Ministro Victor Nunes Leal, surgiu como "um método de trabalho":

> Por falta de técnicas mais sofisticadas, a Súmula nasceu – e colateralmente adquiriu efeitos de natureza processual – da dificuldade, para os Ministros, de identificar as matérias que já não convinha discutir de novo, salvo se sobreviesse algum motivo relevante. O hábito, então, era reportar-se cada qual à sua memória, testemunhando, para os colegas mais modernos, que era tal ou qual a jurisprudência assente da Corte.[2]

O Ministro se refere, com bom humor, à fórmula que idealizou: "Daí surgiu a ideia da Súmula (...). Tenho mencionado que a Súmula é subproduto da minha falta de memória, pois fui eu afinal o relator (...) dos seus primeiros 370 enunciados".[3]

Vê-se que a Súmula não pretendia conferir uma primeira definição sobre um ponto de direito, nem pretendia estabelecer normas para o futuro. O intuito era mais imediato – o de registrar, em fórmula lapidar, a inteligência estabelecida em precedentes da jurisprudência,

---

2 LEAL. Victor Nunes. *Problemas de Direito Público e outros problemas*. Brasília, DF: Ministério da Justiça, 1977. v. 2, p. 294.

3 LEAL *Problemas de Direito Público e outros problemas*, p. 295.

que assim não precisariam mais ser recuperados a cada julgamento, enquanto, é claro, o Tribunal se mantivesse fiel ao entendimento. O seu criador o reitera nesta passagem:

> (...) Não se pode subestimar sua [da Súmula] função de repertório oficial da jurisprudência dominante da Alta Corte. É quase certo, aliás, que foi esta a primeira motivação da Súmula. Ela correspondeu, sob este aspecto, à necessidade de sistematizar os julgamentos do Tribunal, para se localizarem os precedentes com menor dificuldade.[4]

A Súmula veio a ser reverenciada pela legislação processual, que lhe conferiu efeitos apropriados à sua índole de compêndio jurisprudencial. Ressalvada a criação constitucional, em 2004, da sua fórmula qualificada, a Súmula Vinculante não recebeu feição de norma obrigatória para terceiros. Tampouco se cogitou de atribuir um caráter de imutabilidade aos seus verbetes. A Emenda de 1963 ao Regimento Interno do STF que instituiu a Súmula também dispunha que, "sempre que o Plenário decidir em contrário ao que constar da Súmula, será cancelado o respectivo enunciado".

É, assim, acurado o resumo de Victor Nunes Leal:

> A Súmula realizou o ideal do meio-termo, quanto à estabilidade da jurisprudência, ela ficou entre a dureza implacável dos antigos assentos da Casa da Suplicação, 'para a inteligência geral e perpétua da lei' e a virtual inoperância dos prejulgados. É um instrumento flexível, que simplifica o trabalho da Justiça em todos os graus, mas evita a petrificação, porque a Súmula regula o procedimento pelo qual pode ser modificada (...). Apenas exige, para ser alterada, mais aprofundado esforço dos advogados e juízes. Deverão eles procurar argumentos novos, ou aspectos inexplorados nos velhos argumentos, ou realçar as modificações operadas na própria realidade social e econômica. Com essa precaução, a Súmula substitui a *loteria judiciária* das maiorias ocasionais pela perseverança esclarecida dos autênticos profissionais do direito.[5]

3 A experiência da representação interpretativa

A Súmula Vinculante é, como o seu nome induz a perceber, instituto aparentado da Súmula, mas substancialmente mais impactante.

---

[4] LEAL. *Problemas de Direito Público e outros problemas*, p. 294.

[5] LEAL. *Problemas de Direito Público e outros problemas*, p. 290.

Antes de chegarmos a ela, a conveniência cronológica recomenda que se recobre a experiência advinda da Emenda Constitucional (EC) nº 7, de 13 de abril de 1977, que engendrou a representação interpretativa.

A inovação constitucional de 1977 conferiu ao Procurador-Geral da República legitimidade exclusiva para propor ao STF que estabelecesse a interpretação de lei ou ato normativo federal ou estadual que deveria ser por todos observada. O processo tinha por objeto a lei em tese, prescindindo de caso concreto; não dependia, portanto, de prévia controvérsia em torno do dispositivo. O resultado da representação era a compreensão devida da regra discutida. O entendimento tinha eficácia normativa e obrigava as instâncias inferiores. Não se previa mecanismo de reformulação do entendimento resultante do acórdão. O Regimento Interno do STF, à época com força de lei, complementava o regime normativo da representação interpretativa, estatuindo que, a partir da publicação da ementa do acórdão, "a interpretação nele fixada terá força vinculante, implicando a sua não observância negativa de vigência do texto interpretado". Tanto o Ministro Néri da Silveira[6] como o Ministro Sepúlveda Pertence[7] entendiam que a decisão judicial contrária não ensejava reclamação, mas recurso extraordinário ou ação rescisória.

Questionamentos sobre a compatibilidade da representação com a separação de poderes, como ocorrera com os prejulgados da CLT, foram neutralizados pela circunstância de que o instrumento fora criado por norma de estatura constitucional, embora Victor Nunes Leal considerasse que a providência dispensasse a intervenção do constituinte, bastando a vontade do legislador comum.[8] De todo o modo, não faltaram os críticos da novidade.

A proposta da representação havia sido apresentada ao Congresso Nacional anteriormente, no contexto do que se chamava de a "Reforma do Judiciário", e colhera parecer contrário do Relator no Senado, que a desaconselhou com estas ponderações:

> Se a interpretação fosse normativa, ela teria o grave inconveniente de imobilizar o direito, de suprimir a atividade criadora dos tribunais, impondo-lhes uma interpretação estioladora da jurisprudência. A proposta do Projeto viria a estratificar o direito, que se enriquece mais

---

6 LEAL. *Problemas de Direito Público e outros problemas*, p. 25.

7 Voto na ADI nº 594, *Dje* 15 abr. 1994.

8 Voto na ADI nº 594, *Dje* 15 abr. 1994, p. 299.

> dos casos concretos do que do labor da ciência. É na aplicação da lei, mesmo de dispositivo com largo tempo de vigência e de sentido aparentemente claro e assentados, mas sempre suscetível de nuanças e ângulos novos, que o direito toma força. (...) A dinâmica, a multiplicidade e a complexidade dos atos do mundo de hoje não permitem que sejam alcançados e aprisionados inteiramente no só plano abstrato. O tempo atua, os tempos brotam, a vida muda – e o sentido das coisas, também das leis, enriquece-se com essas conquistas. Essa veia vivificante não deve ser cortada – a aplicação da lei, suprema coroação e momento culminante da criação jurídica, não pode ser estancada e tornada mera fórmula.[9]

O partido de oposição, que havia surpreendido o regime político com consistente vitória eleitoral recente, fechou questão contra a aprovação da Reforma do Judiciário, em cujo contexto a representação para interpretação vinculante se inseria. O Congresso, pouco depois, foi fechado. Em seguida, a representação e outras alterações do sistema político foram impostas pelo que ficou chamado de o "pacote de abril", editado pelo Presidente da República, em 1977.

O constituinte de 1988 não hesitou em repelir tanto a representação interpretativa como o outro instrumento processual que conferia ao STF a competência para tomar para si, de qualquer instância, o julgamento de uma causa. O instrumento recebia, na ordem constitucional passada, o nome de *avocatória*.

4 Inovações posteriores a 1988

Se o constituinte de 1988 ainda estava escarmentado com a experiência anterior de concentração hierárquica do poder de julgar, o tempo esmaeceu as impressões deixadas pelo período anterior. A inquietação com a eficiência do sistema de controle de constitucionalidade e de uniformização propícia à segurança jurídica ganhou tônus.

A EC nº 3, de 17 de março de 1993, dera o primeiro passo importante com a criação da ação declaratória de constitucionalidade, atribuindo efeito vinculante às suas decisões de mérito. O STF entendeu que, sendo a ação declaratória de constitucionalidade uma ação direta de inconstitucionalidade (ADI) com sinal trocado, também a decisão de mérito nesses feitos haveria de ostentar o mesmo efeito. Em 2004, a EC nº 45 deixou expressa a extensão do efeito vinculante à ADI.

---

9 Citado por SILVEIRA. O STF e a interpretação jurídica com eficácia normativa, p. 23.

A compulsoriedade da observância da decisão de mérito do Supremo Tribunal, porém, não foi mencionado pelo constituinte quando se referiu à arguição de descumprimento de preceito fundamental (ADPF). Foi a Lei nº 9.882, de 3 de dezembro de 1999, que deu vida ao instrumento cogitado sem nenhum início de regulação, que lhe atribuiu essa eficácia. Logo se instalou controvérsia em torno da viabilidade constitucional de essa atribuição se realizar por meio de legislação comum, na senda das censuras que haviam sido lançadas à tentativa de ressurgimento dos assentos, no Anteprojeto Buzaid de 1964 e da jurisprudência firmada a propósito da compatibilidade dos prejulgados obrigatórios. Mencionou-se que tinha curso no Congresso Nacional proposta de emenda à Carta, visando a instituir o efeito vinculante e que, quando o constituinte admitiu esse efeito, ele o fez expressamente.[10]

O Conselho Federal da Ordem dos Advogados do Brasil (CFOAB) ajuizou a ADI nº 2.231, até hoje não julgada.[11]

Gilmar Ferreira Mendes, em doutrina, sustenta a validade do efeito vinculante, independentemente de deliberação do constituinte, forte em que se tem aí uma consequência ínsita ao sistema de controle concentrado.[12] A prática do STF, não obstante a falta de deliberação específica desse ponto de controvérsia, parece encaminhar-se para a mesma conclusão, não sendo isolados os casos de reclamação bem sucedidos, por desobediência ao que deliberado pela Corte em ADPF – disso fazem exemplos tantos casos em que se invoca a ADPF nº 130, em que a Lei de Imprensa foi declarada incompatível com a Constituição de 1988.[13]

A criação da Súmula Vinculante no STF não deu margem a polêmicas de igual teor, uma vez que resultou de determinação do poder constituinte de revisão, ao editar a EC nº 45/2004.

A Súmula Vinculante distingue-se da Súmula existente até a sua concepção constitucional, justamente pelos seus pressupostos

---

10 A propósito, veja-se: SARLET, Ingo. Arguição de descumprimento de preceito fundamental: alguns aspectos controversos. *In:* TAVARES, André; ROTHEMBURG, Walter (org). *Arguição de descumprimento de preceito fundamental*: análises à luz da Lei nº 9 882/99. São Paulo: Atlas, 2001. p. 157-164. Da mesma sorte, e no mesmo livro, o estudo de Ives Gandra da Silva Martins, *Descumprimento de preceito fundamental*: eficácia das decisões, p. 172-179.

11 Verificação em 3 de março de 2023.

12 MENDES, Gilmar Ferreira. *Arguição de descumprimento de preceito fundamental*. São Paulo: Saraiva, 2011.

13 A título de ilustração, a Rcl. nº 21504 AgR, Rel. Min. Celso de Mello, *Dje* 11 dez. 2015 e a Rcl. nº 15.243/MC-AgR, Rel. Min. Celso de Mello, *Dje* 2 dez. 2014.

inscritos dispostos pelo constituinte e os seus efeitos vinculantes para o resto do Judiciário e para os setores administrativos das três esferas da Federação. O próprio constituinte cuidou de estabelecer a revisibilidade do entendimento fixado, mediante procedimento que confiou ao legislador ordinário desenvolver, antecipando que os legitimados para a propositura da ADI estariam também habilitados para sugerir a alteração ou o cancelamento do verbete, bem como a sua própria confecção.

O constituinte, no art. 103-A, §1º, limitou a Súmula Vinculante aos casos em que controvérsias atuais no Judiciário e entre este e setores administrativos se provassem especialmente danosas à segurança jurídica e sendo indutora de multiplicação de processos. A Súmula Vinculante pode não somente afirmar a validade ou eficácia de qualquer norma, como estabelecer a sua interpretação cabível. É necessário, portanto, que a Súmula diga respeito a alguma questão concreta, não sendo compatível com o intuito inserir uma norma inteiramente nova no ordenamento. São exatas as palavras de Cândido Dinamarco, referindo-se às Súmulas Vinculantes como

> verdadeiros 'preceitos normativos' a serem emitidos pelo Supremo Tribunal Federal no exercício de suas funções jurisdicionais, [de modo a] não só estabelecer um clima de confiabilidade nas decisões judiciárias, mediante a eliminação dos efeitos perversos das variações jurisprudenciais, como ainda poupar tempo, evitando as notórias repetições.[14]

5 O CPC de 2015, as decisões vinculantes

O CPC de 2015 torna a prever decisões judiciais com força vinculante provenientes do STF, de tribunais superiores, alongadas também para os tribunais de segunda instância.

O CPC admite, agora, o efeito vinculante, em maior ou menor medida, aos julgamentos dos incidentes de resolução de demandas repetitivas e no incidente de assunção de competência. O art. 927 determina que os juízes e tribunais observem, não os situando em distintos graus de vinculatividade, tanto as decisões do STF em controle concentrado e os enunciados da Súmula Vinculante, como que acolham a solução de questões jurídicas tanto do STF como do STJ, em recurso extraordinário

---

[14] DINAMARCO, Cândido Rangel. *Instituições de Direito Processual Civil*. São Paulo: Malheiros, 2005. v. 1, p. 354.

repetitivo ou especial repetitivo respectivamente. Da mesma forma, os demais juízos devem observar as Súmulas do STF editadas sem o rito da Súmula Vinculante, desde que versando matéria constitucional, e as do STJ, em matéria infraconstitucional. A reclamação passa a ser instrumento processual ordinário dos tribunais superiores ou de segundo grau para preservar as decisões tomadas nos incidentes e também para preservar a tese firmada pelo STF em recurso extraordinário sob a sistemática da repercussão geral, se a divergência persistir depois de esgotadas as instâncias ordinárias (cf. arts. 985 e 988 do CPC).

Do apanhado histórico resumido anteriormente resulta que a primeira questão que o controle de constitucionalidade das decisões vinculantes suscita é justamente a da constitucionalidade da própria previsão desse efeito em lei ordinária.

Embora sob a Constituição de 1946 e de 1967/1969 se tenha afirmado a incompatibilidade da atribuição, por lei, de força normativa a decisões judiciais com o princípio da separação e da indelegabilidade de Poderes, o fato é que o mesmo argumento não chegou a sensibilizar a comunidade jurídica atual.

As críticas inspiradas pelo receio de engessamento da interpretação da lei perdem força persuasiva ante a criação de mecanismos de revisão das teses vinculantes criadas pelos tribunais. A questão é mais sensível, quando vista sob o enfoque da colisão entre o sistema democrático de repartição de Poderes e exigências tanto de uniformidade na aplicação da lei, em decorrência da igualdade de todos perante a lei, e de funcionalidade do sistema, que não pode prescindir da coerência.

Os números de demandas judiciais sofreram notória e exponencial expansão, desde a abertura propiciada pela redemocratização de 1988. São frequentes os alarmes com relação à capacidade do Judiciário de responder adequadamente e em tempo oportuno às múltiplas e reiteradas demandas que lhe são dirigidas. O reforço do sistema concentrado e abstrato de controle de constitucionalidade no STF, claramente avantajado ao longo dos anos de vigência da Constituição, responde a essa cobrança. Exigências de eficiência e de congruência com a regra constitucional da igualdade perante a lei têm merecido maior peso na balança que as confronta com considerações relativas a restrições de atribuições do Judiciário.

A vinculação dos órgãos do Judiciário às decisões tomadas por tribunais que lhes sejam processualmente superiores constitui passo que não se pode qualificar de inesperado, nem de impensável, quando os números de processos, de recursos e de decisões apontam, com nitidez crescente, para um caos do sistema judiciário. A solução legislativa, de toda sorte, veio acompanhada da cautela da admissão nas causa-pilotos de *amici curiae* e do Ministério Público.

As inquietudes que levaram os juristas há muito a propugnar por mecanismos proveitosos de controle da unidade do direito ganham hoje proporção ainda mais avantajada do que nos tempos, não tão distantes, em que o Ministro José Néri da Silveira advertia que aos juízes e aos tribunais não lhes é dado "proceder com indiferença, diante das precedentes interpretações já conferidas às mesmas normas, especialmente quando sejam provenientes de órgãos judiciários superiores", e isso pelo grave pressuposto de que "a aplicação das leis, diferentemente a uns e outros, na mesma situação, gera estado de incerteza, inconciliável com os ideais do direito, enquanto instrumento de realização da Justiça".[15]

O mesmo autor e antigo Ministro do STF recorda que juristas de antanho concordam na mesma apreciação. Cita René Morel que também assinalou, com proveito para o nosso sistema, que "a unidade de legislação seria um engodo sem unidade de jurisprudência". Recobra a interrogação retórica de Batoque e Abranches: "(...) que importa que a lei seja conhecida e certa, se a interpretação dela oscila e varia a cada momento?". Esses mestres lusitanos concluem: "Não se sabendo de antemão qual o sentido que virá a ser atribuído à disposição da lei, no caso de se provocar sobre ela o exercício da atividade jurisdicional, ninguém pode estar seguro do Direito".[16]

As premências práticas de operosidade e de consistência do Judiciário na soluções para conflitos sempre mais adensados numa sociedade complexa e democrática tornam mais contundente e precisa a avaliação de que "o problema da uniformidade da jurisprudência é dos mais graves e a ele se liga, não apenas a da função jurisdicional, mas também a da liberdade de interpretação", do que se deduz que a liberdade de interpretação não pode consistir num regra absoluta, sob pena de se reduzir "a máxima da Constituição – a lei é igual para todos – a fórmula vã".[17]

---

15 DINAMARCO. *Instituições de Direito Processual Civil*, v. 1, p. 13.

16 DINAMARCO. *Instituições de Direito Processual Civil*, v. 1, p. 13.

17 SILVEIRA. O STF e a interpretação jurídica com eficácia normativa, p. 14, transcrevendo passagens de Buzaid e de José Alberto dos Reis.

Razões de segurança e de eficácia da própria ordem positiva, basilares num Estado Democrático de Direito, impelem soluções que, se triscam a consensos do passado, apresentam-se, agora, como medidas úteis, sem alternativa visível, para o enfrentamento dos desafios do presente.

Não se perca de vista, tampouco, que os enunciados interpretativos devem, por imposição lógica e do próprio legislador, guardar sintonia com situação de fato bem definida em face de preceito de lei igualmente bem identificado – de tal sorte que não se confundem com disposições em abstrato. Visam, antes, à explicitação minudenciada do sentido de lei preexistente, no contato com determinada realidade fática não menos particularizada. Esse aspecto dá a partida para a análise da possibilidade de controle concentrado no STF de Súmulas de tribunais.

6 Súmulas Vinculantes do STF

Com relação à obrigatoriedade das decisões do STF em controle abstrato de constitucionalidade não há novidade a ser apreciada. Desde 1977 que se assentou na inteligência da Corte que é da natureza do controle direto a eficácia *erga omnes*, até porque, como típico dos processos objetivos, não há neles *partes* no sentido da palavra no processo ordinário.[18] O Código, nesse ponto, não inovou, vindo, antes, a regrar o uso e julgamento da reclamação cabível.

Resolvidos os pontos controvertidos de direito constitucional pelo guardião da Carta da República, a inteligência do Supremo Tribunal deve ser acolhida pelos demais órgãos de jurisdição sem disceptação. É dado, porém, ao próprio Supremo Tribunal rever algumas de suas decisões em momentos futuros, sobretudo quando defrontado com realidade social e valorações jurídicas substancialmente distintas das que orientaram a sua primeira deliberação.

Com relação à Súmula Vinculante, a EC nº 45/2004 previu a revisão ou o cancelamento da Súmula Vinculante por provocação dos mesmos legitimados para a ADI. A Lei nº 11.417, de 19 de dezembro de 2006, no art. 3º, em linha com o que lhe franqueou o constituinte, abriu ainda mais o leque desses legitimados, permitindo a iniciativa

[18] Ver do Ministro Moreira Alves à Mesa de Matéria Constitucional do STF de 11 de novembro de 1975. Sobre o tema, consulte-se, sobretudo: MENDES, Gilmar Ferreira; BRANCO, Paulo Gustavo Gonet. *Curso de Direito Constitucional*. São Paulo: Saraiva, 2023. p. 1571-1572.

também do Defensor Público-Geral da União, dos tribunais superiores, dos tribunais de justiça e dos tribunais regionais, tanto os federais, como os do trabalho, eleitorais e militares, além dos municipais (estes, de modo incidental, nos processos em que forem parte).

A proposta de revisão buscará, evidentemente, decotar do enunciado o que não parecer ao seu proponente adequado à ordem constitucional. A própria iniciativa de revisão ou de cancelamento leva ao tribunal impugnação à inteligência sobre a Constituição que o verbete sumulado cristaliza. Esse, portanto, é o meio de proporcionar controle de constitucionalidade das próprias Súmulas Vinculantes do STF, especificamente declinado pelo constituinte, não cabendo cogitar de outro processo objetivo para o mesmo fim.

Cabe indagar se as demais Súmulas dos demais tribunais podem sofrer controle de constitucionalidade como objeto de um processo objetivo de índole concentrada.

7 Controle de constitucionalidade por meio de ADI

A jurisprudência do Supremo Tribunal registra recusa persistente da abertura da ADI para desafiar Súmula formulada por tribunais.[19] O propósito desse compêndio de teses, como explicado por Victor Nunes Leal,[20] de esclarecer e divulgar inteligência jurisprudencial sobre um tema controvertido, não envolvendo criação de norma, mas a explicitação do seu sentido, seria bastante para excluir a hipótese do campo das ações diretas. Antes do CPC de 2015, também se ressaltava que não havia cariz vinculante nos enunciados.

Há que se saber se hoje, com o CPC impondo caráter vinculante à jurisprudência, a inteligência longeva do STF deveria ser tida como superada.

O estatuto de 2015 atribui efeito vinculante às Súmulas do STJ em matéria infraconstitucional (art. 927, III, do CPC) e às Súmulas dos demais tribunais, entendido que a elas se estende o disposto no art. 927, V, do CPC. Não basta, entretanto, essa característica para que um ato se erga à condição de objeto lídimo de ADI.

---

[19] Cf. *v.g.*, a ADI nº 1.493 MC, Rel. Min. Sydney Sanches, *Dje* 6 dez. 1996: "Não pode ser conhecida a Ação Direta de Inconstitucionalidade, no ponto em que impugna Súmulas do T.S.E., por falta de possibilidade jurídica, já que não se trata de atos normativos (art. 102, I, "a", da C.F.). Precedentes do S.T.F.".

[20] Ver item 2 deste artigo.

É certo que os atos aptos a se submeterem ao controle por ação direta, segundo a jurisprudência do STF, são os "que dispõem sobre situações gerais e impessoais, que têm alcance genérico e que disciplinam hipóteses neles abstratamente previstas".[21] Exige-se, porém, mais ainda, que o ato seja *normativo autônomo*.[22] A razão de ser desses atos fiscalizáveis pela ação direta, portanto, não é a de ensejar a melhor aplicação de uma outra norma a que se refere, mas devem possuir força inovadora decorrente deles próprios.[23] Sabendo-se que as Súmulas não visam a criar direito novo, mas têm o seu intuito vinculado à exposição do sentido exato de uma norma preexistente, deixam elas, por isso, de preencher o requisito configurador de um *ato normativo autônomo*.

Assim, o antigo entendimento do STF sobre a incompatibilidade da Súmula de Jurisprudência com o controle por meio de ADIs subsiste, não obstante a vigência do Novo CPC.

8 Controle de constitucionalidade por meio de arguição de descumprimento de preceito fundamental (ADPF)

Há um instrumento de controle concentrado, entretanto, que pode ser empregado para impugnar a constitucionalidade de uma Súmula. Trata-se da arguição de descumprimento de preceito fundamental (ADPF).

A ADPF deve ter por objeto um ato proveniente de qualquer dos poderes públicos que gere controvérsia de consistente relevância para o interesse geral. O ato submetido à ADPF não precisa, necessariamente, de se revestir da forma de ato normativo, mas deve contrastar com um preceito fundamental da Constituição.

A jurisprudência do STF quanto ao objeto da ADPF evoluiu desde a regulação do instituto pela Lei nº 9.882/1999. Na primeira década do século, houve precedentes considerando inadmissível o conhecimento de ADPF contra Súmula de Jurisprudência. Na ADPF nº 80 AgR, a Corte decidiu que:

---

[21] MS nº 23.809 AgR, Pleno, Rel. Min. Celso de Mello, *Dje* 6 abr. 2001.

[22] Nesse sentido, a ADI nº 5.122, Rel. Min. Edson Fachin, *Dje* 20 fev. 2020: "Sobre a questão, o STF firmou jurisprudência no sentido de que se incluem, entre os atos passíveis de apreciação abstrata de constitucionalidade, os atos normativos editados por Pessoas Jurídicas de Direito Público criadas pela União, caso configurado seu caráter autônomo, abstrato e genérico".

[23] Assim, *v.g.*, o ARE nº 955.557, Rel. Min. Edson Fachin, *Dje* 30 out. 2019.

> A Arguição de Descumprimento de Preceito Fundamental de que ora se cuida não suporta as condições necessárias ao seu regular processamento, ausente ato do Poder Público com conteúdo que possa conduzir a efetiva lesão a preceito fundamental. Isso porque "enunciados de Súmula nada mais são senão expressões sintetizadas de entendimentos consolidados na Corte".[24]

Foi-se consolidando, todavia, a inteligência de que decisões judiciais também poderiam, em princípio, ser atacadas por meio de ADPF em havendo controvérsia relevante a ser deslindada. Daí terem sido aceitas arguições de descumprimento de preceito fundamental que se voltavam contra interpretações constantes de decisões judiciais tidas como agressivas a normas fundamentais da Constituição da República. Foi o que se deu, por exemplo, na ADPF nº 33, relatada pelo Ministro Gilmar Ferreira Mendes, em 7 de dezembro de 2005, em que se discutia a legitimidade constitucional de decisões do Tribunal de Justiça do Pará (TJPA) sobre vinculação de salários a múltiplos do salário mínimo. De igual sorte, no ADPF nº 545 AgR, julgado em 24 de agosto de 2020, em que afirmou a "possibilidade de impugnação, mediante ADPF, de decisões judiciais, desde que não transitadas em julgado". Admitiu-se também ADPF que combatia decisões da Justiça Eleitoral, embora a ação tenha sido julgada improcedente no mérito. Foi dito na ADPF nº 167[25] que:

> A Arguição de Descumprimento de Preceito Fundamental é cabível para impugnação orientação jurisprudencial apontada como contrária a normas basilares da Constituição, desde que cumprido o requisito da subsidiariedade, ante a inexistência de outro meio processual para sanar a controvérsia com caráter abrangente e imediato.

Para acrescentar mais dois exemplos, citem-se a ADPF nº 101,[26] que cuidou de decisões judiciais que permitiam a importação de pneus usados de países não integrantes do Mercosul, e a ADPF nº 405/MC, impugnando decisões judiciais que determinavam o bloqueio, o arresto,

---

[24] ADPF nº 80 AgR, Pleno, Rel. Min. Eros Grau, *Dje* 10 ago. 2006. No mesmo sentido a decisão monocrática, dois anos depois, na ADPF nº 152, Rel. Min. Cezar Peluso, *Dje* 17 set. 2008.

[25] Nesse precedente relatado pelo Ministro Luiz Fux. No julgamento ocorrido em julgada em 7.3.2008, o STF fixou a tese de que "o Tribunal Superior Eleitoral é o órgão competente para julgar os recursos contra a expedição de diploma nas eleições presidenciais e gerais (federais e estaduais)".

[26] ADPF nº 101, Rel.ª Min.ª Cármen Lúcia, julgada em 24 de junho de 2009, *Dje* 4 jun. 2012.

o sequestro ou a liberação de valores administrados por entidades da Administração Pública direta ou indireta estadual.[27]

Se decisões judiciais podiam ser objeto de ADPFs, decerto que Súmulas de tribunais, que compendiam decisões judiciais, estariam também abrangidas no domínio dessas ações concentradas. Efetivamente, o STF aceitou o emprego desse instrumento para examinar Súmulas, como aconteceu com duas do TST. Foi conhecida e acolhida a ADPF movida contra a Súmula nº 277 do TST, que assentava a ultratividade de norma coletiva do trabalho.[28] A Corte também julgou procedente ADPF que profligava a Súmula nº 450 do TST, que estabelecia pagamento de férias em dobro quando o empregador efetuava o pagamento fora do prazo legal.

9 Conclusão

O controle de constitucionalidade concentrado, por meio de processo objetivo, de Súmulas de tribunais é cabível independentemente de essas fórmulas lapidares de entendimentos jurisprudenciais reiterados não consistirem em atos normativos. O CPC de 2015 não lhes modificou a natureza não normativa, ao conferir-lhes caráter vinculante. As Súmulas continuam a ser estranhas ao domínio das ADIs. Não obstante, dada a amplitude do objeto da ADPF, as Súmulas podem ser investigadas nessas ações.

Em abono à tese de que a ADI é descabida nessas hipóteses, é interessante notar que, dado o caráter subsidiário da ADPF, para ela ser admissível, a ação direta deve ser tida como instrumento impróprio ao caso.

Pode-se afirmar que as Súmulas de tribunais são hoje passíveis de serem submetidas diretamente ao crivo da sua constitucionalidade, por meio de controle concentrado no STF, tendo por parâmetro os princípios fundamentais da Constituição da República. O instrumento apto para isso há de ser a ADPF.

---

[27] ADPF nº 405/MC, Rel.ª Min.ª Rosa Weber, julgada em 14 de junho de 2017.

[28] ADPF nº 323, julgada em 2 de agosto de 2021, Rel. Min. Gilmar Ferreira Mendes.

Referências

DINAMARCO, Cândido Rangel. *Instituições de Direito Processual Civil*. São Paulo: Malheiros, 2005. v. 1.

LEAL, Victor Nunes. Problemas de Direito Público e outros problemas. Brasília, DF: Ministério da Justiça, 1977. v. 2.

MARTINS, Ives Gandra da Silva. Descumprimento de preceito fundamental: eficácia das decisões. *In:* TAVARES, André Ramos; ROTHENBURG, Walter Claudius (org.). Argüição de Descumprimento de Preceito Fundamental: Análises à Luz da Lei nº 9.882/99. São Paulo: Atlas, 2001.

MENDES, Gilmar Ferreira. *Arguição de descumprimento de preceito fundamental*: comentários à Lei nº 9.882, de 3-12-1999. São Paulo: Saraiva, 2007.

MENDES, Gilmar Ferreira; BRANCO, Paulo Gustavo Gonet. *Curso de Direito Constitucional*. São Paulo: Saraiva, 2023.

OLIVEIRA FILHO, Candido de. *Direito prático e Direito teórico*. Rio de Janeiro: Livraria do Advogado, 1936.

SARLET, Ingo. Arguição de descumprimento de preceito fundamental: alguns aspectos controversos. *In:* TAVARES, André; TOTHEMBURG, Walter (org). *Arguição de descumprimento de preceito fundamental*: análises à luz da Lei nº 9.882/99. São Paulo: Atlas, 2001. p. 157-164.

SILVEIRA, José Néri. O STF e a interpretação jurídica com eficácia normativa. *Revista Arquivos*, Brasília, n. 159, jul./set. 1981.

TAVARES, André Ramos; ROTHEMBURG, Walter Claudius. Arguição de descumprimento de preceito fundamental: Análise à Luz da Lei nº 9.882/99. São Paulo: Atlas, 2001.

WAMBIER, Teresa Arruda Alvim; MELLO, Rogério Licastro Torres de; RIBEIRO, Leonardo Ferres da Silva; CONCEIÇÃO, Maria Lúcia Lins (coord.). *Primeiros comentários ao Novo Código de Processo Civil*. São Paulo: Revista dos Tribunais, 2016.

Informação bibliográfica deste texto, conforme a NBR 6023:2018 da Associação Brasileira de Normas Técnicas (ABNT):

BRANCO, Paulo Gustavo Gonet; BRANCO, Pedro Henrique de Moura Gonet. Controle de constitucionalidade concentrado de Súmulas de Jurisprudência. *In*: MENDES, Gilmar Ferreira; GALLOTTI RODRIGUES, Maria Isabel Diniz; ALVIM, Teresa Arruda (coord.). *O novo perfil do controle difuso de constitucionalidade*: estudos em homenagem ao Professor Bruno Dantas nos 20 anos da Repercussão Geral. Belo Horizonte: Fórum, 2025. p. 637-652. ISBN 978-65-5518-898-1.

A IMPORTÂNCIA DOS PRECEDENTES NO ATUAL CENÁRIO DE LITIGIOSIDADE NO BRASIL

RODRIGO FUX

1 Introdução

O eminente Ministro Gilmar Ferreira Mendes, a eminente Ministra Isabel Gallotti e a ilustre Professora Teresa Arruda Alvim deram-me a imensa honra – decerto muito maior do que eu merecia – de desenvolver este breve artigo em coletânea que se presta a uma justíssima homenagem ao festejado Ministro Bruno Dantas.

Acadêmico de escol, com profunda pesquisa sobre o sistema brasileiro de precedentes, o Ministro Bruno Dantas, a quem tive o privilégio de suceder na turma de processo civil na Universidade do Estado do Rio de Janeiro (UERJ), tem se destacado à frente do Tribunal de Contas da União (TCU), desenvolvendo trabalho relevantíssimo em órgão responsável por um sem-número de atividades que perpassa pela necessidade de uniformização das decisões, até mesmo para que o Administrador Público tenha previsibilidade nas suas escolhas.

Este breve artigo analisará uma questão deveras contemporânea, já antecipada pelo ilustre homenageado em suas reflexões: a importância da uniformização da interpretação normativa frente ao cenário da litigiosidade no Brasil.

O sistema de precedentes, decorrente de intensa tendência de modificações na Constituição da República e no Código de Processo Civil (CPC) de 1973, foi finalmente positivado e consolidado nos arts. 489, 926 e 927 do CPC de 2015. O novel diploma processual, que contou com a participação ativa do homenageado na comissão de juristas desde a sua gênese, foi fruto dos anseios da sociedade pela isonomia, segurança jurídica, eficiência e uniformidade, e surgiu como resposta à litigância desenfreada, aos múltiplos recursos infundados interpostos e à impossibilidade de controle individualizado de cada um dos processos conduzidos por Juízes e Tribunais.[1]

Como bem destaca o homenageado, "entre as principais funções dos recursos se encontra a uniformizadora, que se dirige à conformação de uma unidade jurídica e à garantia do respeito aos princípios da igualdade perante a lei e da legalidade".[2]

Este breve artigo pretende demonstrar em que medida o CPC de 2015 incorpora esses relevantes ensinamentos, endereçando a problemática da litigiosidade no Brasil, notadamente tendo em vista que, "modernamente, o juiz assume o papel de realizar a ordem jurídica, mediante a investigação da solução mais justa e adequada para cada caso, dando concretude a regras e princípios que compõem o ordenamento jurídico, dessa criatividade judicial é natural que decorram interpretações conflitantes".[3]

2 Breve histórico das reformas processuais: de que ponto partimos?

Desde a promulgação da Constituição Federal de 1988, o ordenamento processual brasileiro, ainda sob a égide do CPC/1973, sofreu uma série de reformas visando à sua adequação às finalidades do Estado e às novas demandas da sociedade.[4]

---

1 Ao comentar o projeto de lei que levou à edição do CPC de 2015, José Manoel de Arruda Alvim Netto destacava: "(...) o que fez o Projeto foi estabelecer, para as demandas repetitivas, uma disciplina análoga àquela referente aos procedimentos da repercussão geral nos recursos extraordinários e do julgamento de 'recursos repetitivos' no Superior Tribunal de Justiça. Solucionam-se, a um só tempo, as questões pertinentes ao afogamento do Poder Judiciário e à uniformização das decisões judiciais" (ALVIM NETTO, José Manoel de Arruda. Notas a respeito dos aspectos gerais e fundamentais da existência dos Recursos – Direito Brasileiro. *Revista de Processo: RePro*, São Paulo, v. 12, n. 48, p. 43, out./dez. 1987).

2 DANTAS, Bruno. A jurisprudência dos tribunais e o dever de velar por sua uniformização e estabilidade. *Revista de Informação Legislativa*, Brasília, DF, p. 69, abr./jun. 2011.

3 DANTAS. A jurisprudência dos tribunais e o dever de velar por sua uniformização e estabilidade, p. 69.

4 Trata-se das denominadas "Reformas do Código de Processo Civil" – movimento inaugurado no Brasil no início da década de 1990 e liderado pelos juristas Athos Gusmão Carneiro e Sálvio de Figueiredo Teixeira, então Ministros do Superior Tribunal de Justiça – que instituíram consecutivas modificações na legislação processual do país, acentuadamente,

Em que pese o notável avanço alcançado por tais reformas ao seu tempo, a edição de sucessivas alterações legislativas no CPC/1973 acabou enfraquecendo a organicidade do sistema processual, tornando-o complexo e desorganizado, e comprometendo os próprios escopos que, inicialmente, as motivaram. Não raro se intitulava nos corredores forenses e na academia a ideia de que o antigo Código acabara virando uma verdadeira "colcha de retalhos".

Com vistas a consolidar as alterações promovidas pelas reformas, incorporar outras reclamadas pela comunidade jurídica, bem como devolver organicidade ao ordenamento, o legislador viu-se impelido, de uma vez por todas, a aprovar novo diploma processual, o que culminou na promulgação do CPC/2015 (Lei nº 13.105, de 16 de março de 2015).

O Código vigente foi elaborado com a pretensão de prestar a tutela jurisdicional efetiva,[5] tendo em vista a complexidade das relações sociais, a dinâmica da vida contemporânea e o papel desempenhado pelo Estado em nossa sociedade.[6] Em sua elaboração, tomou-se em conta

---

na Lei nº 5.869/1973. Dentre essas reformas, destaquem-se, pela sua avultada relevância, as implementadas pela Lei nº 8.952/1994, que instituiu a tutela antecipada, bem como as tutelas específicas; a Lei nº 10.352/2001, que trouxe modificações ao sistema recursal e ao tratamento da coisa julgada; a Lei nº 10.444/2002, que modificou regras atinentes às tutelas antecipadas e específicas e reforçando a execução provisória; a Lei nº 11.232/2005, a qual concedeu nova regulamentação à execução por quantia certa em sentença; a Lei nº 11.276/2006, que introduziu a figura da súmula impeditiva de recursos e trouxe alterações à apelação; a Lei nº 11.382/2006, que adaptou a execução fundada em títulos extrajudiciais; a Lei nº 11.419/2006, dispondo sobre a informatização do processo judicial; a Lei nº 11.441/2007, a qual simplificou os procedimentos de inventário, partilha, separação e divórcio consensuais; a Lei nº 12.008/2009, que estabeleceu a concessão de prioridade no trâmite processual às pessoas com mais de 60 anos, com deficiências física ou mental e pessoas acometidas de graves doenças; a Lei nº 12.016/2009, regulamentando os mandados de segurança individual e coletivo; a EC nº 61/2009, a qual prescreveu mudanças no Conselho Nacional de Justiça (CNJ); a EC nº 62/2009, que trouxe novos dispositivos acerca do sistema de precatórios; a Lei nº 12.126/2009, que ampliou o rol de legitimados a ajuizar ações nos Juizados Especiais Cíveis etc.

5 A necessidade de efetividade do processo já era anotada por José Carlos Barbosa Moreira (Por um processo socialmente efetivo. *Revista de Processo: RePro*, São Paulo, v. 27, p. 181, 2002), para quem "querer que o processo seja efetivo é querer que desempenhe com eficiência o papel que lhe compete na economia do ordenamento jurídico. Visto que esse papel é instrumental em relação ao direito substantivo, também se costuma falar da instrumentalidade do processo. Uma noção conecta-se com a outra e por assim dizer a implica. Qualquer instrumento será bom na medida em que sirva de modo prestimoso à consecução dos fins da obra a que se ordena; em outras palavras, na medida em que seja efetivo. Vale dizer: será efetivo o processo que constitua instrumento eficiente de realização do direito material".

6 "(...) novas funções se acrescentaram ao papel do Estado, que deixou de ser apenas um sancionador (aquele que edita as regras e pune comportamentos antinormativos), passando também a assumir a tarefa de ser um indutor de condutas, estimulando os comportamentos em sociedade" (CABRAL, Antônio do Passo. *Coisa julgada e preclusões dinâmicas*: entre

que o provimento jurisdicional tardio pode se tornar inútil ao detentor do direito e, por consequência, ineficaz à atuação da jurisdição.[7]

Apesar do emprego de esforços hercúleos do legislador para corrigir as deficiências do sistema processual e acelerar a prestação jurisdicional – como a Emenda Constitucional (EC) nº 45, de 30 de dezembro de 2004,[8] por meio da qual se positivou, como garantia fundamental, o princípio da duração razoável do processo, como também a consagração da chamada "súmula vinculante", o que atribuiu grande peso aos precedentes, característica típica dos ordenamentos da *common law* –,[9] [10] o Poder Judiciário se encontrava à beira de um colapso operando sob égide do CPC/1973.[11] [12]

---

continuidade, mudança e transição de posições processuais estáveis. 3. ed. Salvador: Juspodivm, 2018. p. 359).

7 "A preocupação global em torno da duração intolerável dos feitos é patente, já que esta configura um enorme obstáculo para que o processo cumpra seus compromissos institucionais. O tempo pode causar o perecimento das pretensões, ocasionar danos econômicos e psicológicos às partes e profissionais aos operadores do direito, estimular composições desvantajosas, e consequentemente, gerar descrédito ao Poder Judiciário e ao Estado como um todo" (CRUZ E TUCCI, José Rogério. *Tempo e processo*: uma análise empírica das repercussões do tempo na fenomenologia processual (civil e penal). São Paulo: Revista dos Tribunais, 1997. p. 89).

8 A EC nº 45/2004 se notabilizou por criar e modificar 25 artigos da Carta Fundamental, todos atinentes ao Poder Judiciário. A emenda em questão à Carta Cidadã foi fruto do Pacto Republicano, uma parceria firmada entre os três Poderes – representados pelo STF, Palácio do Planalto e o Congresso Nacional –, objetivando a melhoria e a modernização do Poder Judiciário.

9 Não obstante o Brasil ser, desde 1992, signatário da Convenção Interamericana de Direitos Humanos (o Pacto de San José da Costa Rica) –, que, por força do §3º do art. 5º da Constituição da República, foi recepcionada com *status* de emenda constitucional –, e aquela já assegurasse expressamente o direito à duração razoável, a rigor, esse somente era concebido aos processos criminais e ao direito de oitiva dos presos.

10 FARIA, Luiz Alberto Gurgel de. Cinco anos do Novo CPC: A importância dos precedentes. *In:* CRUZ, Felipe Santa; FUX, Luiz; GODINHO, André. *Avanços do sistema de Justiça*: os 5 anos de vigência do Novo Código de Processo Civil. Brasília: OAB Editora, 2021. p. 292.

11 Em entrevista publicada pouco antes da promulgação do CPC de 2015, o Ministro do STF, Luiz Fux, chegou a declarar: "A Emenda Constitucional 45 inseriu nas cláusulas pétreas o direito a que todo cidadão tem à prestação da justiça em tempo razoável. Assim o Código de Processo Civil brasileiro estava a caminho da inconstitucionalidade. Uma inconstitucionalidade progressiva. Porque não seria possível declará-la nula, pois não haveria outro código" (FUX, Luiz. Para Fux, atual CPC corre risco de ser declarado inconstitucional. *Conjur*, São Paulo, 2 mar. 2015. Disponível em http://www.conjur.com.br/2015-mar-02/fux-atual-cpc-corre-risco-declarado-inconstitucional. Acesso em: 3 ago 2023).

12 A EC nº 45/2004 representa verdadeiro Pacto Republicano, o qual concentrou seus esforços na viabilização de um Judiciário mais rápido e sensível às demandas social, tendo contribuído decisivamente para a regulamentação de institutos como súmula vinculante e a repercussão geral, por meio das Leis nº 11.417/2006 e 11.418/2006, respectivamente. Os referidos institutos, além de constituírem importantes mecanismos de uniformização de jurisprudência, foram decisivos para "desafogar" os ministros do STF, uma vez que

E, nesse contexto, a busca por novos mecanismos para entrega da tutela jurisdicional efetiva passava indubitavelmente pela análise de reformas estruturais do sistema em benefício da higidez e da reputação do Poder Judiciário.

Na evolução histórica do sistema processual brasileiro, foi de notável importância o estudo desenvolvido pelos juristas Mauro Cappelletti e Bryant Garth. O denominado "Projeto de Florença" foi fundamental para que se pudesse compreender a situação do Poder Judiciário ao redor do mundo, identificando seus principais problemas e obstáculos, e propondo soluções baseadas nas alternativas encontradas.

Em breve síntese, o estudo, que representa a máxima expressão do Movimento de Acesso à Justiça,[13] partiu do pressuposto de que o sistema jurídico deve ser acessível a todos (acesso à Justiça em sentido formal), bem como produzir resultados individual e socialmente justos (acesso à Justiça em sentido material).[14] Concluiu ser imprescindível a atuação positiva do Estado, o seu papel indutivo, para garantir aos litigantes a mais completa "igualdade de armas".[15] [16]

Inspirado pelos elevados axiomas da legalidade, da isonomia e da segurança jurídica – incluindo o viés do princípio da proteção da confiança –, e com vistas à otimização da boa administração da Justiça

---

restringiram a interposição de inúmeros recursos à Corte. Segundo dados oficiais, a aplicação da sistemática da repercussão geral impactou, desde 2007, na redução de 41,2% do número de recursos que chegam ao Tribunal Constitucional (BRASIL. Supremo Tribunal Federal. Pacto Republicano: parceria entre os três Poderes a serviço da democracia. *Portal STF*, Brasília, DF, [2023]. Disponível em: http://www2.stf.jus.br/portalStfInternacional/cms/verConteudo.php?sigla=portalStfDestaque_pt_br&idConteudo=173547. Acesso em: 3 ago. 2023).

13 No Brasil, apenas parte do relatório foi publicado, tendo sido intitulado de "Acesso à Justiça". Para melhor compreensão, ver: CAPPELLETTI, Mauro. GARTH, Bryant. *Acesso à Justiça*. Tradução de Ellen Gracie Northfleet. Porto Alegre: Sergio Antonio Fabris Editor, 2002.

14 CAPPELLETTI; GARTH. *Acesso à Justiça*, p. 8.

15 "Esta moderna preocupação marca o fim da neutralidade da ciência processual em relação ao direito material carente de prestação jurisdicional, sob forte inspiração do 'Princípio da Efetividade' cujo escopo maior é observar a experiência jurídico-processual a ótica da utilidade social do processo (...)" (FUX, Luiz. *Curso de Direito Processual Civil*. Rio de Janeiro: Forense, 2008. v. 1, p. 98).

16 Metodologicamente, o movimento é fracionado em três "ondas" – as ondas renovatórias do direito processual –, sendo a primeira responsável por soluções aos problemas de assistência judiciária; a segunda atinente à questão da representação jurídica para os interesses ditos difusos e a terceira aquela que avança nos desafios anteriores de forma mais profunda, conhecida como "enfoque de acesso à Justiça". A última, explicam seus criadores, "inclui os posicionamentos anteriores, mas vai muito além deles, representando, dessa forma, uma tentativa de atacar as barreiras de modo mais articulado e compreensivo" (CAPPELLETTI; GARTH. *Acesso à Justiça*, p. 88.)

no Brasil[17] (também no afã de combater a chamada "jurisprudência lotérica"),[18] o CPC/2015 reforçou a relevância dos precedentes judiciais no ordenamento jurídico brasileiro, levando a efeito uma "fusão singular entre os institutos das famílias jurídicas do *civil law* e do *common law*".[19]

Como pontifica o homenageado, deve-se zelar pela "prevalência da uniformidade interpretativa, que impede ofensas à igualdade e à legalidade, de modo que a lei, que é vocacionada a ter uma única interpretação correta, deve receber sempre, dadas as mesmas condições fáticas relevantes ao julgamento, a mesma interpretação".[20]

Por certo, as lições do processualista atemporal José Carlos Barbosa Moreira ecoaram quando da elaboração do Novo Código:

> (...) a jurisprudência nunca perdeu por completo o valor de guia para os julgamentos. Ainda onde se repeliu, em teoria, a vinculação dos juízes aos precedentes, estes continuaram na prática a funcionar como pontos de referência, sobretudo quando emanados dos mais altos órgãos da Justiça.[21]

O que fez o legislador, ao editar o CPC/2015, foi pensar em uma significante e eficiente reforma estrutural sistêmica, com o foco central na forma pela qual a jurisdição é efetivamente entregue ao jurisdicionado. E, nesse desiderato, os precedentes em geral possuem papel fundamental para concreção do acesso à Justiça e da efetividade do processo, jamais se descurando da cláusula do *due process of law*.

---

17 A esse respeito, o Enunciado nº 323 do Fórum Permanente de Processualistas Civis assim dispõe: "A formação dos precedentes observará os princípios da legalidade, da segurança jurídica, da proteção da confiança e da isonomia".

18 A esse respeito, o seguinte precedente, de relatoria do Ministro Luis Felipe Salomão: "A observância à iterativa jurisprudência do STJ, a par de prestigiar o próprio sentido de federação, garante tratamento isonômico aos jurisdicionados e vai ao encontro da famosa lição de Cândido Rangel Dinamarco, para quem os tribunais superiores têm por missão propiciar segurança jurídica, prevenindo a denominada "jurisprudência lotérica", que a par de ocasionar desprestígio ao Poder Judiciário e colocar em risco a autoridade de suas decisões, propicia insegurança social e ao setor produtivo, com inúmeros reflexos deletérios, inclusive o de ensejar que causas idênticas tenham soluções divergentes" (STJ, 4. Turma, REsp nº 1.412.667/RS, Rel. Min. Luis Felipe Salomão, julgado em 12 de novembro de 2013, *Dje* 3 fev. 2014).

19 FUX, Luiz (coord.). *Novo Código de Processo Civil comparado (Lei 13.105/2015)*. Rio de Janeiro: Forense; São Paulo: Método, 2015. p. 7, nota do coordenador.

20 DANTAS. A jurisprudência dos tribunais e o dever de velar por sua uniformização e estabilidade, p. 69.

21 MOREIRA, José Carlos Barbosa. Súmula, jurisprudência e precedentes: uma escalada e seus riscos. *In:* MOREIRA, José Carlos Barbosa. *Temas de Direito Processual*. São Paulo: Saraiva, 2007. v. 9, p. 300.

3 O que são os precedentes?

Embora sejam tratadas como sinônimas, as expressões "precedente judicial" e "jurisprudência" não representam a mesma coisa, tendo, em verdade, conceituações distintas.

Ao passo que se faz menção a precedente como decisão judicial de um caso particular, cujos núcleo essencial, tese jurídica ou interpretação da norma[22] (*ratio decidendi* ou *holding*) podem destinar-se à parametrização de julgamentos posteriores de casos análogos, o conceito de jurisprudência é usualmente empregado para se fazer referência à pluralidade de decisões proferidas por Tribunais diversos concernentes a vários casos concretos sobre um (mesmo) determinado tema.[23] [24]

Valendo-se dos ensinamentos de Michele Taruffo,[25] cabe assinalar que o precedente judicial – "em regra associado ao seu sentido mais estrito, qual seja, o vinculante" –[26] consubstancia na prática forense uma regra universal que pode ser aplicada como critério de decisão em casos futuros, tendo em vista a identidade ou a similitude entre os fatos do primeiro caso e os fatos do segundo caso, e cuja finalidade precípua é a outorga de estabilidade e confiança da interpretação jurídica.[27]

O precedente funciona como verdadeiro mecanismo de preenchimento das lacunas presentes na legislação e de uniformização interpretativa. Para Paulo Mendes de Oliveira, ele concretiza o direito, completando "uma moldura legislativa que dá ensejo a diversas interpretações",[28] e, na realidade do ordenamento jurídico pátrio, apenas poderá ser assim

---

22 MARINONI, Luiz Guilherme. *Precedentes obrigatórios*. 2. ed. São Paulo: Revista dos Tribunais, 2011. p. 222.

23 TARUFFO, Michele. Dimensiones del Precedente Judicial. *In:* TARUFFO, Michele. *Páginas sobre Justicia Civil*. Proceso y Derecho. Traducción: Maximiliano Aramburo Calle. Madrid: Marcial Pons, 2009. p. 559.

24 "Em suma, o vocabulário é o conjunto de múltiplas decisões contemporâneas, consoantes ou não, resultantes da atividade ou não, resultantes da atividade dos tribunais, sobre um mesmo determinado tema" (CIMARDI, Cláudia Aparecida. *A jurisprudência uniforme e os precedentes no Novo Código de Processo Civil brasileiro*. São Paulo: Revista dos Tribunais, 2015. p. 90).

25 TARUFFO. Dimensiones del precedente judicial, p. 559.

26 CIMARDI. *A jurisprudência uniforme e os precedentes no Novo Código de Processo Civil brasileiro*, p. 91.

27 MARINONI. *Precedentes obrigatórios*, p. 111.

28 OLIVEIRA, Paulo Mendes de. *Coisa julgada e* precedente: limites temporais e as relações de trato continuado. São Paulo: Revista dos Tribunais, 2015. p. 168.

denominado "quando o STJ se manifestar sobre a interpretação da legislação federal e o STF sobre a Constituição".[29]

A jurisprudência, por sua vez, existe apenas a partir do momento em que o tribunal se manifesta em diversas oportunidades a respeito da mesma questão. A repetição dos casos é, portanto, fundamental para que adequadamente se possa extrair a *jurisprudência dominante* de determinado tribunal.

O precedente judicial, de forma diferente, possui quatro dimensões, quais sejam: (a) institucional, relacionada a fatores que gravitam em torno da organização judiciária e das relações de autoridade/de hierarquia dentro do sistema dos Tribunais do país – ou seja, a organização hierárquica dos Tribunais nos diversos ordenamentos; (b) a objetiva, concernente ao objeto a que se pretende atribuir eficácia vinculante *pro futuro* – invocando-se, com frequência, a distinção entre *ratio decidendi*[30] e *obiter dictum*[31][32] para explicá-la; (c) o estrutural, cuja função se destina a identificar qual, dentre os diversos precedentes existentes sobre uma determinada questão, será utilizado como ponto de referência para decisões subsequentes; (d) da eficácia, ou seja, a natureza e a intensidade com as quais o precedente poderá exercer influência sobre os provimentos jurisdicionais futuros.

Interessante perceber, ainda, que o precedente pode ser entendido em duas concepções distintas: uma mais ampla e outra restrita. Em sentido amplo, precedente seria qualquer decisão anterior, ou seja, qualquer decisão pretérita que deve – em algum grau – ser levada em

---

29 OLIVEIRA. *Coisa julgada e precedente*: limites temporais e as relações de trato continuado, p. 176. Sobre esse ponto específico, pede-se licença para divergir parcialmente, uma vez que parece desnecessário posicionamento de Tribunais Superiores para que de fato se tenha norma integrante do ordenamento jurídico.

30 A tese ou o princípio jurídico assentado na motivação do provimento decisório, ou, em termos mais simples, o que a Corte afirme como correta interpretação da Lei (MARINONI. *Precedentes obrigatórios*, p. 222-232).

31 Questões desnecessárias ao alcance da decisão, desconectadas com os fatos do caso concreto ou as que são dirigidas a um ponto que nenhuma das partes buscou arguir. Além disso, podem-se compreender como *obiter dictum* matérias decididas sem caráter vinculante, que nada têm a ver com o caso que está sendo enfrentado pela Corte, e matérias que, embora não demandem análise para que se solucione o caso, guardam pertinência com a questão *sub examen* (MARINONI. *Precedentes obrigatórios*, p. 233-238).

32 Merece aplausos, pelo rigor e precisão técnicos, o Enunciado nº 318 do Fórum Permanente de Processualistas Civis, que – mesmo indiretamente – fornece valiosos subsídios para a compreensão do conceito de *obiter dictum*: "Enunciado nº 318 – Os fundamentos prescindíveis para o alcance do resultado fixado no dispositivo da decisão (*obiter dicta*), ainda que nela presentes, não possuem efeito vinculante".

consideração nas situações semelhantes julgadas posteriormente.[33] Em sentido estrito, também chamado de sentido normativo, precedente pode ser identificado com a *ratio decidendi* ou *holding*, ou seja, é norma.[34]

Em uma outra perspectiva, os precedentes assumem valor relevantíssimo pelas lentes da doutrina da Análise Econômica do Direito (AED). Em primeiro lugar, o destaque pelo vetor eficiência do sistema jurídico como um todo, notadamente a valorização das decisões judiciais e seus reflexos pedagógicos nos jurisdicionados e nos atores processuais. Ou seja, os precedentes são vistos como pautas de conduta e indutores de comportamento endo e extraprocessual. Para além dessas valências, num viés pragmático, a estabilidade e a coerência dos precedentes também contribuem para higidez do sistema e a preservação da segurança jurídica, tão importantes no mundo real (por exemplo, no denominado Risco Brasil) quanto numa análise acadêmica ou principiológica.

Segundo os ensinamentos de Richard Posner, os precedentes judiciais devem ser encarados como um *estoque de capital*[35] apto a gerar incrementos produtivos não só às futuras decisões do Judiciário, como também ao sistema jurisdicional como um todo.[36] [37]

---

33 Para Karl Larenz, precedentes são "resoluções em que a mesma questão jurídica, sobre a qual há que decidir novamente, já foi resolvida uma vez por um tribunal noutro caso" (LARENZ, Karl. *Metodologia da ciência do Direito*. 5. ed. Lisboa: Calouste Gulbenkian, 2009. p. 611).

34 A esse respeito, ver: MACÊDO, Lucas Buril de. *Precedentes judiciais e o Direito Processual Civil*. Salvador: Juspodivm, 2016. p. 70-73.

35 "A primeira referência ao conjunto de regras jurídicas como um bem capital, com características de bem público, é o trabalho de Buchanan (2000 [1975]). Para Buchanan, os benefícios decorrentes da criação de uma regra jurídica, isto é, o retorno (yield) esperado não é auferido apenas em um período, como um show de fogos de artifício, mas continuamente no futuro, como um farol. O principal objetivo de se adotar leis seria restringir comportamentos em períodos futuros; restrições que, por sua vez, quando impostas a toda a coletividade, permitiriam o planejamento incorporador de previsões mais acuradas. O direito seria, portanto, um bem durável cuja utilidade se usufrui no decorrer do tempo (Buchanan, 2000 [1975], p. 99 e ss.). No ano seguinte à publicação do trabalho de Buchanan, Landes e Posner (1976) elaboraram um modelo econômico para a análise de precedentes legais derivado da teoria de formação de capital e investimento. Considerando a origem norte-americana dos autores, no modelo proposto foram consideradas apenas as regras jurídicas decorrentes de decisões judiciais com força vinculante, os chamados precedentes tendo sido excluídas as regras jurídicas oriundas de leis, constituição e regulação" (GICO JÚNIOR, Ivo. *A tragédia do Judiciário*: subinvestimento em capital jurídico e sobreutilização do Judiciário. 2012. Tese (Doutorado em Direito) – Faculdade de Direito, Universidade de Brasília, Brasília, 2012. f. 27. Disponível em: http://bibliotecadigital.fgv.br/ojs/index.php/rda/article/viewFile/46462/44453. Acesso em: 6 set. 2024).

36 POSNER, Richard A. *Economic Analysis of Law*. 9th. ed. New York: Wolters Kluwer, 2014. p. 759.

37 FUX, Luiz; BODART, Bruno. Notas sobre o princípio da motivação e a uniformização da jurisprudência no novo Código de Processo Civil à luz da Análise Econômica do Direito. *Revista de Processo: RePro*, São Paulo, v. 269, jul. 2017.

O conceito de capital jurídico pode ser definido enquanto um conjunto de mandamentos jurídicos, de base legislativa ou jurisdicional (*e.g.*, os precedentes judiciais),[38] aplicados pelo Poder Judiciário. O capital jurídico que proporciona um saldo positivo no estoque de capital advém da segurança jurídica[39] proporcionada pela efetividade das decisões judiciais, bem como pelo respeito aos precedentes.

Nessa toada, o instituto dos precedentes judiciais, enquanto fonte primária do direito, compõe o capital jurídico de um Estado de Direito, e seus benefícios reverberam para além dos momentos de sua aplicação a casos análogos pelo Poder Judiciário. Afinal, o referido instituto pode (e deve) ser enxergado enquanto mecanismo de (des) estímulo ao comportamento (in)eficiente dos jurisdicionados, evitando o manejo de recursos manifestamente protelatórios ou inadmissíveis, que resultariam no desperdício de recursos, bem como no próprio ajuizamento de demandas frívolas.

Em suma, sob a ótica da AED, os precedentes vinculantes devem ser vistos como um paradigma de comportamento (aos operadores do direito e aos cidadãos), na medida em que influenciam diretamente nos custos de transação de toda a sociedade e na assimetria de informação oriundos do ato de litigar.[40] Noutros dizeres, o estoque de capital oriundo do respeito aos precedentes influencia diretamente o processo decisório de litigância, uma vez que, a um só tempo, (a) fornece um prognóstico das chances dos potenciais litigantes em juízo e (b) fomenta a adoção de métodos consensuais de resolução de conflitos.[41]

4 O sistema de precedentes do CPC/2015

No que tange às inovações veiculadas pelo CPC/2015, uma advertência preliminar é imprescindível, principalmente para a correta compreensão das disposições dos arts. 926 a 928: o legislador pátrio

---

38 GICO JÚNIOR. *A tragédia do Judiciário*: subinvestimento em capital jurídico e sobreutilização do Judiciário, f. 27.

39 KAPLOW, Louis; SHAVELL, Steven. Fairness *Versus* Welfare. *Harvard Law Review*, [*S. l.*], v. 114, n. 4, Feb. 2001.

40 BAR-GILL, Oren. The Evolution and Persistence of Optimism in Litigation. *The Journal of Law, Economics & Organizations*, [*S. l.*], v. 22, dez. 2005.

41 TIMM, Luciano Benetti; TRINDADE, Manoel Gustavo Neubarth. As recentes alterações legislativas sobre recursos aos tribunais superiores: a repercussão geral e os processos repetitivos sob a ótica da Law and Economics. *Revista de Processo: RePro*, São Paulo, v. 34, n. 178, p. 155, dez. 2009.

não pretendeu de forma genérica e abstrata importar cegamente para o Brasil uma "teoria geral dos precedentes".

O Professor Humberto Theodoro Júnior, com a maestria e a precisão que lhe são peculiares, apontou, em artigo publicado em 2016 sobre o CPC/2015, que

> o sistema inspira-se nas tradições do *Common Law*, mas não se limita a uma simples versão do instituto anglo-saxônico. Respeita as peculiaridades da construção histórica de nosso ordenamento jurídico, dos movimentos doutrinários, bem como da experiência que, em torno da matéria, a lei e os tribunais têm vivido.[42]

Longe de tratar-se de mera enunciação vazia ou divagação acadêmica, o CPC de 2015 apresenta claro fundamento constitucional, sobretudo ao veicular normas que buscam garantir o Devido Processo Legal, a Isonomia e a Segurança Jurídica, corolários do Estado de Direito. Noutras palavras, a criação do sistema de precedentes tem assento constitucional, muito embora esteja positivada amiúde no CPC de 2015.

Para correta compreensão do sistema do CPC/2015, é ainda necessário ter em mente a relevante diferença existente entre os *precedentes obrigatórios* e os *precedentes persuasivos*.

Os primeiros, denominados *precedentes vinculantes* ou *obrigatórios*, plasmados no art. 927 do CPC/2015, são aqueles que devem ser observados/cumpridos pelos Juízes e Tribunais, pois funcionam como norma, como fonte formal e imediata de direito.

Como assenta o Professor Mark Tushnet:

> (...) numa perspectiva mais ampla, essas regras – as quais, é bom enfatizar, comportam qualificações sob outros enfoques importantes – repousam sobre duas diretrizes: eficiência e humildade. As motivações de eficiência soam óbvias no contexto do sentido vertical e apenas um pouco menos evidentes sob a ótica do sentido horizontal. Assim, ou bem o tempo e a energia das partes litigantes serão consumidos desnecessariamente, ou os valores que inspiram o Estado de Direito ficarão comprometidos. Contudo, existe outra consideração – humildade – que atua para prestigiar o precedente horizontal. A ideia nesse caso é simples. É importante enfatizar, aqui, que as razões de humildade operam em qualquer nível

[42] THEODORO JÚNIOR, Humberto. Jurisprudência e precedentes vinculantes no novo Código de Processo Civil: demandas repetitivas. *Revista de Processo: RePro*, São Paulo, v. 255, item 8, 2016.

> do sistema judiciário, desde o juiz de primeiro grau ao juiz da mais alta Corte. Mesmo Ministros da Suprema Corte devem ter em conta que, em linha de princípio, eles não têm motivos específicos – exceto o mais genuíno egocentrismo – para pensar que são melhores ao produzir interpretação jurídica do que os seus predecessores.[43]

Por outro lado, são *persuasivos* aqueles que funcionam como instrumentos de oxigenação do pensamento jurídico pelos Tribunais (permitindo sua manutenção ou evolução no decorrer do tempo) e como fundamentos para a decisão, mas que não vinculam o julgador. Esses concorrem para a formação do convencimento do julgador e o aprimoramento dos julgados. Muito embora os juízes não estejam obrigados a aplicar os precedentes persuasivos, isso não significa que devem ignorá-los, pois o julgador deve ao menos levar em consideração essas decisões na formação de sua convicção até pelo dever de fundamentação/motivação das decisões previsto constitucionalmente no art. 93, inciso IX, e repetido no CPC/2015, em seu art. 489, §1º, inciso IV.[44] [45]

Independentemente se vinculantes ou persuasivos, até pela estrutura piramidal e hierárquica do Poder Judiciário no Brasil, é "desejável que haja atitude respeitosa das instâncias inferiores com relação àquilo que decidem as cortes superiores",[46] sendo notório que as decisões proferidas pelas Cortes exercem influência sobre os magistrados em causas que venham a ser julgadas em seguida.[47]

Sob a ótica da criação do sistema de precedentes no Brasil, diante do cenário de crescente litigiosidade do Brasil, o CPC/2015 positivou aquilo que já era constantemente defendido pela doutrina, a exemplo das lições jamais esquecidas do mestre José Carlos Barbosa Moreira, no sentido de que os precedentes representam, na prática, os principais pontos de referência para todos os julgadores.[48]

---

43 TUSHNET, Mark. Os precedentes judiciais nos Estados Unidos. *Revista de Processo: RePro*, São Paulo, v. 218., 2013.

44 Ver: MACÊDO. *Precedentes judiciais e o Direito Processual Civil*, p. 79-82.

45 Sobre a necessidade de os precedentes persuasivos serem levados em consideração pelo julgador, veja-se: MARINONI. *Precedentes obrigatórios*, p. 117-118.

46 ALVIM, Teresa Arruda. Precedentes. *In:* ALVIM, Teresa Arruda (coord.). *CPC em foco temas essenciais e sua receptividade*: dois anos de vigência do novo CPC. São Paulo: Revista dos Tribunais, 2018. p. 626.

47 CIMARDI. *A jurisprudência uniforme e os precedentes no Novo Código de Processo Civil brasileiro*, p. 138.

48 MOREIRA. Súmula, Jurisprudência e precedentes: uma escalada e seus riscos, v. 9, p. 300.

De igual modo, é natural que o CPC/2015, na linha do que já propunham o CPC/1973 e reformas legislativas anteriores e posteriores à codificação revogada,[49] tenha absorvido conceitos e institutos da teoria do *stare decisis* e da *doctrine of binding precedent*[50] dos países da *common law*. Afinal, (a) a experiência forense comprovou serem catalisadores da efetividade do processo, da isonomia e da boa administração da Justiça; e (b) se mostraram compatíveis e adaptáveis ao ordenamento jurídico brasileiro, de família romano-germânica, ou seja, com características intrínsecas deveras distintas.

Historicamente, o sistema da *common law* não contava com conceito definido daquilo que poderia ser compreendido por precedente judicial, tampouco com a premissa de que os órgãos jurisdicionais seriam vinculados. O que se buscava, em suas origens, era a certeza e a confiança do direito (*certainty*).[51] Como nos sistemas de *common law* a construção do direito se dá pela sua aplicação, nada mais natural que os julgadores busquem o respeito às decisões anteriores.

Nessa linha, a interpretação dos arts. 926 a 928 do CPC de 2015, que representam verdadeiro *microssistema de precedentes*, deve ter como norte a organicidade do sistema e a sintonia fina que se pretendeu estabelecer entre o CPC/2015 e os postulados extraídos diretamente da Constituição da República (*e.g.*, isonomia, segurança jurídica, proteção da confiança, duração razoável do processo), justamente na esteira da Exposição de Motivos do Anteprojeto do CPC/2015.

É importante, então, que se tenham em conta os imperativos da harmonização das decisões judiciais e pronunciamentos jurisdicionais,[52] bem como da vinculação dos órgãos do Poder Judiciário às decisões paradigmáticas proferidas, em primeiro lugar, pelos Tribunais Superiores e, sucessivamente, pelos demais Tribunais pátrios, quando da análise dos dispositivos ora em exame.

Como leciona Luiz Guilherme Marinoni, "a força obrigatória dos precedentes é necessária para garantir a coerência da ordem jurídica,

---

49 MOREIRA. Súmula, Jurisprudência e precedentes: uma escalada e seus riscos, v. 9, p. 222.

50 A propósito, recomenda-se a leitura do primoroso trabalho de: STRECK, Lenio Luiz. *Jurisdição constitucional e decisão jurídica*. 4. ed. São Paulo: Revista dos Tribunais, 2014. p. 358-359.

51 É oportuna, neste ponto, a vetusta máxima transcrita na Exposição de Motivos do Novo Código de Processo Civil no sentido de que "os jurisdicionados não podem ser tratados 'como cães, que só descobrem que algo é proibido quando o bastão toca seus focinhos' (...)" (NEVES, Daniel Amorim Assumpção (org.). *Novo Código de Processo Civil comparado (Lei 13 105/2015)*. Rio de Janeiro: Forense, 2015. p. 308).

52 NEVES. *Novo Código de Processo Civil comparado (Lei 13.105/2015)*, p. 461.

a igualdade, a estabilidade e a previsibilidade, além de favorecer a efetividade do sistema de decisões".[53]

No mesmo sentido caminha o entendimento do Professor Aluisio Mendes, para quem, como o CPC de 2015 é lei ordinária, "é, assim, também fonte primária e básica no direito brasileiro", razão pela qual "os juízes devem, nos termos do art. 35, inciso I, da Lei Complementar 35, cumprir e fazer cumprir as normas legalmente estabelecidas, dentre as quais a do art. 927 do novo CPC".[54]

A Professora Teresa Arruda Alvim e o Ministro Bruno Dantas bem expõem que "o NCPC privilegia precedentes proferidos em certas e determinadas situações que justificam sejam eles tidos de antemão como precedentes".[55] Trata-se, com efeito, de sistema próprio que empresta relevância especial a algumas espécies de decisão judicial, que nascem vocacionadas à vinculação – como é o caso dos recursos especiais e extraordinários julgados sob o regime repetitivo e de repercussão geral (art. 927, inciso III, do CPC/2015).

Em síntese, o CPC de 2015 buscou prestigiar "a direção já abertamente seguida pelo Ordenamento Jurídico brasileiro, expressado na criação da Súmula Vinculante do Supremo Tribunal Federal e do regime de julgamento conjunto de recursos especiais e extraordinários repetitivos", com vistas a impulsionar a "tendência de criar estímulos para que a jurisprudência se uniformize, à luz do venham decidir tribunais superiores e até de segundo grau, e se estabilize".[56] [57]

---

[53] MARINONI. *Precedentes obrigatórios*, p. 13.

[54] MENDES, Aluísio Gonçalves de Castro. Breves Considerações sobre o caráter vinculativo da jurisprudência e dos precedentes no artigo 927 do novo Código de Processo Civil. *In:* NUNES, Dierle; MENDES, Aluísio Gonçalves de Castro; JAYME, Fernando Gonzaga (coord.). *A nova aplicação da jurisprudência e precedentes no CPC/2015*. São Paulo: Revista dos Tribunais, 2017. p. 124.

[55] ALVIM, Teresa Arruda; DANTAS, Bruno. *Recurso especial, recurso extraordinário e a nova função dos tribunais superiores no Direito brasileiro*. 4. ed. São Paulo: Revista dos Tribunais, 2017. p. 578.

[56] NEVES. *Novo Código de Processo Civil comparado (Lei 13.105/2015)*, p. 308.

[57] Sobre a evolução da súmula vinculante no Brasil, veja-se a exposição de Bruno Dantas (*Reflexões sobre a súmula vinculante*. [*S. l.*]: [*s. n.*], [2024]. Disponível em: https://www12.senado.leg.br/publicacoes/estudos-legislativos/tipos-de-estudos/outras-publicacoes/volume-iii-constituicao-de-1988-o-brasil-20-anos-depois.-a-consolidacao-das-instituicoes/hermeneutica-constitucional-sumula-vinculante-o-stf-entre-a-funcao-uniformizadora-e-o-reclamo-por-legitimacao-democratica. Acesso em: 5 set. 2024): "Tentando fazer uma rudimentar comparação entre a doutrina do precedente dos países da *common law* e a eficácia persuasiva e vinculante da súmula do sistema brasileiro, observamos que a teoria atenuada da doutrina do precedente aponta um meio termo entre força persuasiva e vinculante da súmula. Interessante notar que o caminho ora trilhado pelo Brasil é diametralmente oposto

Mercê de concretizar um verdadeiro *microssistema de precedentes* pátrio, a bem da verdade, o CPC/2015 está alinhado, como um todo,[58] nessa importante busca constante pela uniformidade e coerência da jurisprudência, tutelando-se a segurança jurídica e a unidade do direito.[59]

Note-se que, no art. 926 do CPC/2015, o legislador positivou uma regra matriz fundamental, qual seja, "os tribunais devem uniformizar sua jurisprudência e mantê-la estável, íntegra e coerente" – desde que observada a competência que a lei lhe outorga.[60] O objetivo é claro: racionalizar a prestação jurisdicional, gerar jurisprudência uniforme e obter dos órgãos do Poder Judiciário – sempre que possível – decisões

ao que seguem os Estados Unidos e, mais recentemente, a Inglaterra. Pode-se afirmar que enquanto a nossa tendência é o enrijecimento dos precedentes por meio de súmula vinculante e impeditiva de recursos, os norte-americanos e ingleses caminham no sentido de mitigar a eficácia vinculante dos precedentes, em busca de equilíbrio".

58 Larissa Pochman (A vinculação aos precedentes judiciais, o artigo 927 do novo Código de Processo Civil brasileiro e seus impactos. *In*: NUNES, Dierle; Mendes, Aluísio Gonçalves; JAYME, Fernando Gonzaga (coord.). *A nova aplicação da jurisprudência e precedentes no CPC/2015*. São Paulo: Revista dos Tribunais, 2017. p. 621-622) aponta, ainda, outros dispositivos que devem ser observados. A autora afirma o seguinte: "(...) o novo CPC traz a possibilidade de participação na formação dos julgamentos com potencial a serem vinculantes (a exemplo do artigo 983 e do artigo 1.038, I), através da figura do amicus curiae (previsto no artigo 138) e de referência à audiência pública em seu texto legislativo (a exemplo do art. 983, §1º e 1.038, II). A previsão de vinculação também não afasta – e nem deveria – a necessidade de argumentação racional no processo de interpretação/ aplicação do direito. A decisão jurídica baseada em previsão de eficácia vinculante precisa de muito mais do que uma mera identificação, exige interpretação e compreensão. Não é dado ao julgador a faculdade de se eximir de interpretar (e, portanto, compreender)".

59 "A relação meramente exemplificativa revela quantas mudanças foram introduzidas no novo estatuto processual civil. Há, por óbvio, vários outros preceitos relevantes, mesmo que não constituam uma novidade. Entre todos, considerando as inovações e as regras já conhecidas, existe um instituto previsto no CPC/2015 que é por demais importante, em face da pretensão de emprestar uma unidade ao nosso Direito refiro-me ao precedente" (FARIA, Luiz Alberto Gurgel de. O Novo CPC e a vinculação aos precedentes: breves considerações. ARAÚJO, Raul; MARCONI, Cid; ROCHA, Tiago Asfor. *Temas atuais e polêmicos na Justiça Federal*. Salvador: Juspodivm, 2018. p. 320).

60 "A princípio, seria lícito imaginar que à luz do art. 926, CPC, todos os 'tribunais' que compõem o Poder Judiciário brasileiro têm a mesma função diante da ordem jurídica. Essa suposição está equivocada. À luz do art. 926 do CPC, é preciso distinguir entre as funções da Cortes de Justiça – Tribunais de Justiça e Tribunais Regionais Federais – e as funções das Cortes de Precedentes – que ocupam o 'vértice' da organização judiciária, Supremo Tribunal Federal e Superior Tribunal de Justiça. Em outras palavras, importa perceber a necessidade de reconstrução do sistema judiciário. É preciso distinguir as funções das Cortes de Justiça – exercer controle retrospectivo sobre as causas decididas em primeira instância e uniformizar a jurisprudência – e as funções das Cortes de Precedentes – outorgar uma interpretação prospectiva e dar unidade ao direito. É imprescindível fazê-lo a fim que se dê uma adequada organização à administração judiciária" (MITIDIERO, Daniel. *Precedentes*: da persuasão à vinculação. 3. ed. São Paulo: Revista dos Tribunais, 2018. p. 80-81).

semelhantes para casos que apresentem os mesmos pressupostos fáticos.[61] [62]

Com relação ao *caput* do art. 927 do CPC/2015, vê-se que o legislador fez questão de manter coerência e sistematicidade com o disposto no art. 926, impondo aos magistrados o dever de observar as diferentes manifestações judiciais previstas nos seus incisos.[63]

A redação não deixa dúvidas. Ao dispor que "os juízes e os tribunais observarão", o dispositivo trouxe uma série de precedentes obrigatórios, cuja não observância poderá dar origem a *error in judicando* ou a *error in procedendo*.[64]

O §1º do mesmo dispositivo legal[65] ainda traz importantíssima disposição segundo a qual os Juízes e Tribunais devem observar o

---

61 WAMBIER, Teresa Arruda Alvim. Em direção ao *common law*? MENDES, Aluísio Gonçalves de Castro; WAMBIER, Teresa Arruda Alvim (coord.). *O processo em perspectiva*: jornadas brasileiras de Direito Processual. Homenagem a José Carlos Barbosa Moreira. São Paulo: Revista dos Tribunais, 2013, p. 371.

62 Vale destacar, no ponto, o teor do Enunciado nº 316 do Fórum Permanente de Processualistas Civis, cujo teor é o seguinte: "A estabilidade da jurisprudência do Tribunal depende também da observância de seus próprios precedentes, inclusive por seus órgãos fracionários".

63 Acerca da exegese mais adequada do art. 927 da novel codificação, é de bom alvitre a análise dos Enunciados nº 169 e 170 do Fórum Permanente de Processualistas Civis:
Enunciado nº 169: "Os órgãos do Poder Judiciário devem obrigatoriamente seguir os seus próprios precedentes, sem prejuízo do disposto nos §§7º e 11 do art. 521 [artigo 927, §§ 1º a 5º]".
Enunciado nº 170: "As decisões e precedentes previstos nos incisos do *caput* do art. 521 [artigo 927] são vinculantes aos órgãos jurisdicionais a eles submetidos".

64 "(...) os arts. 926 e 927, CPC, apenas tornam mais visível a adoção da regra do *stare decisis* entre nós: o descolamento de uma perspectiva cognitiva (do *juge inanime*, dos juízes como *oracles of the law*) para uma perspectiva adscritivista da interpretação (em que se reconhece que os juízes concorrem para definição do significado do direito e que em certa medida – e apenas em certa medida – há *judge-made-law*) exige a alteração do referencial da segurança jurídica: não mais apenas a estática declaração da lei ou dos precedentes, mas a dinâmica reconstrução da relação entre a lei, a doutrina e os precedentes a partir de parâmetros racionais de justificação" (MITIDIERO. *Precedentes*: da persuasão à vinculação, p. 88).

65 Adiante-se, por fidelidade teórica, que o texto do CPC de 2015 aprovado pelo Senado da República não contém um dispositivo específico que trate das hipóteses de distinção (*distinguishing*) – i.e., não aplicação do precedente na hipótese *sub judice*, sem, contudo, verificar-se a sua revogação – entre um precedente judicial e o caso concreto. Nada obsta, porém, que Juízes e Tribunais, mediante a aplicação analógica do art. 927, §1º c/c art. 1.037, §§8º, 9º, 10 e 11 e 12, ambos do Novo CPC, procedam, a requerimento das partes, do Ministério Público ou mesmo *ex officio*, à distinção entre a decisão paradigmática anterior e o novo processo judicial posto a julgamento, seja pela constatação de diferenças fáticas entre os casos, seja pelo fato de a corte vislumbrar um maior número de fatos materiais passíveis de edição de regras particulares. Sobre o *distinguishing*, Leonardo Greco lembra que "qualquer juízo ou tribunal inferior pode deixar de aplicá-lo se, cuidadosamente comparados o precedente e o novo caso, existir alguma circunstância fundamental que caracterize este último como um caso diverso do anterior (*distinguishing*), o que, evidentemente, exige um confronto minucioso de circunstâncias que somente o julgado na íntegra possibilita, e não um lacônico enunciado abstrato" (GRECO, Leonardo. Novas súmulas do STF e alguns

disposto nos arts. 10 e 489, §1º, ambos do CPC/2015, sempre que decidirem com base nos precedentes judiciais elencados em caráter taxativo nos incisos do próprio art. 927, do CPC/2015.

Da mesma forma que a fixação de tese em precedente deve ser vista com especial atenção, também a superação deve ser objeto de análise pelos julgadores. Foi com isso em mente que o §2º do art. 927 trouxe importante mecanismo de participação democrática nos casos de alteração da tese jurídica adotada em enunciado de súmula ou em julgamento de casos repetitivos.

Antes de o precedente ser superado, poderão ser designadas audiência públicas com a participação de pessoas, órgãos e entidades que possam colaborar com a rediscussão da tese – "palco adequado e pertinentíssimo"[66] da figura já conhecida do *amicus curiae* –, o que decerto emprestará maior legitimidade democrática aos precedentes judiciais. Como aponta o Ministro Bruno Dantas, "a justificativa da intervenção do amicus está no interesse público que emerge da questão posta em juízo".[67]

Por fim, dando concretude elogiável no plano processual ao princípio da publicidade (art. 37, *caput* c/c art. 93, inciso IX, ambos da Carta Republicana de 1988), o §5º do art. 927 do CPC/2015 determina que os Tribunais são obrigados a dar publicidade aos seus precedentes, organizando-os por questão jurídica decidida e divulgando-os, preferencialmente, na rede mundial de computadores – prática observada pela quase totalidade dos Tribunais pátrios, em especial pelo STF e pelo STJ.

5 Conclusão

O CPC/2015 caminhou no sentido de mitigar a divisão clássica entre *civil law* e *common law*,[68] buscando elementos adaptáveis do direito

reflexos sobre o mandado de segurança. *Revista Dialética de Direito Processual*, São Paulo, n. 10, p. 46, 2004). É de valiosa alusão o seguinte precedente do STF HC nº 85.185/SP, Pleno, Rel. Min. Cezar Peluso, julgado em 10 de agosto de 2005, *Dje* 1 set. 2006.

66 BUENO, Cássio Scarpinella. Amicus curiae *no processo civil brasileiro*: um terceiro enigmático. 2. ed. São Paulo: Saraiva, 2015. p. 573.

67 DANTAS. *Reflexões sobre a súmula vinculante*.

68 "Costuma-se afirmar que o Brasil é o país cujo direito se estrutura de acordo com o paradigma do *civil law*, próprio da tradição jurídica romano-germânica, difundida na Europa continental. Não parece correta essa afirmação tão peremptória. O sistema jurídico brasileiro tem uma característica muito peculiar, que não deixa de ser curiosa: temos um direito constitucional de inspiração estadunidense (daí a consagração de uma série de garantias processuais, inclusive, expressamente, do devido processo legal) e um direito

estrangeiro e promovendo a certeza e a previsibilidade do direito e do entendimento dos Tribunais.

Nesse sentido, sempre valiosas as lições do Ministro Luiz Fux, encarregado de presidir a Comissão do Anteprojeto que culminou no CPC de 2015:

> A Jurisprudência assumiu o destaque característico dos sistemas da família da common law, vinculando juízes e tribunais, reclamando, por seu turno, a perfeita adequação da causa ao precedente (*distinguishing*), a possibilidade de sua modificação (*overruling*), bem como a modulação temporal da modificação jurisprudencial no afã de evitar a surpresa judicial, interdição que conspira em prol da prometida segurança jurídica eclipsada em cláusula pétrea constitucional. Essa força emprestada à jurisprudência viabiliza, também, a previsibilidade das decisões, respeitando as justas expectativas dos jurisdicionados.[69]

O processo contemporâneo deve ser efetivamente democrático e célere, proporcionando a convivência entre os poderes do juiz e a autonomia das partes, a partir da incidência das garantias fundamentais processuais, verdadeiro ideário que pode ser alcançado pela análise e adaptação de institutos provenientes do direito estrangeiro.

As reformas constitucionais e legislativas, que ganharam tração com a EC nº 45/2004, buscaram combater a litigiosidade inerente ao sistema processual brasileiro, que, ainda assim, antes da edição do CPC de 2015, apresentava claros sinais de exaustão.

Após introdução a respeito do que se pode ter como sistema de precedentes no ordenamento brasileiro, demonstrou-se, neste artigo, a diferença existente entre os precedentes persuasivos e os precedentes obrigatórios. Tal diferenciação, longe de ser meramente teórica, é importantíssima para a correta compreensão do sistema trazido pelo CPC/2015, que, em seu art. 927, colaciona uma série de decisões e enunciados com caráter normativo e vinculante.

---

infraconstitucional (principalmente o direito privado) inspirado na família romano-germânica (França, Alemanha e Itália, basicamente). Há controle de constitucionalidade difuso (inspirado no *judicial review* estadunidense) e concentrado (modelo austríaco). Há inúmeras codificações legislativas (*civil law*) e, ao mesmo tempo, constrói-se um sistema de valorização dos precedentes judiciais extremamente complexo (súmula vinculante, súmula impeditiva, julgamento modelo para causas repetitivas, etc.), de óbvia inspiração no *common law*" (DIDIER JUNIOR, Fredie. *Curso de Direito Processual Civil*. 18. ed. Salvador: Juspodivm, 2016. v. 1, p. 59).

[69] FUX, Luiz. *Teoria geral do processo civil*. 3. ed. Rio de Janeiro: Forense, 2019. p. 44.

Como bem destacado pelo Ministro Bruno Dantas, "o adequado desempenho da função paradigmática por um tribunal de cúpula pressupõe um requisito essencial: suas decisões devem gozar do respeito da sociedade, dos membros do próprio Poder Judiciário e dos demais órgãos da Administração Pública".[70]

Com esta relevantíssima lição, encerramos este ensaio, na esperança de que estas singelas linhas estejam à altura da grandeza do homenageado, bem como de que sirvam para promover importante debate acerca desse instrumental tendente à racionalização das decisões judiciais, com a consequente redução da litigiosidade e a promoção da eficiência do sistema processual.

Referências

ALVIM NETTO, José Manoel de Arruda. Notas a respeito dos aspectos gerais e fundamentais da existência dos recursos – Direito brasileiro. *Revista de Processo: RePro*, São Paulo, v. 12, n. 48, out./dez. 1987.

ALVIM NETTO, José Manoel de Arruda. Notas sobre o Projeto de Novo Código de Processo. *Revista de Informação Legislativa*, Brasília, DF, ano 48, v. 1, n. 190, abr./jun. 2011.

ALVIM, Teresa Arruda; DANTAS, Bruno. *Recurso especial, recurso extraordinário e a nova função dos tribunais superiores no Direito brasileiro*. 4. ed. São Paulo: Revista dos Tribunais, 2017.

ALVIM, Teresa Arruda. Precedentes. *In:* ALVIM, Teresa Arruda (coord.). *CPC em foco temas essenciais e sua receptividade*: dois anos de vigência do novo CPC. São Paulo: Revista dos Tribunais, 2018.

BAR-GILL, Oren. The Evolution and Persistence of Optimism in Litigation. *The Journal of Law, Economics & Organizations*, [*S. l.*], v. 22, Dec. 2005.

BRASIL. Supremo Tribunal Federal. Pacto Republicano: parceria entre os três Poderes a serviço da democracia. *Portal STF*, Brasília, DF, [2023]. Disponível em: http://www2.stf.jus.br/portalStfInternacional/cms/verConteudo.php?sigla=portalStfDestaque_pt_br&idConteudo=173547. Acesso em: 3 ago. 2023.

BUENO, Cássio Scarpinella. Amicus curiae *no processo civil brasileiro*: um terceiro enigmático. 2. ed. São Paulo: Saraiva, 2015.

CABRAL, Antônio do Passo. *Coisa julgada e preclusões dinâmicas*: entre continuidade, mudança e transição de posições processuais estáveis. 3. ed. Salvador: Juspodivm, 2018.

---

[70] DANTAS. A jurisprudência dos tribunais e o dever de velar por sua uniformização e estabilidade, p. 69.

CAPPELLETTI, Mauro; GARTH, Bryant. *Acesso à Justiça*. Tradução: Ellen Gracie Northfleet. Porto Alegre: Sergio Antonio Fabris Editor, 2002.

CIMARDI, Cláudia Aparecida. *A jurisprudência uniforme e os precedentes no Novo Código de Processo Civil brasileiro. São Paulo: Revista dos Tribunais, 2015.*

CRUZ E TUCCI, José Rogério. *Tempo e processo*: uma análise empírica das repercussões do tempo na fenomenologia processual (civil e penal). São Paulo: Revista dos Tribunais, 1997.

DANTAS, Bruno. A jurisprudência dos tribunais e o dever de velar por sua uniformização e estabilidade. *Revista de Informação Legislativa*, Brasília, DF, abr./jun. 2011.

DANTAS, Bruno. *Reflexões sobre a súmula vinculante*. [*S. l.*]: [*s. n.*], [2024]. Disponível em: https://www12.senado.leg.br/publicacoes/estudos-legislativos/tipos-de-estudos/outras-publicacoes/volume-iii-constituicao-de-1988-o-brasil-20-anos-depois.-a-consolidacao-das-instituicoes/hermeneutica-constitucional-sumula-vinculante-o-stf-entre-a-funcao-uniformizadora-e-o-reclamo-por-legitimacao-democratica. Acesso em: 5 set. 2024.

DIDIER JUNIOR, Fredie. *Curso de Direito Processual Civil*. 18. ed. Salvador: Juspodivm, 2016. v. 1.

FARIA, Luiz Alberto Gurgel de. Cinco anos do Novo CPC: A importância dos precedentes. *In:* CRUZ, Felipe Santa; FUX, Luiz; GODINHO, André. *Avanços do sistema de Justiça*: os 5 anos de vigência do Novo Código de Processo Civil. Brasília: OAB Editora, 2021.

FARIA, Luiz Alberto Gurgel de. O Novo CPC e a vinculação aos precedentes: breves considerações. ARAÚJO, Raul; MARCONI, Cid; ROCHA, Tiago Asfor. *Temas atuais e polêmicos na Justiça Federal*. Salvador: Juspodivm, 2018.

FUX, Luiz; BODART, Bruno. Notas sobre o princípio da motivação e a uniformização da jurisprudência no novo Código de Processo Civil à luz da Análise Econômica do Direito. *Revista de Processo: RePro*, São Paulo, v. 269, jul. 2017.

FUX, Luiz (coord.); NEVES, Daniel Amorim Assumpção (org.). *Novo Código de Processo Civil comparado (Lei 13.105/2015)*. Rio de Janeiro: Forense; São Paulo: Método, 2015.

FUX, Luiz. *Curso de Direito Processual Civil*. Rio de Janeiro: Forense, 2008. v. 1.

FUX, Luiz. Para Fux, atual CPC corre risco de ser declarado inconstitucional. *Conjur*, São Paulo, 2 mar. 2015. Disponível em http://www.conjur.com.br/2015-mar-02/fux-atual-cpc-corre-risco-declarado-inconstitucional. Acesso em: 3 ago 2023.

FUX, Luiz. *Teoria geral do processo civil*. 3. ed. Rio de Janeiro: Forense, 2019.

GICO JÚNIOR, Ivo. *A tragédia do Judiciário*: subinvestimento em capital jurídico e sobreutilização do Judiciário. 2012. Tese (Doutorado em Direito) – Faculdade de Direito, Universidade de Brasília, Brasília, 2012. Disponível em: http://bibliotecadigital.fgv.br/ojs/index.php/rda/article/viewFile/46462/44453. Acesso em: 6 set. 2024.

GRECO, Leonardo. Novas súmulas do STF e alguns reflexos sobre o mandado de segurança. *Revista Dialética de Direito Processual*, São Paulo, n. 10, 2004.

KAPLOW, Louis; SHAVELL, Steven. Fairness *Versus* Welfare. *Harvard Law Review*, [*S. l.*], v. 114, n. 4, Feb. 2001.

LARENZ, Karl. *Metodologia da ciência do Direito*. 5. ed. Lisboa: Calouste Gulbenkian, 2009.

MACÊDO, Lucas Buril de. *Precedentes judiciais e o Direito Processual Civil*. Salvador: Juspodivm, 2016.

MARINONI, Luiz Guilherme. *Precedentes obrigatórios*. 2. ed São Paulo: Revista dos Tribunais, 2011.

MENDES, Aluísio Gonçalves de Castro. Breves Considerações sobre o caráter vinculativo da jurisprudência e dos precedentes no artigo 927 do novo Código de Processo Civil. *In:* NUNES, Dierle; MENDES, Aluísio Gonçalves de Castro; JAYME, Fernando Gonzaga (coord.). *A nova aplicação da jurisprudência e precedentes no CPC/2015*. São Paulo: Revista dos Tribunais, 2017.

MITIDIERO, Daniel. *Precedentes*: da persuasão à vinculação. 3. ed. São Paulo: Revista dos Tribunais, 2018.

MOREIRA, José Carlos Barbosa. Por um processo socialmente efetivo. *Revista de Processo: RePro*, São Paulo, v. 27, 2002.

MOREIRA, José Carlos Barbosa. Súmula, jurisprudência e precedentes: uma escalada e seus riscos. *In:* MOREIRA, José Carlos Barbosa. *Temas de Direito Processual*. São Paulo: Saraiva, 2007. v. 9.

NEVES, Daniel Amorim Assumpção (org.). *Novo Código de Processo Civil comparado* (Lei 13.105/2015). Rio de Janeiro: Forense, 2015.

OLIVEIRA, Paulo Mendes de. *Coisa julgada e precedente*: limites temporais e as relações de trato continuado. São Paulo: Revista dos Tribunais, 2015.

POSNER, Richard A. *Economic Analysis of Law*. 9th. ed. New York: Wolters Kluwer, 2014.

SILVA, Larissa Clare Pochman da. A vinculação aos precedentes judiciais, o artigo 927 do novo Código de Processo Civil brasileiro e seus impactos. *In:* NUNES, Dierle; Mendes, Aluísio Gonçalves; JAYME, Fernando Gonzaga (coord.). *A nova aplicação da jurisprudência e precedentes no CPC/2015*. São Paulo: Revista dos Tribunais, 2017.

STRECK, Lenio Luiz. *Jurisdição constitucional e decisão jurídica*. 4. ed. São Paulo: Revista dos Tribunais, 2014.

TARUFFO, Michele. Dimensiones del Precedente Judicial. *In:* TARUFFO, Michele. *Páginas sobre Justicia* Civil. Proceso y Derecho. Traducción: Maximiliano Aramburo Calle. Madrid: Marcial Pons, 2009. p. 541-556.

TIMM, Luciano Benetti; TRINDADE, Manoel Gustavo Neubarth As recentes alterações legislativas sobre recursos aos tribunais superiores: a repercussão geral e os processos repetitivos sob a ótica da Law and Economics. *Revista de Processo: RePro*, São Paulo, v. 34, n. 178, p. 153-179, dez. 2009.

THEODORO JÚNIOR, Humberto. Jurisprudência e precedentes vinculantes no novo Código de Processo Civil: demandas repetitivas. *Revista de Processo: RePro*, São Paulo, v. 255, 2016.

TUSHNET, Mark. Os precedentes judiciais nos Estados Unidos. *Revista de Processo: RePro*, São Paulo, v. 218, 2013.

WAMBIER, Teresa Arruda Alvim. Em direção ao *common law*? MENDES, Aluísio Gonçalves de Castro; WAMBIER, Teresa Arruda Alvim (coord.). *O processo em perspectiva*: jornadas brasileiras de Direito Processual. Homenagem a José Carlos Barbosa Moreira. São Paulo: Revista dos Tribunais, 2013.

Informação bibliográfica deste texto, conforme a NBR 6023:2018 da Associação Brasileira de Normas Técnicas (ABNT):

FUX, Rodrigo. A importância dos precedentes no atual cenário de litigiosidade no Brasil. *In*: MENDES, Gilmar Ferreira; GALLOTTI RODRIGUES, Maria Isabel Diniz; ALVIM, Teresa Arruda (coord.). *O novo perfil do controle difuso de constitucionalidade*: estudos em homenagem ao Professor Bruno Dantas nos 20 anos da Repercussão Geral. Belo Horizonte: Fórum, 2025. p. 653-674. ISBN 978-65-5518-898-1.

CONTROLE DIFUSO E CONCENTRADO, O ABUSO E A UTILIDADE DAS TESES

TERESA ARRUDA ALVIM

1 Introdução

O objetivo deste texto será o de demonstrar, tanto quanto possível sucintamente, a inexistência de diferenças dignas de nota entre as "eficácias" do controle difuso feito pelo Supremo Tribunal Federal (STF) e do controle concentrado de constitucionalidade, no ordenamento jurídico brasileiro atual.

O segundo ponto que será objeto das nossas considerações será o que venho chamando de "abuso" da formulação de teses, como se essa solução – a elaboração dessas teses – fosse uma panaceia, capaz de levar, a um só tempo, à diminuição de trabalho do Poder Judiciário e à uniformização da jurisprudência, realizando de forma mais concreta o princípio da segurança jurídica. A nosso ver, como tentaremos demonstrar, trata-se de uma ilusão. As teses têm, sim, a sua utilidade em certas circunstâncias especiais, mas seu uso não pode ser, por assim dizer, *banalizado*.

2 Controle difuso e concentrado no STF

O Código de Processo Civil (CPC) de 2015, como é sabido, atribui eficácia vinculante tanto ao julgamento do recurso extraordinário repetitivo quanto ao julgamento do recurso extraordinário avulso, entre A e B, julgado no regime da repercussão geral.[1]

O art. 1.030 do CPC, quando estabelece a regra de que deve ser negado seguimento a recurso extraordinário, quando o acórdão já está de acordo com aquilo que foi decidido em recurso extraordinário, julgado no regime da repercussão geral e no regime dos repetitivos, deixa evidente que se trata de decisão que deve, necessariamente, ser respeitada por todo o Judiciário, criando, portanto, regra de conduta para todos os jurisdicionados. E isso sem que nem seja necessário lembrar a possibilidade de se impugnar por meio de reclamação a decisão que se afasta de precedente vinculante proferido pelo STF, tanto em recursos extraordinários avulsos julgados no regime da repercussão geral quanto nos repetitivos. Essa é, a nosso ver, circunstância que faz com que devamos chamar de vinculantes no sentido forte, ou seja, de precedentes qualificados, os proferidos pelo STF.

Portanto, é inevitável a constatação de que o CPC de 2015 deu *status* diferenciado àquilo que chamamos de controle difuso de constitucionalidade, quando feito pelo STF.

Existe, por outro lado, o controle concentrado, feito por processos ditos "objetivos", em que o objeto litigioso consiste na verificação da compatibilidade da lei com a Constituição Federal.

Em face do que dispõe o novo CPC a respeito do regime jurídico do recurso extraordinário julgado no regime da repercussão geral, surge naturalmente a dúvida quanto a ser ainda necessário estabelecer uma distinção entre o tipo de eficácia do controle concentrado e do controle difuso.

É oportuno que se estabeleça, pelo menos teoricamente, uma distinção entre a *eficácia erga omnes* gerada pela decisão proferida em controle concentrado de constitucionalidade e a *eficácia vinculante* de um precedente. Em tese, são coisas diferentes.

---

1 Já escrevemos em coautoria com o homenageado, Bruno Dantas (*Precedentes, recurso especial e recurso extraordinário*. 7. ed. São Paulo: Thomson Reuters Brasil, 2023. p. 314): "O CPC criou algumas hipóteses de obrigatoriedade forte de precedentes: casos em que, se forem desrespeitados, poderá a parte lançar mão de reclamação. São elas as decisões proferidas em recurso extraordinário – seja avulso ou repetitivo –, ou em recurso especial repetitivo (art. 988, §5º, II); em assunção de competência e em incidente de julgamento de demandas repetitivas (art. 988, IV)". No mesmo sentido: "O art. 927, CPC/15, é meramente exemplificativo, tendo em conta que deixa de mencionar que a partir do julgamento de recursos extraordinários e de recursos especiais não repetitivos julgados pelas Turmas do Supremo Tribunal Federal e do Superior Tribunal de Justiça e a partir do julgamento de embargos de divergência é possível formar precedentes" (MITIDIERO, Daniel; MARINONI, Luiz Guilherme. *Comentários ao Código de Processo Civil*. 3. ed. São Paulo: Thomson Reuters Brasil, 2021. v. 15, p. 67-68).

E, depois disso, responder à questão: o CPC realmente equiparou a vinculatividade da decisão de uma ADIn à de um recurso extraordinário, julgado no regime da repercussão geral?

3 A distinção – o controle concentrado

Têm-se usado, indistintamente, as expressões eficácia *erga omnes* e efeito vinculante, muitas vezes associando-se essas duas expressões ao instituto da coisa julgada, sem uma necessária e clara separação. Se, de um lado, se pode compreender a associação entre eficácia *erga omnes* e a vinculatividade de precedentes, ligando-os à coisa julgada, de outro lado, não nos parece correta essa associação.[2] [3]

---

[2] Associando efeito vinculante à eficácia *erga omnes* e ao instituto da coisa julgada, veja-se: "Entendemos que os efeitos da coisa julgada material, *erga omnes* e vinculante, não são excludentes, e, sim, cumulativos. Os efeitos *erga omnes* e vinculante não transitam em julgado no processo constitucional, conforme será analisado, pois são efeitos que podem ser agregados ao dispositivo da sentença (coisa julgada) (...) Fato é que, com as reformas incessantes dos efeitos das decisões dos Tribunais, é praticamente impossível realizarmos sistematização precisa e analítica sobre seus efeitos. Por exemplo, a CF, 103-A, estabelece a súmula vinculante; o efeito vinculante dessa modalidade especial de enunciados de súmula é dotado de efeito vinculante e, a depender de seu conteúdo, obviamente vinculará o particular e o Poder Público. Daí nossa insistência no sentido de que, independentemente da nomenclatura eficácia contra todos ou efeito vinculante, é preciso salientar que o controle abstrato tem eficácia distinta e exclusiva, a força de lei, ou seja, a aptidão de retirar determinada lei do ordenamento jurídico tal qual ato legiferante.
O dito direito jurisprudencial, baseado na atribuição, via legislação, de observância obrigatória e geral para provimentos judiciais, deve ser caracterizado como mecanismo legal para tornar de observância obrigatória pelo Judiciário outros provimentos (*e.g.*, decisões de RE e REsp repetitivos, IRDR) na solução jurídica dos casos tal qual lei fossem. É despiciendo afirmar que, numa democracia, a Constituição e as Leis são naturalmente vinculantes, ou seja, ao decidir uma lide, o juiz não pode deixar que sejam aplicadas. Contudo, o fato de um provimento se tornar vinculante (de observância obrigatória), em nenhum momento pode se pretender transformá-lo em texto não interpretável. Todo provimento vinculante, seja lei, súmula ou acórdão paradigma, é texto (dado linguístico) passível de interpretação para se alcançar a solução dos casos que lhes são subjacentes.
Parece-nos que o CPC vigente, ao conferir efeito vinculante a provimentos judiciais, na realidade, amplia o alcance de decisões que, em regra, seriam apenas *inter partes* (no caso de decisões de REsp e RE) ou de súmulas que vinculariam tão somente os tribunais que a criaram. Ou seja, o efeito vinculante do CPC atribui efeito *erga omnes* e vinculante para decisões que seriam tão somente *inter partes*, por consequência, atribui a essas hipóteses a possibilidade de se manejar reclamação (vinculante)" (ABBOUD, Georges. *Processo constitucional brasileiro*. 5. ed. São Paulo: Thomson Reuters Brasil, 2021. item 3.8.3). No mesmo sentido: SULZBACH, Juliane; MARQUES, Elmer. Efeito vinculante e eficácia *erga omnes* em um sistema de precedentes judiciais obrigatórios. *Revista Argumentum*, Marília, v. 23, p. 169, 2022).

[3] Essa associação dos efeitos vinculantes ou da eficácia *erga omnes* com a coisa julgada também é perceptível no direito alemão. Cf., por todos: WISCHERMANN, Norbert. *Rechtskraft und Bindungswirkung verfassungsgerichtlicher Entscheidungen* – zu den funktionsrechtlichen

A nosso ver, o efeito vinculante, *em tese*, não se confunde com a eficácia *erga omnes*.[4] A eficácia *erga omnes* está atrelada ao *dispositivo* das decisões em controle abstrato de constitucionalidade (art. 102, §2º, da CF e art. 28, p. único, da Lei nº 9.868, de 10 de novembro de 1999), enquanto aquele está relacionado à *ratio decidendi* do julgado.

O efeito vinculante de um precedente liga-se à *ratio decidendi* das decisões e o efeito *erga omnes* à imperatividade de respeito ao *decisum*.[5]

Auswirkungen der extensiven Auslegugen des §31 Abs. 1 BVerfGG. Berlin: Duncker & Humbolt, 1979. cap. 2, item B-II-2, p. 42.
Dissociando os institutos, confiram-se as decisões do Tribunal Constitucional Alemão 33/199 (203) e 40/88 (93).

4 Em sentido contrário, dissociando, acertadamente, o instituto da coisa julgada dos efeitos vinculantes, confira-se o que afirma Eduardo Talamini: "Em primeiro lugar, a coisa julgada, como já indicado, tem uma dupla função em nosso sistema: a negativa (imposição de negativa do mérito do processo em que o mesmo objeto se repita) e a positiva (aplicação do comando sentencial na solução de outras causas, cujo deslinde dependa logicamente da questão resolvida no *decisum* anterior). Mas a força vinculante não é associada àquela função negativa: ela se apresenta apenas como a imposição de o órgão julgado vinculado aplicar o comando vinculante.
Em segundo lugar, a força vinculante apresenta-se inclusive em decisões não transitadas em julgado e, portanto, ainda não revestidas da coisa julgada (p. ex., liminares em ações diretas). Então, a força vinculante não é pura e simplesmente a coisa julgada *erga omnes*. A extensão da coisa julgada até está intimamente relacionada com os fatores relevantes para a configuração da força vinculante – como se verá a seguir -, mas não é o elemento que a explica" (TALAMINI, Eduardo. Objetivação do controle incidental de constitucionalidade e força vinculante (ou "devagar com o andor que o santo é de barro"). *In:* NERY JUNIOR, Nelson; WAMBIER, Teresa Arruda Alvim (coord.). *Aspectos polêmicos e atuais dos recursos cíveis e assuntos afins*. São Paulo: Revista dos Tribunais, 2011. v. 12, p. 138-139).
Veja-se acórdão do STF que se atribuíram efeitos vinculantes à decisão liminar: "Entendendo caracterizado o desrespeito à decisão proferida por esta Corte, o Tribunal, por maioria, julgou procedente o pedido formulado em reclamação ajuizada pelo Estado do Rio Grande do Norte, para cassar acórdão do Tribunal de Justiça local que, com base no §1º do art. 29 da Constituição do mesmo Estado – cuja vigência, à época do julgamento, já se encontrava suspensa por decisão cautelar proferida nos autos da ADI 1.730-MC-RN (DJU 18.09.1998) –, assegurara a servidor aposentado como auditor fiscal do Tesouro Nacional 6 o reenquadramento no nível 8, com efeitos financeiros desde a impetração. O Tribunal, embora salientando que, no caso, já houve julgamento do mérito da ação direta, considerou que a suspensão liminar da eficácia de lei ou de ato normativo, dotada de efeito vinculante, equivale à suspensão temporária de sua vigência – impedindo, assim, a aplicação da norma questionada por outros tribunais, pela administração ou por outros órgãos estatais – e acarreta a suspensão dos julgamentos que envolvam a aplicação da disposição que teve sua vigência suspensa. O Min. Carlos Britto, por sua vez, ressalvando o fato de que, no caso concreto, a decisão reclamada fora proferida quando já se encontrava suspenso o dispositivo da Constituição estadual, com efeitos *ex nunc*, também acompanhou a conclusão do voto proferido pelo Min. Gilmar Mendes. Vencido o Min. Marco Aurélio, que não conhecia da reclamação. Precedentes citados: Rcl. 1880-AgR-QO-SP (julgada em 7.11.2002, v. Informativo 289, RE 168277-QO-RS (DJU de 29.05.1998), Rcl 1507-QO-RJ (DJU de 01.03.2002)" (Rcl. nº 2256-RN, dec. mono., Rel. Min. Gilmar Mendes, 9 abr. 2003.

5 "A decisão obriga pelo dispositivo que julga a controvérsia. O precedente obriga pelas razões elaboradas a partir do julgamento de outra controvérsia. Em ambos os casos, é claro, pode-se dizer que há vinculação a uma norma. Existe, contudo, uma diferença

O *dispositivo* da decisão de mérito, ou, também, a nosso ver, de decisão liminar no controle abstrato de constitucionalidade, é dotado de eficácia contra todos, isto é, efeitos *erga omnes*, submetendo todos os jurisdicionados, Tribunais e juízos singulares (art. 102, §2º da Constituição Federal, art. 28, p. único, da Lei nº 9.868/1999 e art. 10, §3º, da Lei nº 9.882, de 3 de dezembro de 1999).

A eficácia *erga omnes* tem o condão de, no caso de ação declaratória de inconstitucionalidade, julgada procedente, fazer valer contra todos a declaração de que a lei jamais integrou o ordenamento jurídico, com efeitos, de regra, retroativos. É como se o dispositivo legal declarado inconstitucional nunca tivesse existido.

A nosso ver, trata-se propriamente de inexistência jurídica. Se só em momento posterior à entrada em vigor da lei é que se percebeu que havia incompatibilidade entre esta e a Constituição Federal, a decisão que a reconhece declara que a lei, rigorosamente, nunca teria integrado ao sistema normativo positivado, a não ser *aparentemente*.[6]

O mesmo se deve dizer quanto àquela interpretação considerada inconstitucional.

---

fundamental: enquanto a obrigação de seguir a decisão é concreta, específica e atual, a de seguir o precedente é abstrata, genérica e futura. Essa distinção é devida à origem do dever de seguir uma decisão e a de seguir um precedente. Enquanto o dever de seguir uma decisão resulta da existência de um julgamento de uma controvérsia devidamente particularizada, o de seguir um precedente deriva da simples exposição à ordem jurídica" (MITIDIERO, Daniel. *Processo constitucional*. São Paulo: Thomson Reuters Brasil, 2022. parte III, item 1.2).

6 Nesse sentido: BASTOS, Celso Ribeiro. *Curso de Direito Constitucional*. 21. ed. São Paulo: Saraiva, 2000. "Segundo a técnica jurídica, esta lei inconstitucional é inexistente. Encarada sob o ângulo dos princípios informativos da criação das normas de direito, só podemos afirmar a existência de leis constitucionais. Isso porque, ou ela foi produzida em conformidade com a Constituição, que é quem diz o que é direito em um determinado sistema, ou foi gerada em dissonância com o prescrito pela norma constitucional, e nesse caso não pode pretender ser lei. A afirmação, segundo sempre o ponto de vista da técnica jurídica, da possibilidade de existência de leis inconstitucionais é contraditória. Ao mesmo tempo em que se admite que só adquire a condição de lei o que foi elaborado em conformidade com a norma constitucional, por outro lado admite-se que algo, embora padecendo de vício gravíssimo de inconstitucionalidade, em razão da infringência do texto maior, ainda assim, contudo, esse algo existe. Com vistas unicamente à teoria da criação do direito, ou a lei é constitucional para que possa existir, ou em caso contrário, não se reveste nem mesmo da condição de lei, sendo despiciendo o afirmar-se se é constitucional ou não. Pelo simples fato de ser lei, infere-se que se trata de lei constitucional, a única existente".
"O art. 282 da Constituição formula como princípio geral o carácter retroactivo da declaração de inconstitucionalidade com força obrigatória geral: a norma declarada inconstitucional desaparece da ordem jurídica, tudo se passando, em princípio, como se ela nunca tivesse sido produzida (inconstitucionalidade originária) ou deixasse de vigorar a partir da data da entrada em vigor da norma constitucional posterior (inconstitucionalidade superveniente)" (OTERO, Paulo. *Ensaio sobre o caso julgado inconstitucional*. Lisboa: Lex, 1993. parte 8, p. 48).

A eficácia *erga omnes* é inerente ao controle concentrado. De fato, é conatural a esse tipo de controle de constitucionalidade a necessidade de que as decisões sejam respeitadas por todos.

No caso de declaração de constitucionalidade quando procedente, a eficácia *erga omnes* "revigora" a lei, cuja constitucionalidade tinha sido colocada em dúvida.

Houve uma época em que, por uma série de razões culturais, dizer-se que as decisões do STF proferidas em ação direta de inconstitucionalidade (ADIn) tinham eficácia *erga omnes* não era suficiente para que fossem respeitadas como tais. Frequentemente, julgados ignoravam, solenemente, os acórdãos do STF, proferidos em ADIn.

Mudanças começaram a ocorrer em 1993, com a promulgação da Emenda Constitucional (EC) nº 3, que, além de introduzir a ação declaratória de constitucionalidade (ADC) – apesar de todas as críticas[7] dirigidas a essa então *nova*[8] figura –, inseriu no direito brasileiro a expressão *eficácia vinculante* – "(...) a eficácia contra todos e *eficácia*

---

7 "Já a proposta de emenda relativa à ação declaratória provocara intensa polêmica. Associações de magistrados manifestaram veemente protesto. Juristas de nome sustentaram a sua inocuidade, inconveniência e inconstitucionalidade. A ordem dos Advogados do Brasil reuniu grupo de juristas formado pelos Professores Geraldo Ataliba, Sérgio Sérvulo, Souto Maior Borges, Eduardo Botallo e Misabel Derzi para apreciar a proposta, tendo os referidos professores vislumbrado inúmeras inconstitucionalidades na proposta, como se pode depreender do elenco de vícios apontados: – o instituto estaria eivado de grava e irreparável vício técnico, porquanto não seria possível identificar-se o réu – e, assim, definir seu respectivo universo –, a afastar-se-ia qualquer simetria com a ação declaratória de inconstitucionalidade; – tal ação possuiria característica mais graves do que a avocatória, pois comprometeria a garantia do devido processo legal (CF, art. 5º, LIV), os princípios da ampla defesa, do contraditório e da dupla instância de julgamento (art. 5º, LV). Ademais, afetar-se-ia severamente o direito de acesso do cidadão ao Judiciário, contrariando o princípio da inafastabilidade do controle judicial (art. 5º, XXXV). Pela ofensa a tais direitos fundamentais, seria evidente a inconstitucionalidade da emenda em face ao disposto no art. No art. 60, §4º (IV), da Constituição; – a ação direta de constitucionalidade converteria o Judiciário em legislador, afastando-o da função que lhe é inerente – a saber, a distribuição da Justiça no caso concreto – e ofendendo o princípio da divisão de poderes. Ademais, verificar-se-ia o bloqueio do acesso do cidadão ao poder Judiciário, prejudicando o princípio da universalidade da jurisdição. Ter-se-ia, ainda, a destruição do controle difuso. Ação declaratória comprometeria o órgão de cúpula com a elaboração legislativa, inibindo o Judiciário todo, e, via de consequência, impediria os cidadãos de invocar a proteção jurisdicional. Ao abolir o contraditório, a emenda criou um processo sem parte, sem duplo grau de jurisdição e sem recursos. Também o Professor Ives Gandra vem sustentando a inconstitucionalidade da ação declaratória por entender que, na sua atual conformação, ela acarreta ofensa ao princípio do devido processo legal e do contraditório" (MENDES, Gilmar Ferreira Ferreira. *Controle abstrato de constitucionalidade*: ADI, ADC E ADO: comentários à Lei nº 9.868/99. São Paulo: Saraiva, 2012. p. 465-466).

8 Embora se tratasse de uma nova figura, a finalidade a que se destinava a ADC poderia ser atingida com o uso da ADIn, cuja natureza dúplice permite que se chegue ao mesmo resultado.

vinculante aos demais órgãos do Poder Judiciário e ao Poder Executivo" (arts. 102, §2º da CF) – das decisões proferidas em ADC.[9]

Certamente o legislador usou ambas as expressões para *reforçar* a obrigatoriedade de respeito às decisões do controle concentrado.

E o que acabou ocorrendo foi a "dupla" obrigatoriedade das decisões proferidas no controle concentrado: pela *ratio* e com eficácia *erga omnes*.

Buscou-se, com a introdução no direito brasileiro dos *efeitos vinculantes* – instituto de origem germânica –[10] garantir que as decisões do STF tivessem maior respeitabilidade e eficácia.[11] Foi um *reforço* do legislador – que, mais tarde, mostrou-se adequado e eficiente – visando a "driblar" a recalcitrância do próprio Poder Judiciário e do Executivo, quanto ao cumprimento de decisões proferidas em controle concentrado.[12]

A eficácia vinculante, de que são também dotadas as decisões do controle abstrato de constitucionalidade, impõe aos órgãos do Poder

---

9 Ainda não havia previsão expressa quanto à ADIn, o que levou as discussões, quanto ao efeito vinculante dizer respeito (ou não) apenas às ADC. O argumento da inconstitucionalidade somente foi aniquilado com a promulgação da EC nº 45, de 30 de dezembro de 2004 (art. 102, §2º), que previu expressamente que as decisões em ADIn também teriam efeito vinculante.

10 WISCHERMANN. *Rechtskraft und Bindungswirkung verfassungsgerichtlicher Entscheidungen* – zu den funktionsrechtlichen Auswirkungen der extensiven Auslegugen des §31 Abs. 1 BVerfGG. *passim*.

11 Da justificação da proposta de EC nº 3/1993, extraem-se os seguintes fundamentos que levaram a introdução desse instituto no direito brasileiro: "Além de conferir eficácia '*erga omnes*' às decisões proferidas pelo Supremo Tribunal Federal em sede de controle de constitucionalidade, a presente proposta de emenda constitucional introduz no direito brasileiro o conceito de efeito vinculante em relação aos órgãos e agentes públicos. Trata-se de instituto jurídico desenvolvido no direito processual alemão, que tem por objetivo outorgar maior eficácia às decisões proferidas por aquela Corte Constitucional, assegurando força vinculante não apenas à parte dispositiva da decisão, mas também aos chamados fundamentos ou motivos determinantes (*tragende Gründe*). A declaração de nulidade de uma lei não obsta à sua reedição, ou seja, a repetição de seu conteúdo em outro diploma legal. Tanto a coisa julgada quanto a força de lei (eficácia *erga omnes*) não lograriam evitar esse fato. Todavia, o efeito vinculante, que deflui dos fundamentos determinantes (tragende Grunde) da decisão, obriga o legislador a observar estritamente a interpretação que o tribunal conferiu à Constituição. Consequência semelhante se tem quanto às chamadas normas paralelas. Se o tribunal declarar a inconstitucionalidade de uma Lei do Estado A, o efeito vinculante terá o condão de impedir a aplicação de norma de conteúdo semelhante do Estado B ou C (cf. Christian Pestalozza, comentário ao §31, I, da Lei do Tribunal Constitucional Alemão (Bundesverfassungsgerichtsgesetz) in Direito Processual Constitucional (Verfassungsprozessrecht), 2ª edição, Verlag C. H. Beck, Munique, 1982, p. 170-171, que explica o efeito vinculante, suas consequências e a diferença entre ele e a eficácia seja *inter partes* ou *erga omnes*" (Proposta de Emenda Constitucional nº 130, de 1992, DCN nº 1, 2.9.1992, p. 19.956, col. 01).

12 A respeito, confiram-se: LEAL, Roger Stiefelmann. *O efeito vinculante na jurisdição constitucional*. São Paulo: Saraiva, 2006. p. 165-167; MENDES, Gilmar Ferreira. *Jurisdição constitucional*. 6. ed. São Paulo: Saraiva, 2006. p. 482 e ss.

Judiciário e o Poder Executivo (de rigor, a Administração Pública) o respeito à *ratio decidendi*, isto é, extraível dos fundamentos da decisão.[13] Contra a decisão ou o ato que desrespeita o *dispositivo* e/ou a *ratio decidendi* (fundamentos da decisão) proferida em qualquer das ações de controle abstrato, cabe reclamação (art. 988, III, §4º, do CPC).

O legislador de 2015 deixou claro, no art. 988, III, §4º, que caberá reclamação para garantir "a observância de enunciado de súmula vinculante e de decisão do Supremo Tribunal Federal em controle concentrado de constitucionalidade", e que, nessa hipótese, fica compreendida *"a aplicação indevida da* tese jurídica *e sua não aplicação aos casos que a ela correspondam"*.[14]

---

[13] "É certo (...) que a limitação do efeito vinculante à parte dispositiva da decisão tornaria de todo despiciendo esse instituto, uma vez que ele pouco acrescentaria aos institutos da coisa julgada e da *força de lei* [no direito brasileiro, leia-se *eficácia erga omnes*]" (MENDES, Gilmar Ferreira. *Arguição de descumprimento de preceito fundamental*. São Paulo: Saraiva, 2007. p. 190).

[14] Há quem repute inconstitucional esse dispositivo, opinião com a qual não concordamos. Segundo Daniel Mitidiero, "o art. 988, CPC, refere que cabe reclamação para garantir a 'autoridade das decisões', a 'observância de enunciado de súmula vinculante e de decisão do Supremo Tribunal Federal em controle concentrado de constitucionalidade', a observância de acórdão proferido em 'incidente de assunção de competência', de 'acórdão de recurso extraordinário com repercussão geral reconhecida' e 'acórdão proferido em julgamento de recursos extraordinário ou especial repetitivos'. Ao prescrever o cabimento da reclamação em todos esses casos, esse dispositivo ilustra perfeitamente a indevida assimilação do efeito vinculante do *precedente* ao da *decisão* operada no direito brasileiro. A rigor, o Código de Processo Civil oferece uma vidraça opaca para a reclamação.
Para além de um equívoco de política legislativa, o legislador incorreu nessa assimilação em *inconstitucionalidade*. Essa não deriva, contudo, da previsão de vinculação ao precedente, tendo em conta que a sua obrigatoriedade sequer depende de previsão legislativa. A inconstitucionalidade decorre do fato de que a Constituição só admite reclamação para as Cortes Supremas para a 'garantia da autoridade das suas *decisões*' – e não de seus *precedentes* (...) Quando o art. 988, §5º, inciso II, CPC, destina a reclamação para a tutela dos precedentes oriundos dos julgamentos de recursos extraordinários com repercussão geral e dos recursos repetitivos incorre em *inconstitucionalidade*, porque não cabe reclamação para o STF e o STJ para a tutela de seus *precedentes* – mas apenas para a garantia da autoridade de suas *decisões*".
E, por fim, conclui o autor: "Afirmar que os *motivos determinantes* (*tragende Gründe*) ou os *precedentes* (*rationes decidendi*) são vinculantes – isto é, abrangem todos expostos à ordem jurídica e são obrigatórios – é absolutamente correto. É um equívoco, porém, afirmar que o seu 'reflexo processual' está no cabimento da reclamação. Se a *decisão* não se confunde com o *precedente*, não há razão para se estender instrumento expressamente ligado pela Constituição ao efeito vinculante da primeira ao segundo" (MITIDIERO. *Processo constitucional*. parte III, item 2.1.2.1, subitem *e*).
Em sentido contrário, confira-se o que afirmam Nelson Nery Junior e Rosa Nery, com quem concordamos: "O novo CPC ampliou as hipóteses de cabimento da reclamação em comparação ao que consta do texto constitucional e da LR: agora também cabe reclamação para garantir a observância de tese firmada em incidente de resolução de demandas repetitivas ou em incidente de assunção de competência. Estaria o CPC criando regras não previstas na CF, regras essas que seriam inconstitucionais, relativamente ao processamento da reclamação no STF? Acreditamos que não, pois, no caso específico do STF, as novas hipóteses acabam sendo um desdobramento da garantia de autoridade das decisões daquele

Aqui vale a pena abrir um parêntese para se criticar duramente a redação desse dispositivo que fala em vinculatividade *da tese*. A tese é um enunciado que deve ser sucinto e conter exclusivamente a parte dispositiva da decisão, não a *ratio*. A procura da razão determinante que levou a decisão, do *core*, ou da *holding*, é tarefa que exige um certo requinte de raciocínio e, em determinados casos, pode ser bem complexa. Não se deve nem mesmo cogitar em aprisionar uma *ratio* no enunciado de uma tese.

A tese, sim, tem efeito *erga omnes* porque ela é a decisão no sentido estrito. E a *ratio*, por seu turno, tem efeitos vinculantes, para todos os casos análogos.

É importante que se faça essa distinção porque, quando o caso é exatamente igual, torna-se desnecessária a procura pela *ratio*: aplica-se a tese e ela não pode ser desrespeitada. A tese é uma hipótese de aplicação da *ratio*. Mas ainda que o caso não seja exatamente igual, mas seja suficientemente semelhante para ser decidido à luz da mesma estrutura jurídica de raciocínio que foi aplicada no precedente, este vincula, e o elemento vinculante é a *ratio*.

Esse tema será novamente objeto de nossas considerações neste artigo (item 5).

Na ADIn nº 6.974/TO, que impugnava a constitucionalidade do art. 40, V, da Lei Complementar nº 20, de 17 de junho de 1999, do Estado do Tocantins, que dispunha sobre o porte de arma como prerrogativa dos membros da Procuradoria-Geral do Estado, fixou-se a seguinte tese: "É inconstitucional, por violação à competência legislativa privativa da União, lei estadual que concede porte de armas a Procuradores do Estado".[15]

Essa decisão vincula *erga omnes*, isto é, todos aqueles que estão na mesma posição da situação originária que gerou a ADIN, isto é, Procuradores do Estado.

Invocar essa decisão em casos que, no plano dos fatos, não são idênticos, envolve, como se disse, a necessidade de investigação a

---

Tribunal. Afinal, as decisões desse Tribunal vinculam todos os demais Tribunais e juízes do País (v. CPC 927). Além disso, a previsão constitucional da reclamação faz as vezes de indicação da via de impugnação adequada, não impedindo que o instituto, propriamente dito, seja aplicável a outras situações e Tribunais" (NERY JUNIOR, Nelson; NERY, Rosa Maria de Andrade. *Código de Processo Civil comentado*. 22. ed. São Paulo: Thomson Reuters Brasil, 2022. comentários ao art. 988, item 5).

15 STF, ADIn nº 6.974/TO, Relator Min. Luis Roberto Barroso, 8 de agosto de 2022.

respeito de qual teria sido a *ratio* do caso subjacente à decisão que se pretende seja a base jurídica da segunda. É possível, portanto, com base na *ratio* desta decisão, resolver-se a questão relativa à concessão de porte de arma, por lei estadual, a membros da Defensoria Pública. Sobre a lei estadual que hipoteticamente concedesse porte de arma aos Defensores Públicos estaduais, recairia, pela mesma *ratio,* a pecha de inconstitucionalidade.

O que se disse até agora diz respeito ao efeito vinculante e eficácia *erga omnes* das decisões em controle abstrato de constitucionalidade.

4 Os precedentes – tendência à equiparação das "eficácias"

Passaremos, agora, a analisar os efeitos vinculantes dos precedentes judiciais, especialmente a decisão proferida em recurso extraordinário julgado no regime da repercussão geral.

Antes de entrarmos na vinculatividade das decisões que julgam recursos extraordinários, no regime da repercussão geral, vale a pena rápida menção à circunstância de que a tendência à equiparação das eficácias do controle difuso ao controle concentrado já se vinha revelando evidente. A figura da suspensão (art. 52, X, da CF) da norma pelo Senado, quando houvesse declaração de inconstitucionalidade *incidenter tantum* pelo STF, já vinha sendo abandonada. Já vinha sendo tida, por uma parte considerável da doutrina, como apenas uma forma de dar publicidade à decisão do Supremo, no sentido de que aquela lei seria considerada como inconstitucional.

A suspensão foi introduzida pela Constituição de 1934, num momento histórico em que ainda não existia o controle direto e abstrato de constitucionalidade, que foi instituído pela EC nº 16, de 26 de novembro de 1965. Constituía-se em uma forma de dar efeito *erga omnes* a uma decisão que, originariamente, só produzia efeitos entre as partes. Evidentemente, só havia suspensão da norma pelo Senado quando se tratava de controle difuso feito pelo Supremo, mesmo depois que nosso sistema adotou o controle concentrado.

A nosso ver, nos últimos anos anteriores ao CPC/2015, houve um processo informal de mutação constitucional, operado por meio de interpretação e independente de reforma da Constituição. Com o tempo, a decisão tomada pelo STF em controle incidental passou a ter eficácia *erga omnes* e força vinculante.[16]

Voltemos, agora, à análise do tipo de vinculação exercida pelas decisões do Supremo, em repercussão geral, *enquanto precedentes*, deixando de lado a discussão antes referida.

Nos países de *common law*, do qual se origina remotamente o sistema brasileiro de precedentes, o que realmente vincula é a *ratio*, o *core*, a *holding*, a essência do raciocínio jurídico que embasa a decisão. Portanto, o precedente, ou, de rigor, a sua *ratio*, são vinculantes para casos posteriores que, embora não girem em torno dos mesmos fatos, são *essencial* e *estruturalmente*[17] idênticos. Evidentemente a vinculação pela *ratio* envolve um espectro de abrangência muito maior do que a vinculação pela parte decisória que consta da tese, e que alcança única e exclusivamente casos idênticos do ponto de vista fático.

Os precedentes vinculam pela *ratio* e procurar a *ratio* é um trabalho que se faz *a posteriori*. Depois que o acórdão foi proferido, procura-se sua *ratio*, para se saber que situações devem ser decididas à luz daquela mesma *ratio*.[18]

Com o recurso extraordinário avulso (sob o regime da repercussão geral), faz-se o exercício da procura da *ratio*, e esta pode, na verdade, por razões práticas, constar na tese jurídica enunciada ao final do acórdão. De rigor, em nossa opinião, embora isso possa ocorrer na prática, as teses formuladas dessa maneira (pretensamente contendo a *ratio*) não são ideais, porque privam o órgão que vai decidir um outro caso posterior da liberdade de descobrir a *ratio* e verificar se esta deve ou não se aplicar ao caso que está julgando.

Quando se redige uma tese num caso que não é repetitivo, ou seja, num caso que não se repete de forma idêntica pelo país afora, a tese nada mais é do que um elemento facilitador da lida com os precedentes.

---

16 Nesse sentido, o principal defensor da teoria: MENDES, Gilmar Ferreira Ferreira. O papel do Senado Federal no controle de constitucionalidade: um caso clássico de mutação constitucional. *Revista de Informação Legislativa*, Brasília, n. 162, *passim*, abr./jun. 2004.

17 Sobre o tema identidade absoluta e essencial (apenas de essência), escrevemos: WAMBIER, Teresa Arruda Alvim. Precedentes e evolução do Direito. *In:* WAMBIER, Teresa Arruda Alvim (coord.). *Direito Jurisprudencial*. São Paulo: Revista dos Tribunais, 2012. p. 57 e ss. Veja-se, também, artigo em que se adotaram os conceitos de identidade essencial no âmbito dos embargos de divergência: CAMARGO, João Ricardo. O novo desenho estrutural dos embargos de divergência no STJ traçado pelo CPC/15. *Revista de Processo: RePro*, São Paulo, v. 42, n. 272, p. 271-296, item 5, p. 288 e ss., out. 2017.

18 FERRAZ, Taís Schilling. *Ratio decidendi* x tese jurídica. A busca pelo elemento vinculante do precedente brasileiro. *Revista de Processo: RePro*, São Paulo, v. 265, p. 419-441, mar. 2017.

Estas teses só são, de fato, como se disse e se pede vênia para repetir, relevantes, para que se decidam *casos idênticos* ao do precedente.

O STF fixou, por exemplo, tese de repercussão geral no RE nº 855.178,[19] em que se discutia a responsabilidade solidária dos entes federados pela prestação dos serviços públicos *relativos à saúde*, bem como o devido ressarcimento financeiro àquele que prestou o serviço.

Extraindo-se a *ratio* da tese enunciada ao final do acórdão, poder-se-ia sustentar a aplicação do precedente também para os casos em que envolvam prestação do serviço público na *área da educação*, para os quais o precedente seria vinculante.

O precedente vinculante é a expressão máxima da carga normativa que caracteriza as decisões dos Tribunais brasileiros, principalmente as do STJ e as do STF. Portanto, precedente vinculante é *norma*: *norma* tem eficácia *erga omnes*.

Portanto, a nosso ver, não há como encontrar, e esta conclusão é inexorável, diferenças substanciais entre a "obrigatoriedade" da decisão de uma ADIn e da decisão de um RE, julgado no regime da repercussão geral: ambas as decisões vinculam pela *ratio* e se consubstanciam em *normas* de observância obrigatória por toda a sociedade.

Isso porque, como dissemos, a legislação atual faz referência a que as decisões proferidas no controle concentrado de constitucionalidade vinculam pela *ratio*, ou seja, devem servir de base para a decisão de outros casos cujos fatos não sejam idênticos, mas semelhantes o suficiente para serem julgados da mesma forma. A vinculação pela *ratio*, como vimos, é a forma típica de vinculação dos precedentes, mas também ocorre no controle concentrado.

A vinculação *erga omnes* é, de certo modo, menos abrangente que a da *ratio*: significa que o *decisum* é oponível contra todos, contra toda a sociedade.

Mas, obviamente, os precedentes são decisões e obrigam as partes no caso concreto, porque como toda decisão final de mérito, fazem coisa julgada. Não tem sentido algum se cogitar em eficácia *erga omnes* de precedentes... A parte dispositiva das decisões jurisdicionais, como

---

[19] Ficou assim consignada a tese: "Os entes da Federação, em decorrência da competência comum, são solidariamente responsáveis nas demandas prestacionais na área da saúde e, diante dos critérios constitucionais de descentralização e hierarquização, compete à autoridade judicial direcionar o cumprimento conforme as regras de repartição de competências e determinar o ressarcimento a quem suportou o ônus financeiro" (STF, Tema nº 973, Plenário, julgado em 23 de maio de 2019).

costuma mesmo acontecer, diz respeito às partes do processo em que foi proferida, porque precedentes são decisões que dizem respeito diretamente às partes no processo; e decisões proferidas em controle concentrado dizem respeito a toda sociedade.

Por outro lado, tem sentido se falar em eficácia *erga omnes* de uma decisão proferida numa ação de controle concentrado porque as "partes" a serem atingidas são, na verdade, toda a sociedade. Não fosse assim, não existiriam ações de controle concentrado. Essa característica é, portanto, inerente a esse tipo de controle de constitucionalidade.

Essas circunstâncias não afastam a identidade das eficácias que decorrem do controle concentrado e do controle difuso de constitucionalidade feitos pelo STF.

Retomando então nosso raciocínio: o sistema positivo prevê que as decisões proferidas em controle concentrado geram efeitos *erga omnes*: e o que significa isso? Que todas as pessoas, exata e precisamente naquela situação, atingidas pela lei considerada inconstitucional ou pela interpretação considerada em desacordo com a Constituição, não precisam cumpri-la, e isso deve ser respeitado por toda a sociedade, já que o efeito produzido é "contra todos". Nessa medida, o efeito de uma decisão proferida em controle concentrado de constitucionalidade no direito brasileiro *é capaz de gerar uma alteração no ordenamento jurídico*, usualmente com efeitos retroativos, quando julgada procedente – salvo no caso da ADC, em que a regra é inversa.

Por outro lado, sendo a decisão proferida em controle difuso pelo próprio STF, no regime da repercussão geral, prevê o sistema estar-se diante de precedente vinculante que obriga, como todo precedente vinculante, pela *ratio*. Dessa forma, pode-se dizer que o *precedente vinculante cria regra jurídica*, seja pela via interpretativa do texto da lei à luz da Constituição, pela via interpretativa do texto da própria Constituição, ou do próprio sistema, que não parte, necessariamente, de um texto escrito.

Do mesmo modo, a nosso ver, pode-se afirmar que um precedente vinculante tem o condão de alterar o ordenamento jurídico, já que inclui nele uma "nova" regra, que todos devem respeitar: os juízes devem ter como base esta regra para julgar e a sociedade deve ter a mesma regra como base para se comportar, para planejar a sua conduta.

Que não nuble a clareza deste raciocínio a circunstância de os Tribunais Superiores estarem manifestando bastante entusiasmo no que diz respeito à elaboração das tais *teses jurídicas*. *As teses jurídicas não se confundem, de forma alguma, com o precedente. Também não podem dispensar a leitura do acórdão que julgou uma ação de controle concentrado.*

Ao contrário do que parece estarem entendendo os Tribunais, a utilidade das teses é bastante restrita, já que sua funcionalidade plena diz respeito apenas a casos que se repetem de forma idêntica pelo país afora, ou seja, a questões de massa. Aí, sim, a tese pode desempenhar essa função facilitadora da aplicação do precedente, e não deve conter se não a parte dispositiva, para aplicar-se apenas a casos rigorosamente iguais àquele que deu origem ao acórdão que gerou a tese.

Para que um acórdão, que consiste em precedente, possa aplicar-se a situações análogas, a tese deve ser desprezada e o acórdão deve ser lido com atenção e cuidado, para que se encontre a sua *ratio*, e para que, dessa forma, toda a potencialidade de gerar um direito coeso, previsível, que prestigia a segurança jurídica, se realize no plano concreto.

5 A atual impossibilidade de se diferenciarem ambas as "eficácias"

Sob a ótica pragmática, como vimos, não há como dizer serem diferentes as formas de gerar obrigatoriedade quando se trata de uma decisão do Supremo em controle difuso ou em controle concentrado. No fundo, a *ratio* de ambas essas decisões vincula, e a parte dispositiva também, como não poderia deixar de ser. A parte dispositiva das decisões do controle concentrado diz respeito às "partes", a toda sociedade; o dispositivo de um precedente direciona-se às partes, A e B, a quem o dispositivo diz respeito.

Um precedente, como observamos antes, é um elemento novo no ordenamento jurídico, assim como uma decisão de procedência no controle concentrado gera uma modificação nesse mesmo ambiente. Exatamente por isso é que se permite, tanto no caso do controle concentrado como no caso do controle difuso, a *modulação*. Justamente para poupar aqueles que não se comportaram de acordo com a regra – *com a mudança no ordenamento* – incluída no sistema, por exemplo, pelo julgamento de procedência de uma ADIn ou pela criação de um precedente, ou porque essa regra não existia, ou porque foi alterada.

A nosso ver, a existência de modulação para essas duas situações revela a obviedade de que não há diferenças substanciais entre autoridade de uma decisão proferida em controle concentrado e em controle difuso, quando no regime da repercussão geral, no recurso extraordinário.

6 O abuso na redação das teses – utilidade e perigo

A *ratio*, tradicionalmente, como dissemos no item anterior, é tida como a parte que vincula do precedente.[20] Trata-se da *essência* do raciocínio jurídico que é usado para decidir aquele caso concreto, a qual pode ser usada também para decidir, posteriormente, outros casos que não sejam exatamente idênticos, mas apenas semelhantes, àquele que foi decidido anteriormente e que gerou o precedente.

É por *analogia* que se percebe que um determinado precedente deve servir de base para decidir outro caso, que não seja, no que diz respeito aos fatos, exatamente igual àquele que foi decidido no precedente.

---

20 WAMBIER. Precedentes e evolução do Direito, p. 11-95. "Posso definir a *ratio decidendi* como uma norma formulada a partir da decisão de um caso por uma Corte Suprema em que razões necessárias e suficientes operam sobre fatos relevantes para determinar, no todo ou em parte, a solução de uma questão idêntica ou semelhante. Como muitos fatores influenciam essa formulação, é preciso tomar o texto da decisão como uma moldura capaz de fornecer, diante de suas descrições concorrentes, uma *prescrição normativa* mediante sua reconstrução lógico-argumentativa" (MITIDIERO, Daniel. *Ratio decidendi.* São Paulo: Thomson Reuters Brasil, 2023. cap. 2, item 2, grifos nossos). "A *ratio decidendi* ou *holding* de um precedente é a *parcela vinculante* da decisão que irradia eficácia prospectiva aos próximos casos, constituindo-se como *norma jurídica* que vinculará os tribunais inferiores e mesmo o próprio tribunal prolator da decisão, referindo-se, especificamente, às razões de decidir ou às razões para decisão" (MIRANDA, Victor Vasconcelos. *Precedentes judiciais*: a construção da *ratio decidendi* e o controle de aplicabilidade dos precedentes. São Paulo: Thomson Reuters Brasil, 2022. item 3.1, grifos nossos).
Na doutrina anglo-saxã, Goodhart afirma: "The rule of law for which a case is of binding authority is not one which is pronounced, explicitly or implicitly, by the judge in the precedent case, but which is constructed by later judges" ["A *rule* que se torna vinculante para os casos subsequentes não é a que consta, expressa ou implicitamente da decisão, mas a que é construída por juízes que posteriormente atuam nos casos análogos"] (GOODHART, A. L. Precedent in English and Continental Law. *The Law Quartely Review*, [*S. l.*], v. 50, especialmente p. 47, 1934, tradução nossa). No mesmo sentido, afirmam Zenon Bankowski, Neil Marccormik e Robert Summers: "The traditional doctrine of precedent in English common law has been that a precedent which is binding is binding only as to its *ratio decidendi*, that is, 'rule of decision'" (BANKOWSKI, Zenon; MACCORMICK, Neil; MARSHALL, Geoffrey. Precedent in the United Kingdom. MACCORMICK, Neil; SUMMERS, Robert S. (ed.). *Interpreting Precedents.* Aldershot: Ashgate, 1997. p. 336). Os americanos usam a expressão *holding*: "A holding is the minimum rule (whether or not expressly articulated) necessary to explain the outcome of the case" ["A *holding* é a essência da regra (expressa ou implícita na decisão) necessária para explicar o resultado do julgamento"] (LANDES, William M.; POSNER, Richard A. Legal Precedent: A Theoretical and Empirical Analysis, *The Journal of Law and Economics,* [*S. l.*], v. 19, n. 249, p. 250, 1976, tradução nossa).

Os *obiter dicta* ou os *gratis dicta* têm função meramente persuasiva.[21]

Um exemplo familiar pode ilustrar bem esse âmbito de discutibilidade: José tem dois filhos, João e Pedro. João entra na faculdade com 17 anos e ganha um carro. No ano seguinte, Pedro faz 17 anos e também entra na faculdade. Muito provavelmente vai reivindicar do pai o mesmo presente. O pai pode argumentar no sentido de que o fato de João ter entrado na Faculdade de Medicina da USP integrou a *ratio* da decisão tomada, e que Pedro entrou numa faculdade paga, cujo vestibular não é concorrido.

Esse exemplo é interessante por duas razões: primeiro, porque fica bem claro que o modo natural de se criarem regras para disciplinar a conduta de integrantes de um grupo social é a de se formarem precedentes. Segundo, porque revela o grau de discutibilidade que pode existir na aplicação dos precedentes e, por último, mostra que a *ratio* não é apontada diretamente por aquele que toma a decisão, mas, ao contrário disso, é encontrada por aquele que cogita de aplicar o precedente ao seu caso, posterior.[22]

A *ratio* não se confunde com a fundamentação, embora esse seja um elemento fundamental para que a *ratio* seja, em parte, "descoberta" e, em parte, reconstruída.

Usa-se, aqui, a expressão *reconstruída* para significar a necessidade de que a decisão seja *interpretada*, para que se encontre a *ratio*. Na interpretação, há inegável contribuição *ativa* do sujeito que interpreta: ele *não encontra*, não descobre a *ratio*, pura e simplesmente. Como acontece com o intérprete da lei, quando, ao compreender o texto e a partir dele, reconstrói seu sentido, o intérprete da decisão também "reconstrói" a *ratio*.[23]

---

21 "It is a truism upon which there is no need to enlarge that dicta are of varying degrees of persuasiveness" ["É uma verdade, sobre a qual não há necessidade de se insistir, que os *dicta* têm diferentes graus de persuasão"] (CROSS, Rupert; HARRIS, J. W. *Precedent in English Law*. 4th. ed. Oxford: Clarendon Press, 1991. p. 76, tradução nossa).

22 No original: "There can be acute problems about the interpretation of a precedente in difficult cases. The problem is that of *identifying* a *ratio decidendi* in the precedent and of *interpreting* the *ratio* (...). However, the later court formulates the proposition that it considers the earlier on had to determine, is to that proposition that the later court will ascribe the status of *ratio decidendi*" ["Há casos difíceis, que apresentam entraves e dificuldades para serem interpretados. Há problemas para identificar a *ratio* e compreendê-la. Normalmente, é o tribunal que decide, aplicando o precedente, que determina qual a extensão da proposição de direito à qual se atribuirá o *status* de *ratio*"] (BANKOWSKI; MACCORMICK; MARSHALL, Precedent in the United Kingdom. p. 315-354, especialmente p. 333; p. 337, tradução nossa).

23 Cf. LAMOND, Grant. Precedent. *Philosophy Compass*, [*S. l.*], v. 2, n. 5, especialmente p. 701, set. 2007.

O conceito de *tese jurídica* também deve ser analisado e compreendido, até porque, do estudo desse fenômeno podem decorrer diretrizes relevantes sobre *quando* essas teses deveriam ser redigidas. A nosso ver, no direito brasileiro atual, posterior ao Código de 2015, tem havido *certo abuso* na identificação das hipóteses em que deve haver a redação dessas teses, somado à crença de que a obediência aos precedentes pode se dar, e ser controlada, de maneira quase *automática*, por meio da aplicação, irrefletida, da *tese*.

Os Tribunais não têm revelado uniformidade no modo de redigir as teses. Muitas delas são abrangentes, a ponto de se ter querido realmente englobar nelas a *ratio* ou, pelo menos, a fundamentação. Isso, a nosso ver, está errado. Não deveria acontecer. Porque pode ensejar a equivocada impressão de que se pode aplicar a tese a um caso que não seja exatamente igual ao que foi decidido, fazendo-se, portanto, uma analogia, a partir da leitura da *tese* e não da do acórdão. Isso, novamente temos que afirmar, está absolutamente errado e pode desvirtuar o sistema de precedentes.

As *teses*, na verdade, a nosso ver, devem ser apenas o resumo da decisão do *caso concreto*. Como se verá mais à frente, com mais vagar, são elementos *facilitadores do funcionamento do sistema de precedentes*, mas, realmente, só podem ser levadas a sério, funcionando como um elemento quase autônomo, nos casos em que o sistema de precedentes desempenha o papel de resolver o problema da *litigância de massa*.

É verdade que o sistema de precedentes trazido pelo Código de 2015 teve em vista fundamentalmente (mas não exclusivamente) resolver, ou pelo menos minimizar, o problema da litigância repetitiva. Estes são os tais precedentes à brasileira. A litigância repetitiva consiste na circunstância de inúmeras causas, envolvendo *exatamente a mesma questão jurídica*, se repetirem, no país, exata e precisamente, *da mesma forma*. Nesses casos, a aplicação do precedente dispensa emprego da analogia, já que se trata de *reproduzir*, pura e simplesmente, a decisão do caso anterior.

Esses casos vêm sendo chamados pela doutrina de casos *binários*, pois não comportam um "depende", como início da resposta colocada em função de como se deve decidir a lide. Consistem, normalmente, em ações movidas contra instituições bancárias ou empresas de telefonia, dizendo respeito, por exemplo, à validade de determinada cláusula de contrato bancário que é inserida em contratos celebrados por vários bancos, ou, ainda, a certa facilidade que é oferecida por várias empresas de telefonia, sem a contrapartida da informação clara, no sentido de que aquela facilidade seria paga.

Nos casos como esses, a elaboração de *teses* é bem-vinda, porque facilita sobremaneira a constatação no sentido de o precedente ter ou não ter sido obedecido. Praticamente dispensa a leitura do acórdão, porque não há a necessidade de se encontrar a *ratio*.

O tema se reveste de imensa relevância porque, evidentemente, não são só questões binárias as decididas pelo Supremo, por meio de recurso extraordinário. As questões binárias são objeto de decisão do Supremo quando se trata de recursos repetitivos, mas esses recursos, como se sabe, praticamente deixaram de existir, a partir do momento em que o legislador equiparou os dois procedimentos: o do recurso julgado no regime da repercussão geral e o do recurso extraordinário repetitivo.

No entanto, as teses são elaboradas em ambos os casos. No momento da decisão, não se distingue se aquele caso que está sendo decidido é binário, ou seja, muito provavelmente se enquadra no conceito de litigância de massa, ou é, simplesmente, um caso em que se discute matéria constitucional, cuja repercussão extrapola o limite do interesse das partes, e que, portanto, deve ser conhecido pelo STF ainda que não se trate de questão repetitiva.

Em ambos os casos, teses são redigidas, mas certamente têm funções diferentes nessas duas hipóteses.

Mais uma palavra a respeito da *ratio*. Vamos a um exemplo em que se consegue distinguir com clareza tese, fundamentação e *ratio*: músicos não são obrigados a se inscreverem em órgãos de classe nem a pagar anuidade para exercer sua profissão.

O fundamento dessa decisão foi a *liberdade de expressão*, prevista constitucionalmente.

E a *ratio*? A *ratio* poderia ser assim formulada: não se pode condicionar o exercício da liberdade de expressão, que é uma garantia constitucional, a nenhum tipo de ônus.

Com esta formulação, já se veria que essa razão de decidir pode-se aplicar às bailarinas, aos pintores, aos escultores. Mas não aos médicos, nem aos fisioterapeutas.

Mas a *ratio* ainda pode ser formulada de uma maneira diferente, mais abstrata e, portanto, mais abrangente, e mais descolada do caso concreto: *não se pode condicionar o exercício de garantias constitucionais a nenhum tipo de ônus*.

Veja-se aqui que, na *ratio* formulada desse modo, não há referência nem à qual garantia constitucional e nem ao tipo de ônus.

Evidentemente o âmbito da abrangência de uma *ratio* formulada nesses termos é muito mais amplo.

É por isso que o Judiciário não pode apontar qual a *ratio* de sua decisão, quando decide, porque isso equivaleria à construção de *regras abstratas*, e essa competência é do Poder Legislativo. O que o Poder Judiciário pode fazer, em nosso entender, é decidir um *caso concreto*, com fundamentação clara, de modo a proporcionar ao juiz seguinte a possibilidade de encontrar a *essência* desta fundamentação, de molde a poder aplicá-la a um caso subsequente *semelhante*.

Veja-se um outro exemplo: uma *tese* pode dispor que, se se comprovar que alguém, no dia marcado para um teste de aptidão física em concurso público, estava grávida, esse exame deve ser adiado, mesmo que inexista previsão editalícia nesse sentido. Vê-se que a tese é *rente* ao caso concreto.

A *ratio*, mais abstrata, embora ainda ligada aos fatos, consiste em que não há necessidade de previsão editalícia em concurso público para que se possa remarcar exame de aptidão física para candidato, quando se comprove que este estava absolutamente impossibilitado por razões de saúde.

A definição sobre a aplicabilidade da tese jurídica a casos que não sejam, do ponto de vista fático, rigorosamente idênticos àqueles que foram selecionados pelo Tribunal e que serviram de base para o julgamento do caso repetitivo e, por consequência, de parâmetro para a fixação da tese jurídica, *não é feita a partir da tese, mas sim do exame da ratio decidendi*.

A facilitação propiciada pela criação da tese jurídica não pode tornar o precedente preceito abstrato, como se fosse um enunciado normativo, desligado dos fatos essenciais discutidos nos recursos selecionados para a apreciação da matéria.[24]

---

[24] Nesse sentido, Rodrigo Barioni: "A *ratio decidendi* não fica circunscrita ao que consta na tese jurídica ou no enunciado da súmula. A regra extraível do precedente pode ser aplicada a situações fáticas em que o elemento essencial a ser considerado – o núcleo da situação submetida a julgamento (material facts) – é exatamente o mesmo que justificou a decisão tomada nesse precedente. Não se pode confinar o âmbito do precedente à hipótese da tese jurídica ou da súmula, sob pena de reduzir o potencial do precedente e, com isso, gerar situações de incoerência no sistema jurídico. Aliás, a *ratio decidendi* não pode ser definida *a priori* em toda sua completude. Apenas no caso subsequente, em que apresentados os fatos essenciais, é que se identificará a pertinência (ou não) de se aplicar a *ratio decidendi* do precedente para direcionar o processo decisório" (BARIONI, Rodrigo. Precedentes no

É o princípio da adstrição, a que faz referência Fabio Monnerat.[25] Como diz com precisão Patrícia Perrone, "os precedentes vinculantes são produto do exercício da jurisdição e, portanto, se sujeitam aos mesmos limites deste exercício".[26]

Se a tese vai além do caso decidido, há ofensa aos princípios da congruência, dispositivo, mas sobretudo ao do contraditório.[27]

A seguir veremos um exemplo emblemático de como as teses podem ferir os princípios da congruência, do dispositivo e, especialmente, do contraditório.

Em nosso entender, teses deveriam ser redigidas apenas em casos ditos "binários": conflitos cuja solução possa ser projetada como um *sim* ou como um *não*. Casos mais complexos, que envolvem nuances, envolvem um "depende", não deveriam ter sua complexidade aprisionada

---

Direito brasileiro: desafios e perspectivas. *Revista de Processo: RePro*, São Paulo, v. 310, p. 6, dez. 2020).

25 Como ensina Monnerat: "O dever de adstrição deve ser compreendido como *uma vedação do órgão formador do precedente de abstrair o caso concreto e formular, pela via jurisdicional, conclusões decorrentes de situações hipotéticas não existentes na situação litigiosa posta em juízo e, a partir delas, estabelecer normas precedentes ou sumuladas.*
Em outras palavras, faz-se necessária a adstrição ao caso concreto quando da edição de súmulas ou precedentes qualificados, devendo ser observado, portanto, quando da formação desses pronunciamentos, o princípio da congruência ou correlação.
O princípio da congruência ou correlação (art. 2º do CPC), em seu sentido clássico, impossibilita o juiz de, em sua decisão, ampliar ou modificar os contornos da pretensão do autor. Tal limitação é expressa no art. 141 do CPC e consiste em uma decorrência da inércia jurisdicional, segundo a qual o Poder Judiciário não age senão quando provocado e nos limites da provocação, sendo, dessa feita, vedado ao magistrado extrapolar esses limites, julgando matéria para a qual não tenha sido provocado.
Portanto, o juiz, quando de seu julgamento, deve se ater aos limites propostos pelas partes, sendo, por via de consequência, vedado a ele conhecer de matéria ou julgar questões que não lhe foram apresentadas pelas partes interessadas" (MONNERAT, Fábio Victor da Fonte. *Súmulas e precedentes qualificados*: técnicas de formação e aplicação. São Paulo: Saraiva Educação, 2019. p. 76-77).

26 "As decisões proferidas não podem versar sobre causas que não foram propostas (princípio da inércia da jurisdição), não podem cuidar de causa de pedir ou de pedido diverso daquele debatido (princípio da congruência), precisam assegurar às partes a possibilidade de deduzir todos os argumentos da forma mais ampla possível (princípio contraditório e ampla defesa) e decidir com nível informacional adequado à demanda proposta e aos argumentos deduzidos (princípio devido processo legal). Justamente em virtude disso, *a tese que vinculará novos casos só pode ser aquela que serviu de premissa para a decisão do caso concreto*" (MELLO, Patrícia Perrone Campos. O Supremo Tribunal Federal: um Tribunal de Teses. *Revista EMERJ*, Rio de Janeiro, v. 21, n. 3, t. 2, especialmente p. 462, set./dez. 2019).

27 Teses são redigidas "em caráter muitas vezes abstrato e ampliativo" (ANDREASSA JUNIOR, Gilberto. *Precedentes judiciais e colegialidade*: a reforma no procedimento deliberativo dos tribunais como pressuposto para uma efetiva aplicação dos institutos. Londrina: Thoth, 2021. p. 122).

numa *tese*. Entretanto, teses têm sido redigidas mesmo nesses casos: devem, então, ser consideradas como sendo *meros indexadores*.

Como dissemos antes, em casos binários, a tese pode ter bastante utilidade, do ponto de vista *funcional*. Nesses casos é que se aplicam as fórmulas abreviadoras de procedimento previstas, por exemplo: no art. 311, II, que autoriza a concessão de tutela de evidência com base em tese firmada em recursos julgados sob o regime de repetitivos; no art. 332, que determina o julgamento liminar do pedido com base em tese firmada em recursos julgados sob o regime de repetitivos; no art. 496, §4º, que admite a dispensa de remessa necessária, se a sentença tiver se baseado em julgados sob o regime de repetitivos; no art. 918, II c/c o art. 332, que determina a rejeição liminar dos embargos à execução.

Em casos não repetitivos, não se escapa de ler a decisão, e o valor da tese é diminuto. A *ratio* não é uma regra geral e abstrata, similar à de um ato normativo expedido pelo Poder Legislativo. Está sempre ligada ao contexto fático analisado pelo Tribunal.[28] Daí por que a *ratio decidendi* constitui regra jurídica que sempre se relaciona aos fatos essenciais do processo no qual foi formado o precedente, sem poder ser inteiramente abstraída de seu contexto.

A extensão do precedente, ou seja, da *ratio*, a situações que não sejam rigorosamente idênticas decorre do reconhecimento da identidade dos *fatos essenciais* existentes no caso das taxas de matrícula e de expedição de diploma – direito de acesso do aluno à educação superior gratuita –, que impõe igual regramento dos temas.

Quando se buscam identificar a *ratio decidendi* e a correspondente argumentação jurídica a partir desse elemento, a *tese* fica em segundo plano porque diz respeito apenas ao caso concreto. É necessário o *estudo* da decisão.

Por isso é que, como já dissemos, e nisso insistimos, a redação das tais teses pode ser muito útil para resolver questões ligadas à litigância de massa, podendo ser aplicadas de uma maneira, num certo sentido, automática.[29]

Mas o mesmo acórdão que decidiu uma questão de massa, e que gerou uma tese aplicável a casos idênticos, tem uma *ratio*, e esta pode ser aplicada a casos análogos. É claro que a aplicação dos precedentes pela via da analogia, a partir da compreensão da *ratio* do precedente, é

---

28 Cf. LAMOND. Do precedents create rules?, especialmente p. 2.

29 Vejam-se, por exemplo, os arts. 932, IV e V c/c 1.030.

um caminho muito mais complexo, exigindo um raciocínio muito mais refinado dos juízes das partes e de seus advogados.

O nosso sistema de precedentes não funciona, e não deve mesmo funcionar, apenas por meio desse caminho simplista da aplicação das *teses*.

7 Especialmente: tese x *ratio*

O STF decide, hoje em dia, questões constitucionais únicas e peculiares, julgando um recurso extraordinário, assim como decide questões binárias, que se repetem de modo idêntico pelo país afora, que poderiam ter sido decididas por meio do recurso no regime dos repetitivos.

O regime procedimental dos repetitivos foi equiparado ao do recurso extraordinário avulso, e, portanto, está fadado a desaparecer, como dissemos há pouco, pois o primeiro recurso extraordinário julgado, no regime da repercussão geral, já gera precedente vinculante.

Em ambos os casos, ocorre a redação de *teses*, mas, evidentemente, quando se trata de questões não repetitivas, a leitura do acórdão é absolutamente imprescindível porque o que vincula é a *ratio*, e a *ratio* dificilmente é absorvida pela tese, e, a nosso ver, não deve mesmo sê-lo.

Há casos em que os recursos *não* deveriam ter sido afetados para, sendo julgados como recursos paradigmas, darem origem a uma só tese.

Isso ocorre quando as hipóteses fáticas subjacentes aos recursos são diferentes e artificialmente se constrói uma "tese", que seria suficiente para resolver os casos de todos os recursos afetados.

Foi o que ocorreu com o Tema nº 466, que gerou a Súmula nº 479 do STJ.

Tema nº 466: "As instituições bancárias respondem objetivamente pelos danos gerados por fortuito interno relativo a fraudes e delitos praticados por terceiros no âmbito de operações bancárias". No mesmo sentido é a Súmula nº 479 do STJ. Foram muitos os recursos afetados:

> *(i)* cinco tratavam da abertura de conta corrente por estelionatário, utilizando-se de *documentos falsificados* da vítima;[30]

[30] AgInt no AI nº 1.235.525/SP; AgInt no AI nº 1.292.131/SP; AgInt no AREsp nº 80.075/RJ; REsp nº 1.197.929/PR e REsp nº 1.199.782/PR, julgados sob o regime de repetitivos.

(ii) dois diziam respeito a *saque indevido* efetuado por estelionatário na conta corrente da *vítima;*[31]
(iii) dois versavam sobre fraudes decorrentes de *roubo de malotes com talões de cheques durante o transporte;*[32]
(iv) dois de *roubo de cofre dentro da agência bancária*[33] e
(v) um envolvia assalto seguido de morte de funcionário no interior de agência bancária.[34]

O que há em comum em todas essas hipóteses é que a vítima não sabia da fraude também que não teria como evitá-la. A tese foi redigida de uma forma bastante ampla, o que é indesejável, e se criou uma figura jurídica que, até então, não existia, "o fortuito interno". Não parece ter sido fruto do emprego de boa técnica terem se dado "exemplos" da própria tese. Aliás, diga-se de passagem, nos exemplos que constam da tese, que correspondem a duas das questões jurídicas existentes em recursos afetados, o que se percebe é a existência de *negligência* da instituição bancária, por ter aberto conta ou concedido empréstimo com base em documentos falsos. A tese é vaga, talvez propositadamente, porque não é rente a nenhum dos casos julgados: pretende ter identificado os traços fundamentais da estrutura do pensamento jurídico que teria estado na base de todas as decisões dos recursos afetados.

Esse tipo de tese não proporciona o bom funcionamento do sistema de precedentes, porque, não tendo sido redigida para resolver um caso concreto, acabou sendo excessivamente abrangente, o que gera, inexoravelmente, portas abertas para a interpretação.

Os problemas que disso decorrem são infinitos, mas, com certeza, o principal deles diz respeito ao âmbito de atividade do juízo *a quo* no momento do juízo de admissibilidade do recurso especial. Como a tese não se refere a caso concreto algum, e o hábito de não ler os acórdãos que deram origem à tese é o que prevalece, esta tese vem sendo indevidamente aplicada a casos como o do "golpe do *motoboy*": este golpe consiste em um terceiro induzir o consumidor a informar seus dados pessoais, entregar cartão e senha, fora do estabelecimento bancário. A fraude é perpetrada contando com o total auxílio e boa vontade do consumidor que, pode-se dizer, tem culpa integral pelo ocorrido.

---

31 AgInt no AI nº 1.345.744/SP; AgInt no AI nº 1.430.753/RS.
32 AgInt no AI nº 1.357.347/DF; REsp nº 685.662/RJ.
33 REsp nº 1.045.897/DF; REsp nº 1.093.617/PE.
34 AgInt no AI nº 997.929/BA.

Em casos como esses, a tese mais atrapalha do que ajuda, e faz com que a doutrina unanimemente afirme que o agravo do art. 1.021 do CPC não pode ser um ponto final como será verá no último item deste artigo.

Quando o Tribunal elabora uma tese, não se deve esquecer de que estará julgando *um ou mais recursos*, e não pode, por isso, apontar a *ratio* de uma forma quase abstrata, *sugerindo* que o precedente deva aplicar-se a outros casos análogos, porque essa função é do juiz que vai *aplicar* o precedente: cabe a ele encontrar a razão determinante do precedente aplicado.

De rigor, só devem ser afetados casos idênticos, assim como só devem ser sobrestados casos idênticos. Os recursos repetitivos se prestam fundamentalmente para resolver questões que se repetem de forma absolutamente igual pelo país afora. Parece que o Tribunal, nesses casos, já se adiantou e fez analogia, como se estivesse dizendo que todos aqueles casos devem ser decididos com base na mesma *ratio*, e redigiu uma tese infeliz, que não contêm a *ratio* e é tão ampla quanto um texto de lei.

Apesar de todos esses equívocos, o Tribunal *a quo* só poderia obstar a subida de um recurso que fosse idêntico a pelo menos um dos casos afetados. Mas, como dissemos, é importante insistir, deveria ter havido uma afetação para cada um desses casos, e a tese deveria dizer respeito apenas a casos iguais, porque a eles deveria necessariamente ser rente.

Por isso é que ao Tribunal *a quo* só cabe negar seguimento ao recurso especial ou extraordinário, com base no art. 1.030, *in fine*, quando o recurso impugna acórdão que está de acordo com uma *tese*, tese esta que não pode espelhar coisa diferente do que o julgamento do recurso. O Tribunal *a quo* não pode negar seguimento a um recurso especial, quando, *na sua opinião*, a decisão impugnada já estaria de acordo com a *ratio* de um recurso já julgado pelo Tribunal *ad quem*, em caso que não seja idêntico.

Se o Tribunal *a quo* pudesse fazer isso, o sistema estaria permitindo que ele *julgasse o mérito* do recurso. Não cabe a ele, mas ao Tribunal *ad quem*, dizer se aquele novo caso, aquele caso cujos *fatos não são iguais aos do precedente*, também deve ser decidido à luz do precedente.

A tese jurídica às vezes é formulada de modo ainda mais fechado, contendo apenas a síntese da "solução do tema controvertido", sem conter os fundamentos.

A nosso ver, as teses deveriam ser sempre assim, por que esse método de redação de teses permite que a 'tese jurídica' cumpra seu principal "objetivo" no sistema de precedentes: ser aplicada, objetivamente, a todos os feitos envolvendo a mesma questão jurídica, que sejam exatamente idênticos, possivelmente suspensos desde a afetação do tema. Essa utilidade aparece de modo evidente quando se trata de questões de massa.

As teses devem fazer referência ao *caso concreto*. Imagine-se que o STJ tenha definido, no julgado de recurso repetitivo, a seguinte *tese*: "É possível a suspensão do fornecimento de energia elétrica, em razão de inadimplemento da fatura, por período superior a 30 dias". Nessa *tese*, a variabilidade das circunstâncias concretas não integrantes da tese jurídica faz gerar a dúvida: será que se enquadrariam nessa tese hotéis, escolas e hospitais? A grande generalização, desconsiderando por completo as circunstâncias fáticas do caso objeto de apreciação no repetitivo, faz com que essa tese jurídica possa ser afastada sempre que demonstrado que o julgamento proferido no repetitivo não tenha tratado de causa com situação similar àquela a ser decidida.[35] Isso, obviamente, reduz drasticamente sua utilidade.

Todas estas observações são importantes para que se perceba que o sistema de precedentes não subtraiu, nem ao juiz, nem ao Tribunal de 2º grau, o poder-dever de *interpretar*[36] o acórdão que gerou o prece-

---

35 Alberto F. Garay registra, com precisão: "Cuando procuramos establecer qué resolvió la Corte Suprema en un caso – y mucho más si se trata del primer caso en su tipo , debemos guardar apego a sus hechos y, en principio, ceñir la solución estrictamente a sus hechos relevantes. De lo contrario, si en tren de emplear el caso como precedente se generaliza excesivamente la particular situación decidida en él y se piensa que con esa sentencia la Corte habría resuelto todos los supuestos semejantes, definidos en niveles de generalidad exagerados, estaría interpretándose la sentencia 'como si' fuera una ley o un suerte de declaración política, abstrayéndosela de las especificas circunstancias que motivaran ese primer pronunciamiento y esa primera norma individual contenida en ella. Esto sería un error grave" ["Quando procuramos estabelecer o que resolver a Corte Suprema num caso – e muito mais se se trata do primeiro caso desse tipo – devemos nos apegar aos seus fatos e, em princípio, conceber a solução estritamente ligada aos fatos relevantes. Ao contrário, se se pretende o caso como precedente, se generaliza excessivamente a particular situação, decidida no acórdão e se pensa que, com essa sentença, a corte poderia resolver todos os casos supostamente semelhantes, definidos em níveis generalizados, estariam interpretando a sentença como se fosse uma lei ou algum tipo de definição política, tendo se abstraído das específicas circunstâncias fáticas que motivaram o primeiro pronunciamento e, portanto, da primeira norma individual nele contida. Isso seria um grave erro"] (GARAY, Alberto F. *La doctrina del precedente en la Corte Suprema*. Buenos Aires: Abeledo Perrot, 2013. p. 83, tradução nossa).

36 O art. 39 da Recomendação nº 134/2022 do CNJ, de que tratamos no item 9.2.1., deixa claro que "A aplicação do precedente envolve *operação cognitiva* e deve ser sempre devidamente fundamentada" (grifos nossos).

dente que talvez deva ser seguido, para saber se é à luz da *ratio decidendi* desse acórdão que o juiz ou o Tribunal devem mesmo decidir a causa que estão apreciando. Ou se, na verdade, o precedente não deve ser obedecido, porque sua *ratio* não se aplica ao caso...

Normalmente, o juiz ou o Tribunal terão, diante de si, uma *tese*. Mas, se não se tratar de uma tese que diga respeito a casos binários, apesar de existir uma tese, pedimos vênia para insistir, devem os julgadores ler o acórdão que lhes deu origem, identificar a *ratio* e, com base nela, decidir e, eventualmente, não aplicar a tese!

Isso significa que, na verdade, os juízes e os desembargadores não aplicam, propriamente, a *tese* para decidir seus casos, salvo nos casos binários, que, como se disse, normalmente são aqueles que geram litigância de massa e consistem em direitos individuais homogêneos. Eles decidem, isso sim, à luz da *ratio* e lhes cabe identificá-la.

Os Tribunais devem ter grande cuidado com a elaboração da tese jurídica, para que *não* reflita aquilo que *não* se decidiu. Sem dúvida, situações de menor variabilidade fática (casos ditos "binários") são mais apropriadas para a formação de teses jurídicas do que hipóteses mais abertas. Não se pode desprezar o *risco* de redações demasiadamente genéricas, que pretendam indevidamente ampliar a tese jurídica além dos fatos dos casos selecionados como representativos da controvérsia. Como registra Taís Schilling Ferraz, o julgamento de casos repetitivos não "abstrai completamente do conflito que lhe deu origem e de todas as circunstâncias consideradas relevantes para que se decidisse por um determinado caminho ao julgar".[37]

Deve-se ter presente que o CPC lida com esses dois estilos de precedentes. Veja-se que o art. 489, §1º, V e VI, se aplica apenas aos casos em que, apesar de fixada a *tese*, só para facilitar a lida com os precedentes, a sua classificação, a sua publicização... (i.e., em casos em que, de rigor, nem deveria ter sido fixada uma tese), o que vincula é a *ratio*, porque não se trata de instituto concebido com a finalidade de gerenciar litigância de massa (= casos idênticos). Só nessa hipótese é que se deve analiticamente justificar a adequação da regra do precedente, *cujos fatos não são iguais aos da causa julgada*, ao caso que agora se deve decidir.

---

[37] FERRAZ. *Ratio decidendi x* tese jurídica. A busca pelo elemento vinculante do precedente brasileiro, especialmente p. 428.

Quando a vinculação ocorre "pela *tese*", a fundamentação se dá por meio de um processo bastante mais simplificado: não há muito a justificar, pois os casos (o do precedente e aquele que o juiz tem diante de si para decidir) são idênticos.

A nosso ver, esses dispositivos não se aplicam às hipóteses em que a vinculação se dá "pela *tese*": são os repetitivos e o IRDR, *dentro* dos seus respectivos procedimentos.

Quando o mesmo acórdão que julgou, por exemplo, o recurso repetitivo, for usado para fundamentar uma decisão em caso semelhante, depois de findo o procedimento dos recursos repetitivos, que só pode abranger casos idênticos (de fato, como se suspenderiam, *a priori*, casos que devessem ser decididos à luz da mesma *ratio*?), aí o dispositivo apenas mencionado tem ampla aplicação.

Uma decisão que pretende ser fundamentada em precedente – como autoriza nossa lei! – mas *não* demonstra que se pode fazer uma *analogia* entre o caso subjacente ao precedente e o caso julgado, é decisão *não fundamentada*.

Já, como dissemos, há alguns artigos do CPC que se aplicam a essa versão "abrasileirada" dos precedentes, como, por exemplo, o artigo 1.030.

8 A necessidade de coerência e integridade no sistema jurídico – razão de ser da vinculação pela *ratio – casos em que a tese tem valor muito reduzido, de mero indexador*

A fixação de *teses*, como se viu, tem em vista imprimir maior praticidade ao sistema de precedentes, principalmente quando se trata daqueles institutos cuja finalidade é resolver ou minimizar os problemas causados pela litigância de massa. Nesse caso, as "teses" vinculam (porque são uma hipótese de aplicação da *ratio*), a nosso ver, e só se aplicam a *casos idênticos*.[38]

Tem a aplicação dessa "versão" do sistema de precedentes o efeito de diminuir a carga de trabalho dos Tribunais Superiores. O mesmo não ocorre quando se pensa na vinculação pela *ratio*.

---

[38] Marcelo Marchiori (*A atuação do Poder Judiciário na formação de precedentes definitivos*: experiências e desafios. Salvador: Juspodivm, 2022. p. 116) sustenta: "Assim, a prevalência dos precedentes qualificados sobre outros julgados, principalmente quando se tratar de questão jurídica repetitiva ou com potencial de repetitividade, exige a submissão de temas para julgamento qualificado e, conforme proposto pelo Código de Processo Civil, deve sempre ensejar o sobrestamento de processos que contenham mesma controvérsia jurídica em todas as instâncias a partir do momento em que se encontrem delimitadas e estabilizadas as questões jurídicas a serem definidas no processo".

A *ratio* do recurso afetado e julgado como paradigma se aplica a outros casos análogos, como no exemplo em que o caso "mãe" dizia respeito à possibilidade de se cobrarem *matrículas* em universidade públicas. A *tese* diria respeito só ao caso das matrículas, e só a esses casos poderia aplicar-se. Casos análogos são os que dizem respeito às *taxas de expedição de diploma* ou de realização de *prova substitutiva*, que devem ser decididos à luz da mesma *ratio*, mas não à luz da *tese*!

Entretanto, como vimos, os Tribunais têm fixado teses como resultado do uso de instrumentos que não se destinam a resolver questões idênticas.

A partir de 2013, o STF encontrou uma forma de aumentar a visibilidade de suas decisões, mesmo em hipóteses em que não se tratasse de recursos repetitivos. Uma vez definido o resultado do julgamento, os Ministros passaram a determinar, em conjunto, uma *tese*, que deveria consistir numa síntese da decisão, aplicável a casos futuros.

Essa técnica pretendia dispensar a leitura de longos acórdãos na busca de argumentos comuns invocados em cada um dos votos de cada um dos Ministros que formavam a maioria.

Teses passaram a ser formuladas no julgamento de ações de controle concentrado – ADI, ADC, ADPF – e depois, também, no julgamento de recursos extraordinários avulsos, em regime de repercussão geral.

Evidentemente, como regra, a formulação da tese não dispensa a leitura do acórdão. Pode, sim, gerar alguma facilidade, em casos de litigância de massa, que se repetem de modo idêntico pelo país afora, mas não resolve todos os problemas, já que até mesmo a própria compreensão profunda da tese depende de se ter adequadamente entendido o caso que gerou o recurso.

O precedente, nos países de *common law*, tem uma dimensão ligada aos fatos, com as quais nós, do *civil law*, não estamos habituados. Nossa *forma mentis* é diferente.

A cultura que dá valor ao precedente não é, de forma alguma, "mecanicista". Nós, ao contrário, temos a tendência de lidar com precedentes como se fossem redutíveis a um *enunciado normativo*, porque estamos habituados a decidir com base em textos de lei.

Para nós, essa conduta é quase um *vício*, que corresponde à *forma mentis* do *civil lawyer*.[39]

---

39 MARINELLI, Marino. I precedenti giudiziari tra "obbligatorietà" e "persuasività": note comparatistiche e riflessioni sparse a margine del nuovo C.P.C. brasiliano e della sua "súmula vinculante". *Revista de Processo: RePro*, São Paulo, v. 45, n. 304, *passim*, jun. 2020.

Isso foi certamente o que nos levou a esse método que desemboca na redação de *tese*, depois que um caso é julgado.

A nosso ver, como observamos antes, essas teses devem ser aplaudidas, *quando elaboradas para resolver questões de massa, binárias (sem peculiaridades) e devem ser simples, claras, sem gordura*. Mas em outros casos, só servem para gerar uma *simplificação artificial* do processo que deveria realmente ter lugar, que é o da procura da *ratio* do precedente.

Mas a tentação da elaboração desses textos é comum nos países de *civil law*, justamente por causa da *forma mentis* dos operadores do direito.

Marino Marinelli[40] dá notícia de alguns desses enunciados normativos:

> Questo vale senz'altro per l'Italia (in cui è diffuso – anzi, direi ormai radicato – l'uso delle massime come surrogato o addirittura come vero e proprio equivalente del precedente), ma lo stesso o analogo discorso può farsi, in buona sostanza, anche per altri sistemi di *civil law*. Basta dare una scorsa alle formule (più o meno) 'licfilizzate' di cui ai '*Sommaires*' degli *ârrets* pubblicati nei *Bulletins* della *Cour de Cassation* francese, alle '*Leitsatzentscheidungen*' dei *Zivil* – e *Strafsenate* del *Bundesgerichtshof* tedesco, ai '*Resúmenes*' delle *sentencias* del *Tribunal Supremo* iberico. Insomma, in estrema (e forse semplicistica) sintesi: nel processo di *civil law*, parti e giudice (e pure il legislatore) tendono ad applicare il precedente *grosso modo* come applicherebbero una norma giuridica (l'applicazione del precedente è modellata su quella di norme generali ed astratte a fatti concreti e sulla sussunzione dei secondi nelle prime).

Patrícia Perrone noticia que o Ministro Barroso, desde 2010, ainda enquanto advogado, defendia a necessidade de elaboração dessas teses.

---

40 "Isso vale, sem dúvida, para a Itália (em que é difuso – aliás, hoje em dia, enraizado – o uso das máximas como substitutivo ou, às vezes, como genuíno equivalente do precedente), mas o mesmo ou um análogo discurso se pode fazer, essencialmente, também para outros sistemas de *civil law*, basta que se crie uma fórmula mais ou menos 'liofilizada' que existe nos '*Sommaires*' dos *ârrets* publicados nos *Bulletins* da *Cour de Cassation* francesa, aos '*Leitsatzentscheidungen*' dei *Zivil* – e *Strafsenate* do *Bundesgerichtshof* alemão, aos '*Resúmenes*' das *sentencias* do *Tribunal Supremo* ibérico.
Em suma, resumindo de forma extrema e talvez um pouco simplista: no processo dos países de *civil law*, tanto as partes quanto os juízes (e também o legislador) tendem a aplicar o precedente *grosso modo* como aplicariam uma norma jurídica (a aplicação do precedente é modelada a partir da aplicação de normas gerais e abstratas a fatos concretos por meio da subsunção dos segundos as primeiras)" (MARINELLI I precedenti giudiziari tra "obbligatorietà" e "persuasività": note comparatistiche e riflessioni sparse a margine del nuovo C.P.C. brasiliano e della sua "súmula vinculante, p. 17-18, tradução nossa).

São de 2013 as primeiras teses formuladas pelo STF, ano em que Luís Roberto Barroso se tornou Ministro.

Apesar de ter havido resistência de alguns Ministros, como do Ministro Marco Aurélio,[41] a prática acabou prevalecendo, principalmente por causa do art. 543-A, §7º, do CPC de 1973, que dizia que a súmula da decisão sobre a repercussão geral: "(...) constaria de ata, que deveria ser publicada no diário oficial e valeria como acórdão".

Hoje em dia, todos os membros do órgão colegiado que decidiu o recurso, o incidente, a ADI etc. definem, em conjunto, qual será a tese, sendo essa a praxe adotada também em todos os recursos extraordinários.

Entretanto, em nossa opinião, já manifestada, a redação de teses não é inteiramente apropriada aos casos mais complexos, que não apresentam a potencialidade de se repetir de forma idêntica pelo país afora. Nesses casos, a simplicidade é "forçada" e pode ser perigosa.

O direito brasileiro, como dissemos e aqui insistimos, também é ambiente receptivo ao fenômeno da vinculação dos precedentes à moda do *common law*, i.e., pela *ratio*, em virtude de um imperativo de racionalidade e de coerência! A elaboração de teses em casos complexos gera uma impressão falsa de singeleza e empobrece o sistema. Faz parecer simples a vinculação de uma regra jurídica que não foi formulada com clareza na própria decisão.

Os precedentes judiciais vinculantes são, atualmente, pautas de conduta para o jurisdicionado, que planeja, em muitas circunstâncias, sua vida e suas atividades baseando-se no que dizem os Tribunais, principalmente os Superiores.[42]

Essa constatação impõe a necessidade de se formarem precedentes que sejam *coerentes* entre si e expressem a *integridade do sistema jurídico*.

---

41 Como se vê das manifestações constantes do RE nº 596.962, Rel. Min. Dias Toffoli, *Dje* 30 out. 2014.

42 "O princípio da segurança jurídica está implícito na Constituição Federal, em seu art. 1.º, sendo alicerce do próprio Estado Democrático de Direito. Trata-se, em verdade, de uma faceta do princípio da confiança, que impõe transparência e boa-fé na atuação dos julgadores, de modo que haja um respaldo à crença depositada pelos jurisdicionados em decisões pautadas em regras gerais.
(...)
Inegável, pois, que, em um sistema que adote a *stare decisis*, há maior segurança jurídica. A previsão, estabilidade e cognoscibilidade se tornam possíveis, posto os jurisdicionados saberem, desde já, qual a provável decisão que se submeterão caso debatam determinado conflito na justiça. Isso gera, ainda, uma menor propensão para o litígio, bem como mais abertura para um eventual acordo" (BERTÃO, Rafael Calheiros. Os precedentes no novo Código de Processo Civil: a valorização da *stare decisis* e o modelo de Corte Suprema brasileiro. *Revista de Processo: RePro*, São Paulo, v. 253, p. 8-9, mar. 2016).

Essa exigência é apresentada pelo art. 926 do CPC, que prevê comando direcionado aos Tribunais para que uniformizem sua jurisprudência e a mantenha "estável, íntegra e coerente". Essa previsão é possivelmente a mais relevante quanto à estruturação de um modelo de precedentes.

A coerência e integridade das decisões representam exigência de um sistema jurídico permeado de racionalidade. As decisões judiciais não são atos isolados, que solucionam casos concretos a partir de regras jurídicas criadas, devendo levar em conta os demais julgamentos anteriores. Na feliz imagem do romance em capítulos de Ronald Dworkin,[43] a cada decisão judicial que venha a ser tomada, é necessário considerar a produção jurídica das decisões prévias cuja *ratio decidendi* tenha pertinência com o caso. Somente por meio de decisões judiciais que respeitem a coerência e a integridade é que se poderá alcançar um sistema jurídico racional e que prestigie a igualdade.[44]

Tome-se como exemplo o REsp nº 1.112.864/MG, julgado pelo STJ na vigência do CPC/73.[45] Nesse recurso repetitivo, decidiu-se que o termo final do prazo decadencial para o ajuizamento da ação rescisória prorroga-se para o primeiro dia útil subsequente, quando recair em dia de não funcionamento da secretaria do Tribunal competente. Se o precedente admite a prorrogação do prazo decadencial em virtude do

---

43 Nessa proposta, Ronald Dworkin compara o direito à literatura, sugerindo a análise de um grupo de romancistas para escrever um "romance em cadeia": "Em tal projeto, um grupo de romancistas escreve um romance em série; cada romancista da cadeia interpreta os capítulos que recebeu para escrever um novo capítulo, que é então acrescido ao que recebe o romancista seguinte, e assim por diante. Cada um deve escrever seu capítulo de modo a criar da melhor maneira possível o romance em elaboração, e a complexidade dessa tarefa reproduz a complexidade de decidir um caso difícil de direito como integridade" (DWORKIN, Ronald. *O império do Direito*. São Paulo: Martins Fontes, 2003. p. 276). Posteriormente, ao analisar como esse encadeamento de capítulos deve ocorrer, utiliza como exemplo o Conto de Natal de Charles Dickens, faz a seguinte ponderação, relevantíssima para a compreensão da necessidade de coerência e integridade nas decisões judiciais: "Sua opinião sobre a melhor maneira de interpretar e dar continuidade aos parágrafos do Conto de Natal que recebeu é uma opinião livre ou forçada? Você é livre para pôr em prática suas próprias hipóteses e atitudes sobre a verdadeira natureza dos romances? Ou é obrigado a ignorá-las por ser escravo de um texto no qual não pode introduzir alterações? A resposta é bastante simples: nenhuma dessas descrições incipientes – de total liberdade criativa ou coerção mecânica do texto – dá conta de sua situação, pois cada uma deve, em certo sentido, sofrer ressalvas em decorrência da outra. Você sentirá liberdade de criação ao comparar sua tarefa com outra, relativamente mais mecânica, como a tradução direta de um texto em língua estrangeira. Mas vai sentir-se reprimido ao compará-la a uma tarefa relativamente menos dirigida, como começar a escrever um romance" (DWORKIN. *O império do Direito*, p. 281).

44 Salientando o prestígio da igualdade pela integridade e coerência: STRECK, Lenio Luiz. *In:* STRECK, Lenio Luiz; NUNES, Dierle; CUNHA, Leonardo Carneiro da (org.). *Comentários ao Código de Processo Civil*. 2. ed. São Paulo: Saraiva, 2017. p. 1215.

45 STF, Corte Especial, REsp nº 1.112.864/MG, Rel. Min. Laurita Vaz, *Dje* 17 dez. 2014.

não funcionamento do Tribunal quando se tratar de ação rescisória, por *coerência* deve-se conferir a mesma interpretação para outros prazos decadenciais, por exemplo, para a propositura de ação anulatória de negócio jurídico por vício de vontade. A mesma *ratio* se estende aos demais prazos de decadência!

Outro exemplo da integridade do sistema é o tratamento dispensado ao Imposto sobre Serviço de Qualquer Natureza (ISSQN). Em primeiro lugar, pode-se decidir que o ISSQN incide sobre operações de arrendamento mercantil financeiro. Depois, sabendo-se que o imposto incide em arrendamento mercantil, pode-se discutir quem é o sujeito ativo da relação jurídico-tributária. A integridade está no fato de que o precedente anterior é respeitado, e, a partir dele, evolui-se para solucionar novos problemas relativos à questão jurídica, sem provocar uma ruptura do sistema.[46]

As decisões proferidas no julgamento de casos repetitivos inequivocamente integram o sistema jurídico e, mais precisamente, a jurisprudência dos Tribunais. Por isso, devem respeitar a coerência e a integridade com os precedentes anteriores firmados no regime de julgamento de casos repetitivos ou não. A decisão de um incidente de resolução de demandas repetitivas (IRDR) não deve desprezar o precedente formado em recurso extraordinário decidido pelo Plenário do STF, após o reconhecimento da repercussão geral da matéria.

De igual forma, para que o sistema mantenha a coerência e a integridade, é preciso que as *rationes decidendi* dos precedentes formados em sede de casos repetitivos sejam respeitadas por outras decisões judiciais. Em outras palavras, não basta ter os olhos voltados à *tese jurídica* fixada no precedente dos casos repetitivos; é preciso, também, considerar a *ratio decidendi* do precedente, de modo que as futuras decisões judiciais sejam com ela compatíveis.

É oportuno o exemplo do REsp nº 1.599.511/SP, que considerou válida a cobrança de comissão de corretagem na compra e venda de imóvel em incorporação. Um dos aspectos centrais do debate foi o direito de informação do consumidor. No voto do Relator, Ministro Paulo de Tarso Sanseverino, constou:

---

[46] A hipótese é meramente ilustrativa, porque o STJ julgou a matéria de uma só vez (REsp nº 1.060.210/SC, 1. Seção, Rel. Min. Napoleão Nunes Maia Filho, *Dje* 5 mar. 2013).

O dever de informação constitui um dos princípios consectários lógicos do princípio da boa-fé objetiva, positivado tanto no Código Civil de 2002 (art. 422), como no Código de Defesa do Consumidor (art. 4º, III), consubstanciando os deveres de probidade, lealdade e cooperação, que deve pautar não apenas as relações de consumo, mas todas as relações negociais.

Mais adiante, concluiu:

(...) há o reconhecimento da necessidade de clareza e transparência na previsão contratual acerca da transferência para o comprador ou promitente-comprador (consumidor) do dever de pagar a comissão de corretagem. Para cumprir essa obrigação, deve a incorporadora informar ao consumidor, até o momento celebração do contrato de promessa de compra e venda, o preço total de aquisição da unidade imobiliária, especificando o valor da comissão de corretagem, ainda que esta venha a ser paga destacadamente.

A discussão e conclusão sobre como cumprir o dever de informação ao consumidor – incluir, de maneira destacada, a identificação precisa da verba de corretagem integrante da operação de compra e venda – não se limita aos contratos de compromisso de compra e venda de imóvel em incorporação. Para que se respeite a coerência, a *ratio decidendi* desse precedente referente à comissão de corretagem de imóvel em construção deve alcançar situações análogas, como a corretagem na contratação de seguro de automóvel, cujo valor também é carreado ao consumidor. Nesse contexto, seria inviável ao Tribunal fixar precedente que pudesse reconhecer a desnecessidade de informação precisa ao consumidor quanto às verbas cobradas e os beneficiários, quando existente comissão de corretagem decorrente do negócio jurídico.

Mas essa abertura pode ser demasiado perniciosa, em especial quando se pensa na realidade brasileira, na qual o problema da litigiosidade de massa alcança números altíssimos e impossíveis de serem eficientemente enfrentados por meio de técnicas tradicionais de julgamentos individuais.

A complexidade e o refinamento do trabalho com precedentes a partir da *ratio decidendi* não é propriamente o modelo desejado para racionalizar as decisões em casos de massa. É preciso, justamente, um elemento facilitador, como já dissemos, que consiste exatamente na fixação da *tese* para esses litígios que envolvam direitos homogêneos, em que pode ser identificada uma situação fática padrão, replicada em inúmeras relações jurídicas.

Ao fixar a *tese*, o Tribunal pretende, na verdade, delimitar uma zona de certeza de aplicação do precedente. Embora não exclua a tarefa interpretativa, não há dúvida de que a definição de uma *hipótese de incidência* do precedente facilita sua utilidade, predeterminando a circunstância que seguramente é abrangida pela tese jurídica concebida. Veja-se, *v.g.*, o caso do julgamento repetitivo referente ao termo inicial de incidência de correção monetária e da contagem de juros de mora no caso de cobrança de crédito representado por cheque.[47] O STJ fixou a seguinte tese jurídica: "Em qualquer ação utilizada pelo portador para cobrança de cheque, a correção monetária incide a partir da data de emissão estampada na cártula, e os juros de mora a contar da primeira apresentação à instituição financeira sacada ou câmara de compensação".

A *tese* estabelecida pelo STJ deixa bastante claro que, na cobrança de *cheque*, a *correção monetária* tem como termo *a quo* a data da emissão da cártula. Pode-se discutir se a *ratio decidendi* permitiria alcançar obrigações pecuniárias representadas por outras espécies de títulos de crédito, como a duplicata de prestação de serviços. A leitura do acórdão – e não o texto da tese jurídica – revela que o STJ decidiu que a incidência da correção monetária do cheque ocorre a partir da sua emissão por se tratar de ordem de pagamento à vista. Assim, seria possível argumentar de maneira adequada que a *ratio decidendi* do precedente é que a correção monetária de obrigação representada em título de crédito tem como termo inicial o vencimento do respectivo título, pouco importando tratar-se de cheque ou duplicata de prestação de serviços.

Essa pretensão de utilizar o precedente a partir da identificação da identidade dos fatos essenciais nos dois casos tem que ser justificada de maneira consistente, isto é, apontando para os fundamentos que conduzem à conclusão de validade da interpretação proposta. É aí que entra o art. 489, §1º, V.

Ao estabelecer a tese jurídica, o Tribunal define, desde logo, a hipótese de incidência da *ratio decidendi*, delimitando a zona de certeza positiva das situações fático-jurídicas que estão abrangidas pela regra criada pelo precedente.

Por isso, a aplicação do precedente é considerada obrigatória quando a circunstância fática do caso submetido a julgamento se inclua

---

[47] REsp nº 1.556.834/SP, 2. Seção, Rel. Min. Luis Felipe Salomão, *Dje* 10 ago. 2016.

na hipótese de incidência definida no precedente (= tese jurídica), permitindo, com isso, simplificar o gerenciamento dos litígios de massa, com a outorga de solução idêntica aos casos submetidos à mesma questão jurídica.

O precedente formado nos casos repetitivos – assim como os demais precedentes obrigatórios – pode ser reinterpretado pelas partes e pelo juiz, para que se encontrem pontos de identidade ou distanciamento com o caso concreto, com a reconstrução da *ratio decidendi*. Esse processo de identificar semelhanças ou diferenças pode ser mais ou menos complexo, a depender da matéria, das decisões que já tenham interpretado o precedente e, ainda, como registra Alberto F. Garay, da maior ou menor sofisticação do intérprete.[48]

Assim, a *ratio decidendi* será ressignificada. A estipulação de uma tese jurídica também pode servir como suporte à interpretação da *ratio decidendi*. Assim, o precedente formado no julgamento de casos repetitivos pode (e deve) ser interpretado, de maneira que os intérpretes proponham a *ratio decidendi* que deve regular o caso submetido a julgamento e que esta *ratio* possa também aplicar-se a casos semelhantes/análogos/parecidos com o que gerou o precedente

Insistimos: o respeito ao precedente não se limita à *tese jurídica*. Os contornos da *tese* jurídica têm sentido unicamente para efeito do regime do julgamento de casos repetitivos ou daqueles casos que poderiam ter sido julgados no regime dos repetitivos, e não o foram, porque, como já dissemos, esse regime, praticamente, desapareceu.

Uma vez julgado o recurso afetado, e sendo feita a adequação dos processos em curso, a vinculação do precedente formado aos demais casos, em que a situação fática não seja idêntica, e que não foram suspensos, mas que devem ser decididos à luz da mesma *ratio decidendi*, deve passar a ocorrer *naturalmente*.

Muito embora haja necessidade de maior refinamento na compreensão dos limites do precedente formado no julgamento de casos repetitivos, quando invocado em caso subsequente cuja situação não conste da hipótese de incidência mencionada na tese jurídica, deve-se buscar a *ratio decidendi* do julgado, que é o núcleo de que emana a força vinculante do precedente.

Percebe-se, portanto, que o direito brasileiro lida com precedentes de mais de uma forma. Em movimentos diferentes, ora se trabalha com

48 GARAY. *La doctrina del precedente en la Corte Suprema*, p. 75.

os precedentes de uma forma menos refinada, por meio, por exemplo, de regimes jurídicos diferenciados de julgamento (recursos repetitivos), gerando-se obrigatoriedade de respeito aos precedentes, quando se trata de questões jurídicas idênticas, de maneira a conferir uma resposta adequada aos litígios de massa e, nesse contexto, a tese é relevante.

Mas algo além disso se faz no Brasil, embora não com a frequência com que, a nosso ver, dever-se-ia estar fazendo, isto é, no mesmo estilo com que se lida com precedentes nos países de *common law*, aqui também se lida com precedentes por meio de uma atividade mental muito mais requintada, cuja finalidade está mais longe de resolver casos de massa e mais perto de gerar harmonia, coesão no direito e, portanto, previsibilidade para o jurisdicionado.

Referências

ABBOUD, Georges. *Processo constitucional brasileiro*. 5. ed. São Paulo: Thomson Reuters Brasil, 2021.

ALVIM, Teresa Arruda; DANTAS, Bruno. *Precedentes, recurso especial e recurso extraordinário*. 7. ed. São Paulo: Thomson Reuters Brasil, 2023.

ANDREASSA JUNIOR, Gilberto. *Precedentes judiciais e colegialidade*: a reforma no procedimento deliberativo dos tribunais como pressuposto para uma efetiva aplicação dos institutos. Londrina: Thoth, 2021.

BANKOWSKI, Zenon; MACCORMICK, Neil; MARSHALL, Geoffrey. Precedent in the United Kingdom. MACCORMICK, Neil; SUMMERS, Robert S. (ed.). *Interpreting Precedents*. Aldershot: Ashgate, 1997. p. 315-354.

BARIONI, Rodrigo. Precedentes no Direito brasileiro: desafios e perspectivas. *Revista de Processo: RePro*, São Paulo, v. 310, p. 265-291, dez. 2020.

BASTOS, Celso Ribeiro. *Curso de Direito Constitucional*. 21. ed. São Paulo: Saraiva, 2000.

BERTÃO, Rafael Calheiros. Os precedentes no novo Código de Processo Civil: a valorização da *stare decisis* e o modelo de Corte Suprema brasileiro. *Revista de Processo: RePro*, São Paulo, v. 253, p. 347-385, mar. 2016.

CAMARGO, João Ricardo. O novo desenho estrutural dos Embargos de Divergência no STJ traçado pelo CPC/15. *Revista de Processo: RePro*, São Paulo, v. 42, n. 272, p. 271-296, out. 2017.

CROSS, Rupert; HARRIS, J. W. *Precedent in English Law*. 4th. ed. Oxford: Clarendon Press, 1991.

DWORKIN, Ronald. *O império do Direito*. São Paulo: Martins Fontes, 2003.

FERRAZ, Taís Schilling. *Ratio decidendi* x tese jurídica. A busca pelo elemento vinculante do precedente brasileiro. *Revista de Processo: RePro*, São Paulo, v. 265, p. 419-441, mar. 2017.

GARAY, Alberto F. *La doctrina del precedente en la Corte Suprema*. Buenos Aires: Abeledo Perrot, 2013.

GOODHART, A. L. Precedent in English and Continental Law. *The Law Quartely Review*, [*S. l.*], v. 50, p. 40-65, 1934.

LAMOND, Grant. Do precedents create rules? *Legal Theory*, [*S. l.*], v. 11, n. 1, p. 1-26, mar. 2005.

LAMOND, Grant. Precedent. *Philosophy Compass*, [*S. l.*], v. 2, n. 5, p. 699-711, set. 2007.

LANDES, William M.; POSNER, Richard A. Legal Precedent: A Theoretical and Empirical Analysis, *The Journal of Law and Economics*, [*S. l.*], v. 19, n. 249, 1976.

LEAL, Roger Stiefelmann. *O efeito vinculante na jurisdição constitucional*. São Paulo: Saraiva, 2006.

MARCHIORI, Marcelo Ornellas. *A atuação do Poder Judiciário na formação de precedentes definitivos*: experiências e desafios. Salvador: Juspodivm, 2022.

MARINELLI, Marino. I precedenti giudiziari tra "obbligatorietà" e "persuasività": note comparatistiche e riflessioni sparse a margine del nuovo C.P.C. brasiliano e della sua "súmula vinculante". *Revista de Processo: RePro*, São Paulo, v. 45, n. 304, p. 317-336, jun. 2020.

MELLO, Patrícia Perrone Campos. O Supremo Tribunal Federal: um tribunal de teses. *Revista EMERJ*, Rio de Janeiro, v. 21, n. 3, p. 443-467, set./dez. 2019.

MENDES, Gilmar Ferreira. *Arguição de descumprimento de preceito fundamental*. São Paulo: Saraiva, 2007.

MENDES, Gilmar Ferreira. *Controle abstrato de constitucionalidade*: ADI, ADC E ADO: comentários à Lei nº 9.868/99. São Paulo: Saraiva, 2012.

MENDES, Gilmar Ferreira. *Jurisdição constitucional*. 6. ed. São Paulo: Saraiva, 2006.

MENDES, Gilmar Ferreira. O papel do Senado Federal no controle de constitucionalidade: um caso clássico de mutação constitucional. *Revista de Informação Legislativa*, Brasília, DF, n. 162, p. 149-168, abr./jun. 2004.

MIRANDA, Victor Vasconcelos. *Precedentes judiciais*: a construção da *ratio decidendi* e o controle de aplicabilidade dos precedentes. São Paulo: Thomson Reuters Brasil, 2022.

MITIDIERO, Daniel. *Processo constitucional*. São Paulo: Thomson Reuters Brasil, 2022.

MITIDIERO, Daniel. *Ratio decidendi*. São Paulo: Thomson Reuters Brasil, 2023.

MITIDIERO, Daniel; MARINONI, Luiz Guilherme. *Comentários ao Código de Processo Civil*. 3. ed. São Paulo: Thomson Reuters Brasil, 2021. v. 15.

MONNERAT, Fábio Victor da Fonte. *Súmulas e precedentes qualificados*: técnicas de formação e aplicação. São Paulo: Saraiva Educação, 2019.

NERY JUNIOR, Nelson; NERY, Rosa Maria de Andrade. *Código de Processo Civil comentado*. 22. ed. São Paulo: Thomson Reuters Brasil, 2022.

OTERO, Paulo. *Ensaio sobre o caso julgado inconstitucional*. Lisboa: Lex, 1993.

STRECK, Lenio Luiz. *In:* STRECK, Lenio Luiz; NUNES, Dierle; CUNHA, Leonardo Carneiro da (org.). *Comentários ao Código de Processo Civil*. 2. ed. São Paulo: Saraiva, 2017.

SULZBACH, Juliane; MARQUES, Elmer. Efeito vinculante e eficácia *erga omnes* em um sistema de precedentes judiciais obrigatórios. *Revista Argumentum*, Marília, v. 23, 2022.

TALAMINI, Eduardo. Objetivação do controle incidental de constitucionalidade e força vinculante (ou "devagar com o andor que o santo é de barro"). *In:* NERY JUNIOR, Nelson; WAMBIER, Teresa Arruda Alvim (coord.). *Aspectos polêmicos e atuais dos recursos cíveis e assuntos afins*. São Paulo: Revista dos Tribunais, 2011. v. 12.

WAMBIER, Teresa Arruda Alvim. Precedentes e evolução do Direito. *In:* WAMBIER, Teresa Arruda Alvim (coord.). *Direito Jurisprudencial*. São Paulo: Revista dos Tribunais, 2012. p. 11-95.

WISCHERMANN, Norbert. *Rechtskraft und Bindungswirkung verfassungsgerichtlicher Entscheidungen* – zu den funktionsrechtlichen Auswirkungen der extensiven Auslegugen des §31 Abs. 1 BVerfGG. Berlin: Duncker & Humbolt, 1979.

Informação bibliográfica deste texto, conforme a NBR 6023:2018 da Associação Brasileira de Normas Técnicas (ABNT):

ALVIM, Teresa Arruda. Controle difuso e concentrado, o abuso e a utilidade das teses. *In*: MENDES, Gilmar Ferreira; GALLOTTI RODRIGUES, Maria Isabel Diniz; ALVIM, Teresa Arruda (coord.). *O novo perfil do controle difuso de constitucionalidade*: estudos em homenagem ao Professor Bruno Dantas nos 20 anos da Repercussão Geral. Belo Horizonte: Fórum, 2025. p. 675-712. ISBN 978-65-5518-898-1.

OS DESAFIOS PARA UM MODELO DE PRECEDENTES BRASILEIRO NO ÂMBITO DA JURISDIÇÃO CONSTITUCIONAL

TICIANO FIGUEIREDO
RAPHAEL MARCELINO

1 Introdução

1.1 As contribuições do Ministro Bruno Dantas na elaboração do anteprojeto do Código de Processo Civil (CPC)

O Ministro Bruno Dantas destacou-se como um dos membros mais influentes da comissão de juristas instituída pelo Senado Federal para elaborar o Anteprojeto do Código de Processo Civil (CPC) de 2015. Sob a presidência do Ministro Luiz Fux, a comissão teve a missão de modernizar, racionalizar e tornar mais eficiente o sistema processual brasileiro. As contribuições foram determinantes para a incorporação de princípios que almejam a celeridade e a efetividade dos processos judiciais.

A trajetória acadêmica de Bruno Dantas foi enriquecida por suas pesquisas, especialmente nos Estados Unidos. Durante seu pós-doutorado na Universidade do Estado do Rio de Janeiro (UERJ), com período de pesquisas desenvolvidas na Cardozo School of Law, em Nova York, ele aprofundou seus estudos em Direito Processual, o que lhe permitiu, sob a influência de sistema de tradução jurídica distinta, proporcionar novos ares ao sistema jurídico-processual brasileiro.

O legado de Bruno Dantas representa o perfil de jurista dedicado, talentoso e, sobretudo, comprometido com o avanço das instituições e do ordenamento jurídico nacional.

1.2 Breves notas introdutórias

Pode-se afirmar que o CPC consolidou a tendência de atribuição, às decisões judiciais, de efeitos além daqueles interpartes, não só no âmbito do controle de constitucionalidade, mas também em nossa jurisdição ordinária, com o objetivo de reduzir o número de ações judiciais ou, ao menos, de conter o avanço do número de processos que têm causa comum, ou sobre temas já decididos pelo Judiciário.

Dessa constatação decorre a primeira das hipóteses que se pretende avaliar neste trabalho, e que diz respeito exatamente à validade da premissa de que essas inovações em nossa legislação processual teriam resultado na criação de um sistema de precedentes que, de alguma forma, se aproximasse do sistema da *common law*.

Como consequência da análise, importa saber se a tentativa de compreensão de tais inovações como forma de incorporação de métodos e princípios próprios da *common law*, no âmbito de nosso modelo de tradição *civil law*, não estaria, a rigor, a viabilizar o desenvolvimento da perspectiva ativista que integra parte da proposta neoconstitucionalista. E a última é, efetivamente, a hipótese que se pretende testar no âmbito deste trabalho.

Para alcançar tal finalidade, inicialmente, será desenvolvido breve escorço a respeito do ativismo judicial e do discurso neoconstitucionalista que lhe pretende dar sustentação.

Em seguida, serão apresentados apontamentos a respeito de divergências e aproximações entre os sistemas *civil law* e *common law* que poderiam ser levantados como argumentos por aqueles que defendem a adoção, entre nós, dos métodos e princípios próprios do sistema da *common law*.

Em consequência, será testada a hipótese de que a legislação processual e a prática dos tribunais têm resultado no surgimento de um modelo brasileiro de precedentes, que, muito embora não pudesse ser identificado com aquele tradicional da *common law*, guardaria identidade com seus principais elementos e características e, de certo modo, estaria em conformidade com a necessidade de evolução, e eventualmente até de superação de nosso modelo tradicional, cujo fundamento normativo de interpretação está centrado na lei (art. 5º, *caput* e II, da Constituição Federal).

Em conclusão, serão analisados os fundamentos do que se entende por ativismo judicial, de modo a estabelecer as possíveis relações existentes entre essas duas perspectivas.

Sobre esse aspecto, pretende-se formular a proposição no sentido de que a adoção sem maiores reflexões de mecanismos processuais do sistema da *common law* poderá resultar na criação de instrumentos processuais a serviço de iniciativas de caráter ativista.

2 O ativismo judicial

2.1 Dos desafios para a conceituação do ativismo judicial

Pode-se afirmar que o ativismo judicial não é considerado, propriamente, como um instituto dogmático autônomo e conceitualmente delimitado.[1]

Está diretamente relacionado, portanto, menos a uma categoria científica do que a uma *praxis*, por parte do Judiciário, norteada no sentido de violar o direito posto, em medida em que resulte no avanço sobre os limites da jurisdição, tendo, por consequência, a violação ao princípio da separação de Poderes.

Conforme poderá ser demonstrado adiante, a postura ativista parte da premissa – e nesse particular em consonância com o discurso neoconstitucionalista – de que teria havido uma superação do positivismo jurídico.

De forma bastante perspicaz, Norberto Bobbio atribuiu à tentativa de se decretar o fim do positivismo a alcunha de "a revolta contra o formalismo".[2]

Acrescenta, todavia, que o movimento do formalismo (outrora denominado de tecnicismo) havia sido, na verdade, o triunfo dos

---

1 RAMOS, Elival da Silva. *Ativismo judicial*: parâmetros dogmáticos. 2. ed. São Paulo: Saraiva, 2015. p. 34.

2 BOBBIO, Norberto. *Jusnaturalismo e positivismo jurídico*. São Paulo: Unesp, 2016. p. 101.

insurgentes contra as escolas sociológicas, então em ascensão, notadamente representadas pelo denominado direito livre.

Esse movimento antipositivista contemporâneo, portanto, resultado desse movimento de alternância dos estudos jurídicos, caracterizar-se-ia como uma "revolta dentro da revolta".[3]

A compreensão original do formalismo conduz à noção de existência de identidade entre a justiça e a lei. Justos seriam aqueles atos em conformidade com a lei formal, e injustos seriam aqueles contra a norma legislada. Para essa concepção legalista, assim, há uma coincidência entre os planos ético e jurídico sob a perspectiva do cumprimento ou não da lei formal.

É certo que essa percepção originalista não é, propriamente, defendida por aqueles que atualmente se enquadrariam no positivismo jurídico. Aliás, não é indene a polêmicas a conclusão de que essa percepção teria sido algum dia predominante. Nada obstante, a insurgência antipositivista contemporânea direciona seus ataques à concepção legalista de um suposto positivismo excessivamente formalista e alheio a qualquer concepção de Justiça que não estivesse transcrita na lei.

Ocorre que o positivismo não necessariamente pode ser confundido com o formalismo legalista. De fato, conforme esclarece Bobbio, o positivismo, por si só, possui três acepções distintas e que não se confundem entre si, quais sejam: (i) modo de aproximar-se do estudo do direito; (ii) determinada teoria ou concepção do direito; (iii) certa ideologia de Justiça.[4]

O positivismo enquanto aproximação do estudo do direito não pode ser confundido com o positivismo enquanto teoria do direito, muito embora se possa afirmar que a origem seja comum. A primeira acepção diz respeito ao Direito como ciência autônoma, com métodos, perspectivas e princípios próprios. Trata-se da tentativa de separação do direito como objeto autônomo de estudo e conhecimento.

Da mesma forma, não se deve considerar o positivismo jurídico enquanto teoria do Direito como ideologia do que seria ou deveria ser a Justiça. Sob essa última perspectiva, o direito justo, tal como antes afirmado, seria aquele previsto na lei, como consequência da atividade estatal da qual decorre a fonte fundamental do direito e da justiça. Conduta justa, portanto, seria aquela adequada ao comando legal.

---

3 BOBBIO. *Jusnaturalismo e positivismo jurídico*, p. 101.

4 BOBBIO. *Jusnaturalismo e positivismo jurídico*, p. 130.

O positivismo enquanto teoria do Direito, muito embora reconheça que a lei seja a fonte fundamental do direito, não a considera necessariamente justa. Admite, sem maiores dilemas, a existência de uma lei válida, cogente, ainda que distante de ideais de justiça.

As características da acepção do positivismo jurídico enquanto teoria do Direito podem ser assim sistematizadas: (i) o direito poderia ser definido como um sistema de normas que se fazem valer pela força, ou cujo conteúdo é a regulamentação do uso da força em dado grupo social; (ii) as normas jurídicas poderiam ser identificadas como comandos (segundo a teoria imperativista); (iii) a lei tem supremacia como fonte do direito, sendo que o direito consuetudinário, do científico, do Judiciário e daquele que deriva da natureza das coisas seriam reduzidas a fontes subsidiárias; (iv) percepção de conjunto de normas como sistema coerente, sem antinomias, ao qual se atribui o caráter da completude ou falta de lacunas; (v) em relação ao método da interpretação, a consideração da atividade do jurista e do juiz como essencialmente lógica.[5]

É importante destacar, todavia, que, ao se afirmar que uma das características do positivismo se refere ao entendimento de que a lei formal se firmaria na centralidade do sistema de fontes do Direito, não se pretende chegar à conclusão de que a ascensão do constitucionalismo resultaria na superação do positivismo. Ao contrário, é perfeitamente compatível o posicionamento do texto constitucional como lei fundamental e fonte inicial do direito com a teoria positivista sobre o Direito.

Aliás, nada é mais compatível com o positivismo jurídico em sua essência do que a compreensão da Constituição como o "escalão de Direito positivo mais elevado" e, assim, como condição de validade formal e material do ordenamento jurídico como estrutura escalonada.[6]

Outro ponto relevante a ser destacado se refere ao método interpretativo propugnado pelo positivismo. Atribui-se a essa teoria a pecha de defender a subsunção mecânica e de propor um reducionismo interpretativo limitado à interpretação gramatical do texto legal.

Confunde-se, dessa forma, o positivismo jurídico com o método mecanicista de interpretação que considera o juiz um autômato e a

---

5 BOBBIO. *Jusnaturalismo e positivismo jurídico*, p. 136.

6 KELSEN, Hans. *Teoria pura do Direito*. Tradução: João Baptista Machado. São Paulo: Martins Fontes, 2018. p. 245-246.

decisão judicial, um silogismo.[7] Nesse contexto, exsurge a associação do positivismo jurídico com a defesa da conduta do juiz "boca da lei", ou seja, como mera reprodução literal, na aplicação ao caso concreto, do texto expresso na legislação.

Reputa-se, aliás, à Escola da Exegese a tentativa de se reduzir ao máximo a liberdade interpretativa do juiz, limitando-a ao método gramatical, eventualmente complementado pelo método histórico, ante o entendimento de que a letra da lei seria o elemento mais confiável para se alcançar a vontade do legislador.[8]

Diferentemente do que fazem crer seus críticos, todavia, a teoria mecanicista da interpretação não foi recepcionada por boa parte dos adeptos do positivismo. Atualmente, aliás, trata-se de perspectiva totalmente superada – a não ser pelos críticos que ainda a utilizam para fundamentar infundados ataques contra a concepção positivista do direito.[9]

Verifica-se, portanto, que, muito embora se mantenha a estrutura lógica na interpretação, longe se está de um método puramente subsuntivo que apregoa a reprodução mecânica do texto escrito – se é que é possível a aplicação pura dessa metodologia.

Sob essa perspectiva, muito embora se reconheça o fator criativo da hermenêutica, rechaça-se a transposição dos limites interpretativos para o plano axiológico, que se encontra além do ordenamento jurídico positivo.[10]

---

[7] BOBBIO. *Jusnaturalismo e positivismo jurídico*, p. 147.

[8] RAMOS. *Ativismo judicial*: parâmetros dogmáticos, p. 71.

[9] A propósito do modelo interpretativo atualmente adotado por uma concepção positivista mais consentânea com a evolução de nosso direito, esclarece Elival da Silva Ramos (*Ativismo judicial*: parâmetros dogmáticos, p. 84): "Portanto, a Hermenêutica atual concebe a interpretação-aplicação como parte de uma estrutura lógica de compreensão complexa e dinâmica, comandada por uma relação dialética de polaridade-implicação entre o sujeito cognoscente e o texto normativo, relação dialética essa que também existe entre as duas atividades que aquele simultaneamente exerce, a interpretação e a aplicação, mutuamente implicadas, embora lógica e conceitualmente distintas. Nesse torvelinho em que mergulha o exegeta-aplicador, tendo como referenciais a sua própria pré-compreensão, o texto normativo e os elementos fáticos do caso (vinculados ao texto a partir de uma primeira leitura) vai sendo construída e, nesse sentido, concretizada a norma de decisão".

[10] Nesse sentido, conclui Elival da Silva Ramos (*Ativismo judicial*: parâmetros dogmáticos, p. 85): "O que hoje se constata é que os magistrados, longe de meramente declarar ou reproduzir um direito preexistente, contribuem para a sua configuração, entretanto, não de forma livre ou inteiramente desvinculada e sim a partir do texto a aplicar, cujo teor normativo resulta, precisamente, da atividade de concretização. Um dos pilares em que se assenta a Hermenêutica jurídica na atualidade é, efetivamente, a distinção entre o texto normativo (o dispositivo anunciado) e o seu conteúdo (a norma, preceito ou disposição)., sendo aquele o objeto da interpretação e este o seu resultado. A interpretação-aplicação

A verificação de tais limites, todavia, não é tarefa simples. Isso porque os textos constitucionais mais recentes, notadamente da América Latina, com perfil social-democrático, são fortemente caracterizados por seu conteúdo alinhado com pretensões progressistas norteadas por valores relevantes como diminuição de desigualdades, distribuição de renda, justiça social e garantias materiais básicas.

A inserção de tais valores no texto constitucional produz uma abertura semântica e interpretativa relevante, haja vista que as normas principiológicas se evidenciam mais imprecisas e abrangentes.

Referidos limites tornam-se ainda mais tênues diante da adoção de teorias, como a de Robert Alexy,[11] que enxergam diferenças qualitativas entre princípios e regras.[12]

De fato, a conclusão de que os princípios seriam caracterizados como mandamentos de otimização destaca, de um lado, o caráter valorativo do conteúdo dos princípios, e, de outro, conjuntamente com o método interpretativo de ponderação, viabiliza relevante espaço de interpretação para o intérprete, assim permitindo a inserção de valores axiológicos próprios do juiz.

Nesse contexto – e devidamente considerados os desafios que lhe são inerentes – a delimitação das fronteiras às quais se cinge a tarefa de interpretação jurisdicional é mister que se impõe, sob pena de se dar vazão à pura discricionariedade judicial, que é a causa primeira do abuso e da arbitrariedade.

O ativismo, assim, está diretamente relacionado à violação desses limites, que resultam, em *ultima ratio*, na própria afronta ao princípio

---

é, desse modo, percebida como uma atividade simultaneamente cognoscitiva e criativa, consistindo no 'conhecimento ativo de um objeto que o próprio sujeito cognoscente contribui para produzir'".

11 A propósito do tema, assevera Alexy (*Teoria dos direitos fundamentais*. 2. ed. São Paulo: Malheiros, 2017. p. 90-91): "O ponto decisivo na distinção entre regras e princípios é que princípios são normas que ordenam que algo seja realizado na maior medida possível dentro das possibilidades jurídicas e fáticas existentes. Princípios são, por conseguinte, mandamentos de otimização, que são caracterizados por poderem ser satisfeitos em graus variados e pelo fato de que a medida devida de sua satisfação não depende somente das possibilidades fáticas, mas também das possibilidades jurídicas. O âmbito das possibilidades jurídicas é determinado pelos princípios e regras colidentes. Já as regras são normas que são sempre ou satisfeitas ou não satisfeitas. Se uma regra vale, então, deve-se fazer exatamente aquilo que ela exige; nem mais, nem menos. Regras contêm, portanto, determinações no âmbito daquilo que é fática e juridicamente possível. Isso significa que a distinção entre regras e princípios é uma distinção qualitativa, e não uma distinção de grau. Toda norma é ou uma regra ou um princípio".

12 RAMOS. *Ativismo judicial*: parâmetros dogmáticos, p. 92.

da separação de Poderes, na medida em que evidencia a substituição da essência da atividade normativa, própria do Legislativo e, eventualmente, até da supressão da atividade de governo, por perspectivas e soluções próprias dos magistrados auto incumbidos impropriamente de dar sentido e execução ao projeto progressista inscrito no texto constitucional.[13]

Verifica-se, dessa forma, que o ativismo judicial está intimamente relacionado à flexibilização dos limites da competência do Poder Judiciário, de um lado, e, de outro, da sua assunção das competências, em seu caráter essencial, dos demais Poderes.

Nesse particular, importante destacar que não se está a fazer alusão às competências legislativas e administrativas residuais que são próprias do Poder Judiciário. Assim como, por exemplo, o Poder Legislativo residualmente exerce funções análogas às jurisdicionais (por exemplo, o procedimento de cassação de mandato parlamentar), é possível que o Judiciário, sem invasão de competência, realize atividade tipicamente normativa no âmbito de suas atribuições.

Muito além disso, o ativismo está relacionado à desconsideração (em maior ou menor grau) da existência de uma ordem objetiva estabelecida democraticamente por procedimentos constitucionalmente previstos que resultam no estabelecimento do direito positivo, consubstanciado na lei. A supressão da norma objetivamente posta se dá com a imposição discricionária dos valores axiológicos compartilhados pelo próprio intérprete, em invasão da competência do Legislador.

Como explicitado, o ativismo judicial não pode ser considerado, efetivamente, como uma corrente teórica delimitada. Trata-se, a rigor, de uma conduta ou de uma postura típica do Poder Judiciário.

Nada obstante, é possível afirmar que o ativismo judicial tem como um de seus principais fundamentos teóricos o denominado

---

[13] Elival da Silva Ramos (*Ativismo judicial*: parâmetros dogmáticos, p. 131-132) conceitua o ativismo judicial da seguinte forma: "(...) por ativismo judicial deve-se entender o exercício da função jurisdicional além dos limites impostos pelo próprio ordenamento que incumbe, institucionalmente, ao Poder Judiciário fazer atuar, resolvendo litígios de feições subjetivas (conflitos de interesse) e controvérsias jurídicas de natureza objetiva (conflitos normativos). Há, como visto, uma sinalização claramente negativa no tocante às práticas ativistas, por importarem na desnaturação da atividade típica do Poder Judiciário, em detrimento dos demais Poderes. Não se pode deixar de registrar mais uma vez, contudo, que o fenômeno golpeia mais fortemente o Poder Legislativo, o qual tanto pode ser o produto da legiferação irregularmente invalidado por decisão ativista (em sede de controle de constitucionalidade), quanto o seu espaço de conformação normativa invadido por decisões excessivamente criativas".

neoconstitucionalismo. De fato, o discurso neoconstitucionalista, como se verá adiante, pretende estabelecer as bases teóricas que fundamentam exatamente uma intitulada postura progressista do Judiciário. É de se reconhecer, no entanto, que no âmbito do discurso neoconstitucionalista se encontrem manifestações contrárias à postura ativista.

2.2 O ativismo e o discurso neoconstitucionalista

A Constituição de 1988 é frequentemente apontada como marco histórico do qual teria decorrido a superação de um direito constitucional dissociado do contexto da pós-modernidade no Brasil.

Por outro lado, é inquestionável que a publicação do referido texto constitucional rompeu com o regime autoritário vivenciado desde 1964, constituindo evento político e jurídico especialmente relevante por debutar a democracia em nosso país. No entanto, o tema que se coloca é de natureza diversa, aludindo, a rigor, de um provável processo de ruptura com a tradição do próprio constitucionalismo clássico, identificado com os postulados teóricos do positivismo kelseniano.

Essa aparente sobrelevação do modelo constitucional anterior fez surgir esforços na elaboração de uma nova teoria constitucional, a qual se denominou neoconstitucionalismo (ou pós-positivismo).

A título de exemplificação, são frequentemente mencionados como autores neoconstitucionalistas: Ronald Dworkin, Robert Alexy e Gustavo Zagrebelsky.[14] Menciona-se, ainda, o próprio Luigi Ferrajoli, que, por sua vez, não é reconhecido como tal por Manuel Atienza.[15]

Bem considerada a disparidade teórica que caracteriza as perspectivas dos referidos autores, é de se reconhecer relevantes dificuldades no enquadramento como defensores de uma corrente teórica alinhada e cientificamente coerente em torno do neoconstitucionalismo. Supõe-se, portanto, que os próprios antes mencionados dificilmente se autorreconheceriam como adeptos dessas propostas.

De fato, conforme explicitado, muito embora não seja possível a delimitação teórica do que seria o neoconstitucionalismo, é possível elencar alguns de seus elementos mais comuns, normalmente propostos por grande parte de seus defensores.

---

14 POZZOLO. Neoconstitucionalismo y especificidad de la interpretación constitucional, p. 339.

15 ATIENZA, Manuel. Dos versiones del constitucionalismo. *DOXA. Cuadernos De Filosofía Del Derecho*, [*S. l.*], n. 34, p. 73-88, 2011.

O primeiro aspecto se refere à dicotomia princípios *versus* regras (normas). Os princípios diferenciam-se em peso e importância e em relação à aplicação denominada de "tudo ou nada", que caracteriza a interpretação das regras. Trata-se da diferenciação qualitativa defendida por Robert Alexy, já explicitada anteriormente, ao reconhecer os princípios como mandamentos de otimização.[16]

Evidencia-se uma valoração axiológica dos princípios, potencializada pelas características de abstração e generalidade de sua redação, deveras exploradas em sua aplicação, com fundamentos calcados em argumentos de justiça. Defende-se, ainda, a incidência direta dos princípios na solução dos casos concretos.[17]

O segundo elemento comum está relacionado à operação interpretativa: subsunção *versus* ponderação. Pretende-se, nesse particular, promover a utilização das técnicas de ponderação defendidas por Robert Alexy.[18]

Nesse juízo de ponderação, em primeiro lugar, há a identificação dos valores incidentes no caso concreto; em segundo, a valoração dos princípios conflitantes entre si, de modo a se estabelecer uma hierarquia axiológica; em terceiro, estabelece-se a relação entre os princípios à luz do caso concreto, de modo que em outras circunstâncias aquele princípio que cedeu espaço poderá restar prevalecente.[19]

O terceiro elemento trata da independência do legislador à luz do texto constitucional. Nesse particular, destaca-se a característica do texto constitucional de penetração geral no âmbito da legislação infraconstitucional. Tal aspecto evidenciaria uma função do conteúdo substancial da Constituição parecida com aquela verificada no âmbito do direito natural, como fator condicionante da validade das normas. A lei cederia espaço para a Constituição e se converteria em instrumento de mediação entre exigências práticas e exigências constitucionais.[20]

O quarto se refere à dicotomia: juízes *versus* liberdade do legislador. Defende-se que, diante da superação do método da subsunção, da

---

16 ALEXY. *Teoria dos direitos fundamentais*, p. 90.

17 POZZOLO, Susanna. Neoconstitucionalismo y especificidad de la interpretación constitucional. *DOXA. Cuadernos De Filosofía Del Derecho*, [*S. l.*], v. 2, n. 21, p. 340, 1998.

18 ALEXY. *Teoria dos direitos fundamentais*, p. 94-103.

19 POZZOLO. Neoconstitucionalismo y especificidad de la interpretación constitucional, p. 340.

20 POZZOLO. Neoconstitucionalismo y especificidad de la interpretación constitucional, p. 340.

relevância do conteúdo substancial dos princípios, e a ideia da penetração do texto constitucional, incumbir-se-ia o Judiciário da tarefa de promover a contínua adequação da legislação às prescrições constitucionais.[21]

O neoconstitucionalismo também é identificável pela aproximação do direito a um modelo axiológico da Constituição. Em outras palavras, o conteúdo valorativo do texto constitucional reabre-se para a absorção do discurso moral na aplicação do direito. O teste de *pedigree* – ou seja, a autoridade de quem elabora a norma infraconstitucional – deixa de ser a principal condição de validade da lei, de modo que apenas o valor de seu conteúdo evidenciará a sua legitimidade constitucional. Assim, nas palavras de Suzanna Pozzolo, "a justificação jurídica, portanto, em última instância é necessariamente moral".[22]

Luís Prieto Sanchís, igualmente, reconhece uma conexão intrínseca entre direito e moral. Reconhece, em sua concepção, que a validade das normas ou decisões depende menos de origem social, do que da adequação formal e substantiva à Constituição, e, ainda, de sua consistência prática com esse horizonte de moralidade que preside e se recria na argumentação constitucional.[23]

Nesse contexto, dever-se-ia reconhecer que os princípios carregam conteúdo axiológico ou decisões políticas. Princípios são valorativos ou finalísticos. Disso decorre a possibilidade de exame, por parte do intérprete, dos valores e fins contidos nos princípios e respectiva aplicação no caso concreto. Permitir-se-ia, portanto, integrações subjetivas por parte do intérprete.[24]

---

[21] POZZOLO. Neoconstitucionalismo y especificidad de la interpretación constitucional, p. 340.

[22] POZZOLO. Neoconstitucionalismo y especificidad de la interpretación constitucional, p. 343.

[23] SANCHÍS, Luis Pietro. *Justicia Constitucional y derechos fundamentales*. Madrid: Trotta Editorial, 2014. p. 103-104. Em passagem bastante esclarecedora acerca da proposta do neoconstitucionalismo, assevera: "Mais princípios que regras; mais ponderação que subsunção; onipresença da Constituição em todas as áreas jurídicas e em todos os conflitos minimamente relevantes, em lugar de espaços isentos em favor da opção legislativa ou regulamentadora; onipotência judicial em lugar de autonomia do legislador ordinário; e por último, coexistência de uma constelação plural de valores, às vezes tendencialmente contraditórios, em lugar da homogeneidade ideológica em torno a um punhado de princípios coerentes entre si e em torno, sobretudo, às sucessivas opções legislativas" (SANCHÍS. *Justicia Constitucional y derechos fundamentales*. p. 117).

[24] BARROSO, Luís Roberto; BARCELLOS, Ana Paula. O começo da história. A nova interpretação constitucional e o papel dos princípios no Direito brasileiro. *Revista da EMERJ*, Rio de Janeiro, v. 6, n. 23, p. 13-14, 2003.

Nada obstante a defesa da utilização de princípios e técnicas de ponderações diretamente aos casos concretos, Luís Roberto Barroso destaca que tal proposta não significa, propriamente, um convite ao "ao exercício indiscriminado de ativismo judicial".[25]

3 Algumas divergências e aproximações entre os sistemas *civil law* e *common law*

3.1 Sobre aproximações

Conforme antes explicitado, o ativismo judicial está relacionado, em *ultima ratio*, ao avanço do Judiciário sobre as competências dos demais Poderes, notadamente, à supressão dos espaços e competências do Legislativo na edição das normas que compõem o direito posto.

Assim, para que seja possível identificar eventuais avanços do Judiciário, torna-se necessário especificar propriamente as características dos diferentes sistemas. Apenas e tão somente após a delimitação dos aspectos essenciais de ambos é que se torna possível examinar a possibilidade e a conveniência na adoção de determinadas contribuições alienígenas.

De fato, não é crível que se possa imaginar que a adoção pura e simples de soluções distintas, imaginadas em outro contexto jurídico, político e social, possa ter eficácia para resolver problemas que, eventualmente, jamais foram sequer aventados por aqueles que as construíram.

Particularmente, tem-se risco significativamente mais grave do que a mera ineficácia da ferramenta empregada. Flexibilizados os limites do sistema – e no caso trata-se de princípio da mais alta relevância, qual seja, a separação de Poderes – não só se vislumbra o erro no objeto utilizado, mas, eventualmente, a ocorrência de perniciosas disfuncionalidades no próprio sistema.[26]

---

25 BARROSO; BARCELLOS. O começo da história. A nova interpretação constitucional e o papel dos princípios no Direito brasileiro, p. 21.

26 Nesse contexto, oportunos são os questionamentos de Mauro Capelletti (*Juízes legisladores?* Tradução: Carlos Alberto Alvaro de Oliveira. Porto Alegre: Sérgio Antonio Fabris Editor, 1993. p. 113), ao tratar das similitudes e divergências de ambos os sistemas: "Entre as várias questões que deveriam, portanto, ser examinadas, estão as seguintes: que tipo de judiciário existe em determinado país e qual o seu grau de independência em relação ao Executivo? Como são organizados e operam os tribunais superiores? É realístico esperar que tais cortes exerceriam, de maneira razoável, mais alto grau de discricionariedade que lhes fosse atribuído? Quais seriam as reações a tal discricionariedade e o vigor dos preconceitos contrários? Existe desequilíbrio na distribuição dos poderes e, em caso afirmativo, é realístico

Isso não significa, todavia, que se deixe de reconhecer a existência de certas aproximações entre os sistemas, em um mundo cada vez mais globalizado e sujeito a influxos de sistemas normativos distintos (ou até mesmo supranacionais, como defendem alguns).[27] [28]

Em trabalho publicado em 1984, Mauro Cappelletti[29] afirmava que um relevante fator para a aproximação do sistema da *civil law* ao da *common law* seria a criação de cortes constitucionais – em estruturas distintas das tradicionais cortes superiores próprias desse sistema – caracterizadas por estrutura e organizações mais compactas, pela composição de juízes indicados por critérios políticos e pelo âmbito mais concentrado de sua competência.

Luiz Guilherme Marinoni também considera relevantes os impactos do constitucionalismo no sistema *civil law* e as respectivas consequências nesse processo de aproximação entre as tradições em questão. Acrescenta, ainda, que a adoção do neoconstitucionalismo teria imposto ao juiz da tradição da *civil law* um papel semelhante àquele exercido pelo juiz da tradição da *common law*.[30]

---

esperar que os juízes possam e desejem lançar, por assim dizer, o próprio peso sobre o prato da balança, para alcançar melhor equilíbrio?'.

27 Há autores, inclusive, que chegam a defender a existência de um ordenamento jurídico global, segundo certa perspectiva de pluralismo jurídico (TEUBNER, Gunther. Global Bukowina: Legal Pluralism in the World-Society. *In:* TEUBNER, Gunther (ed.). *Global Law Without a State*. [*S. l.*]: Dartsmouth, 1996. p. 3-28. Disponível em: https://ssrn.com/abstract=896478. Acesso em: 23 jun. 2018).

28 A propósito, assevera Mauro Cappelletti (*Juízes legisladores?*, p. 113): "Com referência a essas duas famílias jurídicas, contudo, parece-me justificada pelos resultados da presente investigação a seguinte conclusão geral: para além das muitas diferenças ainda hoje existentes, potentes e múltiplas tendências convergentes estão ganhando ímpeto, à origem das quais encontra-se a necessidade comum de confiar ao 'terceiro poder', de modo muito mais acentuado do que em outras épocas, a responsabilidade pela formação e evolução do direito. Verdade é que essa necessidade, como vimos, constitui por si mesma a consequência da profunda e dramática metamorfose das sociedades modernas, e assim como a sua causa, tal necessidade é certamente um fenômeno arriscado e aventureiro. Não se trata, contudo, de um risco e de uma aventura despidos de promessas, se é verdade que semelhante fenômeno, no nosso mundo perigosamente dividido, já está conduzindo à aproximação dos sistemas jurídicos, aproximação que, à distância, pode talvez abrir um capítulo mais luminoso na história fascinante da civilização jurídica".

29 CAPPELLETTI. *Juízes legisladores?*, p. 125-126.

30 A esse respeito, explicita: "A dificuldade em ver o papel do juiz sob o neoconstitucionalismo impede que se perceba que a tarefa do juiz do *civil law*, na atualidade, está muito próxima da exercida pelo juiz do *common law*. Ora, é exatamente a cegueira para a aproximação das jurisdições destes sistemas que não permite enxergar a relevância de um sistema de precedente no *civil law*" (MARINONI, Luiz Guilherme. Aproximação crítica entre as jurisdições de *civil law* e de *common law* e a necessidade de respeito aos precedentes no Brasil. *Revista da Faculdade de Direito da UFPR*, Curitiba, n. 49, p. 41, 2009).

Muito embora Cappelletti não tenha feito referência expressa ao arcabouço de propósitos formulados pelo neoconstitucionalismo, é possível identificar em sua perspectiva alguns dos elementos anteriormente apontados, que caracterizam o seu discurso. De fato, apenas para citar alguns, atente-se à admissão explícita a certos níveis de criatividade judicial vinculada à aplicação de princípios constitucionais em detrimento do texto legal.

Para Luís Roberto Barroso e Patrícia Perrone Campos Mello é possível a verificação da aproximação dos sistemas *civil law* e *common law*, no caso brasileiro, com o advento do controle de constitucionalidade, em relação ao qual a Constituição de 1988 seria um marco importante. Afora isso, também teriam contribuído, nesse sentido, as alterações recentes percebidas pelo texto de 1973 do antigo CPC e o surgimento do nosso código processual em 2015, em razão das previsões relativas a mecanismos de valorização da jurisprudência no Brasil.[31]

Em sentido oposto, também é possível a identificação de possíveis aproximações do sistema da *common law* no sentido da tradição romano-germânica.

Historicamente, a lei inglesa (*statute*) exerceu um papel secundário como fonte do direito, restringindo-se a complementar ou eventualmente corrigir as normas produzidas pelos tribunais.[32]

Atualmente, todavia, se verifica uma produção legislativa em países de tradição da *common law* tão relevante quanto aquela identificada na Europa continental. Nesse sentido, é possível afirmar que existe uma tendência, em relação a algumas matérias, à formação de um sistema complementar de normas oriundas do legislador ou da administração.[33]

---

31 *In verbis*: "No Brasil, com a vigência da Constituição de 1988, iniciou-se uma longa e progressiva trajetória de valorização da jurisprudência e de atribuição de efeitos vinculantes aos precedentes jurisprudenciais. Ilustram tal trajetória: a expansão do controle concentrado da constitucionalidade; a aprovação de diversas alterações ao CPC/1973, pelas quais se conferiu a certas decisões judiciais uma eficácia intermediária, para além dos casos em que foram proferidas; e, por fim, a aprovação do CPC/2015, que criou um novo sistema de precedentes vinculantes no ordenamento jurídico brasileiro e conferiu-lhe eficácia através do alargamento das hipóteses de cabimento de reclamação" (BARROSO, Luís Roberto; MELLO, Patrícia Perrone Campos. Trabalhando com uma nova lógica: a ascensão dos precedentes no direito brasileiro. *Conjur*, São Paulo, p. 43, 28 out. 2016. Disponível em: https://www.conjur.com.br/2016-out-28/artigo-barroso-explica-precedentes-cpc-muda-direito. Acesso em: 23 jun. 2018).

32 DAVID, René. *Os grandes sistemas de Direito contemporâneo*. 5. ed. Tradução: Hermínio A. Carvalho. São Paulo: Martins Fontes, 2014. p. 415.

33 DAVID. *Os grandes sistemas de Direito contemporâneo*, p. 435. A propósito, assevera Luiz Guilherme Marinoni (Aproximação crítica entre as jurisdições de *civil law* e de *common*

3.2 Sobre divergências

Em que pese ser efetivamente possível encontrar pontos de contato entre as duas tradições, não se deve ignorar o fato de que estamos a tratar de sistemas jurídicos formados por elementos distintos, notadamente com instituições, conceitos, procedimentos, lógica e até semântica próprios.

Os fatores e características que permitem a verificação, atualmente, das distinções entre ambos os sistemas são produtos de trajetórias institucionais diferentes, desenvolvidas em direções díspares. Pode-se afirmar, portanto, que a construção dos sistemas contemporâneos de direito é de natureza histórica, decorre mais da experiência do que, propriamente, da lógica.[34]

No caso do sistema da *civil law*, de tradição romano-germânica, reputa-se, sob a perspectiva científica, ao século XIII o seu início, com a sistematização, no âmbito das universidades da Europa Continental, do direito romano, caracterizado pelo seu perfil pragmático e pouco preocupado com a estruturação de conceitos e categorias dogmáticas.

O contexto em que se verificou o seu surgimento é caracterizado pela descentralização política. Tal aspecto, desde o princípio, demonstra a diversidade de trajetórias institucionais, ao se constatar que a *common law*, por sua vez, originou-se em ambiente marcado pelo poder real e pela existência de tribunais reais fortemente centralizados. Diferentemente, a *civil law* foi fundada sobre uma cultura comum, compartilhada na Europa Continental, independentemente de qualquer intenção política.[35]

É interessante notar que essa tradição, frequentemente identificada com seu perfil legicêntrico mais atual, foi durante cinco séculos centrada na produção doutrinária, no âmbito das universidades europeias. Inicialmente, com o trabalho dos glosadores, o objeto de estudo era o direito romano, notadamente as compilações de Justiniano. Posteriormente, e com a necessidade de adaptação do direito às novas

---

law e a necessidade de respeito aos precedentes no Brasil, p. 19): "De qualquer modo, se, no direito inglês primitivo, havia baixa produção de leis, isso não ocorre no *common law* contemporâneo. A suposição de que, nos Estados Unidos, a produção legislativa do direito é baixa, o que impõe a sua criação pelos juízes, não só é falsa, como produz enganos em termos de direito comparado. É provável que um estado típico dos Estados Unidos tenha tanta legislação quanto um país europeu ou latino-americano, a qual obviamente deve ser aplicada e interpretada pelos juízes".

34 DAVID. *Os grandes sistemas de Direito contemporâneo*, p. 445.

35 DAVID. *Os grandes sistemas de Direito contemporâneo*, p. 40.

demandas econômicas, políticas e sociais, o arcabouço do direito romano é sensivelmente modificado.

A produção acadêmica que desenvolveu o direito na Europa Continental teve como resultado a sistematização de seu objeto, a elaboração de métodos e princípios próprios, erigidos sobre os fundamentos do direito natural. Ou seja, a elaboração desenvolvida nas universidades não tinha, em sua gênese, maiores preocupações com o direito positivo local, o que permitiu a sua disseminação sem que as contingências específicas das diferentes localidades fossem suprimidas.

Daí por que, em sua origem, o *jus commune* da Europa continental, também nesse aspecto, se difere profundamente do direito uniforme aplicado, à época, pelos tribunais reais na Inglaterra.

A escola do direito natural, a partir do final do século XVIII e início do século XIX, em desenvolvimento ao projeto de racionalização do direito, por dedução lógica da lei natural, encontrou nas codificações a forma de expressar a sistematização das normas, princípios e métodos do direito positivo.

É possível afirmar que o projeto de codificação contribuiu significativamente para a caracterização do sistema da *civil law* por seu aspecto legicêntrico. De fato, é condição pressuposta da elaboração de um sistema normativo fechado, coeso, sem lacunas e cogente, o reconhecimento político do poder soberano do qual é oriundo. Disso decorre a percepção de que a não observância da lei, em *ultima ratio*, está relacionada à própria alienação desse poder soberano.

Por inúmeros fatores sociais, econômicos e, principalmente, políticos, do contexto de boa parte da Europa continental (em relação aos quais não será possível realizar, nessa seara, maiores digressões) foi possível a criação de ambiente propício ao desenvolvimento de teorias que identificavam a norma com o texto legal. Assim, qualquer dissonância entre a literalidade do texto e a norma jurídica dele extraída seria caracterizada como contrária ao próprio direito.

Essa perspectiva, todavia, pode ser identificada no tempo e no espaço, notadamente com a Escola da Exegese, ou, ainda, com a Jurisprudência dos Conceitos na Alemanha, ao estabelecer a subsunção mecânica do intérprete ao texto legal, restringindo a atividade interpretativa ao caráter estático e conservador.[36]

---

36 RAMOS. *Ativismo judicial*: parâmetros dogmáticos, p. 131-132.

Evidentemente que, atualmente, ainda que para os adeptos mais conservadores do positivismo jurídico, não se cogita da identificação da norma jurídica com o texto legal.

Deve-se, aliás, ao trabalho de Kelsen o reconhecimento de que a interpretação, mais do que mero ato de conhecimento, é ato de vontade.[37]

Nesse contexto, é relevante destacar que a criação da norma jurídica pelo juiz da tradição da *civil law* é sensivelmente diferente daquela realizada na *common law*. De fato, a elaboração da norma jurídica no âmbito do Poder Judiciário se dá pela via da interpretação de um texto legal (em sentido amplo, para aí se incluir o texto constitucional). Ou seja, ainda que se admita a possibilidade de verificação de evolução do direito pela produção da decisão judicial, será necessário o estabelecimento de seus alicerces no texto legislativo.[38]

De outro lado, se é possível afirmar – conforme exposto anteriormente – que o legislador da *common law* aumentou a relevância de sua função no sentido da criação de normas com relevância equiparável às provenientes das decisões judiciais, também deve se reconhecer que essa função é exercida de modo distinto, se comparada à verificada na *civil law*.

A trajetória histórica das instituições do direito inglês não permitiu que houvesse a subversão do sistema caracterizado, essencialmente, pela orientação centrada no direito jurisprudencial. Como aponta

37 "Se queremos caracterizar não apenas a interpretação da lei pelos tribunais ou pelas autoridades administrativas, mas, de modo inteiramente geral, a interpretação jurídica realizada pelos órgãos aplicadores do Direito, devemos dizer: na aplicação do Direito por um órgão jurídico, a interpretação cognoscitiva (obtida por uma operação de conhecimento) do Direto a aplicar combina-se com um ato de vontade em que o órgão aplicador do Direito efetua uma escolha entre as possibilidades relevadas através daquela mesma interpretação cognoscitiva. Com este ato, ou é produzida por uma norma de escalação inferior, ou é executado um ato de coerção estatuído na norma jurídica aplicada" (KELSEN. *Teoria pura do Direito*, p. 394).

38 A propósito do tema, assevera René David (*Os grandes sistemas de Direito contemporâneo*, p. 149): "Por consequência, se nós quisermos analisar a medida em que a jurisprudência participa da evolução do direito, é necessário resignarmo-nos a procurar esta função atrás do processo de interpretação, verdadeiro ou fictício, dos textos legislativos". E conclui: "Qualquer que seja a contribuição trazida pela jurisprudência à evolução do direito, esta contribuição, nos países da família romano-germânica, é diferente da do legislador. O legislador que, na nossa época, estabelece os quadros da ordem jurídica, recorre a uma técnica particular que consiste na formulação dos comandos, na elaboração das regras do direito. A jurisprudência é excepcionalmente autorizada a utilizar esta técnica; a disposição do código civil francês (art. 5º), que o seu equivalente em todos os direitos da família romano-germânica, salvo um certo número de exceções, certamente interessantes, mas que deixam intocado o princípio" (DAVID. *Os grandes sistemas de Direito contemporâneo*, p. 150).

René David, a verdadeira regra de direito somente existe através da perspectiva dos fatos de uma espécie concreta e reduzida à dimensão necessária à resolução de um litígio.[39]

A esse respeito, é necessário reconhecer que o sistema da *common law*, desde sua origem, não adotou um modelo de princípios e normas de direito postas em um corpo de prescrições preestabelecido, à exemplo que foi feito pela tradição romano-germânica, no que concerne ao *Corpus Iuris Civilis*, e, posteriormente, às codificações.

A *common law* foi desenvolvida no âmbito da produção decisória pelos Tribunais Reais de Westminster. A jurisprudência desses tribunais tinha por função não só a aplicação da norma jurídica, mas, principalmente, de destacá-la.[40]

Ou seja, a força cogente das normas explicitadas nas decisões daqueles tribunais decorre não de preocupações com a uniformização da interpretação das leis, mas, principalmente, com a higidez e a própria existência do sistema.

Daí por que "a obrigação de recorrer às regras que foram estabelecidas pelos juízes (*stare decisis*), de respeitar os precedentes judiciários, é o correlato lógico de um sistema de direito jurisprudencial".[41]

Nesse particular, cabe afirmar que assiste razão a Luiz Guilherme Marinoni ao considerar um mito a conclusão de que a *common law* não existe sem o *stare decisis*, haja vista que a sua criação é relativamente recente (século XIX).[42] *Mutatis mutandis*, seria o mesmo que afirmar que o sistema da *civil law* não existiria sem as codificações.

Trata-se, todavia, de um sofisma a serviço da tentativa de se arguir pela ampla adaptabilidade desse importante instituto *próprio* da *common law* ao sistema da *civil law*. A rigor, da mesma forma, não se poderia afirmar que a adoção, no atual estado de coisas, pela Inglaterra de um projeto de codificação teria o mesmo efeito produzido na França no século XIX. Evidentemente, tal esforço imaginativo não seria nem coerente, sob perspectivas históricas, e nem cabível, haja vista a sensível divergência das trajetórias institucionais dos sistemas ora em análise.

Ainda que não se possa identificar o *stare decisis* – a parte – com a *common law* – o todo – a conclusão inafastável é que esse sistema tem a

[39] DAVID. *Os grandes sistemas de Direito contemporâneo*, p. 436.

[40] DAVID. *Os grandes sistemas de Direito contemporâneo*, p. 428.

[41] DAVID. *Os grandes sistemas de Direito contemporâneo*, p. 428.

[42] MARINONI. Aproximação crítica entre as jurisdições de *civil law* e de *common law* e a necessidade de respeito aos precedentes no Brasil, p. 14.

produção normativa dos tribunais em posição central no direito. Nesse contexto, a doutrina do *stare decisis* veio sistematizar um dos principais pilares de sua particular estrutura.[43]

Assim foi feito, não por uma iluminação específica por parte do legislador ou do juiz em acontecimento perfeitamente delimitado no tempo e espaço. Trata-se de uma construção consentânea com o desenvolvimento das estruturas, institutos e instituições que integram o sistema jurídico e políticos próprios daquela tradição.

Isso não significa, todavia, que as características da doutrina dos precedentes não possam ser utilizadas, em pesquisas comparadas, com o intuito do aprimoramento das ferramentas existentes em sistema diverso. Não se deve deixar de se realizar, todavia, as devidas reflexões em relação ao contexto normativo, histórico, político e social em que se está inserido.[44]

3.3 Sobre o instituto dos assentos do direito português

É de se reconhecer que, mesmo no âmbito do sistema romano-germânico, é possível identificar mecanismos que atribuem às decisões judiciais os efeitos análogos à ideia de precedentes obrigatórios.

Para não nos atermos tão somente à nossa sistemática atual, que será objeto de análise mais adiante, interessante notar, na experiência do direito português, o emprego dos *assentos* da Casa da Suplicação, como exemplo da obrigatoriedade de observância dos precedentes judiciais.

Sua origem remonta a decreto de 1518 de D. Manuel I. Àquela época, a interpretação da lei era faculdade atribuída ao monarca, que, eventualmente, presidia as reuniões dos tribunais superiores. Diante

---

[43] Em relação ao tema, assevera Georges Abboud (Precedente judicial *versus* jurisprudência dotada de efeito vinculante: a ineficácia e os equívocos das reformas legislativas na busca de uma cultura de precedentes. *In:* WAMBIER, Teresa Arruda Alvim (coord.). *Direito Jurisprudencial.* São Paulo: Revista dos Tribunais, 2012. p. 511): "(...) pode-se afirmar que o *common law* mesmo antes do surgimento da doutrina dos precedentes ou do *stare decisis*, sempre embasou-se na casuística, vale dizer, na análise de prévias decisões judiciais, para se alcançar o deslinde da demanda. Essas decisões prévias não constituíam verdadeiramente precedentes, mas exemplos de como o direito havia sido aplicado naqueles casos particulares".

[44] A propósito do tema, esclarecedores são, novamente, os apontamentos de René David (*Os grandes sistemas de Direito contemporâneo*, p. 21): "As regras de direito podem mudar, consoante a opinião emitida pelo legislador. Nem por isso nelas deixam de subsistir outros elementos, os quais não podem ser arbitrariamente modificados, porquanto se encontram estreitamente ligados à nossa civilização e aos nossos modos de pensar: o legislador não exerce mais influência sobre elas do que sobre a nossa linguagem ou sobre a nossa maneira de raciocinar".

da complexidade do exercício da administração, o rei, ao deixar de presidir as reuniões, resolveu delegar aos desembargadores da Casa de Suplicação a função da resolução de dúvidas de interpretação que porventura surgissem. A resolução alcançada pela corte seria registrada no *Livro dos Assentos*, e teria força vinculante para resolver casos futuros idênticos. A norma contida no referido decreto foi repetida nas Ordenações Manuelinas e Filipinas e reconhecida, igualmente, na Lei da Boa Razão, de 18 de agosto de 1769, de Marquês de Pombal.[45]

Da Lei da Boa Razão se extrai o seguinte excerto, que bem ilustra as preocupações existentes à época quanto aos abusos na realização da atividade interpretativa, notadamente quanto aos juízes de equidade, no âmbito de um sistema de tradição romano-germânica:

> 4 (d)Interpretação é a explicação do que um escripto diz, mais concisa ou menos claramente do que convém para a boa intelligencia do espirito do seu auctor. Se as palavras de uma Lei são claras, e bem conhecido o espirito do auctor d'ella; trabalhar pela interpretação é effeito de paixão, que cega o entendimento, é o mesmo que accender uma luz à luz do sol, com perigo de nos queimarmos. Este é o primeiro abuso, que se pôde fazer da interpretação, justamente condenado no proemio da nossa Lei. Além d'esté podem praticar-se outros abusos da interpretação, se em vez de guardar as regras de Hermenêutica, Grammatica, Lógica, e Jurídica, qualquer interpretar as Leis a feição da sua phantasia; ou fundado em uma equidade cerebrina, que conduz a grandes erros.

No que concerne ao poder vinculante dos assentos, a Lei da Boa Razão, em seu §4º, assim prescrevia:

Mando que a disposição d'elle estabeleça a praxe inviolável de julgar sem alteração alguma, qualquer que ela seja: E que os Assentos já estabelecidos, que tenho determinado, que sejam publicados, e os que se estabelecerem d'aqui em deante sobre as interpretações das Leis, constituam Leis inalteráveis para sempre se observarem como taes debaixo das penas abaixo estabelecidas.

A experiência histórica do instituto dos *assentos* demonstra que a sua aplicação no direito português não passou imune a controvérsias. Ao contrário, diante da influência do ideário do liberalismo disseminado

[45] CARMIGNANI, Massimo. O Direito judiciário lusitano – os assentos da casa de suplicação. *Revista da Faculdade de Direito da Universidade de São Paulo*, São Paulo, v. 111, p. 22-25, 2016.

tanto na Europa continental e em boa parte do Novo Mundo, o instituto foi alvo de diversas críticas, inclusive da própria Casa de Suplicação.

Em 28 de março de 1822, já em pleno período liberal, concluiu "não poder esta, depois da nova ordem de cousas, tomar Assentos sobre a intelligencia de qualquer Lei, sem huma nova Delegação do Poder Legislativo", haja vista que "os Assentos contem decisões legaes, e constituem parte da nova Legislação", e por isso pertencem "à competência privativa e própria do Poder Legislativo", que na vigência da Ordenação residia nos reis, mas porque "as cousas estão mudadas" e tal poder foi reassumido pela Nação em toda a sua plenitude e integridade, deixou a Casa da Suplicação de dispor de competência para "tomar Assentos", devendo "as Partes e os Juízes nos casos duvidosos recorrer ao mesmo Poder" (Acórdão nº 810/93, Processo nº 474/88, 1ª Secção, Tribunal Constitucional).

Em que pese a existência das referidas polêmicas que marcaram a dinâmica experiência dos assentos no direito português – com sucessivas alterações legislativas a respeito –, o instituto persistiu no Código Civil Português de 1966 até 12 de dezembro de 1995, quando do advento do Código de Processo Civil, que revogou o artigo 2º da codificação civil, em razão do quanto decidido pelo Tribunal Constitucional no Acórdão nº 810/93.

O referido dispositivo assim previa: "Artigo 2.º (Assentos) Nos casos declarados na lei, podem os tribunais fixar, por meio de assentos, doutrina com força obrigatória geral".

Note-se que a redação do dispositivo indica que a força normativa dos assentos não se limita à interpretação jurídica levada a efeito nos tribunais portugueses. Diferentemente, verifica-se uma vinculação normativa de caráter geral e de observância obrigatória.

De fato, a respeito de sua característica normativa, reconheceu o Tribunal Constitucional no acórdão referido:

Originados embora numa decisão jurisprudencial que deles constitui pressuposto jurídico, os assentos normativamente objectivam, para além dessa decisão, uma prescrição que fica a valer geral e abstractamente para o futuro, sendo assim equiparados a fontes de direito (Acórdão nº 810/93, Proc. n. 474/88, 1ª Secção, Tribunal Constitucional).

Naquela oportunidade, foi manifestada a relevante preocupação do tribunal quanto à necessidade de se manter a autoridade dos tribunais superiores, quando do exercício de sua função nomofilácica.[46]

Nada obstante a referida preocupação, o Tribunal Constitucional concluiu pela inconstitucionalidade do art. 2º do Código Civil português em razão da inviável equiparação dos assentos à normatividade dos atos legislativos (Art. 112, 5, da Constituição de Portugal). Ou seja, o instituto dos assentos seria inconstitucional na medida em que a sua eficácia, conforme pretendia o referido dispositivo do Código Civil, extrapolaria os limites internos da jurisdição. Assim, enquanto a força cogente da observância do quanto decidido se mantivesse internamente, com o intuito de se manter a estrutura hierárquica dos tribunais judiciais, poder-se-ia considerar a sua legitimidade.[47]

---

46 "Todos estes esforços criativos dirigidos à modificação ou substituição do instituto em apreço, independentemente das razões jurídicas que os animam e da amplitude e alcance que transportam nas soluções propostas, evidenciam a forte problematicidade que os assentos comportam na hora actual, sem embargo de em todas se revelar uma postura favorável à existência de um mecanismo processual tendente ao asseguramento da uniformização da jurisprudência e da unidade do direito" (Acórdão nº 810/93, Proc. nº 474/88, 1ª Secção, Tribunal Constitucional).

47 Nesse sentido o Tribunal Constitucional formulou o seu entendimento: "Ora, tanto a eficácia jurídica universal atribuída à doutrina dos assentos, como o seu carácter de imutabilidade, não só se apresentam como atributos anómalos relativamente à forma inicial da sua instituição em 1939, mas também se configuram como formas de caracterização inadequada de um instituto que visa a unidade do direito e a segurança da ordem jurídica.
E parece poder afirmar-se que, desprovida desta caracterização, isto é, sem força vinculativa geral e sujeita, em princípio, à contradita das partes e à modificação pelo próprio tribunal dela emitente, aquela doutrina perderá a natureza de acto normativo de interpretação e integração autêntica da lei.
Desde que a doutrina estabelecida no assento apenas obrigue os juízes e os tribunais dependentes e hierarquicamente subordinados àquele que o tenha emitido, e não já os tribunais das outras ordens nem a comunidade em geral, deixa de dispôr de força obrigatória geral o que representa, no entendimento de Marcello Caetano, a perda automáticado valor que é próprio dos actos legislativos (cfr. ob. *loc. cit.*).
Com efeito, desde que o Supremo Tribunal de Justiça, na sequência de recurso interposto pelas partes, disponha de competência para proceder à revisibilidade dos assentos – e não cabe a este Tribunal pronunciar-se sobre os pressupostos e a amplitude do esquema processual a seguir em ordem à concretização desse objectivo – a eficácia interna dos assentos, restringindo-se ao plano específico dos tribunais integrados na ordem dos tribunais judiciais de que o Supremo Tribunal de Justiça é o órgão superior da respectiva hierarquia, perderá o carácter normativo para se situar no plano da mera eficácia jurisdicional e revestir a natureza de simples 'jurisprudência qualificada'.
E assim sendo, a norma do artigo 2º do Código Civil, entendida como significando que os tribunais podem fixar, por meio de assentos, "doutrina obrigatória para os tribunais integrados na ordem do tribunal emitente, susceptível de por este vir a ser alterada", deixará de conflituar com a norma do artigo 115º, nº 5 da Constituição" (Acórdão nº 810/93, Proc. n. 474/88, 1ª Secção, Tribunal Constitucional).

Destaque-se, portanto, que a conclusão a que chegou o Tribunal Constitucional português reforça o caráter legicêntrico do sistema naquele país adotado. Reiterou-se, tendo como parâmetro o art. 115, nº 5, da Constituição, que não seria possível equiparar a eficácia normativa das decisões judiciais àquela que caracteriza a lei como fonte imediata do direito.

Muito embora sejam compartilhadas as preocupações em relação à necessidade de se manter a função uniformizadora dos tribunais superiores, em benefício da unidade do direito e da segurança jurídica, não se poderia extrair desse verdadeiro desafio uma solução que representasse a subversão do sistema de fontes do direito português.

Diante do entendimento a que chegou o Tribunal Constitucional, o Código de Processo Civil de 1995 revogou expressamente o art. 2º do Código Civil português.

4 O modelo de precedentes brasileiro

Michele Taruffo explicita que a compreensão do precedente revela a existência de quatro dimensões: (i) dimensão institucional; (ii) dimensão estrutural; (iii) dimensão objetiva; (iv) dimensão da eficácia.[48]

A dimensão institucional se verifica enquanto o uso do precedente está estreitamente vinculado a fatores concernentes à organização judiciária e às relações de autoridade no âmbito do sistema dos tribunais. Se a decisão de uma corte representa um precedente idôneo para se influenciar sucessivas decisões daquela corte ou de outras, é questão que diz respeito aos aspectos institucionais dos órgãos que administram a Justiça.[49]

A dimensão estrutural do precedente diz respeito ao que constitui o precedente que é usado como ponto de referência para uma decisão posterior.[50]

Nessa análise, perquire-se a propósito da existência de uma ou mais decisões sucessivas de modo a se entender como suficientemente formada a norma jurídica inserta no precedente eventualmente suscitado.

---

48 TARUFFO, Michele. Dimensioni del precedente giudiziario. *Rivista Trimestrale di Diritto e Procedura Civile,* [*S. l.*], n. 2, p. 415-416, 1994

49 TARUFFO. Dimensioni del precedente giudiziario, p. 416.

50 TARUFFO. Dimensioni del precedente giudiziario, p. 423.

Em relação à hipótese da formação do precedente por apenas uma única decisão, pode-se fazer uma analogia (respeitadas as especificidades do sistema) com o instituto do *assento* português, antes analisado, que considera suficiente a existência de uma única decisão da Casa de Suplicações – em sua versão original –, lavrada no Livro dos Assentos, para que seja possível a obtenção dos efeitos vinculantes *erga omnes*.

Por outro lado, pode-se estabelecer certo paralelismo com a segunda hipótese a prática da edição de súmula vinculante, por parte do Supremo Tribunal Federal (STF),[51] quando houver reiteradas decisões sobre matéria constitucional.

A dimensão objetiva se refere à capacidade de influência por parte de uma decisão em relação às decisões sucessivas. Nessa dimensão se analisam os aspectos relacionados a *ratio decidendi* e *obiter dictum*.

A conceituação de *ratio decidendi* ou *holding* é, de certo modo, bastante ambígua. De todo modo, pode-se considerar *ratio decidendi* como o critério jurídico utilizado para se qualificarem os fatos relevantes da controvérsia e para sua resolução; como o princípio jurídico usado como critério de decisão; ou, ainda, como o argumento jurídico empregado para justificar a decisão relativa à qualificação dos fatos, e/ou a decisão relativa à escolha da regra jurídica.[52]

A conceituação de *obiter dictum*, por sua vez, ocorre por exclusão, pois, como tal, é considerado como tudo aquilo que não se integra na definição de *ratio decidendi*. Ou seja, trata-se dos princípios gerais ou especiais, das normas jurídicas suscitadas, ou dos critérios de valoração de fatos, que, muito embora discutidos na sentença, não se constituem como critério efetivo de decisão.

Luís Roberto Barroso e Patrícia Perrone Campos Mello explicitam que para a identificação da *ratio decidendi* devem ser levados em consideração os seguintes aspectos: (i) fatos relevantes; (ii) a questão jurídica posta em juízo; (iii) os fundamentos da decisão; (iv) a solução determinada pela corte. Em síntese, para os referidos autores, "a *ratio decidendi* corresponde a uma descrição do entendimento adotado pela

---

51 "Art. 103-A. O Supremo Tribunal Federal poderá, de ofício ou por provocação, mediante decisão de dois terços dos seus membros, após reiteradas decisões sobre matéria constitucional, aprovar súmula que, a partir de sua publicação na imprensa oficial, terá efeito vinculante em relação aos demais órgãos do Poder Judiciário e à administração pública direta e indireta, nas esferas federal, estadual e municipal, bem como proceder à sua revisão ou cancelamento, na forma estabelecida em lei."

52 TARUFFO. Dimensioni del precedente giudiziario, p.420.

corte como a premissa necessária ou adequada para decidir o caso concreto, à luz das razões invocadas pela maioria".[53]

A propósito do emprego da *ratio decidendi* no Brasil, é interessante notar que o Ministro Roberto Barroso, tal como consignado na obra mencionada, tem defendido, desde que ingressou no STF, em junho de 2013, que a Corte proclame de modo expresso a tese jurídica que embasou a decisão.[54]

Na prática, a iniciativa do Ministro Roberto Barroso facilita sobremaneira o trabalho daqueles que atuam no STF, no sentido de verificação da adesão do caso concreto à tese firmada pela decisão.

No entanto, nesse particular, reside uma significativa divergência entre o denominado sistema de precedentes brasileiro e a prática da tradição do juiz na *common law*. De fato, conforme esclarece René David, o juiz na *common law* não explicita qual é a *ratio decidendi*. Quem definirá a *ratio decidendi* são os outros juízes que poderão se utilizar daquelas regras gerais para aplicação em outro caso.[55]

A propósito de tal aspecto, Michele Taruffo, tratando da dimensão da eficácia do precedente, assevera que, não é possível se reduzir esse problema à dicotomia eficácia vinculante e eficácia não vinculante. Trata-se, na verdade, de uma escala composta de vários graus de eficácia do precedente.[56]

Nesse contexto, além das noções de *ratio decidendi* e *obiter dictum*, outro conceito importante dessa sistemática é o relacionado ao *distinguishing*. Se a eficácia do precedente está relacionada à necessidade de atribuir soluções iguais a casos iguais, é fundamental, nessa sistemática, o desenvolvimento de um trabalho de associação entre o precedente anterior e a controvérsia à qual se almeja a incidência de determinada solução.

Assim, como formulação contraposta ao trabalho de identificação dos fatores específicos da controvérsia que permite a adoção da fórmula suscitada, surge a ideia do *distinguishing* como forma de evitar a solução aventada, sob o argumento da inaplicabilidade, àquele caso concreto, das razões de decidir que fundamentaram a anterior decisão.

---

53 BARROSO; MELLO. Trabalhando com uma nova lógica: a ascensão dos precedentes no direito brasileiro, p. 22.

54 BARROSO; MELLO. Trabalhando com uma nova lógica: a ascensão dos precedentes no direito brasileiro, p. 22.

55 DAVID. *Os grandes sistemas de Direito contemporâneo*, p. 430.

56 TARUFFO. Dimensioni del precedente giudiziario, p. 427.

Mencione-se, por fim, a ideia de *overruling*, que nada mais é, de forma bastante sintética, do que a possibilidade que se atribui aos tribunais para a revisão do precedente anteriormente fixado.

Feitas tais breves considerações a respeito dos principais elementos concernentes à concepção do precedente, passa-se, então, ao exame dos mecanismos atualmente existentes em nosso sistema que são comumente associados à referida doutrina.

Em nosso sistema processual, o artigo 927 do novo CPC determina que juízes e tribunais observarão: (i) as decisões do STF em controle concentrado de constitucionalidade; (ii) os enunciados de súmula vinculante; (iii) os acórdãos proferidos em incidente de assunção de competência ou de resolução de demandas repetitivas e em julgamentos de recursos extraordinário e especial repetitivos; (iv) os enunciados das súmulas do STF em matéria constitucional e do Superior Tribunal de Justiça em matéria infraconstitucional; (v) a orientação do plenário ou do órgão especial aos quais estiverem vinculados.

O artigo 988 do CPC prevê, ainda, que caberá reclamação da parte interessada ou do Ministério Público para (i) preservar a competência do tribunal; (ii) garantir a autoridade das decisões do tribunal; (iii) garantir a observância de enunciado de súmula vinculante e de decisão do STF em controle concentrado de constitucionalidade; (iv) garantir a observância de acórdão proferido em julgamento de incidente de resolução de demandas repetitivas ou de incidente de assunção de competência.

Deve-se considerar, portanto, que o instituto da reclamação prevista no artigo 988 do CPC conferiu relevante força vinculante às hipóteses ali previstas. De fato, caso os tribunais sujeitos à vinculatividade da decisão não a devidamente observem, abrir-se-á o caminho da reclamação para que a parte prejudicada obtenha, diretamente no órgão prolator da decisão com efeitos vinculantes, provimento no sentido da cassação da decisão que se coloque contrariamente às suas prescrições.

A propósito das características dos referidos mecanismos processuais é relevante destacar a sua sensível diferença em relação à ideia tradicional do precedente da *common law*.

Inicialmente, é de se reiterar que a cultura de precedentes da *common law* decorre de uma construção histórica, própria do sistema, nos termos já explicitados. Diferentemente, nosso modelo, por sua vez, foi instaurado pela necessidade de racionalização do sistema implementado por modificações legislativas.

Outro ponto relevante de diferenciação se refere à função dos precedentes e àquela exercida pelas hipóteses previstas no art. 927 do CPC. Em nossa sistemática, a função primordial é a uniformização da jurisprudência e a tentativa de se racionalizar a interpretação da lei em relação a casos concretos similares. Diferentemente, a *ratio decidendi*, na *common law*, é o próprio ponto de partida do desenvolvimento da atividade de criação da norma jurídica que solucionaria o caso concreto.[57]

Outro aspecto relevante em relação à divergência dos sistemas se refere à eficácia da decisão vinculante nos casos previstos no artigo 927. A autoridade da decisão não decorre propriamente da relevância das razões suscitadas na *ratio decidendi*, mas sim da própria posição de quem a profere.

No caso da edição da súmula vinculante, há a sintetização do comando normativo genericamente formulado pelo tribunal. A partir de sua edição, a norma criada passa a ter eficácia normativa a todos os casos abstratamente enquadráveis naquele comando.

No precedente da *common law*, conforme explicitado, a norma jurídica é extraída posteriormente, pela construção decisória e pela influência que a relevância daquela fundamentação exerce em relação a casos análogos posteriormente ocorridos.

No âmbito da sistemática da repercussão geral, as diferenças se mostram ainda mais importantes, ao se verificar que as partes envolvidas em processos sobrestados em razão de futura decisão a ser proferida pela corte superior, enfrentam relevantes limitadores que mitigam a possibilidade de se desenvolverem argumentos relacionados aos elementos próprios da doutrina dos precedentes explicitados.

---

57 Tal relevante distinção é explorada por Georges Abboud (Precedente judicial *versus* jurisprudência dotada de efeito vinculante: a ineficácia e os equívocos das reformas legislativas na busca de uma cultura de precedentes. p. 521) nos seguintes termos: "O que não pode perder de vista de é a qualidade que os precedentes possuem no *stare decisis*, 'são por um lado, invocados como *starting points* do *legal reasoning*, isto é, como *topoi* no sentido da casuística retórica, e impõem-se, por outro lado, como concepções de tipo heurístico (não conceitualmente vinculantes) da *ratio iuris* – são pois, fundamentos normativos para um pensamento problemático e de intenção teológico concreta.
Vale dizer, os precedentes constituem o ponto de partida (*starting point*) para a discussão da lide, permitindo a exposição das razões jurídicas, papel que no *civil law* é desempenhado pela própria legislação. Na discussão do caso concreto no *common law*, o argumento das partes consiste em evidenciar como o cerne do precedente [aquilo que deve ter efeito vinculante] milita a seu favor, por isso, o precedente é o *topoi* argumentativo a partir do qual, autor e réu passam a expor seus argumentos. Ademais, o precedente não possui sua eficácia vinculante em razão de determinação legislativa, pelo contrário, sua força advém da tradição jurídica própria da comunidade em que se formou, por isso heurístico".

A par das discussões relativas às divergências entre o sistema de precedentes tradicional da *common law* e a nossa sistemática – tão bem exploradas por Georges Abboud –, para a presente análise importa destacar que os efeitos atribuídos pelos arts. 927 e 988 do CPC às hipóteses nele mencionadas as caracterizam como atividade tipicamente normativa.

Sob essa perspectiva, a utilização dos referidos instrumentos como forma de realização do ativismo judicial se mostra ainda mais perniciosa. Isso porque, muito embora se possa considerar louvável o objetivo de uniformizar a jurisprudência e garantir segurança jurídica para os jurisdicionados, a compreensão dos referidos mecanismos como instrumentos normativos assemelhados àqueles da *common law*, poderia resultar em pura e simples substituição da atividade normativa do Legislador pela do Judiciário.

Analisado o nosso sistema sob a perspectiva das dimensões apresentadas por Michele Taruffo, verificar-se-á que, em nosso modelo, as adaptações se restringem ao plano da eficácia. Os arts. 927 e 988 do CPC em nada alteram o nosso sistema, a não ser na criação de mecanismos que conferem maior vinculatividade às decisões proferidas, sob pena da imposição da sanção resultante da reclamação.

Na medida em que se reconhece, como o faz Luís Prieto Sanchís,[58] a onipotência do Judiciário, associada a cultura de precedentes, bem como ao emprego demasiado de princípios e de técnicas de ponderação, são desfeitos os limites do quadro normativo previsto nas opções do legislador. O resultado desse empreendimento é a substituição dos limites existentes da norma legal pela pura e simples inexistência de limites.

5 Conclusões

De forma extremamente oportuna, René David, em sua clássica obra a respeito dos grandes sistemas de direito contemporâneo, relembra a frase de J. Kirchmann, que, em 1848, asseverou que "três palavras do legislador e bibliotecas inteiras podem desaparecer". Na verdade, como observa o referido autor, essa assertiva consiste em um simples gracejo.[59]

---

58 SANCHÍS. *Justicia Constitucional y derechos fundamentales.*

59 DAVID. *Os grandes sistemas de Direito contemporâneo*, p. 20.

O direito não é, meramente, um conjunto de normas e procedimentos. Existe uma série de elementos subjacentes às normas jurídicas que conformam a compreensão do direito em um determinado contexto histórico-social. A evolução desses elementos no tempo está relacionada a uma continuidade histórica que – muito embora possa até ser inter-relacionada – é independente da mera modificação de regras. Disso decorre a compreensão do direito como ciência.

Por força de alterações legislativas, procuramos desenvolver apenas o aspecto do efeito vinculante (força normativa do precedente). A definição e construção prática dos demais conceitos de *overruling, distinguishing, obiter dictum, ratio decidendi* depende – assim como performado no âmbito da *common law* – do percurso de longa trajetória nesse sentido. Daí por que temos que nos socorrer novamente de uma norma legal para explicitar o funcionamento de instrumentos como reclamação e de toda uma estrutura recursal para viabilizar a almejada vinculatividade das decisões judiciais.

Procurou-se demonstrar, ainda, que a adaptação da doutrina de precedentes, sem maiores reflexões, poderia resultar em alguns acenos ao ativismo judicial, anteriormente caracterizado.

Torna-se relevante, neste momento, promover reflexões a respeito do papel ideal do Judiciário que se almeja.

Se ao Judiciário é atribuído o papel criativo do direito, sem a necessária observância do quadro normativo posto pelo legislador, mas tão somente, diante da aplicação direta de princípios, inclusive na formulação abstrata de escolhas normativas, impende reconhecer que a fórmula prescritiva do precedente, orientada para o futuro, e desprovida do contexto jurídico-institucional por séculos desenvolvido no âmbito da *common law*, está posta a serviço do mais puro ativismo judicial.

Referências

ABBOUD, Georges. Precedente judicial *versus* jurisprudência dotada de efeito vinculante: a ineficácia e os equívocos das reformas legislativas na busca de uma cultura de precedentes. *In:* WAMBIER, Teresa Arruda Alvim (coord.). *Direito Jurisprudencial.* São Paulo: Revista dos Tribunais, 2012. p. 505-527.

ALEXY, Roberto. *Teoria dos direitos fundamentais.* 2. ed. São Paulo: Malheiros, 2017.

ATIENZA, Manuel. Dos versiones del constitucionalismo. *DOXA. Cuadernos De Filosofía Del Derecho,* [*S. l.*], n. 34, p. 73-88, 2011.

BARROSO, Luís Roberto; BARCELLOS, Ana Paula. O começo da história. A nova interpretação constitucional e o papel dos princípios no Direito brasileiro. *Revista da EMERJ*, Rio de Janeiro, v. 6, n. 23, p. 25-65, 2003.

BARROSO, Luís Roberto. Fundamentos teóricos e filosóficos do novo Direito Constitucional brasileiro. *Revista de Direito Administrativo*, São Paulo, n. 225, p. 5-37, jul./set. 2001.

BARROSO, Luís Roberto. Neoconstitucionalismo e a constitucionalização do direito (um triunfo tardio do direito constitucional no Brasil). *Revista de Direito Administrativo*, São Paulo, 2005. 1-42.

BARROSO, Luís Roberto; MELLO, Patrícia Perrone Campos. Trabalhando com uma nova lógica: a ascensão dos precedentes no Direito brasileiro. *Conjur*, São Paulo, 28 out. 2016. Disponível em: https://www.conjur.com.br/2016-out-28/artigo-barroso-explica-precedentes-cpc-muda-direito. Acesso em: 23 jun. 2018.

BOBBIO, Norberto. *Jusnaturalismo e positivismo jurídico*. São Paulo: Unesp, 2016.

CAPPELLETTI, Mauro. *Juízes legisladores?* Tradução: Carlos Alberto Alvaro de Oliveira. Porto Alegre: Sérgio Antonio Fabris Editor, 1993.

CARBONELL, Miguel. Neoconstituciolismo y derechos fundamentales en América Latina. *Pensamiento Constitucional*, [S. l.], n. 14, p. 12-31, 2010.

CARMIGNANI, Massimo. O Direito judiciário lusitano – os assentos da casa de suplicação. *Revista da Faculdade de Direito da Universidade de São Paulo*, São Paulo, v. 111, p. 19-29, 2016.

DAVID, René. *Os grandes sistemas de Direito contemporâneo*. 5. ed. Tradução: Hermínio A. Carvalho. São Paulo: Martins Fontes, 2014.

HORBACH, Claudia Beatriz. A nova roupa do Direito Constitucional: neoconstitucionalismo, pós-positivismo e outros modismos. *Revista dos Tribunais*, São Paulo, v. 96, n. 859, p. 81-91, 2007.

KELSEN, Hans. *Teoria pura do Direito*. Tradução: João Baptista Machado. São Paulo: Martins Fontes, 2018.

LARENZ, Karl. *Derecho Civil*: parte general. Madrid: Editora Revista de Derecho Privado, 1978.

MAIA, Ana Carla. As transformações dos sistemas jurídicos contemporâneos: apontamentos acerca do neoconstitucionalismo. *In:* MOREIRA, Eduardo Ribeiro. *Neoconstitucionalismo*: a invasão da Constituição. São Paulo: Método, 2008. p. 207-239.

MARINONI, Luiz Guilherme. Aproximação crítica entre as jurisdições de *civil law* e de *common law* e a necessidade de respeito aos precedentes no Brasil. *Revista da Faculdade de Direito da UFPR*, Curitiba, n. 49, p. 11-58, 2009.

MOREIRA, Eduardo Ribeiro. *Neoconstitucionalismo*: a invasão da Constituição. São Paulo: Método. 2008.

POZZOLO, Susanna. Neoconstitucionalismo y especificidad de la interpretación constitucional. *DOXA. Cuadernos De Filosofía Del Derecho*, [S. l.], v. 2, n. 21, p. 339-353, 1998.

RAMOS, Elival da Silva. *Ativismo judicial*: parâmetros dogmáticos. 2. ed. São Paulo: Saraiva, 2015.

SANCHÍS, Luis Pietro. *Justicia Constitucional y derechos fundamentales*. Madrid: Trotta Editorial, 2014.

SARMENTO, Daniel. Neoconstitucionalismo no Brasil: riscos e possibilidades. *In:* SARMENTO, Daniel. *Daniel Sarmento e Ademar Borges Advogados*, Rio de Janeiro, [2018]. Disponível em: http://www.dsarmento.adv.br/content/3-publicacoes/16-o-neoconstitucionalismo-no-brasil-riscos-e-possibilidades/o-neoconstitucionalismo-no-brasil.riscos-e-possibilidades-daniel-sarmento.pdf. Acesso em: 3 jun. 2018.

TARUFFO, Michele. Dimensioni del precedente giudiziario. *Rivista Trimestrale di Diritto e Procedura Civile*, [*S. l.*], n. 2, p. 411-430, 1994.

TEUBNER, Gunther. *Global Bukowina*: Legal Pluralism in the World-Society. *In:* TEUBNER, Gunther (ed.). *Global Law Without a State*. [*S. l.*]: Dartsmouth, 1996. p. 3-28. Disponível em: https://ssrn.com/abstract=896478. Acesso em: 23 jun. 2018.

Informação bibliográfica deste texto, conforme a NBR 6023:2018 da Associação Brasileira de Normas Técnicas (ABNT)

FIGUEIREDO, Ticiano; MARCELINO, Raphael. Os desafios para um modelo de precedentes brasileiro no âmbito da jurisdição constitucional. *In*: MENDES, Gilmar Ferreira; GALLOTTI RODRIGUES, Maria Isabel Diniz; ALVIM, Teresa Arruda (coord.). *O novo perfil do controle difuso de constitucionalidade*: estudos em homenagem ao Professor Bruno Dantas nos 20 anos da Repercussão Geral. Belo Horizonte: Fórum, 2025. p. 713-743. ISBN 978-65-5518-898-1.

Alexandre Freire
Conselheiro diretor da Agência Nacional de Telecomunicações (Anatel). Presidente do Centro de Altos Estudos em Comunicação Digital e Inovação Tecnológica (Ceadi/Anatel). Presidente do Comitê de Infraestrutura de Telecomunicações da Anatel. Doutor em Direito pela Pontifícia Universidade Católica de São Paulo (PUC-SP). Mestre em Direito pela Universidade Federal do Paraná (UFPR). *Visiting Scholar* na Goethe Universität Frankfurt am Main's Faculty of Law.

Aline Arêdes de Oliveira
Mestre em Direito Constitucional pelo Instituto Brasileiro de Ensino, Desenvolvimento e Pesquisa (IDP-DF). Pós-graduada *lato sensu* em Direito Processual Civil e em Direito das Instituições Públicas e Privadas. Graduada em Direito pela Universidade de Brasília (UnB). Integrante do Grupo de Pesquisa e Atendimento Jurídico às Mulheres Vítimas de Violência Doméstica do Projeto Maria da Penha (UnB) (2007-2013). Chefe da Seção de Legislação e Apoio Jurídico da Diretoria de Saúde do Exército Brasileiro (EB).

André Macedo de Oliveira
Professor Adjunto da Faculdade de Direito da Universidade de Brasília (UnB). Pós-doutor em Direito Processual Civil pela Faculdade de Direito da Universidade do Estado do Rio de Janeiro (UERJ). Doutor e mestre em Direito pela UnB. Ex-desembargador do Tribunal Regional Eleitoral do Distrito Federal (TRE-DF). Ex-secretário nacional de Justiça adjunto do Ministério da Justiça (MJ). Membro do Instituto Brasileiro de Direito Processual (IBDP), da Associação Brasiliense de Direito Processual Civil (ABPC) e do Instituto dos Advogados do Distrito Federal (IADF). Advogado.

Antonio Ali Brito
Mestrando em Direito do Estado pela Universidade de São Paulo (USP). Assessor no Supremo Tribunal Federal (STF).

Arnoldo Wald
Professor Catedrático da Faculdade de Direito da Universidade do Estado do Rio de Janeiro (UERJ). Doutor *honoris causa* da Universidade Panthéon-Assas (Paris II) e do Instituto Brasileiro de Ensino, Desenvolvimento e Pesquisa (IDP). Presidente honorário da Comissão de Arbitragem do Conselho Federal da Ordem dos Advogados do Brasil (CFOAB). Advogado.

Arthur Laércio Homci
Doutor e mestre pela Universidade Federal do Pará (UFPA). Coordenador do Curso de Graduação em Direito do Centro Universitário do Estado do Pará (CESUPA). Professor de Direito Processual Civil dos cursos de graduação e pós-graduação da mesma instituição. Membro do Instituto Brasileiro de Direito Processual (IBDP) e da Associação Norte e Nordeste de Professores de Processo (ANNEP). Sócio da Mendes Advocacia & Consultoria.

Caio Victor Ribeiro dos Santos
Mestre em Direito Processual pela Universidade do Estado do Rio de Janeiro (UERJ). Especialista em Direito Processual Civil pelo Instituto Brasileiro de Ensino, Desenvolvimento e Pesquisa (IDP). Bacharel em Direito pelo IDP, com período de intercâmbio na Ludwig-Maximilians-Universität München (Alemanha). Professor da Pós-Graduação Lato Sensu da UERJ e da Fundação Escola Superior do Ministério Público do Rio de Janeiro (FEMPERJ). Ex-assessor de Ministro do Tribunal de Contas da União (TCU). Procurador da Empresa de Planejamento e Logística S.A. (EPL), vinculada ao Ministério da Infraestrutura (MInfra). Professor Assistente de Direito Processual da graduação, mestrado e doutorado na UERJ e de Direito da Regulação da Fundação Getulio Vargas do Rio de Janeiro (FGV Direito Rio). Atual assessor de Ministro do Superior Tribunal de Justiça (STJ).

Daniane Faria de Souza Rhodes
Mestranda em Direito na Estácio. Especialista em Direito Público e Privado pela Escola da Magistratura do Estado do Rio de Janeiro (EMERJ). Professora na Escola de Mediação do Tribunal de Justiça do Estado do Rio de Janeiro (TJRJ) e no Centro de Estudos e Pesquisas no Ensino do Direito da Universidade do Estado do Rio de Janeiro (CEPED UERJ). Oficial de Justiça e assessora jurídica no TJRJ.

Eduardo Arruda Alvim
Doutor e mestre em Direito Processual Civil pela Pontifícia Universidade Católica de São Paulo (PUC-SP). Professor dos cursos de doutorado, mestrado, especialização e bacharelado da PUC-SP e da Faculdade Autônoma de Direito (FADISP). Advogado em São Paulo, Rio de Janeiro, Porto Alegre e Brasília.

Fabiano da Rosa Tesolin
Doutor em Direito pela Universidade Federal do Paraná (UFPR). Mestre em Direito Processual Civil pela Pontifícia Universidade Católica de São Paulo (PUC-SP). Professor da Graduação e Pós-Graduação da Faculdade Presbiteriana Mackenzie Brasília (FPMB). Ex-assessor de Ministro do Superior Tribunal de Justiça (STJ). Secretário executivo da Escola Nacional de Formação e Aperfeiçoamento de Magistrados (ENFAM).

Fábio Lima Quintas

Pós-doutor em Ciências Jurídico-Processuais pela Faculdade de Direito da Universidade de Coimbra. Doutor em Direito do Estado pela Universidade de São Paulo (USP). Mestre em Direito do Estado pela Universidade de Brasília (UnB). Professor no curso de graduação em Direito, no mestrado e no doutorado acadêmico do Instituto Brasileiro de Ensino, Desenvolvimento e Pesquisa (IDP). Advogado. ORCID: https://orcid.org/0000-0002-6641-6709.

Frederico Montedonio Rego

Mestre em Direito pela Universidade de Yale. Doutor e livre-docente pela Universidade do Estado do Rio de Janeiro (UERJ). Pós-doutor pela Universidade de Harvard. Professor Titular da UERJ. Ministro do Supremo Tribunal Federal (STF). Professor do Programa de Mestrado e Doutorado do Centro Universitário de Brasília (UniCEUB).

Georges Abboud

Livre-docente. Doutor e mestre em Direito pela Pontifícia Universidade Católica de São Paulo (PUC-SP). Professor de Direito Processual Civil da PUC-SP e do Programa de Mestrado e Doutorado em Direito Constitucional do Instituto Brasileiro de Ensino (IDP-DF). Advogado. Coordenador técnico do Conselho Superior de Assuntos Jurídicos (Conjur) da Federação de Indústria do Estado de São Paulo (Fiesp).

Gisele Santos Fernandes Góes

Doutora pela Pontifícia Universidade Católica de São Paulo (PUC-SP). Mestre pela Universidade Federal do Pará (UFPA). Professora de Direito Processual Civil da Graduação e Pós-Graduação da mesma instituição. Secretária adjunta da Região Norte. Membro do Instituto Brasileiro de Direito Processual (IBDP), do Instituto Ibero-Americano de Direito Processual (IIDP) e da Associação Norte e Nordeste de Professores de Processo (ANNEP). Associada honorária da Associação Brasileira Elas no Processo (ABEP). Procuradora regional do Trabalho da Procuradoria Regional do Trabalho (PRT 8ª Região).

Guilherme Mazarello

Mestre em Direito Constitucional pela Université de Paris I (Panthéon-Sorbonne). Mestre em Direito Processual pela Universidade do Estado do Rio de Janeiro (UERJ). Bacharel em Direito pela Universidade de Brasília (UnB), com período de mobilidade na Université de Paris III (Sorbonne-Nouvelle). Advogado.

Guilherme Pupe

Pós-doutorando em Direito Constitucional pela Universidade de Granada. Doutor, mestre e especialista em Direito Constitucional pelo Instituto Brasileiro de Ensino, Desenvolvimento e Pesquisa (IDP). Desembargador eleitoral titular do Tribunal Regional Eleitoral do Distrito Federal e dos Territórios (TRE-DF). Advogado.

Humberto Dalla Bernardina de Pinho
Professor Titular de Direito Processual Civil na Universidade do Estado do Rio de Janeiro (UERJ) e na Estácio de Sá. Desembargador do Tribunal de Justiça do Estado do Rio de Janeiro (TJRJ).

Humberto Theodoro Júnior
Professor Titular aposentado da Faculdade de Direito da Universidade Federal de Minas Gerais (UFMG). Desembargador aposentado do Tribunal de Justiça do Estado de Minas Gerais (TJMG). Doutor em Direito. Parecerista. Advogado.

Ígor Martins da Cunha
Doutor em Direito pela Pontifícia Universidade Católica de São Paulo (PUC-SP). Mestre em Função Social do Direito pela Faculdade Autônoma de Direito (FADISP). Bacharel em Ciências Jurídicas e Sociais pela Pontifícia Universidade Católica de Campinas (PUC-Campinas). Advogado.

José Antonio Dias Toffoli
Ministro do Supremo Tribunal Federal (STF). Ex-presidente do Supremo Tribunal Federal (STF) e do Conselho Nacional de Justiça (CNJ) (2018-2020). Ex-presidente do Tribunal Superior Eleitoral (TSE) (2014-2016). Advogado-geral da União (2007-2009). Subchefe para Assuntos Jurídicos da Casa Civil da Presidência da República (2003-2005).

José Jorge de Vasconcelos Lima
Ministro Emérito do Tribunal de Contas da União. Ex-senador da República por Pernambuco (1999-2007). Relator da Emenda Constitucional nº 45/2004. Deputado federal pelo mesmo estado (1983-1998). Mestre em Ciências pela Universidade Federal do Rio de Janeiro (UFRJ), com especialização em Pesquisa Operacional. Pós-graduado em Estatística pela Universidade de Madri. Graduado em Engenharia Mecânica pela Universidade Federal de Pernambuco (UFPE) e em Economia pela Universidade Católica de Pernambuco (UNICAP). Atual consultor exclusivo do Vasconcelos Cavalcanti e Wills Advogados.

Jorge Octávio Lavocat Galvão
Procurador do Distrito Federal. Professor Adjunto da Faculdade de Direito da Universidade de Brasília (UnB). Doutor em Direito Constitucional pela Universidade de São Paulo (USP). *Visiting Researcher* na Yale University. Mestre em Direito pela New York University (NYU).

Luiz Fux
Ministro do Supremo Tribunal Federal (STF). Ex-presidente do Tribunal Superior Eleitoral (TSE). Professor Titular de Direito Processual Civil da Universidade do Estado do Rio de Janeiro (UERJ). Doutor e livre-docente em Direito Processual Civil pela Universidade do Estado do Rio de Janeiro (UERJ). Membro da Academia Brasileira de Letras Jurídicas (ABLJ). Membro da Academia Brasileira de Filosofia (ABF).

Luiz Guilherme Marinoni
Professor Titular de Direito Processual Civil da Universidade Federal do Paraná (UFPR). Vice-presidente honorário da International Association of Procedural Law (IAPL).

Luís Roberto Barroso
Professor Titular de Direito Constitucional da Universidade do Estado do Rio de Janeiro (UERJ). Professor do Centro Universitário de Brasília (UniCeub). Graduado em Direito pela UERJ. Mestre (*Master of Laws*) pela Yale Law School. Doutor e livre-docente pela UERJ. *Visiting Scholar* na Harvard Law School (2011), em estudos de pós-doutorado.

Márcio Bellocchi
Doutor em Direito Processual Civil pela Universidade de São Paulo (USP). Mestre em Direito pela Pontifícia Universidade Católica de São Paulo (PUC-SP). Advogado.

Maria Fernanda Ferreira Teixeira
Graduada pela Universidade de Brasília (UnB). Mestranda em Constituição e Democracia pela mesma instituição. Advogada.

Maria Isabel Diniz Gallotti Rodrigues
Ministra do Superior Tribunal de Justiça (STJ).

Marcelo Navarro Ribeiro Dantas
Doutor e mestre em Direito pela Pontifícia Universidade de São Paulo (PUC-SP). Professor Associado da Universidade de Brasília (UnB). Professor Emérito da Universidade Nove de Julho (UNINOVE). Ministro do Superior Tribunal de Justiça (STJ).

Marcelo Ornellas Marchiori
Mestre em Direito pela Universidade de Brasília (UnB). Assessor-chefe do Núcleo de Gerenciamento de Precedentes e de Ações Coletivas do Superior Tribunal de Justiça (STJ).

Marcus Vinicius de Abreu Sampaio
Doutor em Direito pela Pontifícia Universidade Católica de São Paulo (2022). Mestre em Direito pela Pontifícia Universidade Católica de São Paulo (PUC-SP) (1992). Especialista em Direito Processual Civil pela Università Degli Studi di Milano, Itália (1986). Graduado em Direito pela Universidade de São Paulo (1984). Professor Titular da Graduação em Direito da PUC-SP. Professor Auxiliar da Pós-Graduação em Direito da mesma instituição. Membro do Instituto Brasileiro de Ciências Jurídicas (IBCJ), do Instituto Brasileiro de Direito Processual (IBDP) e do Instituto Panamericano de Derecho Procesal (IPDP). Membro do Conselho da *Revista de Processo: RePro*, da editora Revista dos Tribunais. Autor do livro *O poder geral de cautela do juiz* (Revista dos Tribunais,

1993) e de diversos outros trabalhos em coletâneas. Sócio da Abreu Sampaio Advocacia.

Marcus Vinicius Furtado Coêlho
Advogado. Doutor em Direito Processual pela Universidade de Salamanca, Espanha. Ex-presidente da Ordem dos Advogados do Brasil (OAB Nacional). Presidente da Comissão Constitucional da OAB.

Nelson Nery Junior
Professor Titular da Faculdade de Direito da Pontifícia Universidade Católica de São Paulo (PUC-SP). Ex-professor Titular da Universidade Estadual Paulista Júlio de Mesquita Filho (UNESP). Livre-docente, doutor e mestre em Direito pela PUC-SP. Doutor em Direito Processual Civil pela Friedrich-Alexander Universität Erlangen-Nürnberg (Alemanha). Procurador de Justiça aposentado do Ministério Público do Estado de São Paulo (MPSP). Sócio fundador de Nery Advogados. Advogado, árbitro, parecerista e consultor jurídico.

Osmar Mendes Paixão Côrtes
Pós-doutor em Direito pela Universidade do Estado do Rio de Janeiro (UERJ). Doutor em Direito pela Pontifícia Universidade Católica (PUC-SP). Mestre em Direito e Estado pela Universidade de Brasília (UnB). Professor Titular do Programa de Pós-Graduação em Direito do Instituto Brasileiro de Ensino, Desenvolvimento e Pesquisa (PPGD/IDP). Advogado.

Paulo Gustavo Gonet Branco
Doutor em Direito (UnB). Professor do Mestrado e Doutorado em Direito Constitucional do Instituto Brasileiro de Ensino, Desenvolvimento e Pesquisa (IDP). Procurador-geral da República.

Pedro Henrique de Moura Gonet Branco
Bacharel em Direito pela Universidade de Brasília (UnB). Advogado. Mestrando em Direito Constitucional na Universidade de São Paulo (USP). Diretor do Departamento Jurídico da Federação de Indústria do Estado de São Paulo (Fiesp).

Raphael Marcelino
Sócio do Escritório Figueiredo & Velloso Advogados. Doutor em Direito pela Universidade de São Paulo (USP). Mestre e bacharel pela Universidade de Brasília (UnB). Pós-doutorando pela Universidade do Estado do Rio de Janeiro (UERJ).

Roberta Maria Rangel
Advogada. Mestre em Direito Tributário pela Pontifícia Universidade Católica de São Paulo (PUC-SP). Doutora em Direito Civil pela Universidade de São Paulo (USP).

Rodrigo Fux
Doutor e mestre em Direito Processual pela Universidade do Estado do Rio de Janeiro (UERJ). Advogado. Professor Adjunto de Teoria Geral do Processo da Universidade do Estado do Rio de Janeiro (UERJ). Professor da Escola Nacional da Magistratura (ENM) e da Escola do Estado do Rio de Janeiro (EMERJ). Vice-diretor do Instituto Brasileiro de Direito Processual (IBDP). Advogado.

Rosa Maria de Andrade Nery
Professora Associada da Faculdade de Direito da Pontifícia Universidade Católica de São Paulo (PUC-SP). Livre-docente, doutora e mestre em Direito pela PUC-SP. Desembargadora aposentada do Tribunal de Justiça do Estado de São Paulo (TJSP). Presidente da Academia Brasileira de Direito Civil (ABDC). Correlatora geral da Comissão do Senado Federal encarregada de elaborar Anteprojeto de Reforma do Código Civil. Sócia de Nery Advogados. Advogada, árbitra, parecerista e consultora jurídica.

Teresa Arruda Alvim
Livre-docente, doutora e mestre em Direito pela Pontifícia Universidade Católica de São Paulo (PUC-SP). Professora Associada nos cursos de graduação, especialização, mestrado e doutorado da mesma instituição. Professora Visitante nas Universidades de Cambridge (Inglaterra) e Lisboa (Portugal). Membro de diversas associações brasileiras e estrangeiras. Coordenadora da *Revista de Processo: RePro*. Relatora da Comissão de Juristas, designada pelo Senado Federal em 2009, que redigiu o Anteprojeto de Código de Processo Civil (CPC). Relatora do Anteprojeto de Lei de Ações de Tutela de Direitos Coletivos e Difusos, elaborado por Comissão nomeada pelo Conselho Nacional de Justiça (CNJ), em 2019 (Projeto de Lei nº 4.778/2020). Advogada.

Ticiano Figueiredo
Sócio fundador de Figueiredo & Velloso Advogados. Mestre em Administração e Estratégia Empresarial pela Fundação Dom Cabral (FDC). Especialista em Direito Penal Econômico pela Universidade de Coimbra. Bacharel em Direito pela Universidade de Brasília (UnB).

Esta obra foi composta em fonte Palatino Linotype, corpo 10
e impressa em papel Offset 75g (miolo) e Supremo 250g (capa)
pela Formato Artes Gráficas.